CW01215878

LAROUSSE DE LOS VINOS

Los secretos del vino • Países y regiones vinícolas

LAROUSSE

LAROUSSE
DE LOS
VINOS

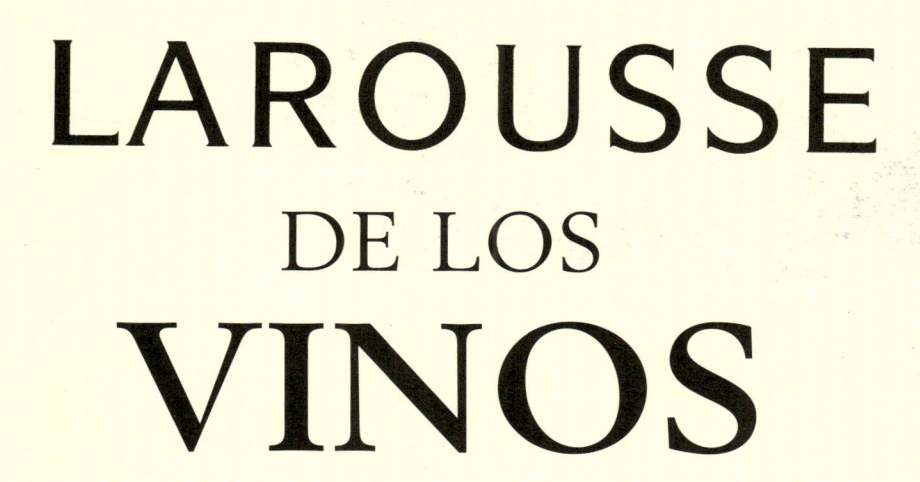

Los secretos del vino • Países y regiones vinícolas

ES UNA OBRA

LAROUSSE

Edición original
Dirección editorial: Claude Naudin, Laure Flavigny
Dirección artística: Frédérique Longuépée
Dirección cartográfica: René Oizon
Cartografía: European Map Graphics, Graffito, Marie-Thérèse Ménager
Ilustraciones: Trevor Laurence, Clare Roberts

Segrave Foulkes
Dirección: Christopher Foulkes
Edición: Carrie Segrave
Dirección artística: Nigel O'Gorman, Roger Walton

Turquoise
Dirección: Jacques Sallé
Redacción: Isabelle Bachelard, Thérèse de Cherisey, Anne Francotte, Patricia Gastaud-Gallagher,
Anne Leiguadier, Victoria de Navacelle, Annick de Scriba, Tamara Thorgervsky

Edición española
Coordinación editorial: José M.ª Díaz de Mendívil Pérez
Redacción: Alfred Peris Balada
Ilustraciones: Silvia Pla Payà

La lista de los colaboradores figura en la página 544

© MCMXCVIII, Larousse-Bordas
Título original: Larousse des Vins. Tous les Vins du Monde

© 2000, Larousse Editorial, S.A.
Avda. Diagonal 407 bis, 10ª, 08008 Barcelona
Tel.: 93 292 26 66 Fax: 93 292 21 62
editorial@larousse.es/www.larousse.es

Quedan rigurosamente prohibidas, sin la autorización escrita de los titulares del Copyright, bajo las sanciones establecidas en las leyes, la reproducción parcial o total de esta obra por cualquier medio o procedimiento, comprendidos la reprografía y el tratamiento informático, y la distribución de ejemplares de ella mediante alquiler o préstamo.

ISBN 84-8016-327-5
Depósito legal: B. 43.659-1999
Impresión: Industria Gráfica Domingo, S.A.
Impreso en España - Printed in Spain

Presentación

En la actualidad, el aficionado al vino puede elegir entre una gran variedad de productos enológicos de todo el mundo. En el breve lapso de apenas una generación, numerosos –y nuevos– países vinícolas han realizado tales progresos que se han puesto a la altura de los mayores clásicos europeos. La lista de regiones productoras de vinos de calidad, antiguamente limitada a algunos puntos de Francia, a los valles del Rin y del Mosela en Alemania y a dos regiones de España, se ha multiplicado por veinte. El número de buenos vinos de mesa ha aumentado de manera todavía más notable. Pero lejos de provocar una saturación del mercado, esta abundancia ha despertado un enorme interés en los consumidores. Millones de personas se están iniciando en los placeres del vino: disfrutan comparándolos, se dedican a armonizar el vino con la comida y reservan las mejores añadas para las grandes ocasiones. Más numerosos son todavía los aficionados a los que les gusta tener cotidianamente vino en su mesa, descubrir una buena relación precio/calidad, explorar los matices y los aromas, y comprender por qué determinadas botellas son sublimes y otras simplemente... normales.

¿Qué es el vino?

La Unión Europea ha elaborado una definición oficial del vino: el vino es la bebida «producida exclusivamente por la fermentación de uva fresca o de zumo de uva». En cuanto al aficionado al vino, sería aquel que, según la célebre definición de un entendido, «sabe distinguir el buen vino del malo y aprecia las cualidades propias de cada vino». Desde que André Simon, fundador de la Sociedad internacional de los vinos y de la gastronomía, planteara esta fórmula hace ahora unos cincuenta años, la cantidad de buen vino comercializada en el mundo ha aumentado espectacularmente. De igual modo, han ido surgiendo muchos vinos diferentes. Por este motivo, ahora más que nunca se necesita información práctica, bien clasificada y accesible. Esto es lo que el *Larousse de los vinos* se propone ofrecer a sus lectores.

Un equilibrio sutil

El vino es al mismo tiempo una experiencia de los sentidos y del conocimiento: un placer y una afición. Un vino se aprecia en toda su extensión cuando estos dos aspectos de su personalidad están equilibrados, cuando sus cualidades realzan el valor de un plato y los matices de su aroma evocan otros vinos u otras añadas. Muchas personas sólo saben encontrar en el vino un placer inmediato: beben sin plantearse demasiadas preguntas. Por el contrario, hay gente que comenta, examina y analiza añadas antiguas raras con tal pasión que se olvida de disfrutar de los sentidos. Son dos maneras de perderse la verdadera satisfacción que proporciona un justo equilibrio entre el placer sensual y el interés intelectual. El buen aficionado sabe que degustar ciertos vinos, en determinados momentos, es un placer que no debe enturbiarse con un exceso de reflexión –lo que no excluye el análisis– y que, inversamente, ningún vino deparará un placer intenso si no se le da la ocasión.

Algunas orientaciones útiles

A mucha gente le preocupa saber si ha elegido la botella adecuada, si está demasiado fría o demasiado caliente, si es muy joven o demasiado vieja, si armonizará o no con un determinado plato, etc. Los conocimientos que la presente obra se esfuerza por explicar deberían servir para superar esos temores. Existe la creencia, muchas veces injustificada, de que hay que aplicar una serie de reglas para elegir, servir o apreciar un vino. No obstante, un cierto número de datos, nacidos de la experiencia y verificados por la misma, puede ser de gran ayuda. A veces son simples constataciones científicas: gracias a la química y a la microbiología sabemos mucho más que nuestros antepasados sobre la maduración de los vinos, y sabemos también cuál es la mejor temperatura para degustarlos. En la mayoría de los casos, la ciencia se limita a confirmar las sabias costumbres de otras épocas. Sin embargo, hay un campo específico en el que la ciencia ha facilitado una gran evolución: la vinificación. Desde el viñedo hasta la bodega, el progreso técnico y científico ha transformado considerablemente el proceso. Según la opinión de la mayoría de los expertos, los grandes vinos clásicos han sabido seguir mejorando al mismo tiempo que se incorporaban nuevas regiones vinícolas. Ya no existe un solo método «ortodoxo» para elaborar un vino. Para el productor, la multitud de posibilidades constituye todo un desafío. Para el consumidor, el aumento de las variedades de vino disponibles en el mercado hace que su elección sea más interesante –y más gratificante.

A pesar de las tentativas de numerosos especialistas, no existe todavía una verdadera ciencia de la «apreciación» del vino. Tampoco hay reglas absolutas en materia de armonía entre manjares y vinos. Aunque sabemos que ciertos tintos no congenian con determinados pescados debido a una interacción química, estamos mucho menos seguros de la validez de otras tradiciones. ¿Acaso no se han visto menús en que los vinos más sorprendentes se servían con los platos más extraños? Si consideramos que hace apenas cincuenta años se aconsejaba el champagne para acompañar los platos de caza y que, en las comidas más ceremoniosas del período de entreguerras, no se servía otra cosa que vino blanco a lo largo de una comida de nueve platos, se comprenderá hasta qué punto pueden evolucionar los criterios y los consejos en esta materia.

Una experiencia personal

Tres sentidos contribuyen a apreciar un vino: la vista, el olfato y el gusto. Habría que agregar los placeres de la expectativa, de la comparación, del recuerdo; la satisfacción de compartir un vino, una comida, de celebrar un acontecimiento y de estar entre amigos... Hay muchas cosas con las que disfrutar. Ningún libro, ninguna ilustración puede sustituir el descubrimiento sensorial de un vino. Se quiera ser un especialista o simplemente alguien que sabe apreciar un vino, la experimentación personal es la única forma de adquirir conocimientos reales en la materia. Una botella abierta, bebida y olvidada es una ocasión perdida. Algunos aficionados –que muchas veces también son profesionales– toman notas sobre cada botella que degustan. Pero la mayoría de nosotros nos limitamos a memorizar las impresiones experimentadas en esos pocos segundos de concentración durante los que dedicamos al vino toda nuestra atención, dejando que se expresen nuestros sentidos. Aunque no se tenga mucha práctica, el cerebro graba las diferentes sensaciones percibidas. Tal vino evocará rápidamente otro: los aromas específicos de ciertas regiones y de determinadas cepas, o de una añada precisa, se memorizan y resurgen ante la degustación de un nuevo vino.

Una obra colectiva

Incluso con un cerebro alerta, unas papilas gustativas muy sensibles y una buena memoria, una sola persona no puede pretender saberlo todo sobre el universo del vino. Si quizá fue posible alguna vez, la evolución es ahora demasiado rápida y los lugares, los nombres y los elementos que hay que conocer demasiado numerosos. Esta obra es por tanto el fruto del trabajo colectivo de entendidos y especialistas de todo el mundo, que han contribuido con su experiencia personal. También ha colaborado en este libro más de un centenar de personas: redactores profesionales, dibujantes e investigadores; cartógrafos, fotógrafos e ilustradores. Los nombres de todos ellos aparecen al final de la obra.

Al principio de la obra, el reputado enólogo Michel Rolland describe los diversos aspectos de su oficio. Esperamos que el placer que obtiene al ejercerlo –al «forjar» grandes vinos de Burdeos y de distintas zonas de Francia y otros países; al trabajar los mejores vinos para mejorar siempre su calidad– sirva para contagiar a todos los lectores el placer del vino.

El *Larousse de los vinos* es una obra de referencia: en sus páginas se presentan las regiones donde se elabora vino, se describe su sabor y se relacionan algunos de los mejores representantes de las diferentes denominaciones de origen. Sin pretender ser exhaustiva, esta guía traza el perfil de cada una de las zonas vinícolas del mundo cuyos productos se comercializan, analiza las características de los vinos y cita los más interesantes. Armado de estos conocimientos, el lector podrá explorar con tranquilidad el rico y seductor mundo del vino.

EL EDITOR

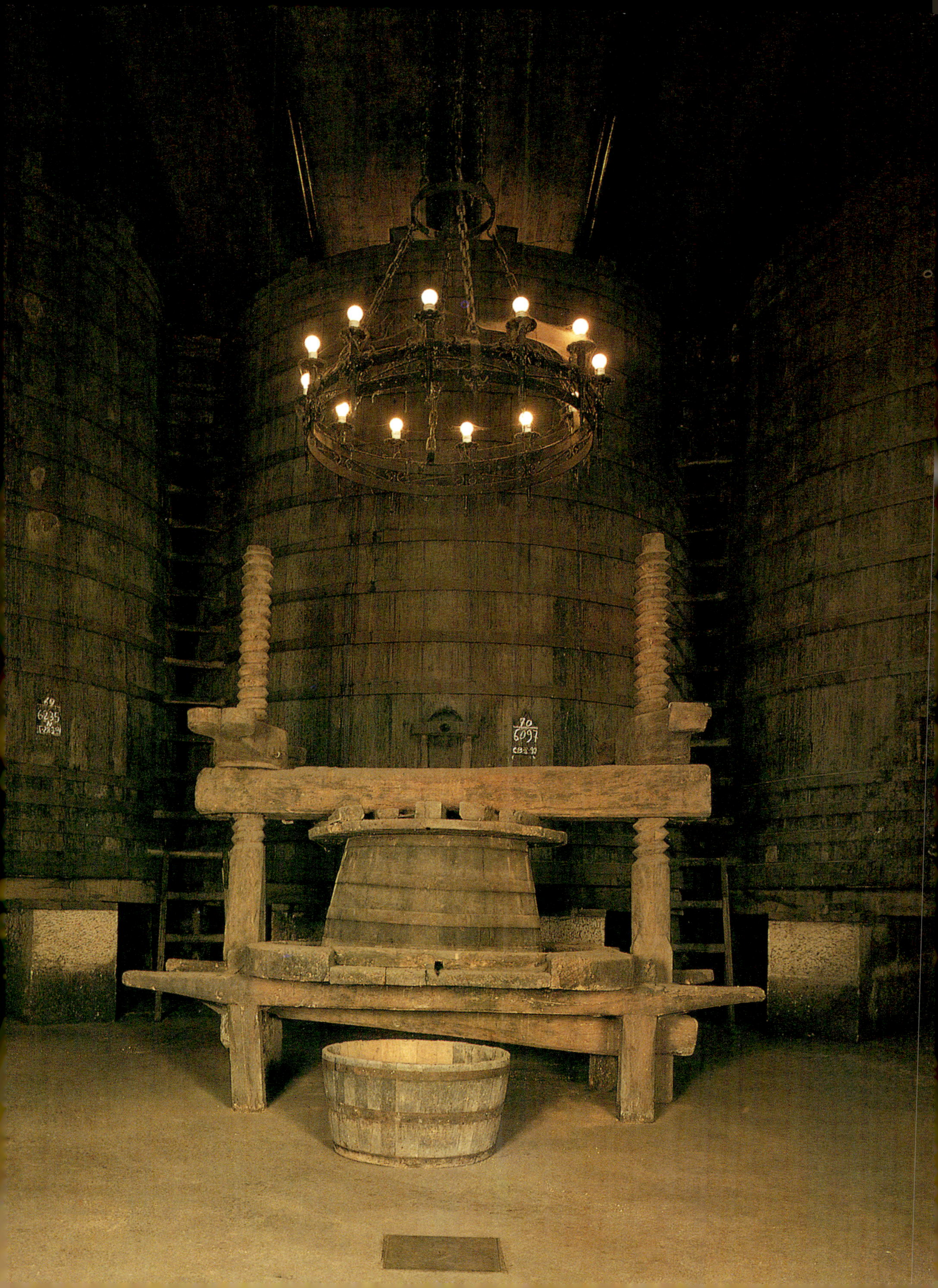
69
6235
70
6097

Índice de Materias

5   Presentación
14 Cómo utilizar este libro
17 El placer de los vinos
    por Michel Rolland

Descubrir el Vino

27 La historia del vino
29 Mapa: las regiones vitícolas de la antigüedad Mediterránea

33 La elección de los vinos
34 Los vinos blancos
36 Los vinos tintos
38 Los vinos espumosos
39 Los vinos especiales
40 Las variedades
49 Las botellas
50 Las etiquetas
53 La compra de los vinos

56 La conservación de los vinos
57 La crianza en botella
61 El almacenamiento del vino

65 El servicio del vino
66 La temperatura
68 Cómo abrir el vino
70 Los sacacorchos
72 Cómo abrir vinos espumosos
74 La decantación
76 Las decantadoras
77 El mantenimiento de garrafas y copas
78 Las copas
80 El vino en la mesa

81 La cata

87 Las comidas y los vinos
88 ¿Qué vino servir?
91 El maridaje de los vinos y los platos

97 La vinificación
98 Las técnicas tradicionales
100 Calendario de los trabajos
102 Las técnicas modernas
104 La fermentación
106 La vinificación de los blancos
108 La vinificación de los tintos
110 La vinificación de los espumosos
112 La elaboración de vinos especiales

113 La crianza en bodega
114 El arte de la crianza
117 La influencia de las barricas en el sabor
119 El embotellado

LOS VIÑEDOS DEL MUNDO

124 Los países vitícolas
124 MAPA: LAS REGIONES VITÍCOLAS DEL MUNDO
126 Las regiones vitícolas de calidad

129 ESPAÑA

131 MAPA: LAS REGIONES VITÍCOLAS DE ESPAÑA
135 Rioja
137 MAPA: LAS REGIONES VITÍCOLAS DE RIOJA
145 Cataluña
146 MAPA: LAS REGIONES VITÍCOLAS DE CATALUÑA
147 Penedés
152 Priorato
154 Otras comarcas de Cataluña
Ampurdán-Costa Brava, Alella, Pla de Bages, Costers del Segre, Conca de Barberà, Tarragona, Terra Alta
157 El cava
161 Castilla y León
162 Ribera del Duero
167 Rueda, Cigales, Toro y Bierzo
170 Aragón y Navarra
171 Aragón
Somontano, Cariñena, Calatayud, Campo de Borja
173 Navarra
175 Los vinos de Andalucía
176 Jerez
181 Málaga, Condado de Huelva y Montilla-Moriles
183 Otras comarcas vitícolas
184 Galicia y País Vasco
Rías Baixas, Ribeiro, Valdeorras, Ribeira Sacra, Monterrei, Txacolí
187 Castilla-La Mancha, Madrid y Extremadura
Almansa, La Mancha, Méntrida, Mondéjar, Valdepeñas, Vinos de Madrid, Ribera del Guadiana
189 El Levante
Alicante, Valencia, Utiel-Requena, Yecla, Jumilla, Bullas
192 Baleares y Canarias
Tacoronte-Acentejo, Ycoden-Daute-Isora, Valle de la Orotava, Güimar, Abona, La Palma, El Hierro, Lanzarote, Binissalem, Pla de Llevant

193 FRANCIA

195 MAPA: LAS REGIONES VITÍCOLAS DE FRANCIA
199 Burdeos
201 MAPA: LAS REGIONES VITÍCOLAS DE BURDEOS
203 Médoc
Saint-Estèphe, Pauillac, Saint-Julien, Margaux
204 MAPA: LAS REGIONES VITÍCOLAS DE MÉDOC, GRAVES Y SAUTERNES
211 Graves
Pessac-Léognan, Graves
214 Sauternes
217 Saint-Émilion
220 Pomerol
222 Otras regiones de Burdeos
223 Borgoña
225 MAPA: LAS REGIONES VITÍCOLAS DE BORGOÑA
227 Chablis

230	Côte d'Or	
	Côte de Nuits, Côte de Beaune	
238	Côte Chalonnaise y Mâconnais	
239	Beaujolais	
241	**Champagne**	
243	MAPA: LAS REGIONES VITÍCOLAS DE CHAMPAGNE	
247	**Alsacia**	
251	**Loira**	
252	MAPA: LAS REGIONES VITÍCOLAS DE TURENA, ANJOU Y BAJO LOIRA	
253	Bajo Loira	
255	Loira central	
257	Sancerre y Pouilly-sur-Loire	
259	**Ródano**	
261	MAPA: LAS REGIONES VITÍCOLAS DEL RÓDANO	
262	Côtes du Rhône septentrionales	
265	Côtes du Rhône meridionales	
267	**Jura y Saboya**	
271	**Provenza, Midi y Córcega**	
277	**Suroeste**	

281	**ITALIA, PORTUGAL Y PAÍSES MEDITERRÁNEOS**	
282	**Italia**	
283	MAPA: LAS REGIONES VITÍCOLAS DE ITALIA	
286	MAPA: LAS REGIONES VITÍCOLAS DEL NORTE DE ITALIA	
287	Piamonte	
292	Valle de Aosta y Liguria	
293	Lombardía	
295	Emilia-Romaña	
296	Véneto	
298	Trentino-Alto Adigio	
300	Friul-Venecia Julia	
302	MAPA: LAS REGIONES VITÍCOLAS DE TOSCANA E ITALIA CENTRAL	
303	Toscana	
311	Italia Central	
315	Sur de Italia	
316	MAPA: LAS REGIONES VITÍCOLAS DEL SUR DE ITALIA, SICILIA Y CERDEÑA	
319	Sicilia y Cerdeña	
321	**Portugal**	
322	MAPA: LAS REGIONES VITÍCOLAS DE PORTUGAL	
323	Norte de Portugal	
325	Centro de Portugal	
327	Sur de Portugal	
329	Oporto	
335	Madeira	
337	**Países Mediterráneos**	
338	Grecia	
340	Turquía	
341	Oriente Medio	
343	Norte de África	

345 ALEMANIA, PAÍSES DEL BENELUX, SUIZA, AUSTRIA

346 Alemania
347 Mapa: las regiones vitícolas de Alemania
351 Ahr-Renania Media
352 Mosela-Sarre-Ruwer
352 Mapa: las zonas vitícolas del Mosela
357 Mapa: las regiones vitícolas del Rin
358 Rheingau
361 Nahe
362 Hesse renana
364 Palatinado
366 Bergstrasse de Hesse
367 Franconia
369 Saale-Unstrut y Sajonia
370 Baden
373 Württemberg
374 Sekt
375 Países del Benelux
376 Mapa: las regiones vitícolas del Benelux
377 Suiza
378 Mapa: las regiones vitícolas de Suiza
381 Austria
382 Mapa: las regiones vitícolas de Austria

385 DANUBIO Y MAR NEGRO

386 Mapa: las regiones vitícolas del Danubio y del Mar Negro
387 Danubio
388 Hungría
392 Bulgaria
395 Rumania
396 Eslovenia
397 República Checa y Eslovaquia
398 Mar Negro
Moldavia, Ucrania, Rusia, Georgia, Armenia, Azerbaiján, Kazajstán

401 AMÉRICA DEL NORTE

- 403 Mapa: las regiones vitícolas de América del Norte
- 406 Mapa: las regiones vitícolas de California, Washington y Oregón
- **407 California**
- 411 Mapa: las regiones vitícolas de Napa y Sonoma
- 412 Napa Valley
- 417 Sonoma
- 423 Otras regiones costeras
- 427 Regiones interiores
- **429 Noroeste de Estados Unidos**
- 430 Washington
- 432 Oregón
- **434 Noreste de Estados Unidos**
- 436 Estado de Nueva York
- 438 Otros estados del Noreste
- **440 Sur y el Medio Oeste**
- **444 Canadá**

447 AMÉRICA CENTRAL Y AMÉRICA DEL SUR

- 449 Mapa: las regiones vitícolas de América Central y del Sur
- 451 México
- 452 Chile
- 455 Argentina
- 456 Brasil y otros países

		REFERENCIAS
457 **AUSTRALIA Y NUEVA ZELANDA**	489 **RESTO DEL MUNDO**	
	490 **Sudáfrica**	498 Menciones obligatorias en las etiquetas
458 **Australia**	494 **Inglaterra, País de Gales**	500 Legislación
461 Mapa: las regiones vitícolas de Australia	495 **India, China, Japón**	502 Denominaciones de calidad
463 Nueva Gales del Sur		503 Tablas de añadas internacionales
467 Victoria		508 Calificación de las cosechas en España
472 Australia Meridional		510 Regiones vitícolas y producción
478 Australia Occidental		514 Glosario
481 **Nueva Zelanda**		521 Índice
483 Mapa: las regiones vitícolas de Nueva Zelanda		

Cómo utilizar este libro

El *Larousse de los vinos* es una guía de referencia sobre los vinos y los viñedos del mundo. Su objetivo es que los lectores puedan apreciar mejor los distintos vinos. La obra está dividida en tres grandes partes.

Las tres grandes partes
La primera parte, titulada «Descubrir el vino», es una iniciación al universo de los vinos a través de la historia. Trata asimismo de la legislación vinícola, de las distintas clases de vinos, de la conservación y el servicio, de la cata y de la armonización con los manjares más diversos. Aborda, finalmente, la elaboración de los vinos y explica cómo los grandes avances tecnológicos están mejorando la calidad.

La segunda parte, «Los viñedos del Mundo», pasea al lector por todos los países productores del mundo, empezando por España y los restantes países europeos para visitar los cinco continentes. Cada capítulo dedicado a un país está dividido en secciones sobre las distintas regiones vitícolas. En las regiones principales se pasa revista a los productores más importantes. Treinta mapas especialmente concebidos para la obra, así como centenares de fotografías dan vida a estas regiones.

La tercera parte, «Referencias», reúne datos y estadísticas, un glosario de términos especializados y tablas de añadas. Para terminar, un índice alfabético detallado permite una búsqueda tan fácil como precisa: por nombres de vinos, viñedos, productores y propiedades.

Para saber más sobre una región determinada consulte el índice de materias. En la mayoría de los países y regiones, una introducción general sirve de repaso a la legislación local, las distintas cepas y los tipos de vino, además de comentar cada subdivisión regional de manera más o menos detallada según su importancia.

Para encontrar un vino específico, consulte la tabla de materias si conoce la región de donde es originario, o bien el índice alfabético. Por ejemplo, si la etiqueta indica claramente que el vino procede de la región del Penedés, en Cataluña, o de la de Chablis, en Borgoña, la tabla de materias le remitirá al capítulo sobre Cataluña y a la subdivisión que trata del Penedés. Igualmente, el capítulo sobre Borgoña consta de una subdivisión dedicada a Chablis.

Bodegas y productores
No todas las regiones vitícolas están necesariamente organizadas de la misma manera. En ciertos lugares, el nombre que figura en la etiqueta es asimismo el de la explotación. Se trate de un *château*, de una quinta o de una bodega, este nombre se ha convertido en el apelativo oficial bajo el que se comercializa el vino. En otros lugares, prevalece el nombre geográfico y el vino adopta el nombre de un viñedo específico o de una zona delimitada. Muchas personas pueden poseer viñas y elaborar vino procedente de un mismo viñedo. Del mismo modo,

PARA SABER MÁS

Si desea obtener información inmediata o saber más sobre los temas siguientes, debe buscar en las páginas que se indican.

Un vino: índice alfabético, pp. 521-543.
Una región: índice de materias, pp. 8-13; o índice alfabético, pp. 521-543.
Un productor: índice alfabético, pp. 521-543.
El tipo de vino: según sea seco o dulce, pp. 34-39; según su estilo, pp. 34-39; según la variedad de uva, pp. 40-48.
El servicio del vino: pp. 68-80.
La compra del vino: pp. 53-55.
Las añadas: pp. 503-509.
Los vinos y las comidas: platos especiales y vinos sugeridos, pp. 93-96.
La cata: pp. 81-85.
La vinificación: pp. 97-120.
Los términos especializados: glosario, pp. 514-520.
Leer una etiqueta: pp. 50-52; referencias, pp. 498-502.
Estadísticas de las regiones vitícolas: referencias, pp. 510-513.

un único productor puede tener viñedos en varios pueblos o zonas de una comarca. Para identificar un vino, el aficionado debe guiarse por la legislación que regula las distintas denominaciones de origen.

En las regiones donde prevalece el nombre de la explotación, éste es la que figura en las páginas donde se cita a los productores y/o bodegueros. En los casos en que predomina el viñedo o la localidad, se comentan éstos últimos y los productores sólo se mencionan.

Ninguna obra de referencia puede incluir todos los productores, bodegas o viñedos. Burdeos, por ejemplo, posee más de cuatro mil *châteaux*, y Rioja cuenta con más de 17 000 viticultores. La selección, sin duda imperfecta, fue muy compleja y se basa en tres criterios principales. En primer lugar, ¿se trata de un buen vino? Luego, ¿es un producto vendido y distribuido en cantidad suficiente como para que el aficionado pueda encontrarlo con cierta facilidad? Finalmente, ¿tiene una historia satisfactoria? A pesar de todo, es probable que no se cite un número importante de buenos productores. La producción de algunos es insuficiente; otros la venden en exclusiva a un solo cliente. Sin embargo, exclusión no significa condena. Siempre que ha sido posible, el *Larousse de los vinos* proporciona los datos necesarios para formarse una opinión aunque no se mencione una bodega, un productor, un viñedo o un pueblo concretos. El lector encontrará una valoración general sobre el tipo de vino elaborado en una región o con una uva en particular.

Unidades de medida
Las unidades de medida utilizadas son las habituales del sistema métrico decimal. El rendimiento viene dado en hectolitros de vino por hectárea (hl/ha). La producción se considera siempre en botellas de 75 cl. Un hectolitro (cien litros) corresponde por tanto a unas 132 botellas. La temperatura se mide en grados Celsius.

TIPOS DE PÁGINA

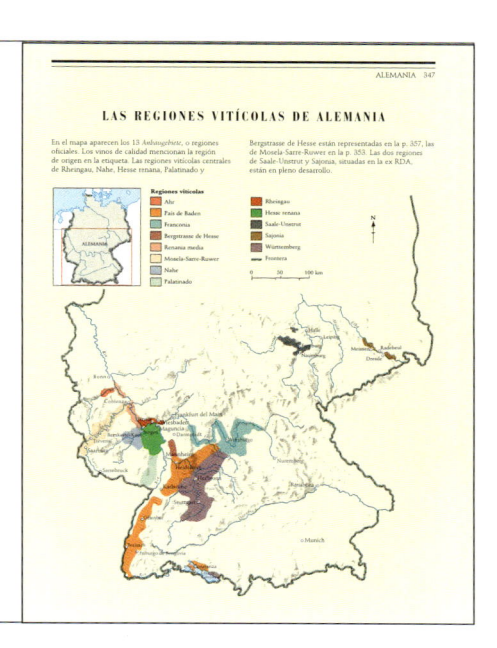

Esta obra contiene diferentes tipos de página, lo que permite identificar rápidamente cómo está organizado un capítulo y facilita la búsqueda de un dato concreto.

Las introducciones de los capítulos
En la primera parte de la obra, estas páginas sirven de introducción a temas importantes; en la segunda parte, presentan las regiones más significativas, como Rioja, Ribera del Duero o Burdeos, y los grandes países vitícolas, como Italia, Portugal o Alemania. En la página opuesta al texto aparece un mapa de la región tratada (en total, hay 30 mapas, todos ellos situados al comienzo de los capítulos).

Las páginas prácticas
Ofrecen una serie de fotos, comentadas paso a paso, para guiar al lector en operaciones o procesos como la forma correcta de abrir una botella de espumoso o de decantar un vino. Este tipo de página también se utiliza para ilustrar las diversas técnicas de vinificación.

Los recuadros
Proporcionan más detalles sobre cuestiones concretas, como las variedades de uva correspondientes a una localidad, la lectura de una etiqueta o la legislación. En el caso de las regiones menos conocidas, los recuadros incluyen también las zonas vitícolas y sus productores.

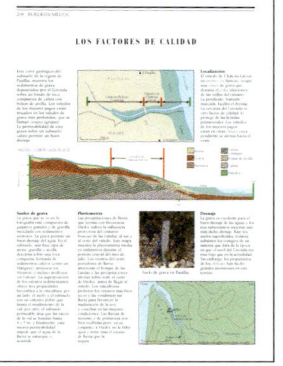

Factores de calidad
En estas páginas se estudian en profundidad las condiciones que influyen sobre las características de los vinos de las principales regiones vitícolas. Se facilitan, ilustrados con fotografías y esquemas, comentarios y datos sobre los elementos que determinan la calidad de los vinos. Estos factores pueden ser geológicos, climáticos o humanos.

Las páginas a cuatro columnas
Enumeran por orden alfabético los productores y bodegueros de una determinada región vitícola subdividida, según los casos, en regiones, bodegas o explotaciones.

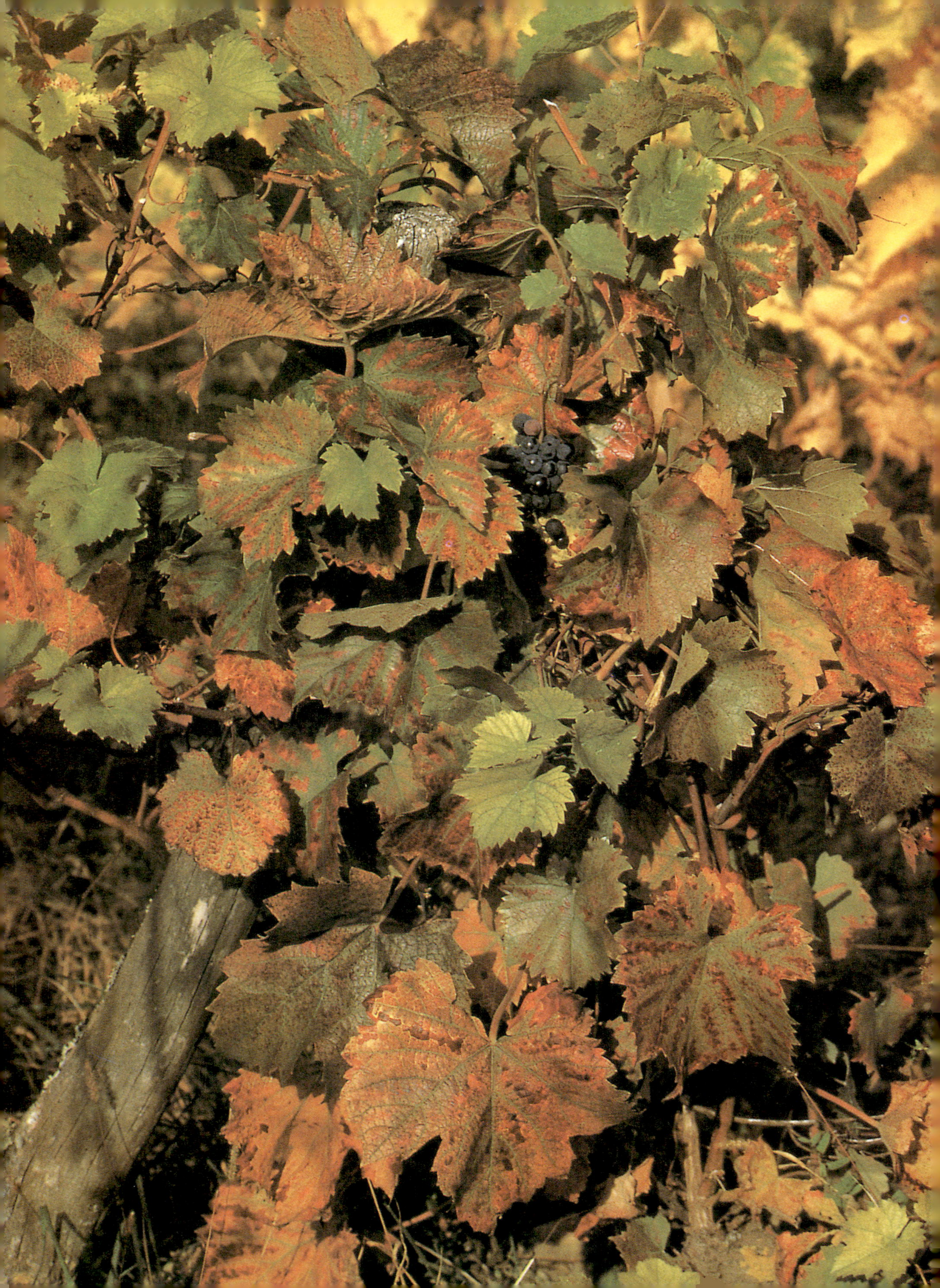

El placer de los vinos

por
MICHEL ROLLAND

Descendiente de una familia de viticultores bordeleses, Michel Rolland creció en medio de un pequeño viñedo cuyo solo nombre, Pomerol, es un certificado de calidad. En la actualidad, Rolland «hace» cada año vinos para una cuarentena de *châteaux* de Burdeos y una decena de países, entre los que destacan España, Estados Unidos, Chile, Argentina, Hungría, Marruecos, Italia..., sobre una superficie total que abarca más de tres mil hectáreas de viñedo. Su especialidad, todavía rara entre los enólogos, ha sido calificada como «elaborador de vinos».

Un oficio apasionante que requiere una buena dosis de conocimientos científicos y técnicos, pero posiblemente, y por encima de todo, una larga experiencia y una sensibilidad creativa en el arte de realzar y de combinar sabores y aromas...

Un oficio que le obliga a viajar durante cuatro meses al año, a catar centenares y centenares de muestras de tinto, de blanco o de rosado, y que le confirma sin cesar que el placer de los vinos está en su diversidad: reflejo de una región, de una cepa, de un clima, de un año, incluso de la edad de la vid y del número de racimos...

Pocas personas conocen tan bien como Michel Rolland los secretos del vino. Durante su dilatada experiencia, ha asistido a los espectaculares avances de la enología desde finales de los años 70. También ha sido testigo de la entrada de muchos países «nuevos» en el antiguamente restringido club de los productores de vinos de calidad.

Antes de empezar, dejemos hablar a Michel Rolland, que nos desvelará parte de su vida y de su apasionante oficio para hacernos entender mejor la evolución de la enología y compartir con él el placer del vino.

Mi abuelo fue viticultor, mi padre también y mi destino estaba por tanto marcado: cuando llegó mi turno me subí al tractor para ocuparme de las viñas familiares, que ocupaban una superficie de apenas siete hectáreas. En el pueblo, todo el mundo, incluido el médico, el notario, el cura y el panadero, eran viticultores. De modo que yo crecí, en la década de los 50, arrullado por el ritmo de las estaciones, atento al fin de las heladas y a la espera del calor del verano, en el que todos nos disponíamos para las tareas de la vendimia. La vendimia era una fiesta, es verdad, pero qué terribles miedos la habían precedido: el temor al hielo tardío, el miedo a la lluvia y a la podredumbre, la amenaza de las plagas...

La era de la sobreproducción y de los «experimentos»

Antes de la Segunda Guerra Mundial, la viticultura y la vinificación no contaban, por así decirlo, con más recursos que los tradicionales. Entre las décadas de los 50 y 70, la producción cuantitativa se convirtió en el gran objetivo. Exceptuando los grandes vinos, nadie se preocupaba realmente por la calidad, siempre que el producto final no tuviese defectos importantes. Sin embargo, la sobreproducción y el acortamiento del período de crianza para comercializar los vinos lo antes posible planteaban problemas de todo tipo: los vinos se volvían turbios, tenían posos, perdían el sabor, desarrollaban aguja. La gran obsesión se convirtió en encontrar la manera de poder «estabilizarlos», reto del que nació la enología moderna.

Químicos como Émile Peynaud y Jean Ribereau-Gayon, en el bordelés, o los profesores Jaumes y Flanzy, en la zona de Montpellier, pusieron sus conocimientos al servicio de su pasión por el vino. En 1955 se creó en Francia un diploma universitario nacional de enología. La ciencia enológica estaba en sus albores: aunque se iban descubriendo algunas soluciones para los problemas de la vinificación y de la estabilización, se desconocían las causas íntimas de estos procesos.

Cuando preparaba mi diplomatura de enología en el instituto de Burdeos, a finales de la década de los 60, los cursos eran bastante sencillos, pero los profesores demostraban un entusiasmo extraordinario. No solamente nos enseñaban la química, la bioquímica y la bacteriología del vino (campos en los que los conocimientos eran todavía bastante precarios), sino que nos hacían partícipes de su propia experiencia, transmitiéndonos su «sentido del vino». Nos contaban, por ejemplo, que en tal año y en tal bodega no se había alcanzado la fermentación sin que se supiera por qué, y nos explicaban con detalle la solución que habían encontrado para que finalmente se produjera.

De 1945 a 1970 se estudió y empleó todo un arsenal de productos químicos y de tratamientos físicos para estabilizar los vinos. Se usaba el ácido metatartárico para evitar las precipitaciones de bitartrato de potasio, pequeños cristales parecidos al azúcar pero insolubles; el sorbato de potasio para impedir la reproducción de las levaduras y por tanto la refermentación; la goma arábiga para estabilizar la materia colorante de los vinos tintos, etc. El vino se calentaba hasta 45 °C (termolización) antes de embotellarlo; se trataba con frío para evitar la precipitación de bitartrato de potasio; se sometía a toda clase de filtros que lo desnaturalizaban y retenían, en el proceso, numerosas moléculas importantes. Como resultado de todas estas torturas, los vinos se volvían delgados, insípidos, faltos de aromas y de cuerpo.

Para hacer buen vino, uvas maduras

Cuando en 1973 instalé mi laboratorio en Libourne (el mismo en el que sigo trabajando actualmente), los clientes sólo venían a verme por un motivo: obtener el análisis químico de sus vinos. El término «calidad» no tenía por aquel entonces el mismo significado que hoy en día. Se iba a ver al enólogo para combatir los «malos sabores», que con frecuencia se debían simplemente a un mal mantenimiento de las cubas, de las barricas o de otros recipientes (esta contaminación bacteriana podía provocar una elevación de la acidez volátil que, una vez superado el umbral fatídico, hacía que el vino dejase de ser franco y vendible).

Los viñedos de Napa Valley, en el norte de California, producen vinos de gran calidad.

Contrariamente a lo que se estilaba por entonces, yo no me limitaba a analizar los vinos. Los cataba. Degustaba cada día todas las muestras que recibía (alrededor de diez mil al año). Y me preguntaba: ¿por qué tantos vinos malos, por qué tantas irregularidades? Poco a poco, empecé a dar consejos a los vitivinicultores que me lo pedían. Pero con años tan malos como 1972, 1973 o 1974, había motivos sobrados para desanimarse. De todos los vinos embotellados que tenía la oportunidad de probar, intentaba aprender algo sobre la manera de vinificar. Sin embargo, cuanta más información acumulaba, más consciente era de la complejidad de la tarea. Hice una lista de las fechas de las grandes añadas: 1928, 1929, 1945, 1955, 1961 e incluso algunas más. Desde comienzos de siglo hasta la década de los 70, ¡sólo había habido siete buenas cosechas! Un promedio de una cada diez años... Analizando los datos, caí en la cuenta de que estas añadas correspondían siempre a una producción relativamente baja, con veranos cálidos o muy cálidos y con vendimias tempranas. Además, con independencia de las diferentes peculiaridades relacionadas con el pago, todos estos vinos estaban elaborados con uvas que habían alcanzado una maduración completa. En la botella, estas características se traducían en vinos con color, densos, redondos, largos (persistencia del aroma) y con abundante tanino sedoso. Esto me llevó a pensar que, para vendimiar, había que esperar a que las uvas llegasen a un buen punto de maduración.

Mi nuevo credo fue: «¡paciencia!». Una palabra terrible en viticultura: el miedo acompaña al viticultor a lo largo de todo el año, pero al acercarse la vendimia la tensión aumenta hasta tal punto que se convierte en una especie de frenesí durante las últimas semanas. Tener paciencia significa superar ese miedo que conocen tan bien todos los viticultores del mundo. El francés teme la lluvia, que produce la podredumbre. El español recela de la lluvia en el norte y el exceso de graduación alcohólica en el sur.

Viejas añadas de un *grand cru* de Burdeos cuidadas con celo en la bodega del *château*.

El californiano ve cómo la graduación Brix (el contenido en azúcar) aumenta a toda velocidad en agosto y se estanca para su desesperación en septiembre, cuando las noches son demasiado frías. El argentino teme que el peso de la vendimia disminuya en exceso por desecación... En resumidas cuentas, todos los viticultores tienen alguna razón excelente para comenzar la vendimia antes de la maduración de las uvas. Antiguamente, sólo las uvas que maduraban antes de tiempo, sorprendiendo al viticultor, se vendimiaban en el momento ideal y producían grandes añadas...

Los progresos espectaculares de la enología

Desde finales de la década de los 70, la comprensión de los procesos físicos, químicos y biológicos que afectan al vino ha progresado de manera espectacular. Muchos fenómenos considerados antaño como producto de la mala suerte han encontrado finalmente una explicación racional. Se sabe, por ejemplo, que la fermentación alcohólica, causada por las levaduras, se produce alrededor de los 28-29 °C, pero que se detiene a los 32 °C. Fue necesario esperar a la introducción de los aparatos de termorregulación automática, a finales de los 80, para comprender que ésta era la fuente del problema. Se sabe igualmente que la presencia de exceso de hierro en el vino (quiebra férrica), que algunos viticultores achacaban a la naturaleza de sus terrenos y trataban con ácido cítrico, proviene en la mayoría de los casos de los restos que el suelo o las cubas de cemento dejan en las uvas. Lo mismo puede decirse de numerosos gérmenes que desnaturalizaban el vino y que han desaparecido gracias a la mejora de las condiciones higiénicas.

Los remedios que se emplean en la actualidad ya no son aquellas «torturas» brutales que empobrecían el vino, sino, cada vez más, tratamientos preventivos que respetan su naturaleza.

La otra gran evolución hay que agradecérsela a algunos enólogos –y en primer lugar a Émile Peynaud– que empezaron a preocuparse más de la verdadera calidad de los vinos que de la simple ausencia de defectos. Estos enólogos no se contentaron con analizar los vinos en sus laboratorios, sino que se dedicaron a catarlos. Los viticultores y los bodegueros recurrían cada vez más a ellos como consultores para que pusiesen su sabiduría y su sensibilidad al servicio de la búsqueda de la «personalidad» del vino.

Para mucha gente, esta nueva generación de enólogos es en gran parte responsable del auge de la exportación de vinos. Durante mucho tiempo, Francia, con sus grandes vinos, fue prácticamente el único país exportador. La producción de los bodegueros españoles e italianos se centraba esencialmente en el consumo interno. Lo mismo puede decirse de Argentina, productor bastante importante desde el siglo pasado. En cuanto a la producción de Estados Unidos, de Sudáfrica o de Australia era todavía anecdótica. Hoy en día las cosas han cambiado. Es cierto que todavía alrededor del 80 % del vino que se elabora en el mundo carece de todo interés y está condenado al consumo interno... Pero son cada vez más los productores que se dedican a buscar una calidad que les permita exportar.

«Elaborador de vinos», un nuevo oficio

Así nació este oficio de «elaborador de vinos», que aún pocos practicamos a nivel internacional. Pero, concretamente, ¿en qué consiste la profesión? Los propietarios de viñedos o de empresas de vinificación que se ponen en contacto conmigo me fijan determinados objetivos. Me piden que cree para ellos vinos blancos, tintos o rosados, y que los dote de un cierto estilo, que puede ser tánico o afrutado para los tintos, aromático o potente para los blancos, aromático o con cierta consistencia para los rosados. A mí me corresponde tener en cuenta los diferentes parámetros –el pago, la o las cepas, que son prácticamente siempre las mismas, y las uvas, que cambian cada año– para definir los sistemas de vendimia y de vinificación mejor adaptados.

Según el tipo de vino buscado, tengo que fijar la fecha precisa de la vendimia, sin tener miedo de esperar algunos días más para que la maduración de los racimos sea perfecta, definir el modo de recolección, manual o mecánica, con selección o sin ella, y determinar incluso el horario de recogida... Hay, de hecho, una infinidad de opciones posibles. Por ejemplo en Chile, para hacer blanco es mejor vendimiar entre las 5 h 30 y las 11 h de la mañana, cuando las uvas todavía están frías y se respeta la plenitud de los aromas. Si se recogen más avanzado el día, cuando pueden alcanzar una temperatura de 28-30 °C, los frutos liberan menor cantidad de extractos aromáticos.

A continuación se inicia la vinificación, en cada una de cuyas etapas interviene una multitud de factores que permiten llegar a resultados diferentes. Para los tintos, por ejemplo, se puede jugar con el tiempo y la temperatura de maceración; con los tiempos, los rendimientos e incluso la manera de efectuar los bazuqueos (bombeo del jugo, o mosto, para ponerlo en contacto con las partes sólidas, hollejos, pepitas y escobajos, que han quedado en la superficie). Para los blancos, se puede jugar con el tiempo y el modo de desfangado (operación que consiste en separar los mostos de las lías). También podríamos hablar del prensado, proceso cuya duración e intensidad se controla perfectamente con las prensas neumáticas que comenzaron a usarse a partir de la década de los 70. Del mismo modo, gracias al progreso de la maquinaria, desde finales de los años 80 se puede optar por eliminar los escobajos (la parte leñosa) antes de estrujar los racimos, en lugar de hacer siempre, como ocurría antaño, las dos operaciones en orden inverso...

Todo el material que se emplea ha progresado enormemente en los últimos años y permite controlar mucho mejor cada operación. Pero, para cada caso concreto, sigue siendo el hombre quien debe decidir cómo utilizarlo.

Cuando, finalmente, el vino ya está elaborado, aparecen los problemas relacionados con la crianza. ¿Deberá ser larga o corta? ¿Se hará en barrica, nueva o usada (de un año, de dos, de diez)? ¿O en cuba (inoxidable, de cemento, de madera)? ¿O incluso en botella? La respuesta a cada una de estas preguntas va a influir sobre el futuro del vino.

La intuición del enólogo

En una misma propiedad existen con frecuencia terrenos distintos, cepas variadas y viñas más o menos viejas, cada una de las cuales da partidas de vinos que se vinifican independientemente, incluso de manera diferente. Mi tarea es por tanto probar cada lote por separado y combinar los que me parecen interesantes para «hacer un vino». Así puedo llegar a incluir un vino nacido de vides de tres años (a las que no había dejado más que tres racimos por cepa para preservar la calidad) dentro de un gran vino.

Aquí interviene la mayor parte de la actividad creativa. Combinar y exaltar sabores y aromas para tratar de dar a un vino toda su expresividad y personalidad: es la culminación de este oficio que, en cierta manera, recuerda las artes del cocinero o incluso del perfumista.

Pero, para llegar aquí, como no me gusta hacer las cosas a medias, intento intervenir también en la definición de los viñedos: su configuración, las características de sus cepas, su comportamiento, año tras año. Para que las uvas lleguen a la madurez en el mejor momento posible, hay que practicar con sutileza las vendimias verdes (esos racimos que se arrancan dos meses antes de la recolección para que los otros puedan desarrollarse mejor) o la deshojadura, que favorece la coloración y la madurez de los granos. Es decir, la cantidad de factores sobre los que se puede ir incidiendo es prácticamente infinita...

El placer del vino: una armonía con el momento

Como enólogo, puedo decir que un buen vino es, para los blancos, el que tiene una buena definición aromática y una relación armónica entre la acidez y la graduación alcohólica, y entre los tintos, una buena calidad tánica. Como aficionado, insistiré en que el buen vino es aquel que está en armonía con el momento en que se bebe. Aunque no sea un gran vino, aunque no sea un vino conocido, un vino que produce placer una mañana en el bosque con unas rodajas de salchichón puede ser un buen vino.

Por contra, un gran vino clásico que no esté en su apogeo, mal servido, muy caliente, muy frío o mal acompañado, puede perder buena parte de sus mejores cualidades.

El pueblo de Gevrey-Chambertin rodeado de viñas.

Recuerdo, por ejemplo, una cata que hicimos con periodistas en la que se probaron, además de vinos que yo vinifico en el extranjero, algunos de los que había hecho en Francia. Llevé un saint-émilion château L'Angélus 1989 y un pomerol château Le Bon Pasteur 1979; el primero porque es un monumento, el segundo porque pertenecía a la primera añada que yo había «hecho». Durante la cata, a las once de la mañana, el Angélus 89 superó, y de lejos, todos los demás vinos. Todo el mundo admiró su potencia, sus taninos, su concentración, su densidad. Es un monumento, no cabe duda. Por lo que se refiere al Bon Pasteur, todos reconocieron que se trataba de una buena añada, equilibrada, armoniosa, pero no excepcional. Cuando se sirvió la comida, en Morot-Gaudry, todos los invitados pidieron el Angélus. Sin embargo, este gran vino perdía gran parte de su atractivo porque no estaba en armonía con los platos. Era demasiado opulento y poderoso para el cordero con setas que nos habían servido. Es un vino que exige manjares extremadamente fuertes, con el riesgo de que éstos desdibujen sus virtudes. En cambio, el Bon Pasteur resultó absolutamente delicioso, porque estaba en total armonía con esos platos delicados... El Bon Pasteur 79 era perfecto para la ocasión, mientras que el Angélus 89 tenía que esperar su momento. Es posible por tanto cometer una herejía total al beber un gran vino en cualquier ocasión o en unas condiciones que no son adecuadas.

El placer de los vinos: su diversidad

Como los progresos de la enología permiten en la actualidad hacer buenos vinos casi en cualquier parte del mundo, podría temerse que en todas partes se hiciesen vinos parecidos. Esto puede ser cierto para los productos mediocres; pero por lo que concierne a las vinificaciones de calidad, ni la regulación térmica, ni la mesa de selección, ni la prensa neumática pueden cambiar la personalidad del vino. Al contrario, con la ayuda de las nuevas tecnologías un elaborador de vinos exigente puede sacarle todo el potencial a sus tierras.

La noción francesa de *terroir* (que podríamos traducir por «pago») era prácticamente desconocida en los Estados Unidos a mediados de la década de los 80, cuando comencé a frecuentar ese país por invitación de Zelma Long, la enóloga de la *winery* (empresa de vinificación que compra las uvas de los viñadores) de Simi, que elabora más de doscientas mil cajas de vino al año. Durante mucho tiempo las vides del nuevo mundo fueron plantadas en terrenos aluviales que daban una producción más abundante. No obstante, las tierras muy ricas no producen forzosamente grandes vinos. Hoy en día, que se ha empezado a hablar de pago, de plantación en terrenos escogidos, veo surgir vinos muy interesantes con un futuro prometedor, que pueden compararse con algunos grandes vinos franceses.

En Francia existen pagos excepcionales que, aliados con las condiciones climáticas, dan vinos inigualables, como pueden ser un Margaux, un Latour o un Mouton. Sin embargo, muchos países han empezado a producir vinos excelentes y, en este aspecto, no han hecho más que comenzar.

Si considero los países en los que trabajo, pienso en particular en Hungría, un lugar fabuloso, una gran región del mundo, pero que para dar su medida debe partir de cero ya que medio siglo de abandono lo ha estropeado todo. Italia es igualmente un país extraordinario, que desgraciadamente ha rendido un culto excesivo a la cantidad, pese a lo cual tiene muy buenos vinos, incluso excepcionales, como es el caso del Ornellaia en cuya elaboración colaboro. España sigue con buen paso en lo que respecta al desarrollo cualitativo, tiene un gran potencial y me siento orgulloso de vinificar millares de hectolitros de Marqués de Cáceres, en La Rioja. En Argentina, las condiciones son muy difíciles, pero cambiarán un día y se conseguirán si no grandes sí muy buenos vinos. Chile, estoy convencido, tiene la posibilidad de producir en el futuro algunos grandes vinos. Por lo que respecta a Estados Unidos, es en la actualidad uno de los países que gozan de mejor reputación. Para mejorar la calidad de sus vinos, tendrá que establecer una relación más estrecha entre la viticultura y la vinificación, entre los viñedos y la *winery*, como yo pude conseguir en Newton, al norte de Santa Helena...

La inmensa evolución de la enología ha permitido a numerosas regiones del globo producir vinos de calidad. Sin estos progresos, hasta la década de los 70 todos sus intentos hubiesen estado destinados al fracaso. Si los compradores adquieren el placer de degustar, si son cada vez más numerosos los que se convierten en entendidos, crecerá el número de buenos vinos, e incluso de grandes vinos. Vinos diferentes, imágenes de su propio territorio y de la increíble diversidad que constituye la riqueza del mundo.

MICHEL ROLLAND
Libourne

Descubrir el vino

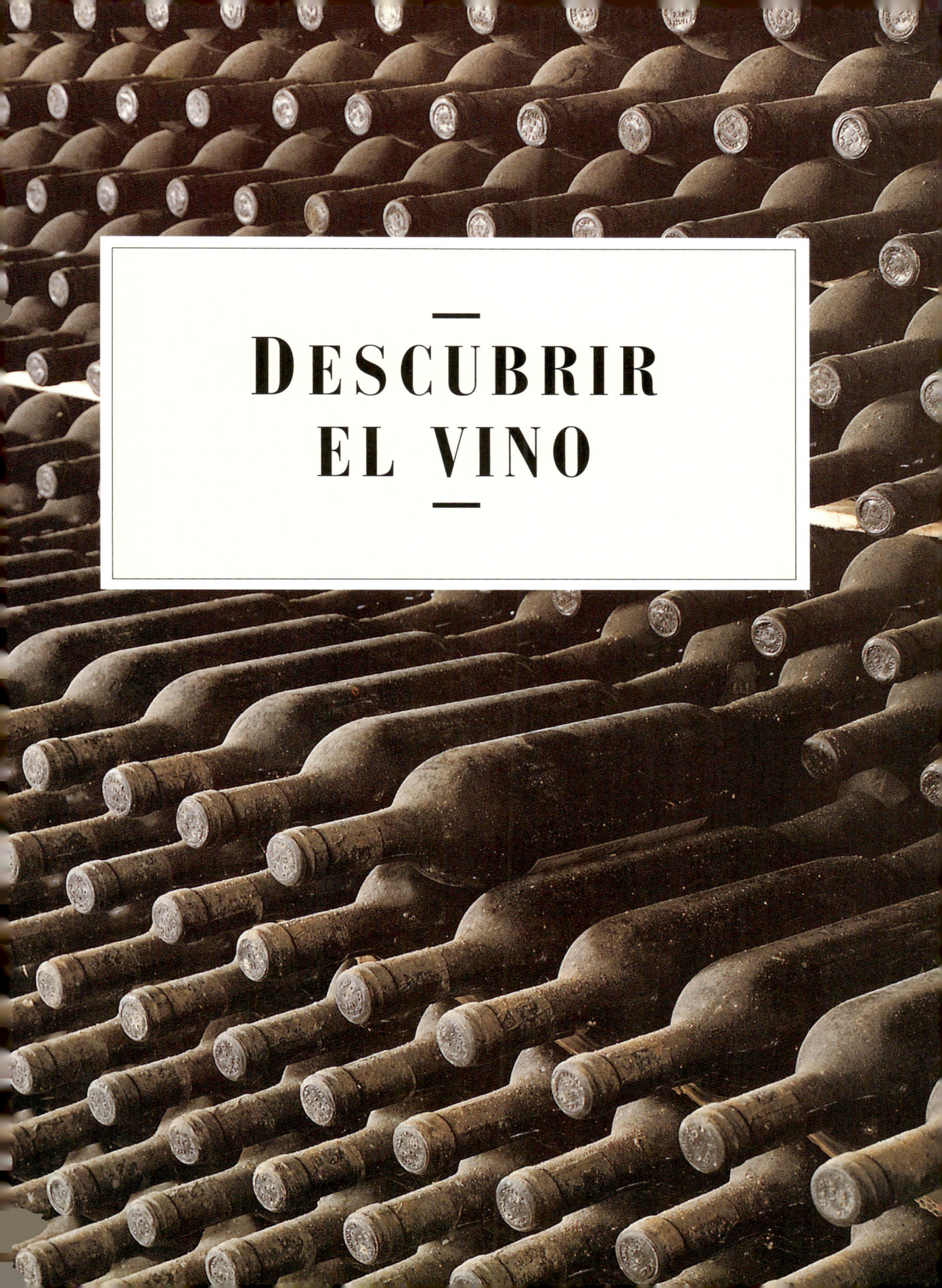

Un sacacorchos, un vaso y un rincón soleado para un picnic son suficientes para obtener un inmenso placer de una botella de vino. Por lo tanto, qué lástima si la botella está tibia o demasiado fría; si el sacacorchos rompe el corcho; si el vino no se lleva bien con los alimentos que hemos puesto en la cesta...

El centenar de páginas que siguen le permitirán conocer y degustar mejor el vino. Desde la historia del vino con sus remotos orígenes hasta las más modernas técnicas de vinificación, pasando por las distintas cepas, la conservación, el servicio, la cata y el maridaje de vinos y platos, encontrará múltiples consejos y comentarios.

Un programa atractivo

Esta primera parte se abre con la historia del vino. A continuación se propone un capítulo consagrado a la elección de los vinos, con una presentación de las principales variedades utilizadas en todo el mundo, de las diversas categorías o estilos –del blanco seco a los vinos especiales–, con unas tablas que indican claramente los vinos ligeros o espiritosos, secos o dulces... Si usted prefiere un estilo de vino en particular, o si descubre que todos sus tintos favoritos son de cabernet sauvignon, este capítulo le ayudará a encontrar novedades para ampliar sus gustos. Al final de este apartado hay un resumen sobre datos legales y menciones que pueden encontrarse en las etiquetas, así como diversos consejos para el comprador. Al mismo tiempo que se explica por qué el vino es prácticamente el único producto alimentario que puede evolucionar y mejorar con el tiempo, el capítulo concerniente a la conservación del vino ofrece consejos sobre la mejor manera de guardarlo. Seguidamente se desarrollan los diversos aspectos del servicio de los vinos, desde la temperatura requerida a la elección de las copas, pasando por la manera de descorchar un vino espumoso o la descripción detallada de la decantación.

El arte de la degustación, de la cata –ciencia y pasión al mismo tiempo–, es objeto de otro capítulo. El tema de la armonización de vinos y comidas, con una importante lista de vinos que se sugieren para acompañar determinados platos, cierra esta serie de consejos prácticos. La vinificación moderna, a la vez heredera de milenios de tradición y objeto de fascinantes modificaciones, se aborda en detalle en el capítulo llamado «La vinificación». En el siguiente capítulo, que trata de lo que pasa luego –la crianza y la conservación del vino, el proceso de embotellado y las demás etapas que recorrerá hasta llegar a la mesa–, se comentan las técnicas que, como el envejecimiento en barrica de roble, pueden cambiar el carácter de un vino.

El reino de los sentidos

El placer que procura el vino se acrecienta cuando los conocimientos adquiridos superan el enfoque meramente técnico y permiten acceder al reino de los sentidos. El arte de la cata no es misterioso y ni siquiera puede considerarse complicado: si la posibilidad de apreciar el vino ha franqueado el coto del análisis comercial para convertirse en un pasatiempo de aficionados es porque se trata de una incomparable mezcla de esteticismo, de técnica y de sensualidad. El vino exige cierta atención: ya se trate de consumirlo en una cena entre amigos o en una gran ceremonia, los conocimientos y la actitud precisa ayudarán a realzar el placer experimentado.

Aunque todo vino merece ser elegido y servido con mimo, no todos los vinos tienen algo que decir. El vino ordinario seguirá siendo ordinario por más que se sirva en copas suntuosas y a la luz romántica de las velas. Esto no significa que sólo los vinos caros sean agradables: existen en la actualidad muchos más vinos modestos, que merecen ser degustados una segunda vez, que hace sólo unos pocos años. Los consejos y los datos incluidos en esta obra le ayudarán a no caer en ciertas trampas y a sacar el mejor provecho de sus vinos, tanto en la vida diaria como en las ocasiones en las que el vino adquiere toda su importancia. En cualquier caso, el gran número de reglas, normas, clasificaciones y categorías establecidas por el mundo vinícola jamás podrá garantizar con absoluta seguridad el carácter ni la excelencia de un vino. Porque en materia de vinos nada puede sustituir la práctica: el aficionado es, en definitiva, el que se encarga de apreciar los buenos vinos y de evitar los mediocres. Provisto de un sacacorchos y de una botella bien elegida, está listo para lanzarse a la aventura.

La historia del vino

¿QUIÉN HIZO EL PRIMER VINO? ¿DÓNDE ESTABA EL PRIMER VIÑEDO? TANTAS PREGUNTAS SIN RESPUESTA. SÓLO SABEMOS QUE EL VINO HA ESTADO ÍNTIMAMENTE LIGADO A NUESTRA CULTURA, DESDE HACE SIETE MIL AÑOS, Y CONTINÚA INSPIRÁNDOLA.

El vino tiene una larga historia y cada botella puede tener la suya, lo que contribuye muchísimo a la fascinación que ejerce esta bebida. Pero su papel en la historia de nuestra cultura es incluso más amplio y más profundo. El vino es una de las primeras creaciones de la humanidad y ha ocupado una plaza privilegiada en numerosas civilizaciones. Por otra parte, representa toda una serie de descubrimientos relacionados con las primeras reacciones químicas efectuadas por el hombre: la fermentación y la oxidación. Es imposible saber quién fue el primer viticultor. Las grandes civilizaciones de la Grecia y de la Roma antiguas situaban el origen del vino en la prehistoria y rodeaban su nacimiento de leyendas. El antiguo Egipto nos ha dejado listas de vinos: los egipcios mencionaban incluso la añada, el viñedo y el nombre del vinificador en sus jarras: fueron las primeras etiquetas. Los babilonios llegaron a promulgar leyes reglamentando la explotación de una tienda de vinos. En la *Epopeya de Gilgamesh*, la primera obra de ficción de la literatura universal, datada hacia el año 1800 a. de C., se habla en términos poéticos de un viñedo mágico formado por piedras preciosas. Es posible hacer vino incluso con uvas silvestres. Gracias a los azúcares concentrados en los granos y a la abundancia de su jugo, la uva es el único fruto con una tendencia natural a fermentar. De este modo, cuando la uva está madura, su jugo entra en contacto con las levaduras, presentes naturalmente en la piel de las bayas. Si el jugo se encuentra en un recipiente, el vino se hará solo. Es posible imaginarse a un hombre de la Edad de Piedra depositando unos racimos maduros en algún tipo de recipiente –pote de arcilla, bol de madera u odre de piel– y dejándolos fermentar, quizá por haberse olvidado de ellos. Cuando hace calor, es cuestión de horas. Después de unos días, el líquido obtenido será una especie de vino. ¿Quién fue el primero que bebió ese zumo excitante y delicioso? No lo sabremos jamás, pero él –o ella– vivió posiblemente la experiencia de la primera «resaca». Elemento festivo o de ceremonia religiosa, medicamento o antiséptico, el vino ha desempeñado numerosos papeles. Pero uno de los acontecimientos cruciales de su historia se remonta a fechas relativamente recientes: el dominio del arte de la crianza. El hecho de poder guardar un vino durante años –y conseguir mejorarlo en barricas o en botellas– marca el nacimiento del vino de calidad.

Numerosas civilizaciones han considerado el vino como el acompañamiento imprescindible de un banquete. En la época de este mosaico, uno o dos siglos a. de C., los romanos sabían ya qué viñedos producían los mejores vinos.

El primer viñedo

Es probable que se produjeran vinificaciones accidentales en todas partes donde hubiese a la vez uvas en estado silvestre y población humana. Un paso muy considerable fue franqueado con el cultivo de la vid. Los arqueólogos pueden determinar si las pepitas encontradas en yacimientos habitados provienen de uvas silvestres o cultivadas. Se han descubierto pepitas de vid cultivada en el Cáucaso, al este del mar Negro. Tienen una antigüedad de unos siete mil años. Así, puede decirse que el primer viñedo fue plantado con toda probabilidad entre los actuales territorios de Turquía, Georgia y Armenia. Sabemos que en esta región, cuyo clima y relieve son particularmente propicios al cultivo de la vid, crecía antaño en estado silvestre.

Vino y religión

El aspecto esencial de este primer período de la historia del vino es que los griegos de la antigüedad –y a continuación los romanos– le reservaban un importante lugar en sus vidas. Por esta razón, y sobre todo por sus usos religiosos y rituales, el vino se convirtió en un elemento clave de la civilización occidental. Ya en tiempos de la antigua Grecia también los chinos conocían el vino, pero no lo explotaban de forma sistemática. El cultivo de la vid aparece igualmente en ciudades de Persia y de la India, aunque no deja en ellas huellas muy profundas. En cuanto a la América precolombina, sus culturas jamás descubrieron el vino pese a la presencia de vides silvestres y a la existencia de civilizaciones refinadas.

La práctica y las creencias cristianas descienden en línea recta de los rituales griegos y romanos. El empleo del vino en forma sacramental está ligado directamente con el judaísmo, pero las similitudes más fuertes aparecen en la comparación con el culto griego de Dioniso, dios del vino, y de Baco, su equivalente romano. Según la leyenda, Dioniso llevó el vino a Grecia desde Asia Menor, la actual Turquía. Hijo de Zeus, Dioniso tuvo un doble nacimiento, uno humano y otro divino (el mito es bastante oscuro, al menos para nosotros), y en el primero su madre era una simple mortal, Semele. Este dios era la vid y el vino era su sangre.

Hasta los caballos se emborrachaban durante las orgías báquicas de la antigua Roma.

LOS DIOSES DEL VINO

Dioniso era el dios de la vid y del vino, aunque muchos otros, con leyendas análogas, aparecen en las más diversas civilizaciones con notable regularidad. Una inscripción del año 2700 a. de C. menciona a la diosa sumeria Gestín con el significativo nombre de «madre cepa».
Otro dios sumerio se llamaba Pa-gestín-dug («buena cepa») y su esposa Nin-kasi, que significa «dama del fruto embriagador».
En Egipto, el dios del vino era Osiris, al que se evocaba como el vino «lágrimas de Horus» o «sudor de Ra» (dios del sol). Aunque, más tarde, Jesús dijo «yo soy la vid», el judaísmo no estableció ninguna relación entre Dios y el vino. Prohibía incluso las libaciones, ofrendas de vino a los dioses tan frecuentes en Babilonia, en Grecia y en otras religiones. El vino es importante en el ritual judío, pero su abuso está mal visto.
Cuando el cristianismo se convirtió en religión dominante, hizo desaparecer a Dioniso y a Baco. La desvergüenza que caracterizaba las bacanales fue considerada sacrílega por los primeros obispos, sobre todo porque en ellas participaban las mujeres.

Los romanos, cuya expansión coincidió con el declive de Grecia, incorporaron los dioses griegos adaptándolos a sus características. Así, Dioniso se convirtió en Baco, nombre que ya recibía en las ciudades griegas de Lidia, en Asia Menor. De dios del vino, Baco se convirtió en salvador y su culto se extendió sobre todo entre las mujeres, los esclavos y los pobres, hasta el punto de que los emperadores intentaron prohibirlo sin demasiado éxito. El cristianismo, cuyo desarrollo es indisociable del Imperio romano, asimiló numerosos símbolos y ritos báquicos, y atrajo, en los primeros tiempos, a las mismas categorías de fieles. La significación de la eucaristía es un tema demasiado complejo para ser evocado en pocas líneas. Digamos simplemente que el vino de la comunión era por lo menos tan necesario en una asamblea de cristianos como la presencia de un sacerdote. Gracias a este lugar vital que ocupaba en las prácticas religiosas, el vino subsistió incluso durante el sombrío período de las invasiones bárbaras que acompañaron la decadencia de Roma.

LAS REGIONES VITÍCOLAS DE LA ANTIGÜEDAD MEDITERRÁNEA

Los egipcios, los sumerios y los romanos daban un nombre a sus viñedos y discutían para establecer cuáles eran los mejores vinos. El país que la Biblia llama Canaán –tal vez Fenicia o Siria– era famoso por su vino. «El vino de los lagares de Daha es tan abundante como el agua viva», escribió un cronista egipcio. Daha se encontraba en alguna parte del país de Canaán, donde los egipcios compraban madera para sus construcciones y, desde luego, vino. Según la Biblia, los hebreos habían traído de Canaán un racimo de uvas tan grande que fueron necesarios dos hombres para transportarlo. El Antiguo Testamento está lleno de referencias a viñedos. Los romanos dejaron esmeradas definiciones de los mejores vinos de Italia. En el más alto rango se situaba el de Falerno, localidad al sur de Roma, que estaba considerado como el mejor de la época, seguido de los vinos de Alba (los montes Albanos de la actualidad). En Pompeya, gran puerto vitícola de la Italia romana, un comerciante en vinos se hizo tan rico que pudo mandar construir a su costa el teatro y el anfiteatro de la ciudad. Los romanos apreciaban también los vinos de España, de Grecia y –en la época imperial– los de la Galia, el Rin y el Danubio.

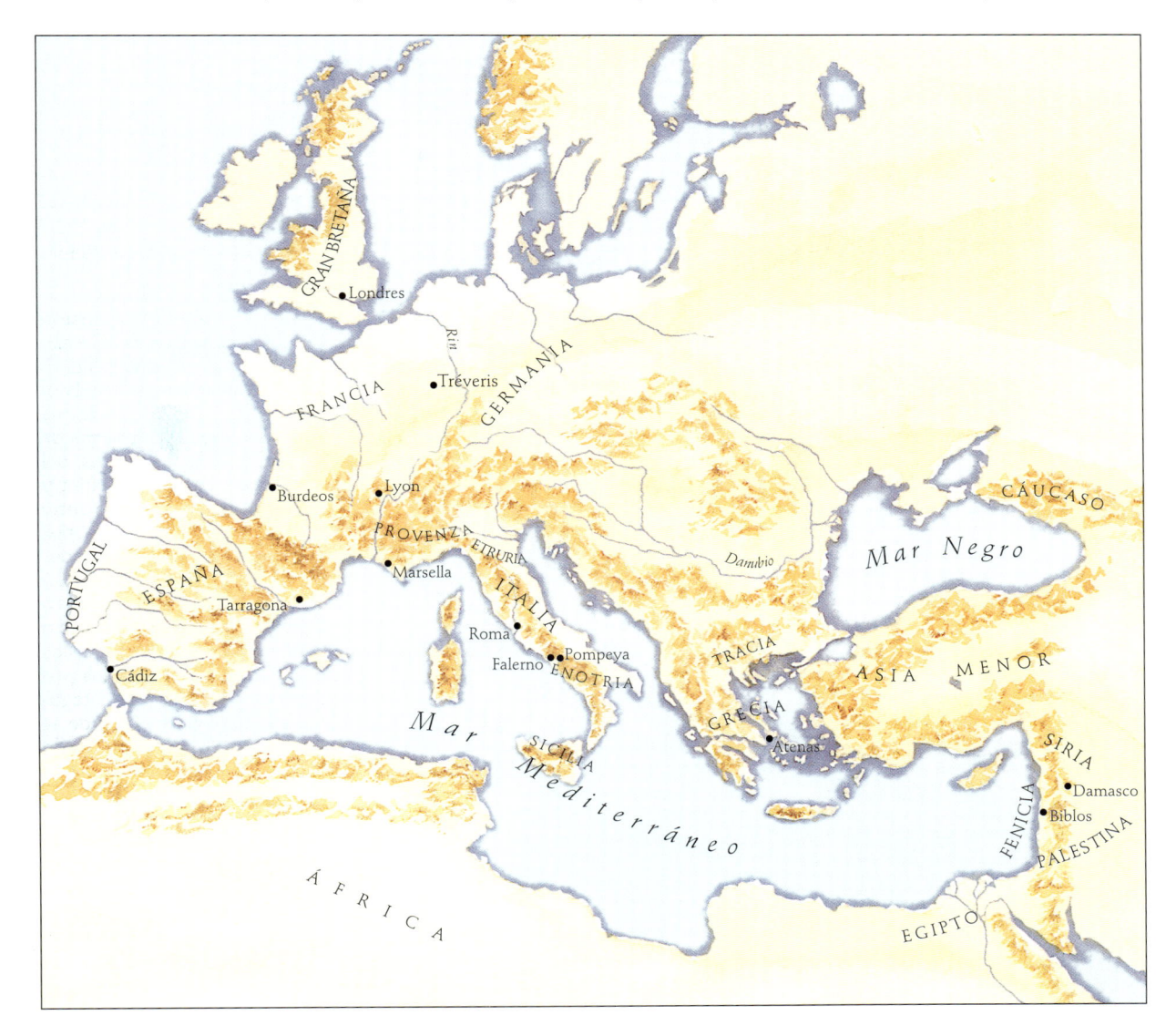

Los monjes y el vino

El vino estaba estrechamente relacionado con el estilo de vida mediterráneo. Al norte de los Alpes, las actividades sedentarias –como el cultivo de la vid– estaban en peligro frente a las oleadas de temibles invasores. Solamente la Iglesia, que necesitaba vino y era capaz de garantizar una continuidad de consumo, permitió la supervivencia de la viticultura. Cuando Europa consiguió salir de esos tiempos tempestuosos, los viñedos se encontraban precisamente alrededor de monasterios y catedrales.

Los monjes no se contentaron con hacer vino: lo mejoraron. En la Edad Media, los cistercienses de Borgoña fueron los primeros en estudiar el suelo de la Côte d'Or, en transformar los viñedos seleccionando las mejores plantas, en experimentar con la poda y en elegir las parcelas no expuestas a las heladas, que eran las que daban las uvas más maduras. Rodearon sus mejores viñedos con muros: los *clos* que sobreviven, aunque sólo sea a través del nombre, son una prueba de la perspicacia de estos monjes viticultores. Los cistercienses de Kloster Eberbach hicieron lo mismo en el Rheingau. Todos sus esfuerzos tendían a producir un vino destinado no solamente a la misa, sino a la venta, ya que los monjes desempeñaron un papel esencial en el comercio de vinos durante la Edad Media.

El paulatino retorno a una cierta tranquilidad permitió la expansión de los viñedos y reanimó el comercio. El vino nunca había perdido completamente su valor de bien de cambio: durante la alta Edad Media (del siglo V al X aproximadamente), por los mares occidentales surcados de piratas, los navíos mercantes zarpaban discretamente de Burdeos o de la desembocadura del Rin rumbo a Gran Bretaña, Irlanda o más al norte todavía. Cualquier jefe bárbaro regaba sus fiestas con vino; el ermitaño más aislado siempre lo necesitaba para la comunión.

Con esta resurrección del negocio aparecieron las grandes flotas del vino: centenares de barcos iban hasta Londres o los puertos de la Hansa. Los ríos también se convirtieron en importantes rutas comerciales: las barricas repletas de vino eran pesadas y difíciles de mover, por lo que el transporte por barco resultaba el más indicado.

Para el hombre medieval, el vino o la cerveza no eran un lujo, eran una necesidad. Las ciudades ofrecían un agua impura y con frecuencia peligrosa. Al desempeñar el papel de antiséptico, el vino fue un elemento importante de la rudimentaria medicina de la época. Se mezclaba con el agua para hacerla bebible. Pocas veces se tomaba agua pura, al menos en las ciudades. «El agua sola no es sana para un inglés», escribió en 1542 el erudito británico Andrew Boorde.

Grandes cantidades de vino circulaban en aquella época. En el siglo XIV las exportaciones de Burdeos hacia Inglaterra eran tan importantes que su media anual no fue superada hasta 1979. El rey Eduardo II de Inglaterra encargó el equivalente de más de un millón de botellas con ocasión de su boda con Isabel de Francia, en 1308. Bajo el reinado de Isabel I, casi tres siglos después, los ingleses bebían más de cuarenta millones de botellas de vino por año para una población de poco más de seis millones de habitantes.

El aficionado al buen vino

La demanda de vinos de consumo diario ocupó a los viticultores y bodegueros durante muchos siglos. Pero hacia finales del siglo XVII apareció en el mercado una nueva exigencia: se pedían vinos que procuraran una experiencia estética. Los romanos de la antigüedad ya habían buscado las mejores añadas del imperio, del mismo modo que los reyes y los abades de la Edad Media exigían también lo mejor. Pero la novedad, en Francia y naturalmente en Inglaterra, fue la emergencia de una nueva clase social con dinero y buen gusto que estaba dispuesta a pagar lo que fuera por un gran vino.

En Francia, los cortesanos de la Regencia (1715-1723) reclamaron –y obtuvieron– grandes cantidades de champagne de mejor calidad y más efervescente. En Inglaterra, durante la misma época, los grandes personajes del reino, encabezados por el primer ministro Robert Walpole, buscaban los mejores vinos tintos de Burdeos.

A esta generación debemos el concepto de «gran vino» tal como lo conocemos en la actualidad. Hasta entonces, el vino se bebía dentro del año de la cosecha; cuando se acercaba la nueva vendimia, el precio del vino «viejo» caía. En 1714, un comerciante parisino reclamaba a su corresponsal en Burdeos «buen vino, vino fino, viejo, negro y aterciopelado». Naturalmente ya se sabía criar y mejorar el vino. Comenzaba la era de los vinos de calidad.

Se atribuye generalmente a Arnaud de Pontac, presidente del parlamento de Burdeos hacia 1660, el mérito de haber inaugurado esta búsqueda de la calidad. Propietario del Château Haut-Brion, se puso a producir un nuevo tipo de vino empleando métodos que más tarde serían corrientes: bajo rendimiento, selección esmerada, rigor en la vinificación y añejamiento en bodega. El objetivo era evidentemente crear una reputación que justificase un precio elevado. En Londres, los vinos de Haut-Brion llegaban a triplicar el precio de otros buenos vinos. En una generación, otras denominaciones bordelesas –con Latour, Lafite y Margaux a la cabeza– se habían incorporado a esa corriente. Los refinamientos se sucedían: selección de las mejores variedades, drenaje de los viñedos, precisión creciente en la crianza y en las operaciones realizadas en la bodega. Empezaron así a producirse vinos finos en grandes cantidades.

Francia tuvo que esperar la revolución industrial para que la producción de vino de mesa alcanzase un volumen equivalente. El desarrollo de las ciudades, en las que la población obrera no cesaba de crecer, fue el factor que multiplicó la demanda de vino barato. El ferrocarril permitió satisfacerla –gracias a los amplios y soleados viñedos del Midi.

Las plagas de la vid

Precisamente en el Midi francés apareció por vez primera, en 1860, la más devastadora de las plagas de la vid: la filoxera, un pulgón del tamaño de una cabeza de alfiler que provocaba la muerte de la vid al nutrirse del jugo de sus raíces. Había llegado accidentalmente de América del Norte cuando los barcos de vapor comenzaron a atravesar el océano lo bastante rápido como para que el parásito, presente en las plantas importadas, pudiese sobrevivir al viaje. Toda Europa se vio afectada: casi ninguna vid pudo escapar de la plaga. Al cabo de cuarenta años de estragos se encontró la solución: las vides injertadas en pies americanos eran inmunes. Pero la filoxera no fue el único problema: dos enfermedades, el oídio y el mildiu, atacaron las viñas europeas en la misma época. En muchas regiones de Europa, numerosos viñedos arrasados por la filoxera nunca se han vuelto a replantar.

El gran desarrollo del siglo XX

Es innegable que el mundo del vino tuvo que dedicar una buena parte del siglo XX a reponerse de la crisis atravesada en la segunda mitad del XIX. Después de la Primera Guerra Mundial, el consumo europeo alcanzó nuevos récords, pero el vino, procedente del Midi francés, de La Mancha o del norte de África, era mediocre. Incluso los grandes vinos –de Burdeos, de Borgoña, del Rin y del Mosela– se vendían a bajo precio: sus consumidores, en otro tiempo prósperos, se habían visto afectados por las guerras y las crisis. Los viñedos más favorecidos fueron los del Nuevo Mundo: al oeste de Estados Unidos, en Australia, en Sudáfrica y en Nueva Zelanda, inmigrantes llegados de Europa plantaban en suelos vírgenes para aplacar la sed de otros colonos.

La búsqueda de autenticidad

Los esfuerzos llevados a cabo para superar las consecuencias de la filoxera y las crisis económicas incluyeron el desarrollo de la legislación vitícola. Se intentaba también combatir el fraude: vinos ordinarios etiquetados bajo grandes nombres, vinos adulterados, etc. De esta forma nació el sistema francés de denominaciones de origen (AOC) y las reglamentaciones que se han inspirado en él, aunque sea parcialmente, en casi todo el mundo.

Los tumultos protagonizados por los viticultores de Champagne en 1911, debidos a los bajos precios de sus vinos, constituyeron el episodio más señalado de una larga serie de protestas. Después de la Primera Guerra Mundial, el gobierno francés aprobó la mencionada AOC, que se convirtió a partir de ese momento en un sistema de garantía de autenticidad. Variedades, límites territoriales, métodos de poda: todo está reglamentado.

El descubrimiento del control

La ciencia empezó entonces a desempeñar un papel importante y se desarrollaron programas de investigación sobre la vid, la fermentación o la crianza en bodega. Con el conocimiento llegó el control: los rendimientos se hicieron mucho más previsibles y elevados. Paralelamente, el consumo de vino se convirtió en un fenómeno que se puso de moda en el mundo entero. Los viñedos famosos consiguieron estar a la altura de la demanda gracias a excelentes y abundantes vendimias (la década de los 80 fue particularmente notable en este sentido). Por otra parte, los mejores vinos del Nuevo Mundo comenzaron a rivalizar en calidad con los mayores clásicos europeos. Para los productores, el fin del siglo XX marca un período de prosperidad; para los aficionados al vino, una edad de oro, con abundancia de buenos vinos a precios relativamente razonables. Las víctimas de esta evolución son sin duda los productores de vinos baratos.

Sin duda nuevos países productores van a acceder a un mercado en buena medida saturado. Las técnicas actuales permiten mejorar rápidamente los vinos de las regiones menos famosas, como lo demuestran los resultados de las inversiones realizadas en el Languedoc-Rossellón. Para el consumidor, el porvenir inmediato promete vinos mejores y mayores cantidades. En cuanto a los productores, se verán enfrentados a un duro reto por la competencia internacional.

Motín de los viticultores de Champagne, en 1911, contra la importación de vinos extranjeros.

LA HISTORIA DEL PRECIO DE LOS GRANDES VINOS

El precio de los vinos y el volumen de su producción han fluctuado enormemente a lo largo de los siglos. Estas variaciones se han producido en función de los caprichos de la climatología y de las condiciones económicas, que restringían la oferta en cantidad o en calidad y la demanda de la clientela respectivamente.

El hecho de que los vinos de calidad se conserven bien ha evitado que sus precios sufrieran hundimientos espectaculares como los que han afectado a otros cultivos. Sin embargo, el mundo del vino ha padecido largos períodos durante los cuales la producción no ha sido en absoluto rentable.

Los grandes vinos de Burdeos confirmaron su supremacía desde el siglo XVII, lo que ofrece un interés especial a la historia de la fluctuación de sus precios. Aunque en algunas épocas no estuvieron tan de moda, nunca han tenido una verdadera competencia.

El auge de los grandes vinos

Estudiando los archivos bordeleses, se puede ver a qué época se remonta el auge de los *grands crus*, destinados al añejamiento y surgidos de ciertas denominaciones de origen de nombre prestigioso. En 1647, el precio de los vinos *palus* ligeros y fáciles de beber, producidos en las buenas tierras que bordeaban el río, eran más elevados que los de Graves o Médoc. Dos generaciones más tarde, en 1714, los vinos finos que llevaban el nombre de un *château* –Pontac (en la actualidad Haut-Brion), Latour, Lafite, Margaux– costaban cinco veces más que los vinos corrientes de Burdeos que se bebían jóvenes. Los *grands crus* acababan de nacer y de confirmar su derecho a unos precios altos, privilegio que han conservado hasta nuestros días.

Los archivos del Château Latour, cuya reputación como *premier cru* se remonta a tres siglos –confirmada por la clasificación hecha en 1855–, incluyen una serie muy completa de cifras concernientes a los precios de venta y al volumen de las vendimias (véase gráfico en esta misma página).

Los precios pasaron de un mínimo de 250 francos el tonel de 900 litros, en 1809, a un récord de seis mil francos en 1867. Los propietarios de Château Latour vendían su vino a los bodegueros de Burdeos y el precio se fijaba cada año. En determinadas épocas, los propietarios firmaban contratos a precio fijo, como lo demuestran los gráficos correspondientes a las décadas de 1840, 1880 y 1900.

La edad de oro y las crisis

La variación del precio de los vinos no está siempre determinada por una menor producción o una mayor calidad, y los *grands crus* han conocido por otros motivos períodos de bonanza seguidos de duras crisis. El oídio arrasó los viñedos entre 1853 y 1854. Unos años después llegó el mildiu y luego la filoxera. Los viñedos bordeleses padecen también las grandes heladas invernales, como la de 1956. Además, los precios vienen dictados por la demanda y tienen máximos (como el de 1973) y mínimos (como el de 1974). Hay que esperar a la década de los 80 para asistir a una clara subida de los precios medios seguida de una estabilidad de varios años. Esta nueva edad de oro fue coronada por grandes añadas como las de 1982, 1985, 1986, 1988, 1989 y 1990.

Precios y clasificación

En la primera mitad del siglo XIX aparecieron numerosos intentos de clasificación que desembocaron en la lista establecida con ocasión de la Exposición Universal de 1855. Los criterios para establecer esta jerarquía se basaron en la media de los precios obtenidos por los diversos vinos en el transcurso de la generación anterior. La demanda del mercado podía considerarse como un verdadero espejo de la calidad, y fueron los precios de la época los que dieron a cada vino su rango. El único cambio en la mencionada clasificación de 1855 data de 1973, año en el que el Mouton fue promovido de segundo a *premier cru*.

Fluctuaciones del precio del vino

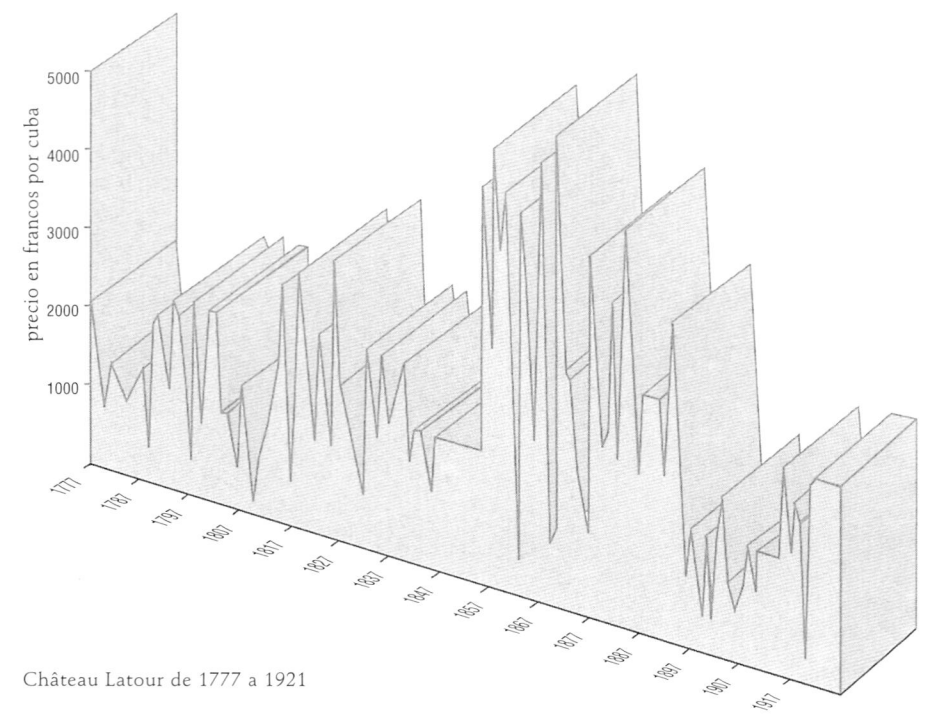

Château Latour de 1777 a 1921

LA ELECCIÓN DE LOS VINOS

UNA TIENDA PUEDE OFRECER A SUS CLIENTES CIENTOS DE VINOS DEL MUNDO ENTERO. ES MUCHO MÁS FÁCIL ELEGIR UNA BOTELLA SI SE SABE QUE LOS VINOS PUEDEN CLASIFICARSE SEGÚN SU ESTILO.

En la actualidad el aficionado al vino puede escoger entre una gama impresionante de vinos. En las grandes ciudades, las tiendas ofrecen productos procedentes de veinte o de cuarenta países distintos. Incluso en los países vitícolas, que beben tradicionalmente los vinos de su propio territorio, los hipermercados están permanentemente buscando la novedad, la mejor relación calidad/precio y vinos de gama alta. El consumidor no se enfrenta solamente a un problema de elección, sino también al de las etiquetas y las descripciones, que le resultan a menudo poco familiares. Los vinos difieren según el origen, las variedades, la elaboración y la edad. La denominación de origen es la que da el mayor número de pistas sobre un vino. Un buen punto de partida es conocer las diferentes regiones de los países vitícolas del mundo, los estilos de vino que producen y sus gustos. La importancia de las cepas se ha acrecentado mucho desde que regiones como California o países como Australia se han incorporado al mercado, ya que son dos ejemplos de etiquetaje basado sobre todo en las variedades. Esta tendencia se ha expandido recientemente por Europa, donde antes era muy poco habitual a excepción de Italia, Alemania y Alsacia. Las técnicas de vinificación se han modificado enormemente desde la década de los 60, por lo que merecen un capítulo especial. La edad de un vino, finalmente, también influye mucho en su carácter. El capítulo sobre el almacenamiento de los vinos explica por qué la edad tiene tanta importancia. Si usted elige una botella de vino que piensa beber en un futuro próximo –en vez de hacerla envejecer en la bodega–, será necesario que decida previamente cuándo la servirá. ¿Quiere un vino refrescante o un vino para saborear poco a poco? ¿Desea un vino de diario o una botella prestigiosa para una gran comida? La armonización de los vinos y los diferentes platos se trata ampliamente en otro capítulo; los «matrimonios» mejor avenidos permiten que el sabor de los alimentos descubra el carácter del vino y resalte sus aromas.

Una oferta tan amplia puede resultar en ocasiones desconcertante, pero con unos conocimientos básicos dispondrá de todos los elementos necesarios para adentrarse en el universo del vino y apreciarlo... En las páginas siguientes, le proponemos una guía de los estilos de los diferentes vinos, agrupados por colores y caracteres.

Con una lectura atenta de la etiqueta se puede determinar el origen del vino y tener una idea precisa sobre su sabor y sus características. El precio puede indicar si se trata de un vino para consumo cotidiano o de una botella para una gran ocasión.

LOS VINOS BLANCOS

¿Desea usted un vino blanco que sea una bebida refrescante o un néctar (una copa llena de perfumes intensos)? Los precios pueden servir de guía, pero dependen también del sitio en el que se encuentre: una locura en Nueva York puede ser un vino bastante ordinario en Italia.

El vino blanco puede presentar toda la gama de matices: desde extremadamente seco a muy dulce, pero resulta fácil clasificarlo en seis categorías principales.

Los vinos «ligeros y secos», que hay que beber cuando son jóvenes, rara vez se añejan en barrica de roble. Se embotellan sin azúcares residuales y son pobres en extractos (los componentes que dan sustancia, o cuerpo, al vino). Estos vinos deben servirse fríos, solos o para acompañar alguna comida.

Los vinos blancos «secos y amplios» contienen más materia y, aunque se consideren técnicamente secos, poseen la dulzura de los frutos maduros. Son vinos que pueden haber envejecido en barrica y/o en botella. Los vinos blancos más amplios normalmente pueden envejecer en botella.

Los vinos «aromáticos» proceden de determinadas variedades y pueden ser secos o semisecos.

Los vinos «semisecos» se suelen embotellar antes de que la totalidad de los azúcares de la uva se haya transformado en alcohol (véase «La vinificación», p. 106). Su ligereza y su débil graduación alcohólica los hacen menos aptos para ser consumidos en compañía de platos consistentes.

Los más «dulces» de todos son los vinos intensamente concentrados, que se consumen lentamente porque su materia es compleja.

Algunos vinos se elaboran en diversos estilos: el oloroso jerezano, por ejemplo, puede ser seco o ligeramente abocado.

Un vino puede también diferenciarse de otro por la manera en que ha sido elaborado. Es posible advertir estas diferencias cuando se comparan vinos que han sido fermentados o envejecidos en barricas con aquellos que no lo han sido. El rioja tradicional, tinto o blanco, se cría en barrica, lo que le confiere su característico cuerpo y sus aromas de vainilla. Pero las nuevas tendencias se decantan por no dejar envejecer exageradamente el vino en barrica para preservar su frutalidad.

Aunque los productores den a su vino el nombre de una variedad determinada, el estilo puede variar en función del clima y de los suelos de cada parcela. Un chardonnay del Alto Adigio, en el norte de Italia, será vivo y fresco, con la acidez propia de las uvas maduras de una región fría, mientras que un chardonnay catalán será más amplio y con matices de frutas exóticas.

Muchos factores dependen también de las elecciones hechas por el productor. Así, un riesling de Alsacia será generalmente seco, mientras que los riesling alemanes (salvo los denominados *trocken*) tienden a ser más bien dulces.

Vinos blancos de todo el mundo: Borgoña, Alemania, California y Australia.

CÓMO LEER LAS TABLAS

Las tablas que pueden consultarse a continuación constituyen un listado de los vinos más fáciles de encontrar en el mundo agrupados según su estilo. Se empieza por los más ligeros para continuar con los vinos de mayor contenido en azúcares residuales, con más carácter.

El nombre que se ha elegido para figurar en las tablas es por lo general el que se encontrará en las etiquetas: de todas formas es bueno saber que en determinados países el nombre de la región determina el estilo, mientras que otros ponen el acento sobre la variedad.

Las cifras que figuran a la izquierda de cada tabla indican la graduación alcohólica (aunque el contenido en alcohol puede variar ligeramente de un productor a otro y de una cosecha a otra).

Busque el nombre de un vino que le guste: los vinos que figuran al lado pueden tener aromas muy diferentes pero se trata de vinos de estilo parecido.

LOS ESTILOS DE VINO BLANCO

Estas tablas son todo lo exhaustivas posible. Los nombres que figuran en ellas son los que aparecen por lo general en las etiquetas: nombre de la región (p. ej., Bergerac), clasificación (p. ej., Kabinett Trocken) o variedad (p. ej., pinot blanc).

1. LIGEROS Y SECOS

9 % vol	Gros-Plant (Francia)
	Kabinett Trocken (Alemania, Austria)
	Vinho verde (Portugal)
10 % vol	Txacol (España)
	Vinos ingleses
11 % vol	Bergerac sec (Francia)
	Kabinett Halbtrocken (Alemania, Austria)
	Navarra (España)
	Pinot Blanc (diversas procedencias)
	Pouilly-sur-Loire (Francia)
	Soave (Italia)
12 % vol	Anjou (Francia)
	Bianco di Custozza (Italia)
	Chasselas, Fendant (Suiza)
	Chenin Blanc, Steen (Sudáfrica)
	Entre-deux-Mers (Francia)
	Frascati Secco (Italia)
	Gaillac (Francia)
	Muscadet (Francia)
	Nuragus di Cagliari (Italia)
	Saumur (Francia)
	Trebbiano & Verdicchio (Italia)

2. SECOS Y AMPLIOS

10 % vol	Spätlese Trocken (Alemania)
11 % vol	Colombard (Sudáfrica)
	Penedès (España)
	Rioja —no criado en barrica (España)
	Sémillon/Chardonnay (Australia)
	Vernaccia di San Gimignano (Italia)
12 % vol	Chablis (Francia)
	Chardonnay (diversas procedencias)
	Côtes-du-Rhône (Francia)
	Graves (Francia)
	Lugana (Italia)
	Mâcon-Villages (Francia)
	Orvieto Secco (Italia)
	Pouylli-Fumé (Francia)
	Riesling, Alsacia (Francia)
	Rueda (España)
	Sancerre (Francia)
	Silvaner, Sylvaner (diversas procedencias)
13 % vol	Coteaux-du-Languedoc, Picpoul-de-Pinet (Francia)
	Jurançon sec, Vin Jaune (Francia)

3. SECOS Y CONCENTRADOS

11 % vol	Pomino (Italia)
	Torgiano (Italia)
12 % vol	Bourgogne Premier cru y Grand cru (Francia)
	Chablis Premier cru y Grand cru (Francia)
	Gavi (Italia)
	Graves Cru classé (Francia)
	Grechetto (Italia)
	Rías Baixas (España)
	Riesling, Johannisberg Riesling (Australia, Nueva Zelanda, California, Sudáfrica)
	Rioja —criado en barrica (España)
	Sémillon (Australia)
	Vermentino di Gallura (Italia)
	Vouvray (Francia)
13 % vol	Châteuneuf-du-Pape (Francia)
	Pouilly-Fuissé (Francia)
	Saint-Véran (Francia)
	Savennières (Francia)
	Vendimia tardía (Francia)
14 % vol	Hermitage Blanc (Francia)

4. AROMÁTICOS

11 % vol	Müller-Thurgau, Riesling-Sylvaner (Alemania, Suiza, regiones del Danubio)
	Optima (Alemania)
	Pinot Grigio (Italia)
	Scheurebe (Alemania)
	Seyval (diversas procedencias)
12 % vol	Albariño (España)
	Fumé Blanc (California)
	Grüner Veltliner (Austria)
	Muscat (diversas procedencias)
	Muscat-Ottonel (Austria, regiones del Danubio)
	Pinot Gris, Rulander, Tokay d'Alsace (Francia)
	Retsina (Grecia)
	Sauvignon Blanc (Estados Unidos, Australia, Nueva Zelanda, Brasil, Sudáfrica, España)
	Tocai Friulano (Italia)
	Viognier (diversas procedencias)
13 % vol	Condrieu (Francia)
	Gewürztraminer (diversas procedencias)

5. SEMI-SECOS

6 % vol	Moscato d'Asti (Italia)
7 % vol	
8 % vol	Lambrusco (Italia)
	Mosel QbA (Alemania)
9 % vol	Liebfraumilch (Alemania)
	Rhein QbA (Alemania)
10 % vol	Riesling Kabinett, Riesling Spätlese (Alemania, Austria)
11 % vol	Frascati Amabile (Italia)
	Laski Rizling, Olaszrizling, Welschriesling (regiones del Danubio)
12 % vol	Chenin Blanc (California, Sudáfrica)
	Côtes-de-Bergerac (Francia)
	Gaillac moelleux (Francia)
	Orvieto Abboccato (Italia)
	Malvoisie (Suiza)
13 % vol	Jurançon (Francia)
	Riesling vendimia tardía (California, Australia)
	Vouvray moelleux (Francia)
14 % vol	Recioto di Soave (Italia)

6. DULCES Y LICOROSOS

9 % vol	Vino botrytizado (diversas procedencias)
10 % vol	Riesling Auslese (Alemania)
	Trockenbeerenauslese (Alemania, Austria)
11 % vol	Eiswein (Alemania, Austria, Canadá)
	Moscatel de Valencia (España)
12 % vol	Beerenauslese (Alemania, Austria)
13 % vol	Bonnezeaux, Coteaux-du-Layon (Francia)
	Prèmieres-Côtes-de-Bordeaux (Francia)
	Quarts-de-Chaume (Francia)
	Selección de granos nobles (Francia)
	Vin de Paille (Francia)
14 % vol	Malvasía de Canarias (España)
	Monbazillac (Francia)
	Moscato di Pantelleria (Italia)
	Sauternes, Barsac, Cérons, Loupiac (Francia)
	Saint-Croix-du-Mont (Francia)
	Tokaji Aszú (Hungría)
15 % vol	Orange Muscat (California, Australia)
	Vino Santo (Italia, España)
16 % vol	
17 % vol	
18 % vol	Malvasia delle Lipari (Italia)

Los vinos tintos

La mayoría de los vinos tintos están concebidos para que tengan un sabor seco. Los tintos varían en función de su densidad y de su astringencia. Asimismo su vida tiene una duración muy diferente de la de los vinos blancos: algunos se elaboran para ser bebidos jóvenes –como la mayoría de los vinos blancos–, pero otros pueden envejecer durante decenas de años y mejorar poco a poco. Un vino tinto pensado para envejecer procura poco placer si se bebe joven. Para los consejos sobre la edad en la que conviene beber cada vino, véase «La crianza en botella», p. 57.

Entre los «rosados», en cambio, hay escasas diferencias: pocos son los que envejecen bien. Se distinguen sobre todo por su mayor o menor dulzor. Algunos, como el rosado de Anjou o el *blush* californiano, son ligeramente dulces; otros –la mayor parte de los rosados provenzales o españoles– son secos.

Los vinos tintos que pertenecen a la categoría «ligeros, afrutados, no envejecidos» deben beberse jóvenes. Proceden por lo general de variedades como garnacha, gamay, cabernet franc y de otras que producen vinos poco tánicos (los taninos son el elemento esencial en el envejecimiento de los vinos tintos). Los vinos tintos de «cuerpo medio» configuran la categoría más numerosa, que incluye una importante cantidad de los vinos de buena calidad y la mayoría de los de calidad media. Algunos pueden envejecer bien y pertenecen a la categoría de «vinos de guarda».

La categoría de «concentrados intensos» agrupa los vinos tánicos de aromas intensos, generalmente muy afrutados (sobre todo en América). La mayoría de estos vinos envejece bien.

Los vinos «de guarda» o para añejar provienen de regiones clásicas o de grandes cosechas de regiones menos conocidas que se han dejado envejecer en botella. Estos vinos se clasifican aparte, porque su sabor, cuando están maduros, es muy distinto.

Los «especiales» de la tabla que puede consultarse en la página siguiente incluyen las excepciones a la regla que dice que la mayor parte de los tintos son secos. Según la tradición mediterránea,

Los vinos franceses clásicos, borgoña y burdeos, flanqueados por un vino italiano y uno español.

estos vinos, elaborados a partir de uvas parcialmente desecadas –con una fuerte graduación de azúcar convertible en alcohol– son intensos y generalmente dulces. En Italia, este estilo de vinificación recibe el nombre de *passito* o *recioto*. Los vinos italianos etiquetados bajo el término *liquoroso* son, en cambio, vinos dulces naturales (véase p. 39).

Ciertos vinos son difíciles de situar: ¿habría que incluirlos entre los «especiales» o son más bien vinos dulces naturales? Esto depende de la técnica de vinificación pero, en términos de gusto, no hay gran diferencia entre un vino elaborado a partir de uvas secadas al sol, pero no fortificados, y otro elaborado a partir de uvas cosechadas normalmente pero al que se ha agregado aguardiente.

Los vinos tintos pueden pasar de una categoría a otra según las cosechas: un buen año en una región clásica, como por ejemplo Burdeos o Borgoña, hará pasar a numerosos vinos de la categoría normal de «cuerpo medio» a la de «llenos de personalidad, intensos».

Las variedades prestigiosas que constituyen la base de los tintos de Burdeos y de Borgoña (cabernet sauvignon y pinot noir) han sido plantadas intensivamente en el nuevo mundo –California, Washington, Oregón, América del Sur, Australia y Nueva Zelanda–, así como en numerosos países de la Europa del Este, a lo largo del Danubio y en los alrededores del mar Negro. Estos vinos suelen ser de estilo corriente, casi siempre con buen cuerpo, y pueden rivalizar con los vinos franceses típicos, sobre todo los de grandes productores y de buenas añadas producidos en California, Oregón y Australia. En estas regiones, donde no existe un estilo tradicional, la elección del vino es complicada. El resultado depende del vinificador, que puede cambiar de parecer de un año para otro. Se recomienda en estos casos una lectura detallada de la contraetiqueta, que puede aportar buenas indicaciones.

LA ELECCIÓN DE LOS VINOS

LOS ESTILOS DE VINO TINTO Y ROSADO

Estas tablas son todo lo exhaustivas posible. Los nombres citados suelen ser los que se mencionan en las etiquetas: la región (p. ej., Buzet), la clasificación (p. ej., Bordeaux Cru classé) o la variedad (p. ej., barbera).

1. ROSADOS

10 % vol	Vinos blush, White Zinfandel, White Grenache (California)
	Weissherbst (Alemania)
11 % vol	Œil de Perdrix (Suiza)
	Vinos portugueses
12 % vol	Anjou (Francia)
	Bardolino Chiaretto (Italia)
	Bergerac (Francia)
	Bordeaux Clairet (Francia)
	Cabernet d'Anjou (Francia)
	Navarra (España)
	Penedès (España)
	Rioja (España)
	Rosé de Provence (Francia)
	Vino gris (diversos orígenes)
13 % vol	Cigales (España)
	Cirò (Italia)
	Marsannay (Francia)
	Salice Salentino (Italia)
	Tavel (Francia)
14 % vol	Vino de California

2. LIGEROS, AFRUTADOS, NO ENVEJECIDOS

10 % vol	Spätburgunder (Alemania, Austria)
11 % vol	Bardolino (Italia)
	Blauer Zweigelt (Austria)
	Vin de Savoie (Francia)
12 % vol	Anjou (Francia)
	Barbera (diversos orígenes)
	Beaujolais, que incluye el Nouveau (Francia)
	Bergerac (Francia)
	Bourgueil (Francia)
	Buzet (Francia)
	Cannonau di Sardegna (Italia)
	Chinon (Francia)
	Dolcetto (Italia)
	Dôle (Suiza)
	Dornfelder (Alemania)
	Gaillac (Francia)
	Grignolino (Italia)
	Monica di Sardegna (Italia)
	Pinot Noir d'Alsace (Francia)
	Saumur (Francia)
	Valpolicella (Italia)

3. DE CUERPO MEDIO

12 % vol	Bairrada (Portugal)
	Beaujolais-Villages y Cru (Francia)
	Bordeaux —excepto Cru classé (Francia)
	Bourgogne AOC, Passetoutgrain (Francia)
	Cabernet-Sauvignon (Europa, Nueva Zelanda)
	Cabernet-Sauvignon/Shiraz (Australia)
	Chianti (Italia)
	Corbières, Côtes-du-Rossillon, Fitou (Francia)
	Merlot (diversos orígenes)
	Minervois (Francia)
	Montelpuciano d'Abruzzo (Italia)
	Navarra (España)
	Penedès (España)
	Ribera del Duero, Rioja (España)
	Rosso Conero, Rosso Piceno (Italia)
	Valdepeñas (España)
	Valtellina (Italia)
	Vino da tavola (Italia)
13 % vol	Costers del Segre (España)
	Coteaux-du-Languedoc (Francia)
	Côtes-du-Rhône (Francia)

4. CONCENTRADOS, INTENSOS

12 % vol	Bourgogne Premier cru y Grand cru (Francia)
	Cabernet-Sauvignon (América)
	Cahors (Francia)
	Cornas, Côte-Rôtie, Crozes-Hermitage (Francia)
	Dão, Douro (Portugal)
	Madiran (Francia)
	Nebbiolo (diversos orígenes)
	Penedès (España)
	Pinotage (Sudáfrica)
	Pomino (Italia)
	Ribera del Duero (España)
	Rioja de pagos (España)
	Saint-Joseph (Francia)
13% vol	Barbaresco, Barolo (Italia)
	Châteauneuf-du-Pape (Francia)
	Cirò (Italia)
	Collioure (Francia)
	Priorato (España)
	Shiraz (Australia, Sudáfrica)
	Zinfandel (California)
14 % vol	Château Musar (Líbano)

5. DE GUARDA

12 % vol	Bordeaux Cru glassé (Francia)
	Bourgogne Premier cru y Grand cru (Francia, grandes añadas)
	Cabernet-Sauvignon (América, grandes añadas)
	Graves (Francia)
	Pessac-Léognan (Francia)
	Pinot Noir (América, grandes añadas)
	Priorato (España)
	Rioja Reserva, Gran Reserva (España)
	Vino da tavola (el mejor de Italia)
13 % vol	Hermitage (Rhône)
	Vino Nobile di Montepulciano (Toscana)

6. ESPECIALES

14 % vol	Sagrantino di Montefalco (Italia)
	Valpolicella Amarone (Italia)
15 % vol	Black Muscat (California, Australia)
	Commandaria (Chipre)
	Mavrodaphne (Grecia)
	Vin Santo (Italia)
16 % vol	Recioto della Valpolicella (Italia)
17 % vol	Priorato (España)

Los vinos espumosos

Los vinos espumosos pueden ser muy diferentes en cuanto a calidad, carácter y estilo. El ejemplo francés por excelencia, el champagne, es imitado en el mundo entero. El mejor es el seco sin llegar a ser austero, con aromas intensos y delicados, perteneciente a variedades clásicas y envejecido en botella.

Los demás vinos espumosos pueden aproximarse mucho al champagne si son producidos a partir de las mismas cepas y elaborados de la misma manera, o parecerse simplemente a una bebida gaseosa: mucha espuma, perfume de frutos frescos, o muy poco sabor. Los champañeses protegen celosamente su denominación: los vinos elaborados en los más diversos lugares del mundo según el método tradicional (véase p. 110) no tienen derecho a la mención *méthode champenoise* en sus etiquetas, y ésta suele sustituirse por «método clásico», «método tradicional» o «fermentación en botella». Estas designaciones significan en todo caso que se trata de vinos elaborados según el método de la segunda fermentación.

El champagne constituye sin duda la mejor elección para una fiesta, pero existe una gran cantidad de vinos espumosos (o burbujeantes) de excelente calidad.

La primera categoría –la de los vinos «ligeros, afrutados»– posee incluso una identidad y una individualidad regional. La mayoría de los vinos espumosos franceses y españoles (cava) proceden de variedades de sabor más neutro que las del champagne, y son por tanto más ligeros y posiblemente más afrutados.

Los vinos espumosos alemanes e italianos provienen de variedades más aromáticas y son ligeramente más dulces. Estos vinos deben beberse jóvenes y frescos.

En el segundo grupo, «finos, intensos», la permanencia en boca, la finura de los aromas, la pureza del estilo y la semejanza con el buen vino de champagne son los elementos que resultan atractivos para el gran público.

Muchos otros vinos burbujeantes han tomado por modelo el champagne, pero aunque los españoles y los californianos pueden importar variedades regionales como el chardonnay o el pinot noir para implantarlas en sus viñedos, les resulta imposible importar el clima de la Champagne: a los vinos efervescentes de América les falta mucha fineza y persistencia por exceso de madurez de sus uvas.

Entre los «ligeros y aromáticos», los vinos espumosos incluyen los italianos –muy ligeros, a base de moscatel–, vinos muy bien dosificados para suavizar su sabor. Suelen recomendarse para acompañar los postres, pero hay que desconfiar un poco de ellos: un alimento demasiado dulce mata la mayor parte de los vinos, por lo que un vino de postre debería ser un poco más dulce que el plato que acompaña.

Chardonnay italiano y champagne.

1. LIGEROS, AFRUTADOS	
11 % vol	Asti Spumante (Italia)
	Brut (de todos los orígenes excepto de la Champagne)
	Cava (España)
	Prosecco (Italia)
	Saumur (Francia)
	Sekt (Alemania)
12 % vol	Blanquette de Limoux (Francia)
	Clairette de Die (Francia)
	Crémant d'Alsace (Francia)
	Crémant de Bourgogne (Francia)
	Crémant de Loire (Francia)
	Saint-Péray (Francia)
	Seyssel (Francia)
	Vouvray (Francia)
13 % vol	Shiraz (Australia)

2. FINOS, INTENSOS	
12 % vol	Champagne –brut, extraseco (Francia)
	Chardonnay/Blanc de Blancs espumoso (diversas procedencias)
	Pinot Noir/Blanc de Noirs espumoso (diversas procedencias)
	Vino burbujeante «método tradicional» (los mejores fuera de Europa, en especial los de California, Australia y Nueva Zelanda)

3. LIGEROS Y AROMÁTICOS	
6 % vol	Moscato d'Asti (Italia)
7 % vol	Asti Spumante (Italia)
8 % vol	
9 % vol	
10 % vol	Lambrusco (Italia)
	Espumosos (diversas procedencias)
	Sekt dulce (Alemania)
11 % vol	Prosecco (Italia)
12 % vol	Champagne –semiseco, dulce (Francia)
	Clairette de Die Tradition (Francia)

LOS VINOS ESPECIALES

Los vinos licorosos naturales (encabezados) ibéricos –jerez, oporto, málaga y madeira–, así como el marsala italiano, ofrecen un amplio abanico de sabores, desde los secos austeros a los realmente dulces. Los vinos pueden ser dulces mientras son jóvenes y volverse más secos a medida que envejecen, como ocurre con el oporto de añada (milesimado). El envejecimiento lo realiza por lo general el productor, excepción hecha del mencionado oporto. El estilo de la mayoría de estos vinos está muy controlado por sus productores, que determinan las mezclas correspondientes.

Todos los jereces empiezan siendo secos y se endulzan por la mezcla con un vino más dulce. La manzanilla y el fino de Jerez nunca son endulzados, pero el amontillado y el oloroso, aunque clásicamente secos, muchas veces son elaborados como vinos semisecos o dulces.

Los vinos de Montilla no se encabezan necesariamente, aunque se elaboran de una manera semejante a los de Jerez y ofrecen una gama de estilos parecida.

El oporto, el pedro ximénez y el málaga dulce deben su dulzor a unas uvas naturalmente dulces. Como la fermentación concluye antes de que todos los azúcares se hayan transformado en alcohol, su sabor sigue siendo dulce. La edad los vuelve más secos: los *tawnies* milesimados y, sobre todo, los viejos oportos milesimados (envejecidos en botella) se vuelven má secos.

En países como Australia y Sudáfrica, que han imitado los estilos ibéricos clásicos de jerez y oporto, se elaboran vinos que van del seco al muy dulce.

Los vinos dulces naturales franceses se dividen en dos categorías: los tintos de Banyuls, Maury y Rivesaltes se envejecen –incluso durante muchos años– con el fin de adquirir un complejo sabor a nueces; por contra, los blancos derivados del moscatel saben mejor cuando se beben jóvenes y frescos.

Los vinos italianos que llevan en su etiqueta el término *liquoroso* son siempre fortificados y generalmente dulces.

Oporto milesimado y jerez.

Los vinos licorosos franceses, tales como el pineau de Charentes, el floc de Gascuña y el macvin del Jura, aunque se fortifican hasta alcanzar entre 16 y 22% vol, no son verdaderamente vinos (ya que el mosto de la uva casi no fermenta antes del fortificado) y no figuran por lo tanto en nuestras tablas.

Los vinos licorosos (o encabezados) pueden ser más o menos fuertes. Algunos están ligeramente encabezados (14-15% vol), mientras que la mayoría de los oportos y de los jereces alcanzan los 20% vol y son por tanto dos veces más fuertes que muchos vinos de mesa.

Algunos vinos licorosos poseen una mayor graduación alcohólica cuando se destinan a la exportación que cuando se venden en su lugar de origen. Esto es particularmente cierto con el jerez fino, que puede presentar un carácter muy particular, probablemente porque antaño se tenía la costumbre de fortificar los vinos. □

1. SECOS

14 % vol	Montilla (España)
15 % vol	Manzanilla Jerez (España)
16 % vol	Fino, Jerez (España)
	Málaga seco (España)
17 % vol	Amontillado seco, Jerez (España)
	Oloroso, Jerez (España)
	Sercial, Madeira (Portugal)
18 % vol	Marsala Secco (Italia)
19 % vol	Porto Branco (Portugal)
20 % vol	Oloroso viejo, Jerez (España)

2. SEMI-SECOS

16 % vol	Málaga pajarete (España)
18 % vol	Amontillado medium, Jerez (España)
19 % vol	Palo cortado, Jerez (España)
	Verdelho Madeira (Portugal)
20 % vol	Velho Tawny, Oporto (Potugal)
	Vintage Oporto (Portugal)

3. DULCES

15 % vol	Montilla (España)
	Muscat de Beaumes-de-Venise, Muscat de Frontignan, Muscat de Rivesaltes (Francia)
	Samos Muscat (Grecia)
16 % vol	Málaga dulce (España)
	Banyuls, Maury, Rivesaltes (Francia)
17 % vol	Aleatico di Gradoli liquoroso (Italia)
	Marsala dolce (Italia)
	Bual, Madeira (Portugal)
	Cream, Jerez (España)
18 % vol	Liqueur Muscat (Australia)
	Muscat de Setúbal (Portugal)
	Pedro Ximénez, Jerez, Málaga (España)
19 % vol	Malmsey, Madeira (Portugal)
	Vinos de estilo oporto (Estados Unidos, Australia, Sudáfrica)
20 % vol	Ruby, LBB, Oporto (Portugal)
	Tawny, Oporto (Portugal)
21 % vol	Moscato Passito di Pantelleria liquoroso (Italia)

Las variedades

Las variedades son puntos de referencia del gran mapa de los vinos. Conocer la variedad que se ha utilizado en la elaboración es muy interesante para el consumidor. Este dato le da una información esencial sobre el sabor y el carácter del vino que hay en la botella que se dispone a beber. Un vino de chardonnay tendrá, por ejemplo, ciertas características gustativas debidas a su procedencia. La variedad no es más que uno de los factores del sabor –el suelo y la técnica de vinificación pueden ser en ocasiones incluso más importantes–, pero algunas nociones sobre las principales variedades resultan muy útiles a la hora de elegir un vino.

Toda vid cultivada tiene como remoto antepasado una planta silvestre que brotaba en el bosque y trepaba por los árboles. Esta vid silvestre todavía se da en el Cáucaso y, en Italia, el norte de España y Portugal, aún se hace crecer la vid a lo largo de los árboles y en emparrados. El arbusto muy podado que es la vid actual no se parece en nada a estas plantas silvestres, pero el patrimonio genético sigue siendo el mismo aunque la cepa original de *Vitis vinifera* haya evolucionado desde entonces en miles de variedades. Los viticultores eligen cepas específicas en función de criterios relacionados con las condiciones de cultivo y la calidad del vino que se quiere producir.

El comportamiento de las variedades en el viñedo se examina en el capítulo «La vinificación» (véase p. 97). En ese capítulo se procura examinar el carácter que cada variedad confiere al vino producido.

Entre la multitud de variedades existentes, algunas han sido seleccionadas por los viticultores por sus características particulares, y las mejores se han convertido en verdaderas «estrellas internacionales». Todas estas cepas más apreciadas han nacido en los viñedos de la vieja Europa y están relacionadas, tanto en la mente de los aficionados como de los viticultores de todo el mundo, con los grandes vinos clásicos. En Europa, y particularmente en Francia, la legislación vitícola regula el empleo de las variedades: todo el borgoña tinto de la Côte d'Or se hace casi exclusivamente con pinot noir y prácticamente todo el borgoña blanco con chardonnay. Otras regiones autorizan diversas variedades: el burdeos tinto lleva una proporción variable de cabernet sauvignon, cabernet franc, merlot y de algunas otras cepas secundarias.

En algunos países de Europa, como Italia y España, se han introducido las variedades francesas para completar las tradicionales cepas locales. Se cultiva cabernet sauvignon en Toscana y chardonnay en Cataluña para obtener nuevos vinos de un estilo más internacional.

Los viticultores americanos han plantado amplias extensiones de las grandes variedades clásicas y de algunas otras. Sin embargo, los expertos siguen discutiendo si la utilización de una variedad muy conocida permite a los vinificadores reproducir en otro lugar el sabor de los originales europeos. Hay unanimidad en considerar que el carácter varietal, pese a que influye considerablemente en el sabor del vino, es solamente un factor entre otros. La insolación, el clima, el suelo y otros elementos propios de un determinado viñedo afectan al creci-

Cabernet-Sauvignon

Cabernet-Franc

miento de las vides y al gusto de la uva. Además, luego interviene el proceso de vinificación.

En la actualidad, la mayor parte de la producción mundial procede de variedades no clásicas, que se cultivan por respeto a la tradición, por su rendimiento o por su adaptación a la naturaleza de los suelos y a las condiciones climáticas locales. No hay que pensar que sólo las variedades clásicas producen buen vino. La tendencia mundial a favorecer un puñado de variedades conocidas podría poner en peligro las cepas autóctonas, que con sus características propias representan un precioso material genético capaz de producir vinos de carácter original.

La identificación de las variedades
Hasta hace bien poco, la etiqueta de un vino no solía especificar el nombre de las variedades de las que procedía: era incluso la excepción a la regla. Los viñedos californianos fueron de los primeros en comercializar sus vinos bajo el nombre de la cepa correspondiente, habituando a los consumidores americanos a identificar, por ejemplo, chardonnay con un vino antes que con una variedad de vid. Los borgoñas tintos no mencionan en sus etiquetas que el vino está compuesto exclusivamente de pinot noir. Una reglamentación de la AOC francesa prohíbe incluso esa mención, salvo en casos particulares, como el de los vinos de Alsacia.

En Francia, el desarrollo de los vinos del país (que no son AOC) ha permitido la mención del nombre de las variedades en las etiquetas. Los productores quieren así destacar esta característica de monovarietal, ya que consideran que el nombre de una variedad conocida (como sauvignon, chardonnay, cabernet sauvignon) tiene más posibilidades de ser identificada y apreciada, y proporciona más valor añadido al vino que la mera mención de su origen, una apelación con frecuencia desconocida, una más entre miles.

AIRÉN
Es una de las variedades vitivinícolas más antiguas y tradicionalmente la más cultivada en España. La blanca airén ocupa la mayor superficie del viñedo español con un tercio del total cultivado, es decir unas 450 000 hectáreas, que la convierten en una de las variedades más plantadas en el mundo.

Su cultivo se concentra mayoritariamente en toda La Mancha y Valdepeñas, sobre todo en las provincias de Ciudad Real y Toledo, siendo algo menor en Albacete y Cuenca.

Es una variedad rústica y fértil, de brotación y maduración tardía, y muy resistente a la sequía, por lo que se aclimata bien al clima árido manchego. Se trata de una planta vigorosa, sana y bastante resistente a las enfermedades, siendo éste uno de los motivos por el cual se plantó masivamente en la Península después de la plaga de la filoxera. Sus vinos se caracterizan por un color amarillo, algunos bastante pálidos, con reflejos verdosos; aromas frutales de media intensidad, con notas a fruta madura –plátano, pomelo– y vegetales frescos; en boca son sabrosos, de fácil ingesta y sin excesivas complejidades.

ALBARIÑO
De ella nace uno de los vinos blancos varietales españoles más lujosos y con más personalidad. Hoy en día se considera la mejor variedad blanca de Galicia y una de las más prometedoras del país.

La mayor concentración de cultivo se encuentra dentro de la demarcación de la DO Rías Baixas, en las comarcas de Condado, Rosal y Salnés.

Es una cepa vigorosa, de brotación temprana y maduración media. Crece bien en terrenos arenosos con buen drenaje y ligeramente ácidos, pero también se adapta a suelos más sólidos siempre que sean frescos y poco húmedos.

Se elaboran vinos de color amarillo verdoso, extraordinariamente aromáticos, con buen equilibrio y magnífico paladar. La gama aromática constituye una de sus mejores características: son intensamente florales y frutales frescos cuando son jóvenes y se amplían a matices más complejos, de manzana madura, plátano e incluso de caramelo de miel cuando evolucionan. En boca son frescos, con cierto tacto untuoso, sin faltarles la acidez suficiente para mantenerlos vivos y sabrosos.

CABERNET FRANC
La cabernet franc es prima de la cabernet sauvignon. Se cultiva en Burdeos para la producción de vinos tintos, pero todavía es minoritaria en las mezclas con cabernet sauvignon y merlot. La excepción son los saint-émilion, algunos de cuyos *grands crus* –como el Cheval-Blanc y el Ausone– contienen un 50 % o más de cabernet franc. Está menos presente en los premières-côtes-de-bordeaux y aún menos en las mezclas de *crus classés* del Médoc o de Graves. Esta cepa tinta domina en cambio en ciertas regiones del Loira: algunos vinos como el saumur, el bourgueil y el chinon proceden esencialmente, por no decir exclusivamente, de cabernet franc. Pero al contrario de la cabernet sauvignon, no se ha exportado con frecuencia y su fama se basa en su participación en las mezclas clásicas bordelesas. Se encuentran algunas muestras de cabernet franc en California, pero fuera de Francia es popular, sobre todo, en el noreste de Italia, en Venecia y en la zona de Friul-Venecia Julia.

CABERNET SAUVIGNON
La cabernet sauvignon es la variedad tinta que ha tenido más éxito en todo el mundo. Esta cepa se desarrolló en Burdeos y su nombre comenzó a ser conocido hacia finales del siglo XVIII y comienzos del XIX.

Pero dado que tiene un rendimiento bajo, la cabernet sauvignon sólo se cultiva donde se pretende obtener un vino de calidad. Sus frutos son muy oscuros, pequeños y con una piel gruesa. Produce un vino austero, tánico y muy coloreado, que se mezcla a menudo con el de otras variedades, como la cabernet franc y la merlot.

La cabernet sauvignon tiene una maduración tardía, lo que limita su cultivo a zonas templadas con otoños suaves. En un clima muy cálido y en suelos fértiles, el vino puede resultar «confitado» y falto de acidez; en climas más frescos puede presentar, en cambio, aromas a hierbas. Pese a todo, e incluso si los pobres suelos de grava del Médoc parecen poseer las condiciones ideales para su cultivo, la cabernet sauvignon se adapta a condiciones variables.

Los catadores la identifican por su color: rojo sombrío con una nota violácea durante su primera juventud, que deriva al rojo ladrillo con el tiempo. Su aroma recuerda las grosellas en los vinos jóvenes y la madera de cedro en los más evolucionados. Por otra parte, el gusto de los vinos jóvenes de cabernet sauvignon es bastante áspero, a causa de sus taninos. Se adapta a la perfección a la crianza en barrica de roble; los catadores buscan las notas amaderadas y aprecian la armonía que existe entre los aromas afrutados de la cepa, la concentración de sus taninos y el aporte de la madera. Esta variedad confiere una particular virtud a los vinos de guarda: un gran burdeos tinto, de una buena añada, continuará mejorando durante decenios.

Además de los burdeos, se encuentra cabernet sauvignon en otros vinos franceses del suroeste, como en Bergerac, o en los vinos del Midi y del Loira, donde convive con la cabernet franc. En el resto de Europa, en España y en el centro y norte de Italia, es de introducción reciente, aunque ciertas parcelas –de las denominaciones Rioja, Douro o Chianti– tienen un siglo de existencia.

En la Europa del Este, Bulgaria dispone de 18 000 ha de cabernet sauvignon –casi tantas como Burdeos– y sus exportaciones al Reino Unido y a Escandinavia se encuentran en pleno desarrollo. Está también presente en Rumania, Moldavia, Rusia, Georgia, Grecia, Turquía y Líbano.

En Estados Unidos, California produce numerosos vinos de calidad y, en Chile, hace más de un siglo que existen viñedos de cabernet sauvignon con excelentes resultados.

Esta cepa ha sido muy bien acogida por los suelos australianos, desde Canberra, en el sur, o Hunter Valley, en Nueva Gales del Sur, y en otros viñedos aislados de clima frío. En Nueva Zelanda, los primeros vinos de cabernet sauvignon fueron decepcionantes, pero la viña es todavía joven y habrá que esperar más de diez años para que la variedad manifieste todo su potencial de calidad.

CARIÑENA

Es una de las variedades más antiguas de las cultivadas en España, concretamente en el Campo de Cariñena, de donde recibe su nombre. Según Alain Huets de Lemps, se tiene constancia de que esta variedad –llamada también mazuela o mazuelo en la Rioja– ya se cultivaba en Nájera en 1562. La historia la sitúa principalmente en la zona de Aragón, Tarragona, el Priorato y La Rioja, aunque en la actualidad su mayor extensión de plantación se concentra en Tarragona y Gerona.

De España, esta variedad viajó a Francia, extendiéndose por los Pirineos Orientales y el Aude, donde se asentó bajo el nombre de *carignan* o *carignane*, hasta convertirse en la cepa más característica de los vinos del Midi, en compañía de la cinsaut y la garnacha.

En California se conoce con el apodo de «la uva del viticultor», debido a su gran vigor y los altos rendimientos. Es abundante en Argentina, Chile y México, y aparece en menor cantidad en Sudáfrica e incluso en China. Se cultivó en Argelia, Túnez y Marruecos, y llegó a ser la variedad principal de Israel, pero fue sustituida con la llegada de las cepas nobles, de rendimientos más bajos y menos sensibles al oídio.

Los vinos más característicos y con mayor carácter elaborados en España con esta variedad se localizan en suelos pizarrosos del Priorato, generalmente en mezcla con la garnacha. Son típicos vinos tintos de mesa jóvenes que fácilmente alcanzan los 13 % vol. Vinificada en monovarietal ofrece vinos de aroma bastante ligero, con leves predominios florales de violeta, pero en contrapartida tienen un gran color y abundancia de taninos, lo que los hace idóneos para reforzar otros tintos.

CHARDONNAY

La chardonnay es la variedad blanca más apreciada dentro del pequeño grupo de las cepas clásicas. En los cuatro puntos cardinales, los vinificadores han intentado recrear, al menos parcialmente, el éxito que esta cepa tuvo en sus tierras originales de Borgoña y de Champagne. Estos ensayos han demostrado que se trata de una variedad muy adaptable, que puede producir vinos variados en toda una gama de lugares distintos. Fácil de cultivar, soporta todo tipo de climas, desde los fríos de Champagne hasta los calores australianos.

Para la chardonnay, los referentes clásicos son los vinos blancos de la Côte d'Or, de Chablis, del Mâconnais y de Champagne. En Borgoña, la chardonnay se vinifica en solitario. En Champagne, por contra, se mezcla frecuentemente con uvas negras de pinot noir y de pinot meunier.

Su vino blanco asocia los sabores de la chardonnay y del roble, una pareja muy bien avenida que se encuentra siempre donde se cultiva esta cepa. En general, las barricas de roble se usan tanto para la fermentación del vino como para su crianza.

La chardonnay suele presentar poderosos aromas: en los países más cálidos, el aroma a bollería, a mantequilla fresca, a avellana y a pan dejan paso a los aromas agrios de las piñas y de las frutas exóticas. Los mejores vinos de chardonnay envejecen bien. Otros, sobre todo los que no han sido criados en madera, se hacen para ser bebidos rápidamente. En el caso de los chardonnay, todo depende de la estrategia del vinificador.

CHENIN BLANC

La chenin es una variedad en que la calidad es generalmente tan mediana como garantizada. En una región –el Loira–, puede dar vinos blancos para guardar, en los que la acidez juvenil evoluciona hacia una madurez de una suavidad compleja y voluptuosa. En Sudáfrica, en California y en otras regiones, produce vinos semisecos sin vicios ni virtudes especiales: chenin es una variedad versátil.

La edad desempeña también un papel importante: pocos vinos blancos tienen una longevidad comparable a la de estos vinos melosos de chenin cuando pertenecen a un buen año.

Esta variedad es recomendable para los vinos de vendimias tardías, cuyas uvas sufren la podredumbre noble *(Botrytis cinerea)*. El corazón de esta cepa se encuentra en el valle de Lyon, en Anjou, y en la zona de Vouvray.

GARNACHA

Todos los indicios apuntan a España como la patria originaria de la garnacha tinta. Esta cepa vigorosa ocupa aquí el segundo puesto en la superficie total de viñedo, con cerca de un 14 %, además de representar el 4 % de la plantación mundial, lo que la sitúa en el primer puesto de la tabla de las variedades tintas.

Se considera que es originaria de Aragón, concretamente de tierras de la provincia de Zaragoza, desde donde se extendió paulatinamente a las regiones limítrofes, de allí a casi toda España, luego cruzó los Pirineos para instalarse en el sur de Francia y hoy se encuentra representada en una buena parte de los países vitivinícolas del mundo.

Existen muchas otras versiones referentes al origen de esta apreciada variedad. En realidad, no se sabe si su nombre surgió del propio color «granate» de sus vinos.

Es una cepa muy vigorosa, resistente a la sequía, sensible al mildiu y la botrytis, y de brotación y maduración tardía. Con ella se obtienen vinos de buena graduación alcohólica, de atractivo color rojo dorado y acidez moderada. No obstante, estos vinos envejecen rápido y son sensibles a la oxidación. Aunque son típicos los rosados navarros, frescos y frutales, su mayor aportación se centra en la mezcla para la elaboración de numerosos vinos tintos de renombre universal. Por ejemplo, interviene aportando los 14 % vol de que hacen gala los famosos vinos de Châteauneuf-du-Pape, también refuerza el esqueleto de numerosos tintos de La Rioja y Navarra, y aporta las notas minerales características de los mejores prioratos.

GEWÜRZTRAMINER

En alemán, *Gewürz* significa especia: una buena indicación sobre esta variedad que se encuentra en las dos orillas del Rin, en Alsacia y en el sur de Alemania, así como en el norte de Italia, en Austria y testimonialmente en algunas regiones de España. Según algunos expertos, la traminer es exactamente la misma cepa, pero en algunas regiones de Alemania las distinguen.

El vino de gewürztraminer es uno de los más fáciles de reconocer. Tiene

Merlot

Chardonnay

Gewürztraminer

Chenin Blanc

Gamay

44 LA ELECCIÓN DE LOS VINOS/LAS VARIEDADES

Riesling

Pinot Noir

Nebbiolo

Sauvignon Blanc

Muscat

un afrutamiento pronunciado, que se acentúa por sus detalles especiados. Puede ser tosco si ha estado mal vinificado, o incluso insípido si a las uvas les ha faltado maduración, pero los buenos vinos de Alsacia o de Baden tienen una intensa presencia en boca, acompañada de una acidez suave y pareja. Se ha comparado el sabor de la gewürztraminer al pomelo maduro, al litchi o incluso al mango. Muchas veces se identifica simplemente por su aroma, difícil de describir pero fácil de reconocer y memorizar como el de la rosa fresca.

MACABEO O VIURA

A pesar de que existen varias hipótesis sobre los orígenes de esta variedad, una de las más fiables la presenta como originaria de Asia Menor, patria de muchísimas variedades mediterráneas. No obstante, este vidueño se asienta históricamente en España ya en tiempos muy antiguos, desde donde se propagó al sur de Francia.

La variedad ocupa el séptimo puesto en viñedo español y se encuentra prácticamente en todas las regiones vitivinícolas de España. Su principal cultivo se extiende en Cataluña, Aragón, Alto Ebro y el Midi francés.

Es una cepa de porte erguido, de brotación tardía y maduración media a tardía, y en consecuencia se defiende bien de las heladas tardías. Es muy sensible al mildiu, al oídio y, sobre todo, a la botrytis, lo que impide un cultivo masivo en las llanuras o en suelos excesivamente elevados. Vegeta muy bien en laderas soleadas, ya que es muy resistente a la sequía, motivo por el cual fue muy cultivada y apreciada en Argelia.

Produce vinos de color amarillo pajizo, ricos en alcohol, con una acidez elevada, de aroma afrutado y sabor ligeramente astringente, y con un buen equilibrio entre la acidez y el alcohol que permite la obtención de buenos vinos de crianza.

En Cataluña forma parte, junto a la xarel·lo y la parellada, de la famosa trilogía varietal del cava, mientras que en La Rioja se elaboran vinos blancos monovarietales, algunos envejecidos o fermentados en barrica.

En Francia se encuentra con profusión en toda la región de los Pirineos

Orientales, donde madura bien, y entra a formar parte importante en las composiciones de los vinos de las denominaciones de la Côtes-du-Rousillon y en los clásicos dulces naturales de Rivesaltes.

MERLOT

La merlot es para los viñedos bordeleses de la orilla derecha lo que la cabernet sauvignon es a los médoc en la orilla izquierda. Clave de los grandes vinos tintos de Saint-Émilion y de Pomerol, su presencia no domina todas las mezclas. Su papel fundamental en la elaboración de ciertos vinos ilustres (como el Pétrus) ha incitado a los vinificadores californianos a probarlo con la esperanza de obtener asimismo grandes vinos.

A un nivel más modesto, la merlot se cultiva extensamente en el sur de Francia, donde aparece cada vez con mayor frecuencia en las etiquetas de los vinos del país, y en el norte de Italia. Muchas pequeñas denominaciones bordelesas llevan más merlot que cabernet. Está también presente en el Médoc, porque madura más tempranamente que la cabernet sauvignon. Pero esto la expone a las heladas primaverales; por otra parte, sufre alteraciones de color y corre otros peligros, hasta el punto de que –en determinados años– las viñas de merlot pueden no producir prácticamente nada. En España se localizan plantaciones en Navarra y el Penedès, y se elaboran vinos tintos tanto jóvenes como con crianza, y rosados frescos.

MOSCATEL

Cualquiera que haya disfrutado de un racimo de uvas moscatel reconocerá sin dificultades un vino de moscatel: el sabor es prácticamente el único punto en común entre todos los miembros de esta amplia familia de cepas. Algunas de sus uvas son negras, otras rojizas y otras blancas. Los vinos que produce son, por lo tanto, variados y van desde los blancos espumosos hasta los vinos generosos ricos y densos de Australia o el Priorato español.

El moscatel podría muy bien ser la más antigua de todas las cepas, posiblemente la antepasada de las otras formas de *Vitis vinifera*. Estas hipótesis son indemostrables, pero sabemos que se cultivaba moscatel –o algo muy parecido– en la antigua Grecia y que una de las variedades descritas por el escritor latino Plinio era moscatel. En la actualidad se sigue cultivando en Grecia y en las antiguas colonias griegas, de Crimea a Marsella.

La familia de las moscateles cuenta al menos con doscientos representantes. Algunas son superiores a otras y la moscatel blanca de pequeños granos se considera generalmente la mejor. Esta variedad aprecia los climas muy calurosos, donde se hace el vino dulce natural. Está bien representada en Italia y España, así como en Grecia, Australia y Sudáfrica. El muscat ottonel, cruce obtenido en el siglo XIX, está presente en el centro de Europa, desde Alsacia a Rumania, pasando por Austria y Hungría.

NEBBIOLO

La nebbiolo, principal contribución de Italia a las variedades clásicas, es originaria de los valles de Piamonte, donde se producen el barolo y el barbaresco. No se cultiva prácticamente fuera de Italia, aunque se encuentra en forma muy minoritaria en algunos viñedos, tanto de América del Norte como del Sur. En las viñas piamontesas las uvas maduran tarde, incluso en noviembre, y necesitan el calor de las laderas orientadas al sur. Sus bayas son oscuras, con una piel gruesa y una fuerte acidez, lo que hace prácticamente obligatoria una selección previa para aprovecharlas para el vino.

Los vinos de nebbiolo tienen una longevidad proverbial y deben pasar cierto tiempo en botella –o en garrafas– para que sus taninos se reduzcan y su buqué se desarrolle. La amargura propia de esta cepa puede llegar a ser astringente si el producto no está bien vinificado.

PALOMINO

Aunque los orígenes de esta variedad parecen algo inciertos, todo apunta a que su lugar de asentamiento histórico se sitúa en la zona de Jerez.

Fue una de las primeras variedades españolas famosas gracias al apogeo que alcanzaron los vinos de Jerez, incidiendo en que su cultivo masivo se propagara a otras regiones. Se cultivó en zonas de Valladolid para «ajerezar» los soleras de Rueda, pero también en Portugal, sobre todo en Setúbal y en la isla de Madeira, así como en Argentina, Perú, California, México, y en algunos países mediterráneos como Argelia, Tunicia y Chipre.

Su máxima expresión se consigue en la elaboración de los vinos generosos de Jerez. En los vinos generosos criados bajo el famoso «velo de flor», la variedad se mantiene en la retaguardia, no interfiriendo en el proceso de la crianza biológica cuando el vino se destina a fino, o en el de la crianza oxidativa en el caso de los amontillados y olorosos. Entonces se consiguen vinos muy aromáticos, limpios y delicados, con una variada gama de matices secos, almendrados y salinos en los finos, y más avellanados, balsámicos, de frutos secos y untuosos en los amontillados y olorosos.

PEDRO XIMÉNEZ

Dice una de las leyendas, que la pedro ximénez tiene su origen en las Islas Canarias, desde donde viajó al Rin para ser devuelta a España, allá por el siglo XVI, por un soldado a las órdenes de Carlos V, llamado Peter Siemens o Pedro Ximén, de origen alemán, y que, con el tiempo, se implantó con éxito en Jerez, desde donde se extendió a todo el sur de la Península. Aunque parece ser que el tal Pedro Ximén existió, otros historiadores aseguran que esta variedad procede de la zona del Rin, de Alsacia y que, incluso, puede pertenecer a la noble familia de cepas riesling.

Es también una de las variedades blancas más importantes en Argentina, donde se utiliza para elaborar vinos al estilo jerezano, así como en Chile, Australia, Sudáfrica y Nueva Zelanda. Curiosamente, los rusos confunden la pedro ximénez –que no conocen– con la moscatel y a sus vinos los llaman PX Krimsky (PX Crimea).

La mayor zona de producción de vinos de pedro ximénez se concentra en Montilla-Moriles. Los cordobeses y los jerezanos coinciden en el modo de clasificar y reconocer sus vinos finos, amontillados, olorosos, palos cortados, etc., criados en uno y otro caso por el sistema tradicional de soleras y criaderas, pero la diferencia estriba en la variedad de uva. En Jerez reina la palomino, mientras que en Córdoba es la pedro ximénez la única base para sus vinos.

PINOT NOIR

Tan exasperante para los viticultores como fascinante para los catadores, la pinot noir es la variedad de la que nacen los grandes borgoñas tintos. Al contrario de su equivalente para los blancos, la chardonnay, se resiste a reproducir en otros lugares el gusto de los vinos de la Côte d'Or. Pero el encanto de los tintos de Borgoña es tal que los vinificadores continúan intentándolo con insistencia.

La pinot noir tiene una larga historia: los archivos borgoñones la hacen remontar al siglo XIV, pero la tradición folclórica la lleva incluso hasta la Galia romana. Esta antigüedad va acompañada de cierta inestabilidad genética, que ha estado en el origen de numerosas mutaciones y de una gran sensibilidad a las enfermedades.

Por tanto, es posible que algunos de los problemas con los que tropiezan los productores de pinot noir distribuidos por el mundo sean debidos al empleo de clones mediocres. Esta diversidad clonal se refleja en los estilos de los vinos producidos en la Côte d'Or, donde esta variedad es la reina. Pero cualquiera que sea la variante clónica empleada, la pinot noir es una fuente de problemas para los viticultores. En primavera, temen las heladas; en verano, la lluvia y los grandes calores. El frescor otoñal dificulta su maduración y, además, produce poco vino: el rendimiento debe mantenerse bajo si se busca calidad.

Fuera de Borgoña, esta cepa da grandes vinos en Champagne, donde se mezcla con frecuencia con la pinot meunier (tinta) y la chardonnay (blanca).

El gusto de la pinot noir es difícil de definir porque, como ocurre con otras variedades tintas, depende mucho de los terrenos donde crece y de su vinificación. Las versiones ligeras son suaves y afrutadas; los vinos más robustos, criados en barricas de madera, son más complejos y más densos, pero conservan una textura relativamente pálida con detalles de frutos maduros.

RIESLING

Alemania ha creado una variedad de blanco realmente clásica: la riesling, que se adapta perfectamente a los viñedos alemanes, ubicados en laderas frías y escarpadas o en las orillas de los ríos, hasta el punto de que los más bellos terrenos del país están enteramente dedicados a esta noble variedad.

La riesling da vinos de una acidez y un dulzor muy equilibrados. Madura tardíamente, pero puede proporcionar espléndidos vinos dulces si el otoño ha sido caluroso. Resiste los fríos del invierno y sobrevive a las heladas que arrasan otras cepas, pero sus rendimientos son relativamente bajos, sobre todo si se comparan con la media de los viñedos alemanes.

A partir de la riesling pueden obtenerse vinos secos o dulces, vinos para ser bebidos jóvenes o para añejar incluso durante decenios. Los mejores son los que aprovechan su acidez, imprescindible para el añejamiento y el equilibrio de los vinos licorosos.

Esta cepa se cultiva en Alemania en los más hermosos viñedos del Mosela y del valle del Rin; en Austria, a lo largo del Danubio, así como en el norte de Italia y el noreste español. En Francia, su explotación se limita a Alsacia, donde produce vinos más ricos en alcohol y más secos que en Alemania. Fuera de Europa, la riesling obtiene buenos resultados en California, en Nueva Zelanda y en Australia.

SAUVIGNON BLANC

Esta variedad no fue considerada como un clásico hasta el descubrimiento por la flor y nata de París, seguida del resto del mundo, del sancerre y del pouilly fumé durante la década de los 60. La sauvignon se usa para elaborar los vinos blancos del Loira desde hace generaciones, pero el relativo interés que había despertado hasta entonces se debía al papel que desempeñaba entre los vinos bordeleses. En efecto, junto con la sémillon, entra en la composición del graves blanco y del sauternes. Esta denominación figuraba ya en el mapa mundial de los grandes vinos cuando Sancerre y Pouilly no eran más que dos pueblos poco conocidos del centro de Francia.

Hoy en día, el estilo sauvignon –fresco, vivo e imperioso, pero con una fruta sabrosa– está muy considerado en todo el mundo.

Gracias a los efectos de la moda, la sauvignon es omnipresente en la actualidad. Dentro de los cálidos climas australianos, Nueva Zelanda se ha encargado de producir vinos bien definidos y afrutados a partir de esta variedad. Chile aún no ha obtenido resultados similares, pero parece estar en buen camino. En California, Robert Mondavi ha conseguido un nuevo vino a partir de la sauvignon: el fumé blanc. En España se han creado unos nuevos vinos blancos, los rueda de sauvignon. Italia, Eslovenia, Austria y Bulgaria producen cantidades variables de sauvignon, aunque sin duda es Austria la que ha obtenido hasta ahora mejores resultados.

SÉMILLON

La sémillon no está de moda ni entre los vinificadores ni entre los aficionados, que raramente la consideran una variedad que pueda vinificarse en solitario. El nombre de sémillon en las etiquetas no estimula las ventas del mismo modo que el de chardonnay o sauvignon, ya que se utiliza sobre todo para mezclarse con estas últimas y obtener vinos licorosos, como en Sauternes. Apenas se emplea en la elaboración de vinos secos. Se asocia por tanto a la sauvignon de los grandes graves blancos, aunque en Australia, en Hunter Valley, han conseguido sin mezcla alguna soberbios vinos secos de guarda. Estos vinos no son muy conocidos y la necesidad que tienen de un largo envejecimiento no juega precisamente a su favor.

La sémillon tiene una producción regular, un buen rendimiento y resiste bien las enfermedades de la vid. Por otra parte, reacciona bien a la crianza en barricas de roble, como han demostrado a lo largo de generaciones los mejores graves blancos.

En Francia, la sémillon está concentrada sobre todo en la Gironda, en torno a Burdeos y sus alrededores. Se encuentran importantes viñedos de sémillon en Chile, Argentina, Sudáfrica y Australia. También se cultiva en la zona de Murrumbidgee (en Nueva Gales del Sur) donde se mezcla con otras variedades para producir vinos comunes de una buena relación calidad/precio.

SYRAH

La syrah es otra variedad clásica francesa trasplantada a diversos lugares del mundo para rivalizar con los vinos originales. Se encuentra en el origen de los grandes vinos del Ródano, como el hermitage y el côte-rôtie, y entra en la composición del châteauneuf-du-pape y de otros vinos. Australia se ha dedicado con entusiasmo a la syrah –denominada allí shiraz–, especialmente porque fue una de las primeras variedades plantadas en su territorio. El clima del valle del Ródano, patria de la syrah, tiene en efecto numerosos puntos en común con el de muchos viñedos australianos.

Durante mucho tiempo se creyó que la syrah era originaria de la ciudad de Shiraz en el actual Irán, y que en la antigüedad los navegantes griegos la habrían introducido en Occidente. Pero las investigaciones históricas y ampelográficas han llevado a otra conclusión: la syrah podría ser originaria del Delfinado, descendería de los lambruscos, lianas silvestres crecidas en los bosques, al borde de los ríos y los lagos, y sería fruto de la domesticación de esta planta.

La syrah ofrece una producción regular y muy abundante pero representa un desafío para los vinificadores, sobre todo si se utiliza sola. Para los vinos comunes es mejor usarla como variedad adicional, ya que puede aportar matices especiados y un aumento de factores interesantes a una mezcla sin demasiado carácter. Su cultivo en el Midi francés ha sido estimulado por numerosas subvenciones, por lo que sus característicos matices ahumados y concentrados aparecen en numerosos vinos del país, de la Provenza al Aude.

TEMPRANILLO

La tempranillo es la variedad clave de la mayoría de los vinos tintos españoles importantes, como los rioja, los ribera del Duero, los manchegos y los buenos tintos de Cataluña. Al aficionado puede recordarle un poco los aromas y el sabor de la pinot noir de Borgoña. La teoría, seguramente de origen gustativo, según la cual esta variedad habría pasado de Francia al norte de España gracias a los peregrinos, no ha podido ser confirmada históricamente. Cualquiera que sea su origen, la tempranillo se ha convertido en la cepa principal de los tintos españoles y adopta diversos nombres a lo largo y a lo ancho de la Península, incluyendo el de tinta roriz en Portugal. Se cultiva en las orillas del Duero, tanto para producir oporto como para los vinos de mesa.

Los rioja son los más conocidos de todos los vinos a base de tempranillo. La variedad no suele utilizarse sola pero, en la composición de los mejores vinos riojanos, suele ser con frecuencia predominante. Esta cepa se da particularmente bien en las regiones de pluviosidad moderada de la Rioja Alta y de la Rioja Alavesa, y su maduración precoz se encuentra favorecida por las zonas altas, de clima mayoritariamente fresco y de suelos calizos, como es el caso de la Rioja y de la Ribera del Duero.

La tempranillo da un vino coloreado, con una acidez relativamente baja, y del que se obtienen buenos resultados cuando se envejece en barrica de roble. No es muy rico en taninos, pero se compensa cuando se mezcla con cepas como la mazuelo, la graciano o la cabernet sauvignon.

Tempranillo

Syrah

Zinfandel

Sémillon

La tempranillo sigue siendo fundamentalmente española y sólo existe en cantidades limitadas en otros lugares del mundo. Además de Portugal, el único país que le dedica superficies importantes de cultivo es Argentina.

VERDEJO

Aunque hoy esta variedad blanca se considera autóctona de la región castellanoleonesa, con un cultivo máximo en la denominación de los Vinos de Rueda, se cree que sus orígenes se centran en el norte de África, desde donde fue traída por cántabros, vascones y mozárabes durante la repoblación del Duero, después de un período de aclimatación en el sur de la Península.

Es una variedad de porte horizontal y tronco vigoroso, de brotación entre temprana y media, y de maduración media a temprana. Es sensible al oídio y su producción media oscila normalmente entre los 1,4 y los 2 kilos de uva por cepa.

Es la uva blanca española más rica en mineral de hierro –4 a 5 mg/kg–, por lo que se enfrenta a un mayor riesgo de quiebra férrica en los vinos. Debido a la gran actividad enzimática oxidativa del color, los vinos tienen una tendencia a desarrollar tonos dorados. En muchos casos son vinos más herbáceos que frutales, con un característico recuerdo a heno y un apunte anisado o de hinojo. En boca son frescos, acídulos, bastante suaves, untuosos, con notable cuerpo y un final levemente amargo, cosa que permite prolongar el vino.

ZINFANDEL

California ha adoptado con entusiasmo las grandes variedades francesas, a veces en detrimento de su propia cepa tinta clásica: la zinfandel. El origen de esta variedad es incierto, si bien se sabe que estuvo estrechamente emparentada con la *primitivo* de Italia meridional. La variedad llegó de Europa a California en la década de 1850. Zinfandel puede producir vinos de guarda, complejos y de fuerte personalidad, así como un tipo de rosado muy pálido denominado *blush*. No obstante, los mejores vinos de zinfandel siguen siendo producidos por viejas viñas cuidadosamente podadas, por lo que su rendimiento es reducido.

OTRAS VARIEDADES IMPORTANTES

A continuación se ofrece una lista de algunas de las variedades más conocidas.

Aleático: uva roja con aromas intensos, de la que nacen vinos de color oscuro, cultivada en numerosas regiones de Italia, Chile, Australia y California.
Aligoté: uva blanca de Borgoña de la que se obtiene un vino blanco seco y muy ácido, que se encuentra en el mercado bajo el nombre de *Bourgogne Aligoté*. Se cultiva también en Bulgaria, Rumania y California.
Barbera: uva empleada para tintos de calidad, dotada de una buena acidez; muy extendida en Italia y en California.
Chasselas: uva blanca de la que se obtiene un vino seco, ligero y afrutado, y que se cultiva básicamente en Suiza, en el curso superior del Loira, en Alsacia, en Saboya y en Alemania (en este último país, bajo el nombre de gutedel).
Cinsaut: esta tinta de calidad mediana, pobre en taninos, ama el calor y suele utilizarse para obtener mezclas en el Midi, en el Líbano y en el norte de África.
Colombard: cepa blanca del suroeste de Francia que se aprecia también en California y en Sudáfrica. Produce vinos ligeros, aromáticos y con una fuerte acidez.
Cot: véase malbec.
Folle-blanche: variedad de alto rendimiento, muy ácida, que sirve para elaborar el gros-plant.
Fumé blanc: sinónimo de sauvignon en California, Nueva Zelanda, Australia y Sudáfrica.
Gamay: es la cepa única del beaujolais, uno de los vinos tintos ligeros más famosos del mundo.
Godello: variedad blanca de gran potencial aromático cultivado en el noroeste español, en Galicia.
Malbec: sinónimo de cot, esta uva roja se utiliza en mezclas para suavizar los vinos tintos de Burdeos con predominio de cabernet sauvignon. Se cosecha también en Argentina y Chile.
Malvasía: uva blanca de la que surgen vinos de amplio registro y que da carácter a las mezclas. Esta cepa ha dado nombre al más dulce de las madeiras (los malvasías suizos y franceses son en realidad pinot gris).
Marsanne: produce blancos secos en el norte del Ródano y se cultiva también en Suiza y en Australia.
Melon de Bourgogne: uva blanca de la que se obtiene el muscadet. También se conoce como pinot blanc en California.

Monastrell: tinta abundante en el litoral mediterráneo español. Se elaboran tintos y rosados secos y afrutados, y exquisitos vinos generosos.
Mourvèdre: uva roja robusta, generalmente mezclada con la syrah, la garnacha y la cinsaut en el Ródano, en Provenza y en el Midi.
Müller-thurgau: la uva más popular en Alemania, de la que se obtienen vinos blancos más bien neutros. Existe también en Nueva Zelanda, en el norte de Italia, en Austria, en Inglaterra y en Luxemburgo.
Muskat-sylvaner: sinónimo de sauvignon en Austria y en Alemania.
Parellada: uva blanca cultivada en el noreste español. Produce vinos aromáticos y finos, y es una de las variedades que conforman la trilogía tradicional del cava, junto a la macabeo y la xarel·lo.
Pinot blanc: uva blanca cultivada sobre todo en Alsacia. Conocida en Alemania y en Austria bajo el nombre de weissburgunder y como pinot bianco en Italia, tiene también una creciente popularidad en California. Suele servir de base para ciertos vinos espumosos.
Pinot gris: puede dar uvas blancas o negras. Conocida bajo el nombre de tokay d'Alsace en Francia, de rülander en Alemania, de pinot grigio en Italia y de szürkebarát en Hungría, es igualmente cultivada en Rumania.
Rülander: véase pinot gris.
Sangiovese: la uva roja que predomina en la confección de los chianti y que se encuentra en otros muchos viñedos italianos.
Seyval blanc: uva híbrida dotada de una fuerte acidez, que produce un vino blanco seco y neutro, en Inglaterra, en el estado de Nueva York y en Canadá.
Shiraz: sinónimo de syrah en Australia y en Sudáfrica.
Sylvaner: esta cepa da blancos ligeros y vivos, pero más bien neutros, en Alsacia y en Alemania.
Steen: nombre dado a la chenin blanc en Sudáfrica.
Tokay d'Alsace: véase pinot gris.
Trebbiano/Ugni blanc: uva blanca muy prolífica, ácida y muchas veces sin un gran carácter.
Weissburgunder: véase pinot blanc.
Welschriesling: uva blanca sin lazos de parentesco con la riesling, que da vinos afrutados y ligeros en Austria, en el norte de Italia (riesling itálico) y en todo el sureste de Europa (laski rizling, olaszrizling).

LAS BOTELLAS

El tamaño estándar internacional es la botella de 75 cl (tres cuartos de litro), ya que todos los grandes vinos comercializados en el mundo se venden en botellas de esta capacidad o de algunos de sus múltiplos o submúltiplos. El litro se usa por lo general para embotellar los vinos ordinarios; la media botella, que contiene 37,5 cl, también es muy corriente. Pero hasta comienzos de la década de los 80, el contenido de las botellas era mucho más variado.

La evolución de la botella

La botella desempeña un gran papel en el envejecimiento de los vinos (véase pp. 57-58). Las primeras botellas no eran otra cosa más que una manera decorativa –si bien costosa y frágil– de servir el vino en la mesa. Gracias a los avances realizados en la fabricación del vidrio –en Inglaterra, en Francia y posteriormente en Holanda– se pudo finalmente conseguir botellas fiables y resistentes. Este progreso de las vidrierías se debió esencialmente a la utilización del carbón –llevado a altas temperaturas por medio de un túnel de aireación– en las calderas. Además, el carbón de leña había sido prohibido para no empeorar la carencia de madera empleada para la construcción naval. Estas primeras botellas eran robustas, de color oscuro, de forma regular y sobre todo de bajo coste: ideales para contener y conservar vinos.

A partir de mediados del siglo XVIII se abandonó la forma esférica para adoptar la forma cilíndrica que conocemos en la actualidad, mucho más práctica para almacenar las botellas en posición horizontal, algo necesario para hacer envejecer el vino y mantenerlo en contacto con el corcho.

Las razones del tamaño de una botella

La diferencia de tamaño no está justificada solamente por la cantidad de vino contenido: afecta también a su envejecimiento. El vino llega mucho más rápidamente a su punto de madurez en una botella grande, donde completa su evolución hasta el momento de ser adquirido por el consumidor. Esto se debe al efecto de masa y a los fenómenos de oxidación y de oxidorreducción de los procesos de maduración (véase p. 57), así como a la mayor lentitud de sedimentación de las botellas grandes. Muchos aficionados piensan que un magnum (1,5 litros, es decir, dos botellas) es el tamaño óptimo para el envejecimiento.

Formas y colores tradicionales

La mayoría de los vinos se presentan en una de las tres formas clásicas ilustradas en las páginas 34 y 36. Tanto para los tintos como para los blancos, en Borgoña y en el Ródano se utilizan las botellas de forma más «en punta», en vidrio verde. En Burdeos, la botella es recta y de hombros altos, de vidrio verde para los tintos e incoloro para los blancos. La tercera de las formas más utilizadas es la «flauta» alta del Rin y del Mosela. Las botellas de vino del Rin son de vidrio marrón, mientras

LAS DIFERENTES BOTELLAS

Las grandes regiones vitícolas ofrecen numerosos tamaños tradicionales además del 75 cl normal.

Champagne
La pinta prácticamente ha desaparecido.

Pinta	40 cl	
Magnum	1,5 l	2 botellas
Jeroboam	3 l	4 botellas
Rehoboam	4,5 l	6 botellas
Matusalem	6 l	8 botellas
Salmanasar	9 l	12 botellas
Baltasar	12 l	16 botellas
Nabucodonosor	15 l	20 botellas

Burdeos

Magnum	1,5 l	2 botellas
Marie-Jeanne	2,25 l	3 botellas
Doble magnum	3 l	4 botellas
Jeroboam	4,5 l	6 botellas
Imperial	6 l	8 botellas

Oporto
Su jeroboam tiene el mismo tamaño que en Champagne.

Magnum	1,5 l	2 botellas
Tappit Hen	2,25 l	3 botellas
Jeroboam	3 l	4 botellas

que las del Mosela y los vinos de Alsacia son verdes.

Estas tres formas pueden encontrarse en todas las demás regiones francesas, mientras que en Italia y España se utiliza todo tipo de tamaños y colores.

Algunas regiones mantienen a este respecto formas tradicionales. La región alemana de Franken y sus alrededores utilizan la *Bocksbeutel,* una botella rechoncha, ventruda y de lados planos. El Jura posee una forma y un tamaño especiales para el château-chalon: el pequeño *clavelin* de 62 cl se utiliza para demostrar lo que queda de un litro después de seis años de evaporación en barrica. Algunas formas incluso más fantasiosas incluyen la *quille* provenzal y la botella similar del verdicchio italiano. El oporto milesimado se presenta en una variante de la botella recta con hombros altos, con un cuello ligeramente hinchado. La paja que rodea las botellas de Chianti, el *fiasco,* se remonta a la época en la que había que proteger las frágiles botellas redondas.

El champagne y otros espumosos en general utilizan una botella muy perfilada, de vidrio grueso, capaz de resistir la presión del gas carbónico.

Las botellas de vino en la actualidad

Algunos productores del Nuevo Mundo adoptan botellas de tipo burdeos para los cabernet sauvignon y de tipo borgoña para los chardonnay y los pinot noir. Cada vez más, se consideran factores importantes de mercadotecnia el tamaño y la forma de las botellas: en Italia, los vinos nuevos se hacen notar por el vidrio grueso y caro de sus botellas, así como por las formas y los colores originales (el negro está de moda). Algunos productores alemanes utilizan botellas de tipo borgoña para el pinot blanc (weissburgunder) y para otros de sus vinos. Las medias botellas se han puesto también de moda para los vinos dulces y las especialidades, y la botella de 50 cl se utiliza en Italia para vinos como el recioto de Soave, que se bebe muy poco a poco.

LAS ETIQUETAS

Las etiquetas de vino ofrecen una cantidad de datos muy superior a la de la mayoría de los demás productos. Deben ser muy detalladas porque el comprador tiene necesidad de saber cierto número de cosas sobre el vino –de dónde viene, quién lo produce, a qué cosecha pertenece, con qué variedad está elaborado– para poder juzgar su calidad y su valor. Asimismo, las etiquetas tienen que respetar la legislación que reglamenta el mundo del vino: control de calidad y autenticidad. Esta última precisión es de una gran importancia puesto que concierne la denominación de origen del vino.

Información aportada por la etiqueta

La serie de datos, a primera vista complejos, que figura en la etiqueta es sin embargo simple de descodificar, ya que todos los países vinícolas han establecido lo que debe (o no debe) mencionarse. Diversos acuerdos internacionales han armonizado las leyes para que un vino pueda comercializarse en todo el mundo con una etiqueta conforme a la legislación del país importador. De este modo la denominación «Bordeaux» o «Bourgogne», usurpada por ciertos productores del Nuevo Mundo con el pretexto de informar al comprador sobre el estilo del vino, prácticamente ha desaparecido en la actualidad.

Los datos legales no específicos de un país concreto se resumen a continuación. También se mencionan a menudo otros detalles, como el lugar de origen o el nombre del productor, como se explica en el párrafo dedicado a la importancia del lugar de origen.

El origen. Lo primero que se debe averiguar es el país de origen. Esta mención obligatoria se especifica de la siguiente forma: por ejemplo, «producto de España», y muchas veces se escribe en inglés *(produce of Spain)*.

La calidad. No todos los países poseen una jerarquía oficial, pero la legislación europea distingue el vino de mesa –el más común– de los vinos de calidad, que constituyen la mayor parte de la producción francesa y alemana entre otras. En esta categoría se encuentran especificidades nacionales tales como la Appellation d'Origine Contrôlée (AOC) en Francia, la *Qualitätswein* en Alemania o la Denominación de Origen (DO) en España, que figuran, llegado el caso, en las etiquetas. La región de donde proviene el vino tiene que estar igualmente mencionada. Esta obra trata esencialmente de vinos de calidad, cuya etiqueta ofrece por lo general datos sobre su estilo. Por contra, los vinos comunes de mesa sólo suelen mencionar el país de origen o la región, cuando no proceden de regiones o países diversos.

El contenido. En Europa es generalmente de 75 cl/750 ml/0,75 l (véase p. 49).

La graduación alcohólica. Está generalmente expresada en grados o en porcentajes (véase recuadro p. 52).

La cosecha. Su mención no es obligatoria: ciertos vinos, como la mayoría de los champagnes y prácticamente todos los jereces, son producto de la combinación de diversas cosechas. Si en la etiqueta se menciona un año, el vino debe ser de esa añada, sea en exclusiva, sea según un porcentaje precisado por la legislación del país correspondiente (para permitir ciertas mezclas, como la adición de vinos de prensa de años precedentes).

La importancia del lugar de producción

Es esencial saber de qué viñedo procede el vino. Este criterio es tan importante que en Borgoña, por ejemplo, los nombres de ciertas parcelas específicas están protegidos por la ley. Por este motivo, la originalidad de la procedencia de un vino suele destacarse claramente en la etiqueta. Hay pocos productos agrícolas que entren en estas sutilezas, salvo quizá los quesos, que en algunos países gozan de la misma protección de denominación de origen controlada. En materia de buen vino, tanto el lugar de producción como las variedades utilizadas son informaciones indispensables.

Las razones de esta reglamentación están explicadas en el capítulo reservado a los viñedos del mundo (véase pp. 121-128). Baste aquí con precisar que la mayor parte de las etiquetas –en todo caso, todas las de los vinos europeos– hacen especial hincapié en el emplazamiento de los viñedos.

De la región al viñedo

Las etiquetas se complican a partir del momento en que empiezan a dar más precisiones sobre el lugar de producción. La mayoría de las legislaciones exigen entonces una determinada escala de valores: un vino puede proceder de una región muy grande, de una localidad situada en esa región, de un sector cualitativo bien definido –las mejores laderas de un pueblo, por ejemplo–, de una viña o de un productor específico.

Cada país y cada región adopta, a este respecto, una actitud ligeramente diferente. El sistema francés tiene como primer criterio de selección el emplazamiento del viñedo y da más o menos detalles según la región.

LAS ETIQUETAS DE LOS VINOS DE ESPAÑA

La legislación española especifica las menciones que deben figurar en una etiqueta de un vino de calidad. Existen datos que tienen que aparecer obligatoriamente, otros son optativos y hay algunas prohibiciones expresas.

Menciones obligatorias: país de origen, denominación de origen, contenido en botella, graduación alcohólica, nombre del embotellador.

Menciones permitidas: marca, elaborador, variedades, añada, tipo de vino, sello de autenticidad, nombre del viñedo, tipología del vino, análisis o cata.

Menciones prohibidas: la palabra *vino*, mención del anhídrido sulfuroso y otros aditivos.

LEER UNA ETIQUETA

ESPAÑA

Vega Sicilia «Único» es la marca del vino; ésta aparece en letras grandes y resaltadas con tinta dorada.
Cosecha 1986 indica el año de la cosecha con la que fue elaborado el vino.
Ribera del Duero es la denominación de origen a la que está amparado el vino.
Embotellado en la propiedad significa que el vino ha sido embotellado en su lugar de producción.
Bodegas Vega Sicilia, S. A. es el nombre de la empresa elaboradora.

Valbuena de Duero (Valladolid) es la localidad donde está situada la bodega.
75 cl es la capacidad de la botella.
13 % vol. es el porcentaje de alcohol.
Núm. embotdor. es el número del registro de embotellador con el que figura la bodega en la DO y en los registros oficiales.
La etiqueta incluye algunos premios y medallas obtenidos por el vino en ferias y exposiciones, el número de botellas totales de la cosecha, el número concreto de la botella y la firma del presidente de la bodega.

BURDEOS

Grand vin de Château Latour
Grand vin significa que se trata del mejor vino de ese *château*: muchos burdeos tienen también un *second vin*.
Château Latour es el nombre propio del vino.
Premier grand cru classé especifica el estatus del vino, según la clasificación del Médoc de 1855.
Pauillac es el nombre de la denominación, que figura en caracteres más pequeños.

1977 es la añada.
Mis en bouteille au château significa que el vino ha sido embotellado en su lugar de producción.
Produce of France es una mención obligatoria en los vinos destinados a la exportación.
75 cl es el contenido de la botella (mención obligatoria).
Société civile du vignoble de Château Latour es el nombre de quien ha embotellado el vino. Va seguido de su dirección.

ALEMANIA

Lingenfelder es la denominación de origen.
1990 es la añada.
Riesling es la variedad.
Halbtrocken especifica que se trata de un vino semiseco.
Spätlese es su categoría cualitativa.
Freinsheimer Goldberg es el nombre del viñedo; el sufijo «-er» significa pueblo de Freinsheim.
Rheinpfalz es la región.

Erzeugerabfüllung o **Estate bottled** aparecen en alemán e inglés, e indican el lugar de embotellado (en este caso, por el productor).
Alc. 12 % vol y **750 ml** son menciones obligatorias.
Weingut H. & R. Lingenfelder son el nombre y la dirección de la finca.
Qualitätswein mit Prädikat o **QmP** indica la categoría cualitativa.
APNr (o **Amtliche Prüfungsnummer**) es el número de control.

En Champagne, por ejemplo, es raro que la etiqueta mencione la procedencia de la uva dentro de las 25 000 ha de viñedos que gozan de la Appellation d'Origine Contrôlée (AOC) Champagne. En Borgoña, las AOC cubren toda la región, luego municipios situados en la región y así sucesivamente, como una serie de muñecas rusas la última de cuales puede ser un viñedo de unas pocas áreas o incluso una hilera de viña.

Sería útil, por lo tanto, que todos los vinos precisasen la región de origen, a la cual se agregaría –si fuese necesario– una zona más delimitada. No obstante, en muchos países vitícolas esta práctica no es nada corriente: se supone que el consumidor debe saber que Barolo se encuentra en el Piamonte, al norte de Italia, o que Échezeaux es un pequeño pero prestigioso viñedo borgoñón.

En Alemania se dan más precisiones: la región de producción debe mencionarse, pero la longitud de los nombres alemanes, a la que a veces se añade una amalgama de términos difíciles de entender, hace que toda identificación sea difícil. En España y Portugal se menciona casi siempre la región, así como el nombre del productor y la denominación de origen.

El productor

En ocasiones se menciona su nombre, pero muchas veces sólo figuran en las etiquetas la localidad o la región. La mayoría de las legislaciones estipulan que el nombre del responsable del proceso de embotellado debe figurar en las etiquetas, porque este dato permite verificar el origen de los vinos fraudulentos o de mala calidad. Sin embargo, el embotellado no se realiza necesariamente en el lugar de producción: con frecuencia, el embotellador es un bodeguero mayorista que se aprovisiona en sitios diferentes (véase p. 119).

Por tanto, es norma general que la etiqueta precise si el embotellado fue hecho por el productor. Pero es necesario saber que, por ejemplo, la ley francesa considera la cooperativa como una continuidad de la explotación vitícola y, en consecuencia, todos los vinos embotellados por una cooperativa pueden llevar esa mención. Asimismo, se encuentran vinos elaborados por un solo productor en distintos bodegueros que se encargan de embotellarlo, aunque lo más frecuente es que estos últimos realicen mezclas de vinos diferentes para obtener un mejor equilibrio en sus productos.

Los cosecheros independientes suelen indicar en sus etiquetas menciones del tipo: «vino seleccionado y embotellado en la propiedad».

Por qué las denominaciones son controvertidas

Las autoridades que establecen los mapas vitícolas tienen una gran responsabilidad: si un terreno se encuentra incluido en una zona de denominación de origen, su valor aumenta de forma significativa. En Europa, las fronteras más antiguas de estas zonas suelen estar consagradas por la tradición, por lo que todo cambio de estos límites geográficos o toda definición de nuevas áreas suele ser objeto de numerosas controversias. En Italia, lo mismo que en Francia, ciertas DOC deben más a las conveniencias políticas que a los criterios de calidad de los viñedos. Una reciente campaña de reestructuración tiene precisamente por objeto eliminar las DOC dudosas.

Los países del Nuevo Mundo que deciden delimitar legalmente ciertas regiones se enfrentan a numerosos problemas. Con frecuencia, el establecimiento de estas fronteras hiere la sensibilidad de los excluidos. Por otra parte, una vez delimitada la zona, es difícil mantener la explotación de un viñedo en terrenos que no formen parte de ella. Además, las decisiones de los especialistas no siempre tienen una justificación evidente: cuando se define una nueva denominación vitícola, nadie puede tener la certeza de que se hayan elegido las mejores tierras; será necesario esperar una o varias décadas antes de que la viña confirme las expectativas de los expertos. Finalmente, toda delimitación arbitraria hecha por las autoridades (como es el caso del INAO, en Francia) establece condiciones inmutables para una zona de denominación y frena las experimentaciones en materia de cepas y variedades.

Otras informaciones de la etiqueta

La legislación de algunos países exige un mínimo de menciones. En la mayoría de los casos, el nombre del embotellador debe figurar en la etiqueta (indicación muy útil cuando el vino no se embotella en su región de origen y que indica que el trabajo no ha sido hecho por el elaborador). En Alemania, todas las etiquetas de vino de calidad llevan un número que indica la fecha y el lugar en que se ha realizado el control oficial.

Además de los datos legales, muchas botellas de vino ofrecen indicaciones adicionales así como diversos consejos situados generalmente en la contraetiqueta. Estos textos suelen explicar cómo se ha elaborado el vino, precisar si ha envejecido en barrica de roble, o qué factores influyen en su sabor y en su longevidad. Pueden incluir también sugerencias sobre la manera de servir ese vino específico, el tiempo durante el cual se puede conservar en botella, o indicar si se trata de un vino seco o dulce.

Estas contraetiquetas son habituales en los vinos más difundidos en los países del Nuevo Mundo y responden a las necesidades de una nueva generación de aficionados en búsqueda de información. La práctica se ha extendido a los mercados de la vieja Europa con el auge de las grandes superficies, donde los vinos están expuestos en amplias estanterías y que en la actualidad distribuyen la mayor parte de la producción vinícola. □

LA GRADUACIÓN ALCOHÓLICA

La reglamentación de la mayoría de los países del mundo estipula que la mención del contenido en alcohol debe figurar en la etiqueta de cada botella de vino. Esta graduación alcohólica se expresa hoy en día en porcentaje de alcohol, en volumen, con relación al total de líquido. Si bien es cierto que la mayoría de los vinos poseen una graduación alcohólica que oscila entre el 11 % vol y el 13 % vol, hay algunos que son mucho más suaves, como el moscato d'Asti, que sólo llega a los 6 % vol, o mucho más fuertes, como es el caso de todos los vinos generosos (el oporto o el banyuls pueden superar incluso los 20 % vol).

La compra de los vinos

En la actualidad existe una oferta tan variada de vinos que resulta muy difícil elegir. El precio puede ser un criterio de elección ya que la gama que se propone al consumidor abarca todos los niveles de precio. También es posible decidirse en función de un tipo de vino, siguiendo las categorías descritas en el capítulo dedicado a la elección de los vinos (pp. 33-39). Pero es necesario ser realista: existe en el mundo tal cantidad de productores y de vinos diferentes que ni tan siquiera el mejor especialista podría catarlos todos en el transcurso de su vida. La tarea se complica si tenemos en cuenta que cada cosecha ofrece matices diferentes y que las añadas precedentes continúan en constante evolución. Incluso los compradores mejor informados no pueden realmente llegar a conocer todos los vinos disponibles.

Una ocasión para degustar y comprar.

Diversas formas de comprar
Existen numerosas posibilidades para comprar vino, desde la compra directa en las bodegas de los productores hasta la adquisición en las tiendas especializadas de las grandes ciudades, sin olvidar las ofertas de venta por correo, los clubes y las tiendas de venta al por menor, que van desde la bodega del barrio hasta las estanterías del supermercado. Se puede incluso comprar «vino de ocasión» en determinadas subastas. Cada punto de venta trata de hacerse con una clientela definida: algunos se especializan en el consejo y el servicio, como es el caso de las vinaterías especializadas; otros se concentran en unos precios competitivos y en la rotación de sus existencias, como ocurre con las grandes superficies. El aficionado al vino tiene por tanto muchas posibilidades de elección para aprovisionar su bodega: puede recurrir al hipermercado para comprar los mejores vinos –por ejemplo, grandes reservas– cuando están de oferta y, al mismo tiempo, permanecer fiel al bodeguero de su barrio o a un club de venta por correspondencia.

Consultar a los especialistas
Los consejos de un especialista son siempre útiles. Los grandes vinos y las buenas ocasiones suelen aparecer ampliamente comentados en las publicaciones especializadas por periodistas-catadores que se encargan de probar las mejores muestras de cada año y recomiendan los vinos más logrados. Pero no hay que olvidar los efectos nocivos que tiene esta publicidad gratuita. Los lectores se precipitan sobre los vinos recomendados, que desaparecen rápidamente del mercado; o, peor aún, la demanda inesperada provoca una subida de los precios, ya que los vitivinicultores no son filántropos. Las guías anuales son excelentes obras de referencia para mantenerse al corriente de la evolución de las cosechas, y señalan asimismo los valores en ascenso y las regiones con más porvenir. Pero incluso los propios equipos de catadores de las guías no pueden degustar más que una selección restringida de vinos de una determinada región. Muchas veces sus comentarios no se publican hasta varios meses más tarde, cuando los vinos mencionados no están ya disponibles. Las guías escritas por un solo catador tienen todavía menos credibilidad. En cuanto a los vinos famosos y los valores seguros, suelen estar bien cubiertos por la prensa especializada. Sin embargo, toda esta información, ampliamente difundida en quioscos y librerías, nunca podrá reemplazar la opinión personal del consumidor, ya que el mayor de los placeres consiste en descubrir por uno mismo los vinos y elegir los que más se ajustan a los gustos personales.

Es bueno cultivar las relaciones con los especialistas, ya se trate de vinateros, de sumilleres, de miembros de clubes de cata o simplemente de apasionados del vino. La mayoría tienen una gran experiencia personal que les encanta compartir y con frecuencia han sido formados por profesionales. Un buen vinatero ha catado generalmente los vinos que vende, lo que le permite informar sobre su madurez y sus diversas características, y hacer incluso determinadas sugerencias sobre los platos que mejor podrían acompañarlos.

Las mejores ocasiones
El aficionado a hacer buenos negocios encontrará todo tipo de vinos, a precios muy competitivos, en las ferias de vinos organizadas por las grandes superficies. Se trata en general de importantes existencias de vinos conseguidas a muy buen precio por las centrales de compra de estos establecimientos, en trato directo con los productores o las cooperativas. Muchas de estas tiendas «saldan» de este modo sus vinos a finales de año con un gran despliegue publicitario. Para el negocio del vino, se trata de una forma de deshacerse de los stocks de vino que no tienen ninguna posibilidad de mejorar en botella o de aumentar su valor. Buscando bien, se pueden encontrar lotes interesantes e incluso grandes vinos de las mejores añadas. Hay que desconfiar, sin embargo, de determinadas cosechas más flojas que pueden suponer un riesgo, de vinos desconocidos y de pequeños *châteaux* o bodegas, cuyos atractivos nombres y bonitas etiquetas pueden esconder

un vino de lo más ordinario. Estas ferias vinícolas son uno de los medios más seguros para vender las existencias de vinos malos, o de los que han sufrido un almacenaje defectuoso, que no tienen la menor oportunidad de encontrar otra salida.

Los segundas marcas de las bodegas prestigiosas pueden ser también un excelente negocio, tanto en el caso de las cosechas abundantes como en el de las cosechas menos maduras. Menos caros que los primeros vinos y de una maduración más precoz, rara vez son decepcionantes.

Finalmente, para los aficionados a los vinos de guarda, como los grandes burdeos o algún priorato, ribera del Duero o rioja, existe la posibilidad de comprar los vinos «en primicia».

Las ofertas de vinos

Las empresas de venta por correo proponen por lo general su oferta de vinos mediante un catálogo, que suele presentarse con o sin comentarios. Confeccionados por comerciantes de confianza, suelen ser muy interesantes. Pueden incluir precisiones sobre las cosechas y su potencial de envejecimiento, y presentar novedades que vale la pena probar.

La venta directa

La venta directa en las instalaciones del productor tiene la ventaja de que permite establecer un contacto personal con los propietarios, pero los precios suelen ser más altos. En muchas regiones, los productores están encantados de vender sus vinos directamente al consumidor, ya que de esta forma pueden conocer a su clientela.

Por lo general, se tiene derecho a una degustación previa. El propietario espera que la cata estimulará la compra y normalmente así ocurre: después de la degustación el cliente suele adquirir unas cuantas botellas, salvo que el vino sea francamente malo. Es difícil formarse una opinión de inmediato, y si usted busca aprovisionarse en una región determinada, merece la pena comprar una serie de muestras para probarlas tranquilamente en casa; de este modo, se dispone de más tiempo para decidir sobre las cantidades que se desea encargar (el precio del transporte estará ampliamente compensado por la certeza de haber hecho una buena elección).

A veces hay que seguir ciertas formalidades para comprar vinos en una bodega. Nunca hay que cerrar una operación sin su correspondiente factura.

En la compra de vinos a granel, una factura (en la que se haga mención de la categoría del vino, de su precio y de la cantidad) es esencial para cumplir con la reglamentación vigente en materia de transporte de vinos. En el caso de las botellas, hay que asegurarse de que estén bien etiquetadas y de que cada una lleve un precinto de seguridad. No hay que hacerse nunca cómplice de actividades fraudulentas que consisten, por ejemplo, en la oferta de un vino con denominación de origen etiquetado como si fuera un vino común. Estas prácticas, que son corrientes en determinadas regiones como Borgoña, pueden acabar costando caro.

El transporte en el maletero del coche puede convertirse en un problema en verano, a causa del calor, y en invierno, a causa del hielo. Además, el vino pesa mucho: una caja de una docena de botellas pesa alrededor de 18 kilos, e incluso más si las cajas son de madera o si el tipo de vidrio utilizado es grueso. Varias cajas en un coche, ya de por sí muy cargado para las vacaciones, pueden estropear la suspensión. Por tanto, si se desea adquirir grandes cantidades habrá que prever un viaje especial, en primavera o en otoño, a fin de evitar el calor, el frío y los atascos, con la ventaja de que el productor dispondrá de más tiempo para atender a su cliente. Por el contrario, el recibimiento será mucho menos cálido si uno llega en septiembre u octubre, en plena vendimia.

Antes de decidirse a comprar el vino en una bodega, hay que elegir bien al productor. Algunos carteles que indican los puntos de venta de vino son más fiables que otros. Asegúrese de que el productor embotella personalmente sus vinos. En algunas regiones, los propietarios de viñedos llevan sus uvas a una cooperativa y, a cambio, reciben una parte de la producción en forma de vino embotellado; la etiqueta llevará legalmente la mención «embotellado en la propiedad (o en el *château*)». El vino podrá ser honrado, pero no tendrá mucho que ver con un vino de productor: es

mejor, en estos casos, ir directamente a la cooperativa, donde los precios por el mismo vino (o el mismo cava) serán seguramente mucho más razonables.

No todos los productores venden su vino directamente, o cuando lo hacen los precios pueden ser muy altos. En el caso de los *grands crus* de Burdeos, por ejemplo, la venta directa perturba el circuito tradicional del negocio. Por tanto, los elaboradores dudan mucho antes de realizar este tipo de venta por temor a comprometer sus relaciones con el entramado comercial. Pero aunque esto impida comprar *premiers* o *grands crus* en el mismo *château*, se pueden encontrar abundantes vinos menos prestigiosos en los alrededores.

En el caso de los propietarios muy pequeños, la compra directa es la única manera de poder conseguir sus vinos. Esto es aplicable a los pequeños viticultores borgoñones, de la Rioja, el Penedès y otras regiones españolas, francesas o alemanas. Solicite que le incluyan en la lista de clientes de los propietarios que le interesen: sus ofertas por correspondencia le informarán de la disponibilidad de sus nuevos vinos, por lo general con un bono de pedido adjunto que debe devolverse por correo.

¿A granel o embotellados?

Numerosas cooperativas y productores de vino común de mesa, además de embotellado, venden sus vinos a granel. Los envases de plástico son baratos, pero como el vino no se conserva mucho tiempo, se usan esencialmente para productos destinados a un consumo inmediato. Si el consumo va a ser moderado, lo mejor es embotellar este vino comprado a granel: se trata de una operación fácil siempre que se disponga de una taponadora, de una buena cantidad de botellas limpias y de algunas personas dispuestas a ayudar. Los amigos son generalmente lo más fácil de conseguir.

La venta a domicilio

Algunos productores disponen de representantes que venden sus vinos directamente en el domicilio del consumidor; luego se envía el producto por correo o mediante los servicios de un transportista. Comprar de esta forma es a menudo una buena manera de descubrir vinos que, si no, nunca se llegarían a conocer. Pero desconfíe de los vendedores que insisten en ofrecerle una degustación en su casa o en su despacho.

La compra de vinos en primicia
Una gran parte de la producción de los *crus classés* –especialmente los burdeos– se vende a los intermediarios a partir del mes de abril inmediatamente posterior a la vendimia. Puesto que esta producción no se entrega hasta 18 meses más tarde, la adquisición de vinos «en primicia» presenta ciertos riesgos para el comprador; el peor de ellos es que, en caso de quiebra de la empresa, el producto no llegue a ser entregado.

Pero existen bodegueros serios y, en según qué cosechas, los precios de estos vinos nuevos son suficientemente atractivos como para tentar al cliente. Las catas se realizan a comienzos de la primavera, al mismo tiempo que las primeras ofertas, y los comentarios se publican generalmente en mayo en la prensa especializada. La jerarquía de los vinos se pone a prueba cada año, lo que afecta menos la escala de precios establecida por los propietarios que la plusvalía impuesta por los intermediarios en función de la demanda. Por tanto, la mayor parte de las existencias de una cosecha de *grands crus* está vendida nueve meses después de la vendimia, es decir, nueve meses antes de su embotellado, en función del prestigio de su etiqueta.

Muchos son los elementos que hay que tener en cuenta para estar seguros de haber hecho un buen negocio. Si el vino es difícil de conseguir y corre el riesgo de serlo más aún en el futuro, su valor puede aumentar. La otra cara de la moneda es que el precio de un vino determinado puede también bajar, al igual que la calidad de una cosecha o el prestigio de un *château* pueden no ajustarse a las expectativas que habían despertado.

Las ventas en subasta
Algunos profesionales ponen a la venta sus vinos a través de subastas dirigidas a un público de aficionados selectos. Aparte de ciertas grandes añadas «de colección», que son las que suelen alcanzar los precios récord, la mayoría de los vinos subastados datan de los últimos veinte años: están listos para ser bebidos o lo estarán enseguida.

Las ventas más importantes de este tipo se celebran en el Hôtel Drouot de París, que dispone de una sección de vinos, así como en Londres (Christie's y Sotheby's), Ginebra, Mónaco y Amsterdam. Estas ventas están protagonizadas generalmente por los *grands crus* de Burdeos o de Borgoña, los jereces de añada, los riojas añejos y los oportos de añada. Los clientes pueden procurarse un catálogo y tienen que enterarse de las condiciones de venta: no hay que olvidar que habrá que añadir al precio de remate la comisión, a veces el IVA y, en muchos casos, los derechos de aduana que aplican ciertos países. También hay que comprobar el tamaño de los lotes (normalmente, aunque no siempre, múltiplos de una docena), la información sobre el almacenaje, el nivel de los vinos en las botellas más antiguas, el estado de los corchos: el catálogo debería especificar todos estos aspectos.

Además de las ventas de *grands crus*, se organizan igualmente ventas de vinos menos prestigiosos que ofrecen al aficionado la oportunidad de formar una bodega de botellas de diversas cosechas, listas para ser consumidas en las mejores condiciones.

El vino en el restaurante
En el restaurante, la elección de los platos lleva a la elección de los vinos. Algunos restaurantes proponen incluso un vino y un plato. El restaurador los elige por lo general en función del estilo de su cocina: por ejemplo, suele ser fácil acoplar los vinos y la cocina de una misma región. Nunca se debe dudar en pedir consejo, sobre todo en los restaurantes que disponen de sumiller. Él es el único que conoce a fondo su propia bodega y estará encantado de compartir su pasión con el cliente, haciéndole descubrir un vino poco conocido o una añada que se encuentra en su apogeo.

A falta de un buen consejo, es mejor pedir un vino de un precio razonable que ya se conoce. Los vinos que llevan el nombre genérico de la bodega son, por lo general, valores seguros. Los vinos de pequeños productores suelen ser más raros y más caros, pero a veces excelentes. Una gran añada podría resultar decepcionante si no está todavía lista para beber, mientras que una botella procedente de una cosecha menos madura ofrece en ocasiones estupendas sorpresas, sobre todo si se trata de una comida para la que se busca un vino ligero. Más que nada hay que evitar los vinos sin personalidad, aquellos «que van con todo», como los pequeños tintos del Loira, con frecuencia caros pero raramente buenos.

Las estrategias en los restaurantes
Una vez hecha la elección, compruebe la etiqueta que le presentan. Así tendrá la seguridad de que se trata del vino que ha pedido y, en el caso de que la haya especificado, de la añada solicitada.

Probar un vino no es simplemente un ritual: pocas botellas están en malas condiciones, pero si ése es el caso han de ser rechazadas después de probarse. Antes de degustar un vino raro y caro es conveniente verificar las copas en las que se va a servir. Huela rápidamente el interior, que podría haber conservado olores de jabón o de armario. Si la copa está sucia o conserva restos de malos olores, exija sin dudar que se la cambien.

Cuando se disponga a probar un vino, comience por preguntarse: ¿su color es claro y luminoso? Luego, aspírelo: si sabe a corcho (véase «Los principales defectos del vino», p. 85), lo detectará enseguida. Pruébelo para verificar los aromas, las sensaciones en boca y la temperatura a la que ha sido servido. Se puede devolver un vino si sabe a corcho o resulta francamente desagradable al probarlo.

Los blancos deben servirse –y mantenerse– frescos. Muchos restaurantes sirven los tintos a una temperatura demasiado elevada: pida en ese caso un balde de hielo, ya que estos vinos ganan mucho si se refrescan ligeramente. Si pide una segunda botella, degústela del mismo modo y a poder ser en una copa distinta. No hay ninguna razón para suponer que ese vino será perfecto simplemente porque el de la primera botella lo era.

El precio de los vinos en las cartas de los restaurantes es lo bastante alto (el coeficiente multiplicador es generalmente de 3) como para que el aficionado tenga todo el derecho a exigir una calidad y un servicio correctos.

La conservación de los vinos

EL VINO ENVEJECE Y CAMBIA DE NATURALEZA CON EL TIEMPO.
LOS BUENOS VINOS MEJORAN, MIENTRAS QUE OTROS SE ESTROPEAN:
UNA MUTACIÓN MISTERIOSA.

El corazón de las explotaciones vinícolas tradicionales es la bodega. Los viejos vinos reposan entre telas de araña, como en esta bodega privada de Viña Tondonia, en Haro, La Rioja.

Durante muchos siglos se consideró que el vino era mejor cuanto más joven y que debía beberse lo antes posible después de la vinificación. Los vinos de la antigua Grecia, así como los de los romanos, se consumían enseguida, ya que temían que el tiempo los deteriorase. En la Edad Media, los comerciantes de vinos procuraban deshacerse de las existencias de una vendimia antes de que se cosechara la siguiente. Los vinos «viejos» eran difíciles de vender en cuanto estaba disponible el vino nuevo. En efecto, el riesgo de que un vino de un año se transformase en vinagre era grande. Sin embargo, existían algunas excepciones: los romanos, así como los egipcios, habían descubierto que los mejores vinos podían guardarse –y así mejoraban– siempre que se hiciera en ánforas bien cerradas o en recipientes de vidrio igualmente sellados. Gracias a los análisis científicos actuales, es fácil comprender que el vino es un líquido inestable. La presencia del oxígeno transforma el alcohol en ácido acético –es decir, en vinagre– gracias a una bacteria conocida con el nombre de *Acetobacter aceti*. Antaño, se practicaban fermentaciones aleatorias en toneles y cubas de una higiene relativa y, sobre todo, era difícil preservar el vino del contacto con el aire. Los vinos de guarda tenían que poseer un fuerte contenido alcohólico para paliar las condiciones sanitarias de su elaboración. A falta de una graduación alcohólica suficiente, hubo que esperar a fines del siglo XVIII para que la práctica del encabezado (consistente en agregar alcohol en el transcurso de la fermentación) se difundiese. Más tarde se descubrió el sulfitado que, al igual que la adición de alcohol, es una medida antiséptica para combatir con eficacia el desarrollo bacteriano. El vino se conserva muy bien en barrica siempre que la barrica esté llena y el vino no entre en contacto con el aire, lo que hace necesario la práctica constante del atestamiento, es decir, del rellenado constante de una barrica que tiene escapes o transpira. El proceso de envejecimiento del vino comienza en la bodega, en las cubas o en las barricas de madera, y continúa en las botellas. Algunos vinos merecen ser conservados durante años, e incluso decenios, mientras que otros deben ser consumidos lo antes posible. Muchos vinos españoles o italianos se guardan en barrica hasta alcanzar la madurez antes de ser embotellados, y luego ya no mejoran en la botella. Otros, como los *grands crus* de Burdeos o los oportos vintage, deben dejarse envejecer en la botella después de un corto paso por la barrica.

LA CRIANZA EN BOTELLA

¿Cómo explicar las mutaciones que sufre un vino? Los expertos se han dedicado a investigarlo, pero quedan muchos misterios por resolver. Los trabajos de Pasteur, en el siglo XIX, demostraron que el vino se degrada por oxidación cuando está expuesto al aire, lo que altera el color de los vinos tintos y blancos, dándoles una tonalidad amarronada, como ocurre con una manzana o un plátano después de mondarlos. Pero ¿cómo explicar que el vino se oxide una vez embotellado, si el corcho no deja pasar aire (o muy poco)? Puede admitirse que el oxígeno disuelto en el vino continúa provocando reacciones lentas en un medio reductor que favorece el desarrollo de las bacterias y de las levaduras, así como de otros componentes químicos del vino: se han contabilizado más de cuatrocientos, y la lista aún no está cerrada.

Los aromas

Las reacciones químicas que se desencadenan en el interior de una botella son complejas y poco conocidas. No obstante, algunas investigaciones han permitido explicar los cambios de color y de aroma. Los taninos y los demás componentes aromáticos, que provienen esencialmente de los hollejos (y dan a los vinos su color) pero también de los ecobajos (la parte leñosa de los racimos) y la madera de las barricas, se transforman. Se asocian entre sí (por polimerización) y se depositan en el fondo de la botella (por sedimentación). El vino de color rojo púrpura pasa a rojo rubí, y se aclara a continuación hasta adquirir un tono rojo ladrillo. La acidez astringente del fruto verde se suaviza. La agresividad del vino joven desaparece para dar lugar a una redondez aterciopelada que se manifiesta a través de aromas complejos. Todos los vinos se modifican al añejarse, salvo los pequeños vinos muy filtrados o estabilizados por pasteurización.

El tiempo de envejecimiento

Los grandes vinos de las mejores añadas, los vinos encabezados y los licorosos pueden envejecer durante decenios, porque su concentración permite una evolución lenta. Ciertos vinos, tánicos, ácidos y concentrados, deben añejarse durante años para que se suavicen. Otros, ligeros y afrutados, están concebidos para beberse en su más tierna juventud. Estas dos familias de vinos tienen características de envejecimiento muy diferentes que no sólo vienen determinadas por el vinificador, sino también por el pago, la naturaleza y la edad de las vides, así como por las condiciones climáticas que acompañan cada cosecha. El encarga-

JUVENTUD, MADURACIÓN Y APOGEO

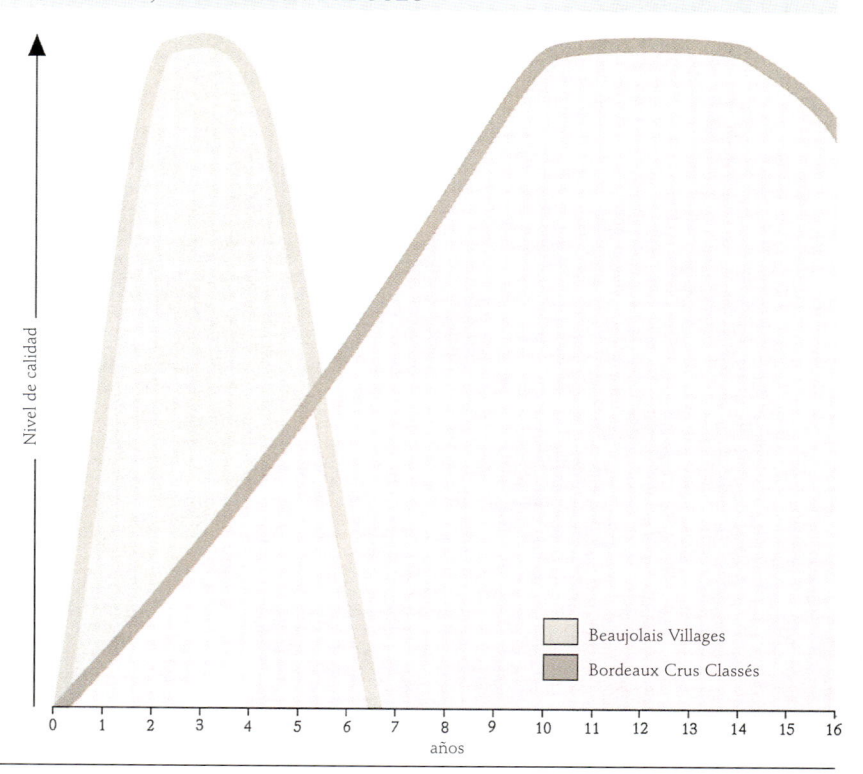

El ciclo de vida de un vino puede ilustrarse mediante un gráfico simple que se obtiene de dos variables: una es el tiempo, representado por el eje horizontal, y otra la calidad, en el eje vertical. Un vino llega a su apogeo después de un período más o menos largo y se mantiene en él durante más o menos tiempo. El grado óptimo de calidad depende de la extracción de materia del vino y de las características de la cosecha con la que se ha elaborado. Un mal año no dará jamás un vino que supere los criterios de calidad más exigentes; una región o una variedad mediocres, tampoco.

Cada vino se desarrolla a su propio ritmo. Algunos, como el beaujolais y numerosos vinos blancos, son precoces: alcanzan rápidamente su apogeo, pero también decaen a gran velocidad. Otros vinos –como es el caso de los grandes burdeos tintos– tardan mucho más en llegar a su apogeo, pero permanecen más tiempo en él y declinan lenta y suavemente.

Cada vino es diferente. Sin embargo el concepto de perfil es muy útil cuando se estudian los procesos de madurez.

do de la bodega, generalmente asistido por un enólogo diplomado, puede seleccionar ciertas cubas de determinadas variedades, procedentes de vides viejas de poco rendimiento, para elaborar un vino concentrado que se destine al envejecimiento. Este es el caso de los *grands vins*, entre los *crus classés* de Burdeos, por oposición a los *seconds vins*. Estos, que no llevarán la etiqueta del *château*, son el resultado de la mezcla de cubas de viñas jóvenes y de variedades menos conseguidas. De este modo, de una misma cosecha puede salir un *second vin*, que estará listo para beber después de algunos años, y un *grand vin*, que por el contrario merecerá uno o varios decenios de envejecimiento.

La naturaleza de las variedades también confiere mayor o menor longevidad al vino. Así, la cabernet sauvignon, austera y tánica, lo mismo que la merlot, sedosa y potente (de los viñedos bordeleses), o la pinot noir, enérgica y rica (de los viñedos borgoñones) darán vinos mucho más concentrados que los gamays ligeros y afrutados del Beaujolais.

Los mejores pagos siempre producirán los mejores vinos, incluso (y sobre todo) durante las cosechas difíciles. Pero para obtener un gran vino de guarda es necesario partir de uvas excelentes, bien maduras. Para ello, la naturaleza debe aportar las proporciones precisas de sol y de lluvia en el momento adecuado. Se puede, por ejemplo, comparar dos añadas de burdeos, la de 1980 y la de 1982. El primero fue un año frío y lluvioso, y el segundo caluroso y seco. La cosecha de 1980 produjo vinos suaves y ligeros que debían beberse cuanto antes, mientras que la añada de 1982, mucho más madura, produjo vinos concentrados que estarán en su mejor momento hacia el año 2000. Sin embargo, la pluviometría comparada de estas dos cosechas resulta idéntica: pero la de 1982 se aprovechó de la lluvia buena en el momento en que la viña la necesitaba, mientras que la de 1980 padeció unas lluvias malditas que se produjeron en los peores momentos del ciclo vegetal.

Los *grands crus*, reconocidos desde hace siglos, cuentan con un privilegio: el de disponer de un terreno propicio para la obtención de grandes vinos de guarda. El suelo, pobre, compuesto por lo general de sedimentos acarreados por los ríos (gravas) o desmontados por la erosión (en las laderas), permite un buen drenaje del agua cuando es abundante y almacenarla en tiempos de sequía. Con un mínimo de nutrientes y el agua indispensable, la vid sufre pero concentra su savia. Esta savia concentrada alimentará un número limitado de racimos. El bajo rendimiento de las mejores parcelas será en estos casos la mejor garantía de un vino de calidad.

El declive

Un vino acaba muriendo más tarde o más temprano. La evolución favorable de su maduración tiene un final. Va perdiendo el color y los matices afrutados, y se vuelve delgado y ácido. En función de su masa y de su concentración, los diversos componentes tardarán más o menos tiempo en depositarse en el fondo de la botella a causa de la gravedad. Esto explica que un vino envejezca más rápido en botellas pequeñas (media botella), a ritmo normal en la botella tradicional, menos rápido en las magnum, y mucho más despacio en los grandes recipientes.

La crianza en botella

Durante el proceso de envejecimiento de los vinos es necesario tomar algunas precauciones. Las mejores botellas deben permanecer en posición horizontal para que no se seque el corcho, en un lugar tranquilo, en la oscuridad y sin cambios de temperatura (véase pp. 61-64).

La elección de los vinos de guarda

Este tipo de vinos se adquieren por dos motivos, porque cuando lleguen a su madurez será difícil encontrarlos en los circuitos comerciales tradicionales y para asegurarse de que envejecerán en las mejores condiciones posibles.

Más allá de estas motivaciones se llega a la pregunta esencial: ¿cuánto tiempo hay que guardar el vino? No es fácil responder porque la calidad del vino puede variar, no sólo de una añada a otra sino entre los propios vinos de una misma cosecha. Los vinos mayoritariamente destinados a la crianza en botella son los tintos de Ribera del Duero, Priorato, Rioja, Burdeos, Borgoña Côte-Rôtie, Châteauneuf-du-Pape, Cahors y Madiran, y ciertos vinos blancos de Borgoña y de Graves, así como la totalidad de los vinos licorosos. Estos vinos suelen comercializarse dos o tres años después de la vendimia, aunque los mejores vinos de las mejores añadas, merecen –y por lo general obtienen– una crianza de muchos más años e incluso decenios, a la espera del momento de su apogeo. Es raro que el propietario, y menos aún el bodeguero, disponga de los medios financieros para conservarlos tanto tiempo. Los más reputados pueden encontrarse en las subastas algunos años más tarde, aunque las denominaciones menos conocidas suelen ser imposibles de encontrar.

¿Cuánto vino comprar?

¿Cuántas botellas de vino hay que tener en una bodega particular? La respuesta es simple: la mayor cantidad posible. Cuando se considera que se tienen demasiadas, es relativamente fácil revenderlas, por ejemplo a través de subastas.

Los vinos que requieren una larga crianza en botella tienen que disponer de más espacio en la bodega que aquellos cuya longevidad no está garantizada. Por ejemplo, considerando un promedio de consumición de tres botellas al año, merece la pena comprar tres caja de doce botellas de un concentrado ribera del Duero o de un *grand cru* de Burdeos, que se calcula que no llegarán a su apogeo antes de ocho o diez años y se mantendrán en ese alto nivel durante una decena de años más. Si otro vino promete estar maduro al cabo de cuatro años y mantenerse en su apogeo sólo durante unos tres o cuatro años más, bastará con adquirir una caja de doce botellas.

Estas difíciles decisiones se plantean muy pocas veces porque normalmente los sueños del aficionado deben enfrentarse con la realidad: una bodega y un presupuesto limitados. Lo más racional es establecer una clasificación de tres tipos de vino: los vinos destinados al consumo diario, los grandes vinos listos para beber y los vinos destinados a envejecer. El objetivo de una bodega bien administrada es poseer una existencia de vinos suficiente para satisfacer el consumo habitual, las cenas con amigos, las fiestas familiares y los pequeños caprichos. □

LA CONSERVACIÓN DE LOS VINOS/LA CRIANZA EN BOTELLA 59

EL COLOR DEL VINO CAMBIA CON LA EDAD

Los vinos tintos se aclaran, los vinos blancos tienen tendencia a adoptar un color más oscuro. El tono de los vinos tintos puede ir desde el púrpura oscuro a toda una variedad de rojos, hasta adquirir una coloración teja claro con ciertos reflejos anaranjados. La tonalidad de los vinos blancos se mueve entre un incoloro con reflejos verdosos y un color ocre muy denso. Los vinos licorosos tienen una coloración pronunciada que oscurece con la edad.

Los riojas tintos. A la izquierda puede verse un vino de cuatro años, de color rojo con reflejos de ladrillo, muy representativo de los vinos surgidos de la variedad tempranillo. A la derecha, un vino de doce años que ofrece cierta concentración, de un color caoba con reflejos anaranjados.

Los riberas tintos. A la izquierda un vino de tres años de color rojo rubí brillante, con una aureola ligeramente marrón como la que caracteriza ciertos vinos envejecidos. A la derecha se aprecia un ribera de once años, en su apogeo: el color se ha aclarado y ofrece reflejos anaranjados hacia los bordes.

Los oportos. La muestra de la izquierda es un tawny de diez años, mientras que la de la derecha es un oporto ruby de tres años. Estos dos vinos han sido criados en barrica. Al cabo de los años, el tawny ha perdido su color púrpura original para adquirir un soberbio rojo teja.

Los vinos alsacianos. La copa de la izquierda contiene un joven riesling de Alsacia; la de la derecha muestra un vino de la misma variedad, pero de veinte años. El vino más joven es casi incoloro, con reflejos verdosos y dorados; el más añejo se ha vuelto, con el paso de los años, de un intenso color amarillo oro.

CLASIFICACIÓN DE LOS VINOS DE GUARDA

Aunque toda generalización en materia de vinos es siempre difícil, resulta útil dividirlos en cinco categorías, de menor a mayor longevidad.

VINOS QUE DEBEN BEBERSE JÓVENES
Son todos aquellos cuyas cualidades esenciales son la ligereza y la frutalidad. No ofrecen ningún interés para ser envejecidos, ya que tienen tendencia a deteriorarse con el tiempo. Deben beberse en el año de su cosecha, o como máximo algunos meses después de comprarlos.

Vinos de Francia.
Todos los vinos nuevos *(vins nouveaux)*, los vinos comunes de mesa, los blancos del país y una gran parte de los tintos, excepto los de ciertas variedades. El muscadet, el beaujolais, los côtes-du-rhône genéricos, los vinos blancos de Entre-deux-Mers, el gaillac, el bergerac, los vinos rosados –como los rosados de Provenza– así como los claretes de Burdeos.

Vinos de Italia y de España.
Todos los vinos blancos y tintos genéricos, como el soave o el valpolicella en Italia, o el rioja, el navarra o el penedès en España. También el cava, el jerez fino y el amontillado.

Vinos de otros países.
Todos los tafelwein y landwein alemanes, Liebfraumilch y QbA; todos los vinos comunes y genéricos del Nuevo Mundo; el vinho verde y los vinos espumosos.

VINOS PARA GUARDAR ENTRE 1 Y 3 AÑOS.
Los vinos que merecen este período de envejecimiento en botella necesitan un cierto respiro para acoplarse y suavizarse.

Vinos de Francia.
Entre los vinos blancos, el muscadet de Sèvre-et-Maine, los vinos surgidos de la variedad sauvignon, los vinos de Alsacia y los borgoñas blancos genéricos, el champagne brut sin añada, así como los vinos blancos de Graves. En tintos, los vinos del Midi y del Loira, los côtes-du-rhône-villages, los *crus* de Beaujolais, los vinos tintos ligeros del suroeste, las denominaciones Bordeaux y Bordeaux Supérieur, así como también los borgoñas genéricos.

Vinos de Italia y de España.
Todos los blancos y tintos que no sean reservas.

Vinos de otros países.
Algunos QbA alemanes de los mejores viñedos; los vinos de las variedades chardonnay y cabernet sauvignon de los viñedos del Nuevo Mundo.

VINOS PARA GUARDAR ENTRE 3 Y 5 AÑOS
Categoría de vinos que dan lo mejor de sí mismos a los 3, 4 o incluso 5 años después de la vendimia.

Vinos de Francia.
Los mejores vinos de Alsacia, todos los blancos secos del Loira elaborados con la variedad chenin genérica, los vinos de las viñas viejas de Sancerre y de Pouilly, el quincy; los chablis y los borgoñas blancos de denominación genérica; el jurançon; los graves blancos de los mejores *châteaux* con predominio de la variedad sémillon; los sauternes de *châteaux* o de años flojos; el champagne milesimado y, finalmente, el champagne rosado.

Vinos de Italia y de España.
Todos los reserva, como los rioja, los priorato o los ribera del Duero.

Vinos de otros países. Los QmP alemanes, así como los auslesen (salvo los de las mejores añadas); los mejores chardonnay y cabernet sauvignon, como los syrah (shiraz) del Nuevo Mundo.

VINOS PARA GUARDAR ENTRE 5 Y 8 AÑOS
Los vinos que merecen entre 5 y 8 años de reposo en una buena bodega son muy concentrados y complejos.

Vinos de Francia.
Entre los blancos, los *premiers crus* y *grands crus* de Chablis y de la Côte des Blancs de Borgoña; ciertos vinos que contienen azúcares residuales, como los de las buenas añadas de pequeños *châteaux*, en Sauternes o en Vouvray, y los «selección de granos nobles» de Alsacia; sin olvidar las mejores añadas de champagne. En tintos, las buenas cosechas de borgoñas y las añadas flojas de *premiers* y *grands crus* de Borgoña. Los côtes-rôties y hermitages, así como los châteauneuf-du-pape; la mayor parte de los burdeos del Libournais, salvo las mejores añadas de *grands crus*; las cosechas flojas de *grands crus* del Médoc y de Graves.

Vinos de Italia y de España.
Los mejores vinos de las mejores añadas de Barolo, algunos vinos de la Toscana (super toscanos) así como los rioja, riberas del Duero y prioratos, tanto reservas como grandes reservas.

Vinos de otros países.
Los mejores auslesen y los eiswein alemanes, los grandes cabernet sauvignon y syrah del Nuevo Mundo.

VINOS PARA GUARDAR MÁS DE 8 AÑOS
Los vinos que necesitan más de 8 años de envejecimiento para acceder a su apogeo son esencialmente los que corresponden a las mejores añadas de los mejores pagos.

Vinos de Francia.
Los vinos blancos de *grands crus* y de las mejores añadas de Sauternes y de Vouvray, así como las vendimias tardías de los *grands crus* de Alsacia; los *premiers* y *grands crus* de Borgoña de las mejores añadas; las mejores añadas de todos los *grands crus* de Burdeos; las mejores añadas de Côte-Rôtie, Hermitage y Châteauneuf-du-Pape.

Vinos de otros países.
Los QmP más concentrados alemanes; los oportos vintage.

Una añada de grand cru, que estará lista para ser bebida en un período de entre 5 y 8 años.

El almacenamiento del vino

Si se piensa guardar un vino durante algo más que unas cuantas semanas, es imprescindible hacerlo en buenas condiciones. A veces es difícil conseguirlo en el propio domicilio y algunos aficionados utilizan bodegas comerciales o locales especializados, aún poco difundidos en España, para almacenar sus grandes vinos, o al menos los que desean guardar por un período prolongado. Sin embargo, siempre se puede acondicionar un pequeño rincón de casa para los vinos. Las condiciones de almacenamiento se encuentran resumidas en el recuadro de la p. 64.

Los principios básicos

Es imprescindible guardar los vinos al abrigo de la luz, en un medio sin vibraciones y a una temperatura constante. La humedad debe ser elevada y la ventilación buena. Por último, no tiene que haber olores fuertes en el ambiente. La temperatura es el factor más difícil de regular, lo que a veces hace olvidar las demás cualidades necesarias de una buena bodega. Las vibraciones echan a perder el vino, sobre todo los vinos añejos con poso: las botellas tienen que moverse lo menos posible y deben estar alejadas de los electrodomésticos. Una luz muy fuerte puede asimismo perjudicar el vino, sobre todo el blanco. Aunque sea tentador exponer las botellas en la cocina o en el comedor, es mejor tenerlas en un lugar oscuro. Tampoco se deben guardar cerca de botes de pintura, cuyas emanaciones afectan al vino (incluso a través del corcho), o de verduras, ya que las materias vegetales, y todos los alimentos en general, pueden provocar la aparición de hongos o de insectos perjudiciales. La humedad evita que los corchos se sequen –razón por la que las botellas se guardan en posición horizontal. Si la bodega es muy húmeda, se pueden sujetar las etiquetas con gomas. Una buena circulación de aire evitará los olores de moho o podredumbre.

La temperatura

El vino debe guardarse a una temperatura constante de entre 5 °C y 18 °C; la temperatura ideal oscila entre 10-12 °C. Hay que evitar sobre todo las fluctuaciones extremas de temperatura: si la bodega pasa paulatinamente de 12 °C en invierno a 20 °C en verano, no importa demasiado. Pero una variación de este tipo en una jornada –o incluso en una semana– creará problemas. El vino se dilata y se contrae en las botellas, y el corcho sufre; el vino se infiltra alrededor del corcho y deja un depósito pegajoso sobre la cápsula. Algunas botellas que presentan este defecto son saldadas.

Cómo acondicionar bien la bodega

Las bodegas ideales siguen siendo las cavadas en la roca, aunque las que han sido construidas en piedra o con ladrillos, como ocurre en las casas antiguas, son igualmente muy buenas. Hay que comprobar el emplazamiento de las tuberías de agua caliente, que pueden

Para conservar una gran cantidad de un mismo vino, se puede acondicionar un «compartimento» en algún lugar fresco.

hacer subir la temperatura, y aislarlas en caso necesario. La circulación de aire debe ser buena. Para evitar los excesos de calor o de frío, es recomendable instalar burletes en puertas y ventanas. El lugar tiene que estar limpio, pero hay que desconfiar de los funguicidas utilizados para tratar el ladrillo o la madera porque pueden afectar al vino. El mejor suelo es el de características porosas, porque mantiene una humedad elevada. Se puede colocar un manto de grava que se regará de vez en cuando.

Si no se dispone de sótano en casa, quedan dos posibilidades: aislar convenientemente un armario o una parte de una habitación, o comprar una «vinoteca» (armario bodega). Hay aparatos de refrigeración capaces de mantener un armario, una pequeña habitación o un sótano a la temperatura adecuada. Determinados armarios especiales son en realidad frigoríficos que mantienen la temperatura entre los 6 °C y los 15 °C. Otros poseen al mismo tiempo circuitos de calefacción y de refrigeración para hacer frente a los cambios bruscos de temperatura. Estos armarios son muy apropiados para un garaje o un espacio similar, y suelen tener filtros de ventilación que evitan la formación de moho. Es mejor evitar las vinotecas que incluyen una lámpara: puede quedarse encendida provocando un exceso de luz y calor. Los muebles de este tipo más sofisticados, diseñados para los restaurantes, tienen compartimentos de temperaturas diferentes, lo que permite conservar los vinos tintos y los blancos a la temperatura de servicio adecuada.

Los botelleros y las estanterías

Para guardar las botellas sin peligros, tanto los botelleros como las estanterías deben ser estables y de fácil acceso. Las bodegas tradicionales tenían compartimentos separados para ordenar sus vinos, ya que solían disponer de grandes cantidades de un mismo vino. En la actualidad, existen muchos tipos de botelleros de formas variadas, de madera o metal y con capacidad para una docena de botellas –o más. Los mejores son sin duda los metálicos, porque no se pudren, aunque en ocasiones rompen las etiquetas si no se tiene cuidado.

Las cajas

Los vinos embalados en cajas de madera suelen conservarse bien, a pesar de correr cierto riesgo de podredumbre seca. Siempre es preferible no dejar las cajas directamente en el suelo, sino ligeramente calzadas. Las cajas de cartón sólo deben utilizarse para un almacenaje temporal porque se pudren con la humedad y provocan moho y malos olores. No hay que olvidarse de guardar las cajas de madera originales si se pretende revender el vino: en cualquier subasta representan una garantía para el comprador y aumentan el valor del vino. Esto es particularmente cierto en el caso de las magnums y de las botellas grandes.

El libro de bodega

Un libro de bodega –un registro con columnas en las que se anota el vino comprado y el consumido– sirve para tener al día la bodega. Esta práctica es un tanto engorrosa si se posee una sola botella o pequeñas cantidades de muchos vinos diferentes.

Se puede usar un cuaderno especial para anotar los vinos comprados en caja o los que se piensa guardar durante

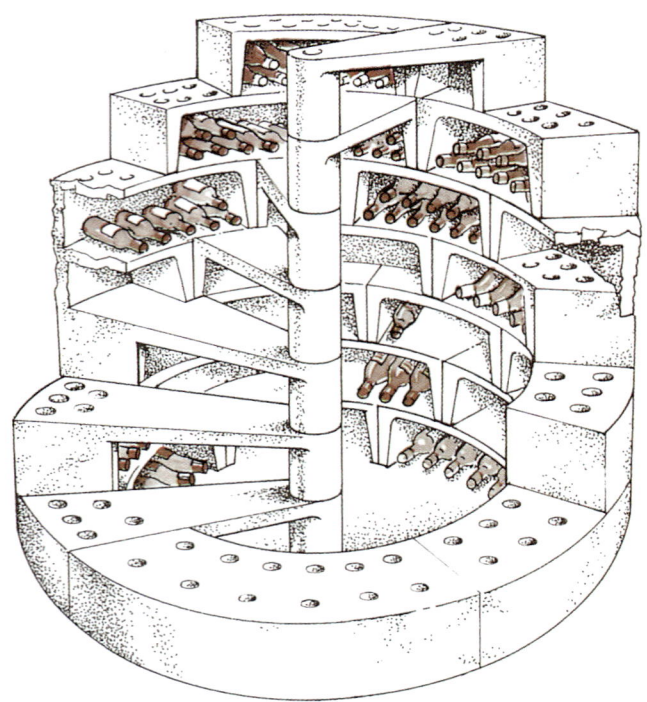

La bodega en espiral. Se trata de una construcción modular de hormigón (obra), rodeada de un material estanco, que se entierra en un agujero practicado en el suelo. Se accede por una trampilla, que es mejor que esté situada dentro de la casa. Estas bodegas se comercializan en diversos tamaños.

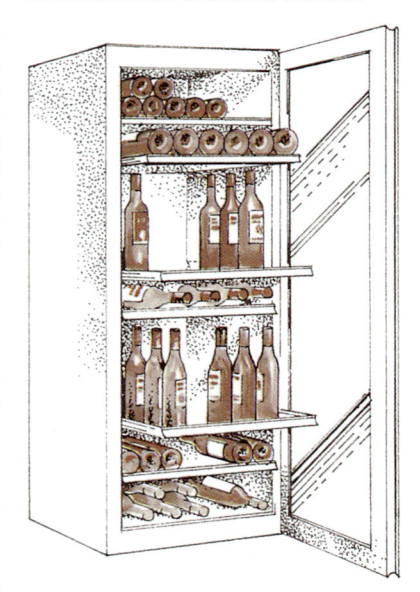

El armario bodega. Se trata de un armario dotado de un dispositivo de control de la temperatura, que la mantiene constante. Es una solución idónea para los domicilios particulares que carecen de sótano.

LA CONSERVACIÓN DE LOS VINOS/EL ALMACENAMIENTO DEL VINO

DIFERENTES TIPOS DE BODEGA

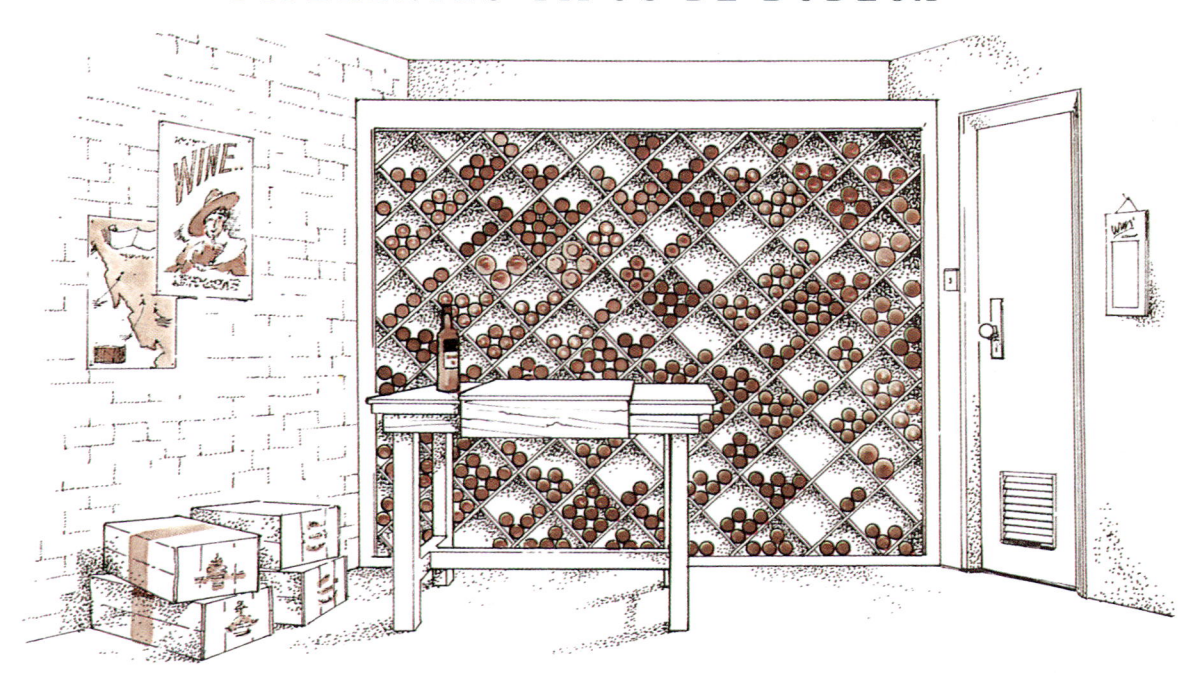

La bodega ideal. La temperatura y la humedad son constantes. La ventilación es adecuada. Dispone de numerosos compartimentos de diversos tamaños. Hay espacio para una mesa para la decantación. Los casilleros en forma de rombo tienen cabida para una docena de botellas. El suelo está cubierto de grava, que se riega de vez en cuando para aumentar la humedad. La mayoría de las buenas bodegas tienen también botelleros individuales (véase abajo).

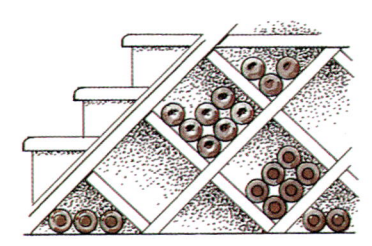

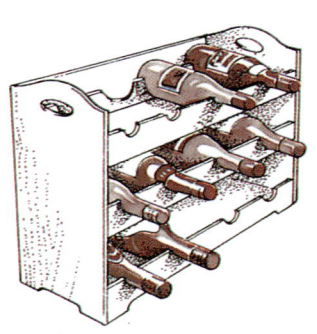

Bajo la escalera. Sistema práctico, si la temperatura ambiente lo permite.
Los pequeños botelleros. Deben colocarse al abrigo de la luz y en un sitio protegido de posibles vibraciones.

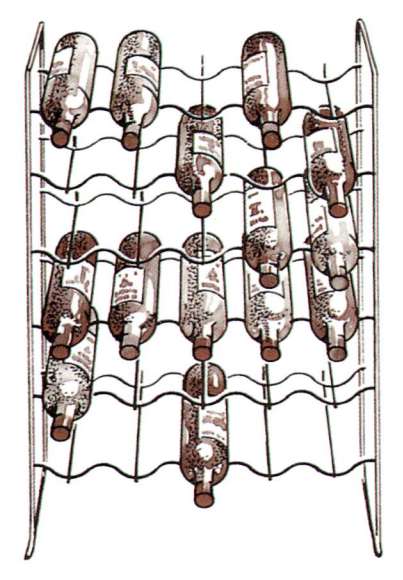

Los botelleros amovibles. Pueden estar confeccionados de madera (a la izquierda) o de alambre recubierto de plástico (arriba). Mantienen las botellas ligeramente inclinadas.

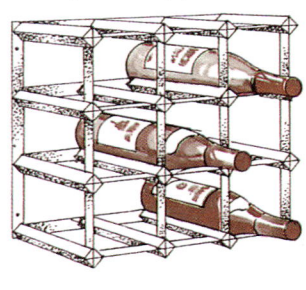

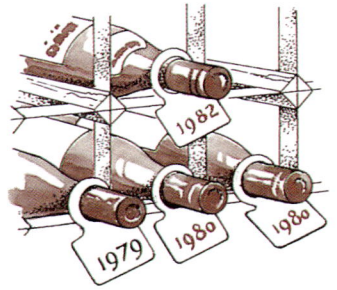

Los botelleros fijos. Para fijarlos a la pared emplee tornillos o alcayatas resistentes porque las botellas son pesadas.
Las etiquetas. Permiten identificar las diferentes botellas.

mucho tiempo. En algunos casos, es muy útil dibujar el plano de la bodega en el libro. Los casilleros y los compartimentos deben etiquetarse. Para identificar las botellas, lo mejor son etiquetas individuales o algún tipo de marcas plastificadas.

Si conserva el vino en las cajas originales, el lado donde figuran el nombre del vino y su correspondiente añada debe estar visible para no tener que mover la caja.

Coleccionar vinos

Algunos aficionados consideran su bodega como una verdadera colección. Una biblioteca contiene muchos libros; un álbum, sellos raros. Una bodega particular puede centrarse en importantes cantidades de vino elaborado en bodegas o regiones concretas, o incluso en botellas de gran formato de una propiedad determinada. Estas colecciones suelen ser objeto de catas muy especializadas, en las que los aficionados se reúnen para comparar las cualidades de diversas añadas de un mismo vino, o apreciar los contrastes entre vinos de una misma añada pero de propiedades diferentes.

Un coleccionista siempre se preocupa mucho de las condiciones de almacenamiento de su bodega, ya que suele poseer algunos vinos muy añejos y, por tanto, muy frágiles. Las etiquetas y las cajas también exigen muchas atenciones, porque la propia botella es un elemento de la colección y se convertirá en el único recuerdo una vez bebido el vino.

A diferencia de lo que ocurre en una bodega corriente, una colección de vinos incluirá muy probablemente diversos magnums y botellas incluso mayores. Este tipo de botellas no suele caber en los botelleros normales y tendrá que acondicionarse el espacio disponible. Las botellas de gran formato se guardan normalmente en sus cajas de madera originales.

Las estrategias de los coleccionistas

El coleccionista de vinos, a diferencia del inversor, no se limita a los valores seguros que pueden revenderse con facilidad. Como se ha dicho más arriba, puede adoptar diversas estrategias siguiendo su propia lógica. El coleccionista busca en principio botellas perfectas y, cuando no puede conseguir vinos en primicia, se encarga de comprarlos en vinaterías con garantías y de las que conoce las condiciones de almacenamiento. El coleccionista espera que cuando llegue el momento de beber el vino –o de venderlo– su origen (es decir, su propia bodega) mejorará su reputación. □

LAS CONDICIONES DE ALMACENAMIENTO

Las condiciones imprescindibles para un buen almacenamiento pueden resumirse de la siguiente forma.

Temperatura. Antes de organizar una bodega, tome las temperaturas máximas y mínimas en diversos sitios y anótelas para elegir los más frescos. Si es posible, localice las fuentes de calor y neutralícelas aislando, por ejemplo, las tuberías de agua caliente. Selle las entradas de aire frío. Aísle las puertas que den a las zonas con calefacción de la casa con poliestireno o fibra de vidrio. El objetivo es obtener una temperatura constante. Continúe anotando las temperaturas hasta que haya conseguido establecer sus fluctuaciones a lo largo de un año.

Luz. La luz perjudica el vino, sobre todo los vinos blancos y los espumosos. Asegúrese de que la bodega es oscura. Tape todas las posibles entradas de luz exterior por muy pequeñas que sean.

Naturalmente, será indispensable una bombilla eléctrica para poder ver dentro de la bodega, pero procure que no sea muy potente y apáguela siempre al salir.

Limpieza. Limpie a fondo la bodega antes de depositar en ella los vinos. Utilice un desinfectante, de preferencia inodoro, para eliminar los mohos y los insectos. Después, encale las paredes: la cal es porosa y, sobre paredes de ladrillo o de piedra, no impide la ventilación natural.

Humedad. La humedad ideal debe ser del 75 al 80 %. Una humedad excesiva pudriría las cajas de cartón, las etiquetas e incluso los corchos. La falta de humedad reseca los corchos. Se puede aumentar la humedad cubriendo el suelo con una capa de grava que hay que regar cada cierto tiempo. Los deshumidificadores pueden impedir una humedad excesiva, pero son aparatos costosos cuya instalación sólo se justifica en las grandes bodegas. En las pequeñas, bastará con mejorar la ventilación y con aislar determinadas fuentes de humedad (muros que rezuman agua, por ejemplo). Si las etiquetas tienden a despegarse, con una simple goma se evitará que una buena botella caiga en el anonimato.

Ventilación. La circulación de aire es esencial, aunque puede hacer subir la temperatura. Una buena bodega debe tener respiraderos o ventiladores para que el aire exterior entre y circule. Sin embargo, tienen que poder cerrarse cuando hace demasiado frío o demasiado calor. Si la bodega está orientada norte-sur, coloque los respiraderos lo más bajo posible en el lado norte y lo más alto en el lado sur. Por efecto de la convección, el aire cálido saldrá por la abertura alta del lado sur y será reemplazado poco a poco por el aire fresco que entra por el lado norte.

Vibraciones. Las vibraciones fuertes, provocadas por los electrodomésticos o la cercanía de una carretera, pueden perjudicar el vino (cuidado con las escaleras). Los casilleros o botelleros son un elemento aislante.

Disposición. Para encontrar fácilmente las botellas, ordene los vinos de un mismo tipo, unos al lado de los otros. Utilice algún tipo de etiquetado o hágase un plano.

Facilidad de acceso. Una vez en la bodega, el vino ya no debe moverse. Tiene que ser posible coger cualquier botella sin tener que tocar otra. Evite por tanto las disposiciones rígidas que no permitan eventuales modificaciones.

Inclinación. El vino debe estar en posición horizontal para que el corcho permanezca en contacto con el líquido. Pero se pueden inclinar ligeramente los casilleros para que los posos se precipiten al fondo de la botella, manteniendo al mismo tiempo el corcho húmedo.

EL SERVICIO DEL VINO

UN SERVICIO ESMERADO, LA TEMPERATURA ADECUADA Y UNA BUENA ELECCIÓN DE LAS COPAS SON FACTORES QUE AYUDAN A OBTENER LO MEJOR DE CADA BOTELLA, SE TRATE DE UN VINO COMÚN O DE UNA GRAN AÑADA.

Una vez elegida la botella que queremos abrir, y antes de disfrutar del vino, intervienen los diferentes elementos del servicio. En la mayoría de las ocasiones, este proceso puede –y debe– hacerse con tranquilidad y buen humor: cuando el vino es modesto, se está entre amigos y la decisión de descorchar una botella es espontánea, un sacacorchos y unas copas bastan. Pero incluso en estos casos, hasta un vino sin pretensiones dará lo mejor de sí mismo si está a una temperatura correcta y se sirve en una buena copa. Cuando se trata de un vino de calidad, servido en circunstancias más solemnes, respetar determinadas reglas contribuirá mucho al placer de su degustación.

La técnica del servicio de los vinos está relacionada con la de su almacenamiento (véase p. 61). Déle tiempo al vino: nunca se saca una botella de la bodega para ponerla inmediatamente encima de la mesa, salvo que se trate de un vino de consumo habitual. A los vinos mejores y más añejos no les gusta en absoluto que los muevan, y no recobran el equilibrio y el carácter hasta después de un período de reposo, de preferencia en un lugar fresco y sombrío. Para ciertos vinos finos, propensos a desarrollar poso, la estabilidad es un factor esencial. En estos casos, más vale ser previsores y colocarlos en posición vertical al menos dos días antes de beberlos, de modo que el poso tenga tiempo de asentarse en el fondo de la botella y no en el costado. Antes de servir un vino, el primer elemento que hay que considerar es la temperatura, porque hace falta tiempo para que varíe la del vino. Antes de la comida, evalúe correctamente el tiempo necesario para que sus botellas se enfríen o templen, según el caso. A continuación, verifique la cantidad, el tipo (aspecto con frecuencia descuidado pero vital) y la limpieza de las copas. Si va a utilizar garrafas, compruebe también que están perfectamente limpias y no presentan olores persistentes. Finalmente, decida el orden del servicio: ¿qué vino servirá en primer lugar?, ¿tiene previsto ofrecer dos al mismo tiempo para que sus invitados puedan compararlos? Aunque este modo de proceder seguramente parecerá normal a los entendidos, es posible que sorprenda a los profanos. En este último caso, marque las copas para que los invitados puedan reconocerlas o sirva los vinos en dos copas de estilo diferente. Y no olvide nunca poner en la mesa una copa de agua para cada invitado, así como jarras o botellas de agua fresca.

El arte de la buena mesa consiste en realzar los alimentos y los vinos. Por ejemplo, unos platos blancos y oro, y unas bonitas copas sobre un mantel blanco son de una elegante simplicidad.

LA TEMPERATURA

El vino se resiente más del calor que del frío. Un vino servido demasiado frío puede templarse rápidamente por el calor reinante en la habitación o simplemente cogiendo la copa entre las manos. Sin embargo, un vino servido a una temperatura demasiado alta es difícil de enfriar y corre el riesgo de perder todo su atractivo.

En líneas generales, los vinos blancos se sirven más fríos que los tintos, pero la escala de las temperaturas es variable en ambos casos. La regla «vino blanco a la temperatura del frigorífico y vino tinto a la temperatura ambiente» es un poco simplista. En efecto, a cada estilo de vino blanco corresponde una temperatura diferente y muchos tintos, si no todos, deben servirse algunos grados por debajo de la temperatura ambiente.

La temperatura adecuada

La noción de «temperatura ambiente» data de la época en la que nuestros antepasados comían en habitaciones no caldeadas, que nos parecerían muy frías en la actualidad. El vino reposaba en una bodega (todavía más fría) y llevarlo anticipadamente al comedor, para que se temple, estaba perfectamente justificado. Actualmente, sin embargo, disponemos de los medios técnicos adecuados para almacenar el vino a una temperatura de servicio ideal.

Recurrir a un termómetro para determinar si el vino está a la temperatura requerida puede tener su utilidad. Sin embargo, uno o dos grados de más o de menos no perjudicarán seriamente el vino. Haga dos o tres veces la prueba del termómetro para memorizar la impresión que recibe al tocar una botella –digamos, a 10 °C–, y después podrá guardar el termómetro en el fondo de un armario y fiarse de sus propios sentidos.

Pero ¿qué influencia tiene la temperatura sobre el sabor del vino? El calor permite que los componentes aromáticos se volatilicen; lo que significa, en palabras más sencillas, que deja que el buqué agradable del vino se exprese. Los aromas varían de un vino a otro, y cada uno da lo mejor de sí mismo a diferentes temperaturas. Esto se aplica sobre todo a los vinos tintos, pero servir demasiado fríos los grandes vinos blancos es también un error, porque su interés, tanto en nariz como en boca, se revelará mucho más intensamente si se sirven menos fríos.

Dado que el calor acentúa la acidez, los vinos blancos deben servirse en general fríos, para que resulten menos duros. Cuando la botella está fresca, la acidez se alía a la frutalidad del vino y lo hace agradable y refrescante, que es lo que se espera de todo vino blanco.

El frío y el calor

El modo de almacenamiento del vino facilita mucho el control de su temperatura: una bodega fresca o un pequeño armario refrigerado permiten disponer en todo momento de unos vinos blancos convenientemente enfriados. Pero no guarde nunca un vino en el frigorífico, sobre todo si es bueno, durante más de uno o dos días porque corre el riesgo de estropearse. La cubitera es la forma más rápida de enfriar el vino, pero es esencial añadir agua al hielo: los cubitos de hielo rodeados únicamente de aire no producen ningún efecto, al contrario que el agua fría, que enfriará rápidamente la botella. Hay que contar entre diez y quince minutos para pasar de 20 °C a 8 °C. Un frigorífico tardará entre una hora y media y dos horas para llegar al mismo resultado, o más si hace calor y la nevera se abre con frecuencia. Cuando el vino está a la temperatura adecuada, basta con añadir algunos cubitos de hielo al agua de la cubitera para que esté fresca, teniendo en cuenta que el vino no se debe enfriar demasiado. Un recipiente aislante (véase foto) mantiene la botella a la temperatura adecuada durante varias horas.

Para templar un vino, en cambio, lo ideal es dejar la botella de dos a tres horas en una habitación moderadamente cálida (si su comedor es muy caluroso, colóquela en la entrada, que estará posiblemente más fresca). No ponga nunca una botella de vino cerca de una fuente de calor, como una chimenea, un radiador o un horno, porque el vino puede sufrir lo que se conoce como un «golpe de calor», que afecta a su sabor.

Temperatura y clima

Si hace calor, el vino adquirirá rápidamente la temperatura ambiente, cualquiera que sea su temperatura inicial. Durante el verano, sirva los vinos un poco más frescos de lo normal; en invierno, por contra (y aunque la habitación esté caldeada), no enfríe nunca demasiado un vino tinto joven, incluso si es de los que se consumen frescos. Las añadas antiguas y raras requieren un tratamiento particular porque son muy sensibles a los cambios de temperatura. Idealmente, habría que beber los blancos a la temperatura de la bodega (o sea, a su temperatura de almacenamiento), sin enfriarlos con hielo ni pasarlos por el frigorífico. Por lo que hace a los vinos tintos añejos, conviene dejarlos templar lentamente después de sacarlos de la bodega.

Cubitera y cubitera isotérmica.

El servicio de vinos en el exterior, durante un picnic o una comida improvisada al borde de una piscina, requiere una atención muy especial. Los vinos blancos y los champagnes pueden conservarse frescos en una cubitera o un recipiente isotérmico. La nevera portátil es el medio de transporte ideal para los vinos que vayan a servirse en el transcurso de una comida campestre bien organizada o de una excursión en barco.

Durante el verano, en el monte, los arroyos y torrentes son excelentes refrigeradores para las botellas, que hay que atar bien con un cordel. Los vinos tintos también pueden alcanzar temperaturas demasiado elevadas. Basta con colocar las botellas a la sombra, en una corriente de aire y bajo un paño húmedo para que se enfríen.

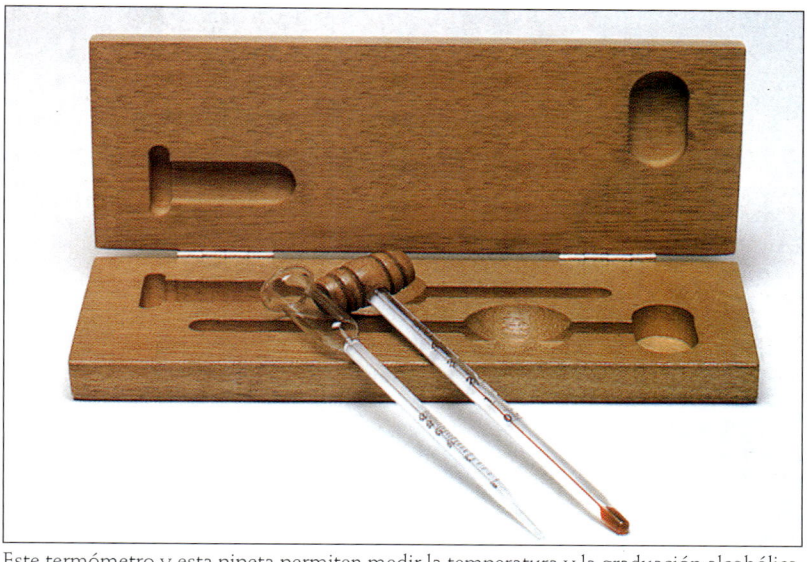

Este termómetro y esta pipeta permiten medir la temperatura y la graduación alcohólica.

TEMPERATURA DE SERVICIO

TIPO DE VINO	EJEMPLOS	TEMPERATURAS
Vinos espumosos		
Vinos espumosos	Cava, crémant, saumur, sekt, champagne	4-7 °C
Vinos espumosos dulces	Champagne semiseco, moscato d'Asti	4-7 °C
Cosechas especiales	Champagne milesimado	6-8 °C
Vinos blancos		
Blancos dulces corrientes	Anjou blanco, QbA alemán, loupiac, muscat	6-8 °C
Blancos secos corrientes	Penedès, albariño, sauvignon de Alsacia	6-8 °C
Blancos secos amplios	Borgoña, chardonnay navarro y catalán, graves, rioja	9-11 °C
Semisecos	Spätlese alemán, auslese, riesling	10-12 °C
Blancos licorosos	Sauternes, vendimia tardía	11-13 °C
Blancos secos finos	Borgoña, graves	10-12 °C
Vinos rosados	Los rosados ordinarios se pueden servir muy fríos	6-8 °C
Vinos tintos		
Tintos jóvenes y frescos	Loira, rioja alavesa, côtes-du-rhône	10-12 °C
Tintos corrientes	Burdeos, borgoña, rioja	14-15 °C
Tintos de pinot noir	Borgoña	16-17 °C
Grands crus	*Crus classé* de Burdeos, côte-rôtie, ribera del Duero	17-18 °C
Vinos especiales		
Secos	Jerez fino	9-11 °C
Semisecos	Jerez amontillado, madeira sercial	10-12 °C
	Jerez oloroso dulce, madeiras bual y malmsey, oportos tawny y ruby (el tawny puede enfriarse en verano hasta 8-10 °C)	15-16 °C
	Oporto vintage	16-18 °C
	Vinos dulces naturales	8-10 °C

Cómo abrir el vino

El primer sacacorchos, inventado hace ahora unos trescientos años, estaba inspirado en un instrumento en espiral que servía para extraer las balas de los fusiles. Su uso se popularizó durante el siglo XVIII, cuando se estableció la costumbre de tapar las botellas con un corcho. En la actualidad todas las botellas de vino llevan corcho, salvo las de vino común, que suelen estar cerradas con un simple tapón de plástico. Se considera que el corcho auténtico de alcornoque es el mejor, pero es mucho más caro y frágil que los elaborados con materiales sintéticos.

El corcho

El corcho proviene de la corteza del alcornoque, árbol que crece al oeste de la cuenca mediterránea, sobre todo en España y en Portugal. El corcho auténtico tiene la virtud de ser flexible e impermeable, lo que le permite adaptarse al cuello de la botella, que obtura perfectamente. De una gran longevidad, no le afectan los cambios de temperatura pero, por contra, puede estropearse por un exceso de sequedad, cuando la botella permanece de pie en vez de en posición horizontal, y por ciertas bacterias o determinados insectos nocivos. Para paliar este último inconveniente, los corchos se esterilizan, aunque a veces esta precaución no impide que se desarrollen mohos que afectan al vino. De ahí el origen de la expresión *bouchonné* (corchado o con sabor a corcho) para designar un sabor desagradable específico que se transmite al vino (el hecho de que algunos fragmentos de corcho floten en la superficie del vino no significa necesariamente que esté corchado).

Descorchar la botella

Los pasos que se deben seguir para abrir correctamente una botella de vino están ilustrados en la página siguiente. En el momento de descorcharla, la botella debe estar a la temperatura adecuada, después de haber reposado durante algún tiempo. Una buena añada, sobre todo si presenta poso, debe decantarse (véase p. 74).

Hay que coger con fuerza la botella para sacar el corcho.

En primer lugar, se retira la cápsula exterior, que en los vinos antiguos suele ser de plomo y en los más recientes de una aleación de aluminio. Las botellas muy viejas suelen tener cápsulas de lacre, que hay que romper (los sacacorchos de antes solían estar provistos de un pequeño martillo y de un cepillo). Para cortar la cápsula se puede usar un cuchillo. En general, se retira entera, sobre todo si es de plomo. Una vez quitada la cápsula, se limpia el cuello y la boca de la botella con un paño o un papel absorbente. Si encuentra un poco de moho en la superficie del corcho, bastará con limpiarlo: sólo significa que el vino se ha almacenado en una bodega húmeda.

LOS DISTINTOS TIPOS DE CORCHO

Existen muchos tipos de corcho, adaptados a los diferentes vinos. De un diámetro estándar de 24 mm, se comprimen con una máquina hasta 18,5 mm de diámetro antes de colocarse. Los corchos de champagne y cava son más anchos –de unos 31 mm– y se comprimen más, ya que deberán resistir la presión del gas carbónico.

Corchos largos: las grandes bodegas utilizan corchos de primera calidad para proteger sus vinos destinados a envejecer durante decenas de años; a los grandes reserva se les renueva el corcho cada 25 años.

Corchos cortos: se utilizan para vinos de una vida menos larga.

Corchos de conglomerado: fabricados con fragmentos de alcornoque amalgamados, sirven para los vinos normales y para una parte de los de champagne.

Los corchos de champagne y cava: se componen de una parte larga de corcho conglomerado, bajo la que se encolan dos capas de corcho no conglomerado. Sólo esta parte inferior entra en contacto con el líquido. El aspecto inicial de estos corchos es idéntico al de los demás: su forma de seta se debe a que sólo se comprime la base, ya que no se meten del todo en el cuello de la botella. Se aguantan con el morrión (sujeción de alambre) y una cápsula metálica.

Los corchos marcados: los espumosos españoles llevan en la base unos signos que indican la forma de elaboración: estrella para el método tradicional, rectángulo para el método transfer, circunferencia para el Charmat y triángulo si es un vino gasificado.

EL SERVICIO DEL VINO/CÓMO ABRIR EL VINO

ABRIR UNA BOTELLA

La dificultad para abrir una botella depende del tipo de sacacorchos, pero las fases de preparación (de 1 a 3) son siempre las mismas. Algunos sumilleres no cortan más que una parte de la cápsula (como en la foto), pero otros prefieren quitarla completamente. Una vez sacado el corcho del cuello, oprímalo para verificar la elasticidad: cuanto más viejo, más rígido estará. Después, huélalo: debe tener los aromas del vino.

1 Corte la cápsula por debajo del gollete, para poder retirar la parte superior.

2 Con la ayuda de un cuchillo, quite la parte superior de la cápsula. Esto evitará todo contacto del vino con el metal, que conviene evitar dado que ciertas cápsulas de vinos antiguos son de plomo.

3 Limpie la boca de la botella, así como la parte superior del corcho, con un paño limpio. La presencia de moho en la superficie del corcho no tiene nada de alarmante; sólo demuestra que el vino ha estado almacenado en bodega.

4 Introduzca el tirabuzón del sacacorchos justo por el centro del corcho, y métalo hasta el fondo, manteniéndolo recto. Pero tenga cuidado de no atravesarlo.

5 Extraiga suavemente el corcho del cuello de la botella. La rosca del sacacorchos de la fotografía es una rosca sinfín, lo que permite extraer el corcho en forma continuada, con un solo movimiento.

LOS SACACORCHOS

Este utensilio, que existe desde hace alrededor de tres siglos, ha sido objeto de creaciones tan ingeniosas como artísticas. Se encuentran todo tipo de sacacorchos, pero muchos de ellos son francamente malos. Cualquiera que tenga la intención de descorchar más de una botella al año debe poseer un sacacorchos de buena calidad, cuya elección responderá a dos criterios.

En primer lugar, la parte que penetra en el corcho debe tener la forma adecuada, es decir, en espiral y no de broca, so pena de hacer un agujero en el corcho sin cogerlo bien y, al tirar, hacerlo trizas o partirlo. Sólo un tirabuzón lo bastante largo (véase la página opuesta) y puntiagudo coge bien el corcho.

A continuación, conviene estudiar también el mecanismo de tracción. Los modelos más simples, con empuñadura en forma de T, exigen mucho esfuerzo de los músculos del brazo y de la espalda: un corcho muy ceñido al cuello se resistirá a ser extraído con este utensilio.

Elija por tanto un sacacorchos provisto de un sistema de palanca que se apoye contra la boca de la botella. El más frecuente, el denominado «de camarero», posee un brazo que se apoya sobre la boca de la botella y una navajita para cortar la cápsula. Eficaz, cuando se sabe usar, este tipo de sacacorchos debe no obstante tener un tirabuzón que sea lo suficientemente largo.

El sacacorchos de «mariposa» posee dos brazos y un mecanismo de engranaje en el vástago que permite hacer palanca sobre el corcho. Este principio es excelente, a condición de que el tirabuzón esté bien diseñado, lo que no siempre ocurre.

Los sacacorchos dotados de un mecanismo de contra-rosca o de «doble acción» son los más prácticos. Uno de los más conocidos es el modelo de boj con doble empuñadura: la primera hace penetrar el tirabuzón en el corcho; la segunda, lo hace girar al revés para extraerlo. Diseñado para colocarse directamente sobre el cuello de la botella, es fácil centrarlo y hacer girar las empuñaduras. Unas versiones metálicas de esta clase de sacacorchos estuvieron muy difundidas en el siglo XIX, y es posible encontrar todavía reproducciones. La empuñadura de algunos modelos está directamente montada sobre el engranaje.

Utilización de un sacacorchos «de camarero».

LOS CORCHOS REBELDES

Algunos corchos se resisten a salir. Aquí tiene algunas soluciones.

El corcho está pegado. Caliente el cuello de la botella bajo un chorro de agua caliente para mojar y dilatar el cristal, pero no el corcho. O meta el sacacorchos ligeramente inclinado.

El corcho se ha roto. Introduzca el sacacorchos, con cuidado y algo inclinado, en el trozo que queda en la botella. Si no funciona, empuje el corcho para meterlo en la botella. Para servir la primera copa, mantenga el corcho alejado del cuello de la botella con ayuda del sacacorchos. Luego flotará en la superficie del vino.

Unos trozos de corcho han caído en el vino. No tiene mayor importancia, salvo que sean demasiados. En ese caso, se puede decantar el vino (véase p. 75) en una botella limpia, una garrafa o una jarra.

Más recientemente, se ha inventado el Screwpull®, extraordinariamente eficaz y fácil de utilizar. Se coloca el cuerpo de plástico sobre el cuello de la botella, se hace girar el largo tirabuzón para que vaya penetrando en el corcho y se sigue en el mismo sentido hasta que el corcho sale de la botella. El Screwpull® presenta además la ventaja de que permite centrar perfectamente el tirabuzón. Fue concebido por un ingeniero estadounidense, Herbert Allen, que se inspiró en el principio de los sondeos petrolíferos. La versión de «lujo» de este modelo posee una palanca que permite extraer los corchos sin esfuerzo.

Finalmente, cabe desaconsejar por completo la utilización de sacacorchos de aire comprimido o de gas: no solamente la presión del gas puede estropear el vino, sino que la botella puede romperse o estallar al abrirla si tiene algún defecto de fabricación.

EL SERVICIO DEL VINO/LOS SACACORCHOS

UNA GRAN VARIEDAD DE SACACORCHOS

La gama de sacacorchos va desde un viejo aparato que data del siglo XIX hasta el perfeccionamiento de un moderno Screwpull®.

Los sacacorchos comunes pueden resultar poco prácticos, y espreferible usar los que exigen menos esfuerzo muscular y permiten descorchar una botella con elegancia.

De camarero

Sacacorchos de mariposa

Sacacorchos común

Sacacorchos del siglo XIX

Reproducción de un sacacorchos

Screwpull® continuo

Screwpull® de resorte

Screwpull® normal

Sacacorchos de doble rosca

Cómo abrir vinos espumosos

Aunque los vinos espumosos, incluyendo el champagne y el cava, no necesitan la utilización de un sacacorchos, es importante saber descorcharlos. Estos vinos están bajo presión y, si la botella no se descorcha bien, el corcho puede salir disparado con fuerza dejando escapar una buena cantidad de líquido, pérdida inútil reservada a la llegada de las carreras de automóviles (sin contar con los daños que puede ocasionar el corcho durante su trayectoria). La primera precaución consiste por tanto en no dirigir nunca la botella hacia una persona o una ventana. Además, habrá que mantener la mano sobre el corcho, lo que no resulta muy práctico para quitar el morrión (alambre que rodea el cuello de la botella y bloquea el corcho), pero que es indispensable.

Enfriar un espumoso

Un espumoso tibio no sólo es poco agradable de beber sino que resulta peligroso: es más fácil que el corcho salga despedido con violencia que en una botella fría.

Hay que empezar, por tanto, por enfriar el vino, procurando no agitar la botella para que no aumente la presión del gas. La temperatura debe estar entre 6 °C y 9 °C, ya que un champagne o un cava servidos demasiado fríos pierden todo su sabor. La botella no debe permanecer durante mucho tiempo en el frigorífico. Es preferible, después de sacarla de la bodega, enfriarla durante un buen rato en una cubitera con una mezcla de agua y de hielo; toda tentativa de enfriamiento acelerado (añadir sal al hielo o meter la botella en el congelador) no haría más que perjudicar el vino.

Abrir el espumoso

Saque la botella de la cubitera cogiéndola con un paño limpio. Séquela y quite la cápsula que cubre el cuello para poder retirar el morrión. Afloje suavemente los extremos retorcidos del alambre, manteniendo el precinto bloqueado contra el reborde del cuello y sujetando el corcho con el pulgar.

El arte de descorchar un espumoso.

Una vez aflojado el alambre, siga sujetando el corcho mientras quita el morrión.

El secreto para abrir un espumoso consiste en sujetar firmemente el corcho con una mano mientras que, con la otra, se gira suavemente la botella algo inclinada. De esta forma se hace palanca sobre el tapón, que será mucho más fácil de quitar que si se

ABRIR UN OPORTO MILESIMADO

Debido a que tienen un largo añejamiento en botella, los oportos milesimados suelen ser difíciles de descorchar: un corcho viejo se rompe con facilidad. La solución consiste en utilizar unas tenazas especiales para oportos, cuyos brazos se adaptan al cuello de la botella. Primero hay que calentar al rojo los extremos antes de aplicarlos al cuello de la botella. Al cabo de un minuto, se pasa un paño húmedo y el cuello se rompe limpiamente por la base del corcho. Se trata de un método delicado que requiere cierta experiencia.

girase con la botella inmóvil. Además, esta técnica reduce el riesgo de romper el corcho. Sin embargo, si esto ocurre, agujeree el corcho con una aguja u otro objeto puntiagudo para que pueda escapar un poco de gas y recurra –con precauciones– a un sacacorchos. El vino tendrá menos burbujas, pero el descorche de la botella será más seguro.

Mientras hace girar la botella, notará cómo sube el corcho impulsado por la presión del gas carbónico. Con el pulgar, ayúdelo a salir con suavidad. La elegancia suprema consiste en retener el corcho hasta el último momento a fin de que sólo deje escapar un «suspiro de placer».

No se olvide de tener una copa a mano para llenarla de inmediato si el vino comienza a derramarse. Para que la espuma sea más persistente y el vino se mantenga fresco, conviene enfriar previamente las copas poniéndolas un rato en hielo.

Las tenazas y las estrellas

Si tiene que abrir muchas botellas una detrás de otra, le será más práctico usar unas tenazas o una «estrella» para champagne. Las tenazas cogen el extremo superior del corcho y permiten hacer palanca. La estrella, por su parte, se adapta a las ranuras dejadas en el corcho por el morrión. Tanto si se vale de una como de otra, no se olvide de sujetar el corcho con los dedos para evitar que salga despedido con demasiada violencia.

Los tapones especiales

Se comercializan tapones especiales para que el vino de una botella de espumoso abierta no pierda gas. Los mejores son eficaces durante varios días. También es un sistema práctico si se abren varias botellas con antelación: de este modo, el vino se conservará perfectamente.

Un último consejo: evite, dentro de lo posible, beber una botella de espumoso el mismo día en que la haya comprado. Es mejor que repose unos cuantos días (hasta diez días después de un largo viaje en automóvil). □

EL SERVICIO DEL VINO/CÓMO ABRIR VINOS ESPUMOSOS 73

ABRIR UNA BOTELLA DE ESPUMOSO

El champagne, el cava y todos los demás vinos espumosos deben servirse fríos.
Resultan de este modo más agradables al paladar y menos peligrosos de abrir, ya que la presión es menor. Seque cuidadosamente la botella después de sacarla de la cubitera. Para evitar problemas al abrir la botella, no la sacuda ni la dirija nunca hacia una persona.

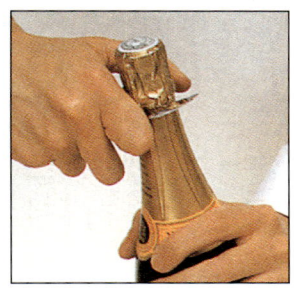

1 Quite la cápsula, para descubrir el morrión y el corcho, con una navaja de sumiller o con un cuchillo normal.

2 Afloje suavemente el alambre retorcido del morrión después de haber quitado la cápsula. Mantenga el pulgar sobre el corcho.

3 Retire el morrión mientras sujeta firmemente el corcho con la otra mano.

4 Agarre el corcho con una mano y la botella con la otra. Haga girar con suavidad la botella (nunca el corcho). Tenga cuidado con la dirección hacia la que orienta la botella.

5 Saque el corcho con precaución, ayudándose del pulgar y de los otros dedos, cuando comience a subir por el cuello. Tenga siempre a mano una copa tipo flauta para verter el líquido que pudiera derramarse.

La decantación

La mayoría de los vinos pueden servirse directamente de la botella, pero algunos ganan al ser trasvasados a una garrafa o una jarra. Este proceso, denominado decantación, puede mejorar el vino de dos formas: elimina los eventuales restos de corcho u otro tipo de posos, y permite oxigenarlo, lo que puede acelerar la maduración. En cualquier caso, si un vino presenta poso, debe decantarse. Las diferentes etapas se ilustran en la página opuesta.

¿A favor o en contra de la decantación?

Si un vino tiene posos es indiscutible que hay que decantarlo, pero no hay unanimidad a la hora de decidir el método más adecuado. En cuanto al resto de los vinos, dependerá de la edad y del tiempo que deban pasar en la garrafa.

Los adeptos de la decantación afirman que en una hora, o en unas pocas horas, un vino joven decantado se vuelve más meloso, más redondo y por lo general más agradable al paladar. Pero también es verdad que si permanece mucho tiempo en la garrafa a veces pierde su frescura y su vitalidad. La decantación puede vivificar los vinos de antiguas cosechas, pero también endurecerlos y hacerles perder algunos de sus preciosos aromas.

Hay consenso en afirmar que la decantación puede airear el vino de manera beneficiosa. Incluso los blancos, sobre todo los más maduros, ganan, ya que el aire libera los aromas del vino. Pero falta saber cuál es el mejor momento para decantar: ¿justo antes de servir el vino o con antelación?

No decante el vino con demasiada anticipación: los que han llegado a la madurez, o la han superado, perderán rápidamente en la garrafa. Además, el vino continuará aireándose al pasar de la garrafa a la copa; y más aún si se hace girar la copa suavemente.

Otro argumento a favor de la decantación es que permite «envejecer» rápidamente los vinos que no han llegado aún a su apogeo, al reproducir los efectos del añejamiento en botella. Aunque hay que señalar que esta última afirmación es objeto de controversias: la reacción química que se produce es compleja y todavía mal conocida.

¿Cómo decantar?

El peso de la tradición hace olvidar hasta qué punto se trata de una operación sencilla: sólo hace falta una mano que no tiemble y una buena iluminación. Haga la operación sobre una superficie clara para ver cómo pasa el vino por el cuello de la botella. La garrafa, llamada también decantadora, tiene que estar limpia. Lo ideal es aclarar la garrafa con un poco de vino antes de utilizarla. Se eliminan así los residuos químicos procedentes del agua del grifo y el posible olor a cerrado. Si utiliza un embudo o un filtro de tela, lávelos previamente.

Se puede trasvasar el vino a una garrafa o a una jarra, pero hay que tener en cuenta la forma y el tamaño del recipiente para que la superficie de vino que entra en contacto con el aire después de la decantación sea la adecuada. Además de la brusca oxigenación del vino, que siempre ha estado en un medio reductor, en las horas posteriores se producirá una evolución de los aromas más o menos rápida según la exposición al aire del vino. Así, para los vinos jóvenes de mucho extracto, se preferirá una garrafa plana y de base ancha para favorecer el intercambio entre el vino y el aire; mientras que para los vinos añejos y cansados, es mejor una garrafa que deje poco aire sobre el vino, y que habrá que llenar hasta arriba y tapar después de la operación.

La decantación es una práctica tan controvertida que resulta divertido dar a elegir a los invitados entre una botella decantada y una segunda botella recién abierta del mismo vino. Un juego que le garantizará una cena animada. □

¿QUÉ VINOS CONVIENE DECANTAR?

■ Los vinos tintos enumerados a continuación tienen tendencia a desarrollar poso, por lo que conviene decantarlos.
Burdeos: los *crus classés* y los mejores *crus bourgeois*.
Borgoña: los *premiers crus* y los *grands crus*.
Côtes-du-Rhône: los hermitage y otros vinos del norte de la región, así como los châteauneuf-du-pape.
Otros vinos franceses: los mejores vinos de Provenza y el madiran.
Vinos italianos: los barolo y grandes *vini da tavola* tales como el sassicaia.
España: los Vega Sicilia y los mejores penedés. Algunos riojas presentan posos.
Portugal: los oportos vintage y crusted. Los oportos late-bottled y tawny no necesitan ser decantados.
Nuevo Mundo: los cabernet sauvignon y los shiraz de California, de Australia y de Chile.

■ Los tintos más jóvenes suelen mejorar gracias a la aireación que les aporta la decantación.
Burdeos: los *châteaux* más modestos de Burdeos de buenas añadas.
Borgoña: los *crus* de Beaujolais y las denominaciones de origen de las localidades de la Côte d'Or.
Côtes-du-Rhône: todos los vinos tintos.
Otros vinos franceses: el cahors, los côtes de Bordeaux y todos los vinos vinificados de manera tradicional que son muy concentrados.

■ Ciertos blancos mejoran si se decantan inmediatamente antes de servirse.
Los blancos añejos del Loira, los graves blancos maduros, los vinos de Alsacia de vendimias tardías, los grandes vinos del Rin y del Mosela, y los buenos riojas blancos envejecidos en barricas de roble.

■ Algunos vinos no ganan al ser decantados.
Los burdeos y borgoñas tintos más añejos (ponga las botellas de pie entre 24 y 48 horas antes de servirlas para que los posos se vayan al fondo), los vinos blancos maduros, salvo los citados más arriba, los blancos jóvenes, los champagnes y otros espumosos.

EL SERVICIO DEL VINO/LA DECANTACIÓN   75

LAS ETAPAS DE LA DECANTACIÓN

La decantación de los vinos jóvenes es sencilla. Se pretende airear el vino para suavizarlo y despertar sus aromas. Los vinos añejos se decantan para liberarlos de los posos. Para un vino joven, es suficiente con abrir la botella y verter su contenido en una jarra apropiada, usando si es necesario un embudo (véase al lado). El vino se puede verter rápidamente: si salpica los bordes de la jarra, se aireará incluso antes. Déjelo reposar al menos una hora antes de beberlo, sin tapar la jarra, en el lugar donde será servido. Esto permitirá que alcance poco a poco la temperatura ambiente.

Un vino añejo se decanta justo antes de ser servido y hay que tapar la garrafa. Nunca hay que remover un vino de este tipo antes de la decantación. Siempre que sea posible, ponga la botella de pie algunos días antes para que los posos se acumulen en el fondo. Si estaba en posición horizontal, los posos se encontrarán en un lado; en ese caso, póngala en una cesta al cogerla de la bodega.

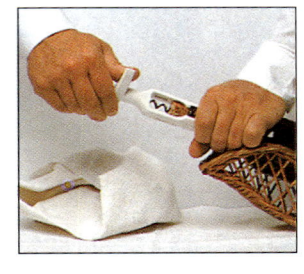

1 Descorche suavemente la botella, después de haber cortado la cápsula, manteniéndola en la cesta. Limpie la boca de la botella con un paño limpio.

2 Encienda una vela o una lámpara y póngala detrás de la botella. Incline muy suavemente la botella, para no mover los posos, y vierta lentamente el vino a través del embudo.

3 Continúe vertiendo de manera regular sin dejar que el vino refluya hacia la botella. La luz debe iluminar el hombro de la botella a la altura del cuello: cuando la botella está casi vacía, ponga mucha atención. Observando atentamente el cuello iluminado por detrás podrá seguir la progresión de los posos, oscuros y opacos, que por lo general forman una masa viscosa.

4 Deje de verter cuando los posos lleguen al cuello. En la garrafa, el color del vino debe ser claro y brillante, y los posos deben permanecer en la botella. El filtro de este embudo de decantación de plata sirve para retener el sedimento espeso de los oportos vintage; pero la mayoría de los vinos tiene posos mucho más finos.

Las decantadoras

La elección de los accesorios para el vino, como sacacorchos y decantadoras, puede ser una actividad muy agradable. Hoy en día, se comercializan numerosas réplicas de garrafas antiguas como las que se muestran en la fotografía.

Las garrafas
Las garrafas son más resistentes que las copas, por lo que es posible adquirir algunas bellas piezas antiguas. Las del siglo XVIII, o sus reproducciones, tienen mucho éxito entre los entendidos porque son ideales para el buen vino. En sus orígenes, las garrafas tenían una función meramente práctica para el servicio de los vinos, ya que eran el medio de transporte desde la bodega de la casa hasta la mesa; pero poco a poco fueron convirtiéndose en verdaderos objetos de arte. Algunas presentan un abultamiento en la boca para poder cerrarlas herméticamente; otras tienen formas curiosas, gracias a las que se enfrían mejor en las cubiteras; algunas son abombadas por la base y otras muy estilizadas. En el siglo XVIII, coexistían todas las formas y todas las capacidades, y en la actualidad se hacen reproducciones de estos modelos. La historia de las garrafas se confunde con las modas del consumo y los diversos estilos en boga. Las garrafas de cristal trabajado o tintado están hoy menos de moda que las más sencillas y de líneas más armoniosas, que existían ya hace doscientos años. Al margen de la elegancia, la capacidad y la calidad, una garrafa tiene que poder manipularse con facilidad, sobre todo en el caso de las de tamaño magnum, que son muy pesadas cuando están llenas. Una garrafa debe estar confeccionada en cristal transparente, para apreciar el color del vino, ser lo suficientemente grande (¿para qué sirve una garrafa de 65 cl ante una botella de 75 cl?) y fácil de limpiar. La mayoría de los aficionados al vino prefieren las garrafas transparentes y lisas, y reservan las de cristal tallado o decorado para los licores o el whisky. El cuello debe ser bastante largo para facilitar la decantación y el tapón debe encajar bien. Algunas garrafas antiguas han perdido el tapón, pero no es difícil encontrar en un anticuario uno que sirva, a condición de que se adapte bien al cuello. En último caso, siempre se puede usar un corcho de cava: no es muy elegante pero es eficaz.

El contenido de una garrafa corresponde a una botella o a un magnum. Este segundo tipo de garrafa es muy práctico porque aunque no se abre un magnum todos los días, este tamaño de botella suele estar reservado a los vinos de gran calidad que se decantan. Nunca hay que verter dos botellas del mismo vino en una garrafa de tamaño magnum, salvo que se caten previamente. En efecto, se pueden encontrar notables diferencias entre dos botellas de un mismo vino (como dicen en Burdeos, «no hay grandes vinos, hay grandes botellas»). Una puede saber a corcho o estar pasada, y si se mezcla con otra se habrán perdido dos botellas en lugar de una.

Las jarras
Los vinos jóvenes ganan algunas veces al ser decantados y, en estos casos, es mejor una jarra o una garrafa sin tapón. Se puede igualmente utilizar un recipiente más rústico, de vidrio tintado o decorado. Coja una garrafa o una jarra de litro para una botella normal, a fin de poder verter el vino sin demasiadas precauciones y así airearlo bien. Igualmente puede utilizarse una garrafa o una jarra para servir un vino de consumo habitual o un vino del país comprado a granel. □

Distintas garrafas de diferente tamaño: la de la izquierda es una reproducción del siglo XVIII.

El mantenimiento de garrafas y copas

Muchas veces una cata es un fracaso por culpa de unos vasos sucios. No obstante, esta suciedad no siempre es visible: los detergentes (o los abrillantadores) pueden dejar una película imperceptible a la vista o al olfato cuando la copa está vacía, pero que se reaviva al contacto con el vino (e incluso con el agua) y le da mal sabor. Este es un problema corriente en los hoteles y en los restaurantes, que utilizan lavaplatos, y ha ocurrido más de una vez (ante la consternación del sumiller y de los anfitriones) en grandes *châteaux* bordeleses.

Las copas cogen y retienen los olores, que pueden provenir del lavado, del secado o del armario. Afortunadamente, todos estos malos olores son fáciles de evitar.

Es mejor no lavar las copas de vino en el lavaplatos. Hay que lavarlas a mano, con una gran cantidad de agua caliente y –si fuera necesario– agregando un poco de líquido lavavajillas suave. Pero, por lo general, basta con agua caliente sin más, sobre todo si las copas se lavan inmediatamente después de usarlas. A continuación, se deben aclarar con agua caliente abundante. Cuando todavía están calientes y húmedas, hay que secarlas y sacarles brillo con un paño de algodón o de lino, que habrá sido a su vez bien aclarado después del lavado (en caso contrario podría transmitir olor a detergente o suavizante). Evite los paños nuevos, porque dejan hilos o pelusas en las copas.

Cómo guardar las copas

Las copas nuevas mantendrán el olor y el sabor del cartón de embalaje mientras no hayan sido bien lavadas; por eso no conviene guardarlas en sus cajas originales. Si las copas se alquilan o se piden prestadas para una gran recepción, se debe comprobar previamente que no tengan olor a detergente ni a cerrado (el olor que suelen adquirir en los armarios).

El mejor sitio para guardar las copas es un mueble situado fuera de la cocina, ya que ésta suele estar llena de olores y de vapores. Acomódelas de pie o suspendidas por el pie en unos portavasos. Si las coloca boca abajo, cogerán el olor de los estantes. Finalmente, calcule sacarlas con la suficiente anticipación para que se aireen.

Las garrafas

Las garrafas deben estar limpias y lavarse de la misma forma que las copas, con mucha agua caliente para aclararlas lo mejor posible. El secado del interior de las garrafas es un verdadero problema. Seque la parte externa con un paño limpio, como para las copas, y ponga la garrafa al revés para que se vaya escurriendo el agua residual. La mejor forma de secar una garrafa es colocarla sobre un pie especial (véase foto) –un soporte equipado de un pie lastrado, que garantiza una buena estabilidad– y colocar el conjunto en un lugar que disponga de buena ventilación.

La garrafa merece una atención muy especial, porque tiene tendencia a acumular los malos olores y puede afectar al vino que se vierta en ella. Por ello no conviene guardarlas durante mucho tiempo en lugares cerrados y, en cualquier caso, hay que aclararlas con abundante agua caliente antes de cada nuevo uso.

Con el tiempo, las garrafas tienden a adquirir una pátina. Para decaparlas se puede utilizar una mezcla de sal marina y vinagre, o un producto como el que sirve para limpiar las dentaduras postizas, sin olvidarse de aclararlas muy bien después de esta operación.

Los tapones de las garrafas

Los tapones de las garrafas se suelen perder. Es difícil encontrar garrafas antiguas que conserven su correspondiente tapón. Sin embargo, el tapón no es un elemento esencial y su ausencia no es perjudicial para el vino que acaba de ser decantado, salvo quizá en el caso de vinos como los oportos añejos, que pueden tardar varios días en beberse. La mayoría de los vinos trasvasados tienen una duración de vida relativamente corta después de la decantación, ya que decaen rápidamente y se oxidan. Pero puede resultar interesante guardar algunos vinos jóvenes en garrafa durante varios días, lo que podría dar una indicación sobre su longevidad y su comportamiento. En estos casos se impone la utilización de un tapón de vidrio o de corcho. □

Soporte de secado para garrafa.

Las copas

El sabor del vino es diferente –y mejor– cuando se bebe en la copa apropiada. Esta afirmación, por curiosa y exagerada que pueda parecer, ha sido demostrada en la práctica en catas comparativas.

Los elementos que hay que tener en cuenta en la elección de las copas son, por orden de importancia, su forma, su tamaño y el material del que están hechas. A esto hay que agregar factores tradicionales: cada región vinícola posee su tipo de copa, a veces incluso tintada, que se considera allí la ideal para degustar su vino.

La forma

En primer lugar, una copa de vino debe ser convexa, en forma de tulipa cerrada. El borde tiene que curvarse hacia el interior para captar los aromas del vino y canalizarlos hacia la nariz. Una copa cuyo cáliz sea poco profundo dejará una superficie demasiado grande de vino en contacto con el aire y no podrá retener los aromas. En este caso, la mitad del placer de la degustación se habrá perdido.

También es imprescindible que el pie sea lo bastante largo como para que los dedos puedan sostenerla sin tocar el cáliz. Una copa de vino blanco fresco se calienta muy rápidamente en contacto con la mano.

El tamaño

Deben ser lo bastante grandes para poder servir el vino en cantidad suficiente sin llenarlas más que un cuarto o un tercio de su capacidad. Si la copa es muy pequeña o está demasiado llena, no se podrá hacer girar el vino para liberar los aromas, ni levantarla con comodidad para observarlo al trasluz (véase p. 83).

La cantidad de vino que normalmente se sirve es de unos 9 cl (la octava parte de una botella); la capacidad ideal de una copa será por tanto de al menos 28 cl. En algunos restaurantes, ponen copas mucho mayores: pero en casa es mejor ahorrarse la desagradable impresión de tener sólo una gota de vino en el fondo de un vaso. Estas copas tienen además un objetivo especial: su gran superficie ayuda a volatilizar rápidamente los aromas de un vino joven, pero no se deben utilizar para servir vinos añejos y delicados. Por contra, una copa grande, de unos 35 cl de capacidad, es ideal para los mejores vinos tintos servidos en su momento de apogeo.

El servicio de los espumosos en copas tipo flauta es la excepción que confirma la regla. De forma alargada, la flauta se llena hasta las tres cuartas partes para observar el ascenso de las burbujas, y apreciar la calidad y el color del vino.

Los materiales

Tienen que ser transparentes, lisos y sin facetas. Las pesadas copas de vidrio tallado o fileteadas de oro son ciertamente bonitas, pero no favorecen la apreciación del vino ni el placer de la degustación. Las copas de color impiden admirar la capa del vino. El material ideal es el cristal fino. El cristal proporciona una claridad óptima y su finura permite ver sin ningún tipo de deformación lo que contiene la copa.

Estas explicaciones parecen simples, pero ¿cómo explicar científicamente por qué es más agradable degustar un vino en un recipiente de cristal que en una copa ordinaria? Las catas comparativas han convencido a los expertos de que las copas de cristal fino contribuyen al placer gustativo. No obstante, el material tiene menos importancia que la forma o el tamaño, y son numerosos los aficionados que renuncian a las costosas copas de fino cristal: el temor de romperlas impide disfrutar plenamente del momento.

Existen asimismo copas especialmente concebidas para la cata de vinos (como la gama conocida como *impitoyables*). Para uso exclusivo de profesionales, estas copas tienen la virtud esencial de resaltar los defectos del vino.

La gama de copas Riedel (*Vinum* y *sommelier*) fue desarrollada tras años de investigaciones. De izquierda a derecha, las copas *Vinum* burdeos tinto, borgoña tinto, vino blanco, champagne y vinos de Alsacia.

EL SERVICIO DEL VINO/LAS COPAS

LOS DIVERSOS TIPOS DE COPAS

Copa para vino blanco, constituida por un fuste largo y fino y un cáliz en forma de tulipa.

Copa de burdeos, cuyas amplias formas permiten que se expresen los vinos tintos.

Copa de borgoña, cuyo diseño permite hacer girar el vino, con lo que los aromas se liberan con facilidad.

Copa normalizada, utilizada en las sesiones de cata en las ferias internacionales.

Copa de oporto o de jerez, cuya forma está inspirada en la tradicional copita jerezana.

Flauta de champagne, utilizada también para el servicio de otros vinos espumosos, como el cava.

El vino en la mesa

En todas las civilizaciones, desde la Grecia clásica, la tradición siempre ha querido que la degustación del vino se acompañe de cierto ceremonial: brindis, discursos y un elaborado orden de servicio se alían para prolongar una velada y sirven para limitar el consumo. En la actualidad, para los occidentales, beber vino es un placer, una fiesta, al mismo tiempo que una manera de acompañar los alimentos. La costumbre de los brindis se mantiene, aunque ya no se hagan más que en las ocasiones especiales. Prácticamente en todas las lenguas existe una expresión para acompañar el acto de levantar una copa entre amigos: Pröst!, Salut!, Cheers!, Slainte!, À votre santé!, ¡Salud!

El deber de la hospitalidad

Aunque el ritual es ahora menos formal, la supervivencia de esta costumbre es el reflejo de una de las más viejas tradiciones que existen: la del sagrado deber de hospitalidad del anfitrión con sus huéspedes.

Esto también es aplicable a la tradición británica (algo misteriosa) que consiste en «hacer pasar el oporto». En la actualidad, beber un buen oporto al final de una comida ya no es, afortunadamente, una ceremonia reservada a los hombres (en otros tiempos, las mujeres debían retirarse a otro salón). Sin embargo, todavía hoy, por tradición y por razones prácticas, el oporto se sigue sirviendo en una garrafa y se pasa de una persona a otra en el sentido de las agujas del reloj. El anfitrión sirve el oporto en la copa de sus vecinos, se sirve un poco, y pasa la garrafa hacia la izquierda. Cada invitado procede a continuación de la misma manera.

¿Por qué hacia la izquierda? Se han dado mil explicaciones, pero la realidad es muy simple: es mucho más fácil coger la garrafa con la mano derecha. Una de las razones de esta costumbre es evitar que un invitado monopolice el oporto, que con toda probabilidad será el vino más prestigioso que se sirva durante la velada. Es interesante hacer notar que esta manera ritual de pasar la garrafa, muchas veces considerada pasada de moda, es también la última supervivencia de un ceremonial de hospitalidad muy antiguo.

El orden de servicio de los vinos

La costumbre dicta también el orden en que se sirven los vinos y el lugar en que deben figurar en el menú. Esto se explica detalladamente en el capítulo dedicado a los vinos y los alimentos (véase p. 90). Las convenciones son las siguientes: el blanco debe servirse antes que el tinto, los vinos jóvenes antes que los reserva, los ligeros antes que los que poseen más cuerpo, los secos antes que los dulces, y los mejores y los más raros al final. En el transcurso de una comida, los blancos se sirven con los entrantes y los tintos a continuación.

Pero no se puede servir un vino aromático y pleno de personalidad, como un gewürztraminer, y esperar que un delicado borgoña pueda ser apreciado en su justo valor inmediatamente después. Los vinos jóvenes y poderosos pueden afectar la degustación posterior de las grandes añadas, mucho más sutiles.

Ciertos vinos de variedades diferentes se pueden perjudicar mutuamente aunque se respete el orden convencional. Tenga en cuenta el carácter del vino y recuerde que los vinos de una misma región suelen hacerse buena compañía: un sancerre seguido de un chinon, un graves blanco seguido de un médoc. También puede ser interesante degustar las diferencias entre vinos de una misma variedad, pero de regiones e incluso de continentes distintos.

Todos estos «principios» parecen dictados por el sentido común. Pero en realidad varían de forma considerable con el tiempo o de un país a otro.

Hace apenas sesenta años, se produjo una revolución en los menús de los famosos colegios de Oxford y de Cambridge: por entonces comenzó a servirse vino tinto en las comidas. Hasta la década de los 30, las cenas de los miembros del Christ's College, en Cambridge, incluían al menos nueve platos, pero todos ellos acompañados de vino blanco. Después de cenar, los profesores se pasaban al oporto o al burdeos *premier cru*.

Esta costumbre era internacional: el escritor y gastrónomo André Simon, fundador de la Sociedad internacional del vino y de la gastronomía, ofreció en 1907 una cena de catorce platos que incluía cordero y faisán. Hizo servir jerez, vino blanco del Mosela y champagne para acompañar la caza, además de oporto al final de la cena.

En Inglaterra, hace más de un siglo, los vinos del Rin y el champagne presidían las comidas, y los tintos no hacían su aparición hasta el momento en que se servían los quesos. ¿Qué pensarán, por tanto, en el siglo que viene, de nuestras convenciones actuales?

La forma tradicional de servir el vino

Los restaurantes respetan todavía una etiqueta que pocas veces se observa ya en los domicilios particulares. El anfitrión debe probar el vino (para saber si la botella es defectuosa y no para decidir si el vino es de su agrado); luego se sirve a las señoras, en el sentido de las agujas del reloj y siempre partiendo de la derecha del anfitrión. Viene a continuación el turno de los hombres y, finalmente, el del propio anfitrión. Este último desempeñará el papel de sumiller durante la velada, catando discretamente el vino antes de servirlo a sus invitados, ya que el vino puede saber a corcho o estar picado, lo mismo que en el restaurante. Cuando se elige un vino para acompañar un plato determinado, hay que procurar que ambos sean servidos al mismo tiempo, cosa que no siempre ocurre en los restaurantes. Si se sirven dos vinos al mismo tiempo para que los invitados los comparen, hay que llenar todas las copas con el primero antes de servir el segundo. Tampoco se debe olvidar la presencia en la mesa de una jarra de agua. □

LA CATA

CATAR UN VINO ES DISTINGUIR Y RECONOCER, SEGÚN UNA TÉCNICA
Y UN VOCABULARIO PRECISOS, SUS CUALIDADES Y SUS DEFECTOS
ANTES DEL PLACER DE BEBERLO.

La apariencia y el olor del vino son dos indicios importantes sobre su calidad potencial. El examen de la capa y la inhalación del aroma, primeras etapas de la cata, permiten apreciarlo mejor.

Durante todo el día, nuestros sentidos están despiertos: miramos, escuchamos, tocamos, olemos y saboreamos. Nuestros órganos sensoriales registran los estímulos olfativos, auditivos, visuales, táctiles y gustativos de nuestro alrededor sin que seamos realmente conscientes de ello. Sin embargo, cuando realizamos una cata, procuramos analizar y memorizar conscientemente el mayor número de sensaciones que el vino nos transmite para poder, de este modo, aumentar nuestro placer y nuestro conocimiento. Contrariamente a lo que se piensa, la práctica de la cata es fácil. Se trata simplemente de memorizar los aromas y los sabores de un gran número de vinos diferentes. Se aprende fácilmente a reconocer los aromas particulares de una variedad, el sabor de los vinos de los países cálidos con respecto a los de clima templado y a distinguir un vino joven de uno más añejo. Luego, el proceso de identificación recurre a la memoria y es el resultado de eliminaciones sucesivas. Aprender a catar acrecienta el placer que nos ofrece el vino y nos permite elegir los vinos con conocimiento de causa. Un catador experimentado calcula cuándo un vino estará listo para beber y puede hacer una selección inteligente de los vinos jóvenes que merece la pena envejecer. La degustación tiene también por objeto descubrir los escasos defectos que puede tener un vino. Saber catar significa utilizar eficazmente los sentidos para poder interpretar las sensaciones visuales, olfativas, táctiles y gustativas que forman parte del análisis sensorial. Además, es imprescindible poseer un vocabulario que permita describir estas sensaciones. Finalmente, el catador debe conocer los criterios con los que se juzgan los vinos. Es relativamente fácil adquirir el dominio de las técnicas de la cata, pero su vocabulario, como toda lengua extranjera, exige un esfuerzo de aprendizaje. Desarrollar los conocimientos para extraer conclusiones que no sean solamente subjetivas es un proceso más largo, porque hay que probar toda una gama de vinos antes de conseguirlo. Con un poco de buena voluntad, la práctica de la degustación está al alcance de todos, ya que todos nacemos más o menos con la misma aptitud para discernir aromas y sabores. Aunque la sensibilidad puede variar de un individuo a otro, convertirse en un catador lúcido es más una cuestión de experiencia que un don natural: se trata, simplemente, de explotar al máximo las aptitudes personales.

EL APRENDIZAJE
Para convertirse en un buen catador tendrá que explotar al máximo sus capacidades. He aquí algunas sugerencias para desarrollar su talento:
- **Cate muchos vinos diferentes.** Deben ser de calidad, pero también de estilos diferentes.
- **Compare vinos que tengan un elemento en común.** Éste puede ser la región, la variedad o un determinado estilo de vinificación.
- **Defina un método.** Luego hay que seguirlo en todas las catas.
- **Desarrolle su vocabulario.** Es importante dedicar el tiempo necesario hasta encontrar el término preciso.
- **Empiece con la ayuda de un catador.** Podrá guiarlo en sus primeros pasos.
- **Cate «a ciegas».** Esto le permitirá percibir mejor la sensaciones sin dejarse influir por la etiqueta.

Las etapas de la cata
Observe a un catador veterano y el proceso le parecerá simple: mira, olfatea, degusta, escupe, toma algunas notas y pasa al vino siguiente. Esta técnica se adquiere, al igual que todos los trucos que hacen más fácil el análisis. Las ilustraciones de la página siguiente muestran las diferentes etapas. La primera de ellas consiste en examinar el color, a continuación los olores y finalmente el sabor.

Las copas
Una copa de cata o catavinos debe ser incolora, lisa (sin fantasías), de una buena capacidad (entre 20 y 30 cl) y con una abertura más estrecha que el cáliz. Esta característica forma de tulipa mantiene y concentra los aromas que se desprenden del vino. También evita las salpicaduras cuando se hace girar el vino en la copa o ésta se inclina para examinar el color. Existe una copa normalizada utilizada por los profesionales.

EL ASPECTO Y EL COLOR DEL VINO
Aunque menos importante que el aroma y el sabor del vino, el análisis visual sirve para obtener algunos datos esenciales sobre su concentración y madurez.

El aspecto
Es importante observar el vino sobre un fondo blanco.
- **La limpieza.** Verifique que el vino esté perfectamente limpio y brillante, ni velado ni turbio. Si su capa está apagada, tiene todas las probabilidades de resultar igualmente apagado en boca.
- **El color.** Observe el color, con sus matices y su densidad. El color de un blanco, ¿es pálido o dorado? El tinto, ¿es de color rubí, rosa pálido o teja? Una capa de color denso, casi opaco, corresponderá a un tinto de gran concentración.
- **El gas carbónico.** Producido naturalmente en el curso de la fermentación, el CO_2 está presente en todos los vinos. Sin embargo, las cantidades de gas son tan pequeñas en la mayoría de los vinos tranquilos que es raramente perceptible, ni con la vista ni en boca. A veces se ven algunas burbujas en las paredes de los vasos que contienen blancos jóvenes. Coja ahora la copa. La siguiente etapa consistirá en examinar atentamente el color (véase etapa 1).
- **El color del borde del disco.** La parte superior del vino vertido en una copa se denomina «disco». El borde de este disco revela el estado de evolución del vino. Cuanto más añejo o listo para beber se encuentre un vino, más pardusco o de tonalidades ladrillo será el borde del disco.
- **Los vinos blancos.** Van adquiriendo color en el curso de su envejecimiento, evolucionando del tono amarillo pálido de su juventud hasta el color amarillo pajizo, dorado o ambarino.
- **Los vinos tintos.** Van perdiendo su color «rojo» a medida que envejecen. De jóvenes, ofrecen con frecuencia una capa rojo púrpura; en el curso de su evolución, adquieren tonos rubí y granate, hasta llegar a los matices de caoba característicos de los vinos añejos.

La fluidez
Haga girar el vino en la copa, después de examinarlo delante de una fuente luminosa (véanse etapas 2 y 3).
Una pequeña cantidad de vino se adhiere a la copa antes de formar las «lágrimas», «piernas» o «perlas». Cuanto más rico sea el vino en contenido tánico y graduación alcohólica, más marcadas serán estas lágrimas, lo que da una idea sobre su concentración.

LA NARIZ DEL VINO
El olfato es el sentido más importante en la apreciación y el placer del vino, ya que buena parte de lo que «saboreamos» simplemente se «huele». Un buen ejemplo es el poco «sabor» que percibimos en las bebidas y en los alimentos cuando estamos constipados o con la nariz tapada.

El centro del sentido del olfato son los bulbos olfativos, que se encuentran en la parte superior de cada una de las fosas nasales. Las moléculas olorosas (en estado gaseoso) llegan a los bulbos olfativos por dos vías: la nariz, al ascender por las fosas nasales, cuando inspiramos; y la boca, al subir de la garganta a la nariz, cuando expiramos (vía retronasal).

Es desaconsejable aspirar con insistencia el buqué cuando se quiere describir o identificar los aromas de un vino. Por el contrario, es mejor oler el vino con moderación, para evitar el efecto anestésico, y dejar algunos instantes de reposo entre cada inhalación porque los bulbos olfativos se fatigan rápidamente; es decir, se acostumbran en pocos instantes a lo que sienten y la impresión dejada por un olor disminuye con el tiempo. Del mismo modo, se recuperan rápidamente cuando se alejan del olor al que se han «adaptado».

La «nariz»
En un sentido general se denomina «nariz» al conjunto de los olores de un vino. También se usan «aroma» y «buqué» aunque, desde un punto de vista técnico, se refieren a características diferentes.
- **El aroma.** Este término designa los olores que provienen de la transformación de las uvas por la fermentación (olores frescos y afrutados que se encuentran principalmente en los vinos jóvenes).
- **El buqué.** Designa los olores cuyo desarrollo es resultado de la crianza de los vinos en barricas de roble o de su envejecimiento en botellas.

La nariz varía en intensidad y en calidad según la edad, la variedad (véase pp. 40-48), el origen del vino y su calidad, pero deberá ser siempre limpia; es decir, sin olores desagradables. «Cerrado» y «poco expresivo» son términos utilizados para describir vinos que no des-

LAS ETAPAS DE LA CATA

El aspecto del vino dice mucho de él. Primero, coloque la copa sobre un mantel blanco, delante de un muro blanco o sobre una hoja de papel blanca. La limpieza del vino, la brillantez, la intensidad del color y las eventuales burbujas de gas carbónico se observan mejor mirándolo desde arriba, con la copa sobre la mesa.

1 Incline la copa mientras la aleja, hasta que esté casi horizontal. Esto le permitirá examinar el color, así como la anchura y los matices del «borde».

2 Sostenga la copa por el fuste o por el pie, entre el pulgar y el índice, a fin de ver claramente el vino. Haga una primera tentativa de olerlo antes de hacerlo girar.

3 Haga girar el vino en la copa. Para imprimir un movimiento de rotación, la mayor parte de los expertos giran suavemente la copa en el sentido inverso a las agujas del reloj.

4 Examine las «lágrimas» o «piernas»: ¿son espesas o delgadas?; ¿descienden lenta o rápidamente por las paredes interiores? Aspire el vino alternando inhalaciones cortas y profundas, suaves e insistentes. Concentre su atención en los olores y en lo que le evocan.

5 Pruebe el vino reteniendo en la boca un sorbo razonable; «mastíquelo» durante algunos segundos y, después, entreabra los labios y aspire levemente para «airear» el vino.

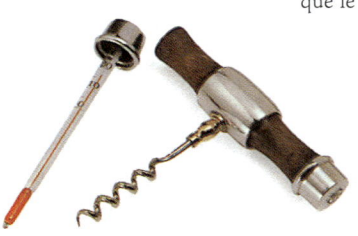

prenden todavía demasiado aroma, pero que en opinión del catador se irán haciendo más expresivos con la edad.

Cómo oler el vino

Hay que oler el vino antes de hacerlo girar en la copa, a continuación imprimir un movimiento giratorio y aspirar de nuevo justo después, mientras el líquido se detiene (véase etapa 4). Generalmente se advertirá una notable diferencia entre ambos «golpes de nariz».

Los vinos elaborados a partir de variedades nobles poseen olores característicos: la cabernet sauvignon, por ejemplo, recuerda a la mayoría de los catadores el aroma de la grosella, y la gewürztraminer, al litchi. La variedad es el primer elemento que se puede intentar identificar con el olfato. Los olores no asociados a las uvas provienen la mayor parte de las veces de las barricas en las que se han criado los vinos (cedro, vainilla o caramelo, por ejemplo). Cuando los catadores inhalan un vino, alternan aspiraciones rápidas y profundas, vigorosas y suaves.

El vocabulario

Existe un gran número de términos para describir las impresiones olfativas, pero los no iniciados no suelen emplearlos por falta de práctica. No obstante, por lo general se procede por analogía y no resulta difícil entender términos como «floral» o «frutal» –o incluso «vegetal»– para describir un vino. Así pues, los aromas del vino se clasifican en estos tipos principales:

- **Florales:** rosa, violeta, acacia, jazmín, azahar.
- **Especiados:** pimienta, clavo, regaliz, anís, canela.
- **Frutales:** limón, pomelo, grosella, cereza, manzana, melocotón, albaricoque, pera, melón, piña, litchi.
- **Vegetales:** paja, maleza, heno, hierba, espárrago, aceituna.
- **Animales:** caza mayor, almizcle, cuero, piel o lana húmedas.
- **Balsámicos:** resina, pino, roble, cedro, vainilla.
- **Empireumáticos:** cocido, matices de asado, pan tostado, café, caramelo, alquitrán, ahumado.
- **Químicos:** levadura, azufre, esmalte de uñas, vinagre, plástico.
- **Minerales:** creta, suelo volcánico, tierra, aceite, petróleo, gasolina.
- **Otros:** nuez, miel, mantequilla.

EL SABOR Y LA TEXTURA DEL VINO

Antes de la degustación, hay que pensar en cómo se perciben los diferentes sabores.

El paladar

La lengua distingue los cuatro sabores primarios: dulce, ácido, amargo y salado.

- **Los vinos blancos.** Tienden hacia aromas de cítricos y de otras frutas: limón, naranja, pomelo, melocotón, pera, albaricoque, manzana, así como algunas veces melón, grosella o litchi.
- **Los vinos tintos.** Evocan sobre todo los frutos rojizos: cerezas blancas y negras, ciruela, grosella, frambuesa, fresa, mora.
- **Los vinos tintos y blancos.** Pueden tener asimismo todo tipo de aromas minerales, de especias, de hierbas y otros aromas corrientes: pan, levadura, miel, caramelo y diferentes tipos de nueces.

El tacto

Otras sensaciones que se perciben «en boca» son táctiles: cuerpo, astringencia, temperatura, y burbujas de gas carbónico.

- **El cuerpo.** Este término describe la sensación táctil que produce en el paladar el vino, debida sobre todo a su graduación alcohólica pero también a la consistencia del líquido y a la intensidad de sus sabores.
- **La astringencia.** Término utilizado para describir una sensación de sequedad y de causticidad en las encías, la lengua y el paladar, por efecto de los taninos del vino.
- **La temperatura.** La temperatura adecuada realza la expresión de un vino, mientras que una temperatura de servicio demasiado fría o demasiado alta puede fácilmente desfigurar el buqué y el sabor.
- **La efervescencia del gas carbónico.** Desempeña un papel importante en la textura de los vinos espumosos; a veces, también es perceptible en los vinos tranquilos un pequeño punto de gas carbónico en la lengua.
- **La textura.** La impresión táctil en su conjunto es un factor de calidad. Se compara con frecuencia la textura de un vino con el tacto que ofrecen las telas de diversos materiales: por ejemplo, seda, satén o terciopelo.

LA DEGUSTACIÓN

Primero hay que introducir en la boca el equivalente de un trago de vino (2-3 cl). Tiene que ser un trago pequeño que hay que «masticar» bien antes

CÓMO ORGANIZAR UNA CATA

Las catas entre aficionados o profesionales siguen las mismas reglas.

Hora: preferentemente antes de las comidas; a las 11 h o a las 18 h.
Lugar: sin olores parásitos (de cocciones, de humo de tabaco, de perfume); utilice un fondo blanco simple para facilitar el examen visual. La luz diurna es ideal, pero si se emplea luz eléctrica, las bombillas normales van mejor que las lámparas fluorescentes.
Decantación: es preciso decantar los vinos tintos con posos (véase pp. 74-75) para eliminarlos, o simplemente para airearlos si son jóvenes.
Presentación: sirva los vinos a la temperatura apropiada. Para las catas «a ciegas», habrá que ocultar las botellas y darles un número.

Orden: no hay un orden perfecto pero, en principio, los blancos van antes que los tintos, los secos antes que los dulces, los ligeros antes que los concentrados y los simples antes que los complejos.
Copas: la copa normalizada es una de las clásicas (véase p. 82); pero si no se dispone de ella se puede utilizar cualquier copa con forma de tulipa. Hace falta una copa por persona para una cata de pie y una copa para cada vino en una degustación «sentados».
Escupideras: recipientes individuales para las catas «sentados» y recipientes comunes en otros casos, que pueden ser cajas de cartón o cajas de vino forradas de plástico y llenas hasta la mitad de serrín.
Pan tostado: se usa para limpiar el paladar, al igual que el agua.
Notas: disponga hojas de papel para las notas de cata en las que se describirá cada vino.

de tragar un poco y escupir el resto (véase etapa 5).

En el trago siguiente, después de volver a masticar el vino, aspire dos o tres veces un poco de aire a través del vino. Notará más sensaciones al actuar de esta manera, ya que ha volatilizado deliberadamente los aromas. Recuerde que siempre se debe «masticar» y «airear» durante algunos segundos el vino que se cata para que exprese todas sus cualidades.

Escupir
Los catadores escupen reiteradamente para evitar todo riesgo de ebriedad y mantener la mente clara, ya que deben analizar muchos vinos en el transcurso de una sola sesión. Es aconsejable que todos hagamos lo mismo.

ANOTACIONES: CÓMO JUZGAR LA CALIDAD
Tomar notas durante una cata supone cierta disciplina y la búsqueda de los términos que describen el vino obliga a estar muy concentrado. Las notas se convierten luego en una base de datos útil sobre el desarrollo del propio paladar y de la evolución de los vinos que se tienen en la bodega particular. Esta información es esencial para comprender mejor el proceso de envejecimiento de los vinos y para beberlos en el momento más apropiado.

Lo que hay que anotar
Además de la descripción de la capa y del buqué, una buena nota de cata debe incluir una descripción relativamente objetiva del estilo general del vino (con cuerpo o ligero, de una acidez débil o viva, con aromas simples o complejos, etc.), de sus sabores y de su calidad, con independencia de las características concretas que se analizarán por separado. Para entendernos, equivale a describir la altura, la corpulencia y el color de la piel de una persona antes de intentar describir su personalidad.

Cómo evaluar la calidad
Hemos aprendido cómo descubrir y describir el vino –color, nariz, cuerpo, contenido tánico, acidez, sabores...–, pero todavía no hemos hablado de cómo juzgar su calidad.

Una cata profesional.

Los buenos vinos son en principio equilibrados; ningún elemento de su composición debe parecer deficiente o excesivo. Pero hay que recordar que los constituyentes de este equilibrio variarán según el origen, la cepa y la añada. Y que no existe un estilo «ideal».

En general, la concentración y la intensidad de los sabores son elementos positivos, pero no determinan por sí solos la calidad. Los grandes vinos ofrecen, además, una complejidad que da ganas de mantenerlos mucho tiempo en la boca.

Por último, la persistencia del sabor es una indicación fiable de la calidad de un vino: los aromas y los sabores se expresan en el fondo de la boca y duran varios segundos una vez tragado el vino. Los vinos de calidad mediana tienen en cambio un «final» mucho más corto.

Conclusión y evaluación
Esta etapa debe combinar una opinión subjetiva (le ha gustado o no le ha gustado ese vino) con una apreciación más objetiva de la calidad en relación al tipo de vino. Esta objetividad se adquiere con la experiencia. También merece la pena anotar si el vino ofrece una buena relación calidad/precio, si está listo para ser bebido, si reclama un período de envejecimiento o si ha superado ya el momento de su apogeo.

Honradez
Sea honrado al transcribir sus impresiones y afirmaciones. Si no puede fiarse de sus notas, éstas no le ayudarán a progresar. Tenga confianza en su paladar a lo largo de su trayectoria como catador, pero no dude en cambiar sus opiniones o en modificar sus conclusiones. □

LOS PRINCIPALES DEFECTOS DEL VINO

Gracias a la tecnología moderna, cada vez es más raro encontrar vinos defectuosos, y la mayor parte de los defectos se detectan fácilmente, con la vista o el olfato.

■ **Vinos oxidados o maderizados**
Así llamados porque un contacto excesivo con el oxígeno ha perjudicado su calidad gustativa.
Los vinos blancos están apagados, con una capa más oscura que la normal para su edad y su tipo, y con un color pajizo sin reflejos ambarinos. Olor plano y sin atributos; sabor acidulado. Se dice también «maderizado».
Los vinos tintos tienen también un aspecto poco brillante, en exceso amarronado para su edad y su tipo. «Nariz» débil, desbravada, con un olor y un sabor agridulce que evoca el caramelo.

■ **Vinos agrios**
Poseen olor a vinagre debido a un exceso de ácido acético, característico del vinagre.
Sabor débil y agrio.

■ **Vinos azufrados y reducidos**
El anhídrido sulfuroso les da un olor acre, picante y sofocante, semejante al de una cerilla cuando se enciende; producen una sensación de sequedad y de picor.
El ácido sulfhídrico les da un olor a huevo podrido, a caucho, a ajo y a vegetales en descomposición, con los sabores correspondientes.
Se dice también que el vino está «reducido».

■ **Vinos corchados**
Un olor a moho, a corcho podrido, domina completamente el buqué y el sabor de estos vinos, que se vuelven imbebibles.

EL VOCABULARIO DE LA CATA

He aquí una lista de términos que describen el vino. Las palabras señaladas con un asterisco (*) corresponden a los defectos explicados en el recuadro de la página anterior. Los términos que describen los principales elementos que componen el vino –ácido, alcohol, tanino– se relacionan en *cursiva* dentro de cada explicación.

ÁCIDO/ACIDEZ: indica la vivacidad y la frescura. Ayuda igualmente a definir y a prolongar las cualidades gustativas. Va acompañado de los calificativos (en relación a su insuficiencia o exceso): *plano, blando, tierno, suave, fresco, vivo, redondo, firme, duro, agudo, verde, acidulado, ácido*.
Agresivo: desagradablemente ácido, tánico, con exceso de alcohol.
Agrio*
Aguja: fina burbuja que tienen algunos vinos que apenas se aprecia a la vista.
Ahumado: olor y/o sabor de los vinos de sauvignon blanco, así como de los tintos del norte del valle del Ródano.
ALCOHOL: aporta al vino el «peso» que lo caracteriza. Los términos descriptivos (tanto por insuficiencia como por exceso) son: *acuoso, delgado, ligero, de cuerpo medio, lleno, amplio, generoso, pesado, alcohólico, espiritoso*.
Amable: que se bebe fácilmente.
Armonioso: que no presenta características discordantes.
Aroma: olores procedentes de la uva y la vinificación.
Aromático: elaborado con variedades de un aroma particular.
Áspero: se refiere a una textura falta de fineza.
Astringente: sensación de sequedad debida a los taninos.
Aterciopelado: dotado de una textura suave y agradable.
Austero: califica la dureza de un vino con niveles elevados de taninos y acidez, que necesita tiempo para envejecer.

Avellana: con matices olfativos que suelen estar presentes en los borgoñas blancos maduros, en los marsalas secos y en los amontillados (de jerez).
Azufrado*
Balsámico: vino cuyos olores (vainilla, cedro, pino, roble) y a veces la textura seca se deben al roble nuevo.
Botrytis: véase *podredumbre noble*.
Buqué: término general para describir la «nariz» del vino, pero sobre todo las características olfativas derivadas de la vinificación, de la crianza en barrica o del envejecimiento en botella.
Caído: califica a los vinos maduros que pierden sus cualidades gustativas y manifiestan un exceso de acidez, de taninos y de alcohol.
Carnoso: se aplica a los vinos que dan una sensación de plenitud, pero de textura suave (tintos).
Cedro: el olor a madera de cedro se encuentra sobre todo en los vinos criados en barricas nuevas de roble de Allier.
Cerrado: se refiere al buqué y significa inmaduro, pero prometedor. Es un vino que no está listo aún para ser bebido, ya que necesita pasar más tiempo en la botella para manifestarse.
Cocido: comparable a los aromas de una infusión de té muy concentrada.
Complejo: con una gran gama de sensaciones olfativas y gustativas.
Corchado*
Corto: falto de persistencia en boca. Véase también *persistencia*.
Cuerpo: impresión de peso y de consistencia en el paladar.
Delgado: diluido y pobre en sabor y aromas.
Dureza: impresión de rigidez y de sequedad en las encías, producida por los taninos de los vinos tintos.
Duro: describe la sensación derivada del alcohol, la acidez y los taninos de un vino demasiado joven.
Elegante: con raza, armonioso y con ausencia de impresiones agresivas.
Empalagoso: de una dulzura excesiva; se aplica al vino al que le falta la acidez necesaria para un buen equilibrio.
Equilibrado: se dice del vino cuyos componentes se «equilibran», de manera que ninguno resalta sobre los demás.
Fatigado: falto de frescura y de nervio.
Final: gustos y aromas que se prolongan después de tragar el vino. Véase también *persistente* y *corto*.
Fino: vino de gran categoría.
Fresco: con una ligera dominante ácida y afrutada.
Frutal: muchos vinos tienen los matices olfativos de una fruta concreta (por ejemplo, albaricoque, manzana, grosella o cereza). Otros desprenden una agradable impresión general a fruta.
Generoso: rico en alcohol pero equilibrado.
Graso: de una cierta untuosidad, lleno, armonioso.
Grosella: olor y gusto que se asocia con los vinos de la variedad cabernet sauvignon.
Grueso: se utiliza para describir la textura, en particular la que aportan los elementos tánicos.
Herbáceo: se dice de un carácter que evoca las plantas verdes o la hierba recién cortada.
Hueco: falto de cuerpo, de sabor, corto en boca.
Largo: véase *persistente*.
Ligero: vino con poco extracto y poco alcohol.
Maderizado*
Maduro: que da una sensación de dulzura derivada de uvas muy maduras.
Mantequilla: olor generalmente asociado a los vinos de la variedad chardonnay, amplios y casi siempre criados en barricas.

Mudo: véase *cerrado*.
Nervioso: de una cierta acidez pero agradable.
Olor de petróleo: un olor agradable que se encuentra en los vinos de la variedad riesling que han llegado a la madurez.
Oxidado*
Pedernal: gusto mineral de ciertos vinos blancos secos y vivos (sancerre).
Persistencia: es el signo distintivo de un vino de gran calidad.
Picado: vino con sabor agrio, que está avinagrado.
Pimienta: con olor a pimienta molida, característico sobre todo en los oportos y en los vinos del Ródano.
Podredumbre noble: *Botrytis cinerea*, la podredumbre de las uvas maduras (sémillon, riesling y chenin blanc) que puede, en buenas condiciones, concentrar el mosto y enriquecer los aromas.
Potente: dotado de firmes e intensas cualidades gustativas.
Redondo: maduro, listo para beber.
Reducido*
Rico: describe el sabor y la textura.
Rústico: sin refinamiento.
Suave: agradable de beber, sin asperezas, sin por ello ser plano.
TANINO: sustancia extraída del hollejo de las uvas que da carácter a los vinos tintos. Descrito (de poco a mucho) como: *de grano fino, pulido, seco, rico, firme, duro, grueso, vegetal, rasposo, astringente*.
Terroso: evoca la tierra húmeda, en nariz y en boca.
Uva: sabores y aromas que evocan el zumo de las uvas frescas. Los moscateles son posiblemente los únicos que cumplen totalmente con estos requisitos.
Vainilla: olor característico de los vinos criados en barricas de roble nuevas.
Verde: se dice de un vino muy joven, elaborado con uvas que no habían llegado a su madurez. Hace referencia tanto al aroma como al punto de acidez.

Las comidas y los vinos

LA ELECCIÓN DEL VINO (O DEL PLATO ADECUADO PARA ACOMPAÑAR
UN VINO ESPECIAL) PUEDE ABRIR FABULOSOS
HORIZONTES GASTRONÓMICOS.

El cuadro de Peter Severin Kroyer titulado *Artist's Party, Skagen*,
ilustra el feliz matrimonio entre manjares y vinos.
Desde siempre, el champagne se bebe con los postres
o en las grandes ocasiones.

Cuando la armonización entre un alimento y un vino es perfecta, uno y otro se ensalzan, y sus perfumes se mezclan y evolucionan para producir sabores nuevos e inesperados. No hay que pensar que esta sociedad perfecta es coto exclusivo de los grandes vinos y la gran cocina. Aunque un bogavante a la mantequilla fresca acompañado de un Bâtard-Montrachet de diez años, joya de los borgoñas blancos, es un placer sublime, un simple plato de gambas degustado con uno de los numerosos vinos blancos secos existentes, por ejemplo un albariño, un muscadet o un pouilly fumé, también resulta exquisito. A comienzos del siglo XIX se produjeron los primeros grandes matrimonios clásicos, bendecidos por los grandes cocineros franceses, ya por entonces famosos en toda Europa: caviar y champagne, lenguado con borgoña blanco, caza con borgoña tinto. Los principios básicos estaban dictados: el vino blanco debe beberse con los pescados y el tinto con las carnes rojas. Pero toda regla tiene sus excepciones, justificadas por el tipo de carne, como en el caso de las aves o el cerdo, la salsa de acompañamiento o la proporción de carne que incluye el menú. El color del vino no basta para decidir su lugar en la comida, ya que habrá que tener en cuenta la potencia, la acidez y los aromas propios de la variedad. La categoría del vino tiene también su importancia: un gran vino, que merece una degustación atenta, estará mejor servido con un plato sencillo. En el siglo XIX, las clases más favorecidas tenían acceso a un amplio abanico de alimentos y de vinos, pero el resto de la gente debía conformarse con la producción local. Este hecho conduce a otra verdad: los especialistas culinarios regionales se sienten más felices cuando se encuentran en compañía de vinos producidos en su misma región. No deja de tener su lógica ya que se trata de dos productos de la naturaleza que han evolucionado conjuntamente. Por ejemplo, ¿qué elección hay más apropiada que un riesling de Alsacia o que un pinot gris bien perfumado para acompañar una chucrut? Para un salmón del Loira, tan carnoso como la propia carne, ¿qué degustar sino uno de los lujosos vinos tintos de Chinon y de Bourgueil, y quién osaría pretender que este tipo de vino tinto no se adapta al pescado? Los gustos y las cocinas evolucionan, y las asociaciones que en la actualidad consideramos clásicas no lo serán seguramente mañana.

¿QUÉ VINO SERVIR?

Desde siempre, las bebidas alcohólicas, como la cerveza o el vino, se han consumido para acompañar las comidas. Se considera que, al estimular el apetito y desinhibir el espíritu, contribuyen al placer y al bienestar de los comensales y, por la singularidad de sus propios gustos, enriquecen la paleta de los sabores.

La producción local –vino, cerveza o sidra– condicionó sin duda los hábitos de consumo de las diferentes clases sociales. No obstante, la historia ha conservado sobre todo la huella de las clases más altas, que no conocían otros límites para sus descubrimientos gastronómicos que las eventuales dificultades de transporte o la situación política. Gran Bretaña y los Países Bajos, pueblos marítimos y sin viñedos, se abastecían de vino en las diversas costas europeas. La primera pasión de los ingleses fue el descubrimiento del clarete de Burdeos, con el que acompañaron su *roastbeef* durante siglos. Sin embargo, la guerra y el tratado de Methuen de 1703 impusieron derechos de importación sobre los vinos franceses y obligaron a la fiera Albión a volverse hacia Portugal. Para que los toscos vinos tintos portugueses se conservasen bien durante las largas travesías marítimas, hubo que añadirles aguardiente, lo que tiene además el mérito de hacerlos más bebibles. A partir del siglo XVIII, los ingleses se convirtieron en una nación de bebedores de oporto y de comedores de *roastbeef*.

Cuando los vinos franceses dejaron de ser un lujo de contrabando, comenzó a notarse la preeminencia francesa en materia gastronómica. Arthur Young, un inglés que había viajado por Francia antes de la Revolución, escribió: «En el arte de vivir, los franceses son generalmente considerados por el resto de Europa como los más competentes... y cualquiera que en Europa puede permitirse una gran mesa, contrata a un cocinero francés o a alguno que haya seguido sus enseñanzas». Antonin Carême (1784-1833), el más memorable de los *chefs* del siglo XIX, cocinó para Napoleón I, el zar de Rusia y el príncipe regente de Inglaterra (el futuro Jorge IV). Su vida coincidió con el período de mayor progreso del vino desde sus orígenes: el perfeccionamiento de la conservación y maduración de los vinos de Burdeos. Se inauguraba la costumbre de dejar madurar el vino en toneles y de embotellar los «grandes vinos», que iban tan bien con las nuevas joyas del arte culinario.

Los menús a través de las épocas
En la actualidad, nos resultaría bastante difícil encontrar los vinos apropiados para un banquete medieval. En efecto, no solamente la mayoría de los platos estaban muy sazonados (con mucha canela, clavo, jengibre y azafrán), sino que se presentaban en un orden que hoy nos parecería incoherente. En cada servicio de comidas

UN MENÚ FRANCÉS

El gran *chef* Alain Senderens, del restaurante Lucas Carton de París, ha concebido este espléndido menú invernal para ilustrar el arte de elegir un vino. Cada plato va acompañado de un vino francés que lo complementa de maravilla (el nombre del productor está indicado entre paréntesis).

Milhojas de vieiras con crema de setas
Vino: *Meursault 1989*
(Domaine Comte Lafon)

Foie gras de pato con col al vapor
Vino: *Jurançon meloso 1988*
(Domaine Cauhapé)

Pato Apicius asado con miel y especias
Vino: *Banyuls vendimias tardías 1975*
(A. Parcé)

Armonización de quesos y vinos
Fresco de cabra: Vouvray 1990 (Huet)
Gruyère de Friburgo:
Côtes du Jura blanco 1989 (Rolet)
Munster: Gewürztraminer 1991 (Faller)

Pastel de chocolate fundido con crema de almendras amargas
Vino: *Macvin d'Arbois (Rolet)*

ponían sobre la mesa, a libre disposición de los comensales, toda una retahíla de platos. Por ejemplo, el «entrante» de un menú de 1393 de cuatro servicios comprendía: empanadillas rellenas de hígado frío o de tuétano de buey, guiso (pedazos de carne con salsa de canela), buñuelos de tuétano de buey, anguilas servidas con un puré espeso y muy especiado, lochas (una especie de carpa) con una salsa fría perfumada de salvia y otras especias, carne asada o hervida, y pescados de mar. El vino, por lo general bautizado con agua, se consideraba una simple bebida y no algo digno de interés por sí mismo. Después de la comida, se servían vinos especiados.

Los *chefs* del renacimiento italiano fueron los primeros en moderar la utilización de las especias y en aportar cierto orden a la confección de los menús: establecieron la costumbre de servir en primer lugar los platos fríos, a continuación las carnes asadas y los guisos y, al final, los postres, aunque se mantuvo la abundancia de platos ofrecidos en cada servicio. Por lo que respecta a los vinos, hay pocos testimonios escritos y debemos conformarnos con imaginar que –tal como ocurría con los platos– la categoría social determinaba los criterios de elección para las grandes fiestas.

Al menos durante los dos siglos siguientes se mantuvo el estilo conocido como «servicio a la francesa», en el que se daba mucha importancia a la etiqueta y a la guarnición de los alimentos. En el siglo XIX, tomó el relevo el mucho menos protocolario «servicio a la rusa». Esta es la opinión que nos dejó escrita en 1868 el barón Léon Brisse, célebre *gourmet* y anfitrión, sobre estas dos concepciones tan distintas: «La cena francesa se divide en tres servicios. El primero comprende los potajes, los entremeses, los pescados y los entrantes; el segundo, los asados y las verduras; el tercero, los postres. Los platos se presentan simultáneamente para cada servicio. La moda rusa, en cambio, consiste en disponer todos los platos fríos sobre la mesa y presentar individualmente los platos calientes a los invitados. El estilo francés nos priva del calor de los alimentos, pero el estilo ruso lo hace del placer para los ojos».

Los vinos «reales»

El barón Brisse es igualmente muy explícito al hablar de los vinos que se servían en las grandes cenas. Da las siguientes reglas: «Durante toda la cena se ofrece champagne brut y dulce, bien frío. Después de la sopa, se propone madeira y vermut. Con el pescado se pueden elegir borgoñas (Beaune, Volnay o Pommard) y burdeos (Mouton, Rausan-Ségla, Léoville, Gruaud-Larose, Lascombes, Pichon-Longueville, Cos-d'Estournel o Monrose). Entre las entradas frías y la caza suele ofrecerse un Château d'Yquem o un vino del Rin... bastante frío y en copas de color verde. Con los asados y las verduras se opta por los borgoñas (La Romanée-Conti, Clos de Vougeot o Chambertin) y los burdeos (Château Lafite, Margaux, Latour o Haut-Brion). Con los dulces, jerez; con los postres, vinos dulces como el madeira malmsey, el moscatel o el tokay».

Mientras las clases altas hacían gala de su riqueza en ostentosos banquetes, la nueva burguesía apreciaba los placeres más sencillos de una buena cocina familiar. A comienzos del siglo XIX, los franceses ya se interesaban mucho por la cocina, como demuestra el éxito que acompañó a la publicación de *Fisiología del gusto*, obra del célebre magistrado y gran gourmet Brillat-Savarin (1755-1826). Esta verdadera biblia de la gastronomía aporta fascinantes datos sobre los hábitos culinarios de la época. Por ejemplo, la descripción que en ella se encuentra del faisán bien manido, mechado, relleno de trufas y degustado en compañía de un buen vino de la Borgoña alta consigue que al lector se le haga agua la boca.

«A la francesa»

Brillat-Savarin también habló mucho sobre las virtudes de los restaurantes con el distintivo «*Eden des gourmands*», que habían hecho su aparición en Francia hacia 1770. Estos establecimientos tenían dónde elegir: «El consumidor que se sienta en el comedor tiene a su disposición, como elemento de su cena, al menos

La opulencia de un banquete oficial en Baviera, inmortalizada por Hendrik van Balen.

UN MENÚ ITALIANO

El largo pasado vitícola de Italia y sus tradiciones gastronómicas han desarrollado, para cada región del país, asociaciones de platos y de vinos muy localizadas. La Italia del norte puede enorgullecerse de una cocina particularmente refinada y que ofrece platos muy variados. Elia Rizzo, *chef* del restaurante de Verona Il Desco, ha concebido el siguiente menú, que presenta con elegancia especialidades locales.

Gratén de patatas con champiñones y trufas negras
Vino: *Soave Classico o Gavi*

Risotto con calabaza y Amarone
Vino: *Rosso di Montalcino o Valpolicella Classico*

Palomo relleno de lentejas
Vino: *Amarone Classico o Chianti Classico «riserva»*

Mousse al chocolate y sabayón
Vino: *Caluso Passito*

12 potajes, 24 entremeses, 15 o 20 entrantes de buey, 20 de cordero, 30 de aves y caza, 16 o 20 platos de ternera, 12 de variedades de *pâtés en croûte*, 24 de pescado, 15 de asados, 50 de dulces y 50 postres. Por otra parte, el afortunado gastrónomo podrá regar todo con al menos 30 tipos distintos de vino, desde los vinos de Borgoña hasta los de Tokay o los del Cabo».

Durante su exilio en América (1794-1796), Brillat-Savarin fue invitado por dos amigos ingleses a una taberna de Nueva York y describió así la cena: «Consistió en un enorme filete de rosbif, un pavo cocido en su jugo, raíces hervidas, una ensalada de col y una tarta de mermelada. Se bebió a la francesa, es decir, se sirvió vino desde el comienzo: un muy buen clarete. Después del clarete apareció el oporto, y luego el madeira. Tras el vino llegaron los *spirits*, o sea el ron, el brandy, el whisky y los aguardientes de vino, de bayas y de frambuesas». El autor termina la enumeración de las diversas bebidas con un gran bol de ponche. Los ingleses no pudieron salir por su propio pie, pero Brillat-Savarin, que había tomado sus precauciones, declara que terminó la comida con la cabeza clara.

Nada de sorprendente tiene que Brillat-Savarin acuse a los ingleses de glotonería, aunque los propios interesados se enorgullecen de su «afición a la gastronomía». William Makepeace Thackeray, el famoso novelista, describe una cena memorable en un restaurante francés en 1841: sopa juliana y entrecot con espinacas, acompañados de un borgoña firme y generoso que iba muy bien con la carne; perdiz trufada, servida con una botella de sauternes y, para finalizar, queso roquefort.

Aunque, en América, el vino importado corría a mares, Brillat-Savarin hace el elogio de una comida que no incluyó ni una gota de vino: «Un soberbio filete de buey, una oca estofada y una magnífica pierna de cordero acompañados de una selección de verduras diversas y, a cada extremo de la mesa, dos enormes jarras de una sidra excelente de la que no podía saciarme». Un siglo más tarde, sin embargo, las ligas antialcohólicas y posteriormente el período de la prohibición impedirían al americano medio el placer de beber vino hasta mediados de la década de los 50.

El orden del servicio de los vinos

La mayoría de nuestros contemporáneos estaría de acuerdo con Brillat-Savarin, para el cual el buen orden en la degustación de los vinos va «de los más alegres a los más perfumados». En general el servicio de vinos obedece a las siguientes reglas: los más jóvenes antes que los más añejos, los más ligeros antes que los más potentes o alcoholizados, los frescos antes que los templados (a temperatura ambiente), los secos antes que los dulces.

Se puede romper esta regla de forma juiciosa, sobre todo al comienzo o al final de las comidas. El propio Brillat-Savarin solía comenzar con un madeira (que no es precisamente un vino ligero), para continuar «con vinos franceses para los platos principales y vinos de África o de España para coronar la comida». En materia de aperitivos, encargados de despertar el apetito, los gustos varían del día a la noche. El único punto en común entre los vinos aperitivos de Francia e Italia, los cócteles o los gin tonic de los americanos, el ouzo griego y los schnaps del norte de Europa es que suelen servirse muy fríos.

Con frecuencia se reprocha a los vinos servidos como aperitivo que anestesian el paladar, mientras que muchos vinos de carácter (como el fino de Jerez) serían más apropiados. El cava o el champagne resultan siempre excelentes; los jerez finos o manzanillas son en la actualidad tan populares en Gran Bretaña como en España; el oporto ruby o tawny, refrescado, es tan corriente en Francia como los vinos blancos licorosos, los moscateles o los rieslings secos y aromáticos de Alsacia.

En Alemania se elaboran vinos cada vez más secos para poder beberlos durante las comidas, contrariamente a lo que indicaba la tradición: no beber vino (ligero, perfumado y azucarado) salvo como aperitivo o digestivo.

En cuanto a la controversia franco-británica sobre si los postres deben ir antes o después a los quesos, es una cuestión de gustos. Si el queso sigue al plato principal, el vino tinto servido con la carne, o uno superior, vale para acompañarlo, aunque sería preferible un vino blanco. El plato dulce que cierra la comida se acompaña con una flauta de vino espumoso. En las casas británicas se tenía tendencia a servir los platos dulces después de las carnes, con un vino también dulce de estilo sauternes, barsac o tokay. Con el plato final –queso y postre, acompañados de frutas frescas y secas–, se ofrecía oporto o jerez.

Cada país tiene sus propias costumbres y ha establecido unas normas que se consideran sacrosantas. Sin embargo, los usos evolucionan con el tiempo y lo que hoy parece natural puede dejar de serlo mañana.

De todas formas, el orden del servicio de los vinos no es fruto del azar o del capricho, sino que se atiene a una lógica que tiene en cuenta las reacciones fisiológicas de nuestro paladar y nuestro olfato ante los estímulos de los distintos vinos. □

UN MENÚ ESPAÑOL

En un país como España, con una variopinta oferta de buenos manjares y vinos, se hace difícil ejemplarizar un menú típicamente nacional. No obstante, pocas personas pensábamos hace algunos años que aquellos abanderados de la llamada «nueva cocina vasca» lograrían alzar la profesión hasta las cotas en las que hoy en día se encuentra. Juan Mari Arzak, con una creatividad bien pensada, nos permite armonizar un menú tan personal como atractivo.

Talos de txangurro
con salsa de vermut al azafrán
Vinos: *Chardonnay de Somontano de fermentación en barrica o un godello blanco de Valdeorras*

Lomo de corzo sangrante con aroma de salvia y guarnición de membrillo
Vinos: *Tinto reserva de la Ribera del Duero o un «clos» de Priorato (cabernet, merlot, garnacha, malbec)*

Tarta de queso con cerezas negras
Vinos: *Rancio seco suave del Priorato o un reserva fondillón de Alicante*

UN MENÚ ALEMÁN

Los vinos blancos dulces y semisecos de Alemania, servidos como aperitivo, siempre han dejado paso a la cerveza durante la comida, salvo que acompañen los platos potentes, o incluso pesados. En la actualidad, se elaboran muchos vino secos (*trocken* o *halbtrocken*) y la cocina tiende a aligerarse. Rico y variado, este elegante menú creado por Anton Edelmann, *chef* alemán del hotel Savoy de Londres, propone la elección de diversos vinos para cada plato.

Pequeños rollos de salmón ahumado rellenos de cangrejo, pepino, tomate y aguacate, con su corona de caviar
Vinos: *Riesling Kabinett Spätlese de Nahe o de Mosela-Sarre-Ruwer; o Spätburgunder Weissherbst QbA semiseco de Baden*

Barbo y patatas sobre un lecho de puerros con ostras
Vinos: *Riesling semiseco del Rheingau o de Mosela-Sarre-Ruwer; o Silvaner Kabinett seco de Franconia o de Baden*

Hojaldre de manzanas en su salsa a la mantequilla de calvados
Vinos: *Riesling Auslese de Nahe o de Mosela-Sarre-Ruwer; o Müller-Thurgau Kabinett del Palatinado*

El maridaje de los vinos y los platos

La alianza entre un vino y un determinado alimento es perfecta cuando ambos salen transfigurados de la unión. Pero como, por una parte, el gusto de un vino varía enormemente en función de su origen, de su añada y de su grado de madurez y, por otra parte, los platos clásicos ofrecen sutiles matices de sabor según el cocinero que los prepare, consumir reiteradas veces un determinado plato con un mismo vino puede producir una gama de sensaciones que van de las más simples a las verdaderamente inolvidables.

Un vino para cada ocasión

La estación del año y la ocasión son datos que hay que tener en cuenta para la elección de un vino. En verano, es fácil dejarse tentar por un vino blanco afrutado, mientras que en invierno se prefiere el calor de un tinto robusto o un blanco con carácter.

Cuando se toma vino a secas, lo mejor es uno no muy dulce y de carácter neutro; todo lo contrario de un aperitivo, que se bebe en pequeñas cantidades y debe tener un carácter pronunciado para que el paladar se concentre en los platos que llegarán a continuación. Un cava o un champagne (no milesimado) resultarán perfectos, del mismo modo que —más modestamente— numerosos vinos italianos o del sur de Francia. Un côtes-de-provence o un merlot italiano, tintos y afrutados, son tan apropiados como un blanco ligero (orvieto, soave o tokay del norte de Italia) o algunos vinos del país como un côtes-de-gascogne blanco seco o un gaillac semiseco o semidulce.

Una botella de rosado de Navarra o Cigales es ideal para las comidas al aire libre pero, con independencia de cuál sea su origen —salvo los excepcionales—, este tipo de vino no suele ser tomado muy en serio. Sin embargo, ¿qué mejor acompañante que un rosado bien fresco para las ensaladas o las quiches, difíciles de combinar con vinos más «serios»? Algunos son más bien dulces, como el rosado del Ampurdán y los zinfandel *blush* o blancos de California; otros son más secos, como el cabernet de Anjou, el tavel y otros côtes-du-rhône rosados de garnacha.

Vinos suntuosos del siglo XVII.

LOS PRINCIPIOS BÁSICOS

Los azares de la historia y las costumbres locales han producido matrimonios ideales entre ciertos alimentos y determinados vinos. Cuando no se puede encontrar alguno de estos vinos, hay que sustituirlo por otro siguiendo tres reglas fundamentales.

Color. La regla tradicional del vino blanco con los pescados y del vino tinto con las carnes obedece al más elemental sentido común. Un vino tinto tánico puede dar al pescado y al marisco un gusto metálico, del mismo modo que la caza o los platos de sabores fuertes aniquilan la mayoría de los vinos blancos. Pero, atención: quien dice queso, no dice necesariamente vino tinto.

Densidad. La graduación alcohólica y la concentración aromática de un vino deben acompañar el sabor de un plato: los manjares delicados merecen vinos sutiles, mientras que los alimentos fuertes requieren vinos más potentes.

Aromas. En ocasiones, un contraste de aromas entre el vino y la comida es agradable (un vino con matices de limón para acompañar un pescado frito), pero por lo general siempre es mejor la armonía.

Está claro que, para una comida simple, un buen vino del país suele ser suficiente, pero una comida elaborada permite el lucimiento de las buenas botellas. En este último caso, hay que cuidar el servicio: el sabor del último vino servido no debería jamás enterrar el gusto del anterior. Por este motivo, es preferible elegir una sucesión de vinos del mismo origen: los vinos de Burdeos, de Borgoña, de California o de Australia tienen estilos distintos y merecen ser degustados por separado.

Las armonías regionales

Muchos platos tradicionales europeos tienen una afinidad natural con los vinos elaborados en la región. El cahors y el madiran, por ejemplo, se llevan perfectamente con los densos *cassoulets* (especie de fabada) del suroeste de Francia. Los vinos blancos secos y fríos de Suiza acompañan a las mil maravillas la *fondue*. En España, los vinos blancos secos de las Rías Baixas, compuestos a partir de la variedad local albariño, se degustan con los célebres mariscos de Galicia, del mismo modo que, en otras regiones del norte de España, los clásicos riojas tintos, con aromas a roble, se sirven tradicionalmente con las carnes asadas o a la parrilla (cordero, cerdo o ternera). El sabor resinoso y un tanto exótico del retsina se ajusta perfectamente al ambiente de una taberna griega, en que la comida tiene poderosos aromas de hierbas, de limón, de aceite de oliva y de fuego de leña.

Por otra parte, existen innumerables ejemplos de platos en cuya preparación entra el vino. El tradicional *coq au vin* francés, a base de borgoña tinto, pasa a ser el *coq au vin jaune* en el Jura, o el *coq au riesling* en Alsacia. Cada región de Europa tiene su estofado típico, en cuya salsa suele estar presente el vino; así ocurre con el tradicional *daube* francés, con el *stifado* griego o con el *stufatino* italiano, por no hablar del muy específico *brasato al Barolo*. Todos estos platos deben ser acompañados por los vinos que entran en su composición.

¿Qué es más importante, el vino o los alimentos?

En la mayoría de los países occidentales, donde se dispone de una amplia gama de vinos, generalmente se eligen primero los platos del menú antes de seleccionar al menos dos vinos de acompañamiento. Cuando los platos exigen una gran atención –un menú de degustación, por ejemplo– conviene ser cauto en lo que se refiere a la bebida. Es preferible un vino tinto ligero, no muy tánico, como un penedès suave a base de merlot o tempranillo o un valdepeñas, un chinon o un bourgueil (de la variedad cabernet franc), un pinot noir de Alsacia, un sancerre tinto, un borgoña tinto ligero del tipo côte-de-beaune (todos a base de pinot noir) o los beaujolais ligeros, como un Fleurie o un Chiroubles (a base de gamay).

Si una botella de vino resulta suficiente para toda la comida (no hay más que uno o dos comensales, o apetece un vino blanco fresco, en verano, o un reconfortante vino tinto en invierno), habrá que privilegiar en cambio la elección del vino y componer en consecuencia el menú. Con un vino tinto, casi todo está permitido; con un vino rosado, hay que optar por un estilo de comida más bien mediterráneo y muy ligero; y, con un vino blanco, orientarse hacia el pescado, el marisco, las aves o las mollejas de ternera.

Un buen ribera del Duero o un concentrado cabernet sauvignon del Penedès alcanzan su apogeo en compañía de la carne tierna de un cordero asado, hecho con el mínimo de hierbas y ajo. La carne más correosa del buey realza los burdeos a base de merlot (saint-émilion y pomerol), ya de por sí suaves y afrutados.

Por lo general, se considera que los borgoñas son tintos particularmente adaptados a la caza, pero sólo los grandes vinos muy potentes –como La Tâche y La Romanée– pueden vérselas con un plato de caza mayor. Los vinos más delicados aprecian en cambio mucho la compañía de una pintada o de un pollo asados.

Los mejores chardonnay blancos pasados por barrica hacen una pareja perfecta con las salsas elaboradas de los pescados finos, por ejemplo el rodaballo, así como con el bogavante. Los otros grandes blancos resultan perfectos para el lenguado y el salmón, a la plancha o salteados con mantequilla.

Hay expertos que creen que el queso prostituye el oporto, aunque depende del queso (véase recuadro de la p. 96). Se puede decir lo mismo de un maury o un banyuls añejos, de un jerez oloroso o de un buen madeira. Un vino blanco dulce no necesita otro acompañamiento que unas pastas, aunque estos vinos son excelentes compañeros de ciertos postres de frutas y de determinados quesos. En cuanto a los postres muy dulces, como el chocolate, lo mejor es decantarse por algún estilo de vino todavía más dulce. De esta forma, el dulzor de la comida no mata el del propio vino.

LAS COPAS Y LOS PLATOS DE ALAIN SENDERENS

Cuando Alain Senderens, del restaurante Lucas Carton de París, decidió ofrecer un menú de degustación de platos «construidos» alrededor de una copa de vino, no imaginaba el gran éxito que tendría. Uno de los mejores cocineros de Francia, enamorado de los vinos hasta el punto de comprar un viñedo de 30 ha en Cahors, se ha convertido en pocos años en el maestro indiscutible del maridaje entre platos y vinos.

Como los vinos poseen una textura, una densidad y un volumen, Alain Senderens no se limita a buscar una armonía simplemente aromática. Primero elige la materia prima que responda a la «carne» del vino: pollo, buey, pescado, poco importa. Cuando la textura de una carne o de un pescado reclama cierto vino, Alain Senderens tiene que profundizar en su reflexión e imaginar una guarnición, operación de gran sutileza. En resumen: su misión, para cada botella, es improvisar una nueva receta que dé otra dimensión al vino.

Cuestionar la propia cocina

«El matrimonio más convencional, como el del foie gras y el sauternes, puede acabar en divorcio. Cuanto mejor es el sauternes, más azúcar tiene, más denso es y más apaga el foie gras. Es necesario, por tanto, diseñar una receta. La cocina debe estar a la altura de la botella.» El foie gras con col acompañado con un jurançon y el pato Apicius asado con miel y especias y servido con un banyuls son dos de los grandes clásicos de Lucas Carton, a los que convendría agregar el bogavante a la vainilla asociado con un meursault.
A través de estas soberbias sintonías, que producen intensos momentos gastronómicos, pueden apreciarse a la vez los grandes vinos y la gran cocina. Sin embargo, los contrastes tampoco están proscritos: el más famoso y simple sigue siendo una copa de muscadet con ostras bien yodadas; otro consiste en servir un cava de larga crianza o un champagne rosado con un bogavante con alcaparras y espárragos, seguido de un postre no muy dulce, ya que el azúcar casa mal con estos espumosos.

Una botella bien nacida posee un «pedigree» que nunca hay que olvidar y la imaginación debe trabajar para recrear a su alrededor los sabores del país de origen. Por ejemplo, a un hermitage, sobre todo si es joven, le van las verduras locales y las hierbas de Provenza.
El maridaje de los vinos añejos es un trabajo más delicado, ya que los aromas complejos son difíciles de conjuntar. «Sirviendo un gran tinto con una chuleta de buey no se corre ningún riesgo, pero falta algo: un vino añejo, con un buen esqueleto, reclama un poco más de elaboración culinaria».

La norma es que el plato debe ser inferior en sabor al vino para no dominarlo. Hay que crear platos que realcen el vino y éste adquiera así toda su grandeza. Si una botella procura una emoción, su matrimonio con un plato debe engrandecer el vino, sacarlo de sus límites geográficos.

Quesos y vinos: muchas sorpresas

Para los quesos puede decirse lo mismo. Alain Senderens sirve tres o cuatro quesos diferentes, cada uno acompañado por su pequeña copa de vino y su panecillo. Los vinos blancos son los que mejor van a los quesos: «no comprendo cómo se ha vivido tantos años con la convicción de que el queso es el mejor amigo del vino tinto.» Un queso es mejor cuanto más graso; si se sirve un vino tinto tánico con un buen queso, se mata el vino. Algunos quesos de pasta cocida sin mucho carácter pueden acompañarse con vinos tintos, pero son raros. Además, con esta unión, los vinos blancos se realzan. No hay que descuidar el pan, porque desempeña un importante papel de catalizador entre el vino y el queso: tostado, aportará cierto amargor que contrastará favorablemente con la untuosidad del queso. Otro buen maridaje: pan de comino con queso munster acompañados de gewürztraminer.

CÓMO ARMONIZAR PLATOS Y VINOS

Las sugerencias siguientes son asociaciones, tanto clásicas como regionales, así como maridajes vino/comida descubiertos en diferentes degustaciones durante las décadas de los 80 y 90. Las páginas precedentes nos han mostrado que el análisis de estas armonizaciones no tiene nada de científico y que ninguna recomendación en este sentido puede convertirse en una regla inmutable. Esta guía propone asociaciones entre estilos de vino y recetas clásicas con el fin de facilitar la elección de un vino; decisión que sin embargo debe tomarse siempre en función del gusto personal.

Aguacate: rosados garnacha de Navarra, sancerre.

Alcachofas: verdejo de Rueda, muscadet o sauvignon de Turena.

All i oli: rosados catalanes a base de garnacha o vinos del país de la variedad chardonnay.

Anchoas: jerez fino, vinos blancos, rosados o tintos del sur de España o de Francia.

Berenjenas: penedès clásico, burdeos tinto, corbières, vinos tintos griegos, como el xinomavro de Naoussa o el retsina.

Bistec

Bistec a la parrilla: chénas, moulin-à-vent o beaujolais-villages, margaux, chianti riserva, hermitage, cabernet sauvignon.

Bistec a la pimienta: côtes-du-rhône tinto, shiraz australiano.

Bistec tártaro: cahors, crozes-hermitage, shiraz australiano.

Buey

Buey asado: rioja reserva, ribera del Duero, saint-émilion, pomerol, *premiers crus* de Côtes-de-Beaune, châteauneuf-du-pape, mercurey tinto o côtes-du-rhône-villages.

Buey Stroganoff: penedès tinto, châteauneuf-du-pape, gigondas, vacqueyras, mavrud y melnik de Bulgaria.

Chateaubriand: fronsac, saint-émilion, graves, cornas, côte-chalonnaise.

Estofado de buey: cariñena tinto, côtes-de-bourg, fitou, corbières costières-de-nîmes.

Ragú: costers del Segre tinto, côtes-du-rhône-villages tinto, vinos tintos de Provenza, Corbières, Minervois, barolo, vinos tintos de Grecia.

Solomillo: tinto de Navarra, côtes-de-beaune-villages, côtes-de-bourg, saint-émilion.

Callos: penedès semiseco o chardonnay, corbières, mâcon. Véase también *hígado y riñones*.

Cangrejo de río: ribeiro, seyssel, riesling.

Capón asado: vinos blancos con cuerpo de chardonnay, del Penedès, de Somontano, tintos crianza de Rioja.

Caracoles: rueda, sancerre, borgoña aligoté.

Carlota: moscatel de Valencia, vinos dulces naturales de moscatel del Midi.

Carne a la parrilla (en barbacoa): rioja, penedès cabernet sauvignon, fitou, tavel, tintos de Provenza, cabernet sauvignon o zinfandel californiano.

Carpaccio: chianti classico o rufina, o un «super» *vino da tavola* de Toscana.

Cassoulet: tintos de Somontano, cahors, côtes-du-frontonnais, bergerac tinto, minervois, châteauneuf-du-pape, babaresco, zinfandel.

Caviar: cava, champagne, borgoña blanco muy fino (o vodka helado).

Caza: las mejores cosechas de tintos en su apogeo, prioratos y tintos de Toro, *grands crus* de Burdeos y de Borgoña (*crus classés, premiers crus, grands crus de la Côte d'Or, premiers crus de la Côte Chalonnaise*), o cabernet sauvignon. Véase también *caza mayor*.

Caza mayor: priorato «clos», rioja reserva, buenos riberas (Vega Sicilia); côte-rôtie, châteauneuf-du-pape, cornas, borgoñas como La Tâche, cahors, gigondas; barolo, shiraz australiano.

Cerdo asado: vinos tintos: côtes-du-rhône, mâcon, anjou, barbera, douro, mavrud búlgaro. Vinos blancos: riesling *grand cru* de Alsacia, gewürztraminer, auslese o spätlese alemán.

Champiñones: pomerol, así como la mayor parte de los vinos de la variedad pinot noir, borgoñas (côtes-de-nuits, côtes-de-beaune y vinos de la Côte chalonnaise), variedades merlot.

Charcutería: joven rioja alavesa, beaujolais tinto, coteaux-d'aix-en-provence tinto y rosado, tavel rosado, bardolino, lambrusco seco; cabernet sauvignon chileno.

Chicharrones: tinto seco de una añada no demasiado madura (ligeramente ácido).

Chipirones en su tinta o encebollados: blancos frescos y ácidos, como el taxcolí de Guetaria o de Vizcaya; cava brut nature.

Chocolate: málaga, banyuls, maury, moscatel, oporto, macvin del Jura, mavrodaphne de Grecia.

Chucrut: riesling de Alsacia, pinot gris, silvaner.

Cochinillo asado: tinto de tempranillo (Ribera del Duero, Rioja, Cataluña) o cabernet Sauvignon no demasiado intenso.

Cocido madrileño: tintos de crianza de Madrid, tintos suaves de La Mancha y Valdepeñas.

Cocina china: vinos rosados secos o semisecos, espumosos secos, moscatel seco, sauvignon de Rueda, riesling, gewürztraminer, grüner veltliner austríaco, tokay italiano.

Cocina griega: rioja tinto, retsina o tinto griego, shiraz/cabernet australiano, zinfandel californiano.

Cocina india: gewürztraminer de Alsacia, chardonnay, orvieto abboccato. Tandoori: vino a base de cabernet sauvignon, shiraz/cabernet australiano.

Codorniz: merlot Penedès, pinot noir de Alsacia, costières-de-nîmes, côtes-de-castillon, côtes-de-francs.

Col rellena: morgon, gamay de Turena, pinotage de Sudáfrica.

Coliflor: côtes-du-lubéron, dolcetto.

Conejo: clarete de Navarra o Rioja, corbières, côtes-du-rhône-villages, mercurey, borgoña o beaujolais-villages tintos, pinot noir de Alsacia o clarete de Burdeos, tavel.

Conejo a la cazadora: tintos jóvenes de La Rioja Alavesa, tintos mediterráneos clásicos (Penedès, Ampurdán).

Confit de pato o de oca: ribera del Duero, madiran, cahors, moulin à vent, morgon, châteauneuf-du-pape.

Cordero

Cordero al chilindrón: tintos de crianza, frescos y frutales, de Navarra, Somontano, Campo de Borja, Penedès y Valdepeñas.

Cordero asado: rioja reserva, ribera del Duero, cabernet sauvignon del Penedès, las mejores añadas de los mejores *crus* de Pauillac, Saint-Estèphe o Graves (tintos).

Pierna de cordero: costers del Segre, añadas menos maduras o correspondientes a *crus* de menor importancia, o puede escogerse un châteauneuf-du-pape o algún beaujolais.

Corzo a la montañesa: tintos robustos de Toro, tintos de Ribera del Duero y Priorato, reservas de cabernet sauvignon del Penedès y Somontano.

Ensalada: blanco o tinto ácidos como un godello gallego, un chenin blanc del Loira (vouvray) de una pequeña añada, un sauvignon de Turena o un menetou-salon, un entre-deux-mers.

Espárragos: vino blanco seco pero aromático, como puede ser un jerez o montilla seco, un gewürztraminer, un pinot blanc o un moscatel.

Fabada asturiana: tintos de tempranillo, garnacha y cariñena no demasiado añejos.

Foie gras: moscatel de Alicante, Navarra o Canarias, sauternes, monbazillac, gewürztraminer y riesling de Alsacia selección de granos nobles, auslese o beerenauslese alemán.

Fondue: sauvignon de Rueda o del norte de Italia, blanco seco de Saboya o de Suiza, grüner veltliner.

Gallina en pepitoria: tintos suaves de Calatayud y rosados con cuerpo del Campo de Borja.

LOS PLATOS DIFÍCILES

Ciertos platos son difíciles de combinar con el vino a causa de reacciones químicas entre uno o varios de sus componentes o, más sencillamente, porque los platos tienen un sabor muy fuerte que mata cualquier vino. En la práctica, son muy pocos los vinos que pueden consumirse con los siguientes platos.

Alcachofas
Contienen un componente químico (la cinarina) que afecta el paladar de diferentes formas según los individuos; suelen dar al vino un gusto dulce o metálico. Algunas personas no son sensibles a la cinarina pero, como las alcachofas suelen servirse con una vinagreta o con salsa holandesa, es preferible servir el vino antes de llevarlas a la mesa, o bien con el plato siguiente.

Chocolate
El cacao contiene taninos semejantes a los del vino, por lo que hace difícil apreciar las virtudes de éste. De todos modos, un vino especialmente potente y concentrado, sobre todo si es dulce, puede ofrecer una armonía satisfactoria.

Espárragos, espinacas y acedera
Estas verduras contienen un componente químico similar al de las alcachofas que, sin embargo, afecta a menos personas. Conviene utilizarlas con mucho cuidado si ha de servirse una buena botella de vino durante la comida.

Huevos
Como el chocolate, los huevos embotan la lengua y anestesian las papilas gustativas. El soufflé de queso, en el que las yemas se mezclan con las claras batidas a punto de nieve, es una excepción a la regla y se puede acompañar con los mejores vinos.

Cocinas india, tailandesa y mexicana
Son capaces de reducir a la nada una buena botella, porque los picantes anestesian el paladar. La bebida más agradable para extinguir el «fuego» de estas cocinas es el agua fría o la cerveza, también cuanto más fría mejor. Una bebida láctea india llamada *lassi* es igualmente uno de los mejores acompañantes pero, si se insiste en beber vino, es mejor elegirlo blanco, meloso y corpulento.

Alimentos ahumados
Son los alimentos más difíciles de combinar con un vino porque sus aromas a humo tienden a predominar, aunque se asocian bien con toda una gama de vinos producidos a partir de cepas muy aromáticas, como la gewürztraminer y la riesling.

Vinagretas
Su acidez suele perturbar el precario equilibrio entre los taninos, el dulzor y la propia acidez de los vinos, excepción hecha de los que tienen una buena astringencia, como los chenins blancs del Loira. Los demás vinos ácidos —como el sauvignon entre los blancos o el gamay entre los tintos— pueden resultar menos astringentes si se sirven acompañados de una vinagreta o de una salsa a base de zumo de limón (este último tiene los mismos efectos que el vinagre). La mejor solución consiste en hacer una vinagreta en la que el vinagre sea reemplazado por un vino blanco seco.

Guacamole: cabernet sauvignon mexicano o chardonnay californiano.

Gulash: vinos tintos húngaros, mavrud de Bulgaria, o cabernet sauvignon.

Hamburguesas: beaujolais-villages, chianti, tinto del sur de Portugal (Borba), merlot húngaro, gamay de Napa o zinfandel.

Hígado: chianti classico, cabernet sauvignon chileno o búlgaro.

Encebollado: cigales rosado, saint-chinian, tavel, teroldego rotaliano, pinot noir de California o de Oregón.

Huevos: brouilly, pinot noir joven, muscadet, sauvignon.

Jamón ahumado: riesling vendimia tardía, spätlese alemán.

Jamón cocido: tinto joven rioja alavesa, borgoña tinto, mâcon tinto o blanco, beaujolais y otros gamays, dolcetto, rhein spätlese, müller-thurgau.

Jamón de bellota: jerez fino o manzanilla, tintos jóvenes españoles o italianos, pinot grigio del Alto Adigio, soave classico, orvieto abboccato, riesling del Rheingau (*trocken* o *halbtrocken*), irouléguy.

Langosta o bogavante: cava, champagne, blanco rioja crianza, sancerre (vides viejas), pouilly fumé, *crus* de Graves blanco, borgoña blanco, hermitage blanco, riesling de Alsacia.

Langostinos o gambas: albariño, ribeiros, godellos, muscadet «*sur lies*», sauvignon joven de Turena.

Lengua: cahors, bergerac, vinos tintos del Suroeste. Entre los blancos, variedad chardonnay.

Lenguado a la meunière: gallegos fermentados en barrica, riesling, sancerre, condrieu.

Liebre: rioja reserva, borgoña tinto maduro u otro pinot noir, châteauneuf-du-pape, cornas, gigondas.

Macedonia de frutas: moscateles de Alicante, La Rioja, Navarra y el Penedès.

Manzanas: savennières, chardonnay e incluso sidra.

Tarta de manzana: moscatel de Alicante, cava semidulce.

Marisco: jerez seco, blancos gallegos, del Penedès, Rueda o Rioja, gros-plant del Pays de Nantes o muscadet. Elegir un vino joven. Véase también *langosta o bogavante, mejillones, ostras.*

Mazapanes: dulces cordobeses o jerezanos de pedro ximénez.

Mejillones: blancos gallegos, muscadet, gros-plant, petit chablis, vinho verde. Véase también *mariscos.*

Melón: vinos dulces naturales, moscatel navarro, oporto ruby, madeira sercial, orvieto abboccato.

Menestra de verduras: tintos navarros, beaujolais-villages, vinos tintos del Ródano y del Midi, chianti, zinfandel, cassis blanco, palette.

Menudillos, sesos, mollejas: chablis *gran cru*, hermitage blanc, riesling spätlese alemán, pinot noir de Alsacia. Con una salsa de nata: chardonnay.

Mousse de chocolate: vinos rancios del Ampurdán, Tarragona y Priorato.

Natillas, crema catalana: jerez oloroso dulce, madeira, marsala, sauternes, monbazillac, loupiac, sante-croix-du-mont, beerenauslese, tokay.

Nécoras: véase *Langosta o bogavante y marisco.*

Oca: prioratos, vinos tintos maduros de Saint-Émilion, Margaux o Côte-de-Beaune, madiran, bandol, châteauneuf-du-pape, côte-rôtie, hermitage, zinfandel o merlot californiano, shiraz australiano, blancos dulces con una buena acidez, *grands crus* de Alsacia.

Ossobuco: barbera, barbaresco, valpolicella, chianti classico.

Ostras: jerez seco o manzanilla, cava, blancos gallegos, muscadet. Véase también *mariscos.*

Paella: blancos del Penedès a base de chardonnay o viuras riojanos, rosados frescos del Ampurdán, del Penedès o de Navarra.

Palomo: merlot penedès o del noreste de Italia, buenas añadas de burdeos tinto o borgoña afrutado, bandol, corbières, vino de Córcega, chianti classico, cabernet sauvignon.

Pastas: prácticamente todos los vinos tintos italianos con una salsa a base de carne; vinos blancos para las pastas con pescado, marisco o salsas a base de nata.

Pastel de nueces: amontillados y olorosos secos o ligeramente dulces.

Pastel de pescado: (con salsa a base de nata) mâcon blanco, pouilly-fuissé, pinot gris de Alsacia, bianco di Custozza, pfalz silvaner, nahe müller-thurgau, napa chardonnay.

Pastelitos de Moguer: generosos dulces del Condado de Huelva.

Paté

A la pimienta: riojas crianza, sauvignon, burdeos, côtes-du-rhône.

De caza: bergerac, cahors, garrafeira del centro de Portugal.

De hígado de aves: jerez amontillado seco.

De pato: sauternes, coteaux-du-layon, riesling.

Pato

A la pimienta: borgoñas tintos, como el Pernand-Vergelesses.

A la naranja o con cerezas: loira tinto, rosso cònero, zinfandel californiano, shiraz australiano.

Con orejones: blanco clásico de Alella, moscatel fresco y suave de Alicante.

Pato asado: priorato, saint-émilion, borgoña tinto, côtes-rôtie, châteauneuf-du-pape, cahors, madiran, côtes-de-saint-montrouge, zinfandel californiano, riesling spätlese, gewürztraminer de Alsacia.

Pavo: borgoña tinto, mâcon, médoc (Margaux, Haut-Médoc), cabernet sauvignon.

Pavo relleno (con ciruelas y cerdo): vinos rancios del Priorato o del Penedès, cava brut reserva, tintos de Rioja.

Perdiz: Véase *caza.*

Pescados

A la provenzal: cariñena rosado, côtes-de-provence rosado, tavel, syrah rosado, coteaux-du-languedoc blanco, bellet blanco o côtes-de-provence blanco, pinot grigio italiano, retsina, beaujolais ligero u otro vino de la variedad gamay.

Ahumado: gewürztraminer, riesling de Alsacia, spätlese alemán, chardonnay crianza. Véase *salmón ahumado.*

Pescado blanco al vapor o a la plancha: blancos gallegos, penedès, navarra y rioja, riesling de Alsacia *grand cru,* chenin blanc seco.

Pescado blanco frito con mantequilla: chardonnay pasado por madera.

Frito: jerez seco, bergerac seco, sauvignon de Turena, riesling de Alsacia, roussette de Saboya, pinot grigio de Friul, verdicchio dei Castelli di Jesi classico, frascati superiore.

Pescados al natural: vinos blancos más o menos ligeros dependiendo de si el pescado y su guarnición son grasos o no, desde vinos del país hasta *grands crus* de Borgoña, pasando por los blancos gallegos, los sancerres y los muscadets. Los vinos tintos pueden casar perfectamente con los pescados, especialmente si no son muy tánicos, como los de cabernet franc, gamay y pinot noir, y el pescado es graso. Si el pescado no tiene un sabor muy definido, se puede preparar la guarnición en función del vino.

Pescados de río: chardonnay navarro o catalán, rioja blanco con crianza, graves, meursault u otro buen borgoña.

Pescados en aceite (arenque, caballa, sardinas, pez espada, atún): vinos blancos de chardonnay, dão blanco, vinho verde, muscadet, gros-plant, borgoña aligoté

sancerre, sauvignon de Turena, côtes-du-rhône jóvenes.

Pisto riojano: rosados frescos de Navarra, La Rioja y el Penedès.

Pizza: tintos o rosados de Rioja, Navarra, Cataluña, Aragón y Cigales, de Coteaux d'Aix-en-Provence, coteaux-du-lubéron.

Pollo: vinos de todos los colores y de todos los estilos.

Al ajillo: tintos de crianza de Valdepeñas, tintos de Jumilla a temperatura fresca.

Al estragón: chardonnay.

Con crema de champiñones: pouilly fumé, vouvray seco, gaillac semiseco, riesling de Alsacia, graves blanco o borgoña, pinot noir de Oregón.

Con salsas a base de nata: es preferible elegir un vino blanco.

Postres de frutas: jerez dulce sauternes, barsac, monbazillac, vouvray meloso, coteaux-du-layon, moscatel de Beaumes-de-Venise y otros vinos dulces naturales a base de moscatel, auslese alemán o riesling beerenauslese, ausbruch, tokay, asti spumante y otros espumosos semisecos. Véase también *manzanas.*

Pulpo a la gallega: blancos frescos y ácidos, ribeiro; tintos jóvenes y frescos de Valdeorras.

Quesos: véase recuadro de p. 96.

Quiche: vino blanco seco de Graves o de Alsacia, o un vino tinto joven y ligero o bien un rosado fresco.

Ragú: si se ha hecho con vino, servirlo con el mismo vino o con otro de la misma región. Cabernet sauvignon navarro, beaujolais, mâcon, côtes-du-rhône, saint-émilion, pomerol, barolo, barbaresco, chianti, vino nobile di Montepulciano, brunello di Montalcino, cabernet suavignon o zinfandel californiano, shiraz australiano, dão.

Rape a la americana: hermitage blanco, côtes-du-rhône blanco.

Repostería: dulces jerezanos o cordobeses, moscatel de Valencia o Navarra, sauternes, savennières, alsacia vendimia tardía, vinos dulces naturales, champagne y cava semisecos.

Riñones: tintos estructurados y con cuerpo.

Risotto: rioja, blanco seco, bianco di Custozza, trebbiano d'Abruzzo, pinot grigio, grüner veltliner, dolcetto, bardolino, chianti.

Róbalo o lubina al hinojo: cassis blanco, condrieu, chardonnay.

Salami: vino tinto o rosado de Navarra, jerez fino o manzanilla, tavel o rosado de Córcega, irouléguy, barbera, chianti, montepulciano d'Abruzzo, rosso cònero.

Salchichas rioja, côtes-du-rhône, châteauneuf-du-pape, dolcetto d'Alba, merlot, vinho verde.

Salmón: cava, champagne, meursault o chardonnay de una añada madura.

Salmón ahumado: cava, champagne, blancos con madera. Véase *pescado ahumado*.

Soufflés

Soufflé de espinacas: mâcon-villages, saint-véran, vino del Jura.

Soufflé de pescado: chardonnay españoles y del sur de Australia, borgoña o burdeos blanco seco, fumé blanc de Napa.

Soufflé de queso: borgoña o burdeos tinto, pinot gris de Alsacia, champagne, rheinhessen dornfelder *trocken*.

Tarta de cebolla: saumur-champigny u otro vino tinto de la variedad cabernet franc, gewürztraminer, riesling seco de Alsacia.

Tarta de queso: vouvray dulce, coteaux-du-layon.

Tarta Tatin: dulces del Ampurdán, bonnezeaux, quarts-de-chaume.

Tartas heladas: moscateles, pedro ximénez.

La asociación del queso con el vino puede ser difícil. Algunos quesos son tan fuertes que ni los más potentes vinos tintos llegan a su altura y, a la inversa, otros son tan neutros que hacen resaltar la acidez de los vinos. El estado del queso en el momento de ser consumido cuenta tanto como su variedad. Para un queso maduro, sólo vale un vino en su apogeo. Unir los quesos y los vinos de una misma región sigue siendo una apuesta segura, aunque hay quienes eligen en función de la materia grasa del queso, así como de la acidez, los taninos o los azúcares del vino que lo acompañará.

Brie: tintos afrutados como los jóvenes alaveses y penedès, beaujolais-villages, un côtes-de-beaune, un pomerol o un saint-émilion.
Cabrales, roquefort y otros quesos azules fuertes: rancios del Penedès, malvasía de Canarias, Navarra o Alicante, châteauneuf-du-pape, sauternes, madiran, oporto, málagas y olorosos de Jerez semidulces o dulces.

Ternera

A la parrilla: penedès, côtes-de-beaune, graves, pinot gris de Alsacia, cabernet sauvignon del norte de Italia.

Con salsas a base de crema: tipo borgoña blanco y otros chardonnay.

Escalopes: côtes-du-rhône, mâcon tinto, bergerac, buzet.

Tortillas

Con tomate: beaujolais o chianti.

De bacon: edelzwicker de Alsacia.

EL MARIDAJE DE QUESO Y VINO

Camembert: côtes-du-rhône tintos jóvenes, corbières.
De tetilla: blancos jóvenes ácidos y frescos, ribeiros, tintos gallegos jóvenes de mencía.
Gorgonzola y otros quesos azules suaves: gigondas, châteauneuf-du-pape, barbera, valtellina, dolcetto o nebbiolo d'Alba, zinfandel, sauternes, monbazillac, olorosos semidulces, málaga seco, madeira sercial, marsala vertine.
Gruyère joven: vinos blancos afrutados suizos o tintos ligeros como el beaujolais.
Gruyère hecho: pinot gris de Alsacia, un tinto ligero o un jerez fino.

De champiñones: côtes-du-rhône-villages.

De queso: chardonnay.

Tortilla española: jerez.

Turrón: olorosos de Jerez o Montilla, dulces o semidulces.

Verduras crudas: sauvignon de Rueda, rosados navarros y riojanos, vinos del país de las Côtes de Gascogne blancos, tintos ligeros como un beaujolais o un bardolino.

Holanda, cheddar, cheshire: tintos afrutados del Médoc, de la Côte de Beaune, cabernet sauvignon, oporto tawny o vintage, jerez.
Ibores (pimentonado): rosados con cuerpo de cabernet sauvignon del Penedès y Navarra, buenos rosados frutales de Cigales y Toro.
Idiazábal (sin ahumar o con ligero ahumado): vinos blancos ácidos, con cuerpo, de fermentación en barrica, como riojas, penedès, somontanos, ruedas de verdejo y sauvignon blanc.
Munster: gewürztraminer.
Parmesano: barolo, barbaresco, lambrusco tinto seco, oporto tawny, zinfandel.
Manchego curado: tintos de crianza, como los nuevos crianzas de Rioja, o los cabernet del Penedès y Somontano; tintos de Madrid.
Manchego tierno: tintos de crianza clásicos de Rioja y del Penedès; tintos ligeros de Valdepeñas y La Mancha.
Roncal (de media curación): rosados ligeramente tánicos y con cuerpo, de Cigales, el Bierzo, Toro y Ribera del Duero; tintos jóvenes y con ligera crianza de Rioja y el Penedès.
Rondeño: blanco con cuerpo, sobre todo de chardonnay fermentado en barrica (Penedès, Somontano o Navarra).

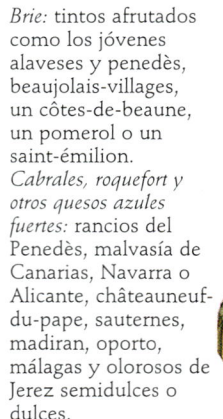

La vinificación

HACER VINO NO ES DIFÍCIL, PERO HACER BUEN VINO DE CADA COSECHA ES UNA PROEZA. A CONTINUACIÓN SE PRESENTAN LOS MÉTODOS TRADICIONALES Y LAS NUEVAS TECNOLOGÍAS.

Hacer vino es una de las técnicas que el hombre domina desde hace siglos. A lo largo de milenios, vinificar se ha convertido en un arte cuyos secretos y sutilezas se han transmitido de generación en generación. Sin embargo, este arte no ha llegado a transformarse en una ciencia hasta la segunda mitad del siglo XX. Hoy, la vinificación es una mezcla sumamente delicada de tres elementos: técnicas artesanales, decisiones creativas y conocimientos científicos. Las generaciones precedentes no tenían mucha elección: las condiciones locales –clima, suelo y proximidad del mercado– determinaban el tipo de vino que podían producir; además, los hábitos y las tradiciones apuntalaban esas reglas básicas hasta el punto de hacerlas sacrosantas. No obstante, en la actualidad, el misterioso proceso de la fermentación, tan extraño que nuestros antepasados invocaban a los dioses para explicarlo, se puede controlar desde una consola de ordenador. El productor elige nuevas variedades de cepa mejor adaptadas y más resistentes a las plagas, o sustituye las variedades autóctonas por cepas más afamadas. A pesar de todas estas nuevas posibilidades, el viticultor sabe que las técnicas tradicionales son el reflejo de conocimientos muy valiosos. Dentro del mundo del vino, en los viñedos y en las bodegas, se repite el guión en todas partes: el vinificador científico, recién salido de una escuela de enología, y el vinificador tradicional trabajan juntos. El buen vinificador sabe que cada uno de los tres enfoques –técnicas regionales tradicionales, decisiones innovadoras y análisis científico– desempeñan un papel fundamental si no se quiere producir vinos técnicamente perfectos pero sin originalidad ni carácter. De la cepa a la copa, el camino es muy largo, y cada etapa contribuye a «construir» un vino o a estropearlo. En ocasiones, los intereses de los diversos integrantes de la cadena de producción entran en conflicto. El viticultor quiere obtener el precio máximo por sus uvas y busca cosechas abundantes. El vinificador, que recibe las uvas, puede querer en cambio rendimientos menos elevados para que las uvas tengan una mayor concentración de aromas y de sabores. Finalmente, el contable de la propiedad, que prefiere las ventas rápidas al almacenamiento de hectolitros de vino en costosas barricas, no comparte el deseo del vinificador de hacer vinos que necesitan mucho tiempo para envejecer.

Las vendimias en Sauternes son únicas: se realizan mediante selecciones sucesivas que duran entre uno y dos meses. Los mejores sauternes se elaboran exclusivamente con los racimos que ya han sido atacados por la podredumbre noble (Botrytis cinerea).

Las técnicas tradicionales

El único ingrediente indispensable para hacer buen vino es una uva madura. Llevar a la maduración las uvas sanas y cosecharlas en el momento oportuno es la misión del viticultor. El vinificador (que puede ser la misma persona) recibe estas uvas y establece las condiciones necesarias para el buen desarrollo de las fermentaciones. Diversos procesos bioquímicos transforman en alcohol los azúcares contenidos en las uvas y extraen sus aromas.

Los vinificadores modernos intentan dirigir y controlar las diferentes etapas que permiten la obtención de un estilo de vino preciso, y generalmente lo consiguen; según los vinificadores tradicionales, hay que dejar hacer a la naturaleza e intervenir lo menos posible. Las bodegas pueden estar demasiado frías en otoño, lo que ralentiza la fermentación; o un otoño muy cálido puede acelerar la fermentación, que se hará a temperaturas altas. Los vinificadores de antaño no disponían de técnicas para evitar estos inconvenientes.

Los grandes cambios acontecidos durante los años 80 están relacionados con el control de la fermentación. El resultado es que hoy se puede producir más uva y obtener, al mismo tiempo, una calidad superior.

El entorno

Los estilos de vino elaborados en cada país, en cada región, o incluso en cada parcela se han modelado a lo largo de la historia en función del entorno ambiental. La composición de los suelos y de los subsuelos, y el clima o el microclima, sobre todo en agosto y en septiembre, son factores que determinan la elección de las cepas. La legislación sobre las denominaciones de origen, que data en Francia de comienzos de siglo, se ha limitado generalmente a ratificar la tradición de cientos de generaciones de viticultores. Así, puede decirse que las características de los burdeos tintos, por ejemplo, son producto del clima frío y variable de la costa oeste de Francia, y responden a la demanda de los comerciantes

Pisa con los pies al modo tradicional.

del puerto de Burdeos. La calidad y el estilo de los champagnes se deben en buena parte a los otoños frescos y precoces, y a los inviernos rigurosos de esa región del norte de Francia: cuando aún quedan restos de azúcares naturales y de levaduras, el frío puede detener la fermentación, que se reactivará al principio de la primavera siguiente. El control de este fenómeno natural ligado al clima ha dado los vinos espumosos.

El nacimiento de la vid

El cultivo de la vid, de la que nace el vino, es una invención del hombre. El ser humano se dio cuenta de que cuando se podaba la vid, cuando se le impedía brotar naturalmente y se reducía su crecimiento, desarrollaba más sus frutos. Así fue como los jardines se convirtieron en viñedos y se empezó a cosechar la uva para producir vino: el viñador poda su viña en invierno; aclara o desmocha (poda en verde) en primavera y en verano, se deshace de los racimos sobrantes en julio y deshoja las plantas antes de la vendimia para obtener racimos ricos y jugosos, aptos para producir el mejor vino posible. Los viñedos son muy antiguos y muchos de ellos tienen siglos de existencia: los monjes de la Edad Media plantaron muchos. Sin embargo, hasta el siglo XX se plantaban hileras de vides en medio de otros cultivos. Los agricultores italianos, por ejemplo, han practicado este tipo de cultivos mixtos hasta 1950.

Los rendimientos

Los antiguos métodos de viticultura eran laboriosos y frecuentemente estaban destinados al fracaso: plagas, miuldiu, insectos, lluvia, viento, granizo y heladas podían perjudicar las uvas, y el hombre no sabía cómo intervenir eficazmente. Los que podían permitírselo contrataban peones para eliminar a mano los insectos; los demás perdían sus cosechas. Un verano lluvioso significaba uvas podridas, ya que no había ningún tratamiento contra la podredumbre. No obstante, los métodos tradicionales de viticultura tenían la ventaja de producir rendimientos poco elevados por hectárea de viña, por lo que el mosto de las uvas era muy concentrado y de un buen potencial aromático. Las técnicas modernas (véase pp. 102-103) ofrecen la posibilidad de doblar o de triplicar el número de racimos por planta, pero cabe preguntarse si las uvas así obtenidas serán capaces de dar grandes vinos, dotados de lo necesario para el envejecimiento.

De la uva al vino
Las uvas contienen azúcares naturales en cantidades importantes y los hollejos de los granos maduros fijan las levaduras naturales. Cuando las levaduras entran en contacto con el mosto de la uva comienza la fermentación. Antiguamente, para obtener una buena extracción de los elementos aromáticos (los hollejos para los vinos tintos), los vinificadores pisaban o prensaban las uvas para extraerles el jugo, proceso que originariamente se efectuaba con los pies. En la región de Oporto, al norte de Portugal, en las islas griegas y en muchos otros lugares, todavía se pisa la uva de este modo. Según los productores de Oporto, sigue siendo el método más natural para obtener una buena extracción aromática.

Luego, para los vinos tintos, las uvas estrujadas y su mosto se vierten en cubas, y se espera el comienzo de la fermentación, cuya duración es variable. Finalizada la fermentación, se descuba suavemente el vino de lágrima en otra cuba y se prensan los orujos y las lías, elementos sólidos contenidos todavía en el líquido, para extraer el mosto restante y obtener los vinos de prensa.

En el caso de los vinos blancos, el prensado se hace antes de la fermentación: se prensan las uvas para extraer el zumo que se hará fermentar solo, en cubas o en barricas.

La diferencia de sabor y de estructura entre los vinos tintos y los blancos reside en esta etapa. Sólo los vinos tintos fermentan con los hollejos, que les transmiten no solamente su color (también se pueden elaborar vinos blancos a partir de uvas tintas, siempre que se prensen antes de la fermentación), sino también los taninos y los componentes aromáticos de los hollejos y las pepitas.

El problema de la fermentación
La fermentación necesita una temperatura adecuada. En las bodegas antiguas se dejan las puertas y las ventanas abiertas para refrescar el ambiente, o se encienden hogueras para caldearlo.

LOS ESTILOS CLÁSICOS

Los estilos de vinos de ciertas regiones europeas se han convertido en clásicos, hasta el punto de que se busca imitarlos en otros continentes. Las técnicas básicas de algunos se explican a continuación.

Burdeos tinto. A un clima templado, pero suficientemente cálido para hacer madurar las uvas tintas (cabernet sauvignon, cabernet franc y merlot), se añaden técnicas de vinificación que favorecen la extracción de los aromas, los ensamblajes y la crianza en barrica para producir vinos de raza, complejos y de gran longevidad.

Burdeos blancos licorosos. El microclima de la región de Sauternes permite el desarrollo de la podredumbre noble; a lo cual se agregan las *tries* (vendimias selectivas y sucesivas) y la crianza del vino en barricas.

Borgoña tinto. Unos terrenos extraordinarios, de bajo rendimiento, los mejores clones de pinot noir, una maceración prefermentaria, una fermentación rápida a temperaturas relativamente altas y la crianza en barrica constituyen la receta de estos vinos.

Borgoña blanco. La naturaleza de los suelos, el clima, la cepa chardonnay de aromas intensos y la fermentación en barrica son otros tantos factores que intervienen en el estilo de este vino blanco clásico, que se vuelve aún más complejo tras una crianza en barrica y algunos años en botella.

Riesling alemán. Una larga maduración de las uvas durante los cálidos otoños, selecciones en el momento de la vendimia, fermentaciones lentas en cubas de gran volumen y en bodegas frescas, y una clarificación natural en cuba son los elementos básicos de estos vinos intensos, pero que necesitan rendimientos bajos y viñedos bien situados.

Una vez comenzada la fermentación, la naturaleza toma el relevo. Un calor excesivo puede llevar el vino a una temperatura que inhibe la acción de las levaduras y bloquea la fermentación. La fermentación puede reiniciarse o no cuando la temperatura baja. El vino puede recuperarse o darse definitivamente por perdido.

Blancos o tintos, los vinos jóvenes nunca son límpidos; se dejan reposar antes de trasegarlos; se separan con suavidad de las lías, compuestas principalmente de partículas sólidas y de levaduras muertas. Sigue un período más o menos largo en cuba, o en barrica, que sirve para «redondear» y clarificar el vino.

A excepción de la etapa final, el embotellado, las regiones del mundo fieles a la tradición siguen siempre el proceso explicado hasta aquí. Al margen del estrujado con los pies, reemplazado en la actualidad por máquinas estrujadoras-despalilladoras, nada ha cambiado. Algunos de los mejores vinos de Francia y de Alemania todavía se elaboran según estas prácticas.

El comienzo de la fermentación ha constituido siempre un problema. A falta de levaduras secas (actualmente se comercializan algunas variedades), había que contentarse con las levaduras presentes en estado natural en los hollejos de las uvas. Hasta comienzos del siglo XX, nadie entendía la fermentación maloláctica, o segunda fermentación, que «despierta» al vino durante su primera primavera, en el mismo momento en que las vides comienzan a brotar (véase p. 105). Una permanencia demasiado prolongada en barrica entrañaba la evaporación del vino, por lo que era necesario rellenarlas sin cesar. Las barricas sucias, por su parte, podían oxidar el vino. Más tarde o más temprano, el vino se vendía a un mayorista. El embotellado en la propiedad, con todas las garantías que ofrece, no se ha convertido en una práctica corriente hasta este siglo.

En resumen, las técnicas tradicionales consisten en reducir al mínimo la intervención humana a lo largo de todo el proceso de elaboración del vino. Sin embargo, dejar que la naturaleza actúe por su cuenta es un riesgo que puede generar problemas muy graves al vinificador.

El calendario de los trabajos

Cada año, el ciclo biológico de la vid se repite del mismo modo en todos los viñedos del mundo. El trabajo del viticultor no ha cambiado: vigilar el crecimiento, combatir las malas hierbas, los insectos y las plagas de la vid, y vendimiar en el momento oportuno.

La vida de una vid

La vid es al mismo tiempo una planta vivaz y un árbol frutal. Cumple un ciclo anual de producción de frutos y su propio ciclo de vida. Al principio mero esqueje, se convierte en una vid joven antes de alcanzar la madurez y la plena producción, que va disminuyendo con el paso del tiempo. Una cepa puede llegar a vivir un siglo o más, pero la mayor parte de los productores arrancan las vides que pasan de los cuarenta años porque producen cada vez menos racimos. Por norma general, cuanto más edad tiene la vid

Vendimia de racimos maduros.

mejor es el vino que se obtiene de ella, porque las raíces de las vides viejas penetran más profundamente en el subsuelo y se aprovechan mejor de los recursos del terreno. Las vides viejas producen menos uvas, pero su mosto es por lo general más concentrado y de un gran potencial aromático. Las vides jóvenes, de menos de cuatro años, quedan excluidas de la elaboración de vinos de calidad.

El ciclo anual de la vid

La vid no puede prosperar si no tiene un período de reposo durante el invierno. Las etapas descritas en el recuadro de esta página corresponden a una viña de clima templado. En los climas más fríos o más calurosos, estas etapas se franquean antes o después; hay que recordar, por otra parte, que en el hemisferio sur las estaciones están invertidas.

Al comienzo de la primavera, la savia asciende por la planta y, en marzo o en abril, brotan los pámpanos sobre los sarmientos desnudos. Los pámpanos siguen creciendo y salen las hojas. A finales de mayo o a comienzos de junio aparecen los embriones de las flores. La floración propiamente dicha se produce en junio: el tiempo desempeña en este momento un papel importante; los viticultores temen mucho la lluvia y prefieren un cálido sol. Las flores son blancas y minúsculas, y dan pequeños frutos a fines de junio o en julio. Las uvas se desarrollan durante el verano, volviéndose negras o de un verde dorado según los casos.

La uva tiene que estar bien madura para ser recolectada, pero su contenido en azúcares no es el único criterio que se sigue: a medida que aumenta, disminuye la acidez. El momento de la vendimia dependerá por tanto del tipo de vino que quiera el viticultor: un elaborador de espumosos deseará un mayor grado de acidez que un productor de vino tinto.

Plantar un nuevo viñedo

Organizar un nuevo viñedo exige nivelar completamente –e incluso desmontar– el terreno elegido. Es prioritario proporcionar un acceso fácil a las máquinas, ya que la mecanización dis-

---

EL TRABAJO DE LA VIÑA MES A MES

El calendario de trabajo de la viña ha permanecido inmutable. A continuación se describen las tareas tradicionales en los viñedos europeos. Los métodos practicados en el Nuevo Mundo se indican específicamente cuando son diferentes.

Enero. Poda a mano de la vid. Esta delicada operación está poco mecanizada. En algunos viñedos del Nuevo Mundo se realiza una poda mínima.

Febrero. Poda de la vid.

Marzo. La vid despierta de su letargo invernal y se efectúa una primera cava, aunque en Champagne, así como en numerosos viñedos del Nuevo Mundo, no se cava la tierra: en lugar de enterrar las malas hierbas se destruyen por medio de herbicidas.

Abril. Salida de los primeros pámpanos. Plantación de las vides nuevas y reparación de las espalderas.

Mayo. Las heladas primaverales están al acecho. Se realiza una segunda cava (binadura). Los viticultores «biológicos» no deshierban nunca.

Junio. Floración. Se emparran los sarmientos nuevos. Continúan los tratamientos preventivos.

Julio. Nueva cava. Más tratamientos, si son necesarios. Se «limpia» la vid desmochando los vástagos más largos. Si la vid es demasiado generosa, se efectúan las llamadas «vendimias en verde», o aclareo, eliminando una parte de los jóvenes racimos para limitar los rendimientos.

Agosto. Se efectúa un segundo aclareo y se continúa con los tratamientos.

Septiembre. Comienzo de la vendimia. Las máquinas de vendimiar reemplazan cada vez más a los vendimiadores, salvo para obtener vinos selectos. En los viñedos donde hace mucho calor se trabaja por la noche para aprovechar el fresco.

Octubre. Fin de la vendimia. Se abona la tierra con estiércol, fertilizantes o compost.

Noviembre. Se podan los sarmientos grandes y se hace el tratamiento contra el mildiu. Nueva cava.

Diciembre. Se reparan los canales de drenaje y se arreglan los caminos, las terrazas y los muros. Comienza la poda de la vid.

minuye los costes de mantenimiento de forma espectacular. A veces también es necesario mejorar el drenaje. A continuación, la tierra se labra, se abona y se trata para eliminar los insectos nocivos. Hay que instalar las espalderas y las estacas antes de plantar las vides, según la conducción y el estilo de poda elegidos por el viticultor. Las vides altas exigen equipamientos sofisticados de coste elevado. Para las vides bajas, en cambio, basta con estacas y alambre. Si las vendimias van a ser mecanizadas, hay que dejar espacio entre las hileras.

Las vides nuevas se plantan en primavera, ya sea mediante patrones (pies) ya injertados, o plantando los patrones y esquejándolos al año siguiente (véase p. 103).

El momento de la vendimia

El potencial de una cosecha, en volumen y en calidad, se establece incluso antes de que comience el año. En efecto, el complejo ciclo de la vid hace que el vino de un año proceda de sarmientos cuya formación había comenzado el año anterior.

Varios períodos del ciclo biológico son críticos. El primero es la primavera, cuando las heladas inoportunas pueden estropear los pámpanos tiernos incluso hasta finales de mayo. En el mes de junio, la floración determina ya el volumen de la cosecha y la fecha de comienzo de la vendimia: una floración tardía supone, en general, una vendimia igualmente tardía. Los meses de julio y agosto pueden ser peligrosos si el tiempo es húmedo y lluvioso: el mildiu y la podredumbre pueden invadir el viñedo si no se protege la uva mediante un tratamiento específico. En septiembre, el sol es vital para que las uvas lleguen a su plena madurez, y la ausencia de lluvia permitirá recoger un fruto que no esté hinchado de agua.

El objetivo es llegar a una uva madura, aunque el contenido en azúcares no es el único criterio de madurez: a medida que aumenta, disminuye la acidez. El momento ideal para vendimiar dependerá, por tanto, del equilibrio entre azúcares y acidez, que el viticultor determina mediante análisis. La decisión de iniciar la vendimia, evaluando el momento exacto en que la uva está en su mejor nivel de madurez, es siempre difícil, porque todavía es complicado prever el tiempo con más de dos días de antelación.

La madurez de las uvas es variable, ya que las diversas variedades alcanzan su respectiva madurez en momentos diferentes. Además, la uva procedente de vides de una misma variedad pero plantadas en distintos lugares de un viñedo no madurarán forzosamente al mismo tiempo. En consecuencia, los términos medios son inevitables a la hora de decidir el momento ideal de la recolección. Una de las ventajas de la máquina de vendimiar es la velocidad a la que trabaja: se puede realizar la vendimia en su madurez óptima y en un tiempo muy corto. □

Vendimia en el Médoc: las cestas de pequeño tamaño evitan que las uvas se chafen.

Las técnicas modernas

Todos los viticultores son grandes entusiastas de la revolución tecnológica; es decir, de los métodos más avanzados de productividad que en otros sectores, como el cultivo del trigo, el arroz, el café o el algodón, han permitido un aumento extraordinario de los rendimientos. Ingenieros agrónomos, genetistas, meteorólogos y enólogos asocian sus esfuerzos para perfeccionar estas técnicas. Pero mientras los resultados de los experimentos con el trigo, el arroz o el algodón se conocen cada año, hace falta una generación para extraer conclusiones sobre la vid, que tarda cuatro años en producir un vino bebible y diez más antes de llegar a su madurez. Es indudable que la revolución tecnológica ha modificado los viñedos, pero también es verdad que avanza muy lentamente. Sus primeros efectos –un éxito discutible– plantearon el problema de la sobreproducción de vino en Europa justo en el momento en que el consumo bajaba y, como sucede en otros cultivos, la calidad se sacrifica con frecuencia en beneficio de la cantidad y de la rentabilidad.

Los síntomas del cambio ya eran previsibles a finales del siglo pasado, cuando los viticultores empezaron a recurrir a los científicos para poder combatir una serie de enfermedades de la vid.

Los años catastróficos

A fines del siglo XIX, unas plagas terribles se abatieron sobre los viñedos europeos. Aunque la lucha contra los diversos insectos, los caracoles o la podredumbre había existido siempre, los estragos de las décadas de 1860 y 1870, provocados por un hongo, el oídio, y un insecto, la filoxera –ambos llegados de América– fueron devastadores. La filoxera es la plaga más conocida, por haber destruido masivamente los viñedos europeos, pero los ataques del mildiu y del oídio fueron igual de dramáticos.

La filoxera es un insecto insidioso que tiene varios ciclos vitales complejos. Se caracteriza porque ataca las raíces. Dado que las vides americanas son inmunes, actualmente se injertan variedades europeas en pies importados de Estados Unidos.

El oídio fue vencido mediante el «caldo bordelés» (a base de sulfato de cobre), que daba a las hojas de la vid un tono azulado especial y que en la actualidad se ha sustituido por otros pesticidas. El mildiu no se puede destruir con un solo producto, exige un tratamiento continuado con sustancias cada vez más sofisticadas. La podredumbre gris, o *botrytis*, es igual de peligrosa y, como las arañas rojas, debe combatirse.

Los químicos abren camino

Durante los años de la revolución vitivinícola, la primera tarea de los químicos fue luchar con tratamientos eficaces contra las enfermedades criptogámicas (hongos) y los parásitos.

Los investigadores se dedicaron luego a mejorar la cantidad y la calidad de las cosechas. Los viñedos de antaño tenían rendimientos muy bajos comparados con los de hoy en día. Mediante tratamientos apropiados, se ha conseguido aumentar su producción por hectárea.

Los patrones y los clones

Dejando aparte ciertas cepas todavía en proceso de mutación, como la pinot noir, las variedades que conocemos necesitaron siglos hasta convertirse en especies constantes: generación tras generación, los viticultores consiguieron finalmente seleccionar las mejores plantas y las más resistentes. Sólo muy recientemente, los genetistas se han dedicado a estudiar las características de cada variedad para identificar las mejores y para que los viticultores puedan elegir los patrones (portainjertos) y los clones más adecuados.

El descubrimiento y desarrollo de toda una gama de patrones constituye uno de los grandes progresos del siglo XX. El primer criterio de selec-

Tratamiento contra el mildiu aplicado a unas vides jóvenes de Nueva Zelanda.

ción que debe tener en cuenta el productor es la resistencia del patrón a los parásitos, pero también su vigor, que será muy necesario para extraer los elementos minerales del suelo, para hacer madurar más o menos rápidamente la uva, para adaptarse a la humedad o a la sequedad y, finalmente, para implantarse en un tipo determinado de suelo.

Los clones ofrecen incluso más posibilidades de elección desde que se hizo posible la práctica de la multiplicación indefinida de las plantas a partir de una misma cepa. Los viveros especializados pueden ofrecer en la actualidad clones de una variedad resistente a los parásitos, con garantía de madurez precoz, y que al mismo tiempo tienen altos rendimientos. Así, algunos viñedos están constituidos por decenas de millares de plantas rigurosamente idénticas y que maduran simultáneamente. Pero los altos rendimientos de estos clones tienen generalmente el inconveniente de producir vinos de pésima calidad. Los viñedos de Borgoña, de California y de Australia –por ejemplo– han sufrido una bajada de la calidad causada por una mala elección de clones.

La poda

Los viticultores europeos podan sus viñas en invierno, a fin de controlar el desarrollo de las plantas y reducir los rendimientos: cuanto más se pode la vid, menos abundante será la uva. En verano, la planta de la vid desarrolla su follaje en detrimento de los frutos: para favorecer los racimos, se desmocha la vid lateralmente y en altura (poda en verde). Esta práctica ancestral de equilibrio entre la masa de hojas y el fruto debe respetarse para que la maduración de las uvas se produzca en las mejores condiciones posibles, ya que las hojas hacen las veces de «pulmón» de la vid, merced al proceso de fotosíntesis, y las uvas maduran gracias a los efectos del sol sobre el follaje. En el Nuevo Mundo, este principio tuvo que adaptarse: las vides están plantadas en un suelo más fértil y en un clima más caluroso, y las técnicas europeas producían vino en abundancia pero de mala calidad. Los viticultores californianos y australianos practican actualmente el *canopy management*, que consiste en preservar la masa foliar para reducir los rendimientos y garantizar así una mejor concentración de jugo en las uvas. Además, desde fines de la década de los 80, tanto en California como en Australia se plantan los viñedos nuevos en zonas más altas, en terrenos menos fértiles.

LAS NECESIDADES DE LA VID

La vid necesita un cierto número de elementos para producir sus frutos, y es sobre todo su ausencia lo que determina la calidad.

Luz. La vid pertenece a una familia de plantas trepadoras, emparentada con las lianas, que tiene la capacidad de trepar por los árboles en búsqueda de la luz: como ocurre con todas las plantas verdes, la fotosíntesis transforma la luz del sol en los componentes hidrocarbonados que necesita para su crecimiento. Sin embargo no hace falta una exposición directa al sol, ya que la simple luminosidad diurna basta.

Calor. Al igual que todas las plantas, la vid sólo crece dentro de unas temperaturas determinadas. Esta franja se encuentra entre los 10 °C y los 25 °C. Por encima de una determinada temperatura (alrededor de los 28 °C), la evaporación del agua contenida en sus hojas no se compensa con los aportes de sus raíces. Las hojas se marchitan, la fotosíntesis se detiene y las uvas sufren un bloqueo en el proceso de maduración.

Agua. La vid se encuentra naturalmente bien en un entorno húmedo, lo que complica la tarea de los viticultores. Por una parte, las uvas corren el riesgo de verse afectadas por la podredumbre gris; por otra, el exceso de agua puede hacer estallar los granos de uva o producir rendimientos excesivos. Las raíces de la vid penetran mucho en el terreno para procurarse la humedad que necesitan. En consecuencia, los viñedos tienen que poseer una capa freática profunda. La red de las raíces absorberá el agua necesaria para la planta y se encargará de aportarle los elementos minerales indispensables. A fin de evitar los excesos de rendimiento, la irrigación está prohibida en los viñedos europeos destinados a producir vinos de calidad, mientras que en Estados Unidos, en Australia y en Sudáfrica, es un mal necesario.

Los rendimientos

Una hectárea de viña puede contener entre 1 000 y 100 000 pies, y cada uno de ellos puede producir un solo racimo o un cesto completo. El viñador puede por tanto elegir, aunque con la limitación de respetar siempre los reglamentos que rijan su viñedo. Las legislaciones española, francesa e italiana se basan en el rendimiento máximo de volumen de vino por hectárea. La alemana no fija en cambio límites máximos a la producción, aunque los propietarios de viñedos de calidad la reducen voluntariamente. En los países del Nuevo Mundo no existe ninguna reglamentación al respecto y no se imponen límites al rendimiento.

Las autoridades vitícolas de Europa están convencidas de las ventajas de los rendimientos bajos. Otro principio aceptado es que las viñas que sufren –a causa de un suelo pobre, de una gran densidad de plantación, de una poda radical y de un abono mínimo– dan mejor vino. No obstante, en el Nuevo Mundo se han producido vinos bebibles de rendimientos impresionantes. A pesar de todo, la mayoría de los expertos coincide en afirmar que los vinos de calidad son sinónimo de rendimientos bajos. El nivel de 50 hl/ha parece ser el rendimiento máximo para los grandes vinos (6 600 botellas por hectárea), por encima del cual la calidad puede resentirse.

Los vinos biológicos

El interés por la protección del medio ambiente ha llevado a un número creciente de viticultores –tanto en el Nuevo Mundo como en Francia y España– a proscribir los productos químicos; pero una viticultura ecológica bien hecha implica mucho más que la mera supresión de fertilizantes sintéticos, herbicidas y pesticidas. Se puede optar por abonos vegetales o animales, y por pulverizaciones a base de plantas o minerales para luchar contra los insectos nocivos. También se favorece la presencia de determinados insectívoros. Sin embargo, la tierra tarda muchos años en desembarazarse de los productos químicos.

La vinificación también sigue preceptos ecológicos: los buenos viticultores utilizan lo menos posible los aditivos. ☐

La fermentación

Durante la época de las fermentaciones, las bodegas de una empresa vitícola son un lugar mágico. El visitante percibe en primer lugar un olor fuerte, agradable, que evoca un poco el del pan durante la cocción. Un suave calor emana de las gigantescas cubas de madera, de cemento o de acero inoxidable, alineadas en una gran sala de techo alto. Si nos aproximamos a las cubas, se oye vivir y burbujear el mosto que se encuentra en su interior, masa turbulenta que sólo deja escapar el gas carbónico. Se trata del proceso de la fermentación, que la ciencia no fue capaz de explicar hasta hace muy poco; antiguamente, la transformación en vino parecía casi un milagro.

En realidad, es al mismo tiempo una reacción química compleja y un proceso totalmente natural. Las uvas fermentan cuando la piel de los granos se rompe: los azúcares contenidos en el interior de los frutos maduros entran entonces en contacto con las levaduras presentes sobre el hollejo que recubre cada grano, y comienza la fermentación. El vinificador se limita a poner el recipiente (la cuba) para el mosto y a estrujar las uvas. Desde que se conoce en detalle la microbiología del proceso, la fermentación se controla mucho mejor. Aunque hay que decir que el verbo «dirigir» sería más apropiado que «controlar»: la fermentación es un proceso ineluctable y el vinificador sólo puede orientarlo.

El proceso de fermentación

En los hollejos de las uvas maduras hay muchas levaduras diferentes. Una sola, sin embargo, es capaz de reaccionar con los azúcares de la uva para producir alcohol. Esta levadura de la especie *Saccharomyces cerevisiae* se multiplica rápidamente en el mosto que está fermentando y reacciona con los azúcares naturales, glucosa y fructuosa, presentes en la pulpa.

La reacción genera calor –de ahí la importancia de enfriar las cubas en fermentación– y gas carbónico. Para evitar que este último detenga la

Prueba de madurez de la uva.

acción de las levaduras, el vinificador tiene que oxigenar el mosto. Lo saca de la cuba, para airearlo, y luego lo bombea hacia la parte superior de la cuba.

La fermentación produce primero etanol (alcohol etílico), que es el alcohol del vino. Otras sustancias resultantes de este proceso son la glicerina o glicerol, que vuelve el vino untuoso, los ésteres o compuestos aromáticos, otros alcoholes –que sirven de soporte a los aromas–, los aldehídos y los ácidos. La fermentación incluye también la formación de sustancias secundarias, como el anhídrido sulfuroso, que protege el vino contra la oxidación y el moho, o el ácido sulfhídrico, que debe evitarse en lo posible por su olor a huevos podridos. Las levaduras transforman asimismo en alcohol el ácido málico, presente en la pulpa en estado natural, y ciertos componentes de la pulpa en polifenoles, sustancias aromáticas que dotan al vino de toda su complejidad.

La fermentación es la acción de las levaduras sobre los azúcares. Cuando las levaduras han convertido todo el azúcar en alcohol, la fermentación se interrumpe. Este es el proceso normal. En ocasiones, el contenido en azúcares es tan elevado que el alcohol alcanza una graduación que inhibe la acción de las levaduras: esto produce un vino potente, pero dulce por el contenido en azúcares residuales (no fermentados). Si la temperatura ambiental es insuficiente, las levaduras pueden dejar de trabajar antes de transformar todo el azúcar: el vino contendrá en ese caso cierta cantidad de azúcar residual y una graduación alcohólica inferior a la que corresponde a la madurez de las uvas.

El control de la temperatura

El principal medio del que dispone el vinificador para dirigir la fermentación es el control de la temperatura. Se sabe que las levaduras actúan en una franja comprendida entre los 12 °C y los 37 °C. Antiguamente, si hacía demasiado frío para que se desencadenase la fermentación, se encendían fuegos en el lagar o, en casos extremos, los trabajadores se metían en las cubas para aportar el calor de sus cuerpos a la masa de uvas y de mosto.

Una vez en marcha, el proceso genera calor y se mantiene por sí solo. El exceso de calor también es un problema. En los años calurosos, las uvas llegan calientes del viñedo y el lagar no suele estar lo bastante fresco para hacer bajar su temperatura. Las cubas pueden alcanzar temperaturas peligrosamente elevadas en cuanto se inicia la fermentación. Para regular la temperatura, antes se creaban corrientes de aire abriendo todas las puertas y ventanas y, si se disponía de agua fresca y de una bomba, se regaba el exterior de las cubas. En los años de grandes calores, se llegaba incluso a meter barras de hielo en las cubas.

Un verdadero control de la temperatura es posible desde que, por medio de bombas, se puede sacar de las cubas el mosto en fermentación para pasarlo por un intercambiador térmico. Las cubas de acero inoxidable, otra aportación del progreso, se usan ahora en todas las explotaciones modernas. Al contrario de la madera, el acero es un excelente conductor del calor y estas cubas pueden enfriarse vertiendo agua fría por las paredes exteriores. Algunas de estas cubas modernas están rodeadas de tuberías (camisas) que contienen un líquido refrigerante.

Las levaduras

En la mayor parte de los viñedos europeos se usan las levaduras naturales, presentes en los hollejos de las uvas. Los viticultores del Nuevo Mundo prefieren usar levaduras cultivadas a partir de muestras obtenidas en los viñedos de Europa, porque trabajan mejor a temperaturas precisas. Para controlar las temperaturas de fermentación, el vinificador no tiene más que elegir la levadura que conviene al nivel de temperatura exigido.

La adición de azúcar

La cantidad de alcohol producido y –en consecuencia– la graduación del vino dependerán de la madurez de las uvas. En numerosas regiones del planeta –como España–, la maduración no representa ningún problema. En Europa, sin embargo, algunas regiones productoras de vino están expuestas a la falta de madurez.

Los vinificadores han encontrado desde hace tiempo un remedio a ese problema: el añadido de azúcar, que puede conseguirse agregando a la cuba azúcar de remolacha o bien mosto de uvas no fermentadas (mosto concentrado y rectificado; es decir, despojado de sus ácidos y de sus materias colorantes), que constituye un verdadero concentrado de azúcar. Denominado chaptalización, este método debe su nombre a Jean Antoine Chaptal, ministro de Agricultura de Napoleón I, que esperaba así dar salida a los excedentes de azúcar de remolacha.

Todo este azúcar añadido al mosto se convertirá en alcohol, porque la chaptalización enriquece el vino pero no lo endulza. Sin embargo, el azúcar de remolacha no es el de la uva y no encierra los sabores ni aporta los taninos ni los precursores de aromas que se encuentran en la uva. El corolario de esta práctica generalizada fue la tentación de obtener rendimientos más altos, ya que se podía compensar toda debilidad en la graduación alcohólica. El volumen de azúcar agregado aumenta de manera nada despreciable la cantidad de vino que puede obtenerse de una cosecha determinada: 3,5 kg por hectolitro de mosto. La chaptalización debería usarse sólo como medida de urgencia para las malas cosechas. Sin embargo, actualmente se practica en casi todas partes porque los vinos chaptalizados aparentan ser más redondos, más ricos y más seductores en su juventud.

El procedimiento está autorizado en una parte de los viñedos franceses (Alsacia, Champagne, Burdeos, Borgoña, valle del Loira), y se practica en Alemania para los vinos de denominación QbA y en algunos viñedos de los Estados Unidos (Nueva York, Oregón). Está en cambio prohibido en el sur de Francia, en España, en Italia, en California y en Alemania

¿MADERA O ACERO INOXIDABLE?

Las cubas de madera también se pueden refrigerar, y los experimentos llevados a cabo en el Château Margaux, en Médoc, han convencido al vinificador Paul Pontallier de que la madera sigue siendo preferible al acero. Para regular la temperatura, se puede recurrir a los intercambiadores térmicos y efectuar bazuqueos reiterados del mosto durante la fermentación (véase p. 108). Sin duda el acero inoxidable es más fácil de limpiar, pero las cubas de madera tienen claras ventajas. Durante el período de maceración, cuando el vino joven permanece sobre sus lías para enriquecerse en color, en taninos y en potencial aromático, la madera mantendrá una temperatura más estable porque retiene mejor el calor. Más anchas y menos altas que las cubas de acero inoxidable, con las cubas de madera las temperaturas son más homogéneas y la superficie de materias sólidas (pulpa, hollejos, pepitas) en contacto con el mosto líquido mayor, lo que favorece la extracción de color, taninos y otros componentes aromáticos.

Estas investigaciones, y la decisión de algunos prestigiosos *châteaux* de seguir utilizando la madera, han reabierto el debate. Sin embargo, todo el mundo reconoce hoy las ventajas del acero inoxidable en todos los niveles de la vinificación.

para los vinos QmP. Todos los países ejercen un control muy estricto sobre la utilización del azúcar. Los vinos alemanes de nivel QbA –la inmensa mayoría– pueden endulzarse con un aporte de azúcar y de mosto de uvas concentrado antes de la fermentación. En Borgoña, por ejemplo, los niveles autorizados se determinan para cada cosecha y varían de una a otra denominación de origen. Algunos productores opuestos a esta práctica afirman que no es necesaria y que perjudica el vino. Hasta la década de los 60 esta costumbre era prácticamente desconocida en Burdeos y muchos vinos excelentes tenían un bajo contenido alcohólico, lo que no parecía afectar su calidad ni su longevidad. Lamothe, gran administrador de Château Latour, experimentó el método por primera vez en 1816. Los resultados no fueron satisfactorios: «Con ello –escribió–, no obtuve la satisfacción que esperaba, porque la uva se vició. Esto me hace pensar que cuando la Naturaleza se niega a brindar las materias primas que dan al vino su calidad, el arte no puede hacer nada y los resultados serán siempre mediocres.»

Endulzar el vino

En Alemania, en el caso de los vinos QmP, así como en Italia, se emplea un método consistente en añadir mosto de uva no fermentado. El término alemán es *Süssreserve*. El mosto debe proceder de la misma región y tener una calidad semejante a la del vino. Se agrega después de la fermentación y antes del embotellado, con lo que se obtiene un vino más dulce.

La fermentación maloláctica

En primavera, cuando brotan los pámpanos en las vides, los vinos en barrica de las bodegas tradicionales comienzan a trabajar. Se ponen a murmurar y a «hervir», como si acompañasen de ese modo el despertar de las viñas. Se trata de la fermentación maloláctica o secundaria, provocada por bacterias y no por levaduras, que convierte el ácido málico del vino en ácido láctico. Esta segunda fermentación es deseable para los vinos tintos, pero no siempre para los blancos. Los métodos específicos para impedirla se detallan más adelante (véase p. 106).

La vinificación de los blancos

Las uvas blancas se echan a perder rápidamente una vez vendimiadas, por lo que la higiene y la celeridad en su manipulación son fundamentales. Hay que conservarlas enteras para evitar cualquier tipo de maceración (contactos entre el jugo y los hollejos coloreados y tánicos), así como una eventual oxidación del jugo. Los vinificadores que se especializan en blancos tratan con cuidado los racimos y los transportan en cajas pequeñas, y no en grandes recipientes, para evitar que se chafen. Cuando la cosecha llega a la bodega, se verifica que los vendimiadores hayan escogido frutos maduros y sanos, limpios de hojas, de insectos y de otros elementos indeseables. A continuación se miden los niveles de azúcar y de acidez.

A veces, la uva se coloca en la prensa por racimos enteros, pero lo más frecuente es utilizar una estrujadora-despalilladora, que separa los escobajos (partes leñosas de la uva) y rompe los hollejos de los granos. La masa de pulpa semilíquida (uvas a medio estrujar) así obtenida es aspirada o vertida directamente en la prensa para extraer el mosto. Tiene que mantenerse a baja temperatura para evitar el inicio precoz de la fermentación. Algunos vinificadores dejan en una cuba el mosto con las uvas estrujadas para extraer de los hollejos el máximo de aromas (se trata de la maceración prefermentaria).

Las prensas
Existen varios tipos diferentes de prensa para vino blanco (en la página opuesta pueden verse dos distintos) que extraen la mayor cantidad de mosto sin chafar las pepitas y efectúan un prensado rápido para evitar la oxidación y obtener un mosto lo más claro posible. Los centros de vinificación industrial utilizan prensas horizontales continuas.

La manipulación del mosto
El mosto de la uva blanca es delicado y se estropea tan fácilmente como la propia uva. Cuando sale de la prensa, contiene todavía residuos sólidos –los fangos o borras– que es necesario eliminar (desfangado). Por lo tanto, se deja reposar en una cuba para que los fangos se vayan al fondo. En la actualidad se enfría a 0 °C: esta técnica de «estabilización en frío» precipita las materias sólidas al fondo de la cuba, y se utiliza para obtener un mosto más claro. El centrifugado, en cambio, presenta el inconveniente de eliminar algunos elementos útiles, como las levaduras, y de disminuir el potencial y la complejidad del vino. Sólo se emplea en las explotaciones destinadas a producir grandes cantidades de vino común de mesa. Suele agregarse también anhídrido sulfuroso al mosto para impedir la oxidación y neutralizar el posible desarrollo de microorganismos. Pero, empleado en exceso, este procedimiento puede matar todos los aromas del vino.

La fermentación
La mayoría de los vinos blancos se fermentan en cubas de acero inoxidable termorreguladas. Las técnicas modernas consiguen una óptima extracción de fruta y aromas a lo largo de una fermentación lenta y a baja temperatura. Ésta puede mantenerse a 10 °C (la norma habitual oscila entre los 12 y los 15 °C) si se utiliza algún material refrigerante o si las bodegas son de natural frescas. Algunos vinos, como los borgoñas blancos vinificados de manera tradicional, se fermentan en barricas de roble de 225 l, que tienen la forma y el tamaño ideales para mantener naturalmente la temperatura alrededor de los 25 °C.

Una fermentación a baja temperatura da un vino fresco, de una evolución más rápida. Los grandes vinos, elaborados a partir de un mosto de uva rico y concentrado, pueden ganar en longevidad y en aromas con una fermentación a temperaturas más elevadas, que en cambio acabaría con los vinos comunes.

En las regiones de clima frío, sobre todo en Alemania, la fermentación puede interrumpirse si la temperatura baja antes de la transformación de todos los azúcares en alcohol. El vino tendrá un dulzor natural y agradable, pero corre el riesgo de refermentar en primavera. Las técnicas de trasiego, filtración y sulfitado sirven para evitar esta segunda fermentación.

La fermentación maloláctica (véase p. 105) no es obligatoria para los vinos blancos. Aunque contribuye a redondear los vinos ácidos, puede perjudicar los vinos afrutados de las regiones más cálidas. Para impedirla, los vinificadores filtran el vino o, en algunos casos, lo centrifugan, procedimiento que elimina las bacterias susceptibles de provocarla.

El trasiego y el contacto con las lías o heces
Una vez terminada la fermentación, generalmente se decuba el vino, mientras que las lías (residuos sólidos de la fermentación) permanecen en el fondo. Este proceso se denomina trasiego. En determinadas regiones se deja el vino «sobre las lías» hasta el embotellado. En Borgoña, los vinos blancos, sobre todo los mejores, reposan sobre sus lías en las barricas de fermentación y el vinificador las remueve para mantenerlas en suspensión en el vino (práctica denominada *bastoneo*).

Los vinos dulces
Estos vinos proceden de uvas tan dulces que la fermentación no consigue transformar todos sus azúcares en alcohol. Los viticultores dejan la uva en la viña hasta que está muy madura. Esperan que aparezca la *Botrytis cinerea*, o podredumbre noble, que seca las uvas: su jugo ya muy dulce se concentra en gotas muy ricas. De esta forma se obtienen los mejores vinos de este tipo, como el fabuloso sauternes, el trockenauslese, el tokaji aszú y muchos vinos del Nuevo Mundo. También se pueden utilizar uvas pasas, como es el caso del *vin de paille* francés, el pedro ximénez andaluz y otros vinos *passito*. Algunos vinos dulces también se elaboran con una interrupción artificial de la fermentación –mediante anhídrido sulfuroso, por filtrado, por trasiego o por encabezado (véase p. 112)– o agregándoles azúcar (véase p. 105).

Las etapas de la vinificación en blanco

La fermentación en barrica de roble (a la derecha) es tradicional para la vinificación de los blancos de Borgoña. La madera tiene cierta influencia sobre los mostos en fermentación y añade complejidad y amplitud a los vinos.

1 Control de calidad
La uva llega a la bodega, donde se selecciona en mesas de selección antes de despalillarla y prensarla.

2 Prensado: la prensa vertical
Una presión suave sobre una superficie amplia permite obtener un mosto más claro y menos difícil de desfangar posteriormente.

3 Prensado: la prensa horizontal
Es la prensa más extendida. Las prensas neumáticas son las más «delicadas» de las prensas modernas. Una membrana interior se hincha y aplasta la uva contra las paredes exteriores.

4 Fermentación
Se puede enfriar las cubas de acero inoxidable regándolas con agua fría o haciendo pasar un líquido refrigerante por las tuberías de sus paredes. Así, el vinificador puede controlar la temperatura de fermentación.

5 Filtrado
La mayoría de las explotaciones modernas utilizan un filtro o una centrifugadora para clarificar el vino cuando el proceso de fermentación ha terminado. Aquí, un operario comprueba el filtrado del vino.

La vinificación de los tintos

Es mucho más fácil hacer vino tinto que blanco: los vinificadores intervienen principalmente para dirigir el proceso, más que para controlarlo o modificarlo. Pero los grandes vinos tintos exigen una importante dosis de talento y de sentido común. El método descrito a continuación, utilizado en Burdeos, es el que sirve de modelo a centenares de explotaciones vinícolas en todo el mundo, aunque en determinadas regiones existen otras variantes.

Al contrario de lo que ocurre con las uvas blancas, las tintas no son sometidas a prensado; después de estrujadas y despalilladas, el vinificador debe mantener los hollejos en contacto con el mosto durante la fermentación. Luego, vierte la masa jugosa de uvas estrujadas en un recipiente para que se inicie la fermentación. Las cubas, equipadas con circuitos de refrigeración, mantienen durante uno o dos días el mosto por debajo del umbral de la temperatura de fermentación: esta «maceración en frío» está destinada a extraer el color y los aromas frutales del hollejo de las uvas. Posteriormente, la propia fermentación elevará la temperatura o el vinificador desconectará el sistema de refrigeración.

La cuba, tradicionalmente de madera de roble, se hace actualmente de madera, de cemento o de acero inoxidable. La madera tiene sus partidarios (véase p. 105), pero los nuevos materiales son más fáciles de mantener y, sobre todo, más prácticos para las operaciones de vaciado y limpieza.

El control de la temperatura
La temperatura de fermentación alcanza naturalmente los 29 o 30 °C cuando, como en Burdeos, el clima del otoño es templado. Un otoño soleado o de vendimias precoces supone una temperatura ambiente más elevada y fermentaciones rápidas y tumultuosas, que pueden echar a perder el fruto y la delicadeza del vino. Si la temperatura sube todavía más (hasta los 32 °C según algunos expertos), la fermentación puede interrumpirse.

El vinificador observa continuamente el termómetro (por medio del ordenador en las explotaciones más modernas) para mantener la fermentación a la temperatura adecuada y, si fuera necesario, poner en marcha el sistema de refrigeración. Este control es primordial: con fermentaciones a baja temperatura se extrae toda la frutalidad y la finura; con temperaturas más elevadas (aunque sea durante un período muy breve) se obtiene el máximo de color y de intensidad de los sabores y aromas. Además, el control de la temperatura permite determinar de forma precisa la duración de la fermentación. De todas maneras, los vinos tintos tienen un período de fermentación natural, que varía en función de la variedad y de la calidad de la cosecha.

La concentración
La obsesión de los vinificadores es transmitir al vino la mayor concentración de materias y de aromas. Una de las prácticas más extendidas consiste en extraer –o «sangrar»– una parte del mosto al comienzo de la fermentación. El sangrado de una cuba permite obtener un vino de color rojo claro (el clarete) y, sobre todo, reducir los mostos, que producirían un vino más concentrado. Otras prácticas más recientes, que recurren a técnicas más sofisticadas de filtrado de mostos (filtrado tangencial u ósmosis inversa), tienen por objeto eliminar una parte de los elementos indeseables (como el agua) y concentrar el mosto antes de cualquier atisbo de fermentación. La técnica basada en extraer la mayor cantidad posible de estos elementos indeseables, en boga durante la década de los 80 gracias a unas cosechas muy maduras, parece haber cambiado a partir del comienzo de la de los 90, cuando las cosechas comenzaron a ser más difíciles y una extracción excesiva suponía el riesgo de desarrollar determinados aromas vegetales, poco propicios para el producto final.

La selección
Una vez acabada la fermentación, la técnica bordelesa consiste en dejar reposar el vino nuevo sobre sus lías, es decir, en cuba, con los residuos de los hollejos, las pepitas y otras materias sólidas. El vino joven se trasiega a barricas cerradas, pero con una botana de cristal que deja escapar el gas carbónico producido por la fermentación maloláctica (véase p. 105). Cada semana se procede al atestamiento de las cubas para compensar esta evaporación y mantenerlas llenas. Cuando el vino se estabiliza, se tapa cada tonel, que se mantendrá en reposo hasta la clarificación (con clara de huevo o bentonita).

Muchas bodegas separan las variedades e incluso las uvas correspondientes a parcelas diferentes. Esta operación facilita la mezcla (ensamblaje) posterior, etapa final de la selección. Las cubas de vinos producidos por las vides jóvenes o por las vides que bordean el viñedo se descartan para la elaboración de los grandes vinos, del mismo modo que todas las cubas que se consideren inferiores al nivel de exigencia fijado: en los años abundantes o difíciles, más de la mitad del vino producido en los *châteaux* bordeleses se excluye por este procedimiento y se vende bajo la denominación *second vin*.

Las variantes del proceso
La temperatura, la duración de la fermentación e incluso la técnica de maduración varían según las cepas y las características del clima. Borgoña conserva sus tradiciones propias y Beaujolais ha desarrollado la maceración carbónica, igualmente utilizada en el Midi y en otras regiones. El barolo y el chianti italianos, así como el rioja español se elaboran siguiendo las costumbres locales, a veces modernizadas por los vinificadores de hoy en día.

La elaboración del vino rosado
Hay dos maneras de elaborar rosado. El método del sangrado, ya descrito, utiliza el mosto conseguido en las primeras etapas de la elaboración del vino tinto. El otro método consiste en prensar las uvas tintas lo suficiente para que den color al mosto; luego, la vinificación es igual que para los vinos blancos. □

LAS ETAPAS DE LA VINIFICACIÓN EN TINTO

La fermentación se hace tradicionalmente en madera (a la derecha), pero la cuba de acero inoxidable permite controlar mejor las temperaturas y facilita las tareas de bazuqueo.
Los vinos pueden criarse luego en barricas de madera.

1 Estrujadora-despalilladora
Esta máquina separa las uvas de sus escobajos y las estruja ligeramente, rompiendo los hollejos para liberar el jugo.

2 Cuba de fermentación
El mosto y las uvas estrujadas son trasvasados o aspirados a una cuba alta de acero inoxidable o de madera. Las cubas metálicas pueden enfriarse o calentarse más fácilmente.

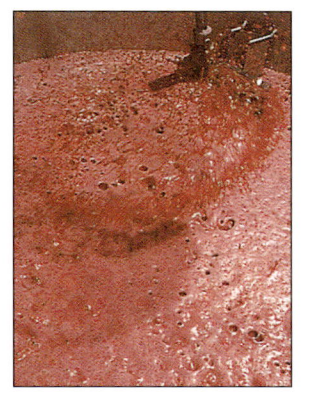

3 Fermentación
Las levaduras originales –o las levaduras sintéticas introducidas en la cuba– empiezan a reaccionar con el jugo de la uva.

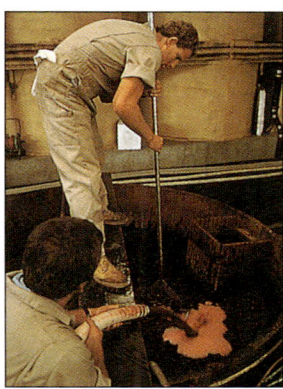

4 Bazuqueo
Durante la fermentación, se forma en la superficie un «sombrero» de partículas sólidas (hollejos, pepitas). Se sumerge para que esté en contacto con el mosto y obtener así una mejor extracción de taninos, color y aromas.

5 Crianza
Una vez acabada la fermentación, se trasiega el vino joven a otras cubas. Se prensan las materias sólidas, esencialmente los hollejos de la uva, con lo que se obtiene un vino con mucho color y un sabor fuerte: el vino de prensa.

La vinificación de los espumosos

La elaboración de vinos espumosos se lleva a cabo mediante diversos métodos. Según la tesis francesa, para los mejores viñedos o los mejores vinos, para conseguir los mejores productos, un vino espumoso se ha de elaborar según el *«méthode champenoise»*, denominado «método tradicional» en el caso del cava español.

Méthode champenoise

Los vinos espumosos del estilo de los champagnes y los cavas requieren una segunda fermentación que se produce agregando a los vinos blancos tranquilos vinificados tradicionalmente (véase p. 106) azúcares y levaduras. Esta fermentación, que se realiza en botella, produce gas carbónico. El gas, aprisionado en el envase, dará como resultado vino espumoso.

Las complejas etapas de la elaboración del champagne se ilustran en la página opuesta. En principio, es esencial una selección rigurosa de las uvas. Luego, el prensado habrá de efectuarse con esmero: el objetivo es obtener un mosto limpio, cuyo contacto con los hollejos no extraiga más que un poco de taninos o de color.

La uva se vierte en prensas verticales de 4 toneladas de capacidad. Para el champagne, sólo se utilizan los 2 050 l del primer prensado, denominados *cuvée*, y los 500 l del segundo prensado o *taille*. Después de la fermentación se clarifica, filtra y estabiliza el vino.

La etapa siguiente es la mezcla (*assemblage*) de los diferentes vinos. Los responsables de la explotación catan los vinos de cada cuba (una de la Côte-des-Blancs, otra de Ay, una tercera de la Montagne de Reims, y así sucesivamente). Habrá muestras de pinot noir, de chardonnay, de pinot meunier, hasta alrededor de una cincuentena. El objetivo es obtener un vino que refleje el estilo de la casa, manteniendo el mismo nivel de calidad año tras año. En este proceso de mezcla también suelen añadirse vinos de cosechas anteriores.

Se agrega a este vino un licor de tiraje –mezcla de azúcar, de champagne y de levaduras– y luego se embotella en botellas de vidrio grueso, cerradas con chapas metálicas y que se almacenan horizontalmente en la parte más fresca y oscura de las bodegas.

La segunda fermentación ocurre en el interior de la botella: produce gas carbónico y deja unos posos de células de levaduras muertas. Para poder eliminar este depósito, se colocan las botellas en estanterías especiales, denominadas «pupitres», inclinándolas progresivamente con el cuello hacia abajo. Unos bodegueros experimentados, los *remueurs*, hacen girar regularmente las botellas. Los sedimentos bajan poco a poco por las paredes y se acumulan sobre la chapa.

La operación siguiente, el degüello, es delicada. Se sumerge el cuello de las botellas en una solución que congela el depósito de sedimentos. A continuación se abren las botellas y la presión del champagne expulsa los posos. Inmediatamente se agrega el licor de expedición, una mezcla de champagne y de azúcar. Esta etapa, llamada dosificación, determina si el champagne será brut, semiseco o seco. Las botellas, cerradas con el corcho tradicional que se sujeta con el morrión metálico, están listas para ser etiquetadas antes de venderse.

El tiempo es un factor de calidad. El vino llega a su segunda fermentación en botella en tres meses. Las empresas que se preocupan más de la calidad dejan reposar los champagnes durante dos o tres años, antes del degüello, y luego algunos meses antes de su comercialización.

El método tradicional se practica en muchas regiones, siempre con uvas de la misma cepa, pero jamás ha conseguido igualar la calidad de los champagnes originales. Al margen del cava, la producción de los vinos espumosos del Nuevo Mundo es la que más está mejorando.

Los demás métodos

Los vinos se pueden transformar en espumosos mediante otros métodos como los siguientes.

Procedimiento Charmat (o *cuvée close* o *granvás*). La segunda fermentación, después de agregar el licor de tiraje, no se desarrolla en botella sino en una gran cuba. Luego el vino se enfría, se filtra y se trasvasa a presión a una segunda cuba, donde se le agrega el licor de expedición antes de embotellarlo.

Método transfer. El proceso es idéntico al método tradicional hasta el momento del degüello. El vino se trasvasa entonces a cubas presurizadas, se filtra para eliminar los posos y luego se embotella.

Gasificación. En este método primitivo se inyecta gas carbónico en el vino antes de embotellarlo.

OTROS VINOS ELABORADOS SEGÚN EL *MÉTHODE CHAMPENOISE*

Está prohibido que la mención *méthode champenoise* (método champañés) figure en las etiquetas de cualquier vino que no sea de Champagne, pero la técnica se utiliza en muchas partes.

Francia. Valle del Loira: vouvray, saumur, crémant del Loira.
Borgoña: crémant de Borgoña.
Alsacia: crémant de Alsacia.
Ródano: clairette de Die.
Midi: blanquette de Limoux.

Italia. Lombardía, Trentino: los etiquetados *metodo classico* o *metodo tradizionale*.
España. Cataluña y otras regiones: vinos con la denominación *cava*.
Alemania. Algunos *Sekt*; son raros los fermentados en botella.
Estados Unidos. California, Nueva York y otras regiones: se denominan *classic method* o *fermented in the bottle*.
Australia y Nueva Zelanda. Es ilegal usar la denominación «champagne» en las etiquetas, y se debe recurrir a las fórmulas *bottle-fermented* o *fermented in the bottle*.

LA VINIFICACIÓN/LA VINIFICACIÓN DE LOS ESPUMOSOS

El *méthode champenoise*

La segunda fermentación en botella provoca un sedimento de levaduras muertas. Por el procedimiento de hacerlas girar manualmente en los pupitres (a la derecha) se consigue que los posos bajen al cuello de la botella, colocada en posición casi vertical.

1 Prensa
La prensa vertical permite obtener primero la *cuvée* y luego la *première taille*, mostos que se utilizan para elaborar champagne.

2 Fermentación
Las barricas de roble, como las de la foto, son tradicionales, pero en la actualidad sólo se emplean en dos bodegas de Champagne. La mayoría de los elaboradores usan cubas de acero inoxidable.

3 Mezcla
Trajes oscuros, salas blancas, innumerables muestras de champagne de capa pálida: hay que conseguir un ensamblaje que servirá de receta para mezclar a gran escala los distintos vinos tranquilos. La mezcla se enriquece posteriormente con un licor de tiraje (una mezcla de azúcar, de champagne y de levadura).

4 Segunda fermentación
El vino así enriquecido se embotella, se tapona con una chapa y se almacena. La fermentación produce gas carbónico y unos posos de células de levadura muertas, que se acumulan sobre la chapa mientras se van girando las botellas.

5 Degüello
Después de envejecerlas en bodega y de removerlas, las botellas se colocan sobre una cinta transportadora y se pasan por una solución que congela los cuellos y los sedimentos acumulados. Entonces se abre la botella, el sedimento sale expulsado, se agrega el licor de expedición y se coloca el corcho.

La elaboración de vinos especiales

Los vinos especiales se elaboran del mismo modo que los demás vinos, con la diferencia de que se les añade alcohol en forma de aguardiente (fortificado o encabezado). Los jereces, los oportos, los madeiras, los vinos dulces naturales franceses o el marsala de Sicilia son vinos encabezados. Aparte de las variedades de las que proceden, se distinguen por el momento en que se añade el alcohol y por la cantidad. Existen dos métodos principales de fortificado: durante la fermentación (encabezado) o después.

Originariamente, los vinos se encabezaban para que pudiesen «viajar», para controlar el poco conocido proceso de la fermentación que, muchas veces, se reiniciaba en los toneles y echaba a perder el vino durante el transporte. Con el tiempo, esta practica se institucionalizó, hasta el punto de representar una familia de vinos específicos.

La elaboración del oporto

Los oportos se encabezan durante la fermentación o, más exactamente, se interrumpe la fermentación mediante la adición de alcohol. El método tradicional, todavía practicado en algunas bodegas, consiste en estrujar y despalillar la uva antes de verterla en grandes recipientes abiertos de piedra, llamados *lagares*, donde se pisa. La pisa a pie es laboriosa, pero se considera el mejor método para extraer el color a las uvas de hollejo grueso de las variedades del oporto sin correr el riesgo de chafar sus pepitas. El coste de la mano de obra limita no obstante esta práctica a una minoría de *quintas* de oporto que la emplean para sus mejores vinos.

El mosto fermenta en los *lagares* durante 24 o 36 horas, y no durante semanas como en el caso de los vinos tintos. El vinificador verifica constantemente la graduación alcohólica y la dulzura del vino que está fermentando. Cuando consigue los niveles deseados —suficientemente fuerte, con alrededor de un 9 % de volumen alcohólico, pero también dulce—, vierte el vino nuevo en barricas *(pipas)* o en cubas, donde se le agregará el aguardiente. La cantidad de alcohol añadido es del 25 % del volumen del vino. De esta forma, la graduación alcohólica del oporto alcanza alrededor de un 18 % vol, nivel al que la actividad de las levaduras queda neutralizada. El trabajo de las levaduras se interrumpe y el azúcar no convertido en alcohol permanece en el vino, que se convierte así en oporto.

En un primer momento, el resultado es un vino de capa rojo oscuro, de agradable dulzura y con un fuerte gusto alcohólico. Los oportos necesitan tiempo para que el alcohol se funda en el vino. En el transcurso de su primera primavera el vinificador cata el vino y lo clasifica según sus cualidades.

Actualmente, la mayoría de los oportos se elabora en cubas, después del estrujado y el despalillado. Para mezclar el mosto y el sombrero de orujos, y obtener un máximo de color lo más rápidamente posible (véase p. 109), se utilizan diversos métodos: autovinificadores y tambores gigantes que, con un movimiento de rotación, mezclan el mosto que fermenta. La adición de alcohol se realiza de la misma forma que para los oportos elaborados por pisa.

La elaboración del jerez

Los vinos de Jerez son más fáciles de elaborar que los de Oporto; pero su complejidad proviene de las mezclas que requieren y de su proceso de añejamiento. Al principio, se vinifican como el resto de los vinos blancos, con algunas precauciones particulares para prevenir la oxidación de las uvas, poco ácidas, de palomino. Después de la fermentación, se vierte el vino nuevo en un tonel de madera (bota) que no se llena completamente. Algunos meses más tarde, en algunas de estas botas aparece una levadura particular, denominada «flor», en la superficie del vino. A partir de aquí el jerez se divide en diferentes categorías y se encabeza con aguardiente en función de su estilo: poco para los finos (hasta alrededor del 15,5 % vol) afectados por la flor y más para los olorosos (hasta un 18 % vol) que provienen de barricas en las que la flor no se ha desarrollado. Todos los jereces se elaboran por el método de «solera» o de «criaderas». El fino pierde poco a poco su fuerza. Se fortifica una vez más antes de su expedición para que alcance entre un 15,5 y un 17 % vol. Los entendidos buscan los finos que no han sufrido este último fortificado. Los olorosos, por su parte, ganan en graduación durante la maduración y no se vuelven a fortificar.

Otros vinos modificados

El marsala, el málaga y el madeira son también vinos especiales cuyo estilo va del seco al dulce. En el caso de los vinos dulces naturales franceses, se interrumpe la fermentación antes de que todo el azúcar se transforme en alcohol.

Muchos otros países elaboran vinos al «estilo» de los oportos o de los jereces, y algunos utilizan incluso las mismas variedades de uva portuguesas o españolas para obtener vinos lo más auténticos posibles.

Una muestra de jerez amontillado.

La crianza en bodega

EL VINO NUEVO ESTÁ YA EN LAS BARRICAS: RECIÉN FERMENTADO, JOVEN, TODAVÍA ES RÚSTICO Y ASTRINGENTE, PERO LA CRIANZA AFINARÁ Y DESARROLLARÁ SUS CUALIDADES.

Como ya se ha descrito en el capítulo precedente, la vinificación ha sido objeto de enormes progresos en el curso de los últimos treinta años. Los procesos de fermentación y de extracción se realizan ahora con creciente maestría. Los viñedos también se han beneficiado de numerosos descubrimientos y la calidad de las cepas ha mejorado muchísimo. Pero los fenómenos relacionados con el envejecimiento en bodega –desde la cuba de fermentación al embotellado, e incluso hasta la copa– son aún, en buena medida, misteriosos. Los científicos empiezan a entender ciertas etapas de los procesos de añejamiento y de maduración del vino. Se sabe desde hace siglos que las barricas de roble influyen en el sabor del vino y que la calidad de la madera tiene su importancia, pero apenas si comienza a comprenderse por qué los vinos reaccionan de distinta manera según el tiempo que se dejen envejecer. Esta compleja etapa de la evolución de los vinos, desde el tumulto de la fermentación hasta el consumo, es la crianza. Todo tipo de cosas pueden pasar durante este período: antiguamente, muchos vinos salían mediocres porque las barricas estaban sucias o no se habían cuidado bien en la bodega. En la actualidad, se entiende parte de la bioquímica del vino y la mayoría de estos incidentes se evitan gracias a un mejor conocimiento de las reglas de crianza. Por ejemplo, algunos productos de la fermentación, derivados naturales de reacciones químicas y microbiológicas, se deben retirar o neutralizar si se quiere que el vino envejezca en botella. Tanto los cosecheros como los bodegueros que crían vinos jóvenes utilizan toda una serie de procedimientos destinados a clarificarlos y a estabilizarlos; en resumen, a redondear sus asperezas y a mejorarlos. El recipiente en el que se envejece el vino puede influir, como en el caso de las barricas de roble nuevas, o ser neutro, si se trata de cubas de acero inoxidable o de botellas de cristal. Después del embotellado, el vino puede sufrir malos tratos derivados del transporte, los cambios de temperatura, las vibraciones o la exposición a la luz. Al vino le gusta la tranquilidad y una temperatura fresca y constante para que los elementos sólidos en suspensión puedan depositarse lentamente, por efecto de la gravedad. Estos principios de conservación deben seguirse hasta el mismo momento del servicio del vino, etapa final que también se rige por ciertas normas precisas.

Durante el primer año de vida de un vino tinto de Burdeos, las botanas de cristal de las barricas no son herméticas para que el vino pueda «trabajar»: el gas carbónico, producido por la fermentación maloláctica, puede escapar.

El arte de la crianza

El término «crianza» explica acertadamente el lento trabajo necesario para afinar y desarrollar las cualidades de un vino, y prepararlo para el consumo. Los procedimientos utilizados están resumidos paso a paso en el recuadro «El trabajo en las bodegas» de la p. 116.

El tipo de almacenamiento del vino durante su proceso de envejecimiento tiene una importancia primordial para el aficionado al buen vino, ya que puede afectar al gusto y al carácter. Las primeras preguntas que hay que formularse cuando se descubre un nuevo vino son: ¿cómo ha sido criado?, ¿durante cuánto tiempo?

Algunos vinos tienen una crianza reducida o nula, pero, aun así, casi todos pasan por diversos tratamientos que los preparan para ser embotellados. Muchos vinos blancos se embotellan casi inmediatamente después de la vinificación, y deben ser bebidos muy rápidamente. Otros, tanto tintos como blancos, permanecen más o menos tiempo en cubas o en barricas, y luego envejecen todavía más en botella antes de alcanzar su apogeo. Los tintos destinados a un largo añejamiento, como los *grands crus* de Burdeos, de Borgoña, de Rioja o de Ribera del Duero, pueden pasar más de dos años en bodega antes de ser embotellados. El envejecimiento en botella se efectúa generalmente en la bodega del consumidor (este tema se trata ampliamente en las pp. 57-60, en el capítulo «La crianza en botella»).

La utilización de toneles fue esencial para la evolución del arte de la crianza. Mucho más tarde llegó la botella que, utilizada tanto para el servicio como para el almacenamiento del vino, aportó profundas modificaciones.

Los dos métodos de añejamiento –en cubas (o barricas) y en botellas– pueden aplicarse de manera complementaria. Ciertos vinos se conservan en barrica hasta que están listos para el consumo y sólo entonces se embotellan. Otros pasan a la botella cuando aún les falta mucho tiempo para liberarse de sus taninos y de su astringencia. Entre los primeros pueden citarse el oporto tawny, el jerez, los vinos dulces naturales, numerosos tintos italianos y (tradicionalmente) los riojas tintos y blancos. Los segundos comprenden los oporto milesimados, y los *crus* de Burdeos y Borgoña.

De la piel de cabra al plástico

En la antigüedad, el vino seguramente se conservaba en odres de piel de cabra; costumbre todavía practicada hasta comienzos de este siglo. Estos vinos tenían un fuerte olor característico, como el de ciertos vinos españoles ordinarios conservados en botas. El interior de estos odres de piel de cabra o de cerdo conservaba los pelos de las pieles y se untaba de pez para impermeabilizarlo. La bota española, pequeña cantimplora de cuero de olor más suave, es mucho más refinada.

En el mundo antiguo, se fabricaban tinajas de barro cocido para conservar y transportar el vino. Los griegos y los romanos utilizaban ánforas para el transporte del vino y de otros productos de consumo, como el aceite. En el Mediterráneo, se practica todavía la «pesca» de estos antiguos vestigios. Los romanos comenzaron a fabricar toneles de madera después de atravesar los Alpes, por lo que no es imposible que los galos y los celtas fueran los primeros en inventar estos recipientes. La barrica, o el tonel, fueron los principales contenedores utilizados a partir de entonces para el transporte del vino, como puede comprobarse gracias a los descubrimientos arqueológicos, las esculturas y las inscripciones de la época romana.

El tonel es, en efecto, más liviano, más sólido y más fácil de transportar y reparar que una tinaja. Estas cualidades lo hicieron esencial para la comercialización del vino, mucho antes de que se descubriesen sus virtudes para mejorar la crianza.

En el Château Léoville-Barton, la clarificación se lleva a cabo con seis claras de huevo por barrica.

Hasta finales del siglo XIX, por tanto, se utilizó sobre todo la madera, tanto para las cubas de fermentación como para los toneles. Más tarde empezaron a utilizarse cubas de cemento y, posteriormente, cubas vitrificadas.

La maduración

La crianza del vino es una práctica relativamente moderna. Los romanos ya sabían que un ánfora herméticamente cerrada permitía la buena conservación del vino, pero este arte se perdió durante la Edad Media. En aquella época, se apreciaban sobre todo los vinos jóvenes y afrutados. Desde luego, tanto los griegos como los aficionados de la antigua Roma preferían beber vinos jóvenes que vinos viejos mal conservados y con gusto avinagrado. La única técnica un poco elaborada que ha subsistido de este período es la tonelería. Los toneles debían ser lo bastante sólidos como para soportar los golpes durante el transporte. Sin embargo, los vinos se estropeaban a menudo –se convertían en vinagre o comenzaban una segunda fermentación– y nadie sabía por qué. Se invocaba a las fases de la luna, creencia lógica en aquellos tiempos (véase más adelante).

Los grandes cambios datan del siglo XVII. La mayoría de los procedimientos empleados en la actualidad se remontan a fines del siglo XVII o a comienzos del XVIII. Curiosamente, estas técnicas no fueron descubiertas por los científicos, sino por los responsables de las bodegas o por algunos negociantes pragmáticos.

El anhídrido sulfuroso

En presencia de oxígeno, el vino contiene bacterias que lo transforman en vinagre. Un tonel lleno no contiene oxígeno, o muy poco. Una bodega fresca frena igualmente esta reacción. Tal vez por este motivo, los productores alemanes y los del noreste de Francia fueron los primeros en envejecer el vino en toneles. El fuerte contenido en alcohol de los vinos dulces del Mediterráneo también inhibe las bacterias e impide que el vino se avinagre.

Pero lo que permitió estabilizar correctamente el vino fue el redescubrimiento (porque los romanos ya lo utilizaban) del anhídrido sulfuroso en la Alemania medieval. Quemar azufre en una barrica antes de llenarla permite matar las bacterias e impide la oxidación del vino. Esta práctica, que se hizo corriente en el Burdeos del siglo XVIII, lo es hoy en todo el mundo. El anhídrido sulfuroso (SO_2) se utiliza en varias fases de la elaboración del vino, en forma sólida, líquida o gaseosa. Si se quiere evitar la fermentación maloláctica de un blanco, el azufre lo protegerá, conservando el ácido málico que preserva los aromas a manzana verde. Por lo que respecta a los tintos, el azufre sirve de desinfectante para las barricas, las uvas y el propio vino.

Actualmente, se intenta reducir, e incluso evitar, la utilización de azufre. Unas uvas sanas y unos instrumentos de vinificación, así como unos locales escrupulosamente limpios hacen su uso menos necesario. Los consumidores americanos, preocupados por su alimentación, desconfían de los sulfitados; la ley obliga a los productores a mencionarlo en sus etiquetas *(contains sulfites)*. Sin embargo, sólo un número reducido de personas es alérgico al azufre, lo que explica que la legislación europea no haya considerado oportuno imponer una medida semejante en el Viejo Continente.

El objetivo de la crianza

La crianza incluye el conjunto de operaciones efectuadas para suprimir ciertas materias sólidas que se encuentran en suspensión en el vino nuevo, y no correr el riesgo de que puedan afectarle más tarde. Se trata de células de levaduras, bacterias y minúsculos fragmentos de hollejo y de pulpa de uva. Si se retira la totalidad, o al menos parte, de estas sustancias, se evitará el mayor problema al que está expuesto el vino: la refermentación, provocada por azúcares residuales (no fermentados) y activada por las levaduras todavía presentes en el líquido, bacterias o por las levaduras naturales del entorno. La refermentación puede transformar el vino en vinagre.

Esta conversión del alcohol del vino en ácido acético se debe a microorganismos que necesitan la presencia del oxígeno para activarse. El exceso de lías en el vino es igualmente perjudi-

Para que los vinos blancos sean más amplios, se remueven (bastoneo) y así las finas lías vuelven a estar en suspensión.

cial ya que, cuando hay azúcares residuales, puede desencadenar una segunda fermentación en botella o –lo que es menos grave pero muy desagradable– muchos posos. El vino joven contiene también anhídrido carbónico disuelto, producido por la fermentación. Una pequeña cantidad de anhídrido carbónico se traduce en una «aguja» refrescante o un muy ligero burbujeo, que va muy bien a ciertos vinos blancos jóvenes, como los muscadet embotellados sobre lías (sur lie).

Una intervención mínima
Conocido bajo diversos nombres, incluido el de «vinificación orgánica», se ha desarrollado desde hace poco un método de crianza que comporta una intervención mínima en los procesos. Muchos vinificadores, sobre todo los que producen vinos comunes en grandes cantidades, consideran que se trata de un lujo. Ellos prefieren controlar las operaciones con la ayuda de las nuevas tecnologías y no quieren correr riesgos que les impidan comercializar, cada año, un vino correcto.

El principio de la intervención mínima puede llegar a excluir el uso de bombas que –según sus adeptos– suele «malherir» el vino. La explotación vertical, en que las uvas llegan desde arriba y descienden por efecto de la gravedad a través de la estrujadora despalilladora hasta la cuba y la barrica, resulta ideal. Este sistema era habitual en el siglo XIX, antes de la invención de las bombas eléctricas. Algunas explotaciones funcionan de esta manera actualmente, aunque la escuela «antibomba» parece ser más una filosofía minimalista que una práctica fundada en experiencias científicas.

En la elaboración actual del vino, los agentes químicos (y esto comprende el anhídrido sulfuroso) se utilizan lo menos posible. A los especialistas les gusta recordar que, en comparación con muchos productos alimentarios, el vino se trata muy poco y los productos químicos utilizados tienen propiedades y efectos bien conocidos.

No obstante, se puede no utilizar ningún producto químico y limitar la intervención al embotellado, en cuyo caso hace falta mucho esmero, mucha limpieza y que las barricas se atesten con frecuencia para que el vino nunca entre en contacto con el oxígeno.

La tradición quiere que las operaciones de trasiego se realicen con tiempo despejado, a ser posible durante la luna menguante. Estas condiciones coinciden por regla general con una presión atmosférica elevada, lo que reduce –ligera pero eficazmente– la acción de las bacterias y las levaduras sobre el vino. De este modo es posible obtener una gran claridad y un depósito ligero de lías removidas.

EL TRABAJO EN LAS BODEGAS

Las sucesivas etapas de preparación del vino intentan estabilizar y clarificar los vinos nuevos. Siempre afectan a las características del vino y, en el peor de los casos, le roban los aromas y el carácter. Estas operaciones no son obligatorias –salvo, tal vez, el atestamiento y el trasiego– y algunos defensores de la «intervención mínima» incluso las rechazan.

La clarificación. El vino nuevo contiene materias sólidas en suspensión, como células de levaduras y minúsculas partículas de hollejo y de pulpa, así como proteínas. Si no se retiran, el vino será turbio y podría estropearse. En los vinos tintos de calidad, se deja cierta cantidad, lo que explica el poso que suele formarse en las botellas. Estos elementos descienden con toda suavidad hasta el fondo si se les deja el tiempo suficiente. Sin embargo, la mayor parte de los vinos son sometidos a clarificación, que consiste en agregar al vino una sustancia protídica que absorbe y precipita las materias sólidas: bajan conjuntamente al fondo de la cuba o de la barrica y permiten el trasiego del vino clarificado. Entre las sustancias que se emplean en la clarificación, se pueden citar las claras de huevo batidas a punto de nieve, la arcilla bentonita, la cola de pescado y la sangre. La clarificación puede suprimir una parte de los taninos y de otras sustancias aromáticas deseables en la composición del vino.

El trasiego. Se efectúa para trasvasar (con la ayuda de una bomba o simplemente de la gravedad) el vino de una cuba o de una barrica a otra. Esta operación se realiza después de la clarificación, a fin de separar el vino clarificado del depósito o de las lías que han quedado al fondo de la primera barrica. El trasiego sirve, al mismo tiempo, para airear el vino, sobre todo si se hace pasar por una cuba abierta antes de meterse en barrica. En Burdeos se suele trasegar los tintos cuatro veces durante el primer año y dos o tres veces en el curso del segundo.

El filtrado. Los filtros modernos permiten retirar del vino partículas de un tamaño específico. Esto hace que se puedan eliminar, por ejemplo, las células de levaduras u otras materias sólidas para evitar una segunda fermentación. El filtrado sirve por tanto para sustituir, en todo o en parte, la utilización del anhídrido sulfuroso y de otros desinfectantes químicos.

El centrifugado. El centrifugado hace girar el vino en el interior de un tambor, propulsando las materias sólidas hacia la periferia, lo que permite extraerlas. Si se abusa, la operación puede destruir los mejores aromas del vino, pero es un método que reemplaza los productos químicos y el filtrado.

La pasteurización. Se trata de otro método para eliminar las bacterias y las levaduras, y evitar una segunda fermentación. Se calienta el vino a 85 °C durante breves momentos (o más tiempo a una temperatura menor). Sus detractores dicen que este tratamiento térmico sólo consigue matar el vino, que ya no evoluciona una vez embotellado.

El ajuste de la acidez. Muchos vinos son poco ácidos por naturaleza, con el consiguiente riesgo de que se estropeen. Por este motivo, numerosos vinificadores del Nuevo Mundo les añaden ácido ascórbico (vitamina C), que actúa como antioxidante y mejora el gusto. Esta práctica está autorizada en ciertas regiones de Europa.

El atestamiento. En la barrica o en la cuba, el vino se evapora más o menos rápidamente, dependiendo de la temperatura y el porcentaje de humedad de la bodega. Para evitar la oxidación, el vino evaporado se sustituye rellenando la barrica con vino procedente de otra. En las bodegas tradicionales, generalmente se cierran los toneles con botanas de vidrio. Las botanas se encajan con un poco de holgura para que el vino pueda rezumar mientras «trabaja». Más tarde, se ajustará sólidamente una botana de madera y se hará girar unos treinta grados la barrica para sumergir completamente la botana.

Técnicas para el vino blanco. La mayoría de los vinos blancos se envejecen dejándolos reposar simplemente en cubas de material inerte. Un período de almacenamiento a temperaturas muy frescas permite que los depósitos de tártaro precipiten en forma de cristales.

LA INFLUENCIA DE LAS BARRICAS EN EL SABOR

Cuando son nuevas, las barricas de madera dan al vino un claro sabor a vainilla, aunque este aporte aromático no siempre es apreciado. Por ejemplo, en Burdeos, Borgoña y en muchas zonas de España, se utilizan las propiedades del roble nuevo para los vinos tintos y, en menor medida, para los blancos de la variedad chardonnay. Por contra, en otras regiones también muy tradicionales –Oporto, Jerez, Champagne–, evitan todo contacto del vino con la madera nueva. La madera respira y deja pasar un poco de aire, por lo que puede contribuir a una mejor maduración del vino y a desarrollar su capacidad de envejecimiento.

Pero, en realidad, ¿qué efecto tiene la madera sobre el vino? Hay que tener en cuenta tres factores: el tamaño de la barrica, su edad y el origen de la madera con la que está hecha. Empecemos por la madera: el roble es unánimemente apreciado en razón de sus propiedades físicas y de sus aportes aromáticos. Pero la estructura celular del roble varía según su origen: los vinificadores distinguen el grano cerrado o suelto, que depende de su crecimiento y, por tanto, del bosque de donde proviene. Los robles que crecen lentamente, como los de la zona de Berry, dan una madera de grano cerrado. Esta característica no sólo afecta a su permeabilidad al aire, sino también a sus componentes fenólicos, más finos (porque los árboles crecen más en primavera que en verano).

Los polifenoles contenidos en las células del roble son los aportes aromáticos que se buscan para ciertos vinos: en la actualidad se han identificado más de 60, y 18 fenoles diferentes, el más importante de los cuales es la vainilla. Los taninos del roble son diferentes de los de los hollejos y los escobajos de las uvas. Aumentan la astringencia del vino y refuerzan su estructura.

Más compleja todavía, ya que está relacionada con la estructura de la madera, es la variedad de sustancias que contienen los robles procedentes de otros bosques. El roble del Lemosín, que crece rápidamente, posee una estructura más tosca y aporta componentes aromáticos más poderosos que el de Berry. Al proceder de una región situada más al norte, posee una mayor

Para cinchar las duelas hay que tostarlas.

LOS VINOS ENVEJECIDOS EN BARRICAS DE ROBLE

El encargado de la bodega debe pasar revista a sus barricas nuevas antes de la vendimia para decidir qué porcentaje de la recolección se albergará en barricas de roble nuevas.

Ciertos vinos, o determinadas añadas, no soportarían un cien por cien de roble nuevo. El vinificador utiliza un determinado número de barricas nuevas cada año y efectúa una parte del envejecimiento en acero inoxidable o en otra materia inerte.

El tiempo que el vino pasa en barrica depende del tipo de vino y de la añada. Un vino de viñas muy jóvenes o una añada de menor concentración pasará menos tiempo en barrica.

Los siguientes vinos se añejan en barricas de roble, menos por tradición que porque esta práctica aporta complementos aromáticos y la complejidad deseada. La lista no puede ser exhaustiva, porque la crianza de vinos en barricas de roble forma parte de numerosas técnicas utilizadas en todo el mundo, y la elección de la madera depende de la calidad de cada vendimia. Sería difícil encontrar una región vinícola en la que nadie envejeciese sus vinos en barricas de roble.

VINOS BLANCOS
Alemania: pinot blanc y pinot gris.
Australia y Nueva Zelanda: chardonnay.
Burdeos: graves, sauternes.
Borgoña: chablis, côte d'or, chalonnais.
California: chardonnay y ciertos sauvignons.
Champagne: algunas casas han conservado la tradición de los toneles de roble para la fermentación y el almacenado de sus vinos de reserva.
España: rioja.
Italia: chardonnay.
Ródano: hermitage, condrieu.

VINOS TINTOS
Australia: cabernet-sauvignon, pinot noir, shiraz.
Burdeos: *grands crus, crus bourgeois.*
Borgoña: côte d'or, chalonnais.
California: cabernet-sauvignon, pinot noir, syrah, ciertos zinfandels.
España: rioja, ribera del Duero, navarra, cabernet-sauvignon.
Italia: barolo piamontés y barbaresco, «super toscanos» *vini da tavola.*
Loira: chinons y bourgueils tradicionales.
Ródano: hermitage, côte-rôtie.

cantidad de sustancias aromáticas sutiles, tales como el eugenol y la lactona. En consecuencia, el roble del Lemosín se utiliza para los aguardientes como el coñac, mientras que para los vinos se prefiere el de Berry.

Después de la tala, los troncos son aserrados en tablones que luego se hienden (no se sierran) para obtener las duelas. Las duelas se secan al aire libre durante dos o tres años. A partir de aquí, el resultado dependerá del talento del tonelero (véase abajo).

La forma y el tamaño de la barrica

La mejor relación entre la masa de líquido y la superficie de madera con la que está en contacto es la de un tonel de roble con una capacidad de alrededor de 225 l. Es el tamaño de la tradicional barrica de Burdeos (la de Borgoña tiene una capacidad de 228 l, mientras que la de Champagne es de 220 l). Estas dimensiones se han convertido en estándar porque una barrica de este tipo puede ser manipulada sin problemas por dos hombres. Las barricas más pequeñas ofrecen una superficie de contacto del líquido con la madera proporcionalmente mayor, pero salen más caras; los toneles mayores reducen el intercambio entre la madera y el vino.

En la actualidad, el vino ya no se transporta en toneles y las barricas se pueden construir con duelas menos gruesas. La barrica tradicional de transporte ha dejado paso a la barrica de bodega, más fina, que favorece una entrada de oxígeno en cantidades pequeñas pero no despreciables.

La edad de la barrica

La barrica de roble nuevo, evidentemente, aportará mayor cantidad de componentes aromáticos al vino. Una vez utilizada para una primera vendimia (se llama entonces «barrica de un vino»), los taninos y otras sustancias del vino, así como los cristales de tártaro, se depositan en la madera. Año tras año, la barrica cederá cada vez menos componentes aromáticos: cuanto más espesa sea la capa de tártaro, menos efecto tendrá la madera sobre el vino (lo que no deja de ser una situación ideal si lo que se necesita es simplemente un recipiente para alojar el vino).

La madera nueva respira mucho mejor que la vieja: sus poros no están cerrados por los depósitos de vino y el oxígeno penetra más fácilmente. Por otra parte, el roble nuevo añade mayor cantidad de taninos y de sustancias «suavizantes», procedentes de la celulosa de la madera, y más aroma de vainilla, específico de la madera nueva. Al cabo de un año de utilización, el roble pierde estas características: aporta menos componentes aromáticos y se reduce la oxidación.

¿Cómo se fabrican los toneles?

El oficio del tonelero es todo un arte, pero sólo algunas de sus técnicas nos interesan aquí. Para conseguir la forma deseada, se asegura un extremo de las duelas alabeadas y vaciadas con un fleje. Se enciende seguidamente un fuego en el interior de la barrica para elevar la temperatura de la madera y facilitar la cinchadura. Este calor provocará también un ligero tostado de las paredes interiores de la barrica.

La experiencia ha demostrado que un tostado más o menos intenso provoca diferencias en la crianza de los vinos. Un tostado importante carboniza el tonel y produce un filtro de carbón de leña entre el vino y la madera, con aromas fuertes y una gran variedad de componentes fenólicos. Un tostado más suave permitirá una mejor extracción de los componentes de la madera que tienen un poco más de astringencia.

La conservación de las barricas

En teoría, una barrica nunca debería estar vacía: cuando está llena, la madera se hincha y cierra herméticamente la barrica. Antes de volver a usarse, las barricas vacías deben aclararse con agua y desinfectarse con anhídrido sulfuroso.

Las barricas y las cubas viejas se pueden reutilizar eliminando los cristales de tártaro depositados en su interior. Para ello hay que desmontarlas y cepillar las duelas antes de volver a montarlas. De este modo, se dispondrá de una nueva superficie de madera, que aportará cualidades parecidas a las del roble nuevo.

Añadir un sabor a roble

Las barricas no son indispensables para obtener un sabor a roble; lo fundamental es la presencia de madera. Algunas explotaciones del Nuevo Mundo utilizan virutas de roble, puestas en infusión en las cubas, para dar al vino ese sabor particular. Pero esta práctica se considera poco ortodoxa en Europa. □

Colocación de los cinchos de una barrica de roble.

El embotellado

Una vez acabada la crianza, el vino se embotella y abandona la bodega para ser comercializado. El embotellado, la tarea más prosaica y al mismo tiempo más técnica, comporta un aspecto importante de cara a la longevidad del vino: la elección del corcho.

El corcho ideal

El capítulo sobre el servicio de los vinos (véase pp. 65-79) describe los diferentes tipos de corcho y los problemas que pueden aparecer en el momento del servicio. Pero, ¿qué es un corcho? Verdadero anacronismo en la era de las soluciones técnicas, este superviviente de la época romana, recuperado en el siglo XVIII, se mantiene en vigor pese a todas las tentativas para encontrarle un sustituto. Existen muchos materiales, como los plásticos o los metales, que podrían cubrir su función. Sin embargo, el corcho sigue siendo el sello sagrado, no solamente para los vinos de categoría sino incluso para la mayor parte de los vinos comunes.

El corcho posee, sin duda, propiedades físicas originales y es ideal para tapar una botella de cristal. Sus células microscópicas forman «ventosas» que se adhieren perfectamente al cuello. Por otra parte, el corcho es impermeable a los líquidos, inerte, no reacciona al contacto con el vino y no se pudre. Sólo algunos insectos nocivos –los gorgojos– y ciertos hongos pueden dañarlo; tomando las disposiciones adecuadas, estos inconvenientes pueden fácilmente evitarse. Ningún material sintético ofrece tal combinación de cualidades ni la misma garantía de longevidad, lo que explica su incontestable supremacía.

El corcho proviene de la corteza del alcornoque (*Quercus suber*). El ciclo de su cosecha es prolongado, de 9 a 15 años según el país de origen. Un árbol produce corcho utilizable después de llegar a los 50 o 75 años de edad. Portugal es el principal productor mundial –alrededor del 50% de la producción–, seguido por España, Argelia, Marruecos, Francia e Italia. Los alcornoques sólo crecen en esta pequeña región occidental de la cuenca mediterránea.

Los productores de vino eligen sus corchos según el tiempo de crianza en botella previsto: los blancos destinados a ser bebidos pronto tienen corchos cortos, de calidad mediocre; los *crus* de Burdeos y los oportos milesimados exigen, por contra, corchos largos y de la mejor calidad. Bien conservado en bodega, un buen corcho puede proteger un vino incluso durante un siglo; aunque, como medida de seguridad, las grandes bodegas cambian los corchos de los vinos de sus vinotecas cada 20 o 30 años.

Las botellas

La botella de cristal es al menos tan importante para el vino como el tapón de corcho. El vidrio es un material inerte e inalterable: un conjunto de cualidades tan raras como las del corcho. La invención de una botella resistente, fabricada en grandes cantidades, se describe en la p. 49, pero hay que añadir que su forma tiene tanta importancia como su resistencia. Hasta finales del siglo XVIII, la mayor parte de las botellas eran esféricas, y por tanto difíciles de almacenar en posición horizontal. La lenta evolución de la botella hasta llegar al modelo alto y recto que conocemos hoy, fácil de almacenar horizontalmente y que permite el contacto del corcho con el vino, fue esencial para los vinos de categoría, ya que ofrece las mejores condiciones de envejecimiento.

La venta directa

En la actualidad, muchos aficionados procuran realizar sus compras directamente en la bodega de los elaboradores. Esto es posible en los países de tradición vitícola y las zonas de bodegas son un destino muy habitual para suizos, alemanes, británicos y otros habitantes de países no vitícolas. Por su parte, las personas que viven en las proximidades de un viñedo, o que conocen un solo tipo de vino, pueden tener la curiosidad de descubrir otras

El embotellado es el proceso más automatizado de la producción.

regiones y lanzarse a recorrer las rutas de los vinos.

El comercio del vino ha dado nacimiento a una compleja red comercial, omnipresente en Europa y rigurosamente reglamentada. En Estados Unidos, Australia y otros países vinícolas del Nuevo Mundo, los esquemas son menos rígidos, aunque la venta directa al consumidor está prohibida en numerosos estados norteamericanos.

Los bodegueros mayoristas

Los *négociants* de Burdeos son los más conocidos en el oficio. Su papel histórico consistió en comprar los vinos directamente en los *châteaux* para revenderlos posteriormente, sobre todo en el extranjero. Sus bodegas, distribuidas a lo largo del quai des Chartrons, en Burdeos, se hicieron legendarias, sobre todo por lo que pasaba entre sus paredes. Las prácticas de *coupage* (mezcla) con vinos del Ródano y de España eran corrientes pero, contrariamente a lo que ocurría con otras adulteraciones, los comerciantes de Chartrons buscaban sobre todo mejorar los tintos bordeleses y no «alargarlos». Sabían que a sus clientes del norte de Europa les gustaban los burdeos potentes, espiritosos y de color profundo: el truco consistía en añadir, por ejemplo, una buena dosis de hermitage. La historia del oporto no es muy distinta y desembocó en la elaboración de vinos encabezados.

Estos métodos, que pueden parecer discutibles, eran una de las actividades principales del mayorista tradicional. Era un «comerciante-bodeguero». En ocasiones, los vinos permanecían muchos años en sus bodegas y, durante ese tiempo, las barricas se atestaban, se trasegaban cuando era necesario y los vinos envejecían sin prisa en un entorno apropiado. Las bodegas de los comerciantes bordeleses ofrecían condiciones inmejorables para el envejecimiento, al contrario que las bodegas mal adaptadas de los *châteaux* de la época. Las bodegas profundas y sombrías, instaladas tras los elegantes edificios dieciochescos de Chartrons, eran el lugar ideal para una buena maduración de los vinos.

El embotellado en la propiedad

Es cada vez más raro encontrar un gran vino que sea embotellado lejos de su lugar de producción. En Burdeos, todos los «*châteaux*» se embotellan actualmente en la propiedad que los elabora. Pero no siempre fue así. En 1924, fue el barón Philippe de Rothschild (de Mouton) quien intentó persuadir a sus colegas de otras grandes propiedades para imponer su obligatoriedad. Incluso después de esa fecha, algunos viticultores conservaron la costumbre de vender a granel, hábito que se mantuvo hasta la década de los 60. La justificación del embotellado en la propiedad es que es una garantía de autenticidad y de calidad. Los inconvenientes, por contra, son de orden económico: hace falta mucho espacio en las bodegas para envejecer el vino durante años y el consiguiente capital para financiar el almacenamiento. Para el consumidor, un vino embotellado en la propiedad corresponde (salvo en caso de actuaciones fraudulentas) exactamente a lo que indica su etiqueta. Los mayoristas de antes no tenían tantos escrúpulos.

En Francia, por ejemplo, es raro que un *château* o un *domaine* se conviertan en un nombre de marca, a excepción de los vinos de Burdeos. En las demás regiones, la identidad del vino viene dada por el viñedo o la localidad. El concepto de *château* fue adoptado por los productores del Nuevo Mundo, que muy pronto comprendieron el partido que podían sacarle. Utilizan frecuentemente el término *château* para reforzar la idea de que sus propiedades siguen la tradición clásica (aunque muy pocas de sus creaciones merezcan tal promoción).

La utilización del nombre de una propiedad no liga forzosamente la producción a una región determinada: una propiedad puede extenderse, a condición de no desbordar los límites geográficos –generalmente amplios– de su denominación de origen. Fuera de Francia, el concepto de *propiedad* se ha vuelto aún más lábil, ya que una parte de la uva puede proceder de viñedos que no pertenezcan a la propiedad. ¿Qué significa, por tanto, la expresión «embotellado en la propiedad»? Según la definición clásica, se trata de un vino surgido de viñas pertenecientes a una propiedad determinada y vinificado, mezclado, criado y embotellado en el mismo lugar. La distinción entre los vinos elaborados en la propiedad y los que se venden a granel es fundamental para el propietario: uno es un producto terminado, mientras que el otro no es más que una materia prima.

Los circuitos de comercialización

Hoy en día, la evolución del mercado y la importancia adquirida por algunos bodegueros han obligado a reconstruir paulatinamente los circuitos tradicionales de comercialización, que pueden llegar a ser muy distintos según el país. Por ejemplo, en España, el principal circuito de comercialización de una bodega se basa en la imagen del distribuidor o representante comercial, que suele disponer de un reducido stock de los vinos de la bodega para abastecer el mercado local o regional. Muchos de estos distribuidores regionales actúan como una sucursal comercial de la propia bodega, pero otros pueden representar y comercializar vinos procedentes de varias bodegas, siempre y cuando no representen una competencia desleal directa en el tipo de vino y la zona de origen. Los distribuidores venden los vinos a precios fijados por las bodegas centrales y su beneficio se basa en un porcentaje sobre el volumen total de ventas. En este mercado interno de la distribución, los principales canales de venta son las grandes superficies, los comercios especializados, los restauradores e incluso los particulares. Las ventas para la exportación se negocian generalmente desde la propia bodega elaboradora con importadores de los distintos países, muchos de los cuales son distribuidores independientes con una red comercial nacional bien diseñada.

Por otro lado, el reciente desarrollo de la gran distribución alimentaria y el descenso del consumo de vino común de mesa han cambiado considerablemente la estructura del comercio vinícola interno. El ejemplo más claro se encuentra en las grandes superficies o supermercados. Tan sólo hace unos años, el aficionado al vino no veía con buenos ojos la venta de este artículo en el supermercado. Sin embargo, este tipo de comercio gana terreno día a día y seduce a una amplia gama de clientela por la diversidad de la oferta, la calidad de los vinos expuestos y, sobre todo, por el precio. □

Los viñedos del mundo

Por lo menos cincuenta países del mundo producen vino y casi todos exportan actualmente una parte de su producción: el vino es la bebida más comercializada y más difundida en el mercado. Ningún otro producto alimentario tiene una presencia tan amplia y tan reconocible, ya que el vino no es anónimo. Es el único producto agrícola que no sólo lleva en la etiqueta el nombre del país o región de procedencia, sino a menudo el nombre del pago preciso donde ha sido elaborado.

En otros tiempos, ese pago hubiese sido francés. A lo sumo el vino podía proceder del valle del Mosela, en Alemania, de la región de Chianti, en Italia, o de alguna zona de España. Los vinos californianos o australianos eran de consumo interno. Sin embargo, durante los últimos veinte años se ha asistido a una verdadera internacionalización de los mercados vinícolas, acompañada de una mejora considerable de la calidad de los vinos en general.

La vid crece en estado silvestre en los climas templados del globo; en gran parte de Europa, en la zona oriental de la cuenca mediterránea, en amplias regiones tanto de América del Norte como del Sur, así como en Australia, se explotan variedades cultivadas que derivan de la planta silvestre. Por razones culturales más que climáticas, la viticultura está menos extendida en Asia, al este del litoral mediterráneo.

El Mediterráneo es la cuna del mundo vitícola, y si actualmente se encuentra vino en todas partes se debe a la fuerte penetración de la cultura occidental surgida de la antigüedad. Los extensos y florecientes viñedos del Nuevo Mundo –los de las Américas, de África del Sur, de Australia, de Nueva Zelanda– fueron plantados por europeos. En la actualidad, los vinos de estos países, y de otros, compiten con los de los viejos viñedos europeos en las mesas de los aficionados al vino de todo el mundo.

Los progresos en el cultivo de la vid y la evolución de las técnicas de vinificación han supuesto una notable mejora en la calidad de los vinos. Se produce mucho menos vino malo que hace veinte años. La cantidad de vino de calidad aumenta en todo el mundo, incluyendo a los viticultores entusiastas e innovadores del Nuevo Mundo, que amenazan el predominio de los viñedos europeos. Al mismo tiempo, la calidad media de los vinos de consumo corriente ha mejorado gracias a los avances de los controles de calidad.

Paralelamente, la cantidad de vino producido y consumido decrece poco a poco. No tiene nada de sorprendente. El vino no es sólo un placer maravilloso, a veces sublime. Durante siglos fue utilizado como medicamento, como anestésico y antiséptico. En algunas regiones, también era una bebida menos peligrosa que el agua. Con la evolución de las costumbres y la elevación del nivel de vida, el consumidor exige –y obtiene– calidad más que cantidad. Aunque Francia sigue siendo el país con mayor consumo de vino por habitante, éste se redujo a la mitad entre 1961 y 1991. Italia, España y Portugal también han registrado descensos similares.

Viejos viñedos y Nuevo Mundo

El comercio del vino se practica a escala mundial y las ideas innovadoras también viajan; por no hablar de los especialistas que se dedican a la enología. Los países del Nuevo Mundo son, desde hace más de un siglo, observadores atentos de las tradiciones vitícolas europeas. Las nuevas industrias vinícolas siempre han tenido un ojo puesto en Europa y han sabido aprovechar los conocimientos tradicionales de los inmigrantes, así como las informaciones técnicas. Para ellas, los vinos importados siempre eran una referencia.

Desde la década de los 80, los intercambios van en las dos direcciones. Los viticultores franceses, asombrados por la explosión de las ventas de vino del Nuevo Mundo en países donde siempre había imperado Francia, empezaron a mandar a sus hijos a hacer prácticas en California y en Australia. Las grandes empresas de Champagne se dedicaron a comprar tierras en esos países para plantar viñas. Las siguieron la elite de Burdeos: el barón Philippe de Rothschild se alió con Robert Mondavi para producir Opus One. Moueix de Pommerol, Codorníu, Freixenet, Torres, los champagnes Roederer, Deutz, Mumm, Taittinger y muchas otras hicieron lo propio en California y en otras regiones. A pesar de esta nueva competencia, el prestigio y la calidad de los

Matrimonio entre el Viejo y el Nuevo Mundo: la bodega de Opus One en el valle de Napa, en California.

vinos franceses sigue sirviendo de ejemplo. ¿Los millones de chinos se dejarán seducir algún día en masa por el vino? El proceso, en todo caso, ha comenzado, como también en Japón e India. El mapa geográfico de los vinos del mundo está en cambio permanente.

Comprender el universo del vino

Esta diversidad fantástica plantea, sin embargo, ciertos problemas a los consumidores. La elección es muy amplia: ¿cómo saber qué vinos son los mejores?

El planteamiento geográfico parece el más claro; normalmente, el estilo del vino depende de la región donde ha sido elaborado. Estas regiones pueden estar subdivididas en zonas concretas y, a nivel local, hay pueblos, viñedos y productores con sus particularidades. La idea de partida parece relativamente sencilla: los países tienen regiones productoras que se dividen en pagos distintos; los productores poseen viñas y elaboran vinos. Este esquema se ajusta bien a ciertas regiones, aunque no a todas, y el mundo del vino no cesa de transformarse.

Muchos países del Nuevo Mundo destacan otro factor que no es el pago. Al echar una mirada sobre sus etiquetas, se reconocen bastantes nombres franceses y españoles: son los de las cepas, trasplantadas casi en su totalidad de los países tradicionales. Los consumidores de estos nuevos países se han acostumbrado a dar al vino el nombre de la variedad: chardonnay o cabernet sauvignon, por ejemplo, indican el estilo de vino. Tanto para los consumidores como para los legisladores europeos esta forma de proceder no es la más adecuada. Cuando juzgan el nivel y la calidad de un vino, la procedencia geográfica de la uva prima sobre su tipo.

En todas partes, la calidad del vino está garantizada por el nombre de la propiedad donde se elabora: en las regiones tradicionales, un *château* o una bodega se consideran una marca. Los viñedos del Nuevo Mundo también tienen sus fincas y sus empresas vinícolas, que se convierten en indicadores del estilo y de la calidad. Por ejemplo, en Australia, un consumidor puede adoptar la costumbre de proveerse en un productor determinado, pues tiene confianza en la calidad de sus vinos y conoce el estilo de la casa. En estos casos, la garantía reside en los nombres de la variedad de uva y del productor que aparecen en la etiqueta, más que en el de la región. En Europa, la importancia dada a la procedencia es una indicación no muy diferente, aunque adicional, de la calidad del vino. Y, en todo el mundo, los aficionados suelen hablar tanto de la región como del productor o de la uva.

LOS PAÍSES VITÍCOLAS

Para prosperar, la vid necesita un clima de características precisas. El período de maduración debe ser lo suficientemente largo para que la fructificación de la uva se haga en buenas condiciones y el invierno lo bastante frío como para obligar a la vid a reposar. La vid necesita cierta cantidad de luz al día, de calor y de agua (véase p. 103). Le gusta un clima templado, en las zonas situadas entre los 30 y 50° de latitud norte y sur.

Un clima templado

Las zonas templadas se encuentran en Europa, Asia y América del Norte, en el hemisferio Norte; en América del Sur, África del Sur, Australia y Nueva Zelanda, en el hemisferio Sur. Son las regiones que ofrecen el equilibrio necesario de lluvia, temperatura e insolación.

Pendientes suaves

En los países vitícolas clásicos, están excluidas las tierras altas, pues en estas latitudes la altitud modifica las condiciones climáticas, las temperaturas son demasiado frías y los vientos demasiado fuertes. En contrapartida, las mesetas son lugares apreciados en España, en Australia, en el sur de Italia o donde los veranos son tórridos. Estos viñedos disfrutan de cierto frescor por la altitud y de un mejor equilibrio climático.

Gracias a la irrigación, se explotan también ciertas tierras que, por naturaleza, son demasiado áridas para la viticultura, particularmente en el hemisferio Sur y ciertas regiones de Estados Unidos. Los mejores emplazamientos están en las laderas: hay un buen drenaje y se optimizan los efectos del sol.

Las llanuras están poco plantadas de vides, a menudo porque allí son más rentables otros cultivos.

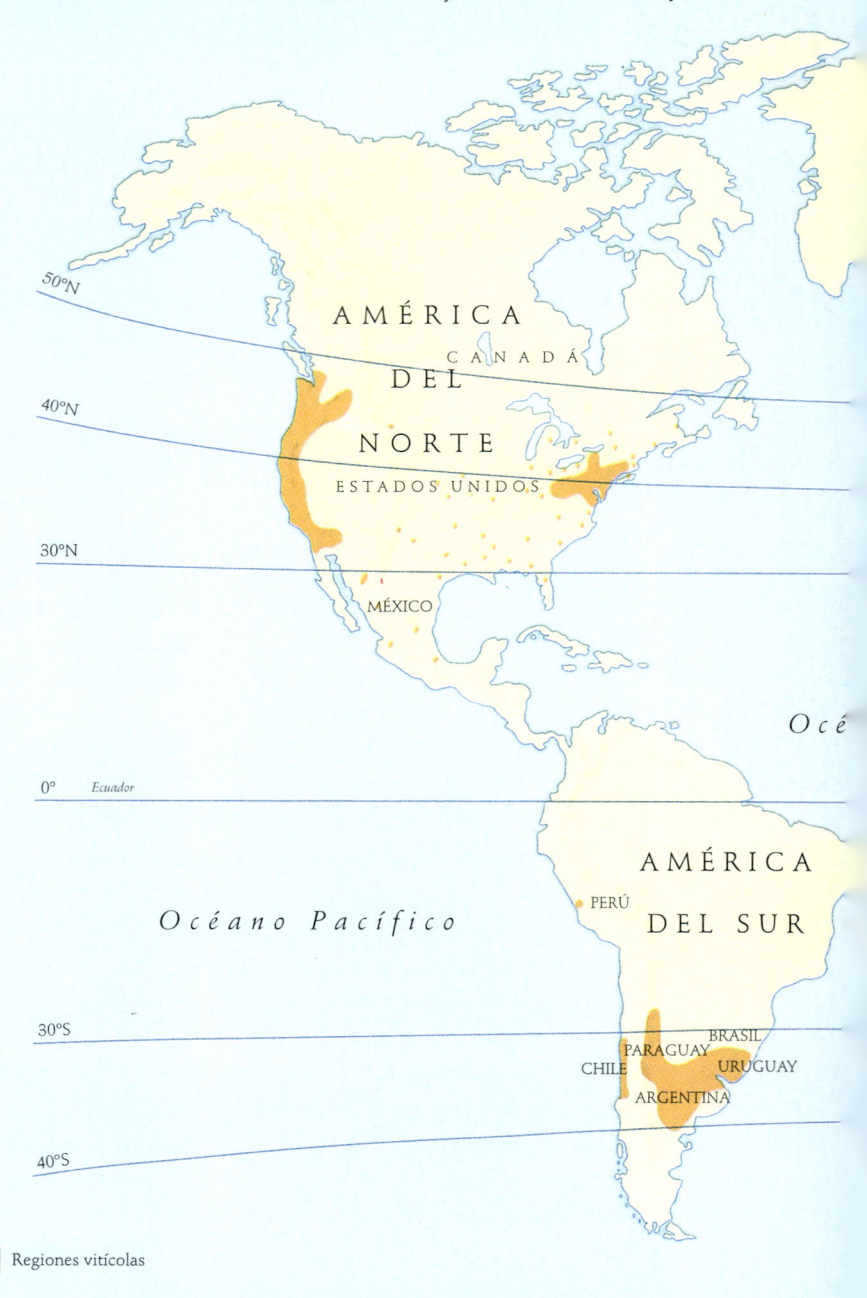

Regiones vitícolas

LOS VIÑEDOS DEL MUNDO/LOS PAÍSES VITÍCOLAS

Las regiones vitícolas de calidad

¿Por qué, dentro de amplias zonas de la misma latitud que ofrecen condiciones climáticas adecuadas, las viñas prosperan más en unas regiones que en otras? ¿Y cómo definen y controlan los países vitícolas estas zonas?

La elección del lugar
El hombre puede modificar las condiciones naturales – por ejemplo, gracias a la irrigación en los países secos–, pero la elección del lugar es fundamental para la vid. Los viticultores de la Roma antigua sabían que a las vides les gusta una ladera soleada, cerca de un río. La insolación, la altitud, el suelo y el subsuelo, junto con el clima, tanto general como local, explican por qué siempre es mejor el vino de determinadas viñas.

Este planteamiento tradicional es cuestionado a menudo por ciertos «modernistas» persuadidos de que la ciencia puede remediar las debilidades de la naturaleza. Sin embargo, no hay buenos viticultores que crean que el lugar no tiene importancia. Veamos hasta qué punto es vital.

Las necesidades de la vid. Debe estar abrigada de los vientos fríos que puedan secar y dañar las hojas y los frutos jóvenes. Necesita bastante calor para crecer y sol para una buena maduración de la uva.

La elección del tipo de suelo es más sutil. Debe cumplir cuatro funciones: sirve de soporte, aporta humedad, procura calor (se calienta o enfría más o menos deprisa) y nutre la vid. Para desarrollarse, toda planta necesita nutrientes, aunque para la vid basten unos restos en el agua de lluvia.

¿Importan tanto las sustancias aportadas por el subsuelo? Abordamos aquí un tema sacrosanto. El Château Pétrus tiene un sabor rico y concentrado a causa del hierro contenido en el subsuelo. El Chevalier-Montrachet es más ligero que su vecino, el Montrachet, porque el suelo es más pedregoso. Eso dicen, por lo menos, ciertos especialistas. Algunos enólogos australianos lo cuestionan, sosteniendo que no existe razón científica alguna para que suelos casi idénticos den vinos distintos.

El suelo y el pago. ¿El suelo es más que un soporte para la vid? Plantear una pregunta así en Francia es un sacrilegio. Todo el sistema de denominaciones de origen controladas está construido sobre el principio de protección de los mejores suelos. Un *grand cru* de Borgoña es mejor que un *premier cru* porque la composición de su suelo es más adecuada.

Éste era el punto de vista predominante hasta que California y Australia se pusieron a producir vino de calidad... en toda clase de suelos. Los expertos franceses que trabajan en los viñedos del Nuevo Mundo se han encontrado a menudo con que los suelos donde se habían plantado vides no convenían a la producción de un vino de calidad. La situación era, si cabe, más anárquica al no existir directivas que delimitaran los lugares donde se podía cultivar una u otra variedad.

Los viticultores del Nuevo Mundo se preocupan sobre todo de la alimentación líquida y de la temperatura de un viñedo. Si el agua de lluvia o de la capa freática resulta insuficiente, riegan. Si hace poco o demasiado calor, plantan el viñedo en otra parte. Muchos viñedos eran hasta hace muy poco pastos para ovejas o trigales, y muchos han vuelto a serlo. Es difícil imaginar ciertas tierras europeas cultivadas con otra planta que la vid, pero en el Nuevo Mundo no existe este orden establecido.

Se cree que el suelo confiere al vino ciertos aromas: todas las obras especializadas francesas o italianas evocan el modo en que los diversos minerales, la arcilla o la caliza de un suelo afectan al gusto del vino. Esta teoría aún no se ha podido demostrar por el análisis científico. Sin embargo, los catadores distinguen entre vinos de viñas de una misma variedad y de suelos diferentes sin que puedan explicárselo. No están seguros de que las diferencias sean debidas exclusivamente a la composición del suelo de donde ha salido el vino.

La fertilidad y los elementos minerales no bastan para definir un suelo. Todos difieren por su estructura: algunos están aireados, son permeables y se calientan rápidamente, otros (de arcilla) son pesados, húmedos y frescos. La mayoría de los grandes vinos crecen sobre suelos pobres y permeables, compuestos de gravas y de un subsuelo calcáreo. Los suelos densos y húmedos favorecen la podredumbre y se calientan lentamente. Un suelo rico y fértil produce vinos muy ordinarios: la vid ha de sufrir para dar buen vino.

La garantía de calidad. Todos los vinos de calidad llevan una etiqueta que indica su procedencia. El sistema francés de control de calidad ha servido de ejemplo al conjunto de reglamentaciones europeas, desde España a Bulgaria, y sus principios han sido recogidos por los miembros de la Unión Europea, entre otros. El poder de la Unión Europea como importadora es enorme: ha hecho modificar las reglamentaciones sobre vinos del Nuevo Mundo durante la década de los 90. La Europa central y la Europa del Este, Nueva Zelanda y Australia han tenido que armonizar sus leyes con las de los países europeos.

El desarrollo del fraude. Los fraudes han estimulado la aplicación rigurosa de leyes que rigen el etiquetado: el sistema de denominaciones. A medida que el comercio del vino crecía y que los mejores vinos alcanzaban precios más altos, resultó tentador para ciertos comerciantes sin escrúpulos vender vinos falsificados. Sin duda, ya en tiempos de los romanos existían, por ejemplo, falsos falernos y la autenticidad de una barrica de vino de Burdeos era probablemente difícil de demostrar en la Edad Media, pero el problema empezó a tomar verdadera amplitud en el siglo XX.

En este siglo, el desarrollo de la industria del lujo, con la multiplicación de marcas comerciales ligada a la economía de mercado, ha estimulado el fraude. Los propietarios de grandes

En Saint-Émilion, anuncian con orgullo la categoría de sus vinos.

châteaux bordeleses quedaron horrorizados al encontrar Margaux y Latour falsos en los mercados belgas, alemanes e ingleses. No tenían apenas medios para defenderse legalmente. En realidad, los bodegueros bordeleses o borgoñones habían actuado durante mucho tiempo de manera demasiado laxa al vender vinos a granel bajo apelaciones prestigiosas. Para comercializarlo, el vino se «ajustaba» al gusto inglés en Inglaterra, se fortificaba en los Países Bajos y se edulcoraba en Alemania. Los mayoristas paliaban sin problemas la calidad insuficiente de algunos vinos de denominaciones prestigiosas mezclándolos con vinos de mayor calidad.

En España, la liga de viticultores de Rioja estableció su legislación en 1560, pero hubo que esperar al siglo XX, para que, en la década de los 80, la reglamentación de origen se aplicara verdaderamente y permitiera así mejorar la calidad.

En Italia, el Chianti se convirtió en una de las primeras zonas vitícolas controladas cuando el gran duque de Florencia estableció sus límites en 1716. Una reunión internacional prohibió en 1883 la utilización de denominaciones de origen falsas o ficticias. Pero la laxitud legislativa obligó a los productores a unirse en asociaciones de vinos de calidad, como las de los chianti classici.

La historia de la reglamentación francesa. La historia de la reglamentación es ejemplar en Francia. Hacia 1860 un escritor denunció a los comerciantes borgoñones en estos términos: «Cuando lo necesito, el comerciante de vinos se convierte en Dios y no duda en reproducir el milagro de las bodas de Caná». Esta alusión a la transformación de agua en vino es exagerada, pero la inclusión de vino tinto argelino en las mezclas de vinos del Ródano, o las de vinos del Ródano en los borgoñas fue una práctica corriente cuyo fin esencial era la mejora de los vinos destinados a la exportación. Sin embargo, estas malas costumbres debían cesar, aunque sólo fuera para proteger a los viticultores y comerciantes serios. Así empezó la legislación sobre las denominaciones de origen en Francia. El proceso se inició en 1919 pero, de hecho, se remonta a mucho antes. Burdeos se había dotado de una reglamentación proteccionista en la Edad Media, prohibiendo que el vino del interior se vendiera como burdeos: se trataba más de rivalidad comercial dirigida contra el puerto de Libourne que de control de calidad.

En Francia, la ley de 1905 fue una primera medida contra el etiquetado fraudulento. Las declaraciones de los viticultores permitían controlar la cantidad de vino producida en un lugar concreto. La ley también especificaba que las denominaciones de origen sólo podían figurar en la etiqueta si eran veraces. Faltaba, pues, definir las regiones. Pero había que afrontar grandes problemas: ¿cómo definir la región de viñedos de Champagne o de Burdeos? En 1911, la delimitación de los viñedos de Champagne generó motines de viticultores descontentos en Épernay. El gobierno encomendó enseguida la tarea a las autoridades locales. La ley de 1919 estableció un marco general: los vinos de denominación de origen debían estar elaborados en lugares bien precisos y según métodos conformes con las costumbres locales, en el respeto «de los usos locales, leales y constantes».

No obstante, se necesitaba más que la simple mención del lugar de origen: la ley debía controlar también la cantidad y la calidad. Una nueva ley decretó en 1927 que las autoridades podían prohibir variedades de uvas que no convinieran a la región. Poco a poco se reglamentó el rendimiento y el contenido de alcohol. Sin embargo, la ley tuvo variaciones en su aplicación e hicieron falta muchos años antes de que quedaran definidos, delimitados y controlados los viñedos más nobles. El año 1935 marcó una nueva etapa cuando se añadió la palabra «controlada». Fue el nacimiento del INAO (Institut National des Appellations d'Origine), que todavía rige el sistema. Se extendieron y modificaron las AOC *(Appellation d'Origine Contrôlée)* y, bajo la mirada vigilante de los responsables del INAO, se promueven hoy en día las nuevas AOC.

La legislación europea. La Unión Europea ha adoptado el principio de la AOC (DOC) y definido el concepto de vino de calidad producido en una región determinada. Las leyes de la Unión Europea estipulan que sólo los vinos elaborados en una zona concreta pueden llevar su nombre en la etiqueta y los países miembros están obligados a controlar el rendimiento, las variedades y los límites precisos de cada denominación.

El aficionado al vino francés que viajaba hace 10 o 20 años a Estados Unidos se asombraba de encontrar vino californiano con las etiquetas de «Chablis» o «Borgoña», sin olvidar todas las demás denominaciones francesas reputadas. Esta práctica también fue corriente en España hasta 1973, época en que el Reino Unido, entre otros, principal mercado de los «sauternes» españoles, se convirtió en miembro de la Unión Europea. España no tuvo otra elección que someterse a la legislación en vigor.

La reglamentación de la Unión Europea hizo imposible la importación de estos vinos a Europa. Luego, otros tratados extendieron esta prohibición a diversos países a cambio de concesiones de la CEE. Así, la famosa etiqueta australiana «Bourgogne Blanc» está tan prohibida de Sydney a Perth como de París a Londres.

La Champagne fue una gran fuente de dificultades. Aunque se trataba de una denominación verdaderamente geográfica, la palabra «champagne» se utilizaba para definir el método de elaboración con segunda fermentación en botella practicado en esta región. Esta técnica se usa ampliamente en todo el mundo. Un decreto de la Unión Europea prohíbe actualmente la mención *méthode champenoise* para todos los vinos no elaborados en Champagne. ¿Cómo describir estos vinos? ¿Y cómo diferenciarlos de espumosos elaborados según métodos diferentes y menos complejos? Términos como «método tradicional» no son tan explícitos como los de *«méthode champenoise»*.

La legislación en España

España es uno de los países de Europa occidental que cuenta con mayor tradición vitivinícola. La gran variedad de suelos y climas ha incentivado una extensa gama de vinos, cada uno de ellos marcado con una personalidad distinta. Todas esas circunstancias determinaron en su día la necesidad de reglamentar estos vinos con denominaciones de origen (DO) para protegerlos, regular la producción y garantizar la calidad.

Para que un vino sea amparado por una DO es necesario que haya sido producido, elaborado y embotellado en la zona de producción y crianza establecida por la denominación. Los reglamentos de cada DO establecen los tipos de cepas que pueden cultivarse, las formas más adecuadas de poda, los límites de producción, variedad, etc.; en definitiva, reglamentan el cultivo, la elaboración y crianza de los vinos.

La legislación en Italia

La ley, a semejanza del ejemplo francés, pretende reglamentar la elaboración y el comercio del vino. Para conseguirlo, define toda una serie de criterios de producción y de autenticidad del origen. Sin embargo, en algunos casos, los criterios que se han impuesto no han sido los más acertados.

Por ejemplo, la legislación italiana ha tenido una mayor tendencia a «fosilizar» las prácticas que a preservar realmente las nobles tradiciones de la elaboración del vino.

En muchos casos, los gobernantes han impulsado el reconocimiento como DOC (*Denominazione di Origini Controllata*, un equivalente de la DO española) de algunas regiones que no lo merecían en absoluto. Un vino no puede considerarse bueno simplemente porque se elabora siguiendo cierta tradición en un valle concreto desde hace generaciones. El producto puede mejorar mucho si se implantan nuevas variedades y se recurre a las técnicas modernas. Recientemente, la ley italiana ha sido modificada para aumentar las zonas de calidad: hoy, el estatuto DOC es más difícil de conseguir y se ha reducido el número de zonas que lo ostentaban.

La legislación en Alemania.

Francia basa su sistema en el principio de que las mejores viñas producen los mejores vinos, por lo que existe una auténtica jerarquía de pagos. En Alemania, todos los viñedos son iguales: cualquiera tiene la oportunidad de obtener la mejor nota de calidad. La única variable reconocida por la ley es la tasa de azúcar de la uva, que se puede analizar. Pero eso no representa garantía de calidad alguna para el consumidor y no existe ninguna diferenciación entre los viñedos. La multitud de nombres de pagos se consideró en Alemania un obstáculo para el reconocimiento del vino. Así, la ley de 1971 agrupó numerosos viñedos pequeños en una denominación genérica que oculta el origen del vino y da la impresión de que un vino de nombre prestigioso procede de cierto pueblo o pago, lo que no suele ser el caso. Numerosos productores y la mayoría de los aficionados al vino creen que la ley alemana es de una rara complejidad y que se funda sobre criterios diferentes a los de otros países.

Los viticultores alemanes serios limitan a menudo el rendimiento de su viña, aunque la ley no lo exija, y utilizan un nombre de viña que les sea apropiado. La ley trata de calcar las prácticas de los mejores viticultores.

La legislación del Nuevo Mundo.

Hace muy poco que los países del Nuevo Mundo han empezado a reglamentar sus denominaciones. Hasta 1994, los australianos podían utilizar el nombre geográfico que más les gustara. Ciertas regiones han adquirido la reputación de producir vinos de calidad pero, contrariamente a lo que ocurre en Europa, no tenían límites definidos. Esto podía confundir al consumidor, pero daba mayor libertad al productor. Actualmente, y desde 1995 en Nueva Zelanda, existe un sistema de denominaciones. En Estados Unidos, las etiquetas mencionan el estado, el condado y la VA (*Viticultural Area*), delimitada estrictamente. □

ESPAÑA

—

ESPAÑA POSEE UNAS CARACTERÍSTICAS ENVIDIADAS POR OTROS
PAÍSES VITIVINÍCOLAS: LA EXTENSIÓN Y LA VARIEDAD DE CLIMAS,
QUE LE PERMITEN ELABORAR UNA AMPLIA GAMA
DE VINOS SINGULARES Y ÚNICOS.

—

Desde el pequeño cosechero que vende su vino a granel hasta el gran bodeguero que exporta millones de botellas, el mundo del vino español vive hoy una auténtica revolución que reserva agradables sorpresas. La gran cantidad de vinos mediocres que se producía antiguamente está dejando paso de manera acelerada a la elaboración de vinos de calidad de estilos muy diferentes que responden a las exigencias de la competencia internacional, por un lado, y a los cambios del propio mercado interior por otro.

España, con la mayor extensión de viñedo del planeta, es el tercer productor de vino de la Unión Europea, después de Italia y Francia, y el cuarto a escala mundial. Afamada por sus vinos generosos, como el conocido jerez (véase p. 176), produce también vinos tintos, blancos y espumosos, que van desde el más modesto hasta el más refinado. La personalidad de los vinos españoles está fuertemente marcada por la geografía del país. En efecto, España se compone de una extensa meseta central situada a 650 m por encima del nivel del mar y rodeada por todas partes de macizos montañosos. La viticultura se practica en todo el territorio nacional. Los mejores vinos proceden de variedades que gustan de la altitud (hasta 500 m en la Rioja Alta y en la Rioja Alavesa; entre 700 y 800 metros en el Alto Penedès y en Ribera del Duero). Estas viñas gozan de una excelente insolación y, al mismo tiempo, no sufren de la canícula ni de noches demasiado frías.

Una división geográfica

La mayoría de los grandes vinos de mesa españoles provienen de las regiones septentrionales; es decir, de oeste a este, Galicia, valles del Duero y del Ebro, y Cataluña. Por el contrario, los mundialmente famosos vinos generosos proceden de las zonas meridionales (Huelva, Montilla-Moriles, Jerez y Málaga). Los mejores pagos se encuentran a menudo en los suelos relativamente pobres de los valles montañosos, sobre subsuelos de arcilla. En contrapartida, los valles fluviales del Ebro y del Duero son ricos en tierras aluviales.

El clima español goza de la misma diversidad: el oeste sufre la influencia del Atlántico, que aporta frescor y humedad; las zonas interiores central y septentrional conocen un clima de tipo continental con veranos cálidos e inviernos fríos; la costa este tiene un clima mediterráneo. Pero, al margen de esos macroclimas, se pueden distinguir numerosos microclimas, que son decisivos para la aclimatación de las diferentes variedades viníferas. Así, por ejemplo, el Penedès costero tiene un microclima mediterráneo ideal para ciertas variedades tintas como la garnacha; pero en el Penedès medio ya se cultivan cabernet sauvignon y chardonnay; y un poco más en el interior –aunque a unos 800 m de altitud–, en el Penedès superior, se aclimatan perfectamente las variedades blancas aromáticas como la parellada, la riesling, la gewürztraminer, etc.

La historia del vino en España

Hace 3 000 años, los fenicios transportaron la *Vitis vinifera* desde su cuna originaria en el Mediterráneo oriental hasta la costa catalana y levantina, llegando por el sur hasta Gadir (Cádiz) y Tartessos. Los vinos más apreciados del Mediterráneo habían sido siempre los tintos, bien pigmentados y madurados al sol. Así eran los vinos «oscuros» que bebían los griegos en sus colonias ibéricas. Los romanos, 1 000 años más tarde, aportaron sus propios métodos de elaboración, que consistían en prensar las uvas –sin despalillar– en lagares de piedra, dejándolas fermentar de modo natural. Este método «rural» todavía se emplea localmente en algunas zonas, como la Rioja Alavesa, para producir vinos tintos jóvenes. El cultivo de la vid prosiguió luego bajo el dominio de los moros, pero esencialmente para la uva de mesa. A partir de su unificación, en 1492, España no cesó de prosperar y, paralelamente, de producir y consumir cada vez más vino. Los vinos de graduación generosa (jereces, malvasías canarias, vinos dulces catalanes, fondillones de Alicante) fueron los primeros en adquirir fama internacional, dado que se podían exportar y soportaban las largas travesías por mar protegidos por su riqueza alcohólica. Por este motivo, aparecen ya citados por los más ilustres clásicos, desde Chaucer hasta Shakespeare. Su prestigio llega hasta el siglo XIX, cuando todavía Dumas hace jurar a sus mosqueteros por el vino de Alicante.

LAS REGIONES VITÍCOLAS DE ESPAÑA

España es el país de la Unión Europea que posee la mayor extensión de tierra plantada de vides. Las zonas de viñedo están dispersas por todo el país y delimitadas por el relieve: una extensa meseta central rodeada por cadenas de montañas perforadas regularmente por largos valles fluviales. De modo esquemático se podría decir que el norte de España produce vinos de mesa, el centro vinos comunes y el sur vinos de aperitivo –como el jerez– o vinos de postre. Este mapa muestra las 53 denominaciones de origen (DO) del país y la única denominación de origen calificada (DOCa), Rioja.

El reconocimiento internacional

Cuando la filoxera se abatió sobre las vides francesas, en la década de 1860, los bodegueros galos no dudaron en atravesar los Pirineos para ir a comprar vino a la vecina España. Tuvieron la agradable sorpresa de descubrir vinos a su conveniencia y las exportaciones españolas experimentaron un crecimiento espectacular. Sin embargo, la temible filoxera terminó por azotar también el viñedo español. Afortunadamente, para entonces ya se había descubierto un freno a los daños del insecto: el injerto de variedades europeas en pies americanos resistentes. Auxiliados por organismos oficiales, los viticultores se dedicaron entonces a replantar sus terrenos con pies americanos. Las bodegas más conocidas de la actualidad se remontan en su mayoría a esa época de finales del siglo pasado.

En la segunda mitad del siglo XX, España alcanzó una meta importante. Al margen de los vinos anónimos vendidos a granel, las bodegas multiplicaron su producción de vinos de calidad. En la década de los 70, nacieron nuevas firmas exportadoras en Rioja, en Cataluña, en Navarra, en Ribera del Duero... En esas mismas fechas, muchos vinos españoles alcanzaron sonados éxitos internacionales, como el del Gran Coronas Etiqueta Negra 1970, de Torres, que se impuso en la Olimpiada del Vino de París a los mejores vinos del mundo, incluyendo algunos *grands crus* bordeleses; o como ocurrió con el Tinto Pesquera, de Bodegas Alejandro Fernández, aclamado en Estados Unidos; o con el cabernet sauvignon de Jean León, vino de moda entre las grandes estrellas de Hollywood, gracias en parte a la estrecha relación del malogrado Jean León con el país americano, ya que regentó un restaurante en Beverly Hills. A finales de la década de los 80, España había alcanzado una producción de cerca de cuatro millardos de botellas al año. Actualmente, su viticultura es objeto de los mayores cuidados y las viejas cepas, excesivamente productivas, son reemplazadas por variedades nuevas de mejor calidad.

Regiones vitícolas y estilos de vino

La Constitución de 1978 modificó la organización territorial del Estado, redistribuyendo las 50 provincias de España en 17 comunidades autónomas que se ajustan mejor a la realidad histórica que las antiguas regiones. En este nuevo «Estado de las Autonomías», cada comunidad autónoma representa no sólo una unidad histórica sino que refleja una herencia gastronómica, climática y cultural común, que determinaba en el pasado sus estilos de vino.

Galicia y el País Vasco poseen algunos de los viñedos más septentrionales del país. En estas regiones, el océano Atlántico y el mar Cantábrico influyen en el clima, la economía (con un gran peso del sector pesquero) y los vinos, que suelen ser blancos ligeros y secos que casan bien con el pescado. Otros viñedos de la zona norte, como Navarra, Rioja y Aragón, comparten las tierras del alto valle del Ebro. Estas tres regiones han mantenido siempre, por su proximidad, estrechos lazos con Francia. Sus vinos son, en general, tintos nobles de crianza y algunos blancos de cuerpo que acompañan agradablemente los pescados de agua dulce; sin olvidar los magníficos rosados de uva garnacha.

Situada en la desembocadura del Ebro, pero abierta al mar, Cataluña posee una identidad bien específica. Su milenaria tradición latina la convirtió en centro de una rica cultura del vino. Hoy puede decirse que el viñedo catalán es uno de los más variados de Europa, ya que incluye excelentes vinos tintos de crianza, delicados vinos blancos y rosados, elegantes espumosos (cavas), magníficos vinos dulces, etc. Una característica de la cultura catalana es su vocación internacional, que ha llevado también a la aclimatación de las mejores variedades europeas (cabernet sauvignon, chardonnay, pinot noir, merlot, riesling, etc.) en esta región.

Castilla y León es el viñedo tradicional del valle del Duero. Su clima, de tipo continental, está atemperado por la proximidad del río. Sus vinos tintos son carnosos y fuertes, y sus blancos secos tienen cuerpo. La influencia francesa también se hizo sentir en el estilo de los vinos castellanos; desde la tinta francesa (cabernet sauvignon), que siempre aportó personalidad al Vega Sicilia, hasta la sauvignon blanc que plantó Riscal en Rueda.

La vid también está presente en el centro y el sur del país. Las amplias llanuras de Castilla-La Mancha y los vinos de Madrid se encuentran en la meseta. A pesar de ciertos prejuicios y de la extendida idea de que en estas zonas sólo se elaboran vinos comunes, lo cierto es que también se producen vinos de calidad e incluso se están desarrollando interesantes iniciativas empresariales que no dudan en implantar nuevas variedades, como ocurre por ejemplo en Extremadura, una zona aún por descubrir en materia vitivinícola.

El término genérico de Levante se corresponde a las autonomías de Valencia y Murcia, dos regiones muy orientadas a la exportación: no en vano el puerto de Valencia es el primer centro español del comercio de vinos. Sin embargo, las exportaciones a granel convirtieron en «anónimos» muchos excelentes vinos valencianos, blancos y tintos; aunque no hay que olvidar que algunas regiones septentrionales europeas mejoraron la graduación y el color de sus vinos con el aporte de estos héroes desconocidos.

Andalucía constituye una sola y extensa autonomía, y es el país de los vinos generosos por excelencia. Conocer la variedad de vinos que produce el viñedo andaluz exige una cultura especial. Desde los olorosos secos, elaborados con uvas palomino, hasta los untuosos y opacos dulces de pedro ximénez, sus vinos constituyen la aristocracia de la Andalucía vitivinícola.

Finalmente, existe una pequeña producción de vino en las islas españolas. Las Baleares tienen una geología parecida a la de Cataluña y la viticultura se ha desarrollado en ellas en el mismo entorno climático. Los tintos son frescos y golosos. Los blancos frescos y frutales son consumidos en el lugar por los numerosos turistas que visitan estas tierras y tienen que beberse jóvenes. El suelo de las islas Canarias, totalmente negro en algunos lugares, es muy diferente y la mayoría de sus vides descansan sobre un subsuelo volcánico.

Las variedades

Los vinos blancos tradicionales españoles proceden de una serie de variedades, muchas de ellas de implantación local. La macabeo (también

Vides perfectamente alineadas en un viñedo «vestido» de Vega Sicilia, la gran bodega de Ribera del Duero.

llamada viura) y la garnacha blanca son comunes a Rioja, Aragón, Navarra y Cataluña; sobre todo la primera, que permite elaborar blancos frutales. En la parte central de España predominan otras cepas blancas, como la airén de La Mancha y Valdepeñas, o la verdejo de Rueda.

Especial interés tienen algunas variedades como la albariño, que permite elaborar los aromáticos blancos gallegos; la parellada o la merseguera, que producen delicados blancos frutales en el Penedès y en Valencia; sin olvidar la palomino, que es la base de los vinos generosos de Jerez.

Por su finura y su carácter aromático, la tempranillo (llamada también ull de llebre, cencibel, tinto fino, tinta del país y tinta de toro) es una de las variedades tintas más noble y tradicional. Cultivada en Castilla-La Mancha, Castilla y León, el valle del Ebro, el valle del Duero, Cataluña y Levante, se dice que podría tener incluso un parentesco con la refinada pinot noir francesa.

La garnacha tinta es la cepa más difundida en España, particularmente en el centro del país, el valle del Ebro y Cataluña. Se acompaña bien con la cariñena, dando vinos robustos y bien equilibrados. Esta última se cultiva mucho en Cataluña y Rioja (donde lleva el nombre de mazuelo o mazuela), pero se utiliza raramente por su escasez en los vinos de denominación de Cariñena, paradójicamente su región de origen. La graciano, no muy extendida, es una cepa poco productiva, apreciada para el envejecimiento o crianza, y forma parte de los mejores vinos riojanos, donde suele mezclarse con las demás uvas.

Sin embargo, uno de los aspectos más interesantes de la renovación de la viticultura española consiste en la aclimatación de numerosas variedades nobles internacionales (cabernet sauvignon, merlot...). Aunque muchas de estas cepas ya se cultivaban en tiempos inmemoriales en estas tierras, fueron desapareciendo paulatinamente de sus viñedos. Algunas comarcas, principalmente de Cataluña (Penedès, Costers del Segre, Alella, etc.) y de Aragón (Somontano), pueden considerarse hoy en vanguardia de la elaboración de grandes vinos internacionales.

La industria vitícola en España
Los grandes vinos españoles deben su prestigio, como ocurre en todos los países europeos, al esfuerzo de algunas familias históricas y de ciertas grandes firmas que han mantenido las exigencias de calidad. Estas empresas familiares han llegado a reunir un patrimonio propio (viñedos, instala-

ciones, cavas de crianza) que les permite elaborar los vinos «en casa», con todas las garantías de control. Pero junto a estos patriarcas del vino español, no hay que olvidar el sufrido esfuerzo de los viticultores más modestos que, desde hace 100 años, han ido forjando el sistema cooperativo. La creación de bodegas cooperativas permitió que los pequeños cultivadores, sin los medios para equiparse con el material de vinificación, no se vieran obligados a vender su uva a precios irrisorios al señor local. Hasta una época muy reciente, los viticultores solían ser pagados por kilo de uva entregada. En general, estas cooperativas, que producían principalmente vino ordinario, funcionaban bien. No obstante, la constante caída de la demanda de vino común de mesa ha ido modificando los objetivos hasta convertir la calidad en el factor determinante a la hora de elaborar el vino. En este nuevo contexto, las cooperativas que no han sabido adaptarse a tiempo a las nuevas exigencias del mercado no han sido capaces de sobrevivir.

Desde principios de la década de los 80, una nueva generación de empresarios se hizo cargo de muchas cooperativas que estaban atravesando momentos difíciles o sencillamente contrató sus servicios, exigiéndoles una calidad irreprochable. Al mismo tiempo, el coste de las instalaciones modernas de vinificación iba bajando hasta el punto de que podían dotarse de ellas incluso empresas de tamaño reducido.

La crianza de los vinos se hace indistintamente en cavas subterráneas o en naves situadas en superficie.

Los vinos generosos, protegidos por el alcohol y por el velo de levaduras de flor, se benefician de la crianza en superficie en las típicas bodegas jerezanas, caracterizadas por su techos altos y sus arcos de medio punto. Por el contrario, los delicados vinos de mesa se crían mejor en las cavas subterráneas, ya que así gozan de excelentes condiciones de oscuridad, frescor, humedad, etc. Lo mismo ocurre con los vinos espumosos españoles, que reciben el nombre de «cavas» precisamente porque también se elaboran con una crianza en largas galerías subterráneas.

LA LEGISLACIÓN ESPAÑOLA

España está sometida a la legislación de la Unión Europea, que define dos categorías de vinos: los «vinos de mesa» y los VCPRD (vinos de calidad producidos en regiones determinadas), equiparables a las actuales DO.

Niveles de calidad

Aparte de las clasificaciones oficiales, España conserva sus diversas denominaciones, inspiradas en el sistema francés, pero también sus designaciones, en un esfuerzo por informar a los consumidores.

Vino de mesa es la categoría básica. Los vinos pueden proceder de cualquier zona de España y no llevar mención de origen geográfico ni de cosecha.

El término «vino de mesa» puede ir seguido por el nombre de una región. Se trata de una categoría intermedia entre el «vino de mesa» y el «vino de la tierra». Veintiocho comarcas tienen el derecho de utilizar su nombre para describir un vino, por ejemplo el Vino de Mesa de Betanzos. Esta categoría de vino se suele llamar «vino comarcal». También se emplea este tipo de identificación para los vinos que no entran en el sistema de denominaciones (véase más abajo). Por ejemplo, Yllera, en Castilla y León, que toma el nombre de su autonomía: Vino de Mesa de Castilla y León. Estos vinos pueden llevar la mención de añada y tener una calidad igual o superior a la de muchos vinos con denominación de origen. Así ocurre ya en otros países europeos, como Italia, donde algunos elaboradores se apartan de la rutina tradicional y refugian sus vinos más interesantes y peculiares bajo estas menciones.

Vino de la tierra es el que procede de una de las 28 zonas delimitadas reconocidas por su carácter específico y que aspiran a un futuro estatuto de DO.

Denominación de origen (DO) es la categoría más extendida entre los vinos de calidad. Esta denominación se da a los vinos que responden a ciertos componentes de cepas, un modo de cultivo y un origen geográfico. El estatuto de DO es comparable a la AOC francesa o a la DOC italiana.

Denominación de origen calificada (DOCa) es una especie de «súper DO» reservada a vinos que cumplen criterios muy precisos de calidad y regularidad. Rioja ha obtenido ya el derecho a ostentar esta denominación a partir de la cosecha de 1991; pero otras regiones españolas siguen muy de cerca el mismo camino.

Las designaciones de los vinos

La legislación española se ha armonizado para que los términos que califican los vinos sean usados siempre en el mismo sentido y bajo el mismo criterio.

Vino joven: embotellado inmediatamente después de su clarificación, también se llama «vino del año». La Subdirección General de Denominaciones de Calidad (antiguo INDO) trata de estimular la sustitución del término «sin crianza» por «joven» para calificar un vino que no ha sido criado en madera. Algunos vinos «sin crianza» pueden haber envejecido un año en depósito antes de mejorar media docena de años en botella.

Vino de crianza: depende de las reglamentaciones de cada DO. En líneas generales es un vino que puede comercializarse después de haberse añejado dos años enteros, de los cuales seis meses o doce por lo menos en barricas de roble. En algunas regiones, como Rioja y Ribera del Duero, es difícil encontrar vinos de crianza con menos de 12 meses en barrica. Los crianzas blancos o rosados deben envejecer un año en bodega, de los cuales seis meses en barrica.

Reserva: el vino tinto tiene que envejecer tres años en bodega, de los cuales uno, por lo menos, en barrica, y ser comercializado en su cuarto año. Para el rosado y el blanco, la espera es de dos años, seis meses en barrica, y pueden ser comercializados en su tercer año.

Gran reserva: esta categoría sólo existe para las añadas particularmente logradas. Los tintos deben madurar cinco años, de los cuales un mínimo de dos en madera, y ser vendidos en su sexto año. Los gran reserva blancos y rosados son muy raros. Han de ser criados durante cuatro años, seis meses por lo menos en barrica, y no comercializarse antes de su quinto año.

Leer una etiqueta

La etiqueta principal del vino indica su nivel en la jerarquía; pero generalmente se encuentran los datos más útiles en una contraetiqueta pegada al dorso de la botella o en un sello de papel encolado por encima del tapón. La contraetiqueta lleva la sigla oficial del Consejo Regulador (el organismo de tutela de las DO), un número de orden que permite identificar el origen de la botella y, a menudo, un mapa del viñedo del que procede. Cada región tiene su propia rutina burocrática en la importancia que concede a una u otra mención en las etiquetas. Al margen de estas preferencias de mercadotecnia, todos los vinos españoles embotellados cumplen las normativas de las etiquetas de la UE, indicando marca, elaborador, denominación de origen, grado, capacidad de la botella, añada, tiempo de crianza, etc. La lectura de la contraetiqueta, en los casos en que está bien documentada, puede aportar mucha información al consumidor.

Rioja

RIOJA ES SIN DUDA LA REGIÓN VITÍCOLA MÁS CONOCIDA DENTRO Y FUERA DE NUESTRAS FRONTERAS. ESTA REPUTACIÓN ESTÁ MÁS QUE JUSTIFICADA YA QUE RIOJA ES SINÓNIMO DE VINO.

La *Vitis vinifera* llegó al interior de España procedente de la costa y se aclimató en las mismas tierras donde se cultivaban ya las vides silvestres. Los romanos, al establecerse en el alto valle del Ebro, propagaron y estimularon el cultivo de las variedades viníferas. Siguiendo la sistemática vocación de los conquistadores –dar a conocer su sabiduría artesanal y satisfacer las necesidades de su propio consumo–, las legiones romanas enseñaron a los indígenas las técnicas de vinificación que practicaban y les impusieron su *«pax vinicola»*. Se dice que las galeras romanas llegaban por el Ebro a la antigua Varia, probablemente en el emplazamiento actual del barrio logroñés de Varea, en donde recogían el vino, que era transportado a la metrópoli. No obstante, algunos expertos afirman que con anterioridad, los pueblos berones y pelendones, pobladores de las tierras riojanas, también bebían el vino que se elaboraba en la región y lo vendían a los mercaderes que llegaban hasta Varia e incluso hasta el faro de Bilibio, cerca de la actual ciudad de Haro. El cultivo de la vid aparece también claramente documentado en la época del Medievo riojano, ocupando un lugar destacado en la historia de la región. De ello dan fe los cartularios de los monasterios de San Millán de la Cogolla, Albelda de Iregua, Valvanera, etc. En aquella época, el cultivo de la vid se localizaba principalmente en las cuencas de los ríos Oja y Tirón, es decir, desde la sierra de la Demanda hasta el Ebro, y también en las zonas del Cidacos y el Alhama. A inicios del segundo milenio, la producción de vino en Rioja se contaba entre las más florecientes. La vinificación y el control de la calidad quedaban garantizados por las ordenanzas municipales de Logroño, que abarcaban el conjunto de la región. Sin embargo, no fue hasta la segunda mitad del siglo XIX, con la llegada de la filoxera a Francia, cuando el vino riojano empezó a ser realmente cotizado y valorado, y a adoptar la personalidad con la que hoy lo conocemos. A partir de 1867, año en que hace su aparición la filoxera en Francia, el vino riojano comienza a ser exportado al país galo. A medida que la plaga se iba extendiendo por los departamentos franceses, aumentaba la demanda de vinos riojanos. Desde entonces, la reputación de Rioja como región productora de vino no ha dejado de crecer, tanto a nivel nacional como en el plano internacional. Hoy se puede afirmar que Rioja es sinónimo de calidad y que, gracias a las innovaciones técnicas y al trabajo de muchos vinificadores, el futuro es aún más prometedor.

El otoño es un momento de relativa tranquilidad en los viñedos. Sin embargo, las vides necesitan cuidados todo el año, como los que se les prodigan en estas viñas de Marqués de Cáceres, la bodega de Cenicero (La Rioja).

Un siglo de cambios

La historia de la Rioja moderna comienza cuando Camilo Hurtado de Amézaga, marqués de Riscal, que había estudiado en París y Burdeos, volvió a su país natal después de su estancia en Burdeos armado de ideas nuevas, vides nuevas y, lo más importante, barricas de roble nuevas.

Otro aristócrata de aquella época compartía estas convicciones. Se trataba del marqués de Murrieta, hombre trascendental para el futuro del vino riojano. Ambos marquesados se dedicaron a plantar dos variedades clásicas francesas, la cabernet sauvignon y la merlot, y se dispusieron a vinificar y criar sus vinos inspirándose en el modelo bordelés. Curiosamente, los primeros vinos de Murrieta se enviaron fuera de España: uno de los destinatarios fue la compañía Ibara y Cía de La Habana y otra partida fue remitida a México. Los cincuenta barriles mandados a México no llegaron nunca a su destino por culpa de un naufragio, mientras que los de La Habana arribaron en perfectas condiciones y obtuvieron una aceptación que superó las previsiones más optimistas. Alentado por el éxito, Luciano de Murrieta prosiguió con sus ensayos y, en 1872, adquirió la finca Ygay en las inmediaciones de la capital logroñesa. En esta finca mandó construir unas bodegas. El éxito inicial se confirmó muy pronto en Europa: en 1878 y 1879, los vinos del Marqués de Murrieta obtuvieron una Medalla de Oro y dos de Plata en sendas Exposiciones Universales de París.

Los vinos de los dos aristócratas no tardaron en alcanzar precios inimaginables en la región de Rioja para aquel entonces. Los marqueses viticultores ayudaron a algunos viñadores, que no tenían las mismas facilidades para conseguir cepas importadas. Sin embargo, estos últimos descubrieron sorprendidos que las variedades locales, con las que habían trabajado desde siempre, en particular la tempranillo, daban resultados excelentes con los nuevos métodos, incluyendo o no cabernet sauvignon en las mezclas.

Durante este tiempo, al otro lado de los Pirineos, los primeros ataques del oídio, seguidos por la terrible plaga de la filoxera, destrozaban inexorablemente los viñedos franceses. Los bodegueros de Aquitania, e incluso de más lejos, afluyeron para comprar los vinos que ya no encontraban en casa. Los vinos de Rioja tuvieron entonces un éxito considerable.

A lo largo de los siglos XIX y XX, Rioja se ha ganado un puesto indiscutible entre los mejores viñedos de España. En 1991, Rioja accedió al rango de DOCa (denominación de origen calificada), categoría superior a la DO (denominación de origen). Está, por tanto, sometida a una reglamentación más rígida y exigente que el resto de las denominaciones del país.

Rioja es sin duda la denominación de origen española –junto con Jerez– más conocida dentro y fuera de nuestras fronteras. Además tiene la particularidad de que se trata de la única región de España que ha accedido por el momento al rango de denominación de origen calificada (DOCa). Al igual que Burdeos y bastantes otros viñedos, Rioja produce una amplia gama de vinos, que abarca desde el vino joven hasta el gran reserva criado durante años en barrica de roble, e incluye toda una paleta de vinos blancos, rosados y espumosos.

Las regiones

La denominación calificada de Rioja se reparte entre la comunidad autónoma de La Rioja y las comunidades vecinas del País Vasco y Navarra. En la Rioja vinícola, la viña se extiende sobre una superficie de más de 48 000 ha, con producciones medias de 1 400 000 hectolitros, aunque naturalmente esta cifra siempre varía de un año a otro. El rendimiento máximo autorizado por la reglamentación es de 70 litros de vino por cada 100 kg de uva vendimiada.

Con el río Ebro como eje, Rioja ocupa una franja de terreno que va desde Cellorigo, San Millán de Yécora y Leiva (en territorio riojano), al noroeste, hasta Alfaro y Valverde (en suelo navarro), al noreste. La región está surcada por siete afluentes del Ebro: de oeste a este, el Tirón, el Oja (de donde proviene el nombre de Rioja), el Najerilla, el Iregua, el Leza, el Cidacos y el Alhama, que a su vez forman diversos valles secundarios en los que se enclavan las viñas.

Dividida a efectos vitivinícolas en tres subzonas –Rioja Alta, Rioja Baja y Rioja Alavesa–, cada una de ellas tiene sus peculiaridades y personalidad propia, derivadas de las distintas composiciones y orígenes de los suelos y los subsuelos, así como de las diferencias climáticas.

Los métodos de cultivo y elaboración, aun siendo comunes, ofrecen también algunas particularidades.

Vinificación y crianza

La tradición estipulaba que los vinos de Rioja debían vinificarse en cubas de piedra, con la uva pisada y dejando la fermentación en manos de los caprichos de la naturaleza. Sin embargo, desde 1856 los métodos de vinificación son más científicos. Actualmente, la mayoría de las bodegas hacen fermentar los vinos en cubas de acero inoxidable o de materiales más modernos a temperatura controlada. Cuando la fermentación ha concluido, los vinos permanecen un tiempo en cuba antes de ser trasegados a barricas de roble de 225 l. El añejamiento mínimo está fijado con precisión por la ley, pero las bodegas son libres de elegir la duración de la crianza de sus vinos en función de sus ambiciones, siempre y cuando el envejecimiento sea superior al mínimo obligatorio. Se están realizando muchas pruebas de crianza con los diferentes tipos de roble: con 600 000 barricas en existencias es fácil deducir que, en Rioja, se han estudiado o están en estudio todas las combinaciones posibles.

Los vinos blancos fermentan casi siempre en cubas de acero inoxidable dotadas de sistemas de refrigeración. Sólo unas pocas bodegas practican todavía vinificaciones tradicionales, dejando fermentar los mostos sin control de temperatura antes de alojar los vinos en barrica.

Lo que hace únicos los vinos de Rioja es el sistema de envejecimiento. La ley española ha definido criterios precisos para todos los tipos de vino, crianza, reserva, etc., pero estas reglas son todavía más estrictas para la denominación calificada Rioja. El rioja joven (antiguamente llamado «sin crianza») califica vinos que no han pasado por barrica o que han estado un tiempo inferior al mínimo legal para un crianza. Algunas bodegas hacen actualmente experimentos de crianza de dos o tres meses en barrica, pero estos vinos permanecen en la categoría de joven y pueden comercializarse después de su embotellado.

LAS REGIONES VITÍCOLAS DE LA RIOJA

La denominación de origen calificada Rioja se divide en tres subzonas: Rioja Alavesa, Rioja Alta y Rioja Baja. Rioja es una región fisiográfica que abarca principalmente la comunidad autónoma de La Rioja (Rioja Alta y Rioja Baja), el sur de la provincia de Álava (Rioja Alavesa), en la comunidad autónoma del País Vasco, y parte de Navarra (Rioja Baja). Está situada entre las sierras de la Demanda, al sur, y las de Oberanes y Cantabria, al norte. El Ebro la cruza de oeste a este, con siete afluentes que forman valles ideales para el cultivo de la vid.

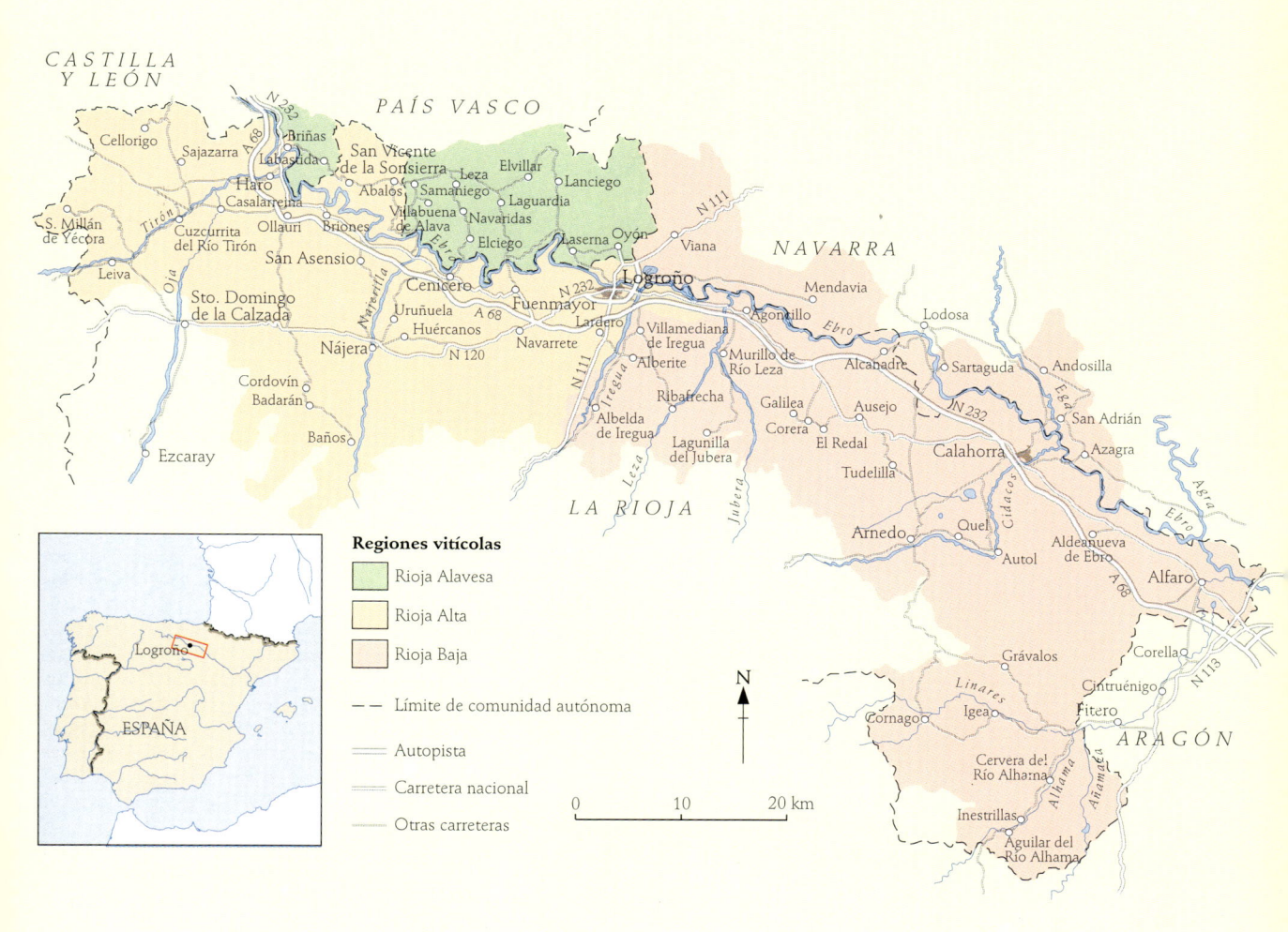

Regiones vitícolas
- Rioja Alavesa
- Rioja Alta
- Rioja Baja

--- Límite de comunidad autónoma
— Autopista
— Carretera nacional
— Otras carreteras

Extenso viñedo de tempranillo sobre los suelos arcillosos de la Rioja Alavesa.

Los riojas de «crianza» son vinos comercializados en su tercer año después de haber sido criados durante doce meses por lo menos en barrica. En la práctica, suelen venderse después de un año más de envejecimiento en botella.

Los riojas tintos de «reserva» no se pueden sacar al mercado antes de cumplir su cuarto año, después de pasar al menos doce meses en barrica y dos años en botella. Los vinos blancos y rosados de este tipo deben tener seis meses de barrica antes de ser distribuidos, a partir de su tercer año.

La designación de «gran reserva» está circunscrita exclusivamente a vinos tintos producidos en añadas particularmente logradas. No se pueden comercializar antes de su sexto año y, previamente, deben haber sido criados durante al menos 24 meses en barrica y 36 meses en botella. Los grandes reservas blancos o rosados son extremadamente raros. Han pasado seis meses en barrica y pueden ser vendidos a partir de su quinto año.

Rioja Alavesa

La Rioja Alavesa está situada al norte del Ebro, en la provincia de Álava (comunidad autónoma del País Vasco).

Es una zona caracterizada por la producción de vinos jóvenes de cosechero, elaborados por pequeños viticultores, algunos con viñas de sólo un par de hectáreas, que prefieren hacer su propio vino antes que venderlo a bodegas más grandes. Son vinos producidos según la técnica tradicional de maceración carbónica, en la que las uvas fermentan en tanques cerrados sin prensado alguno. Estos vinos presentan una extraordinaria frutosidad, con nítidos aromas de grosella y frambuesa. No tienen la imagen comercial de sus lejanos primos, los *beaujolais nouveaux*, pero los alaveses, más suaves y finos, ganan siempre en estructura y taninos. Los vinos de este tipo deben tomarse siempre jóvenes, en el período que media entre la vendimia y la siguiente cosecha.

La Rioja Alavesa y la Rioja Alta, consideradas las dos subzonas de más calidad y donde están implantadas las principales bodegas, comparten la característica de sus suelos de origen miocénico, poco erosionados, aunque la zona alavesa tiene un componente dominante de tipo arcilloso-calizo, mientras que la zona de la Rioja Alta es básicamente de tipo aluvial y arcilloso-ferroso, condición esta última que comparte con la Rioja Baja.

En la Rioja Alavesa el clima es de tipo continental, con influencias mediterráneas, algo más cálido que el de la Rioja Alta, ya que está protegida de los fríos excesivos por la sierra de Cantabria. Tiene un invierno corto y un verano templado, y sus viñas se extienden por laderas bien expuestas al sol, que se prolongan hasta la ribera norte del Ebro.

Como en el resto de Rioja, la cepa más cultivada es la tempranillo, que aquí da vinos fragantes, abiertos de color, más ligeros que en la Rioja Alta, muy adecuados para la mezcla con otras variedades también cultivadas en la zona, como la garnacha tinta y la blanca, la mazuelo (cariñena), la graciano (uva de rendimiento bajo y casi en extinción pese a sus notables cualidades), la viura (macabeo) y la malvasía riojana.

La Rioja Alavesa es la tierra por excelencia del vino «de cosechero», elaborado joven y sin crianza en madera, aunque por supuesto no faltan ni los reservas ni los grandes reservas. Aquí se asientan algunas de las bodegas más prestigiosas y con una historia más relevante en Rioja, como la del Marqués de Riscal en Elciego, y otras que simbolizan las nuevas generaciones y la modernidad, como la Granja Nuestra Señora de Remelluri en Labastida, Marqués de Arienzo en Elciego o Viñedos del Contino en Laserna. Tampoco hay que olvidar

LOS FACTORES DE CALIDAD

Desde hace tres décadas, el ingeniero Manuel Ruiz Hernández, de la Estación Enológica de Haro, se ha dedicado a desentrañar todos los elementos geológicos, climáticos y ampelográficos que influyen en la personalidad de los vinos de Rioja. Sus estudios permiten entender las diferencias entre las distintas subzonas riojanas y los factores que determinan la calidad de sus vinos.

Los suelos

Rioja está en la superposición de los extremos de dos fosas tectónicas, la vasca de Castro-Urdiales, Bayona y Arnedo, y la ibérica entre Haro, Cervera (Lérida) y Alcañiz.

En la Rioja Alavesa y los municipios de la Rioja Alta próximos al Ebro, los suelos son de color claro, formados a partir de margas y molasas, con buena proporción de calizas que forman en ocasiones costras duras. Son los llamados suelos arcillo-calcáreos. Este tipo de suelo, de rendimiento bajo, origina vinos con más extracto y superior capacidad de envejecimiento.

Al sur de esa zona predominan los suelos pardos y pardo-calizos, con notable proporción de arcilla y presencia de hierro. Son los denominados suelos arcillo-ferrosos. Su composición los hace especialmente aptos para la elaboración de claretes y rosados.

En las cercanías de los ríos existen zonas fértiles con suelos de origen aluvial. Estas tierras se consideran las menos aptas para el cultivo de viñedo de calidad.

El clima

El dominio de la conjunción de las dos fosas tectónicas se traduce en una comunicación de vientos entre el Mediterráneo y el Cantábrico, lo que supone una versatilidad climática con alternancia de continental a marítima no extremada.

Cuando dominan los vientos oeste y norte, la calidad de la cosecha es buena. Resulta peor si durante el ciclo vegetativo se impone el viento de componente este. Los distintos vientos no inciden apenas en la cantidad de lluvia, sino en su distribución. Por ejemplo, con dominio de vientos del este y sur, el régimen pluviométrico es continental, mientras que con dominio de vientos del norte se suaviza y regulariza.

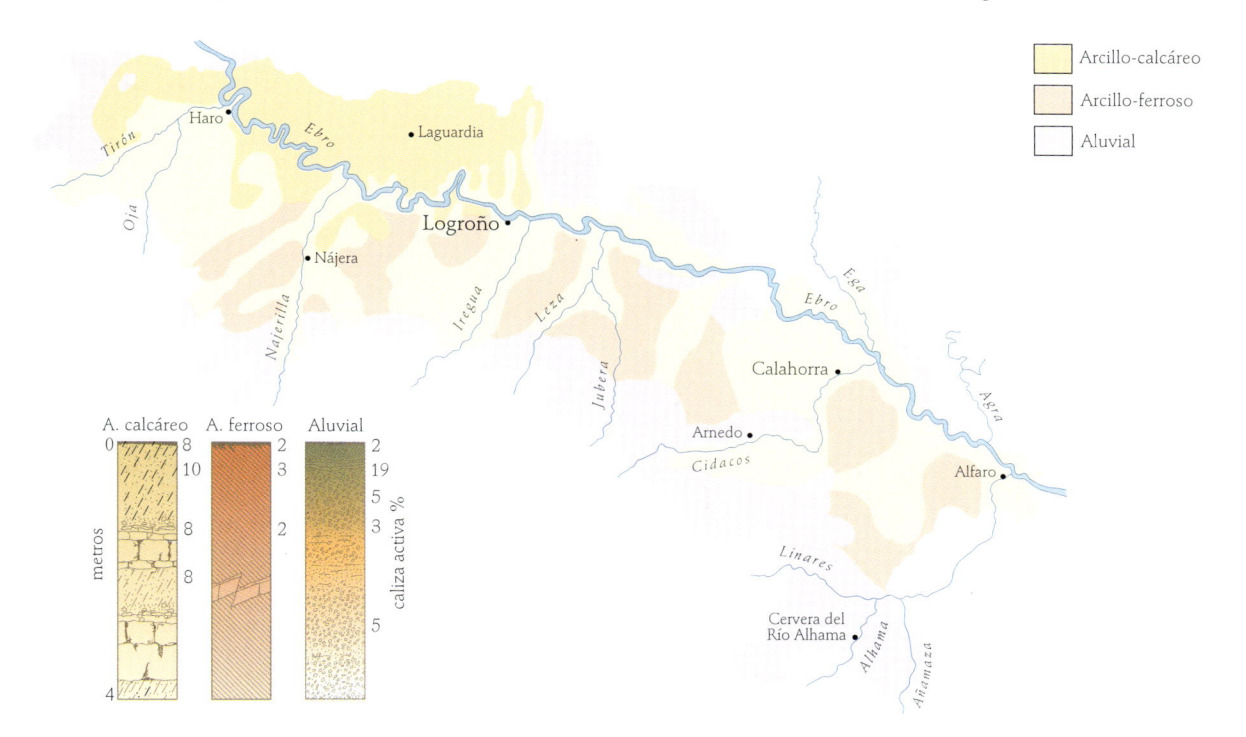

En la Rioja Alta y la Rioja Alavesa, el clima está atemperado por la protección de la sierra de Cantabria, que dificulta el paso de los vientos húmedos del norte. En la Rioja Baja el clima es más cálido y seco, con influencia mediterránea, debido a los vientos cálidos que remontan el Ebro. Esta diferencia climática se refleja en la temperatura media anual (Haro, 12,8 °C, y Alfaro, 13,9 °C). Las medias pluviométricas anuales también son distintas: de 370 mm/año en la Rioja Baja y de 450 mm/año en la Rioja Alta y Alavesa.

otras empresas, como los Cosecheros Alaveses o algunas más familiares, como Luis Cañas, que han llevado a un altísimo nivel de calidad el clásico y típico vino de cosechero.

Rioja Alta
La Rioja Alta ocupa los territorios de la comunidad autónoma de La Rioja comprendidos entre Haro y Logroño, situados al sur del río Ebro, excepto la zona norte de Briones, donde cruza el río partiendo en dos la Rioja Alavesa. Sus municipios más importantes son Ollauri, San Asensio, Cenicero, Nájera y Fuenmayor.

En la Rioja Alta el clima es de tipo continental, atemperado por la sierra de Cantabria, que dificulta el paso de los vientos húmedos del norte.

Los municipios de la Rioja Alta próximos al Ebro presentan suelos de color claro, formados a partir de margas y molasas, con buena proporción de calizas que a veces forman costras duras. El viñedo se asienta sobre suelos pobres en materia orgánica, bastante calizos y con buenas condiciones de sanidad y permeabilidad. El rendimiento máximo autorizado del viñedo es de 70 litros de vino por cada 100 kg de uva.

Tradicionalmente, la Rioja Alta, que representa el 42 % del viñedo total de Rioja, ha sido la subzona más privilegiada de la denominación, tal vez por el enorme empuje comercial ejercido por Haro. Sus vinos –durante años considerados como los de mayor personalidad riojana– ofrecen diversas variaciones y cualidades: son más intensos en San Vicente de la Sonsierra, de colores más suaves en Haro, equilibrados en Cenicero y Fuenmayor, y más leves en Cuzcurrita. Sin embargo, los productores están realizando esfuerzos encomiables para dotar a sus vinos de una personalidad distinta cada año y sacar así el mayor provecho a todas las variedades de sus viñedos, al estilo de los vinos de «château» franceses.

Las variedades de uva autorizadas son las blancas viura, malvasía riojana y garnacha blanca, y las tintas tempranillo, garnacha, graciano y mazuelo. Sin embargo, en la Rioja Alta se consideran cepas principales la tinta tempranillo y la blanca viura, y se mantiene la autorización de otros vidueños implantados antes de 1956, como la cabernet sauvignon o la merlot. En el reglamento se establece una proporción mínima del 95 % de uvas tintas para la elaboración de vinos tintos (85 % si se elaboran con uva entera); un 50% de variedades tintas en el caso de los rosados; mientras que los vinos blancos deben ser elaborados exclusivamente con las variedades blancas autorizadas.

Rioja Baja
Esta zona ocupa la parte sureste de la región y desciende hasta cerca de 300 m de altitud. Situada mayoritariamente en la comunidad autónoma de La Rioja, abarca también sectores vitícolas de Navarra.

Los suelos aluviales –escasos en la Rioja Alavesa– abundan en la Rioja Baja. Suelen ser tierras marrones, que se distinguen de los blancos o amarillentos suelos calizos, y de los suelos rojizos de arcilla y hierro. En estos suelos aluviales se ha implantado la variedad garnacha, que se beneficia de la tradicional capacidad que se atribuye a estas tierras para producir vinos con más grado. Por contra, suele decirse que son vinos más oxidables y con menos color y extracto, algo que también es propio de la variedad garnacha. Los suelos más apreciados son los que contienen arcilla y hierro. Se localizan al sureste de Calahorra y al suroeste de Alfaro, y dan vinos ricos en alcohol con algunas notas minerales.

Las diferencias climáticas vienen marcadas en Rioja por las diferentes altitudes. Los valores pluviométricos descienden desde los 500 mm/año de Haro a los 390 de Alfaro, mientras que la insolación puede alcanzar en la Rioja Baja las 2 300 horas al año, frente a las 2 000 horas de otras comarcas riojanas. Por ejemplo, en Alfaro las temperaturas medias superan los 14 °C. La influencia de los vientos húmedos del Atlántico no es patente en la Rioja Baja, expuesta a los vientos cálidos del sureste. Sin embargo, las heladas de primavera y otoño, que son tan peligrosas en la Rioja Alta, no suelen producirse en el viñedo de la Rioja Baja, con lo cual ofrece cosechas más constantes.

La Rioja Baja posee unas características muy diferenciadas según la zona. El Ebro, que cruza longitudinalmente toda Rioja, tiene diversos afluentes que determinan los distintos matices de los vinos de esta subzona riojana.

■ **El valle del Alhama.** El Alhama nace en Soria, a 1 265 m de altitud, tiene unos 84 km de recorrido y desemboca en el Ebro. A su paso por la Rioja Baja da origen al llamado valle del Alhama, con desiguales condiciones para el cultivo de la vid y en donde se distinguen tres áreas productoras. Se cultivan casi 3 000 ha de viña, con predominio de la garnacha tinta (95 %). Aunque el Alhama es el río más importante, en realidad hay dos ríos más: el Linares y el Añamaza, que forman tres valles diferentes. En el curso del Alhama se encuentran las poblaciones de Cervera, Aguilar e Inestrillas; en el del Linares, Cornago y Rincón de Olivedo, y en el del Añamaza, Cabretón.

A su paso por Cervera, el Alhama se adentra en Navarra, pero vuelve a entrar en La Rioja por Alfaro. Esta comarca, llana, cubierta por vides, huertos, frutales y almendros, es la más baja de Rioja.

■ **El valle del Cidacos**. En esta comarca de la Rioja Baja se cultivan más de 5 000 ha de viña. También aquí domina la garnacha tinta, que cubre un 90 % del viñedo. Calahorra, una ciudad de fuerte influencia romana, es la villa más importante de este valle recorrido de norte a sur y de este a oeste por el río Cidacos, que le da nombre. También otras localidades, como Autol y Tudelilla, deben inscribirse en la geografía riojana del vino; la primera con una importante cooperativa y la segunda con sus tradicionales vinificaciones basadas en la maceración carbónica. Entre los valles del Cidacos y del Leza se levantan las sierras de Camero Viejo y de la Hez, lo que marca las diferencias existentes entre los dos climas.

■ **El valle del Leza y del Jubera**. En total esta zona cultiva unas 4 000 ha de vid. El río Leza y su afluente, el Jubera, marcan otra comarca climática de la Rioja Baja. Aquí, ya en las cercanías de Logroño, pero aún en un área con características propias para el cultivo de la vid, se distinguen dos tipos de viñedo. El primero, con tierras de tipo aluvial, se sitúa en las riberas del Leza y del Ebro: en Alcanadre, Agoncillo, Murillo, Lagunilla, etc. El segundo, con la localidad de Ausejo casi en el centro, tiene algunos viñedos interesantes en los municipios de Galilea, Corera, El Redal, etc. La implantación de la garnacha tinta es de un 80 %, frente a un 7 % de tempranillo y un 13 % de otras variedades, sobre todo viura.

Impresionante viñedo perteneciente a Bodegas Faustino en Oyón (Rioja Alavesa).

LAS VARIEDADES DE LA RIOJA

La denominación Rioja sólo admite, salvo excepciones, el uso de variedades tradicionales para la elaboración de los vinos. Por este motivo, existen pocos viñedos plantados con variedades clásicas internacionales.

VARIEDADES TINTAS
Tempranillo. Es la principal cepa tinta de la denominación. En la mayor parte de la España septentrional, en particular en la Rioja Alta y en la Alavesa, es la primera variedad tinta de calidad. Posee una piel espesa, de un negro brillante, y debe su nombre a su maduración precoz, cerca de dos semanas antes que la garnacha. Utilizada sola, no envejecería tan bien ni tanto tiempo y el rioja no habría alcanzado jamás su fama actual. Por eso se usa casi siempre en mezcla con otras variedades.
Garnacha tinta. También llamada garnacha riojana, es la principal cepa de la Rioja Baja y entra en casi todas las mezclas de vinos de Rioja. Necesita, sin embargo, un otoño cálido y prolongado para llegar a su madurez completa.
Graciano. También la graciano produce vinos de gran calidad y aporta finura a medida que el vino envejece.
Mazuelo. Entre las demás cepas tintas conviene destacar la mazuelo (conocida en el resto de España bajo el nombre de cariñena), que aporta a los riojas taninos y acidez.

La cabernet sauvignon se considera todavía una cepa «experimental», aunque nunca ha dejado de ser cultivada en la finca Marqués de Riscal. Una mezcla clásica de vino tinto de Rioja podría ser ésta: 70 % de tempranillo, 15 % de garnacha, 10 % de mazuelo y 5 % de graciano.

VARIEDADES BLANCAS
Viura. El rioja blanco ha cambiado considerablemente desde que se ha abandonado la larga crianza en barricas de roble en beneficio de vinos más aromáticos, elaborados a base de viura y vinificados a baja temperatura en estilo joven.
Malvasía riojana. Acompaña a menudo la viura en los riojas blancos. También tiene un papel fundamental en los blancos criados en barrica o de fermentación en barrica, estos últimos muy en boga, pues añade una dimensión adicional a los vinos de viura, naturalmente neutros, y casa admirablemente con el roble.
Garnacha blanca. Produce vinos de calidad razonable, aunque menos frescos y frutales.

PRODUCTORES Y BODEGUEROS

Casi todos los riojas comercializados se elaboran en las bodegas, que a menudo poseen viñas, pero que también compran uva o vino a cosecheros independientes. Los cosecheros que explotan algunas parcelas pequeñas rara vez tienen equipos de vinificación y a menudo venden su uva a cooperativas que suministran los mostos y los vinos a las bodegas.

Bodegas AGE
Nacida en 1964 de la fusión de tres antiguas empresas, AGE se cuenta actualmente entre los grandes exportadores de Rioja y ofrece vinos de buen nivel. Dispone de una viña de 50 ha y compra gran parte de la uva que necesita. Marcas principales: Parral (blanco), Romeral (blanco, tinto, rosado), Siglo (blanco, tinto, rosado), Marqués del Romeral (tinto) y Siglo Saco (tinto).

Bodegas Barón de Ley
Esta nueva bodega está ubicada en un antiguo monasterio benedictino del siglo XVI totalmente restaurado y declarado monumento artístico, al que rodea un viñedo de un centenar de hectáreas. Sus 4 000 barricas de roble son, en su mayoría, de origen francés. La bodega realiza actualmente experimentos con la cabernet sauvignon.

Bodegas Berberana
Fundada en 1877, en la actualidad su sede es un edificio de 40 000 m² en tres plantas construido en 1971. Se nutre de un gran viñedo y posee 30 000 barricas de roble. Sus marcas principales son: Carta de Oro (blanco, tinto, rosado), Carta de Plata (blanco, tinto, rosado), Preferido (blanco, tinto, rosado) y Berberana (blanco, tinto, rosado).

Bodegas Berceo
Fundada en 1872, la bodega tiene calados del Medievo y está declarada dentro del conjunto histórico-artístico de la ciudad de Haro. Es una de las más antiguas de Rioja y la única vertical que queda. Posee 48 ha de viñedo y cerca de 4 000 barricas de roble.

Bodegas Bilbaínas
Esta bodega, fundada en 1901, posee 255 ha de viñas y se asienta en un edificio de piedra de sillería del siglo pasado con más de 1 000 m lineales de calados. Sus marcas principales son: Brillante (blanco, rosado), Cepa de Oro (blanco), Viña Paceta (blanco), Ederra (tinto), Gran Zaco (tinto), Imperator (tinto), Viña Pomal (tinto) y Viña Zaco.

Bodegas Campo Burgo
Aunque la bodega fue fundada en 1889, los edificios datan de principios de siglo, con paredes de adobe y argamasa, y techos de madera. Enclavada en la ciudad de Alfaro posee 20 ha de viñedo propio y un parque de 7 000 barricas de roble. Sus principales marcas son Campo Burgo (blanco, rosado y tinto) y Alex Reserva Familiar (tinto).

Bodegas Campo Viejo
Fundada en 1963, Campo Viejo es la mayor empresa de Rioja y pertenece al gigante Bodegas y Bebidas. Su viñedo de 500 ha le suministra la mayor parte de su materia prima. Sus marcas principales son: Albor (tinto, blanco), Campo Viejo (blanco, rosado, tinto), San Asensio (blanco, rosado, tinto), Selección José Bezares (blanco, rosado, tinto), Marqués de Villamagna (tinto) y Viña Alcorta (tinto).

Castillo de Cuzcurrita
Fundada en 1971, la bodega se asienta en un castillo del siglo XIV, en cuyos alrededores se han acondicionado edificios para la elaboración y crianza. La bodega tiene una capacidad de elaboración para medio millón de litros de vino y un parque de 600 barricas de roble para la crianza de sus vinos.

Bodegas Corral
Fundada en 1898, la construcción actual es de 1974, año en que se trasladó la antigua bodega. Situada en pleno Camino de Santiago, junto a las ruinas del antiguo hospital y albergue de San Juan de Arce, posee unas 50 ha de viñedo, comercializa cerca de un millón de botellas al año y dispone de 5 000 barricas de roble.

Cosecheros Alaveses
Esta cooperativa de Laguardia fue fundada en 1985 y enseguida tomó el mando en la comercialización y promoción del clásico vino tinto de cosechero de la Rioja Alavesa bajo la marca Artadi. En la actualidad elabora extraordinarios vinos tintos de crianza y reserva, algunos procedentes de viñedos centenarios, como su Pagos Viejos.

CVNE (Compañía Vinícola del Norte de España)
Creada en 1878, la bodega goza de una muy buena reputación basada en la seriedad de su producción. Cerca de la mitad de sus uvas proceden de sus 500 ha de viñas. En 1990 se dotó con una instalación de vinificación ultramoderna y posee más de 25 000 barricas de roble. Las principales marcas que comercializa son: Corona semiseco, Cune (blanco, tinto, rosado), Monopole (blanco), Imperial (tinto) y Viña Real (tinto).

Bodegas Domecq
Esta derivación de la famosa casa de Jerez (véase p. 180) existe desde 1973. Con 500 ha en la Rioja Alavesa, es uno de los mayores propietarios de esta denominación. Produce cerca de 6 millones de botellas. Sus vinos son finos y agradables. Las marcas principales son: Marqués de Arienzo (tinto) y Viña Eguía (tinto).

Bodegas Faustino Martínez
Esta bodega pertenece a los mismos propietarios que las Bodegas Campillo y ya existía en 1860, época en que el rioja se hacía según el «método rural». Actualmente el grupo posee un viñedo de 500 ha y un total de 25 000 barricas de roble. Sus marcas principales son Faustino V (blanco, rosado, tinto) y Faustino I (tinto).

Bodegas Federico Paternina
Federico Paternina es uno de los mayores productores de Rioja. Sus cavas de añejamiento y crianza, algunas construidas en roca viva a más de 40 metros de profundidad, datan de principios del siglo XVII y contienen cerca de 40 000 barricas de roble. Sus marcas principales son Banda Dorada (blanco), Federico Paternina (blanco, tinto), Banda Roja (rosado), Banda Azul (tinto), Conde de los Andes (tinto) y Viña Vial (tinto).

Bodegas Franco-Españolas
Establecida en 1890, esta bodega tradicional posee un marcado estilo francés. Aparte de ser una histórica de Rioja por su fundación, ha sido visitada por la realeza española (Alfonso XII y XIII). Marcas principales: Castil Corvo (blanco), Diamante semiseco (blanco), Viña Soledad (blanco), Rosado de Lujo, Excelso (tinto) y Rioja Bordón (tinto).

RIOJA

Granja Ntra. Sra. de Remelluri
La bodega fue creada en 1967, pero el edificio principal data del siglo XVIII. La Granja perteneció al Monasterio de Toloño y en la finca se encuentran una necrópolis de los siglos XI y XII, y una ermita del siglo XIII. Comercializa sus vinos bajo la marca Remelluri, posee 65 ha de viñedo y más de 3 500 barricas de roble.

Bodegas La Rioja Alta
Instalada desde 1890, esta bodega produce cerca de 2 millones de excelentes botellas al año. La uva procede de sus viñas (300 ha) y de viticultores locales. Una parte de la fermentación se hace en cubas de madera y el método de crianza es tradicional (40 000 barricas), lo que hace de ella una de las mejores bodegas de Rioja. Sus marcas principales son Viña Ardanza (blanco, tinto), Reserva 904 (tinto), Reserva 890 (tinto), Viña Alberdi (tinto) y Viña Arana (tinto).

Bodegas Lan
Esta empresa, fundada en 1974, posee un viñedo de sólo 70 ha, por lo que compra el 90 % de la uva que necesita. Produce cada año 2,5 millones de botellas de un buen nivel de calidad. Sus cavas acogen 14 000 barricas de roble y las principales marcas son: Lan (blanco, rosado, tinto) y Viña Lanciano (tinto).

Bodegas Marqués de Cáceres
Esta bodega fue fundada en 1970 por Enrique Forner, uno de los pioneros de la nueva tecnología en Rioja. Se provee de uva con un grupo de viticultores, la Unión Vitivinícola, para producir cerca de 6,7 millones de botellas al año. Se trata de vinos de alta calidad.

Cubas de fermentación de las Bodegas Muga, en Haro.

Bodegas Marqués de Murrieta
Véase recuadro en la página siguiente.

Bodegas Marqués del Puerto
Esta bodega pertenece al mismo grupo que Campo Viejo. Creada en 1972, compra gran parte de la uva que necesita, pues no posee más que 22 ha de viñas. Desde su decisión, en 1989, de abandonar los vinos de estilo joven, en la actualidad posee más de 5 000 barricas de roble, gracias a las que ha mejorado mucho la calidad de sus reservas.

Bodegas Martínez Bujanda
Esta bodega goza de buena fama y trabaja con cuidado la crianza de sus vinos en un parque de más de 13 000 barricas de roble. Este productor, uno de los mejores de Rioja, es conocido por sus marcas Valdemar (blanco, tinto, rosado) y Conde de Valdemar (tinto).

Bodegas Martínez Lacuesta
Esta empresa, en activo desde 1895, se enorgullece de mantenerse fiel al «viejo estilo». La fermentación se hace todavía en cubas de roble y su producción anual total se cría en un parque de cerca de 7 000 barricas de roble. Las marcas principales son: Campeador (tinto) y Martínez Lacuesta (tinto).

Bodegas Montecillo
Fundada en 1874, la bodega comercializa 3 millones de botellas al año, que cría en sus 13 700 barricas de roble, de origen francés en su mayoría. Fue una de las primeras de Rioja en sacar partido del envejecimiento en botella. Las principales marcas son Viña Cumbrero (blanco, tinto), Montecillo (rosado, tinto) y Viña Monty (tinto).

Bodegas Muga
Esta pequeña empresa familiar, fundada en 1932, todavía utiliza cubas de madera para la fermentación y claras de huevo para la clarificación. Muga posee 35 ha de viñas, 7 500 barricas y produce un millón de botellas al año. Sus marcas principales son Muga (blanco, rosado, tinto), Torre Muga (tinto) y Prado Enea (tinto).

Bodegas Murúa
Aunque de origen antiguo, la sociedad se formó en 1974. Es una bodega clásica renovada en 1990. Se encuentra rodeada de 110 ha de viñedo propio y posee 2 000 barricas de roble francés y americano. Tiene una impresionante biblioteca dedicada exclusivamente a temas históricos y enológicos. Sus vinos se comercializan con la etiqueta de Murúa.

Bodegas Olarra
Es un edificio moderno, de arquitectura original con elementos compuestos por ladrillo visto, hormigón visto y teja árabe, que fue construido en 1973. La bodega elabora cerca de 10 millones de botellas al año y posee un parque de 10 000 barricas de roble. Comercializa sus vinos bajo las marcas Añares (blanco, tinto, rosado), Otoñal (rosado, tinto) y Cerro Añón (tinto).

Bodegas Palacio
Esta empresa, creada en 1894, posee una bodega antigua edificada en el siglo XIX y otra moderna. En la antigua hay seis calados paralelos, comunicados a un corredor central

construido en piedra de sillería. Hoy en día ha sido rehabilitada como pequeño hotel. Después de un cambio en la dirección, en 1987, la empresa ha reemplazado progresivamente sus barricas de roble americano por roble francés (6 000 en la actualidad). Sus principales marcas son: Glorioso (blanco, rosado, tinto) y Cosme Palacio y Hermanos (blanco, tinto).

Bodegas Palacios Remondo

Es una de las bodegas más emblemáticas y la más puntera de la Rioja Baja. Fundada en 1948, la bodega primitiva está situada en la población de Alfaro y dispone de otra bodega modernista en Logroño. Está provista de un parque de 2 000 barricas nuevas de roble americano y francés. Posee más de 150 ha de viñedo propio que le proporcionan una buena materia prima para elaborar una amplia gama de vinos, que comercializa con las marcas Palacios y Herencia Remondo. Merecen especial atención sus dos nuevos y últimos vinos: el Plácet, un blanco varietal de viura fermentado en tino de roble francés de 15 000 litros, y el reserva 2 Viñedos, un tinto de logrado *coupage*, tan robusto como sutil, cuyo peor pecado es su escasa producción.

Bodegas de la Real Divisa

Aunque la bodega como tal fue fundada en 1968, está construida en piedra y la fachada principal es del siglo XII. Es una de las construcciones más antiguas de Europa. Sobre su puerta tiene la «Jarra de Azucenas» de la Casa Real de Navarra. Posee 40 ha de viñedo y un parque de 1 000 barricas de roble.

Bodegas Riojanas

Fundada en 1890, esta empresa familiar posee un viñedo de 200 ha y compra fuera cerca de dos tercios de la uva y el vino que necesita. Su producción se acerca a los 5 millones de botellas al año y su cava acoge unas 20 000 barricas de roble. Sus principales marcas son Canchales (blanco, rosado, tinto), Monte Real (blanco, rosado, tinto), Puerta Vieja (blanco, rosado, tinto) y Viña Albina (blanco, tinto).

Bodegas R. López de Heredia Viña Tondonia

Fundada en 1877, esta bodega aún trabaja de manera muy tradicional: la mitad de la uva procede de sus viñas (170 ha), todos los vinos fermentan en cubas de roble y luego son trasegados manualmente a barricas de roble (15 000), aparte de ser todavía clarificados con clara de huevo. Sus principales marcas son Viña Gravonia (blanco), Viña Tondonia (blanco, rosado, tinto), Viña Bosconia (tinto) y Viña Cubillo (tinto).

Sierra Cantabria

Ubicada en la localidad de San Vicente de la Sonsierra, la bodega fue fundada en 1954. La arquitectura es actual, pero está construida en piedra de sillería de más de 300 años. Es una de las bodegas líder en vinos jóvenes. Posee cerca de un centenar de hectáreas y un parque de 1 000 barricas para dar crianza a la línea de sus vinos no jóvenes. Marcas principales: Murmurón (tinto), Sierra Cantabria (blanco, tinto).

Vinos de los Herederos del Marqués de Riscal

Fundada en 1860, la bodega fue el origen de la renovación de Rioja a finales del siglo XIX y pertenece todavía a los descendientes de los fundadores. El viñedo, de 200 ha, cubre cerca del 40 % de sus necesidades de uva. Todavía se cultiva la cabernet sauvignon originaria, que se utiliza poco para los tintos clásicos de la casa, pero que compone una buena parte de la cuba Barón de Chirel. Las 30 000 barricas de roble se reemplazan rotativamente. Las principales marcas que comercializa son Marqués de Riscal (tinto) y Barón de Chirel (tinto).

Viña Ijalba

Esta empresa construyó una bodega de diseño vanguardista en 1991. Tiene 70 ha de viñedos originales, plantados sobre minas a cielo abierto abandonadas, y los últimos adelantos en tecnología vinícola. Dispone de una capacidad para elaborar algo más de un millón de litros de vino al año y posee 2 500 barricas de roble, entre americano y francés. Comercializa sus vinos bajo la marca Viña Ijalba.

Viñedos del Contino

Esta bodega, fundada en 1974, es propiedad de CVNE, pero tiene una personalidad independiente y muy marcada que le han granjeado una merecida fama en las últimas dos décadas. Con 60 ha de vides y un parque de 2 000 barricas de roble, sólo produce vinos tintos que comercializa con la marca Contino.

MARQUÉS DE MURRIETA

Una de las pioneras en la historia de la producción de Rioja, esta bodega fue fundada en 1870 y todavía es orgullosamente respetuosa con sus tradiciones. Toda la uva con que elabora sus vinos procede de sus 300 ha de viñas en Ygay, cerca de Logroño. Las vinificaciones se hacen deliberadamente a la antigua, y los vinos se crían en 14 000 barricas (durante más de dos años, bastante más que en las otras bodegas). Esta empresa elabora una gama pequeña de vinos que incluyen el Marqués de Murrieta (blanco y tinto) y el famoso Castillo Ygay (tinto), un reserva de gama alta, raro y caro.

CATALUÑA

HASTA HACE POCO, CATALUÑA SE IDENTIFICABA PRINCIPALMENTE CON EL CAVA
Y SUS EXCELENTES BLANCOS. SIN EMBARGO, VARIOS DE LOS MEJORES TINTOS DEL PAÍS
SE ELABORAN EN ESTAS TIERRAS.

Las peculiaridades históricas de Cataluña se expresan también en la personalidad de sus vinos. Desde antiguo, Cataluña se había especializado en la elaboración de vinos tintos, además de los tradicionales vinos dulces. Algunos hacendados romanos compraron grandes fincas en los alrededores de Tarragona para dedicarse a la elaboración de vinos. Hasta mediados del siglo XVIII, Cataluña elaboró esos vinos tintos raciales, que un embajador francés en la corte de los condes de Barcelona había ensalzado como «los mejores de España». Cuando el Mediterráneo oriental cayó en manos de los turcos, la dulce malvasía se tuvo que refugiar en Italia y en Cataluña.

Pero las crisis políticas de los siglos XVIII y XIX no favorecieron la prosperidad de los cultivos catalanes ni la de sus vinos tintos. Gran parte del viñedo se replantó con uvas blancas que se empleaban para elaborar brandies. Los únicos vinos que se salvaron de la crisis fueron los tradicionales tintos «rancios» (que todavía gozan de prestigio en el Rosellón), vinos generosos fortificados que envejecían en garrafas en el suelo antes de madurar en madera; juntamente con los poderosos prioratos, encargados de mantener heroicamente el recuerdo de los viejos vinos tintos.

Esta masía del Penedès rodeada de viñas es una de las propiedades de Miguel Torres, bodega familiar que desde el siglo pasado ha sido la gran impulsora de la viticultura moderna en Cataluña.

El cambio decisivo de la época moderna llegó en 1872, cuando la familia Raventós elaboró la primera botella de cava, vino espumoso obtenido por el método tradicional. Josep Raventós había comprobado la popularidad creciente del champagne y decidió que Cataluña podía rivalizar con él. Se plantaron cepas de buena calidad y muchos productores no tardaron en comprender que las uvas excedentarias podían dar un agradable vino blanco seco, sobre todo en las viñas situadas a mayor altitud. La segunda «revolución» se produjo en la década de los 70, cuando Jean León, Miguel Torres y otros pioneros acometieron un esfuerzo decisivo para recuperar la milenaria cultura vinícola de Cataluña, aclimatando variedades nobles internacionales, renovando los equipos técnicos y seleccionando las mejores fincas para la producción. Así se rescataron del olvido los aromáticos vinos blancos, los alegres rosados de uva garnacha y los grandes vinos tintos catalanes.

En la actualidad, Cataluña es un gran campo de experimentación de técnicas, métodos y variedades viníferas. Sin duda, gran parte de este éxito se debe a los buenos dividendos del cava; el éxito de un negocio consolidado que ha potenciado una buena concentración de bodegas con las técnicas enológicas más modernas del mundo.

LAS REGIONES VITÍCOLAS DE CATALUÑA

Cataluña, situada en el noreste español, es la comunidad autónoma con mayor número de denominaciones de origen. Esta región posee actualmente nueve DO: Penedès, Conca de Barberà, Costers del Segre, Alella, Ampurdán-Costa Brava, Pla de Bages, Priorato, Tarragona y Terra Alta. La comunidad autónoma de Cataluña también produce más del 95 % de los vinos de DO Cava.

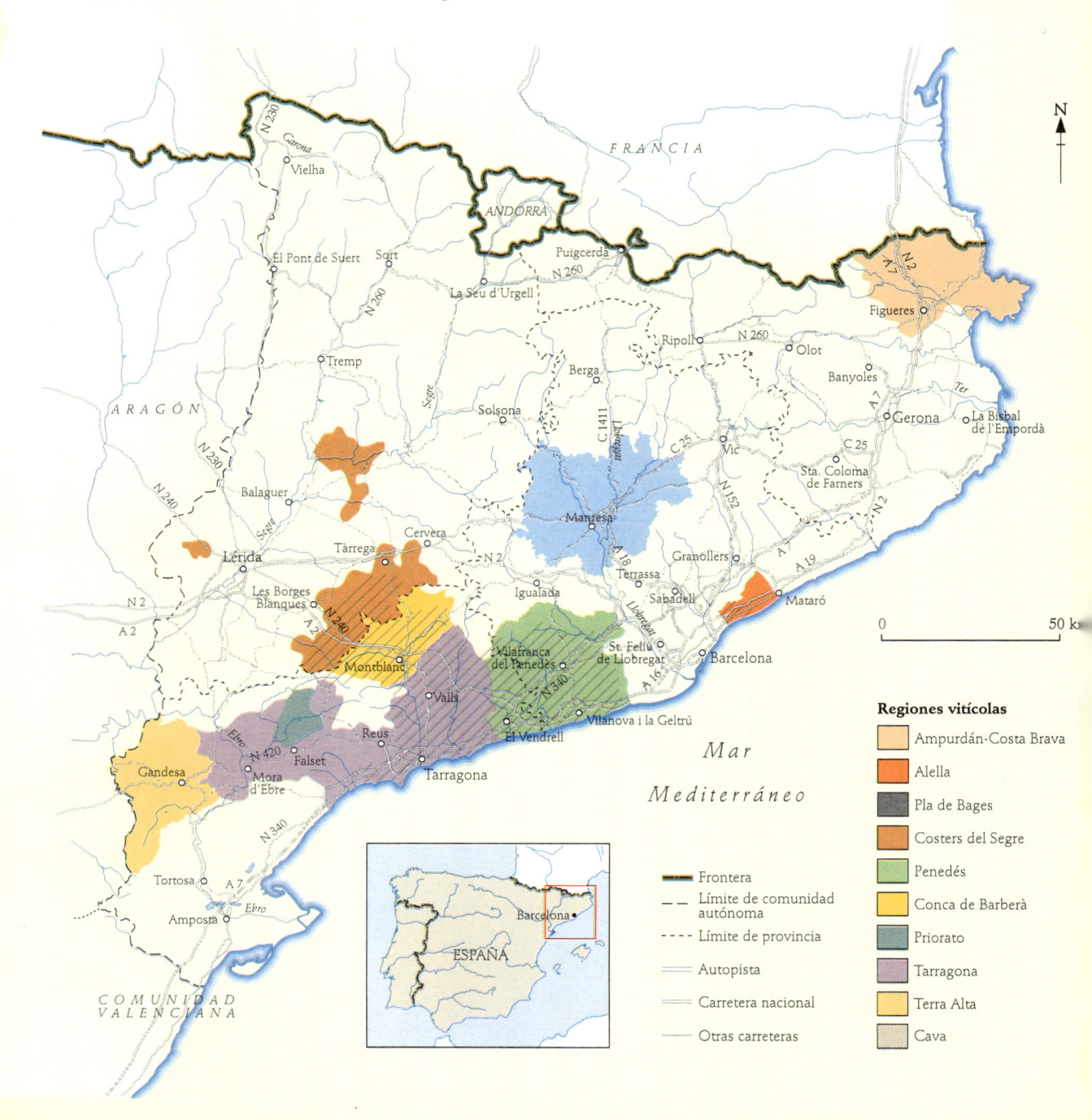

Regiones vitícolas
- Ampurdán-Costa Brava
- Alella
- Pla de Bages
- Costers del Segre
- Penedés
- Conca de Barberà
- Priorato
- Tarragona
- Terra Alta
- Cava

- Frontera
- Límite de comunidad autónoma
- Límite de provincia
- Autopista
- Carretera nacional
- Otras carreteras

PENEDÈS

Existen documentos que prueban el cultivo de la vid en el Penedès en el siglo IV a. de C. Ya Avieno habla de ello en su *Ora maritima* en el siglo V a. de C., aunque el perfeccionamiento de las estructuras agrícolas llegó con el desembarco del Imperio romano. Escritores como Plinio, Silio, Itálico y Marcial elogiaban y describían los vinos de las regiones layetanas.

La vía Augusta, que atravesaba el Penedès, era la aorta del comercio internacional romano, donde confluían los caminos «vinarios» del Ródano, el Ebro, el Duero y el Guadalquivir. Los vinos tintos del Penedès eran más cotizados que los blancos, como ocurría siempre en todo el Mediterráneo, donde los oscuros vinos *pramnios* se consideraban la mejor ofrenda de Baco.

La producción de vinos de calidad se mantuvo durante la Edad Media, aunque los asentamientos islámicos no favorecieron precisamente el cultivo de la vid en ciertas zonas del Penedès. Sin embargo, el embajador Thibaut, comentando en 1396 las excelencias del país, declaraba: «En Cataluña he bebido los mejores vinos de España». Las buenas perspectivas comerciales de los siglos XVIII y XIX no fueron aprovechadas por el Penedès, que se dedicó a una viticultura de masa y de gran producción, siguiendo la mala política que los franceses habían impuesto en el Rosellón.

Después de la filoxera, al replantarse el viñedo se abandonaron muchas variedades tintas, menos rentables, y se perdieron prácticamente algunas cepas ancestrales, como la garrut, la terret negra, la morastell o la trepat, entre otras. Sólo se siguieron elaborando los tintos más tradicionales, de garnacha, monastrell y cariñena –al igual que en todo el Mediterráneo, desde Jumilla y Priorato hasta Châteauneuf-du-Pape–, como un testimonio único de la tradición.

Sin embargo, desde entonces Cataluña, con el Penedès a la cabeza, es la comunidad autónoma española que más ha hecho para conseguir que su industria vinícola ocupe el lugar que

La masía Can Ràfols dels Caus, en Avinyonet del Penedès, en donde se cultivan variedades clásicas internacionales.

le corresponde en el mundo. Hace 40 años, sólo tres o cuatro viticultores se esforzaban, con mucha pasión y dedicación, en producir y vender vinos de una calidad suficiente para la exportación. La mayoría de los viticultores se limitaba a elaborar vinos anticuados, pesados, oxidados y más o menos fortificados. Hizo falta grandes inversiones, ánimo y cierta visión empresarial para recobrar el antiguo prestigio, sobre todo teniendo en cuenta el relativo aislamiento internacional en que se encontraba el país en aquella época.

Por otra parte, a consecuencia del «boom» del cava, algunos círculos vinícolas pretendían que el Penedès se convirtiese en un mercado de uva blanca barata para la producción exclusiva de vinos espumosos. Por suerte, el empeño de las grandes firmas del vino y del cava catalanes demostró que había un brillante porvenir para afrontar la producción de vinos de calidad, tanto frutales y frescos como envejecidos en madera de roble, elaborados con las mejores variedades locales o internacionales, y obtenidos con técnicas modernas.

Las bodegas pioneras en este compromiso con la calidad (como Torres o Jean León) no esperaron para lanzarse a la experimentación: en el Penedès se instalaron los primeros sistemas de control de temperatura de España, las primeras cubas de fermentación de acero inoxidable y toda la tecnología de la enología moderna. Al mismo tiempo se aclimataron las mejores cepas internacionales, como la cabernet sauvignon, la chardonnay, la riesling o la sauvignon blanc. Algunas habían formado parte del viejo viñedo catalán antes de la crisis del siglo XVIII y la ruina provocada por la filoxera.

Suelos y clima
El Penedès está justo al sur de la ciudad de Barcelona, en las provincias de Barcelona y Tarragona.

El relieve del Penedès es irregular, de una serena belleza clásica: pequeñas lomas que, desde el mar, van ascendiendo sobre un fondo de montañas y sierras boscosas presidido al noreste por el impresionante altar de piedra de Montserrat. Se distinguen tres zonas bien diferenciadas por el clima: el Alto Penedès, el Bajo Penedès y el Penedès Medio.

Las variedades tradicionales, como la garnacha, la cariñena, la monastrell y la tempranillo, se cultivan en las zonas más cálidas, es decir, en el Penedès inferior (franja costera mediterránea) y medio (llanuras y pequeñas lomas, entre 200 y 400 m). Aquí el clima es mediterráneo y suave, con una temperatura media de 14,4 °C en la franja costera, mientras que las temperaturas más extremas, que rondan los 35 °C, suelen darse en julio. La insolación es de 2 548 horas anuales. Las lluvias, generalmente mal repartidas en unos pocos temporales de otoño y primavera, alcanzan los 514 mm/año. Las heladas de primavera suelen darse en el fondo de los valles, aunque sólo excepcionalmente; cuando vienen acompañadas de vientos fríos prolongados, pueden afectar al viñedo de

LOS FACTORES DE CALIDAD

El Penedès se encuentra a una longitud este de Greenwich de 1° 21' 46", y en la latitud norte entre los 41° 9' 20" y los 41° 35'. Tiene una superficie total de 1 557 km², lo que equivale a un total de 155 700 ha. Limita al sur con el Mediterráneo, al norte con la comarca del Anoia, al este con la comarca del Bajo Llobregat y al oeste con el Campo de Tarragona. La altitud va de los 0 m de la costa hasta los 944 m en la sierra de la Llacuna, aunque las plantaciones de viñedo no sobrepasan los 700 m. La denominación se divide en tres subzonas: Alto Penedès, Bajo Penedès y Penedès Medio. Viloví, situado en el Alto Penedès, es una zona en que se producen tanto cavas como vinos tranquilos.

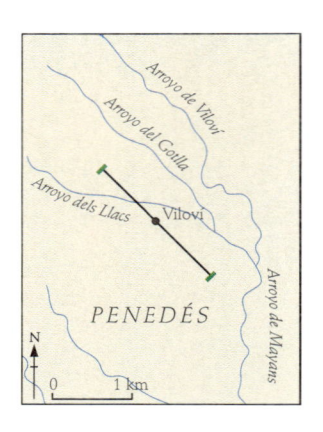

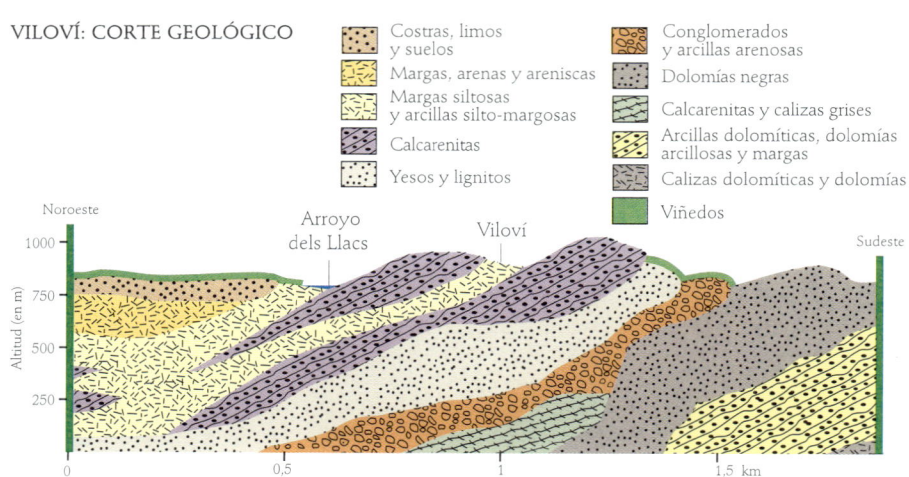

Los suelos y el clima

Los suelos del Penedès son pobres en materia orgánica. Predominan los suelos pardos mediterráneos con bastante proporción de caliza y arcilla, que ofrecen una buena permeabilidad y retienen bien el agua.

El relieve del Penedès es mediterráneo, con características diferenciadoras entre la zona costera y la de interior debido a la altitud, lo que potencia una serie de microclimas interesantes para producir vinos de características distintas. La temperatura media anual es de 14,43 °C, más alta en el litoral y más baja en la parte montañosa del interior. La media de las temperaturas mínimas en el mes de enero es de 2,63 °C, mientras que la máxima en el mes de julio se establece en los 27,78 °C. Las mínimas y las máximas absolutas son – 9,8 y 36 °C.

La insolación media anual es de 2 548 horas. Las lluvias, generalmente mal repartidas en unos pocos temporales de otoño y primavera, alcanzan un promedio de 514 mm/año, con una mínima de 252 mm y una máxima de 890 mm. Las heladas de primavera suelen darse en el fondo de los valles, aunque excepcionalmente, cuando vienen acompañadas de vientos fríos prolongados, pueden afectar al viñedo de ladera. Los vientos dominantes son la *tramontana* o viento del norte en invierno, y el *garbí*, un viento suave del suroeste en verano. No obstante, ninguno de estos vientos llega a provocar daños considerables al viñedo, ya que el mar actúa como excelente elemento regulador de la temperatura, y el macizo de Montserrat como muro de contención para los fríos vientos del norte.

Las variedades

Una de las ventajas más claras del Penedès frente a otras zonas vinícolas es el clima, que posibilita la aclimatación de diferentes variedades de uva en distintas alturas. En la franja costera del Penedès inferior, más cálida, se cultivan las cepas tintas mediterráneas más clásicas, como la garnacha, la cariñena, la monastrell o la tempranillo (llamada aquí ull de llebre). Las cotas más frescas del Penedès medio acogen las variedades blancas macabeo, xarel·lo y chardonnay, y las tintas tempranillo, cabernet sauvignon y merlot. Incluso en las zonas más altas del Penedès superior, se aclimatan con notable éxito las aromáticas parellada, riesling, muscat, gewürztraminer y sauvignon blanc entre otras, así como la siempre difícil tinta pinot noir.

Barricas de roble en una bodega de crianza de Miguel Torres.

ladera. El mar actúa como elemento regulador de la temperatura y el macizo de Montserrat como muro de contención para los fríos vientos del norte.

Predominan los suelos pardos mediterráneos, pobres en materia orgánica, con bastante proporción de caliza y arcilla, cuyas características son su capacidad retentiva y su gran permeabilidad al agua.

Variedades y tipos de vino

La legislación de la DO es generosa en el Penedès: autoriza nada menos que 121 cepas, aunque de hecho la mayoría de los viticultores se decantan por un número mucho menor. Las variedades tintas tradicionales son la tempranillo (llamada aquí *ull de llebre*), la garnacha, la cariñena y la monastrell *(mourvèdre)*; mientras que las tintas internacionales más implantadas son la cabernet sauvignon, la merlot y la pinot noir. Las principales variedades blancas locales son la parellada, la xarel·lo y la macabeo. Entre las cepas blancas internacionales destacan la chardonnay y la sauvignon blanc, y en menor medida la muscat y la gewürztraminer.

Los blancos del Penedès van desde los delicados blancos de parellada a los frutales macabeos, culminando en los más nobles chardonnay y sauvignon blanc de crianza o fermentación en barrica. Tampoco hay que olvidar los elegantes riesling ni los sensuales muscat.

Los tintos más tradicionales se elaboran a partir de las uvas tempranillo, garnacha, cariñena y monastrell, generalmente en mezcla, y suelen redondearse con algunos meses en barrica de roble y botella. Lo normal es que para la crianza se emplee roble americano, porque preserva mejor el tanino jugoso y confitado de la garnacha, los diferentes aromas frutales y la evolución del buqué de botella, tan importante en los vinos de esta variedad. Algunas bodegas utilizan barricas de roble nuevo para conseguir la máxima calidad en sus vinos, aunque después de los primeros trasiegos es costumbre que se alterne la crianza con roble de segundo o tercer año.

Desde hace unos años, el Penedès muestra una clara tendencia a la elaboración de tintos a partir de variedades internacionales, muchos como monovarietales. Estos tintos, generalmente avalados por la cabernet sauvignon, con pequeños porcentajes de tempranillo o merlot, mantienen una buena personalidad y reflejan las diferencias aportadas por el *terroir*, es decir, por la conjunción de suelo, clima, adaptación de la variedad y, en última instancia, el estilo de los enólogos y los bodegueros de la zona. La intensa frutosidad, la complejidad aromática, la presencia complementaria de la madera, siempre como factor de enriquecimiento y sin enmascarar nunca la aportación varietal, así como la corpulencia no exenta de suavidad y finura, marcan la distinción de estos vinos. □

PRODUCTORES Y BODEGUEROS

La principal característica de las más renombradas bodegas del Penedès es que elaboran el vino «en casa» y en muchos casos utilizando las vendimias de su propio viñedo. Gracias al predominio del elaborador sobre el bodeguero, los catalanes han podido acometer una revolución cualitativa sin precedentes en el viñedo español.

Albet i Noya
Los responsables de esta firma han convertido la finca Can Vendrell, una hermosa casa veraniega de la aristocracia catalana, en un feudo de los más avanzados cultivos ecológicos, consiguiendo calidades extraordinarias en algunos chardonnay y en los tintos de crianza. Sus vinos se comercializan bajo las etiquetas de Albet i Noya.

Alsina & Sardá
Fundada en 1981, la bodega elabora vinos tranquilos y espumosos a partir de 50 ha de viñedo propio situado en la finca Ca l'Avi, en el término municipal de Subirats. Elabora vinos blancos, rosados y tintos, y su producción es limitada. Los vinos se comercializan bajo las etiquetas de Alsina & Sardá.

Antonio Mascaró
Esta familia, más relacionada con el mundo del brandy que con el del vino, fundó sus bodegas en 1946. Utiliza exclusivamente la producción de sus 100 ha de viñedo para la elaboración de los vinos. Produce vinos blancos, rosados, tintos y espumosos, que comercializa bajo la marca Mascaró, al igual que el brandy.

Can Feixes
La hacienda vitícola con el nombre de Jaume Feixes, su fundador, data del año 1400 y sus elaboraciones se iniciaron en 1690. Esta finca, perteneciente a la familia de José M.ª Huget Masgrau, está situada en las tierras altas de Mediona y Cabrera. Sus viñedos se escalonan en terrazas, donde la composición del suelo y la climatología se unen para poder cultivar, idóneamente, las variedades de uva de la zona y conseguir vinos de extraordinaria calidad y finura. Elabora vinos blancos, rosados, tintos y espumosos, que se venden con la marca Can Feixes.

Can Ràfols dels Caus
Fundada en 1980, la empresa sitúa su actividad en una antigua masía de Avinyonet del Penedès. Su propietario confía en el excelente comportamiento de algunas variedades de origen francés para la concepción de sus vinos, siempre cambiantes y al estilo y capricho de su autor. Su apuesta más fuerte recae en su vino de reserva, Caus Lubis; un tinto elaborado con la variedad merlot y lleno de sensaciones.

Cavas Hill
Establecida en 1887, esta bodega mantiene una viña de 50 ha, pero también compra uva. Elabora vinos tranquilos y espumosos. Merecen especial atención su tinto joven a base de tempranillo y su reserva de cabernet sauvignon. Sus marcas principales son Blanc Bruc (blanco), Blanc Cru (blanco), Oro Penedès (blanco), Castell Roc (rosado), Gran Civet (tinto) y Gran Toc (tinto).

Cellers Grimau-Gol
Tres generaciones de la familia Gol amparan la calidad y tradición de los vinos del Penedès. Al margen de sus elaboraciones tradicionales de vinos blancos, rosados, tintos y espumosos, esta bodega fue pionera en propulsar y comercializar a nivel nacional el tradicional vino joven, llamado en Cataluña «vi novell», similar al conocido *beaujolais nouveau*, pero elaborado con uva tempranillo.

Cellers Puig & Roca
Creada en 1990, se trata de una firma con verdadera vocación de vanguardia. Es una bodega al mejor estilo *«château»* que ha destacado desde sus inicios por sus tres únicos vinos: el blanco de chardonnay fermentado en barrica, el rosado fresco a base de merlot y el crianza de cabernet sauvignon, todos comercializados bajo el románico nombre de Avgvstvs.

Chandón
Actualmente esta bodega pertenece totalmente al grupo Moët & Chandon. Al margen de la línea de vinos espumosos, elabora dos vinos tranquilos basados en los varietales internacionales chardonnay (blanco) y pinot noir (rosado), ambos comercializados con la marca Eclipse.

Cía. Internacional de Grandes Vinos
Viticultores desde el siglo XVII, la familia Giró fundó en 1977 esta bodega, utilizando para la producción solamente las uvas de la finca El Pont, con una extensión de 60 ha en las que se cultivan las variedades autóctonas del Penedès. Sus vinos blancos, rosados, tintos y espumosos se comercializan bajo la marca Giró Ribot.

Covides (Cooperativa Vinícola del Penedès)
Fundada en 1964, esta cooperativa produce 35 millones de botellas al año a partir de las 3 000 ha de viñas que controlan sus socios. Los vinos son, sobre todo, blancos de tipo joven, rosados y tintos. Las marcas principales son: Duc de Foix (blanco, rosado, tinto) y Molí de Foc (blanco).

Ferret
Las bodegas, creadas por Domingo Ferret, datan de 1907, pero la empresa fue fundada en 1941 por Ezequiel Ferret. Está más especializada en vinos espumosos que en vinos tranquilos. No obstante, merece especial atención su rosado joven, mezcla de cariñena y tempranillo, y su tinto de cabernet sauvignon.

Gramona
Viticultores desde 1881 y elaboradores desde 1921, esta es una empresa prácticamente consagrada a los vinos espumosos de larga crianza. No obstante, desde hace unos años, la nueva generación familiar apoya la elaboración de vinos tranquilos, sobre todo blancos y rosados a partir de variedades internacionales. Su Moustillant, un vino entre un *mousseux* y un *pétillant*, es el resultado de un vino natural ligeramente fermentado en botella que mantiene una extraordinaria limpidez, gracias a las levaduras especiales con propiedades floculantes aplicadas en su elaboración.

Jané Ventura
La historia vitícola de esta familia se remonta a 1940, aunque sus primeras elaboraciones con marca propia no se comercializaron hasta 1980.

En la actualidad poseen una finca en la Bisbal del Penedès de 11 ha de viñedo con cabernet sauvignon. Elabora vinos blancos, rosados, tintos y una corta línea de cavas, pero merece especial atención su rosado joven y el reserva de cabernet sauvignon.

Jaume Serra
La producción anual de esta bodega, fundada en 1943, es del orden de los 5,3 millones de botellas. Su aprovisionamiento procede en parte de su viñedo de 170 ha. Marcas principales: Jaume Serra (blanco, rosado, tinto) y Viña del Mar (blanco, rosado, tinto).

Jean León
Esta casa fue fundada en la década de 1960 por uno de los principales pioneros de la renovación vitícola del Penedès. Trabaja como un pequeño *château*, especializado en vinos de cabernet sauvignon y chardonnay. Todas las uvas proceden de su propio viñedo (100 ha), situado en un enclave excepcional del Penedès. Los vinos se fermentan en barricas de roble francés y reciben cuidadosa crianza en la cava subterránea. Como Jean León, el fundador de la casa, tenía negocios en Hollywood, estos vinos siguen siendo los preferidos de las grandes estrellas, como Barbara Streisand o Paul Newman.

Juvé & Camps
Los vinos más tradicionales y conocidos de esta bodega son cavas. No obstante, también elabora excelentes vinos tranquilos, todos de producción muy limitada. El Ermita d'Espiells es un blanco de crianza nacido de la trilogía clásica de la zona (macabeo, xarel·lo y parellada), mientras que el Miranda d'Espiels es su otro blanco de crianza a base de chardonnay. El Casa Vella d'Espiells es su único tinto, elaborado con cabernet sauvignon y en calidad de reserva.

Manuel Sancho e Hijas
En el término municipal de Castellví de la Marca, en pleno corazón del Penedès, se encuentra enclavada una artística masía de más de 200 años de antigüedad, rodeada por 60 ha de viñedo, donde se encuentran las bodegas y cavas de Mont Marçal. Elabora toda la gama de vinos tranquilos y cavas, que comercializa bajo la marca Mont Marçal.

Masía Bach
Este pago histórico, dominado por un bello palacio, fue fundado en 1924. Hoy es propiedad de Codorníu y produce una media de 3,6 millones de botellas al año. Su aprovisionamiento de uva queda cubierto en parte por su viñedo de 20 ha. Sus marcas principales son Extrísimo (blanco), Extrísimo Gran Reserva (blanco), Bach (rosado) y Viña Extrísima (tinto).

Masía Vallformosa
Casa tradicional del Penedès, que fue fundada en 1979. Elabora una amplísima gama de vinos, tanto tranquilos como de aguja y espumosos, en todas las versiones y colores. Se caracteriza por su seriedad, la constante calidad de todos sus productos y los precios ajustados. Sus marcas más conocidas son Marina (blanco y rosado), Vallformosa Chardonnay, Vallformosa Cabernet Sauvignon, Vallformosa (tinto), Viña Rosada (rosado) y Vall Reserva (tinto).

Miguel Torres
Véase recuadro.

Molí Coloma
Establecida en 1982, esta bodega es una verdadera especialista en la elaboración de vinos blancos monovarietales. Riesling, gewürztraminer, sauvignon blanc, chardonnay y muscat son sus primeras elaboraciones, que comercializa con las etiquetas de Sumarroca.

Naveran
Para hablar de los orígenes de la finca Naveran hay que remontarse al siglo XI, como lo atestigua la capilla románica que en ella se conserva. Sin embargo, para hablar del principio de su tradición vitivinícola hay que acercarse al siglo pasado, cuando Pablo Parellada de Naveran inició el negocio de vinos y construyó una bodega que aún hoy, en parte, se conserva. En la actualidad, Cavas Naveran elabora con la misma pasión el tinto joven de cabernet sauvignon y el blanco que le dio justa fama, el Manuela de Naveran —un chardonnay fermentado en barrica de roble—, así como el rosado y una serie de crianzas espumosos, todos con un perfil modernista y llenos de savia. La bodega posee 115 ha de viñedo propio que le garantizan el suministro necesario para la elaboración de sus vinos.

Raventós i Blanc
Esta es una bodega de concepción moderna y futurista, inaugurada por un miembro de la saga Codorníu hace una década. Posee unas 130 ha de viñedo, donde cultiva las variedades blancas típicas de la zona. Elabora una amplia gama de vinos tranquilos y cavas, y un tinto con el nombre de L'Hereu.

René Barbier
Esta empresa pertenece actualmente al grupo Freixenet. Comparte las instalaciones de Segura Viudas (cava), una masía rodeada de un pequeño viñedo, y elabora una amplia gama de vinos tranquilos, tanto en carácter monovarietal de cabernet sauvignon, como en mezcla. Las marcas principales son: Kraliner (blanco), Viña Augusta (blanco) y René Barbier (rosado, tinto).

MIGUEL TORRES

Al hablar del Penedès y sus vinos tintos hay que citar a la familia Torres. Fundada en 1870, la bodega es el origen de la viticultura moderna en Cataluña. La empresa es totalmente familiar y selecciona con esmero sus viñas, elabora sus vinos con tecnología precisa y los cría en una extensa cava subterránea con más de 11 000 barricas de roble nuevo. Posee 1 000 ha de viña, que le permiten cultivar desde las tradicionales cepas blancas parellada o las tintas garnacha y tempranillo, hasta las internacionales cabernet sauvignon, pinot noir, riesling, chardonnay, sauvignon blanc, etc. Sangre de Toro y Gran Sangre de Toro proceden de variedades tintas locales. La gama de vinos va de los tintos y blancos sencillos, hasta los famosos tintos Gran Coronas, Mas la Plana y Las Torres.

Priorato

La DO Priorato está situada en el centro de la provincia de Tarragona y es una de las comarcas más singulares de la región. Se trata de una región marcada por hitos históricos y geográficos. Los monjes de la cartuja de Scala Dei fueron los introductores del arte de la viticultura en esta tierra a mediados del siglo XII. Este monasterio fue, sin duda, el verdadero *pater vinarius* de sus sabrosos vinos. En lo que se refiere al aspecto geográfico, la impresionante sierra del Montsant es otro elemento característico de esta comarca; en torno a sus peladas rocas, que son un reclamo para los escaladores más audaces del mundo, fueron naciendo pequeños núcleos rurales, verdaderos pesebres que, en las laderas de mediodía, cultivaron unas vides que han resistido el paso de los siglos.

Hoy en día, el Priorato posee tan sólo 1 800 ha de viñedo inscrito. Sin embargo, en esta pequeña denominación se elaboran unos vinos que son una perfecta y curiosa combinación de artesanía, tradición y modernidad.

Clima y suelos
El Priorato disfruta de un clima ideal para la buena maduración de la uva, con unos veranos especialmente secos. Las precipitaciones no superan los 600 mm al año. Los suelos son pobres, volcánicos y formados por pequeñas láminas de pizarra, lo que da a los vinos un inconfundible toque mineral.

Variedades y tipos de vino
Las uvas tintas cariñena y garnacha son la base de los actuales prioratos. De estas dos variedades, sabiamente mezcladas según los antiguos preceptos monacales, nacen unos tintos de color granate, robustos, de sabor denso y rico, y de intenso aroma. Junto a estos vinos han perdurado otros no menos tradicionales, como los vinos rancios. Se trata de vinos envejecidos lentamente en barricas de roble, cargados de personalidad y singularmente llenos de sensaciones. Los rancios pueden degustarse a cualquier hora del día y casan especialmente bien con los frutos secos de la comarca.

En cuanto a los tintos, la garnacha y la cariñena aportan a los vinos el clásico color púrpura, sombrío y profundo, que cuando son jóvenes, se resuelve en tonalidades violáceas muy concentradas. La presencia de syrah y cabernet sauvignon en los prioratos de nuevo cuño contribuye también a dar el matiz suntuoso y opulento de su gama de colores, siempre en la paleta de los rojos oscuros e intensos. Estos tintos recuerdan las frutas rojas, como la grosella roja y negra, el pimiento verde cuando llevan cabernet y los aromas silvestres de hierbas aromáticas, como el romero y el tomillo. En la extrema complejidad de su gama aromática no faltan las notas lácteas y empireumáticas, con toques de regaliz, café, cacao y especias: clavo, nuez moscada, canela y pimienta. La potencia palatal es la principal característica de los vinos tintos de la denominación. Cuando son jóvenes pueden resultar algo astringentes por su elevada tanicidad, pero la crianza en barricas de roble les aporta los elegantes tonos avainillados y de humo que, no obstante, nunca pretenden tapar la frutosidad intensa del vino. Bien envejecidos, son de una gran complejidad y constituyen un perfecto ejercicio de cata analítica para cualquier aficionado. Los vinos tintos del Priorato requieren un mínimo de cinco años desde el de su cosecha para que sus taninos, poderosos y astringentes, se domestiquen y el vino adquiera suavidad y finura.

Por su parte, los blancos clásicos, mucho más escasos, son abiertamente dorados desde su primera juventud y poseen aromas de frutas amarillas y maduras, como el melocotón y la piña, con notas balsámicas, de hierba, manzanilla, flores de lirio y violetas. Algunos tienen matices amielados. En boca resultan untuosos, aunque frescos, y presentan un paladar sápido y lleno de matices frutales y florales.

La última revolución: los «nuevos prioratos»
Desde hace una década, el Priorato ha sufrido un revolución vitivinícola con el nacimiento de los llamados «nuevos prioratos». Todo comenzó a partir de las inquietudes y los conocimientos profesionales de «tres mosqueteros» –Álvaro Palacios (joven emprendedor, descendiente de una gran familia de bodegueros riojanos y experto conocedor en las artes de las barricas), René Barbier (descendiente de una antigua familia de bodegueros del Priorato y el Penedès) y José Luis Pérez (experto enólogo y gran amante de esta tierra)–, que un día soñaron con recuperar las viejas glorias del Priorato. Con mucho esfuerzo y tenacidad se fueron recuperando algunos viñedos centenarios de garnacha, se plantaron nuevos viñedos de cabernet sauvignon, merlot y syrah en empinadas terrazas, y se elaboraron vinos con una poderosa personalidad, marcada por la fuerza de la tierra y el clima austero de la región. Hoy en día, estos prioratos se cotizan en los mejores mercados parisinos, londinenses y norteamericanos, y sus precios están merecidamente a la altura de los mejores tintos de Burdeos y Borgoña.

Escudo de la Cartuja de Scala Dei. Sello de la DO Priorato.

PRODUCTORES Y BODEGUEROS

Actualmente, el Priorato, con tan sólo 1 800 ha de viñedo, se caracteriza por poseer unos productores tan «minúsculos» y con producciones tan cortas, que parece que sus vinos tengan una existencia puramente virtual. Sin duda, es una DO con un pasado esplendoroso, pero también con un futuro envidiable.

Álvaro Palacios

Este joven vinatero del Priorato pertenece a una de las más conocidas familias vinícolas riojanas: Bodegas Palacios. Dedicado durante varios años a quehaceres por cuenta de su empresa madre, se especializó en el conocimiento de las maderas para la crianza de los vinos. A finales de los 80 se instaló, junto con otros compañeros afines a sus convicciones, en tierras del Priorato y empezó la replantación de variedades internacionales. En la actualidad, elabora tintos con crianza bajo las marcas Finca Dofí (60 % garnacha, 20 % cabernet sauvignon, 10 % cariñena, 5 % syrah) y 16 meses en barrica; Les Terrasses (50 % garnacha peluda, 40 % cariñena, 10 % cabernet sauvignon) con 12 meses en barrica; L'Ermita (80 % garnacha con una edad media de 50 años, 16 % cabernet sauvignon, 5 % cariñena), 19 meses en barrica y un precio astronómico (L'Ermita 1995 cuesta 22 000 ptas).

Cellers de Scala Dei

Esta tradicional bodega se encuentra a tan sólo un centenar de metros del baluarte de Scala Dei, una cartuja que habitaron y gobernaron a lo largo de varios siglos los monjes vinateros de Tarragona. Durante años, la bodega ha sido en solitario el mejor escaparate del vino tradicional del Priorato. Es una firma histórica del vino catalán, ya que sus vinos obtuvieron medallas en las exposiciones universales de París en 1898 y Barcelona en 1888. En la actualidad cuenta con 70 ha de viñedo y elabora cinco tipos de vino: tres tintos, el joven Negre Scala Dei, el crianza Scala Dei y el gran reserva Cartoixa d'Escala Dei; un rosado, el Scala Dei; un blanco joven, el Blanc Scala Dei; y un blanco fermentado en barrica, el Blanc Prior.

De Muller

Esta empresa, que data de 1851, posee viñedos en Scala Dei, aunque realiza sus elaboraciones en la nueva bodega de Reus. Los viñedos se asientan sobre suelos pizarrosos, con materiales primarios de color oscuro, llamados localmente «licorella». Las plantaciones son de garnacha (50 %) con una media de 35 años de edad, cariñena (15 %) y el resto de syrah, merlot y cabernet sauvignon. Aquí nacen algunos de los famosos vinos dulces naturales de De Muller. Gracias a la baja producción por cepa, se consigue que el contenido glucométrico de las uvas sea muy alto. Tras su elaboración, los vinos tienen una elevada graduación alcohólica, lo que hace que los generosos y licorosos procedentes de esta zona sean de una calidad especial y extraordinaria. Los vinos se venden bajo la marca Legítimo Priorato de Muller (tinto).

Pastrana & Jarque

Bautizada anteriormente como Costers del Siurana, es una bodega familiar fundada por un joven matrimonio con una fuerte convicción sobre la calidad de los vinos del Priorato. Carles Pastrana y Mariona Jarque formaron parte activa en el proyecto innovador de los nuevos vinos de esta zona. En la actualidad elaboran una amplia gama de vinos, desde su blanco Usatges, con una crianza de 6 meses en barrica, hasta un tinto dulce natural, el Dolç de l'Obac, pasando por la escala intermedia de tintos con diferentes *coupages* y crianzas, como su tradicional Clos de l'Obac y el Miserere.

René Barbier & Fills

René Barbier es un nombre histórico en el vino catalán. Primero su abuelo y posteriormente su padre fundaron la mítica bodega de René Barbier, hoy propiedad del grupo Freixenet. La bodega del hijo, completamente familiar y asentada en Gratallops, posee tan sólo 25 ha de viñedo, situadas en escalones escarpados y con plantaciones de cabernet sauvignon, syrah, merlot y garnacha. René Barbier fue uno de los impulsores destacados de la nueva línea de tintos del Priorato. Su vino, comercializado con la etiqueta de Clos Mogador, es probablemente el más enérgico de los nuevos vinos del Priorato.

El Priorato tiene una superficie de viñedo limitada, pero elabora vinos sorprendentes.

Otras comarcas de Cataluña

Cataluña es la comunidad autónoma española con mayor número de denominaciones de origen. Al margen del Penedès y el Priorato, las dos comarcas vitícolas más famosas, y del cava, cuya producción es catalana en un 95 % (véase p. 157), existen otras siete denominaciones. Muchas de estas comarcas tienen una dilatada historia de producción mayoritaria de graneles, bien para la venta en el exterior o para la elaboración de cava. Afortunadamente, los imperativos del mercado y las iniciativas de algunos productores emprendedores están rompiendo esta tendencia en los últimos tiempos. En la actualidad, se encuentran cada vez más vinos embotellados de estas zonas y la calidad empieza a ser el denominador común de todos ellos.

Ampurdán-Costa Brava, en el extremo noreste de la región y fronteriza con Francia, es la única denominación de la provincia de Gerona. Enmarcada entre los Pirineos, al norte, y la costa mediterránea, al este, la zona ofrece algunos de los paisajes más bellos de España y, en la ciudad de Figueras, se encuentra el museo más visitado del país, el Museo Dalí.

Al norte de Barcelona, entre la costa y la autopista A7, se sitúa la pequeña denominación de Alella, donde se producen principalmente blancos. También en la provincia de Barcelona, en la comarca que rodea Manresa (Bages), se encuentra la DO catalana más reciente, Pla de Bages, que fue reconocida oficialmente en 1997.

La denominación Costers del Segre se divide en cuatro subzonas emplazadas en distintos puntos de la cuenca del río Segre, en la provincia de Lérida (salvo un municipio de Tarragona): Valls de Riu Corb, Les Garrigues, Artesa y Raimat.

Por último, en la provincia de Tarragona están las otras tres denominaciones catalanas. Conca de Barberà ocupa la franja que hay entre el Penedès y las subzonas más orientales de Costers del Segre. En la amplia comarca de Tarragona, al sur del Penedès, se distinguen cuatro zonas claramente diferenciadas: Camp, Falset y la Ribera de Ebro. Por último, Terra Alta es la DO más meridional, ya en la frontera con Aragón.

Ampurdán-Costa Brava (Empordà-Costa Brava)

En la provincia de Gerona, junto a la frontera francesa, Ampurdán-Costa Brava es la denominación más septentrional de Cataluña. Los vinos catalanes de uno y otro lado de los Pirineos forman una unidad cultural, emparentada por siglos de historia y convivencia común. Por este motivo, los vinos ampurdaneses encuentran continuidad en algunas especialidades del Rosellón. Las vides crecen en las estribaciones del macizo pirenaico, culminan a 200 m y luego descienden hasta el nivel del mar, en buenos suelos bastante ricos en caliza. La tramontana del norte refresca el clima mediterráneo, cálido y húmedo.

Las principales cepas son la garnacha y la cariñena para los tintos y rosados, y la macabeo y la garnacha blanca para los vinos blancos. Actualmente existen viñedos jóvenes de cabernet sauvignon y chardonnay. Uno de los vinos más típicos del Ampurdán es un rosado a base de garnacha, pero los viticultores también están haciendo ensayos de vino nuevo, conocido con el nombre de *vi novell de l'Empordà* (vino novel del Ampurdán). Sin embargo, el tradicional vino de postre rancio, llamado garnatxa, no ha desaparecido y degustarlo a la temperatura idónea (9-12 °C) es una sensación única e irrepetible.

La mayoría de la producción sigue estando en manos de cooperativas y se vende como vino a granel. El vino corriente del Ampurdán tiene mucha salida gracias a la importancia turística de la región. No obstante, algunos productores son cada vez más conscientes de la necesidad de embotellar sus productos y de centrarse en la calidad.

Alella

En cierto momento, la ciudad de Barcelona estuvo a punto de absorber con su imparable crecimiento urbanístico Alella y sus viñas. Pero la concesión de autorizaciones de plantación, en 1989, de nuevas zonas de meseta (es decir, cuatro nuevos distritos conocidos por el nombre colectivo de Vallès) ha permitido a Alella seguir siendo el centro de una zona vitícola de reputación creciente.

Los viñedos se extienden desde la costa hasta las estribaciones de las cordilleras Costeras Catalanas, a una altitud que alcanza los 90 m cerca de la costa, 90-160 m en el centro y 160-200 m en el Vallès. El subsuelo es granítico en los terrenos de altitud y el suelo se vuelve cada vez más arenoso a medida que se acerca a la costa. El

En Santa María de Martorelles (Alella), Parxet es propietaria de la masía Can Matons, que data del siglo XVIII.

clima es mediterráneo, pero más fresco en las viñas altas del oeste. Las cepas principales son la pansa blanca (xarel·lo) y la garnacha blanca para los vinos blancos, y la ull de llebre (tempranillo) y la garnacha para los tintos y rosados. La denominación reconoce los tres colores de vino, aunque la producción de blanco supone el 80 % y el mejor es un vino ligero y fresco hecho al 100 % de pansa blanca. También se elaboran excelentes vinos con chardonnay y chenin blanc, entre otras.

Alella, en su momento la DO más pequeña de España hasta la ampliación de 1989, debe en gran parte su supervivencia y su actual éxito a los dos productores principales: Parxet y Roura.

Pla de Bages

Esta pequeña DO se encuentra en la comarca del Bages, cuya capital es Manresa. Apunta la tradición que la antigua ciudad romana de Bacassis cedió el nombre de Bages a la zona, aunque también se especula con el argumento popular, mucho más atractivo, de que el topónimo «Bages» deriva del latín Bacus, nada menos que el dios del vino.

Aunque hoy en día los vinos de la comarca del Bages, amparados en la recién estrenada Denominación de Origen Pla de Bages (1997), son escasos, la elaboración de vinos de calidad está en relación muy directa con las nuevas plantaciones de viñedo (cabernet sauvignon, merlot, syrah, chardonnay, etc.) y la paulatina incorporación de la tecnología enológica más avanzada.

Esta zona vitivinícola disfruta de un clima mediterráneo de interior, con escasa pluviometría (500 a 600 mm) y una oscilación térmica anual bastante acusada. Esta variación de las temperaturas, junto con las texturas de los suelos franco-arcillosos y franco-arenosos, hace que la comarca tenga unas aptitudes óptimas para el cultivo de las vides tintas y ofrezca vinos con fuerza y personalidad. El río Llobregat recorre el Bages de norte a sur y constituye su eje fluvial.

Sobre una superficie de cultivo de 500 ha, las variedades de cepas autorizadas son la macabeo, la parellada, la chardonnay y la picapoll en uvas blancas, y la tempranillo, la garnacha, la cabernet sauvignon y la merlot como tintas.

Costers del Segre

Esta DO debe su nombre al río Segre, cuyo curso desciende desde los Pirineos para desembocar en el Ebro. Está dividida en cuatro subregiones: Valls de Riu Corb y Les Garrigues al este, Artesa al norte y Raimat al oeste. De los 34 municipios que componen la denominación, 33 están en la provincia de Lérida y uno en Tarragona. Costers del Segre es una de las comarcas vitícolas que más debe a un solo productor: Raimat. Esta bodega es una extensa finca que se dio a conocer al adoptar las técnicas californianas para vinificar las cepas cabernet sauvignon, chardonnay, tempranillo y algunas otras.

En toda la denominación, buena parte de la uva se vende a granel o a los productores de cava. El viñedo se extiende entre 200 m de altitud, al norte, y 400 m al sur, pero el suelo es sorprendentemente uniforme de un extremo a otro: caliza recubierta de arena. Las variedades principales son la macabeo, la parellada, la xarel·lo, la chardonnay y la garnacha blanca para los vinos blancos; y la garnacha, la ull de llebre (tempranillo), la cabernet sauvignon, la merlot, la pinot noir, la monastrell, la trepat y la mazuelo (cariñena) para los tintos.

Conca de Barberà

Esta pequeña zona de denominación entre Tarragona, al sur, y Costers del Segre, al norte de la región, tuvo que esperar mucho tiempo antes de ser delimitada, en 1989. Antaño vivía gracias al cava y la mayor parte de su uva se convertía en vinos espumosos. Los vinos de la Conca de Barberà pueden ser muy variados. Desde los blancos jóvenes y frescos de parellada hasta los mejores blancos de crianza; de los rosados de uva trepat a los tintos de tempranillo, garnacha o cabernet sauvignon.

La cuenca (*conca*, en catalán) de los ríos Francolí y Ganguera está protegida por macizos montañosos. A una altitud media de 500 m, ofrece el género de clima fresco que conviene a la vid de calidad. Su suelo es de base caliza.

Las principales variedades son macabeo y parellada para los blancos (cerca del 70 % del viñedo), y trepat, garnacha y ull de llebre (tempranillo) para los tintos, con parcelas experimentales de cabernet sauvignon. El 80 % de la producción es de vinos blancos de tipo joven.

Tarragona

Tarragona hacía antaño un vino tinto dulce, fortificado, llamado a menudo «el oporto del pobre». Todavía existe, bajo la DO Tarragona Clásico, pero ha sido sustituido desde hace mucho tiempo, en términos de calidad, por vinos más ligeros en los tres colores. La mayoría son de estilo joven, aunque algunos tintos recuerdan por su fuerza el estilo de los vinos del Priorato. La cepa principal es la cariñena para los tintos ligeros y la macabeo para los blancos. Además, todavía subsiste una pequeña tradición de moscatel y están haciendo su aparición tintos de mejor calidad elaborados a base de tempranillo.

La región se divide en tres zonas: alrededor de la ciudad de Tarragona, hasta 200 m de altitud, se encuentra la comarca de Tarragona Campo, que cubre el 70 % del área de la denominación; Falset-Comarca, a una altitud de 360 m, se sitúa en un valle de montaña; por último, Falset-Ribera de Ebro, sobre el delta del Ebro, está a 100 m de altitud. Los suelos son de tipo aluvial y el clima es caluroso y mediterráneo.

La elaboración está básicamente en manos de cooperativas y todavía es mucho el vino que se vende a granel.

Terra Alta

Terra Alta, la más meridional de las DO de Cataluña, es ya fronteriza con Aragón. Las vides están plantadas a una media de 400 m de altitud, en valles inaccesibles ocultos entre montañas, pero el suelo calizo y el buen drenaje les son favorables. El clima es continental, la insolación, excelente, y la altitud impide los calores excesivos del verano.

La cepa principal es la garnacha blanca (77 % del viñedo) y el estilo de vino tradicional es el rancio dulce o añejado en roble. Gracias a técnicas modernas de vinificación, se están empezando a ver vinos más ligeros y frescos, acordes con los gustos actuales. Además se realizan actualmente experimentos con cepas francesas. □

PRODUCTORES Y BODEGUEROS

Las denominaciones de origen menos conocidas de Cataluña han elaborado principalmente vino a granel. Salvo algunas bodegas prestigiosas, las cooperativas controlaban la mayor parte de la producción comprando la uva a los pequeños viticultores. En los últimos tiempos, están apareciendo nuevos elaboradores que embotellan sus productos y las cooperativas se preocupan cada vez más por la calidad.

ALELLA
Parxet
Es la bodega puntera de la DO Alella. Posee dos bodegas de elaboración; una en Tiana, dedicada a la producción de vinos espumosos; y otra en Santa María de Martorelles, en donde se elaboran los vinos tranquilos. En esta última hace exclusivamente vinos blancos con las variedades tradicionales, tanto en forma monovarietal como en mezcla. También tiene dos excelentes vinos blancos de chardonnay, uno joven y otro con fermentación en barrica. Sus vinos se comercializan bajo las marcas Marqués de Alella.

Roura
La otra gran bodega de la denominación es muy reciente, ya que su andadura se inició a principios de los años 80 con la plantación de sus primeras vides. En la actualidad posee una bodega con la tecnología más avanzada y elabora tintos, que mejoran cada año, y rosados, sin olvidar los cavas. Comercializa sus vinos con las marcas Voramar (blanco), Roura Chardonnay (blanco), Merlot (rosado), Memory (tinto) y Roura (tinto).

AMPURDÁN-COSTA BRAVA (EMPORDÀ COSTA-BRAVA)
Cavas del Castillo de Perelada
Fundada en 1925, la bodega está instalada en el espléndido castillo de Perelada. Tiene un viñedo de 40 ha, pero también compra uva. Sus cavas se venden bajo el nombre de Perelada; sus vinos tranquilos con las etiquetas Blanc de Blancs (blanco) y Castillo de Perelada (rosado, tinto).

CONCA DE BARBERÀ
Concavins
Esta empresa privada ha surgido de la recompra de una bodega cooperativa en 1988. Su producción anual procede de uvas compradas a viticultores bajo contrato, cuyas viñas totalizan 200 ha. Las marcas principales son: Xipella Blanc de Blancs (blanco) y Closa la Rosada (rosado).

COSTERS DEL SEGRE
Cellers Castell del Remei
Esta empresa familiar, que ha realizado recientemente grandes inversiones, posee una viña de un centenar de hectáreas. Cuenta su legado histórico que el primer viñedo de cabernet sauvignon en Cataluña se encontró en estas tierras y, más concretamente, en esta finca. Sus principales marcas son Castell del Remei (tinto) y Gotim Bru (tinto).

Raimat
Establecida en 1918, es una de las bodegas más vanguardistas de Cataluña. Posee instalaciones ultramodernas, un viñedo de 1 250 ha plantado con clones seleccionados de variedades internacionales y produce una media de 9,2 millones de botellas anuales. Propiedad de la familia Raventós (grupo Codorníu), Raimat también produce cava en la región (bajo la etiqueta Raimat). Sus vinos tranquilos son el chardonnay joven y el Selección de fermentación y crianza en barrica; así como una serie de vinos tintos monovarietales de cabernet sauvignon, tempranillo y merlot, y rosados y tintos de mezcla, como el clásico Abadía.

Vall de Baldomar
Esta bodega, emplazada en la subzona de Artesa de la denominación, ha evitado que la viticultura desapareciese casi por completo de la zona. Fundada en 1990, se trata de una empresa muy prometedora que comercializa sus vinos con las marcas Baldomar (blanco, rosado, tinto), Castell de Montsonís (blanco, rosado, tinto) y Cristiari (blanco, rosado).

PLA DE BAGES
Masies d'Avinyó
Al margen de alguna cooperativa de la zona, esta bodega familiar, regentada por la familia Roqueta, es la impulsora de la recién estrenada DO. Posee unas modernas instalaciones y grandes extensiones de viñedo propio, que les garantizan la materia prima para todos sus vinos, que comercializa con la marca Masies d'Avinyó. Produce vinos blancos, rosados y tintos, tanto en carácter monovarietal como de mezcla, a partir de variedades tradicionales e internacionales, como la cabernet sauvignon y la merlot para los tintos, y la chardonnay para el blanco. Es notable el esfuerzo de esta bodega en potenciar una uva autóctona, la picapoll, con la cual se obtiene un vino aromático y de buen cuerpo.

TARRAGONA
De Muller
Durante muchos años a esta bodega se le reconoció como la casa de los «vinos de misa». La gran aceptación de este vino entre los sacerdotes de todo el mundo responde a una premisa clara: De Muller elabora un vino de misa que se ajusta totalmente a lo establecido por la *Sagrada Congregación de Ritos de Roma*. A lo largo de su historia, la bodega ha recibido innumerables galardones por parte de la Iglesia Católica, como la Medalla de Oro otorgada por el Papa León XIII en 1888, o el Título de Proveedor Oficial Pontificio (*Fornitore Pontificio*), reconocimiento concedido por Pío XII y que ostentó hasta el papado de Juan XXIII, ya que tras el Concilio Vaticano II la Iglesia eliminó este tipo de nominaciones. Sus principales marcas son el Áureo en seco y dulce, el Vino de Misa en diferentes versiones, monovarietales blancos, tintos y rosados con etiqueta De Muller, y una gama completa de vinos de mezcla.

TERRA ALTA
Pedro Rovira
Esta bodega, fundada en 1918, se ha modernizado por completo. Vinifica su propia cosecha y compra uva. Las marcas principales son: Alta Mar (blanco), Blac de Belart (blanco) y Viña d'Irto (tinto).

Otros productores
Ampurdán-Costa Brava: Cavas del Ampurdán, Pere Guardiola. Costers del Segre: L'Olivera. Tarragona: Celler de Capçanes, Josep Anguera Beyme. Terra Alta: Celler Coop. Gandesa.

EL CAVA

El marco legal de la denominación de origen cava es hasta cierto punto una curiosidad dentro del concierto reglamentario de las DO españolas. En efecto, el resto de las DO del país se definen no sólo por las variedades utilizadas, los tipos de vino y los métodos de crianza, sino que se circunscriben a una zona geográfica más o menos extensa pero bien delimitada. En el caso del cava, la denominación viene principalmente marcada por el sistema de elaboración del vino y abarca comarcas muy alejadas geográficamente, como pueden ser Rioja o Utiel-Requena. Sin embargo, Cataluña y cava son prácticamente sinónimos. La región, y más concretamente el Penedès, es la cuna de este vino y el peso de su producción hace que parezca natural, e incluso inevitable, incluir la denominación dentro del capítulo dedicado a la comunidad catalana.

Un vino diferente

Elaborado siguiendo el sistema de la segunda fermentación natural en botella, que se conoce como «método tradicional» o *méthode champenoise*, el cava español tienen su gran centro de producción en el Penedès catalán y, más específicamente, en la zona situada alrededor de Sant Sadurní d'Anoia, localidad conocida popularmente en el sector vitivinícola como la «capital del cava».

El cava es más moderno que el champagne, pero aunque sea un fiel seguidor en el sistema de elaboración del vino francés, ambos ofrecen una personalidad absolutamente definida.

El cava nació, hace más de 100 años, a imagen y semejanza del champagne, pero a más de 1 200 kilómetros de distancia en latitud. Las condiciones geográficas y climáticas impiden elaborar un producto exactamente igual, aunque se aplique el mismo método y aunque el cultivo de las mismas variedades sea posible. El clima y el suelo inciden de forma directa en los rendimientos de las plantas, y las cepas que vegetan mejor en España son distintas de las de Champagne.

Aunque lo esencial de su producción se centre en el Penedès, esta cava de Raimat (Codorníu) está en Costers del Segre.

Por suerte, los más convencidos de esta realidad son los propios elaboradores que, desde hace ya muchos años, coinciden en producir un espumoso con personalidad propia, haciendo alarde del dominio de la segunda fermentación en botella como en ninguna otra región vitivinícola del mundo.

Los cavas españoles se han situado hoy en el segundo lugar en el ranking mundial de exportaciones, amenazando incluso la supremacía francesa. Sin embargo, el país galo sigue contando con un imbatible *glamour* y sus champagnes se venden a precios sensiblemente más altos, a veces no del todo justificados en comparación con los del cava.

Dado el auge del producto, otras zonas vitivinícolas españolas, amparadas por la reglamentación del Consejo Regulador del Cava, también producen este tipo de vino. Se trata de comarcas situadas principalmente en las DO de vinos tranquilos Costers del Segre (Lérida), Conca de Barberà (Tarragona) y, en menor medida, en La Rioja, Aragón, Álava y Valencia. Sin embargo, el Penedès, y más concretamente Sant Sadurní d'Anoia y su zona de influencia, elaboran el 95 % de los 160 millones de botellas anuales que se comercializan, además de ser la región de origen del espumoso. Ante estas cifras es obligado centrar la atención en el cava catalán.

El cava en Cataluña

La presencia del cava en Cataluña está perfectamente documentada a partir del año 1872, cuando Josep Raventós Fatjó, propietario de Codorníu, elaboró las primeras 3 000 botellas de este chispeante vino espumoso, llamado entonces «champaña», según las pautas francesas que se empleaban en aquellos tiempos en Champagne. Durante años, y hasta que Francia, celosa de sus derechos, reclamó ante los tribunales internacionales la atribución exclusiva de la palabra «champagne», los espumosos catalanes la empleaban asiduamente en sus etiquetas, bien en la forma francesa, bien españolizada, como «champaña» o «champán».

Sin embargo, no fue hasta mediados de los años 70 de nuestro siglo cuando se adoptó la palabra «cava» para referirse a los vinos espumosos españoles elaborados según el método tradicional y amparados bajo la reglamentación del Consejo Regulador del Cava.

El clima y las variedades en el Penedès

En el Penedès, el clima es obviamente mediterráneo, aunque su orografía provoca un peculiar microclima en varias subzonas bien diferenciadas. Estas subzonas poseen una meteorología específica que permite la adaptación idónea de las diferentes variedades de uva que intervienen en la elaboración del cava.

De hecho, el Penedès está dividido en tres subzonas: la franja costera o Bajo Penedès, de marcado clima marítimo; el Penedès Medio, que asciende suavemente desde 200 a 600 m sobre el nivel del mar, con clima templado y más seco que el anterior; y el Alto Penedès, ya con una topografía de características montañosas, por encima de los 600 m y de clima más extremado.

Los suelos son de tipo calizo, con recubrimiento de tierras ligeras y frescas asentadas sobre un estrato rocoso, especialmente idóneas para el cultivo de la vid.

La superficie de viñedo inscrita ronda las 33 000 ha y las variedades autorizadas para la elaboración de cava son las blancas macabeo, xarel·lo, parellada, chardonnay y subirat o malvasía riojana; y las tintas garnacha y monastrell, utilizadas para la obtención de cavas rosados.

En otras zonas como en Rioja, Navarra, Aragón y Álava, la variedad principal es la viura, que es el nombre autóctono de la macabeo cultivada en Cataluña.

La macabeo o viura es uva de maduración precoz, por lo que exige grandes cuidados para evitar que se pudra en la vid antes de su cosecha. En el cava aporta delicados aromas, de considerable melosidad, afrutados y finos.

La xarel·lo es una variedad de piel gruesa y cultivo resistente, cuyo aporte a la vinificación de cavas estriba en su potencia, vigor y acidez. Considerada la menos noble de la trilogía, el incremento de su cultivo se encuentra hoy estancado, aunque sigue siendo básica en la composición de la mayoría de los cavas catalanes, sobre todo en aquellos que soportarán una larga crianza.

La parellada se considera la más fina y distinguida de las tres. Sus virtudes se centran en su potencia aromática, la sutil ligereza y la delicada frutosidad.

Las nuevas tendencias

Hoy en día, la calidad indiscutible de la chardonnay y su adaptación a terrenos y climas diversos han convertido esta variedad en una de las preferidas por los viticultores de todo el mundo. Las principales cualidades de la chardonnay son su calidad aromática, la noble textura de sus vinos –ricos en extracto– y su riqueza en azúcar, lo que permite elaborar vinos con buena graduación, incluso si se vendimia temprano, como suele hacerse en Cataluña. Cuando se incorpora al cava, la chardonnay tiene que ser cultivada y elaborada de forma conveniente para que no aporte un exceso de alcohol. En compensación, ofrece su magnífica estructura vinosa y confiere sus variados y deliciosos aromas de avellana, praliné y mantequilla generados en su crianza.

El reglamento de la Región del Cava autoriza plenamente el empleo de la variedad chardonnay y cada vez son más los cavistas que la utilizan. También se está plantando la nobilísima y excelente pinot noir, que todavía a título experimental, ha comenzado a aparecer ya en la composición de algunos cavas, como es el caso del Gran Brut de Raimat, en Costers del Segre. Sin duda, estamos ante una renovación interesante, puesto que va también acompañada de la experimentación y el cultivo creciente de las variedades más tradicionales.

Elaboración y crianza del cava en el Penedès

El cava se elabora siguiendo el riguroso sistema del método tradicional a partir de una doble fermentación en botella. En la primera fermentación se obtienen los vinos base, con mostos de cada una de las variedades clásicas, macabeo, xarel·lo y parellada. En la segunda, y tras efectuar la mezcla o *assemblage* de los tres tipos de vinos, en que algunos elaboradores incorporan porcentajes de chardonnay para buscar el equilibrio de color, aromas y sabor, se forma el gas carbónico natural que dará al vino su chispeante y característico burbujeo.

La segunda fermentación, que tiene también carácter de crianza, debe realizarse durante un tiempo mínimo, legalmente establecido, de 9 meses. Así lo estipulan las normas de la Unión Europea para los cavas y así lo recoge la vigente reglamentación del Consejo Regulador del Cava.

Esta segunda y última fermentación se lleva a cabo en las cavas de las bodegas, por lo general subterráneas. El vino fermenta lentamente en la botella sobre sus propias lías y evoluciona con absoluta tranquilidad en el frescor de las cavas. Al final del proceso, que en muchísimas ocasiones supera con amplitud los 9 meses mínimos y puede llegar a los 3 o 4 años de crianza, se procede al degüello de las botellas para eliminar la materia sólida en suspensión que se ha originado durante el proceso de fermentación y crianza. El proceso moderno para la eliminación de esta materia sólida, que se ha ido depositando en el cuello de la botella, consiste en congelar el cuello de la botella y abrirla: la propia presión desarrollada en la botella (superior a 5 atmósferas) durante la segunda fermentación expulsa las lías sólidas. Posteriormente, y de forma inmediata para no perder presión atmosférica, se añade el llamado «licor de expedición», generalmente a base de un vino natural más o menos endulzado, que completa de nuevo el contenido de la botella.

Luego se coloca el tapón de corcho definitivo y la grapa o bozal que lo mantendrá en su sitio, evitando que la presión del gas lo expulse, y el vino ya puede ser comercializado. □

TIPOS DE CAVA POR SU CONTENIDO DE AZÚCAR

Al igual que el champagne, el cava puede contener distintas cantidades de azúcar. Este azúcar puede ser residual o natural, o añadido en el momento del degüello, lo que da origen a diversos tipos de vino. Para distinguirlos existe una nomenclatura especial en las etiquetas.

- **Brut Nature:** de 0 a 3 gramos de azúcar residual (natural) por litro.
- **Extra Brut:** con menos de 6 gramos de azúcar por litro.
- **Brut:** de 0 a 15 gramos de azúcar por litro.
- **Extra Seco:** de 12 a 20 gramos de azúcar por litro.
- **Seco:** de 17 a 35 gramos por litro.
- **Semiseco:** de 33 a 50 gramos de azúcar por litro.
- **Dulce:** con más de 50 gramos de azúcar por litro.

PRODUCTORES Y BODEGUEROS

La producción de cava español se concentra en la comarca catalana del Penedès. La gran mayoría de productores y bodegueros elabora tanto vino tranquilo como cava, al igual que los demás productores del resto del territorio nacional. Al margen de las dos grandes casas del cava, Codorníu y Freixenet, ambos con un buen número de bodegas y marcas añadidas al grupo, el resto de los productores de cava configuran un numeroso grupo de empresas pequeñas, generalmente familiares y con una producción limitada.

Penedès

Agustí Torelló Mata
Esta pequeña bodega familiar hace exclusivamente cava. La familia ha estado desde siempre ligada al mundo del cava, elaborando únicamente un producto, siempre de altísima calidad y de producción limitadísima: el Kripta. Hasta 1994 no empezó a comercializar una nueva marca con el nombre de su autor, Agustí Torelló Mata, en versiones brut y extra brut.

Can Feixes
Can Feixes es una bodega familiar fundada en 1945. Situada en una bonita masía típica catalana del siglo XVI, cultiva 75 ha de viñedo propio. Se elaboran tres tipos de cava, brut, brut nature y vintage, todos con larga crianza, clasificados como grandes reservas y con más de dos años en rima. Se comercializan bajo la marca Huguet.

Can Ràfols del Caus
Es una de las bodegas precursoras, aunque no pionera, en la adopción de variedades de uvas francesas. A pesar de que la mayor actividad de esta bodega es la elaboración de vinos tranquilos, también elabora vinos espumosos de características muy personales. Sus cavas son muy peculiares, solamente brut y extra brut, entre los que se encuentra un rosado inusual. Se comercializan con la marca Gran Caus.

Cavas Chandón
La firma Moët & Chandon, junto a otra sociedad catalana, se instaló en el Penedès en 1988 y un año después comenzó a comercializar su primer cava. Sin duda, esta incursión en el cava es la primera de una firma francesa, pero no es la primera aventura internacional de Moët & Chandon. Elabora cava brut y brut nature que se comercializan con la marca Chandón.

Cavas Ferret
Ubicadas en Guardiola de Font-Rubí, en el Alto Penedès, Ferret es el apellido de una saga de elaboradores del Penedès. Se trata de una cava familiar, quizá menos conocida de lo que se merece, pero bien caracterizada por la honestidad que siempre han ostentado sus productos.

Gramona
Esta pequeña cava, fundada en 1921, es una referencia obligada cuando se habla de cava familiar, artesanal y de larga crianza. Apoyada por una experiencia de cuatro generaciones, sus cavas III Lustros y el Celler Batlle se encuentran entre las mejores marcas de cava del país.

Cavas Hill
Es una firma centenaria (1887), ubicada en Moja, con más de 60 ha de viñedo propio. Elabora una extensa gama de vinos, tanto tranquilos como cavas. Algunas de sus mejores referencias en cavas se comercializan con las marcas Hill Brut Brutísimo y Hill Brut de Brut.

Cavas Juvé & Camps
Fundada en 1921, es una casa de mucho prestigio y solera, que ha sabido conjugar el mejor estilo artesanal con un importante crecimiento de producción y ventas. Sus cavas se comercializan bajo las etiquetas de Juvé & Camps, Juvé & Camps Reserva de la familia, y el Gran Juvé & Camps.

Cavas Llopart
Fundada en 1887, inició su producción en el centro de la población de Sant Sadurní d'Anoia, pero actualmente se encuentra en los alrededores de la localidad. Esta centenaria bodega, que elabora exclusivamente cava, sigue siendo una empresa familiar y está muy bien considerada por la seriedad que caracteriza todas sus elaboraciones.

Cavas Marrugat
Marrugat es una marca familiar vinculada a la empresa catalana Pinord. Su Brut Nature Gran Reserva Marrugat lleva indicado el año de la cosecha y su alto nivel refleja el

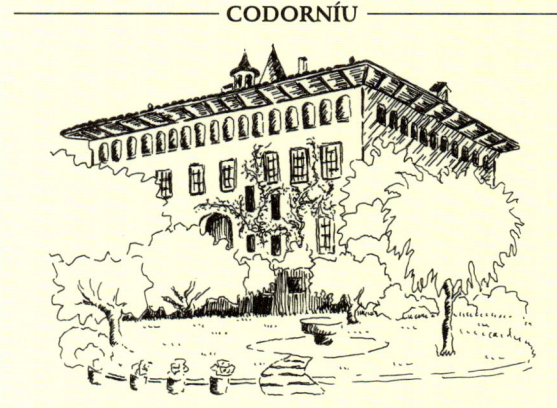

CODORNÍU

Codorníu, creada en 1551, fue la primera empresa que produjo cava en 1872. El matrimonio de una heredera Codorníu con un Raventós, también de familia vinculada al mundo del vino, dio paso a la saga de los Raventós, propietarios actuales del grupo Codorníu, un poderoso imperio vitivinícola al que pertenecen, entre otras, las Bodegas Raimat (DO Costers del Segre), las Bodegas Masía Bach (DO Penedès) y, recientemente, las Bodegas Bilbaínas (DO Rioja). Las cavas y bodegas Codorníu, en Sant Sadurní d'Anoia, están declaradas Monumento Nacional y fueron obra del arquitecto modernista Puig i Cadafalch. Sus marcas más conocidas de cava son el Anna de Codorníu, el Non Plus Ultra, el Gran Codorníu y el Jaume de Codorníu. Codorníu tiene viñas y bodegas en el valle de Napa, en California.

estilo y la calidad de las variedades blancas locales.

Cavas Mas Tinell
Es una marca relativamente nueva en el mercado del cava aunque sus propietarios, la familia Rovirosa, tienen una larga tradición vitivinícola.

Cavas Mestres
Es uno de los cavistas más populares y tradicionales de Sant Sadurní d'Anoia. Elabora un gran número de cavas dependiendo del *assemblage* y de la cosecha, pero los más comercializados son el Clos Damiana, el Mas Via y el Coupages de Mestres.

Cavas Nadal
Nadal es una empresa familiar fundada en 1943 y especializada exclusivamente en la elaboración de cava. Está ubicada en El Pla del Penedès, posee viñedos propios y sólo utiliza su producción para la elaboración de sus cavas. Su Nadal Brut Salvatge, con cuatro años de crianza, es un buen exponente para los amantes de los cavas radicalmente secos.

Naveran
Esta es una cava de las denominadas familiares, con una producción muy corta. Elabora una completa gama de espumosos tradicionales, así como un monovarietal de chardonnay, que comercializa con la marca Naveran.

Cavas Recaredo
Fundada en 1924, esta pequeña cava familiar, ubicada en el centro de Sant Sadurní d'Anoia, es reconocida tradicionalmente como la bodega de vinos de cava con más solera y tradición del Penedès. Sus producciones son tremendamente cortas y limitadas, y su especialización recae en los cavas de larga crianza.

Cavas Rovellats
Rovellats es una cava que empezó a comercializar su propia marca en 1940, pero sus vínculos con el mundo del vino son mucho muy antiguos. La cava está ubicada en la hermosa finca de La Bleda, en el término municipal de Sant Martí Sarroca, y es la única que posee una cava subterránea en forma de estrella. Sus productos, comercializados con la marca Rovellats, ostentan una buena reputación en el mercado del cava tradicional y familiar.

Cavas Torelló
Desde la Masía de Can Martí de Baix, la familia Torelló sigue ofreciendo a los amantes del vino espumoso la mayor prueba de fidelidad a unos principios empresariales honrados. Sólo el 50 % de sus primeros mostos de macabeo, xarel·lo y parellada, el conocido «mosto flor», es el que emplea la casa Torelló para obtener unos cavas de producción corta, que comercializa bajo la marca Torelló.

Codorníu
Véase recuadro p. 159.

Freixenet
Véase recuadro.

Masía Vallformosa
Fundada en 1979, es una empresa de tamaño medio con una completa línea de cavas, desde los bruts más jóvenes hasta los grandes reserva y de añada. Sus productos tienen una buena relación calidad-precio.

COSTERS DEL SEGRE
Raimat
Esta empresa, que pertenece al grupo Codorníu, fue pionera en elaborar y comercializar un cava monovarietal de chardonnay. Posee viñedos propios y elabora una completa gama de productos. Es una casa puntera en este tipo de elaboraciones y está realizando prometedoras experiencias con un espumoso elaborado a partir de la tinta pinot noir y la blanca chardonnay.

AMPURDÁN-COSTA BRAVA
Cavas del Castillo de Perelada
Esta firma fue pionera en catapultar y poner de moda durante varias décadas en España el cava rosado semiseco. Desde hace algunos años la firma ha dado un buen golpe de timón a su política vinícola: viñedos propios, variedades de reconocida calidad y una tecnología punta. La producción de los cavas se desarrolla desde el propio Penedès, en la finca Olivella Ferrari, a excepción del Gran Claustro, que se elabora en las antiguas cavas de los monjes Carmelitas.

RIOJA
Bodegas Bilbaínas
Es el cava riojano con más solera y tradición. Los orígenes de las actuales Bodegas Bilbaínas fueron afrancesados, concretamente su fundadora fue la firma Sauvignon Frères et Cíe. en 1859. En 1901 se constituyó la actual sociedad y en los años 20, por culpa de los estragos de la Primera Guerra Mundial en la zona del Marne, se elaboró y se exportó durante algunos años vino espumoso procedente de esta bodega para algunas firmas de Reims. Desde entonces la bodega sigue elaborando vino espumoso. Empezó con la marca Lumen y posteriormente la Royal Carlton para sus cavas de alta gama.

Faustino Martínez
Faustino Martínez es una de esas bodegas centenarias de Rioja muy conocida por sus vinos tranquilos blancos, rosados y tintos. Sin embargo, sólo una pequeña parte de su asidua clientela conoce su vino espumoso. Es un cava elaborado exclusivamente con vino de la variedad viura, de la que posee 100 ha.

FREIXENET

Es, sin duda, el gigante del cava. Freixenet ocupa el primer rango mundial en la producción de vinos espumosos, con sus filiales diseminadas por todo el planeta. Es una de las casas más populares y conocidas, tanto en España como en el mundo entero.
Su producción media anual es de unos 80 millones de botellas, que comercializa bajo las marcas Freixenet Brut Nature, Brut Barroco, Carta Nevada, Cordón Negro, Reserva Real, Cuvée DS, Segura Viudas, Aria, Castellblanch y Conde de Caralt. Es notable la extremada elegancia de su Freixenet Brut Nature Vintage (de añada). Sería impensable que una bodega de este calibre, que mueve tantos millones de litros de vino, no fuera capaz de seleccionar lo mejor de lo mejor para elaborar un producto estrella, de alta calidad y bajo la propia marca Freixenet.

ESPAÑA 161

CASTILLA Y LEÓN

PARA MUCHOS, RIBERA DEL DUERO PRODUCE LOS TINTOS MÁS SOBRESALIENTES DEL PAÍS. ADEMÁS, EN CASTILLA Y LEÓN SE ENCUENTRAN LOS FAMOSOS BLANCOS DE RUEDA Y LOS ROSADOS DE CIGALES.

Castilla y León es el núcleo histórico de España: las capitales de las nueve provincias que constituyen esta comunidad autónoma están estrechamente ligadas a la Reconquista. Las tierras góticas del reino de León fueron, durante la Edad Media, uno de los pocos refugios donde la cultura del vino pudo sobrevivir frente al imparable asalto del imperio islámico. De hecho, algunos monasterios leoneses cuentan todavía en sus capiteles y en sus relieves con primitivas configuraciones artísticas de la vendimia y las labores del lagar. Antes de unirse bajo el reinado de Alfonso VI, en el siglo XI, Castilla y León eran reinos independientes. En 1474, la reina de Castilla y León, Isabel, casó con el heredero de la corona de Aragón, Fernando: el proceso de unificación de España había comenzado. Como en muchas otras regiones europeas, fueron las órdenes monásticas las que se encargaron de propagar mayoritariamente la cultura del vino en la meseta ibérica. Los vinos de Ribera del Duero y de Cigales se bebían en la corte real gracias a que Valladolid, centro cultural del reino de Castilla durante varios siglos, fue sede del consejo real a partir de 1518. Sin embargo, Felipe II trasladó la capitalidad a Madrid y, aunque recuperó efímeramente su condición de centro del reino bajo Felipe III, la ciudad inició lentamente su decadencia. Este declive supuso que los vinos castellanos perdieran gran parte de su mercado.

Los terrenos de Ribera del Duero son sueltos, abundan las calizas, son pobres en hierro y ofrecen una escasa fertilidad, cualidades ideales para la vid que permiten obtener vinos excelentes.

El Duero es el eje fluvial de la comunidad y atraviesa cuatro de las nueve provincias. El río influye al mismo tiempo en los microclimas y la geología de cuatro de las cinco DO locales (Ribera del Duero, Rueda, Cigales y Toro). El temperamento castellano, muy apegado a las tradiciones, se refleja en el estilo de muchos de sus vinos. Pero hoy, gracias a la iniciativa de algunos productores, se elaboran nuevos vinos que conjugan más elegantemente tradición y calidad. Los vinos, que siempre habían estado destinados a tres comunidades locales, la nobleza castellana, los dignatarios eclesiásticos de las ciudades episcopales y los intelectuales de la universidad de Salamanca, son ahora muy conocidos y reputados en todo el país. Los tintos y rosados de la región son poderosos, bien pigmentados y con buen cuerpo, como conviene a una zona que tiene tan exquisitos platos de caza y tan deliciosos asados.

La quinta y más reciente DO de Castilla y León, Bierzo, está separada de las otras cuatro y su estilo se acerca más al de la vecina Galicia. Se cultivan en ella cepas diferentes y los vinos son más ligeros y frescos.

Ribera del Duero

Es la DO más importante del valle del Duero y de Castilla y León. Esta denominación se ha convertido en apenas diez años en una zona muy apreciada por los aficionados al vino español.

Es probable que los romanos cultivasen la viña en estas tierras, pero la primera historia de la región como comarca vitivinícola elaboradora de vinos se remonta al siglo XI, dentro del proceso de la Reconquista. Los continuos enfrentamientos entre los reinos musulmanes del sur y los cristianos del norte ocasionó que los territorios de la orilla del Duero se llenaran de castillos y, a la vez, se desertizaran. Así que, cuando Alfonso VI fijó la frontera en el Tajo, esas comarcas ofrecieron unas tierras vírgenes a los campesinos que se instalaron en ellas, muchos al amparo de los monasterios. En el siglo XII se fundó el monasterio cisterciense en Valbuena de Duero. También se sabe que los monjes benedictinos de Cluny (Borgoña), trajeron consigo vides a la Ribera del Duero. Ya en el siglo XIII se tiene constancia de la existencia de muchas bodegas en la comarca, cuyas construcciones subterráneas, que coronan laderas y montañas con sus características chimeneas o respiraderos, aún pueden verse en muchos pueblos de la zona.

Pero la verdadera historia de la deslumbrante progresión vitivinícola hay que buscarla a mediados del siglo XIX. Por aquel entonces, mientras el marqués de Riscal y el marqués de Murrieta importaban a Rioja plantones de vid y técnicas procedentes de Burdeos, una operación similar tuvo lugar cerca del pueblo de Valbuena, en la provincia de Valladolid. En efecto, en 1846 vio la luz una empresa nueva, Bodega de Lecanda, que utilizaba técnicas bordelesas. En 1890, cambió al mismo tiempo de propietario y de nombre, y se convirtió en Vega Sicilia. Es curioso que durante los 118 primeros años de su existencia, el Vega Sicilia estuviera clasificado como vino de mesa, pese a ser uno de los vinos más raros y caros del mundo. La heterodoxia de estos vinos, con ajustadas mezclas en las que intervienen la tinta fina (tempranillo) como base y las variedades malbec, merlot y cabernet sauvignon, así como las prolongadísimas crianzas a que eran sometidos, pusieron de manifiesto que la zona podía competir en los niveles más altos de la vinicultura mundial. Hoy Vega Sicilia es un mito plenamente justificado y su producción, relativamente escasa, es consumida ávidamente por aficionados de todo el mundo.

Al abrigo de este mito nacieron otras bodegas, como la de Alejandro Fernández que, con su tinto Pesquera, es hoy uno de los nombres más prestigiosos de Ribera del Duero. El primer tinto Pesquera nace en 1972, pero la cosecha de 1975 supone una revolución en el mundo del vino de la Ribera. Alejandro Fernández crea un vino totalmente diferente al que por entonces se hacía en la zona y en España. El tinto Pesquera y Alejandro Fernández tienen en común su estilo deslumbrante, abierto, convincente en la primera copa, capaz de entregar todo lo que tienen con el paso de los años. Sin duda, es un vino especial, único, de personalidad arrolladora, que algunos críticos, de la talla de Robert Parker por ejemplo, han situado entre los mejores del mundo.

Clima y suelos

El río Duero, que atraviesa los viñedos de la DO como un eje central, desde Olivares de Duero y Quintanilla de Onésimo, al oeste, hasta San Esteban de Gormaz, al este, da nombre a esta región vitivinícola. La denominación se extiende por las provincias de Valladolid, Segovia, Burgos y Soria, todas ellas dentro de los límites administrativos de Castilla y León. En la actualidad, la superficie de viñedo inscrita en la denominación es de 11 600 ha y es evidente que va en un claro aumento.

La orografía del terreno resulta especialmente adecuada para el cultivo de la vid, que aquí, como en otros lugares de España, está demostrado que tiene una tradición de siglos. El viñedo de Ribera del Duero se concentra en pequeñas propiedades sobre laderas suaves, a una altitud situada generalmente entre los 700 y 800 m. Los terrenos son sueltos, abundan las calizas, son pobres en hierro y ofrecen una escasa fertilidad.

El clima es de tipo continental, moderado por la influencia atlántica. Las lluvias son escasas, con medias anuales de entre 450 y 500 mm, concentradas especialmente en primavera y otoño. La insolación, extensa y abundante, alcanza medias de 2 200 horas de sol al año.

Variedades

La variedad tempranillo, llamada localmente tinto fino o tinta del país, es la uva tinta por excelencia. Ocupa el 65 % de la superficie cultivada. Los vinos obtenidos con la tempranillo de Ribera del Duero no necesitan necesariamente mezclarse con vinos procedentes de otras variedades, porque la uva se cultiva en un microclima fresco e ideal, tiene una buena acidez y aporta suficiente complejidad y equilibrio al vino.

Desde hace unos años se están llevando a cabo nuevas plantaciones, como es el caso de la variedad garnacha, aunque sólo a título experimental. Valbuena, el país de Vega Sicilia, y algunos otros pueblos, están autorizados a replantar con cepas bordelesas. A pesar del marcado carácter de terruño, característica de los vinos de Ribera del Duero, algunos bodegueros de la zona no desprecian la benéfica influencia de ciertas variedades foráneas, como la cabernet sauvignon, la malbec y la merlot, que ya han demostrado su buena adaptación a la zona, el clima y el terreno. No obstante, estas variedades extranjeras se cultivan con limitaciones, aunque su incidencia es innegable y forman parte de la mezcla de algunos de los mejores vinos, en especial de aquellos destinados a reservas y grandes reservas. Con ellas, la variedad principal, la aludida tinto fino, adquiere complejidad de aromas y sabores que enriquecen el vino, sin que éste pierda su marcada personalidad. Un tinto de Ribera del Duero es fácilmente reconocible y el

LOS FACTORES DE CALIDAD

Pesquera de Duero se encuentra en la región occidental de la denominación Ribera del Duero. Es el feudo de Alejandro Fernández y su famoso vino tinto Pesquera. Siguiendo un poco hacia el oeste, se llega a Valbuena de Duero, y la mítica bodega Vega Sicilia, cuyas características geológicas y climáticas son prácticamente idénticas.

Los suelos

Desde el punto de vista geológico, la Ribera del Duero está constituida por una gran cubeta de origen tectónico formada a finales del Mesozoico y que fue rellenándose durante el Terciario con sedimentos detríticos y evaporíticos.

El espesor del Terciario es, en general, muy grande y puede alcanzar los 2 000 m. El mayor volumen de sedimentos terciarios está constituido por capas más o menos lenticulares de arenas y arenas limosas o arcillosas englobadas en una matriz limosa y arcillo-arenosa o, con menos frecuencia, arcillosa caracterizada en su conjunto por frecuentes cambios de facies tanto vertical como horizontalmente.

La naturaleza de los suelos comprende arenas, calizas, margas y arcillas, con y sin yeso. Dentro de esta gran variabilidad, sólo estratos concretos son óptimos para la calidad del vino. En gran parte de estos suelos existe un horizonte superficial de espesor útil variable pero generalmente superior a los 60 cm, que incluye una capa arcillosa, lo que permite un buen desarrollo de las raíces en unas condiciones de fertilidad suficiente, aunque no excesiva. Este horizonte superficial reposa sobre un horizonte petrocálcico, generalmente muy profundo.

Emplazamientos

La morfología del relieve está determinada por la naturaleza de los materiales terciarios y la influencia del propio río Duero y su red de afluentes. Los niveles de páramos, próximos a 1 000 m, que delimitan la región de las laderas y cuestas, junto con el sistema de terrazas, configuran un relieve sobre el que es frecuente que, hacia el oeste, se hayan asentado importantes extensiones de arenales.

La propia heterogeneidad de los suelos de la región permite utilizar emplazamientos diversos (laderas, vaguadas...), con características muy diferentes en cuanto a profundidad, textura, contenido en caliza, etc. De esta forma, es posible adaptarse a condiciones climáticas adversas (heladas, sequía...) o situar las variedades de vid en su ubicación óptima, buscando el mejor equilibrio entre desarrollo vegetativo y producción, con una buena maduración de la uva.

El viñedo se ha ubicado fundamentalmente en las zonas más adecuadas para obtener esta buena maduración, que corresponden a las situadas en las laderas, entre 700 y 800 m.

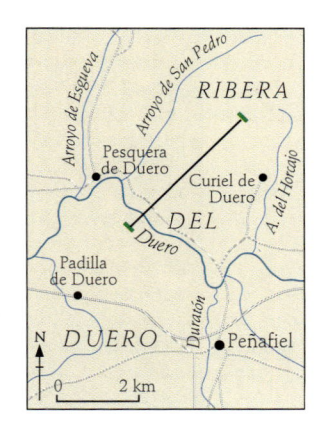

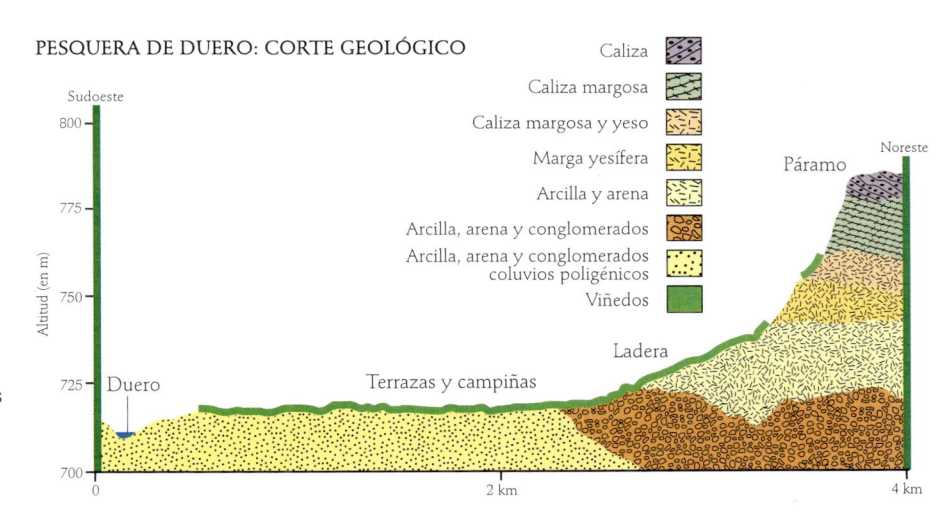

El clima

La región tiene un clima de tipo xérico, con una pluviometría media de unos 450 mm y con un prolongado período de sequía estival. En esas condiciones, el papel del suelo como regulador de la alimentación hídrica es esencial. Los tipos de suelo más utilizados, con su profundo horizonte calizo, satisfacen plenamente esas exigencias de agua, permitiendo un aporte paulatino en verano que induce un ligero estrés hídrico, sobre todo en las fases de maduración del fruto. Esto unido a las fuertes radiaciones solares estivales y los altos saltos térmicos día-noche producen una uva de óptima calidad.

aficionado puede distinguirlo de sus competidores más cercanos, los tintos de Toro, de Rioja o de Costers del Segre, a poco que se ejercite en las catas comparativas.

También se encuentran aquí algunos vinos rosados y tintos de estilo joven, pero la especialidad de la comarca se inclina hacia los vinos tintos con crianza, donde los mejores reservas y grandes reservas son algunos de los más espléndidos tintos españoles.

Crianza y estilos de vinos
La reglamentación de la DO Ribera del Duero establece que la zona de crianza debe coincidir con la de producción, evitándose así la entrada de uva de otras procedencias. Evidentemente, esta normativa encarece los vinos en cosechas cortas y no es raro que se paguen hasta 300 pesetas o más por un kilo de uva de buena calidad, cantidad que triplica el precio habitual en otras zonas productoras en España.

Los vinos tintos jóvenes de Ribera del Duero se caracterizan por su color rojo púrpura intenso y su concentrada capa cromática. Los vinos con ligera crianza siguen ostentando un color cerrado que recuerda la frambuesa madura y la cereza picota más oscurecida, pero a medida que envejecen, su menisco evoluciona hacia un característico ribete granatoso que se abre con el tiempo hacia los tonos ladrillo y teja. Sus aromas son los característicos de la variedad tempranillo, matizados en ocasiones por los de la mezcla con otras variedades, aunque la tempranillo domina en la mayoría de elaborados. Son vinos muy frutales cuando son jóvenes, con matices que recuerdan las frutas rojas y silvestres, como la frambuesa y la grosella, mientras que en la crianza gustan de la madera, sobre todo si es nueva, y evolucionan bien en la botella, adquiriendo notas especiadas de tabaco, café, cacao, frutos secos, así como elegantes aromas empireumáticos.

Se trata de vinos muy sabrosos al paladar, con un intenso carácter vinoso y una marcada tanicidad, a veces excesiva, pues algunas bodegas lanzan sus vinos al mercado aún algo duros y reclaman un buen tiempo de reposo y afinado en botella. Sabiendo escoger la bodega, el vino y la cosecha, son tintos ideales para una guarda más o menos prolongada en la bodega del aficionado, manteniéndose en perfecta evolución durante una media de 5 a 20 años. Cuando se han redondeado, resultan muy amplios, complejos y sabrosos, con notas lácteas, chocolateadas y de frutos rojos maduros.

Un futuro prometedor
La gran reputación que han adquirido los vinos de Ribera del Duero ha impulsado el florecimiento de numerosas bodegas. El común denominador de todas ellas es una calidad intachable, que está convirtiendo la denominación en punto de referencia obligado de los vinos españoles. □

El castillo de Peñafiel domina desde su montaña el pueblo, capital vitícola de Ribera del Duero.

PRODUCTORES Y BODEGUEROS

La DO Ribera del Duero es uno de los fenómenos vitivinícolas más sorprendentes de la última década en España. Mientras Vega Sicilia sigue manteniendo y acrecentando el mito en todo el mundo, otras bodegas, con magistrales vinos tintos, finos y de larga vida, despiertan la pasión de los más expertos y reconocidos catadores internacionales. En Ribera del Duero, cada día aumenta el número de bodegas nuevas, generalmente de tamaño reducido, con producciones limitadas y cuya aspiración es convertir esta joven DO en una referencia geográfica de lujo.

Alejandro Fernández
Véase recuadro.

Bodegas y Viñedos Alión
Es una bodega relativamente joven gestionada por los propietarios de Vega Sicilia. Posee 110 ha de viñedo y elabora exclusivamente un tinto de reserva bajo la marca Alión.

Bodegas Arzuaga Navarro
Arzuaga-Navarro es una bodega fundada a comienzos de los 90. Resulta impresionante contemplar esta majestuosa bodega a pie del km 325 de la carretera N122, que une Aranda y Valladolid. La bodega se asienta sobre una superficie de 12 000 m², perfectamente integrada en el paisaje ribereño del Duero. Con campanario incluido, está rodeada por 65 ha de un hermoso y cuidado viñedo, al que hay que sumar otras 75 ha cultivadas en la finca La Planta. Posee una planta de elaboración de 2 000 m² dotada de las más avanzada tecnología, así como otros 4 000 m² de bodega subterránea de crianza, que alberga un parque de 2 000 barricas nuevas, entre roble americano y francés. Los vinos se comercializan con la marca Arzuaga.

Bodegas Balbás
La bodega fue fundada en 1988 y está ubicada en el pueblo de La Horra, en la provincia de Burgos. Elabora un rosado clásico 100 % tempranillo y una completa gama de tintos con un ligero porcentaje de cabernet sauvignon, desde el joven del año al gran reserva, que se comercializa bajo la marca Balbás.

Bodega Dehesa de los Canónigos
Esta pequeña bodega, fundada en 1989, se encuentra en la carretera de Renedo a Pesquera y configura un bello conjunto con aires de cortijo y viñas que llegan hasta el río. Elabora exclusivamente vinos tintos de crianza y reserva, con pequeñas proporciones de cabernet sauvignon, que comercializa con la marca Dehesa de Los Canónigos.

Bodegas Emilio Moro
Emilio Moro es ya una de las clásicas en la zona. Fundada en 1989, elabora el tinto de crianza y reserva bajo la etiqueta de Emilio Moro, y un tinto joven con la marca Finca Resalso, que son un buen exponente de los vinos de la zona.

Bodegas Emina
Fundada en 1994, la bodega se asienta en la carretera de Renedo a Pesquera, en el término municipal de Valbuena de Duero, en la provincia de Valladolid. Posee 42 ha de viñedo propio y un parque de 200 barricas de roble. Los vinos se venden con la marca Emina.

Bodegas Félix Callejo
Bodega familiar fundada en 1989. Produce una amplia y completa gama de vinos tintos, desde el joven del año sin madera y un joven con 4 meses en barrica, hasta un gran reserva; todos con la marca Callejo.

Bodegas Fuentespina
Esta bodega pertenece al grupo de Avelino Vegas y Bodegas Cerrosol, con fuertes inversiones en la vecina DO Rueda. Para los tintos de Ribera del Duero se abastecen de 400 ha de viñedo propio y sus vinos, desde el joven hasta el reserva, se comercializan con la marca Fuentespina.

Bodegas García de Aranda
Ubicada en la carretera de Soria, en Aranda de Duero, posee 20 ha de viñedo propio que le garantizan una pequeña parte de la materia prima para la elaboración de sus vinos, así como un parque de 350 barricas de roble. Sus vinos se venden bajo las marcas Señorío de los Baldíos y Vegaranda.

Hacienda Monasterio
Cerca de Pesquera de Duero se asienta esta pequeña bodega, con una producción de 300 000 botellas anuales. Posee cerca de 70 ha de viñedo y un parque de 1 500 barricas de roble, entre francés y americano, para la crianza de sus vinos, que vende con la marca Hacienda Monasterio.

Bodegas Hnos. Pérez Pascuas
Fundada en 1980, esta bodega realizó un notable esfuerzo para poner en marcha su magnífica explotación vitivinícola, compuesta de hermosos viñedos y de unas cuidadas y modernas instalaciones. Sus vinos se comercializan bajo la marca Viña Pedrosa y un Pérez Pascuas Gran Selección, un

---

ALEJANDRO FERNÁNDEZ

Creada en 1972, esta bodega se ha labrado un renombre internacional entre los mejores tintos de España. Elabora su excelente Pesquera con la tinto fino de su propio viñedo: una finca de 60 ha a orillas del Duero. Mientras el tinto Pesquera sigue consolidándose cosecha tras cosecha, Alejandro Fernández, su mujer y sus cuatro hijas se lanzan a otro nuevo proyecto, una bodega nueva: el Condado de Haza. En la actualidad, la hacienda comprende unas 250 ha de viñedo cuyas plantaciones de tinto fino se han realizado en progresión, con la unificación y la adquisición de las parcelas. No obstante, existen algunos viñedos cuyas cepas son centenarias. La bodega toma el nombre del antiguo señorío al que pertenecieron estas tierras, que tenía su cabecera en Haza, a menos de 10 km, y cuya iglesia románica se reproduce en las etiquetas del vino.

tinto de gran reserva elaborado a partir de viñas muy viejas, y muy caro.

Bodegas Ismael Arroyo

Fundada en 1979, representa uno de los valores más seguros de la Ribera. Sus tintos, comercializados bajo las marcas Mesoneros de Castilla y Valsotillo, poseen una buena estructura, son sabrosos y están casi siempre bien perfilados por la buena estancia en la botella.

Bodegas López Cristóbal

López Cristóbal no deja de ser un neonato en Ribera del Duero (1994), pero en sus escasos cinco años de andadura ya muestra las armas suficientes para convertirse en una bodega respetable. La bodega se encuentra en la pintoresca localidad de Roa de Duero y posee 40 ha de viñedo con plantaciones de la variedad tinta del país o tinto fino, más algo de merlot y cabernet sauvignon que le garantizan la materia prima para atender sus elaboraciones. Tiene una capacidad de 200 000 l anuales, de los cuales el 50 % se comercializa como vino joven, entre rosado y tinto, y el resto se reserva para vinos de crianza, que llevan la marca López Cristóbal.

S.A.T. Los Curros

La bodega pertenece a la familia González Yllera que, desde Rueda, amplió su actividad vinícola a Ribera del Duero. Establecida en la localidad de Boada de Roa, las instalaciones se inauguraron en 1983. La bodega inició su andadura en esta nueva ubicación con la marca Viña del Val, reservada a rosados y tintos jóvenes, y a partir de los 90, lanzó la marca Boada, que ampara los tintos de crianza y reserva.

Bodegas Matarromera

Creada en 1988, esta pequeña bodega se encuentra en el margen derecho del Duero. Sus vinos, comercializados con la marca Matarromera y Melior, irrumpieron con fuerza hace un par de años en el mercado del vino de la Ribera. Recientemente ha adquirido Bodegas Emina (véase p. 165).

Bodegas Montevannos

Creada en 1987, la bodega Montevannos constituyó una auténtica revolución en la zona. En primer lugar por la procedencia de sus propietarios, un grupo sueco; y en segundo lugar, por las grandes inversiones que aportaron para renovar completamente la vieja bodega de la cooperativa de Baños de Valdearados. Posee 50 ha de viñedo en una zona muy elevada. Sus vinos llevan la marca Monte-Vannos.

Pago de Carraovejas

Pequeña bodega con una producción realmente muy corta. Elabora dos tipos de vino, uno joven con algunos meses en barrica y un crianza, ambos comercializados con la marca Pago de Carraovejas.

Bodegas Peñalba López

Fundada en 1903, la bodega cultiva un viñedo de 200 ha. Recurre a una tecnología ultramoderna y cría su cosecha en 4 500 barricas de roble, 500 de las cuales son francesas. Las marcas principales son: Torremilanos (tinto), Peñalba López (blanco) y Monte Castrillo (tinto).

Bodegas Protos

Establecida desde 1927, esta bodega es una de las históricas de la denominación. Oculta sus barricas en las entrañas de un cerro, al pie del majestuoso castillo de Peñafiel. Sus etiquetas fueron las primeras que utilizaron la expresión de «Ribera del Duero» y los vinos han generado siempre fidelidad entre sus seguidores.

Bodegas Riberalta

Inaugurada en 1994, esta bodega está situada junto a la carretera nacional I. Es una de las más visibles de la zona y está dotada de una tecnología moderna. Cuenta con 30 ha de viñedo propio en el municipio de Gumiel de Izán. Sus vinos se comercializan con la marca Vega Izán.

Bodegas Rodero

Esta bodega, fundada en 1991, es una de las jóvenes promesas de Ribera del Duero. La bodega está situada en las afueras de Pedrosa de Duero y posee cerca de 40 ha de viñedo. Sus vinos, con una buena relación calidad-precio, se comercializan con las marcas Rodero y Val Ribeño.

Bodegas Señorío de Nava

La actual bodega se asienta en el renovado edificio de lo que fue la antigua cooperativa de Nava de Roa. Posee modernas instalaciones y cuenta con 150 ha de viñedo en Gumiel del Mercado. Se comercializan tres marcas de vino, Señorío de Nava, Don Álvaro y Vega Cubillas, todos de calidad notable y un precio moderado.

Bodegas Valduero

Esta bodega se fundó en 1983 y se nutre principalmente de las 90 ha de viñedos que posee la familia García Viadero en las inmediaciones de Gumiel del Mercado, en la provincia de Burgos. Comercializa toda la gama de vinos tintos típicos de la Ribera con la marca Valduero.

Bodegas Viña Mayor

Esta bodega, fundada en 1876, pertenece en la actualidad al grupo de Bodegas Peñascal cuyo mayor accionista es la empresa Entrecanales. La clave de su tremendo éxito en el mercado radica en ofrecer al mismo tiempo el «origen Ribera» a un precio bastante asequible.

Bodegas Vega Sicilia

Véase recuadro.

VEGA SICILIA

Fundada en 1864, la bodega está realmente en el origen de la viticultura en el valle del Duero. Las cepas francesas (cabernet sauvignon, cabernet franc, merlot y malbec) traídas de Burdeos perduran, pero la tinto fino adopta una importancia creciente. La uva procede exclusivamente de las viñas de la propiedad (250 ha), cuyos rendimientos son bajos, y la producción no supera nunca las 324 000 botellas al año. Vega Sicilia es hoy propiedad de la familia Álvarez, que mantiene celosamente la tradición de calidad del vino más prestigioso y mejor considerado de España. La demanda de Vega Sicilia es, así, muy superior a la producción. La vinificación es tradicional y los vinos se crían en 6 000 barricas de roble. Los vinos de Vega Sicilia tienen mucho carácter: son fuertes, ricos en alcohol y en fruta, envejecidos en barricas durante tres a cinco años y vendidos con el nombre de Valbuena (tinto). El reserva Vega Sicilia Único (tinto) se cría durante diez años.

Rueda, Cigales, Toro y Bierzo

Castilla y León es una comunidad autónoma muy extensa y, aunque el predominio de Ribera del Duero en materia vitivinícola es incuestionable en la región, existen otras cuatro denominaciones de origen muy interesantes, con vinos bien diferenciados y bastante famosos en toda España.

Rueda, DO creada en 1980, está situada principalmente al oeste de la provincia de Valladolid, aunque abarca municipios de Ávila y Segovia. Es una comarca reputada por sus vinos blancos.

También con la mayor parte de su territorio en Valladolid, la denominación de Cigales se extiende hasta el sur de Palencia. En esta zona el predominio del rosado es tan abrumador que el nombre de la DO casi es sinónimo de ese estilo de vino.

Más al este, en el curso del río Duero y en la frontera entre Zamora y Valladolid, al lado de la DO de Rueda, Toro destaca por sus tintos robustos de alta graduación alcohólica y baja acidez.

Por último, en el norte de la comunidad y lindando con Galicia, se encuentra la denominación más joven de la región y la única de la provincia de León. Reconocida en 1989, la DO Bierzo tiene más lazos con la vecina Galicia que con el resto de las comarcas de la comunidad autónoma a la que pertenece.

Rueda

La historia de los vinos de Rueda es larga y respetable. En la época en que Valladolid ostentaba todavía el título de capital de España, los vinos de Rueda eran muy apreciados por la nobleza local. Rueda es la región típica y más significativa de los vinos blancos de Castilla y León. Ubicada en plena altiplanicie del Duero, repartiéndose entre las provincias de Valladolid, Ávila y Segovia, su área vitivinícola ocupa una superficie de 80 km de longitud por 40 km de anchura. El viñedo inscrito alcanza una superficie de

Paisaje invernal de la comarca El Bierzo con viñedos de la variedad mencía.

5 800 ha. La mayor concentración de viñedo se halla entre Medina del Campo y el río Duero.

Los suelos son de naturaleza terciaria, con amplias terrazas aluviales y diluviales en las márgenes del Duero y de sus afluentes (Trabancos, Zapardiel y Adaja) y, en menor grado, terrenos del mioceno.

La climatología de la comarca es continental, con escasa pluviosidad y heladas invernales, aunque no es muy habitual que nieve. El numero anual de horas de sol es de aproximadamente 2 800. Este clima da como resultado un escaso rendimiento de las cepas, pero al mismo tiempo proporciona unas uvas de excelente calidad.

Tres son las variedades predominantes de la comarca, la verdejo, la palomino fino y la viura, aunque la denominación Rueda autoriza el empleo de una cepa clásica internacional, la sauvignon blanc. La variedad verdejo se considera la uva española más rica en mineral de hierro, del orden de 4 a 5 mg/kg, que confiere a la piel de la baya un característico tono amarillento-verdoso. Esta cepa produce vinos de cierto cuerpo, ligeramente duros, de color dorado-verdoso y marcado sabor afrutado. Las tres variedades dominantes de cepas dan lugar a vinos diferenciados, siendo la verdejo la auténtica joya de la zona. La incorporación de la sauvignon blanc está aportando a la DO unos vinos muy florales y aromáticos, con notas exóticas, ricos en glicerina y con cierta complejidad en boca.

El auge reciente de la región ha fomentado importantes inversiones que han influido en la mejora de la calidad.

Cigales

La región de Cigales no recibió su estatuto de DO hasta 1991, a pesar de que producía vinos, entre ellos excelentes rosados, desde hacía siglos.

Al norte de la ciudad de Valladolid, Cigales se extiende por esta provincia y algo de Palencia, a ambas orillas del río Pisuerga y hasta los montes Torozos, en el sector norte de la depresión del Duero. Ocupa 3 500 ha de cultivo de vid, de las cuales cerca de 2 700 están inscritas en la DO.

Aquí los suelos son profundos, formados por sedimentos terciarios y cuaternarios. Son arenosos y calizos, con margas yesíferas que reposan sobre arcillas y gravas, y pierden profundidad en los bordes de la zona, como ocurre en Quintanilla de Trigueros, en Mucientes y en San Martín de Valveni, donde la caliza activa puede ser superior al 15 %.

El clima es continental con influencia atlántica, con grandes oscilaciones, irregularidad pluviométrica y fuerte sequía estival. Por el carácter estepario de estas tierras, se cultiva fundamentalmente la variedad tinta del país, cepa próxima a la tempranillo o a la tinto fino, que ocupa el 57 % de la superficie del viñedo. Le sigue en importancia la garnacha tinta con un 32 %.

Los rosados cigales, los cigales «nuevo» y los cigales de crianza, entre 10,5 y 13° de graduación alcohólica, son los vinos de mayor renombre. Su frescor, ligereza y agradable aroma (a flores o fruta) les confieren unas características singulares. Por otro lado, los vinos tintos, elaborados en su gran mayoría con la variedad garnacha tinta y también la tinta del país, se distinguen por su peculiar aroma, que permanece en la nariz, y su amplitud y redondez bucal.

En los vinos sometidos a crianza efectuada en bodegas inscritas en el Registro de Bodegas de crianza, debe prolongarse el período de envejecimiento por plazo no inferior a 2 años naturales, de los cuales un año como mínimo tiene que ser en barrica de roble con capacidad de 225 litros, para los tintos, y 6 meses para los rosados.

Medina del Campo, en el centro de la DO de Rueda.

Toro

Potente, fuerte, pesado, castellano sin duda alguna, el tinto de Toro se servía en la mesa de los profesores de la universidad de Salamanca desde 1215.

Al sureste de la ciudad de Zamora, extendiéndose por esta provincia y parte de la vecina Valladolid, se encuentra la DO Toro. El territorio, que ocupa unas 6 000 ha de viñedos aproximadamente, de las cuales 2 600 ha están inscritas, incluye las comarcas naturales de «Tierra del Vino» y las riberas del Duero, del Guareña y del Talanda. Fuera de la provincia de Zamora, los viñedos amparados también dentro de esta DO se extienden en cuatro términos municipales de la provincia de Valladolid.

Las viñas se asientan sobre suelos profundos, sueltos, a veces pedregosos, de escasa fertilidad y suave topografía en general. Los del margen derecho del Duero, en las proximidades de la llamada Tierra del Pan, en parte de Toro y en San Román de Hornija, son muy antiguos: terciarios del eoceno. Los de las riberas del Duero y del Guareña, que determinan terrazas aluviales-diluviales, pertenecen al mioceno.

El clima de esta zona del noroeste de la comunidad de Castilla y León es continental extremado, de carácter definidamente árido, con niveles de pluviosidad entre los 350 y 500 mm anuales. El dominio esporádico de vientos del oeste hace subir la pluviosidad en los meses invernales, lo que tiene efectos beneficiosos para la vid. Las horas de sol anuales llegan a 3 000 y las heladas de invierno están garantizadas desde la última semana de octubre hasta la primera semana de mayo.

Las variedades de cepas predominantes son la tinta de Toro y la garnacha para las tintas, mientras que la malvasía y la verdejo configuran las principales variedades blancas.

Sorprende apreciar que, a pesar de la aridez y de la extremada climatología de esta zona, los vinos blancos son productos del todo exquisitos. Si se fermentan en frío, mejoran considerablemente. Los vinos tintos recios son, sin lugar a dudas, los que mayor prestigio y fama han dado a esta denominación de origen. Se caracterizan por el aroma, el buqué y el cuerpo: afrutados cuando son jóvenes, adquieren finura de color, suavidad de boca y complejidad en nariz tras una moderada crianza en madera.

Bierzo

La región es conocida por el nombre de El Bierzo, pero la denominación –atribuida a finales de 1989– es simplemente Bierzo. Su centro es la ciudad minera de Ponferrada, en la provincia de León.

La DO Bierzo se encuentra situada al noroeste de la provincia de León, ocupando una superficie aproximada de 18 km de longitud por 22 km de anchura.

Geológicamente se trata de una depresión u hoya tectónica rodeada de importantes formaciones montañosas (montes de León y cordillera Cantábrica), ligeramente abierta al suroeste por el valle del Sil, lo que le permite recibir una clara influencia atlántica que le confiere rasgos climáticos con ventajas mediterráneas y atlánticas al mismo tiempo. Las temperaturas son suaves, la insolación, alta, y la comarca recibe un buen aporte hídrico. El viñedo ocupa unas 7 500 ha, de las cuales cerca de 3 500 están inscritas.

Predominan las explotaciones pequeñas, de minifundio, en parcelas homogéneas, la mayor parte de las cuales se encuentran en las zonas bajas y de media ladera.

De las variedades cultivadas, la mencía es la más noble de las tintas locales, ocupando un lugar destacado tanto por su calidad como por su extensión. Con la mencía se elaboran tintos y rosados de agradable acidez frutal, fino aroma y una deliciosa estructura sensual de taninos jugosos y aterciopelados. Otras variedades importantes son la garnacha tintorera para los tintos, y la palomino, la doña blanca, la malvasía y la godello para los blancos. □

PRODUCTORES Y BODEGUEROS

La oferta de vinos castellano-leoneses resulta amplísima y rica en matices. A ambas orillas del Duero se asientan centenarias tierras dedicadas a la viticultura, cuyas costumbres y tradiciones han marcado el estilo de sus vinos, algunos tan personales como inimitables. A continuación se destacan algunas de las bodegas más interesantes de las cuatro DO.

RUEDA

Agrícola Castellana
Esta cooperativa, de la localidad de La Seca y fundada en 1935, es la bodega más grande de Rueda. Posee 2 000 ha de viñedo que cultivan sus 300 socios. Comercializa ocho marcas de vino, entre las que se incluyen todavía los clásicos dorados y pálidos de la comarca. Sus principales marcas son: Azumbre, Dorado Rueda «61», Campo Grande Pálido, Cuatro Rayas, Pámpano, Veliterra y Vacceos.

Álvarez y Díez
Aún perpetuando la tradición de los vinos de tipo jerez, esta bodega elabora también un vino semiorgánico, el «vino ecológico». Establecida en 1947, trabaja una viña de 70 ha de la que extrae vinos de diferentes estilos vendidos bajo la marca Mantel Blanco.

Bodegas Ángel Lorenzo Cachazo
Establecida desde 1988, la bodega está ubicada en la localidad de Pozáldez, en la provincia de Valladolid. Sus vinos blancos, elaborados exclusivamente con la variedad verdejo, ostentan los mejores puestos de los vinos castellano-leoneses. Los vinos se comercializan con las etiquetas de Lorenzo Cachazo y Martivilli.

Bodegas Antaño
Fundada en 1992, esta bodega es una de las últimas establecidas en la zona y una de las más ambiciosas. La firma ha consolidado su estilo, que tiende claramente hacia la elaboración de vinos tintos, sin olvidar sus excelentes blancos Viña Mocén.

Cerrosol
La bodega, una de las grandes y poderosas de la zona, está en la localidad de Santiuste de San Juan Bautista, en la provincia de Segovia. Comercializa cerca de 1 500 000 de botellas al año con las marcas Cerrosol, Doña Beatriz (Rueda Superior y Sauvignon Blanc) y Señorío de Albar (Rueda Superior y Sauvignon Blanc).

Bodegas de Crianza de Castilla la Vieja
La bodega vinifica la uva que compra y la de sus 26 ha de viñedo propio. Elabora vinos blancos bajo la marca Bornos (100 % sauvignon blanc), Palacio de Bornos (100 % verdejo de fermentación en barrica) y Palacio de Bornos Rueda Superior.

Bodegas Los Curros
Esta propiedad de la familia Yllera compra uva y utiliza las de sus viñas de 20 ha de superficie. Su marca principal se llama Viña Cantosán (blanco), pero también produce un vino de mesa –hecho de tempranillo y de cabernet sauvignon– conocido con el nombre de Yllera.

Vega de la Reina
Situada en el centro de Rueda, la bodega posee cerca de 170 ha de viñedo y 2 500 barricas de roble para la fermentación y crianza de algunos de sus vinos blancos. Elabora una extensa gama de vinos blancos con la marca Vega de la Reina, tanto en calidad de Rueda Superior como de Sauvignon Blanc. Elabora también una línea de vinos tintos no acogidos dentro de la denominación.

Vinos Blancos de Castilla
Propiedad de Marqués de Riscal, esta bodega existe desde 1972 y produce una gama completa de vinos blancos bajo las marcas Marqués de Riscal Rueda Superior, Marqués de Riscal Reserva Limousin y Marqués de Riscal Sauvignon Blanc.

CIGALES

Hijos de Frutos Villar
Fundada en 1923, esta empresa familiar es una de las más innovadoras de la región. Las principales etiquetas son: Viña Morejona (blanco), Viña Calderona (rosado), Viña Cansina (rosado) y Conde Ansúrez (tinto).

Lezcano Bodegas y Viñedos
Creada en 1991, la bodega se ubica en la carretera de Valoria, cerca de Trigueros del Valle, en la provincia de Valladolid. Elabora un vino rosado, moderno, fresco y con cuerpo, bajo la marca Docetañidos, así como una gama de vinos tintos, entre un joven, un crianza y un reserva, con las etiquetas de Lezcano.

TORO

Bodegas Fariña
Fundada por la familia Fariña en 1941, esta bodega fue una de las primeras en modernizar sus instalaciones. Manuel Fariña hace vinos con crianza y sin crianza, que envejece en cubas o barricas. También elabora una interesante colección de tintos monovarietales de tempranillo, cabernet sauvignon y merlot, así como un tinto dulce natural, el Val de Reyes. Principales marcas: Colegiata (tinto) y Gran Colegiata (tinto).

Bodegas Frutos Villar
Fundada en 1920, esta gran bodega pertenece al grupo de Bodegas Santa Eulalia. Elabora una completa gama de vinos tintos a base de tempranillo, que comercializa con las marcas Muruve y Gran Muruve.

BIERZO

Bodegas Bernardo Álvarez
La bodega, creada en 1920, se asienta en el centro de la localidad de Villadecanes, en la provincia de León. Elabora vino blanco a partir de las variedades godello y doña blanca, y tinto de mencía, comercializados con las marcas Viña Migarrón.

Pérez Caramés
Fundada en 1967, se trata de una de las propuestas más atractivas de la zona. Produce interesantes vinos con las variedades no autorizadas de merlot y cabernet sauvignon (que vende con la marca Casar de Santa Inés), junto a su ya tradicional línea de vinos acogidos a la denominación, que llevan las etiquetas de Casar de Valdaiga.

Prada a Tope
Creada en 1989, esta bodega está en el que fuera palacio del Señorío de Canedo, con sus techos de pizarra y su balconada de madera. La bodega vinifica la producción de sus 15 ha de viñas así como uva comprada. Las marcas principales son: Palacio de Canedo y Prada a Tope (blanco, tinto), así como un curioso tinto conseguido por maceración carbónica.

Aragón y Navarra

ESTAS DOS REGIONES TRADICIONALES ESTÁN DANDO MUCHAS ALEGRÍAS
A LOS AFICIONADOS AL VINO Y SE HAN SITUADO YA A LA ALTURA
DE LAS COMARCAS MÁS PRESTIGIOSAS.

Viñedo de la bodega Viñas del Vero, en Somontano.

En Aragón, durante siglos, el predominio de una viticultura de subsistencia, ligado a una gran producción de graneles, dio a los vinos aragoneses la fama de duros y rústicos. Es evidente que este carácter, al mismo tiempo artesanal y primario por naturaleza, constituía la mejor carta de presentación. Enseguida la trayectoria vitivinícola de la zona hizo que se consolidara como una región de vinos idóneos para fortalecer vinos más débiles de otras comarcas productoras, tanto españolas como extranjeras. No obstante, desde mediados de los 80 el estereotipo del vino aragonés quedó roto por la revolución del Somontano: ligereza, elegancia y variedad son las bazas de los vinos de esta denominación, y en estas cualidades se apoya el enorme éxito comercial registrado en pocos años. Cariñena, por su parte, es la zona vinícola más antigua y famosa de Aragón. Al igual que en otras regiones vitivinícolas de España, el mayor esplendor económico, el progreso y la expansión del viñedo se dieron a finales del siglo XIX, coincidiendo con la crisis de la filoxera en Francia. En la histórica Calatayud, la Bílbilis celtibérica y romana, se elaboran vinos desde tiempos inmemoriales, aunque el reconocimiento oficial de la denominación sólo date de 1990. Por último, el pueblo originario de la familia Borgia, Borja, es el centro de la DO aragonesa menos conocida, Campo de Borja, que en los últimos años ha demostrado un potencial interesante. Hoy en día, en todo Aragón, se siguen los pasos del Somontano y se ha abandonado el rutinario conjunto ampelológico que sólo cultivaba dos o tres variedades, abriéndose a la aclimatación de otras cepas que permiten obtener vinos muy diferentes y más acordes con los gustos actuales.

Navarra, región septentrional de España entre los Pirineos al norte y la depresión del Ebro al sur, ya producía vino antes de la época romana. En Olite, Cascante, Funes y otras localidades navarras se han encontrado huellas del cultivo de la vid y de la elaboración de vinos en época romana. Desde muy antiguo, los vinos navarros eran conocidos más allá de los Pirineos. El camino de Santiago impulsó el comercio europeo de los vinos navarros. Hacia finales del siglo XVIII, los vinos de este reino habían pasado a ser uno de los principales productos de exportación del alto valle del Ebro. Este legendario desarrollo histórico del camino de Santiago, con el consiguiente aporte sociocultural francés y centroeuropeo, influyó desde la Edad Media en la tradición de un vino singular, cuya tipicidad vinícola más importante se centraba en la tinta garnacha, seguida de la blanca macabeo.

ARAGÓN

En la comunidad autónoma de Aragón se concentran actualmente cuatro denominaciones de origen. Tres de ellas se encuentran en el extremo occidental de la provincia de Zaragoza. El amplio valle del Ebro y la red fluvial que forman sus afluentes dan vida a las rudas tierras que acogen las DO de Cariñena, Calatayud y Campo de Borja.

Somontano, por su parte, está en la provincia de Huesca y su «capital» es la población de Barbastro.

Somontano

Somontano es una de las DO más pequeñas pero más dinámicas de España. Desde la década de los 90, la inversión en tecnología ha cambiado radicalmente la imagen del Somontano. La zona presenta condiciones naturales idóneas para elaborar vinos de altísima calidad, con un viñedo dotado de un rico conjunto de variedades nobles, desde la chardonnay a la gewürztraminer, pasando por la tempranillo y la cabernet sauvignon.

El Somontano está situado a los pies de los Pirineos, en un altiplano que llega hasta la depresión del Ebro, su frontera meridional.

El clima, de tipo continental, está atemperado por la protección de la cordillera pirenaica. La temperatura media anual es de 11 °C, con inviernos fríos y veranos suaves, pero menos extremos que en otros lugares de la comunidad. La pluviometría es del orden de los 500 mm, ideal para el desarrollo vegetativo de la vid. Las 2 700 horas de sol al año son otro factor que contribuye a la buena maduración del fruto.

Las casi 1 900 ha de viñedo inscrito se asientan sobre suelos de tipo pardocalizo, pobres en arcillas, ricos en calcio, pobres en materia orgánica y con una adecuada permeabilidad.

La variedad tradicional fue siempre la moristel: uva tinta con la que todavía se hacen rosados y tintos muy típicos. No obstante, aunque en el viñedo aún predominan la moristel y la tempranillo en tintas, y la macabeo en blancas, las cepas internacionales tintas de cabernet sauvignon, pinot noir y merlot, así como las blancas chardonnay, riesling, gewürztraminer, chenin blanc y sauvignon, se están imponiendo en la composición de la mayoría de los vinos nuevos.

En Somontano existen dos estilos de vino: los elaborados por las pequeñas bodegas a la manera clásica y los de tres bodegas innovadoras, en estilo y mentalidad, con plantaciones recientes, barricas nuevas y una tecnología moderna sabiamente empleada para conseguir unos grandes vinos, que representan la nueva imagen de los vinos de Aragón (véase p. 172).

Cariñena

La denominación está en el extremo meridional de la provincia de Zaragoza, entre los cursos de los ríos Huerva y Jalón, y la sierra de Algairén. Los viñedos, que ocupan algo más de 19 000 ha, crecen sobre un terreno suavemente movido, con suelos ocres y pedregosos. El clima es continental, con inviernos fríos y veranos muy calurosos, escasez de lluvias y un viento del norte (el cierzo) que reseca el ambiente dejando la humedad relativa del aire en apenas el 60 %, lo que impide la aparición de enfermedades criptogámicas en la vid.

La vinífera mazuelo llegó a ser tan importante en la zona que adoptó el nombre de la población principal de la comarca, «cariñena». Sin embargo, los avatares de la historia y la plaga filoxérica hicieron desaparecer casi por completo este vidueño, que fue sustituido por la garnacha, de elevado contenido de azúcar y cuyos vinos son gruesos y poderosos.

Tradicionalmente se cultivan las cepas garnacha tinta, mazuelo (o cariñena) y juan ibáñez en tintas, y macabeo (o viura) y garnacha blanca en blancas. Estas variedades están siendo complementadas en los últimos años con las tintas tempranillo y cabernet sauvignon, y la blanca parellada y chardonnay, lo que ha permitido adaptar las producciones tradicionales a los gustos más actuales.

Calatayud

La DO Calatayud está enclavada en el extremo suroeste de la provincia de Zaragoza. Esta amplia zona geográfica, en la gran región natural del valle del Ebro, queda enmarcada por las formaciones montañosas que se desprenden del impresionante macizo del Moncayo. Los viñedos se asientan alrededor de una compleja red hidrográfica formada por el Jalón, el Jiloca, el Manubles, el Ribota, el Piedra, el Perejiles, el Mesa, el Grío y otros afluentes del Ebro.

Esta DO, al igual que su vecina Cariñena, presenta un clima semiárido, de carácter continental extremado, con veranos calurosos e inviernos muy fríos. La brusquedad de la climatología tiene una influencia decisiva en el rendimiento de las vides: sus frutos presentan un notable equilibrio entre acidez-alcohol, dando lugar a vinos singulares dentro del panorama vitivinícola aragonés.

Calatayud incluye unas 19 000 hectáreas de viñedo repartidas entre los 1 400 m en la sierra de Vicort hasta los 600 m en la zona más baja.

Las variedades acogidas a la DO son la garnacha, con un 60 % del total del viñedo, la tempranillo, la mazuelo y la monastrell para las tintas, y la macabeo, con un 30 % del viñedo, la malvasía, la moscatel blanca y la garnacha blanca para las blancas.

Campo de Borja

La denominación, al oeste de la provincia de Zaragoza, también en el valle del Ebro, ocupa una superficie cercana a las 10 000 ha. Los suelos son pedregosos, sueltos, permeables al aire y al agua, y pobres en materia orgánica. La variedad más extendida es la tinta garnacha, con un 80 % del viñedo. No obstante, empiezan a desarrollarse plantaciones de tempranillo y, recientemente, de merlot y cabernet sauvignon, muy útiles y recomendables para someter los vinos a un envejecimiento más prolongado. La macabeo, entre las blancas, es la reina del lugar, aunque también se está plantando parellada y chardonnay.

PRODUCTORES Y BODEGUEROS

En todo Aragón, la constante modernización de las bodegas, la elección racional de los viñedos, el control de las fechas de vendimia, la selección de las variedades y el empeño en buscar más aromas en vez de alcohol han generado unos vinos menos alcohólicos y oxidados, más frescos, aromáticos y sabrosos. Las cooperativas siguen siendo predominantes en la comunidad.

SOMONTANO

Bodegas Pirineos
Esta nueva bodega, refundada en 1993, fue una de las pioneras en la defensa del potencial de la zona cuando todavía era cooperativa. En la actualidad ocupa un lugar destacado en la elaboración de vinos de calidad con una base importante de variedades locales tradicionales, como la moristel y la parraleta. Merece especial atención su «vendimia tardía» de macabeo. Sus principales marcas son Montesierra (blanco, rosado, tinto) y Alquézar (tinto).

Viñas del Vero
Esta empresa reciente fue creada en 1987 para explotar al máximo el potencial de la región de Somontano. Los primeros vinos, tintos y blancos, han logrado una calidad excelente. La bodega mantiene un viñedo de 600 ha de cepas locales y de cabernet sauvignon, chardonnay, tempranillo, merlot, pinot noir, chenin blanc, gewürztraminer y algunas otras. La vinificación se realiza en cubas de acero inoxidable y las temperaturas están controladas. La crianza se hace en unas 2 500 barricas de roble francés y americano. Sus vinos se comercializan con la marca Viñas del Vero.

Viñedos y Crianzas del Alto Aragón
Véase recuadro.

CARIÑENA

Bodega Cooperativa San Valero
Es la mayor cooperativa de la región, el mayor exportador de vinos de Aragón y una de las bodegas más innovadoras. Estimula la plantación de cepas de calidad y experimentales. Sus vinos resultan premiados con regularidad en los concursos. Produce más de 20 millones de botellas al año, a partir de las 5 000 ha de viñas de sus socios. Las principales marcas son Don Mendo (blanco, rosado, tinto), Monte Ducay (blanco, rosado, tinto), Percebal (blanco, rosado) y Marqués de Tosos (blanco, tinto, rosado). También produce un cava, el Gran Ducay.

Solar de Urbezo
Es una bodega nueva y moderna inaugurada en 1995 y ubicada en la localidad de Cariñena. Posee unas 100 ha de viñedo, un parque de 50 barricas de roble y tiene una capacidad de elaboración para 800 000 litros. Elabora exclusivamente vinos tintos, que comercializa con las marcas Viña Urbezo y Marqués de Urbezo Reserva.

CALATAYUD

Langa Hermanos
Bodega familiar fundada en 1982. Posee 25 ha de viñedo y comercializa cerca de medio millón de botellas al año con las etiquetas de Castillo de Ayud Reserva (tinto), Portalet (blanco, rosado y tinto) y Viña Ribota Cabernet Sauvignon.

Cooperativa de San Isidro
Es la mayor bodega de Calatayud (1 000 socios y 4 000 ha). Se trata de una gran cooperativa fundada en 1963. Elabora una amplia línea de vinos, que comercializa bajo las marcas Castillo de Maluenda y Viña Alarba, así como un vino rancio, el Viña Acered, elaborado 100 % con uva garnacha.

CAMPO DE BORJA

Bodegas Bordeje
Las cavas de esta pequeña bodega, que existe desde 1770, están excavadas en las laderas de las colinas del exterior del pueblo de Aizón. Vinifica exclusivamente la uva de su viña de 51 ha. Sus vinos, muy tradicionales, se crían en su mayoría en inmensos fudres de madera. Las principales marcas son Garnacha (rosado), Abuelo Nicolás (tinto) y Don Pablo (tinto).

Bodegas Borsao Borja
No es la cooperativa mayor (400 socios), pero está considerada la mejor. Sus principales vinos son el Viña Borgia (blanco, rosado), el Borsao (tinto) y el Gran Campellas (tinto).

Santo Cristo, S. Coop.
Creada en 1956, esta bodega cooperativa es una de las poderosas de la comarca, con una capacidad de elaboración de más de 8 millones de litros. Se nutre de las 2 000 ha que cultivan sus socios y tiene un parque de 500 barricas de roble. Sus principales marcas son: Viña Ainzón (tinto), Viña Collado (blanco, rosado y tinto) y Moscatel Ainzón.

— VIÑEDOS Y CRIANZAS DEL ALTO ARAGÓN —

La bodega se abastece de cerca de 300 ha de viñedo. En sus viñas dominan las cepas extranjeras de origen francés, como la cabernet sauvignon (30 %), seguida de la merlot y la autóctona moristel, sin olvidar la tradicional tempranillo (25 %). El resto lo comparten las blancas chardonnay, gewürztraminer y macabeo.
Entre sus vinos tintos destaca un joven a base de moristel y tempranillo, un crianza de tempranillo y cabernet sauvignon, y un reserva monovarietal de cabernet sauvignon. También merece especial atención su rosado de cabernet sauvignon. En blancos ofrece un aromático monovarietal a base de gewürztraminer, un joven de chardonnay, un *coupage* de macabeo y chardonnay, y un monovarietal fermentado en barrica de chardonnay. Enate es el nombre de sus vinos y es, también, un hermoso valle del Somontano.

Navarra

La DO Navarra se encuentra al este de La Rioja y al noroeste de Aragón. En las zonas más septentrionales y montañosas del norte se distinguen tres comarcas: la Baja Montaña, donde se cultiva la variedad tinta garnacha sobre suelos de grava y caliza; Valdizarbe, cuyos suelos cretáceos ofrecen –en buenas añadas– vinos de más grado pero muy finos; y Tierra Estella, con 600 mm de lluvia al año y una temperatura media de 12 °C, donde se cultivan hoy algunos de los mejores viñedos blancos (chardonnay) y tintos (tempranillo, cabernet sauvignon, merlot).

En las comarcas más llanas del sur se distinguen dos áreas bien diferenciadas. La Ribera Alta constituye el corazón del viñedo navarro y predominan los suelos arcillosos (a orillas de los ríos) y calizos. Es menos lluviosa que la zona norte y algo más calurosa, lo que ofrece mejores condiciones para el cultivo de las variedades tintas. La Ribera Baja, zona ya más calurosa (14 °C) y seca (488 mm / año), es el hábitat tradicional de las garnachas más intensas, cálidas y de tanino maduro.

Variedades y tipos de vino

La cepa principal, la garnacha, ocupa el 73 % del viñedo, pero el Consejo Regulador estimula actualmente la plantación de tempranillo. Para el año 2000, la composición debería ser de 34 % de garnacha, 31 % de tempranillo y 11 % de macabeo (viura) para los vinos blancos.

El gobierno de la Comunidad Foral de Navarra ha creado un instituto de investigación llamado EVENA (Estación de Viticultura y Enología de Navarra), que cultiva la totalidad de las variedades sobre cada tipo de pie –y en toda las variantes de suelo de la zona– para determinar las mejores técnicas de cultivo. Sus resultados son impresionantes y confirman el potencial de la región.

Navarra es conocida fuera y dentro de España por sus deliciosos rosados, que se cuentan entre los mejores vinos del mundo de este tipo.

Fundada en 1988, la bodega Castillo de Monjardín está en el pueblo navarro de Villamayor de Monjardín.

El vino rosado, especialmente elaborado a partir de la variedad garnacha, ha sido el estandarte de los vinos navarros desde hace muchos años. La fama de los rosados navarros (atestiguada ya por Enrique Cock, el arquero de Felipe II) eclipsó la buena calidad de los vinos blancos y tintos de la comarca. La especialización en rosados fue una primera palanca comercial para que el aficionado tomara conciencia de la existencia de esta denominación.

En épocas más recientes, algunas comunidades vinícolas de Navarra se unieron a Rioja, contribuyendo al renombre de esa histórica denominación. A partir de la década de los 80, los blancos y tintos navarros comenzaron a reivindicar su noble linaje.

Con la garnacha, cuando se limitan los rendimientos, pueden elaborarse tintos nobles, de gran calidad, caracterizados por un tanino suave, confitado y dulce, que gusta mucho al paladar español. A esta variedad se ha sumado hoy un número considerable de plantaciones de tempranillo. La tempranillo permite elaborar vinos que, mezclados con la garnacha, aportan mayores posibilidades de crianza. Otra variedad de tanino suave, la merlot, también se cultiva en Navarra, así como la cabernet sauvignon, que ha entrado en escena reforzando la calidad del viñedo. En blancos se cultiva hoy, junto a la viura (macabeo), la chardonnay.

En este conjunto ampelográfico no hay que olvidar la moscatel de grano menudo, más delicada y fina que la moscatel de grano gordo, o moscatel romana, que se cultiva en casi toda España. Navarra es actualmente uno de los últimos enclaves de esta variedad.

La revolución del vino navarro

Los cambios del viñedo, amparados por la labor de la EVENA, han estado acompañados por la renovación de las bodegas. Grandes empresas vinícolas –como Cenalsa o Bodegas y Bebidas– han impulsado esta apuesta por la calidad más progresista. Se han mejorado y ampliado las instalaciones, sobre todo de bodegas privadas, aunque también algunas cooperativas se han sumado a esta transformación. Se ha introducido tecnología de vanguardia, con tanques de acero inoxidable para fermentaciones a temperatura controlada, y se han rediseñado botellas, etiquetas y marcas.

Como es lógico, los resultados no se han hecho esperar. Al margen de los rosados, todavía de gran producción en toda Navarra, se han conseguido tintos de gran clase que han despertado el interés de todos los expertos. Son vinos con menos graduación alcohólica, más frutales y sobre todo, más variados y personales. Por el momento, el vino blanco le sigue a la zaga y, en la actualidad, se pueden encontrar excelentes blancos jóvenes de chardonnay y de fermentación en barrica, así como algunos blancos tradicionales de viura que merecen la atención del buen aficionado.

PRODUCTORES Y BODEGUEROS

La tradición cooperativista todavía está firmemente establecida en Navarra, tradicionalmente muy conservadora. Sin embargo, el espíritu de progreso y de competencia se ha acomodado en todo el viñedo navarro, patrocinado en este caso por empresas y productores más pequeños.

Castillo de Monjardín
Aunque fundada en 1988, la excelente trayectoria de la bodega ha sido reconocida por los expertos desde sus inicios. Elabora vinos blancos y tintos, ambos con distintas crianzas y fermentaciones, a partir de variedades internacionales, como la chardonnay, la cabernet sauvignon, la merlot y la pinot noir procedentes de sus viñedos. Comercializa con la marca Castillo de Monjardín.

Bodegas Guelbenzu
Fundada en 1851, esta bodega familiar, ahora ultramoderna, está en Cascante. Posee varios viñedos dispersos por el valle de Queiles, que cubren un total de 36 ha. Elabora una interesante línea de vinos tintos, desde un monovarietal de garnacha hasta vinos de mezcla con cabernet sauvignon y tempranillo. Comercializa bajo la marca Guelbenzu y Guelbenzu Evo.

Bodegas Irache
Creada en 1891, la empresa se ha ampliado al acercarse a su centenario. Todavía está a la cabeza de las instalaciones más modernas de Navarra. Elabora una amplia gama de vinos blancos, rosados y tintos, así como una línea de vinos monovarietales de cabernet sauvignon, merlot y tempranillo. Las bodegas de crianza tienen una capacidad de 10 000 barricas de roble. Las marcas más importantes son Castillo Irache (rosado, tinto), Gran Irache (tinto) y Real Irache (tinto).

Bodegas Julián Chivite
Fundada en 1647, esta empresa familiar es muy respetada en la comarca. Utiliza la uva de sus propias viñas de 115 ha y se aprovisiona de uva y de vino para cubrir el resto de sus necesidades. La bodega contiene 5 000 barricas de roble. Chivite es el mayor exportador de vinos de Navarra. La cuba de tinto que la casa ha elaborado para celebrar su 125 aniversario se ha hecho legendaria. Las marcas principales son Gran Feudo (blanco, rosado, tinto), Colección 125 (blanco, tinto) y Viña Marcos (tinto).

Vinícola Navarra
Es una de las bodegas más antiguas de la denominación (1864) y la que embotelló el primer rosado de Navarra. Esta gran casa también está dotada de instalaciones muy modernas y pertenece al gigantesco grupo Bodegas y Bebidas. Posee un viñedo de 12 ha, pero se procura la uva sobre todo de viticultores bajo contrato. Las bodegas acogen algunos viejos fudres de roble de 20 hl con fines decorativos. Dispone de 3 000 barricas de roble para los crianzas. Las principales marcas son Castillo de Javier, Castillo de Tiebas y Las Campanas.

Bodegas Ochoa
Esta pequeña bodega, que no produce mucho más de un millón de botellas al año, está dirigida por Javier Ochoa, que también trabaja para la EVENA y es el bodeguero más emblemático de Olite. Su viñedo de 145 ha cubre una parte de sus necesidades y sus cavas acogen cerca de 300 barricas de roble. Entre su producción sobresalen los monovarietales tintos de tempranillo y merlot, y un blanco de moscatel, todos comercializados con la marca Ochoa.

Bodegas Príncipe de Viana
La empresa, que ha absorbido Bodegas Cenalsa, es una de las más vanguardistas. Actualmente realiza interesantes estudios sobre nuevas levaduras, la fermentación en barrica y la historia de las técnicas de vinificación en Navarra. Su producción procede enteramente de uva comprada y la crianza de los tintos se realiza en barricas de roble francés y americano. Principales marcas: Agramont (blanco, rosado, tinto) y Príncipe de Viana (blanco, rosado, tinto).

Señorío de Sarria
La palabra «señorío» designa una extensa finca particular. Cuenta con un millar y medio de hectáreas, 200 de las cuales están reservadas a chardonnay y cabernet sauvignon. Las bodegas poseen todos los equipamientos más modernos, así como 10 000 barricas de roble para la crianza. Su principal marca es el Señorío de Sarria (blanco, rosado, tinto).

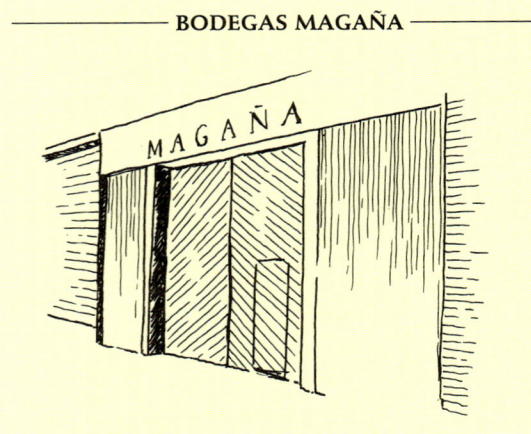

BODEGAS MAGAÑA

Fundada en 1968 y ubicada en el pueblo de Barillas, en el extremo sur de la denominación, Bodegas Magaña es una bodega emblemática en Navarra desde sus inicios. Sus fundadores, los hermanos Magaña, dedicados durante años a la venta de vides, decidieron apostar fuerte con la variedad merlot, consiguiendo obtener un vino de lujo a un precio relativamente alto. Fue el primer ejemplo claro de que Navarra era una tierra con un buen potencial para obtener vinos tintos de altísima calidad. En la actualidad, la empresa elabora una amplia línea de vinos tintos, todos con crianza, tanto en carácter monovarietal cono de mezcla, siempre con variedades internacionales y predominio de la merlot. Sus marcas de vinos son Eventum y Viña Magaña, todos tintos.

Los vinos de Andalucía

EL SUR DE ESPAÑA ES TIERRA DE VINOS PECULIARES, «DIFERENTES».
LA SIMPLE MENCIÓN DE NOMBRES COMO JEREZ O MÁLAGA
ES SU EXCELENTE CARTA DE PRESENTACIÓN.

La península Ibérica ha dado nacimiento a distintos vinos soberbios y originales con una historia legendaria. Mientras en Portugal tienen el oporto, rico y voluptuoso, al igual que el madeira, vino atlántico que exhibe profundos aromas tostados; en España, y más concretamente en Andalucía, se encuentran el jerez, intenso y elegante, los vinos generosos del Condado de Huelva y de Montilla-Moriles, y el dulce málaga, opulento y suntuoso. Nombres ilustres que parecen surgir del libro de la historia. Los sabores de estos vinos inimitables han añadido una nueva dimensión a los aromas más familiares de los vinos de mesa. Prácticamente todos los vinos andaluces tienen varios puntos en común. Su vinificación descansa en el principio de la generosidad, es decir, en añadir aguardiente de vino durante la fermentación o en una fase posterior. Todos proceden de regiones donde la uva alcanza una madurez excelente gracias a veranos calurosos y secos, y presentan una amplia gama de matices en función de su grado alcohólico, el porcentaje de azúcar, el tiempo de añejamiento y las soleras.

La idea de modificar los vinos surgió de modo casi fortuito y está íntimamente unida al transporte marítimo de estos vinos, que viajaban en barco hasta el norte de Europa, en particular a Gran Bretaña y Holanda, y luego hasta el continente americano. Las virtudes del aguardiente mejoran, en efecto, tanto la conservación de vinos inestables como sus cualidades organolépticas. Esta práctica se aplicó al jerez a partir de finales de la Edad Media. Más tarde, a lo largo de los siglos XVIII y XIX, el método fue extendiéndose y empezó a utilizarse para los demás vinos. Lo que no era más que fruto del azar se convirtió con el tiempo en una tradición que preservaba técnicas de vinificación que han desaparecido en otros lugares. Por ejemplo, todavía se usan las barricas, menos por su sabor de madera que por la maduración lenta que otorgan a los vinos, indispensable para el añejamiento de casi todos los vinos andaluces. A partir de la década de los 80, han mermado las elaboraciones de vinos generosos ricos y dulces en beneficio de vinos más ligeros y secos. No obstante, tanto unos como otros son vinos de lujo, que tienen un precio elevado y se resienten con la sobreproducción o con el descuido de la crianza. Durante un tiempo algo olvidados por los consumidores, su prestigio se empieza a recuperar. Los mejores vinos generosos andaluces ofrecen experiencias inolvidables; su fuerza en azúcar residual y su contenido en alcohol se combinan en soportes de aromas que no tienen parangón.

La bodega de Marqués del Real Tesoro, en Jerez de la Frontera. Hasta la segunda mitad del siglo XIX, los vinos de Jerez eran los vinos españoles más famosos a nivel internacional.

JEREZ

Una copa de fino, fresco y delicado, degustada en un cálido atardecer de verano en Andalucía, o un málaga suave y dulce, bebido en un pub de Londres en una fría jornada de enero, son dos ejemplos de las múltiples facetas de un vino andaluz. El jerez o fino se bebe solo, como aperitivo, o acompañando las tradicionales tapas. Se puede servir al comienzo o al final de la comida. Es el vino generoso más universal y, quizá, el más incomprendido.

La DO Jerez-Xérès-Sherry y Manzanilla-Sanlúcar de Barrameda está situada en la provincia de Cádiz, en el extremo suroeste de Andalucía, al sur de España, frente al Atlántico. Su viñedo ocupa el centro de un triángulo formado por tres poblaciones al norte de la ciudad de Cádiz: Jerez de la Frontera, tierra adentro y capital vinícola de la región; Sanlúcar de Barrameda, en el estuario del Guadalquivir, y Puerto de Santa María, en el extremo de la bahía de Cádiz.

Suelos, clima y variedades

Bañadas por el océano Atlántico y entre los ríos Guadalquivir y Guadalete, se extienden las 12 000 ha inscritas de viñedo, que peinan unos terrenos ondulados. Los suelos más cotizados son los de caliza blanca, llamados «albarizas». Son tierras de carbonato cálcico, esponjosas y muy profundas, cuya incidencia en el viñedo es doble: por un lado recogen la lluvia como una esponja y, en épocas de sequía, forman una costra superficial que impide la evaporación; mientras que por otro lado, su color claro refleja los rayos del sol, proporcionando a la uva una insolación adicional que eleva la proporción de azúcares y permite una maduración homogénea. Se trata de suelos terciarios, formados por caparazones silíceos de diatomeas y radiolarios, unidos a finas arenas que sedimentaron en los mares del oligoceno. Estas margas, integradas por arcillas, limos, calizas y arenas, son ricas en sustancias orgánicas, con un bajo contenido en nutrientes, idóneas para obtener una cosecha limitada de calidad superior. Los limos contribuyen a la acidez frutal de las vendimias, componente determinante en los vinos de clima meridional. Son importantes las áreas de albarizas de la zona de Jerez Superior: Macharnudo, Carrascal, Añina, Balbaina, Torrebreva, Miraflores y Los Tercios. También hay albarizas en Chiclana y Trebujena, pero corresponden a la denominada Zona de Producción. Los suelos de arena, que raramente contienen más de un 10 % de carbonato cálcico, son buenos para las uvas que darán los vinos dulces, como el moscatel o el pedro ximénez.

El clima es meridional y se compensa con las influencias atlánticas. Los veranos y los inviernos son suaves. La proximidad al mar proporciona una humedad alta, con precipitaciones anuales apreciables (650 mm) que contrastan con una notable insolación (3 000-3 200 horas de sol despejado al año).

La variedad predominante es la palomino fino, que ocupa cerca del 95 % de la producción, mientras que el resto se reparte en cepas de pedro ximénez y moscatel, todas ellas blancas.

EL SISTEMA DE LA SOLERA

El método de elaboración de vino andaluz reside en la mezcla de vinos procedentes de botas diversas y de edades diferentes.

El principio de la «solera», utilizado para todos los tipos de vino andaluz a excepción de los vinos jóvenes del año, consiste en una sucesión de mezclas: se empieza por tomar cierta cantidad del vino más joven y se trasiega a las botas del año anterior para que adopte el carácter del vino más viejo. Para hacer sitio en estas botas, hay que vaciar previamente un tercio de su contenido, que se trasiega a las botas que contienen el vino de tres años, las cuales a su vez se han vaciado en un tercio, que se añade al vino de cuatro años. Las botas, antes de llegar al nivel de las soleras, reciben el nombre de «criadera». Después de esta operación, repetida cinco veces en promedio, no queda más que un tercio del vino más viejo (que lleva el nombre de solera porque originariamente procedía de la bota apoyada sobre el suelo en la base de la pirámide de botas), que se embotella. Puede ocurrir que se embotelle un vino más joven, según la calidad buscada, pero la ley obliga a tres mezclas, por lo menos, antes del embotellado.

Las viñas de Sandeman plantadas sobre la albariza, un suelo calizo típico de Jerez.

De la uva a la flor

Después de la fermentación completa del zumo, se obtiene un vino blanco seco que alcanza naturalmente un 13,5 % vol por lo menos. En esta fase, los vinos blancos de jerez cambian de naturaleza como por arte de magia. Aunque más tarde se deriven a una gama muy diversa (véase recuadro p. 178), de entrada se distinguirán dos calidades: el fino y el amontillado.

Cuando la fermentación ha terminado, se trasiega el vino a las botas jerezanas de 500 l que, a diferencia de lo que ocurre con los vinos de mesa, no se llenan jamás del todo. Mientras los vinos envejecen en las bodegas, aparece en su superficie un moho que se llama «flor». La flor es una familia de levaduras que se desarrolla espontáneamente en mayor o menor medida durante la primera fase de crianza de los finos, manzanillas y amontillados, y que enriquece sus peculiares aromas y protege el vino de la oxidación al contacto con el aire, dándole su carácter único. Por ese motivo, las botas jerezanas se mantienen abiertas y con un 10 % de su volumen vacío para favorecer la vida aeróbica de la flor. La flor contribuye a la fermentación completa de los azúcares, disminuyendo los niveles de glicerina y de ácidos volátiles, y potenciando las notas aromáticas de los ésteres y los aldehídos. Para desarrollarse plenamente, la flor requiere un grado alcohólico de 13,5°-17,5°, aunque el porcentaje idóneo ronda los 15°, nivel que impide además la formación de las bacterias acéticas, es decir, el avinagramiento.

En efecto, la flor aporta todas sus características naturales a estos vinos andaluces (jerez, manzanilla de Sanlúcar, Montilla-Moriles y Condado de Huelva) en un proceso complejo que se produce espontáneamente en muy pocos lugares del mundo, como el Jura o Armenia. Según su evolución y desarrollo, los vinos resultantes serán también diferentes. Por esto se clasifican los vinos de Jerez en tipos diversos desde el inicio de su evolución. Las botas que presentan una flor abundante se clasifican como «palmas»: se les aplica la simbología de una raya (/) o una palma (Y) y se dejan aparte. Darán origen al fino «con la posibilidad de clasificación como amontillado» cuando la flor termine su trabajo. Se enriquecen ligeramente con aguardiente para alcanzar un 15,5 % vol como máximo. Las botas en que no se desarrolla la flor se clasifican como «raya», con una simbología de dos rayas (//), y servirán para hacer el oloroso: se modifican inmediatamente a 18 % vol (la flor no vive por encima de 17,5 % vol) y se crían por separado.

Historia del jerez

Se estima que el cultivo de la vid en la región de Jerez comenzó hace 3 000 años. Parece que la ciudad de Jerez fue fundada en 1100 a. de C. por los fenicios con el nombre de Xera. Sin embargo, la invención del jerez, tal como lo conocemos, no puede haber sido anterior al siglo VII. En todo caso, es cierto que los primeros vinos que pudieron exportarse sin correr el riesgo de que se alteraran fueron los vinos generosos y dulces de alta graduación natural. Cuando se descubrieron y perfeccionaron las técnicas de destilación, los vinos se empezaron a encabezar o fortificar con alcohol para que no se alteraran. Así se exportaban a Inglaterra, primer mercado extranjero de los vinos jerezanos. De esta forma nació el *sherry's sack* que recomendaba Falstaff, el héroe de Shakespeare, y que tanto se apreciaba en la época isabelina. En los siglos siguientes, el jerez fue un producto básico en Inglaterra, a pesar de las guerras con España, y muchos bodegueros británicos se instalaron en la región de Jerez para trabajar allí con españoles y franceses (Osborne, Terry, Domecq, etc.).

En el siglo XIX, el jerez conoció su edad de oro en Inglaterra. Los bodegueros se agruparon para un mejor control de la producción, inaugurando una nueva época de florecimiento después de la Primera Guerra Mundial. Las ventas siguieron aumentando después de 1945, en particular gracias a la expansión del mercado holandés, lo que obligó a actualizar la legislación con un exhaustivo control de la producción para salvaguardar la calidad del vino jerezano.

Estos antecedentes explican por qué el jerez, DO Jerez-Xérès-Sherry y Manzanilla-Sanlúcar de Barrameda, es actualmente la denominación más reglamentada de España. Plantaciones, rendimientos, precio de la uva y precio del vino, todo está controlado por un organismo director, el Consejo Regulador. Los vinos deben envejecer por lo menos tres años y, a fin de

La bodega de Barbadillo, en Sanlúcar de Barrameda.

estimular una crianza lo más larga posible, las bodegas no pueden vender cada año más que el 29 % de sus existencias. Además, el Consejo Regulador ejerce un control particular sobre las empresas autorizadas a exportar.

En muchos mercados se ha perdido la cultura específica del jerez: un vino elegante y sofisticado que exige cierta tradición en sus ritos, que se bebe en un catavinos especial, que presenta matices tan sutiles como los que pueden distinguir un fino de una manzanilla. Todos estos tipos diferentes de jerez se exportan, a su vez, adaptados a la medida del mercado consumidor: del seco al dulce, del más corriente al más fino. Probablemente, en el futuro los jerezanos tendrán que simplificar algunas de sus especialidades, reservando las viejas joyas tradicionales a los entendidos que sepan apreciarlas en su justo valor. □

Degustación de Manzanilla de la solera centenaria de Barbadillo, en Sanlúcar.

LA TIPOLOGÍA DE LOS VINOS DE JEREZ

La variedad y los tipos de vinos de Jerez dependen, a excepción del pedro ximénez, de la evolución misteriosa de la flor. Los vinos de jerez también se caracterizan por la doble crianza, es decir, un envejecimiento estático en bota de roble, como el de cualquier otro vino, y una etapa adicional de crianza dinámica, que corresponde al sistema tradicional de soleras.

LOS FINOS
Manzanilla: estilo de fino muy seco producido en las bodegas de la costa, en Sanlúcar de Barrameda. Es el más seco y ligero de todos: tiene un sabor particular, levemente salado, que se atribuye a la proximidad del mar. Se fortifica a 15,5 % vol antes de expedirlo.
Manzanilla pasada: fino de manzanilla del que ha desaparecido la flor y que comienza a envejecer. Se llama «fino amontillado» en Jerez y «manzanilla pasada» en Sanlúcar.
Fino: el más delicado y conocido de los vinos jerezanos. Procede exclusivamente de la variedad palomino y desarrolla el velo de flor durante toda la crianza. Pálido, seco y delicado, posee una graduación alcohólica de 14,5°-15,5° y se caracteriza por una nariz limpia y punzante, con las elegantes notas de la flor bien integradas en los aromas de la solera y una buena acidez frutal.

Fino amontillado: fino en el que la flor ha desaparecido, pero que todavía no ha llegado a la fase de amontillado.
Amontillado: vino que empieza criándose como un fino y, en un momento determinado, se encabeza y pierde su velo de flor, con lo que recibe más oxidación y adquiere tonalidades doradas y ambarinas. Su añejamiento más intenso se manifiesta en una mayor acidez total y riqueza en glicerol. En nariz destacan las notas punzantes de la flor, integradas en las especias del roble, con matices de frutos secos (avellanas) y un paladar con buen cuerpo.

LOS OLOROSOS
Oloroso: vino encabezado a 18° que no desarrolla el velo de flor. Recibe un mayor envejecimiento oxidativo estático y permanece a veces durante una década o más en botas de roble. Después se somete al sistema de crianza dinámica fundiéndose con las viejas soleras. Es de color oro viejo y caoba, con una nariz fragante en la que destaca la fruta del vino, las notas de nuez y las almendras tostadas sobre un fondo de especias de roble. En boca es pleno y bien sostenido por un buen cuerpo.
Medium: amontillado ligeramente dulce por añadidura de pedro ximénez o, más frecuentemente, de vinos dulces de palomino. Se vinifica para los consumidores del norte de Europa.

Palo cortado: oloroso de características especiales. Es un vino con nariz de amontillado y paladar de oloroso, con cuerpo y un aroma más fresco y punzante, similar a un amontillado. El vino empieza como un fino y evoluciona hacia el amontillado. Luego se cría como un oloroso. Se clasifica como dos, tres o cuatro cortados según la edad. Un vino raro y caro.
Cream: oloroso dulce de capa oscura que se obtiene por la mezcla de un oloroso seco y un dulce de pedro ximénez.
Pale, pale cream, golden, brown sherry, etc.: se trata de distintas definiciones de color y dulzor, con matices más o menos abocados o dulces, elaborados principalmente para el mercado de la exportación.
Pedro ximénez: vino elaborado exclusivamente con uvas de esta variedad, asoleadas para aumentar su riqueza en azúcares. La fermentación de los mostos se interrumpe por adición de alcohol vínico cuando todavía quedan azúcares residuales, obteniendo así un vino dulce natural. Después se somete a la doble crianza, la estática y la dinámica, hasta que adquiere un buqué incomparable de vino definido como generoso, venerable y aristocrático. Se distingue por mantener un buen equilibrio entre la fresca acidez frutal y el aterciopelado dulce de su paladar.

PRODUCTORES Y BODEGUEROS

Conocer la variedad de vinos que produce Andalucía exige una cultura excepcional. Sus vinos, únicos y alejados de cualquier comparación posible con los demás vinos españoles, simbolizan una cultura centenaria y configuran una verdadera tradición enológica. Las bodegas de jerez suelen ser grandes empresas y muchas de ellas fueron fundadas por ingleses en el siglo pasado.

Antonio Barbadillo
La mayor firma elaboradora de Sanlúcar fue creada en 1821. La vieja bodega está situada en el centro de la ciudad y también dispone de instalaciones modernas en el exterior. La amplia gama de Barbadillo comprende sobre todo manzanillas distribuidos con las marcas Eva y Solear. Barbadillo es famosa por haber sido una de los primeros en comercializar un vino blanco joven no fortificado, el Castillo de San Diego, elaborado con palomino fermentada a baja temperatura.

Bobadilla
Esta bodega es, sin duda, más conocida por su brandy (Bobadilla 103) que por su jerez. Los jereces de Bobadilla, generalmente bastante secos, están bien representados por el fino Victoria.

Croft
En el paseo exterior de Jerez, las imponentes instalaciones de Rancho Croft ocultan su modernidad detrás de una fachada de bodega clásica. En el interior reina la más avanzada tecnología, como se espera de una de las empresas más recientes de Jerez. Croft fue originariamente un auténtico revolucionario al crear el Croft Original Pale Cream, un jerez de color pálido que parecía seco pero que se volvía dulce en la boca. Representa el 18 % del mercado del jerez, esencialmente gracias a sus ventas de Croft Original al Reino Unido.

Delgado Zuleta
Propiedad familiar de tamaño medio, esta bodega de Sanlúcar data del siglo XVIII. Su manzanilla La Goya, que es su gama alta, lleva el nombre de una famosa bailarina de flamenco y su etiqueta, en negro, blanco y oro, es muy conocida en España.

Emilio Lustau
Primera sociedad que lanzó al mercado mundial los jereces de almacenista y luego los jereces *Landed Age*, embotellados y criados en botella en el país de exportación antes de ser vendidos. En el otro extremo de la gama se encuentra una cantidad creciente de jereces de un estilo más neutro.

Bodegas Fernando A. de Terry
El inmenso patio porticado de la vieja bodega de Terry, en los límites del Puerto de Santa María, sirvió durante mucho tiempo para presentar los caballos cartujanos y la colección de enganches de esta empresa familiar. Actualmente se asocia el nombre de Terry sobre todo a los brandies, aunque la producción de jereces todavía es importante.

Garvey
El fino San Patricio es el vino más conocido de esta bodega del centro de Jerez. Posee una finca importante en Jerez Superior (600 ha). Aparte del famoso San Patricio, también produce un viejo amontillado seco, Tío Guillermo.

González Byass
La compra por la familia González de las participaciones de la familia Byass ha puesto fin a una relación duradera entre España e Inglaterra. Su gran marca de fino, Tío Pepe, y su amontillado La Concha proceden de soleras que datan del siglo XIX. González Byass tiene, aparte de las citadas, algunas especialidades muy renombradas, como el oloroso Apóstoles, el exquisito oloroso dulce Matusalem y el delicioso Pedro Ximénez Noé.

Herederos del Marqués del Real Tesoro
El título de marqués del Real Tesoro fue creado por el rey Carlos III en 1760 para Joaquín Manuel de Villena, jefe de la marina española que, agotadas las municiones durante un combate naval contra los piratas, fundió toda su plata para alimentar los cañones. La bodega fue creada por el nieto de este señor, en 1879. Sus herederos, que la dirigen todavía hoy, producen dos gamas: la mejor comprende el fino Ideal, el oloroso Almirante y viejos amontillados; la otra, más comercial, se vende con la etiqueta Real Tesoro, principalmente en los Países Bajos.

OSBORNE

En el corazón mismo del Puerto de Santa María, las amplias instalaciones de Osborne ocupan 30 ha. Comprenden un dédalo de patios sombreados, jardines y no menos de 40 bodegas diseminadas alrededor de la vieja casa familiar de los Duff Gordon, comprada por Osborne en 1872. Osborne sigue siendo una empresa familiar gestionada por la misma familia desde el siglo XVIII. Forma parte del selecto grupo de las *«primae familiae vini»*, que agrupa las primeras firmas familiares del mundo (Vega Sicilia, Miguel Torres, Symington Oporto, Hugel, Rothschild, Mondavi, etc.). Elabora modélicos jereces del puerto, finos, elegantes y ligeros, sin el mordiente de las manzanillas de Sanlúcar ni la fuerza de los vinos de Jerez. Se conoce sobre todo el fino Quinta, el amontillado seco Coquinero y el oloroso seco Bailén.

Vinícola Hidalgo
La manzanilla La Gitana es el vino más famoso de esta bodega establecida en locales antiguos, en el centro de Sanlúcar.

Hijos de Agustín Blázquez
Fue fundada en 1795. Aunque actualmente pertenezca al grupo Domecq (véase recuadro), su nombre sigue en la etiqueta de jereces y brandies. Sus bodegas de Jerez y el Puerto de Santa María son conocidas por el fino Carta Blanca y el amontillado viejo Carta Oro.

Bodegas de los Infantes Orleans-Borbón
Casa fundada por los descendientes del duque de Montpensier, pariente de la familia real española. En su origen, el viñedo de Sanlúcar producía vinos para el consumo personal del duque; el resto se vendía a bodegueros. El primer jerez que salió con la etiqueta de la familia lo hizo en 1943. Los mejores productos de esta casa, establecida en Sanlúcar, son manzanillas distribuidas con las marcas Tizona y Torre Breva. La mayoría de los vinos se exporta a Austria y los Países Bajos.

Bodegas Internacionales
Es uno de los grupos más recientes de Jerez. Al fundarse se pretendía que se convirtiese en la mayor bodega que se puede tener bajo un solo techo en Jerez. Sus edificios son impresionantes, aunque no alcanzaron su objetivo. Acogen vinos vendidos con etiquetas diversas. Los más conocidos son los finos de la gama Duke of Wellington, marca de origen. También se encuentran el Bertola Cream, el Varela y el fino Pemartín.

John Harvey
El bodeguero más importante de Jerez que, sin embargo, no dispuso de ningún lugar de producción propio en Jerez hasta 1970, fecha de la compra de la pequeña bodega Mackenzie: se contentaba con comprar vinos a granel a otras empresas. La adquisición de otras bodegas, entre ellas las de Palomino y Vergara, y Fernando A. de Terry, le ha permitido hacerse un lugar en Santa María y Jerez.

Luis Caballero
Esta bodega del Puerto de Santa María conoció una expansión rápida bajo la dirección de Luis Caballero Florido. Aparte de sus propias marcas y las de John William Burdon, Caballero controla actualmente la empresa Emilio Lustau (véase p. 179), cuya marca utiliza para la exportación. Las bodegas ocupan unos edificios pintorescos, situados en el centro del Puerto de Santa María. Luis Caballero es propietario del castillo de la población, una vieja fortaleza mora.

Manuel de Argüeso
Creada en 1822 por don León de Argüeso, esta bodega de Sanlúcar es famosa por sus almacenistas, las mejores cubas de las mejores añadas que no son objeto de mezcla alguna. En la década de los 50, Argüeso compró Gutiérrez Hermanos, la pequeña empresa de Jerez. Actualmente pertenece a Valdespino. Su cuba más famosa es la manzanilla Señorita, criada en Sanlúcar, mientras que el Fine Amontillado y el Cream of Cream se elaboran en Jerez. Su fino, Colombo, y su amontillado seco, Coliseo, son célebres.

Miguel M. Gómez
Creada en 1816 en Cádiz, esta bodega se estableció en el Puerto de Santa María en 1969. Sus mejores vinos son sin duda los amontillados, como el Amontillado 1855. El más rico es un oloroso seco comercializado con la etiqueta Alameda.

Palomino & Vergara
Propiedad del grupo Harvey, Palomino & Vergara es muy conocida en toda España por su excelente fino Tío Mateo, un clásico de Jerez, seco, concentrado y redondo.

Sánchez Romate
Pequeña empresa de Jerez que es, al mismo tiempo, uno de los mayores productores de brandy; sus Cardenal Mendoza y Cardenal Cisneros son conocidos en toda España. La pequeña producción de jerez, dedicada principalmente a la exportación, comprende el elegante fino Marismeño y el amontillado NPU.

Sandeman
La famosa y familiar silueta negra del caballero con su sombrero y su copita fue creada en la década de los 20. Actualmente, Sandeman pertenece al grupo Seagram y figura entre los más importantes productores de oporto.

Valdespino
No es ni el más conocido, ni el mayor de los productores de jerez, pero ciertamente el más antiguo: la familia se estableció en la región de Jerez en 1264. Para muchos aficionados, su pequeña gama de jereces es lo que mejor hacen. El jerez más prestigioso de la casa, el fino Inocente, es un vino concentrado y elegante de una vieja viña situada a las puertas de la población.

Williams & Humbert
Su gama alta, vendida con el nombre de Dry Sack, es una muy buena mezcla comercial de amontillado, oloroso y pedro ximénez. La botella, presentada en un saco cortado de la misma tela basta que antaño cubría las botas a bordo de los barcos, tuvo un enorme éxito en la década de los 70.

PEDRO DOMECQ

Sin duda, Pedro Domecq es uno de los nombres de jerez más conocidos, tanto por su famoso fino, distribuido bajo la marca La Ina, como por sus brandies Fundador y Carlos. La bodega, creada curiosamente por un irlandés llamado Patrick Murphy en 1730, cambió de nombre en el siglo XIX con la llegada del francés Pedro de Domecq a estas tierras andaluzas. Hoy en día, Domecq tiene unas bodegas impresionantes en Jerez, una gran planta de embotellado y un espléndido palacete en el centro de la ciudad. Aunque la fama de la casa Domecq se forjó básicamente con su fino La Ina, también merece ser conocida por su oloroso seco Río Viejo, su palo cortado Sibarita y su oloroso Venerable. El amontillado 51 1.ª es también una de las excelentes especialidades de Domecq, así como su Celebration Cream y la gama más popular de Double Century.

Málaga, Condado de Huelva y Montilla-Moriles

En Andalucía, aparte del mundialmente famoso jerez, se producen vinos muy peculiares en otras tres denominaciones: Málaga, que también tuvo durante mucho tiempo una considerable proyección internacional, y las menos conocidas Condado de Huelva y Montilla-Moriles de Córdoba.

Málaga

De todos los vinos generosos producidos en la península Ibérica, el málaga es ciertamente el que atraviesa el período más difícil. Vino de postre por excelencia, sufre tanto por la moda de los vinos secos, como por la presión turística de la Costa del Sol, que dirige las inversiones hacia la hostelería o los inmuebles, más que hacia la vid.

Hubo un tiempo en que el málaga se consumía en las cortes europeas y se cotizaba en los mercados de Europa y América. En el siglo XI ya hay referencias al vino *«sharab al malaquí»*, jarabe malagueño, quizá un mosto dulce, ya que según parece los musulmanes prosiguieron el cultivo de la vid a pesar de las prohibiciones coránicas.

La DO Málaga ampara los vinos cuyas uvas se recogen en los términos de la provincia de Málaga. La mayor parte del viñedo se encuentra situado en la zona montañosa llamada la Axarquía, terreno muy accidentado situado entre las estribaciones de las sierras de Ronda y Tora. Sin embargo, para que estén protegidos por la denominación, los vinos tienen que pasar por las soleras-criaderas del término municipal de Málaga. Las 1 000 ha de viñedo crecen en una gran diversidad de climas. Al norte, el clima es continental, con inviernos y veranos cortos, y con lluvias que no superan los 500 l/m². En las laderas de las colinas que se asoman al mar predomina un clima suave, con medias térmicas de 16-18° C; las precipitaciones medias anuales están entre los 400 y 500 mm.

La variedad que predomina en la zona es la pedro ximénez, mientras que la moscatel abastece el mercado de uvas de mesa y pasas, y se utiliza para elaborar el famoso málaga dulce.

Vides de Pedro Ximénez de Bodegas Alvear.

Es también el vino base de todos los vinos de Málaga, excepto los secos. Los málaga secos pasan largo tiempo en contacto con la madera y adquieren un carácter similar a los olorosos de Jerez o Montilla-Moriles.

Otro elemento presente en los vinos clásicos de Málaga es el arrope, o mosto hervido y reducido al 30 % de su volumen, que se añade al vino básico antes o después de la fermentación. El siguiente paso después del arrope es el «vino de color», también llamado *pantomima*, para cuya producción se somete el mosto a un hervor más prolongado.

Vinificación y crianza

El málaga se fortifica con aguardiente de vino, añadido después de la fermentación. Debe su carácter complejo y su dulzor al añadido de vinos dulces, arropes y mostos concentrados. Se emplean cinco derivados del vino.

Arrope: zumo de uva reducido como consecuencia del calentamiento.
Mistela: zumo de uva fortificado antes de la fermentación.
Vino de color: arrope muy concentrado.
Vino maestro: zumo de uva fortificado al 7 % vol antes de fermentar hasta 16 % vol.
Vino tierno: vino muy dulce obtenido a partir de uva secada al sol, fermentada y fortificada.

Estos diferentes elementos se mezclan al vino en función del grado de dulzor y del tipo de vino que se desea obtener. El vino málaga se cría siempre utilizando el tradicional sistema de criaderas y soleras. El málaga es un vino cuya calidad depende también de un largo añejamiento en barril. Los mejores se pueden guardar decenios, e incluso siglos, en botella.

Condado de Huelva

La zona de los Vinos del Condado –como popularmente se llama– se sitúa en la provincia de Huelva, en el extremo más occidental de Andalucía, y abarca 17 municipios.

Existen documentos que acreditan que en 1502 ya salían vinos de la zona hacia las Indias.

Dividida en Condado Campiña y Condado Litoral, la DO ha visto dis-

---

LOS ESTILOS DE MÁLAGA

Los estilos de vino se definen en función de la crianza, del grado de dulzor y de la cepa.

DULCES
Lágrima: originalmente elaborado con el zumo que rezumaba de la uva que se suspendía para secarse, ahora se hace con el zumo de gota, antes del primer prensado. Es un vino licoroso y medianamente dulce, de 14° a 23°.
Málaga dulce color: capa casi negra, con arrope, muy dulce, de 12° a 13°.
Málaga moscatel: elaborado 100 % con uvas moscatel, a veces con adición de mosto hervido; de 15° a 20°.
Moscatel dorado: 100 % uva moscatel soleada o pasificada, aroma muy intenso.
Málaga Pedro Ximén (o Ximénez): elaborado 100 % con uvas de Pedro Ximénez.
Pajarete: vino de color oro o ámbar oscuro, semiseco, de 15° a 20°.

SECOS
Soleras: vinos que llevan la fecha en que se inició la solera. Considerados generalmente los mejores málagas.

minuir en los últimos años el viñedo inscrito en el Consejo Regulador, pasando de cerca de 13 000 ha a las 8 000 con que cuenta en la actualidad.

El clima es templado, influido por los vientos atlánticos húmedos del oeste y suroeste y con precipitaciones importantes que superan los 700 mm. La comarca se caracteriza por una notable luminosidad y una insolación media bastante alta. La mayor parte del viñedo se asienta en suelos sueltos, de moderada fertilidad, arenosos, permeables, con zonas de tierras pardas y otras de terreno de aluvión situadas en las cercanías de la desembocadura del río Guadalquivir.

Predomina la variedad blanca zalema, por delante de otras uvas como la palomino, la listán, la garrido fino y la moscatel.

Los vinos jóvenes son blancos secos, de moderada graduación alcohólica y aromáticos, de un afrutado característico. El Condado de Huelva es conocido internacionalmente por sus preciados vinos generosos, como el tradicional «condado pálido», de color pajizo, sometido a crianza biológica, al igual que el fino jerezano, con una graduación alcohólica de 14°-17°; y el «condado viejo», de color caoba, sometido a crianza oxidativa y con una mayor graduación, entre los 14° y 23° de alcohol.

Los vinos del Condado pueden ser secos, semisecos, semidulces y dulces, y se clasifican en tres grandes grupos: finos, olorosos, y dulces.

A partir de la década de los 90, la DO está desarrollando un gran esfuerzo para abrirse a los mercados internacionales, principalmente el inglés, elaborando vinos blancos jóvenes, frescos, afrutados y agradables para consumir en el año.

Montilla-Moriles

La denominación Montilla-Moriles tiene una larga tradición en la elaboración de vinos generosos que se cuentan entre los mejores de España y Europa. Los romanos ya cultivaban estos viñedos para mandar luego sus vinos a la metrópoli y su calidad, incuestionable, asombró incluso a los emiratos del califato de Córdoba.

La DO se centra al sur de la provincia de Córdoba. Los viñedos peinan onduladas colinas variopintas, con cerros blancos de albero y otros más rojizos en suaves laderas y llanuras.

Este peculiar paisaje montillano está marcado, al igual que el de Jerez, por las tradicionales albarizas procedentes edafológicamente del cretáceo y el oligoceno. Estas cualidades adquieren una mayor notoriedad en las subzonas de la sierra de Montilla y de los Moriles Altos, alberos por excelencia donde el viñedo encuentra las mejores condiciones para proporcionar vinos de singular finura.

Montilla-Moriles engloba 18 500 ha de viñedo. Su clima es mediterráneo con cierto carácter continental. Los veranos son cálidos, secos y largos, y los inviernos, cortos y fríos. Es una zona de extraordinaria luminosidad, donde las horas de sol efectivo llegan a 3 000 al año.

La variedad principal es la pedro ximénez y, en menor cuantía, se cultivan otras variedades como la airén, la moscatel y la baladí, todas ellas blancas.

Montilla-Moriles coincide con Jerez en el modo de clasificar sus vinos (finos, amontillados, olorosos, palos cortados, rayas, etc.), pero con una notable diferencia: en los vinos de Jerez, salvo los nominados de pedro ximénez, la uva principal es la palomino, mientras que en los Montilla-Moriles es la pedro ximénez.

La crianza se realiza por el sistema de criaderas y soleras durante un tiempo no inferior a los 2 años naturales y siempre en el interior de barricas de madera de roble de 1 000 litros de capacidad máxima.

Actualmente existen, sin estar acogidas a la DO, unas plantaciones de variedades negras (tempranillo y cabernet sauvignon), lo que significa que en un futuro próximo podrán salir al mercado vinos tintos de la provincia de Córdoba, aunque por ahora sin denominación de origen. □

PRODUCTORES Y BODEGUEROS

MÁLAGA
Hijos de Antonio Barceló
Esta empresa, fundada en Málaga en 1876, se ha ampliado mucho y actualmente comercializa vinos de Rioja, de Rueda y de Ribera del Duero. Entre otros produce un vino procedente de una solera de más de cien años, así como un solera Lágrima de 1850.

Larios
La actividad principal de este gran productor español es la ginebra, pero también posee una bodega donde hace málaga seco, el Benefique Solera 1866, y el moscatel Colmenares, que goza de fama excelente.

Scholtz Hermanos
Si no el mejor productor de Málaga, es al menos el más antiguo (1805) y conocido. El nombre de su vino más famoso, Solera 1885, puede que aluda a la fecha de creación de la solera, pero actualmente no es más que una marca. Es un vino bastante seco pero de una riqueza extraordinaria.

CONDADO DE HUELVA
Sovicosa
Esta bodega sólo elabora vinos blancos jóvenes con las marcas Viña Odiel, Viña Saltes semidulce y Viña Saltes rosado.

Vinícola del Condado, Sociedad Cooperativa
Formada por 1 800 socios que reúnen cerca de 4 500 ha, elabora blancos jóvenes (Viña del Labrador, Privilegio del Condado) y los tradicionales vinos generosos (Mioro Pálido, Puesta de Sol Cream).

MONTILLA-MORILES
Alvear
Establecida en 1729, esta excelente bodega produce los tradicionales vinos generosos, además de vinos jóvenes afrutados. Posee 300 ha de viñedo y una capacidad para 20 millones de litros de vino. Sus marcas principales son: Marqués de la Sierra (blanco), CB (fino), Festival (fino), Carlos VII (amontillado), Solera Fundación (amontillado), Asunción (oloroso) y Pelayo (oloroso).

Pérez Barquero
Creada en 1905, esta renombrada bodega elabora vinos generosos y vinos de mesa de estilo joven. Posee 125 ha de viñedo propio y una excelente tecnología. Sus principales marcas son: Viña Amalia (blanco) y Gran Barquero (fino, amontillado, oloroso, dulce).

Toro Albalá
Fundada en 1922, se conoce tradicionalmente como el «eléctrico», ya que la bodega se estableció en una vieja central eléctrica. Elabora vino tipo fino, amontillado, pedro ximénez y vino joven con las marcas Eléctrico, Don PX, Convento y Marqués de Poley.

Otras comarcas vitícolas

ESPAÑA PRODUCE VINO EN TODA SU GEOGRAFÍA.
LAS COMARCAS MENOS CONOCIDAS O QUE SE CENTRABAN EN LA PRODUCCIÓN MASIVA
TAMBIÉN SE HAN APUNTADO AL CLUB DE LOS BUENOS VINOS.

El mapa de las demás denominaciones de origen españolas se extiende desde la cornisa cantábrica hasta el mediterráneo, pasando por el archipiélago balear y las lejanas islas Canarias.

En el norte, una zona muy húmeda y lluviosa, los viñedos gallegos son muy reputados por sus vinos blancos que casan de maravilla con el marisco de sus mares. La variedad clásica de Rías Baixas, la albariño, parece que tiene un origen alemán y que fue traída, en el siglo XII, por monjes cistercienses en peregrinación a Santiago de Compostela. En el siglo XVI, los vinos de Ribeiro se exportaban a varios países europeos, pero la filoxera fue un duro golpe para el viñedo gallego del que sólo se ha recuperado hace un par de décadas. El País Vasco alberga la denominación más pequeña de España, el txacolí, un vino joven, principalmente blanco, a base de una variedad exclusiva de la zona.

El centro de España ha sido tradicionalmente un productor de ingentes cantidades de graneles, aunque el desembarco de nuevos productores y las inversiones en tecnología están transformando el panorama vinícola. El vino tinto de La Mancha era elogiado en los siglos XVI y XVII, pero una vez más la filoxera acabó con una larga tradición. Las viñas se replantaron con la variedad airén hasta convertir el viñedo manchego en el mayor de Europa. La producción de vinos blancos corrientes se disparó. Fermentados y almacenados en enormes tinajas, tenían mucho grado y pocas virtudes. Afortunadamente, la lógica se está imponiendo y muchos bodegueros se vuelven hacia las variedades tintas para elaborar vinos excelentes, que demuestran el enorme potencial de la denominación. La zona de Valdepeñas estuvo gobernada por la Orden de Calatrava hasta 1582. Esta orden religiosa militar hizo mucho por el vino de la región que, al igual que el de los alrededores de Madrid, se consumía en la corte en tiempos de Felipe II. Desde entonces, la capital ha sido el gran consumidor de estos vinos.

En algunas zonas del centro de España, todavía se utilizan tinajas para la fermentación y la conservación de los vinos.

En el Levante se practica la viticultura desde tiempo de los griegos y los romanos. Sin embargo, en su pasado más reciente, el puerto de Valencia ha sido la puerta de salida de millones de hectolitros de vino barato. Se trata por lo general de vinos robustos, con mucho grado y color, que se usan para mezclas. Sin embargo, también en estas regiones empiezan a surgir iniciativas muy interesantes que auguran un futuro prometedor.

Por último, en Extremadura, Mallorca y las Islas Canarias, aunque de larga tradición vinícola, se encuentran algunas de las denominaciones más jóvenes.

GALICIA Y PAÍS VASCO

Si el noroeste de España difiere completamente del resto del país es, sin duda, a causa de su clima, muy influido por la proximidad del océano Atlántico y del mar Cantábrico. Pero también se debe a que está relativamente aislado del resto del país por la cordillera Cantábrica.

En la actualidad hay seis vinos clasificados como DO en el noroeste de España: Rías Baixas, Ribeiro, Valdeorras, Monterrey y Ribeira Sacra, todos en la comunidad de Galicia; y uno en el norte del País Vasco, el txakolí.

Rías Baixas

Es la DO más floreciente de Galicia y, según algunos expertos, la mejor de la comunidad. La variedad principal es la albariño, aunque se cultivan otras blancas como la caíño, la treixadura y, sobre todo, la loureira.

La denominación Rías Baixas se divide en tres zonas: Valle del Salnés (Val do Salnes), en la costa oeste, cerca de Cambados; El Rosal (O Rosal) en la frontera portuguesa; y Condado del Tea (Condado do Tea). La base del suelo es granítica y el clima marítimo por la proximidad del Atlántico. Los inviernos son fríos y las lluvias abundantes.

Las diferencias entre los distintos vinos de la zona son escasas, aunque la reglamentación permite el empleo de distintas variedades en función de cómo se etiqueten: albariño (100 % varietal), blanco do Salnes (lleva al menos un 70 % de albariño), blanco Condado do Tea (70 % mínimo de albariño o treixadura) y blanco do Rosal (70 % mínimo de albariño o loureira).

La gama aromática de los albariños de Rías Baixas constituye una de sus características más definidas y personales. Intensamente frutales cuando son jóvenes, se amplían hacia matices complejos, de manzana, de plátano y herbáceos cuando evolucionan. Con frecuencia presentan notas terpénicas, densas y profundas, de laurel y hierbas aromáticas, que les otorgan una gran personalidad. Los que han sido fermentados en barrica –aún poco abundantes, pero con mucho futuro– presentan los típicos matices de vainilla y pan tostado.

La intensa frutosidad de la variedad albariño debe compensarse con una buena acidez para que estos vinos no resulten planos y empalagosos. Cuando la vendimia es de calidad y la vinificación acertada, son frescos y muy sabrosos, sin perder delicadeza.

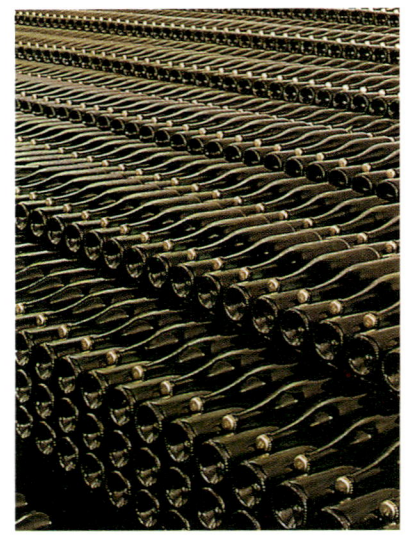

Botellas alineadas en Bodegas Lapaterna, Ribeiro.

Ribeiro

Conocida sobre todo por sus vinos blancos, Ribeiro es, después de Rías Baixas, la DO más valorada en Galicia. Está situada en el extremo occidental de la provincia de Orense, haciendo frontera con Portugal, en una comarca abierta por los cursos de los ríos Miño, Avia y Arnoia.

El viñedo se extiende sobre unas 3 500 ha, de las cuales 2 500 están dedicadas a plantaciones de variedades blancas y el resto a tintas.

Los suelos son tierras pardas húmedas, en general ácidas, pobres en cal y con exceso de riqueza orgánica. El clima es de clara influencia atlántica, templado y húmedo, con temperaturas medias anuales que oscilan entre los 11 y los 15 °C. La insolación puede superar las 1 800 horas de sol al año.

Las variedades de cepas más características son la treixadura, la jerez, la torrontés, la godello, la macabeo, la loureira y la albariño para las blancas; y la caíño, la garnacha, la ferrón, la sousón, la mencía, la tempranillo y la brancellao para las tintas. Sin embargo, la blanca treixadura y la tinta caíño están consideradas variedades principales.

Los vinos blancos son elegantes, ligeros, muy aromáticos y de elevada acidez fija. Los tintos, que son muy escasos, poseen también una elevada acidez fija y son vinos de mucha capa, de color rojo morado muy vivo.

Valdeorras

Situada en el extremo nororiental de la provincia de Orense, la comarca de Valdeorras siempre ha desempeñado ese papel de puerta y pasillo entre las áridas tierras del Bierzo y el húmedo paisaje gallego.

Sus viñedos se extienden en gran parte de las cuencas de los ríos Sil y Xares. Es una zona caracterizada por un clima continental, aunque menos húmedo que en el resto de Galicia, y con una notable luminosidad (2 700 horas de sol al año), precipitaciones abundantes (800 mm anuales), heladas, nieblas frecuentes y una temperatura media de 11 °C. Las tierras son pardas húmedas, notablemente ricas en materia orgánica, en las cuales la sílice y la caliza son ligeramente más abundantes que en las demás zonas gallegas. Las 1 500 ha de viñedos se alinean en las laderas de las montañas y en el fondo de los valles, sobre suelos de sedimentos terciarios, terrazas aluviales y depósitos aluviales o aluviocoluviales.

La variedad de mayor calidad entre las blancas es la godello. Se trata de una uva que produce vinos blancos sumamente aromáticos, afrutados y con excelente estructura en boca. Junto a la godello aparecen uvas tintas como la mencía, que dan tintos de intenso color púrpura, mucha capa y con un marcado y elegante aroma frutal.

Ribeira Sacra

Esta DO es muy reciente (1997). Está situada en el valle del río Sil y el curso medio del Miño, en las provincias de Lugo y Orense. Es precisamente aquí, en una pequeña aldea rodeada de monasterios románicos, bosques de castaños y viñedos escarpados, donde nació un vino de leyenda: el Amandi, que según la tradición era ya apreciado por los romanos.

Los viñedos de esta denominación ocupan unas 1 550 ha, que están repartidas en cinco subzonas: Amandi (20 % del total del viñedo), Chantada (25 %), Quiroga-Bibei (18 %), Riberas del Miño (18,5 %) y Riberas del Sil (18,5 %).

En líneas generales, se puede decir que la zona del Sil disfruta de un clima de región interior, aunque el invierno se puede considerar más propio de una zona atlántica de interior, mientras que el valle del Miño posee unas características intermedias entre una región atlántica de transición e interior.

En la Ribeira Sacra no hay un suelo uniforme, aunque la característica más común es la elevada acidez.

Las variedades más extendidas son las tintas mencía, alicante, gran negro y garnacha, y las blancas godello, palomino, albariño, malvasía y treixadura. Los vinos tintos son los más numerosos, siendo muy elegantes los de Amandi cuando son jóvenes. Los vinos blancos son escasos, pero los elaborados con godello pueden sorprender en frutosidad y finura.

Monterrei

Esta zona de producción, con 400 ha de viñedo inscrito, se sitúa en el propio valle de Monterrei, en el borde suroriental de la provincia de Orense, junto a la frontera con Portugal. Se trata de una unidad geográfica perfectamente delimitada y con características climáticas y geológicas particulares: suelos fértiles y clima suave. Las variedades plantadas son las blancas doña blanca, palomino y verdello, y las tintas mencía, alicante, gran negro y mouratón. La DO acoge unas 3 000 ha de viñedo que se extienden sobre parcelas extensas con densidad de plantación bastante alta. Se elaboran vinos blancos y tintos, de moderada graduación alcohólica, frescos y frutales.

Txakolí

El vino más septentrional de España se hace en la comunidad vasca, que se compone de tres provincias: Vizcaya y Guipúzcoa, al norte, y Álava, al sur. Álava forma parte de la DOCa Rioja, pero en el caso de las provincias del norte tienen su propio vino de denominación, el txakolí de Guetaria y el txakolí de Vizcaya.

El txakolí no se trasiega para evitar pérdidas de gas y se clarifica por sedimentación en pequeños envases de madera. Debe existir un equilibrio perfecto entre acidez, puntas de aguja y graduación alcohólica para que la bebida ofrezca todas sus buenas posibilidades. La *tximparta*, o burbujilla, es la gracia del vino. El vino blanco se bebe como aperitivo y para acompañar el marisco.

Txakolí de Guetaria (Getariako Txakolina)

En el litoral cantábrico de Guipúzcoa, a sólo 30 km de la Bella Easo (Donostia-San Sebastián), se concentran las 85 ha de viñedo de la zona de producción. Está orientada al Cantábrico, disfruta de un clima suave de influencia atlántica y de temperaturas medias elevadas con una alta pluviometría anual alta.

Las vides de Carballino, en Galicia, durante el otoño.

El viñedo se localiza en las laderas mejor soleadas, bien ventiladas, sobre terrenos debidamente drenados, donde las margas y areniscas del paleoceno-eoceno han dado lugar a unas tierras pardas húmedas calizas. En la elaboración del txakolí sólo intervienen dos variedades de ancestral origen: la blanca y mayoritaria hondarribi zuri y la tinta hondarribi beltza, de escaso color.

Txakolí de Vizcaya (Bizkaiako Txakolina)

Las 60 ha de viñedo de esta DO están localizadas principalmente en las comarcas de Baquio, o Bakio, y Valmaseda, o Balmaseda. Las variedades autorizadas son las blancas hondarribi zuri y folle blanche, y la tinta ondarribi beltza. Aunque se elaboran rosados —llamados popularmente *ojo de gallo*— y tintos, el blanco es el más extendido.

Los vinos txakolí de esta denominación tienen como característica principal un evidente aroma floral, con claros matices herbáceos. En boca resalta su frescura, un punto de acidez y unas notas ligeramente grasas que nos hacen recordar ciertos vinos europeos. □

PRODUCTORES Y BODEGUEROS

El viñedo del noroeste de España está muy fraccionado: después de siglos de sucesiones y repartos, muchos viticultores poseen menos de una hectárea de tierra. Las bodegas cooperativas cuentan a menudo con centenares de miembros o incluso más. Se han invertido capitales considerables para modernizar los equipamientos de vinificación y se hace todo lo posible para estimular el replantado con variedades de alta calidad.

RÍAS BAIXAS
Granxa Fillaboa
Una empresa familiar que cultiva una bonita finca de 20 ha plantadas de albariño. El vino vendido con la marca Fillaboa es uno de los mejores de la denominación.

Bodegas Marqués de Vizhoja
Esta empresa se ha establecido en una vieja casa señorial de la región del Condado de Tea. Posee 30 ha de viñas y sus marcas principales son Torre la Moreira (blanco) y Marqués de Vizhoja (blanco).

Bodegas Morgadío
Una bodega moderna, creada en 1988 para producir vinos de calidad. Posee un viñedo reciente de unas 30 ha de albariño. Sus marcas, Morgadío (blanco) y Torrefornelos (blanco) son apreciadas.

Palacio de Fefiñanes
Bodega casi centenaria que en los años 80 contribuyó decisivamente al prestigio de los vinos de Rías Baixas. Después de algunos altibajos, vuelve por sus fueros. Su vino es delicado y con fina estructura. Muy aromático y agradable de beber.

Bodegas Pazo de Señorans
Esta bodega posee un pequeño viñedo de 5 ha que le proporciona la materia prima para elaborar un albariño muy fresco, rico en aromas florales y frutales.

Bodegas Salnesur
Esta otra explotación creada en 1988 no posee viñas, pero vinifica en instalaciones ultramodernas el albariño que compra. Los vinos se venden con la etiqueta Condes de Albarei (blanco).

Santiago Ruiz
Uno de los mejores vinos de O Rosal, que no se merece la horrenda etiqueta ya popular entre los aficionados. Sus vinos, comercializados bajo la marca Santiago Ruiz, se encuentran entre los mejores de la DO.

Bodegas de Vilariño-Cambados
Esta bodega se nutre de más de 280 viticultores, que laborean 900 parcelas de viñedo y algo más de 150 ha repartidas por todos los puntos del valle del Salnés, con plantaciones exclusivas de albariño. Principales marcas: Martín Códax, Organistrum (fermentado en barrica) y Burgans.

Terras Gauda
En esta bodega fundada en 1990 se aúnan los criterios de modernidad tecnológica y alta exigencia de calidad. Su etiqueta negra Terras Gauda (también existe la misma marca, con etiqueta blanca) ha sido fermentado en madera extrayendo interesantes matices y proporcionando elementos para una buena evolución en botella.

RIBEIRO
Bodegas Lapatena
Esta bodega creada en 1990 se halla en un emplazamiento espectacular, en un meandro del Miño. Es un buen ejemplo del tipo de trabajo y de inversión que se hace en la denominación. A los viticultores se les paga más cara la uva de treixadura y de torrontés que la palomino. Las principales marcas son Viñao (blanco, tinto), Abilius (blanco), Fin de Siglo (blanco) y Tulero (tinto).

Cooperativa Vitivinícola del Ribeiro
Esta bodega cooperativa, nacida de una fusión con otra, es la mayor productora de Ribeiro. Cuenta con 800 miembros que poseen 400 ha de viñedo. Los equipamientos son muy modernos. Las marcas principales son: Bradomín (blanco), Amadeus (blanco), Pazo (blanco, tinto) y Viña Costeira (blanco).

VALDEORRAS
Joaquín Rebolledo
Joaquín Rebolledo es un abogado que fundó en 1982 una pequeña bodega en A Rua para seguir una antigua tradición familiar de viticultores artesanos. La bodega dispone de 15 ha de viñedo con plantaciones de godello y mencía exclusivamente.

Bodegas Senén Guitián
Esta bodega posee 12 ha de viñedo, en 9 de las cuales se cultiva la variedad godello. La bodega es pequeña, tipo familiar, perfectamente acondicionada con las mejores y las más modernas técnicas para la vinificación. Elabora exclusivamente vino blanco con la variedad godello en calidad de joven y uno fermentado en barrica.

RIBEIRA SACRA
Banallas
Es la última pequeñísima bodega que se ha establecido en la Ribeira Sacra (1997), concretamente en la zona de Bulso, cerca de Sober, en la provincia de Lugo. Sin duda, es una bodega virtual, ya que su artífice, José Fernández, posee tan sólo 2 ha de viñedo, 6 barricas de roble y elabora cerca de 10 000 botellas al año, que comercializa con la marca Banallas.

Rectoral de Amandi
Es una de las bodegas más emblemáticas de la zona, con una buena proyección comercial fuera de su entorno puramente local. Su vino tinto, el Rectoral de Amandi, elaborado con la variedad mencía, es uno de los destacados por la prensa especializada de todo el país.

TXAKOLÍ
Txakoli Eizaguirre
Esta pequeña bodega creada en 1930 pertenece a la familia Eizaguirre, que trabaja su viña y compra uva a otros productores. Sus principales marcas son Berezia (blanco), Eizaguirre (blanco), Hilbera (blanco) y Monte Gárate (blanco).

Txomin Etxaniz
Esta empresa posee 12 ha de viñas. Dispone de equipamientos modernos e introduce cierta proporción de uva negra (vinificada en blanco) en su vino blanco. La bodega ha traspasado ya el umbral de la tradición para convertirse en líder por su calidad y preservación de las mejores técnicas vinícolas adaptadas al txakolí. La marca comercial es Txomin Etxaniz (blanco).

Castilla-La Mancha, Madrid y Extremadura

La comunidad autónoma de Castilla-La Mancha cubre toda la mitad sur de la meseta y elabora la mitad de los vinos españoles. La mayoría de la producción está destinada a graneles, pero esta política está cambiando. Se distinguen cinco denominaciones de origen. La Mancha es la denominación más extensa del país y se reparte entre las provincias de Ciudad Real, Albacete, Toledo y Cuenca. Los encomiables esfuerzos de esta comarca están siendo recompensados ya que ha conseguido cambiar de imagen. Sus vinos son ahora respetados a nivel nacional y empiezan a ser conocidos en el extranjero. En Ciudad Real, al sur de La Mancha, se encuentra Valdepeñas, una región muy tradicional y conocida de vino corriente que ha demostrado que puede elaborar calidad. Almansa está emplazada en Albacete, con una pequeña zona en el municipio valenciano de Ayora. Méntrida es una DO bastante poco conocida de la provincia de Toledo con algunas zonas en Madrid. Por último, Mondéjar se ha incorporado hace poco al mapa de las DO españolas.

Más al norte, se encuentra la DO Vinos de Madrid, con excelentes perspectivas de futuro, y al oeste, en Extremadura, la novísima DO Ribera del Guadiana.

Almansa

Esta DO tiene más rasgos de Levante que las otras DO de La Mancha. Su clima es continental y está en el límite de la semiaridez. Produce vinos tintos elaborados con monastrell, cencibel (tempranillo) y garnacha. La poca merseguera, cepa blanca, se mezcla por lo general con variedades tintas para elaborar vinos rosados.

La Mancha

Es la denominación más extensa de España y constituye la mayor concentración de viñas del mundo, con nada menos que 480 000 ha de viñedo, de las cuales 160 000 ha están inscritas. En la actualidad concentra todo su esfuerzo en mejorar la calidad de sus vinos y sus logros son espectaculares, tanto a escala nacional como internacional, con premios y galardones que demuestran la calidad de los vinos y también la meritoria labor de sus bodegas.

El clima es muy uniforme, con precipitaciones que giran en torno a los 400 mm de lluvia al año, al igual que su suelo, de naturaleza caliza.

A pesar de la adaptación natural de la región al cultivo de uvas negras, algunos viticultores tuvieron la osadía de plantar sobre todo cepas blancas. No obstante, gracias a los nuevos métodos de vinificación cuidadosa, la airén ha terminado por producir vinos agradables y baratos. En la actualidad está autorizada la cabernet sauvignon, que ha enriquecido un poco la variedad ampelográfica de la zona.

Méntrida

Esta DO se localiza al este de Madrid y es otra zona de gran producción. Sin embargo, los recientes cambios de la legislación de las denominaciones en materia de contenido alcohólico están reportando ya algunas buenas sorpresas. Buen ejemplo de ello son las elaboraciones de Carlos Falcó, marqués de Griñón, que ha importado la técnica bordelesa a su viñedo de Malpica de Tajo: ha plantado cabernet sauvignon y merlot e instalado un sistema de riego californiano (gota a gota). Hoy, su vino es uno de los mejores de España, aunque no tenga derecho a DO.

Mondéjar

Es la nueva DO de la provincia de Guadalajara. Cuenta con 3 000 ha de viñedo, con plantaciones de la variedad blanca malvar y las tinta cencibel y cabernet sauvignon.

La mayor parte de la producción la integran vinos tintos, en general de intenso color y con cierta astringencia, que se comercializan preferiblemente jóvenes.

Valdepeñas

Esta DO está situada en el centro de la provincia de Ciudad Real. En términos geográficos, constituye una especie de enclave en el interior de La Mancha: bien situada en las laderas orientadas al sur, a una altitud de 700 m y protegida de los vientos dominantes por las montañas. Su suelo es a base de caliza, su clima tiende a ser semiárido, pero su subsuelo profundo retiene el agua.

Los viñedos de la comarca se extienden sobre una superficie de 30 000 ha. Las cepas utilizadas en Valdepeñas son las mismas que en La Mancha, con un poco más de cencibel y vinos tintos. Los blancos se crían en estilo joven y los mejores tintos (100 % de cencibel) alcanzan fácilmente el nivel gran reserva.

Vinos de Madrid

Situada en el centro de la península Ibérica, al sur de la comunidad de Madrid, esta DO ocupa una superficie de 12 765 ha de viñedo.

El clima, en su conjunto, es continental seco, con precipitaciones de 400 mm anuales, y posee una alta luminosidad natural. En las tres subzonas (Arganda, Navalcarnero y San Martín de Valdeiglesias) se elaboran reputados vinos tintos, rosados y blancos. Los blancos más significativos son los de Arganda, pálidos, suaves y de paladar afrutado, mientras que en San Martín de Valdeiglesias, los blancos «brisados» (fermentados con la casca) de la variedad albillo tienen una arraigada tradición.

Ribera del Guadiana

Las seis comarcas vitícolas extremeñas (Cañamero, Montánchez, Ribera Alta, Ribera Baja, Matanegra y Tierra de Barros) se amparan en la nueva DO Ribera del Guadiana (1998). En total se contabilizan 88 000 ha de viñedo, pero en la actualidad sólo 3 500 ha están inscritas en la DO. La variedad más abundante es la blanca autóctona alarije (75 %), seguida de la chelva y la malvar. En tintas predomina la tempranillo y la garnacha, pero se está apostando muy fuerte por la tinta cabernet sauvignon y la blanca chardonnay. □

PRODUCTORES Y BODEGUEROS

Aunque el destino tradicional de los vinos manchegos ha sido durante décadas el granel o el abastecimiento a otras regiones españolas y europeas, sobre todo en años de vendimias cortas, en la actualidad no faltan buenos vinos e iniciativas enológicas admirables, apoyadas por la incorporación de las técnicas de vinificación más modernas y la implantación de nuevas variedades, sobre todo internacionales. Las bodegas aceleran actualmente su transformación embotellando unos vinos de cierta calidad que, al menos, ya comienzan a tener capacidad de sorpresa.

CASTILLA-LA MANCHA
ALMANSA
Bodegas Piqueras
Esta bodega está en cabeza de la DO Almansa. Fundada en 1915, compra la totalidad de las uvas que necesita. Sus marcas principales son: Castillo de Almansa (tinto) y Marius (tinto).

LA MANCHA
Bodegas Ayuso
Esta empresa familiar existe desde 1947. Elabora una completa línea de vinos, tanto blancos y rosados como tintos, pero merecen especial atención los tintos envejecidos en barricas nuevas de roble americano, como el Estola.

Bodega Cueva del Granero
Fundada en 1987, es una espectacular explotación vitivinícola que cuenta con más de 1 000 ha de viñedo, de las que la mitad están plantadas a 800 m de altitud. Elabora una gama completa de vinos blancos, rosados y tintos, comercializados bajo la marca Cueva del Granero.

Torres Filoso
Establecida desde 1921, esta empresa familiar se caracteriza por el esmero de sus elaboraciones sin perder el tren de la modernidad y la tecnología. Elabora blancos, rosados y tintos, que comercializa con las etiquetas Árboles de Castillejos y Torres Filoso.

Vinícola de Castilla
Una bodega ultramoderna que elabora vinos con una técnica perfecta, desde uno joven e idealmente fresco al tinto de gran reserva. Las principales marcas son: Castillo de Alhambra (rosado, tinto), Castillo de Manzanares (blanco), Finca Vieja (blanco, rosado, tinto), Gran Verdad (blanco, rosado, tinto) y Señorío de Guadianeja (blanco, rosado, tinto).

Vinícola de Tomelloso
Puesta en funcionamiento a partir de 1986, esta bodega apuesta fuerte por las elaboraciones de carácter monovarietal. Su vino blanco Añil, merecedor de varios premios y menciones en concursos, es un buen ejemplo de la frescura que puede llegar a producir la variedad macabeo en la patria manchega de la airén. Otra marca es Torre de Gazate (blanco, rosado y tinto).

MÉNTRIDA
Coop. Comarcal San Isidro
Fundada en 1973, esta cooperativa, la más grande de la zona, está situada en la carretera de Valmojado a Toledo, en la localidad de Camarena, provincia de Toledo. Su principal marca es Bastión de Camarena (rosado y tinto)

Bodegas Valdeoro
La producción de esta bodega moderna, fundada en 1978, va desde el joven rosado al tinto de nivel reserva. Las principales marcas son: Ambicioso (rosado, tinto), Castillo de Maqueda (rosado, tinto) y Tío Felipe (rosado, tinto).

MONDÉJAR
Bodegas Mariscal
Situada en la carretera de Perales, en la localidad de Mondéjar, provincia de Guadalajara, esta bodega fue fundada en 1913. Elabora vinos blancos rosados y tintos, pero merece especial atención su blanco Mariscal, elaborado 100 % con malvar, y su tinto Señorío de Mariscal, un compuesto de cencibel y cabernet sauvignon.

VALDEPEÑAS
Casa de la Viña
Esta finca de más de mil hectáreas pertenece al gigantesco grupo Bodegas y Bebidas. Instalaciones ultramodernas y barricas de roble para la crianza hacen de ella una de las bodegas que hay que vigilar. Comercializa sus vinos en los tres colores con la marca Casa la Viña.

Cosecheros Abastecedores (Los Llanos)
Esta empresa posee las bodegas Los Llanos, una amplia casa a la cabeza de un viñedo de 300 ha. Ha realizado grandes inversiones en barricas de roble para hacerse con una cava de crianza. Sus mejores vinos son grandes reservas soberbios. Las marcas principales son Armonioso (blanco, rosado), Señorío de Los Llanos (blanco, tinto), Don Opas (blanco, tinto), Pata Negra (tinto) y un cabernet llamado Loma de la Gloria.

Bodegas Félix Solís
Fundada en 1950, esta gran empresa familiar ha hecho ampliar recientemente sus instalaciones. Posee un viñedo de 400 ha. Sus principales marcas son: Los Molinos (blanco, rosado, tinto), Soldepeñas (blanco, rosado, tinto) y su marca estrella, el Viña Albali (blanco, tinto, rosado).

Viñedos y Bodegas Visan
Es una explotación vitivinícola fundada en 1996 en Santa Cruz de Mudela, provincia de Ciudad Real. Sus esfuerzos se encaminan a la especialización en vinos tintos. Elabora crianzas, reservas y grandes reservas a partir de variedades tradicionales, pero no repara en mostrar la capacidad que ofrece la cabernet sauvignon en tierras manchegas. Sus principales marcas: Castillo de Calatrava y Villa del Duque.

VINOS DE MADRID
Bodegas Orusco
Esta bodega, fundada en 1896, cree que el futuro de los vinos de Madrid se halla en los tipos crianza. Su viñedo abarca 12 ha y tiene que comprar la mayor parte de su aprovisionamiento para atender toda su producción. Elabora una amplia gama de vinos, representados bajo las marcas principales de Orusco (blanco, tinto), Viña Main (blanco, rosado, tinto) y Main (tinto).

EL LEVANTE

El clima luminoso y cálido del Levante español ha caracterizado siempre sus condiciones naturales para obtener intensos vinos tintos, rosados frutales y dulces golosos. Buena parte de esa gloriosa historia se vio truncada durante muchas décadas a causa de la sobreproducción y los graneles, pero hoy algunas marcas clásicas y ciertas bodegas de nuevo cuño están luchando con verdadera pasión por recuperar ese merecido prestigio. Ahora, en esta región se han empezado a elaborar unos vinos más modernos, frescos y al gusto del mercado actual.

El Levante se extiende a lo largo de la costa e incluye las comunidades autónomas de Valencia, Murcia y, en el caso de Jumilla, parte de Albacete, en la comunidad autónoma de Castilla-La Mancha.

En la comunidad de Valencia hay tres denominaciones de origen reconocidas. La más meridional, en la provincia de Alicante pero con parte de un municipio de Murcia, es la DO del mismo nombre, que destaca especialmente por su curioso fondillón y sus moscateles, aunque se elaboran tintos y blancos interesantes. La DO Valencia está emplazada en la provincia de Valencia y es una comarca muy heterogénea, que elabora una gran diversidad de estilos de vino. La casi totalidad era hasta hace poco tiempo graneles destinados a la exportación. Por último, Utiel-Requena, en la zona occidental de la provincia de Valencia, es también una comarca de grandes producciones para la exportación.

Murcia dispone asimismo de tres denominaciones de origen de características similares a las de Valencia, en cuanto a calidades y sistemas de comercialización centrados en los graneles de exportación. Un único municipio compone la DO Yecla, que ha ido viendo cómo desaparecía poco a poco gran parte de su viñedo. Al noroeste de la comunidad, y con una gran parte de su territorio en Albacete, se extiende la DO Jumilla, otra comarca que elabora principalmente vinos corrientes y

Compañía Vinícola del Campo de Requena.

que está intentando cambiar su orientación ante la caída de la demanda de este tipo de productos. Por último Bullas, más al sur, es una denominación creada en 1994, por lo que todavía es pronto para hablar de resultados concretos.

Alicante

Alicante es la DO que presenta una personalidad más definida, con vinos de prestigio histórico del Levante español, como los dulces y suaves moscateles o los profundos y generosos fondillones.

Las 15 000 ha de viñedo que comprende la denominación se sitúan a un lado y otro del meandroso río Vinalopó. La variedad tinta monastrell es la más abundante en estas tierras de escasa pluviosidad e inclemencias atmosféricas. Le siguen en orden de importancia la garnacha tintorera, conocida en esta zona como alicante y, en menor medida, la bobal y la monastrell. En blancas figuran la forcayat, la merseguera, la moscatel romana y la verdel. La moscatel se cultiva fundamentalmente en la subzona de la Marina, al noreste de la provincia. En esta zona se elaboran exquisitos vinos de licor, así como tintos, rosados y dobles pastas que están obligados a incluir en su composición al menos un 80 % de uva monastrell para estar amparados por la denominación.

En cuanto a la crianza, los vinos de la DO Alicante se crían al menos 2 años naturales y, de ellos, uno como mínimo debe pasarse en barrica.

La zona de producción está integrada por 51 municipios de la provincia de Alicante y parte del municipio de Abanilla en Murcia. La subzona de vinos licorosos y moscateles de la Marina Alta está compuesta por 28 municipios de Alicante. Además de las variedades citadas, también está autorizada la tempranillo. En la actualidad se producen vinos de plantaciones nuevas de cepas tintas merlot y cabernet sauvignon, así como de blancas chardonnay y una pequeña cantidad de riesling. La mezcla de la cabernet con las variedades tintas de la zona está produciendo vinos muy interesantes, obra sobre todo de los enólogos jóvenes.

El vino de postre más característico es el moscatel, suave y frutal, pero su verdadera especialidad, la más preciada y característica, es el fondillón, una vieja reliquia enológica (véase recuadro p. 190).

Valencia

La excelente ubicación geográfica y el formidable clima hacen que esta zona elabore los vinos tintos de más color de todo el Levante español. El clima es plenamente mediterráneo, aunque la influencia marítima se manifiesta menos en las zonas del interior. Las temperaturas medias están entre los 12 y los 16 °C. La insolación media anual es de 2 600 horas de sol y las precipitaciones de 460-550 mm al año. La denominación abarca 16 000 ha de viñedo inscrito y en ella se distinguen tres zonas geográficas bien características: Alto Turia, Clariano y Valentino, sin olvidar una subzona especial, Moscatel de Valencia, incluida mayoritariamente en el Valentino.

■ **Alto Turia:** con 2 700 ha de viñedos, es la zona más montañosa, situada por encima de los 400 m sobre el nivel del mar, entre barrancos y collados, matorrales y pinos. Esta comarca, donde dominan los suelos pardocalizos, es la principal productora de vinos blancos de la DO Valencia, que se obtienen a base de la variedad merseguera.

■ **Clariano:** esta zona se encuentra al sur de toda el área de producción y ocupa 18 000 ha de vides. Los suelos son pardocalizos y pardorrojizos, más sueltos y profundos. Clariano es una región de excelentes rosados y tintos jóvenes, con la variedad monastrell como protagonista.

■ **Valentino:** situada en el centro de la provincia, ocupa la mayor superficie de viñedos (27 000 ha). Las variedades principales de esta zona son la malvasía, la pedro ximénez y la moscatel; precisamente el Moscatel de Valencia se produce, mayoritariamente, en esta comarca.

Utiel-Requena

Esta denominación de origen se encuentra en el extremo occidental de la provincia de Valencia, ya lindante con la comunidad de Castilla-La Mancha. Las 40 000 ha de viñedo crecen a una altitud media de 800 metros. Su clima es continental, muy influido por la altitud y también, en menor medida, por la bondad del Mediterráneo. La variedad principal es la bobal tinta (95 % de la producción), apta para producir rosados y tintos jóvenes. Para tintos de crianza se recurre a la garnacha tinta y la tempranillo. Los vinos tintos de esta DO se caracterizan por su profundo color y notable extracto, cierta acidez y grado moderado. También los rosados de esta zona de producción han alcanzado una merecida y justa fama.

MURCIA
Yecla

Al norte de la comunidad de Murcia, entre las DO Jumilla y Alicante, se encuentra la zona de producción de los viñedos de la DO Yecla, que ocupan una superficie de 3 600 ha. El clima de esta región, a pesar de su relativa proximidad al Mediterráneo, es tan duro como en su vecina Jumilla: muchísimo calor en verano y fríos extremados en invierno. Las precipitaciones son escasas y la insolación media supera las 3 000 horas de sol al año. Los suelos son pobres, con una notable proporción de tierra caliza, pero con una buena permeabilidad, por lo que aprovechan las escasísimas lluvias que reciben. La variedad tinta más importante es la monastrell, que ocupa el 80 % del viñedo, seguida de la garnacha y las blancas merseguera y verdil.

Los vinos tintos se caracterizan por su color granate rubí, son suaves y cálidos al paladar, de escasa acidez, y alcanzan graduaciones alcohólicas elevadas, especialmente el Yecla doble pasta. De entre todos los vinos que se producen en Yecla sobresalen los de las bodegas Castaño. Son vinos bien elaborados, criados en barricas nuevas

EL FONDILLÓN ALICANTINO

El fondillón es un vino de licor viejo, de gran intensidad aromática, tradicional de la zona. Su larga crianza se realiza en toneles de roble clásicos de la región, sobre la base de la escala de soleras, quedando fijada en un mínimo de 8 años. El fondillón se distingue por sus intensos aromas de crianza, que culminan en un paladar untuoso, rico, largo y persistente.

En realidad este vino generoso casi había desaparecido y sólo algún bodeguero melancólico seguía elaborándolo desde siempre para consumo propio o para el abastecimiento de una reducida clientela. En la recuperación del fondillón, así como de otros vinos alicantinos, trabajó un hombre excepcional, Pascual Carrión, que transmitió su pasión a sus discípulos de la Estación de Viticultura y Enología de Requena. De esta forma se recuperaron los rosados de garnacha y bobal, hoy tan típicos de la región, pero sobre todo se rescató del olvido el mítico fondillón. La fuerte personalidad de este vino rancio, marcada por los aromas intensos y profundos, y el sabor complejo y almendrado, merece una atención especial, que es la que le dedican algunos elaboradores alicantinos.

Los interminables años que el buen fondillón debe pasar en barricas y toneles, en un sistema de soleras, hasta conseguir su acabado final, con la suavidad y potencia que lo caracterizan, y el precio, lógicamente alto que alcanza en los mercados, son obstáculos que explican el desconocimiento de este tipo de vino.

y obtenidos de las cepas monastrell, tempranillo, merlot y cabernet sauvignon, en mezclas bien equilibradas y en carácter monovarietal.

Jumilla

Entre las provincias de Albacete y Murcia se extienden las 42 000 ha de viñedo de la DO Jumilla. El clima es continental extremado y las vides crecen sobre suelos calizos, pedregosos y sueltos, muchas veces sin portainjertos, peinando un paisaje de suaves ondulaciones. Jumilla es, sobre todo, zona de vinos tintos y rosados. La cepa monastrell ocupa nada menos que el 90 % del total de cultivo y su fruto es de un azulado muy oscuro. El vino típico es el Jumilla-Monastrell, elaborado casi exclusivamente con esta variedad. Se trata de un vino criado en roble, robusto y de elevada graduación alcohólica, con características olfativas muy amplias y marcadas. También se cultiva con éxito la garnacha tintorera y la variedad cencibel.

En cuanto a las variedades blancas, mucho menos abundantes, se cultiva la merseguera, la airén y algo de pedro ximénez.

Los vinos más interesantes y con futuro de Jumilla son los elaborados por el sistema de la maceración carbónica, jóvenes y afrutados.

Bullas

Esta pequeña DO ampara un total de 3 500 ha de viñedo inscrito, repartido entre los municipios de Bullas, Caravaca de la Cruz, Cehegín, Lorca, Moratalla y Mula, al oeste de la provincia de Murcia. La variedad tinta dominante es la monastrell, seguida de la tempranillo y las blancas airén y macabeo. La producción principal se centra en los rosados y tintos, muy similares a los de Yecla, pero algo más nerviosos.

PRODUCTORES Y BODEGUEROS

La producción vinícola de la comunidad valenciana y murciana se ha caracterizado durante muchas décadas por la sobreproducción y los graneles. Este mercado incidió en la proliferación de grandes cooperativas en la zona que, todavía hoy, controlan la mayor parte de la producción. No obstante, existen pequeñas y nuevas bodegas que ejemplarizan las posibilidades vitivinícolas de la región, elaborando vinos elegantes, frescos, frutales y con cierta personalidad.

COMUNIDAD VALENCIANA

Bodegas A. y M. Beltrán
Esta empresa familiar de Utiel, fundada en 1940, se encuentra en la población de Jaraguas, en la provincia de Valencia. Elabora principalmente vino rosado y tinto con la marca Viña Turquesa, y el dulce Tertulia sin DO.

C. Augusto Egli
Esta bodega, fundada en 1903, pertenece a unos suizos. Está presente a la vez en Valencia y en Utiel, donde posee una propiedad de 120 ha. Las marcas principales son: Casa lo Alto (Utiel blanco, tinto), Rey Don Jaime (Utiel rosado, Valencia blanco), Perla Valenciana (Valencia blanco, rosado).

Eval
Una de las unidades de vinificación más modernas de Alicante, que cultiva un viñedo de 260 ha. Sus marcas principales son López de la Torre (tinto, rosado, dulce) y San Adrián (tinto, rosado).

Bodegas Levantinas-Españolas
Fundada en 1920, esta bodega posee unidades de vinificación y de embotellado en Valencia, así como viñas en Utiel-Requena. Pero la mayor parte de sus vinos se venden bajo la DO Valencia. Sus principales marcas son Campo de Rosell (blanco, rosado, tinto), Castillo Trasmonte (blanco, rosado, tinto), Monte Rosell (blanco, rosado, tinto) y Carraixet (dulce).

San Marcos
Constituida en 1927, esta bodega de Utiel se especializa en la elaboración de vinos tintos. Merece especial atención su reserva Dominio de Araleón, elaborado con tempranillo y cabernet sauvignon con una crianza de 24 meses en barricas de roble.

Torre Oria
Situada en la carretera de Pontón a Utiel, en la población de Derramador, en la provincia de Valencia, esta bodega es una de las pocas centenarias (1897) que no repara en incorporar las técnicas de vinificación más avanzadas. Elabora ejemplares vinos blancos, rosados y tintos, así como vinos espumosos de cava, que comercializa con las marcas Villa Iñigo, Marqués de Requena y Torre Oria.

Vicente Gandía Pla
Esta bodega de Valencia se instaló en 1990 en una unidad de vinificación nueva y flamante. Elabora tanto vinos blancos, rosados y tintos tradicionales con las variedades de la zona, como monovarietales de cabernet sauvignon y chardonnay. Sus principales marcas son Gardía, Hoya de Cadenas, Castillo de Liria, Marqués del Turia y Floreal.

Cía. Vinícola del Campo de Requena
Creada en 1921, esta poderosa bodega se encuentra en la finca La Cabezuela, cerca de Utiel. Elabora una gama completa de vinos blancos, rosados y tintos, que comercializa con las etiquetas de Viña Ángeles, Viña Carmina y Vera de Estenas.

Bodegas Vinival
Esta es la mayor bodega de Valencia y pertenece actualmente a Bodegas y Bebidas. Sus 160 ha de viñas producen principalmente vino común, pero el Viña Calderón es un crianza tinto que no carece de elegancia y procede de la propiedad de la bodega en Utiel. Las principales marcas son: Malvarossa (blanco, rosado), Torres de Quart (blanco, rosado, tinto), Viña Calderón (rosado, tinto) y Vival d'Or (dulce).

COMUNIDAD MURCIANA

Bodegas y Viñedos Agapito Rico
Sin duda, esta bodega es una de las sorpresas más agradables y sorprendentes de Jumilla. Es un especialista en vinos tintos, elaborados tanto con variedades tradicionales como la monastrell, como con cabernet sauvignon. Se comercializan con la marca Carchelo.

Carrascalejo
Esta bodega, fundada en 1850, elabora vinos bajo la DO Bullas. Posee 150 ha de viñedo que le garantizan la materia prima para la producción de sus 300 000 botellas de vino al año. Tiene una línea completa de vinos de la zona con la marca Carrascalejo.

Bodegas Castaño
Esta empresa familiar de Yecla es moderna y está llena de impulso. Experimenta constantemente con nuevos vinos y algunos monovarietales de cabernet sauvignon, merlot y tempranillo, así como un blanco de macabeo fermentado en barrica. Posee un viñedo de 260 ha. Las principales marcas son Viña las Gruesas (blanco, rosado, tinto), Pozuelo (tinto) y Castaño (tinto).

Julia Roch e Hijos
Aunque la primera bodega fue fundada en 1870, la restauración y la puesta a punto se llevó a cabo en 1991, conservando la estructura y el diseño originales. Posee 250 ha de viñedo en Jumilla al pie del Monte Molar, con algunas viejas cepas de monastell de pie franco, junto a las de syrah y cabernet sauvignon. Sus marcas principales son: Casa Castillo (rosado, tinto) y Casa Castillo Vendimia Seleccionada (un tinto 100 % tempranillo).

BSI San Isidro
Esta gran bodega es la mayor productora de vino de Jumilla, con cerca de 20 millones de litros al año. Algunas de sus elaboraciones tienen cierta capacidad de sorpresa, como los vinos de la marca Sabatacha (blanco, rosado y tinto), que indican la nueva línea del jumilla moderno. Otras marcas: San Isidro (tinto maceración carbónica), Viña Celia, Gran Noval y el dulce Lágrima Viña Cristina.

Bodegas Vitivino
Creada en 1987, esta moderna bodega se ha puesto como objetivo hacer del Jumilla un vino de calidad. Posee 320 ha de viñas. Algunos vinos se crían en barrica. Principal marca: Altos del Pío (tinto).

BALEARES Y CANARIAS

Tanto el archipiélago balear, en el Mediterráneo, como el canario, en pleno Atlántico, poseen un excelente mercado potencial de vinos gracias a su estratégica situación geográfica, que potencia un turismo nacional e internacional durante casi todo el año. Estos turistas son precisamente los consumidores principales de casi toda la producción vinícola insular.

CANARIAS

En la actualidad, el archipiélago canario posee un total de ocho DO. Cinco de ellas se encuentran agrupadas en la isla de Tenerife. Las otras están en la islas de La Palma, Hierro y Lanzarote respectivamente.

Isla de Tenerife

Tenerife posee algo más de 8 000 ha de viñedo, de las cuales 2 422 corresponden a la DO Tacoronte-Acentejo, aunque sólo la mitad está inscrita. El resto se lo reparten Ycoden-Daute-Isora, Valle de la Orotava, Güimar y Abona. Toda la isla disfruta de un clima suave y bondadoso, influido plenamente por el Atlántico y azotado por los vientos alisios.

■ **Tacoronte-Acentejo.** Esta DO está situada al norte de la isla. El viñedo se asienta sobre un suelo volcánico muy raído en sustancias minerales, pero de gran fertilidad.

La variedades más cultivadas son la listán negra, la negramoll y la listán blanca, y en menor medida se cultivan otras cepas consideradas autóctonas del archipiélago como la malcuria, la gual y la tintillo.

Se elaboran vinos blancos, rosados y tintos, generalmente jóvenes y frescos.

■ **Ycoden-Daute-Isora.** Esta zona de producción se sitúa al noroeste de la isla. Los viñedos se asientan en laderas, desde el mar hasta las faldas del Teide.

Los suelos de origen volcánico son, en general, de carácter arenoso y con una buena acidez, muy adecuados para el cultivo de la vid. La variedades más extendidas son la listán blanca (70 %) y la listán negra (20 %).

Isla de La Palma

La DO La Palma comprende la totalidad de la isla. Se cultivan unas 1 700 ha de viñedo, en altitudes entre los 200 y los 1 200 m. La isla se divide en cuatro subzonas productoras:

■ **Hoyo del Mazo-Las Breñas:** en esta zona, situada al este de la isla, los viñedos, con forma de balcón, se cultivan de forma rastrera en terrenos de laderas, acolchados unos con piedras volcánicas y otros con picón granado.

■ **Fuencaliente-Las Manchas:** situada al sur de la isla, las viñas trepan por empinadas laderas de escorias volcánicas. Aquí se elabora la tradicional e histórica malvasía de Fuencaliente, tan citada por poetas y escritores.

■ **Las Manchas:** situada al suroeste de la isla, los viñedos se cultivan en terrenos pedregosos de fuertes pendientes y de forma rastrera. Los vinos elaborados en esta zona suelen ser blancos y rosados de intensidad media y buen cuerpo.

■ **Norte-Vinos de Tea:** es la zona conocida como «Vinos de Tea», debido al sabor peculiar a resina que adquieren al ser encubados en toneles construidos con la parte central (corazón) de los troncos del pino canario, de color más oscuro y resistente.

Isla de Hierro

La DO El Hierro abarca la producción de toda la isla. Se cultivan algo más de 500 ha y es la única zona vinícola de España que cuenta con sólo una bodega embotelladora.

Isla de Lanzarote

La viticultura en Lanzarote es el testimonio más real y patente de la lucha del hombre y la naturaleza. Las 3 300 ha de viñedo de la DO Lanzarote se presentan a la vista como un paisaje lunar. Los viticultores tienen que enfrentarse a la lava, a la escasez de lluvias y al fuerte viento que azota la isla. Después de retirar la lava y dejar descubierta la tierra vegetal, las vides, plantadas en grupos de tres, se encuentran en hoyos excavados en forma de embudos de más de dos metros de profundidad, sobre tierra vegetal y protegidas mediante la construcción con piedra volcánica de muretes cortavientos con formas semicirculares de unos 70 cm de altura. Es fácil entender por qué el número de cepas por hectárea no supera los 400 o 500 pies. Los vinos son principalmente blancos secos, semisecos y vinos dulces (mistelas), así como algunos rosados y tintos.

BALEARES

Las mejores bazas de las islas baleares se fundamentan en el clima y en la cultura mediterránea, que han sido la base de buenos vinos desde tiempos antiguos. La vid mallorquina se remonta a la antigüedad, ya que se tienen referencias históricas de su cultivo en tiempo de los romanos.

Binissalem

En el centro de la isla de Mallorca, se extienden las 300 ha de viñedo inscrito de la DO Binissalem. Sus suelos están bien dotados de caliza, son profundos y pedregosos, pardocalizos, a veces con costra, y de origen cuaternario continental.

Las variedades autóctonas son las tintas manto negro y callet, y la blanca moll, que bien vinificadas dan vinos de acusada personalidad y estilo. Los tintos de manto negro son, sin duda, los que más renombre han alcanzado. Se trata de vinos elegantes, aromáticos y con cuerpo, que gustan de una crianza en roble.

Pla de Llevant de Mallorca

Esta es una pequeña zona vitivinícola, cuyos vinos todavía no ostentan el reconocimiento de la DO pero que están en vías de conseguirlo muy pronto. Se trata de un viñedo de 1 000 ha situado en los alrededores de la localidad de Felanitx, cuya producción vinícola se comercializa hoy como Vinos de la Tierra. No obstante, la actividad de algunos elaboradores ha contribuido, en pocos años, a elevar mucho el nivel de calidad de los vinos de esta comarca. □

FRANCIA

—

VINOS DE BURDEOS, GRANDS CRUS DE BORGOÑA, CHAMPAGNE,
CÔTES-DU-RHÔNE, CHÂTEAUNEUF-DU-PAPE... FRANCIA ES EL GRAN PAÍS
DEL VINO, CON REGIONES DIVERSAS
CARACTERIZADAS POR SUS CLIMAS Y SUS SUELOS.

—

Los vinos franceses sirven de referencia a los vinos del resto del mundo. Cuando se establece una clasificación de vinos, Francia parece ocupar de modo natural el primer lugar. Hace una veintena de años se podía afirmar que los mejores vinos del mundo eran franceses, exceptuando los blancos alemanes y los vinos dulces de la península Ibérica. Actualmente, Francia tiene que enfrentarse a la competencia y a las imitaciones en todos los niveles de calidad. Sin embargo, en cualquier país, cuando se quiere elaborar un gran vino se intenta imitar, para superarlo, lo que se hace en Francia. Esta supremacía –que quizá se deba más a un prejuicio favorable que a la superioridad real de la calidad– parece inquebrantable. Tanto en El Cabo como en San Francisco, en Sydney o en Auckland, los catadores se remiten a vinos clásicos franceses para calificar la producción de su región. En estas ciudades, y en muchas otras, se encuentran vinos franceses –humildes o sublimes– para satisfacer tanto la demanda de los entendidos como la del gran público, que no ignora, aunque sus conocimientos reales sean limitados, que vino y Francia son sinónimos.

La gama de los vinos franceses

Una de las razones del predominio de Francia reside en la extraordinaria gama de vinos que produce. La diversidad de sus climas permite hacer desde blancos ligeros en el Loira hasta tintos potentes en el sur. Francia ha sabido aprovechar sus ventajas geográficas para imponer vinos o regiones vinícolas que reinan en todo el planeta. Burdeos, Borgoña y Champagne son zonas que elaboran estilos de vino aún no igualados, aunque a menudo imitados. Mouton-Rothschild, Chambertin, Krug... son los nombres más famosos que existen. Luego están el Loira, el Ródano y Alsacia, que quizá producen vinos más inimitables. Sin olvidar el gran número de denominaciones y de regiones de donde proceden los vinos más tradicionales: Cahors y Madiran, Provenza o Jura. Todas estas regiones, y otras, elaboran también algún vino fino, reputado en el extranjero. Finalmente, existe toda una serie de vinos bastante desconocidos fuera de las fronteras francesas, e incluso fuera de su propia región de origen, pero que ofrecen una gran variedad: el «blanquette» de Limoux, por ejemplo, el maravilloso marcillac tinto de las colinas de Aveyron, o los deliciosos, y sorprendentes, blancos de Bellet, cerca de Niza. Hay que mencionar también las regiones vinícolas de gran producción, donde se pueden encontrar islotes de calidad entre los vinos baratos de mezcla: los caldos del Languedoc, los vinos del Minervois o de Corbières, sin olvidar los vinos dulces naturales, típicamente franceses.

Estos vinos tienen más de dos siglos de antigüedad. De hecho, había más antes de que la filoxera y la evolución comercial forzaran a muchos viticultores a reconvertirse, dejando sus viñedos yermos. Sin embargo, durante la década de los 80, se desató una oleada de innovaciones en las regiones vinícolas francesas, del sur principalmente, dando nacimiento a nuevos estilos de vinos. A la lista de los grandes y menos grandes clásicos se han añadido vinos muy prometedores. En las colinas del Midi, la recuperación de la tradición de vides viejas y bajos rendimientos, unida a los últimos progresos de la tecnología, se ha traducido en la producción de vinos cuya calidad entusiasma a los catadores de París, de Londres o de Nueva York. Hay que destacar que el mismo fenómeno se ha extendido a Provenza, al sur del Ródano y al suroeste.

Al margen del retorno a los viejos pagos, la viticultura de las «llanuras», más reciente y destinada a la producción masiva, se ha transformado. Las técnicas australianas y americanas están revolucionando los viñedos que producían vinos mediocres, a medida que especialistas de espíritu abierto encuentran las condiciones favorables para el cultivo de variedades clásicas, de las que se obtienen los mejores vinos. Francia ha aprendido mucho de los viñedos del Nuevo Mundo: actualmente, produce vinos etiquetados como «Chardonnay» y «Cabernet Sauvignon» (vinos varietales), elaborados con uvas del Midi, tratados con los métodos más modernos y vendidos con una presentación atractiva y nueva, sin la menor concesión a los conceptos clásicos de pago y tradición.

FRANCIA 195

LAS REGIONES VITÍCOLAS DE FRANCIA

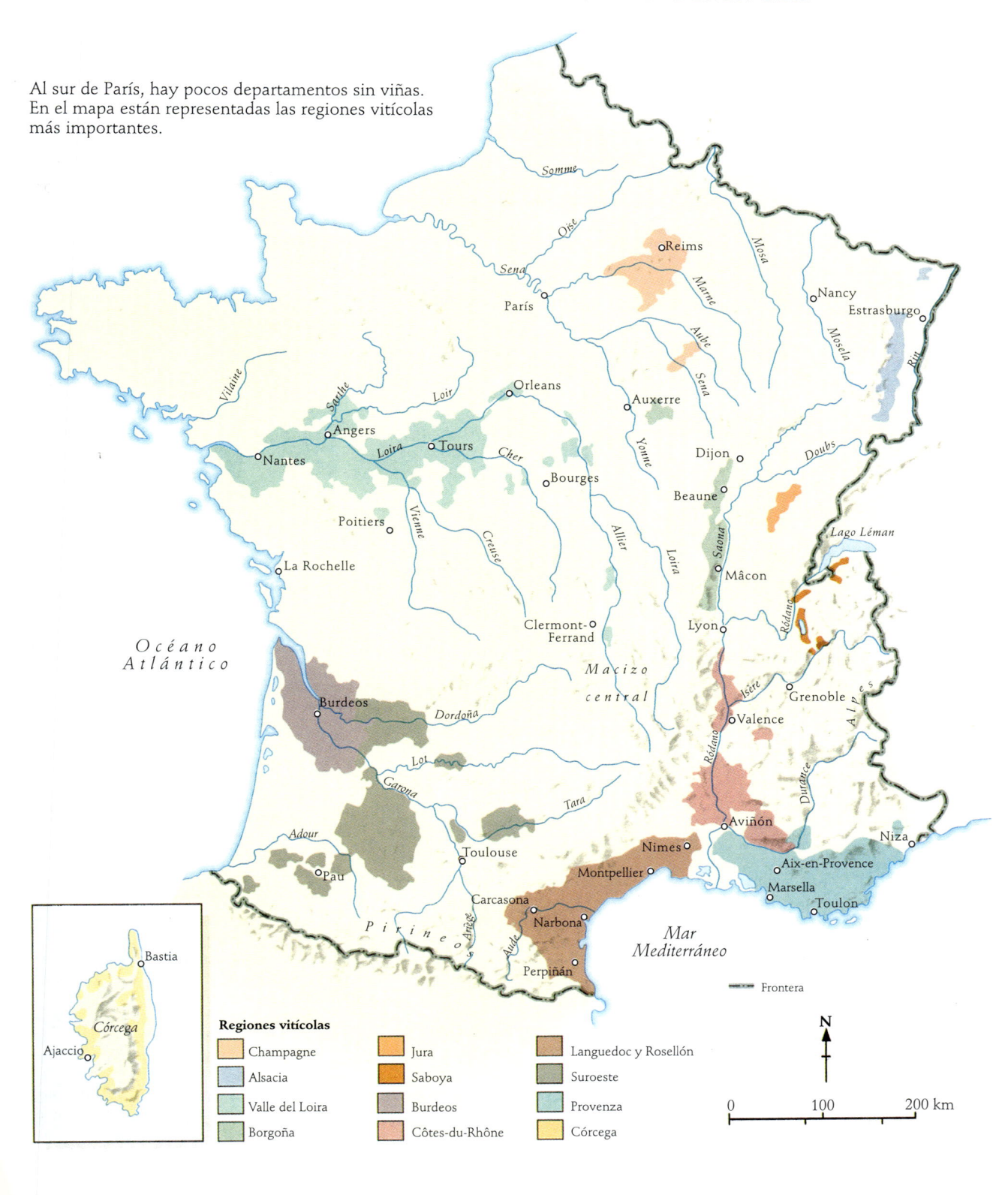

Al sur de París, hay pocos departamentos sin viñas. En el mapa están representadas las regiones vitícolas más importantes.

Regiones vitícolas

- Champagne
- Alsacia
- Valle del Loira
- Borgoña
- Jura
- Saboya
- Burdeos
- Côtes-du-Rhône
- Languedoc y Rosellón
- Suroeste
- Provenza
- Córcega

Una viticultura a gran escala

Francia, al igual que Italia y España, es un país vitícola en su totalidad. La vid crece en más de la mitad de los departamentos. Un millón de hectáreas de viñedos proporciona uva en cada vendimia. Aunque la superficie ha disminuido, la producción media anual de más de 60 millones de hectolitros —cerca de ocho millardos de botellas (véase las cifras detalladas en p. 510)— coloca a Francia en el segundo lugar entre los países vitícolas. Sólo Italia produce más vino.

Más de un tercio del vino francés tiene denominación de origen controlada (AOC), cuya definición legal se describe a continuación. Esta superioridad de los vinos de AOC, relativamente nueva, refleja una tendencia interesante. Actualmente se bebe mucho menos vino que hace treinta años: el consumo medio por habitante se sitúa en la actualidad alrededor de los 67 litros por año, mientras que era de 154 litros en 1954; pero se consume vino de mucha mejor calidad.

La legislación

La viticultura francesa es uno de los sectores agrícolas más controlados del mundo. Toda mención que figure en la etiqueta está regida por la ley y cada botella pertenece a una categoría precisa, a saber, por orden decreciente: denominación de origen controlada (*appellation d'origine contrôlée*, AOC), vinos delimitados de calidad superior (*vins délimités de qualité supérieure*, VDQS), vinos del país (*vins de pays*) y vinos de mesa (*vins de table*).

Appellation d'Origine Contrôlée (AOC)

En Francia, las denominaciones de origen controladas cubren regiones que producen vino según los criterios locales. Hay cerca de 400. La reglamentación trata de preservar las tradiciones y las calidades locales para destacar la originalidad de cada pueblo y de cada región.

La normativa se ha establecido y modificado con el acuerdo de productores y comerciantes de cada región, y refleja los usos de las distintas zonas. En Burdeos, el *château* constituye generalmente la unidad vinícola. Este concepto, a veces mítico y elástico, está descrito en la p. 200, pero no se trata en ningún caso de un área delimitada. Por el contrario en Borgoña, y en otros lugares, prima el pago sobre los propietarios.

En consecuencia, la reglamentación de estas dos regiones difiere. En Burdeos, AOC relativamente extensas cubren un municipio entero o incluso, en el caso de la AOC Margaux, hasta cinco municipios. No se identifican los pagos específicos, aunque todo el mundo sepa que unos son mejores que otros. Con excepción de las tierras manifiestamente inapropiadas, como las praderas bajas, la AOC se limita a definir la denominación genérica, como Margaux o Saint-Julien.

En el interior de estos distritos, una segunda división distingue los *châteaux* (cuya jerarquía, en Médoc, se remonta a 1855), los pueblos y los *crus bourgeois*. Pero este segundo nivel no es competencia de la AOC. Tanto la etiqueta de Château Margaux como la del vino más modesto tienen la misma mención «Appellation Margaux Contrôlée».

En Borgoña, un municipio como Gevrey-Chambertin, de extensión comparable a la de un pueblo de Médoc, tendrá su propia AOC, que además estará dividida en una docena de pagos claramente diferenciados. Algunas etiquetas señalarán AOC Gevrey-Chambertin, otras AOC Gevrey-Chambertin Premier Cru y otras tendrán su propia AOC, así como la apelación de *grand cru*. En contrapartida, no se habrán considerado dignos de la denominación Gevrey ciertos viñedos periféricos, que sólo tienen derecho a la denominación AOC Bourgogne.

La reglamentación de las AOC.

Después de definir una AOC —delimitando los límites y excluyendo las tierras inadecuadas—, intervienen otras reglas para las variedades que se pueden cultivar, la producción máxima, el nivel mínimo de alcohol y, a veces, el máximo. Las variedades son las que existen en la región en el momento en que se define la denominación: puede tratarse de una sola variedad o del cultivo de toda una gama. Por ejemplo, los tintos de Cornas deben hacerse exclusivamente de syrah, mientras que valle abajo, en Châteauneuf, se pueden cultivar hasta trece variedades.

Las restricciones cuantitativas son las más polémicas. Cada AOC ha establecido un rendimiento máximo, expresado en hectolitros de vino por hectárea de viñedo (hl/ha). Una AOC pequeña, pero de prestigio, tendrá derecho a una producción menor que una AOC más extensa. Dependiendo de la cosecha, el máximo se puede superar si la AOC lo acepta. Este rendimiento anual en ocasiones se sitúa por debajo del máximo legal. Por el contrario, un productor puede solicitar una autorización para producir hasta un 20 % más de lo permitido, a condición de someter su vino a una comisión de cata (para ser etiquetado), y ya no puede vender, como ocurría antes, sus excedentes de producción como vino de mesa; debe enviarlos a un destilador o a un vinagrero.

De esta forma, el rendimiento máximo legal de una AOC puede superarse ampliamente con el permiso oficial del Instituto Nacional de Denominaciones de Origen (*Institut National des Appellations d'Origine*, INAO).

En algunas regiones, los métodos de producción forman parte de la AOC. En Champagne, por ejemplo, una reglamentación precisa define los procesos de prensado de la uva y de crianza de los vinos.

Las leyes de la AOC establecen igualmente el número de pies de vid plantados por hectárea, el abono del suelo, la utilización de fertilizantes, las técnicas de poda, la chaptalización (añadido de azúcar al mosto), la lista de productos que están autorizados en la vinificación y el tratamiento de los vinos.

La protección de las denominaciones. El sistema de las AOC está controlado y regido por el INAO, que se ocupa de su tarea con gran rigor. Libra «un combate en todo el mundo con el fin de proteger las denominaciones de origen de toda amenaza exterior». Por amenaza se entiende, entre otras cosas, la utilización abusiva del nombre de un vino: por ejemplo, el uso del nombre de Champagne para un espumoso. Los responsables de las comisiones europeas apoyan al INAO en esta salvaguardia de las denominaciones y han negociado con ciertos países, como Australia, para establecer un reconocimiento mutuo de sus denominaciones.

Vins delimités de qualité supérieure (VDQS)

Esta denominación se aplica a regiones vinícolas consideradas menos prestigiosas que las AOC. La reglamentación es la misma pero las zonas están delimitadas en función de los límites de los municipios con menos precisión que las AOC. Los VDQS representan hoy alrededor del 1 % de la producción francesa de vino.

Vins de pays

Estos vinos, que representan cerca del 15 % de la producción francesa, constituyen una categoría especial de vinos de mesa más cercana a los vinos de AOC. Proceden de lugares específicos y están elaborados según normas muy estrictas. Su número aumenta sin cesar. Este sistema de vinos del país tiene la ventaja de permitir a los viticultores el uso de variedades no tradicionales de la región prohibidas por la AOC. En muchas zonas del país, las regiones de AOC y de vinos del país se superponen, y estos últimos permiten innovaciones. Los chardonnay, por ejemplo, no forman parte de la lista de AOC del Muscadet. Pero la zona del vino del país del valle del Loira (Jardin de la France) autoriza el cultivo de varias cepas no tradicionales. Así, un viticultor que cultiva muscadet puede utilizar algunas parcelas de su viña para hacer pruebas con la chardonnay y vender este vino con la etiqueta de vino del país.

Las zonas de vinos del país. Hay tres clases de vinos del país: regional, departamental y local.

Los vinos del país regionales proceden de superficies claramente delimitadas. Hay cuatro: los vinos del Pays d'Oc, del Jardin de la France, del Comté Tolosan y de los Comtés Rhodaniens. Son originarios, pues, del Midi, de la parte meridional del Ródano y de Provenza; del valle del Loira, del Suroeste, del norte del Ródano y de Saboya.

Los vinos del país departamentales proceden de casi todos los departamentos franceses productores de vino, desde el Mosa, en el noreste, hasta los Pirineos Atlánticos, en el suroeste.

Los vinos del país locales, delimitados por una «zona» local, cubren territorios más reducidos, cuya extensión varía. Llevan a menudo los nombres de valles o emplazamientos.

La normativa de los vinos del país autoriza a los productores a vender su producto como vino de mesa, una parte del cual se declarará vino del país. Para la mayoría de los vinos del país, el productor puede elegir entre tres nombres: el de la zona, y si éste no le conviene por la reglamentación o porque es desconocido, el del departamento o el de la región.

Además, la reglamentación más flexible de los vinos del país permite las mezclas. Un comerciante puede adquirir toda una serie de variedades o de vinos del Midi y utilizar la denominación Vin de Pays d'Oc, un poco como las empresas australianas que pueden usar la denominación «producto del Sureste de Australia».

Del otro lado del muro, esta viña de Gevrey-Chambertin está clasificada como *premier cru*.

La reglamentación

Cada región posee una lista de variedades autorizadas, elegidas, en el caso de una zona, entre las de la lista departamental. En ciertas ocasiones se define la cantidad máxima y mínima de algunas variedades: puede estar estipulado un mínimo del 10 o 20 % de variedades «clásicas» para añadir aroma y elegancia a cepas más neutras.

Los rendimientos están controlados, aunque sus niveles son bastante elevados: la norma es de 80 hl/ha para los vinos del país de zonas delimitadas, pero puede ser de sólo 70 hl/ha. Para los vinos del país departamentales, puede ser de 90 hl/ha, dos veces el rendimiento de las mejores AOC.

Unas normas muy estrictas rigen la tasa mínima de alcohol natural, el contenido de acidez volátil y de anhídrido sulfuroso. Se analiza una muestra de cada cuba. Una comisión de degustación cata luego cada vino antes de concederle la denominación de vino del país. La reglamentación de etiquetaje prohíbe la utilización de las palabras *château* y *clos*, reservadas a las AOC, pero está autorizada *domaine*. Contrariamente a la mayoría de las AOC, los vinos del país pueden mencionar la variedad de uva, que a veces figura en la etiqueta en letras grandes.

Los vinos de ciertas regiones ya han sido promovidos o reclasificados VDQS y AOC. Eso quiere decir que cierto estilo ha quedado definido y que el vino puede someterse entonces a la reglamentación más rígida de las denominaciones de rango superior.

Los vinos de mesa

Una proporción del 55 % del viñedo francés produce vino de mesa, categoría en la que se clasifican también los vinos del país. La mayor parte de estos vinos de mesa son tintos y proceden de regiones del Midi, de Provenza y de Córcega. En sus etiquetas no figura la indicación de las regiones de origen ni la cosecha, sino sólo el nombre del país, Francia. Por lo general son mezclas y se venden con nombres de marca.

Las especialidades

Francia elabora muchas especialidades. Numerosas AOC producen vino espumoso al mismo tiempo que vino tranquilo; otras regiones se especializan en vinos dulces.

Los crémants y los vinos espumosos.

En Francia se producen muchos espumosos según las normas de una denominación controlada: por ejemplo, el champagne, así como los diversos crémants de Borgoña, de Alsacia y del Loira. Ciertas AOC, Burdeos entre otras, autorizan la producción de espumosos.

Los demás vinos espumosos, producidos según los métodos «industriales» descritos en las pp. 110-111, no están regidos por las normas de la AOC. Las variedades utilizadas pueden proceder de una región cualquiera de Francia o incluso de otro país de la Unión Europea. Llevan un nombre de marca y la denominación «vino espumoso» (*vin mousseux*).

Los vinos dulces naturales (*vins doux naturels,* VDN).

La elaboración de estos vinos permite conservar una parte de los azúcares naturales de la uva, añadiendo alcohol en el curso de la fermentación.

Estos vinos, producidos según métodos tradicionales en el Languedoc y el Rosellón, se consumen esencialmente en Francia, donde son muy apreciados como aperitivo.

Las mistelas y los vinos de licor.

Muchas regiones de Francia añaden mosto no fermentado al aguardiente local, lo que da las mistelas. No son vinos. El pineau des Charentes de la región de Cognac, contiene un cuarto de coñac y tres cuartos de mosto procedente del mismo pago. Esta bebida dulce es generalmente pálida o ambarina, a veces rosada. Su elaboración está regulada por una AOC. Las otras mistelas, como el floc de Gascogne o el macvin de Jura, no responden siempre a una regulación AOC, sino a la categoría fiscal de vinos de licor, como el oporto, el jerez y todos los demás vinos generosos de importación.

Las etiquetas del vino francés

La mayoría de las etiquetas francesas son muy claras. Las menciones *Appellation Contrôlée*, *Vin Délimité de Qualité Supérieure* o *Vin de Pays* indican el estatuto y la procedencia. Los vinos de mesa están etiquetados como tales, sin otra precisión. Toda etiqueta lleva la dirección del propietario o de la empresa embotelladora. Para los vinos de mesa, se trata a veces de un simple código de embotellador para evitar toda confusión con una AOC. Las dos primeras cifras corresponden al número del departamento donde se ha embotellado el vino, pero no necesariamente donde se ha producido.

Los *négociants*

El *négociant* es una figura típicamente francesa. Se trata de un comerciante que se dedica a comprar vino embotellado (que revenderá tal cual) o a adquirir vino a granel para realizar *assemblages*, embotellarlos y comercializarlos con su nombre. Casi todo el vino francés pasa por uno de estos bodegueros mayoristas. □

EL VOCABULARIO DEL VINO FRANCÉS

Los términos sobre la cata, la producción y la descripción están definidos en el glosario (véase pp. 515-520).
Para comprender las etiquetas puede remitirse a la p. 50.
He aquí ciertos términos particulares que se pueden encontrar
en las etiquetas o en las clasificaciones de vinos:

Millésime: año de la cosecha.
Mise en bouteilles au château/domaine: embotellado en el lugar de producción. También puede tratarse de una bodega cooperativa.
Mise en bouteilles dans nos caves: se refiere en general a las bodegas de un *négociant*.

Négociant: comprador que revende a mayoristas y a grandes superficies o a importadores extranjeros.
Négociant-éleveur: compra el vino, lo mezcla, lo cría en sus bodegas y lo embotella.
Négociant-embouteilleur: procede al embotellamiento y gestiona existencias.
Vignoble: puede ser una sola parcela de terreno o de toda una región. En este caso está subdividido en zonas.
Propriétaire-récoltant: propietario de un viñedo que también produce su vino.
Vigneron: puede tratarse tanto de un vendimiador como de un viticultor propietario.

BURDEOS

DE LOS VIÑEDOS DE BURDEOS
NACE EL MAYOR NÚMERO DE GRANDES VINOS DEL MUNDO,
SEAN CONOCIDOS O NO.

La magnificencia del Château Pichon-Longueville, *second cru* clasificado de Pauillac, demuestra la prosperidad de Burdeos durante el siglo XIX. Sus nuevos propietarios lo restauraron completamente en la década de los 80.

Seductora, encantadora, elegante, a veces arrogante, pero también campesina y rural, la Gironde tiene muchas facetas. Refleja el espíritu de Burdeos y del burdeos, un espíritu fruto del contacto entre aristócratas y campesinos, mercaderes ingleses y holandeses, y vendimiadores. Salga de la ciudad, tome una dirección cualquiera y se encontrará en medio de vides. Cada *château*, cada *cru*, cada denominación posee una personalidad y originalidad únicas. Un aficionado podría pasarse toda una vida explorándolos. En la orilla izquierda, Graves representa los orígenes de la viña bordelesa, nacida en las afueras de Burdeos hace cerca de 2 000 años. Este viñedo de fuerte personalidad también demuestra la diversidad girondina, desde los señores de Pessac-Léognan hasta los pequeños vendimiadores de Langon. En esta denominación se hacen igual de bien los tintos que los blancos secos, uniendo generosidad y rigor. En el centro de Graves, Sauternes y Barsac conservan los humores licorosos de la sémillon y de la sauvignon mediante el rito de la podredumbre noble, resultado de la magia de los otoños brumosos. Más al norte, está Médoc. El paseante debe sorprenderlo a hurtadillas para disfrutar de algunas vistas sublimes entre el Gironda y el bosque de las Landas. Aquí se practica la religión cabernet, variedad rebelde que exige sol para llegar a la madurez y tiempo para expresarse. Desde Margaux a Saint-Estèphe, pasando por Saint-Julien y Pauillac, Médoc ofrece algunos de los mejores vinos del mundo. Nombres como Latour, Lafite-Rothschild o Mouton-Rothschild bastan para atizar la imaginación de todos los aficionados al vino. Estos vinos ilustran el potencial fabuloso de la tierra de Médoc en su apabullante complejidad. Los vinos tiene elegancia y raza. En la orilla derecha, pasado el Dordoña y remontando hacia el norte, el Libournais impone la verdad de la merlot, uva opulenta e irisada. En Pomerol y en Saint-Émilion, los vinos seducen con aromas de frutos rojos y negros, finura y redondez. Burdeos elabora grandes vinos desde hace siglos: el poeta latino Ausonio fue el primero en alabarlos. Cultivadas desde hace mucho tiempo, las mejores colinas de grava son hoy las parcelas más hermosas de los mejores vinos (el viñedo de Château Pape-Clément data de 1331). En los albores del siglo XVIII, el comercio de los grandes vinos capaces de envejecer nació en Haut-Brion.

Las regiones y los estilos de vino

El mapa de la página opuesta permite visualizar la división del viñedo bordelés en dos regiones separadas por el Garona y el estuario del Gironda: la orilla izquierda, con Burdeos como capital, y la orilla derecha, con el puerto de Libourne como ciudad principal. Las diferencias geográficas entre estas dos regiones se reflejan, por ejemplo, en el estilo de los vinos tintos: mientras la variedad cabernet sauvignon domina en la orilla derecha, la izquierda es feudo de la merlot.

Ciertos *grands crus* de Graves producen también vinos blancos soberbios, aunque esta categoría siga siendo la herencia del extenso viñedo de Entre-deux-Mers, entre el Garona y el Dordoña. Al sureste de la región, los vinos generosos ocupan las viñas de uno y otro lado del Garona, con los famosos *crus* de Sauternes y de Barsac, en la orilla izquierda, y de denominaciones menos conocidas, como las de Sainte-Croix-du-Mont y de Loupiac, en la derecha.

Una producción importante

Aunque Burdeos es uno de los mejores viñedos por la calidad de sus vinos, también lo es por la cantidad de su producción. Con 100 000 ha de superficie plantada de vid, la viña bordelesa es más extensa que la de Alemania y tres veces más que la de la costa norte de California, Napa y Sonoma incluidos (30 000 ha). Por otra parte, la década de los 80 ha estado marcada por una notable progresión de los rendimientos, que superan regularmente los 5,5 millones de hectolitros (es decir, 800 millones de botellas), cuando el récord histórico de 1979 se estableció en 4 millones. Y casi todo es vino de denominación controlada. Desde 1970, la mayor parte de la producción no corresponde ya al vino blanco, sino al tinto, que representa hoy cuatro de cada cinco botellas de burdeos.

Los *châteaux* de Burdeos

El concepto de *château* surgió de Burdeos. El término podría dar a entender que a cada vino que lleva la etiqueta de un *château* corresponde un edificio magnífico con almenas y torres, pero no es así. Estos viejos castillos existen, pero son raros. En realidad, se trata casi siempre de fincas dedicadas exclusivamente a la viticultura y son pocas las que disponen de una casa solariega o de un auténtico castillo.

El *château* de Burdeos es una entidad de viña en manos de un solo propietario que cultiva su vid y elabora su vino. El tamaño de la explotación puede variar entre 150 ha (como en Médoc) y sólo unas pocas hectáreas (como en Pomerol), y la viña ser una sola parcela o estar constituida por parcelas diseminadas en el mismo municipio. Esta originalidad dio nacimiento al concepto de *cru*, término ligado al pago de origen, a su entorno y al hombre que lo explota. Ciertos *châteaux* tienen unas dimensiones y una reputación que les permite vinificar sus uvas, criar sus vinos y embotellarlos «en el *château*». Otros se limitan a vender la producción a granel o incluso a entregar la uva a la bodega cooperativa local.

Las vinificaciones

La elaboración de un vino de Burdeos se atiene a las reglas clásicas de vinificación (véase pp. 108-109). Los principios generales son sencillos, pero las prácticas de mezcla y de crianza en barrica ofrecen posibilidades mucho más difíciles de dominar. La mezcla (*assemblage*) consiste en casar cubas diferentes y procedentes de parcelas diversas, por tanto de variedades distintas y de vides más o menos viejas, vendimiadas más o menos temprano. La mezcla es un arte difícil que consiste en obtener el mejor equilibrio y la mejor expresión del pago en función de la calidad de la añada. Parte de lo que no se ha utilizado para la mezcla del «gran vino» se mezcla en un «segundo vino» y el resto, es decir, las cubas que no se han empleado para las dos primeras selecciones (como las procedentes de las vides más jóvenes), se vende a granel como vino de denominación genérico.

La crianza es otro componente de la calidad de un *grand cru*. La práctica del almacenamiento en barricas de madera de roble no es reciente, ya que antaño era la única posible para guardar y transportar los vinos. A esta primera tradición se añadieron otras virtudes comprobadas por generaciones de vinificadores: para que el vino mejore en barrica debe ser bastante potente y concentrado, y la barrica nueva o reciente, porque la madera nueva confiere cierto carácter al vino (véase p. 113). La elección de la proporción de barricas nuevas para una vendimia dada es, pues, un componente esencial de las cualidades de un vino, y sólo una decena de vinos de Burdeos (los mejores) utilizan sistemáticamente, año tras año, un 100 % de barricas nuevas.

La vid ocupa los mejores pagos de Burdeos desde hace siglos y las variedades se han seleccionado progresivamente por sus resultados. Los *grands crus* no son fruto del azar: la calidad, la clasificación y el precio están justificados por su historia y la de sus vinos. Los más concentrados, para guardar muchos años, suelen estar a la altura de sus expectativas.

Después de la década de los 70, las nuevas técnicas han transformado la vinificación en blanco, tanto en Burdeos como en el resto del mundo. La calidad de las prensas y las cubas de

LAS DENOMINACIONES

El Bordelés está dividido en 53 denominaciones de origen controladas. La mayoría de los viñedos del departamento de Gironde goza de la AOC Bordeaux, mientras que la AOC Bordeaux Supérieur cubre la misma zona, pero se aplica a vinos con una mayor graduación alcohólica.

Se distinguen tres grupos en el interior de esta zona: al oeste, en la orilla izquierda del Garona y del Gironda, se suceden las AOC Sauternes, Barsac, Graves y Médoc; al este, en la orilla derecha del Dordoña y del Gironda, se encuentran el Libournais (AOC Saint-Émilion, Pomerol, Fronsac), Bourgeais y Blayais; entre los valles del Garona y del Dordoña se extiende la AOC Entre-deux-Mers.

El viñedo de Médoc se divide, por su parte, en AOC Médoc, con una parte en la AOC Haut-Médoc, y las prestigiosas denominaciones municipales de Saint-Estèphe, Saint-Julien, Pauillac, Margaux, Moulis y Listrac.

LAS REGIONES VITÍCOLAS DE BURDEOS

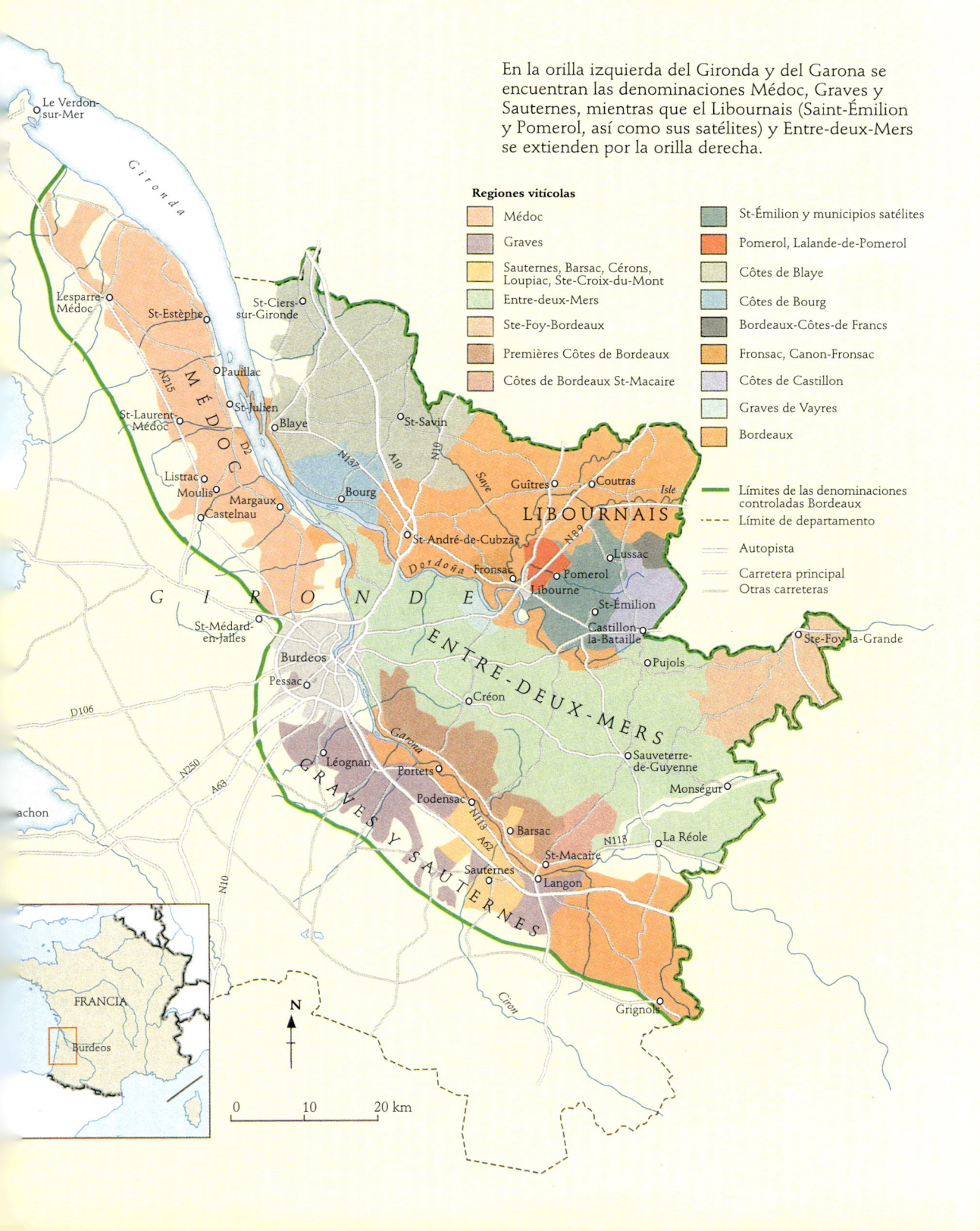

En la orilla izquierda del Gironda y del Garona se encuentran las denominaciones Médoc, Graves y Sauternes, mientras que el Libournais (Saint-Émilion y Pomerol, así como sus satélites) y Entre-deux-Mers se extienden por la orilla derecha.

Regiones vitícolas
- Médoc
- Graves
- Sauternes, Barsac, Cérons, Loupiac, Ste-Croix-du-Mont
- Entre-deux-Mers
- Ste-Foy-Bordeaux
- Premières Côtes de Bordeaux
- Côtes de Bordeaux St-Macaire
- St-Émilion y municipios satélites
- Pomerol, Lalande-de-Pomerol
- Côtes de Blaye
- Côtes de Bourg
- Bordeaux-Côtes-de Francs
- Fronsac, Canon-Fronsac
- Côtes de Castillon
- Graves de Vayres
- Bordeaux

— Límites de las denominaciones controladas Bordeaux
--- Límite de departamento
= Autopista
= Carretera principal
= Otras carreteras

acero inoxidable, que permiten un mejor control de las temperaturas de fermentación, han sido los motores de una auténtica revolución de los vinos blancos: la sauvignon y la sémillon mostraron por fin su mejor cara, con bellas notas frutales y vinos equilibrados, agradables de beber.

Las añadas y el envejecimiento

Burdeos es la única ciudad del mundo cuyas condiciones meteorológicas se difunden como un reguero de pólvora por todo el planeta, hasta el punto de que una añada que es buena en Burdeos se considerará a menudo buena en todas partes (lo que rara vez es cierto). Cuando las condiciones climáticas son particularmente favorables, propietarios y bodegueros no dudan en proclamar una cosecha del siglo, a menudo bastante antes de la vendimia, noticia rápidamente recogida por la prensa.

La influencia del océano Atlántico, al oeste, da al viñedo bordelés un clima de tipo oceánico. Los peligros son las heladas invernales, que pueden destruir una parte del viñedo (como en 1956), las de primavera, los olas de frío en el momento de la floración, el granizo, los veranos demasiado húmedos y las lluvias en la época de la vendimia. Las variaciones climáticas dan cosechas muy diferentes de un año a otro.

Las mejores cosechas de ciertos grandes vinos tintos de Burdeos pueden envejecer durante 10, 20, incluso 30 años o más. A veces, ciertas grandes botellas del siglo XIX se abren con recogimiento y se degustan en silencio: el vino puede ser milagrosamente bueno. Sin embargo, la inmensa mayoría de vinos de Burdeos no tiene tanta longevidad y las vinificaciones actuales priman los caracteres frutales sobre los caracteres tánicos de los vinos de guarda. Nada indica que los grandes vinos de la década de los 80 podrán guardarse tanto tiempo. Los rendimientos son muy elevados y las técnicas de vinificación ya no son las mismas.

En contrapartida, ciertos *châteaux* pequeños de Saint-Émilion o Médoc pueden alcanzar un carácter complejo después de tres, cuatro o cinco años en botella, en función de la calidad de la cosecha. Los *crus classés* de Graves, Médoc o Saint-Émilion ganan si envejecen más tiempo, según la añada. Pero sólo los mejores vinos de las mejores denominaciones, como Margaux, Pauillac o Saint-Julien sobreviven a decenios de envejecimiento.

Las clasificaciones

Los vinos de Burdeos compiten dentro de una jerarquía bien establecida, en especial los de Médoc. La primera clasificación de los vinos de esa región data de 1855 (véase recuadro) y es el resultado de décadas de comercio: los corredores se referían en sus intercambios a los *premiers, deuxièmes, troisièmes, quatrièmes* y *cinquièmes crus*.

El resto del viñedo bordelés se rige por unas clasificaciones más recientes que no tienen la misma historia ni se basan en los mismos criterios de análisis. Los sauternes fueron clasificados al mismo tiempo que los vinos de Médoc, mientras que los de Graves tuvieron que esperar a 1953 y los châteaux de Saint-Émilion a 1954. □

LA CLASIFICACIÓN DE 1855

La clasificación de 1855 se ha mantenido inalterable hasta nuestros días (a excepción del Château Mouton-Rothschild, promovido de *deuxième* a *premier cru* en 1973). Aparte del Château Haut-Brion, *premier cru* situado en Graves, sólo concierne a los vinos tintos de Médoc. Esta escala de *crus* se estableció durante la exposición universal de 1855 en función de la media de los precios de los vinos a lo largo del siglo anterior. Desde esa fecha, han cambiado muchas cosas –algunos *châteaux* se han dividido, otros se han ampliado–, pero la clasificación ha permanecido inalterada: significa que la jerarquía de los pagos de origen era correcta y que la defensa de los privilegios de los mejor clasificados tiene argumentos para defenderse de las críticas.

Premiers crus
Ch. Lafite-Rothschild, Pauillac
Ch. Latour, Pauillac
Ch. Margaux, Margaux
Ch. Haut-Brion, Pessac, Graves
Ch. Mouton-Rothschild, Pauillac

Deuxièmes crus
Ch. Rauzan-Ségla, Margaux
Ch. Rauzan-Gassies, Margaux
Ch. Léoville-Las-Cases, St-Julien
Ch. Léoville-Poyferré, St-Julien
Ch. Léoville-Barton, St-Julien
Ch. Durfort-Vivens, Margaux
Ch. Lascombes, Margaux
Ch. Gruaud-Larose, St-Julien
Ch. Brane-Cantenac, Cantenac-Margaux
Ch. Pichon-Longueville, Pauillac
Ch. Pichon-Longueville Comtesse de Lalande, Pauillac
Ch. Ducru-Beaucaillou, St-Julien
Ch. Cos d'Estournel, St-Estèphe
Ch. Montrose, St-Estèphe

Troisièmes crus
Ch. Giscours, Labarde-Margaux
Ch. Kirwan, Cantenac-Margaux
Ch. d'Issan, Cantenac-Margaux
Ch. Lagrange, St-Julien
Ch. Langoa-Barton, St-Julien
Ch. Malescot-St-Exupéry, Margaux
Ch. Cantenac-Brown, Cantenac-Margaux
Ch. Palmer, Cantenac-Margaux
Ch. La Lagune, Ludon
Ch. Desmirail, Margaux
Ch. Calon-Ségur, St-Estèphe
Ch. Ferrière, Margaux
Ch. Marquis d'Alesme-Becker, Margaux
Ch. Boyd-Cantenac, Cantenac-Margaux

Quatrièmes crus
Ch. St-Pierre, St-Julien
Ch. Branaire, St-Julien
Ch. Talbot, St-Julien
Ch. Duhart-Milon, Pauillac
Ch. Pouget, Cantenac-Margaux
Ch. La Tour-Carnet, St-Laurent
Ch. Lafon-Rochet, St-Estèphe
Ch. Beychevelle, St-Julien
Ch. Prieuré-Lichine, Cantenac-Margaux
Ch. Marquis de Terme, Margaux

Cinquièmes crus
Ch. Pontet-Canet, Pauillac
Ch. Batailley, Pauillac
Ch. Grand-Puy-Lacoste, Pauillac
Ch. Grand-Puy-Ducasse, Pauillac
Ch. Haut-Batailley, Pauillac
Ch. Lynch-Bages, Pauillac
Ch. Lynch-Moussas, Pauillac
Ch. Dauzac, Labarde-Margaux
Ch. d'Armailhacq (ex-Mouton-Baron-Philippe), Pauillac
Ch. du Tertre, Arsac-Margaux
Ch. Haut-Bages-Libéral, Pauillac
Ch. Pédesclaux, Pauillac
Ch. Belgrave, St-Laurent
Ch. de Camensac, St-Laurent
Ch. Cos Labory, St-Estèphe
Ch. Clerc-Milon, Pauillac
Ch. Croizet-Bages, Pauillac
Ch. Cantemerle, Macau

MÉDOC

Médoc es un poco el fin del mundo, aislado del resto de Francia por las aguas pardas del Gironda y del resto del mundo por el océano Atlántico. La viña no ocupa más que una estrecha franja que se extiende a lo largo de la península, entre el estuario y el gran bosque de las Landas, que filtra el frescor de las brisas atlánticas. Esta situación geográfica privilegiada, unida a un suelo único y a las colinas de grava, da origen a vinos excelentes.

Los factores clave que constituyen el entorno de Médoc se analizan en la p. 206. Los demás ingredientes de la grandeza y del éxito de los vinos son la elección de las variedades que se han impuesto localmente y la proximidad del puerto internacional de Burdeos. Los vinos de Médoc, al igual que los de Graves, fueron descubiertos hace mucho tiempo por los aficionados del norte de Europa, que ya se aprovisionaban en Burdeos en tiempos de los romanos. Los *premiers crus* de Médoc, como Margaux, Latour o Lafite, eran conocidos por los importadores de grandes vinos hace tres siglos. Este entusiasmo ha generado una demanda mundial que perdura y que anima a los propietarios a hacer las inversiones y los sacrificios necesarios para la elaboración de grandes vinos.

Los *châteaux*

La prosperidad de los *grands crus* ha dejado otra herencia: los *châteaux*. En el corazón de Médoc se encuentra la mayor concentración de grandes propiedades vitícolas del mundo. Algunos propietarios no han dudado en ostentar su riqueza y su ambición edificando construcciones soberbias de estilos diversos y controvertidos. Aunque actualmente subsisten algunas joyas como el Château de Lamarque, que data de la Edad Media, o el Château d'Issan, construido en el siglo XVII, la mayoría de los edificios se construyeron en los siglos XVIII y XIX. Los torreones y las fachadas suntuosas alegran ciertamente la monotonía de un paisaje sin atractivos, pero estos monu-

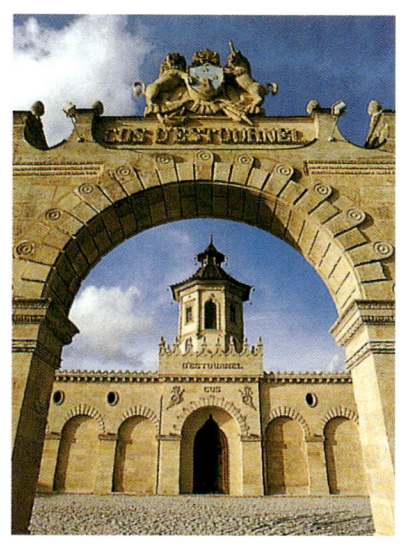

Fachada del Château Cos d'Estournel.

mentos no constituyen más que una faceta de los *châteaux* de Médoc. Las bodegas son mucho más importantes. Se trata de edificios a menudo faltos de encanto que acogen los equipamientos vinateros, las barricas y las existencias de botellas.

Las variedades y los estilos de vino

La variedad predominante en las denominaciones de Médoc es la cabernet sauvignon, que se encuentra mezclada en proporciones variables con merlot, cabernet franc y petit verdot. La parte de cabernet sauvignon en la mezcla final de un *château* es una indicación del estilo de vino: cuanto mayor sea, más austero será el vino y más se podrá considerar un vino de guarda.

Otros componentes del carácter de un *château* son su situación geográfica y su estatuto. Los *grands crus* —clasificados en su mayoría en 1855 (véase p. 202)— están constituidos por más cabernet que merlot, y son objeto de selecciones y tratamientos de crianza muy particulares (véase p. 200). Ocupan los suelos mejor drenados y dotados de las mejores gravas.

En las parcelas desfavorecidas por un suelo más pesado, la merlot da vinos más sedosos y agradables, aptos

LAS DENOMINACIONES DE MÉDOC

Existe una jerarquía dentro de las denominaciones de Médoc.

AOC Médoc. Antiguamente conocida como Bas-Médoc debido a su altitud más baja en la desembocadura del Gironda, la región ha cambiado de nombre a petición de los viticultores. En esta denominación, sobre una amplia extensión de vides al norte y al noroeste de Saint-Seurin-de-Cardonne, están establecidos muchos *châteaux* pequeños y algunas grandes propiedades.
Las cooperativas acaparan una parte importante de los vinos para comercializarlos como Médoc genéricos.

Los bosques, los pastos y las marismas comparten las depresiones, mientras que la vid ocupa las colinas de grava. Para los *châteaux* véase p. 210.

AOC Haut-Médoc. Esta denominación agrupa todos los viñedos situados en la zona sur del estuario del Gironda que no pertenecen a los municipios de Moulis y Listrac, ni a las cuatro denominaciones prestigiosas de Saint-Estèphe, Pauillac, Saint-Julien y Margaux. Emplazada más hacia el interior con respecto al estuario, a excepción de Saint-Seurin, Lamarque, Cussac, Ludon-Médoc y Macau, la denominación esconde unos parajes bellísimos.

AOC municipales. Estas denominaciones se describen detalladamente en los siguientes capítulos y constituyen el no va más en la jerarquía de las denominaciones de Médoc. Por orden alfabético son: Listrac, Margaux, Moulis, Pauillac, Saint-Estèphe y Saint-Julien.

Los demás viñedos venden su producción a la cooperativa local o comercializan los vinos con la denominación Haut-Médoc o Médoc.

LAS REGIONES VITÍCOLAS DE MÉDOC, GRAVES Y SAUTERNES

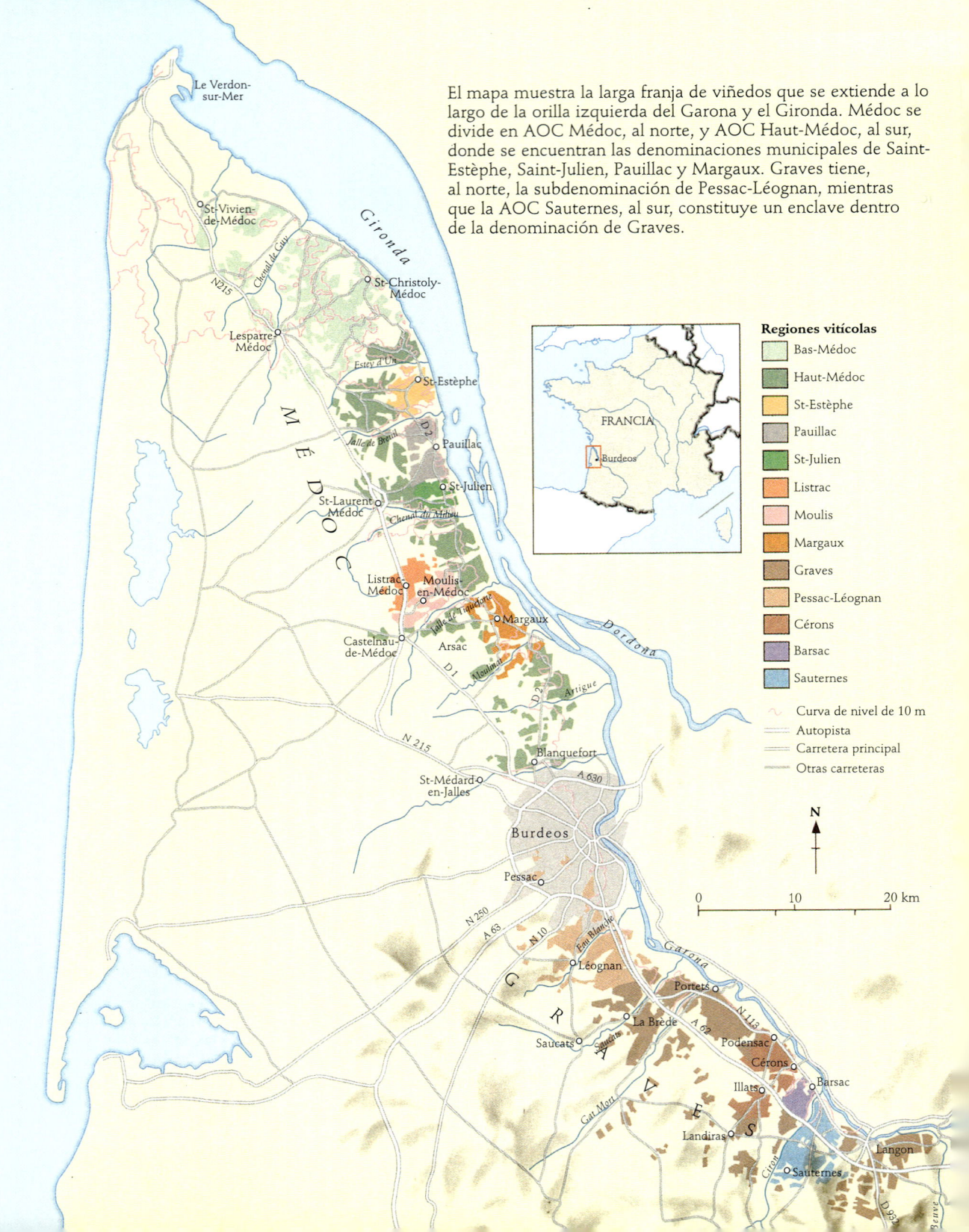

El mapa muestra la larga franja de viñedos que se extiende a lo largo de la orilla izquierda del Garona y el Gironda. Médoc se divide en AOC Médoc, al norte, y AOC Haut-Médoc, al sur, donde se encuentran las denominaciones municipales de Saint-Estèphe, Saint-Julien, Pauillac y Margaux. Graves tiene, al norte, la subdenominación de Pessac-Léognan, mientras que la AOC Sauternes, al sur, constituye un enclave dentro de la denominación de Graves.

Regiones vitícolas
- Bas-Médoc
- Haut-Médoc
- St-Estèphe
- Pauillac
- St-Julien
- Listrac
- Moulis
- Margaux
- Graves
- Pessac-Léognan
- Cérons
- Barsac
- Sauternes

- Curva de nivel de 10 m
- Autopista
- Carretera principal
- Otras carreteras

para ser bebidos muy jóvenes. Los merlot no permanecen mucho tiempo en barricas demasiado nuevas. Las mejores propiedades conservan un cierto número de parcelas de vides viejas, más avaras en cantidad pero que dan uvas más concentradas.

Los vinos tintos de Médoc se distinguen de los de Saint-Émilion y del resto de la orilla derecha por su rectitud, finura y austeridad, así como por los aromas dominantes de la cabernet sauvignon.

Los crus bourgeois

La clasificación de 1855 (véase p. 202) es todavía el coto privado de algunas decenas de *châteaux* cuyos vinos, renombrados en aquella época, siguen siéndolo en la actualidad. La denominación de *cru bourgeois* es más reciente, puesto que la primera lista data de 1932 –aunque el concepto existía previamente–, y relaciona nada menos que 490 *châteaux*. Después de la crisis de 1930, 150 *châteaux* fueron eliminados de la lista. En 1962, se fundó el Syndicat des Crus Bourgeois du Médoc para establecer una clasificación nueva. Ésta agrupaba, en 1978, 117 *châteaux*. Desde esa fecha, se han unido al Syndicat unos 60 «*bourgeois* nuevos», pero la situación es algo confusa y revela una laguna en la definición de *cru bourgeois* y en la vocación del Syndicat. Ciertos *crus bourgeois* merecerían sin duda figurar entre los vinos clasificados, lo que supondría una revisión de la clasificación de 1855. ☐

LOS SEGUNDOS VINOS

La calidad y la reputación de los *grands crus* de Médoc permite realizar una selección de las mejores *cuvées* para las mejores mezclas, vendidas con la etiqueta del *château* y llamadas *grand vin* o *premier vin*. El resto de la producción, descartada por esta primera selección, se utiliza en un *second vin* comercializado con otra etiqueta.

Esta práctica ha existido siempre entre los *châteaux* más conocidos de Médoc, puesto que el segundo vino de Château Latour data de hace más de dos siglos y el de Château Mouton se llamaba Mouton Cadet en la década de los 30 (el Mouton Cadet actual es una marca comercial de un burdeos sencillo). Esta costumbre secular ha despertado un nuevo interés con las diez gloriosas añadas de la década de los 80, gracias a grandes rendimientos (o a causa de ellos) y a una voluntad decidida de no otorgar la etiqueta de *grand vin* más que a lo mejor.

Los «segundos vinos» no son objeto de reglamentación alguna y su elaboración se deja al buen criterio de los propietarios. Según la calidad de la cosecha, la edad de las vides de ciertas parcelas y el grado de madurez de los vinos, pero también los sacrificios a los que están dispuestos, los productores son más o menos rigurosos en la elección de sus mezclas. Menos concentrados que los *grands vins*, los *seconds vins* deben beberse antes.

Una buena cosecha debería dar un excelente «segundo vino», en la medida en que todas las cubas merecerían ser mezcladas, salvo quizá las procedentes de vides jóvenes, cuyo rendimiento es a menudo demasiado generoso. En una cosecha difícil, cuando la uva no ha llegado a su plena madurez, la selección es más estricta y las cubas que entran en la mezcla del «segundo vino» son a menudo más ligeras. La selección se realiza en función de cierto equilibrio de la mezcla del «primer vino» y no es raro, en años muy maduros, como 1982 o 1986, encontrar «segundos vinos» dignos de ser considerados *premiers*. Ciertos *châteaux* pueden disponer de una tercera etiqueta, e incluso de una cuarta, pero suele ser raro y las cubas que no se emplean para una primera mezcla, ni para una segunda, suelen comercializarse como vinos genéricos de denominación (AOC Saint-Estèphe, Saint-Julien, Pauillac o Margaux).

Premiers crus classés
Lafite-Rothschild: Les Carruades
Latour: Les Forts de Latour
Margaux: Pavillon Rouge du Château Margaux

Seconds crus classés
Brane-Cantenac: Notton
Cos d'Estournel: de Marbuzet
Ducru-Beaucaillou: La Croix
Durfort-Vivens: Domaine de Cure-Bourse
Gruaud-Larose: Sarget de Gruaud-Larose
Lascombes: Ségonnes
Léoville-Las-Cases: Clos du Marquis
Léoville-Poyferré: Moulin-Riche
Montrose: La Dame de Montrose
Pichon Baron: Les Tourelles de Longueville
Pichon Lalande: Réserve de la Comtesse
Rauzan-Gassies: Mayne de Jeannet

Troisièmes crus classés
Calon-Ségur: Marquis de Ségur
Cantenac-Brown: Canuet
Lagrange: Fiefs de Lagrange
La Lagune: Ludon-Pomies-Agassac
Malescot-Saint-Exupéry: La Dame de Malescot

Quatrièmes crus classés
Beychevelle: Amiral de Beychevelle
Duhart-Milon-Rothschild: Moulin de Duhart
Marquis de Terme: des Gondats
Prieuré-Lichine: de Clairefont
Talbot: Connétable de Talbot

Cinquièmes crus classés
Grand-Puy-Ducasse: Artigues-Arnaud
Grand-Puy-Lacoste: Lacoste-Borie
Haut-Batailley: La Tour-d'Aspic
Lynch-Bages: Haut-Bages-Avérous
Pontet-Canet: Les Hauts-de-Pontet

Crus bourgeois
Beausite: Haut-Madrac
Caronne-Ste-Gemme: Labat
Chasse-Spleen: Ermitage de Chasse-Spleen
Citran: Moulin-de-Citran
Gloria: Peymartin
Labégorce-Zédé: Admiral
Meyney: Prieuré-de-Meyney
Ormes-Sorbet: Conques
Potensac: Lassalle
Siran: Bellegarde
Tour-de-By: Roque de By

LOS FACTORES DE CALIDAD

Este corte geológico del subsuelo de la región de Pauillac muestra los sedimentos de grava depositados por el Gironda sobre un fondo de roca compuesta de caliza con bolsas de arcilla. Los viñedos de los mejores pagos están situados en los taludes de grava más profundos, que se llaman *croupes* (grupas). La permeabilidad de esta grava sobre un subsuelo calizo permite un buen drenaje.

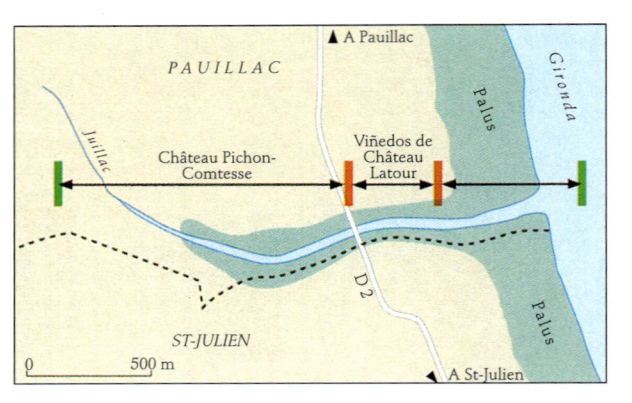

Localización
El viñedo de Château-Latour, un *premier cru* famoso, ocupa una *croupe* de grava que domina el *palus* (aluviones) de las orillas del estuario. La pendiente, bastante marcada, facilita el drenaje. La cercanía del Gironda es otro factor de calidad: lo protege de las heladas primaverales. Los viñedos de los mejores pagos están en otras *croupes* cuya pendiente se atenúa hacia el oeste.

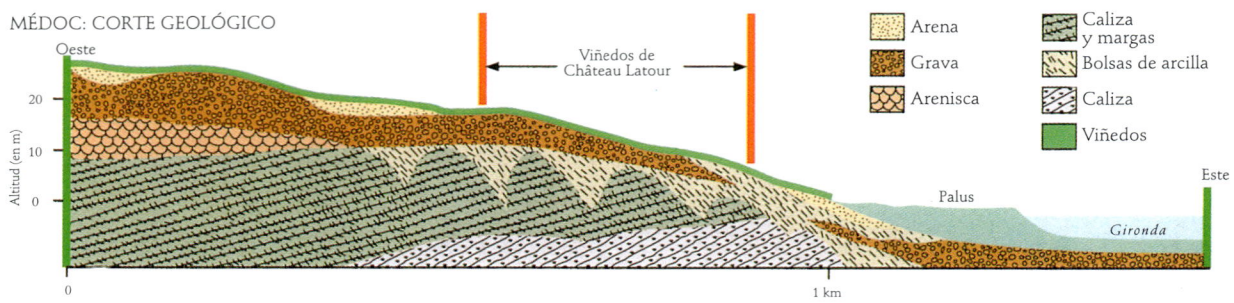

Suelos de grava
La grava que se ve en la fotografía está compuesta de guijarros grandes y de gravilla mezclada con sedimentos arenosos. La grava permite un buen drenaje del agua. En el subsuelo, una fina capa de arena, gravilla y arcilla descansa sobre una roca compacta, formada de sedimentos calizos (como en Margaux), arenosos (en Mouton) o incluso arcillosos (en Latour). La superposición de los estratos sedimentarios ofrece tres propiedades favorables a la viticultura: por un lado, el suelo y el subsuelo son un entorno pobre que limita el rendimiento de la vid; por otro, el subsuelo permeable deja que las raíces de la vid se hundan hasta 4 o 5 m; y finalmente, esta misma permeabilidad impide que el agua de la lluvia se estanque o acumule.

Pluviometría
Las precipitaciones de lluvia que azotan con frecuencia Médoc sufren la influencia protectora del cinturón boscoso de las Landas, al sur y al oeste del viñedo. Este mapa muestra la pluviometría media en milímetros durante el período crucial del mes de julio. Los vientos del oeste, portadores de lluvia, atraviesan el bosque de las Landas y las precipitaciones afectan sobre todo el oeste de Médoc, antes de llegar al viñedo. Los viticultores prefieren los veranos más bien secos y las vendimias sin lluvia para favorecer la maduración de la uva y cosechar en las mejores condiciones. Las lluvias de invierno y de primavera son bien recibidas pero, en su conjunto, a Médoc no le falta agua y teme más el exceso de lluvia que la sequía.

Suelo de grava en Pauillac.

Drenaje
La grava es excelente para el buen drenaje de las aguas y los ríos subterráneos mejoran aún más dicho drenaje. Bajo los suelos superficiales, todavía subsisten los vestigios de un sistema que data de la época en que el nivel del Gironda era más bajo que en la actualidad. Sin embargo, los propietarios de los *châteaux* han hecho grandes inversiones en este terreno.

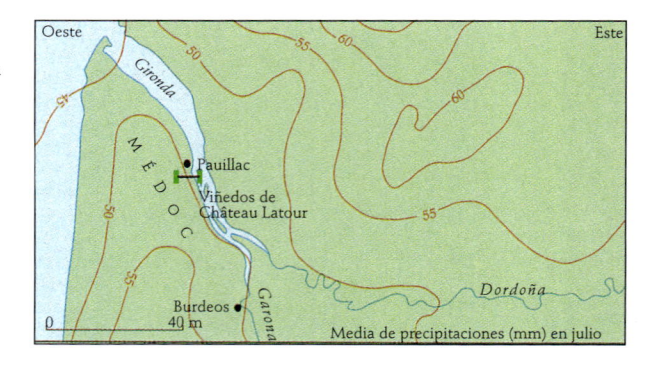

GRANDS CRUS DE MÉDOC

En la región de Médoc se elaboran algunos de los vinos más prestigiosos del mundo. Dentro de Médoc destacan principalmente cuatro denominaciones: Saint-Estèphe, de vinos sólidos y austeros; Pauillac, con vinos bien estructurados y potentes; Saint-Julien, la más pequeña pero muy reputada; y Margaux, cuyos vinos son algo más amables. Además existen otras denominaciones menos famosas pero que elaboran vinos de altura.

AOC SAINT-ESTÈPHE

La tierras del municipio lindan con el norte de Pauillac. Los *châteaux* del sur de la denominación, como Cos d'Estournel, dominan los viñedos de Lafite y de Mouton, a unos centenares de metros y separados por un valle de marismas. Además, una parcela del propio Château Lafite se adentra en Saint-Estèphe. Más al norte, la denominación Médoc tiene menos *croupes* de grava y más zonas de marismas silvestres. Saint-Estèphe sólo tiene cinco *crus*, clasificados en 1885, pero existen muchos *crus bourgeois* de excelente calidad.

Château Calon-Ségur
3e *cru classé* Situado a la salida del pueblo de Saint-Estèphe, Calon-Ségur es el *cru classé* en 1885 más septentrional. Sus vinos tienen excelentes cualidades para el añejamiento, sobre todo desde las últimas añadas de los años 80.

Château Cos d'Estournel
2e *cru classé* Conocido por la extravagancia arquitectónica de su castillo de estilo oriental, cuya fachada oculta la bodega de barricas, a Cos d'Estournel se le respeta sobre todo por la magnificencia de sus vinos. El viñedo tiene un 40 % de merlot. Para la vinificación se recurre a la tecnología más moderna, pero el vino sigue siendo clásico. El segundo vino es el Château de Marbuzet.

Château Cos Labory
5e *cru classé* Vecino de Cos d'Estournel, Cos Labory tiene un estilo muy distinto, menos complejo y de maduración más rápida. Las últimas añadas se muestran prometedoras.

Château Lafon-Rochet
4e *cru classé* Lafon-Rochet tiene un viñedo expuesto al sur, en dirección del Château Lafite, de vides muy viejas con un 55 % de cabernet sauvignon. En las mejores añadas se trata de un buen vino de guarda.

Château Montrose
2e *cru classé* Con uno de los viñedos más bellos de Saint-Estèphe, sobre una loma que domina las aguas del Gironda, Montrose es el arquetipo de la denominación con vinos robustos, carnosos y para añejar muchos años. La situación de la viña y el estilo de los vinos lo hacen comparable a Château Latour, más al sur. Desde la añada de 1989, este «Latour» de Saint-Estèphe es menos austero tras un cambio en la gestión de la vinificación. Es uno de los mejores vinos de Médoc en los grandes años, como 1990.

AOC PAUILLAC

En 1885, se clasificaron nada menos que 18 *châteaux* de Pauillac. Ocupan una gran parte de la denominación y dejan poco espacio para las pequeñas propiedades, cuyos precios serían más asequibles. Afortunadamente, los segundos vinos (y los terceros) de las buenas y las menos buenas añadas son a veces un buen negocio. Los grandes vinos, por su parte, deben tomarse de vez en cuando, aunque sólo sea para saber que sirve de referencia a los mejores vinos de todo el mundo.

La cabernet sauvignon es aquí la reina y da sus características notas de grosella negra, madera de cedro y especias.

Con algunas excepciones, como Mouton-Rothschild que elabora vino blanco, Pauillac produce tintos.

Château d'Armailhacq
5e *cru classé* Hasta 1989, durante algunos años este *château* perteneció a la familia del barón Philippe de Rothschild y se llamaba Mouton-Baron-Philippe. Antiguamente, el viñedo formaba parte del de Mouton, pero hoy las viñas están separadas. Los vinos de Armailhacq son clásicos de Pauillac, pero no tienen la grandeza de su ilustre vecino.

Château Croizet-Bages
5e *cru classé* Es un vino original para Pauillac, ya que la cabernet sauvignon es minoritaria en la mezcla, compuesta esencialmente de merlot y cabernet franc. Los vinos son suaves y evolucionan rápidamente.

Château Duhart-Milon
4e *cru classé* Las 50 ha de la propiedad forman parte del patrimonio de la familia Rothschild, de Lafite, sobre el banco del Pouyolet. No hay «castillo», sino un gran viñedo que se extiende al oeste de los de Lafite y de Mouton hasta la *jalle* de Breuil, al norte. A partir de la cosecha de 1981, los vinos expresan el potencial del pago.

Château Lafite-Rothschild
1er *cru classé* Los conductores que vienen del norte en dirección a Pauillac pueden entrever el Château Lafite entre dos árboles, oculto tras la exhuberancia de los jardines en terrazas o escondido por la impresionante bodega de superficie. Las 90 ha del viñedo están situadas sobre el extremo norte de la meseta de Pauillac, separadas del viñedo de Saint-Estèphe por la *jalle* de Breuil. El suelo es de grava y está bien drenado, compuesto por gravas finas, de un tamaño inferior de las del viñedo de Latour, más al sur.

La situación excepcional del viñedo hace que Lafite siempre haya sido *premier cru* desde que existe este término, a principios del siglo XVIII. En aquella época, Lafite, al igual que Mouton y Latour, pertenecía al famoso marqués de Ségur. El marqués estableció la frontera entre Mouton y Lafite que, entonces, formaban una misma propiedad. Los banqueros Rothschild compraron Lafite en 1868 y siguen siendo sus propietarios. Durante años, la propiedad no dio ningún vino digno de un *premier cru*, como los que ya se elaboraban en los siglos XVIII y XIX, pero desde 1974, fecha en la que reasumió la gestión Éric de Rothschild, Lafite ha ido ganando progresivamente en calidad para alcanzar el liderazgo de los grandes vinos en las mejores cosechas de los años 80. En la actualidad, los vinos de Château Lafite pueden compararse ventajosamente con los de su vecino Mouton o con los de Latour, situado en el otro extremo de la denominación.

Château Latour
1er cru classé Los vinos de Château Latour ya eran apreciados en la Edad Media y los lindes de los cuatro bancales de vides en el centro del viñedo no han cambiado desde entonces: situado en dos pequeñas lomas de grava que permiten un drenaje excelente, el viñedo ofrece un acceso al Gironda y una buena protección contra el mal tiempo.

El conjunto del viñedo representa una superficie cultivada de 60 ha, es decir, dos tercios del viñedo de Lafite si se contabilizan las parcelas periféricas, generalmente descartadas para las mezclas de un gran vino.

Este gran clásico está dominado por la cabernet sauvignon y ha entrado en la leyenda gracias a su longevidad.

La excelencia del pago permite a Latour elaborar vinos maravillosos incluso en los peores años. En las mejores cosechas, produce un vino de una concentración increíble, de color negro, que exige para desarrollarse plenamente una paciencia que se mide en decenios. Los impacientes pueden consolarse con el segundo vino, Les Forts de Latour, o con un vino genérico de Pauillac embotellado en la propiedad y cuya etiqueta está adornada con el dibujo de la famosa torre.

Después de años de dominio inglés, Château Latour fue comprado en 1993 por François Pinault, un empresario francés.

Château Mouton-Rothschild
1er cru classé Véase recuadro.

Château Lynch-Bages
5e cru classé La paradoja de uno de los mejores vinos de Médoc en el decenio 1981-1991 es que se trata de un vino tradicional elaborado según las últimas tecnologías de vinificación. El estilo del vino de Lynch-Bages es suave y accesible, aunque sin embargo es concentrado y tiene la profundidad y la estructura de un verdadero vino de Pauillac. El viñedo cultivado es de más de 86 ha en uno de los mejores emplazamientos de la denominación.

Château Pichon-Longueville Baron
2e cru classé Los dos *châteaux* de Pichon-Longueville están frente a frente, a cada lado de la carretera departamental D2 que atraviesa el caserío de Saint-Lambert. Al oeste de la carretera, el castillo de «Pichon Baron», recientemente restaurado tras su compra por el grupo asegurador Axa, se impone con sus estilizadas torres y es el fiel reflejo de la edad de oro de Médoc, a mediados del siglo XIX. Las nuevas bodegas de superficie, de arquitectura atrevida y polémica, están pegadas al castillo y un estanque enorme se refleja sobre este conjunto tan contrastado. Gracias a las inversiones del grupo Axa, el viñedo inicial se ha ampliado con varias parcelas y la superficie cultivada supera las 65 ha, esencialmente al sur del castillo, frente al viñedo del Château Latour.

Château Pichon-Longueville Comtesse de Lalande
2e cru classé La segunda mitad del Château Pichon-Longueville está en manos de la generala May-Éliane de Lencquesaing, que ha marcado con su fuerte personalidad las recientes reformas de su espléndido castillo y de las dependencias. En medio de un pequeño parque, las bodegas de barricas están enterradas y el resto de los edificios se integran en el paisaje. El viñedo, vecino del de Latour y con algunas parcelas en Saint-Julien, está plantado con un 35 % de merlot y sólo un 45 % de cabernet sauvignon. Este encepe original, asociado al magnífico pago, da unos vinos suaves y potentes que, en las buenas cosechas, muchas veces rivalizan con los *premiers crus*. Una selección muy estricta para la mezcla del primer vino permite que el segundo vino, el Réserve de la Comtesse, tenga una fama que nunca ha desmerecido.

AOC SAINT-JULIEN
Saint-Julien es un enclave situado entre Pauillac, al norte, y la AOC Haut-Médoc de Lamarque y Cussac, al sur. Dos pequeños ríos *(jalles)* constituyen las fronteras naturales. El terreno está compuesto por una serie de lomas de grava bien drenadas por las *jalles* y el Gironda. Saint-Julien produce sobre todo tintos.

Château Ducru-Beaucaillou
2e cru classé Situado sobre una bonita loma de grava de la ribera del Gironda, este pago pertenece a la familia Borie. Se elaboran vinos bien estructurados y llenos de savia, al estilo tradicional. Desde la cosecha de 1985, Ducru-Beaucaillou demuestra una buena gestión y una constancia notable, sin duda gracias a una selección estricta que resulta muy favo-

---

CHÂTEAU MOUTON-ROTHSCHILD

En la clasificación de 1855, estaba considerado *second cru*, pero gracias al carácter y la tenacidad del barón Philippe de Rothschild, fue promovido a *premier cru classé* en 1973 –el único cambio de la clasificación desde 1855–. Las viñas (75 ha) son colindantes con las de Lafite, pero la cabernet sauvignon es predominante (85 %). La opulencia de las mejores añadas imprime al vino una potencia y una complejidad inigualables, y la grandeza de añadas como 1982, 1985, 1988, 1989 y 1990 ha confirmado su estatuto de *premier cru*.

Mouton no tiene un castillo impresionante, pero su museo de arte de inspiración báquica merece una visita. Cada cosecha de Mouton está realzada por una obra de arte que se reproduce en la etiqueta.

rable para el segundo vino comercializado con el nombre de La Croix.

Château Gruaud-Larose

2e *cru classé* Con un viñedo de 48 ha muy bien situado, Gruaud-Larose es uno de los estandartes de Saint-Julien desde hace más de 250 años. En 1815, las notas de un intermediario describen este vino como «con sustancia, pero sedoso y con una buena concentración de aromas». El vino necesita tiempo para llegar a su apogeo. El segundo vino lleva la etiqueta Sarget de Gruaud-Larose. Durante años bajo el control de Domaines Cordier, el grupo Alcatel-Alsthom adquirió la propiedad en 1993.

Château Lagrange

3e *cru classé* Esta extensa propiedad de 113 ha fue comprada en 1983 por el grupo japonés Suntory, que no dudó en invertir millones de yenes en la reforma del viñedo, la instalación de maquinaria de vinificación, la construcción de inmensas bodegas de barricas y la asesoría de Michel Delon (véase Château Léoville-Las-Cases). A partir de la cosecha de 1985, el renacimiento del Château Lagrange se percibía en el vino.

Una selección rigurosa hace que el segundo vino sea especialmente codiciado: se vende con la etiqueta Fiefs de Lagrange.

Château Langoa-Barton

3e *cru classé* En 1715, Thomas Barton salió de Irlanda para instalarse en Burdeos y se hizo comerciante de vinos. En 1821, Hugh Barton compró Langoa y, un poco más tarde, adquirió una parte de la finca Léoville. Anthony Barton heredó los dos *châteaux*, que dirige respetando la tradición. Langoa representa 15 ha de vides y comercializa sus vinos a precios muy razonables.

Château Léoville-Barton

2e *cru classé* Léoville era antiguamente una extensa propiedad frente al viñedo de Latour, al norte de la denominación Saint-Julien. La parte del viñedo que está hoy en manos de la familia Barton representa 45 ha y produce vinos elegantes.

Château Léoville-Las-Cases

2e *cru classé* Esta gran propiedad de 95 ha representa la mitad del antiguo Léoville. Michel Delon, el propietario, es reconocido como uno de los mejores vinificadores de Burdeos. Los vinos son muy concentrados, llenos de savia, largos en boca y de una longevidad extraordinaria. A menudo se comparan con los de Latour. El segundo vino, Clos du Marquis, es muy buscado por los iniciados

Château Léoville-Poyferré

2e *cru classé* Esta propiedad es el tercio del antiguo Château Léoville. Posee 78 ha de lo que se consideraba antaño los mejores pagos. A la sombra de los otros dos Léoville durante años, su renovación ha estado dirigida por Didier Cuvelier. Desde 1989, los vinos son más concentrados gracias a la reducción drástica de los rendimientos y a la selección. El segundo vino es el Château Moulin-Riche.

AOC MARGAUX

Margaux está al sur de Médoc, en un paisaje de pastos y bosques dominados por algunas lomas de grava. La grava de Margaux es más gruesa que la del norte y los depósitos de guijarros están separados por lenguas de marismas siempre húmedas.

La denominación de Margaux supera los límites del municipio: de norte a sur las 1 100 ha se reparten entre los municipios de Soussans, Margaux, Arsac, Cantenac y Labarde.

Una meseta central acoge el viñedo de Cantenac, al sureste, hasta Marsac, en el municipio de Soussans. Hacia el sur, el suroeste y el sureste, siete parcelas sobre unas elevaciones del terreno están plantadas de vides. Los mejores pagos están en los límites de la meseta central: los Châteaux Margaux, Palmer e Issan dan al este, al Gironda. Pouget, Cantenac y Kirwan miran al sur, frente a las marismas situadas en los lindes de los depósitos de grava.

Château Brane-Cantenac

2e *cru classé* Esta amplia propiedad de 85 ha situada sobre la pendiente sur de la meseta central pertenece a la familia Lurton. Las cosechas de la década de los 70 fueron decepcionantes pero las de los años 80 (a partir de 1986) están mucho mejor.

Château Dauzac

5e *cru classé* La MAIF, propietaria desde 1988, ha realizado inversiones recientes en este viñedo de 40 ha, no lejos del Gironda, que han mejorado la calidad de las últimas cosechas. André Lurton dirige la propiedad desde la añada de 1993.

Château Giscours

3e *cru classé* Esta propiedad de 80 ha de vides situada en Labarde estaba abandonada. En los últimos 30 años, se ha replantado y se han reconstruido las bodegas. Giscours tuvo su edad de oro en la década de los 70, pero las cosas no salieron tan bien en los años 80. Afortunadamente, algunas cosechas, como las de 1986, 1988 y 1989, son elegantes y seductoras.

Château d'Issan

3e *cru classé* Este espléndido castillo romántico rodeado de duelas tiene un viñedo de 30 ha bien expuesto sobre las pendientes este de la meseta. El vino suele ser generalmente excelente en su juventud y, curiosamente, envejece bien. Es uno de los mejores vinos de la denominación y pertenece a la familia Cruse.

Château Kirwan

3e *cru classé* Muy bien emplazado en la meseta de grava, al este de Brane-Cantenac, Kirwan (33 ha) produce vinos suaves con predominio de merlot y cabernet franc. La suavidad se afina con el añejamiento. Como ocurre a menudo en Margaux, las cosechas de la segunda mitad de los 80 son mejores que las anteriores.

Château Labégorce-Zédé

Cru bourgeois Este vino tiene una calidad constante y se vinifica de forma tradicional a partir de un viñedo de 25 ha del municipio de Soussans. Luc Thienpont, el propietario, es también dueño del Vieux-Château-Certan, en Pomerol.

Château Lascombes

2e *cru classé* Alexis Lichine renovó el viñedo y lo cedió a un grupo de cerveceros ingleses. Después de dos decenios de cosechas sin demasiado interés, los vinos de Lascombes mejoraron a finales de los 80. La nueva bodega de vinificación construida en 1986 tiene gran parte de culpa en estos cambios.

Château Margaux
1er cru classé Véase recuadro.

Château Marquis de Terme
4e cru classé Desde hace 15 años, los nuevos propietarios han cambiado la vinificación para que el bello pago de 35 ha pueda expresarse mejor.

Château Palmer
3e cru classé Vecino del Château Margaux, Palmer elaboró mejores vinos que el *premier cru* en las décadas de los 60 y los 70. Hoy, sus vinos siguen siendo espléndidos y poseen una fruta, una potencia y un equilibrio únicos. Algunas parcelas del viñedo están en la misma loma de grava que Château Margaux. La merlot representa un 40 %, las fermentaciones son lentas y las selecciones rigurosas. Todos estos factores explican por qué Palmer pertenece a la «corte» de los grandes vinos.

Château Pouget
4e cru classé Esta pequeña propiedad de 10 ha, poco conocida, elabora buenos vinos.

Château Prieuré-Lichine
4e cru classé Se trata del antiguo priorato lindante con la iglesia de Cantenac. Alexis Lichine fundó esta propiedad reuniendo 60 ha de parcelas de vides diseminadas en la denominación. Actualmente dirigida por su hijo Sacha, produce vinos elaborados con esmero y puede considerarse como un monumento en memoria de Alexis Lichine, bodeguero, propietario de *châteaux* y escritor.

Château Rauzan-Ségla
2e cru classé Gracias a una mejor conducción de las vides, una bodegas de vinificación nuevas y un mayor rigor en la selección, Rauzan-Ségla ha vuelto a ocupar el puesto que le correspondía desde 1855. A partir de la cosecha de 1988, los vinos son impresionantes.

Château Rauzan-Gassies
2e cru classé Segunda mitad del antiguo Château Rauzan, este viñedo, menos famoso, produce vinos de calidad desigual.

Château Siran
Cru bourgeois Con su magnífico castillo y un viñedo de 35 ha en el municipio de Labarde, Siran produce vinos densos y sedosos que envejecen bien.

Château du Tertre
5e cru classé Oculto detrás de los bosques de Arsac, el viñedo de 50 ha está dominado por la cabernet sauvignon, plantada sobre un afloramiento de grava. Los vinos no han dejado de mejorar en los últimos 25 años.

AOC MOULIS
El municipio de Moulis es la AOC más pequeña de Médoc. Los viñedos, en el interior, alejados del Gironda y al oeste de Margaux, están plantados en una meseta de subsuelo de grava. Los vinos tintos de Moulis son oscuros y tienen un buen potencial de envejecimiento.

Château Chasse-Spleen
Cru bourgeois Château Chasse-Spleen, uno de los mejores y más famosos *crus bourgeois*, elabora vinos dignos de algunos *crus classés*: suaves y encantadores en su juventud, tienen una densidad que les permite envejecer bien.

AOC LISTRAC
Al norte de Moulis, Listrac agrupa unos cuantos pagos excelentes que dan vinos bastante robustos y cuya austeridad desaparece con la edad.

Château Clarke
Cru bourgeois A partir de una propiedad abandonada en un pago ingrato, Edmond de Rothschild decidió (y tenía los medios) crear un gran vino. Las 30 ha de vides jóvenes están plantadas en suelos drenados artificialmente. Con el tiempo van extrayendo toda su savia. A mediados de la década de los 80, los vinos eran agradablemente frutales. Las cosechas más recientes están bien construidas y ganan en profundidad.

AOC HAUT-MÉDOC
Château Belgrave
5e cru classé Emplazado no lejos de Saint-Julien, al final de la década de los 80, tras un cambio de propietario, se invirtió en este *château* olvidado durante años. El viñedo de 50 ha está bien situado. Los vinos tienen cada vez más carácter.

Château Cantemerle
5e cru classé Esta propiedad del extremo sur de Médoc se ha renovado gracias al equipo de Domaines Cordier, dirigido por Georges Pauli. El viñedo de 55 ha tiene mucha merlot, lo que da a los vinos una potencia aterciopelada y notas frutales.

Château La Lagune
3e cru classé Situada al sur de la denominación Margaux, cerca de Burdeos, La Lagune es una propiedad de 55 ha que elabora vinos suaves, muy aromáticos, seductores y sedosos en boca.

Château La Tour-Carnet
4e cru classé Emplazado en el municipio de Saint-Laurent, este pago produce normalmente vinos robustos. Las últimas cosechas son más suaves aunque están bien estructuradas.

AOC MÉDOC
Château La Cardonne
Cru bourgeois Recientemente comprada por Guy Charloux, esta impresionante propiedad de 120 ha produce vinos dotados de buena estructura y notas de madera.

CHÂTEAU MARGAUX

El único *premier cru classé* de la denominación Margaux es una propiedad magnífica: su castillo señorial fue construido en 1820 sobre un terreno cuyos límites no han cambiado desde el siglo XVII. Su renacimiento, en 1978, tras algunos años de declive, es un reflejo de la grandeza del pago. Las 85 ha de viñas tienen un 75 % de cabernet sauvignon y están situadas en la cara este de la meseta de Margaux. Son un punto de partida en la búsqueda de la excelencia. La selección draconiana a veces sólo se queda con el 50 % de la cosecha para el gran vino. El resto se mezcla para el segundo vino: Pavillon Rouge. Además de la suavidad y el encanto, el vino de Château Margaux posee una bella estructura, garante de su longevidad. Pavillon Blanc es el nombre del vino blanco del castillo, exclusivamente a base de sauvignon.

GRAVES

La amplia región de Graves se extiende sobre la orilla izquierda del Garona. Esta región vitícola es la más antigua de Burdeos, pues ciertas propiedades (como Château Pape-Clément) tienen más de 700 años de historia.

El área de la denominación «Graves» rodea la metrópolis bordelesa y luego se extiende unos 55 km hacia el sur. La amplitud explica la ausencia de unidad del viñedo y la diversidad de los vinos producidos impide hacer generalizaciones. No sólo se producen vinos secos magníficos, sino también blancos, tanto secos como generosos. Dentro de Graves se sitúan las denominaciones «Barsac» y «Sauternes», el vino licoroso más famoso del mundo.

Como su nombre da a entender, la región de Graves (gravas) es una serie de afloramientos de depósitos sedimentarios dominados por guijarros mezclados con arena, estratos o bolsas arcillosas. El paisaje es ondulado, a menudo boscoso, y los mejores viñedos ocupan las colinas mejor drenadas. La composición del suelo y del subsuelo varía considerablemente de un terreno a otro. Aunque los vinos blancos de Graves gozan de una reputación creciente, la viña está dominada por los tintos, cuya superficie media es del 75 % para la región de los *grands crus* situados al norte (Pessac-Léognan) y del 68 % en el conjunto de la denominación.

Una denominación nueva

El norte de la denominación, cercana a la aglomeración bordelesa, reúne todos los vinos clasificados. Los pagos son mejores y los propietarios siempre han insistido en marcar la diferencia con respecto al sur de la denominación. Y lo han conseguido: las autoridades han reconocido una denominación nueva, Pessac-Léognan, a partir de la cosecha de 1986 y para 55 vinos, que incluyen todos los clasificados en 1959 (véase recuadro).

El estilo de los tintos de Graves

Los vinos de Graves tenían fama de ser robustos, sin gracia, con un fuerte

Trabajo en la viña del Château La Mission-Haut-Brion.

gusto de tierra. Pero estos prejuicios deben ser olvidados. Los suelos presentan tal diversidad, que Graves ofrece una paleta de vinos de caracteres muy variados. Para convencerse basta con comparar a lo largo de varios decenios dos vinos tintos como el Haut-Brion y el Domaine de Chevalier. Sin alcanzar la constitución tánica de ciertos vinos de Médoc, ni el encanto frutal de los de Saint-Émilion, los vinos tintos de Graves presentan finura y equilibrio, así como hermosas notas de cereza, de tabaco y de chocolate.

El estilo de los blancos de Graves

Los vinos blancos de la región de Graves tienen una reputación creciente. El famoso Domaine de Chevalier no tiene la exclusiva de los grandes vinos blancos. El maridaje habitual de las dos variedades blancas (sémillon y sauvignon) no siempre se respeta. La sémillon da cuerpo, la sauvignon añade fruta.

Aparte de las fermentaciones a temperatura controlada, también se usan técnicas de extracción de aromas, como las maceraciones peliculares, que consisten en dejar los mostos cierto tiempo en contacto con los hollejos de la uva. La utilización de barricas nuevas es otra opción que permite que ciertos blancos de Graves tengan un complemento de aromas de madera.

Las opiniones están divididas entre sauvignon y sémillon, y los propietarios de Graves se han escindido en dos escuelas distintas: por un lado, los que defienden la primera y, por otro, los incondicionales de la segunda. Uno de ellos, André Lurton, propietario de cierto número de *châteaux*, milita en favor de la sauvignon por los aromas que aporta. Por su parte, la reglamentación de la nueva AOC Pessac-Léognan estipula una aportación mínima del 25 % de sauvignon para tener derecho a la denominación. Otros prefieren la sémillon por su mayor neutralidad aromática y su adaptación a la crianza en madera.

Está autorizada una tercera variedad: se trata de la muy aromática muscadelle. Pero esta cepa alcanza rara vez la maduración completa y, por otra parte, es muy sensible a las enfermedades de la vid. □

LA CLASIFICACIÓN DE LOS GRAVES

Las propiedades de Graves están regidas por una clasificación que data de 1959.

VINOS TINTOS
Premier grand cru
Ch. Haut-Brion.

Crus classés
Ch. Bouscaut, Ch. Carbonnieux, Dom. de Chevalier, Ch. de Fieuzal, Ch. Haut-Bailly, Ch. La Mission-Haut-Brion, Ch. Latour-Haut-Brion, Ch. La Tour-Martillac, Ch. Malartic-Lagravière, Ch. Olivier, Ch. Pape-Clément, Ch. Smith-Haut-Lafitte.

VINOS BLANCOS
Crus classés
Ch. Bouscaut, Ch. Carbonnieux, Dom. de Chevalier, Ch. Couhins, Ch. Couhins-Lurton, Ch. Haut-Brion, Ch. La Tour-Martillac, Ch. Laville-Haut-Brion, Ch. Malartic-Lagravière, Ch. Olivier.

GRANDS CRUS DE GRAVES

Desde 1987 (con la añada de 1986), Graves se divide en dos denominaciones: la más prestigiosa AOC Pessac-Léognan, situada al norte, y Graves propiamente dicho, al sur. Sin embargo, la nueva denominación es prácticamente desconocida para el gran público.

AOC PESSAC-LÉOGNAN
Las 1 150 ha de la denominación se sitúan en los municipios limítrofes del oeste y el sur de la ciudad de Burdeos. La reglamentación es más estricta que en la AOC Graves, con rendimientos autorizados más bajos. Los municipios con derecho a la denominación son: Cadaujac, Canéjean, Grandignan, Léognan, Martillac, Mérignac, Pessac, Saint-Médard-d'Eyrans, Talence y Villenave-d'Ornon.

Château Carbonnieux
Cru classé. Este magnífico castillo del siglo XVIII, ocupado durante una época por monjes benedictinos, es uno de los pioneros en la producción de vino blanco en Graves. Actualmente en manos de la familia Perrin, la propiedad de 90 ha dispone desde 1990 de una nueva bodega donde se elaboran blancos y tintos con las tecnologías más modernas. El blanco de Carbonnieux es amplio y presenta notas de pan tostado. El tinto tiene notas de madera y de taninos suaves.

Château Les Carmes-Haut-Brion
Completamente rodeada por la urbanización de las afueras de Burdeos, esta pequeña propiedad de 4 ha situada en Pessac es una verdadera joya y tiene unas vides muy viejas. Sólo se elabora un vino tinto, encantador por su gran concentración.

Château Couhins-Lurton
Cru classé Esta pequeña propiedad de 5 ha escindida del Château Couhins se ha convertido en un centro de investigación del INRA. Con un 100 % de sauvignon, el *château* situado en Villenave d'Ornon es de André Lurton. Los vinos se fermentan y envejecen en madera nueva.

Château de Fieuzal
Cru classé Una de las estrellas de la denominación. Es más conocido por su espléndido blanco que por el tinto. El vino blanco se fermenta y se cría en barricas nuevas durante 16 meses, y tarda varios años en alcanzar la madurez. El tinto, bien construido, con una concentración de aromas de cereza y de taninos, puede ser sorprendente.

Château La Garde
En esta antigua propiedad del municipio de Martillac recientemente renovada, las mejores cubas se crían en barricas nuevas con la etiqueta Réserve. Concentrados y aterciopelados, los vinos pueden beberse jóvenes, aunque mantienen un buen potencial de añejamiento: son seductores y tienen un precio razonable. Una pequeña cantidad del vino blanco se elabora sólo con sauvignon.

Château Haut-Bailly
Cru classé Un gran número de catadores está de acuerdo en afirmar que Haut-Bailly es su vino de Graves de Léognan favorito. Elaborado con maestría, quizá no tenga la potencia y la concentración de otros, pero siempre es elegante. Su encanto esconde unos bellos taninos que piden el añejamiento.

Château Haut-Brion
Cru classé Haut-Brion es el único pago de Graves que, en 1855, fue clasificado como *premier cru*, a la altura de los mejores vinos de Médoc. Vino de raza noble y de una regularidad sorprendente, merece plenamente esta distinción. Incluso en los años difíciles, como 1987 y 1991, Haut-Brion ha sacado vinos elegantes con bellos aromas. A mediados de los años 80, empezó a ser menos severo, más afable, pero sigue exigiendo unos cuantos años antes de llegar a su apogeo.

Haut-Brion es propiedad del duque y la duquesa de Mouchy, heredera de la familia Dillon, que adquirió el castillo en 1935.

Haut-Brion nunca se ha dormido en los laureles y, bajo la dirección de Jean-Bernard Delmas, todo un equipo investiga cómo mejorar las vides y el vino. También se produce una pequeña cantidad de vino blanco muy apreciado. La fermentación en madera nueva es una práctica reciente para la mayor parte de los blancos y, en los años menos buenos como 1986, no se comercializó ningún vino blanco. El segundo vino tinto de Haut-Brion se considera como uno de los mejores segundos vinos de Burdeos.

Château Laville-Haut-Brion
Cru classé de blanc Esta propiedad de Pessac es, de hecho, el viñedo de blanco del Château La Mission-Haut-Brion (véase más adelante). Laville es un graves blanco legendario del que algunas botellas, envejecidas durante 50 años, han sido sorprendentes. Tras un período de declive, en los años 70, este famoso vino blanco ha recuperado su calidad. Quizá algo menos suntuoso que el blanco de Haut-Brion, elaborado por el mismo equipo, es un graves blanco opulento y magnífico. Marcado por la madera nueva desde su infancia, necesita diez años para alcanzar su madurez en la botella y poder beberse. El precio es alto, pero en las grandes cosechas es un vino excepcional.

Château Malartic-Lagravière
Cru classé Adquirido en 1990 por la empresa de Champagne Laurent-Perrier, este *château* de 17 ha está dirigido por Bruno Marly. Malartic es sobre todo famoso por el vino blanco, elaborado completamente de sauvignon. Las mejores cosechas son sorprendentes por la amplitud y los aromas. Los tintos tienen la reputación de ser austeros, pero en realidad son suaves y están dotados de bellos taninos bien ligados. Al igual que los blancos, necesitan unos años de envejecimiento.

Château La Mission-Haut-Brion
Cru classé de rouge Esta propiedad de 22 ha, contigua al Château Haut-Brion, fue comprada por este último en 1983. Sin embargo, los dos vinos son muy distintos: el primero es fino y armonioso, mientras que el segundo es un vino potente con una gran profundidad de aromas. Se trata de un vino caro que refleja la convicción de su propietario: La Mission estaría muy cerca del

premier cru classé en términos de calidad lo que es cierto en muchas cosechas.

Château Pape-Clément
Cru classé Sin duda Pape-Clément es una de las propiedades más antiguas de Burdeos. Fue creada en 1300 por Bertrand de Got, arzobispo de Burdeos, que llegó a papa con el nombre de Clemente V. Hoy, está asediada por el desarrollo urbano de Pessac. 1985 marcó, en cuanto a la calidad, una transformación que las cosechas posteriores han confirmado. Pape-Clément es un vino potente y lleno de savia, con una bonita concentración y muy largo en boca. Después de la reciente ampliación del viñedo, la escasa producción de vino blanco debería aumentar. Parte de los tintos y de los blancos se cría en barricas de madera nueva.

Château Smith-Haut-Lafitte
Cru classé En 1990, Daniel y Florence Cathiard compraron por un precio elevado esta gran propiedad de Martillac a unos ingleses. De inmediato, tomaron todas las medidas necesarias para renovar el viñedo y las bodegas, y rodearse de la asesoría de los mejores «enólogos itinerantes» de la región. Bajo la antigua dirección del bodeguero Eschenauer, el *château* ya era célebre tanto por los blancos como por los tintos. Las primeras cosechas vinificadas por la familia Cathiard demuestran lo acertado de su inversión. El vino blanco, elaborado totalmente con sauvignon, es una maravilla de equilibrio con unas bellas notas frutales. La selección es rigurosa y el segundo vino tinto es muy apreciado. Lleva la etiqueta Les Hauts-de-Smith.

AOC GRAVES
La mayoría de las propiedades de Graves vendía el vino a granel hasta la década de los 70. Sin embargo, en la actualidad muchos elaboradores han adoptado técnicas de vinificación sofisticadas y embotellan el vino en la propiedad. Los estilos de vino, así como su calidad, son bastante dispares. Los *châteaux* se agrupan alrededor de algunos municipios, como Portets y Langon, sobre afloramientos de grava. Sólo los vinos elaborados a partir de este tipo de suelos tienen derecho a la denominación. Los demás viñedos tienen el estatuto de AOC Bordeaux.

Clos Bourgelat
Situado en el municipio de Cérons, este viñedo da tintos frutales y aterciopelados, y blancos frescos y nerviosos. Las mejores uvas se fermentan en madera antes de permanecer 6 meses en barrica. Llevan la etiqueta Caprice de Bourgelat.

Château de Chantegrive
La familia Lévêque ha trabajado durante 30 años para crear este viñedo de 92 ha en Podensac. La crianza de los vinos en barrica, introducida en 1988, da resultados impresionantes. La madera nueva se reserva para el Cuvée Caroline en blanco y el Cuvée Édouard en tinto. La propiedad elabora otros vinos como el Château Bon Dieu des Vignes.

Château l'Étoile
Propiedad situada en Langon y famosa por los tintos bien estructurados y los blancos frutales.

Clos Floridène
El enólogo Denis Dubourdieu, muy respetado en la región por sus consejos en materia de vinificación de vinos blancos, es el propietario de este pago de Pujols. Pionero en la práctica de la maceración pelicular y del bastoneo, elabora sobre todo vinos blancos muy notables.

Domaine de Hauret-Lalande
Emplazada en Cérons, esta propiedad de la familia Lalande produce vinos blancos aromáticos.

Château de Landiras
Peter Vinding-Diers vinifica sus propios vinos de Landiras y los del Domaine La Grave de Portets. Con una pasión especial por la sémillon, elabora vinos amplios y concentrados, con notas de madera. Los tintos también son impresionantes.

Château Millet
Esta propiedad, que tiene un gran viñedo, produce vinos tintos frutales que se deben consumir jóvenes.

Château Montalivet
Pierre Coste tiene intereses en esta propiedad de Pujols con reputación de producir vinos de una calidad constante. Los blancos están dominados por la sémillon y la madera, y los tintos se pueden apreciar desde su más tierna juventud.

Château de Portets
Este castillo imponente que domina el Garona está rodeado de un viñedo de 30 ha en el municipio de Portets. El vino blanco se cría en madera nueva y el tinto, flexible y bien construido, pasa 18 meses en barrica.

Château de Roquetaillade-La Grange
Esta gran propiedad de Mazères elabora vinos blancos dominados por la sémillon y tintos con una bonita estructura, que tienen que envejecer.

Otros productores
Los vinos blancos secos de los grandes *châteaux* de Sauternes forman parte de las curiosidades de la denominación. Hay que citar el «Y» de Yquem, y el «R» de Rieussec.

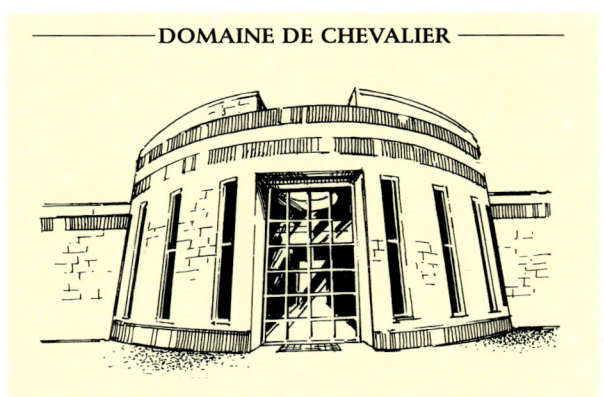

DOMAINE DE CHEVALIER

Cru classé Creado en 1770, este viñedo situado en el punto culminante de Léognan es uno de los más bellos de Graves. Produce dos de los mejores vinos de Burdeos. El tinto está bien construido, es elegante y potente, sin llegar sin embargo a un exceso de concentración; también posee un alma frutal y notas de madera. El blanco es fino, delicado y amplio, de una rareza que puede justificar el precio. Además de un pago único en medio de un claro, el secreto de Chevalier está en la intransigencia de las selecciones durante la vendimia. La cosecha de uva blanca se fermenta en madera y permanece en barrica durante 18 meses. Los vinos de Chevalier, tintos y blancos, tienen suficiente concentración para poder envejecer durante decenios: el blanco merece al menos 8 años de añejamiento en botella.

Sauternes

El sauternes, considerado uno de los mejores vinos blancos licorosos del mundo, procede de una zona situada al sur de Graves. La denominación Sauternes pertenece, aparte del propio Sauternes, a cuatro municipios: Fargues, Bommes, Preignac y Barsac. También existe una denominación Barsac, pero algunos productores prefieren comercializar su vino con la etiqueta de la AOC Sauternes, más conocida. El sauternes, vino sensual de colores dorados, con notas profundas de miel, de avellana y de naranja, es un vino clásico de postre.

Las variedades del sauternes son idénticas a las de los blancos de Graves: sauvignon, sémillon y muscadelle.

La importancia de la podredumbre noble

En Sauternes, todo concurre naturalmente para producir vinos licorosos. Aunque Sauternes parece tener la exclusiva de este tipo de vino, no le resulta fácil, pues el calor estival no basta para garantizar la dulzura y el exceso de madurez necesarios para la elaboración de un buen sauternes. Las condiciones climáticas tienen que favorecer la aparición y la acción de la *Botrytis cinerea* (podredumbre noble), que decolora las bayas, las arruga y concentra su contenido de azúcar, de acidez y de glicerina. La *botrytis* provoca fenómenos químicos tan complejos que nadie conoce exactamente su funcionamiento. El sauternes es un vino rico, untuoso y meloso, reforzado por una punta de acidez propicia para un envejecimiento óptimo.

La región de Sauternes está atravesada por el Ciron, un afluente frío que vierte sus aguas en el Garona, río más cálido: esta configuración geográfica particular favorece la aparición de brumas otoñales que se estancan encima de las viñas. Es el momento ideal para que se multipliquen las esporas de *botrytis* y se activen sobre las uvas.

Las selecciones en el momento de la vendimia son el factor esencial para conseguir el éxito de un buen sauternes. Algunos años, la *botrytis* es muy limitada o muy tardía.

Si a mediados de octubre la uva está todavía sana y muy madura, pero sin la menor traza de podredumbre noble, la tentación de vendimiar es muy grande. Cuando se sucumbe a ella se obtiene un vino suave y rico, pero sin el perfume específico y complejo que confiere la *botrytis*.

El buen momento

Cuando se espera para vendimiar se corre el riesgo de que el tiempo empeore. A principios de noviembre no es raro que una semana de lluvias ininterrumpidas destruya todas las uvas en la cepa. Algunos años, como 1982, 1991 o 1992, los que vendimiaron temprano cosecharon uvas de mejor calidad que los que se arriesgaron. Pero, en general, los que esperan se ven recompensados por una uva de calidad superior.

En la década de los 80 se empezó a aplicar una nueva técnica de concentración de los mostos, la crioextracción, que consiste en congelar las uvas para separar el agua de lluvia. Los partidarios de este nuevo método destacan que la crioextracción debería reservarse sólo a las uvas botrytizadas.

Las mejoras recientes

La calidad del sauternes, al igual que la de los vinos secos de Graves, ha mejorado en las décadas de los 80 y los 90. Las barricas de roble nuevo, antaño raras en la región, son omnipresentes (¡quizá demasiado!), aunque a algunos productores les guste guardar una parte de su vino en cubas de acero inoxidable para conservar cierta frescura.

El secreto del gran sauternes reside en las vendimias: cuando las uvas dulces y suficientemente botrytizadas están en las bodegas, la calidad queda garantizada. En años de gran madurez, el contenido de azúcar suele ser muy alto. Los años más normales es necesario proceder a selecciones sucesivas para obtener mostos concentrados. Un método más rápido es cosechar uvas muy maduras, con una tasa de alcohol de 15 % vol, y chaptalizarlas para obtener un 13 % vol más el equivalente de 4 % vol en azúcares residuales.

El Château Suduiraut produce un sauternes famoso por su alta concentración.

LA CLASIFICACIÓN DE LOS SAUTERNES

La letra (B) indica las propiedades de Barsac que pueden vender su vino con la etiqueta Barsac o Sauternes. El orden seguido es el de la clasificación de 1855.

Premier cru supérieur
Ch. d'Yquem.

Premiers crus
Ch. La Tour Blanche, Ch. Lafaurie-Peyraguey, Clos Haut-Peyraguey, Ch. de Rayne-Vigneau, Ch. de Suduiraut, Ch. Coutet (B), Ch. Climens (B), Ch. Guiraud, Ch. Rieussec, Ch. Rabaud-Promis, Ch. Sigalas-Rabaud.

Deuxièmes crus
Ch. de Myrat (B), Ch. Doisy-Daëne (B), Ch. Doisy-Dubroca (B), Ch. Doisy-Védrines (B), Ch. d'Arche, Ch. Filhot, Ch. Broustet (B), Ch. Nairac (B), Ch. Caillou (B), Ch. Suau (B), Ch. de Malle, Ch. Romer du Hayot, Ch. Lamothe, Ch. Lamothe-Guignard.

GRANDS CRUS DE SAUTERNES

Las diferencias entre los sauternes de los cinco municipios son muy sutiles. El de Barsac se desmarca por la claridad de la capa y la delicadeza y elegancia de los aromas. Algunos sauternes ofrecen tal riqueza que pueden parecer exhuberantes. Al norte de Barsac, otra denominación, Cérons, produce vinos blancos licorosos.

Château d'Arche
2ᵉ cru classé Pierre Perromat alquila esta antigua propiedad desde 1981. Le ha devuelto el esplendor con medidas enérgicas: reducción de los rendimientos, vendimias lo más tardías posible y aumento de la proporción de barricas nuevas. El resultado está a la altura de los esfuerzos. El vino es rico, dulce y untuoso, y sigue siendo asequible porque es poco conocido.

Château Broustet
2ᵉ cru classé Château Broustet elabora un vino de Barsac potente al que a menudo le falta concentración y equilibrio. No todo el vino fermenta en madera, aunque se envejece en un 40 % en roble nuevo. Tiene cuerpo y suavidad.

Château Caillou
2ᵉ cru classé Un castillo pequeño y bonito domina esta famosa propiedad de Barsac. La calidad global no se ha modificado con la *cuvée* especial llamada Crème de Tête, para la que se reservan los mejores lotes. Es una práctica anticuada. Los vinos son agradables, pero presentan poca profundidad y riqueza, sin presencia sistemática de podredumbre noble.

Château Climens
1ᵉʳ cru classé Es una de las pocas propiedades que pueden rivalizar a veces con el Château d'Yquem, aunque los dos vinos sean diferentes. Climens es un vino de Barsac, con todas las sutilezas propias del pago. En su juventud es un vino modesto. Después de diez años en botella, empieza a desvelar poco a poco la elegancia majestuosa que puede alcanzar. Desde la cosecha de 1983, Climens nunca ha defraudado e incluso los vinos de los años mediocres, como 1972 y 1973, fueron deliciosos.

Château Coutet
1ᵉʳ cru classé Es una de las propiedades más conocidas de Barsac. No hizo honor a su reputación durante muchos años, con variaciones increíbles de una botella a otra. Pero Coutet se ha reencontrado desde el final de los 80 con vinos concentrados que esconden su delicadeza natural detrás de la riqueza considerable de la fruta. Los años excepcionales se elabora una *cuvée* especial, el Cuvée Madame.

Château Doisy-Védrines
2ᵉ cru classé Ignorada durante mucho tiempo, esta propiedad de Barsac empezó a destacar en 1988. Desde entonces ofrece un vino fino y complejo, elaborado en un estilo bastante amplio, con un largo envejecimiento en barricas, nuevas en su gran mayoría.

Château de Fargues
La familia Lur-Saluces, propietaria de Château d'Yquem, también es dueña de Fargues. Aunque las tierras que rodean este castillo en ruinas son especialmente pobres, los vinos son ricos y voluptuosos. En su juventud, el Fargues suele ser mejor que el Yquem, pero con la edad este último lo supera siempre, lo que justifica su supremacía.

Las 10 000 botellas elaboradas cada año se venden a mitad de precio que su famoso hermano, aunque se trate del segundo vino más caro de la denominación.

Château Filhot
2ᵉ cru classé Los viñedos de Filhot se agrupan alrededor de un magnífico castillo del siglo XVIII. El propietario, Henri de Vaucelles, no esconde su objetivo comercial (ya que cuesta mucho mantener su gran propiedad), lo que no le impide elaborar un sauternes rico y agradable en algunas añadas.

Château Guiraud
1ᵉʳ cru classé El canadiense Hamilton Narby compró esta propiedad, extensa pero en mal estado, en 1981 y se decidió a resucitarla. Aunque Château Guiraud ya no es de su propiedad, cumplió plenamente sus objetivos. Este sauternes, rico y amplio, presenta una textura cremosa realzada por perfumes de melocotón y roble. Nunca se chaptaliza y es un vino desigual.

Clos Haut-Peyraguey
1ᵉʳ cru classé Jacques Pauly, dueño de esta pequeña propiedad situada en Bommes, confiesa que le interesa sobre todo la finura y no la potencia. Y, efectivamente, nunca se podrían calificar sus vinos de «ricos», «opulentos» o «sobrecargados». Por el contrario, muchas veces a su sauternes le falta algo de cuerpo. Siempre es bueno pero raras veces es «grande», a pesar de su clasificación de *premier cru*. De todas formas, Haut-Peyraguey elaboró vinos muy elegantes a finales de la década de los 80.

Château Lafaurie-Peyraguey
1ᵉʳ cru classé Entre 1967 y 1977, no se cuidó demasiado este vino, que era uno más. Un cambio de gestión supuso una transformación total. Un 50 % del Château Lafaurie se envejece en roble nuevo. Es un vino soberbio: sedoso, elegante y con un gusto ligero a madera. Es el modelo de sauternes. Las añadas modestas, como 1984 y 1987, era de los mejores. Todo el mérito es de Georges Pauli, enólogo de Domaine Cordier, que asumió la vinificación en los años 80.

Château Lamothe
2ᵉ cru classé Todas las esperanzas están puestas en la nueva generación que está cogiendo las riendas del negocio. Hasta la fecha, el Château Lamothe ha sido bastante decepcionante, con vinos faltos de estructura y concentración.

Château Lamothe-Guignard
2ᵉ cru classé Tras la compra de la propiedad por parte de los Guignard en 1981, se renovaron las bodegas y la calidad del vino mejoró mucho. Desde 1986, es delicioso: rico y dulce, con un ligero sabor a roble. Aúna elegancia y complejidad, y la calidad mejora cada año. Es otro ejemplo de una buena relación calidad-precio.

Château Liot
Conocido vino de Barsac, se elabora en un estilo ligero al que le falta a veces algo de *botrytis*. Envejece en cubas y barricas, de las que un 15 % es

roble nuevo. Liot tiene un precio relativamente barato y es un buen sauternes para tomar como aperitivo.

Château Nairac

2ᵉ cru classé Hasta finales de la década de los 60, el vino se vendía a granel. Todo cambió cuando Tom Heeter y su mujer, Nicole Tari, compraron la propiedad. Entre 1972 y 1987, fecha de su marcha, Heeter elaboró vinos brillantes, incluso en los años malos como 1974. Perfeccionista, hacía hasta diez selecciones sucesivas para recoger la fruta en su momento óptimo. El Château Nairac siempre ha estado marcado por el perfume a roble nuevo, algo excesivo para algunos expertos. Desde 1988, el vinificador Max Amirault ha tomado el relevo de forma admirable.

Château Rabaud-Promis

1ᵉʳ cru classé En los años 60, este *château* podía alardear de tener las bodegas más descuidadas de la región de Sauternes. Hoy, la situación ha cambiado mucho y el responsable actual, Philippe Dejean, elabora desde 1983 uno de los mejores vinos de la región. Detrás de unos aromas discretos de roble, su sauternes destaca más por su encanto que por su potencia y, en las mejores añadas, presenta una frescura exquisita y un carácter con raza.

Château Raymond-Lafon

Esta propiedad pertenece a la familia Meslier. Pierre Meslier, que dirigió Château d'Yquem durante décadas, aplica las mismas técnicas perfeccionistas. Los rendimientos son muy bajos y el vino pasa 3 años en barricas de madera nueva. Desde 1979, Château Raymond-Lafon ha presentado una sucesión de vinos suntuosos que exigen una larga envejecimiento. Atrasando todo lo posible las vendimias, Meslier ha elaborado vinos excelentes incluso en los años difíciles. Esta calidad soberbia justifica la tercera posición del vino en la escala de precios de los sauternes (después de Yquem y Fargues).

Château de Rayne-Vigneau

1ᵉʳ cru classé Extensa propiedad emplazada sobre una colina rica en piedras semipreciosas, Château Rayne-Vigneau se conformó durante mucho tiempo con vinos mediocres y comerciales. Un reciente cambio de las normas no ha supuesto una mejora tan fulgurante como en otras propiedades. Sin embargo, Rayne-Vigneau ha vuelto a ser una fuente fiable de sauternes. A los vinos de finales de los 80 les faltaba complejidad, pero eran espléndidos.

Château Rieussec

1ᵉʳ cru classé Perteneciente desde 1984 a la familia Rothschild, de Lafite, esta propiedad está en pleno auge. Antes de 1984, Rieussec elaboraba vinos grasos y suntuosos, a menudo deliciosos, pero a veces demasiado cargados, en el límite de la «vulgaridad». Aunque las añadas recientes siguen siendo potentes y fuertes en alcohol, la riqueza de la fruta parece tener más importancia.

Château Sigalas-Rabaud

1ᵉʳ cru classé Emmanuel de Lambert, el dueño, no parece estar obsesionado por la calidad. Las vendimias no son todo lo selectivas que sería deseable, el roble nuevo no está presente y los vinos se embotellan demasiado jóvenes. Sin embargo, el resultado es delicioso: un vino con fruta intensa y una marcada elegancia. La falta de estructura hace pensar que el vino alcanzará su apogeo a los 8 o 10 años.

Château La Tour Blanche

1ᵉʳ cru classé La clasificación de 1855 situaba este sauternes justo detrás de Yquem. Sin embargo, los vinos de los años 70 y principios de los 80 eran poco seductores. Por suerte, Jean-Pierre Jausserand ha mejorado la situación: las vendimias son mucho más selectivas, los lotes que no se ajustan a las normas se desclasifican y el porcentaje de barricas nuevas alcanzó el 100 % en 1990. Desde 1988, La Tour Blanche merece de nuevo su título de *premier cru*.

Château d'Yquem

Véase recuadro.

AOC CÉRONS

Los viticultores de los tres municipios de Cérons, Podensac e Illats tienen derecho a la denominación Cérons para sus vinos blancos licorosos, aunque pueden elaborar blanco seco de AOC Graves con las mismas vides. Los mejores vinos de Cérons pueden parecerse a un vino de Barsac ligero, aunque los mayores rendimientos impiden que alcancen la riqueza de un sauternes. Los vinos de Cérons son más ligeros y menos dulces.

Château de Cérons

Defensor desde siempre de la denominación, Jean Perromat elabora uno de los ejemplos más característicos. En su finca, los rendimientos son inferiores a 30 hl/ha y, desde 1988, parte de la cosecha fermenta en madera. La añada de 1990 es excepcional, con un contenido en azúcar natural de un potencial de 23 % vol. Los vinos están muy bien equilibrados y envejecen con elegancia.

CHÂTEAU D'YQUEM

1ᵉʳ cru classé El mejor sauternes, pero también el más caro. Su elevado precio ha permitido a su propietario, el conde Alexandre de Lur-Saluces, mantener unas normas ejemplares. Su equipo de 150 vendimiadores escalona la vendimia a lo largo de varios meses si es necesario: los vinos no se chaptalizan y envejecen durante 3 años en barricas de roble nuevo. Todos los lotes que no se ajustan a las normas fijadas se descartan sistemáticamente.
Las 103 ha de vides perfectamente cuidadas se dividen en cuatro parcelas que dan vinos de carácter diferente, lo que permite mezclar los mejores lotes. Este método confirma el refrán que dice que los mejores sauternes se elaboran en la viña y no en la bodega. Yquem es ante todo un vino artesano, lo que explica su profunda complejidad.

Saint-Émilion

Esta famosa región dedicada al vino tinto se sitúa alrededor del pueblo de Saint-Émilion, emplazado a unos 40 km al noreste de Burdeos, en la orilla derecha del Dordoña. Las viñas cubren 5 200 ha. Aparte de los nueve municipios que tienen derecho a la denominación Saint-Émilion, otros cuatro pueden adjuntar el nombre de Saint-Émilion al suyo. Se trata de los municipios periféricos de Saint-Émilion: Lussac, Montagne, Puisseguin y Saint-Georges.

Las zonas vinícolas y los *châteaux*

La variedad de vinos de Saint-Émilion se explica por dos factores: por una parte, la gran diversidad de suelos, subsuelos y microclimas, y por otra, la cantidad de productores independientes (más de 900). La mayoría de las propiedades son pequeñas empresas familiares y aquí se encuentra la mayor cooperativa de Burdeos, que tiene más de 200 miembros.

Los once *premiers grands crus* clasificados se reparten en dos zonas. La primera (donde están ocho de ellos) corresponde a la meseta caliza y a las vertientes sur de un semicírculo de 8 km, que se extiende de este a oeste de Saint-Émilion. La segunda zona se sitúa a unos 4 km al oeste del pueblo, hacia el límite de Pomerol, donde el suelo está compuesto básicamente de grava y arena.

Las variedades

La cabernet sauvignon, de floración y maduración tardías, omnipresente en Médoc, suele adaptarse mal al frío de los suelos y al microclima del noreste de Burdeos. En contrapartida, merlot y cabernet franc pueden aclimatarse perfectamente. Suelen entrar en la composición del vino a partes iguales, aunque algunos *châteaux* dan preferencia a una u otra.

El suelo fresco, arcilloso y rico en hierro está particularmente bien adaptado a la merlot. Ocupa las tres cuartas partes de la superficie del viñedo, al lado de la cabernet franc (20 %) y de la cabernet sauvignon (5 %).

Las viejas piedras de la ciudad medieval de Saint-Émilion.

El estilo Saint-Émilion

La multiplicidad de vinos hace literalmente imposible establecer un estilo propio de Saint-Émilion. La calidad, sin embargo, es innegable y constante. Los vinos jóvenes de Saint-Émilion son menos austeros que los de Médoc esencialmente por las variedades dominantes: la cabernet franc, de maduración precoz, y la merlot, carnosa y de sabor de ciruela, se combinan para crear vinos finos y frutales, con una aceptable vinosidad y un buen grado de alcohol, realzados por una cantidad suficiente de acidez, taninos y otros componentes aromáticos. Algunos años frescos, los vinos de las propiedades medianas pueden ser decepcionantes por su carácter débil y ligero, y su falta de cuerpo: deben consumirse jóvenes (en el plazo de dos años).

Sin embargo, las grandes cosechas de las mejores propiedades tienen una expectativa de vida que puede variar entre diez y veinte años, sobre todo si se conservan en buenas condiciones. Un saint-émilion modesto, de una buena añada, alcanzará a menudo su apogeo al cabo de tres a seis años.

LA CLASIFICACIÓN DEL SAINT-ÉMILION

La clasificación de 1855 había omitido los vinos de Saint-Émilion. Un siglo más tarde se reparó este olvido. En teoría, esta clasificación se cuestiona cada diez años, contrariamente a la de Médoc, aparentemente fijada para la eternidad. Fue revisada en 1969, en 1985 y en 1996.

Premiers grands crus classés
Ch. Ausone (A), Ch. Cheval-Blanc (A),
Ch. Angélus (B), Ch. Beau-Séjour-Bécot (B),
Ch. Beauséjour (B), Ch. Belair (B),
Ch. Canon (B), Ch. Clos Fourtet (B),
Ch. Figeac (B), Ch. La Gaffelière (B),
Ch. Magdelaine (B), Ch. Pavie (B),
Ch. Trottevieille (B).

Grands crus classés
Ch. l'Arrosée, Ch. Balestard-la-Tonnelle,
Ch. Bellevue, Ch. Bergat,
Ch. Berliquet, Ch. Cadet-Bon,
Ch. Cadet-Piola,
Ch. Canon-la-Gaffelière,
Ch. Cap de Mourlin, Ch. Chauvin,
Ch. La Clotte, Ch. La Clusière,
Ch. La Couspaude,
Ch. Corbin, Ch. Corbin-Michotte,
Ch. Couvent des Jacobins,
Ch. Curé-Bon, Ch. Dassault,
Ch. La Dominique, Ch. Faurie-de-Souchard, Ch. Fonplégade,
Ch. Fonroque, Ch. Franc-Mayne,
Ch. Grandes Murailles, Ch. Grand-Mayne, Ch. Grand-Pontet,
Ch. Guadet-St-Julien,
Ch. Haut-Corbin, Ch. Haut-Sarpe, Clos des Jacobins,
Ch. Lamarzelle, Ch. Laniote,
Ch. Larcis-Ducasse, Ch. Larmande,
Ch. Laroque, Ch. Laroze, Ch. Matras,
Ch. Moulin du Cadet, Clos de l'Oratoire, Ch. Pavie-Decesse,
Ch. Pavie-Macquin, Ch. Petit-Faurie-de-Soutard, Ch. le Prieuré,
Ch. Ripeau, Ch. St-Georges-Côte-Pavie, Clos St-Martin,
Ch. la Serre, Ch. Soutard,
Ch. Tertre Daugay,
Ch. Tour-du-Pin-Figeac (Giraud-Bélivier),
Ch. Tour-du-Pin-Figeac (Moueix),
Ch. La Tour-Figeac,
Ch. Troplong-Mondot,
Ch. Villemaurine, Ch. Yon-Figeac.

LOS FACTORES DE CALIDAD

La historia, la composición de los suelos y el microclima de la región vitícola de Saint-Émilion y de Libourne, en la orilla derecha del estuario, son muy distintos de los de Médoc o Graves. Estos factores geológicos y climáticos, unidos a las variedades dominantes (merlot y cabernet franc), producen vinos con un estilo muy particular y fácilmente reconocible.

Suelos
La composición de los suelos de la región de Libourne es mucho menos homogénea que en Médoc. Con algunas excepciones, los mejores pagos están en suelos concretos: la meseta caliza y la vertiente arcillosa de las colinas y las laderas que rodean Saint-Émilion. La caliza absorbe el agua, drena el exceso y conserva el resto.

En el límite de la denominación Pomerol, el suelo es más arenoso, con grava y bolsas de arcilla. Aunque la grava facilita el drenaje, la arcilla no es buena para el cultivo de la vid porque retiene el agua y las raíces pueden quedar sumergidas en agua. Sin embargo, en Pétrus, una suave pendiente permite que las aguas fluyan naturalmente.

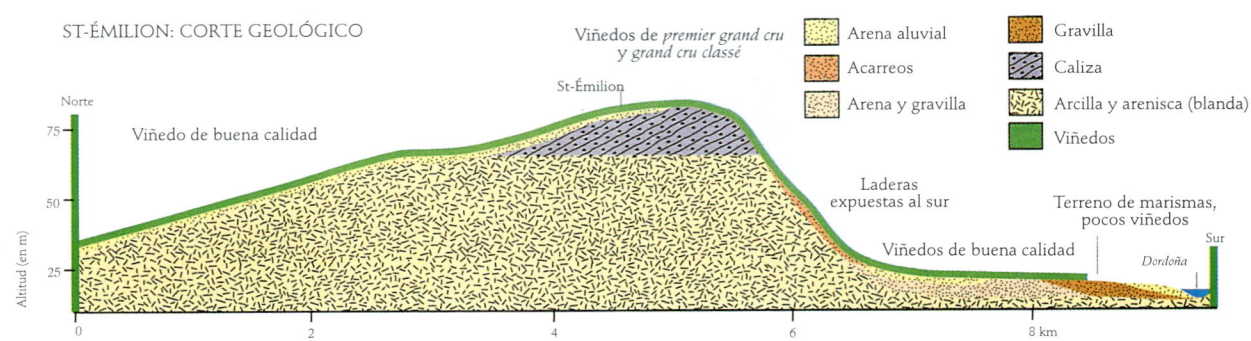

Clima
El clima de la región de Libourne es parecido al de Médoc: aunque más en el interior, la zona también recibe la influencia del océano, con inviernos suaves y veranos cálidos, sin llegar a tórridos. Los meses más cálidos son julio y agosto, con una temperatura media de 20 °C. Las precipitaciones se dan sobre todo en invierno. Los viticultores temen el frío y la humedad que pueden afectar la floración en junio, así como la maduración de la vendimia en septiembre y a primeros de octubre. Las heladas de invierno (como en 1956) o primavera (como en 1991) son más habituales en esta orilla derecha, sobre todo en la zona norte de Saint-Émilion, la más alejada del mar y del río, que en las cercanías del Gironda, templadas por el estuario. En la región, todavía recuerdan las heladas catastróficas de 1965 que destruyeron la cosecha de muchos viñedos e incluso viñas enteras.

Pendientes calizas situadas bajo el Château Ausone.

Emplazamientos y exposición
La región de Libourne tiene un clima relativamente fresco para la viticultura. La exposición de las vides al sol tiene bastante importancia. La altitud, más elevada que en Médoc, también conlleva temperaturas más bajas. La meseta de Libourne y las laderas de Saint-Émilion, de pendientes expuestas al sur o al suroeste, son trampas para los rayos del sol. Algunas propiedades, como Ausone o Le Tertre-Rôtebœuf tienen viñedos expuestos al sur. Ciertos *châteaux*, como Trottevieille, se aprovechan del sol toda la jornada. Las laderas ofrecen al viñedo emplazamientos que, a pesar de la pendiente, están bastante protegidos de los vientos del norte y el noroeste. Las tierras de la meseta, más abiertas, están menos protegidas. En la caliza de las laderas, hay cavadas unas bodegas venerables, con el frescor ideal para el almacenamiento y el envejecimiento de los vinos.

GRANDS CRUS DE SAINT-ÉMILION

Las propiedades son más pequeñas que las de Médoc o Graves y, en consecuencia, la producción es inferior. La denominación se reparte en siete municipios, pero la mayoría de los grandes *châteaux* está en Saint-Émilion. Además, muchas propiedades pequeñas envían la uva a la cooperativa de la zona. Es una buena región para hacer turismo vitícola.

Château l'Arrosée
Grand cru classé Situada sobre un ladera al suroeste de Saint-Émilion, esta propiedad debería ser más conocida. Ofrece un vino carnoso y muy concentrado.

Château Ausone
Premier grand cru classé Junto a Château Cheval-Blanc es la mejor propiedad de la denominación y también una de las más pequeñas (240 000 botellas al año). El castillo está muy bien situado en la cima de una ladera, a la salida de Saint-Émilion y las bodegas son un regulador térmico natural. En 1976, con la llegada del nuevo director, Pascal Delbeck, se reestructuró la propiedad. El vino, mitad merlot mitad cabernet franc, es fácil de reconocer en su juventud por su estructura muy tánica, que no se suaviza hasta pasados diez años para las grandes añadas.

Château Beauséjour (Duffau-Lagarrosse)
Premier grand cru classé Quizá el menos conocido de los *premiers grands crus*, el *château* está en plena renovación desde 1990. Se ha bajado el porcentaje de cabernet franc y se vendimia lo más tarde posible.

Château Canon
Premier grand cru classé Canon, una de las propiedades más bonitas de Saint-Émilion, elabora vinos equiparables a Ausone y Cheval-Blanc en las mejores cosechas. Los vinos, muy concentrados, están concebidos para durar y a menudo desprenden un carácter elegante y un aroma a cedro después de varios años en botella.

Château Canon-la-Gaffelière
Grand cru classé Completamente transformada por el conde Neipperg, la propiedad está actualmente dirigida por el joven y brillante Stephan de Neipperg. Algunos viñedos están situados en las laderas y otros en suelos arenosos y llanos.

Château Cheval-Blanc
Premier grand cru classé Château Cheval-Blanc tiene una fama bien ganada. Situado en el límite de Pomerol, el viñedo es bastante grande y descansa en suelos variados (gravilla, arena antigua, arcilla). Parte de la originalidad de sus vinos reside en la composición (66 % de cabernet franc). Los vinos son ricos, maduros e intensos. El carácter amable de su juventud es engañoso: envejecen bien 40 años o más.

Château La Dominique
Grand cru classé Es uno de los valores en alza. Clément Fayat, el propietario, está asesorado por el gran vinificador de Pomerol Michel Rolland. Los viñedos, cercanos a Pomerol, tienen un 80 % de merlot. Los vinos, extremadamente concentrados, son grasos y redondos, y su precio es razonable.

Château Figeac
Premier grand cru classé Propiedad de la familia Manoncourt, está situado en la frontera con Pomerol, al lado del Château Cheval-Blanc. Los vinos extraen su originalidad del porcentaje elevado de cabernet sauvignon (alrededor de un tercio). Generalmente son bastante concentrados, lo que no les impide ser vinos suaves y seductores, incluso en su juventud. Están muy buenos a medio plazo.

Clos des Jacobins
Grand cru classé Esta propiedad de Domaines Cordier, en pleno corazón de la denominación, elabora vinos muy atractivos. De estilo generoso y aterciopelado, son perfectos para beber después de varios años.

Château Larmande
Grand cru classé El viñedo, al norte de Saint-Émilion, ocupa un terreno arenoso de 18 ha con un tercio de merlot. Dirigido con maestría hasta 1991 por Jean-Philippe Mèneret y sus hijos, Larmande tenía fama de elaborar vinos de gran calidad.

Château Magdelaine
Premier grand cru classé Con mucho merlot en la mezcla, las buenas añadas de Magdelaine tienen la opulencia y la riqueza que se asocian generalmente a un pomerol. Propiedad de los Moueix, de Pomerol, en el viñedo se utilizan todavía caballos. Por su calidad, el vino es uno de los mejores en su categoría.

Château Pavie
Premier grand cru classé Propiedad de la familia Valette, este gran productor ha mejorado desde 1979 gracias a la asesoría del enólogo Ribéreau-Gayon.

Château Pavie-Decesse
Grand cru classé Esta otra propiedad de la familia Valette elabora vinos bastante potentes y ricos en taninos en su juventud. Necesitan 3 años en botella para empezar a madurar.

Château Soutard
Grand cru classé En manos de la familia Ligneris desde 1785, es una de las propiedades más antiguas de Saint-Émilion. Se practica el cultivo biológico y una gestión tradicional. Los vinos son densos y tánicos en su juventud, y los mejores se guardan más de 20 años. La añada de 1989 es excepcional.

Château Troplong-Mondot
Grand cru classé Propiedad de Christine Valette desde 1980, esta magnífica propiedad, una de las mayores de Saint-Émilion, ha producido recientemente una sucesión de añadas espléndidas con los consejos de Michel Rolland.

Château Trottevieille
Premier grand cru classé Los vinos de esta propiedad, decepcionantes hasta 1985, han mejorado bajo la gestión de Philippe Castéja. Ahora son mucho más serios y deben beberse a medio plazo.

POMEROL

A pesar de sus reducidas dimensiones, esta región productora de vinos tintos es una de las joyas de Burdeos por la calidad y el carácter único de sus vinos.

Situada a 29 km al este de Burdeos, la viña ocupa 730 ha vecinas a la parte oeste de la gran región de Saint-Émilion (siete veces más extensa), con la que comparte otras dos fronteras: el Dordoña al sur y el Barbanne al norte. Más allá de este último río comienza la zona de Lalande-de-Pomerol. Al oeste, la bucólica campiña vinícola se interrumpe brutalmente por el paso de la ruidosa N89, a partir de la cual sólo subsiste un puñado de *châteaux*.

Contrariamente a su vecina Saint-Émilion, la región de Pomerol no tiene un auténtico centro, salvo quizá el antiguo puerto fluvial de Libourne, desde donde antaño eran expedidos los vinos al extranjero. La mayor bodega, Établissements Jean-Pierre Moueix, ha conservado sus oficinas y sus almacenes en los muelles. El pueblo diseminado de Pomerol no tiene en realidad nada que ofrecer al visitante, y sólo su iglesia se destaca sobre un mar de vides.

Aunque la vid ya existía desde la época de los romanos, hubo que esperar a la Segunda Guerra Mundial para que los vinos empezaran a ser conocidos, con excepción de Château Pétrus, recompensado con una medalla de oro en la Exposición Universal de París de 1878. Este anonimato histórico se explica en parte por las reducidas dimensiones de la región y por su relativo aislamiento. Las propiedades principales no tienen por lo general más que unas pocas hectáreas, con una producción media anual de algunas decenas de miles de botellas, muy lejos de las 240 000 botellas de ciertos *châteaux* de Médoc. El aislamiento de Pomerol se prolongó durante una buena parte del siglo XIX a causa del limitado número de puentes sobre el Dordoña y el Garona: la región escapó así al control de los grandes *négociants* de Burdeos; situación que se mantiene dado que la mayor parte de los propietarios de Pomerol negocian directamente.

La viña de Vieux-Château-Certan.

Ninguna otra gran región vinícola de Burdeos debe tanto a un solo hombre, en este caso Jean-Pierre Moueix. En la década de los 30, abandonó su Corrèze natal para instalarse como *négociant* en la orilla derecha del Dordoña, y fue comprando propiedades poco a poco. Actualmente posee todo o parte de muchas grandes propiedades de Pomerol, entre ellas La Fleur-Pétrus, Latour à Pomerol y Trotanoy. La empresa, dirigida ahora por su hijo Christian, todavía aúna las dos actividades de viticultor y bodeguero mayorista. Gran parte de las ventas de Pomerol y de otros vinos de la orilla derecha también pasa por Établissements Jean-Pierre Moueix.

La denominación

Existe una sola denominación: Pomerol. La región no se incluyó en la clasificación de 1855 de los vinos de Gironde y, contrariamente a lo ocurrido con Saint-Émilion y Graves, esta exclusión no se ha corregido nunca. Pomerol escapa pues a toda clasificación oficial, para gran satisfacción de los principales productores. Existe, no obstante, una clasificación oficiosa basada en la calidad, los logros del pasado y el precio, producto de la gran escasez y la enorme demanda.

Los estilos de vino

Esta región se decanta por las variedades tintas. Es, en especial, el reino de la merlot, que ocupa las tres cuartas partes de la superficie de viñedos. La cabernet franc cubre cerca de un quinto y la cabernet sauvignon aproximadamente un 5 %. Las demás variedades autorizadas, prácticamente inexistentes, son cot (malbec) y carmenère.

En conjunto, los vinos de Pomerol se pueden beber bastante jóvenes y la mayoría son seductores entre 4 y 6 años después de la vendimia. A pesar de su gran intensidad de taninos, suelen carecer (salvo en 1986) de la fuerza de los vinos de Médoc. Después de 2 años en botella, los vinos normales atraen por su aroma de ciruela y —redondos y sin asperezas— presentan plenitud en boca. Los grandes vinos tienen un poder de seducción análogo, reforzado por una mayor riqueza y una concentración superior, así como por aromas complejos, con notas exóticas de especias y hierbas. A medida que maduran —lo que, en el caso de las mejores cosechas (como 1975, 1982, 1989 y 1990), puede necesitar 40 años o más—, muchos vinos finos se vuelven más carnosos y voluptuosos, lo que les da la fama de ser los burdeos más sensuales y quizá más embrujadores. □

GRANDS CRUS DE POMEROL

Las propiedades de Pomerol suelen ser pequeñas por culpa de la división de las tierras entre los herederos. Las mejores están en su gran mayoría al noreste del municipio, en la parte más alta de la meseta.

Château Certan de May
Situada en la zona más elevada de la meseta de Pomerol, esta propiedad pertenece a la familia Barreau-Badar desde 1974. Los vinos de los años 80 fueron brillantes con la excepción de 1983. Son intensamente ricos y concentrados, y merecen ser guardados.

Château Clinet
Desde 1986, Michel Rolland es el asesor y Jean-Michel Arcaute el director de esta propiedad. El porcentaje, antaño alto, de cabernet sauvignon (práctica excepcional en Pomerol) se ha reducido un poco. Se elaboran vinos espléndidos.

Château La Conseillante
El encantador doctor Francis Nicolas y su familia son los dueños de esta propiedad magníficamente situada en el lado este de la meseta de Pomerol, frente a Saint-Émilion. El emplazamiento es sin duda el culpable de la gran proporción de cabernet franc en la mezcla. Los mejores vinos envejecen al menos 20 años.

Château La Fleur-de-Gay
Elaborado a partir de viñas al 100 % de merlot situadas en una pequeña parcela del Château La Croix-de-Gay, este vino sólo existe desde 1982. Michel Rolland oficia como asesor enólogo y obtiene unos vinos siempre espléndidos. Es uno de los valores en alza de Pomerol.

Château La Fleur-Pétrus
Otro feudo de la familia Moueix. Ofrece el vino más elegante de Pomerol. El modesto castillo descansa sobre un suelo de grava, justo frente a Pétrus, cuyo suelo es de arcilla: esto explica algunas diferencias de carácter. En su apogeo, después de una crianza de 5 o 6 años, el vino puede envejecer más de 20 años las cosechas buenas.

Château Lafleur
Este brillante *château* pertenece a la Srta. Marie Robin y limita su producción a 12 000 botellas al año. El vino es muy codiciado desde que la añada de 1982 alcanzó fama internacional. A base de merlot pura, o casi, puede igualar e incluso superar a su vecino, Pétrus. El precio y la escasez lo hacen casi imposible de encontrar.

Château Latour à Pomerol
El viñedo de esta propiedad está compuesto de 25 parcelas diferentes. Algunas rodean la iglesia de Pomerol y otras están al lado del castillo.
Perteneciente a la Sra. Lily Lacoste pero dirigido por Établissements Jean-Pierre Moueix, la propiedad es una de las doce mejores de Pomerol. El vino es muy denso, compacto y recuerda el de Château Trotanoy.

Le Pin
Es el más pequeño de los grandes de Pomerol. Le Pin sólo produce unas 6 000 botellas al año y pertenece a la familia Thienpont, propietarios también de Vieux-Château-Certan. Muy buscado desde 1982, el vino tiene un precio prohibitivo y es prácticamente imposible de encontrar.

Château Trotanoy
Es propiedad de la familia Moueix y situado en la parte oeste de la denominación, Trotanoy es la casa de Jean-Jacques Moueix.
Está entre los doce mejores de Pomerol y, en los mejores años, puede ser tan denso como un Pétrus y presentar el mismo potencial de longevidad, por un precio mucho más bajo.

Vieux-Château-Certan
Propiedad de la familia Thienpont, originaria de Bélgica, este *château* fue considerado mucho tiempo el mejor de Pomerol, hasta que Pétrus le arrebató el honor después de la Segunda Guerra Mundial. Con una producción de más de 72 000 botellas al año, es la mayor propiedad prestigiosa de la denominación. El estilo del vino es muy distinto del de Pétrus, en parte por la mezcla de cabernet franc y cabernet sauvignon que, a veces, le da un falso aire de Médoc.

AOC LALANDE-DE-POMEROL
Esta denominación cubre la orilla norte del Barbanne. El vino proviene de dos municipios, Lalande-de-Libourne (Lalande-de-Pomerol) y Néac. Los suelos son buenos, con un subsuelo de grava en Lalande y una meseta más alta de gravilla y arena en Néac. La merlot domina las mezclas.
Los vinos maduran antes que la mayoría de los de Pomerol y son una versión aligerada con el mismo sabor potente.
Los *châteaux* principales son: Bel-Air, Belle-Graves, Bertineau-Saint-Vincent, Grand Ormeau, les Hauts-Conseillants, Moncets, Réal-Caillou, Siaurac y Tournefeuille.

CHÂTEAU PÉTRUS

Considerada como la mejor propiedad de Pomerol, Pétrus pertenece conjuntamente a la Sra. Lacoste-Loubat y a Établissements Jean-Pierre Moueix, que se encargan de la gestión. Los ingredientes del éxito son varios.
Los viñedos están plantados en un suelo de arcilla pura en el punto culminante de la meseta de Pomerol, lo que garantiza un drenaje natural excelente y una exposición máxima al sol. La viñas tienen principalmente merlot y un poco de cabernet franc. Su gran edad (algunas vides superan los 70 años) explica los bajos rendimientos. Todos estos privilegios están explotados con sabiduría por el Sr. Jean-Claude Berrouët, el enólogo responsable de estos vinos sublimes, que evolucionan magníficamente en botella para convertirse en la quintaesencia de un gran vino de Pomerol, y en el vino más raro y más caro del mundo.

Otras regiones de Burdeos

Al margen de las regiones más prestigiosas, en Burdeos existen otras zonas menos conocidas pero que hacen vinos muy interesantes: Entre-deux-Mers, Bourg, Blaye, Fronsac y Canon-Fronsac.

ENTRE-DEUX-MERS

Limitada por el Dordoña al norte y el Garona al sur, la meseta de Entre-deux-Mers está surcada de valles llenos de granjas y bosquecillos. Su nombre de «entre dos mares» se debe a que la marea atlántica remonta los dos ríos hasta 150 km tierra adentro. Entre-deux-Mers tiene el viñedo más extenso de Burdeos y la zona vitícola AOC más amplia de Francia.

Los distritos y las denominaciones

La región es una amalgama de denominaciones. Buena parte del vino tinto sólo tiene derecho a la simple AOC Bordeaux o a la AOC Bordeaux Supérieur. Los vinos de Bordeaux Supérieur suelen tener una buena relación calidad/precio. La AOC de Entre-deux-Mers está reservada al vino blanco.

Los mejores vinos tintos proceden de Premières-Côtes-de-Bordeaux, AOC que se aplica igualmente a los vinos blancos licorosos (los vinos blancos secos llevan la etiqueta Entre-deux-Mers). Estos viñedos orientados al oeste, dominando el Garona, cambian de denominación en el sureste; se llaman entonces Côtes de Bordeaux Saint-Macaire.

Los Premières-Côtes se subdividen en tres pequeñas denominaciones dedicadas a los vinos blancos dulces: Sainte-Croix-du-Mont, Loupiac y Cadillac.

Los estilos de vino

El vino de Entre-deux-Mers es generalmente un vino blanco seco a base de sauvignon y de sémillon.

Los vinos melosos o generosos de Premières-Côtes intentan llegar al nivel de los grandes, pero lo tienen difícil, pues la *botrytis* aparece rara vez (véase «Sauternes», p. 214). Las pequeñas AOC Loupiac y Sainte-Croix-de-Mont están mejor situadas, con vides plantadas cerca del río que pueden verse afectadas por la *botrytis*.

A falta de indicación precisa en la etiqueta, es difícil saber si un vino tinto de AOC Bordeaux proviene o no de esta región de Gironde. En cuanto a los Premières-Côtes, son muy identificables: a menudo de precio competitivo, los vinos están bien estructurados, con una buena base de merlot y con carácter. En estos viñedos de las «côtes» se producen los mejores claretes, vinos tintos ligeros procedentes de sangrías durante la fermentación.

BOURG Y BLAYE

Frente a Médoc, al otro lado de las aguas pardas del ancho estuario del Gironda, se encuentran las pendientes boscosas de Blaye. El paisaje ondulado del margen derecho del Gironda está cubierto de numerosos viñedos, aunque en cantidad más limitada que en la otra orilla. Sin embargo Blaye y Bourg, favorecidas por su mayor accesibilidad, fueron en la Edad Media puertos vinícolas importantes, mientras Pauillac y Margaux vivían de la cría del cordero y del cultivo del trigo.

Bourg y Blaye elaboran vinos blancos y tintos (los mejores). Las viñas de las orillas del Gironda ofrecen los vinos de mejor calidad; las del interior destinan su abundante producción a las cooperativas.

Variedades y estilos de vino

La merlot y la cabernet franc son las variedades principales en la composición de los tintos finos de la «orilla derecha», que recuerdan los de Fronsac y Saint-Émilion. Los vinos blancos se elaboran a partir de sémillon, sauvignon y colombard, variedad del vecino Cognac. Algunos tintos incluyen también cierta proporción de malbec, así como de cabernet sauvignon.

Zonas y denominaciones

Bourg es la más pequeña de las dos zonas, pero la viticultura es intensiva en los alrededores del puerto de Bourg. La AOC Côtes-de-Bourg cubre los mejores suelos sobre las pendientes que descienden hacia el Dordoña (las denominaciones Bourg y Bourgeais ya no se usan). Las cerca de 3 100 ha de vides están dedicadas en su mayoría al vino tinto, frente a una cantidad ínfima de vino blanco. La zona de Blaye es mucho más extensa, aunque la superficie de viñedo sea casi idéntica. Tiene tres denominaciones que cubren la misma zona: la AOC Blaye (o Blayais) corresponde a vinos blancos y, sobre todo, tintos; Côtes-de-Blaye a vinos blancos secos; y Premières-Côtes-de-Blaye a vinos blancos y tintos.

FRONSAC Y CANON-FRONSAC

La pequeña región de los vinos tintos de Fronsac se encuentra al oeste de Libourne, en la otra orilla del río Isle.

Bordeada por dos ríos, el Dordoña y el Isle, la AOC cubre siete municipios. El pueblo de Fronsac, que ha dado nombre a la denominación, está al sur de la región. La AOC Canon-Fronsac también está en el sur/suroeste y ocupa Saint Michel de Fronsac y parte del mismo Fronsac. La superficie global de vides es de unas 1 100 ha, 800 de las cuales pertenecen a Fronsac y 300 a Canon-Fronsac.

Desde un punto de vista geológico, las laderas son la prolongación de las de Saint-Émilion. El suelo es en general arcilloso-calizo, con un subsuelo calizo con asteroideos. El relieve accidentado de la región impide la retención de las aguas y la proximidad de los ríos protege las vides de las heladas. Las variedades autorizadas son cabernet sauvignon, cabernet franc, malbec y merlot, esta última a menudo dominante.

Estilos de vino

Antiguamente, se reprochaba a estos vinos cierta dureza y rusticidad, características quizá debidas a un dominio excesivo de la cabernet sauvignon y a una estancia demasiado prolongada en barrica.

En la actualidad, los vinos son más finos y pueden llegar a ser muy delicados y especiados, con un aroma muy particular. □

BORGOÑA

LA OPULENTA BORGOÑA ESCONDE EN SU CORAZÓN UNO DE LOS VIÑEDOS MÁS FAMOSOS DEL MUNDO, QUE PRODUCE VINOS RICOS Y ELEGANTES.

El Château Corton-André, con sus torres y su tejado inolvidable de tejas de colores, se encuentra en Aloxe-Corton, pueblo al pie de la famosa ladera de Corton y de sus grandes crus, *Corton y Corton-Charlemagne.*

Apreciada por sus buenos vinos desde los tiempos de Carlomagno, Borgoña merece su reputación. En efecto, los vinos tintos de Chambertin o los blancos de Montrachet son joyas únicas en el mundo. Sin embargo, los vinos borgoñones pueden decepcionar. La producción es algo desigual por varios motivos: por un lado, el fraccionamiento de los viñedos en parcelas pequeñas, incluso terruños familiares; y, por otro, un clima muy cambiante y variedades difíciles de cultivar. El aficionado al vino que desea captar las sutilezas de los aromas y los perfumes de un borgoña debe, pues, armarse de paciencia para encontrar lo que busca entre los innumerables vinos de productores o bodegueros y la madeja de denominaciones de esta zona.

El abismo entre éxito y fracaso, entre vinificación buena y mediocre, entre vino de mesa y gran vino es más profundo que en cualquier otra región vitícola. Pero cuando un borgoña es bueno, lo es de verdad: se puede considerar uno de los mejores vinos del mundo. En la actualidad, el desembarco de una nueva generación de viticultores, decididos a no dormirse en los laureles y dispuestos a innovar, permite abrigar esperanzas. Amplia región situada en el centro oriental de Francia, con una extensión de 300 km de norte a sur, la Borgoña de hoy ha conservado la misma superficie que la provincia medieval del mismo nombre. Sólo una pequeña parte de la «gran Borgoña» produce vino. Entre Chablis, al norte, y Beaune, al este, por ejemplo, las viñas son escasas. Después de la salida de Auxerre-Sud viniendo de París, la autopista A6 enfila hacia arriba y, tras superar una última colina, desemboca sobre un panorama de viñedos que se extiende hasta donde alcanza la vista, en la llanura del Saona. Es el corazón de la Borgoña vitícola, la de las laderas privilegiadas de Côte d'Or y de pueblos con nombre célebre (Meursault, Nuits-Saint-Georges, Gevrey-Chambertin, entre otros), que elaboran los vinos más hermosos. Más al sur, en Côte Chalonnaise, el Mâconnais y el Beaujolais, el vino es también el principal recurso. A pesar de sus diferencias, los vinos de Borgoña se reconocen por sus variedades principales: chardonnay para los blancos y pinot noir para los tintos. La región vitícola de Beaujolais es la única que utiliza la variedad gamay.

Las regiones de Borgoña
La Borgoña vinícola se divide en seis regiones.

■ **Chablis y Yonne.** Aisladas al norte, Chablis y los viñedos de Yonne elaboran vinos blancos a base de chardonnay, en un estilo cercano al de Côte d'Or pero más seco. Otros viñedos de Yonne –Coteaux de Joigny, Auxerrois, Tonnerrois, Vézelay– producen tintos apreciados. Yonne limita con Champagne y no está muy lejos del valle del Loira, más al oeste.

■ **Côte d'Or.** Renombrado centro de grandes vinos tintos y blancos. Sus viñas sobre laderas orientadas al este se extienden por una franja entre Dijon y Santenay. Aquí se elaboran los vinos más complejos, más caros y de mayor longevidad.

■ **Hautes Côtes.** Región situada al oeste de la ladera principal de Côte d'Or. Las vides están plantadas en las zonas protegidas de las alturas boscosas. Los vinos son más simples: son la versión rústica de los de Côte d'Or.

■ **Côte Chalonnaise.** Rosario de pueblos cuyos viñedos prolongan los de Côte d'Or hacia el sur, en el departamento de Saône-et-Loire. Se producen tintos y blancos que no valen tanto como los de Côte d'Or, aunque algunos son excelentes.

■ **Mâconnais.** Amplia región más meridional, al oeste de la ciudad de Mâcon, que propone vinos tintos de nivel medio, pero sobre todo blancos. Algunos pueblos, como Pouilly-Fuissé y Saint-Véran, son famosos por la calidad de sus blancos.

■ **Beaujolais.** Extensa región que llega prácticamente hasta Lyon. Produce tintos suaves y asequibles hechos de gamay. Es la única región que no utiliza la pinot noir.

El emplazamiento, el suelo y el clima
El subsuelo borgoñón se compone, por lo general, de caliza o de rocas pertenecientes al jurásico. Al ser muy compleja su composición, prevalecen las condiciones locales. Donde aflora la caliza y las laderas son escarpadas, el tipo de roca adquiere una gran importancia en viticultura. Los buenos pagos de Beaujolais, por su parte, están sobre montañas de origen granítico.

El clima es fresco. Algunos años, especialmente cuando el verano ha sido lluvioso, las bayas de pinot noir no alcanzan la madurez. Un mes de septiembre frío y húmedo, fenómeno bastante corriente, puede destrozar una cosecha. Un verano demasiado cálido puede ser fatal para la delicada pinot noir. Para Borgoña, un buen año debe carecer de heladas primaverales, tener un buen mes de junio para la floración, un calor constante en verano refrescado por lluvias débiles y un mes de septiembre caluroso y seco.

Variedades y estilos de vino
Lo primero que sorprende en un borgoña tinto son los aromas de pinot noir. A continuación, emergen las cualidades propias del pago y de la cosecha, más o menos marcadas en función del método de vinificación.

Los vinos jóvenes de pinot noir tienen rara vez el color, la amplitud y la potencia de los vinos de cabernet sauvignon o de syrah. Se trate de un vino grande o pequeño, un borgoña tinto debe ser sutil y sensual, ni demasiado evidente ni autoritario.

Un vino simple debe ofrecer olor y bellas notas de fruta (frambuesa y cereza es lo más frecuente), y una suavidad totalmente natural. Con el tiempo, los mejores vinos ganan en riqueza y complejidad para desarrollar aromas potentes. Las mejores añadas desvelan, al cabo de algunos años en botella, una concentración aromática destacable.

Quien dice borgoña blanco dice casi necesariamente chardonnay, variedad que puede oscilar enormemente en aromas y perfumes según la vinificación, el envejecimiento y el pago. Los aficionados aprenden a detectar las notas de mantequilla y de pan tostado en el borgoña blanco criado en roble, práctica corriente para los vinos de Côte d'Or. Los blancos sencillos (Bourgogne AOC, vinos de Mâcon, de Chablis...) no pasan casi nunca por barrica y deben tener un perfume limpio, sin demasiada acidez, pero que permita percibir aromas de frutas y de miel. Los mejores blancos, como los mejores tintos, ganan en complejidad al envejecer. Un gran borgoña blanco

LAS DENOMINACIONES DEL BORGOÑA

Borgoña tiene una jerarquía de denominaciones complicada: las AOC regionales, las AOC *villages*, los *premiers crus* y los *grands crus*.

Denominaciones regionales
Cubren todos los vinos que procedan de un viñedo situado en los límites geográficos de la denominación.

Bourgogne
Vinos tintos, blancos o (menos frecuentemente) rosados de cualquier parte de la región. Los tintos son a base de pinot noir (la césar y la tressot, dos variedades tradicionales, también están autorizadas en Yonne). Los blancos se elaboran con chardonnay o pinot blanc. Las etiquetas pueden mencionar la variedad (pinot noir o chardonnay), así como ciertos sectores (Hautes Côtes de Beaune, Hautes Côtes de Nuits, Côte Chalonnaise) y, en Yonne, el nombre de algunos municipios (Irancy, Saint-Bris).

Bourgogne (Grand) ordinaire
Vinos que también pueden proceder de toda Borgoña pero para los que están permitidas las variedades gamay (tintos) y aligoté (blancos).

Bourgogne Passetoutgrain
Vino tinto a base de gamay y al menos un tercio de pinot noir.

Bourgogne Aligoté
La variedad aligoté produce un vino blanco seco.

Mâcon y Beaujolais
El sistema de denominaciones regionales incluye estas dos regiones que, sin embargo, tiene su propia AOC (véase pp. 238 y 239 respectivamente).

Vins de village, premiers crus y grands crus
Los pueblos principales de Côte d'Or, y de otras regiones, poseen su propia denominación. Por ejemplo, el vino elaborado en Gevrey-Chambertin puede etiquetarse como tal. En los pueblos de Côte d'Or y Chablis, algunos viñedos tienen derecho al estatuto de *premier cru*. La etiqueta menciona entonces el nombre del pueblo y el del viñedo –por ejemplo, Gevrey-Chambertin Le Clos Saint-Jacques.

Los *grands crus* son denominaciones por sí solos. A este nivel, se bautizan con el nombre del viñedo (por ejemplo, Chambertin).

Los límites de la AOC o los del pueblo no tienen por qué coincidir: si se considera que una zona produce un vino inferior a las normas del pueblo, sólo recibe la denominación regional.

LAS REGIONES VITÍCOLAS DE BORGOÑA

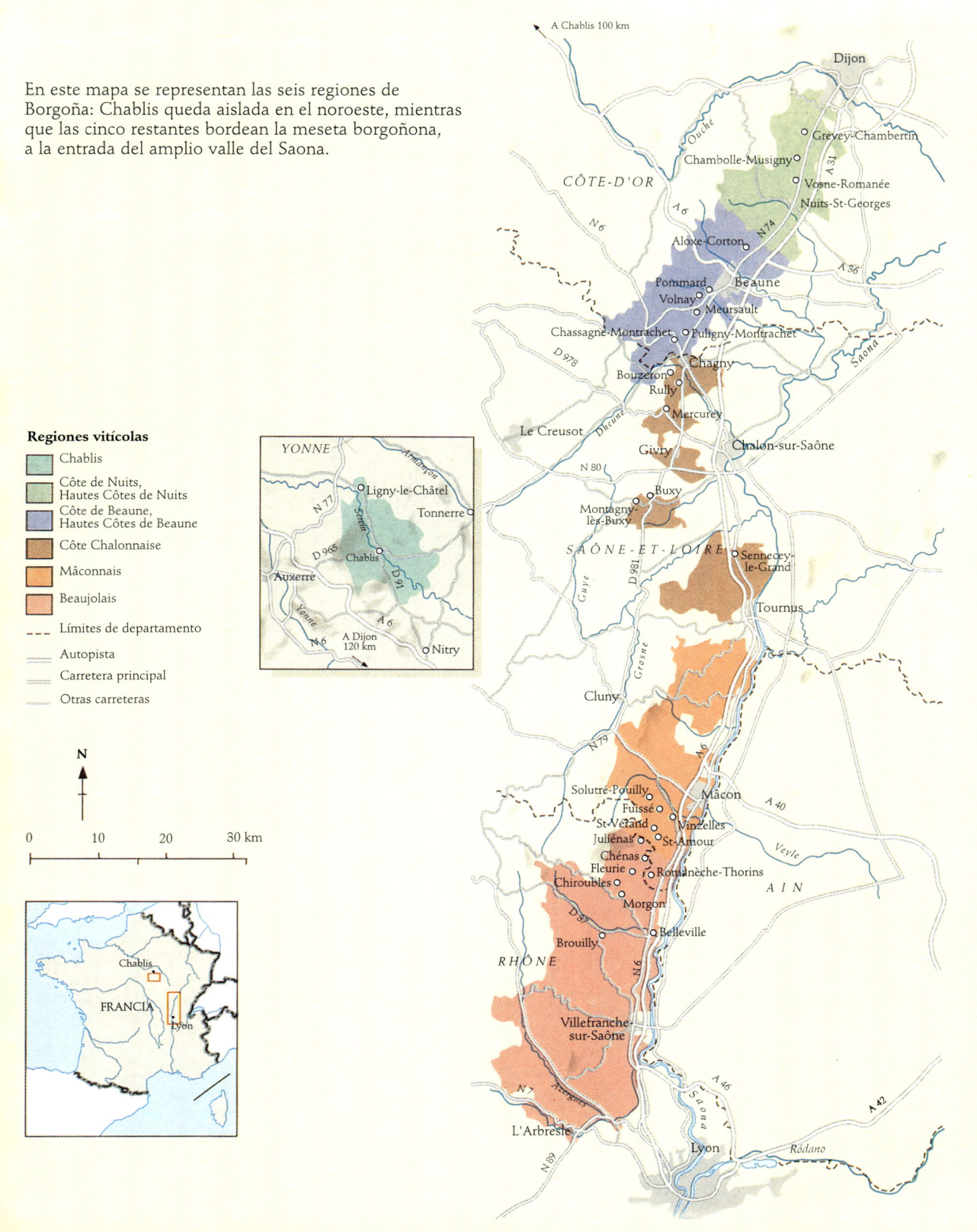

En este mapa se representan las seis regiones de Borgoña: Chablis queda aislada en el noroeste, mientras que las cinco restantes bordean la meseta borgoñona, a la entrada del amplio valle del Saona.

Regiones vitícolas
- Chablis
- Côte de Nuits, Hautes Côtes de Nuits
- Côte de Beaune, Hautes Côtes de Beaune
- Côte Chalonnaise
- Mâconnais
- Beaujolais
- --- Límites de departamento
- Autopista
- Carretera principal
- Otras carreteras

es un vino amplio, con notas de miel y de avellana. Las cualidades más evidentes son la concentración y la complejidad.

El beaujolais está hecho de gamay, variedad sin relación de parentesco con la pinot noir.

Productores y bodegueros

Borgoña es el reino de los pequeños propietarios y el término de *château* no tiene el mismo sentido que en Burdeos. Por tradición, los *négociants* (por oposición a los viticultores) han forjado la reputación de Borgoña. Compran la uva o el vino nuevo a muchos pequeños cosecheros para criarlo, mezclarlo y embotellarlo con su propia marca.

Sin embargo, desde la década de los 70, los productores tienden a embotellar su propio vino. Algunos productores con talento han adquirido así fama internacional. Los vinos embotellados por el viticultor son a menudo elaborados en cantidades tan pequeñas que pueden ser difíciles de conseguir. En contrapartida, una de las ventajas del sistema de *négoce* es que el bodeguero puede comprar y mezclar vino suficiente para ofrecer una cantidad equilibrada dentro de una misma denominación.

Se reprocha a los borgoñas de *négociant* que tienen menos carácter que los de viticultor. Ciertas empresas de Borgoña son criticadas a veces por sus vinos mediocres. También se acusa a los *négociants* de anular la individualidad de cada pueblo y de cada vino, al tender a un estilo de la casa uniforme, sin vicios ni virtudes. Estas críticas no tienen hoy ningún sentido y la «frontera», a las puertas del siglo XXI, debe situarse sencillamente entre vinos buenos y malos.

Las cooperativas son importantes en el Mâconnais, en Hautes Côtes, en Chablis y el Beaujolais.

Vinificación del borgoña tinto

Las «recetas» modernas de vinificación en tinto (véase pp. 108-109) son muy polémicas en Borgoña. La obsesión de la región es la mejora de la calidad: rendimiento de los viñedos, prensado de las uvas, duración y temperatura de fermentación, filtrados y otros procesos, duración de la crianza y elección de los materiales.

El pueblo de Volnay, colgado de la ladera de Côte de Beaune.

Por las variedades y el clima, el caso de Borgoña es particular. Es mucho más delicado extraer color, taninos y otros componentes aromáticos de las bayas de pinot noir que de otras variedades, como cabernet sauvignon o syrah. La elaboración del borgoña tinto exige mucho esmero y delicadeza.

Las uvas que llegan a las bodegas son prensadas antes de ser despalilladas, pero esta tradición tiende a perderse y hoy la vendimia llega sin escobajos. Los seguidores de la vieja escuela afirman que los escobajos contribuyen a romper la masa de pulpa de uva en fermentación, al tiempo que constituyen una aportación de taninos y que dan carácter al vino.

Las temperaturas otoñales frescas afectan a la fermentación, aunque la introducción de sistemas de control de la temperatura (cubas termorreguladas) ha paliado este inconveniente y ofrece muchas posibilidades a los viticultores. Una maceración en frío anterior a la fermentación permite una primera mezcla jugo-hollejos, que favorece la extracción de color, taninos y aromas. El vinificador también puede optar por calentar el mosto para acelerar el inicio de la fermentación.

Las bodegas frías hacen que la maduración sea lenta y suave, y la mayoría de los buenos cosecheros limitan la clarificación o el trasiego. Algunos borgoñas no se filtran nunca: el vino gana así en complejidad (si tiene el potencial), lo que explica la presencia de muchos depósitos en la botella.

Vinificación del borgoña blanco

El borgoña blanco es menos exigente en su elaboración. Los vinos clásicos de Côte d'Or y algunos de Chablis y de Côte Chalonnaise fermentan en roble. Otros se elaboran en cubas de acero inoxidable y luego se crían algunos meses en barricas de roble hasta el final de la fermentación maloláctica. El vino permanece sobre sus lías y la clarificación y el filtrado se reducen al mínimo antes del embotellado. El bastoneo (mezcla de las lías) añade amplitud al vino y lo hace más complejo.

Cuando la uva procede de un viñedo bien situado y de rendimiento bajo, la fermentación en madera, asociada a un envejecimiento prolongado y tranquilo, es una garantía para obtener una combinación única de potencia, gracia y longevidad, es decir, un gran borgoña blanco.

Chablis

El vino de Chablis se ha convertido en uno de los vinos blancos franceses más conocidos... fuera de Francia. En los países del Nuevo Mundo, su notoriedad ha sido aprovechada durante mucho tiempo para etiquetar vinos blancos de calidad inferior, lo que ha perjudicado a esta prestigiosa denominación francesa.

El verdadero chablis procede del norte de Borgoña, de la pequeña ciudad de Chablis y de 19 pueblos y aldeas más del departamento de Yonne (para las demás denominaciones de Yonne véase p. 229). Como para todos los buenos borgoñas blancos, la variedad empleada es la chardonnay, que crece sobre laderas de caliza kimmeridgiense y de arcilla. Estas laderas forman el extremo sur de la Cuenca de París, amplia depresión geológica circular que se extiende del norte de Francia al sur de Inglaterra, hasta el pueblo de Kimmeridge, en Dorset. El suelo está lleno de conchas fosilizadas de una pequeña ostra, llamada *Exogyra virgula*, lo que contribuye a un drenaje eficaz a pesar de la gran proporción de arcilla.

El clima y el problema de las heladas

El clima de Chablis es de dominante continental: los inviernos son rigurosos y los veranos cálidos. Las fluctuaciones anuales de insolación y pluviosidad se traducen en variaciones enormes de calidad y cantidad entre las cosechas. Los viticultores temen las heladas primaverales que pueden causar daños irreparables a las cepas jóvenes, y esperan cada año con angustia los meses de abril y mayo.

La década de los 50, de primaveras particularmente inclementes, fue el origen de las primeras «estufas» destinadas a proteger la vid. Estas estufas de petróleo se llenaban y encendían a mano durante las primeras horas de la madrugada. Desde entonces se han modernizado: el llenado se hace de manera automática a partir de una cisterna de petróleo instalada al pie de la ladera. Este método de calentamiento es eficaz pero costoso. Una segunda

Viñedo del *grand cru* de Grenouilles.

técnica, la aspersión, consiste en regar las vides con agua cuando la temperatura alcanza el punto de congelación, de modo que se forma una capa protectora alrededor de los sarmientos jóvenes. Mientras el agua se hiela a 0 °C, la vid puede soportar, sin sufrir, una temperatura de −5 °C. Aunque no es tan eficaz como sería deseable, la protección contra las heladas garantiza un rendimiento razonable cada año y contribuye a la extensión de la viña.

Las denominaciones

Chablis posee cuatro denominaciones: *grand cru*, *premier cru*, Chablis y Petit Chablis.

El *grand cru* de Chablis se divide en siete «climas» (parcelas). La denominación Chablis cubre una buena parte de la región. Petit Chablis es otra denominación menos reputada.

El estilo de Chablis

En roble o sin roble: este es el dilema. Dos escuelas defienden ferozmente su propio estilo de vino, enfrentándose en esta cuestión. La tradición quiere que el chablis se vinifique y se críe en barricas de roble, único material que existía antiguamente. La llegada de cubas de cemento o de acero ha abierto nuevas posibilidades. Algunos productores han seguido fieles al roble, otros lo han abandonado completamente y otros más han vuelto a él. Los adversarios del roble pretenden que afecta los aromas frutales del chablis, y sus partidarios afirman que sublima el vino añadiéndole cierta complejidad.

Curiosamente, algunos chablis vinificados sin roble adoptan, con el tiempo, los aromas sutiles de avellana que se asocian naturalmente a la madera. Este vino ofrece tal diversidad que, aun manteniéndose seco, presenta hoy una plenitud y una riqueza que contrastan con su reputación de austeridad. Como vino joven, la seducción inmediata procede de su frutalidad y de su juventud, estructuradas por una buena acidez. Después de una fase de reserva en que no revela nada, empieza a desarrollar aromas maravillosos, signo distintivo de un buen chablis. Aunque un chablis joven de una añada buena tenga ya atractivo, es mejor esperar algunos años de añejamiento en botella para saborearlo plenamente: cinco años para un *premier cru* y de siete a diez para un *grand cru*, de evolución más lenta.

Los *grands crus* destacan por la intensidad de sus aromas y su capacidad de envejecimiento. Los diversos vinos no son siempre fáciles de reconocer, puesto que sus diferencias proceden más a menudo de la conducción de la vid y de la vinificación de cada cosechero que de las características propias del pago.

PRODUCTORES Y BODEGUEROS

Las etiquetas del viñedo de Chablis indican la denominación: Petit Chablis, Chablis, Chablis 1er cru (seguido del nombre del «clima») y Chablis grand cru (seguido del nombre del «clima»). El nombre del pueblo no se menciona: Chablis es una denominación. Debido a la extrema parcelación, varios viticultores pueden compartir un mismo pago y la calidad depende entonces del productor. Algunos productores añaden el nombre de una propiedad o un *château*. Parte de los vinos se vende por intermediario de los *négociants* de Chablis o de la cooperativa local.

La Chablisienne

Es la cooperativa local y cubre alrededor de un tercio de la producción de Chablis, con casi 200 miembros y un poco más de 800 ha. Su papel comercial dentro de la denominación es considerable. Fundada en 1923, fue una de las primeras cooperativas de Francia. Los viticultores llevan mosto y no uva, ya que no dispone de prensas. Hasta hace poco, el vino se criaba en cubas, pero ahora algunos *premiers* o *grands crus* se envejecen en barrica de roble, sobre todo para La Grand Cuvée, una selección de las vides más viejas de los viñedos de *premier cru*. El estilo de la casa es el del chablis clásico. El vino se vende con la etiqueta La Chablisienne o con la de sus diversos miembros, como si fuesen productores independientes, lo que da lugar a algunas confusiones. Además, vende vino a granel a bodegueros mayoristas de Chablis y de Beaune. Épineuil (véase cuadro p. 229) es una incorporación reciente a su gama.

LOS GRANDS CRUS DE CHABLIS

Los siete *grands crus* totalizan cerca de 100 ha y se alinean sobre una ladera a la salida de Chablis. Todos están plantados y son, de sur a norte:

Blanchots. Con sus 11,5 ha, es el *grand cru* más ligero y más amable, ya que sus vinos tienden a llegar a la madurez antes que otros. El suelo es especialmente blanco y cretáceo, de ahí el nombre del viñedo.

Les Clos. Es el viñedo más amplio, con 26 ha repartidas entre varios propietarios. Este *grand cru* suele ser considerado el más apto para el añejamiento, el último que llega a la madurez y el más duro.

Valmur. Con 13 ha, este *grand cru*, bastante cercano a Vaudésir, no tiene ni la intensidad ni el potencial de longevidad de Les Clos.

Grenouilles. Es el más pequeño de todos, con sólo 9,5 ha. Está justo al lado del río Serein, que está infestado de ranas (de ahí su nombre). El viñedo se lo reparten Louis Michel, Jean-Paul Droin y la cooperativa La Chablisienne.

Vaudésir. Con 16 ha (una parte de La Moutonne), este viñedo situado en la ladera de los *grands crus* no tiene la denominación: sólo una parcela de 2,3 ha en Vaudésir y Preuses que pertenecía antaño a los monjes de la abadía cisterciense de Pontigny. El productor más importante, Long-Depaquit, elabora un vino con raza y de gran finura.

Preuses. Este viñedo, que comparten La Moutonne y Vaudésir, se considera generalmente más elegante que Les Clos.

Bougros. Viñedo de 16 ha que se parece mucho a Blanchots, con cierta rusticidad.

René Dauvissat

René Dauvissat heredó una propiedad minúscula en 1950 y la ha ampliado hasta las 10 ha actuales, con viñedos en Vaillons, Séchet, Le Clos y Preuses, sin olvidar el pago que le da fama: Forêt. A mediados de los años 60, introdujo cubas de acero inoxidable para controlar mejor la temperatura de la fermentación. Sin embargo, sigue fermentando parte del vino en madera nueva. El paso por barrica era una técnica de crianza de su padre que ni él ni su hijo, Vincent, han cambiado. Según la calidad del pago y la añada, el vino pasa entre 6 y 10 meses en barrica. Los chablis de Dauvissat merecen envejecer en botella para llegar a su apogeo.

Jean-Paul Droin

Perteneciente a la nueva generación de viticultores de Chablis, Jean-Paul Droin ha asumido la dirección de la propiedad de su padre y ha dejado su huella. Los viñedos se extienden sobre casi 20 ha, con un gran número de parcelas pequeñas en varios *premiers crus* y en la mayoría de los *grands crus*. Vaillons, Montée de Tonnerre, Valmur y Vaudésir son los más importantes. Desde 1985, defiende con entusiasmo el roble nuevo y no para de innovar con experimentos para conseguir el vino ideal de Chablis. A veces, sus vinos son un éxito brillante, pero a menudo están demasiado marcados por la madera.

Jean Durup

El Domaine de L'Églantière, en Maligny, es hoy la propiedad más extensa de Chablis, con 130 ha repartidas en 10 ha de Petit Chablis, 40 ha de Fourchaume y Vaudevey, y 80 ha de Chablis *village*. Los métodos de vinificación son sencillos, con una manipulación del vino reducida al mínimo y sin madera. Para Durup, el roble es una herejía que desnaturaliza los aromas auténticos del chablis. También trabaja con los nombres Domaine de Valéry y Domaine de Paulière, así como el de Château de Maligny, que está rehabilitando.

Domaine Laroche

Es una de las estrellas de Chablis y ha crecido con la denominación, pasando de 6 ha en 1960 a las 100 actuales. Tiene viñas en Les Clos, Blanchots, Bougros, Vaudevey, Beauroy, Montmains, Vaillons y Fourchaume. El mejor Chablis *village* de Laroche se llama Chablis Saint-Martin, en honor al patrón del pueblo, y el Chablis Saint-Martin Vieilles Vignes es aún mejor. La novedad es

Los *premiers crus* se han extendido al mismo ritmo que el viñedo. En 1991 había 692 ha frente a las 477 de 1982. Al mismo tiempo, han aparecido nuevos nombres y han resurgido otros que ya existían antes de la filoxera, cuando Yonne podía enorgullecerse de unas 40 000 ha de vides. Se intenta que estos *premiers crus* resucitados recuperen el pago y el microclima antiguos. El más conocido es Vaudevey, cerca del pueblo de Beine. Los mejores *premiers crus* parecen ser Mont de Milieu y Montée de Tonnerre, que están en las misma ladera que los *grands crus*.

PREMIERS CRUS DE CHABLIS

La lista completa de los *premiers crus* incluye nombres que no suelen encontrarse en las etiquetas. A veces, el productor prefiere una designación más general (en negrita en la lista siguiente): por ejemplo, Fourchaume en vez de L'Homme Mort.

Les Beauregards: Côte de Cuissy.
Beauroy: Troesme, Côte de Savant.
Berdiot
Chaume de Talvat
Côte de Jouan
Côte de Léchet
Côte de Vaubarousse
Fourchaume: Vaupulent, Côte de Fontenay, L'Homme Mort, Vaulorent.
Les Fourneaux: Morein, Côte de Prés Girots.
Mont de Milieu
Montée de Tonnerre: Chapelot, Pied d'Aloue, Côte de Bréchain.
Montmains: Forêt, Butteaux.
Vaillons: Châtains, Séchet, Beugnons, Les Lys, Mélinots, Roncières, Les Épinottes.
Vaucoupin
Vaudevey: Vaux Ragons.
Vauligneau
Vosgros: Vaugiraut.

el Réserve de l'Obédiencerie, elaborado a partir de una parcela minúscula de vides viejas de Blanchots, cuyas uvas se vinifican con minuciosidad.

Louis Michel
Gran partidario del chablis sin notas de madera, abandonó los toneles hace 30 años y efectúa la fermentación y la crianza en cubas de acero inoxidable, evitando en lo posible las manipulaciones del mosto y del vino. El resultado es un vino de ensueño que deja traslucir las cualidades clásicas de la denominación: una buena viveza con notas minerales. Michel ha ido ampliando su propiedad de 22 ha, entre las que hay 14 ha de *premiers crus* (Montmains, Butteaux, Montée de Tonnerre, Vaillons y Forêt) y algunas parcelas de *grands crus* (Grenouilles, Les Clos y Vaudésir). También comercializa vinos con la etiqueta Domaine de la Tour Vaubourg.

J. J. Moreau
Es el bodeguero mayorista más importante de Chablis. Pertenece al grupo Hiram Walker/Allied Lyons. Sin embargo, la familia Moreau ha conservado sus viñedos, con algunas parcelas en los mejores pagos (Vaillons, Les Clos, Clos des Hospices, y pequeños terruños en Valmur, Vaudésir y Blanchots), así como un gran viñedo en Chablis, el Domaine de

Además de Chablis, hay varios viñedos diseminados en el departamento de Yonne. Aunque no han recobrado la prosperidad del siglo XIX, algunos viñedos están recuperando el interés. Borgoña tinto y blanco son las denominaciones principales, generalmente seguidas del nombre del pueblo. Los pueblos son: Irancy, Coulanges-la-Vineuse, Épineuil y Chitry. Otra denominación, Côte d'Auxerre, data de 1992 y cubre sobre todo los viñedos de pinot noir y chardonnay de Saint-Bris-le-Vineux, de Auxerre y de algunos pueblos de los alrededores.
También se elabora en Yonne (véase p. 238) crémant de Bourgogne.

Bieville. Se evita el contacto del vino con la madera para favorecer las notas frutales.

Raveneau
Raveneau es uno de los grandes nombres de Chablis. Se forjó con François y ahora con

DENOMINACIONES DE YONNE

La cooperativa SICAVA del caserío de Bailly es muy conocida por su crémant y representa una salida comercial interesante para los viñedos de pueblos como Saint-Bris y Chitry.

Irancy
Tiene su propia denominación desde 1977 para un vino tinto a base de pinot noir, con un poco de césar y de tressot. También está autorizado el rosado. Côte de Palotte es el pago más conocido.

Coulanges-la-Vineuse
Produce un vino tinto más ligero y más frutal que el de Irancy, sólo a partir de pinot noir.

Épineuil
También tiene su propia denominación para el vino

Jean-Marie, el hijo. La propiedad, bastante compacta, tiene 7 ha, principalmente en Butteaux, Chapelot y Montée de Tonnerre para los *premiers crus*, y Valmur, Les Clos y Blanchots para los *grands crus*. Al igual que su padre, Jean-Marie tiene un enfoque empírico de la vinificación, sin reglas fijas sobre el envejecimiento en madera. Todo su vino pasa al menos un año en barrica (barrica nueva o de 10 años). Los *grands crus* se embotellan al cabo de 18 meses. Los vinos son vivos, amplios y complejos.

Otros productores
Entre los demás productores se puede destacar a: Adhémar Boudin, Jean-Marc Brocard, Domaine Jean Collet, William Fèvre, Alain Geoffroy, Jean-Pierre Grossot, Claude Laroche, Bernard Légland, Long-Depaquit, Domaine des Malandes, A. Règnard, Georges Pico, Olivier Savary, Domaine de Varoux, Pinson et Vocoret, Lamblin y Simmonet-Febvre.

tinto, sólo a base de pinot noir. Es el último pueblo que elabora vino en el antiguo viñedo de Tonnerre.

Chitry
Cubre los vinos tintos y blancos, a base de chardonnay y pinot noir, procedentes del pueblo de Chitry-le-Fort.

Vézelay
Hace borgoña tinto y banco en algunas laderas bien expuestas.

Sauvignon de Saint-Bris
Vino blanco elaborado con la única sauvignon blanc plantada en Borgoña que posee actualmente el estatuto de VDQS, aunque obtendrá sin duda la AOC Saint-Bris.

Côte d'Or

La «Côte d'Or» borgoñona es una estrecha franja de viñedos orientada al este y al sureste, que se extiende desde Dijon, al norte, hasta el límite del departamento de Côte-d'Or, pasando por Beaune. Esta *côte* marca el límite oriental del laberinto de bosques y colinas que son los altos borgoñones. La amplia llanura formada por el Saona se extiende a sus pies, hacia el este.

La región constituye lo que los geólogos llaman un «escarpe de falla». La Côte encierra un subsuelo estratificado muy rico, que es sin duda el factor esencial de la excepcional calidad de sus viñedos (véase p. 232).

Otro factor importante del prestigio de Côte d'Or es la proximidad de los grandes ejes de carreteras: las viñas están sobre la vía que une desde hace dos milenios el norte y el sur, de Flandes a Provenza, desde Roma hasta París (inaugurada por las legiones romanas). Actualmente, las autopistas A6 y A31, y las nacionales 6 y 74, evitan definitivamente a esta región el aislamiento que han sufrido tantas otras zonas rurales de Francia.

La historia, como la geografía, ha sido generosa con Côte d'Or. La región fue uno de los primeros centros de la vida monástica en Francia, con la gran abadía benedictina de Cluny, en la región de Mâcon. En 1098, la abadía de Cîteaux, primera casa de la orden cisterciense, fue fundada cerca de Beaune. Al cabo de un año, se dotó de su primera viña, en Meursault, y bajo la égida de su superior, san Bernardo, se añadieron rápidamente algunas parcelas más. La contribución de los monjes al renombre del viñedo borgoñón fue capital. Aunque no fueron los fundadores –los romanos habían cultivado la vid antes que ellos y Carlomagno había alabado el vino de la región–, ellos lo organizaron. Fueron también quienes construyeron cercados alrededor de sus viñas, como la muralla que todavía ciñe el Clos de Vougeot, que data de 1330. Realizaron experimentos, mejoras y observaciones. Los cistercienses hicieron de los vinos de Côte d'Or vinos prestigiosos.

La entrada de un grand cru.

Borgoña ha tenido tanta suerte con sus dueños temporales como con sus jefes espirituales. A fines de la Edad Media, a los duques de Valois les gustaba la grandeza en todo, sobre todo en cuestión de vinos y comidas. Tenían, por otra parte, el poder y el dinero para exigir lo mejor. Hacia 1375, el duque Felipe el Atrevido se interesó por el borgoña tinto y estimuló la «pineau», antepasada de la actual pinot noir, en detrimento de la gamay, variedad prolífica pero de calidad mediocre. Su nieto, Felipe el Bueno, perpetuó este entusiasmo: «Los duques de Borgoña son conocidos en la cristiandad como los señores del mejor vino. Mantendremos nuestra reputación».

Durante la Revolución francesa los monjes fueron deportados y se parcelaron sus posesiones en Côte d'Or. Después de Napoleón, quedaban pocos *clos* monásticos en manos de un solo propietario.

Con la fragmentación de los viñedos, los *négociants*, capaces de comprar y mezclar vino procedente de muchas parcelas pequeñas, establecieron poco a poco su dominio. La llegada del ferrocarril los favoreció todavía más: pudieron exportar con mayor facilidad su vino (Côte d'Or no tiene vía navegable) y los menos escrupulosos alargaban sus grandes vinos con un poco de vino del sur. Esta práctica persistió durante buena parte del siglo XX, lo que hizo creer que el borgoña tinto era un brebaje oscuro y dulzón que recordaba vagamente el vino argelino.

Pueblos y vinos

Côte d'Or está dividida en dos por Beaune, ciudad que alberga la mayor parte de los comerciantes de vino. La región está sembrada de pueblos que dan nombre a sus viñedos o viceversa. Por ejemplo, Chambolle-Musigny se bautizó así porque Chambolle es el viejo nombre del pueblo y Musigny un famoso viñedo plantado en una de sus colinas. El nombre de algunos pueblos, Volnay, Meursault, Pommard se basta a sí mismo.

Cada pueblo (o, al menos, la mayor parte) posee su denominación de origen genérica, así como numerosas designaciones de emplazamientos o de «climas». Los más destacados están clasificados como *premiers crus* o, mejor todavía, como *grands crus*. El sistema de etiquetaje y de clasificación está detallado en la p. 224.

Côte d'Or se divide en dos zonas: Côte de Nuits, al norte, y Côte de Beaune, al sur.

Dos AOC están situadas al oeste de la ladera principal: Hautes Côtes de Nuits y Hautes Côtes de Beaune. Se detallan en la p. 234.

Estilos de vino

Côte de Nuits produce casi exclusivamente vino tinto, mientras que Côte de Beaune produce tintos y blancos. La pinot noir (para tinto) y la chardonnay (blanco) son las dos variedades principales.

Aunque la variedad sea idéntica en los dos viñedos, los estilos de vino son muy diferentes según el terreno y, sobre todo, la marcada individualidad del productor borgoñón. Bodegueros y cosecheros, grandes o pequeños, tienen cada uno su propia concepción de lo que debe ser un gran borgoña y cómo debe expresarse un pago. La elección de un vino exige, pues, mucha atención.

Por regla general, los vinos ganan en complejidad, en precio y en potencial de envejecimiento en función de la escala de clasificación en que se sitúan, de la AOC *village* hasta el *grand cru*, pasando por el *premier cru*. Sin embargo, ciertos *premiers crus* pueden resultar apagados y tristes al lado de un AOC *village* espléndido. La mano del hombre y los rendimientos que exija de sus vides serán tan determinantes como la calidad intrínseca de la tierra.

Al ritmo de las modas, tanto entre los consumidores como entre los vinificadores, el borgoña tinto ha cambiado de estilo. En el siglo XVIII, era un vino ligero, casi rosado. En el siglo XIX y la primera parte del XX, se convirtió en más tánico, con un contenido de alcohol más alto (a menudo debido a que se añadía azúcar) y de un color más pronunciado. Actualmente, se asiste a un regreso a vinos equilibrados y aromáticos, de un color claro y de un bajo contenido en alcohol. Sin embargo, su elaboración difiere según las escuelas (véase p. 226).

Los buenos vinificadores pueden producir vinos soberbios en denominaciones menos prestigiosas. Los AOC Bourgogne y Côte-de-Beaune-Villages de las grandes propiedades se elaboran según las mismas normas que los *grands crus* y los compradores pueden hacer un buen negocio.

Añadas y envejecimiento

En Côte d'Or, las añadas son otro factor de diversidad impuesto por las condiciones climáticas de la región. Una buena cosecha en Côte de Nuits no implica necesariamente una buena añada en Volnay o Meursault. En efecto, el granizo y la podredumbre pueden tener efectos muy localizados.

Es raro que un *grand cru* de Borgoña tenga una vida tan larga como uno de Burdeos. Un gran vino de Borgoña alcanzará su apogeo al cabo de una decena de años en botella (aunque pueda envejecer el doble de tiempo), mientras que las denominaciones municipales y la mayor parte de los blancos pueden abrirse al cabo de tres años. Existen viejas botellas de gran borgoña, pero son auténticas excepciones.

El borgoña tinto es un vino frágil cuyo transporte y almacenamiento reclaman un cuidado extremo: muchas botellas exportadas a países lejanos, sobre todo si se trata de países cálidos, sufren por el viaje.

Los vinos blancos muy buenos envejecen más de lo que podría suponerse por su color: un Montrachet de una buena añada, por ejemplo, se mantendrá durante cinco años y se podrá guardar más de diez.

Tratamiento de las vides en Clos de Vougeot. El castillo se encuentra en medio del viñedo monástico, promovido al rango de *grand cru*.

LOS FACTORES DE CALIDAD

Los viñedos de Côte d'Or han sido objeto de un examen riguroso que ha servido para clasificarlos en diversas categorías, desde la denominación regional hasta el *grand cru*, pasando por la AOC *«village»* y el *premier cru*. Tres factores determinan la calidad: el suelo, la pendiente y la exposición.

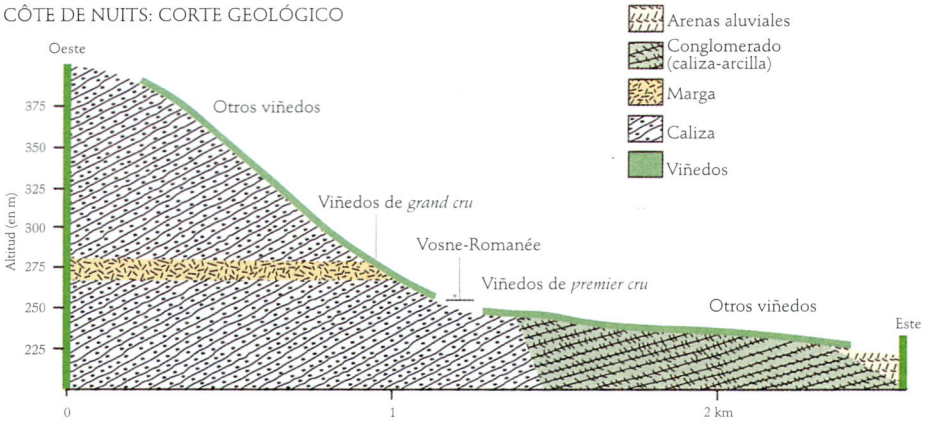

Suelos

El subsuelo está compuesto de marga y de dos tipo de rocas calizas (véase corte geológico).

La erosión de las laderas ha llevado a combinaciones de suelos muy diversas. Por ejemplo, en un lugar determinado el suelo está formado por el estrato que hay justo bajo la superficie y el que hay a una altura superior, ya que los acarreos de la erosión bajan por la pendiente para mezclarse con el suelo.

Por su parte, las faldas de las laderas se funden con la llanura y ofrecen un terreno aluvial menos favorable para la producción de grandes vinos.

Los *grands crus* y los *premiers crus* ocupan una franja concreta de la pendiente. Son las zonas donde los afloramientos de marga ofrecen los mejores terrenos –sobre todo para los tintos–, el drenaje es mejor y es más fácil trabajar la vid.
Los viñedos de vino blanco se concentran en zonas de predominio calizo, como en Meursault. Casi siempre se encuentra una roca madre de naturaleza caliza en la parte alta de las laderas, como en Corton: el viñedo del *grand cru* blanco Corton-Charlemagne está encima del Corton tinto.

Escarpe

Côte d'Or es un escarpe resultado de una anomalía geológica que ha llevado a la erosión del extremo oeste de la meseta borgoñona. Al este, la amplia llanura del Saona constituye la base de la ladera.

La continuidad de este escarpe se rompe con valles pequeños formados por afluentes del Saona.

Los viñedos están plantados en laderas orientadas al sureste y situadas entre la llanura, al oeste, y las colinas boscosas, al este. La altitud varía entre 150 m y 400 m, pero hay que destacar que los mejores pagos están siempre a media pendiente.

CÔTE DE NUITS: CORTE GEOLÓGICO

- Arenas aluviales
- Conglomerado (caliza-arcilla)
- Marga
- Caliza
- Viñedos

Emplazamientos y exposición

El corte geológico muestra un emplazamiento típico de Côte d'Or, con un pueblo que estaría situado al pie del escarpe, entre los viñedos y las tierras de la llanura.
El terreno donde crece la vid está sometido a las influencias del relieve: en la zona alta de las pendientes, el microclima es mucho más fresco; en la parte baja, en la llanura, las heladas tardías son una amenaza. En algunos lugares es más fácil que se produzcan heladas que en otros, pero nadie sabe exactamente por qué. Las pendientes ofrecen terrenos bien drenados, con suelos adecuados.
La exposición al este y al sureste aumenta el calor del sol y protege de los vientos del oeste, portadores de lluvia.

Romanée-Conti: uno de los pagos más caros del mundo.

PUEBLOS DE CÔTE DE NUITS

En esta zona norte de Côte d'Or se cultiva casi exclusivamente pinot noir, con algunas excepciones que se mencionan en el texto. El viñedo nace en el extremo sur de la ciudad de Dijon y se extiende sobre 22 km hasta Corgoloin, al norte de Beaune.
Los municipios se citan de norte a sur. Los productores que tienen varias parcelas en varios pueblos y los bodegueros mayoristas aparecen en la p. 237.

Los pueblos de Côte d'Or (Côte de Nuits y Côte de Beaune) están muy orgullosos de su sistema de clasificación que, sin embargo, es terriblemente complicado. Intentemos explicarlo.

Cada ciudad o pueblo dispone de una AOC. Pero no es tan sencillo: algunas AOC *village* se encabalgan sobre los pueblos vecinos y otras no incluyen todo el terreno situado dentro de los límites del municipio. Por ejemplo, un vino AOC Nuits-St-Georges puede proceder de Prémeaux, un pueblo limítrofe.

Dentro del mismo municipio, algunos viñedos no tienen derecho a la AOC del pueblo, sino simplemente a la AOC Bourgogne o a otra de las denominaciones genéricas.

La mayoría de los municipios también cuentan con viñedos clasificados *premier cru* o *grand cru*. Los arcanos de esta nomenclatura se descifran en la p. 224, pero no hay que olvidar que en términos de AOC, un *grand cru* no se considera legalmente como parte de un pueblo.

Côte-de-Nuits-Villages

Esta AOC se aplica a los viñedos de cinco pueblos: Fixin y Brochon al norte, y Prémeaux-Prissey, Comblanchien y Corgoloin en el extremo sur de la Côte.

Marsannay

En 1987, Marsannay-la-Côte obtuvo su propia AOC para el tinto y el blanco de las laderas situadas al oeste de la nacional 74. Otras parcelas del pueblo y de los pueblos vecinos (Couchey y Chenôve) están autorizadas a cultivar pinot noir para elaborar rosado de Marsannay, un vino único en Borgoña.

Fixin

Aquí empieza la verdadera «Côte». La denominación Fixin cubre los pueblos de Fixin y Fixey (así como Brochon, que no tiene AOC pero cuyas mejores parcelas tienen derecho a la etiqueta Fixin). Côte de Nuits tiene aquí cinco *premier crus*.

Gevrey-Chambertin

Los *grands crus* de Côte de Nuits empiezan al sur del pueblo de Gevrey-Chambertin.

GRANDS CRUS DE CÔTE DE NUITS

Bonnes Mares
Chambertin
Chambertin-Clos de Bèze
Chapelle-Chambertin
Charmes-Chambertin
Clos des Lambrays
Clos de la Roche
Clos de St-Denis
Clos de Tart
Clos de Vougeot
Échezeaux
La Grande Rue

Grands Échezeaux
Griotte-Chambertin
Latricières-Chambertin
Mazis-Chambertin
Mazoyères-Chambertin
Musigny
Richebourg
La Romanée
La Romanée-Conti
La Romanée-Saint-Vivant
Romanée-Saint-Vivant
Ruchottes-Chambertin
La Tâche

Nueve viñedos con este estatuto totalizan 87 ha (más que ningún otro municipio). Otros 28 están clasificados como *premier cru*.

Gevrey-Chambertin es una denominación muy amplia que cubre el mismo Gevrey y el municipio de Brochon, al sur de Fixin. Situados en un valle secundario, los *premiers crus* tiene una exposición sur-sureste. Los *grands crus*, que miran al sur, se alinean sobre la ladera principal de la Côte, protegidos por los bosques. Son los famosos viñedos de Chambertin, Clos de Bèze y media docena más que pueden adjuntar el nombre de Chambertin al suyo (por ejemplo, Charmes-Chambertin). Además de los *grands* y *premiers crus*, una extensa zona tiene derecho a la denominación Gevrey-Chambertin. En consecuencia, es un nombre que se encuentra a menudo en las cartas de vinos.

Aunque los *grands crus* no suelen decepcionar casi nunca, por no decir nunca, la calidad es variable. Esta diversidad se debe en parte a la parcelación.

Una veintena de propietarios se reparten las 13 ha de Chambertin, lo que representa una media de entre 3 000 y 3 600 botellas para cada uno.

El Gevrey-Chambertin *village* se compra en función del productor: no todos los vinos son dignos del nombre del pueblo.

El mejor vino de Gevrey-Chambertin es potente, frutal y tánico, y posee una estructura que le permite durar. Se trata entonces de un vino de guarda para conservar veinte años.

Morey-Saint-Denis

Es un pueblecito encajado entre dos celebridades, pero que posee la totalidad o parte de cinco *grands crus*. Los viñedos están plantados sobre la ladera caliza que va de Gevrey-Chambertin a Vougeot, pasando por Morey-Saint-Denis. Contrariamente a lo habitual, algunos *premiers crus* están a mayor altura que los *grands crus*. Se produce una cantidad minúscula de vino blanco.

Morey-Saint-Denis elabora borgoñas tintos de guarda en el estilo clásico y sólido de Côte de Nuits: los vinos de *grand cru* pueden ser suntuosos, especialmente los de Clos Saint-Denis y Clos de la Roche. Hay unos cuantos productores excelentes y la calidad del conjunto es alta.

Chambolle-Musigny

La potencia aliada a la elegancia y a la complejidad son los signos distintivos de los mejores vinos de este pueblo, que forman parte de los tintos más grandes de Borgoña. Son menos tánicos y menos estructurados que los vinos de Morey-Saint-Denis y de Gevrey-Chambertin.

El pueblo está hundido en un valle que interrumpe la continuidad de la ladera caliza. Los dos *grands crus* del municipio, Musigny y Bonnes Mares, están magníficamente situados en la ladera este, en los límites sur y norte de la denominación.

Vougeot

El Clos de Vougeot, antiguo viñedo de monasterio, es uno de los mayores (50 ha) y los más famosos *grands crus* de Borgoña. Desgraciadamente para el comprador, está repartido entre 80 propietarios que tienen parcelas pequeñas y elaboran vinos de estilos muy distintos. Una superficie tan grande tiene inevitablemente suelos muy variados. Por este motivo, algunas parcelas dan mejores vinos que otras. El mejor pago está en la cima, pegado al *grand cru* de Musigny. La parte más baja sólo está separada del viñedo AOC *village* adyacente por el muro del Clos y, en consecuencia, sólo se puede considerar superior a la parte alta por razones históricas.

Por culpa de la parcelación, el nombre del viticultor es aquí todavía más importante que en el resto de Borgoña. Los mejores vinos tienen un sabor potente, rico, casi dulce, y son para guardar mucho tiempo. Aunque no sean los más sutiles de Borgoña, tienen opulencia y una textura aterciopelada.

Entre los demás vinos de Vougeot, hay algunos *premiers crus* y vinos de pueblo que viven a la sombra del *grand cru*, así como una pequeña cantidad de vino blanco que procede del *premier cru* Clos Blanc.

Flagey-Échezeaux

Esta denominación constituye el colmo de la complejidad, difícil de desentrañar incluso para los borgoñones. Flagey es un pueblo pero, en la etiqueta, Vosne-Romanée sustituye el nombre de Flagey-Échezeaux en todos los vinos que no son *grands crus* (no hay *premier cru*). Los *grands crus*, Échezeaux y Grands Échezeaux, están encima de Vougeot, más cerca de Vosne-Romanée que del pueblo que lleva su nombre. Son vinos potentes y perfumados. Los Échezeaux tienen que madurar a veces 10 años y los Grands Échezeaux incluso más. Son caros, pero más asequibles que los *grands crus* vecinos de Vosne-Romanée.

Vosne-Romanée

Este pueblo acoge seis *grands crus* (La Romanée, La Romanée-Conti, La Romanée-Saint-Vivant, Richebourg, La Tâche y la Grande Rue) y los famosos vinos, de precios exorbitantes, del Domaine de La Romanée-Conti (único propietario de los *grands crus* La Romanée-Conti y La Tâche). Todos los *grands crus* están agrupados encima del pueblo.

Nuits-Saint-Georges

Este pequeño pueblo es, después de Beaune, el segundo centro vinícola de Borgoña.

Los viñedos están divididos en dos por un pequeño río. No hay ningún *grand cru*, sino una cuarentena de *premiers crus* (Les Vaucrains, Les Pruliers, Les Saint-Georges, Les Argillières y Clos de la Maréchale, por citar algunos).

Los viñedos de la apelación se extienden sobre 7 km por la Côte. No es por tanto sorprendente que los estilos de vino sean tan distintos. Los del extremo norte de la AOC, como La Richemone y Les Damones, lindan con los de Vosne-Romanée y comparten los mismo vinos de carácter perfumado y opulento.

Al sur del pueblo, los viñedos de *premier cru* se prolongan hasta más allá del pueblo de Prémeaux. El más meridional es el Clos de la Maréchale. Los viñedos están a menos altitud, los suelos son más pesados y los vinos muy aromáticos y robustos.

Los vinos de los *premiers crus* y de la denominación *village* suelen estar listos para beber después de 5 años en botella y pueden mantenerse en su mejor momento 3 años más. Hay poco vino blanco.

Nuits-St-Georges tiene su propio hospicio, hermano pequeño del de Beaune. Posee 9,5 ha de vides de *grand cru* y sus vinos son de buen nivel.

HAUTES CÔTES

Al oeste de Côte d'Or se extiende una zona de colinas boscosas que dan a algunos valles protegidos. Los viñedos de Hautes Côtes declinaron tras la crisis de la filoxera. La cooperativa regional inició el renacimiento de la viticultura al que se han sumado ahora propiedades privadas.

Para el vino blanco se cultivan la chardonnay y la aligoté, y para el tinto la pinot noir. La denominación que se utiliza es la de Borgoña más el sufijo Hautes Côtes de Nuits o Hautes Côtes de Beaune.

DOMAINE DE LA ROMANÉE-CONTI

Propietario único de La Romanée-Conti y La Tâche, y principal propietario de Richebourg, Romanée-Saint-Vivant, Grands Échezeaux y Échezeaux, el Domaine podría ser famoso simplemente por los *grands crus* que posee. A estas riquezas, hay que añadir un estilo de vinificación propio: vendimias tardías de uvas maduras, rendimientos bajos, fermentaciones largas y cálidas, estancia de 18 meses en barricas de roble nuevo y filtrado mínimo. Los resultados, aunque polémicos, son unos vinos siempre ricos, espiritosos y muy opulentos. Se trata de vinos para añejar mucho tiempo. La producción limitada y unos precios justificadamente altos hacen que estos vinos sean difíciles de encontrar. Son modelos para todos los borgoñas tintos.

PUEBLOS DE CÔTE DE BEAUNE

La parte meridional de Côte d'Or empieza al norte de la ciudad de Beaune, donde los vinos son principalmente tintos a base de pinot noir. El predominio de los tintos acaba en el sur de Beaune, hacia Meursault y Puligny-Montrachet, conocidos en todo el mundo por sus grandes vinos blancos (chardonnay), para volverse a imponer algo más abajo. Côte de Beaune se extiende sobre unos 25 km e incluye una veintena de pueblos, cada uno con su propia AOC. Cada pueblo se comenta más abajo de norte a sur. Los productores que tienen varias parcelas en varios pueblos y los bodegueros mayoristas aparecen en la p. 237.

Côte-de-Beaune-Villages
Todos los pueblos de la región, salvo Aloxe-Corton, Beaune, Pommard y Volnay, pueden emplear esta denominación de vino tinto. Para los vinos producidos cerca de Beaune existe una AOC Côte-de-Beaune, pero es de tamaño reducido.

Ladoix
Ladoix, el pueblo más septentrional de Côte de Beaune, comparte con Serrigny una de las denominaciones olvidadas de Borgoña, ya que los mejores viñedos están en la colina de Corton y los vinos pueden etiquetarse *grand cru* o *premier cru* Aloxe-Corton. Los vinos son principalmente tintos, aunque algunos pagos más altos, como Les Gréchons, producen buenos blancos.

Pernand-Vergelesses
Este pueblo emplazado en la cara oeste de la colina de Corton tiene parcelas de *grand cru* Corton y Corton-Charlemagne (véase Aloxe-Corton más abajo). Es famoso por su *premier cru* Île des Vergelesses y por sus vinos blancos (alrededor de un 20 % de la producción).

Aloxe-Corton
El pueblo está dominado por la colina de Corton y sus dos *grands crus*: Corton (único *grand cru* tinto de Côte de Beaune y el mayor de Borgoña) y Corton-Charlemagne (para los vinos blancos).

Oficialmente, Corton ocupa la ladera este de la colina y Corton-Charlemagne, las laderas sur y suroeste. La reglamentación ha atribuido los límites de las denominaciones según los tipos de suelo: los viñedos más altos, donde el suelo es ligero con un porcentaje elevado de creta, están clasificados como Corton-Charlemagne, digan lo que digan los mapas. Este vino blanco es uno de los mejores del mundo: el buqué distinguido y especiado, con sabor a avellana, sólo empieza a desvelarse tras 5 años y sigue siendo magnífico después de 15 o 20 años.

El vino (tinto) puede llamarse *grand cru* Corton, aunque en la práctica suela asociarse a un viñedo específico (Corton-Les Bressandes, Corton-Clos du Roi, Corton-Les Renardes). Los vinos son muy aromáticos, pero con un sabor de tierra pronunciado, y extremadamente tánicos en su juventud (necesitan 6 o 7 años en botella para que emerjan los aromas y las notas frutales y especiadas).

Más abajo todavía, están plantados los *premiers crus* tintos de Aloxe-Corton y la parte inferior de la ladera produce vinos de *village* tintos de buena calidad.

Chorey-lès-Beaune
Curiosamente, este pueblo y la mayoría de sus viñedos están en el lado este de la «ruta de los vinos», la N74. No hay *grands crus*, pero los vinos de *village*, casi siempre tintos que deben beberse jóvenes, tienen un bonito color, una gran frescura y aromas de frutos rojos, dulces y maduros.

Savigny-lès-Beaune
El pueblo está en un valle que corta la Côte y los viñedos se extienden sobre las laderas que hay a cada lado. Al norte, lindan con los de Pernand-Vergelesses.

Los *premiers crus* se distinguen por sus aromas seductores y un sabor vivo y frutal. Están listos para beber a los 4-10 años.

Beaune
La denominación de Beaune es con diferencia la zona más extensa (320 ha) de viñedos de *premiers crus* de Côte de Beaune. Son alrededor de una treintena, como Les Marconnets, Les Fèves, Les Bressandes, Le Clos des Mouches, Les Grèves, Les Teurons, Les Vignes Franches y Les Epenottes.

La mayor parte del vino es tinto. Se produce mucho vino de calidad, lo que hace que la AOC sea una de las más fiables de la región. De estilo más amable que los vinos prestigiosos de Côte de Nuits, estos tintos tienen aromas elegantes y un bonito sabor frutal y especiado (para beber a los 6-10 años). Los vinos blancos son menos distinguidos y se beben más jóvenes.

Pommard
Pommard es uno de los nombres más famosos de Côte d'Or y su vino ha recuperado un equilibrio en la relación calidad-precio.

Al sur de Beaune, el viñedo forma una larga banda que produce vinos tintos de calidad (en Pommard sólo se hace vino tinto), interrumpida por el pueblo para proseguir luego hasta Volnay.

Los mejores *premiers crus* (Epenots, Rugiens, Clos de la Commeraine) dan vinos tintos de color profundo, con aromas intensos, buena concentración, cuerpo y una complejidad que les permite madurar durante 10 años en botella.

Volnay
El pueblo está bastante alto en la pendiente y los viñedos se extienden a cada lado. Los vinos de *premier cru* (Caillerets, Champans, Clos des Chênes y Clos des Ducs) son delicados, sedosos y con perfume de violeta y fresa. Agradables a los 4 o 5 años, los vinos de Volnay pueden envejecer mucho más.

Todo el vino es tinto. El *premier cru* Les Santenots linda con la zona AOC Meursault, que produce sobre todo vino blanco y un poco de tinto vendido con el nombre de Volnay.

GRANDS CRUS DE CÔTE DE BEAUNE

Bâtard-Montrachet
Bienvenues-Bâtard-Montrachet
Charlemagne
Chevalier-Montrachet
Corton
Corton-Charlemagne
Criots-Bâtard-Montrachet
Montrachet

Monthélie

Este pueblo, colgado de la colina de Meursault y cercano al sur de Volnay, tiene algunos emplazamientos bien expuestos al sur. Hasta mediados de los años 80, los vinos (sobre todo tintos) eran considerados borgoñas más bien rústicos y sin pretensiones. Actualmente, algunos vinificadores con talento han empezado a explotar el potencial de sus parcelas y los mejores productores elaboran vinos con buenos aromas, llenos de carácter, bien estructurados y de una buena relación calidad-precio. Sur La Velle y Les Champs Fulliot son los más conocidos de los 9 *premiers crus* de Monthélie.

Auxey-Duresses

Escondido en el valle situado al oeste de Monthélie, el pueblo produce dos tercios de tinto y un tercio de blanco. Los *premiers crus*, como Les Duresses y Clos du Val, están plantados con pinot noir y pueden dar buenos tintos con sabor a frambuesa que son equiparables a los de Volnay. Los mejores blancos, con un sabor delicioso de pan tostado y de avellana, no tienen nada que envidiar a los de Meursault, pero hay que beberlos más jóvenes.

Saint-Romain

Subiendo por el valle 3 km, se llega al límite de las Hautes Côtes (véase p. 234) y, en un promontorio rocoso, se asienta Saint-Romain. Este pueblo produce cantidades bastante aceptables (240 000 botellas al año) de vinos blancos frescos, con una buena relación calidad-precio, y de tintos consistentes con notas de cereza.

Meursault

Meursault es casi una ciudad y sus viñedos cubren las laderas que van desde Volnay, al norte, hasta Puligny-Montrachet, al sur. Predomina la caliza, excelente para los vinos blancos. Meursault no tiene *grands crus*, sino un número impresionante de *premiers crus* (Les Charmes, Les Perrières, Les Genevrières, Les Gouttes d'Or...). También se produce tinto, pero la fama le viene de los blancos de aromas potentes y persistentes, con una gran longevidad.

Blagny

Flanqueada por las dos denominaciones de vino blanco más famosas, Meursault y Puligny-Montrachet, este caserío se aferra a su vino tinto que se comercializa con su nombre. Los vinos blancos llevan la etiqueta Meursault (si provienen de los viñedos situados al norte) o Puligny-Montrachet (si son de los viñedos del sur).

Saint-Aubin

Saint-Aubin, escondido detrás de la colina principal, elabora vinos tintos y blancos a partir de una buena ladera expuesta al sur y situada al oeste de Puligny-Montrachet. Son ligeros, vivos, a menudo deliciosos y de precios razonables.

Puligny-Montrachet

El *gran cru* de Montrachet, que da uno de los mejores blancos de Borgoña y justificadamente de los más caros, está a caballo entre el límite que separa Puligny y Chassagne.

Estos dos pueblos han adjuntado el nombre del viñedo al suyo, lo que crea una confusión típicamente borgoñona: enormes cantidades de vino blanco pueden incluir el nombre mágico de «Montrachet» en su etiqueta.

Puligny se concentra en el vino blanco con cuatro *grands crus* –Le Montrachet, Chevalier-Montrachet, Bienvenues-Bâtard-Montrachet y Bâtard-Montrachet– y numerosos *premier scrus*. Los grandes viñedos ocupan unos emplazamientos excelentes que disponen de la pendiente ideal, una orientación sureste y un suelo predominantemente calizo y bien drenado.

Los vinos de *premier cru* de Puligny son más elegantes que los de Meursault. Los de Le Cailleret, Les Combettes y Les Pucelles son los más concentrados y los que más tardan en llegar a su madurez. El de Puligny-Montrachet Village es más amable, pero puede ser caro. Se elabora un poco de vino tinto.

Los vinos tintos, muchas veces subestimados, son suaves, frutales y están bien estructurados. Las buenas añadas pueden envejecer hasta 10 años.

Chassagne-Montrachet

El Chassagne-Montrachet blanco se parece mucho al Puligny, aunque quizá sea algo más rico debido al carácter más meridional de la pendiente.

Contrariamente a Puligny, casi la mitad del vino de Chassagne es tinto. Poco conocidos, estos vinos pueden tener una relación calidad-precio interesante.

Santenay y Maranges

En este extremo sur de Côte de Beaune, el vino tinto vuelve a ser predominante. Hay varios *premiers crus* que dan vinos buenos algo rústicos, con sabor profundo de tierra. No hay que guardarlos mucho tiempo, sino beberlos al cabo de 5-8 años.

HOSPICES DE BEAUNE

Institución caritativa, los Hospices de Beaune datan de 1443, cuando Nicolas Rolin, canciller del ducado de Borgoña, destinó su fortuna a la fundación de un hospital para enfermos e indigentes. Algunos benefactores cedían, y aún lo hacen, sus tierras, en las que se incluían viñedos, por lo que los Hospices cuentan actualmente con 60 ha de vides repartidas en 37 parcelas por toda la Côte. Cultivan ellos mismos el viñedo y vinifican sus vinos, que luego son criados por bodegueros mayoristas. Los precios que alcanzan estos vinos durante la subasta del mes de noviembre sirven de referencia para toda la añada. Los vinos tintos y blancos de los Hospices se elaboran de forma tradicional. Son buenos pero muy caros.

PRODUCTORES Y BODEGUEROS DE CÔTE D'OR

A continuación se mencionan los productores y bodegueros más importantes de Côte d'Or. Esta lista es inevitablemente incompleta e incluye tres categorías distintas: los grandes bodegueros, que compran vino o uva en varios sitios y a varios productores para elaborar y comercializar sus vinos; los grandes viticultores, que embotellan personalmente los vinos que elaboran en varios pueblos; y, finalmente, las propiedades cuyos nombres son una referencia de los borgoñas de calidad.

Domaine Marquis d'Angerville
Volnay. Es uno de los pioneros del embotellado en la propiedad. Posee tierras en Volnay, Meursault y Pommard.

Domaine de l'Arlot
Prémeaux. Esta propiedad reciente, que tiene tierras en Nuits-St-Georges, utiliza las mejores técnicas de vinificación y uvas de buenos viñedos.

Domaine Adrien Belland
Santenay. La propiedad tiene tierras en los *grands crus* Corton y Corton-Charlemagne, y otros viñedos en Santenay, Puligny y Chambertin. Elabora buenos vinos tradicionales.

Château de Bligny
Poligny, Pommard, Beaune, Aloxe-Corton, Vosne-Romanée, Nuits-St-Georges. Este *château* es vitícola desde hace poco; el vino, todavía joven, tiene elegancia.

Bouchard Père & Fils
Beaune. Esta bodega es también un propietario de viñedos con el nombre de Domaines du Château de Beaune.

Domaine Louis Carillon
Puligny-Montrachet. Esta antigua empresa familiar, que trabaja con seriedad, se dedica al borgoña blanco. Es propietaria en los principales municipios de Côte de Beaune.

Chanson Père & Fils
Beaune. Los vinos de la propiedad de este bodeguero y propietario pueden ser muy buenos.

Domaine Bruno Clair
Marsannay. Esta extensa propiedad, respetuosa de las vinificaciones tradicionales, es uno de los grandes productores del norte de Côte de Nuits.

Domaine Dubreuil-Fontaine
Pernand-Vergelesses. Propietario en Corton y en los alrededores, elabora vinos excelentes.

Dufouleur Frères
Nuits-St-Georges. Este bodeguero elabora vinos de forma tradicional.

Domaine Dujac
Morey-Saint-Denis. Es la propiedad de Jacques Seysses, vinificador famoso, que tiene vides en los *grands crus* y en Côte de Nuits.

Hospices de Beaune
Véase recuadro p. 236.

Jaboulet-Vercherre
Beaune. Gran bodeguero y propietario de viñedos en Beaune.

Louis Jadot
Beaune. Se trata de un bodeguero y un propietario importante de viñedos que elabora muy buenos vinos tintos y blancos.

Domaine Henri Jayer
Vosne-Romanée. Gran productor de Côte de Nuits, elabora vinos respetando las técnicas tradicionales.

Louis Latour
Beaune. Uno de los mejores bodegueros. Hace tintos y (sobre todo) blancos procedentes de toda la región. Ofrece una gama de vinos espléndidos.

Domaine Leroy
Vosne-Romanée. Propietario y bodeguero, ostenta una parte del famoso Domaine de La Romanée-Conti. Ampliado hace poco, el Domaine Leroy posee algunos emplazamientos privilegiados.

Domaine Méo-Camuzet
Vosne-Romanée. Corton, Vougeot y otros *grands crus*: vinos de gran clase.

Domaine Prince Florent de Mérode
Ladoix-Serrigny. Antigua propiedad feudal, el *domaine* tiene emplazamientos excepcionales sobre la colina de Corton.

Patriarche Père & Fils
Beaune. Este bodeguero muy importante es también propietario del Château de Meursault.

Château de Pommard
Pommard. Extensa propiedad cercada que ofrece vinos sólidos.

Domaine de la Pousse d'Or
Volnay, Pommard, Santenay. Sus borgoñas tintos son equilibrados, elegantes y envejecen bien.

Domaine André Ramonet
Chassagne-Montrachet. El borgoña blanco de primera categoría procede de Montrachet y de los alrededores.

Reine-Pédauque
Aloxe-Corton. Bodeguero y propietario, tiene buenos viñedos, especialmente alrededor de Corton.

Domaine La Romanée-Conti
Véase recuadro p. 234.

Domaine Armand Rousseau
Gevrey-Chambertin, Morey-Saint-Denis. Pionero del embotellado en la propiedad, produce vinos tradicionales citados como referencia.

Roux Père & Fils
Saint-Aubin, Meursault, etc. Propietario en el sur de Côte de Beaune y mayorista desde hace poco, elabora vinos modernos, limpios y típicos.

Domaine Étienne Sauzet
Puligny-Montrachet. Los borgoñas blancos clásicos proceden de *grands crus* y *premiers crus*.

Domaine Daniel Senard
Aloxe-Corton. Los Corton tintos son muy concentrados.

Tollot-Beaut & Fils
Chorey-lès-Beaune. Este extensa propiedad alrededor de Corton y Beaune produce vinos tintos robustos de guarda.

Château de la Tour
Vougeot, Beaune. Estos borgoñas excelentes, concentrados, están muy bien considerados.

Domaine des Varoilles
Gevrey-Chambertin. Los vinos tintos se caracterizan por una larga crianza.

Henri de Villamont
Savigny-lès-Beaune. Bodeguero y propietario en los alrededores de Corton, Savigny y Puligny. Elabora buenos tintos.

Domaine Comte Georges de Vogüé
Chambolle-Musigny. Gran propietario de *grands crus* y *premiers crus*, pero irregular.

Côte Chalonnaise y Mâconnais

El departamento de Côte d'Or termina en Chagny, pero los viñedos se extienden por las colinas expuestas al sur del departamento de Saône-et-Loire.

Côte Chalonnaise
La geología es similar a la de Côte d'Or, con afloramientos de caliza y de marga y algunos buenos emplazamientos en pendiente bien soleados.

La zona también se conoce como región de Mercurey (por el nombre de uno de sus pueblos principales). Los vinos tienen derecho a las denominaciones genéricas o regionales de Borgoña, así como a la AOC Bourgogne Côte Chalonnaise. Además, cinco pueblos pueden usar su propio nombre: de norte a sur, Bouzeron, Rully, Mercurey, Givry y Montagny.

Se elabora tanto vino tinto como blanco, con predilección por el primero, así como espumosos. Las cepas son tradicionales: pinot noir para el tinto (mezclada con gamay para el Bourgogne Passetoutgrain) y chardonnay para el blanco. También se cultiva la aligoté para algunos blancos, especialmente en el pueblo de Bouzeron, que tiene su propia denominación para este vino.

El estilo Côte Chalonnaise
Los blancos de chardonnay son parecidos a los borgoñas blancos producidos más al norte, pero a un precio más razonable. Poseen personalidad y encanto. Las buenas añadas pueden envejecer diez años, pero, en general, se trata de vinos que están listos para beber a los 2-4 años. El de aligoté se bebe bastante joven, pero los mejores, como los de Bouzeron, envejecen bien en botella.

Los tintos son bastante desiguales, pero en las buenas cosechas los productores más serios producen borgoñas auténticos, que destacan el carácter de la pinot noir y son capaces de envejecer entre 4 y 6 años.

Mâconnais
Esta amplia región vitícola es la primera de Borgoña que recibe la influencia del aire cálido del sur. La zona produce vino tinto y blanco bajo la AOC Mâcon. Muchos pueblos están autorizados a usar su propio nombre y algunos, como Pouilly, han adquirido una gran reputación.

El campo es muy ondulado con algunas colinas. Los viñedos están plantados sobre todo en las laderas expuestas al este, más protegidas, entre bosques y campos. La geología del subsuelo es compleja y tiene innumerables líneas de falla, aunque se encuentran laderas calizas, perfectas para la chardonnay, y zonas de rocas graníticas con suelo arenoso, propicias para la gamay.

Las denominaciones
Los vinos tintos y los blancos están cubiertos por diversas AOC. El tinto puede ser un AOC Mâcon *rouge* o un Mâcon *supérieur* si posee un grado de alcohol más alto. El blanco sigue la misma regla. El blanco suele ser de chardonnay y el tinto de gamay, aunque está autorizada la pinot noir. Puede añadirse el sufijo *«Village»* si el vino procede de uno de los 43 municipios catalogados. Para el vino blanco puede añadirse el nombre del pueblo.

Variedades y estilos de vino
En general el estilo del blanco de Mâcon es más amable y ligero que el de la Côte: por una parte, a causa del clima más clemente y, por otra, por la utilización de otros clones de chardonnay.

La vinificación de la región está dominada por las cooperativas, que adaptan sus diversos estilos de vino blanco en función del mercado. Por ejemplo, algunos vinos se crían en roble nuevo para obtener más riqueza y complejidad, mientras que otros se elaboran en acero inoxidable para destacar la vivacidad y la frutalidad. Este último es el estilo más representativo del blanco clásico de Mâcon: pálido, es ligero, fresco, limpio y abre el apetito.

La gamay es cada vez más habitual para los tintos. Se beben jóvenes y frescos.

Pouilly-Fuissé y sus vecinos
El vino de Pouilly-Fuissé es un vino blanco procedente de varios pueblos del sur del Mâconnais. En esta zona, las colinas son acantilados calizos bastante abruptos.

La denominación cubre cinco pueblos, cuyas tierras son ideales para el cultivo de la chardonnay. Aunque no existan *premiers crus*, figuran en la etiqueta los nombres de algunos viñedos. El mejor vino de Pouilly-Fuissé, elaborado a partir de vides viejas bien situadas, fermenta, por lo menos en parte, en roble nuevo. Es un vino rico y amplio, un vino de guarda a la altura de su fama. Lamentablemente, no es el caso de todas las botellas.

Las denominaciones satélites de Pouilly-Loché y Pouilly-Vinzelles cubren el vino de pueblos vecinos. Son vinos parecidos a los de Pouilly-Fuissé, pero suelen ser más baratos. La AOC Saint-Véran es más extensa y cubre las tierras del extremo sur de la región de Mâcon. Debido a que linda con Beaujolais, su vino también puede llamarse beaujolais blanco. El pueblo principal de Saint-Véran, curiosamente, se llama Saint-Vérand.

La relación calidad/precio de los vinos del Mâconnais es excelente. La mayoría de las añadas son fiables y merecen un año de botella.

CRÉMANT DE BOURGOGNE

El Crémant de Bourgogne es una apelación de un borgoña espumoso, tinto, blanco o rosado. El término *crémant* es originario de Champagne y designaba originariamente vinos fermentados en botella a una presión inferior a los espumosos. En Borgoña, este término se aplica a los espumosos de alta calidad y está sustituyendo la denominación Bourgogne Mousseux (espumosos de calidad inferior). Se utilizan principalmente las variedades chardonnay, pinot noir, sacy, aligoté y gamay, y los controles de calidad son muy estrictos. Se elabora sobre todo en Nuits-St-Georges, en Côte d'Or, en Côte Chalonnaise y en el Mâconnais.

Beaujolais

Uno de los vinos más conocidos del mundo, el beaujolais, atraviesa actualmente una crisis de identidad. Aunque se considera un vino tinto fácil de beber, sin grandes ambiciones, a los mejores productores les gustaría que se tomase más en serio. Gran parte de su reputación –o de su notoriedad– procede del beaujolais joven *(nouveau)*, lanzado al mercado a primeros de noviembre, sólo pocas semanas después de la vendimia. Lo que antaño era un placer local se ha convertido en un fenómeno de moda.

Los entendidos reniegan de este vino joven pero, algunos años, más de la mitad de la uva cosechada se vende como beaujolais nuevo.

Beaujolais forma parte oficialmente de Borgoña, pero, aparte de su proximidad y de las bodegas mayoristas que comparten, no tiene mucho que ver con Côte d'Or. La caliza típica del resto de Borgoña deja paso al granito y a las rocas ígneas de una cadena de montañas que separa el Loira, al oeste, del Saona. Aquí se cultiva la gamay, una cepa supuestamente inferior, proscrita de Côte d'Or en la Edad Media por los duques de Borgoña.

La región recibe su nombre de la ciudad medieval de Beaujeu, enclavada en medio de las colinas. Feudo de señores locales que dirigían la región como si les perteneciera, se enfrentó con el gobierno de París y Richelieu hizo derribar la fortaleza en 1611. Actualmente, Villefranche-sur-Saône y Belleville, ambas en el valle que enfilan la autopista A6 y el TGV, son las capitales de Beaujolais.

Las tres zonas y las denominaciones

Beaujolais ocupa una amplia zona, desde el sur de Mâcon hasta los alrededores de Lyon, y está limitada al este por el valle del Saona. El punto culminante de la región está a más de 1 000 m y las viñas alcanzan una altitud de cerca de 500 m. Las colinas las protegen contra los vientos del oeste y el clima es cálido y bastante seco.

Los municipios, en número de 60, producen vino en mayor o menor cantidad. La mitad norte de la región cuenta con la mayor densidad de viñedos sobre un subsuelo granítico y elabora los mejores vinos. Más al sur, a partir de Villefranche-sur-Saône, es el reino de la caliza.

Vides de gamay.

El conjunto de la región tiene derecho a la AOC Beaujolais, o Beaujolais *supérieur* si el grado de alcohol es más alto. La AOC Beaujolais-Villages está reservada a los 39 municipios de la mitad norte. En esta zona limitada, la más septentrional de la región, 10 pueblos están autorizados a dar nombre al vino: son los *crus de Beaujolais*.

En Beaujolais, los términos de *cru* y *grand cru* (utilizados indiferentemente) se aplican a todos los viñedos de estos pueblos específicos y no a una viña determinada, como en el resto de Borgoña. Los *crus* tienen una capacidad de añejamiento en botella que no tienen los AOC Beaujolais ni los AOC Beaujolais-Villages.

Vinificación, crianza y estilo de vino

El método normal para hacer vino tinto consiste en estrujar en parte las uvas para despalillar las bayas y permitir que el zumo fluya y las levaduras inicien la fermentación. En Beaujolais se utiliza una variante local de la maceración carbónica, llamada «maceración *beaujolaise* tradicional» o, sencillamente, «método de Beaujolais».

Los racimos se echan enteros a la cuba y, por este motivo, no se utilizan máquinas vendimiadoras.

El objetivo de esta maceración es obtener el máximo de color y de aroma. La variedad gamay se adapta muy bien a esta técnica, ya que su virtud principal reside precisamente en su perfume frutal y jugoso.

Las bodegas modernas utilizan sistemas de control de la temperatura para evitar una fermentación a temperatura excesiva y potenciar así los aromas del vino.

Las dos clases de beaujolais son vinos correctos que hay que apreciar en su justo valor. Un vaso de beaujolais joven violeta, de una cosecha madura y bien hecho, alegra los tristes días de noviembre. Un beaujolais corriente de un año, fresco y frutal, abre el apetito y acompaña maravillosamente un plato de cocina francesa tradicional. Los vinos más serios pueden envejecer de 3 a 7 años y volverse más concentrados y refinados. A pesar del uso de variedades diferentes, se parecen entonces curiosamente a los borgoñas tintos de Côte d'Or. □

COTEAUX DU LYONNAIS

Esta zona de 50 municipios, al sur de Beaujolais, ha adoptado las variedades de Beaujolais (gamay para los tintos, chardonnay y aligoté para los blancos). El blanco se produce en cantidades ínfimas y el tinto puede considerarse como el primo pequeño del beaujolais.

Con 400 ha, la zona comienza en el límite sur de Beaujolais, rodea la ciudad de Lyon por el oeste y limita con Côte-Rôtie al sur. No es más que la sombra de lo que fue en el siglo XVIII, época en que contaba con 13 500 ha.

El principal productor es la cooperativa de Saint-Bel, en la parte norte de la zona, aunque también hay algunas propiedades bastante prósperas.

CRUS DE BEAUJOLAIS

La mayoría de los AOC Beaujolais y Beaujolais-Villages se venden con el nombre del mayorista o de la cooperativa (o, en el extranjero, del importador) sin demasiadas explicaciones sobre su origen.
Las etiquetas de las botellas de los 10 *crus* son más explícitas y, según los vinos, dan el nombre de las propiedades y los bodegueros.

Casi todo el beaujolais es tinto. El blanco, que está autorizado, se produce en pequeñas cantidades a partir de chardonnay, en los viñedos donde la AOC Saint-Véran (véase p. 238) se encabalga sobre Beaujolais. Beaujolais blanco es otro nombre del vino de Saint-Véran.

Los *crus* de Beaujolais son de 10 pueblos situados sobre una veintena de kilómetros de norte a sur, en la zona norte de Beaujolais. Utilizan su propio nombre y cada vino tiene su carácter particular. Estos pueblos y sus viñedos están emplazados sobre los montes que dominan el valle del Saona.

Saint-Amour
A pocos kilómetros al suroeste de la ciudad de Mâcon (y formando parte en realidad del Mâconnais), Saint-Amour es el *cru* más septentrional de Beaujolais y uno de los más pequeños. Produce un beaujolais ligero, delicadamente afrutado y concebido para ser bebido joven, aunque mejora después de 2-3 años en botella. El viñedo sólo tiene 260 ha y la cantidad producida es insuficiente. En comparación con otros pueblos, los precios son altos en relación a la calidad.

Algunos productores venden vino blanco de chardonnay con el nombre de Saint-Véran.

Juliénas
Juliénas comprende algunos de los emplazamientos vitícolas más antiguos de Beaujolais. Las colinas elevadas y escarpadas son graníticas y presentan un excelente potencial de maduración de la uva.

Los vinos de esta denominación son más sólidos y menos finos que los de Saint-Amour. Se expresan a los 2-4 años de la vendimia.

Chénas
Este *cru* debe su nombre a los bosques de robles de la Edad Media que fueron sustituidos poco a poco por vides. Chénas es la denominación más pequeña y menos conocida de Beaujolais. Linda con Moulin-à-Vent y los vinos se parecen mucho.

Moulin-à-Vent
Su nombre viene del molino de viento que hay en la cima de una colina. La denominación se considera la más bella, la más seria y la «reina» de Beaujolais o, por el contrario, la más atípica de la región. Sea como fuere, se trata sin duda del *cru* de Beaujolais más caro y que envejece mejor. El subsuelo granítico cubierto por una capa de arena rica en manganeso otorga un carácter particular al vino. Los mejores vinos, de color rubí oscuro, pueden conservar una potencia y una estructura impresionantes después de 10 años.

Con 640 ha de viñas, Moulin-à-Vent es unos de los pueblos con mayor producción.

Fleurie
Colgado de una colina en el corazón de Beaujolais, Fleurie elabora vinos seductores que son muy populares y casi tan caros como los de Moulin-à-Vent. La mayoría de las vides están a unos 300 m de altitud, sobre arenas graníticas relativamente pobres o sobre gravas arcillosas. Las añadas buenas son ricas en fruta y fáciles de beber en su juventud, aunque están mejor a los 2 años.

Chiroubles
Chiroubles está a 300-1 000 m de altitud sobre las colinas del oeste de Fleurie. Elabora el vino más ligero y, según algunos expertos, el más equilibrado de la región. De color claro, este beaujolais es el más perfumado y debe beberse antes de los 2 años.

Morgon
Morgon produce algunos beaujolais memorables. A menudo se sitúa justo detrás de Moulin-à-Vent en la jerarquía de los pueblos de la región. Los mejores viñedos crecen en un suelo compuesto de pizarra llamado «tierra podrida» del Mont du Py. Los vinos de estas viñas son especialmente amplios y concentrados. Tienen un color profundo, mucho cuerpo y desarrollan aromas de frutas exóticas con la edad. Son vinos de guarda de buqué original.

Régnié
Régnié se convirtió en el décimo *cru* de Beaujolais en 1988, aunque posee con Juliénas el récord de los viñedos más antiguos, que datan de la época romana. Los vinos de Régnié son representativos de su emplazamiento entre Morgon y Brouilly. Al norte, son robustos con fuertes aromas de fruta, mientras que en el sur, los suelos arenosos les confieren un color más claro y un carácter más delicado y aromático.

Côte-de-Brouilly
El Mont de Brouilly es una colina de considerables dimensiones que se eleva por encima de los viñedos en el municipio de Brouilly. Las viñas que rodean la colina tienen su propia denominación, Côte-de-Brouilly, mientras que el resto del municipio es Brouilly. Los vinos se consideran mejores que los de Brouilly, ya que proceden de laderas privilegiadas. Son más ricos, tienen más carácter, dado que la uva madura bien en el Mont de Brouilly, y un contenido en azúcar más elevado. También se afirma que la «tierra azul», a base de granito, de este volcán apagado aporta un grado de finura que no tienen los vinos de Brouilly. Los vinos de esta AOC llegan a su apogeo a los 1-3 años.

Brouilly
Es el *cru* más extenso, el más productivo y el más meridional de la región de Beaujolais. Brouilly elabora toda una serie de vinos ordinarios, apenas mejor considerados que los Beaujolais-Villages, pero también muy buenos vinos con sabor a uva, mucha sustancia y una vida superior (de 2 a 4 años). Es más fácil de encontrar en el comercio que el resto de los *crus* de Beaujolais.

CHAMPAGNE

A VECES SE OLVIDA QUE ESTA BEBIDA PARA LAS GRANDES OCASIONES ES TAMBIÉN UN VINO EXCELENTE. IMITADO A MENUDO, JAMÁS SUPERADO, ES EL NO VA MÁS DE LOS VINOS ESPUMOSOS.

Los paisajes austeros de Champagne, barridos por el viento, no parecían destinados a esta maravilla. En un clima típico del norte, unos bosques sombríos bordean las colinas y las llanuras lúgubres se extienden tristemente al pie de laderas expuestas a las brisas heladas del invierno. No obstante, desde el inicio de la Edad Media estos valles cretáceos adquirieron la reputación de acoger grandes viñedos y, bajo Napoleón I, el vino espumoso de Champagne ya había conquistado a nobles y poderosos, desde París a San Petersburgo. «Merecido en la victoria, necesario en la derrota»: aunque se ignore la identidad del autor, este adagio expresa muy bien la actitud de todo el mundo hacia el champagne, el vino con el que se deleitan los vencedores y se consuelan los perdedores desde hace siglos.

El vino de Champagne era famoso bastante antes de hacerse espumoso. Entre 816 y 1825, 37 reyes de Francia fueron coronados en la catedral de Reims, después de que san Remigio bautizara allí a Clodoveo, en el año 496. El famoso obispo, por cierto, poseía sus propias viñas en la región. Ya en el siglo IX se hablaba de los vinos de Épernay y los abundantes monasterios de la región estimularon el cultivo de la vid tanto como la exportación del vino. Las grandes ferias medievales que se celebraban en esta región, encrucijada de las principales rutas europeas, extendieron aún más el renombre de sus vinos. En el siglo XVI, el papa León X tenía viñas en Champagne, al igual que los reyes de Francia, de Inglaterra y de España. El vino de Champagne era en esa época un vino tinto de color pálido, aroma intenso, tranquilo y no espumoso. Las burbujas son resultado de un accidente natural, cuidadosamente aprovechado. En esta región septentrional de clima frío, el vino joven tiene, en efecto, tendencia a volver a fermentar suavemente en primavera, al subir la temperatura ambiente. Toda fermentación provoca entre otras cosas gas carbónico, cuyas burbujas se pierden en el aire libre. Este gas carbónico, aprisionado en botellas gruesas y cerradas, con un tapón fijado sólidamente, produce la efervescencia. El dominio de esta segunda fermentación y los numerosos avances realizados en la elaboración y el embotellado han permitido al champagne acceder al rango de primer vino del mundo, símbolo de fiesta en todos los países.

Las cavas de la casa Krug, una de las marcas de champagne más famosas. El degüello que sigue a la segunda fermentación en botella se efectúa todavía en pupitres de madera.

El nacimiento del champagne

Es poco probable que un vino como el Champagne haya tenido un auténtico inventor, pero los escritores atribuyeron la paternidad a dom Pierre Pérignon, monje benedictino de la abadía de Hautvillers, cerca de Épernay, a fines del siglo XVII. Dom Pérignon mejoró sistemáticamente el tinto ya célebre de la región: se dedicó a desarrollar un vino muy pálido, casi blanco, a partir de las mejores pinot noir, con una vendimia esmerada y un prensado rápido seguido de la mezcla delicada de los diferentes pagos del viñedo. También consiguió producir un vino blanco efervescente, pero, en aquella época, toda presencia de gas en la botella era signo de una vinificación defectuosa. Hubo que esperar todavía dos siglos hasta que espumoso y champagne se convirtieran en sinónimos.

Un autor inglés evocó el champagne «espumoso» en 1664 y la primera mención de las burbujas apareció en Francia en 1712, cuando la corte del duque de Orleans lanzó la moda de esta nueva bebida. No obstante, a fines del siglo XVIII, sólo el 10 % de los vinos de Champagne eran espumosos, mientras que la mayor parte de la producción se elaboraba en vino blanco natural (especialmente de Sillery) y tinto.

Las variedades

Para la elaboración del champagne sólo están autorizadas tres variedades: pinot noir, pinot meunier y chardonnay. La pinot noir da a la mezcla cuerpo y longevidad, aunque su vino pueda parecer un poco austero cuando es joven. La pinot meunier, una variedad muy frutal de pinot, aporta a la mezcla aromas hermosos. La chardonnay, por su parte, agrega elegancia y raza.

La región

Champagne se extiende a unos 145 km al noreste de París. Ocupa la cuenca de un mar interior desaparecido en la era terciaria, que durante cientos de milenios depositó capas superpuestas de sedimentos cretáceos. Las elevaciones geológicas han creado las mesetas de la Montagne de Reims y de la Côte des Blancs, con viñedos famosos y que poseen la mayor concentración de *grands crus* y *premiers crus*. Champagne cubre unas 35 000 ha, cuyo auténtico corazón son las siguientes regiones.

■ **Montagne de Reims.** Esta meseta boscosa, al sur de Reims, entre el Marne y el Vesle, está bordeada de largas vertientes de pendiente suave, donde el viñedo se extiende primero hacia el este antes de llegar al valle del Marne, al sur. Parcialmente expuesta a pleno norte, es la parte más fría de Champagne. Se cultivan las tres variedades, pero su clima templado frío la convierte en feudo de la pinot noir.

Esta región posee nueve pueblos de denominación *grand cru* y un buen número de *premiers crus*.

■ **El valle del Marne.** Sus viñedos, situados en las dos orillas del Marne, se extienden desde el oeste de Château-Thierry hasta el este de Épernay. La altitud es menor que la de las otras dos regiones centrales y el suelo menos cretáceo, con un predominio de la arcilla. Esta región es conocida sobre todo por las variedades pinot noir y pinot meunier.

Tiene dos pueblos con denominación *grand cru*: Ay y Tours-sur-Marne.

■ **Côte des Blancs.** Abarca una veintena de kilómetros al sur de Épernay. Sus vertientes, expuestas en sentido norte-sur, culminan a 250 m. Las vides están situadas en los flancos este y oeste de la colina, mientras que los mejores vinos se encuentran al este. Su suelo cretáceo, junto con su clima más suave, la convierten en feudo privilegiado de la chardonnay.

■ **Los viñedos de Aube.** La región más meridional de Champagne, que se extiende sobre más de un centenar de kilómetros al sur de Épernay, es la más cercana a Chablis. De clima más continental, los inviernos son más fríos y los veranos más cálidos: la uva madura mejor. El suelo de arcilla y de marga kimmeridgiense es más rico. Sus viñas producen un 80 % de pinot noir.

■ **Côte de Sézanne.** Es la región más reciente y menos conocida de Champagne, pues las vides se plantaron en la década de los 60. Gracias a su situación bastante meridional, la uva, casi exclusivamente chardonnay, madura muy bien y da vinos amplios y ricos.

Estilo y productores

Contrariamente a la mayoría de los grandes vinos franceses, el champagne suele llevar un nombre de marca. Otra característica es que existen muy pocas *cuvées* procedentes de una sola viña o de un solo pueblo, puesto que el principio del vino de Champagne consiste en mezclar varios pagos y varias añadas.

La mezcla o *assemblage*

El champagne es el vino de mezcla por excelencia. Todo empieza en la época de la vendimia, cuando la casa selecciona las uvas en las distintas regiones y entre las diferentes variedades. A finales de año, una vez terminada la fermentación alcohólica, pero antes de la segunda fermentación en botella, el bodeguero no solamente mezcla distintas variedades, sino varias cubas de una misma cepa procedente de diversos viñedos. Muchas veces se utiliza gran número de *cuvées* distintas (de tres a cuatro hasta cincuenta e incluso setenta) y, en ocasiones, algunas de ellas pertenecen a añadas anteriores.

El objetivo del *assemblage* no es producir cada año un vino idéntico, sino destacar las cualidades específicas del champagne de cada casa.

Según la casa, se destacará la uva blanca o la negra, la cantidad de vino de reserva (que puede representar del 15 a más del 30 % de la mezcla) y los pagos de regiones y pueblos diversos. □

EL VOCABULARIO DEL CHAMPAGNE

ESTILO DE VINO

Blanc de blancs: vinos a base sólo de chardonnay, muy finos y delicados.
Brut: muy seco.
Brut sin año: brut no milesimado.
Crémant: semiespumoso.
Dulce: muy dulce.
Grand cru: vino de uno de los 17 municipios clasificados *«grand cru»*.
Gran marca: casa que pertenece al Instituto de grandes marcas de Champagne, fundado en 1882. La mayoría de los 26 miembros representan las mejores empresas.
Rico: extremadamente dulce.
Rosado: champagne al que se ha añadido del 10 al 15 % de vino tinto de Champagne tranquilo.
Seco: en Champagne, significa semiseco.
Semiseco: más bien dulce.

LAS REGIONES VITÍCOLAS DE CHAMPAGNE

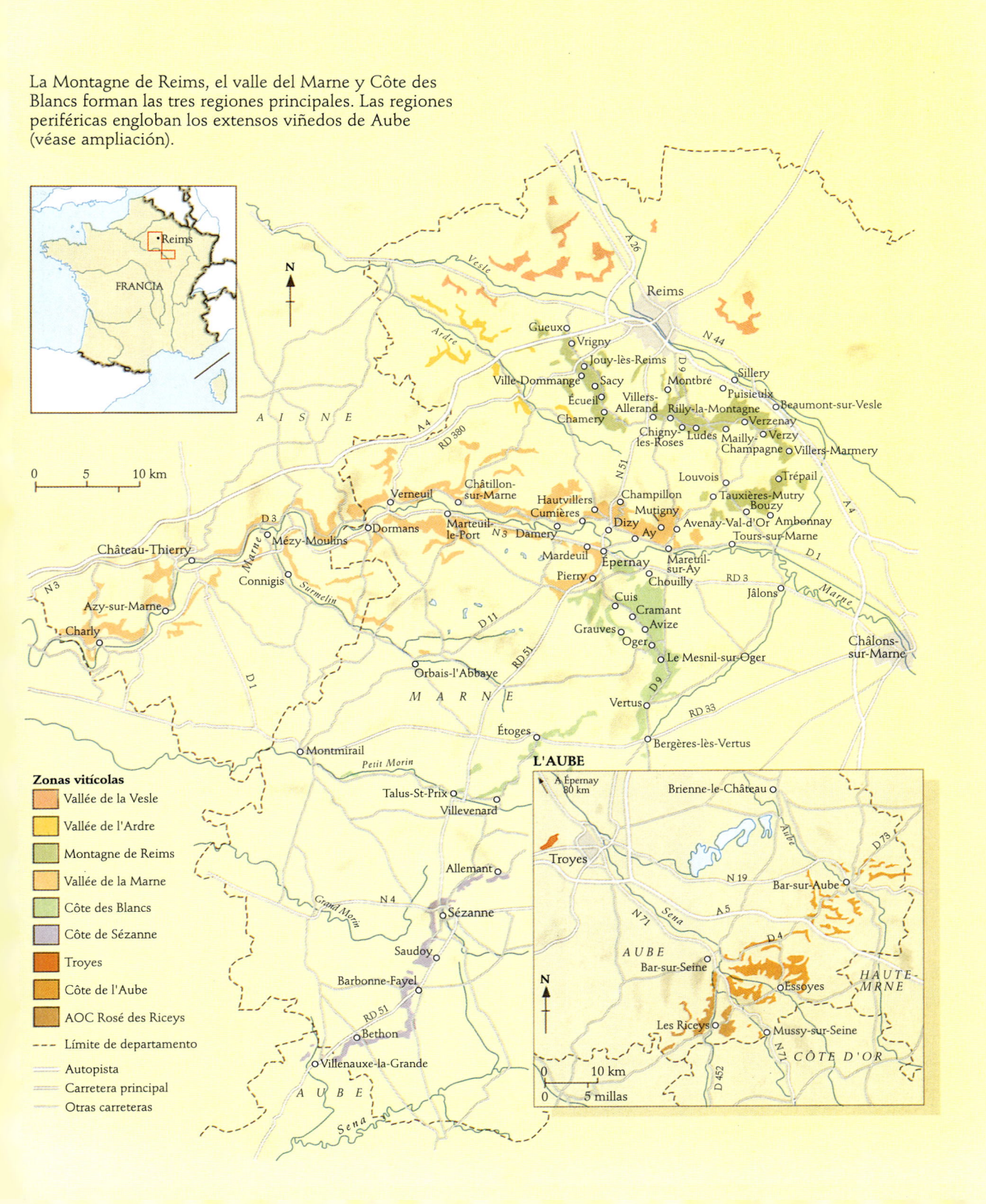

La Montagne de Reims, el valle del Marne y Côte des Blancs forman las tres regiones principales. Las regiones periféricas engloban los extensos viñedos de Aube (véase ampliación).

Zonas vitícolas
- Vallée de la Vesle
- Vallée de l'Ardre
- Montagne de Reims
- Vallée de la Marne
- Côte des Blancs
- Côte de Sézanne
- Troyes
- Côte de l'Aube
- AOC Rosé des Riceys
- --- Límite de departamento
- Autopista
- Carretera principal
- Otras carreteras

LOS FACTORES DE CALIDAD

El viñedo de Champagne no parece predestinado a la producción de grandes vinos por su situación excesivamente septentrional.

Sin embargo, la composición excepcional del suelo y del subsuelo, y la exposición de las viñas permiten obtener uvas maduras con un buen contenido en acidez para la elaboración de vinos.

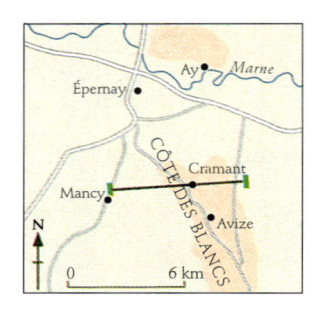

Clasificación del viñedo

Los champañeses tienen un sistema original y riguroso según lo que ellos llaman «escala de los *crus*», expresada en porcentajes. Sobre un total de 200 pueblos que producen champagne, 17 tienen el privilegio de estar catalogados como *cru* 100 % y pueden ostentar la clasificación *«grand cru»*; 40 pueblos están clasificados de 99 a 90 % y pueden denominarse *«premier cru»*. Los demás, situados entre 89 y 80 %, tienen derecho a la designación *«second cru»*.

Para obtener un mejor equilibrio, la mayoría de los champagnes son el resultado de mezclas, los famosos *assemblages*.

CÔTE DES BLANCS: CORTE GEOLÓGICO

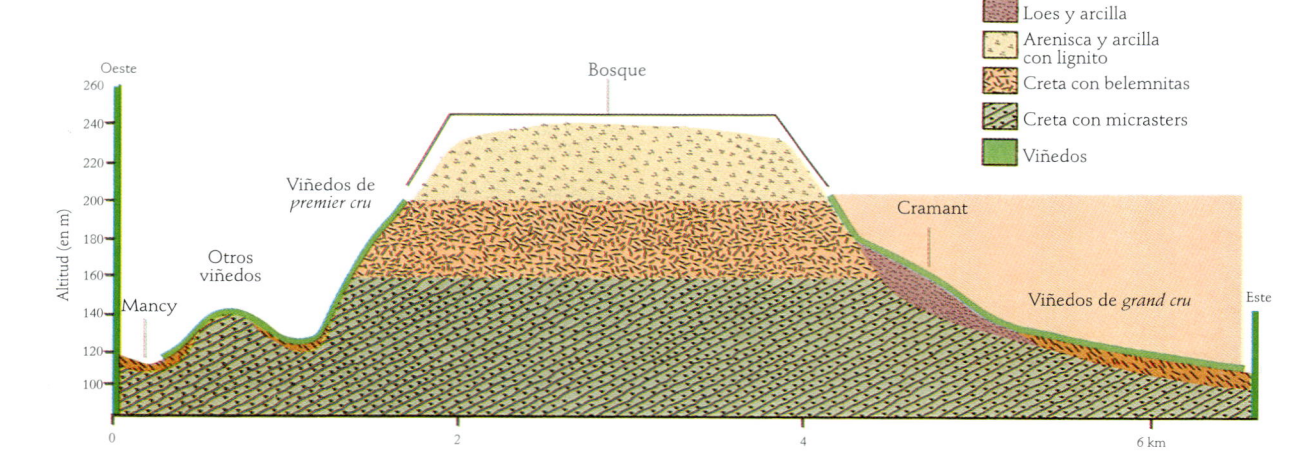

- Aluviones
- Loes y arcilla
- Arenisca y arcilla con lignito
- Creta con belemnitas
- Creta con micrasters
- Viñedos

Clima

Aunque la región tenga un clima frío, existen algunos microclimas más cálidos. La media anual de las temperaturas se sitúa justo por encima de los 10 °C, el mínimo indispensable para una buena maduración de la uva. En contrapartida, este tipo de climas ofrece ciertas ventajas: la uva madura muy poco a poco, lo que permite una constancia en las aportaciones de elementos aromáticos mientras la acidez natural permanece alta. Son dos fenómenos que no se dan en las regiones cálidas y que son ideales para la elaboración de vinos efervescentes como el champagne.

Suelo cretáceo del viñedo de Cramant.

Emplazamiento

Los mejores viñedos están en las laderas cuya altitud varía entre 80 y 210 m, como las de la Montagne de Reims y las de la Côte des Blancs. Los mejores pagos se concentran en una zona más concreta (entre los 90 y los 150 m de altitud).

Suelos

Los mejores emplazamientos, como la Montagne de Reims y la Côte des Blancs, están sobre un lecho de depósitos calizos de dos tipos: con belemnitas y con micrasters. Esta segunda roca, típica de Champagne, se encuentra en las pendientes de mayor inclinación. La naturaleza particular de los suelos y subsuelos calizos ofrece un buen drenaje de las aguas en caso de lluvia y la formación de una reserva de agua en caso de sequía. De esta forma, las raíces de las vides se alimentan incluso con las peores condiciones climáticas. La creta actúa como una esponja.

PRODUCTORES Y BODEGUEROS

La mayoría de los champagnes son elaborados y comercializados por casas –bodegueros-manipuladores– propietarias de algunos (pocas veces todos) de los viñedos de los que se aprovisionan. Estos bodegueros mezclan el vino, lo embotellan y lo envejecen. Emplean uva de toda la región, aunque las casas más prestigiosas suelen seleccionar principalmente la de las tres regiones principales. Las casas más importantes y más conocidas son las «grandes marcas», un club de 26 miembros.
Hay miles de marcas de champagne, que van desde las de viñadores que colocan su etiqueta en vinos elaborados por una cooperativa, hasta las «marcas de comprador», que llevan la etiqueta de un detallista o un restaurante. A continuación se relacionan las casas más conocidas y algunas marcas más modestas pero de gran calidad.

Henri Abelé
Fundada en 1757, hoy pertenece al grupo Freixenet. Elabora vinos de estilo tradicional ricos y con bastante cuerpo, incluso demasiado generosos. La nueva *cuvée*, Les Soirées Parisiennes, es mucho más ligera y elegante.

Beaumet
Esta casa, situada en Épernay, tiene 80 ha de vides que comparte con Jeanmarie y Oudinot. La amplia gama de vinos incluye el Cuvée Malakoff, un notable blanc de blancs.

Beaumont des Crayères
Cooperativa de Épernay de 210 viticultores y 75 ha de viñas. Famosa por su Cuvée Nostalgie.

Besserat de Bellefon
Casa de Épernay en manos del grupo Marne et Champagne. Su estilo es más bien ligero: su mejor champagne lleva el nombre Grande Cuvée Blanc de Blancs.

Billecart-Salmon
Gran marca familiar que elabora vinos de calidad excepcional. Emplazada en Mareuil-sur-Ay, tiene 5 ha de vides.

Boizel
Casa de Épernay fundada en 1834 y todavía propiedad de la familia Boizel. Su blanc de blancs y su champagne de prestigio, Joyau de France, son excelentes.

Bollinger
Esta casa prestigiosa de Ay fue fundada en 1829. Tiene 143 ha de viñedos que representan el 70 % de la uva. Sus vinos están dominados por la pinot noir y se fermentan parcialmente en madera. Los vinos de reserva se embotellan en magnums para una mejor conservación. El RD (Récemment Dégorgé), un vino que permanece mucho tiempo en los pupitres antes del degüello, es uno de los mejores vinos de Champagne. El Cuvée Spéciale sin año es muy bueno.

Canard-Duchêne
Situada en Reims, la casa pertenece al grupo LVMH y tiene 20 ha de viñas en la Montagne de Reims. El brut sin añada tiene un estilo equilibrado y elegantemente frutal.

De Castellane
Esta casa de Épernay, del grupo Laurent-Perrier, produce una *cuvée* 100 % chardonnay muy amplia y potente. El Commodore y el Florens de Castellane son admirables, de cuerpo medio y elegantes, con matices de bizcocho.

Charles de Cazanove
Gran casa familiar de Épernay cuyo mejor vino, el Stradivarius, es una mezcla 60 % chardonnay-40 % pinot noir.

Charbaut
Casa de Épernay famosa por sus rosados, como el elegante y perfumado Certificat Rosé. El rosado sin año también es muy bueno. El Certificat Blanc de Blancs da lo mejor de sí mismo a los 10 años. Charbaut tiene 56 ha de vides.

Deutz
Esta gran casa de Ay, fundada en 1839 y en manos de Louis Roederer desde 1993, tiene un estilo frutal bastante atrevido, especialmente para su brut sin año. El William Deutz, su *cuvée* de prestigio, es de cuerpo medio con aromas finos e intensos. El blanc de blancs es uno de los champagnes más elegantes.

Drappier
Casa familiar que produce una gama notable de vinos en la región de Aube. Los vinos son ricos y con notas de bizcocho, sobre todo el Grande Sendrée.

Duval-Leroy
Importante casa de Côte des Blancs con 140 ha de vides, aunque compra la mayoría de la uva. Con su propio nombre elabora un rosado elegantemente perfumado y un brut excelente. El Cuvée des Roys milesimado es equilibrado, y tiene agradables aromas frutales.

Nicolas Feuillate
Marca de 85 cooperativas que representan 4 000 viticultores y 1 600 ha de viñas. Sus mejores *cuvées* son Palmes d'Or y un blanc de blancs milesimado.

Gosset
Esta casa de Ay, fundada en 1584, es la más antigua de Champagne, pero sólo se convirtió en gran marca en 1992. El Grande Réserve y el Gran Millésime son ejemplos notables de un estilo rico y floral.

Charles Heidsieck
Esta gran marca resurgió a partir de los años 80 tras la adquisición por el grupo Rémy-Cointreau. Daniel Thibault ha transformado completamente el Brut Réserve (sin año), a base de tres cuartos de pinot noir y pinot meunier, con un porcentaje sorprendentemente alto de meunier. Es un champagne rico, con cuerpo. Uno de los mejores brut sin añada.

Heidsieck & Cie Monopole
Gran marca del grupo canadiense Seagram. El Dry Monopole sin año es potente. El Diamant Bleu es su mejor vino.

Henriot
Casa fundada en 1808 del grupo LVMH. Posee suficientes viñas para garantizar casi todo su suministro. El Souverain Brut sin año, con predominio de chardonnay, es un vino de carácter y frutal. Su marca de prestigio, el Baccarat, está marcado por la elegancia de la chardonnay.

Jacquesson
Pequeña casa de más de dos siglos conocida por su agradable brut sin añada y su Signature, más imponente y austero, que se fermenta y envejece en madera.

Krug
Véase recuadro.

Lanson
El Black Label de Lanson es vivo con bellas notas frutales y sabores de cítricos.

Laurent-Perrier
Esta gran marca, una de las mejores de Champagne, produce

vinos elegantes. Su brut sin añada, con poco chardonnay, es exquisito y mejora con la edad. Elabora también el Ultra Brut y una magnífica *cuvée* de prestigio, el Gran Siècle.

Mercier
Casa de Épernay del grupo LVMH que produce un vino sin pretensiones.

Moët & Chandon
Es la marca de champagne más vendida del mundo. Posee el mayor viñedo de la región: 558 ha. El Brut Imperial sin año es ligero y frutal y los vinos milesimados son siempre de calidad. Su Cuvée Dom Pérignon es uno de los champagnes más caros y más famosos. Gana complejidad al envejecer. Moët pertenece al grupo Louis Vuitton Moët-Hennessy (LVMH).

Mumm
Con una gran producción centrada en la exportación (70 %), el vino más conocido de esta casa de Reims es el Cordon Rouge, un champagne frutal. La *cuvée* de prestigio es el excelente René Lalou, mitad de chardonnay y mitad de pinot noir.

Napoléon
Esta gran marca familiar es la más pequeña y la menos conocida. Sus champagnes son de excelente calidad.

Palmer
Marca comercial de una cooperativa bien considerada (170 viticultores, 310 ha) con intereses mayoritarios en el *grand cru* Montagne de Reims.

Joseph Perrier
Gran marca de Châlons-sur-Marne. El Cuvée Royale sin año es desigual. El Cuvée Joséphine es su mejor vino.

Perrier-Jouët
Fundada en 1811, esta casa de Épernay pertenece al grupo canadiense Seagram. Sus vinos se caracterizan por su elegancia, su finura y el alto porcentaje de chardonnay. El mejor, y uno de los más elegantes de Champagne, es el Belle Époque Blanc de Blancs, con su botella *art nouveau*.

Piper-Heidsieck
Propiedad del grupo Rémy-Cointreau, al igual que Charles Heidsieck, Piper suele ser más ligero y frutal. El brut sin añada está dominado por la uva tinta, aunque con menos pinot meunier que el de Charles Heidsieck. El Brut Sauvage es uno de los mejores champagnes no dosificados del mercado y el Rare, la *cuvée* de prestigio, es un champagne maravilloso.

Pol Roger
Casa familiar tradicional de Épernay con 85 ha de vides. Al margen del Sir Winston Churchill, que era su champagne preferido, Pol Roger elabora una excelente *cuvée spéciale* PR, más rica y más generosa.

Pommery & Greno
Gran marca de Reims en manos del grupo LVMH. Con 300 ha de viñas hace un brut sin año de buena factura y los Louise Pommery Brut y Rosé.

Louis Roederer
Gran casa familiar de más de dos siglos que elabora algunos de los mejores vinos de Champagne. La 180 ha de viñas proporcionan la mayor parte de la uva. El Brut Premier sin añada es frutal, pero rico y amplio. El Cristal de Roederer, la famosa *cuvée* de prestigio, creado en 1876 para el zar Alejandro II, es uno de los mejores vinos de Champagne de gama alta en las buenas cosechas.

Ruinart
Gran marca de Reims fundada en 1729 y poco conocida, que pertenece al grupo LVMH. Su Dom Ruinart Blanc de Blancs es elegante y floral.

Salon
Pequeña casa en manos del grupo Laurent-Perrier y situada en Mesnil-sur-Oger. Es una gran marca que elabora un vino espléndido a base sólo de chardonnay.

Taittinger
Fundada en 1930, esta casa de Reims es «joven» entre las grandes marcas. El 50 % de la uva procede de sus 257 ha de vides. Su estilo suele ser suave y delicado, aunque tras diez años de botella, el blanc de blancs es más rico y amplio. El Brut Réserve sin añada está elaborado principalmente de chardonnay. La *cuvée* de prestigio, Comtes de Champagne, es sólo de chardonnay.

Veuve Clicquot-Ponsardin
Es una de las grandes marcas más prestigiosas. Lleva el nombre de Madame Clicquot, que enviudó muy joven y dedicó su vida a su casa de Champagne, a principios del siglo XIX. El brut sin añada, con su famosa etiqueta amarillo-naranja, es uno de los mejores de su categoría. La Grande Dame, su marca más famosa, es una mezcla de dos tercios de pinot noir y un tercio de chardonnay. Situada en Reims, la casa es hoy de LVMH y posee 280 ha de viñas.

OTROS VINOS
La AOC Champagne sólo afecta a los vinos espumosos. Hay otras dos denominaciones en la región.

Coteaux Champenois
Es la denominación de los vinos tranquilos de Champagne. Los mejores tintos proceden del valle del Marne. Por culpa del clima, sólo se pueden hacer buenos tintos tres o cuatro veces cada diez años. Los blancos suelen ser mejores.

Rosé des Riceys
Denominación de Aube que produce uno de los rosados más raros de Francia, a base de pinot noir.

KRUG

Krug quizá sea el nombre más grande de Champagne. Esta casa produce vinos ricos y amplios que necesitan años de botella antes de dar lo mejor de sí mismos. Krug envejece sus champagnes mucho tiempo antes de comercializarlos: la añada 1985, por ejemplo, salió al mercado en primavera de 1994. Todos sus vinos se fermentan en barrica. El Grande Cuvée sin añada es sin duda el vino más notable elaborado en la región. Los hermanos Henri y Rémy Krug se encargan de la mezcla, que tiene un importante porcentaje de vinos de reserva y de pinot meunier, variedad que defienden con firmeza. Entre los demás vinos únicos de Krug, hay que citar el Collection, añadas más antiguas y más raras, y el Clos du Mesnil, un chardonnay 100 % de un solo viñedo.

ALSACIA

EL VIÑEDO ALSACIANO ES MUY DISTINTO DEL DE LAS DEMÁS
AOC FRANCESAS: LOS VINOS LLEVAN EL NOMBRE DE LA VARIEDAD
Y LA MAYORÍA SON BLANCOS.

La iglesia fortificada del siglo XV que domina las viñas de Hunawihr, en la ruta del vino de Alsacia. La larga tradición vitícola del pueblo queda ilustrada en el reloj de la iglesia.

Desde lo alto de las colinas boscosas de Alsacia se distingue el Rin y, más allá, una masa gris azulada: la Selva Negra alemana. Esta situación ayuda, en muchos aspectos, a abordar Alsacia, a apreciar su vino y su cultura. En efecto, el ancho valle del Rin y las colinas circundantes tienen más en común con los países de Europa central que con el resto de Francia. Aunque no es raro que se comparen los vinos de Alsacia con algunos de sus vecinos alemanes, de hecho están más cercanos a los vinos blancos secos de Austria. Alsacia comparte, sin embargo, cierto número de variedades con Alemania: riesling, gewürztraminer y sylvaner. También hace uso de la pinot noir (para su pequeña producción de vinos tintos), de la pinot blanc (antaño frecuente en Borgoña pero hoy casi exclusiva de Alsacia) y de la pinot gris, también conocida con el nombre de tokay de Alsacia o de rülander en Alemania. El país de Baden, en la otra orilla del Rin, es la zona vitícola más meridional de Alemania, mientras que Alsacia es con Champagne la más septentrional de Francia. Situada al norte de los viñedos del Loira, debería tener un clima fresco por su latitud. Sin embargo no es así ya que los Vosgos, que la bordean de norte a sur, la protegen de los vientos y de la lluvia: las vides alsacianas, plantadas en valles y en los rincones más cálidos de los contrafuertes de los Vosgos, se benefician de uno de los climas continentales más secos de Francia. Los viñedos se extienden sobre un centenar de kilómetros, casi sin discontinuidad, entre Estrasburgo y Mulhouse. Algunas parcelas están más al norte, en el departamento de Bas-Rhin, y otras están situadas justo en la frontera: atravesándola, se llega a los viñedos alemanes del Palatinado (Pfalz).

Alsacia es el paraíso de los gastrónomos: abundan los restaurantes de renombre. La arquitectura pintoresca de sus pueblos es una prueba de su rico pasado y se cultiva la vid desde hace siglos. Pocas regiones han sufrido tantas guerras y cambiado tantas veces de nacionalidad: ocupa una situación estratégica en la frontera franco-alemana. Actualmente, Alsacia es más francesa que nunca, pero sigue afirmando su particularidad por su apego a su dialecto, su espíritu fuertemente regionalista y sus vinos únicos.

El clima y las tierras

Alsacia es una región protegida que goza de una situación extremadamente favorable para el cultivo de la vid. Las primaveras son cálidas, los veranos son secos y soleados, los otoños largos y suaves, y los inviernos fríos.

La zona de producción se extiende sobre una gran variedad de suelos. Su estructura geológica es compleja y comprende tipos de rocas diferentes que cubren el granito antiguo de los Vosgos.

Variedades y estilos de vino

La gewürztraminer, cepa blanca, cubre más de una cuarta parte de los viñedos. En una buena añada, un gewürztraminer logrado es un vino especiado, amplio y generoso.

Existen dos versiones de la muscat: la muscat de Alsacia y la muscat ottonel. La primera es seca y su perfume, de uva intenso. Tiene rendimientos muy irregulares y se planta cada vez menos.

La pinot blanc da vinos blancos frescos y secos que recuerdan al borgoña. Con la pinot gris (o tokay de Alsacia) se elaboran vinos blancos ricos y complejos. Los secos son de gran elegancia y los melosos tienen una generosidad sorprendente. La pinot noir es la única uva tinta de Alsacia. Se obtienen vinos tintos de poco color.

El vidueño más elegante y distinguido de Alsacia es la riesling. Da blancos secos grandiosos, para guardar mucho tiempo, así como vinos melosos excelentes de vendimias tardías.

En cuanto a la sylvaner abunda en las zonas menos prestigiosas de Bas-Rhin. Sus vinos son simples y frescos.

La vinificación y las añadas

En conjunto, Alsacia tiende a métodos bastante tradicionales de vinificación en blanco. Los vinos envejecen en grandes fudres de madera o en cubas. Se embotellan entre seis y doce meses después de la cosecha.

Las cosechas catastróficas son raras en Alsacia, pues la región goza de un clima regular. Una añada será buena si el otoño, largo y cálido, permite la elaboración de vinos de vendimia tardía.

Leer una etiqueta de vino de Alsacia

En Alsacia, las etiquetas son más sencillas que las de los vinos del resto de Francia. Suele aparecer primero el nombre de la variedad y luego el del propietario. Muchas veces se menciona el nombre del viñedo o del pueblo. Además se pueden encontrar otros términos genéricos.

Crémant d'Alsace. Se trata de un vino espumoso obtenido por una segunda fermentación en botella (método tradicional).

Vendange tardive. Esta mención indica que el vino procede de uvas vendimiadas en su madurez óptima, lo que no significa necesariamente que sea más tardía que la normal. Un vino procedente de vendimia tardía suele ser meloso, pero puede ser seco.

Sélection de grains nobles. Estos vinos se hacen únicamente a partir de uva que haya sufrido la podredumbre noble (*Botrytis cinerea*) y cosechada por selecciones sucesivas.

LOS PUEBLOS VITÍCOLAS DE ALSACIA

Estos son, de norte a sur, los pueblos más interesantes.

BAS-RHIN

Marlenheim. Muy conocido por sus tintos y rosados de pinot noir. El *grand cru* Steinklotz es uno de los viñedos más antiguos de Alsacia y produce excelentes riesling y pinot gris.

Dahlenheim. Riesling (*grand cru* Engelberg).

Bergbieten. El *grand cru* Altenberg de Bergbieten, expuesto al sur, es famoso por su gewürztraminer.

Wolxheim. El *grand cru* Altenberg de Wolxheim era uno de los vinos preferidos de Napoleón.

Molsheim. Riesling y gewürztraminer, sobre todo en el *grand cru* Bruderthal.

Barr. El sylvaner es bueno, al igual que el gewürztraminer y el riesling, sobre todo los del *grand cru* Kirchberg de Barr.

Andlau. *Grands crus* Kastelberg, Moenchberg y Wiebelsberg.

Nothalten. Mucho tiempo conocido por el sylvaner, ahora es más famoso por el riesling (*grand cru* Muenchberg).

Dambach-la-Ville. Considerado el mejor pueblo de Bas-Rhin. El *grand cru* Frankstein da buenos riesling y gewürztraminer.

HAUT-RHIN

Saint-Hippolyte. Es el pueblo más septentrional de la región. Acoge gran parte del *grand cru* Gloeckelberg.

Rodern. Al igual que Saint-Hippolyte, durante mucho tiempo su reputación le venía del pinot noir. Hoy, hay más gewürztraminer y pinot gris. La otra parte del *grand cru* Gloeckelberg está en el municipio.

Bergheim. El pueblo y su *grand cru*, el Altenberg de Bergheim, son famosos por la gewürztraminer.

Ribeauvillé. Produce vinos espléndidos en sus *grands crus* Geisberg, Kirchberg de Ribeauvillé y Osterberg.

Riquewihr. Encantador pueblo turístico que se enorgullece de dos *grands crus*, Schoenenbourg y Sporen.

Bennwihr-Mittelwihr. Estos dos pueblos limítrofes cultivan gewürztraminer y muscat. *Grands crus*: Marckrain en Bennwihr y Mandelberg en Mittelwihr.

Kientzheim. Aquí está Schlossberg, el primer *grand cru* reconocido oficialmente.

Ammerschwihr. Es uno de los mejores pueblos de Alsacia. Los riesling, los muscat y los gewürztraminer, en especial los del *grand cru* Kaefferkopf, tienen mucha fama. El otro *grand cru* es Wineck-Schlossberg.

Ingersheim. Famoso por la riesling y la gewürztraminer plantadas en el *grand cru* Florimont.

Turckheim. Tiene fama de elaborar los mejores pinot noir de Alsacia. El *grand cru* Brand es de pinot gris, riesling y gewürztraminer.

Wintzenheim. Aquí está uno de los pagos más célebres de Alsacia, el *grand cru* Hengst, famoso por los riesling, los gewürztraminer y los pinot gris.

Wettolsheim. Tiene el *grand cru* Steingrubler, cuyas zonas más altas están plantadas de riesling y pinot gris.

Eguisheim. Es el país de los *grands crus* Eichberg y Pfersigberg, famosos por su gewürztraminer.

Pfaffenheim. Con su *grand cru* Steinert, el pueblo tiene una reputación creciente.

Rouffach. El famoso Clos Saint-Landelin está emplazado sobre el *grand cru* Vorbourg.

Westhalten. Este pueblo tiene dos *grands crus*, Vorbourg y Zinnkoepflé.

Orschwihr. Este pueblo es conocido por los riesling y los pinot gris, especialmente los del *grand cru* Pfingstberg.

Guebwiller. Es el municipio con más *grands crus* de Alsacia: Kessler, Kitterlé, Saering y Spiegel.

PRODUCTORES Y BODEGUEROS

En Alsacia, los productores suelen acumular las funciones de viticultor y bodeguero. Muchos tienen viñedos y compran vino en varios municipios. Por este motivo, en la siguiente relación el nombre del pueblo que aparece es el de la sede de la empresa. Algunas cooperativas (véase p. 250) producen vinos de calidad.

J.B. Adam
Ammerschwihr. Se trata de una empresa familiar que está establecida desde principios del siglo XVII. Produce esencialmente riesling y gewürztraminer, aunque a veces también vinifica vendimias tardías, pinot noir y pinot blanc elaborados según los métodos tradicionales.

Lucien Albrecht
Orschwihr. Fundada en 1772, la casa Albrecht vinifica todas las variedades pero se distingue por su riesling del *grand cru* Pfingstberg.

Jean Becker
Riquewihr. Empresa familiar fundada en 1610 y que vinifica las variedades principales. Los mejores vinos son el muscat, el pinot noir, el gewürztraminer (del *grand cru* Froehn) y el riesling.

Léon Beyer
Eguisheim. Bodeguero desde el siglo XVI y viticultor desde mediados del XIX, Beyer es conocido por sus vinos secos, en especial, el gewürztraminer (*cuvée* de los condes de Eguisheim), el riesling y el muscat. No elabora *grand cru*.

Paul Blanck & Fils
Kientzheim. Blanck produce una amplia gama de vinos de todas las variedades, pero los riesling de los *grands crus* Furstentum y Schlossberg son especialmente notables. Los vinos también se venden con la etiqueta Domaine des Comptes de Lupfen.

Joseph Cattin & ses Fils
Voegtlinshoffen. Primo de Théo (véase abajo), Joseph Cattin es un vinificador con talento que produce muscat, gewürztraminer *grand cru* Hatschbourg (con una *cuvée* vendimias tardías) y un pinot noir especialmente bien hecho.

Théo Cattin & Fils
Voegtlinshoffen. Théo es más conocido que su primo (véase arriba) y produce buenos gewürztraminer (*grands crus* Hatschbourg y Bollenberg), pinot noir y un bello riesling (*grand cru* Hatschbourg) que envejece muy bien y por el que es famoso.

Domaine Marcel Deiss
Bergheim. Jean-Michel Deiss es uno de los mejores vinificadores de Alsacia. Sus vinos son siempre concentrados y de excelente calidad. Elabora todas las variedades y todos los tipos de vino, incluidos vendimias tardías y selección de granos nobles.

Dopff & Irion
Riquewihr. Esta empresa nació en 1945 de una escisión con la casa Dopff au Moulin. Su gama incluye el Riesling Les Murailles (del *grand cru* Schoenenberg), el Gewürztraminer Les Sorcières, un vino potente y que envejece bien, el Muscat Les Amandiers y el Pinot Gris Les Maquisards. Después de permanecer mucho tiempo al margen del sistema, Dopff comercializa actualmente *grands crus*.

Dopff au Moulin
Riquewihr. Fundada en el siglo XVI, esta casa es desde hace tiempo la primera en la elaboración de crémant de Alsacia, con su Cuvée Julien, su Cuvée Bartholdi, su Blanc de Noirs y su Brut Sauvage, por citar sólo los mejores. También comercializa buenos vinos tranquilos con la etiqueta Domaines Dopff.

Pierre Freudenreich & Fils
Eguisheim. Esta pequeña empresa familiar fundada en 1653 gana frecuentemente medallas con su pinot gris y su gewürztraminer. El riesling también resulta muy bueno. Los vinos se vinifican de manera tradicional sin ninguna concesión a las técnicas modernas.

Willy Gisselbrecht & Fils
Dambach-la-Ville. Como muchos viticultores alsacianos, Willy Gisselbrecht produce una amplia gama de vinos de diferentes niveles de calidad y de diferentes tipos, incluidos *grands crus* y vendimias tardías. Su mayor éxito es sin duda el gewürztraminer, aunque el pinot gris también puede ser excelente.

Domaine André & Rémy Gresser
Andlau. Un casa muy antigua (1667) que tiene una imagen dinámica. La reputación de la finca está basada en los ries-

---

HUGEL & FILS

La casa más famosa de Alsacia, fundada en 1639, está actualmente dirigida por la decimotercera generación de Hugel. Algunos vinos de sus enormes bodegas situadas bajo el pueblo de Riquewihr son centenarios. La gama de base incluye un buen gewürztraminer y un Pinot Blanc de Blancs. Sus gamas Cuvée Tradition y Jubilée Réserve personal son de auténtica calidad. Creador del estilo vendimias tardías, Hugel es uno de los principales productores y, además, brilla en la elaboración de selecciones de granos nobles: los pinot gris y los riesling de esta categoría son notables. Los *grands crus* de la casa proceden de los viñedos Sporen y Schoenenbourg. Hugel vinifica grandes volúmenes de vinos fiables de calidad.

ling *grands crus*, el Pinot Noir Brandhof y el Gewürztraminer Andlau.

Hugel & Fils
Véase recuadro.

JosMeyer
Colmar. Jean Meyer está muy preocupado por el futuro de las variedades alsacianas que no son las cuatro cepas nobles autorizadas para los *grands crus*. Por ese motivo, llama a su chasselas «H» para identificar su origen (*grand cru* Hengst). Sus mejores vinos son el Riesling JosMeyer *grand cru* Hengst y varios gewürztraminer.

Kuentz-Bas
Husserren-les-Châteaux. La casa Kuentz data de 1795 y se unió con Bas en 1918. Produce vinos de gran calidad, en especial de vendimias tardías. Las mejores variedades son la gewürztraminer, la pinot gris, la muscat y, cada vez más, la pinot noir. Kuentz-Bas elabora también crémants de Alsacia.

Gustave Lorentz
Bergheim. Esta empresa familiar fundada en 1836 produce gewürztraminer especialmente bien hechos, como el *grand cru* Altenberg de Bergheim y la *Cuvée* particular. El pinot blanc, el pinot gris, el riesling y el muscat son buenos.

Muré
Rouffach. Casi la totalidad de los vinos de esta finca proceden del Clos Saint-Landelin (*grand cru* Vorbourg), del que Muré es propietario desde 1935. Destacan el pinot noir, el riesling y el muscat. El crémant de Alsacia es una especialidad.

Domaine Ostertag
Epfig. André Ostertag no es un viticultor alsaciano convencional. No le dan miedo las innovaciones. Naturalmente éstas se traducen por resultados variables, que van del fracaso inesperado al éxito indiscutible.

Sus mejores vinos son sin duda el pinot gris y el riesling del *grand cru* Muenchberg, pero en su trayectoria ha hecho muy buenos vinos de todas las variedades y tipos.

Edgard Schaller & Fils
Mittelwihr. Schaller hace vinos extremadamente secos que muchas veces necesitan años de bodega. Es el caso del riesling (sobre todo el Vieilles Vignes del *grand cru* Mandelberg). También elabora muy buenos pinot blanc, gewürztraminer y crémants de Alsacia.

Domaine Schlumberger
Guebwiller. Esta empresa familiar ha creado un inmenso viñedo a lo largo de los años y tiene actualmente la mayor finca de Alsacia y una de las mayores de Francia. Algunas parcelas están en terrazas tan abruptas que la mecanización es imposible. Sin embargo, el pago merece todos los esfuerzos. La variedad que ha dado fama a Schlumberger es la gewürztraminer, en especial el Cuvée Christine, elaborado con vendimias tardías, y el Cuvée Anne, una selección de granos nobles. Los pinot gris y los riesling de los *grands crus* Kitterlé y Saering también son vinos magníficos.

Louis Sipp
Ribeauvillé. Los mejores vinos de Louis Sipp necesitan algunos años para llegar a su apogeo, como los riesling (*grand cru* Kirchberg de Ribeauvillé) y los gewürztraminer (*grand cru* Osterberg).

F. E. Trimbach
Ribeauvillé. Junto a Hugel, Trimbach ha hecho más que nadie por la promoción de los vinos de Alsacia. Entre sus vinos están el gewürztraminer, en especial el Cuvée des Seigneurs de Ribeaupierre, y el pinot gris. Sus riesling son sin duda alguna los mejores de la región. El Cuvée Frédéric-Émile, del *grand cru* Osterberg, sólo es superado por el Clos Sainte-Hune, parcela que pertenece a la familia Trimbach desde hace 200 años. Está dentro del *grand cru* Rosacker, pero no tiene el estatuto de *grand cru*. El Clos Sainte-Hune es un vino de mucha clase. A menudo se considera este arquetipo de riesling el mejor vino de Alsacia.

Alsace Willm
Barr. Aunque pertenece a Wolfberger, la cooperativa de Eguisheim, los vinos de Willm (sobre todo los gewürztraminer y los riesling) conservan el carácter distintivo del Clos Graensbroennel.

Zind Humbrecht
Wintzenheim. Léonard Humbrecht es un apóstol incansable de los rendimientos bajos. Su propiedad de 30 ha está muy bien situada e incluye cuatro *grands crus*. Los métodos de vinificación son tradicionales. El pinot gris y el gewürztraminer son vinos excepcionales.

Las bodegas cooperativas
Las bodegas cooperativas famosas por la calidad de sus vinos son numerosas en Alsacia. Se pueden destacar: Bennwihr, Union Vinicole Divinal (Obernai), Eguisheim, Caves de Hoen (Beblenheim), Ingersheim y alrededores (Colmar), Kientzheim-Kaysersberg, Pfaffenheim-Gueberschwihr (Rouffach), Ribeauvillé y alrededores, Sigolsheim y alrededores (Kaysersberg), Turckheim y Westhalten y alrededores.

CÔTES-DE-TOUL Y VINO DEL MOSELA

Côtes-de-Toul es un viñedo muy pequeño clasificado VDQS. Está situado alrededor de la ciudad de Toul, en Lorena. La región tiene una larga tradición vinícola, pero está muy al norte, por lo que padece los rigores climáticos y la vid tiende a ser sustituida por otros cultivos.

La variedad principal es la gamay, pero también hay pinot noir y, para los blancos, un poco de auxerrois. El gris de Toul es un rosado delicado a base de gamay: la agradable acidez le da frescura. Además, la gamay da un vino de aguja y tiene un sabor a levadura y a fruta. Los años más cálidos, la pinot noir da vinos tintos ligeros.

El Vin de la Moselle es una minúscula zona clasificada VDQS que lucha por sobrevivir. Se elabora en los pueblos del valle del Mosela, cerca de la ciudad de Metz y hacia la frontera luxemburguesa. Los viñedos son los más septentrionales de Francia y los vinos recuerdan a los de Luxemburgo. Las condiciones climáticas son difíciles: las heladas de primavera plantean a menudo problemas. Las variedades principales del Mosela son la müller-thurgau, la rivaner, así como la pinot noir y la auxerrois.

LOIRA

EL MAJESTUOSO VALLE DEL LOIRA OFRECE
AL AMANTE DE LOS VINOS UNA VARIEDAD INFINITA
DE AROMAS Y COLORES.

El espléndido castillo de Saumur domina el pueblo y el Loira, río majestuoso. Los alrededores están cubiertos de viñas que producen vinos tranquilos y espumosos.

El valle del Loira, que es una de las regiones vitícolas más extensas de Francia, produce una gama de vinos tan amplia que es difícil encontrar características comunes. En efecto, los tipos de vinos del Loira abarcan desde los vinos blancos secos, semisecos, melosos o generosos a los vinos tintos ligeros o profundos e intensos, pasando por los rosados secos o dulces o los crémants.

Las fluctuaciones del clima son culpables de muchas de estas variaciones. Un año fresco da vinos secos y ácidos para beber pronto, mientras que un verano y un otoño cálidos son a menudo origen de vinos ricos, de gran potencial de envejecimiento. Otro factor no desdeñable es la variedad de uva, ya se trate de cepas locales o de algunas importadas más recientemente de otras regiones de Francia.

El más largo de los ríos franceses fluye por un paisaje de colinas suaves, de campos verdes y de viñas que rodean castillos magníficos y ciudades tranquilas. Los viñedos bordean los ríos: el Loira, largo y lento, y sus afluentes, como el Cher, el Indre, el Allier y el Vienne, que han dado su nombre a un departamento. Afluentes menos importantes, como el Aubance, el Layon, el Sèvre Nantaise y el Maine, crean microclimas en los valles estrechos y profundos que han ido excavando con el tiempo. El Loira tiene su nacimiento en el sur del macizo Central, donde unas pocas viñas son los vestigios de viñedos antaño más extensos. A medio camino de su recorrido hacia el mar, donde tuerce hacia el oeste, el Loira alcanza la primera de las tres grandes regiones vitícolas, la de Sancerre y Pouilly, que produce vinos blancos frutales y herbáceos, gracias a la variedad sauvignon blanc, cuya popularidad ha conquistado todo el mundo. Las grandes extensiones de Turena y Anjou componen la segunda región vitícola, con toda una familia de vinos blancos tranquilos o espumosos, así como la producción más importante de vinos tintos del Loira. La tercera región, el bajo Loira, es un contraste total. Representa el reino del muscadet (llamado también melón de Borgoña), un vino blanco ligero y afrutado que evoca el mar, ya que el océano nunca está muy lejos, como lo demuestra la alta pluviometría de la región de Nantes.

252 LOIRA

LAS REGIONES VITÍCOLAS DE TURENA, ANJOU Y BAJO LOIRA

Los viñedos, a veces llamados País de Nantes, se agrupan al sur de Nantes. En el centro, las viñas se dividen en dos grupos: Anjou-Saumur alrededor de Angers, y al este, Turena, con centro en Tours. A lo largo de los valles vecinos se encuentran otras zonas de producción que sobreviven mal que bien.

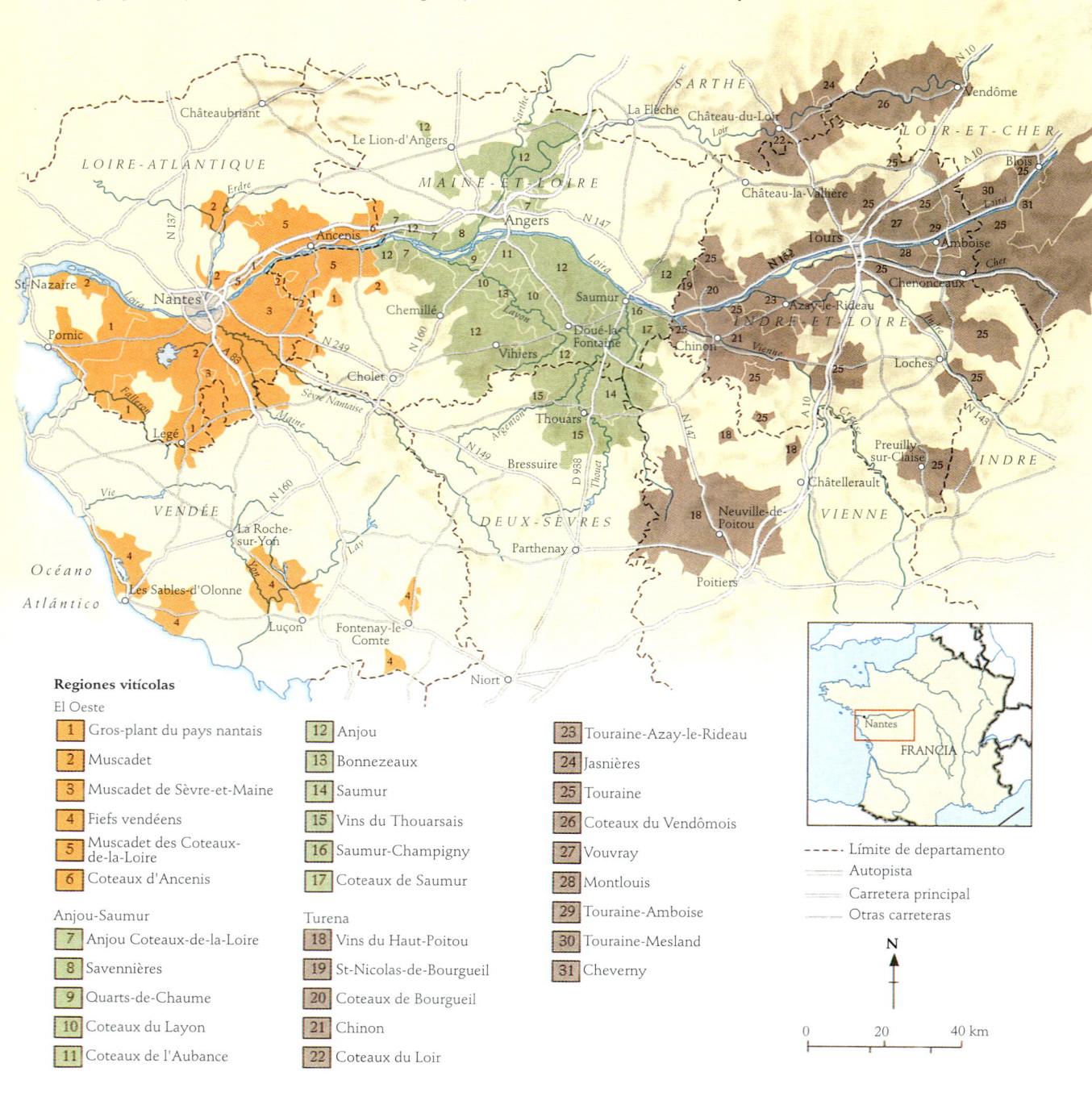

Regiones vitícolas

El Oeste
1. Gros-plant du pays nantais
2. Muscadet
3. Muscadet de Sèvre-et-Maine
4. Fiefs vendéens
5. Muscadet des Coteaux-de-la-Loire
6. Coteaux d'Ancenis

Anjou-Saumur
7. Anjou Coteaux-de-la-Loire
8. Savennières
9. Quarts-de-Chaume
10. Coteaux du Layon
11. Coteaux de l'Aubance
12. Anjou
13. Bonnezeaux
14. Saumur
15. Vins du Thouarsais
16. Saumur-Champigny
17. Coteaux de Saumur

Turena
18. Vins du Haut-Poitou
19. St-Nicolas-de-Bourgueil
20. Coteaux de Bourgueil
21. Chinon
22. Coteaux du Loir
23. Touraine-Azay-le-Rideau
24. Jasnières
25. Touraine
26. Coteaux du Vendômois
27. Vouvray
28. Montlouis
29. Touraine-Amboise
30. Touraine-Mesland
31. Cheverny

---- Límite de departamento
Autopista
Carretera principal
Otras carreteras

Bajo Loira

Los vinos de la región de Nantes, en el bajo Loira, tienen fama de vinos sencillos en el concierto vitícola francés. El muscadet y el gros-plant tienen un gusto inimitable: frutales, jóvenes, frescos, son perfectos para acompañar el marisco. Se trata de una combinación ideal que ha sido una bendición para algunos cosecheros de la región desde la década de los 70.

Las denominaciones del muscadet

Las denominaciones de la región son las menos complejas de las tierras del Loira. La mayor es la del muscadet, que se presenta bajo tres denominaciones: Muscadet genérico, Muscadet des Coteaux-de-la-Loire y Muscadet de Sèvre-et-Maine. El primero procede sobre todo del oeste de la región, para un vino sin pretensiones. El de Coteaux de la Loire se elabora en la orilla norte del Loira, entre Nantes y Ancenis. Como su nombre indica, el muscadet de Sèvre-et-Maine nace entre dos ríos, el Sèvre y el Maine, que están respectivamente al sur y al este de Nantes, en la orilla sur del Loira. Esta región vinícola, una de las más densas de Francia, deja poco lugar a otros cultivos. Los pueblos y las ciudades pequeñas (Vallet, Clisson y La Haie-Fouassière, por ejemplo) se agrupan alrededor de iglesias altas, testigos de una larga tradición de prosperidad. La denominación abarca 23 municipios que producen unos 66 millones de botellas al año.

Durante siglos el muscadet ha sido un vino de consumo local. Pero desde la década de los 70 se ha convertido para todo el mundo en el símbolo de los vinos blancos secos fáciles de beber.

La elaboración del muscadet

Las cualidades más unánimamente apreciadas del muscadet se refieren a su carácter fresco y frutal, así como al ligero picor que se siente en la lengua al catarlo. Estas características son más perceptibles cuando el vino se embotella sobre las lías (en barrica antes de trasegarlo) en su bodega de origen. A este respecto ha surgido una encendida polémica, pues muchos productores eliminan las lías del vino, para transportarlo a sus propias bodegas, y le añaden óxido de carbono antes de embotellarlo. Para evitar un falso «sobre lías» tratado de este modo, hay que asegurarse de que la etiqueta lleve la mención «embotellado en el *château*» o «en la propiedad», donde estas manipulaciones dudosas son menos frecuentes.

La tendencia actual es la producción de vinos de prestigio, elaborados con las mejores mezclas de los productores, o a la comercialización de vinos de un solo pago. Aunque estos vinos son ciertamente mejores que la mayoría de los muscadet genéricos, estas prácticas reflejan un problema. ¿Por qué complicarse la vida para un vino tan sencillo como el muscadet? La viticultura ha experimentado un aumento de los rendimientos (más de 100 hl/ha en la década de los 80) en la mayoría de los viñedos. Además, las superficies explotadas han pasado de 11 000 a 15 000 ha en pocos años. Varios años muy soleados han dado muscadet menos ácidos y los excesos de producción han agravado el problema. Todos estos factores explican que algunos productores traten de destacar sus peculiaridades.

Los demás vinos

El éxito del muscadet ha eclipsado el que podrían haber tenido otros vinos de la región. Los VDQS Coteaux-d'Ancenis proceden de las dos orillas del Loira, en los alrededores de Ancenis, región también cubierta por la AOC Muscadet des Coteaux-de-la-Loire. Aunque se elaboren tintos, rosados y blancos, el tinto ocupa un lugar preponderante y se hace principalmente con las variedades gamay o cabernet (cabernet franc o cabernet sauvignon). El VDQS Gros-Plant es un vino blanco elaborado a partir de folle-blanche, uno de los vidueños de Cognac. Este vino muy ácido acompaña bien la cocina local cuando la temporada de vendimia ha sido cálida. Cubre casi la misma zona que el muscadet. Los VDQS Fiefs Vendéens, originarios de una región aislada al suroeste del Loira, producen un vino tinto a base de gamay y de pinot noir (al menos 50 %), así como de una o de las dos cabernet. También se elabora un poco de vino blanco.

El alto Poitou, al sur, es una zona VDQS constituida por un islote de viñedos, donde la cooperativa local ha empezado a lanzarse a la exportación de vinos tintos, rosados y blancos. Las variedades son gamay, cabernet franc, cabernet sauvignon, sauvignon y chardonnay. Los vinos del alto Poitou son esencialmente varietales con aromas ricos que expresan la fruta y sin muchas pretensiones.

Cerca de Clisson, todavía se utiliza el caballo en la viña.

PRODUCTORES Y BODEGUEROS

El país del muscadet es más de los viticultores que de las cooperativas y los bodegueros mayoristas constituyen la fuerza dominante.
La lista siguiente recoge algunos de los mejores y relaciona varias propiedades independientes.

Guy Bossard
Guy Bossard optó por la biodinámica en los años 70, un gesto valiente en una región muy húmeda que da prioridad tradicionalmente a los rendimientos altos. La calidad de los vinos y su reputación demuestran que acertó. Tiene 17 ha de vides en el pueblo de Louroux-Botterau.

Henri Bouchaud
El Domaine du Bois-Joly, propiedad de 13 ha situada en Pallet, produce muscadet clásicos con todo el frescor y la ligereza necesarios. También se hace gros-plant y un tinto a base de cabernet franc.

Claude Branger
En su viñedo de 14,5 ha, Claude Branger elabora un muscadet dulce pero «crujiente», el Domaine La Haute Févrie (que le ha valido varias medallas), y algo de gros-plant.

Chéreau-Carré
Chéreau-Carré es uno de los mayores propietarios de muscadet. Tiene 74 ha repartidas entre los miembros de la familia: el Château de Chasseloir, la finca más grande, que constituye el corazón de la empresa, el Château du Coing, el Moulin de la Gravelle y el Château de l'Oiselinière.

Bruno Cormerais
Este viticultor activo produce, con su mujer Marie-Françoise, varios vinos en su propiedad de 12 ha: muscadet de Sèvre-et-Maine, gros-plant y un gamay llamado vino del país de Marches de Bretagne.

Donatien Bahuaud
Explota la propiedad de la familia, el castillo histórico de la Cassemichère. El vino se elabora sobre lías y se embotella en la propiedad. La empresa también tiene un negocio mayorista con bodegas en el pueblo de La Chapelle-Heulin. Su muscadet más famoso es Le Master de Donatien, elaborado con una mezcla de vinos cuidadosamente seleccionados cada año durante una cata organizada.

Domaine des Dorices
El extraño castillo neonormando, edificado por el marqués de Rochechouart a principios de siglo, sustituyó una casa solariega mucho más antigua. Toda la propiedad pertenece a la familia Boullault, que produce en sus 31 ha un muscadet pensado para envejecer, el Domaine des Dorices.

Château de la Galissonnière
El castillo data del siglo XIV, pero debe su nombre a un almirante del siglo XVIII. El viñedo, en manos de la familia Lusseaud, cubre hoy 30 ha. Producen dos *cuvées*: el Cuvée Philippe y el Cuvée Anne (por los nombres de los miembros de la familia), y un gros-plant bautizado Cuvée Valérie.

Gautier Audas
La empresa de Gautier Audas, de Haute-Goulaine, sólo comercializa vinos de fincas escogidas, como Hautes-Perrières, la más famosa.

Marquis de Goulaine
Esta propiedad es una de las más conocidas por el muscadet. Emplazada en Haute-Goulaine, el castillo es milenario.

Guilbaud Frères
Bodegueros-criadores, tienen tres propiedades: el Domaine de la Moutonnière, el Clos du Pont y el Domaine de la Pingossière, que representan 30 ha de vides.

Château la Noë
El conde de Malestroit, propietario de este castillo del siglo XVII, es novelista y cronista de la región de Nantes. Dirige personalmente la mitad de sus 65 ha de viñas, y el resto de las parcelas se arriendan, con pago en especies.

El castillo de Clisson, en la ribera del Sèvre.

Loira central

Los paisajes de las antiguas provincias de Anjou y Turena son de los más hermosos de Francia. Los vinos de estas dos regiones ofrecen toda la variedad que se puede encontrar en Francia.

Los vinos de Anjou y Saumur
Hay casi tantas denominaciones y ciertamente más estilos de vinos diferentes en los pocos kilómetros que rodean Angers que en todo Burdeos. Es útil definir dos enclaves o subregiones: una de vinos blancos alrededor del Layon, y la de vinos tintos y espumosos alrededor de Saumur (véase mapa p. 252).

Se encuentra toda clase de vinos, desde los blancos voluptuosamente suaves de Quarts-de-Chaume o de Bonnezeaux, en el valle del Layon, hasta el vino blanco de Savennières, muy seco, justo al otro lado del río. En el otro extremo de la provincia, en la frontera con Turena, los vinos blancos espumosos de Saumur se codean con el Saumur-Champigny, uno de los vinos tintos más en boga en Francia.

Los vinos de Turena
Turena es un poco menos generosa en la atribución de denominaciones: se limita a dos al norte del río y dos al sur. Las denominaciones de vino tinto Chinon y Bourgueil permiten a la variedad cabernet franc alcanzar una calidad que rara vez obtiene, salvo en Saint-Émilion. En la otra orilla, al este de la ciudad de Tours, la chenin blanc llega a lo que muchos consideran su apogeo en los mejores vinos de Vouvray y Montlouis.

Los otros vinos
Al lado de estas grandes denominaciones podría citarse una multitud de nombres menos conocidos, algunos de los cuales están en plena decadencia. Ciertamente sería una lástima verlos desaparecer, pero el futuro de las AOC Coteaux-de-l'Aubance, en Anjou, y Jasnières, en Turena, así como el de algunos VDQS, como Coteaux-du-Vendômois, es incierto. □

DENOMINACIONES

La región del Loira central tiene un gran número de denominaciones que se agrupan bajo los nombres de Anjou y Saumur, para la zona oeste, y Turena para la parte este.

ANJOU Y SAUMUR

Anjou. Denominación general de la zona (vinos tintos en general y vinos blancos secos).

Anjou Coteaux-de-la-Loire. Vinos blancos secos y semidulces de chenin blanc de una zona cercana a Angers

Anjou Villages. Tintos de cabernet de 46 municipios al sureste de Angers.

Bonnezeaux. Blancos melosos.

Cabernet d'Anjou y Cabernet de Saumur. Rosados de cabernet (franc y sauvignon) secos o melosos.

Coteaux-de-l'Aubance. Blancos melosos y semidulces de chenin blanc de la zona Anjou Villages.

Coteaux-du-Layon. Blancos melosos de chenin blanc del valle del Layon.

Quarts-de-Chaume. Vinos blancos dulces de un enclave de Coteaux du Layon.

Rosé d'Anjou. Vinos claros, algo dulces, de la variedad groslot.

Rosé de Loire. Rosados secos de toda la región Val de Loire con al menos 30 % de cabernet

Saumur. Vinos tranquilos de cabernet y chenin blanc de los 36 municipios de la zona.

Saumur-Champigny. Cabernet de 9 pueblos cercanos a St-Cyr-en-Bourg.

Saumur mousseux. Blancos espumosos.

Savennières. Blancos muy secos de chenin blanc de la orilla norte del Loira.

TURENA

Bourgueil y Saint-Nicolas-de-Bourgueil. Vinos tintos de cabernet franc de la zona de Bourgueil.

Cheverny. Blancos de chenin blanc, sauvignon, chardonnay y romorantin (muy ácido). Rosados y tintos de gamay, cabernet franc, pinot noir y cot.

Chinon. En la orilla sur del Loira, frente a Bourgueil. Cabernet franc.

Coteaux-du-Loir. Tintos, blancos secos y rosados elaborados a 40 km al norte de Tours.

Coteaux-du-Vendômois. VDQS tintos, blancos y rosados.

Crémant de Loire. Vino de aguja blanco y rosado de todo el valle del Loira, pero sobre todo de Turena.

Jasnières. Enclavada dentro de Coteaux du Loir. Blancos secos.

Montlouis. Vinos tranquilos, semisecos y dulces.

Vins du Thouarsais. VDQS del departamento de Deux-Sèvres. Tinto y rosado de cabernet. Blanco de chenin blanc.

Touraine. Denominación genérica de los vinos tranquilos (tintos, rosados y blancos) de la región al sur de Tours. Algunas variedades (sauvignon y gamay) tienen su propia denominación.

Touraine Villages. Son tres: Touraine-Amboise, Touraine-Azay-le-Rideau y Touraine-Mesland.

Valençay. VDQS principalmente tintos y rosados, con algunos blancos. Los blancos son a base de menu pineau (o arbois), sauvignon, chardonnay, chenin blanc y romorantin; los tintos y rosados de las dos cabernet, de gamay y de pineau d'Aunis (chenin noir).

Vouvray. Vinos blancos secos y melosos, así como espumosos.

PRODUCTORES Y BODEGUEROS

Muchos productores de Anjou y de Turena elaboran vinos de varias denominaciones. Por ejemplo, algunos productores de Angers hacen tintos Anjou Villages, blancos secos Anjou y Savennières y blancos dulces Coteaux-du-Layon. Sin embargo, la distinción entre, por un lado, Anjou y Saumur y, de otro, Turena (Bourgeuil, Chinon, Vouvray y Montlouis) es muy clara.

ANJOU
Domaine des Baumard
Empresa familiar, situada en Rochefort-sur-Loire, que tiene viñedos en las denominaciones Coteaux-du-Layon, Quarts-de-Chaume y Savennières.

Clos de la Coulée de Serrant
Nicolas Joly se dio a conocer combinando técnicas de cultivo biodinámico con la observación de la influencia de la luna y las estrellas sobre sus vinos. Podría considerarse una excentricidad si no fuese porque su *cuvée* de Coulée de Serrant, de un solo viñedo, es un gran vino.

Château de Fesles
Jacques Boivin es uno de los productores más importantes de Bonnezeaux. Tiene 33 ha de vides en Thouarcé, en el valle del Layon, con las que produce un AOC Anjou tinto, un AOC Anjou blanco, un AOC Anjou Villages y un suntuoso AOC Bonnezeaux meloso, que fermenta a la manera tradicional en barricas pequeñas después de una serie de selecciones para recoger las uvas extra-maduras, botrytizadas.

Domaine Mme Laroche
Mme Laroche y su marido, propietarios de 10 ha de viñas, vinifican AOC Savennières de forma tradicional y embotellan en el mes de mayo siguiente a la vendimia. Como todos los vinos secos de chenin blanc, tienen una evolución compleja durante algunos años antes de desarrollar aromas sabrosos de membrillo, tras diez años de botella.

Hervé Papin
Entre los pocos productores de Coteaux-de-l'Aubance, los vinos de las 20 ha de vides de Maxime y Hervé Papin hacen lamentar que esta denominación esté desapareciendo.

René Renou
Uno de los grandes defensores de los vinos del valle del Layon. También es presidente del Sindicato de los vinos de Bonnezeaux. Produce un AOC Bonnezeaux y vinos tintos de sus 18 ha de Thouarcé.

Pierre et Yves Soulez
En el Château de Chamboureau, propiedad de 28 ha, la familia Soulez produce AOC Savennières y, al otro lado del Loira, AOC Quarts-de-Chaume y Anjou tinto.

SAUMUR
Bouvet-Ladubay
Bouvet-Ladubay, que pertenece a Taittinger, es sin duda la mejor casa de espumosos de Saumur, la más dinámica y la más innovadora. Está dirigida por Armand Monmousseau, un pilar de la Turena vitícola.

Paul Filliatreau
Filliatreau es el mayor productor de AOC Saumur-Champigny tinto. Entre ellos: el Jeunes Vignes (vides de menos de 50 años), el Vieilles Vignes y una *cuvée* especial, Lena Filliatreau, elaborada a partir de vides viejas sobre un suelo silíceo. También elabora un AOC Saumur blanco.

Langlois-Château
Perteneciente a la casa de Champagne Bollinger, Langlois-Château produce vino tranquilo AOC Saumur y crémant del Loira (rosado y blanco), aunque muy poco espumoso de Saumur.

Château de Targé
Édouard Pisani-Ferry produce uno de los mejores AOC Saumur-Champigny en sus magníficas y modernas bodegas. Su única producción es una mezcla de cabernet franc con una pizca de cabernet sauvignon que envejece bien.

BOURGUEIL Y CHINON
Couly-Dutheil
Es el mayor productor de AOC Chinon basado en Chinon. Tiene 65 ha de viñas y compra uva a viticultores vecinos para alimentar su actividad de mayorista. Su mejor vino, el Clos de l'Écho, se elabora de un solo viñedo que perteneció a Rabelais y está justo detrás del castillo.

Château de la Grille
Esta propiedad espectacular de 20 ha sobre la ciudad de Chinon pertenece a la casa de Champagne Gosset.

Joël Taluau
Como presidente de los viticultores de Saint-Nicolas, Joël Taluau es una personalidad en esta denominación. Su Domaine de Chevrette, que tiene 15 ha, produce un Cuvée de Domaine y un Vieilles Vignes, elaborado con vides de 40 años.

TURENA
La Confrérie des Vignerons de Oisly et Thésée
Con 52 miembros y 275 ha de vides, es una cooperativa grande para el Loira. También se desmarca por su seriedad y ofrece todo un abanico de vinos de Turena de calidad. Hace poco se ha inaugurado una bodega moderna, con tecnología puntera. Los vinos de mezcla llevan la marca Baronnie d'Aignan (tinto y blanco), mientras que a los vinos varietales se les da el nombre de la variedad. El Sauvignon de Touraine (blanco) es especialmente bueno.

VOUVRAY
Gaston Huet
El nombre más famoso de Vouvray. Los vinos de Gaston Huet siguen siendo de calidad, aunque la vinificación está ahora en manos del yerno, Noël Pinguet. Se considera que la propiedad de Mont es la mejor de Vouvray desde el siglo XVII. Sus vinos, al igual que los del pago Le Haut-Lieu y los de un tercer viñedo, Clos de Bourg, se vinifican y se venden por separado. Huet elabora espumosos, vinos dulces y un poco de blanco seco tranquilo.

Sancerre y Pouilly-sur-Loire

A medio camino de su curso hacia el mar, el Loira forma un recodo en ángulo recto, a la altura de Orleans, pasando de la dirección sur-norte, a una orientación este-oeste. Algunos kilómetros antes de este cambio de rumbo, los afloramientos de las colinas cretáceas, más elevadas sobre la orilla oeste que la este, donde forman una meseta, constituyen un terreno propicio para la vid.

Al oeste, la agradable ciudad fortificada de Sancerre domina un conjunto de viñedos en forma de media luna, orientados al sur y al este, uno de los lugares de Francia de mayor densidad de vides, aunque no tenga más que pocos kilómetros de ancho. Del otro lado del río, el pueblo de Pouilly-sur-Loire, atravesado por la nacional 7, está rodeado de un viñedo que bordea el río por ambos lados y aprovecha sus pendientes calizas.

Estilos de vinos

Las dos grandes denominaciones de esta pequeña región han servido de modelo al resto del mundo. Los vinos blancos de sauvignon blanc han encontrado imitadores en Italia, California, Chile y, sobre todo, Nueva Zelanda.

Fuera de Europa, se olvida con demasiada frecuencia que la moda del sauvignon nació en estos dos pequeños enclaves. Pero las dos denominaciones (Sancerre, con un vino más delicado, para beber bastante pronto, y Pouilly Fumé, más rico y duradero) tienen tendencia a aprovechar ese entusiasmo para subir sus precios.

Al decidirse a crear un estilo de sauvignon de sabor amplio y con perfume de madera, que bautizaron «fumé», los californianos rindieron un homenaje engañoso a un pueblo donde la madera no sirve más que de recipiente y donde se hace todo lo posible por sustituirla por el acero inoxidable, símbolo de las nuevas tecnologías de vinificación. En efecto, este término simboliza el perfume ahumado típico de la sauvignon, su aroma de hierbas y de vegetales, su sabor, que recuerda a veces la grosella, o, cuando es más madura, la grosella negra, y su acidez vibrante, que le da una exquisita sensación de frescura.

En Sancerre no olvidan sus tintos ni rosados a base de pinot noir, pero estos últimos a menudo sólo son pálidas imitaciones de los poderosos vinos tintos de Borgoña. Las denominaciones satélites utilizan la misma variedad sauvignon. Hay que destacar que las denominaciones Quincy, Reuilly, Menetou-Salon, sin alcanzar la finura de Sancerre o el encanto de Pouilly Fumé, hacen vinos excelentes con su propio carácter. □

Suelo silíceo en las viñas de Didier Dagueneau.

LOS VINOS DE LAS MONTAÑAS

Los viñedos del curso superior del Loira, al sur, tienen el estatuto de VDQS y ofrecen algunos vinos interesantes.

Saint-Pourçain-sur-Sioule
Zona de Allier, al sur de Moulins, a medio camino entre las viñas del Loira y de Borgoña. Las variedades son borgoñonas: tressalier (sacy en Chablis), chardonnay, aligoté y sauvignon para los blancos; pinot noir y gamay para los tintos y rosados. El productor más importante es la cooperativa Les Vignerons de Saint-Pourçain.

Côtes d'Auvergne
Los vinos, producidos a partir de 500 ha de viñas situadas alrededor de Clermont-Ferrand, en Puy-de-Dôme, se parecen a los beaujolais. Se utiliza gamay para los tintos y chardonnay para los blancos. Algunos municipios pueden añadir su nombre al del vino: Boudes, Chanturgue, Corent y Médargues. La cooperativa y R. Rougeyron son productores fiables.

Côtes-Roannaises
El departamento del Loira, prácticamente en el nacimiento del río, produce tintos y rosados de gamay alrededor de Roanne. Entre los productores hay que destacar a Paul Lapandéry y a Félix Vial.

Côtes du Forez
Esta zona ha sido revitalizada por la cooperativa local, Les Vignerons Foréziens, con buenos tintos y rosados hechos a partir de gamay. Beaujolais queda al otro lado de las montañas, al este.

DENOMINACIONES Y PRODUCTORES

La mayoría de los viticultores de la región del curso superior del Loira producen vinos AOC Pouilly Fumé o AOC Sancerre, y hay pocos bodegueros que ofrezcan toda una gama de vinos. Los productores se relacionan bajo su denominación principal.

SANCERRE

Sancerre domina el curso alto del Loira desde su colina. Es una plaza fuerte que protege once municipios. Sus satélites, cuya calidad y virtudes son reconocidas, tienen viñedos sobre algunas de las laderas más escarpadas de Francia. Chavignol es el mejor ejemplo, hundido en el fondo de un circo, con las Côtes-des-Monts-Damnés y la Grande Côte. Bué es otro pueblo famoso por sus pagos Chêne Marchand y Grand Chemarin. El Clos de Roi llega hasta el pueblo de Crézancy. Verdigny, por su parte, puede presumir del Clos de la Reine Blanche.

Jean-François Bailly

La alianza de Jean-François Bailly con la familia Reverdy es la de dos grandes nombres de Sancerre. Sus 12 ha de viñas se reparten así: dos tercios de blanco y un tercio de tinto. Los blancos son excelentes ejemplos de la denominación, aunque Bailly es más conocido por los tintos potentes y los rosados ligeros.

Jean-Marie Bourgeois

Propietario de 37 ha y bodeguero mayorista, Jean-Marie Bourgeois dirige la mayor explotación de Chavignol. De sus vides viejas, una parte de las cuales está en las muy empinadas Côtes-des-Monts-Damnés, elabora un vino de prestigio (M.D.). Otro vino espléndido, La Bourgeoise, es una mezcla de las mejores cubas del año. El pinot noir se cría en barrica y es uno de los más concentrados y mejor hechos.

Alphonse Mellot

Descendiente de una familia de viticultores que se instaló en la región en 1513 y con una fuerte personalidad que no deja a nadie indiferente en Sancerre, Alphonse Mellot es al mismo tiempo propietario de 42 ha de viñas y mayorista en Sancerre (tinto, rosado y blanco). También comercia con vinos de las denominaciones vecinas.

POUILLY-SUR-LOIRE

Entre los pueblos de alrededor de Pouilly, hay que citar Saint-Andelain, cuyos viñedos son muy apreciados por el suelo silíceo; Les Loges, con suelos calizos y Les Berthiers.

Caves de Pouilly

Esta bodega cooperativa elabora alrededor del 20 % de la producción de la denominación. Dirigida por Bernard Bouchié, la bodega de Pouilly se ha impuesto por la calidad de su vinos. Sus *cuvées* especiales Les Moulins à Vent y, sobre todo, Vieilles Vignes han obtenido numerosas medallas y diplomas.

Didier Dagueneau

Didier Dagueneau emplea madera nueva para la fermentación y elabora vinos que envejecen bien. Su mejor vino, Silex, es de lo más original que se hace en Pouilly hoy en día.

El Château de Nozet produce un excelente Pouilly fumé.

DENOMINACIONES DEL CURSO ALTO DEL LOIRA

Sancerre y Pouilly Fumé son las denominaciones estrella de la región del Loira central, que también incluye las siguientes denominaciones:

Châteaumeillant
Región VDQS, situada al sur del Cher, produce vinos tintos y rosados a partir de gamay, pinot noir y pinot gris.

Coteaux-du-Giennois
Blancos VDQS de sauvignon y chenin blanc, tintos y rosados de gamay y pinot noir, elaborados en los alrededores de la ciudad de Gien, entre Sancerre y Orleans.

Menetou-Salon
Vinos blancos, algunos tintos y rosados AOC de sauvignon y pinot noir.

Pouilly-sur-Loire
Denominación de vinos blancos de Pouilly a base de chasselas plantada sobre un suelo silíceo.

Pouilly Fumé
Vino blanco de Pouilly-sur-Loire de sauvignon.

Quincy
La AOC Quincy es un vino elegante elaborado con sauvignon (suelo de arena y grava).

Reuilly
Antigua región vitícola reputada, el viñedo renace con una producción de vinos blancos (sauvignon), vinos tintos y rosados AOC (pinot noir y pinot gris).

Sancerre
Denominación para vinos blancos de sauvignon blanc y para tintos y rosados de pinot noir.

Vins de l'Orléanais
Zona VDQS que produce rosados y tintos ligeros de pinot noir y pinot meunier, y blancos de pinot blanc y chardonnay.

RÓDANO

LA REGIÓN VITÍCOLA MÁS ANTIGUA DE FRANCIA PRODUCE VINOS
DE CARÁCTER, LLENOS DE SOL, DE COLOR PROFUNDO,
CON ACENTOS DE FLORES, FRUTAS Y ESPECIAS.

La variedad syrah, una de las mejores del valle del Ródano, predomina en los alrededores de La Chapelle. La naturaleza granítica de los suelos y su privilegiada exposición en la ladera hacen de Hermitage uno de los mejores viñedos de la región.

El valle del Ródano cuenta con varias regiones diferenciadas. De norte a sur, los cerca de 200 kilómetros que separan Vienne de Aviñón producen desde los tintos aromáticos de Côte-Rôtie, de dominante syrah, hasta los vigorosos tintos de Hermitage, el viñedo más famoso de la región, o los jóvenes y frutales a base de garnacha (grenache) de la zona mediterránea de Côtes du Rhône. Durante mucho tiempo, se consideró que el valle del Ródano estaba algo anticuado en materia de vinificación; en parte por culpa de sus laderas escarpadas, que muchas veces hacen imposible cualquier intento de mecanización. Sin embargo, el cultivo de la vid se practica desde tiempos remotos: es probable que las viñas del Ródano sean las más antiguas de Francia. Las soberbias cosechas de los años 80 y de la década de los 90 han servido para que la opinión internacional se interese por los vinos de la región. El Ródano nace en los Alpes suizos y recorre cerca de 800 kilómetros antes de desembocar en el Mediterráneo, cerca de Marsella, tras haber atravesado la frontera suiza en Ginebra. Las viñas se extienden de Vienne a Valence –Côtes du Rhône septentrionales– y de Montélimar a Aviñón –Côtes du Rhône meridionales, bastante más extensas. El río sigue su curso entre los Alpes, montañas jóvenes desde el punto de vista geológico, y el macizo Central, más antiguo, modelando gargantas y valles más abiertos. El norte de la región tiene clima continental, con primaveras suaves y veranos cálidos. Hacia el sur, el clima se vuelve mediterráneo, aunque atenuado por los efectos del mistral, viento frío del norte que puede soplar sin tregua durante días enteros. En el conjunto de la región se cultivan variedades tintas y blancas, pero no todas suelen dar buenos vinos en los mismos emplazamientos. Los tintos del norte incluyen vinos sencillos y ligeros, pero también los vinos oscuros y carnosos a los que la región debe su fama. Los tintos del sur proceden de varias cepas complementarias y tienden a parecerse: presentan aromas muy frutales, a veces especiados o que recuerdan las hierbas secas, y son más suaves que sus vecinos del norte. Los blancos del norte ofrecen un contraste marcado entre los vinos robustos y a menudo opulentos hechos de marsanne, y los deliciosos blancos delicadamente frutales de viognier. El sur, árido, hasta ahora había producido vinos blancos sin gran interés, pero la situación empieza a cambiar.

Historia de los vinos del Ródano

Parece que fueron los griegos procedentes de Asia Menor quienes introdujeron la vid en el valle del Ródano. También se evoca el papel de Persia, de donde podría ser originaria la variedad syrah. Sin embargo, fueron los romanos quienes desarrollaron la viticultura en esta región.

En los siglos XVII y XVIII, los mejores vinos del norte del valle, como los de Hermitage, habían gozado de la misma reputación que los grandes vinos de Borgoña o de Burdeos.

Durante las guerras napoleónicas, el bloqueo de los puertos franceses impidió que los bodegueros bordeleses se procuraran los vinos españoles que servían para dar más color al «clarete». Los bodegueros se fijaron en los vinos oscuros y fuertes de Hermitage.

Luego vino el oídio, la filoxera y, por último, la crisis de la década de los 30. Hasta después de la Segunda Guerra Mundial los mejores vinos del norte no recuperaron su reputación. En el sur, en Châteauneuf-du-Pape, los viticultores descubrieron el potencial de la meseta en el período de entreguerras. Sólo hoy puede considerarse que el valle del Ródano se ha recuperado plenamente.

Geología y clima

Las formaciones rocosas del valle del Ródano son el resultado del combate geológico entre el macizo Central y los Alpes. Las rocas antiguas del macizo Central dan a los suelos septentrionales una base volcánica (granítica) que garantiza un excelente drenaje del viñedo. Las finas capas de tierra superficial –sílice, creta, caliza o mica– suelen erosionarse en las pendientes más empinadas y deben reconstruirse a mano. Pero estas mismas pendientes ofrecen una buena insolación y están menos sujetas al granizo y al hielo.

Más al sur, el valle se ensancha y las laderas son menos escarpadas. El subsuelo es calizo, arenoso o arcilloso, y los suelos superficiales incluyen gravas originadas por el retroceso de los glaciares que se produjo en tiempos muy remotos.

Cuanto más desciende el Ródano hacia el sur, más mediterráneo es el clima. Al norte, los veranos son calurosos y los inviernos fríos, con riesgo de heladas. La lluvia impide a veces la floración y puede perjudicar la cosecha, mientras que en verano, el granizo destruye en pocos instantes un año de esfuerzos. Las lluvias otoñales favorecen la podredumbre y la enfermedad. Más al sur, las condiciones climáticas son más estables, tanto en verano como en invierno. El mistral es otro factor a tener en cuenta. Este viento frío y seco sopla del noroeste, y muchas veces lo hace durante varios días seguidos.

Variedades y tipos de vino

En el sur de la región, la garnacha da los grandes tintos de Côtes du Rhône, de aspecto bastante pálido, carnosos, dotados de aromas de frambuesas y a veces de hierbas secas. Al norte predomina la syrah, que da vinos más coloridos y más tánicos. Posee aromas característicos de bayas negras y, con la edad, matices de violeta y de especias. Otras variedades son la cinsaut y la mourvèdre.

En cuanto a los vinos blancos, el valle está dividido en dos. Al norte, el olor suave y los aromas de albaricoque de la viognier dominan en Condrieu, mientras que marsanne y roussanne se imponen en Hermitage. La marsanne da un vino robusto y aromático, mientras que la roussanne es más delicada y aromática. Al sur toma una importancia creciente la garnacha blanca, con aportaciones de bourboulenc, picpoul, clairette y picardan. Los vinos de garnacha son frescos y deben beberse jóvenes. □

Châteaubourg, sobre el Ródano, al sur del viñedo de Saint-Joseph.

LAS REGIONES VITÍCOLAS DEL RÓDANO

En el valle del Ródano, el viñedo se extiende desde Vienne hasta Valence (Ródano septentrional) y de Montélimar a Aviñón (Ródano meridional). Al norte, la viña está pegada a las laderas, mientras que al sur el valle se ensancha y la vid ocupa grandes superficies.

Regiones vitícolas
- Côte Rôtie
- Château-Grillet
- Condrieu
- St-Joseph
- Crozes-Hermitage
- Hermitage
- Cornas
- St-Péray
- Côtes-du-Rône
- Clairette de Die
- Châtillon-en-Diois
- Coteaux du Tricastin
- Côtes du Vivarais
- Côtes-du-Rhône Villages
- Côtes-du-Rhône Villages con los nombres de los municipios
- Gigondas
- Châteauneuf-du-Pape
- Lirac
- Tavel
- Vacqueyras
- Côtes du Ventoux
- Côtes de Lubéron

○ Municipios de la zona denominación Côtes-du-Rhône Villages
--- Límite de departamento
Autopista
Carretera principal
Otras carreteras

Côtes du Rhône septentrionales

Hay grandes viñedos a lo largo de una buena parte del río, pero los más notables están localizados en el norte del valle del Ródano. El secreto reside en el subsuelo granítico. Las primeras colinas verdaderamente escarpadas aparecen cerca de Vienne, situadas a 24 km al sur de Lyon, aunque en la actualidad, el viñedo septentrional del Ródano empieza realmente en Ampuis.

Justo detrás de Ampuis, en unas pendientes abruptas, se encuentran las viñas de Côte-Rôtie, uno de los mejores vinos del mundo. La colina se divide en dos, la Côte-Brune y la Côte-Blonde. El suelo de la Côte-Blonde es más arenoso en la superficie, mientras que la delgada capa de tierra que recubre la Côte-Brune contiene una proporción más alta de arcilla. El subsuelo es granítico.

El viñedo del Ródano septentrional

Los vinos Côte-Rôtie son la expresión más elegante de la syrah. En cierta medida, se debe la aportación de una pequeña proporción de viognier, una de las variedades blancas más delicadamente aromáticas.

Más al sur se encuentra Saint-Joseph. Los mejores vinos de esta AOC son ligeros y elegantes, pero hay pocos.

Frente a Saint-Joseph, en la otra orilla del río, se extiende Crozes-Hermitage. Crozes está a la sombra del gran roquedo de Hermitage, cuyos famosos vinos tintos y blancos han forjado el renombre de esta región septentrional desde el siglo XVII. En cuanto al estilo, los vinos de Hermitage podrían pasar por el equivalente «masculino» de los vinos más «femeninos» de Côte-Rôtie. Pueden ser tánicos y cerrados al principio, pero los mejores adoptan una frutalidad voluptuosa y sublime al cabo de ocho años. Los blancos son injustamente desconocidos, pues también están dotados de una longevidad sorprendente.

La región norte del Ródano produce otro gran vino cerca del pueblo de Cornas, en la orilla izquierda. El auténtico vino de Cornas es «viril» y su carácter salvaje es ciertamente una de sus grandes cualidades.

Côtes du Rhône septentrionales tiene otras dos denominaciones: Saint-Péray y sus alrededores, con vino blanco, sobre todo a base de marsanne, que puede ser espumoso o tranquilo; y, a orillas del Drôme, al sur de Valence, el pequeño viñedo de Brézème.

Las denominaciones controladas

Desde Vienne hasta la confluencia con el Drôme, el valle del Ródano cuenta con ocho AOC: Côte-Rôtie y Cornas dan sólo vinos tintos; Saint-Joseph, Crozes-Hermitage y Hermitage producen vinos tintos o blancos; Condrieu, Château-Grillet y Saint-Péray sólo hacen vino blanco. Se encuentra además un poco de Côtes du Rhône cerca de Cornas y en Brézème.

Las denominaciones están administradas por el INAO (Institut National des appellations d'origine), que determina los rendimientos, las variedades autorizadas y delimita la superficie de las AOC. En algunos casos, sus decisiones son polémicas: por ejemplo, se considera que la meseta de Côte-Rôtie no da un afrutado de la misma calidad que la Côte propiamente dicha. Los rendimientos varían de 30 hl/ha para Condrieu a 50 hl/ha para Côtes-du-Rhône. Cada denominación tiene un límite de producción recomendado, pero los mejores viticultores se esfuerzan por reducirla todavía más.

En Côtes du Rhône septentrionales no se elabora ningún vino rosado. En Hermitage, hay cosecheros que todavía hacen vino de paja en cantidades minúsculas, aunque algunos tienen la intención de lanzarse a la producción comercial.

Las variedades

La única variedad autorizada es la syrah. En Côte-Rôtie se puede mezclar un 20 % como máximo de viognier y, en Hermitage, con un 15 % de marsanne o de roussanne. Los AOC Cornas y Côtes du Rhône Brézème son vinos de syrah al 100 %. Los AOC Condrieu y Château-Grillet deben estar hechos de viognier al 100 %, aunque se encuentren algunos pies de chasselas. Los blancos de Hermitage y Crozes-Hermitage, así como los de Saint-Péray, deben estar hechos de marsanne y/o roussanne. La marsanne está más extendida que la frágil roussanne.

Técnicas de vinificación

Se usa actualmente la fermentación a baja temperatura para producir vinos blancos más vivos, en lugar de vinificarlos en cubas de madera. También se encuentra bastante más madera nueva en el valle que hace diez años. Jaboulet y Guigal fueron los primeros en recurrir a la madera nueva, pero el enólogo de formación bordelesa Jean-Luc Colombo ha introducido su uso entre algunos pequeños cosecheros de Côtes du Rhône septentrionales.

Añejamiento y añadas

Los vinos tintos tradicionales del norte del valle tienen una longevidad legendaria. Los vinos de Hermitage, en particular, eran muy apreciados en Rusia antes de la revolución. Actualmente, la mayor parte de los vinos de Hermitage empiezan a expresarse al cabo de su octavo año; en algunos casos, después de un decenio. El mismo principio se aplica al vino de Cornas.

Un AOC Côte-Rôtie puede beberse por lo general más joven. Un vino de la Côte-Blonde puede abordarse hacia su sexto año, pero los de Côte-Brune, más tánicos, exigen un poco más de tiempo. Crozes-Hermitage y Saint-Joseph elaboran vinos que tienen que esperar normalmente de dos a tres años. Pero alrededor de su quinto año empiezan a perder su encanto.

Los vinos de viognier (con excepción del AOC Château-Grillet) alcanzan su apogeo entre un año y medio y cuatro años. Por regla general, el vino de Condrieu no es un vino de guarda. El blanco de Hermitage puede beberse joven o viejo, pero atraviesa un período más apagado en el intervalo. □

DENOMINACIONES, PRODUCTORES Y BODEGUEROS

Con la excepción de la gran bodega cooperativa de Tain-l'Hermitage, la producción vinícola del Ródano septentrional se divide entre viticultores, que comercializan sus vinos, y mayoristas que compran uva o vinos para hacer mezclas. Las denominaciones se citan por orden alfabético.

BRÉZÈME

Este pequeño viñedo de 14 ha plantadas (de las 84 clasificadas) es un caso particular: único viñedo septentrional al sur de Valence, produce AOC Côtes-du-Rhône de syrah pura (más bien tánicos). Sólo hay dos productores: la cooperativa y Jean-Marie Lombard.

CHÂTEAU-GRILLET

Con sólo 2,5 ha, Château-Grillet es una de las AOC más pequeñas de Francia. La familia Neyret-Gachet tiene el monopolio. El vino es blanco de viognier al 100 %, como en el vecino Condrieu. Al contrario que la mayoría de los vinos de Condrieu, pasa hasta 18 meses en barrica y no hay que beberlo antes del quinto año. Sólo su rareza parece justificar el precio.

CONDRIEU

La viognier ocupa una superficie de unas 30 ha. Si se plantase todo el viñedo clasificado AOC, podría llegar a las 100 ha. Hasta hace poco, las vides eran viejas (50 años) y los métodos de vinificación muy tradicionales. Desgraciadamente, en los últimos años algunos viticultores se han dedicado a criar sus vinos en roble nuevo. En estos suelos de granito y de mica, la viognier alcanza la perfección y se llena de aromas de hueso de albaricoque y melocotón deliciosamente voluptuosos. La aportación aromática del roble nuevo sólo desnaturaliza este espléndido buqué. El vino de Condrieu no suele llegar a añejar. En la mayoría de los casos llega a su madurez a los 18 meses y no debería superar el cuarto año.

CORNAS

En Cornas, 70 ha de vides están dedicadas a la producción de tintos 100 % syrah. Las cualidades de este vino ya eran reconocidas a principios del siglo XIX, aunque hubo que esperar al final de los años 60 para que Auguste Clape empezara a embotellar los vinos y a venderlos directamente. Al final de la década de los 80, el vino de Cornas se había convertido en uno de los vinos más buscados de Francia. Los bodegueros de Tain y Tournon siguen haciendo un vino rústico que puede ser muy tánico en su juventud y mantenerse salvaje en la vejez.

Robert Michel

Con sus 7 ha, Robert Michel tiene alrededor del 10 % de la denominación Cornas. Produce tres vinos: uno de vides plantadas en un terreno llano y sin interés; el segundo de una ladera llamada La Renarde; y por último su mejor vino, La Geynale, que procede de una pequeña parcela orientada al sur cuyas vides tienen entre 60 y 80 años. La Geynale parece dar un vino espléndido, incluso en los años regulares.

CÔTE-RÔTIE

Esta AOC totaliza unas 130 ha. La mayoría está sobre la ladera formada por la Côte-Blonde y la Côte-Brune. Hay muchos pagos prestigiosos pero no existe ningún sistema de jerarquización. Los más famosos son La Landonne, La Côte Boudin, La Turque, La Châtillonne y La Mouline.

El vino es sobre todo de syrah, pero puede llevar hasta un 20 % de viognier. Tradicionalmente, la viognier crecía en la Côte-Blonde. Esta variedad añade sus ricos aromas a las notas de peonía y clavel de la syrah. Antiguamente, la mayoría de los vinos de Côte-Rôtie eran mezclas de uvas de Côte-Blonde y Côte-Brune. Sin embargo, los viticultores tienen ahora tendencia a elaborar varios vinos, lo que los lleva a distinguir mejor los pagos.

Bernard Burgaud

Burgaud es uno de los valores en alza de Côte-Rôtie. Sus 4 ha están principalmente en Côte-Blonde, pero también tiene en la meseta una pequeña parcela que, según él, le salvó en 1990, año de sequía. Burgaud emplea el roble nuevo para cerca de un quinto de sus vinos, suaves y aromáticos.

Marcel Guigal
Véase recuadro.

CROZES-HERMITAGE

Esta AOC cubre 900 ha y en otros tiempos produjo algunos de los vinos más mediocres de Côtes du Rhône septentrionales. La culpa fue de la ampliación de la denominación, en 1952, más allá de sus límites originales, lo que permitió

MARCEL GUIGAL

Esta bodega es propietaria de alrededor del 10 % de Côte-Rôtie y además compra uva para producir sus Côte-Rôtie Brune y Blonde. Marcel Guigal también es dueño de Vidal-Fleury, otra antigua bodega de Ampuis que ha mejorado mucho la calidad, en especial por su vino de gama alta La Châtillonne. Guigal fue el primero en emplear pagos individuales en Côte-Rôtie con sus vinos de viñedo: La Mouline (Côte-Blonde), La Landonne (Côte-Brune) y, más recientemente, La Turque (situado entre los dos). Son los vinos más raros y caros de toda la denominación. Guigal produce vino en todo el valle del Ródano. Entre ellos, se puede destacar un vino de Hermitage de buen nivel y otro de Côtes-du-Rhône con predominio de syrah.

incluir no sólo las colinas del norte de Tain, sino también terrenos aluviales situados al sur.

La gran cooperativa de Tain, que no distingue los mejores pagos, vinifica más del 60 % de los vinos de Crozes-Hermitage. Sin embargo, en los últimos años ha habido una clara mejora de la calidad con la eclosión de nuevos talentos en el terreno de la vinificación. Crozes-Hermitage se ha convertido en una de las denominaciones más interesantes de Francia.

HERMITAGE

Los vinos de Hermitage disfrutaron del favor real en la segunda mitad del siglo XVII, cuando Luis XIV regaló unas botellas a su primo, el rey Carlos II de Inglaterra. Durante más de un siglo, este ilustre apadrinamiento significó para Hermitage un lugar privilegiado en las mejores bodegas y en las mesas más refinadas. El declive llegó en el siglo XIX, cuando los vinos de la región empezaron a emplearse para reforzar los vinos de Burdeos y Borgoña, algo ligeros. Después de la filoxera, los viticultores tardaron en replantar la gran colina de Hermitage y, sin la influencia de los mayoristas principales, la producción habría podido desaparecer para siempre. El éxito volvió a sonreír a los vinos de Hermitage después de la Segunda Guerra Mundial, aunque sólo fue a partir de los años 70 cuando recuperaron el precio que merecen.

Según algunos testimonios del siglo XIX, algunos vinos de Hermitage pasaban hasta seis años en barrica de roble nuevo antes de embotellarse y los vinos blancos fermentaban en barricas de acacia nueva. En la actualidad, casi ningún viticultor (por no decir ninguno) emplea el roble nuevo: el vino ya es suficientemente tánico por sí solo. Sin embargo, hay mucha más madera nueva en las bodegas que antes y, entre los viticultores más importantes, sólo Gérard Chave se niega a introducir los aromas de madera en el vino.

Durante los años de vacas flacas, Hermitage se mantuvo principalmente gracias a los *négociants,* que son los propietarios de gran parte de las mejores tierras.

Chapoutier

Propietario de 30 ha, Chapoutier tiene la finca más grande de la colina de Hermitage. La empresa también tiene propiedades importantes en otras denominaciones: un poco menos de 3 ha en Côte-Rôtie, 2 ha en Saint-Joseph, 5,5 ha en Crozes-Hermitage, y más de 30 ha en Châteauneuf-du-Pape. Chapoutier produce alrededor de 1 millón de botellas al año.

El vino de Châteauneuf-du-Pape es notable, ya que Michel Chapoutier es un ferviente partidario de la garnacha. La nueva versión del Barbe-Rac es a base sólo de garnacha de vides muy viejas (80 años), que dan excelentes resultados.

Gérard Chave
Véase recuadro.

SAINT-JOSEPH

Esta denominación sigue el margen derecho del Ródano, desde Condrieu hasta Cornas. Saint-Joseph era uno de los mejores viñedos del Ródano, una pequeña parcela entre Tournon y Mauves, cuyos vinos alcanzaron precios casi tan altos como los de Hermitage en la época de la Revolución. La AOC amplió sus límites y los volvió a revisar en 1969. Por este motivo, algunos viticultores que no lo merecían pudieron beneficiarse del prestigio de Saint-Joseph.

Afortunadamente, siguen existiendo buenos viticultores en esta extensa región. Algunos han empezado a replantar vides donde deberían estar: sobre las laderas graníticas y no en las llanuras aluviales. En el mismo Saint-Joseph, varios viticultores han replantado las laderas escarpadas, yermas desde hacía decenios.

Jean-Louis Grippat

Descendiente de una vieja familia de viticultores, Jean-Louis Grippat tiene un viñedo de 5 ha en Saint-Joseph y una pequeña viña en las laderas de Hermitage. Explota la viña del Hospice, que alquila al Hospital de Tournon, un pago excepcional sobre una pendiente escarpada en la orilla opuesta al viñedo de Hermitage. Recientemente, Jean-Louis Grippat ha replantado vides en este viejo viñedo de Tournon.

SAINT-PÉRAY

Esta denominación sólo produce vinos blancos, tranquilos o espumosos. La variedad principal es la marsanne. Los viticultores también pueden emplear roussanne, que es sin duda mejor, aunque no se planta mucho por las dificultades que suele presentar en el momento de la floración. En los mejores casos, el vino es una versión menor del blanco de Hermitage. Los espumosos se beben en la región como aperitivo y son difíciles de encontrar en otros sitios.

Muchos productores de Saint-Péray tienen vides en Saint-Joseph y en Cornas.

GÉRARD CHAVE

Gérard Chave es probablemente el mejor viticultor del norte de Côtes du Rhône, pero no tiene suficientes vides para satisfacer a sus numerosos admiradores: menos de 15 ha en Hermitage y 1 ha en Saint-Joseph. El secreto de la calidad Chave está en el esmero que se presta a los detalles: sin trampa ni cartón, simplemente la vinificación más cuidada que se puede imaginar. En sus manos, la syrah adquiere una gran elegancia, aunque conserva esa nota imperceptiblemente terrosa que la distingue de las demás variedades. El vino de Chave es una mezcla de Diognières, Beaumes, Péléat, Bessards y Hermite, en la que cada elemento tiene un papel importante. El vino de Saint-Joseph de la casa es una rareza que merece la pena. Es uno de los mejores vinos de la denominación.

Côtes du Rhône meridionales

Al sur de las orillas del Drôme, la vid escasea para reaparecer al sur de Montélimar, en un paisaje totalmente diferente. Las cepas achaparradas presentan la forma tradicional de cubilete. La arcillas secas y los roquedos calizos sustituyen los grandes picos graníticos que se alzan al norte de Valence. La mayoría de las variedades son de origen español y llegaron a la zona sur del valle del Ródano en el siglo XVII.

Los viñedos de Côtes du Rhône meridionales

El emplazamiento número uno de la región es naturalmente Châteauneuf. La gran calidad de los mejores vinos de la región se debe en buena parte a la plantación de la meseta de Montredon. Los guijarros absorben el calor del sol durante el día y calientan las raíces de las vides durante la noche.

A menudo se califica a Gigondas de «Châteauneuf del pobre». Sin embargo se producen grandes vinos. El paisaje está dominado por las famosas Dentelles de Montmirail. Los suelos calizos hacen que los vinos de Gigondas sean algo más duros que los de Châteauneuf-du-Pape.

Otro pueblo con denominación es Vacqueyras, donde las propiedades más famosas utilizan mucha syrah, mezclada con garnacha, para producir vinos aromáticos muy logrados.

Lirac y Tavel se encuentran en la orilla derecha del Ródano. Los vinos de Lirac se parecen a los de Châteauneuf, pero se hace mucho rosado (que está prohibido en Châteauneuf). Tavel es una AOC reservada estrictamente a los vinos rosados; sobre todo, a base de garnacha, aunque las mejores propiedades lo mezclan con mourvèdre.

En las pequeñas denominaciones del sur del Ródano, como Coteaux-du-Tricastin, Côtes-du-Ventoux, Côtes-du-Vivarais y Côtes-du-Lubéron se producen vinos semejantes con predominio de garnacha. Sin embargo, los mejores vinos se ocultan a menudo bajo la amplia denominación

Las Dentelles de Montmirail hacen de telón de fondo a los viñedos de Gigondas.

de Côtes du Rhône y Côtes du Rhône-Villages. Los pueblos de Saint-Gervais, Cairanne, Rasteau, Sablet, Séguret y Valréas son particularmente destacables.

Finalmente, dos zonas de esta región meridional del Ródano tienen derecho a producir un «vino dulce natural». El célebre muscat de Beaumes-de-Venise se ha convertido estos últimos años en un vino de postre muy apreciado; en contrapartida, los vinos encabezados de Rasteau son menos conocidos. El tinto se hace a base de garnacha tinta y el blanco, de garnacha blanca.

Las variedades

La garnacha es la variedad principal de Côtes du Rhône meridionales: hay 13 variedades autorizadas por la AOC Châteauneuf-du-Pape, pero la garnacha tinta representa casi siempre el 80 % de la mezcla. La syrah y la mourvèdre atemperan y realzan los aromas de la garnacha; las otras variedades (counoise, vaccarèse, terret noir, cinsaut y muscardin) sirven sobre todo para especiar la mezcla.

La clairette es la variedad blanca tradicional, aunque la garnacha blanca cada vez está más implantada. Otras cepas utilizadas son la picpoul, la picardan, la bourboulenc y la roussanne.

El envejecimiento

Los vinos de Côtes du Rhône meridionales no pueden guardarse tanto tiempo como sus equivalentes del norte y también tardan menos en madurar. Un buen vino de Châteauneuf o de Gigondas debería aguantar de 20 a 25 años, pero ya serán agradables para beber tras 5 o 6 años. Los vinos blancos del Ródano tienen que beberse jóvenes. El muscat de Beaumes-de-Venise también se bebe joven. Algunos entendidos aprecian los «vinos dulces naturales» de Rasteau tras un envejecimiento en botella, cuando han adquirido notas de rancio.

DENOMINACIONES, PRODUCTORES Y BODEGUEROS

Las cooperativas tienen mayor importancia en el sur de la región que en el norte. La mayoría de los pueblos tienen cooperativas que permiten que los viticultores sin maquinaria de vinificación vinifiquen su uva.
Las AOC se relacionan por orden alfabético con una selección de los mejores productores.

CHÂTEAUNEUF-DU-PAPE

El primer «padre fundador» fue Joseph Ducos, responsable de la presencia de diez de las trece variedades clásicas. Sus principios de vinificación no tendrían hoy muchos partidarios: 20 % entre garnacha y cinsaut; 40 % de syrah, mourvèdre, muscardin y camarèse (sinónimo de vaccarèse), 30 % de counoise y picpoul noir (casi desaparecida) y el resto de variedades blancas (bourboulenc y clairette). De hecho, hace tiempo que en Châteauneuf el vino ya no es la mítica mezcla de las trece variedades, sino un vino a base de garnacha mezclado con syrah, mourvèdre y alguna otra cepa.

Ducos murió antes de que Châteauneuf se convirtiese en AOC y de que se plantase la meseta de Montredon, cuyos célebres guijarros contribuyen al carácter del vino actual.

Château de Beaucastel
Esta extensa propiedad, con 70 ha en Châteauneuf-du-Pape y 30 ha en Côtes-du-Rhône, pertenece a la familia Perrin. Los Perrin son de los pocos partidarios que quedan de la versión «13 variedades» del vino, aunque su mezcla sólo contenga seis variedades tintas vinificadas por separado (30 % de garnacha, 30 % de mourvèdre, 20 % de syrah y 10 % de cinsaut, con un poco de otras cepas).

Clos des Papes
Esta propiedad de 32 ha produce tintos y blancos y pertenece a Paul Avril. Los vinos son tradicionales y de los más elegantes y suaves de la AOC.

Château Fortia
En cierto modo, es el origen de todo. La propiedad, de 28 ha, sigue perteneciendo a los descendientes del barón Le Roy de Boiseaumarié, que defendió los intereses de la región en los años 20, durante la elaboración de los decretos de AOC, y consiguió que las trece variedades entrasen en la legislación.

El vino actual es tradicional de la zona con 80 % de garnacha.

Château Rayas
Jacques Reynaud es el hombre misterioso de Châteauneuf. Nadie sabe cuántas hectáreas posee ni cuánto vino produce. El vino parece ser de garnacha pura de vides viejas con bajos rendimientos. Otro vino, el Pignan, lleva con toda seguridad syrah y probablemente cinsaut. En todo caso, los vinos son buenos –a menudo los mejores de Châteauneuf– pero de calidad desigual, incluso entre botellas de un mismo año.

COTEAUX-DU-TRICASTIN

AOC de vinos aceptables que se consumen sobre todo en la región. Uno de los mejores productores es Domaine de Grangeneuve.

CÔTES-DU-LUBÉRON

AOC reciente (1985) situada al este de Aviñón. Se permiten las variedades habituales para el tinto; la ugni blanc es la base de los blancos.

CÔTES-DU-RHÔNE

Denominación gigantesca que es un poco el premio de consolación de los vinos que no responden a los criterios de la AOC Côtes-du-Rhône Villages. Hay sin embargo algunas sorpresas bastante agradables. La garnacha es la variedad principal, pero con más cinsaut que syrah o mourvèdre. Los vinos blancos están dominados por la clairette, con un poco de roussanne y de marsanne.

Côtes-du-Rhône-Villages

AOC compuesta por 16 municipios que tienen derecho a añadir el nombre a la etiqueta. Los tintos son a base de garnacha y los mejores llevan un poco de syrah y de mourvèdre. En esta denominación el vino blanco es escaso.

CÔTES-DU-VENTOUX

La calidad del vino no suele estar a la altura del paisaje. La única propiedad interesante es el Domaine des Anges de Malcolm Swann.

Côtes-du-Vivarais

Esta AOC está en plena expansión. Los tintos, de las variedades habituales de Côtes du Rhône meridionales, son correctos aunque ligeros, y la pequeña cantidad de blanco es de marsanne y de bourboulenc. También se elabora rosado. Hay que destacar el Domaine de Vigier.

GIGONDAS

Eclipsada por su famosa vecina, Châteauneuf-du-Pape, Gigondas produce tintos y rosados de garnacha (80 % máximo), con aportaciones de syrah y mourvèdre (15 % mínimo), cinsaut, etc. Los suelos calizos pueden dar vinos excelentes.

Domaine des Pallières
Una de las mejores propiedades (25 ha) de Gigondas. Los vinos tienen una nota de dureza típica de la AOC y duran mucho.

LIRAC

Los mejores tintos y blancos de Lirac aspiran a la calidad de Châteauneuf; los mejores rosados, a la de Tavel. Hay que citar al productor Jean-Claude Assémat, propietario de Domaine des Causses y de Domaine des Garrigues.

TAVEL

Denominación dedicada en exclusiva a los rosados potentes y ricos en alcohol. Uno de los problemas de la AOC se debe a la garnacha tinta, que puede oxidarse demasiado pronto en un rosado. La solución es usar más mourvèdre. La mejor propiedad es Château d'Aquéria.

VACQUEYRAS

Denominación nueva (1989) para unos tintos con color y profundidad aromática. Los mejores productores son Domaine des Amouriers, Château de Montmirail y Clos des Cazaux.

Jura y Saboya

LAS DOS PEQUEÑAS REGIONES VINÍCOLAS DE JURA Y SABOYA, AISLADAS AL ESTE DE FRANCIA, PRODUCEN ALGUNOS VINOS MUY PARTICULARES.

Los vinos de Jura y de Saboya son poco conocidos fuera de estas regiones, aunque el mercado local está garantizado. La peculiaridad del viñedo se ve acentuada por la utilización de variedades casi inexistentes en otras partes, como la jacquère.

Las montañas tienden a reforzar la personalidad del viñedo, ya que lo mantienen resguardado de las influencias exteriores. No es sorprendente, pues, que los vinos de Jura, de Saboya y de Bugey no tengan mucho en común con los demás vinos del este de Francia y sean de variedades desconocidas en otros lugares. Jura, zona montañosa bastante aislada, linda con la frontera Suiza. Su paisaje es una sucesión de crestas rocosas y de pastos en los que pacen algunas vacas: también es un país de quesos, especialmente el *comté*. La ciudad de Lons-le-Saunier ocupa el centro de la amplia denominación de Côtes-du-Jura, que se extiende de norte a sur. El vino es tinto, blanco o rosado e incluso gris o amarillo, sin olvidar el espumoso. La denominación Arbois, alrededor de la bonita ciudad del mismo nombre, da los mejores vinos tintos a base de pinot noir y las cepas autóctonas poulsard y trousseau. Étoile es una pequeña denominación, productora sobre todo de vino blanco, mientras que Château-Chalon ofrece el mejor vino amarillo, el más original de los de Jura, elaborado con savagnin. Los viñedos de Saboya tienen más en común con los de Suiza que con los del resto de Francia, especialmente por el papel que todavía desempeña la chasselas. La jacquère (blanco) y la mondeuse (tinto) son también variedades propias de Saboya. La denominación principal, Vin de Savoie, abarca 17 *crus* que van desde el sur de Chambéry hasta las orillas del lago Léman. La roussette, otra variedad puramente saboyana, es la base de la denominación Roussette de Savoie, que abarca algunos pagos. También cabe mencionar el AOC Crépy, vino blanco tranquilo, y el AOC Seyssel, vino tranquilo o espumoso. El puente que cruza el Ródano en Seyssel une Saboya con Bugey, cuyo centro es Belley. Esta región está lejos de todo, entre Chambéry y Lyon. La agricultura tiende a suplantar la vid. Los vinos tienen el estatuto de VDQS y proceden de varios pagos pequeños. El rústico Rosé de Cerdon espumoso es otra curiosidad resultante del aislamiento de estas viñas de montaña. Su clima, muy continental, difiere mucho del de Borgoña o del Ródano septentrional. La vid sufre por la altitud, pero estas cepas están perfectamente adaptadas: unas son precoces y otras tardías, lo que explica que la vendimia se prolongue hasta las primeras nieves de noviembre.

Jura

El clima de Jura es continental, con inviernos muy fríos y nevadas abundantes. Los veranos son cálidos y soleados –aunque la pluviosidad puede ser intensa–, y los otoños son largos y suaves. El suelo es una mezcla de caliza y arcilla. Las denominaciones de Jura son Côtes-du-Jura, Château-Chalon, Étoile y Arbois, y también se elaboran espumosos, el curioso vino de paja y vino amarillo.

Côtes-du-Jura

Los viñedos de Côtes-du-Jura se extienden por 72 pueblos al norte y al sur de Lons-le-Saunier. Los vinos son en su mayoría blancos de savagnin y chardonnay. Los vinos tintos y rosados se elaboran a base de pinot noir, trousseau y poulsard.

Château-Chalon

La denominación abarca cuatro municipios productores de vino amarillo. El pueblo está sobre granito y no hay bodegas subterráneas. Todas están semienterradas y sometidas a importantes oscilaciones de temperatura, lo que desempeña un decisivo papel en la aparición del velo de levaduras *(flor)* propio de la elaboración del vino amarillo.

Étoile

Étoile es una denominación de vino blanco y amarillo desde 1937. Las variedades autorizadas para el blanco son chardonnay, savagnin y poulsard, aunque el chardonnay puro sea el vino más habitual.

Arbois

Arbois es la principal denominación de vino tinto de Jura, pero incluye también vinos blancos, amarillos o rosados (a veces bautizados grises o incluso coral). La AOC engloba seis pueblos.

Las variedades características de los tintos de Arbois son la trousseau, la poulsard y la pinot noir. Los vinos tintos de Jura tienen generalmente poco color, mientras que ciertos rosados son, por el contrario, bastante oscuros, ya que el mosto permanece en contacto con los hollejos bastante tiempo.

El blanco de Arbois suele ser de chardonnay, a veces con un poco de savagnin y, en ocasiones, de poulsard vinificada sin contacto pelicular. El chardonnay puro tiene un carácter varietal, mientras que un savagnin puro o una mezcla de las dos cepas tiende a un ligero aroma de oxidación que recuerda el gusto de nuez del vino amarillo.

Espumoso, vino de paja y macvin

Todas las denominaciones de Jura (con excepción de Château-Chalon) elaboran vino espumoso, generalmente a base de chardonnay. La vinificación sigue el método tradicional y da agradables vinos afrutados.

Existe también una tradición local de vino de paja. Este vino muy particular se produce a partir de uva dejada sobre un lecho de paja, de octubre a enero, lo que produce una desecación de las bayas y da un zumo a la vez más rico y concentrado.

La última denominación local, la Macvin, data de 1991. Es un mezcla de un tercio de orujo con dos tercios de mosto de uva tinta o blanca.

Saboya

La ciudad de Chambéry es el centro natural de la región. Al norte, las viñas se extienden hasta las orillas del lago Léman. Otras viñas se concentran alrededor del lago de Bourget y de la ciudad de Aix-les-Bains, así como al sur de Chambéry, en el valle del Isère. La denominación Vin de Savoie está muy repartida e incluye 17 *crus*. Finalmente, al otro lado del Ródano, frente a Seyssel, se encuentra una zona vinícola bien distinta, Bugey, clasificada como VDQS.

El suelo y el clima

El invierno es riguroso y a menudo nieva mucho. Las heladas primaverales pueden afectar las vides. El granizo es otro flagelo potencial y el verano es generalmente cálido, aunque a veces húmedo.

Los lagos de Bourget y Léman crean, sin embargo, condiciones favorables y el relieve accidentado da toda una serie de microclimas. Los suelos de Saboya y Bugey son arcilloso-calizos, con aportaciones minerales de los depósitos glaciares.

Vinos y variedades

Los vinos blancos son mucho más abundantes que los tintos. Las variedades como la jacquère, la roussette y la chasselas dan vinos delicados y ligeros, en armonía con el aire de la montaña.

La jacquère es propia de Saboya y Bugey. La molette está particularmente adaptada al vino espumoso por su gran acidez y la gringet, presente en el vino de Ayze, es la versión saboyana de la savagnin. Se cree que la roussette, otra variedad blanca característica de Saboya, está emparentada con la furmint, que da el tokay de Hungría.

La chasselas se encuentra en la denominación Crépy y en tres *crus* de Vin de Savoie: Marin, Ripaille y Marignan. La chardonnay se introdujo en Saboya a principios de la década de los 60 para reforzar los aromas a veces demasiado discretos de la jacquère, pero este objetivo no se ha alcanzado. Su nombre local es petite-sainte-marie.

La variedad tinta más característica de Saboya y Bugey es la mondeuse. En Saboya se cultiva sobre todo en el pueblo de Arbin y en la orilla oriental del lago de Bourget, en Chautagne. La gamay y la pinot noir llegaron mucho más tarde. La mondeuse puede ser irregular tanto en calidad como en cantidad, pero un breve paso por barrica afina sus robustos aromas de pimienta.

BUGEY

Bugey es una región aislada, apartada del eje Lyon-Chambéry, e incluida en un largo bucle del Ródano al sureste de Ain. En el centro está Belley, patria del gastrónomo Brillat-Savarin, autor de la famosa obra *Fisiología del gusto* y propietario de una viña en Manicle.

Contrariamente al Vin de Savoie, el Vin du Bugey no ha superado el estatuto de VDQS. La atribución del VDQS, en 1957, lo salvó de un olvido total al estimular el desarrollo de la vid y la sustitución de híbridos por variedades como la jacquère, la molette, la roussette y la chardonnay para el blanco, y la mondeuse, la pinot noir y la gamay para el tinto. También se encuentra un poco de aligoté y de poulsard, prueba de los lazos regionales con Borgoña y Jura.

PRODUCTORES Y BODEGUEROS DE JURA

En Jura hay pocas propiedades grandes y la sociedad Henri Maire domina la región. Otro productor importante es la cooperativa de Arbois, que agrupa a más de 140 miembros.

Fruitière vinicole d'Arbois
La cooperativa de Arbois representa alrededor de un cuarto de las vides de la denominación y sólo produce vino de Arbois, incluido vino amarillo y espumoso. Fundada en 1960, dispone actualmente de instalaciones muy modernas.

Château d'Arlay
Esta propiedad del pueblo de Arlay es una de las más antiguas de Jura y data de la Edad Media. Hoy pertenece al conde Renaud de Laguiche, cuya familia también tiene una propiedad en Puligny-Montrachet, en Borgoña. El *château* produce una gama de vinos de Côtes-du-Jura: un blanco de chardonnay con un poco de savagnin, un tinto de pinot noir y un coral, vino tinto a base de una mezcla de cinco variedades, así como vino amarillo y macvin.

Caveau de Bacchus
Lucien Aviet aplica métodos tradicionales en Montigny-lès-Arsures. Sus rosados suelen ser a base de poulsard y sus tintos de trousseau, de piel más gruesa. Tiene muy poco pinot noir. Elabora un blanco de chardonnay con un poco de savignin, así como vino amarillo y macvin según una receta de su abuela.

Christian Bourdy
La familia Bourdy hace vino en Arlay desde 1781. Tiene 5 ha de vides en Château-Chalon y Arlay, aunque también compra uva, lo que le permite producir toda la gama de vinos de Jura, incluido vino de Étoile y vino de paja. Sus vinos son muy tradicionales. Como dice el Sr. Bourdy, «enológicamente hablando, todos los vinos de Jura están enfermos, pero nos gustan así y nos negamos a curarlos».

Jean Macle
El Sr. Macle es uno de los productores principales de Château-Chalon y sus bodegas, en el centro del pueblo, datan del siglo XVII. Aunque tiene vides de chardonnay, su reputación se debe al AOC Château-Chalon, elaborado sólo con savagnin. Ha contribuido en gran medida a recuperar la calidad de la denominación. Su vinificación meticulosa da vinos de gran longevidad.

Henri Marie
Si los vinos de Jura tienen cierta fama al margen de su región de origen, es gracias a Henri Marie. Aunque su producto más conocido, el Vin Fou, un espumoso elaborado con el método transfert (véase p. 110), no contiene ni una gota de vino de Jura, ayudó a que se hablase de la región. Los orígenes de la familia se remontan a 1632. Sociedad anónima desde 1986, la casa tiene cuatro propiedades importantes y compra uva. En total, controla más de la mitad de la producción regional. Sus *domaines*, todos alrededor de Arbois, se llaman Montfort, Croix d'Argis, Sorbief y Grange Grillard. La gama de vinos abarca el conjunto de los estilos y sabores de Jura, desde el AOC Arbois aterciopelado hasta el vino amarillo con gusto de nuez.

Rolet Père & Fils
Esta empresa familiar situada en Arbois produce vino desde los años 40 en 50 ha clasificadas de Arbois y Côtes-du-Jura. Después de unos inicios tradicionales, se han dotado de una bodega y una maquinaria modernas. La casa se ha especializado en vinos varietales, algo inusual en Jura: un poulsard rosado, un tinto de trousseau y un pinot noir. Los vinos blancos incluyen chardonnay pasado por madera nueva y savagnin vinificado en viejas barricas de roble, así como espumosos, vino amarillo y macvin.

Domaine de Montbourgeau
Pequeña propiedad perteneciente a Jean Gros y famosa por su vino blanco de Étoile, al mismo tiempo concentrado y elegante.

EL VINO AMARILLO

Contrariamente a casi todos los demás vinos, el vino amarillo –el más original de los vinos de Jura– tiene una necesidad vital de oxidación. Se podría describir como la versión francesa del jerez fino, pues el desarrollo de la flor desempeña un papel fundamental. Su sabor salado de nuez también recuerda el del fino, pero el vino amarillo tiene menos alcohol.
Su acompañamiento clásico es el comté, queso local de pasta dura. El pueblo de Château-Chalon produce el mejor vino amarillo, aunque también se encuentra en otras denominaciones de Jura.
Está elaborado con savagnin, variedad propia de Jura, caprichosa y poco productiva. Algunos creen que está emparentada con la gewürztraminer, otros evocan un origen húngaro. Lo cierto es que tiene un pariente cercano en Saboya, la gringet, cepa de los espumosos de Ayze. En el vino amarillo, la uva fermenta normalmente hasta un grado alcohólico de 12 % vol por lo menos; incluso 13 % vol si es posible. El vino pasa luego seis años en barricas de 228 l, sin trasiego ni rellenado, de modo que en la superficie se forma un velo de levaduras análogo a la flor del jerez. Este fenómeno es objeto de numerosas investigaciones.
En Château-Chalon, la temperatura de las bodegas varía entre 8 °C y 18 °C durante el año. La flor se activa durante el verano y «descansa» en invierno, lo que desarrolla los aromas particulares del vino. El trabajo de las levaduras se ve influido también por el nivel de humedad de la bodega y por la relación entre el tamaño de la barrica y el volumen de aire que contiene. La elaboración del vino amarillo exige infinitas precauciones, pues el riesgo de acidez volátil es muy alto.
El vino es catado y analizado cada seis meses.
Durante el añejamiento, se produce una evaporación muy intensa, lo que explica el contenido poco habitual de la tradicional botella de Jura, la *clavelin*: sus 62 cl representan lo que queda de 100 cl después de seis años de barrica.
La sobriedad de los rendimientos y la lentitud del proceso repercuten evidentemente en el alto precio del producto, pero el vino amarillo merece un lugar de honor entre los vinos más originales de Francia.
Mientras que la mayoría de los vinos de Jura deben beberse relativamente jóvenes, el vino amarillo envejece bien.
En Château-Chalon sólo se produce vino amarillo en las mejores cosechas.

DENOMINACIONES Y PRODUCTORES DE SABOYA

Los vinos saboyanos responden a una estructura oficial compleja. La denominación principal, AOC Vin de Savoie, se utiliza sola o seguida del nombre de 17 pueblos o zonas, llamadas *crus*.
Existen otras tres AOC: Roussette de Savoie, Crépy y Seyssel. También se habla en esta página del vino de Bugey, el VDQS vecino.

VIN DE SAVOIE
La AOC Vin de Savoie agrupa una amplia extensión de viñedos en 17 *crus* distintos. El 70 % de los vinos elaborados son blancos.

Apremont y Abymes
Apremont está al sur de Chambéry. La jacquère es la variedad principal y crece en suelos esencialmente formados por depósitos glaciares. Da un vino seco y frutal, con gusto de sílex. También hay chardonnay y mondeuse. En el vecino Abymes también predomina la jacquère, con una pequeña cantidad de chardonnay.
El Domaine des Rocailles, de Pierre Boniface, es el principal productor de Abymes y Apremont.

Chignin
Situado igualmente al sur de Chambéry, el viñedo de Chignin crece sobre una ladera escarpada a 360 m de altitud. La jacquère tiene aromas un poco más redondos que en Apremont y Abymes. Orientadas al sur y al suroeste, las vides disfrutan de un microclima más cálido. El suelo es arcilloso-calizo.
Chignin tiene otro *cru* de blanco, el Chignin-Bergeron (bergeron es el nombre local de la roussanne), cuyos vinos son más aromáticos y más complejos que los de jacquère. Raymond Quénard es un buen productor.

Arbin y el valle del Isère
Arbin, en el valle del Isère, es famoso por su tinto. La vinificación es tradicional, con fermentaciones en grandes fudres de roble y envejecimiento en barricas más pequeñas, como hace Louis Magnin.
Los demás *crus* del valle del Isère son: Cruet, Saint-Jeoire-Prieuré, Montmélian, Saint-Jean-de-la-Porte y Sainte-Marie-d'Alloix.

Chautagne
Emplazado en la orilla este del lago Bourget, el viñedo es sobre todo de tinto, con mondeuse, pinot noir y gamay, a las que se añaden para el blanco un poco de jacquère, roussette y aligoté.

Jongieux
El viñedo es reciente (1988) y ocupa laderas orientadas al suroeste, al oeste del lago Bourget. La cepa predominante es la jacquère, acompañada de un poco de chardonnay, que da mejores vinos que en el valle del Isère. La variedad tinta principal es la gamay, con la que también se hace rosado.

Ayze
Ayze es famosa en la región por su vino blanco espumoso, elaborado con la inusual gringet. También se emplea la roussette. La vinificación es una versión rústica del método tradicional que da vinos bastante austeros.

Ripaille
El magnífico castillo de Ripaille, del siglo XV, y su viñedo ocupan todo este *cru* que bordea el lago Léman. La única variedad cultivada es la chasselas, cuyo vino blanco es suave y bastante ligero.

Marignan
Cru también de chasselas con una producción muy limitada.

Marin
Es el *cru* más reciente. El viñedo domina el lago Léman y es de chasselas. El vino blanco es delicado, muy parecido al de Ripaille.

ROUSSETTE DE SAVOIE
Roussette de Savoie es una AOC de vino blanco de nombre engañoso, ya que puede incluir tanto chardonnay como roussette.

CRÉPY
AOC desde 1948, el viñedo –depósitos glaciares sobre suelo arcilloso y subsuelo de creta– está plantado en la orilla sur del lago Léman. La única variedad es la chasselas, que da blancos suaves y delicados, agradablemente secos y con poco alcohol.

SEYSSEL
La denominación más antigua de Saboya (1942) sólo produce vinos blancos. El Ródano cruza la ciudad y las viñas están a los dos lados del valle.
La denominación Pétillant de Savoie, a base de jacquère, tiene menos burbujas y presión que un verdadero espumoso de Seyssel. El AOC Roussette de Seyssel es un vino tranquilo a base exclusivamente de roussette.

BUGEY
Existen dos VDQS: Vin du Bugey (blanco, tinto y rosado) y Roussette du Bugey (blanco). Los *crus* de Vin du Bugey están situados en Virieu-le-Grand, Montagnieu, Manicle, Machuraz y Cerdon; los de Roussette du Bugey en Anglefort, Arbignieu, Chanay, Lagnieu, Montagnieu y Virieu-le-Grand.

Cerdon
Cerdon es el *cru* más notable de Bugey. Engloba 8 pueblos al sureste de Bourg-en-Bresse. El mismo Cerdon, en el corazón de un anfiteatro de viñas, es el más grande. El rosado de Cerdon es un vino efervescente a base de pinot gris, pinot noir y poulsard. También se producen vinos tranquilos, pero el que tiene más personalidad es el espumoso, elaborado con un método llamado ancestral por la incapacidad del vino para terminar la fermentación.

Montagnieu y Manicle
Montagnieu es uno de los *crus* más prósperos de Bugey y produce espumoso y vino tranquilo de roussette.
Manicle es conocido por sus lazos con el gastrónomo Brillat-Savarin.

Provenza, Midi y Córcega

PROVENZA TIENE UN RICO PASADO VITÍCOLA.
EN MIDI LA CALIDAD ESTÁ EMPEZANDO A IMPONERSE SOBRE
LA CANTIDAD. CÓRCEGA, POR SU PARTE, ELABORA VINOS MUY ORIGINALES.

Los mejores viñedos escarpados de Midi dan vinos de carácter. El viejo pueblo de Saint-Guilhem-le-Désert se encuentra en medio de las viñas de Coteaux du Languedoc.

El vino francés nació en Provenza. Cerca de quinientos años antes de la anexión por los romanos –en 125 a. de C.–, los colonos focenses y griegos plantaron las primeras vides. La Edad Media fue un período floreciente: los vinos de Provenza se servían en las mesas de papas, reyes y nobles. En el siglo XIX, la crisis de la filoxera obligó a sacrificar la calidad a la cantidad. Los viejos viñedos en pendiente fueron abandonados en beneficio de terrenos más llanos, donde se plantaron variedades de menor calidad. Provenza es el país por excelencia del rosado, pero desde 1975 se ha despertado un nuevo interés por los tintos. La mayoría de los vinos de Provenza se vinifica todavía en cooperativas o son comercializados por las grandes bodegas. Sin embargo, las nuevas propiedades, preocupadas ante todo por la calidad, se han atrevido a plantar cepas no autóctonas, como la cabernet sauvignon, o se interesan nuevamente por su variedad tinta de calidad, la mourvèdre.

Midi es la región de Francia donde están ocurriendo cosas más interesantes en materia de viticultura. Los viñedos bordean el Mediterráneo, desde los pies de los Pirineos hasta el delta del Ródano. El sur es la región productora más grande de Francia (40 % del vino francés). Los griegos introdujeron la vid en el siglo V a. de C., y los romanos tomaron el relevo. Su período de mayor prosperidad fue a fines del siglo XIX, cuando el desarrollo del ferrocarril permitió expedir fácilmente el vino a los mineros y a los obreros sedientos del norte de Francia. El vino era flojo, ácido y poco alcohólico, y se mezclaba con vino argelino, generoso en alcohol y color. Hacia mediados de la década de los 50, la caída del consumo generó un grave problema de sobreproducción en toda Europa. Todo tenía que cambiar. Las vides estaban plantadas con un solo fin, la cantidad, y la calidad tenía poca importancia. Los viticultores serios reconocen actualmente que la clave del éxito reside precisamente en la calidad.

Por lo que respecta a Córcega, su aislamiento la ha empujado a producir vinos originales. Las variedades corsas, de hecho, deben más a Italia que a Francia, y los estilos de vino son muy diferentes a los de Provenza.

PROVENZA

En conjunto, las denominaciones de origen controladas de Provenza constituyen una de las zonas vitícolas más extensas de Francia. La viticultura ha sido una actividad importante desde siempre en este paisaje ondulado, salpicado de olivares, bosques, pueblos viejos y propiedades lujosas.

En Provenza el sol es generoso, la lluvia suficiente en invierno y la topografía ofrece lugares protegidos contra la agresión del mistral. Los suelos variados, ya sean pedregosos o guijosos, siempre están bien drenados en las pendientes.

El interés reciente por los vinos tintos procede en parte de la compra de algunas propiedades por personas ajenas al mundo del vino. Los tintos alcanzan actualmente un 35 % de la producción de Côtes-de-Provence, frente al 60 % de rosados.

Las regiones vinícolas

Provenza abarca dos departamentos, Var y Bouches-du-Rhône, y se extiende desde los Alpes, al norte y al este, hasta el Ródano, al oeste, y la costa mediterránea, al sur. La denominación más importante es Côtes-de-Provence, situada principalmente al sur (entre Toulon, al oeste, y Fréjus, al este). Se aplica además a algunas parcelas costeras cerca de Marsella y a las tierras que rodean Trets. La denominación Coteaux-d'Aix-en-Provence se encuentra en los alrededores de la ciudad del mismo nombre. Entre estas dos zonas se sitúa Coteaux-Varois.

Provenza cuenta también con cuatro denominaciones pequeñas de carácter muy marcado: los viñedos de Bandol, Bellet, Cassis y Palette.

Las variedades

De cada tres botellas de Côtes-de-Provence, dos son de rosado, lo que permite imaginar la importancia de variedades tan poco expresivas, por no decir aburridas, como la garnacha y la cariñena. La cinsaut, de potencial más interesante, se usa parcialmente en los tintos. La syrah, aclimatada desde hace mucho en Provenza, no está tan extendida como en el valle del Ródano, pero aporta a las mezclas perfume, color y personalidad. La mourvèdre es tradicionalmente la mejor cepa tinta de Provenza.

La cabernet sauvignon se ha plantado en muchas propiedades nuevas.

MIDI

En el sur se producen vinos de estilos muy diferentes. Domina el tinto y hay muchas denominaciones y vinos del país, desde Colliure, en el extremo oeste, hasta Costières-de-Nîmes, en el extremo este. Los vinos efervescentes blanquette de Limoux y crémant de Limoux proceden de la ciudad epónima del departamento de Aude. Los vinos dulces naturales se elaboran en pueblos y ciudades como Rivesaltes, Banyuls y Frontignan. Algunos vinos blancos, como el clairette du Languedoc tienen a veces derecho a su propia denominación, pero en la mayoría de los casos son la versión en blanco de un tinto. Tal es el caso del vino de Minervois y de los de Corbières. Los vinos rosados tienen una importancia menor en la región.

El clima

El clima mediterráneo es ideal para la vid. Los inviernos son suaves, los veranos calurosos y secos. Las lluvias, que caen en invierno y a principio de primavera, aportan la humedad suficiente para el resto del año.

Las variedades

Carignan (cariñena), cinsaut y garnacha son las cepas predominantes en el conjunto de Midi y constituyen la base de la mayor parte de los vinos tintos.

Las variedades blancas que se encuentran en la mayoría de las denominaciones, ugni blanc, bourboulenc y macabeo, suelen caracterizarse por su falta de personalidad. La picpoul tampoco es muy aromática. La clairette se usa en dos denominaciones, Clairette de Languedoc y Clairette de Bellegarde. Tiene que vinificarse con esmero para conseguir un mínimo de profundidad y personalidad. Cada vez se planta más chardonnay, sauvignon, viognier y otras variedades no tradicionales de la región; pero de momento sólo están autorizadas para los vinos del país.

Los vinos del país

Los vinos del país nacieron de la necesidad de dotar de identidad a centenares de millares de hectolitros anónimos que brotaban de todos los rincones del sur de Francia. Todavía hoy, Midi produce el 85 % de todos los vinos del país franceses.

Los vinos del país son vinos sencillos, agradables para acompañar las comidas de diario. En cierta medida, son el reflejo de su región de origen, aunque su delimitación geográfica se basa más en las fronteras administrativas que en la geología, como es el caso para los vinos de AOC y los VDQS.

Vinos dulces naturales

El nombre de «vinos dulces naturales» no está justificado. Aunque el azúcar es un elemento natural de la uva, el método de elaboración incluye la intervención del hombre: se interrumpe la fermentación añadiendo alcohol para que el vino conserve su dulzor.

Los vinos dulces naturales del Rosellón –Banyuls, Rivesaltes y Maury– son apreciados en Francia desde hace bastante tiempo, no sólo como vinos de postre sino también como aperitivos o para acompañar el foie gras.

Los mejores banyuls tienen un hermoso color oscuro de teja y perfumes de uva seca y de nuez. Su color puede ser rojo, blanco o rosado cuando son jóvenes, pero todos tienden hacia el rojo teja con los años.

Cerca de la mitad de los vinos dulces naturales de Francia proceden de

LOS VINOS DEL PAÍS DEL ROSELLÓN

El Rosellón cuenta con seis vinos del país. El Vin de Pays des Pyrénées-Orientales abarca la totalidad del departamento. El Vin de Pays Catalan corresponde más o menos a la AOC Côtes-du-Roussillon y ocupa la mitad sur del departamento. El Vin de Pays des Côtes Catalanes cubre una zona situada al norte de Perpiñán, alrededor de la ciudad de Rivesaltes y en una parte del valle del Agly. Otros nombres son menos conocidos. El Vin de Pays du Val d'Agly y el Vin de Pays des Coteaux des Fenouillèdes se encuentran al oeste de los Vins de Pays des Côtes Catalanes. El Vin de Pays de la Côte Vermeille está cerca de las ciudades de Colliure y Banyuls. La producción de vino del país es tinta en un 70-85 %.

Rivesaltes. Los vinos encabezados estaban tan de moda en la década de los 30, que los rivesaltes fueron de los primeros vinos en acceder al estatuto de denominación controlada, en 1936.

La denominación Muscat de Rivesaltes fue reconocida en 1972. Se emplean dos variedades, la muscat de Alejandría y la muscat de grano pequeño, más aromática. Este vino puede ser ligero, con un perfume de limón y de miel o, por el contrario, rico y amplio, perfumado y sabroso, con un sabor a naranjas amargas.

La AOC Maury produce un vino dulce natural tinto, hecho principalmente de garnacha tinta –la ley exige un mínimo del 50 %– a la que debe su carácter.

Otras dos denominaciones de vino dulce natural son: Muscat de Saint-Jean-de-Minervois, hecho exclusivamente a base de muscat blanc de grano pequeño vendimiada en el límite de la sobremaduración, con un grado potencial de alcohol de 14% vol; y Muscat de Frontignan. Este último muscat procede de los alrededores de la ciudad de Frontignan, cerca del pueblo de Sète. La única variedad autorizada para esta denominación, reconocida desde 1936, es la muscat blanc de grano pequeño. Por ello, esta cepa se conoce también como muscat de Frontignan.

Rosellón

El viñedo del Rosellón está limitado por el mar al este, los Pirineos al sur y las montañas de Corbières al norte, de modo que las viñas parecen un inmenso anfiteatro que cae sobre las llanuras fértiles que rodean la ciudad de Perpiñán. Los valles fluviales se deslizan en ese paisaje montañoso, donde el Agly y sus afluentes abren pasos tortuosos entre las colinas.

Muchos VDQS, creados en 1970, pasaron finalmente al rango de AOC Côtes-du-Roussillon y Côtes-du-Roussillon-Villages en 1977. Dos pueblos, Caramany y Latour-de-France, tienen derecho a mencionar su nombre en la etiqueta, al lado de la denominación Côtes-du-Roussillon-Villages. El Rosellón incluye también el pequeño viñedo de Collioure, promovido al rango de AOC en 1971.

Los vinos de Côtes-du-Roussillon-Villages siempre son tintos, mientras que los de Côtes-du-Roussillon pue-

El castillo de Ammelas cerca de Clermont-l'Hérault.

den ser también blancos o rosados. La mejora de las variedades se inició en Côtes-du-Roussillon-Villages mucho antes que en Côtes-du-Roussillon. Desde 1977, la syrah y la mourvèdre deben ser mayoritarias en la mezcla con garnacha, cinsaut y, cada vez menos, cariñena. La syrah, plantada, por primera vez en esta región en 1970, está actualmente bien establecida.

Los blancos de Côtes-du-Roussillon son vinos más neutros y menos perfumados, pues están hechos principalmente con macabeo y malvasía.

Corbières y Fitou

El departamento de Aude está atravesado por el río homónimo, que desciende de los Pirineos, fluye hacia el norte y atraviesa la ciudad de Carcasona, antes de dirigirse al este para desembocar en el Mediterráneo, al norte de Narbona. Es el límite entre los viñedos de Corbières y los de Minervois. Los vinos de Corbières deben su nombre a las accidentadas colinas que dominan el país. Los viñedos de Fitou forman dos enclaves en el interior de la denominación Corbières.

La mayoría de los vinos de Corbières son tintos aunque haya un poco de blanco y rosado. La denominación cubre una amplia zona al suroeste de Narbona. Al norte está bordeada por el valle del Aude, mientras que al sur toca las viñas del Rosellón.

El suelo es de naturaleza arcillosa-caliza, con proporciones variables de los dos elementos y ocasionalmente esquisto. Los microclimas son numerosos pero, en conjunto, el clima es mediterráneo y se caracteriza por unos inviernos suaves y unos veranos calurosos y secos.

El viñedo de Corbières se ha metamorfoseado con la introducción de variedades nuevas, como la syrah y la mourvèdre. Aunque no hay que olvidar que la cariñena todavía es la variedad de base de la denominación.

Con excepción de los VDN, Fitou es la AOC más antigua del Midi, pues fue reconocida en 1948. El vino de Fitou es siempre tinto y procede de variedades clásicas del sur: una gran proporción de cariñena, garnacha, cinsaut, y –en cantidad creciente– syrah y mourvèdre.

Oeste de Aude

La AOC Blanquette de Limoux se enorgullece de ser el vino burbujeante más antiguo de Francia, anterior incluso al champagne. En efecto, el cronista Froissard ya mencionaba en 1388 las «deleitosas borracheras de vino blanco limouxin», mientras que el descubrimiento de los vinos espumosos parece datar de 1531.

La ciudad de Limoux se encuentra en lo alto del valle del Aude, al suroeste de la ciudad medieval de Carcasona. Los viñedos se extienden a su alrededor, en un radio de unos 20 km.

La mauzac, variedad de base del blanquette de Limoux, crece sólo aquí y en Gaillac. Actualmente, en la AOC Blanquette de Limoux se permite añadir a la mauzac hasta un 30 % de chardonnay o de chenin blanc.

Minervois

La denominación Minervois se encuentra frente a la de Corbières, al otro lado del valle del Aude, en las estribaciones del macizo Central. Cubre parcialmente dos departamentos, Aude y Hérault. El Minervois es ante todo una denominación de vinos tintos, pero también produce cierta cantidad de rosados y blancos.

Los vinos de Minervois han mejorado sorprendentemente gracias a las nuevas variedades. En el mejor de los casos, los tintos son carnosos y están bien construidos.

El minervois blanco, elaborado tradicionalmente con las variedades macabeo y bourboulenc, se mejora a menudo con una aportación de marsanne y de roussanne.

Coteaux-du-Languedoc

Coteaux-du-Languedoc constituye una amplia denominación que bordea el Mediterráneo desde Narbona hasta Nimes. Incluye 91 municipios, cinco de ellos en Aude, dos en Gard y el resto en Hérault. Una subdivisión interior de esta denominación admite catorce *crus* diferentes.

Se utilizan las variedades clásicas de Midi. Desde 1990, la ley exige que los vinos con denominación contengan un mínimo de 10 % de mourvèdre y de syrah, y 20 % de garnacha. El conjunto cariñena-cinsaut no puede superar el 50 % de la mezcla.

En cuanto a los vinos blancos, las variedades principales son bourboulenc, ugni blanc y garnacha blanca.

Clairette de Languedoc

Esta denominación está reservada a los vinos blancos elaborados exclusivamente con la variedad clairette, que no entra normalmente en los vinos blancos de Coteaux-du-Languedoc. La zona de denominación cubre diez pueblos situados entre Pézenas y Clermont-l'Hérault, en el departamento de Hérault.

Un buen clairette de Languedoc debe ser generoso y suave en boca, con perfumes de almendra, de anís y de fruta fresca.

Gard

El departamento de Gard se halla en el límite oriental de Midi. Su denominación principal, Costières-de-Nîmes, es el viñedo que establece los lazos entre el Languedoc y el valle del Ródano. Gard es conocido por su tinto, pero también por su vino del país rosado, el Listel, y por una pequeña denominación de vinos blancos, llamada Clairette de Bellegarde.

Hasta 1970 aproximadamente, dominaba ampliamente la cariñena, seguida de cerca por la aramon y por diversas variedades híbridas. Actualmente, la cariñena ha disminuido considerablemente y no representa nunca más del 40 % en la mezcla. Desde 1990, la garnacha constituye una cuarta parte de todos los vinos tintos, mientras que el resto está elaborado con cinsaut, cantidades crecientes de syrah y un poco de mourvèdre.

Costières-de-Nîmes es ante todo tierra de vinos tintos, pero la denominación produce rosado y un poco de blanco, hecho de garnacha blanca, macabeo y ugni blanc. Se empieza a añadir un poco de marsanne y de roussanne por sus aromas y su carácter. También se ha plantado chardonnay, pero por ahora, sólo está autorizada para los vinos del país.

Clairette de Bellegarde

Esta denominación está reservada a los vinos blancos hechos exclusivamente con clairette. Esta variedad es difícil de vinificar bien pero, cuando se consigue, puede dar como resultado buenos vinos, secos y almendrados, a los que no les falta ni perfume ni personalidad.

CÓRCEGA

Los vinos de Córcega han sido modelados por las montañas y el mar. El mar, que separa la isla del continente pero facilita el comercio, trajo a los griegos y sus vides en el siglo V a. de C. Situada en las vías de comercio marítimo, la isla pasó más tarde al dominio de Pisa y Génova, las ciudades mercantiles de la costa italiana. La vid no escapó a su influencia: las variedades autóctonas tienen un fuerte acento italiano.

Córcega posee una denominación general, Vin de Corse, y dos AOC municipales, Ajaccio y Patrimonio.

Variedades y estilos de vino

La mayoría de los vinos corsos son tintos. La producción de rosado no es desdeñable, pero la de blanco se limita a una botella de cada diez. Las principales variedades tintas son la nielluccio, que crece en el norte, en particular en la denominación de Patrimonio, y la sciacarello, especialidad de la región oeste, alrededor de Ajaccio. Estas dos cepas son originarias de la isla, pero muchos expertos coinciden en que tienen un nexo con la variedad toscana sangiovese. La principal variedad blanca, la vermentino, es una cepa mediterránea muy antigua, conocida en el continente con el nombre de malvasía o malvoisie.

Entre las variedades importadas del continente se encuentran las clásicas de tierras soleadas: cariñena, garnacha y cinsaut, que aquí dan poco más o menos los mismos resultados que en el sur de Francia. La syrah tiene buenos resultados.

En el noreste de la isla se han plantado algunas variedades como la chardonnay, la merlot y la cabernet sauvignon. □

MALEPÈRE Y CABARDÈS

Estas dos zonas vinícolas situadas al norte de Limoux, en el extremo oeste de la región, forman la frontera entre Languedoc y Aquitania. La influencia del Atlántico hace que el clima sea más fresco y húmedo que en el resto de Midi. La riqueza relativa del suelo estimula la plantación de variedades bordelesas. Existen dos VDQS para los tintos y los rosados: Côtes-de-la-Malepère, al suroeste de Carcasona, y Côtes-du-Cabardès-et-de-l'Orbiel, más conocido por el nombre de Cabardès, al norte de Carcasona.

DENOMINACIONES, PRODUCTORES Y BODEGUEROS

A continuación se relacionan las denominaciones más importantes de Provenza, Midi y Córcega, con la mención de algunos de los mejores productores. En algunas zonas, como Provenza, predominan las cooperativas. En otras, los pequeños productores comercializan sus propios vinos.

PROVENZA
Bandol
Es la más extensa y conocida de las pequeñas denominaciones de Provenza. La AOC Bandol está situada alrededor de Bandol, al borde del mar. Casi toda la producción es de tinto: el vino debe estar elaborado con al menos un 50 % de mourvèdre y el resto suele ser syrah y garnacha. La denominación también impone un mínimo de 18 meses de crianza en madera antes de la comercialización. El resultado es un vino muy original que destaca por su capa intensa, su nariz perfumada y su sabor potente. Envejece muy bien y, a veces, aguanta 20 años. Los mejores productores son: La Bastide Blanche, Domaine Le Gallantin, Domaine de l'Hermitage, Moulin des Costes, Château de Pibarnon, Château Pradeaux y Domaine Tempier.

Bellet
Esta denominación minúscula de tinto, rosado y blanco está delimitada por las estribaciones de los Alpes y Niza. Sólo tiene un puñado de productores y el nivel es alto. Los tintos son primordialmente de braquet, variedad más habitual en Italia, y los blancos de rolle y chardonnay. La propiedad más grande es Château de Crémat.

Cassis
Esta pequeña ciudad costera, situada al este de Marsella, es famosa desde hace tiempo por sus vinos blancos. Las variedades incluyen la sauvignon, algo excepcional en un viñedo meridional, la marsanne y la ugni blanc. Los vinos blancos tienen bellos perfumes de hierbas de Provenza; los tintos y los rosados están elaborados con las variedades provenzales tradicionales, incluida la mourvèdre, aunque su producción es muy limitada en comparación con los blancos.

Entre las propiedades principales destacan: Domaine du Bagnol, Clos Sainte-Magdeleine, Domaine de la Ferme Blanche, Château de Fontcreuse y Mas Calendal.

Palette
Esta pequeña denominación está situada al este de Aix-en-Provence y tiene una larga historia. Del viñedo plantado por los carmelitas en la Edad Media sólo quedan dos propiedades: el famoso Château Simone y el Domaine de la Crémade, que vinifican los tres colores aunque destacan por el blanco.

El Château Simone posee vides muy viejas de garnacha, mourvèdre y cinsaut para los tintos; y de clairette, sémillon y muscat para los blancos. Los métodos son tradicionales y los vinos tienen un gran potencial de envejecimiento.

Coteaux-d'Aix-en-Provence
Esta gran denominación de vinos tintos, blancos y rosados se extiende en la parte oeste de Provenza. Las nuevas plantaciones de cabernet sauvignon han rejuvenecido la AOC y algunos tintos son ahora bastante interesantes. Entres los productores sobresalen: Commanderie de la Bargemone, Domaine les Bastides, Château de Beaulieu, Château de Fonscolombe y Château Vignelaure.

Coteaux-d'Aix-en-Provence Les Baux-de-Provence
Esta subregión del extremo oeste de la denominación produce tintos, blancos y rosados que son del mismo estilo que en el resto de la AOC. El viñedo está en un emplazamiento espléndido, en las Alpilles, alrededor del pueblo fortifica-

El cabo de Oullestreil, entre los puertos de Banyuls y Colliure.

do de Baux-de-Provence. Algunos productores son: Mas de la Dame, Mas de Gourgonnier, Domaine des Terres Blanches y Domaine de Trévallon.

Côtes-de-Provence
Esta denominación, con diferencia la más grande de Provenza, produce tintos, blancos y rosados. Las exposiciones, los suelos y los microclimas son muy variados. Algunos buenos productores son: Château de Barbeyrolles, Château Bertaud-Belieu, Vignobles Crocé-Spinelli, Domaines Gavoty, Les Maîtres Vignerons de la Presqu'île de Saint-Tropez, Domaine Ott, Commanderie de Peyrassol, Domaine des Planes, Domaine Richeaume y Domaine Saint-André de Figuière.

Coteaux-Varois
Esta denominación delimita una zona situada entre Côtes de Provence y Coteaux-d'Aix en-Provence. Elabora tintos para beber jóvenes y rosados clásicos. Entre los productores cabe destacar a: Domaine du Deffends y Domaine de Saint-Jean.

Coteaux-de-Pierrevert
Esta VDQS cubre una amplia superficie que bordea el Durance. Produce vinos de los tres colores. El Domaine de Régusse es la mayor propiedad de la denominación.

MIDI
Côtes-du-Roussillon y Côtes-du-Roussillon-Villages
La denominación Côtes-du-Roussillon-Villages está reservada a los 25 municipios situados en el norte del departamento, mientras que la de Côtes-du-Roussillon corresponde a los 117 pueblos del sur.

Las 6 500 ha de viñas están plantadas en terrenos diversos: esquisto, arcilla y caliza, y terrazas pedregosas.

La vinificación suele estar en manos de cooperativas, presentes en casi cada pueblo, aunque algunas propiedades privadas destacan por su personalidad.

Gracias a las cooperativas, los pueblos de Caramany y Latour-de-France pueden adjuntar su nombre al de la denominación.

Entre los productores se cuentan: Les Vignerons Catalans, Domaine Cazes, Château de Corneilla y Château de Jau.

Colliure
Los municipios de Colliure y Banyuls son vecinos y comparten las terrazas de vides plantadas en laderas escarpadas. El suelo es pobre y pedregoso. Las vides sufren para sobrevivir al viento y a la intensa sequía de las pendientes abruptas.

La producción de Colliure, al contrario que la de Banyuls, está aumentando y los viticultores, famosos por sus vinos dulces naturales, se interesan cada vez más por los vinos tintos no fortificados.

Corbières y Fitou
Corbières tiene un extenso viñedo y varias cooperativas, aunque las propiedades privadas también son numerosas. Destacan Caves d'Embrès et Castelmaure y Château de Lastours.

En Fitou, hay dos zonas diferenciadas: Fitou-Maritime, donde la mourvèdre se comporta mejor y da vinos ligeros, y Fitou-des-Hautes-Corbières, con predominio de syrah y vinos más robustos.

Minervois
Esta denominación cubre una extensa zona de 18 000 ha de viñas. Entre los productores destacan Château Fabas, Château Gourgazaud, Cave Coopérative La Livinière, Domaine Sainte-Eulalie y, por encima de todos, Daniel Domergue.

Coteaux-du-Languedoc
La denominación dispone de 14 *crus*. Los nombres de Faugères y Saint-Chinian suelen figurar en los vinos que producen. Los 14 *crus* son de oeste a este: Quatourze, La Clape, Saint-Chinian, Faugères, Picpoul-de-Pinet, Cabrières, Saint-Saturnin, Montpeyroux, Saint-Georges-d'Orques, Pic-Saint-Loup, Méjanelle, Saint-Drézéry, Saint-Christol y Coteaux-de-Vérargues.

CÓRCEGA
Ajaccio
La denominación, al oeste de la isla, cubre las laderas y las colinas que rodean Ajaccio. La AOC exige un mínimo del 50 % de sciacarello. La garnacha, la cinsaut y la cariñena completan las mezclas. Algunos productores son: Clos Capitoro, Domaine Martini, Domaine de Paviglia, Domaine Peraldi y Domaine Santini.

Patrimonio
La AOC exige un mínimo de 90 % de nielluccio para los tintos. Los blancos son de vermentino y hay algunos vinos dulces naturales de muscat. Entre los productores: Clos de Morta Maio, Domaine Gentile y Domaine Leccia.

Vin de Corse
Los mejores vinos de Córcega son los que provienen de las cinco subdenominaciones municipales de la denominación general de Vin de Corse: Vin de Corse Calvi (Clos Reginu, Clos Landry y Clos Culombu), Vin de Corse Coteaux-du-Cap-Corse, Vin de Corse Figari, Vin de Corse Sartène (Domaine Fiumicicoli, Domaine de San Michele) y Vin de Corse Porto-Vecchio (Domaine de Torracia).

LOS PAGOS DEL MINERVOIS

El Minervois puede dividirse en 5 zonas.

El este: los viñedos, Les Mourels y Les Serres, están en la llanura pedregosa que rodea Ginestas y padecen la influencia del mar. Los vinos tintos son ligeros y deben beberse en los primeros dos años.
El norte: los viñedos, Le Causse y Les Côtes Noires, están a una altitud de 200 m, donde el clima es más duro. Los vinos son firmes y rústicos. Pueden envejecer cinco o seis años.
El centro: los viñedos de las estribaciones orientadas al sur de la Montagne Noire son muy cálidos. Los pagos L'Argent Double y Le Petit Causse producen tintos aromáticos, bien constituidos, frutales, especiados, cálidos y que envejecen bien.
El centro sur: esta zona llamada Les Balcons d'Aude está al oeste de Olonzac. Se extiende por los pueblos de La Livinière, Pépieux y Rieux-Minervois. Los vinos tintos son suaves y especiados, para beber en su primera juventud.
El oeste: esta zona, conocida como La Clamoux, disfruta de un clima más húmedo gracias a una ligera influencia atlántica. Produce vinos tintos, blancos y rosados.

SUROESTE

EL SUROESTE, QUE SE EXTIENDE DESDE BERGERAC HASTA LOS PIRINEOS, SE ENORGULLECE DE UNA GRAN DIVERSIDAD DE VINOS, SURGIDOS DE NUMEROSAS VARIEDADES LOCALES.

El castillo de Crouseilles, propiedad de la cooperativa de Crouseilles-Madiran, ha contribuido mucho a recuperar el prestigio de los vinos de la región. Situado en las estribaciones de los Pirineos, produce un madiran excelente.

A pesar del gran número de estilos que ofrece el suroeste francés, los vinos tienen algunas características comunes. La región de producción se corresponde bastante con la antigua provincia de Gascuña, que se extiende desde el límite del departamento de Gironde, al norte, hasta la frontera española, al sur. Los viñedos siguen los ríos que desembocan en el estuario del Gironda: Bergerac en el Dordoña, Cahors en el Lot, Gaillac en el Tarn y Fronton, Puzat y Marmandais en el Garona. Hacia el este, en las estribaciones del macizo Central, el viñedo comienza a escasear, mientras que al sur, al pie de los Pirineos, las regiones vitícolas tienen una identidad más acusada.

Inevitablemente, los vinos tintos y blancos de Burdeos sirven de modelo y de fuente de inspiración para la mayoría de los vinos del Suroeste. La influencia de Burdeos ha marcado el desarrollo de la región pues, históricamente, los comerciantes bordeleses dominaron el comercio del vino de los valles del Dordoña, del Lot y del Garona. Estos vinos eran comercializados en cantidad considerable por los *négociants* de Burdeos hasta que se limitó la frontera geográfica del burdeos (en 1911) al departamento de Gironde. La paralización de este comercio, así como los estragos causados por la filoxera, repercutieron gravemente en la actividad vitícola del Suroeste. Actualmente, las bodegas cooperativas, muy activas, y una nueva generación de viticultores buscan por encima de todo la calidad, y la reputación del Suroeste se está recuperando. Se emplean numerosas variedades tradicionales, a las que se han añadido las de Burdeos. Esta paleta de variedades, que no se encuentra en ningún otro sitio, da un carácter particular a los vinos del Suroeste. La región ofrece todos los estilos de vinos: desde los vinos de Gaillac blancos, secos y ligeros, tranquilos o espumosos, hasta los de Monbazillac, ricos y suaves, pasando por los tintos finos de Bergerac y los tintos sólidos y poderosos de Madiran y Cahors. El paisaje es uno de los más hermosos y mejor conservados de Francia. Las regiones de Dordoña, Lot, Tarn, Lot-et-Garonne, Tarn-et-Garonne, Gers y el País Vasco son remansos de paz donde se vive bien y los buenos vinos acompañan las mejores mesas de Francia.

BERGERAC

Bergerac se encuentra en el corazón de las denominaciones del departamento de Dordoña. Es la denominación genérica para vinos tintos, blancos y rosados.

El emplazamiento, el clima y el suelo

Los viñedos se extienden desde Saint-Émilion y agrupan 93 municipios. El clima es similar al de Gironde, con inviernos suaves y lluvias moderadas. Aunque la temperatura media es ligeramente superior, las heladas primaverales son más frecuentes y el granizo más violento. La naturaleza del suelo es semejante a la de Saint-Émilion.

Las variedades

En esta región se encuentran las mismas variedades que en Burdeos, con algunas cepas diferentes. Antiguamente, los blancos eran mezclas de dos tercios de sémillon con un tercio de sauvignon blanc, además de un poco de muscadelle y de ugni blanc. La tendencia actual prima los vinos secos y vivos con una gran proporción de sauvignon blanc.

Los tintos de Pécharmant

El vino tinto más famoso de Dordoña, el AOC Pécharmant, se distingue de un tinto de Bergerac por su armazón, su carne y su potencial de envejecimiento. Esta pequeña denominación, al este de Bergerac, engloba cuatro pueblos.

Los vinos licorosos de Monbazillac y de Saussignac

En Monbazillac se produce el gran vino licoroso de Dordoña. Necesita, al igual que el sauternes, el desarrollo de la podredumbre noble, o *Botrytis cinerea*. Los viñedos, al sur del Dordoña, están repartidos en cinco pueblos. Los vinos se elaboran con las mismas variedades que los vinos licorosos de Burdeos: 75 % de sémillon, 15 % de sauvignon blanc y 10 % de muscadelle.

El AOC Saussignac es por lo general un vino blanco meloso. Las variedades son las mismas que en Monbazillac.

Montravel

El AOC Montravel es un vino blanco seco que puede proceder de quince pueblos distintos; Côtes-de-Montravel es el vino dulce producido en los mismos pueblos.

DURAS, MARMANDAIS, BUZET

Duras linda al oeste con las viñas de Entre-deux-Mers, en Burdeos. El Marmandais está justo al sur de Duras, mientras que Buzet se encuentra al sureste, a lo largo del valle del río Garona.

Côtes-de-Duras

La reglamentación autoriza vinos blancos secos y dulces así como vinos tintos y rosados (en cantidad desdeñable). Las principales variedades blancas son sauvignon blanc, sémillon y muscadelle. También están autorizadas la mauzac, la chenin blanc, la ugni blanc y la ondenc, pero no son frecuentes. Por lo general, la mezcla de los tintos se hace con una mitad de cabernet sauvignon, un tercio de merlot y el resto de cabernet franc y malbec. No obstante, a veces la merlot es mayoritaria.

Côtes-du-Marmandais

La AOC Côtes-du-Marmandais produce sobre todo vinos tintos, con un máximo de 75 % de merlot, cabernet franc y cabernet sauvignon, y un máximo de 50 % de cot, fer servadou, gamay, syrah y abouriou.

Buzet

Aunque los vinos blancos y rosados están autorizados, en Buzet dominan los tintos. Los viñedos se extienden por la orilla sur del Baïse, entre Agen y Marmande. Las variedades, los rendimientos y la calidad de las añadas son calcadas a las de Burdeos: cabernet sauvignon, cabernet franc, merlot y un poco de malbec para los tintos; sémillon, sauvignon blanc y muscadelle para los blancos.

CAHORS

El vino de Cahors, uno de los mejores vinos tintos del suroeste de Francia, procede del valle del Lot.

El emplazamiento, el clima y el suelo

El clima sufre la influencia del Mediterráneo y del Atlántico. Los veranos son más calurosos y secos que en Burdeos, y como contrapartida, el temor a las heladas de primavera y al granizo es mayor. Los viñedos más altos están situados en las mesetas áridas que dominan el valle; el suelo está compuesto de creta y de piedra, con una minúscula capa de tierra arable. Más abajo, las terrazas primera y segunda ocupan las laderas del valle y, más abajo todavía, cerca del río, hay tierras aluviales fértiles. En estas zonas, el suelo se compone de arcilla y creta en proporción variable, con arena, grava y roca en descomposición.

El sulfatado de las viñas.

Las variedades

En el suroeste, sólo Cahors prohíbe la cabernet sauvignon y la cabernet franc para los vinos de la AOC. La base del vino es la variedad conocida localmente con el nombre auxerrois. La auxerrois confiere al vino su carácter robusto y sólido, y su buena estructura tánica.

GAILLAC Y FRONTON

La región al sur de Cahors se enorgullece de dos zonas AOC, Gaillac y Côtes-du-Frontonnais, y de dos VDQS, Vins de Lavilledieu y Côtes-du-Brulhois.

Gaillac

Gaillac es una de las denominaciones más variadas. Los viñedos se extienden sobre 73 pueblos de Tarn, alrededor de Gaillac, al noreste de Toulouse.

La composición de los suelos de Gaillac es muy heterogénea: mezcla de arcilla y caliza en la orilla derecha del Tarn, y de arena y gravas aluviales en la orilla izquierda.

Gaillac posee multitud de variedades. Para los blancos, las variedades tradicionales de Burdeos, sémillon y sauvignon, coexisten con cepas locales como la mauzac.

Entre las variedades tintas, destaca claramente la duras, seguida de la fer servadou (llamada localmente braucol), la syrah, la négrette –bastante rara– y la gamay. El conjunto de estas variedades debe representar por lo menos el 60 % de la mezcla, completada generalmente por merlot, cabernet franc o cabernet sauvignon.

Côtes-du-Frontonnais
En una meseta situada entre el Tarn y el Garona, la pequeña región de Côtes du Frontonnais produce vino tinto y un poco de rosado.

La composición del suelo es tan característica que basta para delimitar la denominación. Oscila entre la gravilla roja con un alto porcentaje de hierro, considerado el suelo ideal, y las tierras limosas a base de arcilla descompuesta. El vino debe su fruta característica a la négrette, que constituye un 50-70 % de una mezcla con otras variedades capaces de envejecer, como la cabernet sauvignon, la cabernet franc, la preferida y la fer servadou.

Vins de Lavilledieu y Côtes-du-Brulhois
Al oeste de la ciudad de Montauban, se encuentra una pequeña región, vinícola integrada por una docena de pueblos, agrupados alrededor de La-Ville-Dieu-du-Temple.

Côtes-du-Brulhois abarca dos pequeñas zonas separadas por el Garona. La denominación VDQS incluye vino tinto y un poco de rosado, pero no blanco.

PIRINEOS

Los vinos producidos en las estribaciones de los Pirineos se caracterizan por su particularismo regional, que intentan conservar. No se puede hablar de un clima, sino de muchos climas, sometidos a la influencia de las montañas y del océano Atlántico.

Jurançon
Los viñedos de Jurançon están situados al pie de los Pirineos, a una altitud media de 300 m, al sur de Pau. La denominación se extiende sobre unas 700 ha; es decir, 25 pueblos.

Jurançon es conocido por sus vinos blancos dulces, aunque también se producen blancos secos con su propia denominación, Jurançon Sec. Ambos están compuestos de variedades muy diferentes de las tradicionales de Burdeos: gros-manseng, petit-manseng y courbu.

Con la gros-manseng, de rendimiento más alto, se elabora vino seco, mientras que con la petit-manseng, de bayas muy azucaradas, se hace un vino más dulce.

El blanco seco se bebe relativamente joven, aunque gana en complejidad al envejecer. Una botella de jurançon dulce de una gran añada puede eclipsar un buen sauternes.

Madiran y Pacherenc-du-Vic-Bilh
Se trata de dos denominaciones gemelas: una para el tinto, Madiran, y otra para blanco, Pacherenc-du-Vic-Bilh. Abarcan 37 pueblos alrededor de Madiran. Las viñas se encuentran en las primeras estribaciones de los Pirineos, con suelos de naturaleza muy variable.

La variedad más característica de Madiran es la tannat, de grano rico en taninos y hollejo duro. La AOC Pacherenc-du-Vic-Bilh emplea la gros-manseng, la petit-manseng, la courbu y una variedad local, la arrufiat o ruffiac, que aporta una nota original.

Irouléguy
Esta denominación recibe su nombre de un pequeño pueblo del País Vasco. La variedad tannat da al vino su color oscuro, sus aromas y su riqueza, pero las dos cabernet también tienen una gran importancia.

Béarn
La denominación abarca tres regiones distintas de los Pirineos: Jurançon, donde se produce Rouge de Béarn; Madiran, que elabora Rosé de Béarn; y una tercera que se concentra alrededor del pueblo de Bellocq y de la ciudad de Salies-de-Béarn. Los vinos llevan la etiqueta Béarn-Bellocq y pueden ser tintos, rosados o blancos.

La tannat es todavía la cepa predominante para el tinto y el rosado, a los que da estructura y cuerpo. La cabernet sauvignon y la cabernet franc añaden buqué y suavidad. El blanco de Béarn-Bellocq se hace con raffiat de Moncade, una variedad original de la región.

Côtes-de-Saint-Mont
Los viñedos de Côtes-de-Saint-Mont se encuentran en las laderas de las colinas que bajan hacia el Adour, alrededor del pequeño pueblo de Saint-Mont. Prolongación natural de las viñas de Madiran y de Pacherenc-du-Vic-Bilh, se utilizan las mismas cepas.

Tursan
Tursan es un VDQS que se produce en el extremo sureste del bosque de las Landas, con la pequeña ciudad de Geaune como centro.

El tinto, a base de tannat, cabernet sauvignon y cabernet franc, tiene un sabor bastante rústico. El vino blanco de Tursan, principalmente de baroque y un poco de sauvignon, es bastante fresco, con una acidez frutal, y tiene un futuro más prometedor.

AVEYRON Y QUERCY
El departamento de Aveyron posee una AOC, Marcillac, y tres zonas VDQS, Côtes-de-Millau, Vins d'Entraygues et du Fel y Vins d'Estaing. La región de Quercy produce un VDQS, Coteaux de Quercy. La variedad principal es la cabernet franc.

Marcillac
La denominación de Marcillac es la más próspera, gracias a la creación de una cooperativa en 1965.

En esta comarca, las vides están plantadas en laderas, entre 300 y 600 m de altitud. El suelo se compone principalmente de arenisca roja.

La fer servadou, o mansois, representa el 90 % de las vides. Da vinos tintos maravillosamente originales, con cierto sabor especiado y un poco de perfume de grosella negra.

Los VDQS de Aveyron
Vins d'Entraygues et du Fel tiene 15 ha de viña, cuya mayor parte es propiedad de dos familias. Se hacen vinos de los tres colores.

Vins d'Estaing, con sus 12 ha, es el VDQS más pequeño de Francia. El mejor vino es el blanco (chenin blanc suavizada con mauzac). El rosado es bastante frutal y el tinto un poco áspero (gamay, cabernet franc y fer servadou).

Côtes-de-Millau es un VDQS nuevo que cubre unas 50 ha de viñas en las cercanías de Roquefort y de las gargantas del Tarn. Se elabora tinto, rosado y blanco.

Coteaux du Quercy
VDQS desde 1997, tres bodegas producen sobre todo tinto: Côtes d'Olt, La Ville-Dieu-du-Temple y, sobre todo, Les Vignerons du Quercy.

PRODUCTORES Y BODEGUEROS

En el Suroeste, las cooperativas tienen un papel predominante en la producción, aunque también existen viticultores privados interesantes.
A continuación se relacionan las distintas denominaciones de la región y se mencionan algunos de los productores más destacados.

BERGERAC
La región de Bergerac tiene unas 13 000 ha de viñas. Muchos productores comercializan su vino con las denominaciones genéricas. Otros, especialmente en la zona de Monbazillac, prefieren utilizar la denominación local.

Château La Jaubertie
El Château La Jaubertie tiene una elegante mansión del siglo XVI en Colombier. Nick Ryman, de nacionalidad británica, compró la finca en 1973. Los mejores vinos son los AOC Bergerac tintos y blancos, aunque también se produce una pequeña cantidad de rosado y se hacen pruebas con vinos AOC Monbazillac.

Château du Treuil de Nailhac
Este *château*, perteneciente a la familia Vidal, es una propiedad importante de Monbazillac. Su viñedo incluye un 60 % de sauvignon, un 20 % de sémillon y otro 20 % de muscadelle. El vino fermenta en cubas de acero inoxidable antes de pasar varios meses en fudres de roble. Recientemente las barricas nuevas han hecho su aparición. También se elabora blanco y tinto de AOC Bergerac. Pero la fama se debe a los AOC Monbazillac.

Otros productores
Cabe destacar principalmente: Domaine de l'Ancienne Cure, Château Belingard, Clos Fontindoule, Château Le Mayne, Cave Coopérative de Monbazillac, Château de Tiregand y Château la Truffière-Thibaut.

DURAS, MARMANDAIS Y BUZET
En estas regiones, las unidades de producción más importantes son las bodegas cooperativas. La de Duras produce por sí sola la mitad del volumen de la denominación. En Côtes-du-Marmandais, dos cooperativas, Cocumont al sur y Beaupuy al norte, controlan prácticamente toda la producción. Por su parte, los Vignerons Réunis des Côtes de Buzet se considera una de las bodegas cooperativas más eficaces e impresionantes de Francia.

CAHORS
En Cahors hay muchas explotaciones privadas bien establecidas y otras que pertenecen a una nueva generación de productores. La cooperativa tiene mucho peso en la denominación.

Château de Chambert
Esta propiedad, situada en una meseta caliza al norte de Cahors, estaba abandonada. En 1975, la adquirió un bodeguero de Brive-La-Gaillarde. 1978 fue la primera añada de los nuevos propietarios. Los vinos pasan un año en cuba y un año en barricas compradas a Château Margaux, de Médoc. Se elaboran varios vinos que luego se mezclan: sólo existe un vino del Château de Chambert, frutal, concentrado y con buen armazón.

Clos de Gamot
La familia Jouffreau, propietaria de esta magnífica finca desde 1610, ha hecho mucho por el renacimiento de Cahors. Su viñedo está constituido exclusivamente de auxerrois y tiene parcelas centenarias, lo que explica que el Clos-de-Gamot sea un vino para guardar mucho tiempo.

Otros productores
Entre los demás productores de Cahors están: Les Côtes d'Olt (cooperativa de Cahors), Clos la Coutale, Château Gautoul, Château de Lagrezette, Rigal, Domaine des Savarines, Château Triguedina y Vigouroux.

GAILLAC Y FRONTON
En Gaillac, como en las zonas más pequeñas de Côtes du Frontonnais, de los vinos de Lavilledieu y de Côtes-du-Brulhois, las cooperativas dominan el terreno. Tres cooperativas se reparten la producción de Gaillac: La Cave de Labastide de Lévis, la más importante, y las de Técou y de Rabastens. La cooperativa del pueblo de Fronton produce toda una gama de vinos, entre ellos el Château Cransac y el Haut Capitole, elaborado a partes iguales de negrette y de cabernet.

PIRINEOS
Una vez más, las cooperativas son la base de la producción, aunque está empezando a aparecer un número creciente de productores independientes, sobre todo en las denominaciones de Jurançon, Madiran y Pacherenc-du-Vic-Bilh.

Château Jolys
Robert Latrille compró esta propiedad de Jurançon en 1958, al volver de Argelia, pero empezó a elaborar vino en 1983. Se trata de la finca más grande de la denominación, con 12 ha de petit-manseng y 25 ha de gros-manseng. Se producen tres vinos: uno seco, uno dulce y uno superdulce, el Cuvée Jean, reservado a los mejores años.

Château Bouscassé
Alain Brumont es el principal productor de las denominaciones de Madiran y de Pacherenc-du-Vic-Bilh. Provocó una conmoción en 1982 al comprar algunas barricas de Château Margaux de un año de antigüedad. Desde entonces, varios viticultores han seguido su ejemplo. Gracias a la madera, la oxigenación suaviza los vigorosos vinos de Madiran. Sin embargo, la abundancia de roble nuevo perjudica los aromas y el buqué tradicionales. El vino alcanza su apogeo después de varios años de botella.

Otros productores
En Jurançon cabe señalar el Domaine Cauhapé y la Cave coopérative de Gan. En Irouléguy destaca la Cave coopérative des vins d'Irouléguy et du Pays basque. En Béarn, la cooperativa se llama Les Vignerons de Bellocq. La de Côtes-de-Saint-Mont es Union Plaimont. Por último, en Tursan están el Château de Bachen y la cooperativa, Les Vignerons de Tursan.

Italia, Portugal y Países Mediterráneos

—

Los países mediterráneos vieron nacer la viticultura con la civilización. Italia perpetúa la producción de vinos originales y variados. Portugal, por su parte, no sólo destaca gracias a sus famosos vinos licorosos.

—

ITALIA

LOS GRIEGOS DE LA ANTIGÜEDAD LLAMABAN A ITALIA
ENOTRIA, «TIERRA DEL VINO».
ESTE PAÍS TODAVÍA PRODUCE TODA CLASE DE VINOS APASIONANTES.

Las soleadas orillas del Mediterráneo vieron nacer en la antigüedad muchas civilizaciones del vino. En Italia, todavía se cultiva la vid de un extremo a otro del territorio. Conocer la gran diversidad de vinos del país es un verdadero desafío –y un placer– para el aficionado. Italia es el mayor productor de vinos del mundo y, también, el que más clases y marcas distintas ofrece. Esta abundancia surge de la ubicuidad de la vid. Prácticamente no existe parcela ni finca donde no se cultive uva para hacer vino. Cada región es fiel a las tradiciones locales y protege y promueve sus propias denominaciones. Como resultado hay más de doscientas zonas vitícolas oficiales y unos dos millones de productores. Italia hace vinos de todos los estilos, incluidos licorosos y espumosos, y saca partido de una miríada de microclimas y emplazamientos para acentuar aún más esta diversidad. En las páginas siguientes, el país se ha dividido en tres grandes zonas: norte, centro y sur e islas. El norte engloba las regiones vitícolas, del noroeste al noreste, situadas en las estribaciones de los Alpes y de los Apeninos. Aquí se encuentran los grandes vinos de Piamonte, como el barolo, los amplios viñedos dedicados a la producción de espumosos

Botellas de chianti de 1958 en la bodega de la finca de Selvapiana, en Pontassieve. Selvapiana, famosa por la longevidad de sus vinos, se encuentra en la pequeña zona de denominación Chianti Rufina, al noreste de Florencia.

y numerosas regiones productoras de vino tinto y, sobre todo, de vino blanco. La influencia extranjera, principalmente alemana y francesa, es más perceptible en la elección de los estilos y las variedades que en otros lugares del país. El centro incluye la Toscana y sus alrededores. En los viñedos toscanos de Chianti se elaboran los principales vinos de calidad italianos. El sur de la península, así como las islas de Sicilia y Cerdeña, sigue la tradición mediterránea de producir vinos dulces de alta graduación, tintos fuertes y especialidades como el marsala, aparte de grandes cantidades de vino de calidad mediocre. Los vinos italianos están en plena transformación. En materia de vidueños, técnicas y concepciones, se asiste hoy en día a un maridaje entre las costumbres nacionales y las tendencias internacionales. Durante dos decenios, la legislación vitícola de 1963 cumplió plenamente sus objetivos antes de quedar obsoleta. En 1992 se aprobó una nueva ley para poner remedio a la situación. Aunque hay que felicitarse por estos avances, la definición concreta, más allá de las exigencias de la reglamentación, de lo que es un vino italiano en materia de estilo y de sabor sigue siendo competencia de los productores.

LAS REGIONES VITÍCOLAS DE ITALIA

Italia cuenta actualmente con más de 200 zonas de *denominazione di origine controllata* (DOC) en sus 20 regiones administrativas. Los colores del mapa muestran las diversas regiones vitícolas del norte, del centro y del sur. Para cada zona hay un mapa más detallado en las pp. 286, 302 y 316 respectivamente.

Regiones vitícolas
- Norte
- Toscana y centro
- Sur e islas
- Frontera
- Límite de región

Tradición y evolución

Italia tiene una larga tradición vitícola que en la actualidad se refleja en algunos vinos absolutamente magníficos, una gran número de vinos con carácter y muchísimos vinos ordinarios. Hasta hace poco, esta situación no parecía preocupar en un país donde las exportaciones de vino no eran una prioridad y donde el arraigo local hacía que la gente consumiese habitualmente el vino de su provincia, e incluso el de su familia. Ningún vino italiano, salvo quizá el chianti, estaba expuesto a la presión del mercado mundial, como ocurre con los vinos de Burdeos, de Borgoña o de Champagne.

Sin embargo, el fenómeno de la internacionalización del vino también alcanzó a Italia en la década de los 80. Por un lado, los consumidores locales empezaron a ser más críticos y, por otro, los mercados exteriores ya eran muy exigentes con la calidad y el valor de los vinos. Los viticultores italianos se vieron obligados a modificar sus actitudes y sus técnicas. Era evidente que tanto la legislación vigente como las cepas autóctonas tenían muchas limitaciones. En Londres, París o Nueva York se comenzaba a valorar la calidad de algunos grandes vinos italianos. Y aunque Italia sigue siendo muy independiente en materia vitícola —cultiva sus propias variedades, muy numerosas, bebe su propio vino e importa relativamente poco—, las cosas están evolucionando paulatinamente.

La legislación vitícola

La legislación vitícola italiana se está transformando a medida que se hacen patentes las limitaciones de la ley de 1963 sobre las denominaciones. En su momento, esta ley, más o menos similar al sistema de las AOC francesas, buscó con cierto éxito racionalizar el estatuto de los millares de vinos producidos en el país. Introdujo el concepto de zona DOC *(Denominazione di origine controllata),* región donde se elabora un cierto tipo de vino de una manera específica. El legislador dejó un amplio margen a la tradición vinícola y, a semejanza de la AOC francesa, la DOC italiana se esfuerza por codificar la práctica tradicional. Este principio funciona bien en Borgoña, por ejemplo, donde siglos de experiencia han permitido identificar las mejores cepas y parcelas, pero en buena parte de Italia la producción de vino de muy alta calidad es, en gran medida, una novedad. Muchas DOC tienen en realidad un modo anacrónico de producir un vino bastante mediocre. Otras han apartado la tradición del camino de la calidad: la DOC de Chianti autorizaba hasta un 30 % de cepas blancas en este vino tinto y aceptaba (como muchas DOC) que un 10 % del vino de una mezcla procediera de una zona, a veces muy alejada, que no fuese Chianti. La promoción de Chianti al rango de DOCG (véase recuadro p. 285) en 1984 ha conseguido —afortunadamente— que la reglamentación se vuelva más estricta.

La nueva ley, aprobada en 1992, todavía no ha entrado en vigor. Por tanto, cualquier lista de vinos DOC puede estar ya obsoleta en el momento de su publicación. La ley Goria —así llamada por el apellido del ministro Giovanni Goria, responsable de su promulgación— aclara considerablemente la situación. Define, o mejor, redefine una pirámide de calidad. En la base se encuentra el simple *vino da tavola* (vino de mesa), vino que se puede etiquetar como tinto *(rosso),* blanco *(bianco)* o rosado *(rosato),* pero sin mención de la cepa ni de la localidad. La categoría siguiente, análoga a la del vino de la tierra en España, es la de los vinos de *indicazione geografica tipica*: este vino procede de un lugar determinado (pero no de una región DOC) y en la etiqueta puede figurar el nombre de la variedad. A continuación vienen las denominaciones DOC y DOCG. La ley Goria prevé la posibilidad de suprimir DOC infrautilizadas y de promover al rango de DOCG las DOC que tengan más éxito. A grandes rasgos se reproduce pues el sistema francés, que permite un control constante de las AOC y su adaptación en caso de necesidad.

Un elemento nuevo reside en la utilización de nombres de viñedos, fincas o municipios dentro del marco de las DOC y DOCG. Anteriormente, una sola DOCG englobaba todo Chianti. Aparte del nombre del productor, no había nada previsto oficialmente para indicar que un vino procedía de un viñedo o un municipio concreto. La nueva ley autoriza la mención (por orden decreciente de tamaño) de subzonas, municipios, localidades, microzonas, fincas e incluso pagos específicos. Se está realizando un trabajo gigantesco para hacer posible la definición de todas las zonas y establecer una lista clasificada. Estas iniciativas atribuyen su importancia real a la noción de emplazamiento (o pago) dentro del sistema cualitativo legal.

Finalmente, la ley permite una evaluación de los vinos en el momento de la vendimia: si no cumplen determinados requisitos se desclasifican, pasando por ejemplo de una subzona específica a la denominación DOC genérica. En contrapartida, un *vino da tavola* que responda a criterios muy estrictos se podrá calificar como vino DOC o DOCG de una finca o viñedo particular.

Las regiones vitícolas

Las veinte regiones administrativas de Italia cuentan con viñedos. Algunos ostentan el rango de DOC, mientras que otros producen vino común. Cada región tiene su propia gama de microclimas y de suelos, y la naturaleza montañosa de gran parte del país hace que las condiciones puedan variar considerablemente en pocos kilómetros. Por tanto, de nada sirven las generalizaciones sobre las zonas vitícolas. Para aumentar la confusión, a veces las zonas DOC se encabalgan y los productores elaboran vino en varias de ellas. No obstante, se pueden establecer algunas distinciones —a grandes rasgos— de un extremo a otro del país. El noreste de Italia tiene muchos puntos en común con Austria y Suiza, y con sus vinos blancos frescos y ligeros. El extremo sur, en particular Sicilia, prolonga la tradición mediterránea de los vinos potentes y con alta graduación alcohólica. Entre ambas, muchas regiones, como Toscana o Lacio, ofrecen unas condiciones excelentes para la producción de vinos tintos y blancos.

Italia también es famosa por su producción de vermut, nombre dado a diversos vinos aromatizados elaborados por unas pocas grandes empresas instaladas en Piamonte.

Las variedades

Italia cuenta con innumerables cepas autóctonas. Un experto ha listado más de mil y la legislación de las DOC enumera 400. La mayoría de los reglamentos de denominación excluyen el empleo de vidueños franceses, tan extendidos en todo el mundo, aunque cada vez se cultiven y vinifiquen más, comercializándose como *vini da tavola*. Una de las razones que ha empujado a los viticultores a apartarse del sistema de las DOC es justamente la exclusión de las cepas no tradicionales. Sin embargo, ciertas DOC admiten variedades como la merlot, la pinot blanc y la pinot gris, introducidas en el norte de Italia en el siglo XIX. En cuanto a la cabernet sauvignon, hizo su aparición en Toscana, en la región de Chianti, hace ya dos siglos.

La lista de los vidueños italianos se alarga aún más a causa de la profusión de clones y subvariedades. En el centro de Italia todavía se discute sobre los defectos y las virtudes de diversos tipos de sangiovese. La cuestión no es en absoluto peregrina: el carácter de los vinos de Chianti cambió mucho en los años 50 y 60 cuando se empezó a replantar a gran escala un clon de sangiovese de calidad inferior.

Entre las principales cepas italianas figuran las variedades siguientes.

Barbera: originaria de Piamonte, en la actualidad está muy extendida. Con ella se elaboran varios estilos de vinos tintos.

Malvasía: familia de cepas de origen muy antiguo que presenta generalmente aromas marcados. Puede dar vinos secos o dulces, oscuros o claros, especialmente en el sur de la península.

Montepulciano: ofrece vinos tintos vigorosos en Italia central.

Nebbiolo: reina de las variedades tintas de Piamonte, se le deben los vinos de Barolo y de Barbaresco.

Sangiovese: cepa tinta de Chianti y de otras zonas de Italia central.

Trebbiano: uva blanca dominante en el centro y norte de Italia.

Todavía habría que citar la primitivo, variedad tinta del sur de Italia que se cree que es idéntica a la zinfandel californiana.

En Varenna, a orillas del lago de Como, se aprecia el vino de Lombardía.

LEER UNA ETIQUETA DE VINO ITALIANO

Las etiquetas italianas reflejan la gran diversidad de vinos del país.

Zonas y niveles de calidad
Los vinos italianos se dividen en vinos de calidad y vinos de mesa, como en el resto de Europa. Los vinos de calidad proceden de zonas reglamentadas, lo que se indica en la etiqueta con la mención *denominazione di origine controllata* (DOC). Son, por tanto, vinos de origen controlado.

Estas zonas tienen una denominación, como Soave, Orvieto, etc. Hay más de 200 DOC.

La *denominazione di origine controllata e garantita* (DOCG) designa un grado de calidad superior. *Garantita* significa que el vino responde a exigencias más estrictas.

El *vino da tavola* es el vino de mesa. Se trata a menudo de vino común. Sin embargo, algunos de estos vinos se producen en zonas DOC sin respetar las reglas de la denominación (por ejemplo, utilizando cepas o métodos prohibidos por la DOC).

Productores y viñas
Los términos más corrientes para designar una propiedad son *fattoria, podere, tenuta* y *azienda agricola*. Su mención en la etiqueta implica que el vino se embotella en la propiedad. Las viñas específicas se identifican por las palabras *tenuta* (finca), *podere* (granja), *vigna* (viña) o *vigneto* (viñedo). Una *cantina soziale* es una cooperativa.

Estilo y calidad
Riserva o *vecchio* se aplica a un vino DOC o DOCG que ha pasado por un envejecimiento en barrica y/o en botella más largo que la media. *Superiore* significa generalmente que el vino tiene algo más de alcohol (o ha madurado algo más) que el normal de la DOC. *Classico* se refiere a una zona restringida.

Novello designa un vino nuevo. *Secco* quiere decir seco; *abboccato* califica un vino ligeramente dulce, abocado; *amabile*, un vino un poco más dulce y *liquoroso*, un vino de postre, a veces encabezado.

Frizzante es el vino de aguja, mientras que el *spumante* es un auténtico espumoso. Si este último se ha vinificado mediante el método de la segunda fermentación en botella, se puede etiquetar como *metodo tradizionale* o *metodo classico*.

286 ITALIA

LAS REGIONES VITÍCOLAS DEL NORTE DE ITALIA

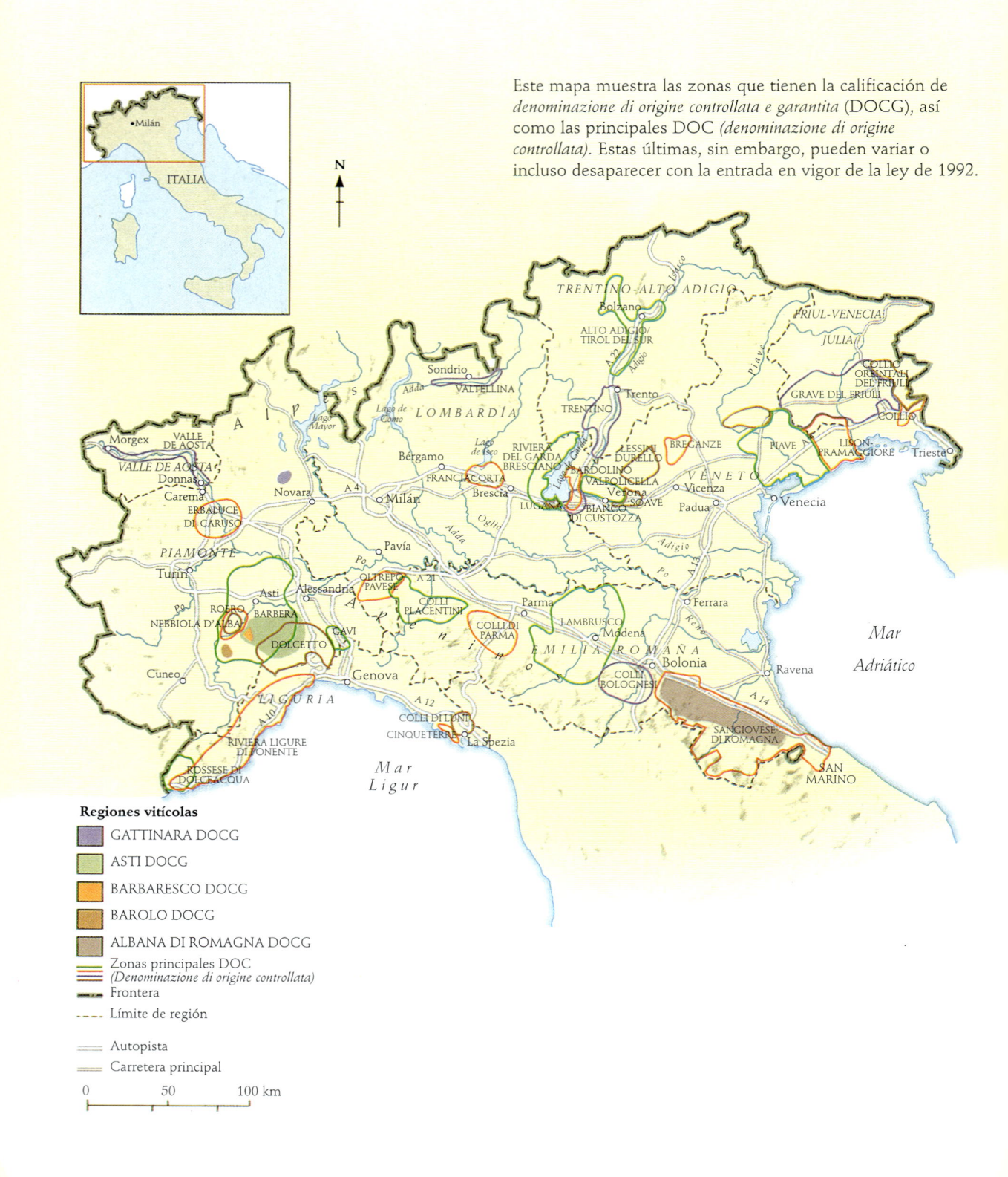

Este mapa muestra las zonas que tienen la calificación de *denominazione di origine controllata e garantita* (DOCG), así como las principales DOC (*denominazione di origine controllata*). Estas últimas, sin embargo, pueden variar o incluso desaparecer con la entrada en vigor de la ley de 1992.

Regiones vitícolas
- GATTINARA DOCG
- ASTI DOCG
- BARBARESCO DOCG
- BAROLO DOCG
- ALBANA DI ROMAGNA DOCG
- Zonas principales DOC (*Denominazione di origine controllata*)
- Frontera
- Límite de región
- Autopista
- Carretera principal

0   50   100 km

PIAMONTE

Desde el fresco sabor de almendra de sus vinos blancos hasta el fuerte encanto de un gran barolo tinto, Piamonte ofrece al aficionado delicias poco comunes. En esta región del noroeste de Italia se elaboran vinos únicos y apasionantes, procedentes en su mayoría de cepas autóctonas.

Por su extensión, los viñedos de Piamonte representan la sexta parte del total italiano, aunque el 43 % de la superficie de la región sea montañoso y a menudo demasiado abrupto para el cultivo de la vid. El Po divide Piamonte en dos. Al sur del río y al sureste de Turín se encuentran la ciudad de Alba y las colinas de Monferrato y de Langhe. Esta región concentra el 90 % de la producción de uva piamontesa en numerosas DOC que se superponen. Las colinas de Langhe, con pendientes escarpadas, acogen muchas DOC, así como los ilustres vinos tintos de las DOCG de Barolo y Barbaresco. Al norte del Po, las viñas ocupan el suelo rocoso de las bajas colinas alpinas entre Carema, al oeste, y Novara, al este.

El estilo del barolo

Barolo es un nombre mágico desde hace siglos. Los catadores que descubren los encantos de este vino a menudo se dejan llevar por el lirismo y le encuentran aromas de alquitrán, violeta, chocolate, ciruela, tabaco, trufa o humo otoñal. En las buenas añadas, los vinos de los mejores productores pueden llegar a ofrecer todos estos matices.

El barolo surge de la variedad nebbiolo. El vino presenta una capa de un rojo granate intenso, una textura densa y aterciopelada, y sabores que llenan la boca y permanecen largamente, al igual que su buqué. Una sólida acidez completa unos aromas frutales de una concentración excepcional. El vino se envejece al menos tres años, dos de ellos en barrica, antes de comercializarse. Necesita un envejecimiento posterior en botella que puede llegar a los veinte años.

La calidad del barolo depende mucho del vinificador, de la cosecha y del emplazamiento de la viña. El nebbiolo da sus mejores resultados en suelos de marga caliza, en un clima fresco. Como en Borgoña, los productores mencionan a menudo el nombre de la viña en la etiqueta para indicar la calidad (aunque no exista una jerarquía oficial de pagos).

Cepas y amapolas crecen juntas en esta viña cercana a Barolo.

Desde finales de la década de los 70 existe una tendencia a producir vinos que se pueden beber mucho antes. Tradicionalmente, el vino fermentaba en contacto con los hollejos durante un período que podía durar dos meses, para luego ser criado durante años en grandes fudres de roble o de castaño llamados *botti*. Los vinos así vinificados gozaban de una fruta de una rara concentración y eran extremadamente tánicos: exigían un mínimo de diez años en botella para llegar a la madurez. Ciertos cosecheros siguen produciendo este vino majestuoso, aunque sus métodos hayan cambiado un poco y los rendimientos hayan disminuido para favorecer la concentración aromática. Pero la mayor parte de los productores abrevian actualmente el período de maceración –algunos hasta sólo diez días– y dejan el vino en madera el tiempo mínimo previsto por la ley, es decir, dos años. Otros elaboradores utilizan barricas pequeñas (en lugar de *botti*) durante todo o parte del tiempo de crianza. Estos barolo pueden beberse en los cinco o seis años siguientes a la vendimia.

En los dos casos, el barolo presenta siempre mucha estructura y complejidad. No es un vino para beber ávidamente, y su atractivo no es necesariamente inmediato para los neófitos. Sin embargo, reserva momentos inolvidables a quien se toma la molestia de descubrirlo.

El barbaresco

Al este de Barolo, en las colinas de Langhe, se extiende la zona DOCG del Barbaresco. Las vides de nebbiolo están plantadas a 200-350 m de altitud; el clima es más seco y cálido que en Barolo. Aquí, la reglamentación sólo exige dos años de envejecimiento, uno de ellos en madera. Como siempre ocurre con la nebbiolo, el emplazamiento desempeña un papel importante. Al igual que en el caso de los barolo, difieren los estilos: por un lado los tradicionalistas y, por otro, los defensores de un planteamiento más internacional. En general, el barbaresco presenta un perfume embriagador que recuerda la violeta. Su intenso fruto se acompaña de una acidez hermosa y de taninos marcados. Algunos vinos piden hasta diez años en botella, pero la mayoría están listos para ser bebidos al término de cuatro o cinco años.

Los otros viñedos del sur del Po
En el sureste de Piamonte, las principales variedades tintas son la nebbiolo, la barbera y la dolcetto.

Alrededor de la ciudad de Alba, entre las zonas DOCG de Barolo y de Barbaresco, se produce el Nebbiolo de Alba DOC, en suelos arcillosos-silíceos. El nebbiolo de Alba es de un estilo variable, pero generalmente menos poderoso que sus famosos vecinos. Hay que beberlo a los tres o cuatro años.

La barbera es la cepa tinta más plantada en Italia. Está recuperando el prestigio en su Piamonte natal y da un delicioso vino tinto seco y vivo cuyos aromas evocan la mora, la frambuesa y el regaliz. Alcanza su apogeo al cabo de dos a cuatro años. El Barbera de Monferrato DOC es un vino ligero, a menudo *frizzante*. El Barbera de Alba DOC tiene más cuerpo. Sin embargo, esta variedad alcanza su máxima expresión en la provincia de Asti. El Barbera de Asti DOC tiene una textura sedosa y una fruta opulenta que descubre una acidez agradable.

Los vinos hechos con dolcetto, apreciados por su ligereza, se producen en siete DOC del sureste de Piamonte. Tienen una capa de color de mora con vivos reflejos rosados. Son firmes en boca y bien estructurados, con un buqué y sabor muy frutales. La mayor parte están hechos para ser bebidos jóvenes, en los dos o tres años siguientes a la vendimia. Entre las otras cepas tintas autóctonas conviene citar la grignolino, la brachetto y la freisa. La grignolino da vinos claros y ligeros, con aromas florales, gusto seco y muy levemente amargo. La brachetto suele producir un vino dulce burbujeante, cuyos aromas recuerdan la violeta y la fresa. Los vinos de freisa tienen un matiz cereza pálido y un suculento sabor de frambuesa. Este vino amable existe en muchas versiones: seco, dulce, de aguja.

Vinos blancos y espumosos
La principal cepa blanca del Piamonte meridional es la aromática moscatel blanca, de granos pequeños, con la que se hace el asti spumante, uno de los espumosos más famosos del mundo. Este vino se produce por el método tradicional regional de una sola fermentación en cuba cerrada. El mosto se filtra a presión antes del final de la fermentación, lo que da un vino efervescente natural, dulce y de bajo contenido en alcohol (entre 7,5 y 9 % vol). La moscatel también es el origen del elegante moscato d'Asti, tranquilo o levemente burbujeante y todavía más pobre en alcohol (entre 6 y 8 % vol). Estos vinos deberían beberse lo más jóvenes posible, mientras conservan su aroma de uva fresca. La zona de producción tradicional se concentra alrededor de la ciudad de Camelle, en la provincia de Asti, y se extiende hasta las provincias de Cuneo, al oeste, y Alessandria al este. Esta región fue promovida a Asti DOCG en 1994, con las respectivas subdenominaciones *spumante, frizzante* y *naturale* (tranquilo).

Los vinos blancos hechos con la variedad cortese son vivos y delicadamente afrutados, con un matiz a limón. El mejor ejemplo es el Gavi DOC, producido en la parte oriental de las colinas de Monferrato, en el límite de Liguria; los vinos presentan cierta plenitud y una textura sedosa. También existe una versión efervescente. El gavi debería beberse antes de los dos años, aunque los vinos de los mejores productores y añadas puedan superar fácilmente este límite.

La zona de la Roero DOC está formada por colinas bastante elevadas, al norte de la ciudad de Alba, en la orilla izquierda del Tanaro. Los suelos son sobre todo arenosos, ricos en fósiles y sensibles a la erosión. Se adecuan muy bien para la producción de vinos blancos aromáticos, de encanto simple y directo. La arneis, una variedad blanca local, da un vino seco y vivo, elegante y fresco en boca. Es mejor beberlo en sus dos primeros años. También se elabora vino tinto a base de nebbiolo.

El norte de Piamonte
La principal variedad blanca del norte es la erbaluce, cultivada alrededor del pueblo de Caluso, en las colinas de Canavese, al norte de Turín. Cuando son secos, los vinos de Caluso DOC son vivos y ligeramente perfumados; pueden ser tranquilos o efervescentes. Cuando las bayas de erbaluce están semipasificadas antes del prensado, dan un vino parecido a un néctar llamado caluso *passito*, aterciopelado en boca y dotado de amplios aromas de avellana tostada y miel. También se encuentra el caluso *liquoroso*, es decir, fortificado.

Las viñas que rodean la pequeña ciudad de Carema, en la frontera entre Piamonte y el Valle d'Aosta, producen uno de los mejores tintos de nebbiolo (que tiene los nombres locales de picutener, pugnet o spanna). Esta cepa es sensible a las variaciones climáticas y da en terrenos glaciares vinos de un estilo más ligero que los nebbiolo del sur. El Carema DOC se hace con nebbiolo al 100 % y su crianza dura cuatro años; dos de ellos, por lo menos, en barricas pequeñas de roble o de castaño. Debe beberse entre su cuarto y sexto año.

En las colinas de Vercelli y de Novara, la principal variedad tinta también es la nebbiolo, mezclada por lo general con la vespolina local y/o con la bonarda. Los mejores vinos tienen elegancia y un seductor aroma de violetas. Se pueden beber, por lo general, a los cuatro o cinco años de la vendimia. El vino más conocido es el Gattinara DOCG; son rarezas los vinos de DOC de Lessona, Bramaterra, Boca, Ghemme, Sizzano y Fara. □

LOS FACTORES DE CALIDAD

En Piamonte, los conceptos de microclima y de terreno tienen una gran trascendencia. Conscientes de la importancia del suelo, los viticultores están orgullosos de sus parcelas y mencionan a menudo en las etiquetas la viña (mediante los términos *vigneto* o *vigna*) y sus particularidades.

Clima y añadas
En otoño, una espesa bruma cubre a menudo los valles. El invierno es húmedo, frío y, a veces, nieva. En primavera, momento crucial para la vid, puede haber lluvia y granizo, mientras que el verano suele ser muy caluroso. Por regla general, entre cinco y ocho cosechas de barbaresco y de barolo de cada diez son logradas (desde un año mediano a una gran añada). Una cosecha mediocre será a menudo resultado de un verano desapacible o de lluvias durante la vendimia. La vendimia puede durar todo un mes, según las cepas; un mal año para un vino puede ser bueno para otros.

BARBARESCO Y LA REGIÓN DE ALBA: PERFIL

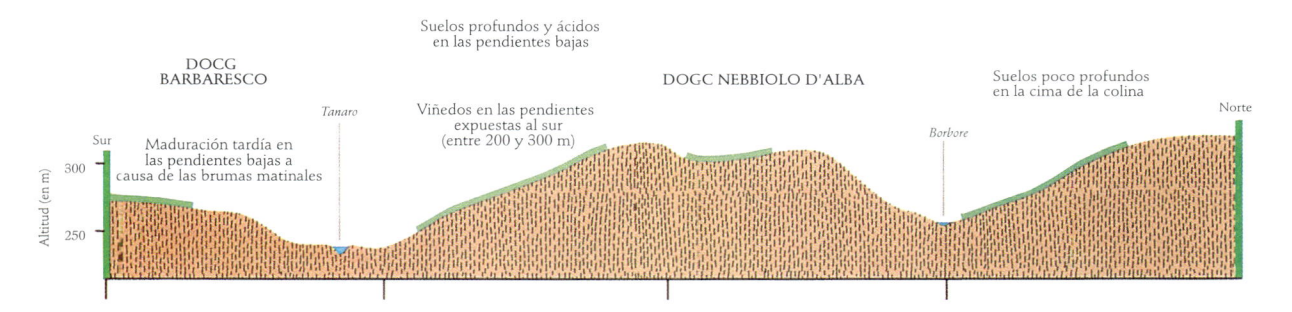

Suelos
En las colinas de Langhe, tierra del barbaresco y del barolo, así como en otras zonas del sureste, predominan los suelos alcalinos, ante todo calizos con proporciones diversas de arena y arcilla. Los municipios de Barolo, sin embargo, se distinguen netamente por su tipo de suelo. Monforte d'Alba, Castiglione Falletto y Serralunga d'Alba tienen un suelo de la época tortoniense, teñido de azul, a base de margas calizas ricas en magnesio y manganeso. Aquí a veces se califica los vinos de «heroicos», a causa de su textura aterciopelada y de sus aromas profundos. La Morra se halla sobre un suelo de época helveciense, constituido por margas calizas de color beige, ricas en hierro. Los vinos producidos son muy aromáticos, de gran longevidad. En cuanto al municipio de Barolo, reúne elementos de las dos zonas. En la zona de Barbaresco, entre 200 y 350 m de altura, el clima es más caluroso que en la de Barolo, pero los suelos son similares, con una acidez marcada en las pendientes más bajas.

Paisaje de Piamonte: laderas y viñas.

Emplazamientos y exposiciones
Piamonte es la región de Italia que lleva más lejos la identificación de los diversos emplazamientos del viñedo y sus características. Por ejemplo, las etiquetas llegan a indicar *sorì*, que significa «orientado al sur», o *bricco* o *bric*, «creta». Los viñedos de Barolo y de Barbaresco suelen estar plantados en laderas orientadas al sur, a una altitud de entre 250 y 450 m. Las leves diferencias de insolación o de exposición al viento pueden significar variaciones en la maduración de la uva de nebbiolo, que tienen su influencia en el vino. Los viñedos situados a mayor altitud y más al fresco están plantados a menudo con barbera, una variedad que soporta mejor las variaciones climáticas que la nebbiolo.

PRODUCTORES Y BODEGUEROS

Los productores piamonteses elaboran corrientemente vinos en varias zonas DOC y poseen a menudo viñas en provincias limítrofes. En muchos casos, sobre todo en el sur de Piamonte, la lista de los vinos citados está lejos de ser exhaustiva.

SUR DE PIAMONTE
El sur de Piamonte agrupa las provincias de Cuneo, Asti y Alessandria. Hay muchas denominaciones famosas, comenzando por las DOGC de Barolo, Barbaresco y Asti, así como los vinos hechos de dolcetto, de barbera y de nebbiolo en toda una serie de DOC que se solapan.

Elio Altare
Altare posee 5 ha en La Morra. Muchas investigaciones y experimentos han desembocado en su barolo «moderno» Vigna Arborina y en su Dolcetto d'Alba DOC La Pria, así como dos *vini da tavola* tintos: Vigna Larigi, hecho con barbera, y Vigna Arborina, a base de nebbiolo.

Antica Casa Vinicola Scarpa
Este bodeguero de Nizza Monferrato goza de renombre por su gama de vinos DOC y DOCG, que comprenden barolo, barbaresco, nebbiolo d'Alba, barbera d'Asti y grignolino d'Asti, así como por sus *vini da tavola* tintos a base de brachetto y de freisa.

Fratelli Barale
La familia Barale posee cerca de 20 ha de viñas, entre ellas algunas de las mejores de Barolo. La gama incluye el barolo «tradicional» Castellero, el dolcetto d'Alba Coste di Rose y el barbaresco Rabajà.

Braida-Bologna
Hasta su muerte, en 1991, el bodeguero Giacomo Bologna fue una de las grandes figuras del mundo del vino italiano. Vinificador emérito, estableció normas de calidad nuevas en su región de Piamonte. Su finca, situada en Rochetta Tanaro, en la provincia de Asti, está gestionada todavía por su familia y su hija Raffaella dirige la vinificación con dinamismo. Aparte de un buen moscato d'Asti, la finca es conocida sobre todo por sus tres barbera: La Monella es ligero y afrutado, mientras que el Bricco della Bigotta y el Bricco dell'Uccellone están criados en barrica y tienen una gran amplitud aromática.

Castello di Neive
Se trata de una finca de Neive que ofrece una bella gama de vinos entre los que destacan los *monocrus* barbaresco Santo Stefano, barbera Messoirano y Santo Stefano, y dolcetto Basarin, Messoirano y Valtorta, así como el moscato d'Asti Marcorino. Entre los *vini da tavola*, hay que citar un buen arneis blanco.

Castello di Salabue
Los vinos de esta finca de Ponzano Monferrato comprenden el barbera del Monferrato y el grignolino del Monferrato Casalese, así como el *vino da tavola* tinto Rubello di Salabue.

Cascina Castlet
Esta buena y pequeña propiedad situada entre Alba y Asti, produce Barbera d'Asti DOC y *vini da tavola* tintos a base de barbera llamados Passum y Policalpo.

Fratelli Cavallotto
Esta finca de Bricco Boschis, cerca de Castiglione Falletto, produce un barolo tradicional de calidad, así como barbera d'Alba y dolcetto d'Alba.

Ceretto
Los hermanos Bruno y Marcello Ceretto han innovado tanto su vinificación como la gestión de su bodega de Alba. Las fincas Bricco Rocche (barolo), Bricco Asili (barbaresco), Blangé (arneis di Roero) y el grupo de los Vignaioli di Santo Stefano (asti spumante) se gestionan como unidades autónomas, cuya vinificación está dirigida por Marcello Ceretto. A partir de otras viñas, Ceretto produce vinos como el nebbiolo d'Alba Lantasco o el dolcetto d'Alba Rossana.

Pio Cesare
Esta casa de fama internacional, fundada en Alba en 1881 y especializada en vinos tintos, está actualmente dirigida por Pio Boffa, quien perpetúa la tradicional política de mezcla de los barolo, barbaresco, barbera y dolcetto. Ha introducido, sin embargo, estilos nuevos y produce un barolo Ornato *monocru*.

Michele Chiarlo
Este bodeguero de Calamandrana, en la provincia de Asti, ofrece una amplia gama, que incluye barolo procedentes de viñas de prestigio (Cannubi, Cerequio, Vigna Rionda di Serralunga, Rocche di Castiglione), sin olvidar el barbaresco Rabajà, el barbera d'Asti Valle del Sole, el gavi Fior di Rovere, el grignolino San Lorenzo, el moscato d'Asti Rocca delle Uccellette, y el Barilot, un *vino da tavola* tinto, mezcla de nebbiolo y barbera.

Cinzano
Esta gran empresa de vermut, fundada hacia 1750, produce también los Asti DOCG Cinzano Brut y Matrones Cinzano Pas Dosé, así como los espumosos Pinot Chardonnay y Principe di Piemonte Brut.

Tenuta Cisa Asinari dei Marchesi di Gresy
La familia de los Gresy es propietaria de la soberbia viña de Martinenga, formada por las dos parcelas de Camp Gros y Gaiun. Los tres nombres designan elegantes Barbaresco DOCG de estilo moderno.

Domenico Clerico
Uno de los mejores productores de barolo de estilo nuevo. Hace buen uso del roble francés para sus barolo *monocrus* (Ciabot Mentin Ginestra y Bricotto Bussia) y para el excelente *vino da tavola* tinto Arte, a base de nebbiolo y de barbera.

Aldo Conterno
Aldo Conterno y sus hijos tienen viñedos en el pueblo de Bussia, donde producen, en un estilo tradicional, barolo *monocrus* muy afamados, así como los vinos DOC Barbera d'Alba Conca Tre Pile y Dolcetto Bussia Soprana. También hay que citar los *vini da tavola* como el Favot, vino tinto de nebbiolo criado en barrica, y el arneis blanco.

Giacomo Conterno
Sobre 13 ha situadas al sureste de la zona de Barolo, en los viñedos de Cascina Francia, esta rama de la familia Conterno produce el buen barolo tradicional Monfortino, para añejar en botella, así como dolcetto d'Alba y barbera d'Alba.

Giuseppe Contratto
Esta vieja bodega de Canelli produce buenos barbera d'Alba y barolo, pero es más conocida por sus asti spumante y por espumosos como el Brut Riserva *metodo classico*.

Luigi Coppo & Figli
Instalada en Canelli, la casa Coppo vinifica asti spumante, gavi y el Brut Riserva Coppo *metodo classico*. Su grignolino y sus dos excelentes barbera d'Asti –Pomorosso y Camp du Rouss– gozan de merecida fama.

Carlo Deltetto

Este bodeguero de Canale produce Roero DOC tintos y blancos secos de arneis. También comercializa un delicioso vino blanco dulce, Bric Tupin, igualmente hecho a base de arneis.

Fontanafredda

Esta importante bodega de Serralunga d'Alba vinifica espumosos *metodo classico* como el Contessa Rosa, brut y rosado, y el Gattinara Brut. Pero sus vinos más afamados son barolo de nueve viñedos diferentes.

Gaja

Angelo Gaja, figura puntera de Piamonte y de toda Italia, es propietario de 85 ha en Barbaresco y Barolo. Produce una serie de vinos, a cual más reputado, como los barbaresco *monocrus* Sorì Tildìn, Sorì San Lorenzo y Costa Russi, así como barolo y el barbera Vignarey, criado en barrica. Entre sus *vini da tavola*, hay que citar el tinto Darmagi, hecho de cabernet sauvignon; el Vinot, de nebbiolo; y el blanco Alteni di Brassica, a base de sauvignon.

Fratelli Gancia

Esta importantísima empresa de Canelli, famosa por su vermut, también produce numerosos vinos de Piamonte y otros lugares. Es conocida especialmente por su excelente asti y otros blancos espumosos, entre ellos el Pinot di Pinot y el Gancia del Gancia.

Bruno Giacosa

Giacosa no posee viñas, pero tiene contratos con los viticultores. Considerado a menudo uno de los mejores vinificadores del mundo, ha elegido producir vinos de estilo tradicional en su bodega bien equipada de Neive. Además de los barolo y barbaresco, su gama comporta dolcetto d'Alba, barbera d'Alba y un excelente blanco espumoso, el Bruno Giacosa Extra Brut.

La Giustiniana

Esta seductora propiedad de Gavi está dotada de una moderna bodega donde se producen gavi *monucrus* muy buenos: Lugarara, Montessora y Centurionetta.

Giuseppe Mascarello & Figlio

También partidaria de la tradición, esta empresa posee el 95 % de los fabulosos viñedos de Monprivato. Mauro, hijo de Giuseppe, produce espléndidos barolo Monprivato y Vilero, así como barbaresco, nebbiolo, barbera y dolcetto d'Alba.

Martini & Rossi

La casa más importante de asti spumante y vermut también vinifica otros espumosos: Riesling de l'Oltrepò Pavese y Riserva Montelera Brut *(metodo classico)*.

Nueva Cappelletta

Una finca de Vignale Monferrato renombrada por sus barbera del Monferrato y grignolino del Monferrato.

Alfredo Prunotto

Uno de los mejores bodegueros de Alba. Produce vinos *monocrus*: barolo Bussia y Cannubi, barbaresco Montestefano, barbera d'Alba Pian Romualdo y nebbiolo d'Alba Occhetti, por métodos tradicionales.

Renato Ratti - Antiche Cantine dell'Abbazia dell'Anunziata

El malogrado Renato Ratti fue una figura del mundo del vino italiano y contribuyó mucho a la modernización de los vinos de Alba. Su hijo y su nieto siguen produciendo una gama en la que figuran barolo marcenasco, barbera, dolcetto y nebbiolo d'Alba.

Riccadona

Este importante bodeguero de Canelli produce vermut, asti y espumosos *metodo classico*, como Conte Balduino Extra Brut y Riserva Privata Angelo Riccadona.

La Scolca

La familia Soldati dio a conocer el vino de Gavi en la década de los 60, y los gavi tranquilos y espumosos que produce en serie todavía están entre los mejores.

Cantina Vietti

Esta pequeña casa de Castiglione Falletto es famosa por sus barolo Villero y Rocche di Castiglione; produce también barbaresco, nebbiolo, barbera y dolcetto d'Alba.

Villa Banfi

En Strevi, Villa Banfi (véase p. 309) produce asti spumante, Banfi Brut *metodo classico*, gavi blancos, así como vinos tintos como el Dolcetto d'Acqui y el Brachetto d'Acqui.

NORTE DE PIAMONTE

El norte de Piamonte puede dividirse en dos sectores: la provincia de Turín, que comprende las DOC de Carema y Caluso; y las provincias de Vercelli y Novara, que producen vinos como el Gattinara DOCG y el Ghemme DOC.

Antichi Vigneti di Cantalupo

Los hermanos Arlunno son propietarios de 20 ha en dos pagos selectos de Ghemme: Collis Breclemae y Collis Carellae. Sus vinos tintos tienen aromas concentrados y un estilo vigoroso. El Agamium es un *vino da tavola* tinto hecho de nebbiolo.

Antoniolo

Rosanna Antoniolo produce gattinara tintos *monocrus* a partir de 12 ha de vides en Osso San Grato, San Francesco y Castelle.

Vittorio Boratto

Vittorio Boratto es consejero enólogo de muchas fincas. Cultiva erbaluce en su viña de 2,8 ha, en Piverone, para producir el muy raro caluso *passito* (dulce).

Le Colline

La finca está situada en Gattinara, pero sus 18 ha incluyen viñas en Ghemme y en el sur de Piamonte, especialmente de Barbaresco y Moscato d'Asti DOCG. Algunos años los Ghemme DOC presentan la fuerza que se atribuye de ordinario a los Gattinara DOCG, más conocidos.

Luigi Dessilani

En Fara Novarese, provincia de Novara, Dessilani produce tintos de Gattinara, Ghemme y Fara. Su Chiaretto di Bonarda es un *vino da tavola* rosado hecho de bonarda y de spanna (otro nombre de la nebbiolo).

Luigi Ferrando

Este bodeguero de Ivrea, al norte de Caluso, vinifica Carema DOC tintos y Caluso DOC blancos a partir de sus 3 ha en cada una de estas zonas. Si la añada es excepcional, el carema llevará una etiqueta negra, mientras que será blanca en las cosechas simplemente buenas. Si la vendimia no es digna, no habrá carema. El Solativo es un (raro) blanco dulce de erbaluce criado en barrica. El Tupiun es un *vino da tavola* tinto que mezcla nebbiolo con la neretto local.

Luigi & Italo Nervi

Esta empresa produce especialmente Gattinara DOCG tintos procedentes de una selección de 25 ha, entre ellas las viñas de Molsino y de Valferana.

Sella

La familia Sella hace vino en Lessona desde el siglo XVII. Produce tintos de las DOC Lessona y Bramaterra de estilo tradicional, así como los *vini da tavola* tintos Piccone y Orbello.

Valle de Aosta y Liguria

El Mont-Blanc, el Cervino y el Gran Paradiso son algunas de las cimas alpinas que separan el Valle de Aosta de Francia y Suiza, al norte, y de Piamonte al sur y al este. La mayor parte del vino producido en esta región, la menor de Italia, se consume en la zona, en los acogedores restaurantes y chalets.

El Valle de Aosta

El relieve montañoso de Aosta hace difícil, casi imposible, la viticultura. La mayor parte de las vides están plantadas en terrazas que siguen el valle escarpado del Dora Baltea. El límite de la Valle d'Aosta DOC sigue el curso del río que divide en dos la región. Hay siete subzonas: Morgex y La Salle, Enfer d'Arvier, Torette, Nus, Chambave, Arnad-Monjovet y Donnas.

En la parte alta del valle, en Morgex y La Salle, se encuentran las viñas más altas de Europa, plantadas entre 900 y 1 300 m de altitud. Los vinos, hechos con blanc de Valdigne, son blancos secos y vivos de aromas delicados.

Los vinos tintos del centro del valle son una mezcla de las variedades locales petite rouge y vien de Nus. Los vinos son secos y tienen buen color, con aromas florales. El pueblo de Nus también produce el nus pinot grigio *passito*, levemente dulce, de color cobrizo, elaborado con uvas semipasificadas. Chambave tiene su moscato *passito*, un vino dorado de aromas generosos. Ambos existen también como vinos secos.

La nebbiolo, llamada aquí picutener o picotendro, se cultiva alrededor de la ciudad de Donnas, en suelos arenosos, arcillosos y de gravilla, en el fondo del valle. El vino, hecho de una mezcla de nebbiolo, de freisa y de otras variedades, es fresco y vivo, de color rubí oscuro. El Arnad-Montjovet es otro vino a base de nebbiolo que rara vez se encuentra fuera de la región.

Liguria

En forma de luna creciente alrededor del golfo de Génova, sobre el Mediterráneo, Liguria se extiende entre la Provenza francesa al oeste, el sur de Piamonte y las provincias de Emilia y Toscana al sureste. Una serie de montañas abrigan la región y le dan un poco de suavidad mediterránea. Entre los vinos, consumidos en su mayoría en la región, se encuentran algunos tintos de guarda y blancos sin pretensiones.

La zona DOC de Riviera Ligure di Ponente cubre buena parte de Liguria occidental, desde Génova hasta la frontera francesa. Las cuatro principales variedades son la rossese y la ormeasco para los vinos tintos, y la vermentino y la pigato para los blancos. La rossese da tintos secos y frescos con aromas florales. La ormeasco, un clon local de la dolcetto, produce vinos secos y vivos de capa oscura, que se pueden guardar más tiempo que sus primos piamonteses. El ormeasco sciac-trà es un rosado seco y afrutado. La vermentino da blancos firmes y delicadamente aromáticos, mientras que por su parte los de pigato ofrecen un aroma floral con notas de melocotón.

En el extremo oeste de Liguria, cerca de la frontera francesa, se encuentra la pequeña DOC de Rossese di Dolceacqua. El vino es un tinto elegante y afrutado, agradablemente perfumado.

En Liguria oriental, la Riviera di Levante cuenta con dos zonas DOC, Colli di Luni y la famosa Cinqueterre. La primera da buenos vinos tintos a base de sangiovese y blancos de vermentino con un perfume seductor.

Las terrazas escarpadas de las viñas de Cinqueterre bordean el mar de Liguria, al oeste de La Spezia. El vino blanco seco de esta región es una mezcla de bosco con albarolo o vermentino. Los mejores son vivos con un buqué delicadamente afrutado. Las mismas cepas, una vez semipasificadas, dan el sciacchetrà, fortificado o no, dulce y ambarino. La Cooperativa Agrícola di Riomaggiore ofrece un buen ejemplo de este vino.

PRODUCTORES

En ambas regiones, muchos viticultores cuidan con dificultades pequeñas parcelas situadas en laderas escarpadas o en estrechas terrazas. En el Valle de Aosta, seis cooperativas se hacen con la mayor parte de la uva, produciendo vino para la población local y los esquiadores. La producción ligur también es de pequeña escala; los mejores vinos de Liguria tienen cierto renombre nacional e incluso internacional.

Valle de Aosta

Entre las buenas direcciones se encuentran la cooperativa La Bodega del Vino Blanco de Morgex y de La Salle (para los blancos); Charrere (*vini da tavola* tintos La Sabla y Permetta); la cooperativa La Crotta di Vegneron (tintos y blancos de Chambave y Nus); Grosjean (Torette DOC tinto y pinot noir criado en barrica); el Instituto agrícola regional (buenos vinos varietales, especialmente pinot noir, garnacha y syrah); Ezio Voyat (Rosso Le Muraglie, tinto; La Gazella, un moscatel seco; Le Muraglie *passito*, un blanco dulce).

Liguria

Feola, uno de los principales productores, hace buenos vinos en las cuatro DOC. En la parte oeste, cabe citar Colle dei Bardellini (vermentino y rossese), Riccardo Bruna (pigato), Cascina Feipu (excelente pigato), Enzo Guglielmi (muy buen rossese de Dolceacqua) y Lupi (buenas gamas en las dos DOC occidentales).

Conte Picedi Benettini, La Colombiera y Ottaviano Lambruschi gozan de renombre por sus Colli di Luni DOC, sobre todo los blancos de vermentino. Entre los buenos productores de Cinqueterre se encuentran Forlini Cappellini y la cooperativa.

LOMBARDÍA

Al este de Piamonte, Lombardía comparte el lago Mayor con Suiza y el de Garda con el Véneto. El Po forma una buena parte de su frontera sur. Las estribaciones de los Alpes, que se extienden del lago Mayor al de Garda, pasando por los de Como y de Iseo, constituyen algunos de los mejores emplazamientos vitícolas de Lombardía.

La belleza de esta región atrae a un gran número de turistas y sus viñas se han sacrificado para poder acogerlos. En cuanto a las amplias planicies del valle del Po, son más convenientes para el cultivo de los álamos (para la fabricación de papel) y del arroz que para la vid. Sin embargo, al sur del Po, entre Piamonte y Emilia, se encuentra una zona vitícola importante, el pequeño triángulo de las tierras del Oltrepò Pavese.

Oltrepò Pavese

Es la DOC más productiva de Lombardía y sus viñedos en ladera proporcionan a los milaneses toda una serie de vinos de consumo corriente.

El Rosso DOC, mezcla de barbera y de bonarda, es un vino vivo de capa oscura, con gusto de guinda. El rosso *riserva* se cría dos años en madera y se puede guardar hasta diez. Las mismas cepas se encuentran en los tintos buttafuoco y sangue di giuda, a menudo levemente burbujeantes y consumidos sobre todo en la región.

También se vinifica separadamente barbera y bonarda. La primera da un vino más austero e incisivo, mientras que la segunda presenta más elegancia y aromas de frutos pequeños. La pinot noir puede vinificarse sola, como vino tinto tranquilo, como rosado o como blanco (sin maceración pelicular), aunque a menudo se mezcla con pinot blanc, con buenos resultados en los excelentes espumosos *metodo classico* de la denominación.

También se hacen vinos blancos tranquilos, levemente burbujeantes o claramente efervescentes con las variedades cortese, moscatel, pinot gris, riesling italico y riesling. El moscatel *liquoroso* es una rareza local. A base de moscatel, este vino fortificado, muy aromático, de capa dorada o ambarina, puede ser levemente dulce o muy suave.

Valtellina

Cerca de la frontera suiza, al norte de Lombardía, se encuentran los viñedos alpinos de la Valtellina DOC. Ocupan una franja de tierra al norte del río Adda, al este y al oeste de la ciudad de Sondrio. Las vides se cultivan en pequeñas terrazas que siguen las laderas abruptas orientadas al sur. La variedad principal es la nebbiolo, llamada localmente chiavennasca. Da vinos de capa granate claro, con aromas de flores y hierbas.

El valtellina genérico debería beberse de uno a tres años después de la vendimia. Cuatro subzonas —Sassella, Grumello, Inferno y Valgella— producen valtellina superiore, criado por lo menos un año en barrica, que puede guardarse de cinco a diez años, período durante el cual puede desarrollar un seductor aroma de nuez.

El valtellina sforzato (o sfursat) es un vino tinto seco a base de nebbiolo semipasificada. Tiene aromas concentrados de fruto maduro y alcanza alrededor de un 14,5 % vol de alcohol.

Sur y sureste de Lombardía

La orilla occidental del lago de Garda acoge la DOC más extensa de Lombardía, Riviera del Garda Bresciano. Se produce un vino tinto seco y refrescante, de color cereza, y un sabroso rosado, o *chiaretto*, elaborado con la cepa local, la groppello. Esta denominación cubre parcialmente la de Lugana DOC, que da elegantes vinos blancos fuertes (en general tranquilos) a partir de un clon local de trebbiano. La tocai friulana, cultivada en la misma zona, se emplea para el San Martino della Battaglia DOC, un blanco ligero y seco o *liquoroso*. Al sur del lago de Garda, la provincia de Mantua produce en la Colli Morenici Mantovani del Garda DOC vinos tintos, blancos y rosados bastante sencillos. La llanura del Po suministra el Lambrusco Mantovano DOC, un tinto *frizzante* seco o dulce, parecido al lambrusco de Emilia (véase p. 295).

Al noreste de Bergamo, la zona Valcalepio DOC ofrece un tinto de cuerpo medio —una mezcla de cabernet sauvignon y de merlot con aroma de grosella negra—, y un blanco seco y fresco a base de pinot gris y pinot blanc.

Entre el lago de Iseo y la ciudad de Brescia se encuentra la zona de Franciacorta DOC, donde se hacen espumosos *metodo classico* muy afamados con pinot blanc, chardonnay y pinot noir. En Franciacorta también se produce un vino tinto tranquilo mezclando las variedades cabernet franc, barbera, nebbiolo y merlot, así como un blanco tranquilo de pinot blanc y chardonnay.

Las colinas que rodean Brescia acogen tres pequeñas DOC que suministran vinos de consumo local: Cellatica y Botticino elaboran vinos tintos ligeros extraídos de la variedad schiava. Capriano del Colle produce un tinto de sangiovese y un blanco de trebbiano.

Viñas de nebbiolo en Valtellina.

PRODUCTORES Y BODEGUEROS

En Oltrepò Pavese, la producción está en manos principalmente de las cooperativas, en Valtellina, de grandes bodegas, y en Franciacorta de fincas individuales y explotaciones vinícolas de prestigio. Aquí tiene la lista por DOC.

OLTREPÒ
Buena parte del vino de Oltrepò Pavese (provincia de Pavía) es producido por cooperativas, aunque bastantes fincas hayan conseguido hacerse un nombre.

Castello di Luzzano
La finca de la familia Fuggazza, en Rovescala, es afamada por sus vinos tintos.

Doria
Los mejores vinos de esta propiedad, que cubre una superficie de unas 20 ha en Montalto Pavese, son un pinot noir y un espumoso bautizado Querciolo.

Tenuta Mazzolino
Un *vino da tavola* de pinot noir, llamado Noir, es la estrella de esta propiedad de Corvino San Quirico, que también produce una gama de vinos DOC de Oltrepò.

La Muiraghina
Esta pequeña propiedad de Montu Beccaria sólo produce *vini da tavola* de malvasía, riesling, barbera y una mezcla de cepas locales llamado Il Felicino.

Cantina Sociale di Santa Maria della Versa
Esta cooperativa (2 000 ha) produce vinos tintos de Oltrepò Pavese, entre ellos la gama Donelasco y un espumoso *metodo classico*, el Gran Spumante La Versa Brut.

VALTELLINA
Gran parte del vino de Valtellina está hecho por grandes bodegueros, algunos de los cuales también son propietarios de viñas. Ciertos buenos vinos de productores podrían devolver el lustre al nombre de la región.

Enologica Valtellinese
Este bodeguero hace Valtellina y Valtellina Superiore DOC (etiqueta Tre Leghe), así como un *vino da tavola* blanco de nebbiolo llamado Roccascissa.

Nino Negri
La empresa bodeguera Nino Negri, fundada en 1897, es la principal de Valtellina; el enólogo Casimiro Maule vinifica un sfursat muy bueno y una gama de valtellina superiore.

Otros productores de Valtellina
Corresponde citar: Cantina Cooperativa Villa Bianzone, Fondazione Fojanini, Nera, Fratelli Polatti, Tona y Fratelli Triacca.

FRANCIACORTA
Decenas de pequeños cosecheros producen vinos de Franciacorta en la provincia de Brescia, pero la principal fuente es todavía, sin duda, la bodega Berlucchi.

Bellavista
Esta finca de cerca de 50 ha, ubicada en Erbusco, produce vinos DOC rosso, bianco y spumante. El Cuvée Bellavista y el Gran Cuvée Crémant Millesimato son 100 % chardonnay, mientras que el Gran Cuvée Pas Operé Millesimato y el Gran Cuvée Rosé Millesimato son mezclas de chardonnay y de pinot noir. Entre los vinos tranquilos corresponde citar los tintos Solesine (cabernet y merlot) y Casotte (pinot noir), y el blanco Uccellanda (chardonnay).

Guido Berlucchi
Este bodeguero de Borgonato di Cortefranca posee 70 ha en Franciacorta y otros viñedos en Oltrepò Pavese, Trentino-Alto Adigio y Piamonte. Es el primer productor de *metodo classico* de Italia, con espumosos a base, sobre todo, de pinot noir y chardonnay: Cuvée Imperial Berlucchi Brut, Gran Crémant, Pas Dosé y Max Rosé. Vino tranquilo, el Bianco Imperiale está hecho a base de chardonnay.

Ca' del Bosco
Esta finca de 60 ha, en Erbusco, produce vinos DOC spumante, rosso y bianco. Los *metodo classico* comprenden el Dosage Zero y el Brut Millesimato. Entre los *vini da tavola* cabe señalar una mezcla de cabernet y de merlot, un chardonnay fermentado en barrica y el Pinero, hecho de clones borgoñones de pinot noir.

Cavalleri
Los vinos de este productor de Erbusco comprenden los *metodo classico* Brut, Pas Dosé y Rosé Millesimato, así como *vini da tavola*: el Tajardino, a base de cabernet y de merlot, el Seradina, un chardonnay fermentado en barrica, y el Rampaneto, mezcla de chardonnay y de pinot blanc.

Otros productores de Franciacorta
Fratelli Berlucchi, Enrico Gatti, Ragnoli y Uberti.

OTROS VINOS
Las zonas DOC que rodean el lago de Garda –Riviera del Garda Bresciano, Lugana y San Martino de la Bataglia– se solapan y los productores hacen, a menudo, vino de varias denominaciones.

Ca' dei Frati
En Sirmione, esta finca produce uno de los mejores lugana, así como riviera del Garda.

Tenuta Castello
Situada en la provincia de Bérgamo, esta propiedad se considera la mejor productora de Valcalepio DOC, pero también hace un impresionante *vino da tavola* blanco hecho de chardonnay y criado en barrica, el Aurito.

Fattoria Colombara
Esta finca de la provincia de Mantua produce vinos DOC y *vini da tavola*, entre ellos vinos varietales de cabernet, merlot y chardonnay.

Cascina La Pertica
Aquí se produce Riviera del Garda DOC, el *vino da tavola* Le Zalte Bianco (un chardonnay criado en barrica) y gamas etiquetadas Il Colombaio y Le Sincette.

Cascina la Toretta-Spia d'Italia
Los vinos de esta finca cercana a Brescia incluyen Tocai de San Martino della Battaglia DOC y Riviera del Garda DOC. El Carato Bianco es un *vino da tavola* de chardonnay.

Vigneti Venturelli
Este bodeguero de Raffa di Puegnago produce Lugana DOC y Riviera del Garda DOC.

Visconti
El Lugana DOC, entre ellos un *monocru*, y el Riviera del Garda DOC de este bodeguero gozan de buena fama.

Zenato
Hay que citar el Lugana DOC *monocru* Vigneto Massoni de este bodeguero de Verona.

EMILIA-ROMAÑA

Aunque difieran en bastantes cosas –particularmente en cuanto a los vinos que producen– Emilia y Romaña forman una sola región administrativa. Bolonia, la capital, se encuentra justo en medio, con Emilia al oeste y Romaña al este. La región está limitada al norte por el Po y al oeste por los Apeninos. Las montañas sitúan a esta zona bajo la influencia climática del Adriático: los veranos son calurosos y no es rara la sequía, mientras que los inviernos son húmedos, con brumas que invaden a menudo las llanuras.

Los tesoros culinarios –el queso parmesano y el jamón de Parma– de Emilia-Romaña han eclipsado sus vinos. El único que goza de renombre internacional es el lambrusco efervescente de Emilia.

Emilia

En las grandes llanuras de Emilia, alrededor de Módena, se cultivan diversas subvariedades de la cepa tinta local lambrusco, utilizadas en cuatro denominaciones DOC distintas. El lambrusco di Sorbara es conocido por ser seco, con viva acidez y un seductor aroma de uva. La zona adyacente del lambrusco Salamino di Santa Croce produce un vino similar. Al sur se encuentra la del lambrusco Grasparossa di Castelvetro, con vinos más tánicos y amplios. En cuanto al lambrusco Reggiano, al oeste, es el que más se produce –y el que más se exporta.

El lambrusco suele ser de aguja (*frizzante*), dulce y amable. Normalmente es tinto, aunque se pueda vinificar en blanco o en rosado, limitando el contacto del mosto con los hollejos durante la fermentación. A veces se hace un vino seco y, en ocasiones, un auténtico espumoso. Cualquiera que sea su estilo, está hecho para ser bebido rápidamente.

El noroeste de Emilia, en el límite con Lombardía, comprende la zona Colli Piacentini DOC, que comporta numerosas subdivisiones. Su vino tinto más conocido es una mezcla de barbera y de bonarda llamado gutturnio, generalmente tranquilo y seco, aunque exista en versión suave y *frizzante*. Por lo general seco, el vino de la variedad barbera posee una capa rubí. El de bonarda es fresco y afrutado, de color oscuro y puede ser seco o bastante dulce. Gran parte del pinot noir cultivado en esta región da espumosos blancos o rosados.

Los vinos blancos varietales de Colli Piacentini son a base de malvasía, ortrugo, pinot gris o sauvignon. Existe toda una gama, secos o dulces, tranquilos o *frizzanti*, incluso *spumanti*.

Más al este se halla la Colli di Parma DOC, que puede ofrecer un buen vino blanco aromático de malvasía, tanto seco como levemente dulce o espumoso, y un tinto parecido al gutturnio. Los vinos *frizzanti* y espumosos de la denominación vecina Bianco di Scandiano DOC, a base de sauvignon, están destinados sobre todo a la exportación.

La Colli Bolognesi DOC, con sus subdivisiones de Monte San Pietro y Castelli Medioevali DOC, se conoce principalmente por la finca Terre Rosse, cuyos vinos tienen fama mundial. Terre Rosse se dedica a las variedades francesas, algunas de las cuales están admitidas por la DOC: su cabernet sauvignon es un tinto bien estructurado con aromas generosos de grosella negra. Los vinos blancos secos de pinot blanc y de sauvignon expresan alegremente el carácter de la variedad. La DOC autoriza el empleo de otras variedades en diversos estilos de vinos, incluida la pignoletto local, que da blancos secos o semisecos, tranquilos o *frizzanti*.

Romaña

Los principales viñedos de esta región se extienden entre el sureste de Bolonia y el mar. Son mayoritarios tres viduños: albana, sangiovese y trebbiano. La albana, variedad autóctona, puede dar vinos blancos con un suave aroma de melocotón. Se encuentra en el Albana di Romagna DOCG, un vino con un carácter algo abrumador por su gran personalidad.

La Sangiovese di Romagna DOC suministra una gama de vinos ligeros y agradables, muy populares localmente. Algunos son, sin embargo, más amplios, con una bella capa intensa y una textura sedosa, y se pueden guardar durante varios años.

A lo largo del Adriático, entre la desembocadura del Po y Ravena, se encuentra la Bosco Eliceo DOC. Se elabora sauvignon y un bianco cuya mezcla está dominada por la trebbiano. Son vinos tranquilos o espumosos, generalmente secos. La cepa local fortana da un tinto tánico, que puede ser tranquilo o de aguja, seco o dulce. □

PRODUCTORES

Las cooperativas representan el 70 % de la producción. Algunas, como la Riunite, son agrupaciones enormes.

Emilia
Entre los buenos productores de lambrusco se encuentran Cavicchioli, Chiarli, Giacobazzi, Riunite, Villa Barbieri.

Fugazza hace buenos Colli Piacentini DOC, gutturnio y un vino dulce de malvasía; las fincas La Stoppa y Vigevani/Tenuta Castello di Ancarano ofrecen gamas que incluyen Colli Piacentini DOC y *vini da tavola* varietales.

Terre Rosse emplea cepas francesas e italianas en sus Colli Bolognesi DOC y en sus demás vinos.

Romaña
Conviene recordar Fattoria Paradiso y Fattoria Zerbina para el Albana DOCG y el Sangiovese DOC; el Scaccomatto de Zerbina es un albana *passito*.

VÉNETO

Los Alpes cubren cerca de un tercio del Véneto y sus estribaciones descienden hasta los arrozales de la llanura central y las orillas del lago de Garda, al oeste. En cuanto a la geografía, el Véneto es la región vitícola italiana más variada y sus viñedos ofrecen la posibilidad de elaborar numerosos estilos de vino.

Sus zonas DOC se reparten en tres grandes sectores: las orillas del lago de Garda y los alrededores de Verona; las colinas del Véneto central; y el Véneto oriental, en los alrededores de Venecia y de Treviso.

En el primer sector, los vinos proceden generalmente de variedades autóctonas. Más al este (con algunas excepciones), los vinos son de vidueños mayoritariamente internacionales. A menos de media hora de coche, al este de Verona, se encuentran los viñedos de Soave DOC (blanco). Al noroeste de la ciudad, se extiende la Valpolicella DOC y un poco más al oeste, a orillas del lago de Garda, la Bardolino DOC. Todas de tintos. Teniendo tres de las denominaciones italianas más conocidas en el mundo, se entiende mejor por qué la provincia de Verona ocupa un lugar preponderante en el Véneto.

Soave
Los mejores Soave DOC proceden siempre de la zona Classico, en el centro de la denominación, formada por algunas colinas alrededor de los municipios de Monteforte d'Alpone y de Soave. Las viñas se encuentran a cerca de 250 m de altitud, sobre laderas poco inclinadas con un rico suelo de origen volcánico. Unos rendimientos bastante reducidos y un microclima favorable dan al vino aromas concentrados de frutos maduros. La variedad principal del Véneto es la garganega (blanca). Seco y sabroso, el soave classico presenta una capa pajiza brillante, una acidez agradable y aromas afrutados delicados, con una nota de almendra tostada. El buqué evoca flores de cerezo y de saúco. El soave genérico, producido en las llanuras, es netamente infe-

El castillo de Soave, al este de Verona.

rior. Algunos productores vinifican recioto di Soave, un vino dulce hecho de uvas semipasificadas, con textura y gusto más densos, y también más alcohólico.

Valpolicella y Bardolino
La Valpolicella DOC agrupa diversos estilos de vinos tintos: valpolicella genérico, valpolicella clásico, valpolicella *ripasso,* recioto della Valpolicella y valpolicella amarone.

El valpolicella de base es un vino ligero y sabroso, de color rubí, de un seductor aroma de uva fresca, elaborado para beberse joven. Como el soave, los vinos de la zona Classico tienen a menudo una concentración aromática.

Muchos de los productores de valpolicella recurren además al método del *ripasso*, que consiste en trasegar el vino después de la fermentación para ponerlo sobre las lías del recioto (véase más abajo) del año anterior. Los vinos de *ripasso* son carnosos y concentrados, con una capa cereza oscura, un buqué intenso, un sabor de guinda y cierta longevidad. El término *ripasso* no está reconocido por el sistema oficial de etiquetaje y hay que conocer los métodos del productor para identificar esos vinos.

El recioto de la Valpolicella y el amarone proceden de uvas seleccionadas, secadas al aire en graneros entre la vendimia y el mes de enero. Dotado de aromas concentrados y de una textura aterciopelada, de alto nivel de alcohol, el recioto de la Valpolicella, oscuro y dulce, se compara a menudo con el oporto y se sirve del mismo modo. El amarone es un vino seco y generoso, magníficamente opulento.

Los viñedos de la Bardolino DOC se extienden desde las colinas bajas, al noreste de la ciudad de este nombre, hasta las orillas del lago de Garda. Elaborado con la misma mezcla de cepas que el valpolicella –las variedades autóctonas corvina, rondinella, molinara y otras–, el bardolino es de un estilo más ligero. De capa cereza o rubí, este vino tiene una buena acidez y aromas de cereza. El bardolino chiaretto, por su parte, es un rosado bien estructurado. Estos vinos están destinados generalmente a ser bebidos sin demora.

Otros viñedos de Verona
En la denominación Lessini Durello DOC, al norte de Soave, en las colinas de Lessini, se producen vinos blancos tranquilos y espumosos. La variedad durella tiene una gran acidez y una buena estructura que viene bien para la elaboración de los espumosos de calidad, pero en lo referente a los vinos tranquilos, a muchos consumidores les pueden parecer acerbos.

Los viñedos de la Bianco di Custozza DOC se sitúan alrededor del extremo sur del lago de Garda. Este vino blanco, que es cada vez más apreciado, es normalmente de buen nivel. Ya tranquilo o espumoso, es un aperitivo agradable cuya fruta se compara a menudo con la del melocotón y también con el sabor de la ciruela claudia. Es mejor beberlo enseguida.

El Véneto central

Las estribaciones de los Alpes se extienden hasta el centro del Véneto, donde predominan las cepas bordelesas: cabernet sauvignon, cabernet franc y merlot. Estos vinos suelen presentar agradables aromas varietales.

La denominación Breganze DOC, en la meseta al norte de Vicenza, agrupa vinos de variedades tintas y blancas. Los tintos proceden, por lo general, de cabernet o de pinot noir, y los blancos secos de pinot gris o blanc. La vespaiolo, vidueño local, da un vino seco y vivo con un sabor algo alimonado. También existe un vespaiolo *passito* (vino dulce de uvas semipasificadas).

Aparte de cabernet y merlot, la Colli Berici DOC incluye un vino tinto a base de tocai rosso, de color frambuesa, con un sabor fresco y afrutado. Los principales vinos blancos secos de la denominación son el garganega, el pinot blanc, el sauvignon y el tocai italico. Estos vinos tienen una fruta discreta y deben ser bebidos sin esperar demasiado.

La Colli Euganei DOC produce un blanco y un tinto, así como vinos varietales. El bianco dei Colli Euganei es un blanco seco y elegante, hecho de las variedades locales garganega y serprina. También se elabora un blanco dulce de moscatel con un buqué floral intenso. El rosso dei Colli Euganei es una mezcla de cabernet y merlot con cepas locales. Entre los vinos de variedades autóctonas, el de la Gambellara DOC es un agradable blanco seco y aterciopelado, compuesto de la misma mezcla que el soave. También se encuentra el recioto di Gambellara, uno de los raros vin santo (véase p. 303) producidos fuera de Italia central.

Venecia y Treviso

En las colinas poco escarpadas situadas al norte de Treviso, la zona de Prosecco di Conegliano-Valdobbiabene DOC está dotada de un blanco espumoso, con leve sabor de almendra, pobre en alcohol y de una viva acidez. Los viñedos del sector de Cartizze tienen derecho a su propia subzona, considerada generalmente superior, aunque eso depende en gran medida del productor. La zona de Montello e Colli Asolani DOC también produce prosecco, así como vinos tintos varietales de cabernet o de merlot.

En las llanuras del norte de Venecia, las DOC del Piave y de Lison-Pramaggiore producen agradables vinos varietales de consumo corriente. La larga lista de cepas autorizadas incluye cabernet y merlot en tinto, y pinot blanc y pinot gris en blanco. Sin embargo, hay que destacar dos variedades autóctonas: la verduzzo y la raboso. Los vinos blancos de verduzzo tienen una agradable acidez y un carácter bien afrutado, con una nota de almendra común a muchas cepas italianas. Estos vinos conservan una ligera aguja en botella. En cuanto a la raboso, da un vino de un tinto violáceo, con un sabor un tanto terroso, tánico, que soporta bien el añejamiento.

PRODUCTORES Y BODEGUEROS

En el Véneto, la vanguardia de la producción está formada por pequeñas propiedades de calidad, a menudo familiares, donde se vinifican por separado las diversas parcelas. He aquí la lista.

Allegrini
La finca Allegrini, en Fumane, cuenta con cerca de 50 ha en la zona del valpolicella classico. Produce tres vinos DOC *monocrus*: los valpolicella La Grola y Palazzo della Torre, y el amarone Fieramonte. Entre los *vini da tavola*, merece la pena citar el blanco seco La Poja, el blanco dulce *passito* Fiorgardane y el tinto Pelara.

Anselmi
En Monteforte d'Alpone, Roberto Anselmi posee 25 ha de excelentes viñedos de soave classico: Monte Foscarino, Monte Cercene y Zoppega. Produce un buen Soave Classico DOC; el Recioto dei Capitelli, un vino ejemplar de postre criado en barrica; y dos soave *monocrus*, el Capitel Foscarino y el Capitel Croce, fermentado en barrica. Hay que mencionar el Realda que es un *vino da tavola* tinto de cabernet sauvignon.

Bolla
Esta bodega veronesa produce vinos del Véneto, Trentino-Alto Adigio, Piamonte y Lazio. Entre sus vinos se encuentran Soave DOC genéricos y los soave classico Castellaro y Vigneti di Frosca; el valpolicella classico Jago y el amarone Cantina del Nonno. El Creso es un *vino da tavola* tinto, a base de cabernet sauvignon y de corvina.

Masi
La casa Masi posee 40 ha en la zona del valpolicella classico y alquila viñas para producir su Bardolino DOC La Vegrona y su Soave DOC Col Baraca.

Los Valpolicella DOC incluyen el Toar, el Amarone Mazzano, el Amarone Campolongo de Torbe y el Recioto Mezzanella. Entre los *vini da tavola* cabe citar el Campo Fiorin, cuya creación marcó el retorno al método del *ripasso*.

Pieropan
Leonildo Pieropan fue el primero en vinificar un Soave DOC *monocru*, el Calvarino. Otro procede de la viña de La Rocca. La finca también produce el recioto di Soave Le Colombare y un *vino da tavola* blanco elaborado con riesling italico.

Quintarelli
Los vinos de Giuseppe Quintarelli, instalado cerca de Negrar, en Valpolicella Classico, tienen su propio estilo. Una larga fermentación en barrica, ninguna filtración y pocos trasiegos dan vinos amplios y complejos, entre ellos un valpolicella *ripasso* y un recioto amarone. Los *vini da tavola* comprenden el blanco *passito* Amabile del Cerè, y los tintos Alzero (cabernet franc) y Molinara.

Otros productores
Entre los nombres que merece la pena buscar en Soave y Valpolicella, corresponde citar a Bertani, Guerrieri-Rizardi, Prà, Le Ragose, Serègo Alighieri, Fratelli Tedeschi y Tommasi.

Otros productores y bodegueros afamados del Véneto son Carpenè Malvolti (prosecco), Fausto Maculan, Santa Margherita (gama de vinos del Véneto oriental), Venegazzù-Conte Loredan-Gasparini (el primero –y más famoso– Venegazzù fue un gran vino tinto para guardar mucho tiempo, a base de variedades bordelesas; actualmente existe en diversos estilos), Villa dal Ferro (buenos Colli Berici DOC tintos y blancos).

Trentino - Alto-Adigio

En esta región montañosa del noreste de Italia sólo el 15 % del suelo es cultivable. Los viñedos describen una Y a lo largo de los valles del Adigio (Etsch en alemán, la otra lengua de la región) y de su afluente el Isarco (Eisack) hasta su confluencia al sur de Bolzano, luego prosiguen hacia el sur el curso del Adigio.

El Trentino y el Alto-Adigio son dos regiones distintas unidas por una convención administrativa. La parte norte, el Alto-Adigio (también llamado Südtirol o Tirol meridional), corresponde a la provincia de Bolzano (Bozen). Limita con Lombardía al oeste y con Austria al norte. La mayoría de los habitantes son germanohablantes; los rótulos geográficos están en alemán y en italiano, y prosperan las variedades alemanas como la sylvaner y la müller-thurgau. El clima subalpino implica inviernos fríos, veranos cálidos y noches frescas durante todo el año. Las pendientes montañosas del valle son escarpadas y la vid se cultiva a menudo en terrazas.

A medida que el Adigio se dirige hacia el Trentino, el valle se ensancha. Los viñedos del Trentino están plantados en general a menor altitud, en laderas de pendiente más suave y en llanuras. El clima es más cálido y la influencia cultural italiana resulta muy perceptible.

Alto-Adigio

Los vinos blancos secos de esta región han adquirido fama internacional. Las variedades blancas —sylvaner, müllerthurgau, riesling, riesling italico (welschriesling), sauvignon y pinot blanc (weissburgunder)— soportan bien la altitud en estos valles soleados y dan vinos secos y vivos. La pinot gris (ruländer), que da un blanco sabroso, adopta aquí una nota ahumada. El aroma de litchi de la gewürztraminer (traminer aromática) se afina mediante una vendimia precoz y una maceración pelicular abreviada. Los vinos son elegantes y presentan agradables aromas florales. Los tintos amables de la región están destinados al consumo

Vides cultivadas en pérgolas tridentinas.

local. Cuatro de las siete zonas DOC están dedicadas a vinos elaborados, sobre todo, con la variedad schiava (vernatsch en alemán). En especial en la Lago di Caldaro DOC (Kalterersee), donde se hace un vino tinto claro, dotado de un discreto aroma de cereza y de un regusto de almendra, pero que a veces puede tomar más color y cuerpo, como por ejemplo en los vinos de la Santa Maddalena DOC (St Magdalener).

El Alto-Adigio produce además espumosos con una mezcla de chardonnay y de pinot noir (las variedades de Champagne). También se encuentran en vinos tranquilos estas dos variedades vinificadas separadamente. La cepa tinta local, lagrein, da un vino robusto con aromas de frutos pequeños, llamado scuro (dunkel), y un rosado aromático (kretzer). El moscato giallo (goldenmuskateller) dorado y el moscato rosa (rosenmuskateller) rubio pálido son dos vinos dulces de moscatel con aromas florales.

Los viñedos de la Terlano DOC se extienden sobre las laderas que bordean las dos orillas del Adigio, al oeste de Bolzano, y son famosos por sus buenos vinos blancos varietales. También se hace aquí un espumoso seco, sobre todo a base de pinot blanc.

Las altas pendientes de la DOC más septentrional de Italia –Valle d'Isarco, a lo largo del río de este nombre, cerca de Bolzano– proporcionan elegantes vinos blancos varietales, conocidos por su pureza aromática.

Trentino

Cultivadas a una altitud menor y en un clima más cálido, con rendimientos ligeramente inferiores, las uvas del Trentino tienden a dar vinos más tiernos y con aromas más desarrollados. La mayor parte están elaborados para ser bebidos enseguida.

La denominación Trentino DOC comprende un buen número de vinos varietales idénticos a los del Alto-Adigio, así como espumosos *metodo classico*, sobre todo a base de pinot blanc y pinot noir. También se encuentran cepas autóctonas muy destacables.

La marzemino (tinta muy afrutada) y la nosiola (blanca) dan vinos secos tranquilos. La nosiola también constituye el elemento principal del vin santo, un vino de postre ambarino o cobrizo hecho de uva pasificada. La tercera variedad local es la teroldego, que posee su propia DOC en los suelos de grava de Campo Rotaliano. Da vinos tintos secos, ligeros y afrutados, y asimismo rosados refrescantes. Pero también puede adquirir mucho carácter y longevidad en los viñedos cercanos a Mezzolombardo.

Otras zonas del Trentino producen vinos corrientes destinados a un consumo rápido: el bianco (a base de nosiola) y el rosso (a base de schiava) de la Sorni DOC, así como los tintos de la Casteller DOC, a base de schiava.

Los vinos más comunes llevan la denominación Valdadigio DOC (Etschtaler), que cubre todo el Alto-Adigio, el Trentino y una parte del Véneto.

PRODUCTORES Y BODEGUEROS

Muchos viticultores del Alto-Adigio y del Trentino han constituido asociaciones que representan del 65 % al 75 % de la producción local. Las grandes fincas son escasas y el embotellado en la propiedad es raro.

ALTO-ADIGIO
Castel/Schloss Schwanburg
Los vinos producidos en este castillo de Nalles comprenden tintos de la Alto-Adigio DOC de cabernet sauvignon, lagrein y schiava, así como blancos de Alto-Adigio y Terlano DOC.

Cantina Sociale Colterenzio/Schreckbichl
Esta cooperativa de Cornaiano es famosa por sus Alto-Adigio DOC (entre ellos las gamas Greifenstein, Praedium y Cornell) y por el *vino da tavola* tinto Cornelius.

Haderburg
Se trata de dos fincas cercanas a Salorno que producen sobre todo vinos blancos. La etiqueta Haderburg está reservada a los espumosos, mientras que la gama Steinhauser agrupa vinos blancos tranquilos de chardonnay y gewürztraminer, así como un tinto de pinot noir.

J. Hofstätter
Este bodeguero de Termeno produce un buen pinot noir Alto-Adigio DOC, un gewürztraminer notable y excelentes *vini da tavola*: Yngram Rosso (cabernet sauvignon criado en barrica) e Yngram Bianco.

Graf Eberhard Kuenburg/Schloss Sallegg
Este castillo de Caldaro hace Caldaro y Alto-adigio DOC, entre ellos un soberbio Rosenmuskateller, un vino tinto dulce de vendimia tardía.

Alois Lageder
Esta antigua empresa familiar de Bolzano posee 20 ha en propiedad y compra mucha uva cultivada por contrato. Entre sus mejores vinos *monocrus* figuran: los alto-adigio chardonnay Löwengang y Erlehof, los cabernet sauvignon Löwengang y Romigberg, el lagrein dunkel Lindenburg, el pinot blanc Haberlehof, el pinot gris Benefizium Porer y el terlano sauvignon Lehenhof.

Cantina Sociale San Michele
La cooperativa de Appiano produce una buena gama de alto-adigio tintos y blancos varietales, así como Lago di Caldaro DOC tintos.

Vinicola Santa Margherita
Esta bodega de Caldaro vinifica los blancos del Alto-Adigio DOC y el Luna dei Feldi, un *vino da tavola* a base de chardonnay, müller-thurgau y gewürztraminer.

Cantina Sociale Terlano
Esta muy buena cooperativa es conocida, sobre todo, por su sauvignon y su müller-thurgau.

J. Tiefenbrunner/ Schloss Turmhof
La excelente selección de este castillo de Cortaccia comprende vinos de la Alto-Adigio DOC de cabernet sauvignon y lagrein en tinto, y de chardonnay y gewürztraminer en blanco. También ofrece *vini di tavola* sobresalientes: el Goldmuskateller seco; el Feldmarschall a base de müller-thurgau; el Linticlarus blanco, un chardonnay criado en barrica; y el Linticlarus tinto, una mezcla de lagrein, cabernet sauvignon y pinot noir.

Vivaldi
En el lejano pueblo alpino de Meltina, este centro vinícola produce espumosos *metodo classico*, entre ellos los Vivaldi Brut y Extrabrut.

Otros productores
Alfons Giovanett-Castelfelder, Giorgio Grai (el gran enólogo del vino italiano), Josef Huber-Pacherhof, Klosterkellerei Muri-Gries, Praeclarus, Prima & Nuova, Hans Rottensteiner, Karl Vonklausner, Wilhelm Walch y Baron Widmann.

TRENTINO
Concilio Vini
Los vinos de esta casa de Volano incluyen Trentino DOC de chardonnay y de nosiola en blanco, y marzenino en tinto, así como el Mori Vecio, *vino da tavola* tinto de cepas bordelesas. También producen el espumoso *metodo classico* Concilio Brut.

Fratelli Dorigati
Este bodeguero de Mezzocorona se especializa en la teroldego, que utiliza en su Grener, un interesante *vino da tavola* tinto a base de teroldego, cabernet franc y cabernet sauvignon.

Equipe Trentina Spumante
En Mezzolombardo, este bodeguero especialista en espumosos produce los *metodo classico* Equipe 5 Brut y Riserva.

Ferrari
Se trata de un importante bodeguero de espumosos *metodo classico* con base en Trento: Brut, Brut Perlé, Brut Rosé y Giulio Ferrari Riserva del Fondatore.

Foradori
La familia Foradori produce en Mezzolombardo dos espléndidos Teroldego Rotaliano DOC *monocrus* –Vigneto Sgarzon y Vigneto Morei– y un *vino da tavola* tinto, Granato, en el que domina la teroldego. Otro gran *vino da tavola*, el Karanas, es una mezcla compleja de una decena de variedades.

Conti Martini
Los vinos de esta vieja finca familiar con palacio de Mezzocorona están enraizados en la tradición. Cabe citar entre ellos los tintos Teroldego Rotaliano y Trentino Lagrein DOC, y el *vino da tavola* blanco y seco Moscato di Mezzocorona.

Pojer & Sandri
En su plácida finca de Faedo, Mario Pojer y Fiorentino Sandri producen una interesante serie de *vini da tavola* varietales, müller-thurgau, chardonnay, nosiola y pinot noir, así como espumosos *metodo classico* y el Essenzia, un vino blanco dulce en el que se mezclan varias cepas.

Roberto Zeni
Entre los vinos *monocrus* de esta pequeña finca de Grumo di San Michele, hay los pinot blanc Sorti y Seipergole, el müller-thurgau La Croce, el chardonnay Zaraosti, el teroldego Pini y el moscatel Rosa, dulce y rosa oscuro.

Otros productores y bodegueros
Barone de Cles, Riccardo Battistotti, Bolognani, Le Brul, Endrizzi, Istituto Agrario Provinciale, Letrari, Longariva, Madonna delle Vittorie, Metius, Maso Poli, Giovanni Poli, San Rocco, Armando Simoncelli, Enrico Spagnolli, Giuseppe Spagnolli, Tenuta San Leonardo (más conocido por el nombre de Guerrieri Gonzaga) y Vallarom.

Friul-Venecia Julia

El Friul se encuentra en el extremo noreste de Italia. La montaña cubre buena parte de la región y la vid está relegada a las colinas bajas (zonas Collio DOC y Colli Orientali DOC) y a las llanuras (Grave del Friuli DOC) del sur.

Una poda rigurosa de las cepas –los rendimientos de Friul se encuentran entre los más bajos de Italia– y una gran maestría técnica le han valido a esta región una reputación internacional por sus vinos blancos secos, vivos y netos, y por sus tintos frescos y aromáticos.

Estos vinos suelen destacar las características de la variedad, sin fermentación maloláctica ni crianza en madera.

Collio y Colli Orientali del Friul

Las DOC adyacentes de Collio Goriziano (o Collio) y Colli Orientali del Friuli ocupan las estribaciones alpinas vecinas a Eslovenia.

La caliza y los depósitos fósiles enriquecen a menudo el suelo de estas viñas que están dispuestas en terrazas. Las dos zonas producen sobre todo vinos varietales blancos destinados a ser bebidos sin dejarlos envejecer.

La tocai friulana –que se cree originaria del noreste de Italia– es la cepa blanca más plantada. Sin embargo, después de años de controversia, la Unión Europea ha decidido, para evitar cualquier confusión con el tokay húngaro –mezcla de variedades húngaras– que había que rebautizar la tocai italiana, aunque todavía no se ha elegido el nuevo nombre. Esta cepa produce un vino de capa pajiza, con reflejos verdes y aromas de almendra.

La ribolla gialla da generalmente blancos secos y alimonados; la verduzzo tiende a presentar un aroma de avellana.

El vino de pinot gris local es vivo, seco y relativamente amplio. Su capa es paja clara, pero la maceración pelicular puede aportarle bonitos matices cobrizos.

La plaza Mateoti, en Udine, centro de la región vitícola de Friul-Venecia Julia.

La sauvignon da un buen vino seco, vivo y muy aromático, mientras que la malvasía istriana aporta aromas más secos. También salen muy logrados los pinot blanc y los chardonnay, tanto si son vinificados en un estilo joven y fresco o más amplio, gracias a una fermentación o crianza en madera. El picolit y el ramandolo (a base de verduzzo) son vinos de postre.

Entre los vinos tintos, el cabernet (franc y/o sauvignon) es seco, bien coloreado y fresco, con aroma de grosella negra y de pimiento. Algunos ganan al envejecer. El merlot tiene una capa rubí y una textura aterciopelada, mientras que el refosco es levemente tánico, con sabores de frambuesa y mora, y un buqué intenso. También el refosco merece ser guardado algunos años, al igual que el schiopettino, un tinto seco con aromas de bayas silvestres.

Uno de los vinos más conocidos de Collio, el Vintage Tunina de Jermann (véase página opuesta) no procede de una DOC.

Grave del Friul

Esta amplia llanura de grava, que se extiende al este de Venecia hasta el Isonzo, produce más de la mitad de los vinos de DOC de Friul y cerca de dos tercios de la cosecha total. Dominan los vinos tintos de más o menos cuerpo, a base de merlot, cabernet sauvignon o franc, pinot blanc o refosco local. La tocai, la pinot gris, la pinot blanc y la chardonnay dan blancos frescos y afrutados, aptos para ser bebidos jóvenes. También se encuentra un rosado de merlot.

Otros vinos de Friul

Al sureste de la región, la zona de Isonzo DOC produce excelentes tintos aromáticos y blancos delicados. La Carso DOC ofrece sólidos tintos de terrano, un clon de refosco, y blancos secos y vivos de malvasía.

Las llanuras costeras del Adriático acogen finalmente la Aquileia DOC y la Latisana DOC, pequeñas denominaciones de vinos tintos (sobre todo a base de merlot) y blancos fáciles de beber.

PRODUCTORES Y BODEGUEROS

La mayor parte de los vinos de Friul son obra de viticultores. Las parcelas son muy pequeñas y dispersas, pero hasta la finca más modesta ofrece toda una serie de vinos y es frecuente el embotellado en la propiedad. Los rendimientos menores y las vinificaciones más cuidadas han mejorado la calidad de los vinos, sobre todo de los blancos.

COLLIO Y COLLI ORIENTALI

Abbazia di Rosazzo
Los viñedos de la antigua abadía de Rosazzo, en la provincia de Udine, producen colli orientali y *vini da tavola*, entre ellos los blancos Ronco delle Acacie (tocai, pinot gris y ribolla) y Ronco di Corte (sauvignon y pinot blanc), y el tinto Ronco dei Roseti, hecho de cabernet sauvignon, cabernet franc, merlot, refosco y otras variedades tintas locales.

Comelli
Esta propiedad cercana a Torlano, en la provincia de Udine, produce colli orientali, pero es más conocida por su ramandolo, dulce y dorado. También es digno de interés el picolit con aromas de melocotón.

Livio Felluga
En Brazzano di Cormons, en la provincia de Gorizia, la familia Felluga posee viñas en las zonas DOC de Collio y de Colli Orientali. Vinifica un collio *monocru*, el Sauvignon di Rolat, y una gama que comprende un prestigioso picolit blanco y dulce, y el *vino da tavola* Terre Alte, a base de tocai, pinot blanc y sauvignon.

Marco Felluga
Marco Felluga posee una explotación vinícola en Gradisca d'Isonzo en la provincia de Gorizia, y produce Collio DOC comprando uva a viticultores bajo contrato. También es propietario de la finca Russiz Superiore (véase más adelante).

Formentini
La finca de la familia Formentini, en San Floriano del Colle, en la provincia de Gorizia, data del siglo XVI y abarca más de 100 ha que producen Collio DOC y espumosos.

Gravner
En sus viñas de Oslavia, en la provincia de Gorizia, Josko Gravner hace excelentes Collio DOC así como interesantes *vini da tavola*, como el tinto Rujno, una mezcla de cabernet y merlot, y el blanco Vinograd Breg, elaborado con cepas locales. El collio blanco, de ribolla gialla, está particularmente logrado. La mayor parte de los vinos se crían en madera.

Jermann
Esta propiedad de la provincia de Gorizia, fundada en 1880, es muy famosa. Silvio Jermann ha elegido apartarse de las DOC para sus vinos varietales o de mezcla, como el opulento Vintage Tunina, blanco seco pero untuoso y violentamente aromático gracias a una mezcla de sauvignon y chardonnay, ribolla, malvasía y picolit. También tiene el chardonnay «Where the Dreams have no End», un vino y un nombre que han causado sensación; Engelwhite, un blanco de pinot noir; y Vinnae, un blanco en que domina la ribolla. El Vigna Bellina es un vino dulce de color cereza hecho de moscato rosa.

Pra di Pradis
Esta finca de Pradis di Cormons, en la provincia de Gorizia, empieza a gozar de reputación por sus vinos Collio DOC.

Russiz Superiore
Esta propiedad de 150 ha, ubicada en Capriva, provincia de Gorizia, pertenece a Marco Felluga (véase antes) y a su hijo. Da vinos varietales Collio DOC muy elegantes.
Dos *vini da tavola* blancos, el Roncuz (seco), a base de pinot blanc, tocai, sauvignon y riesling italico, y un vino dulce de verduzzo también gozan de fama.

Mario Schiopetto
Gran iniciador de la mejora de los vinos blancos de Friul, Schiopetto vinifica excelentes Collio DOC, entre ellos un pinot blanc espléndido y un tocai seductor con aroma de pera. Entre los demás vinos de su finca de Spessa di Capriva, en la provincia de Gorizia, hay que citar los *vini da tavola*, como el Blanc des Rosis, mezcla de tocai, pinot blanc y ribolla, y el Rivarossa, un tinto de merlot y cabernet sauvignon.

Volpe Pasini
Esta finca de 28 ha, en Togliano di Torreano, es una de las más antiguas y más conocidas de Colli Orientali. Sus mejores vinos DOC llevan la etiqueta Zuc di Volpe e incluyen un buen pinot blanco criado en barrica, así como un pinot gris y un elegante tocai. En la gama de los *vini da tavola* merecen citarse el tinto Le Marne y el blanco Le Roverelle.

Otros productores de Collio y Colli Orientali
Conte Attems, Borgo Conventi, Ca' Ronesca, Gradnik, Puiatti, Roncada y Villa Russiz.

GRAVE DEL FRIULI

Pighin
La familia Pighin es propietaria de la mayor finca privada de Friul: 140 ha en la DOC de Grave del Friuli y 30 ha en la DOC de Collio. Su bodega de Risano, en la provincia de Udine, produce vinos de las dos denominaciones y *vini da tavola*: el tinto Baredo, de cabernet sauvignon, merlot y refosco, y el blanco Sorelli, a base de tocai, pinot blanc y sauvignon.

Vigneti Pittaro
En su finca de Codroipo, en la provincia de Udine, Piero Pittaro elabora buenos Grave del Friuli DOC tintos y blancos, un *vino da tavola* tinto, Agresto, dominado por la cabernet sauvignon, el blanco dulce Apicio (mezcla de variedades blancas) y espumosos.

Otros productores de Grave del Friuli
Le Fredis, Viticoltori Friulani-La Delizia (cooperativa), Vigneti Le Monde y Ploznet.

OTROS VINOS

Ca' Bolani
Propiedad de la casa Zonin, importante bodega del Véneto, Bolani representa 180 ha de viñas en dos fincas vecinas situadas en Cervignano del Friuli, en la provincia de Udine. Producen Aquileia DOC, un *vino da tavola* blanco de müller-thurgau y un espumoso *metodo classico* llamado Conte Bolani Brut Riserva.

Stelio Gallo
Dirigida por Gianfranco Gallo, esta finca modelo situada en Mariano del Friuli, provincia de Gorizia, produce en sólo 5 ha los mejores vinos de la DOC de Isonzo, así como un *vino da tavola* de chardonnay.

Edy Kante
Esta propiedad de San Pelagio, en la provincia de Trieste, es un importante productor de Carso DOC, pero también vinifica *vini da tavola* blancos, hechos de sauvignon y de vitovska.

LAS REGIONES VITÍCOLAS DE TOSCANA Y DE ITALIA CENTRAL

Entre sus cerca de 25 zonas clasificadas como DOC y DOCG, y sus múltiples *super vini da tavola*, Toscana es la región vitícola más renombrada de Italia en cuanto a calidad. En la vecina Umbría, los productores no han tardado en comprender las posibilidades de los nuevos *vini da tavola*, que rivalizan actualmente con los vinos de las ocho denominaciones clasificadas. Al otro lado de los Apeninos –en Las Marcas, los Abruzzos y Molise–, algunos productores han empezado a preocuparse por la calidad de sus vinos tintos y blancos desde hace muy poco tiempo.

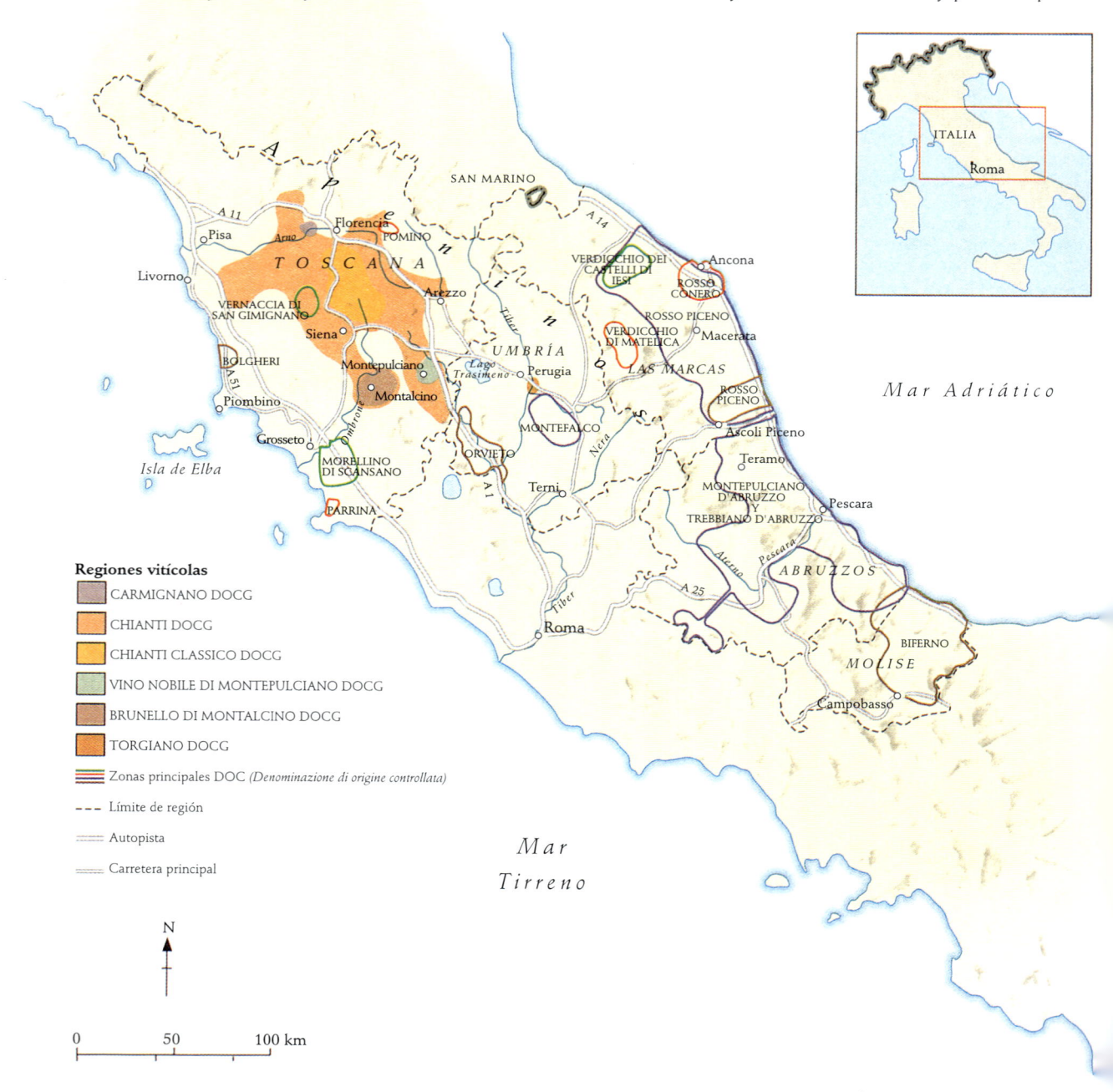

Regiones vitícolas
- CARMIGNANO DOCG
- CHIANTI DOCG
- CHIANTI CLASSICO DOCG
- VINO NOBILE DI MONTEPULCIANO DOCG
- BRUNELLO DI MONTALCINO DOCG
- TORGIANO DOCG
- Zonas principales DOC *(Denominazione di origine controllata)*
- Límite de región
- Autopista
- Carretera principal

TOSCANA

La Toscana es sin duda alguna la región de Italia, y quizá de Europa, donde las tradiciones vitícolas han tenido una mayor continuidad. En el siglo XIV, en los albores del renacimiento de las artes, las ciencias y la cultura, algunas grandes familias del vino –como los Frescobaldi o los Antinori– forjaron su renombre en Florencia. Actualmente, están a la cabeza de la renovación.

Toscana es famosa en todo el mundo por sus vinos tintos de Chianti que, en la década de los 60, eran conocidos, sin embargo, por su delgadez e insignificancia. Pero desde la mitad de la década de los 80 la región se ha convertido en la punta de lanza de la innovación vitícola en Italia. El primer impulso de esta renovación lo dio la principal zona de denominación de chianti, la Chianti Classico, seguida por la pequeña denominación de Chianti Rufina, más al norte, donde los productores, aconsejados por enólogos como Maurizio Castelli y Franco Bernabei, han realizado progresos técnicos espectaculares.

El cambio también ha llegado a las zonas costeras, en las que el vino no ocupaba antaño más que un lugar modesto, como la zona de Bolgheri, de donde proceden dos de los mejores vinos de Italia: el Sassicaia y el Ornellaia. El Sassicaia es un vino tinto de cabernet sauvignon y cabernet franc cuya calidad ha sido aclamada en el mundo entero. Manteniéndose voluntariamente fuera de las normas de la DOC, lleva orgullosamente la simple etiqueta de *vino da tavola* (vino de mesa). Estimulados por este éxito, algunos productores toscanos dotados de imaginación han recurrido a variedades importadas para crear toda clase de mezclas. Otros han preferido basarse en las cepas locales, pero no necesariamente de la manera prevista por las diversas DOC.

Todo ello ha generado un nuevo estilo de vino bautizado «super vino da tavola». No existe mayor contraste que entre un vino común de mesa italiano y uno de estos «vinos de diseño». El precio –y la presentación– también habían alcanzado cotas insospechadas, pero un cierto retorno a estilos más tradicionales –y a precios más razonables– ha restablecido el equilibrio. Sin embargo, han aprendido la lección: se busca la calidad y se emplean los mejores clones y las técnicas más modernas para completar los métodos tradicionales.

Atrás han quedado los tiempos en que los vinos blancos de Toscana eran viejos antes de plazo, y oxidados o muy azufrados. Gracias a las nuevas tecnologías, los buenos productores obtienen blancos limpios y frescos, como el galestro. Otros se han dedicado a la crianza de vinos de chardonnay en barrica.

Las variedades

La gran cepa tinta de Toscana es la sangiovese: aunque puede dar resultados mediocres –cuando el clon está mal elegido y el rendimiento es alto–, también produce vinos capaces de rivalizar con cualquier nebbiolo de Piamonte. Los vinos DOCG de Toscana –Chianti Classico, con gusto de cereza amarga; Brunello di Montalcino, carnoso y fuerte; y el más austero Vino Nobile di Montepulciano– son los ejemplos clásicos. En las colinas al su-

Viñas en las colinas cercanas a Greve, en el Chianti Classico.

EL VIN SANTO

La tradición del *vin santo* (vino santo) es apreciada por muchos productores toscanos, incluso por los más vanguardistas. Es un vino *passito*, es decir, de uvas pasificadas. En Toscana, la uva (en general blanca: malvasía del Chianti, trebbiano o grechetto) se seca tradicionalmente sobre cañizos, en el granero, aunque algunas bodegas modernas recurran al aire caliente.
A continuación se pisa la uva y el vino se precinta en barricas pequeñas, los *caratelli*, donde se deja tal cual durante un período que oscila entre cuatro y seis años. Puede ser dulce o seco, aunque su nombre de connotaciones religiosas parece indicar que originariamente era dulce. En ambos casos, se trata de un néctar digno de los dioses, sobre todo cuando se moja en él las galletas de almendras llamadas *cantucci*.

reste de Grosseto, cerca de la ciudad de Scansano, la sangiovese se llama morellino y tiene su propia zona DOC, Morellino di Scansano, para un tinto robusto.

La mammolo, con aroma de violeta, puede encontrarse en la mezcla del vino nobile de Montepulciano y en ciertos chianti. La canaiolo nero todavía está muy extendida, aunque su papel en Chianti está en claro declive.

La trebbiano toscano (ugni blanc) es la variedad blanca más extendida en el centro de Italia. Su carácter muy neutro le impide dar grandes vinos, pero la vinificación moderna permite que sean aceptables. Mezclada con cepas locales como la malvasía del Chianti, o extranjeras como la chardonnay, puede ser la base de vinos interesantes, anteriormente inimaginables en una región donde los blancos siempre han cedido el paso a los tintos.

La clasificación de los viñedos

En 1716, el gran duque de Toscana creó varias de las primeras zonas de denominación de origen de Europa, en particular Chianti, Carmignano y Pomino. En 1966, durante la entrada en vigor del sistema italiano de *denominazione di origine controllata* (DOC), las primeras denominaciones atribuidas en Toscana fueron Brunello di Montalcino, Vernaccia di San Gimignano y Vino Nobile di Montepulciano. Chianti se convirtió en DOC en 1967, y, aunque el reconocimiento oficial de Carmignano y Pomino fue más tardío, los mejores vinos toscanos proceden de estas seis zonas. Otra veintena más tiene derecho a la etiqueta DOC. Pero algunas de las menores, de producción casi inexistente, probablemente serán desclasificadas.

Chianti

Cinco provincias toscanas con viñedos tienen actualmente derecho a la amplia apelación Chianti DOCG, que designa un vino tinto en que domina la sangiovese, mezclada con un poco de canaiolo, así como una pequeña proporción de las variedades blancas trebbiano y malvasía del Chianti. También están autorizadas la cabernet sauvignon, la merlot y otras cepas tintas hasta una proporción del 10 %. Siete zonas tienen el derecho de añadir su nombre a la denominación básica. La más extensa, Classico, y la más pequeña, Rufina, son las que más han contribuido a mejorar la imagen del chianti. En las otras –Colli Senesi, Colli Fiorentini, Montalbano, Colli Aretini y Colline Pisane–, el cambio es menos apreciable.

El paso de Chianti Classico del estatuto de DOC al de DOCG, en 1984, se ve hoy como un gran avance. Gracias a un mayor control de la producción, pero también del rendimiento, el volumen ha bajado de 380 000 hl en 1983 a 300 000 hl en 1988; la presencia obligatoria de uvas blancas en la mezcla (hábito establecido en el siglo XIX por el barón Ricasoli para redondear los taninos ásperos de la sangiovese) se ha vuelto simbólica; el 15 % de vinos venidos de fuera (en general del sur de Italia), admitido por el antiguo reglamento DOC, se ha eliminado en la actualidad. Casi ha desaparecido también la práctica del *governo*: adición de uvas secas, o de su mosto, después de la primera fermentación, a fin de provocar una segunda fermentación y obtener un vino menos tánico, para ser bebido antes.

Muchos chianti todavía están destinados a un consumo bastante rápido, pero no el chianti classico: con sus notas de frambuesa y de cereza negra, su carácter muy seco y su fuerte acidez, es difícil beberlo joven o fuera de las comidas. En cuanto al chianti rufina, su acidez está todavía más marcada, pero tiene, sin duda, mucha fruta y longevidad.

Brunello di Montalcino

Los tintos fuertes de esta denominación DOCG proceden de las colinas de Montalcino, en la provincia de Siena. Las viñas, plantadas en una mezcla de arcilla y de suelo más rocoso llamado *galestro*, gozan de un clima templado. La única cepa autorizada es la brunello (un clon de sangiovese) y los vinos deben pasar un mínimo de tres años y medio en barrica (un año más para el *riserva*). Tienen un sabor intenso y cuerpo, así como un gusto pronunciado de madera, y pueden envejecer casi indefinidamente en botella: el célebre productor Biondi-Santi todavía tiene a la venta cosechas de fines del siglo XIX. La Rosso di Montalcino DOC designa vinos procedentes de las mismas viñas que se pueden vender al cabo de un año de crianza.

Vino Nobile di Montepulciano

Montepulciano, bonita ciudad sobre una colina, es célebre por sus vinos tintos desde hace siglos. El adjetivo *nobile* le fue atribuido en el siglo XVIII. La mayor parte de las viñas tiene un suelo arcilloso-arenoso. La cepa principal es la prugnolo (también un clon local de sangiovese), que cubre del 60 al 80 % de la mezcla, suavizada por una aportación de canaiolo nero y acompañada por la aromática y facultativa mammolo. El vino es a veces un tanto delgado, pero los mejores presentan bellas notas de especias y de sándalo. El Vino Nobile DOCG debe pasar dos años en barrica; los vinos más jóvenes se pueden vender como Rosso di Montepulciano DOC.

Carmignano

Esta pequeña zona vitícola al oeste de Florencia tiene prestigio por la seriedad de los controles efectuados por los expertos antes de atribuir cualquier etiqueta DOCG. Como en el Chianti DOCG, la mezcla a base de sangiovese puede incluir hasta un 10 % de cabernet (sauvignon o franc), presente en las viñas desde el siglo XVIII bajo el nombre de *uva francesca*.

Pomino

Estos viñedos, que ascienden hasta 700 metros de altitud alrededor del pueblo de Pomina, se dominan ampliamente desde la Tenuta di Pomina de la familia Frescobaldi. La DOC, atribuida en 1983, tiene en cuenta la presencia de cepas francesas desde la década de 1840. En los vinos tintos, autoriza hasta un 25 % de cabernet y un 20 % de merlot, mezcladas con la sangiovese; en el vino blanco, principalmente pinot blanc y chardonnay, con un 30 % como máximo de trebbiano.

Vernaccia di San Gimignano

La vernaccia, cultivada desde el siglo XIII al pie de las famosas torres de la ciudad de San Gimignano, produce un vino blanco DOC dotado de una punta de acidez. □

LOS FACTORES DE CALIDAD

De todas las regiones de Italia, Toscana es una de las más adaptadas a la vid (y también al olivo), con sus numerosas laderas que descienden desde los Apeninos, espina dorsal de la península. Sólo la región de Valdichiana, en el centro, y la llana Maremma, al suroeste, no garantizan el drenaje indispensable para un viñedo de calidad.

Chianti Classico
Todo el centro de Toscana –desde las colinas cercanas a Arezzo, al este, al pie de los Apeninos, hasta la orilla del mar, donde el clima es más caluroso– produce chianti. La mayoría de los mejores vinos procede de la zona de Chianti Classico, entre Gaiole y Castellina, donde los viñedos crecen a menudo a 500 m de altitud.

Organización
En el contexto a veces bastante caótico del vino italiano, la organización puede ser un elemento importante. Los productores de chianti classico y chianti rufina están –desde hace tiempo– mejor organizados que otros. Su mayor preocupación por la calidad ha facilitado los esfuerzos necesarios para el progreso.

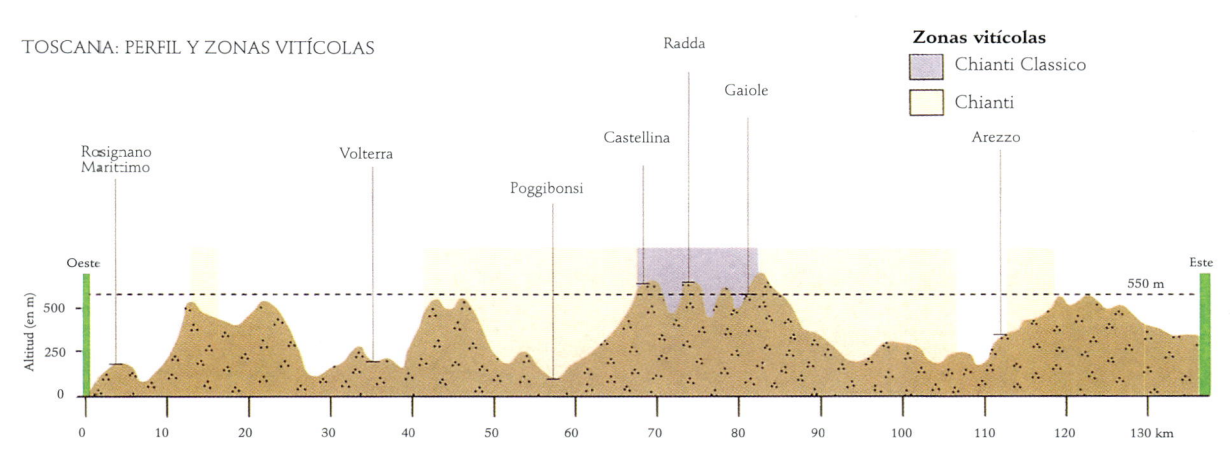

TOSCANA: PERFIL Y ZONAS VITÍCOLAS

Zonas vitícolas
- Chianti Classico
- Chianti

Selección clonal
Principal cepa tinta del centro de Italia, la sangiovese ha dado origen a 14 o 15 clones; su elección desempeña un papel decisivo en la calidad de los mejores vinos. Hay dos grandes familias de sangiovese: la piccolo y la grosso. La piccolo da uvas más pequeñas y con la piel más fina. Fácil de cultivar y productiva, se plantó en abundancia después de la Segunda Guerra Mundial, cuando los campesinos se ganaban la vida vendiendo toda la uva que podían.

La sangiovese grosso, o sangioveto, da un vino de mejor calidad. Uno de sus clones, la brunello, se usa en Montalcino desde fines del siglo XIX.

Algunos grandes vinos de Toscana se crían en barrica.

La prugnolo, otro clon de sangiovese grosso, es la base del vino nobile di Montepulciano. Aunque todavía son mayoritarias las vides de piccolo para el chianti, la calidad del vino debería mejorar a medida que las viñas sean replantadas con clones mejores.

Altitud
Ciertas zonas gozan de una altitud superior a la media de la región, lo que garantiza a las uvas más frescor en verano. Las tres grandes zonas vitícolas de Toscana son Chianti Classico, Montalcino y Montepulciano, en las que las vides crecen hasta a 550 m por encima del nivel del mar. Las zonas de Chianti Classico y de Rufina, más al norte, son más frescas que el resto de la denominación. Chianti Classico goza también de suelos mejor drenados (una mezcla de *albarese*, rico en cal, y de *galestro*, más rocoso). En mayor medida que en otras regiones, esta altitud elevada produce variaciones según las añadas, a menudo como consecuencia de las lluvias estivales.

PRODUCTORES Y BODEGUEROS DE CHIANTI

Los grandes nombres del chianti se hallan en la zona de Chianti Classico, entre Florencia y Siena, alrededor de las ciudades de Greve, Castellina, Radda, Gaiole y Castelnuovo Berardenga, y en la pequeña zona de Chianti Rufina, al noreste de Florencia. Muchos son también famosos por sus *vini da tavola* innovadores.

Antinori
Sin duda, el nombre más famoso del chianti. Desde su palacio renacentista de Florencia, los marqueses de Antinori dirigen un imperio vitícola que engloba Chianti y Orvieto.

Sus principales chianti classico, Vila Antinori y Peppoli, se completan con majestuosos *vini da tavola* tintos a base de cabernet sauvignon y sangiovese, como el Solaia (80 % de cabernet) y el histórico Tignanello (20 % de cabernet), creado a principios de la década de los 70 por Giacomo Tachis, el gran enólogo de los Antinori desde hace treinta años.

Entre los demás vinos, destacan el Santa Cristina, que fue chianti antes de ser promovido a *vino da tavola*, a base de sangiovese, el Bolgheri DOC rosado, el galestro blanco y vinos espumosos. Véase también Castello della Sala, p. 312.

Badia a Coltibuono
Esta abadía del siglo XI, al este del Chianti Classico, pertenece a la familia Stucchi desde 1841. La viña está más abajo, cerca del pueblo de Monti. Con la ayuda de Maurizio Castelli, Roberto Stucchi-Prinetti produce una gama de vinos, el más importante de los cuales es un chianti classico de guarda. El sangiovetto, añejado en barrica, procede de las vides más viejas, que datan de la década de los 40. También se encuentra un tinto ligero, el Coltibuono Rosso, y un vino blanco.

Castellare di Castellina
Esta finca de 18 ha es un buen representante de las tendencias actuales del chianti. Aconsejado por Maurizio Castelli, el propietario Paolo Panerai utiliza cubas de acero inoxidable para la fermentación y barricas de madera para la crianza. Su chianti classico, sin aportación de cepas blancas, es intenso y concentrado. Entre los demás vinos, un *vino da tavola* tinto criado en barrica, I Sodi di San Niccolo, un chardonnay y el tinto ligero Governo di Castellare.

Castell' in Villa
Propiedad de la princesa Coralia Pignatelli della Leonessa, esta finca de 55 ha se encuentra en la zona sureste del Chianti Classico, cerca de Castelnuovo-Berardenga. Aparte del chianti classico produce un blanco Val d'Arbia DOC y un *vino da tavola* de sangiovese llamado Balsastrada.

Castello di Ama
Esta finca de 85 ha al sur del Chianti Classico figura en el pelotón de cabeza. La uva de las diversas parcelas se vinifica por separado y da lugar a diversos *riservas* –Bellavista, La Casuccia y San Lorenzo–, pero también a una mezcla de chianti classico. Varias curiosidades entre los *vini da tavola*: un merlot (Vigna l'Apparita), un pinot noir (Vigna Il Chiuso), un chardonnay (Vigna al Poggio) y un sauvignon blanc (Colline di Ama).

Castello di Fonterutoli
Propiedad de la familia Mazzei desde 1435, esta finca de 34 ha está a la vanguardia de la calidad en Chianti. Lapo Mazzei y sus hijos producen tres vinos tintos: el chianti classico, un *riserva* llamado Ser Lapo (cuya mezcla incluye un poco de cabernet sauvignon) y un *vino da tavola* (80 % de sangiovese y 20 % de cabernet) bautizado Concerto. El vino blanco es una mezcla de trebbiano, riesling y chardonnay.

Castello di Gabbiano
Al norte del Chianti Classico, esta finca incluye un castillo del siglo XIII y 50 ha de viñas; entre ellas, 12 dedicadas a la chardonnay. La fermentación se realiza en cubas de acero inoxidable. Entre los vinos, un chardonnay puro bautizado Ariella y tres chianti: normal, *riserva* y *riserva d'oro* (una selección de *riserva* criada en barrica). El tinto Ania es un *vino da tavola* de sangiovese puro. El vino tinto ReR, con las iniciales de los propietarios Raino y Raynella Alcaini, está elaborado con un 60 % de cabernet sauvignon, un 10 % de merlot y un 30 % de sangiovese.

Castello di San Polo in Rosso
Una de las muchas fincas de Chianti que goza de la asesoría de Maurizio Castelli, quien aconseja a la familia Canessa desde finales de la década de los 70. Esta propiedad de 20 ha produce un chianti classico y un *riserva*, el blanco Bianco dell' Erta, a base de sangiovese. El *super vino da tavola* es un sangiovese 100 % bautizado Cetinaia y criado en toneles de 500 l.

Castello di Volpaia
La aldea de Volpaia posee una de las viñas más altas del Chianti Classico, situada entre 430 y 600 m de altitud. El enólogo-asesor Maurizio Castelli es responsable de las vinificaciones. La altitud da al vino un potencial de envejecimiento particularmente desarrollado y aromas elegantes. Entre los demás vinos de esta finca de 37 ha están el Bianco Val d'Arbia DOC, el Torniello, mezcla de sauvignon blanc y de sémillon envejecido en madera, y dos *vini da tavola* tintos, Coltassala (sangiovese y mammolo) y Balifico (las mismas variedades y cabernet).

Castello Vicchiomaggio
El castillo actual fue anteriormente una villa renacentista construida sobre una colina al norte de Greve. Comprada por la familia Matta en la década de los 60, la finca produce sobre todo chianti classico (San Jacopo, Vigna Petri y Prima Vigna, procedente de vides viejas). También está el Ripa delle Mimose, un blanco de chardonnay, y Rippa delle More, un tinto de sangiovese y cabernet.

Felsina Berardenga
La Fattoria di Felsina, cerca de Castelnuovo Berardenga, ha sido bautizada el Margaux del chianti, en homenaje a la opulencia de sus vinos, producidos bajo la dirección de Giuseppe Mazzacolin y de su enólogo-asesor Franco Bernabei. Se han realizado inversiones considerables: cubas de fermentación de acero inoxidable, sistema de refrigeración y una impresionante bodega de añejamiento. El chianti classico –incluso el afamado *riserva* Rancia– se vinifica con una aportación de *governo*, al igual que el Fontalloro, gran *vino da tavola* tinto de sangiovese puro. Este último se cría en barricas, al igual que el chardonnay I Sistri.

Fontodi

Esta finca de 30 ha, en el corazón del Chianti Classico, pertenece a la familia Manetti, asesorada por Franco Bernabei. Produce chianti classico con aportación de *governo*. Entre los vinos más afamados están el *riserva* Vigna del Sorbo, con un 10 % de cabernet sauvignon, y el *vino da tavola* tinto Flaccianello della Pieve, sangiovese al 100 %, criados en barrica al igual que el Meriggio, una mezcla poco convencional de pinot blanc, gewürztraminer (traminer rosé) y sauvignon.

Frescobaldi

Véase recuadro en esta misma página.

Isole e Olena

El nombre de esta finca se refiere a una casa, Isole, y a la aldea vecina, Olena. Paolo de Marchi, piamontés formado en California, produce para sorpresa general uno de los mejores chianti classico a partir de sus 36 ha en Barberino Val d'Elsa. Ha trabajado mucho para mejorar la calidad de sus vides sangiovese y los resultados también se hacen notar en su *vino da tavola*, Cepparello. Fue el primero en plantar syrah en Toscana para introducirla a veces en su chianti (entre el 10 % de variedades «extranjeras» autorizadas), vinificarla aparte o incluso mezclarla con sangiovese y cabernet. También produce un vino blanco de chardonnay y un vin santo a base de malvasía.

Melini

La bodega Melini está instalada muy cerca de Poggibonsi y pertenece a la empresa suiza Gruppo Italiano Vini. Es el tercer productor de chianti después de Ruffino y de Antinori, con cerca de 6 millones de botellas al año, el 70 % de las cuales procede de sus propias viñas. Melini produce chianti genéricos y chianti classico, entre ellos algunos *monocrus*, como La Selvanella y Terrarossa.

Pagliarese

En esta finca tradicional de 30 ha, cercana a Castelnuovo Berardenga, la familia Sanguinetti produce chianti classico con un poco de cabernet sauvignon y de cabernet franc en la mezcla. También posee vides de sangiovese, en Montalcino, que entran en el Camerlengo, un *vino da tavola* tinto criado en barrica.

Ricasoli

La familia Ricasoli, que participó en la definición del estilo del chianti en el siglo XIX –uso del método del *governo* y mezcla de diversas variedades–, todavía explota las 250 ha del antiguo Castello di Brolio. El chianti classico de la finca sigue siendo uno de los más fiables. El Riserva del Barone tiene cinco años de envejecimiento y el San Ripolo tinto, ex chianti classico convertido en *vino da tavola* de Toscana, madura en barrica. Ricasoli también es el principal productor de vin santo de Toscana.

Rocca delle Macìe

El productor de westerns italianos Italo Zingarelli adquirió esta finca de 200 ha, cercana a Castellina, en la década de los 70. En unas modernas bodegas produce una gama de vinos afrutados de una buena relación calidad-precio. El chianti classico de base e incluso el *riserva* están concebidos para ser bebidos relativamente pronto. Sólo el *vino da tavola* tinto Ser Gioveto, a base de sangiovese y de cabernet, está destinado a envejecer.

Ruffino

Uno de los gigantes de Chianti, propiedad de la familia Folonari. La finca principal está situada en Nozzole, en el Chianti Classico. La casa Ruffino posee extensas bodegas en Pontassieve y produce toda una gama de vinos, desde el chianti de base, embotellado en el *fiasco* tradicional, hasta algunos de los mejores *riserva*, como el Riserva Ducale. Esta empresa ha tenido un papel de primer orden en la creación de vinos *predicato* (véase recuadro p. 309). Entre sus vinos de prestigio figuran un tinto de pinot noir, Nero del Tondo, y el blanco Libaio, con un 90 % de chardonnay.

San Felice

Esta finca de 120 ha cerca de Castelnuovo Berardenga produce un chianti classico de base llamado Pagni y dos chianti *monocrus*: Poggio Rosso y Villa la Pagliaia. El *riserva* de estilo classico se llama Il Grigio. Entre los demás vinos, un fresco Bianco Val d'Arbia DOC, un *vino da tavola* rosado afrutado, Rosé di Canaiolo, y una mezcla de cabernet sauvignon y de sangiovese comercializada bajo la etiqueta Vigorello.

Selvapiana

Esta finca de Chianti Rufina es célebre por la calidad y la longevidad de sus vinos, hechos de rendimientos bajos y criados en madera. Sus 30 ha de vides en pendiente detrás de la ciudad de Pontassieve producen un chianti rufina, un *riserva* y el Vigneto Bucerchiale, un chianti *monocru* que procede de una parcela escarpada y rocosa. Destacar también un vino blanco –a base de pinot gris y pinot blanc–, llamado Borro Lastricato.

Serristori

Es la segunda empresa bodeguera del Grupo Italiano Vini en Chianti Classico (la primera es Melini). Se encuentra en la antigua finca de los condes Serristori, en Sant'Andrea in Percussina. El escritor y político Maquiavelo estuvo allí exiliado y su nombre figura en las etiquetas de dos de los mejores vinos de la casa, el chianti classico *riserva* Machiavelli y el *vino da tavola* tinto Ser Niccolo.

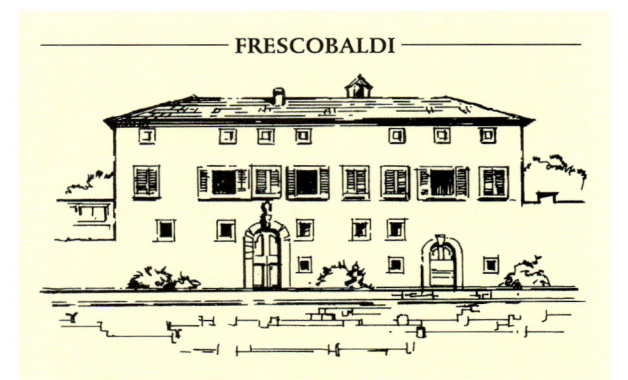

FRESCOBALDI

Los marqueses de Frescobaldi tienen viñedos desde el siglo XIII, pero sólo desde la década de los 60 empezaron a embotellar su vino en lugar de venderlo a bodegueros. La parte esencial de su gran producción procede de 500 ha situadas en las zonas de Chianti Rufina y de Pomino. Su propiedad principal es el Castello di Nipozzano, en Chianti Rufina. Más arriba, en las colinas de los Apeninos, en la DOC de Pomino (creada prácticamente por los Frescobaldi), se hallan las 75 ha de la Tenuta di Pomino, famosa por su pomino blanco Il Benefizio, en donde domina la chardonnay. Entre los demás vinos destacan un chianti de base, así como vinos de *predicato* (véase p. 309) y espumosos. Los Frescobaldi también poseen la finca de Castelgiocondo, que produce un brunello di Montalcino de estilo moderno.

OTRAS REGIONES Y PRODUCTORES

Las zonas de denominación DOCG Brunello di Montalcino, Vino Nobile di Montepulciano y Carmignano, así como las DOC Vernaccia di San Gimignano y Pomino se hallan esencialmente dentro de los límites de la amplia denominación Chianti DOCG. Los productores pueden, pues, elegir: hacer un chianti normal –o un *super vino da tavola* toscano– o incluso vinos DOC o DOCG.

BRUNELLO DI MONTALCINO
Altesino
Creada en 1970 por el empresario milanés Giulio Consonno, esta finca de 16 ha incluye dos viñas bien diferentes: la de Montosoli en altitud, con suelo rocoso de bajo rendimiento, y más abajo la de Altesino, más productiva y de suelo más arcilloso. La uva procedente de estas dos zonas se mezcla para dar una serie de vinos: un brunello clásico, un blanco llamado Bianco di Montosoli y dos *vini da tavola* tintos, Palazzo Altesi, sangiovese al 100 % criado en barrica, y Alte d'Altesi, una mezcla de 70 % de sangiovese y 30 % de sauvignon. Otros vinos experimentales incluyen un chardonnay y un moscadello *passito* elaborado con uva pasificada.

Barbi
Este viñedo fundado hace cuatro siglos –por lo tanto, mucho antes de la existencia de la denominación– es uno de los más antiguos de Montalcino. Pertenece actualmente a la familia Colombini, instalada en Montalcino desde el siglo XVI. En realidad se trata de dos fincas –Fattoria dei Barbi, cerca de Montalcino, y Fattoria del Casato, cerca de Altesino–, cuyas uvas se mezclan. Aparte del brunello dan un *riserva monocru*, llamado Vigna del Fiore, y un *vino da tavola* tinto que incluye cierta proporción de uvas de *governo* pasificadas, el Brusco dei Barbi, fuerte y algo más rústico que el brunello. La finca también produce quesos de oveja y jamones ahumados, que se pueden degustar en el restaurante del propio establecimiento.

Biondi-Santi
Esta finca es la más famosa de Montalcino. Aquí nació el brunello actual y sus vinos todavía son los más caros de la denominación. En la década de 1880, Ferruccio Biondi-Santi se puso a producir vino a partir de un clon particular de sangiovese (que él bautizó brunello), que mantenía largo tiempo en madera antes de embotellarlo. Este vino, macizo y tánico en su juventud, tenía la reputación de poder durar medio siglo o incluso más. La familia todavía está a cargo de las bodegas de Il Greppo, aunque la empresa pertenece actualmente en un 60 % a un abogado de Siena. Hay dos brunellos, *annata* y *riserva*, que se diferencian por la edad de las vides. El planteamiento es bastante tradicional, por no decir obsoleto y, de creer ciertos comentarios, los vinos han perdido la grandeza que les dio fama. Sin embargo, parece que las cosas están cambiando.

Camigliano
Esta finca situada en Camigliano, una de las zonas más tórridas de la denominación, pertenece a la familia milanesa Ghezzi. Incluye 47 ha de brunello y algunas más plantadas de variedades blancas. Los vinos son de estilo tradicional, salvo el *vino da tavola* experimental Vigna di Fontevecchio, un tinto criado en barrica.

Tenuta Caparzo
Cuatro amigos oriundos de Milán compraron una finca abandonada para producir su primera cosecha en 1970. Poseen una veintena de hectáreas que agrupan dos viñedos en La Casa y Caparzo. Se han realizado experimentos de replantación acercando las vides y utilizando clones diversos de sangiovese grosso. El brunello se cría en fudres, pero también en toneles de 350 l. La finca produce además un Rosso di Montalcino DOC y un *vino da tavola* tinto llamado Ca' del Pazzo, mitad sangiovese y mitad cabernet sauvignon, criado como máximo un año en barrica. El blanco Le Grance es un chardonnay fermentado en barricas pequeñas.

Col d'Orcia
Es una de las dos fincas de brunello (con la de Argiano) adquiridas por Cinzano en 1973. Sus 70 ha hacen de ella una de las grandes propiedades de Montalcino. La vinificación está supervisada por el enólogo Maurizio Castelli. Se han dedicado sumas considerables a la renovación de la finca y los vinos han llegado a adquirir una gran elegancia. Aparte del brunello también produce un Rosso di Montalcino DOC, un Chianti Colli Senesi DOCG, un moscadello y un *novello* (vino joven) tinto llamado Novembrino.

La uva se deja secar antes de hacer el vin santo.

Lisini

Propiedad de la familia sienesa del mismo nombre, esta finca de 12 ha está situada en Sant'Angelo del Colle. Goza además de la asesoría del gran enólogo Franco Bernabei. Produce actualmente un brunello al mismo tiempo concentrado y elegante, así como Rosso di Montalcino DOC.

Poggio Antico

A pesar de su nombre, esta propiedad de 20 ha, situada a 450 m de altitud, tiene menos de 20 años de existencia y está dotada, por tanto, de una bodega moderna. Los brunello que produce reflejan esta característica. Ofrecen un buen ejemplo del estilo moderno de la denominación y están vinificados para ser bebidos en su juventud. Los propietarios de la finca son partidarios de una crianza en madera más corta que la impuesta por la denominación y producen, a partir de la misma cepa brunello, un *vino da tavola* tinto llamado Altero, que solamente pasa dos años en barrica de roble.

Tenuta il Poggione

Esta finca formaba parte anteriormente de una propiedad mucho más extensa, cuya otra mitad se llama hoy Col d'Orcia. Su tamaño es, sin embargo, respetable, con 80 ha de vides que producen toda una serie de vinos bajo la dirección de Pierluigi Talenti (él mismo propietario de una pequeña viña vecina, donde vinifica su propio Brunello DOCG, Talenti-Podere Pian di Conte). Aparte del Brunello y del Rosso de Montalcino DOC, hacen un moscadello ambarino, un vin santo y un bianco di Sant'Angelo a base de malvasía del Chianti.

Villa Banfi

Esta propiedad es la atracción de Montalcino. Cuando los hermanos Mariani, John y Harry, propietarios de la empresa estadounidense Banfi Vintners, y responsables del éxito del lambrusco en Estados Unidos, decidieron invertir en Montalcino, adquirieron esta finca de 3 000 ha comprando el antiguo castillo de Poggio alle Mura (rebautizado Castello Banfi) y 680 ha de viñas. La propiedad dispone de una bodega ultramoderna gigantesca, un helipuerto, laderas rediseñadas y un lago artificial. El objetivo era producir un moscadello dulce para repetir el éxito del lambrusco a un nivel de calidad superior. Pero las ventas no se correspondieron con las expectativas y el brunello di Montalcino y otros vinos tintos han adquirido mayor importancia que la prevista al principio. Aparte del brunello y del Rosso di Montalcino DOC, Villa Banfi produce el Castello Banfi (una mezcla de pinot noir, cabernet sauvignon y sangiovese), un cabernet varietal y dos vinos varietales blancos, uno de pinot gris y el otro de chardonnay.

VINO NOBILE DI MONTEPULCIANO

Avignonesi

El palacio Avignonesi, del siglo XVI, está en el corazón de Montepulciano, justo al lado de la plaza mayor. Las bodegas datan del siglo XV e incluyen vestigios etruscos. Pero el nombre de Avignonesi también está ligado a la renovación de los vinos de Montepulciano. Los hermanos Falvo, actuales propietarios de esta finca, han plantado cabernet sauvignon, merlot y chardonnay. Producen varios *vini da tavola*, como los blancos Il Marzocco y Terre di Cortona, ambos a base de chardonnay, y el tinto Griffi, una mezcla de sangiovese y cabernet franc. Su vin santo es muy conocido, aunque su vino estrella es el Vino Nobile DOCG, considerado por muchos el mejor de la denominación.

Boscarelli

Esta finca de 9 ha muy bien situadas pertenece a Paola di Ferrari Corradi y goza, como muchas otras de Toscana, de la asesoría del enólogo Maurizio Castelli. Los resultados se dejan ver en el vino nobile y en el *vino da tavola* Rosso Boscarelli, criado en barrica: vinos carnosos, nunca dominados por la madera.

Poliziano

El nombre de la finca recuerda al poeta renacentista Angelo Poliziano, nacido en Montepulciano. El propietario, Federico Carletti, también se ha inspirado en el título de varias obras de Poliziano para bautizar sus *vini da tavola*: Elegia, varietal de sangiovese, y Le Stanze, mezcla de sangiovese y cabernet sauvignon. Sus 80 ha de vides incluyen diversas parcelas. Las situadas al pie de la ladera producen un chianti vendido a granel, mientras que otras más altas producen vino nobile. También hay 2 ha consagradas a la producción de Bianco Vergine Valdichiana DOC y de vin santo.

Trerose

Esta finca reciente (la primera cosecha es de 1985) ha sido creada por un empresario milanés, propietario ya de Val di Suga en Montalcino. Ha anunciado su intención de producir el mejor de los vini nobili. Sus 40 ha de viñas rodean una villa del siglo XV donde se halla la bodega de envejecimiento, pero la bodega de vinificación –situada justo al lado– es completamente nueva. El vino nobile está destinado a ser guardado largo tiempo y se cría en barrica. También hay un vino blanco elaborado con una mezcla de sauvignon, trebbiano y malvasía, así como un *vino da tavola* de chardonnay llamado Salterio.

OTROS VINOS

Artimino

Otra gran finca de la denominación Carmignano DOCG, Artimino, no alcanza sin embargo la fama de la Tenuta di Capezzana (véase más adelante). Sus vinos se vinifican de manera tradicional y se crían en grandes fudres. Los dos *riserve* –Riserva del Granduca y Riserva Villa Medicea– proceden de una selección de las mejores uvas. También hay un *vino novello* tinto y el Rosso di Comignoli, a base sobre todo de canaiolo.

Banti

Erik Banti produce un Morellino di Scanzano DOC considerado el mejor de la denominación. Su finca de 11 ha se encuentra al sureste de Grosseto, en el pueblo de Montemerano. Utiliza barricas para sus vinos *monocrus* (Ciabatta,

LOS VINOS DE PREDICATO

Algunos productores y bodegueros, entre ellos empresas tan importantes como Ruffino, Frescobaldi y Melini, han colaborado en la creación de cuatro tipos de vino en que se mezclan variedades italianas con otras francesas o alemanas. Son oficialmente *vino da tavola*, pero con la mención honorífica de *predicato*. La creación de esta enésima categoría ha aumentado la confusión y el consumidor parece ignorar esos vinos, que sin embargo son muy recomendables.

Predicato di Biturica, tinto, de dominante cabernet sauvignon, con sangiovese.

Predicato di Cardisco, tinto con dominante de sangiovese.

Predicato del Muschio, blanco, una mezcla de chardonnay y pinot blanc con riesling, müller-thurgau o pinot gris.

Predicato del Selvante, blanco, con dominante sauvignon.

Aquilaia y Piaggie) y también vinifica un *vino da tavola* muy bueno a base de alicante.

Campannelle

Aunque esta pequeña finca de apenas 5 ha está situada en la provincia de Siena, en la zona del Chianti Classico, no produce ninguno de éstos y ha elegido la vía del *vino da tavola*. La excelente bodega está consagrada a tres vinos de alto nivel: un chardonnay, un *vino da tavola* tinto sangiovese al 100 % criado en barrica y un tinto de sangiovese mezclado con un 10 % de canaiolo.

Grattamacco

Pier Mario Meletti Cavallari ha demostrado que una mezcla de trebbiano y malvasía puede dar resultados soberbios a condición de reducir drásticamente el rendimiento. Su Grattamacco Bianco es un gran vino. Recientemente se le ha unido el Grattamacco Rosso, una mezcla de sangiovese y malvasía nera con cabernet sauvignon, que es sin duda más impresionante todavía. Ambos son *vini da tavola*. La finca está situada en la zona de denominación Bolgheri DOC, cerca de la costa, y produce bajo esta etiqueta un blanco (a base de trebbiano) y un rosado (hecho de sangiovese).

Guicciardini-Strozzi

La Fattoria di Cusona incluye 65 ha situadas en las denominaciones Vernaccia di San Gimignano DOC y Chianti Colli Senesi DOCG. La propiedad pertenece por matrimonio a los descendientes de dos viejas familias florentinas, los Guicciardini y los Strozzi. Produce dos vernaccia (San Biagio y *riserva*) y un chianti destinado a ser bebido joven, así como un distinguido *vino da tavola* varietal de sangiovese, el tinto Sodole.

Monte Vertine

El propietario Sergio Manetti creó en 1977 el primer *super vino da tavola* hecho exclusivamente de una cepa toscana con su Pergole Torte de sangiovese al 100 %, que cosechó de inmediato un gran éxito. Desde entonces, esta finca de 8 ha se ha especializado en esta vía, volviendo la espalda a los chianti classico, y produce ciertos vinos que se cuentan entre los más caros de la región. El otro *vino da tavola*, Il Sodaccio, es una mezcla de sangiovese y canaiolo. También hay un vino blanco elaborado con trebbiano y malvasía. El pequeño museo dedicado a la vida rural es una atracción para los visitantes.

Ornellaia

Esta propiedad de inspiración reciente es obra de Lodovico Antinori, hermano de Piero Antinori (véase p. 306). La viña se ha creado a base de parcelas pequeñas dentro de la propiedad familiar de Bolgheri, no lejos de las viñas de Sassicaia (véase abajo). Su vino emplea sobre todo cabernet sauvignon, como el de su ilustre vecino, pero su mezcla incluye también merlot y cabernet franc. Las primeras botellas llegaron al mercado en 1988. Los buenos consejos de excelentes expertos y las grandes inversiones realizadas parecen haber desembocado ya en la producción de un gran vino tinto de guarda. El blanco de la finca, una mezcla de sauvignon y de sémillon llamada Poggio alle Gazze, también ha merecido buenas críticas.

Sassicaia

En 1968, llegaron al mercado los primeros vinos de la Tenuta San Guido de Mario Incisa della Rocchetta bajo la égida —en aquel momento— de la casa Antinori de Florencia. Sin embargo, los plantones de cabernet sauvignon procedentes del Château Lafite-Rothschild de Burdeos, testimonio de la amistad reinante entre las dos grandes familias, ya estaban plantados desde 1944. El potencial de envejecimiento de los vinos extraídos de estas vides estimuló a Piero Antinori y a su enólogo, Giacomo Tachis, a crear lo que se convirtió rápidamente en una leyenda, que alcanza precios asombrosos. Elaborado con un 75 % de cabernet sauvignon y un 25 % de cabernet franc, el Sassicaia se cría en barricas.

Tenuta di Capezzana

La familia Bonacossi vive en la villa medicea de esta finca de 106 ha de superficie. Sus vinos han generado la fama de la pequeña DOC —desde hace poco DOCG— de Carmignano, donde la cabernet sauvignon está implantada desde el siglo XVIII. Ugo Contini Bonacossi es, en gran medida, responsable de la separación de Carmignano de la Chianti Montalbano DOCG, que antes la englobaba. La Tenuta di Capezzana produce actualmente tintos excelentes, entre ellos el Ghiaie della Furba, hecho de cepas bordelesas, el Carmignano DOCG y el *riserva*. También hay un chardonnay, el espumoso fermentado en botella Villa di Capezzana Brut y un buen vin santo.

Tenuta La Parrina

En el extremo suroeste de Toscana, en la provincia de Grosseto, la familia Spinola (emparentada con Lodovico Antinori, de Ornellaia, véase esta misma página) produce vinos tintos y blancos Parrina DOC. Desde 1990 ya no son simples vinos de *trattoria*: han adquirido elegancia y algo más de longevidad. El blanco es a base de trebbiano y de malvasía del Chianti. La cabernet sauvignon y la crianza en barrica han hecho su aparición en el *riserva* tinto, una mezcla de sangiovese y canaiolo.

Teruzzi e Puthod

Las 40 ha de la Fattoria Ponte en Rondolino pertenecen a Enrico Teruzzi y a su esposa, Carmen Puthod, ex bailarina. La bodega, una de las más modernas de San Gimignano, es ideal para producir un Vernaccia di San Gimignano DOC bien afrutado, pero el Terre di Tufo, un vernaccia de gama alta, se cría en barricas. La propiedad produce también el Sarpinello, un blanco espumoso varietal de vernaccia.

Villa Cilnia

Esta finca de 36 ha, en la provincia de Arezzo, produce Chianti Colli Aretini DOCG, así como dos *vini da tavola* blancos de trebbiano, chardonnay y malvasía, mezclados en proporciones diversas: el Campo del Sasso, criado en barrica, y el Poggio Garbato, un blanco seco más ligero. También hay un *vino da tavola* tinto, el Vocato, a base de sangiovese y de cabernet sauvignon, así como un *novello* de sangiovese llamado Privilegio. La gama de vinos, anteriormente más diversificada, se ha reducido recientemente.

Vinattieri

Esta bodega pertenece conjuntamente al famoso enólogo Maurizio Castelli y a Roberto Stucchi-Prinetti, de Badia, en Coltibuono, Chianti Classico. Ambos vinifican dos *vini da tavola* tintos —una mezcla de sangioveto y de brunello, y otro con cabernet sauvignon— y uno de los mejores chardonnay italianos, elaborado con uvas cosechadas en el Alto Adigio.

Italia central

Cipreses, olivos y cepas, pequeños pueblos medievales y castillos solitarios en las colinas: el centro de Italia resume para mucha gente la imagen de todo el país. Umbría, Las Marcas, los Abruzzos y Molise están ligados por la cadena de los Apeninos, cuyas estribaciones soleadas ofrecen un emplazamiento ideal para la vid. Las cepas principales –sangiovese (véase p. 303) para los vinos tintos y trebbiano (véase p. 304) para los blancos– son un elemento de unión entre las viñas.

Umbría

Umbría, región sin salida al mar, corazón verde de Italia, tiene mucho en común con la vecina Toscana: laderas relativamente frescas y, sobre todo, una nueva generación de productores que han desafiado con éxito los decretos de denominación para crear los *super vini da tavola*. Pero, al contrario que Toscana, Umbría goza de reputación sobre todo por sus vinos blancos procedentes de la zona DOC de Orvieto (véase recuadro p. 312).

El Tíber serpentea a través de la región y recorre la mayoría de las viñas principales, desde Colli Alto Tiberini al norte hasta Orvieto al sur, pasando por Torgiano. La zona DOC de Colli Altotiberini da vinos tintos, rosados y blancos a base de sangiovese y trebbiano. Las otras DOC de las colinas –Colli del Trasimeno, Colli Perugini, Colli Martani y Colli Amerini– ofrecen vinos similares, destinados en su mayoría a ser bebidos jóvenes.

Las cepas presentan una interesante mezcla de variedades toscanas y autóctonas, la más fascinante de las cuales es la muy local sagrantino, que puede dar grandes vinos tintos. Los Sagrantino di Montefalco DOC, vigorosos y con color, pueden ser secos o dulces, estos últimos vinificados a partir de uva parcial o completamente pasificada *(passito)*. La denominación Rosso di Montefalco DOC designa un agradable vino tinto a base de sangiovese, cuya mezcla incluye un poco de sagrantino.

Equipamientos nuevos en Castello della Sala.

La denominación Torgiano DOC ha adquirido fama mundial gracias a los esfuerzos de la familia Lungarotti (véase p. 312). Los blancos, bien equilibrados, están hechos de trebbiano y de grechetto; los tintos son una mezcla de sangiovese, canaiolo, ciliegiolo, montepulciano d'Abruzzo y trebbiano. El torgiano tinto *riserva*, que cuenta con tres años de maduración, tiene derecho a la prestigiosa denominación DOCG.

Las Marcas

Los vinos de Las Marcas parecen destinados a ser bebidos en la región por turistas de paso o a adornar con sus botellas en forma de ánfora las tradicionales *trattorias* italianas de todo el mundo. Sin embargo, hacia mediados de la década de los 80, han dado un salto cualitativo.

La principal cepa blanca es la verdicchio, que da generalmente vinos ligeros y alimonados, a veces efervescentes, clásico acompañamiento de los mariscos del Adriático. Los productores de Verdicchio dei Castelli di Iesi DOC, el más conocido de estos vinos, han invertido en la renovación de equipamientos y en la selección clonal. La pequeña zona Verdicchio de Matelica DOC también produce buenos vinos blancos, más ácidos que los de Castelli di Iesi.

El Rosso Cònero DOC, un vino tinto en progreso constante, está hecho de montepulciano d'Abruzzo cultivado en las colinas cercanas a Ancona, capital regional. Entre los buenos productores, esta variedad –que no se ha de confundir con la ciudad toscana del mismo nombre, donde se cultiva un clon de sangiovese– puede dar vinos carnosos y sabrosos, llenos en boca. Pero sus viñas están actualmente amenazadas por la urbanización. La denominación Rosso Piceno DOC, un vino a base de sangiovese con un 40 % de montepulciano es bastante más extensa.

Todavía hay seis zonas DOC menos conocidas, una de las cuales está reservada al espumoso tinto Vernaccia di Serrapetrona DOC.

Abruzzos y Molise

En estas dos regiones, el paisaje se hace más silvestre y las poblaciones menores. Caracterizados por el rendimiento vitícola más alto de Italia, los Abruzzos miran evidentemente hacia el sur más que hacia el norte. Molise todavía está poco explorado, tanto por los turistas como por los aficionados al vino.

Los campesinos de la región no se preocupan mucho por la vinificación y prefieren dejar este problema a las cooperativas. Sin embargo, en los Abruzzos se puede producir un vino de un buen nivel, como lo demuestra un puñado de fincas (Valentini e Illuminati son las más conocidas) y unas cuantas cooperativas que han conseguido que el montepulciano de las colinas de Pescara pueda rivalizar en calidad con el de Las Marcas, más al norte, y dar tintos carnosos y finos. La trebbiano d'Abruzzo, principal variedad blanca, da por lo general un vino seco bastante común, pero nada desagradable.

PRODUCTORES Y BODEGUEROS DE UMBRÍA

La supremacía de los blancos de Orvieto está cuestionada por los tintos y blancos de Torgiano, pero también por los nuevos *vini da tavola* que transgreden con éxito los decretos de denominación, haciendo uso a menudo de variedades extranjeras, como la sauvignon para los vinos blancos, y la merlot o la cabernet sauvignon para los tintos.

Fratelli Adanti
Gracias a Alvaro Palini, responsable técnico de esta finca de 18 ha, los robustos vinos secos o dulces hechos de sagrantino han salido de su letargo. También vinifica un Rosso di Montefalco DOC (tinto) y tres excelentes *vini da tavola*: Rosso d'Arquata, un tinto de barbera, canaiolo, merlot y cabernet sauvignon; Bianco d'Arquata, mezcla de trebbiano y grechetto; y Grechetto d'Arquata, blanco varietal de grechetto.

Barberani-Vallesanta
Luigi Barberani y su consejero enólogo Maurizio Castelli sacan tres orvieto classico de esta finca de 25 ha: Castagnolo (seco), Pulicchio (semiseco) y Calcaia (dulce, hecho de uvas botrytizadas). También existe el Pomaio, un blanco criado en barrica (sauvignon blanc, sémillon y grechetto), y los *vini da tavola* tintos Foresco (sangiovese, cabernet sauvignon) y Lago di Corbara, más ligero, para ser bebido joven.

Bigi
Esta gran bodega de Orvieto ha mejorado su fama en estos últimos años gracias a sus vinos de calidad. Propiedad del Gruppo Italiano Vini, posee 70 ha de viñas pero necesita comprar uva para producir sus 36 millones de botellas al año. Entre los mejores Orvieto DOC, se encuentran los vinos Torricella (seco) y Orzalume (dulce). De este último viñedo procede también el Marrano, un blanco de grechetto criado en barrica. La producción de Bigi incluye vinos en las denominaciones del Lazio: Est! Est!! Est!!! y Aleatico di Gradoli.

Caprai
En las 25 ha de su finca de Val di Maggio, Arnaldo Caprai produce especialmente un buen Sagrantino DOC seco (tinto), Rosso di Montefalco DOC (tinto), un Colli Martani DOC (blanco) de grechetto y vinos blancos espumosos.

Castello della Sala
Este espléndido castillo y sus 130 ha de viñas pertenecen a la casa Antinori de Toscana. Produce aquí un orvieto classico seco ejemplar y varios *vini da tavola* blancos: Cervaro della Sala (grechetto y chardonnay), Borro della Sala (sauvignon blanc, procanico, grechetto) y Muffato della Sala. Este último es un vino dulce botrytizado de capa dorada, mezcla de sauvignon blanc, grechetto y drupeggio (nombre local de la canaiolo bianco). Entre los *vini da tavola* tintos se encuentra un pinot noir.

Colle del Sole
La familia Polidori, una de las pocas que todavía operan en el valle alto del Tíber, produce Colli Altotiberini DOC blancos, rosados y tintos. De sus 30 ha extrae también un *vino da tavola* tinto llamado Rubino.

Decugnano dei Barbi
En 18 ha de viñas cerca del lago de Corbara, Claudio y Marina Barbi producen algunos de los vinos más destacables de la denominación Orvieto, entre ellos un vino botrytizado llamado Pourriture Noble. También deben señalarse el *vino da tavola* tinto Lago di Corbara (sangiovese y montepulciano) y el Decugnano Brut, un espumoso a base de chardonnay.

La Fiorita
Cuando Ferruccio Lamborghini dejó de fabricar coches de lujo, se dedicó a producir vinos de lujo en una finca de 75 ha a orillas del lago Trasimeno. Su Sangue di Miura tinto se presenta bajo la humilde denominación Colli del Trasimeno DOC, pero se vende a un precio bastante superior a la media local. Lamborghini también produce un vino blanco espumoso.

Cantine Lungarotti
Giorgio Lungarotti, patriarca de los vinos de Umbría, ha luchado encarnizadamente por demostrar que los vinos italianos podían ser de la máxima calidad. Ha creado casi por sí solo una denominación (clasificada en 1968) en Torgiano, cerca de Perugia, y ha actuado a menudo de pionero, especialmente introduciendo cabernet sauvignon y chardonnay en los *vini da tavola* procedentes de su viñedo de Miralduolo (un Miralduolo tinto y uno blanco). Sin embargo, las cepas italianas no les van a la zaga en sus Torgiano DOC: el Rubesco (tinto), mezcla de sangiovese, canaiolo y montepulciano, y el Torre di Giano, blanco. El torgiano *riserva* tinto tiene derecho a la prestigiosa etiqueta DOCG: el de Lungarotti es prácticamente el único representante de la categoría y procede de las 12 ha de vides viejas de Vigna Monticchio. La familia también ha creado –en el propio pueblo de Torgiano– un espléndido museo del vino.

Ruggero Veneri
En Spello, esta finca, auténtica joya, produce dos magníficos *vini da tavola* tintos, Merlot y Gran Merlot di Spello.

Villa Antica
Esta propiedad de 20 ha, situada en Città della Pieve, pertenece a la familia Di Lauro. El asesor enólogo Vittorio Fiore vinifica Colli del Trasimeno DOC tinto, blanco y rosado, y un orvieto seco elaborado con uvas compradas.

ORVIETO

Un puñado de productores –entre ellos Antinori, Bigi y una o dos fincas particulares– han hecho renacer un vino blanco antaño considerado mediocre y vendido a bajo precio.

La variedad principal es la procanico, que puede mejorarse con una proporción variable de grechetto y de malvasía. Recientemente la producción se ha centrado en vinos secos y frescos, pero el renombre de Orvieto procede sobre todo de sus vinos blancos dulces: ya no son los tiernos *abboccato* ligeramente melosos de antaño, sino vinos que incluyen una parte de uvas afectadas de podredumbre noble (*muffa nobile* en italiano) y clasificados según las nuevas normas comunitarias como *amabile* (semidulce) o *dolce* (dulce). Alrededor de Orvieto, en el suroeste de Umbría, la zona Classico se considera la mejor.

PRODUCTORES Y BODEGUEROS DE LAS MARCAS

El vino más conocido de Las Marcas es el Blanco Verdicchio dei Castelli di Iesi DOC. Tres provincias pueden reivindicar la denominación Tinta Rosso Piceno DOC, pero la más prometedora de Rosso Cònero DOC está reservada a vinos que contegan por lo menos un 85 % de montepulciano d'Abruzzo, cultivada en las colinas próximas a Ancona.

Fratelli Bucci
Aconsejado por el enólogo Giorgio Grai, Ampelio Bucci produce Verdicchio dei Castelli Di Iesi DOC en la zona Classico, cerca de la ciudad de Iesi. El mejor vino lleva la etiqueta Villa Bucci.

Attilio Fabrini
La vernaccia de la provincia de Macerata es una cepa de bayas oscuras que tiene su propia DOC para un vino espumoso tinto. Fabrini, uno de los raros productores de Vernaccia di Serrapetrona DOC, vinifica dos versiones (seco y *amabile*) de este vino joven y fresco, muy admirado pero poco imitado. También produce un verdicchio espumoso y un poco de Bianco dei Colli Maceratesi DOC, un blanco todavía más raro que el tinto Serrapetrona.

Fazi-Bataglia
No cuesta tanto tiempo crear una tradición: la bodega que estableció la imagen de la Verdicchio dei Castelli di Iesi DOC –en su botella en forma de ánfora– sólo data de 1949 y ha dominado el mercado durante años. La llegada de otros productores obligó a Fazi-Bataglia a no dormirse en los laureles, y la modernización de sus bodegas le ha permitido mantenerse en primera línea. Su vino Le Moie, a base de una selección en un viñedo de 36 ha, es el mejor vino de toda la zona Verdicchio dei Castelli di Iesi Classico. La casa también hace rosso cònero y rosso piceno.

Gioacchino Garofoli
Es una importante empresa de rosso cònero, procedente sobre todo de sus propias viñas. Su rosso cònero de la viña Piancarda se cría en fudres. Por el contrario, los vinos blancos de verdicchio, entre ellos el Verdicchio Macrina y el Serra Fiorese, criado en barrica, se producen con uva comprada. La casa también produce verdicchio espumoso como el Verdicchio Brut Riserva.

Fattoria La Monacesca
Los propietarios de esta finca familiar, en la zona de denominación Verdicchio di Matelica DOC, han hecho voto de calidad. Han renovado la bodega y consagran mucho cuidado a la mejora de sus 18 ha de viñas.

Fattoria di Montesecco
La provincia de Pesaro (al norte de Las Marcas) incluye dos denominaciones DOC, pero los tres *vini da tavola* blancos de Massimo Schiavi demuestran que se pueden mejorar las cosas saltándose las normas. Son el Tristo di Montesecco, ultra seco, el Jubilé, ya más aromático, y el Gallia Togata, ligeramente botrytizado. Schiavi se atiene lo más posible a los métodos orgánicos, algo original en la región.

La Torraccia
Esta finca, situada en las cercanías de Ancona, pertenece a Piero Costantini, que produce también cerca de Roma el frascati Villa Simone. Aquí hace un rosso piceno de buena calidad.

Umani Ronchi
Una de las empresas más innovadoras y un productor importante de Las Marcas. La sociedad fue creada por Gino Umani Ronchi, pero está actualmente en manos de la familia Bernetti, además propietaria de las viñas que nutren la bodega. La empresa produce verdicchio y rosso cònero, y ha contribuido mucho a mejorar la calidad y la imagen de estas dos DOC. La gama de blancos incluye Verdicchio dei Castelli de Iesi DOC en botella-ánfora, pero está sobre todo centrada en los verdicchio *monocrus* Casal di Serra y Villa Bianchi. Umani Ronchi también hace un verdicchio fermentado en barrica llamado Le Busche. Los rosso cònero son tres: Casal di Serra, San Lorenzo, procedente de una viña de 6 ha, y Cùmaro, un vino de la gama alta que procede de una viña de 3 ha particularmente renombrada.

Villa Pigna
Esta propiedad de 250 ha, ubicada en la zona de denominación Rosso Piceno Superiore (ente Ascoli y el mar), es la afición de un industrial local, Costantino Rozzi, que regala buena parte de su producción. Sin embargo, los vinos se hacen en serio: el rosso piceno y el *vino da tavola* tinto Vellutato son de gran calidad. Villa Pigna produce también blancos espumosos, algunos de los cuales fermentan en cuba y otros en botella.

Villamagna
En su finca de 15 ha en Montanello di Macerata, Valeria Compagnucci Compagnoni produce el mejor vino de la denominación Rosso Piceno DOC. En Villamagna también se hacen vinos tintos, entre ellos el Bianco dei Colli Maceratesi DOC y, sobre todo, el *vino da tavola* Monsanulus.

Vides de verdicchio cerca de Montecarotto.

PRODUCTORES Y BODEGUEROS DE LOS ABRUZZOS Y DE MOLISE

El sistema de denominaciones de los Abruzzos se apoya en el nombre de las variedades: montepulciano d'Abruzzo para los tintos y trebbiano d'Abruzzo para los blancos. En Molise, la denominación Biferno DOC puede designar vinos tintos, rosados y blancos. Las cepas principales son las mismas que en los Abruzzos.

Barone Cornacchia
Al montepulciano d'Abruzzo tinto de esta finca renombrada se añade un trebbiano d'Abruzzo de calidad equivalente.

Illuminati
En esta finca de 60 ha de superficie, Dino Illuminati produce algunos de los mejores vinos de los Abruzzos. Sus vinos DOC –especialmente Costalupo (blanco), Zanna y Ribarossa (tintos)– tienen concentración y carácter. También se encuentran interesantes *vini da tavola*: el blanco Ciafré, mezcla dominada por la trebbiano, y el tinto Nico, con fruto rico y maduro debido al empleo de uva pasificada de montepulciano prensada a mano.

Masseria di Maio Norante
Aunque en Molise no hay mucha competencia, la primacía pertenece a Luigi y Alessio di Maio, aconsejados por el enólogo Giorgio Grai. La llanura tórrida y arenosa cercana al mar parece poco apropiada para una viña de calidad, pero las técnicas de producción son muy cuidadosas, de buen nivel, particularmente para la marca Ramitello. El Ramitello blanco es un *vino da tavola* a base de falanghina y de fiano. El Ramitello tinto está hecho de montepulciano y de aglianico. La falanghina, la fiano y la aglianico también forman parte de una gama de vinos procedentes de antiguas cepas del sur.

Emidio Pepe
En esta propiedad de Torano Nuovo, las uvas todavía se pisan para producir un montepulciano d'Abruzzo y un trebbiano d'Abruzzo auténticos. Los métodos de los propietarios son muy discutidos, pero a veces obtienen buenos resultados.

Viticoltori del Tappino
Esta cooperativa de Molise está situada en Gambatesa y produce vinos Biferno DOC con las marcas Serra Meccaglia y Rocca del Falco. El blanco Vernaccia de Serra Meccaglia es probablemente el más interesante.

Cantina Tollo
Una de las pocas cooperativas de los Abruzzos que ha progresado. Entre los mejores vinos, están el montepulciano d'Abruzzo Rocca Ventosa y el tinto de gama alta bautizado Villa Paola. La gama Colle Secco incluye un tinto fino y agradable.

Valentini
Esta es la finca de referencia de los Abruzzos. El trebbiano d'Abruzzo de Edoardo Valentini demuestra que esta cepa puede llegar a cimas prodigiosas; en cuanto a su majestuoso montepulciano d'Abruzzo, puede alcanzar quince años. Valentini posee 60 ha de viñas. No guarda para su propia producción más que cerca del 5 % de su cosecha y vende todo el resto. El éxito de sus vinos –por no hablar de su Cerasuolo rosado– le permite venderlos a precios cada vez más altos, pero aun así son difíciles de encontrar.

Ciccio Zaccagnani
Esta pequeña finca en la provincia de Pescara sigue en su vía ascendente con un notable montepulciano d'Abruzzo. Conviene destacar también un *vino da tavola* tinto de nebbiolo bautizado Capsico.

Viñas en las colinas cercanas a Chieti, en los Abruzzos.

SUR DE ITALIA

El sur de Italia constituye un enigma en el mundo del vino. Esta parte del país produce océanos de vinos mediocres pese a que posee muchas cepas notables, capaces de dar vinos originales.

Campania y las regiones vecinas tienen una tradición vitícola que se remonta a la Grecia antigua. Para los griegos, como para los romanos, estas orillas fértiles llevaban el nombre de Enotria, el país de las vides. Los aficionados de la antigüedad se sentirían horrorizados al ver sus viñas predilectas cubiertas por los inmuebles y las fábricas surgidas alrededor de Nápoles. La viticultura se ha refugiado en las tierras del interior, pero la calidad es desigual.

A fines de la década de los 70, nada o casi nada había cambiado desde hacía un siglo. Actualmente, enormes cooperativas disponen de cubas de acero inoxidable resplandecientes, pero parecen incapaces de sacar partido de sus costosos equipos. Sólo un puñado de productores ha conseguido producir vinos apasionantes, a menudo de una excelente relación calidad/precio. Se apoyan más en las cepas autóctonas que en las variedades importadas del norte de Italia o de Francia.

Lacio

La mayoría de los vinos del Lacio son blancos. La región incluye dos de las denominaciones vitícolas más conocidas de Italia, Frascati y Est! Est!! Est!!!

Antaño, etruscos y romanos hacían vinos dulces legendarios en las llanuras costeras. Los viticultores contemporáneos prefieren las laderas y producen a partir de la trebbiano un río de vino blanco seco, generalmente anodino, a veces más aromático gracias a la aportación de malvasía.

Los viñedos están agrupados en cuatro zonas principales. Al norte de Roma, cerca del lago de Bolsena, se produce el vino blanco Est! Est!! Est!!! y el raro aleatico di Gradoli, un vino tinto para postre. Más al sur, en la costa, Cerveteri da tintos a base de montepulciano y de sangiovese. En el centro, los alrededores de Roma se extienden en dirección a los Castelli Romani y los Colli Albani. Esta zona de vides frondosas mezcladas con villas elegantes produce vinos blancos bastante similares de Frascati, Marino y Montecompatri, generalmente secos. Al este se elevan las colinas de la Ciociaria, conocidas por sus robustos vinos tintos hechos de la interesante variedad cesanese. Finalmente, en la llanura costera de Cori y de Aprilia, se producen vinos tintos y blancos vendidos principalmente a granel.

Campania

El falerno, vino predilecto de la Roma antigua, procedía de una zona situada actualmente en el límite de Campania y Lacio. Hoy, se cultiva la cepa histórica falanghina, que da blancos secos y ligeros en la zona de denominación Falerno del Massico DOC. Las esperanzas de calidad descansan en las colinas de Irpinia: las DOC de Greco di Tufo y de Fiano di Avellino pueden dar vinos blancos deliciosos, pero la familia Mastroberardino es todavía la única productora de primer nivel. También se le debe la denominación Taurasi DOC para grandes vinos tintos de guarda.

El suelo del Vesubio posee una larga historia vitícola, aunque el establecimiento de dos denominaciones sea reciente (1983): Vesuvio DOC se aplica a tintos, rosados y blancos comunes; Lacrima Cristi del Vesuvio DOC puede designar también vinos tranquilos o espumosos en los tres colores, pero igualmente un vino blanco fortificado *(liquoroso)*.

Basilicata

Basilicata puede reivindicar el mejor vino del sur italiano: digno de figurar en el palmarés nacional, el tinto Aglianico del Vulture DOC sólo obtiene este nivel entre unos pocos productores. Esta región montañosa, de inviernos rigurosos, también puede dar agradables vinos blancos dulces de moscatel. Las llanuras de Metaponte producen, por el contrario, robustos vinos comunes.

Calabria

Los problemas clásicos de Italia meridional se ven aquí agravados por la presencia de poblaciones –tanto la local como la turística– aparentemente dispuestas a beber lo que sea, lo cual no estimula el esfuerzo. Sólo los vinos DOC de Cirò (tres colores; el mejor de ellos, el tinto) se han ganado un merecido renombre.

Apulia

Es la región de Italia que produce más uva y más vino pese a no tener la mayor superficie de viñedo. Hasta la década de los 80, Apulia suministraba una marea de vinos de *coupage* al norte de Italia, que servían para la fabricación de vermut y para reforzar los vinos más diluidos. Esta demanda está actualmente en caída libre y la destilación subvencionada no lo resuelve todo. Apulia no tiene otra elección que producir vinos de calidad.

Las DOC son tan numerosas como en Toscana, para un volumen clasificado bastante inferior. Las centrales enológicas de Barletta y Bari pueden ayudar a cosecheros y cooperativas a hacer vinos aceptables, pero los islotes de calidad son todavía demasiado escasos.

Apulia presenta una serie de variedades autóctonas: bombino bianco (blanca) y bombino nero (tinta), presentes en todas partes; negroamaro, uva «negra y amarga» de Salento; uva di Troia, cuyo nombre evoca una relación supuesta con la ciudad de Troya; y primitivo, que es idéntica a la zinfandel californiana.

La denominación más conocida es Castel del Monte DOC (tinto, blanco y rosado). Más al sur, la Locorotondo DOC ofrece uno de los mejores blancos y Salice Salentino, cerca de Lecce, se distingue gracias a vinos tintos de algunos buenos productores.

LAS REGIONES VITÍCOLAS DEL SUR DE ITALIA, SICILIA Y CERDEÑA

En el mapa figuran las DOCG y DOC más importantes; sin embargo, existen bastantes viñedos más. Algunas regiones producen vino en gran cantidad; otras, menos numerosas, vigilan sobre todo la calidad.

Regiones vitícolas
- TAURASI DOCG
- Zonas principales DOC (*Denominazione di origine controllata*)
- Límite de la región
- Autopista
- Carretera principal

PRODUCTORES Y BODEGUEROS

Como en otras regiones de Italia, en el sur hay innumerables denominaciones oficiales y productores cuyos vinos escapan a menudo de toda clasificación. Los nombres más interesantes están citados en orden alfabético en cada región.

LACIO
Casale del Giglio
Dino Santarelli es uno de los escasos buenos productores de la llanura costera de Aprilia. Sus 80 ha de vides dan tres *vini da tavola*: Satrico (blanco), una mezcla de trebbiano y chardonnay; Albiola (rosado), hecho de sangiovese; y Madreselva (tinto), una mezcla de merlot y cabernet. Se realizan actualmente experimentos clonales.

Cantina Colacicchi
Algunos de los vinos más buscados del Lacio son los *vini da tavola* producidos en estas 3,5 ha de vides en las colinas de Ciociaria, cerca de Anagni. Bruno Colacicchi mezcla cabernet, merlot y cesanese —en proporciones fijadas por su abuelo en 1920— para producir su Torre Ercolana criado en barrica (un máximo de 9 000 botellas al año). El Romagnano Bianco, un *vino da tavola* blanco, es aún más difícil de encontrar.

Colli di Catone
Antonio Pulcini, uno de los productores de Frascati DOC más preocupados por la calidad, está convencido de que los vinos de la región deberían aprovechar la malvasía del Lazio, de carácter más marcado que la malvasía di Candia. En su viñedo de Casal Pilozzo, produce un *vino da tavola* blanco, al 100 % de malvasía del Lazio, y mezcla esta variedad con la trebbiano en su otro *cru*, el Colle Gaio, un Frascati DOC. El frascati superior normal se vende bajo las etiquetas Colli di Catone, Villa Catone y Villa Porziana.

Falesco
En este centro de vinificación de criterios muy estrictos, Riccardo Cotarella, enólogo de Orvieto, en la vecina Umbría, produce un Est! Est!! Est!!! bastante superior a la media.

Fiorano
La viña sólo ocupa 2,5 ha cerca de la vía Apia, en la llanura de los alrededores de Roma, pero Alberico Boncompagni Ludovisi produce *vini da tavola* a base de cepas francesas que dejan pasmados a algunos iniciados. El Fiorano Rosso es una mezcla de merlot y cabernet, y también hay un blanco dulce de sémillon. El Fiorano Bianco, por su parte, es un blanco seco hecho de malvasía di Candia.

Fontana Candida
Fontana Candida, el mayor centro de vinificación privado de la región, produce Frascati DOC en abundancia. Su frascati superiore genérico es muy correcto y otros dos vinos —Casal Morena, que mezcla malvasía del Lazio y trebbiano, y la selección Santa Teresa, un vino amplio y fino— están clasificados entre los mejores de la denominación. La casa pertenece al mismo grupo y tiene el mismo enólogo que Bigi de Orvieto (véase p. 312).

Cooperativa Gotto d'Oro
La etiqueta Gotto d'Oro es la de la mejor cooperativa de Frascati. Sus miembros representan 1 100 ha de viñas.

Mazziotti
No sólo Italo Mazziotti produce un Est Est Est fresco y agradable (lo que ya es raro), sino que suprime los signos de exclamación en su etiqueta. Su viña de 20 ha está bien situada al borde del lago de Bolsena.

Colle Picchione
Es una de esas pequeñas fincas del Lacio que hacen parecer mediocres tantas otras. En 4 ha situadas en Colli Albani, cerca de Castel Gandolfo, la familia Di Mauro, asesorada por el enólogo Giorgio Grai, produce el Vigna del Vasallo, un hermoso *vino da tavola* tinto a base de merlot y cabernet, y un Marino DOC, Selezione Oro, hecho de cepas locales.

Villa Simone
En esta finca de 6 ha de Monteporzio Catone se produce un frascati liccroso (botrytizado) y raro llamado *cannellino*. Piero Costantini, propietario de un almacén de vinos en Roma, también hace buenos frascatis secos, entre ellos el Vigneto Filonardi.

Conte Zandotti
La familia Zandotti produce frascati en su finca de San Paolo desde 1734. Tiene tradiciones, pero también cubas de acero inoxidable en su bodega y rendimientos bajos en sus viñas. El contraste entre la antigua cisterna romana —situada bajo la casa— y los nuevos equipos es de lo más sorprendente. El resultado es un Frascati DOC realmente sabroso, elaborado a base, sobre todo, de trebbiano, con un toque meloso causado por la malvasía di Candia.

CAMPANIA
D'Ambra
La isla de Ischia acoge el centro de vinificación de la familia D'Ambra, fundado en fecha muy antigua. Produce Bianco d'Ischia DOC (blanco) de las cepas forastera y biancolella, así como Rosso d'Ischia DOC (tinto) a base de guarnaccia (alicante) y de per'e palummo (nombre local de la piedirosso). Las mismas cepas dan, por separado, *vini da tavola* muy reputados y un blanco espumoso, Kalimera, hecho con uvas procedentes de la pequeña viña familiar.

Cantine Episcopio-Pasquale Vuilleumier
Los clientes del lujoso hotel Palumbo, en Ravello, en la costa de Amalfi, pueden beber los vinos de este productor, que proceden de las pintorescas viñas en terrazas que rodean la ciudad. Bajo la etiqueta Episcopio se producen *vini da tavola* tinto, blanco y rosado.

Mastroberardino
Los que no conocen la región tienen a menudo la impresión de que este es el único productor de Campania. La familia Mastroberardino respeta criterios muy estrictos y practica una selección rigurosa. Produce menos de 100 000 botellas en su bodega de Atripalda, en las montañas que dominan Avellino, pero esto representa la mitad de la producción DOC de Campania. Se le deben, en blanco, el mejor Fiano di Avellino DOC y el mejor Greco di Tufo DOC, así como el famoso Taurasi DOC, un elegante vino tinto de guarda a base de aglianico. Los Mastroberardino también han reanimado la Lacrima Christi del Vesuvio DOC —el vino tinto, blanco o rosado procedente de los viñedos del Vesubio. La uva procede de varias fincas familiares de

creación reciente, así como de 150 ha bajo contrato.

Mustilli
Esta finca familiar de la provincia de Benevento produce, bajo la etiqueta Santa Croce, buenos *vini da tavola* a partir de las variedades falanghina y greco (para los blancos), y aglianico y piedirosso (para los tintos).

Villa Matilde
Esta finca, donde se tiene el sentido de la calidad y de la historia, produce uno de los pocos falerno que merece las alabanzas de los romanos actuales.

Los vinos de falanghina (blanco), aglianico y primitivo (tintos) son muy apreciados.

BASILICATA
Fratelli d'Angelo
La casa que ha demostrado la grandeza de los vinos tintos de Aglianico del Vulture DOC está dirigida por la familia D'Angelo, en una pequeña bodega instalada en Rionero, en Vulture. No posee viñas, pero compra uva a los mejores de los incontables viticultores de la zona. Así pues, se debe al trabajo de selección y al talento del vinificador Donato d'Angelo, formado en el Véneto, el impresionante aglianico *riserva* y el *vino da tavola* Canneto, una selección de aglianico de vides viejas, criado en barrica.

Paternoster
Esta empresa familiar produce uno de los raros aglianico del Vulture de calidad, así como un moscato espumoso y un *vino da tavola* de malvasía.

CALABRIA
Umberto Ceratti
La denominación Greco di Bianco DOC se encuentra en el extremo de la bota, sobre el mar Jónico. La familia Ceratti es uno de los mejores productores de este vino blanco dulce y poco conocido, hecho de greco parcialmente pasificado. También hace un vino más seco y ambarino, de estilo jerez, llamado Mantonico di Bianco.

Librandi
La más conocida de las empresas de Cirò es favorable a los métodos tradicionales, apoyados no obstante por los progresos técnicos recientes. La uva que vinifica procede en parte de las viñas personales de Antonio Cataldo Librandi, que produce también un cirò *riserva*, Duca San Felice.

Odoardi
Giovan Battista Odoardi produce Savuto DOC tintos en sus 60 ha de viñas a orillas del mar Tirreno, principalmente a base de gaglioppo y de greco nero, así como *vini da tavola* tintos, blancos y rosados, bajo la etiqueta Scavigna. Su espumoso dulce Valeo es una curiosidad para entendidos.

Fattoria San Francesco
La familia Siciliani posee esta finca de 100 ha de superficie en Cirò y es además integrante de la cooperativa local. Su cirò classico, Ronco dei Quattro Venti, y el reciente cirò classico superiore Donna Madda se crían en barrica.

APULIA
Francisco Candido
Este productor de Salento vinifica un Salice Salentino DOC carnoso, profundo y seco, llamado Le Pozzelle. También hace Aleatico di Puglia DOC (vino tinto dulce) y un *vino da tavola* tinto a base de negroamaro, el Cappello di Prete, así como un blanco elaborado a partir de chardonnay.

Leone de Castris
Esta finca de 700 ha (de las cuales 400 son de viñas), en la península de Salento, pertenece a la familia De Castris desde 1635. Su vino más conocido es el rosado Five Roses, así bautizado en 1943 por un general americano importador. El Salice Salentino DOC tiene un papel preponderante; en la cima de la gama, el bautizado Donna Lisa, se cría en barrica. Entre los demás vinos destacan el blanco Locorotondo DOC; el Negrino, un tinto dulce criado en barrica, a punto de convertirse en un Aleatico di Puglia DOC, y varios espumosos. La bodega, enorme y ultramoderna, es uno de los mayores establecimientos privados de Italia en su especialidad.

Cantina Sociale Cooperativa di Locorotondo
La cooperativa que ha dado a conocer esta denominación agrupa a 1 300 viticultores. Produce un Locorotondo DOC (blanco) a base de verdeca, un bianco d'Allessano y un bombino bianco, así como un espumoso cada vez más apreciado.

Rivera
El principal bodeguero de la Castel del Monte DOC está ligado actualmente a la empresa piamontesa Gancia. Sus mejores vinos DOC llevan la etiqueta Il Falcone (tinto, rosado) y su reciente asociación ha comportado ensayos alentadores con sauvignon y pinot blanc bajo la marca Vigna al Monte. El Vigna al Monte rosado es a base de aglianico.

Rosa del Golfo
Mino Calò vinifica un rosado muy admirado llamado Scaliere Rosa del Golfo, a base de negroamaro y malvasía nera. Esta empresa familiar produce también *vini da tavola*: el blanco Bolina y, sobre todo, los tintos Portulano y Quarantale.

Cosimo Taurino
Esta finca de 70 ha situada en Guagnano, provincia de Lecce, produce vinos DOC soberbios: salice salentino tinto y rosado (el tinto 86 fue elogiado por Robert Parker) y brindisi (tintos). El Partiglione, un Brindisi DOC *riserva*, es famoso por su longevidad. También hay que señalar el Stria blanco (chardonnay) y el Notarpanaro, *vino da tavola* tinto.

Tenuta di Torrebianco
Esta finca, de un centenar de hectáreas de superficie, pertenece a la empresa Gancia y produce uno de los mejores chardonnay de Apulia, cuyo nombre, Preludio I, se entiende como anunciador de numerosos otros vinos de calidad equivalente. Una parte de sus uvas va a los vinos de la empresa Rivera.

Torre Quarto
Esta finca era reputada por su vino tinto, a base de malbec y de uva di Troia, cuando pertenecía a los La Rochefoucauld. Actualmente, propiedad de un organismo regional de desarrollo, su futuro parece más incierto.

Vallone
Las hermanas Vallone son propietarias de esta finca de 140 ha. Producen vinos de denominación Brindisi y Salice Salentino DOC, así como un *vino da tavola* tinto, Graticciaia (a partir de negroamaro semipasificado) y dos *vini da tavola* blancos de sauvignon, uno de ellos criado en barricas pequeñas.

Conti Zecca
Esta amplia finca de Salento produce, en sus 300 ha de viñas, Leverano DOC tinto (apreciado), blanco y rosado, así como *vini da tavola* bajo la etiqueta Donna Marzia. Propiedad de los condes Zecca desde el siglo XVI, la residencia contiene numerosas antigüedades, pero la bodega es moderna.

Sicilia y Cerdeña

Las dos islas tienen en común un problema de exceso de producción, dominada por las cooperativas y difícilmente comercializable. Empieza a notarse cierta preocupación por la calidad, pero el camino que queda por recorrer será largo.

Sicilia

La historia de Sicilia –desde su descubrimiento por los griegos, en el siglo V a. de C.– ha dejado en herencia una cultura al mismo tiempo ecléctica y curiosamente limitada. Se podría decir lo mismo de sus vinos, blancos en su mayoría, a menudo impersonales a causa de la sobreproducción de las viñas. Un puñado de productores lucha desde hace tiempo por salvar el honor en medio de la indiferencia general.

La cepa blanca catarratto ocupa el 45 % de las viñas, seguida por la prolífica trebbiano toscano y, muy lejos, por las variedades grillo e inzolia. En tinto se encuentra la interesante nero d'Avola (o calabrese), la nerello mascalese, la perricone y la frappato di Vittoria. En conjunto, Sicilia no se ha sentido muy atraída por las cepas francesas, pero se encuentran experimentos de chardonnay, de pinot gris y blanc, de sauvignon, así como de cabernet y de merlot.

La decena de denominaciones DOC representa una parte ínfima de la producción. Al oeste, la provincia de Trapani registra la mayor superficie vinícola de Italia y produce grandes cantidades de vino blanco seco (particularmente en la Alcamo DOC), así como el histórico marsala (véase recuadro). Al este hay menos viñedos y más denominaciones, a menudo exangües. Los tintos del Etna, el faro de Messina, y los legendarios moscateles de Siracusa y de Noto casi han desaparecido. Sólo el tinto de la Cerasuolo di Vittoria DOC ha recobrado el vigor. Finalmente, las islas de Pantelleria (entre Sicilia y Tunicia) y Salina (en el archipiélago de las Lípari, hacia Messina) han conservado –con dificultades– sus antiguos vinos dulces, moscato di Pantelleria y malvasia delle Lipari.

Sicilia siempre ha producido vino.

Cerdeña

Cerdeña ha conseguido preservar buena parte de su herencia en materia de cepas y de tipos de vino. Pero el cambio se está manifestando por una tendencia a producir más blancos secos y ligeros, acordes con un «gusto universal», y menos vinos tradicionales de estilo español impuestos por la larga dominación aragonesa.

La isla parece dirigirse hacia un cierto equilibrio. En las llanuras de Campidano, la variedad nuragus engendra blancos secos modernos, mientras que la empresa dominante, Sella & Mosca, demuestra que los vinos tradicionales, si están conseguidos, también se venden bien.

Las variedades sardas –cannonanu (garnacha), monica y girò en tinto; nuragus, vernaccia di Oristano, nasco y torbato (que da el mejor vino) en blanco– se cultivan sobre todo cerca de las costas. Al norte, en los viñedos de altitud con clima más fresco, la vermentino produce blancos agradablemente aromáticos.

MARSALA

El marsala es uno de los grandes vinos encabezados del mundo. Pasó de la gloria a la decadencia en pocas generaciones y trata de retomar el camino de la calidad: la reglamentación DOC, revisada en 1984, ha prohibido expresamente el nombre de «marsala» a los productos aromatizados que se derivan de él. Por su historia y su potencial, el marsala es un competidor del oporto y del madeira, popularizado como éstos por los ingleses en el siglo XVIII.

Se produce en los alrededores de la ciudad portuaria de Marsala, al oeste de Sicilia, a partir de vinos blancos de la variedades catarratto, grillo, damaschino e inzolia (salvo la categoría Rubino, abierta a cepas tintas). La uva fermenta al modo habitual, a excepción de una pequeña proporción transformada en agente edulcorante antes de añadirse al vino. El mejor agente edulcorante es el *sifone* o *mistella*, una mezcla de uvas pasificadas y de alcohol de vino, mientras que el otro es el *cotto*, un jarabe de uva caramelizado producido en caldera. El marsala, además, se encabeza obligatoriamente con aguardiente de vino.

CATEGORÍAS

En número de cinco, están además subdivididas por su color *(oro, ambra, rubino)* y su contenido en azúcar *(secco, semisecco, dolce)*.
Fine: el marsala de base. Un año de envejecimiento, de éste 8 meses en madera. El *cotto* se exige en la subcategoría *ambra* (1 % por lo menos) y está prohibido en las otras.
Superiore y **superiore riserva:** más generosos que el *fine* (18 % vol en lugar de 17% vol) y 2 años en madera (cuatro para el *riserva*). Idéntico uso del *cotto*.
Vergine y **vergine stravecchio:** el vino es siempre seco, sin *mistella* ni *cotto*. El *vergine* se cría 5 años en madera, el *stravecchio* 10 años. También puede usarse el término *soleras*.
Productores y bodegueros
Los productores más conocidos son: De Bartoli (véase p. 320); Florio (Terre Arse, Baglio Florio, Targa Riserva 1840); Mirabella (Cudia); Pellegrino (IP, Superiore Oro, Ruby Fine, Vergine Soleras); y Rallo Alvis.

PRODUCTORES Y BODEGUEROS

Sicilia contará pronto con diez DOC, pero son preponderantes todavía los *vini da tavola*. Cerdeña asocia el nombre de la cepa al de la zona de denominación.

SICILIA

Giuseppe Coria
Este coronel jubilado emplea métodos tradicionales para producir los Cerasuolo di Vittoria DOC Villa Fontane y Perpetuo (tinto de método *solera*). El stravecchio se cría hasta 30 años en barrica.

COS
Se trata de tres jóvenes productores que han reanimado el Cerasuolo di Vittoria DOC, una mezcla de nero d'Avola y frappato. Separadamente, estas cepas dan el Frappato, un tinto afrutado, y el Vignalunga, un nero d'Avola más tánico. Una reestructuración reciente ha permitido que COS vinifique también *vini da tavola* blancos, como el Ramingallo (inzolia), parcialmente fermentado en barrica.

Marco De Bartoli
Cuando el marsala degenerado no era más que un ingrediente culinario, De Bartoli resucitó el marsala no encabezado de antes de los ingleses con su Vecchio Samperi 20 años y su Joséphin Doré. Estos vinos secos sin DOC le han valido un reconocimiento mundial. Su Bukkoram ha descubierto la existencia de Pantelleria a los aficionados a los vinos dulces. En cuanto a Vigna La Miccia y el Marsala Superiore 20 años, sus marsalas «reglamentarios» (encabezados y enriquecidos con *mistella*), son ejemplares.

Donnafugata
Desde 1990, la familia Rallo ha pasado del marsala a los vinos de su finca, en Contessa Entellina (89 ha cerca de Palermo. Los blancos son secos en su mayoría, sobre todo a base de inzolia y de catarratto. Muchos tienen derecho a la nueva denominación Contessa Entellina DOC. Los Rallo también hacen rosado, tinto, un marsala y moscato di Pantelleria.

Duca di Salaparuta
Propiedad de la región de Sicilia, goza de una bodega nueva resplandeciente y de un excelente enólogo piamontés. Este gigante de la vinificación produce la gama Corvo, que incluye el blanco Colomba Platino. Los *vini da tavola* de prestigio Duca Enrico (tinto, 100 % nero d'Avola) y Bianca di Valguarnera (blanco, 100 % inzolia) se crían en barrica. Con el Terre d'Agala tinto demuestran el potencial de las cepas sicilianas. Corvo compra sus uvas en toda la isla y produce 10 millones de botellas al año.

Fontana Rossa
Esta finca de Cerda, cerca de Palermo, produce en 30 ha de viñedos las gamas Imerio y Cerdese, mezclando técnicas tradicionales y modernas, cubas inoxidables y barricas de castaño.

Carlo Hauner
Pintor, arquitecto y dibujante de lejano origen checo, instalado en la isla de Salina desde hace treinta años, Carlo Hauner produce en 25 ha de suelo volcánico su famoso Malvasia delle Lipari DOC, con capa y aromas flamígeros, elaborado por crioextracción. Su blanco seco de catarratto, de muy bajo rendimiento, es uno de los raros vinos sicilianos que mejoran en botella.

Rapitalà
Esta finca de 150 ha, ubicada en las cercanías de Palermo, es la más conocida de entre los productores de Alcamo DOC, un blanco seco a base de catarratto. Pero también produce *vini da tavola* tinto, blanco y rosado. Bouquets de Rapitalà mezcla catarratto y sauvignon.

Regaleali
Esta finca feudal, situada en altitud (500-700 m) en el centro de Sicilia, pertenece desde hace generaciones a los condes Tasca d'Almerita. En sus 300 ha de viñas, la familia Tasca produce *vini da tavola* y dos espumosos. Lo mejor está representado por el blanco Nozze d'Oro y el tinto Rosso del Conte, hechos de variedades sicilianas. La lista se ha enriquecido recientemente con el Villa Tasca (sauvignon e inzolia), con un cabernet sauvignon y un muy notable (y raro) chardonnay.

Settesoli
Esta gran cooperativa (2 980 miembros, 7 500 ha) de la provincia de Agrigento produce 140 millones de botellas y dispone de equipamientos modernos. Sus dos vinos de prestigio son el blanco Feudo dei Fiori (inzolia-chardonnay) y el tinto Bonera (nero d'Avola-sangiovese).

Terre di Ginestra
En 52 ha de viñas situadas en altitud (400-600 m) y en las cercanías de Palermo, la familia Miccichè produce desde hace algunos años *vini da tavola* cuidados, los Terre di Ginestra blanco (catarratto) y tinto (nero d'Avola-sangiovese), así como el Pelavet (vendimia tardía de catarratto) y dos vinos que mezclan cepas italianas y francesas, Rubilio (tinto) y Olmobianco (blanco criado en barricas).

CERDEÑA

Giovanni Cherchi
Esta finca de 16 ha, en la provincia de Sassari, elabora excelentes tintos de cannonau y cagniulari (cepa en vías de desaparición), así como blancos de vermentino.

Attilio Contini
El más conocido de los productores de la Vernaccia de Oristano DOC vinifica también *vini da tavola* como el Nieddera (rosado) y el Contina, blanco seco de vernaccia.

Cantina Sociale di Dolianova
La principal cooperativa de Cerdeña produce tintos DOC muy aceptables de cannonau y monica di Sardegna, Cagliari DOC y el *vino da tavola* tinto Parteolla.

Cantina Sociale di Dorgali
Uno de los mejores tintos Cannonau di Sardegna DOC es producto de esta cooperativa de la costa oriental, sobre el golfo de Orosei.

Sella & Mosca
Una de las grandes fincas de Italia con 400 ha de viña al norte de Alghero, Sella & Mosca está a la vanguardia por sus métodos modernos y sus vinos seleccionados. La gama alta incluye el Terre Bianche, un vino blanco de torbato, el Anghelu Ruju, un opulento vino tinto dulce de cannonau; y el Tanca Farrà, una interesante mezcla de cannonau y cabernet.

Cantina Sociale del Vermentino
Uno de los mayores productores (2 millones de botellas) de vinos de vermentino en la provincia de Sassari. Esta cooperativa ofrece un buen Vermentino di Gallura DOC, un vermentino *frizzante* y el Funtanaliras, un *vino da tavola* hecho con una selección de uvas.

PORTUGAL

GRACIAS A TRADICIONES BIEN ESTABLECIDAS, UNA AMPLIA ELECCIÓN DE CEPAS Y UN CLIMA DE GRAN DIVERSIDAD, PORTUGAL PRODUCE, APARTE DE LOS FAMOSOS OPORTOS Y MADEIRAS, TODA UNA GAMA DE VINOS.

Bodegas de Azeitão, en la península de Setúbal. Los vinos del sur de Portugal son actualmente de mejor calidad gracias a una nueva generación de vinificadores, que aportan sus conocimientos, y a las nuevas tecnologías.

Portugal es tierra de contrastes. Sobre el mapa, este país largo y estrecho, que no ocupa más que una séptima parte de la península Ibérica, parece totalmente aplastado por España, su vecina. Sin embargo, pocos son los países tan pequeños en tamaño que puedan presumir de tanta diversidad de vinos. Compare un vaso de oporto y uno de *vinho verde*. El primero es un vino oscuro, espiritoso, concentrado, mientras que el otro es pálido, ligero y casi burbujeante. Es difícil imaginar vinos más diferentes y, sin embargo, proceden de regiones vecinas. En Portugal, el papel de la topografía es primordial. En la costa, los vinos están moldeados por el Atlántico, mientras que tierra adentro, más allá de las montañas, el efecto regulador del océano disminuye. La pluviosidad puede variar de 1 500 mm al año en el litoral a menos de 500 mm en el interior. Las viñas son omnipresentes de norte a sur del país, a excepción de las montañas más altas, de clima demasiado ingrato para la viticultura. Entre el río Miño (Minho), que forma la frontera norte con España, y la costa del Algarve, 560 km más al sur, se cuentan cerca de 400 000 hectáreas de viñedos. Se distinguen tres regiones vitícolas diferentes, delimitadas por dos ríos. El Duero (Douro), al norte, serpentea las montañas graníticas que se alzan hasta 2 000 metros de altitud. De esta región, el norte de Portugal, proceden muchos vinos, entre ellos el oporto. Viene luego el Portugal central, entre el Duero y el Tajo (Tejo), amplia zona de producción de clima templado conocida por el nombre de Ribatejo, que comprende los célebres viñedos de Dão y de Bairrada. Al sur del Tajo se encuentran las inmensas y calurosas llanuras del Alentejo y la región turística del Algarve. Al degustar los vinos, se reflejan a menudo los contrastes que se observan entre los paisajes. Explotaciones ultramodernas coexisten con bodegas minúsculas, cuya producción, a menudo destinada al consumo local, no ha cambiado desde hace siglos. La adhesión de Portugal a la CEE (en 1986) estimuló a los viticultores a hacer esfuerzos e inversiones para mejorar la calidad de sus vinos con la esperanza de conquistar mercados nuevos. Sin embargo, las tradiciones seculares no desaparecieron como por encanto, a pesar del interés de numerosos grupos financieros internacionales por el viñedo portugués.

LAS REGIONES VITÍCOLAS DE PORTUGAL

Los viñedos de Portugal se extienden a lo largo de todo el país. Las regiones de DOC resaltadas en color son las mejores. Más de treinta zonas de vinos de calidad, clasificados IPR, constituyen el segundo nivel de denominación.

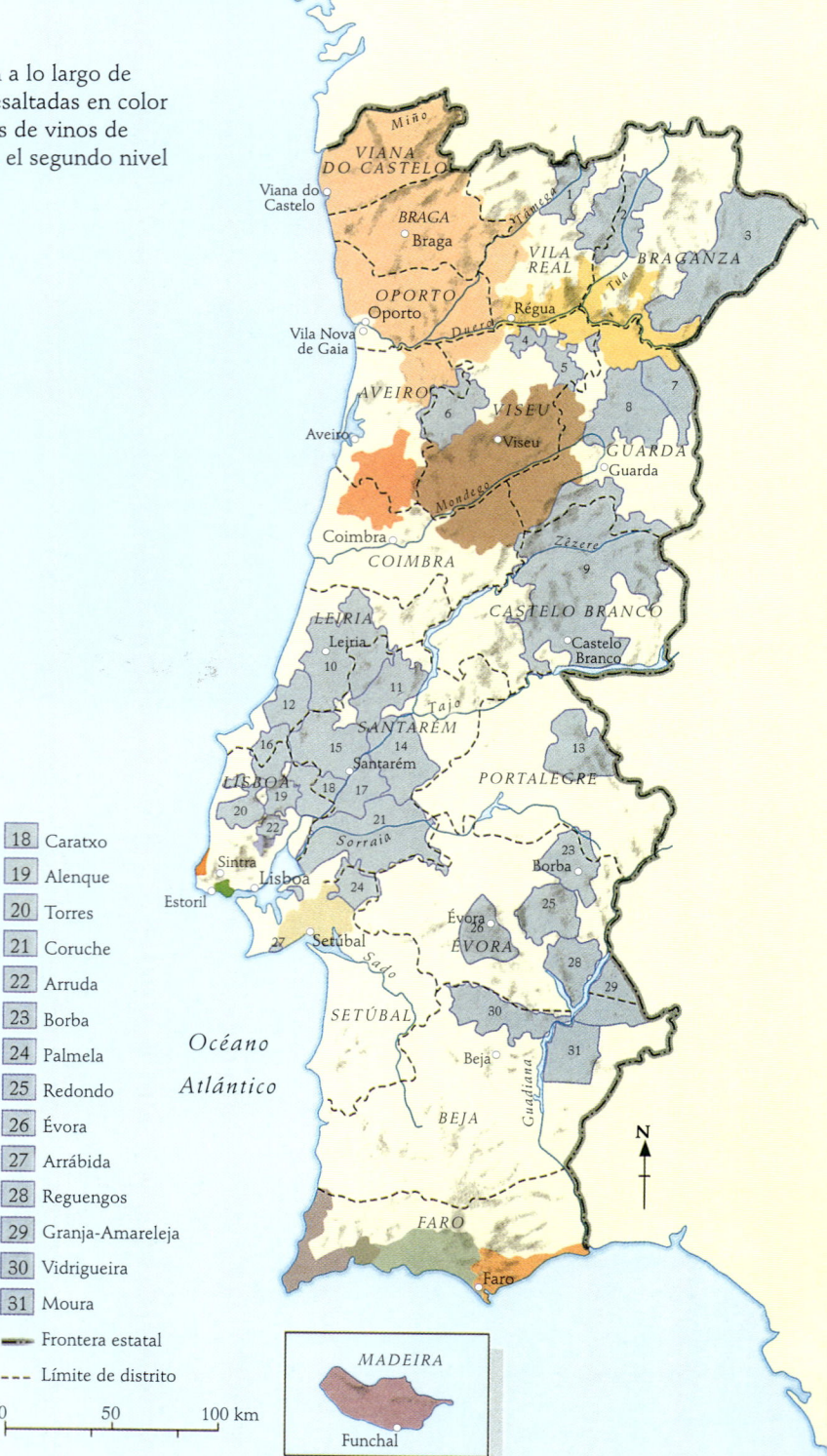

Zonas de denominación controlada
- Vinho verde
- Porto Douro
- Dão
- Bairrada
- Bucelas
- Colares
- Carcavelos
- Setúbal
- Lagos
- Lagoa
- Portimão
- Tavira
- Madeira

Zonas IPR
1. Chaves
2. Valpaços
3. Planalto-Mirandês
4. Varosa
5. Encostas de Nave
6. Lafões
7. Castelo Rodrigo
8. Pinhel
9. Cova de Beira
10. Encostas d'Aire
11. Tomar
12. Alcobaça
13. Portalegre
14. Chamusca
15. Santarém
16. Óbidos
17. Almeirim
18. Caratxo
19. Alenque
20. Torres
21. Coruche
22. Arruda
23. Borba
24. Palmela
25. Redondo
26. Évora
27. Arrábida
28. Reguengos
29. Granja-Amareleja
30. Vidrigueira
31. Moura

— Frontera estatal
--- Límite de distrito

0   50   100 km

NORTE DE PORTUGAL

Portugal es una nación independiente desde el siglo XII y, desde esa misma época, la costa atlántica de la Península comercia con vinos. Los comerciantes extranjeros, llegados para instalarse alrededor del puerto de Viana do Castelo, no siempre se contentaban con los vinos a menudo mediocres de esta región costera húmeda y se adentraban hacia el interior en busca de vinos tintos de carácter más robusto. Los encontraron en las laderas áridas del valle del Duero, plantados en terrazas. Así nació el comercio de los vinos tintos del Duero, cuyos vinos fortificados llevan actualmente el nombre de oporto.

Eclipsados por el éxito comercial del oporto durante más de tres siglos, los vinos de mesa tintos y blancos secos del Duero empezaron a renacer gracias a un control de la fermentación y al empleo de cubas de acero inoxidable. Otro éxito comercial de la región del norte del río es el Mateus Rosé, un vino dulce de aguja. La moda de este vino sedujo a las jóvenes generaciones de posguerra en países donde no se bebía mucho vino, como Gran Bretaña. Es un derivado de una tradición mucho más antigua, la del vinho verde ligero, seco, de burbuja fina y discreta, procedente de las regiones fértiles de la orilla del mar, al norte de Oporto.

Vinho verde

Es la mayor región delimitada de Portugal; cubre todo el noroeste del país. Los vientos, que traen la lluvia, permiten el cultivo intensivo de esta tierra que se extiende del Miño al Duero, una de las zonas rurales más pobladas de la Península. Cuenta con más de 80 000 viticultores para un terreno de 25 000 ha. Las vides crecen sobre parras de un tipo particular, de cultivo alto, lo que deja, debajo, terreno disponible para otros cultivos y ofrece también la ventaja de reducir los riesgos de enfermedades ocasionadas por el calor.

Su nombre, vinho verde (vino verde), se presta a confusión. En efecto, no se trata de una alusión al color del vino –que tanto puede ser tinto como blanco– ni a que se vendimie antes de la madurez completa de la uva, cuando todavía está verde (aunque este vino sea poco alcohólico y rico en acidez). Su nombre viene de que debe ser bebido joven, con su aguja.

A los portugueses les gustan los vinos blancos ligeros y secos, que consumen en el año siguiente a la vendimia, lo que explica que la añada figure raramente en los vinhos verdes. Sin embargo, a veces se redondean los vinos destinados a la exportación, por lo que les falta algo de frescor, su virtud principal.

El valle del Duero, no lejos de la frontera española, con sus viñedos en terrazas.

PRODUCTORES Y BODEGUEROS

Los viñedos del norte comprenden las dos regiones DOC, Vinho Verde y Douro. Los mejores vinho verde se elaboran y embotellan en la propiedad, en las *quintas*. Los productores de oporto tradicional utilizan actualmente técnicas nuevas de vinificación para obtener vinos del Duero tintos, bastante finos, a partir de uva normalmente destinada al oporto. Producen también vinos blancos secos equilibrados, hechos de uva blanca cultivada a cierta altura, donde hace menos calor.

Quinta da Aveleda
Una de las mayores empresas de vinho verde. Distribuye el Casal Garcia, una de las marcas más vendidas en Portugal, y el Aveleda. Su *cuvée* especial, el Grinalda, es un vino blanco que procede exclusivamente de las 60 ha de la quinta, situada cerca de Penafiel.

Borges & Irmão
Importante bodega implantada en el norte y el centro de Portugal. Su Gatão es la marca de vinho verde más vendida en el mercado interior. Véase también p. 331.

Solar das Bouças
Finca de 25 ha en las orillas del Cavado, propiedad de la familia Van Zeller (Quinta do Noval) que produce un vinho verde seco, ligero y perfumado, dominado por la variedad loureiro.

Palácio de Brejoeira
Finca destacable, considerada un *premier cru* entre las quintas de vinhos verdes. Originariamente se trata de un viñedo de 17 ha plantado por Maria Herminia Pães alrededor de su palacio del siglo XVIII, cerca de Monção, 4 km al sur de la frontera española. Su vino blanco se elabora exclusivamente con una sola variedad (la alvariño blanco), que explica su redondez y corpulencia.

Caves do Casalinho
Importante finca familiar de 30 ha de vides alrededor del pazo de Casalinho (siglo XIX), cerca de la población de Felgueiras. Plantadas en las colinas cercanas al Duero, las vides dan un estilo de vinho verde más corpulento, vendido bajo las etiquetas Três Marias y Casalinho.

Quinta da Cismeira
Propiedad de un bodeguero belga, con instalaciones ultramodernas, que se aprovisiona de uva entre los viticultores locales. Sus tintos de mesa del Duero son ricos y casi tan frutales como los oportos.

Cockburn Smithes
Famosa por su gama de oportos, la casa Cockburn también produce dos vinos no encabezados, muy apreciados, bajo la etiqueta Tuella, por el nombre de su gran quinta en las orillas del río Tua. Un vino blanco fresco y frutal, y un tinto intenso, fuerte y estructurado. Véase también p. 331.

Quinta do Côtto
Propiedad de Miguel Champalimaud, la quinta produce un vino tinto especiado, muy concentrado, bajo la etiqueta Grande Escolha, un vino muy especial que sólo existe en los mejores años. Este vino, como el propietario, ha adquirido pronto una sólida reputación en la región.

Ferreira
El Barca Velha es el mejor vino de Portugal, creado por el maestro vinificador de Ferreira, Fernando Nicolau de Almeida. Durante una visita a Burdeos, en 1950, descubrió que los vinos franceses debían su calidad a fermentaciones largas a baja temperatura. De regreso a la lejana quinta do Vale do Meão, cerca de la frontera española, puso en práctica los métodos bordeleses. El vino, bautizado Barca Velha, por el nombre de las viejas barcas que transportaban las barricas de oporto, Duero abajo, fue lanzado en 1952. Está elaborado con uvas de oporto de calidad y, a semejanza de los oportos vintages milesimados, sólo existe en años excepcionales. El resto se baja de categoría, a «reserva especial».

Quinta de Franqueira
Antiguo monasterio rodeado de 6 ha de viñas, restaurado por un inglés, Pires Gallie, que elabora un vinho verde blanco, firme y delicado, a base de una mezcla de loureiro y de trajadura (variedad blanca autóctona precoz).

Adega Cooperativa de Ponte da Lima
Las bodegas cooperativas situadas al norte de Portugal no tienen siempre fama de calidad, pero la de Ponte da Lima produce vinhos verdes tintos muy buenos y un blanco excelente a base de loureiro.

Real Companhia Vinícola do Norte do Portugal
La casa del oporto Royal Oporto (véase p. 333) es uno de los mayores productores de vino de Portugal. Tintos y blancos se venden bajo la etiqueta Evel.

Sogrape
La mayor bodega portuguesa tiene su centro en Vila Real, lugar de nacimiento del Mateus Rosé, al norte del Duero. Sogrape distribuye una gama de vinos bien equilibrados, tanto tintos como blancos, entre ellos el Gazela, uno de los vinhos verdes blancos más famosos (semiseco), y el Chello (seco). Sogrape también es propietaria de la casa Ferreira.

Quinta do Tamariz
Propiedad de 17 ha situada en el corazón del país del vinho verde, cerca de Barcelos, y perteneciente a la familia Vinagre. Los tintos y los blancos son vivos, bien vinificados y perfumados.

LAS VARIEDADES

BLANCAS
Alvariño: uva de piel gruesa que produce vinos con aromas de manzana. Una de las mejores cepas de la región de los vinhos verdes.
Arinto: variedad cultivada al sur de Portugal que da vinos blancos secos, vivos y acidulados, con notas de cítricos.
Loureiro: variedad tradicional del vinho verde. Cada vez más usada como monovarietal por sus aromas delicados y floridos.
Maria Gomes: cepa utilizada para los vinos espumosos de Bairrada. Fernão Pires, en el sur, da vinos aromáticos, a veces especiados.

TINTAS
Baga: pequeña uva oscura que produce los vinos tánicos para guardar largo tiempo de Bairrada.
Castelão francés: muy implantada en el sur (periquita).
Ramisco: variedad plantada en las arenas de la región de Colares, que da vinos firmes y aromáticos.
Tinta roriz: una de las cepas tradicionales de la región del Duero (aragonez).
Touriga nacional: una de las mejores cepas para la elaboración del oporto, fuerte y tánica.

Centro de Portugal

La región vitícola que se extiende entre el Duero y el Tajo es una de las más generosas de Portugal. Abundan numerosos cultivos gracias a la suavidad del clima oceánico: maíz y judías en los suelos profundos de la costa, tomates y cítricos al fondo de los valles fértiles del interior, así como muchos viñedos que producen toda una paleta de vinos muy diversos.

Las regiones de denominación DOC de Dão y Bairrada son famosas por sus vinos tintos, firmes y sabrosos. Más al sur, la zona costera del Oeste es la región vitícola más productiva, pero, aparte de algunas quintas, sus vinos son comunes. Otra región vitícola, el Ribatejo, situada en las orillas del Tajo, produce uno de los mejores vinos *garrafeira* de Portugal. Se trata de vinos tintos procedentes de una selección rigurosa, embotellados después de un añejamiento en barrica, pero que no gozan de denominación de origen controlada.

La ciudad de Lisboa ha invadido casi la totalidad de las tres DOC del estuario del Tajo. Carcavelos ya no posee más que un viñedo (Quinta dos Pesos), que produce un vino dulce fortificado. Colares, que fue famosa por sus vinos tintos de mucho color, a base de la variedad ramisco, está en vías de desaparición. No queda mucho de Bucelas, que producía vinos blancos secos a partir de variedades ácidas (arinto y esgana cão), aunque parece que hay voluntad para recuperarla.

Dão

El dão, uno de los vinos más famosos de Portugal, lleva el nombre de un pequeño río que se abre camino entre las montañas, al sur del Duero. Dotada de un suelo granítico ideal para el cultivo de la vid, la región del Dão sufre de una parcelación extrema, situación muy frecuente en el norte y centro de Portugal. Por eso, la mayoría de los viticultores venden la uva a las diez cooperativas locales. El trabajo de selección de los bodegueros no es fácil, ya que han de contentarse con calidades de vinos mediocres, procedentes de vinificaciones rudimentarias. Felizmente, un puñado de empresas independientes pretende romper poco a poco el casi monopolio de las cooperativas. Las esperanzas de la denominación están depositadas en los primeros vinos procedentes de centros de vinificación modernos.

Más de dos tercios de los vinos de Dão son tintos. La legislación autorizaba nueve variedades para los tintos y otras tantas para los blancos. Los dão tintos son tradicionalmente vinos firmes, pero la maceración larga de uvas no despalilladas los hace a menudo duros y austeros. Otro defecto: con frecuencia pierden su nota frutal y el encanto de su juventud cuando se embotellan demasiado tarde.

Bairrada

El viñedo de Bairrada debe su nueva reputación a su reciente estatuto de denominación (1979). Está situado al sur de Oporto, en un suelo arcilloso y fértil, entre las montañas y el Atlántico. Más del 80 % de los vinos de Bairrada son tintos, fuertes y frutales, elaborados con la variedad baga.

Los vinos elaborados de modo tradicional tienen que envejecer en botella para suavizarse, aunque algunos productores hacen mezclas con la variedad castelão francês para obtener vinos destinados a ser bebidos jóvenes.

La mayor parte de la uva blanca se vinifica en vinos espumosos para el consumo del mercado nacional. Algunos vinos blancos tranquilos se elaboran a partir de una mezcla de maria gomes y bical, otra cepa local. Cuando están logrados, esos vinos blancos son deliciosamente nerviosos y aromáticos.

Ciudad fortificada de Obidos, capital de la zona vitícola de ese nombre, al norte de Lisboa.

PRODUCTORES Y BODEGUEROS

La producción vitícola del centro de Portugal estuvo mucho tiempo dominada por las grandes cooperativas y las grandes fincas privadas. Desde la liberalización del comercio de vinos, debida a la crisis del monopolio de exportadores, muchas propiedades pequeñas se muestran más ambiciosas, con una nueva voluntad de elaborar vinos de calidad. Estos cambios también afectan a las variedades: algunas cepas nobles de reputación mundial, recién importadas, crecen junto a cepas indígenas tradicionales.

Adega Cooperativa de Almeirim
Cooperativa del Ribatejo que produce vinos tintos bajo diversas etiquetas, la más famosa de las cuales es Lezíria.

Adega Cooperativa de Arruda
Cooperativa que produce vinos tintos bien estructurados y concentrados, distribuidos bajo el nombre de Arruda.

EL PALACE HOTEL DE BUÇACO

La pequeña ciudad de Buçaco, colgada en una colina entre Bairrada y Dão, no pertenece a ninguna denominación. Su Palace Hotel posee un viñedo de 9 ha, vinificada por su director, José Rodrigues dos Santos. Aparte de su propia producción, mezcla los vinos de los mejores viticultores de la región de Dão y de Bairrada. Sus tintos suelen ser fuertes, generosos, con una capa oscura. Los blancos, secos pero ricos y concentrados, tienen aromas de miel. Todos se venden bajo la simple etiqueta Buçaco, exclusivamente en los hoteles del grupo, en Buçaco, Curia, Coimbra y Lisboa. Antiguo pabellón de caza real, el Palace Hotel guarda en sus bodegas excepcionales casi todas las cosechas desde 1945.

António Bernardino Paulo da Silva
Uno de los últimos viticultores de Colares, que también hace excelentes tintos, como el Beira Mar, en los viñedos costeros del Oeste.

Carvalho, Ribeiro & Ferreira
Bodega que se aprovisiona desde 1895 entre los viticultores de Ribatejo, presente también en Oeste, Dão y Colares. Sus *garrafeiras* están entre las mejores del género.

Casa Agricola Herdeiros de Dom Luís de Margaride
Los hermanos Margaride poseen dos grandes viñedos en Ribatejo, justo al sur del Tajo, cerca de Almeirim. Sus vinos blancos (Casal de Monteiro y Dom Hermano), con sus aromas de frutas tropicales, generalmente están más logrados que los tintos. Realiza plantaciones experimentales de cabernet sauvignon, merlot y chardonnay.

Caves Aliança
Gran empresa familiar que dispone de instalaciones muy modernas en la región de Bairrada. Gracias a un vinificador formado en California, Aliança está en la vanguardia y tiene imitadores de sus tintos más suaves y accesibles, y de sus blancos francos y vivos, vinificados en cubas de acero inoxidable.

Caves São João
Pequeña empresa de Bairrada, propiedad de dos hermanos exigentes. Sus vinos tintos, para guardar mucho tiempo, se cuentan entre los mejores de la región. Los reservas Frei João mejoran durante veinte años y más. Igualmente buenos dão tintos, robustos y tradicionales, vendidos bajo la etiqueta Porta dos Cavaleiros.

Caves Velhas
Uno de los tres productores que mantienen viva la DOC Bucelas, aunque tengan el estatuto de bodegueros de Ribatejo; comercializan buenos *garrafeiras* bajo la etiqueta Romeira.

Conde de Santar
Uno de los raros vinos de Dão procedentes de una sola finca. Decepcionantes durante la década de los 70, sus vinos tintos y blancos han mejorado.

José Maria da Fonseca
Con sede en Setúbal, esta empresa selecciona tintos y blancos en las cooperativas locales y los embotella bajo la etiqueta Terras Altas.

Luís Pato
La región de Bairrada es su pasión. Su viñedo de 60 ha produce vinos de carácter, tintos, blancos y espumosos.

Messias
Empresa familiar de Mealhada, en plena región de Bairrada; segundo productor de la denominación, tanto en blanco como en tinto. Messias también tiene intereses en el Duero y en Dão. Su amplia gama de vinos incluye vinhos verdes y *garrafeiras* concentrados y carnosos.

Quinta de Pancas
Finca del siglo XVI, cerca de la tranquila población de Alenquer, en el Oeste. El propietario, Joaquim Guimaraes, ha añadido chardonnay y cabernet sauvignon a las variedades tradicionales para internacionalizar el carácter de sus vinos.

Quinta da Romeira
Finca de 140 ha cerca del pueblo de Bucelas, propiedad de una filial de Tate & Lyle. Vinos blancos frescos y vivos exclusivamente a base de arinto.

Vinicola do Vale do Dão
Filial de Sogrape, está desempeñando un importante papel en el renacimiento de los vinos de Dão. Posee equipamientos ultramodernos en Quinta dos Carvalhas, cerca de Nelas. El Grão Vasco, un vino tinto firme y picante, es uno de los dão más famosos de Portugal.

Sur de Portugal

El Tajo parte Portugal en dos: de un lado, la multitud de pequeñas explotaciones agrícolas pobres del norte y del centro y, del otro, los ricos latifundios del sur, donde las colinas dejan paso a los grandes espacios y las inmensas llanuras.

A excepción de la península de Setúbal, el sur de Portugal no es por sí mismo tierra de vid. El sur y el este de Lisboa ofrecen un paisaje cada vez más árido y el clima se endurece. Verde después de las lluvias de invierno, la campiña se dora y luego se vuelve parda a medida que el termómetro se acerca a los 40 °C. Hay pocos ríos capaces de irrigar la zona y la sequía plantea auténticos problemas. Sólo los alcornoques pueden soportar la canícula estival.

En el siglo XIX, los habitantes de Lisboa y del norte de Portugal solían burlarse de sus compatriotas del sur, a causa de la pobreza de esta gran región prácticamente desértica, y la llamaban *terra de mau pão e mau vinho*, «el país del pan malo y del vino malo».

La región cayó un poco más en la miseria y la anarquía después de la revolución de 1974, pues la mayor parte de los latifundistas se vio desposeída de sus bienes por parte de los jornaleros.

En cuanto a la región del Algarve, parece más preocupada por la promoción del turismo que por la calidad de sus cuatro denominaciones.

Península de Setúbal

El puerto de Setúbal ha dado su nombre a la región que se extiende entre el Tajo y el Sado. Setúbal es también la región de producción delimitada de un vino generoso dulce elaborado principalmente a base de moscatel, que crece en las pendientes calizas de la Serra da Arrábida.

Se distinguen dos estilos de vinos diferentes: el primero, aromático y especiado, se comercializa después de un período de cinco años de añejamiento. El segundo, envejecido durante una veintena de años, es de color oscuro y sumamente dulce.

A pesar de la expansión urbana de los alrededores de Lisboa, la viticultura se desarrolla paradójicamente al norte de la ciudad desde hace veinte años y constituye actualmente una de las regiones más interesantes en materia vinícola. Esta situación se debe a tres empresas que multiplican los experimentos con cepas diversas, autóctonas o ya sea importadas, produciendo vinos originales, tanto tintos como blancos.

Alentejo

Las llanuras del Alentejo se extienden desde la costa atlántica hasta la frontera española y ocupan un tercio de Portugal.

Siete viñedos enclavados en esta región han sido promovidos recientemente al título de denominación IPR, entre ellos Borba, Redondo y Reguengos.

En estas tres denominaciones, las cooperativas desempeñan un papel predominante. Los mejores tintos tienen cuerpo y resultan de una mezcla de cepas aragonez (la tinta roriz del Duero), castelão francês, moreto y trincadeira, mientras que los vinos blancos son más decepcionantes, generalmente grasos y pesados.

La vendimia en Ferreira, en el Alentejo.

PRODUCTORES Y BODEGUEROS

Aunque existen actualmente cuatro regiones DOC en el Algarve, la mayor parte de los vinos se elabora en cooperativas locales y es consumida por los turistas que visitan la región. Los vinos más interesantes proceden de algunos vinificadores apasionados, dotados de instalaciones modernas, en el Alentejo y en la península de Setúbal.

Adega Cooperativa de Borba
Una de las cooperativas más modernas de Portugal. Una técnica puntera y un sentido del detalle le permiten producir vinos tintos equilibrados a pesar del caluroso clima del Alentejo.

Quinta do Carmo
Finca privada tradicional donde todavía hoy se pisa la uva en los lagares, cubas abiertas talladas en el mármol del país. Con sus 70 ha de viñas en el Alentejo, cerca de Borba, Carmo produce uno de los mejores vinos tintos del sur de Portugal. La familia Rotschild ha adquirido recientemente una participación en esta propiedad.

Herdade de Cartuxa
Antiguo monasterio del siglo XVI en el que se ha instalado una fundación caritativa de aproximadamente 70 ha. Situada en el exterior de la ciudad de Évora, en el Alentejo, dispone de un equipamiento moderno de vinificación. Los vinos blancos son ricos, con aromas exóticos, mientras que los tintos tienen en general una buena estructura, con notas de menta.

Esporão
Amplia propiedad de cerca de 400 ha, en el Alentejo, plantadas con cincuenta variedades diferentes, autóctonas o importadas. Vinos tintos finos vinificados por un australiano, David Baverstock.

J.M. da Fonseca Internacional
«Internacional», como se la llama aquí, se separó de la familia Fonseca en 1968 y pertenece actualmente al grupo Grand Metropolitan. Establecida en Setúbal, esta empresa produce casi exclusivamente los vinos de la marca Lancers: un rosado semiseco de aguja y un espumoso (el Lancers brut).

José Maria da Fonseca Sucessores
Empresa familiar perteneciente a los herederos de José Maria da Fonseca, su fundador, que ya hacía vino en Setúbal en 1834. El Periquita existe desde 1880 y hoy es merecidamente uno de los vinos tintos más famosos de Portugal. La cabernet sauvignon es una de las variedades que componen el vino tinto de la viña familiar Quinta da Camarate (25 ha).

J.P. Vinhos
El vinificador australiano Peter Bright ha desempeñado un papel importante en la transformación de la imagen del sur de Portugal. El mayor éxito de la casa es un moscatel, el João Pires Dry. Aunque establecida en Setúbal, esta casa produce también un Tinto da Anfora elaborado con uva procedente del Alentejo.

Establecimento Prisonal Pinheiro da Cruz
Los vinos tintos de esta finca de 13 ha, propiedad de la prisión de la ciudad de Grándola, en el oeste del Alentejo, son muy famosos pero difíciles de encontrar.

José da Sousa Rosado Fernandes
Creada en 1878 en Reguengos de Monsaraz, en el Alentejo, esta empresa ha sido adquirida en 1986 por José Maria da Fonseca (véase arriba), pero la vinificación todavía se hace en enormes tinajas (las *talhas*) en el frescor de las bodegas subterráneas. Sólo producen vinos tintos corpulentos y especiados.

El sur de Portugal goza de renombre por su producción de tapones de corcho.

Oporto

El oporto parece haber dado origen a más mitos que cualquier otro gran vino del mundo. Puede que se deba a la naturaleza de la tierra de donde procede: el valle duro, árido e inhóspito del Duero, al norte de Portugal, que todavía es una de las regiones más atrasadas de Europa occidental. Pero también puede ser el resultado del peso de las tradiciones inglesas, a las que la historia del oporto parece ligada, aunque sólo fuera por esa costumbre ancestral que consiste en consumir una buena cantidad de botellas de oporto al final de una comida, para lo cual los comensales se pasan la garrafa de vintage en el sentido de las agujas del reloj, después de despachar cortésmente a las mujeres. De pie, con un brindis a la reina y una copa de oporto milesimado en la mano, se intenta adivinar la añada y no se deja la mesa hasta después de vaciar la decantadora y las copas.

El viñedo que da origen al oporto está situado en las provincias de Trás-os-Montes y de Beira Alta, en las laderas de un macizo montañoso, cerca de la frontera que separa Portugal y España.

Durante mucho tiempo no se pudo acceder a estos altos valles más que a lomos de una mula, siguiendo un río (el Duero) que ha modelado una sucesión de profundas gargantas; más tarde se construyó una vía férrea, en la que un trenecito pintoresco todavía sigue tranquilamente los meandros del río.

Actualmente, nuevas carreteras permiten un acceso más fácil, mientras que muchos embalses han domado el curso del Duero. Pero, a pesar de estas comodidades recientes, la naturaleza es soberana, salvaje, y las laderas abruptas de las montañas, cubiertas de viñas en terrazas, todavía producen un sentimiento de magnificencia y de emoción intensa en cualquier estación.

La zona de denominación cubre unas 260 000 ha en las laderas talladas por el Duero y sus afluentes, desde la pequeña ciudad de Peso da Régua, en el oeste, hasta la frontera española, al

Estas barcas *(barcos rabelos)* eran el único medio de transporte en el Duero.

este, pero la superficie cultivada no cubre más que del 10 al 12 % de la superficie autorizada. Sólo los suelos esquistosos (del cámbrico y del precámbrico) ofrecen la posibilidad de producir oporto, mientras que los suelos graníticos sólo consiguen producir vinos comunes de mesa.

La vid del Duero debe afrontar durante todo el año condiciones climáticas extremas. Los inviernos son duros, con un frío montañés y una sequía más marcada en la altitud, al este, que valle abajo, al oeste. En verano es un horno, algo característico de los valles encajonados, sin un soplo de aire, donde son incontables los días con más de 40 °C a la sombra. Tradicionalmente, las viñas están plantadas en terrazas ancladas sólidamente con muretes de piedra construidos a mano, o se agarran como pueden sobre caminos de tierra abiertos en la ladera *(patamares)*. Un nuevo modo de plantación, consistente en plantar las hileras de vides en el sentido de la pendiente, parece ganar cada vez más adeptos ya que permite la mecanización.

Curiosamente, los viñedos de Oporto tenían antaño un gran número de variedades, tanto para la producción de vinos tintos como para la de blancos. Las viñas contaban más de 48 cepas diferentes, a menudo mezcladas en una misma parcela. Muy recientemente (después de la revolución de 1974), siete variedades han sido recomendadas para la producción del oporto tinto: touriga naçional, tinto cão, tinta roriz, tinta barroca, touriga francesa, tinta amarela y mourisco.

El viñedo se compone de multitud de parcelas. Al menos 25 000 viticultores producen uva para la elaboración de oporto. Entregan su uva o sus vinos a bodegas (los *shippers*) o a cooperativas, que han recibido recientemente (en 1986) el derecho de embotellar y exportar los oportos que elaboran.

La elaboración del oporto

En el Duero, la vendimia se realiza entre mediados de septiembre y mediados de octubre.

La vinificación, tanto en tinto como en blanco, se efectúa según el mismo principio de encabezado: se añade aguardiente durante la fermentación, con la finalidad de detener la acción de las levaduras y de salvaguardar una parte de los azúcares fermentables naturales de la uva. El añadido de alcohol de vino (aguardiente) en una relación de 100 l (de 76-78 % vol) por 450 l de vino en fermentación, se hace de modo progresivo para dar origen al oporto.

Aunque algunos viticultores realizan actualmente la crianza y el añejamiento de su producción en su propiedad, la mayoría de los oportos del Duero se transporta, a partir de la primavera, hacia Vila Nova de Gaia (frente a la ciudad de Oporto), en la desembocadura del río, donde están las inmensas bodegas comerciales, las *lodges*. Una tradición que descansa en dos factores: por una parte, la atmósfera húmeda de Gaia es más propicia para el añejamiento en barrica que la sequía del Duero; por otra, en Oporto se mezclan los vinos y desde allí se expiden.

La duración del añejamiento del oporto en barrica varía en función del estilo de producto que se quiere elaborar (véase recuadro). Estos toneles, llamados *pipas*, tienen una capacidad de cerca de 630 l. Los oportos embotellados en Portugal llevan un sello de papel fijado sobre el corcho o alrededor de la cápsula de cada botella.

Historia del oporto

La historia comienza, como para el jerez, con el comercio de vinos naturales destinados al mercado británico; en el siglo XVII, los comerciantes ingleses establecieron factorías en Portugal.

Los primeros vinos expedidos fueron vinos comunes de mesa, pero a partir del siglo XVIII, se descubrió por casualidad que el añadido de aguardiente a los vinos portugueses favorecía su estabilidad durante el transporte por mar. Hasta fines del siglo XIX, una polémica enfrentó a los partidarios y los oponentes de esta forma de hacer vino. La historia dio la razón a los primeros. Francia descubrió mucho más tarde las virtudes del oporto tawny o ruby como aperitivo, y se convirtió en el primer mercado de exportación, seguida del Benelux, Alemania y los Estados Unidos.

La reglamentación

El oporto fue el primer vino del mundo que conoció una reglamentación, pues las primeras medidas datan del marqués de Pombal, primer ministro portugués, quien creó un monopolio del estado (la Companhia Geral da Agricultura das Vinhas do Alto Douro) entre 1758 y 1761. A cambio de un control de los rendimientos y de la calidad de los vinos dentro de la zona delimitada de producción autorizada, ofreció una garantía de precio mínimo para los viticultores. Esta primera reglamentación, que trataba de poner fin a los abusos de los compradores ingleses sin escrúpulos, fue la clave del éxito del oporto, cuyo viñedo es, todavía hoy, el más reglamentado del mundo. Es objeto de una clasificación parcelaria que va de «A» para las mejores hasta «E» para las menos buenas, en función del pago, la insolación, el clima, las cepas, la edad media de las vides, el número de pies, el rendimiento y el estado general del viñedo. A esta clasificación corresponde una escala de precio de venta de la uva y un porcentaje de vino que se podrá comercializar como oporto (mientras que el resto se baja de categoría a vino común de mesa).

El negocio bodeguero está también muy reglamentado, pues prohíbe vender más de un tercio de las existencias cada año; con este proceder se garantiza un mínimo de tres años de añejamiento.

Finalmente, cada muestra ha de ser objeto de un etiquetado por catadores profesionales del Instituto de los vinos de Oporto antes de ser comercializada. ☐

LOS ESTILOS DE OPORTO

Todos los oportos nacen *ruby*. Añejados en pipas durante algunos años, pierden su color y se vuelven *tawny*.

LA CATEGORÍA RUBY

Ruby: calidad del oporto tinto resultante de un añejamiento de 3 años en pipa.

Late Bottled Vintage, o LBV: oporto milesimado (de añada) que se ha añejado en pipa durante un período de 4 a 6 años.

Crusted: mezcla de oportos que envejecerán más de 4 años en botella. Al no haber sido filtrados antes del embotellado, forman un sedimento (*crust* en inglés).

Single quinta: oporto milesimado procedente de una sola finca (*quinta* en portugués) que ha sufrido un añejamiento de 2 años en pipa.

Vintage: oporto milesimado de una cosecha excepcional. Se declara un vintage 2 años después de la vendimia, cuando el oporto mejora bien y presenta todas las cualidades requeridas para una vida muy larga. Continuará añejándose una vez embotellado.

LA CATEGORÍA TAWNY

Tawny: oporto que debe haber añejado en pipa durante 5 años y que ha perdido su color «ruby».

Viejos tawnies: 10 años, 20 años, 30 años, 40 años de edad son otras tantas designaciones que se refieren a una mezcla de viejos tawnies y corresponden a la media de edad de cada uno de los componentes. La mezcla contiene, por tanto, vinos más jóvenes y otros más viejos, sin obligación alguna de mezclarlos en proporciones idénticas.

Colheita tawnies: tawnies hechos de una sola cosecha envejecida en pipa, desde la fecha que figura imperativamente en la etiqueta (7 años por lo menos).

EL OPORTO BLANCO

Porto branco: elaborado con uva blanca, el oporto blanco puede ser muy seco cuando el encabezado es tardío, pero generalmente es dulce, incluso como un jarabe, como el famoso Lágrima, hecho de un vino de lágrima.

PRODUCTORES Y BODEGUEROS

El comercio de oporto está tradicionalmente en manos de grandes bodegas *(shippers)* de Vila Nova de Gaia que crían los oportos jóvenes procedentes de la región del Duero, los mezclan y los embotellan antes de expedirlos. Un gran número de estas casas poseen una o varias propiedades *(quintas)* en el Duero, pero compran la mayor parte de sus vinos a los viticultores.

Andresen
Pequeña empresa que pertenece a un grupo de portugueses y comercializa oportos bajo las marcas Mackenzie, Pinto Pereira y Vinhos do Alto Corgo. Mackenzie, fundada por un inglés (Kenneth Mackenzie) en el siglo XIX, es una marca conocida por sus vintages.

Barros Almeida
Uno de los mayores bodegueros portugueses del lugar. Barros Almeida, fundada en 1913, todavía está en manos de la familia Barros. En el curso de los años, Barros ha adquirido Pintos dos Santos, Feist, Feuerheerd, Kopke, Vieira de Souza, Hutcheson y la asociación Douro Wine Shippers and Growers, hasta convertirse en la quinta empresa de oporto. Los oportos Barros ofrecen toda una gama de vinos, pero son afamados por sus tawnies, en particular su «20 años».

Borges & Irmão
Un bodeguero más conocido por sus vinos de mesa (en particular sus vinhos verdes) que por sus oportos. Fundada en 1884 por los hermanos Borges, al mismo tiempo que otros negocios, entre ellos el Banco Borges e Irmão, la bodega cuenta con el estado portugués entre sus accionistas. Su actividad exportadora se concentra en Holanda, Bélgica y Francia. Los productos estrella de la casa son de sus propiedades, entre las que destacan la Quinta do Junço, en el valle de Pinhão, la Quinta da Soalheira y la Quinta de Roncão, comercializados como *colheitas*. Sus vintages tienen fama de ser ligeros y maduran bastante rápido.

J.W. Burmester
Fundada en el siglo XVIII por una familia de origen alemán, la casa Burmester goza de excelente renombre por sus viejos tawnies y sus colheitas. Esta empresa pequeña, todavía familiar, se aprovisiona de una selección de viñedos del alto Duero. En la década de los 80, sus vintages eran soberbios.

A.A. Cálem
Una de las casas familiares portuguesas más importantes, Cálem se ha hecho con una reputación sin igual en todo el mundo por sus vintages, sus late bottled vintages y sus colheitas. Propietaria de numerosas fincas en la región de Pinhão, su mascarón de proa es la Quinta da Foz, donde la vinificación todavía se hace en los famosos *lagares* (cubas excavadas en piedra que permiten el pisado de la uva). Su última adquisición es la Quinta de Ferradosa (que pertenecía a Borges e Irmão). Cálem dispone de un centro de vinificación no lejos de Vila Real, donde se elaboran sus tawnies, comercializados bajo la marca Tres Velhotes.

Cintra
Véase Taylor, p. 334.

Churchill Graham
Churchill Graham, cuya familia había vendido su propia casa en Oporto a la familia Symington en 1970, fundó la empresa en 1981 y comercializa dos propiedades de John Borges, la Quinta da Agua Alta y la Quinta de Fojo. Bajo la etiqueta Churchills se distribuye una gama de oportos que incluye dos viejos tawnies y un late bottled vintage.

Cockburn Smithes
Cockburn es uno de los mayores nombres del mundo del oporto. Fundada en 1815 por Robert Cockburn, la empresa se convirtió en Cockburn Smithes en 1848, cuando Cockburn se asoció con Henry y John Smithes. En 1961, Cockburn adquirió la empresa Martínez Gassiot, para hacerse comprar un año más tarde, en 1962, por Harveys de Bristol (que actualmente pertenece al grupo Allied Lyons). La casa Cockburn dispone de numerosas viñas en el Duero, en los alrededores de Tua y de Pinhão (Quinta do Tua y Quinta da Eira Velha, comercializados como vintages), y en el valle de Vilariça, en el alto Duero. Su calidad Special Reserve así como su Fine Ruby son clásicos. Más recientemente, Cockburn ha lanzado una gama de viejos tawnies notable. Las declaraciones de vintage son menos frecuentes que en las otras casas, y su estilo, fino y aterciopelado (en particular su 1983 y su 1985), no parecen afectar a su longevidad.

Croft
Una de las más antiguas casas de oporto, fundada en 1678, aunque el primer Croft, John, no llegó a Portugal hasta 1736. Negocio familiar hasta 1911, cedida a W & A Gilbey, absorbidos a su vez por International Distillers & Vintners (IDV), la casa Croft pertenece actualmente al grupo Grand Metropolitan. Posee un empresa en Oporto y otra en Jerez, así como dos marcas de oporto: De la Force y Morgan Brothers. Croft ofrece toda una gama de oportos, la mayor parte de los cuales, como su Dinstinction Finest Reserve, son de buen porte. Sus viejos tawnies y sus vintages (entre ellos el Quinta da Roeda) se encuentran entre los mejores del género.

LOS ORGANISMOS DEL OPORTO

La Casa do Douro es el organismo que gestiona el *«registo»* (catastro vitícola), reglamenta la viticultura e interviene en caso de sobreproducción para comprar y almacenar los vinos excedentarios. Sin embargo, esta organización interprofesional acaba de perder su credibilidad como árbitro al adquirir acciones de una bodega portuguesa, la Royal Oporto Wine Company. La Asociación de exportadores de vino de Oporto (AEVP) agrupa la mayoría de las bodegas de Vila Nova de Gaia en un sindicato para la defensa de los intereses comerciales de las grandes casas.

El Instituto do Vinho do Porto (IVP) es un organismo paragubernamental que controla las existencias de oporto y dirige las investigaciones. El gobierno regula el precio de la uva cada año tras consultar con estos tres organismos. El IVP vigila también el añejamiento y la calidad de los vinos expedidos, concediendo los análisis de cata.

Cruz

Porto Cruz es la primera marca comercial de oportos distribuidos en Francia por la empresa de distribución La Martiniquaise, gracias a su tawny ligero, hecho para consumir como aperitivo. Creada en 1926 por Jean Cayard, presidente de La Martiniquaise, Cruz dispone desde 1975 de bodegas de añejamiento en Portugal, así como de 500 ha en el Duero, recientemente plantadas.

Delaforce

Fundada en 1868 por una familia de hugonotes, Delaforce entra en el grupo IDV en 1968. Algunos descendientes de la familia Delaforce aún trabajan en el negocio, y los vinos todavía se elaboran en una *lodge* separada a partir de viñedos específicos. Distribuyen un ruby Paramount en Alemania y Holanda, un ruby y un tawny clásicos en Francia, y un viejo tawny, His Eminence's Choice, en los países anglosajones. Sus vintages, que tienen menos cuerpo y más finura que sus competidores, proceden esencialmente de la Quinta da Corte, en el valle del Torto.

Dow

Véase recuadro p. 334.

H. & C. J. Feist

Fundada por dos primos alemanes en 1836, en Londres, esta marca de oporto famosa por sus rubies y sus tawnies, fue adquirida por Barros en la década de los 50.

Ferreira

Véase recuadro p. 333.

Feuerheerd

Una de las casas más antiguas de oporto, creada en 1815 por un alemán, Dietrich Feuerheerd, actualmente en manos de la familia Barros. Su Quinta de la Rosa, sin embargo, quedó en manos de la familia Feuerheerd en el momento de la adquisición. Distribuye, entre otros, los oportos Comendador, Royal Banquet y Marqués de Soveral.

Fonseca Guimaraens

Fundada en 1822 por Manuel Pedro Guimaraens, de una familia de Braga, Fonseca Guimaraens es una de las casas de oporto más conocidas por la calidad de sus vintages, de un estilo fuerte pero aterciopelado y bastante dulce. Adquirida por Taylor en 1948, la empresa ha conservado el carácter muy marcado de sus vintages, muy diferentes de los de Taylor. Esta originalidad se debe a las viñas de Pinhão, de donde proceden sus vinos, y más particularmente de su Quinta do Cruzeiro y su Quinta do Santo António, que representan el 80 % de la uva. No es raro que Fonseca Guimaraens declare un vintage en los años difíciles. Las mejores añadas de otra propiedad de esta casa, la Quinta do Panascal, se comercializan a menudo como vintage. Fonseca Guimaraens comercializa toda una gama de oportos, entre ellos el famoso Bin 27, un Vintage Character, así como viejos tawnies. Bruce Guimaraens, uno de los descendientes del fundador, es maestro vinificador de las dos casas (Taylor y Fonseca).

Forrester

Uno de los más grandes nombres de la historia del oporto gracias a su fundador, el barón Joseph James Forrester, quien tuvo un final trágico al ahogarse en el Duero en 1861. Fue, en efecto, el primero en trazar un mapa de las viñas del alto Duero y en preconizar un tratamiento contra el oídio que destrozó la vid en la década de 1850. Su tío se había unido al negocio de la familia Offley en 1803 y la bodega se llamó Offley Forrester durante años. Adquirida actualmente por el grupo Martini, la sociedad comercializa bajo el nombre de Forrester, pero los vinos llevan el nombre de Offley en sus etiquetas. Su viñedo principal, la Quinta da Boa Vista, presta su nombre a su vintage... y a un late bottled vintage, fuente de confusión para el consumidor. Entre los demás oportos de la casa, cabe citar la Quinta do Cachucha, algunos viejos tawnies y un ruby, el Duke of Oporto.

Gould Campbell

Véase recuadro p. 334.

W. & J. Graham

Véase recuadro p. 334.

C.M. Kopke

Una de las bodegas de la familia Barros, la más antigua de todas, creada en 1638 por Cristiano Kopke, cónsul de la Hansa en Lisboa. Actualmente es la joya del grupo con sus excelentes colheitas y sus agradables tawnies añejados.

Martinez Gassiot

Aunque pertenezca a Cockburn, Martinez Gassiot tiene su propio almacén en Régua. Sus vinos son, pues, más ricos y poseen ese gusto de nuez y de quemado característico del Duero. Eso le va particularmente bien a los tawnies añejados, que conservan así un fruto impresionante incluso a los 20 años de edad. En contrapartida, los vintages y los late bottled vintages sufren por las condiciones de almacenamiento y tienden a perder su color. Los vinos de Martinez proceden también de quintas que no pertenecen a Cockburn. Se trata de Quinta do Bartol (alto Duero), Quinta da Adega (Tua) y Quinta da Marcela (Pinhão).

Messias

Marca muy difundida en Portugal y en sus antiguas colonias. Messias es un negocio familiar fundado en 1926, más conocido, sin duda, por sus vinos de Dão, de Bairrada y sus vinos no encabezados del Duero. Sus propiedades en el valle del Duero son Quinta do Cachão y Quinta do Rei.

Morgan Brothers

Casa fundada en 1715, actualmente en manos de Croft. Los aficionados a la literatura inglesa encontrarán la mención de su etiqueta Double Diamond en la famosa novela *Nicholas Nickleby* de Charles Dickens. Actualmente, sus oportos se venden sobre todo bajo las marcas de los detallistas. Sus vintages proceden de viñas de Rio Torto y del valle del Ronção.

Niepoort

Pequeña empresa familiar fundada en 1842, dirigida actualmente por Rolf y Dick Van der Niepoort, afamada por sus colheitas y sus viejos tawnies. Al no tener viñas, Niepoort se aprovisiona de uva entre las quintas del valle de Pinhão. Sus vintages, aunque menos conocidos, son excelentes.

Offley Forrester

Véase Forrester.

Osborne

Filial de la empresa de Jerez del mismo nombre, fundada en 1967. Esta casa dispone de sus propios almacenes, pero no posee viñas. Distribuye una gama completa de oportos.

Manoel D. Poças Junior

Empresa familiar creada en 1918, muy conocida en Portugal, en Francia y en Bélgica. Posee tres quintas (Quartas, Santa Bárbara y Vale de Cavalos) y comercializa buenos vintages, colheitas y excelentes viejos tawnies.

Quarles Harris

Véase recuadro p. 334.

Quinta de São Pedro das Aguias

«San Pedro de las Águilas», en español, es el nombre de la quinta más antigua del Duero. Fue creada por los monjes en el siglo XI. Sin duda encantados por un entorno propicio a la oración y al recogimiento, construyeron un monasterio y plantaron vides. Los monjes no abandonaron su abadía cisterciense hasta 1834, como consecuencia de la guerra civil. En 1986, Paul Vranken, uno de los bodegueros más recientes de Champagne, compró la quinta de São Pedro. La propiedad estaba abandonada y actualmente está renaciendo. La abadía se ha restaurado, las viñas se han replantado y la primera cosecha nueva lleva la añada 1988. La Quinta São Pedro comercializa una gama de tawnies (bajo las marcas São Pedro y Santa Marta) y un oporto blanco.

Quinta do Noval

Las terrazas escarpadas de la Quinta do Noval, en el valle de Pinhão, son tan pintorescas que forman parte de la imaginería del valle del Duero. Esta soberbia propiedad de 67 ha, que data de 1715, produce dos vintages, el Quinta do Noval y el Nacional, este último elaborado a partir de una pequeña parcela de 5 000 pies de vides no injertadas que no han padecido jamás la filoxera. Esta finca soberbia es, de hecho, la joya de una bodega fundada en 1813 por Adriano da Silva. En 1970, la bodega Da Silva cambió su nombre para llamarse Quinta do Noval. Actualmente, bajo la marca Noval, la bodega distribuye una gama de oportos: ruby, LB Reserva, late bottled vintage, así como tawnies de 10 y 20 años. La empresa, fundada en 1813 por Antonio José da Silva, fue familiar hasta 1993; actualmente pertenece al grupo asegurador Axa.

Adriano Ramos-Pinto

Una de las casas más hermosas de oporto, que siempre se ha mantenido por delante de su tiempo en materia de viticultura y vinificación, así como en cuestiones comerciales. El oporto le debe (entre otras cosas) la selección de cepas de calidad, la mecanización del cultivo de la vid en plantaciones en el sentido de la pendiente y, más recientemente, el desarrollo de vinos no generosos de calidad. José Antonio Ramos-Pinto Rosas, asistido por su sobrino João, dirige la producción de esta gran empresa. Los 42 descendientes del fundador, Adriano Ramos Pinto, personaje de temperamento fuerte, amante de Brasil, de las artes y de la vida, cedieron la mayoría de sus acciones a la empresa de Champagne Louis Roederer, en 1990. Aparte de la soberbia Quinta do Bom-Retiro, Ramos Pinto posee la Quinta da Urtiga, la Quinta dos Bons-Ares y, en el alto Duero, la Quinta da Ervamoira. Dos de estas quintas (Bom-Retiro y Ervamoira) se comercializan como viejos tawnies, de 20 y de 10 años, respectivamente. Ramos Pinto dispone de tal superficie de viñas, que solamente puede comercializar los vinos de sus propiedades. Los vintages firmados Ramos Pinto son particularmente elegantes.

Robertson Brothers

Aunque esta empresa de oporto pertenezca a la casa Sandeman, conserva su independencia para distribuir la marca Rebello Valente, adquirida en 1881. Robertson Brothers son conocidos sobre todo y desde hace tiempo por sus excelentes vintages, de los que producen pequeñas cantidades. Su LBV entra en la categoría de los oportos crusted, que deben decantarse y que manifiestan una gran concentración de aromas.

Real Companhia Vinicola do Norte do Portugal

Creada en 1756 por decreto real, por iniciativa del marqués de Pombal (Royal Oporto Wine Company), la Companhia Geral da Agricultura das Vinhas do Alto Douro ostentaba el monopolio de la comercialización de toda la producción de oporto para evitar el fraude y reglamentaba el comercio. La «Real Vinícola» perdió en 1858 este monopolio de elaboración y de venta a las bodegas, y se ha convertido en una empresa particular que posee actualmente el mayor viñedo del Duero. Después de la Segunda Guerra Mundial, Manuel Silva Reis compró este viñedo cargado de historia y envidiado por sus privilegios. Con una personalidad fuera de lo común, reina sobre un imperio de vides y unas existencias de 14 000 pipas de vino de Oporto. Fue destronado y despedido (como muchos directivos de empresa) por sus obreros en 1974, en el momento culminante de la Revolución de los Claveles, y su Companhia fue nacionalizada. Más tarde fue rehabilitado por Mario Soares y el estado portugués le devolvió la empresa. Manuel Silva Reis ha cedido recientemente el 40 % de sus acciones a la Casa do Douro (véase recuadro p. 331). Este organismo interprofesional, supuestamente imparcial en la clasificación de las viñas y el establecimiento de los precios, tiene paradójicamen-

FERREIRA

Ferreira fue una de las casas más dinámicas en el desarrollo del viñedo del alto Duero hasta la frontera española, por iniciativa de la gran dama del oporto en el siglo XIX, donna Antónia Ferreira. El negocio fue adquirido en 1989 por la familia Guedes (Sogrape, Mateus Rosé). Todavía elabora grandes vinos, sobre todo en la categoría de los viejos tawnies, como su Duque de Bragança, de 20 años, o su Quinta do Porto, de 10 años, muy afrutado. Hasta 1991, sus vintages no se comercializaban jamás antes de estar listos para ser bebidos. Bastante dulces, pertenecían a la más pura tradición portuguesa. Ferreira controla otras dos marcas de oporto: Hunt Roope y Constantino.

Rozes

Marca comercial de la sociedad Moët-Hennessy, creada en 1855 en Burdeos para la distribución en Francia de oportos importados. Muy afamada allí por sus rubies y sus tawnies, Rozes también distribuye vintages procedentes de vinos de las viñas de Pinhão.

Sandeman

Fundada en 1790 por un escocés de nombre Georges Sandeman, está actualmente controlada por el grupo Seagram. Esta gran casa de oporto, como su filial del mismo nombre en Jerez, conserva sin embargo su carácter familiar y cierta independencia. Sandeman es la mayor bodega de oporto, con un volumen importante de ventas en las calidades corrientes de rubies y de tawnies en Europa. Además, Sandeman sabe hacer y comercializar grandes vinos, viejos tawnies (su Royal de 10 años es soberbiamente afrutado), así como vintages aterciopelados y finos de madurez precoz. Sandeman no poseía viñas, pero la sociedad ha adquirido progresivamente viñedos en las regiones de Tua y de Régua desde 1974. También se ha convertido en dueña de la Quinta de Confradeiro y de la Quinta de Celeiros, en Pinhão, así como de la Quinta das Laranjeiras, en la región de Poçinho.

C. da Silva

Pequeña bodega española instalada en Portugal que comercializa toda una gama de oportos bajo múltiples etiquetas (Presidential, Dalva, Da Silva, etc.), así como algunas colheitas viejas excelentes, embotelladas y etiquetadas por encargo.

Smith Woodhouse

Véase recuadro en esta página.

Taylor, Fladgate & Yeatman

Creada en 1692, Taylor se ha forjado un nombre, a partir del siglo XIX, en el cenáculo de los oportos vintage. Esta sociedad familiar controla también Fonseca Guimaraens (véase p. 332), así como la marca de oporto Cintra. Taylor fue la primera casa inglesa que poseyó una viña en el valle del Duero, la Casa dos Alembiques (actualmente transformada en centro de vinificación), en Régua, así como la soberbia Quinta de Vargellas, comprada en 1893. Fue también la primera que comercializó un late bottled vintage y, más recientemente, la primera en lanzar al mercado un nuevo estilo de oporto sin año, First Estate. Esta vocación de pionero puede parecer paradójica cuando se comprueba la importancia que da a las tradiciones la casa Taylor. Justo al lado de las baterías de cubas de acero inoxidable relucientemente nuevas, donde se vinifican los vinos de menor calidad, se perpetúa —en cada vendimia— el pisado de la uva en los lagares para la elaboración de los futuros vintages de la Quinta de Vargellas. Aparte de sus maravillosos vintages, Taylor comercializa su Quinta de Vargellas como quinta única, viejos tawnies —de los que el de 20 años es, sin duda, el mejor—, rubies, así como un Vintage Character. Todos los productos son dignos de la fama de esta gran marca.

Vieira de Souza

Perteneciente a la familia Barros, esta marca de oporto, creada en 1925 por Alcino Vieira de Souza, comercializa rubies y tawnies baratos.

Warre

Véase recuadro en esta página.

Wiese & Krohn

Fundada en 1865 por dos noruegos, y adquirida en 1922 por la familia Cameiro, esta pequeña empresa se ha especializado en colheitas y otros excelentes tawnies. Sus vintages, fuertes y dulces, producidos al modo tradicional en lagares y en pequeñas cantidades, no les van a la zaga. Se compra la uva a los viticultores del valle del río Toro y se vinifica la procedente de su Quinta do Retiro Novo.

EL GRUPO SYMINGTON

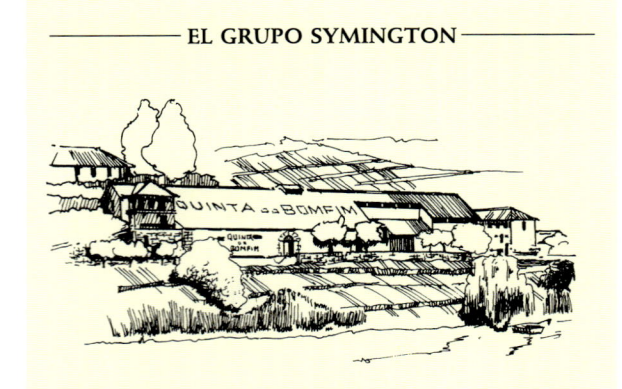

Graham, Dow, Warre, Quarles Harris, Gould Campbell y Smith Woodhouse son grandes marcas de oporto pertenecientes al mismo grupo. Un miembro de la familia Symington, que trabajaba para la casa Graham hace más de un siglo, compró acciones de la casa Warre en 1892. Su familia compró Dow en 1912. En 1970, los Symington adquirieron Graham. Warre, creada en 1670, es la casa inglesa más antigua de oporto. Dow data de 1798 y Graham de 1822. Dow, instalada en la Quinta do Bomfim, es famosa por su estilo seco; Graham, en la Quinta de Malvedos, produce un oporto rico y dulce. Warre, con su Quinta da Cavadinha y la mitad de la Quinta de Bom-Retiro, elabora vinos de gran fuerza. La familia Symington es también propietaria de la magnífica Quinta do Vesuvio.

OTRAS COOPERATIVAS

Desde 1986, una reglamentación nueva autoriza la expedición de oporto desde el valle del Duero, permitiendo a viticultores y cooperativas embotellar y vender desde la propiedad.

Entre estos recién llegados al comercio del oporto cabe citar: Adega Cooperativa de Alijó; Adega Cooperativa de Mesão Frio; Adega Cooperativa de Santa Marta de Penaguião; Aida Coimbra, Aires de Matos e Filhos; Albertino da Costa Barros; Cooperativa Vitivinicola do Peso de Régua; Henriqué José da Carvalho; Jaime Machado Aires Lopes; Manuel Carlos Agrellos; Maria Fernanda Taveira; Montez Champalimaud; Quinta do Cotto; Quinta do Infantado Vinhos; Serafim dos Santos Parente; Sociedade Agricular Quinta do Crastro; Sociedade Agricola Romaneira; Quinta de Val de Figueira.

MADEIRA

La isla de Madeira, situada a 600 km al oeste de Casablanca, en el océano Atlántico, ha dado nombre al único vino del mundo que sale de un horno.

El archipiélago, que incluye la pequeña isla de Porto Santo, ha sido parte de Portugal desde su descubrimiento en los años 1418-1419 por un tal Zarco, gentilhombre de la casa de Enrique el Navegante y capitán de la marina portuguesa.

El nombre de Madeira procede de una palabra portuguesa que significa «madera».

En efecto, este archipiélago montañoso de acantilados abruptos, que culmina a 1 861 m (Pico da Vara), estaba recubierto de un frondoso bosque cuando fue descubierto. Todo el macizo boscoso fue quemado por los portugueses para dejar paso a tierras cultivables compuestas de un suelo volcánico fértil, rico en potasas, ideal para el cultivo de la vid: las primeras cepas fueron importadas de Creta en 1453.

Madeira fue una escala para el aprovisionamiento de agua de la flota mercante: muy pronto, los ingleses instalaron en ella factorías y se interesaron por el comercio de los vinos locales.

El vino de Madeira se convirtió así en una de las mercancías habituales en los cargamentos de los buques mercantes que zarpaban a menudo para dar la vuelta al mundo. El azar quiso que algunas pipas no vendidas volvieran al lugar de origen y los viticultores descubrieron un fenómeno extraño: durante los viajes, las altas temperaturas tropicales mejoraban notablemente los vinos. A partir de ese momento se iniciaron experimentos de calentamiento del vino en hornos o de inmersión de conductos a alta temperatura en las cubas. Esta práctica lleva el nombre de *estufagem*, derivado de la palabra portuguesa *estufa*. La cocción confiere aromas de quemado y asado a un vino naturalmente muy ácido, y permite su conservación para la eternidad. Una botella de madeira, incluso abierta, permanece inalterada mucho tiempo.

Viñas en los acantilados volcánicos.

Las 200 ha de viñedo insular están divididas en pequeñas parcelas perdidas en medio de bananos. Los viñedos principales están en Câmara de Lôbos, al oeste de Funchal, la capital de la isla, así como en Santa Anna, en el litoral norte.

Uno de los principales problemas de la viticultura de Madeira es el de la cepa, puesto que las cuatro variedades nobles que cubrían la isla antes de la invasión de la filoxera (véase recuadro) no se han reemplazado en las mismas proporciones. Mientras tanto, la mayor parte del madeira exportado (80 %) es un madeira para cocinar, barato y poco prestigioso, que se contenta con una categoría de variedad tinta menos noble: la tinta negra mole, conocida por sus grandes rendimientos.

Unas reglamentaciones nuevas, que datan de la entrada de Portugal en la Unión Europea, estipulan que un vino comercializado con el nombre de una variedad noble en su etiqueta debe contener al menos un 85 % de esa cepa. Este cambio reciente explica que la mayoría de los madeiras jóvenes –de 3 a 5 años– ya no están etiquetados con la mención de la variedad, por falta de vides. Las nuevas plantaciones con cepas nobles están en plena progresión, pero tienen rendimientos bastante más bajos que los de la prolífica tinta negra mole. Ello explica la resistencia al cambio de los viticultores.

CEPAS NOBLES Y ESTILOS DE MADEIRAS

En la isla de Madeira existen cuatro variedades nobles, cada una de las cuales determina una calidad de madeira específica.

Sercial: produce los vinos más secos, astringentes cuando son jóvenes, con una longevidad extraordinaria.
Verdelho: cepa originaria de vinos semisecos, de color dorado.
Bual: cepa que da vinos ricos y concentrados, semidulces.
Malmsey: cepa malvasía, muy exuberante, que produce vinos dulces con tendencia a volverse más secos con la edad.

LOS ESTILOS
Los viejos vintages son muy raros y la mayor parte de los vinos se comercializan con el nombre de la variedad de la que están hechos y con la mención de la edad correspondiente al vino más joven de la mezcla.

3 años: mezcla de calidad inferior, elaborada para su uso en cocina, a partir de la variedad tinta negra mole.
La etiqueta menciona el carácter más o menos dulce: *dry* para el más seco, *medium dry* para el meloso y *sweet* para el licoroso.
5 años reserva: primera categoría en que se encuentran variedades nobles.
10 años reserva velha: o *special reserve*.
15 años: o *exceptional reserve*.
Fresqueira vintage 20 años: vino de una sola cosecha, compuesto al 100 % de cepas nobles y añejado en barrica veinte años.

PRODUCTORES Y BODEGUEROS

Al margen de algunas casas familiares, muchas marcas de madeira están agrupadas en el seno de la Madeira Wine Company (MWC), una antigua asociación de bodegueros ingleses adquirida actualmente por las familias Blandy y Symington (véase p. 334).
La poderosa MWC comercializa el 25 % del total de la producción y el 52 % del madeira embotellado, y tiene la intención de acentuar el carácter individual de cada una de sus marcas.

Barbeito
La empresa más joven de madeira, fundada en 1946, dirigida por la hija del fundador, no posee viñas y compra la uva a los viticultores. En sus locales, colgados de una colina de la isla, elabora vinos caracterizados por su ligereza y su dulzor: Island Rich e Island Dry son sus marcas de 3 años, mientras que su madeira de 5 años se distribuye bajo la marca Crown. Esta empresa conserva existencias de vinos muy viejos comprados en el momento de su creación.

Blandy Brothers
Esta gran casa de madeira, una de las más famosas, fue fundada por John Blandy, un antiguo militar destacado en Madeira para controlar el eventual desembarco de los ejércitos de

Napoleón, en 1807. La familia Blandy es todavía accionista mayoritaria de la Madeira Wine Company, así como del hotel Reid's, el más prestigioso de la isla. Su gama de vinos comprende cuatro marcas de la categoría de los 5 años, bautizadas en honor a los ducados de Su Majestad británica, Duke of Sussex Sercial, Duke of Cambridge Verdelho, Duke of Cumberland Boal y Duke of Clarence Malmsey, mientras que los vinos de 10 años Special Reserve son modelos en su género. Sus bodegas de São Francisco, en el centro de Funchal, constituyen una curiosidad que no hay que dejar de visitar.

H M Borges
Pequeña empresa familiar conocida por su gama de vinos de 5 años bastante secos y de buena armazón.

Cossart Gordon
Una de las grandes marcas de la Madeira Wine Company, surgida de una de las bodegas más antiguas de la isla: fue fundada en 1745 por Francis Newton y William Gordon, mientras que William Cossart no llegó hasta 1808. Durante el siglo XIX, Cossart Gordon elaboró una *cuvée* especial para los ejércitos de la India del Imperio británico, añadiendo quinina a sus vinos. El estilo de los vinos de la casa Cossart Gordon es ligero y elegante. Bajo la etiqueta Good Company distribuye un vino de 5 años Reserve, mientras que sus madeiras de 15 años Exceptional Reserve llevan el nombre de Duo Centenary.

Henriques & Henriques
Segunda casa de madeira (después de la Madeira Wine Company), Henriques & Henriques fue creada en 1850 por un propietario de viñedos de Câmara de Lôbos y posee, todavía hoy, la mayor superficie de viñas de la isla. La casa de Jerez, Harveys of Bristol, le encomienda la tarea de elaborar madeiras bajo su propia etiqueta. Aparte de estos servicios, la empresa distribuye sus propias marcas, Belem y Casa dos Vinhos de Madeira.

Leacock
Otra marca de la Madeira Wine Company, heredera de una bodega fundada en 1741, en la misma época que Cossart Gordon. Uno de los miembros de la familia Leacock, Thomas Slapp Leacock, que vivió en el siglo pasado, fue uno de los instigadores de la replantación de vides después de la crisis de la filoxera. Leacock distribuye dos gamas principales: Saint John, para sus calidades comunes y Special Reserve, para sus vinos de 10 años. Estos últimos tienen tendencia a ser secos, lo que hace de ellos madeiras excelentes para beber como aperitivo.

Lomelino
Creada por portugueses con el nombre de T Tarquinio de Câmara Lomelino, esta casa está actualmente gestionada por la Madeira Wine Company. Su reserva de 5 años y su Imperial Reserve de 10 años ofrecen al catador un gusto de quemado pronunciado, en los vinos secos, y ricos aromas para los vinos dulces.

Madeira Wine Company
Las casas que constituyeron originalmente la Madeira Wine Company son las siguientes: Aguiar Freitas, A Nobrega, Barros Almeida, Bianchi, Blandy, C V Vasconcelos, Cossart Gordon, F F Ferraz, F Martins Caldeira, Funchal Wine Co, JB Spinola, Krohn Brothers, Leacock and Co, Luiz Gomes, Madeira Victoria, Miles Madeiras, Power Drury, Royal Madeira, Rutherford & Miles, Socieda Agricola da Madeira, Madeira Meneres, Lomelino, Vinhos Adudarham, Vihnos Donaldson, Shortridge Lawton y Welsh Brothers.

Pereira d'Oliveira Vinhos
Pequeña empresa familiar creada en 1820. Dispone de una bodega en Funchal, de viñedos y de un centro de vinificación en San Martinho, así como en Câmara de Lôbos. Distribuye una paleta de vinos bastante ligeros, secos y frescos. Como otras empresas, dispone de unas existencias de viejos madeiras de añada, que vende botella a botella en sus bodegas de Funchal.

Rutherford & Miles
Creada en 1814 por un escocés expatriado, asociado con un tal Henry Miles, esta empresa forma parte actualmente de la Madeira Wine Company. Elabora vinos de un carácter marcado por su gran riqueza de aromas, como su Boal Old Trinity House, de 5 años, o su Boal de 10 años Special Rerserve.

Shortridge Lawton
Otra bodega de origen anglosajón, fundada a mediados del siglo XVIII (en 1757) por Murdoch Shortridge; fue la última en abandonar la costosa práctica de hacer viajar a sus vinos alrededor del globo para obtener los aromas de «cocido» deseados. Actualmente, en el seno de la Madeira Wine Company, Shortridge Lawton ha mantenido el gusto de quemado pronunciado para sus vinos, cuyo carácter es muy frutal a pesar de cierta astringencia. Su mejor gama es la de los vinos de 10 años Special Reserve.

Veiga França
Marca comercial de madeira que distribuye buals, malmseys muy dulces y madeiras de cocina.

Países mediterráneos

EN GRECIA Y EN CHIPRE, DESDE TURQUÍA HASTA LÍBANO
E ISRAEL, Y EN LAS ORILLAS DEL NORTE DE ÁFRICA,
LA VID Y EL OLIVO FORMAN PARTE DEL PAISAJE.

En el noreste, el Mediterráneo se llama mar Egeo y se extiende al pie de las viñas de la finca Carras, en las *Côtes* de Meliton, una de las denominaciones de Sithonía, al norte de Grecia.

Las orillas del Mediterráneo han sido la cuna de la viticultura. La historia de los vinos de Grecia data de hace 3 000 años y la de los vinos de Turquía, de Líbano y de Siria se remonta aún más atrás en el tiempo. Los romanos plantaron vides en todas las orillas del *Mare Nostrum*. Actualmente, la viticultura de algunos de estos países se enfrenta a las influencias religiosas del integrismo musulmán y a la pérdida del mercado de los vinos de consumo corriente en Francia. A pesar de estas desventajas, la producción vitícola se mantiene. Algunos vinos tradicionales son testimonio de un pasado glorioso, mientras que otros, cada vez más numerosos, responden a una nueva demanda de vinos frutales en Europa y son el resultado de inversiones recientes. Subsiste, sin embargo, una importante producción carente de interés.

Los países del Mediterráneo tenían fama por cierta clase de vinos muy concentrados, a menudo muy dulces y a veces aromatizados. El retsina, ese vino blanco griego al que se añade resina de pino de Alepo, es sin duda un vestigio de aquellos vinos de antaño. En la época romana eran habituales los vinos ahumados –para conservarlos mejor– o aromatizados con antisépticos. Estos vinos ricos y muy densos solían hacerse con uva pasa para condensar los aromas y los azúcares. Todavía existen vinos de este tipo en Chipre y Grecia, al igual que en Italia y España. Con el fin de obtener un mosto concentrado, los racimos de uva madura se dejan en la vid, extendidos al sol sobre cañizos o colgados en la oscuridad de los graneros. Una crianza en barricas pequeñas y los efectos de la oxidación acentúan el pronunciado carácter de estos soberbios herederos de la antigüedad. El mejor ejemplo es el mavrodaphne griego (*mavro* significa «negro») o el commandaria de Chipre, comparables al vin santo italiano y al málaga español, otros ejemplos de la misma tradición vinícola.

Los criadores de vinos frutales deben combatir las condiciones climáticas, ya que la generosidad del sol hace difícil obtener una buena acidez de las uvas. Afortunadamente, en el Mediterráneo como en todas partes, la latitud excesivamente meridional se puede corregir con la altitud, donde las noches son más frescas. En las laderas de las montañas y de las colinas, hay viñedos soberbios en Grecia, en Líbano, en Israel o en Marruecos, que han producido vinos muy buenos, bien construidos. Representan el futuro de los vinos de calidad de los países mediterráneos.

Grecia

En la antigüedad, los vinos griegos gozaban de una gran reputación y se exportaban en grandes cantidades. Pero durante los largos siglos de dominación otomana, vid y vino pasaron a ser simples productos agrícolas locales. Después de una larga lucha para liberarse del yugo de los turcos, los griegos recuperaron con su soberanía una nación ciertamente moderna, pero exangüe. Además de sus graves problemas económicos, tuvieron que enfrentarse a dos guerras mundiales y a una dura guerra civil.

A lo largo del siglo XIX, se crearon muchas empresas productoras de alcoholes o de los vinos más conocidos, pero el vino era para ellas una actividad secundaria, muy por detrás del brandy y del ouzo. Sus vinos se vendían a granel en toneles y la idea de venderlos en botellas no empezó a extenderse hasta la década de los 60.

Hay que añadir que la mayoría de los vinos correspondían al gusto de los griegos de la época: ricos en alcohol, poco ácidos y, a menudo, oxidados.

La evolución reciente

Los grandes cambios se produjeron entre la década de los 60 y la de los 80. El Instituto del vino de Atenas, creado en 1937 para ayudar y asesorar a los viticultores, estableció a partir de 1952 las bases de un sistema de clasificación cualitativo que se transformó en ley en 1969.

Pero las modificaciones más considerables datan de la década de los 80, con la llegada de las técnicas de control de temperatura y una nueva generación de enólogos, formados en su mayoría en Francia, Italia o Alemania. Durante ese mismo período, los gustos evolucionaron y los consumidores empezaron a buscar vinos más frescos, más honrados y más afrutados.

Actualmente, el mercado del vino griego se está transformando: las grandes empresas, propietarias de viñas o no, compran la mayoría de la uva a pequeños viticultores y poseen a menudo unidades de vinificación en diferentes lugares de Grecia. Las cooperativas venden sus vinos bien directamente con su propia etiqueta, bien a bodegueros, o de las dos maneras. Ha aparecido un tercer tipo de empresa: a menudo familiar, posee viñas, vinifica su uva y compra a veces la de viticultores vecinos, con los que trabaja en estrecha colaboración. Su producción, siempre reducida, queda reservada al mercado nacional, donde tiene un enorme éxito, aunque a veces algunos de esos vinos se exportan.

Los roquedos de Meteoros, en Tesalia.

El mercado de la exportación está dominado por las empresas Achaia-Clauss, J. Boutari & Son, D. A. Kourtakis y Tsantalis. También se encuentran en el extranjero los productos de Carras (al norte del país), Semeli (en el centro) y los vinos de moscatel de las cooperativas de Samos y Lemnos.

Suelos y climas

Los viñedos griegos están situados entre 33 y 40° de latitud norte, pero el calor relativo de esta zona del globo queda atemperado generalmente por la influencia del mar y, a veces, por la altura, que puede superar los 650 m. Las condiciones climáticas son bastante constantes, lo que no impide ligeras variaciones de una cosecha a otra.

No predomina ningún tipo de suelo, pero casi todos son pobres: rocosos, contienen caliza, esquisto, mantillo, arcilla y arena, y poseen, en algunas islas como Santorín, un subsuelo volcánico de piedra pómez.

Variedades

Grecia cuenta en la actualidad con cerca de 300 variedades autóctonas, muchas de las cuales están muy localizadas y dotadas de un carácter propio. La mitad de los viñedos, que abarcan 150 000 ha, está destinada a la producción de vino y el resto, a uva de mesa y pasas.

Varias cepas blancas son predominantes en Grecia. La assyrtico es una uva blanca que posee una buena acidez: se encuentra en Santorín y empieza a extenderse por otros lugares. La roditis es una variedad de piel rosada que procede del Peloponeso y también empieza a ser plantada en otras regiones. La savatiano es originaria del centro de Grecia y del Ática. Cepa de base del retsina, se ha descubierto que también puede dar buenos vinos blancos secos a condición de que se plante en los terrenos adecuados.

EL RETSINA

El retsina (vino resinado) es un tipo de vino exclusivo de Grecia. En el sentido estricto del término, se trata de un vino aromatizado cuyo origen se remonta a la antigüedad, cuando el vino se transportaba en ánforas de barro cocido selladas. Los sellos, compuestos de una mezcla de yeso y resina, impedían la entrada de aire y permitían guardar más tiempo el vino. Como le daban un poco de sabor, se pensó que los vinos añejaban gracias a la resina: así nació la tradición de añadir resina.

Actualmente, el retsina se vinifica como cualquier otro vino blanco seco, aparte de que se añaden al mosto trocitos de resina de pino de Alepo.

Otras cepas de vino blanco son la moschophilero, una uva de piel rosada, delicada y aromática, que procede de Mantinia; la robola de Cefalonia y la vilana de Creta.

Entre las uvas tintas se encuentran la agiogitiko, o sanjorge, que produce los vinos de Nemea. La limnio, variedad antigua originaria de Lemnos, actualmente crece bien en Calcídica (Halkidiki), al norte del país, donde da vinos corpulentos, buenos para guardar. La xinomavro es originaria del norte de Grecia. La mandilaria está muy plantada en las islas, donde ofrece vinos extremadamente pigmentados pero poco potentes. La mavrodaphne se cultiva principalmente alrededor de Patrás, donde se hace un tinto generoso lleno de carácter.

Las demás variedades, chardonnay, sauvignon, cabernet sauvignon, cabernet franc, merlot, garnacha y syrah, por ahora sólo se usan en mezclas con las cepas locales.

Estilos de vino

La gama de los vinos elaborados en Grecia es amplia: blancos secos, tintos, moscateles dulces, tintos generosos (mavrodaphne) e incluso burbujeantes. La producción anual es de cerca de 600 millones de botellas, de la cual el 65-70 % es vino blanco, retsina incluido.

La mayoría de los vinos, y los blancos en particular, están hechos para ser bebidos jóvenes, salvo unos cuantos en regiones como Naoussa y Nemea, que son capaces de envejecer. Algunas fincas modernas, por otra parte, hacen vinos que deberán envejecer largo tiempo.

La legislación

La ley griega define dos categorías de vino, los vinos de calidad y los vinos de mesa, cada una subdividida en otras dos. El término de Denominación de Origen Controlada se aplica sólo a los vinos dulces de moscatel o de mavrodaphne, que se distinguen por un sello azul situado debajo de la cápsula. Los vinos secos tienen derecho a la Denominación de Origen de Calidad Superior y su sello se imprime en rojo sobre un fondo de color de rosa.

Hay 27 zonas delimitadas, pero sólo 26 vinos, puesto que Kantza, en el Ática, ha cesado su producción. La etiqueta también puede llevar la mención reserva o gran reserva, que designa los vinos de calidad superior que han pasado por una crianza más larga antes de ser embotellados.

Unos de los puntos fuertes de Grecia ha sido siempre unas cuantas buenas marcas de vino de mesa. Actualmente, el término «vino de mesa» puede utilizarse también para vinos de calidad que no dependen de ninguna reglamentación sobre la denominación.

La palabra *cava* designa vinos de mesa de gran calidad producidos en cantidades pequeñas y objeto de un añejamiento largo.

El término genérico «vino de mesa» engloba también los vinos del país. Grecia produce muchos tipos y algunos de ellos son bastante interesantes. Las cepas no griegas están autorizadas, por lo general, y un gran número de vinos del país son mezclas de variedades locales e importadas. Las principales zonas de producción son Creta, Ática, Dráma, Macedonia y Thira. □

LAS REGIONES VITÍCOLAS

He aquí la lista de las zonas de producción más importantes y sus denominaciones.

El Norte

El norte de Grecia, que abarca Macedonia y Tracia, es un país de vino tinto. La cepa xinomavro domina en las zonas de Naoussa, Amynteon y Goumenissa. Amynteon produce también un vino rosado burbujeante.

La otra zona de denominación, Côtes de Meliton, se halla en Sithonía. Se cultivan varias cepas: roditis, assyrtico y athriti, mezcladas con sauvignon y ugni blanc para los blancos. Los tintos se hacen con limnio y cabernet sauvignon.

El Centro

El centro de Grecia, Epiro y Tesalia, posee tres denominaciones. Al noroeste de Ioannina, Zitsa produce un vino blanco de aguja seco o semiseco. Rapsani, situado a los pies del Olimpo, es un país de vinos tintos, mientras que Ankialos, cerca de Volos, lo es de blancos secos a base de roditis y de savatiano.

El Peloponeso

El sur de la península griega cuenta con numerosas denominaciones. En una meseta cerca de Trípolis, la cepa moschophilero da el vino blanco aromático de Mantinia. El nemea, cerca de Corinto, es un tinto afrutado hecho de la variedad sanjorge: generalmente seco, a veces también resulta dulce.

La denominación Patrás se da a vinos blancos secos elaborados con roditis plantada en las colinas que rodean la ciudad epónima. El moscatel de Patrás (o rion de Patrás) es un vino licoroso, mientras que el mavrodaphne de Patrás es un generoso de cerca de 15 % vol. Hecho con la cepa a la que debe su nombre, se envejece largamente en barricas de roble.

Las islas

Cefalonia es la única de las islas Jónicas que tiene denominaciones; la más importante es Robola, un blanco seco y fuerte.

En el mar Egeo, las islas de Lemnos y Samos producen muy buenos vinos a partir de la variedad moscatel. El moscatel de Lemnos es un vino licoroso. También existe un vino natural, seco, pero este vino rara vez sale de la isla. En Samos, el vino se elabora como vino de licor (samos dulce) o como vino natural (interrumpiendo la fermentación) o incluso como samos néctar (a partir de uva secada al sol).

Las principales denominaciones de las Cícladas se encuentran en Paros y Santorín. En la primera, se trata de un vino tinto seco hecho de una mezcla de mandilaria, una uva negra de mucho color, y de una uva blanca, la monemvassia. La segunda hace un blanco seco y fuerte a base de assyrtico y un blanco dulce llamado vino santo.

Rodas es la patria de un vino blanco seco elaborado con athiri y de un tinto a base de mandilaria. Pero esta isla también hace vinos de mesa burbujeantes, obtenidos por varios métodos.

Creta posee tres denominaciones de vinos tintos secos o dulces: Archanes, Daphnes y Sitia. Los vinos de Peza son tintos o blancos. Las cepas kotsifali, liatko (tinta) y vilana son variedades locales que dan, en conjunto, vinos fuertes y generosos.

TURQUÍA

En la historia del vino, Turquía tiene sin duda una tradición más antigua que cualquier otro país pero, a causa de una población mayoritariamente musulmana, le cuesta sacarle partido. En la década de 1920, Kemal Atatürk se esforzó por hacer renacer la industria vitícola. Sin embargo, aunque Turquía disponga de 600 000 ha plantadas, en la actualidad sólo el 2 % de la uva se vinifica.

No se trata de un rechazo absoluto al alcohol. La población sólo bebe un litro de vino por año y habitante en promedio, pero consume 1,5 l de raki (aguardiente de 40 % vol perfumado con anís) y 4 l de cerveza en el mismo tiempo. El raki ha entrado en los hábitos de consumo de la población, mientras que el vino está reservado a una elite. Esta tendencia se ve reforzada por la reglamentación turca, que exige de 11 a 13% vol de alcohol en el vino y aplica unos impuestos que incrementan el precio del vino en cerca de un 35 %. Además, no hay vinos importados.

Esta situación podría hacer pensar en una actividad vitícola a la defensiva, con técnicas de vinificación del pasado para producir vinos que respondan al gusto de una minoría local y apartada del mundo exterior. Sin embargo, la realidad no es tan sombría. La superficie de viñedos ha disminuido –un 30 % en la década de los 80–, pero los rendimientos han aumentado, sobre todo cerca del mar Egeo y en Tracia, de modo que el conjunto de la producción no ha bajado en la misma proporción. Por otra parte, aunque el gobierno no estimula activamente la industria del vino, el mayor productor del país es la empresa pública Tekel.

La producción estatal turca representa cerca del 40 % del total, pero ni el sector público ni el privado trabajan a pleno rendimiento. La uva es cultivada por viticultores que la venden a 22 empresas del estado y 109 empresas privadas, y a menudo recorre largas distancias en camión para ser vinificada. Para evitar el deterioro de la uva durante el transporte, algunos viñadores, como Diren, vendimian y transportan la uva aprovechando el frescor de la noche para protegerla.

Existen oficialmente 1 250 variedades, pero sólo 50 o 60 de ellas tienen importancia comercial. Las variedades europeas se concentran principalmente en el oeste del país. La producción se reparte casi a partes iguales entre vinos blancos y tintos, con muy poco vino rosado. Vinificación y añejamiento se realizan a menudo en cubas de cemento o en fudres viejos, pero las empresas mayores tienen un equipamiento que les permite una producción al gusto occidental.

Estos vinos se prestan a una comparación apasionante con los de otros países del mar Negro (véase p. 398), que en su mayoría emergen de las estructuras colectivizadas de los países ex comunistas. Se encuentra la misma frutalidad robusta, los mismos colores tintos pasados de moda –calificativo que no hay que interpretar en sentido peyorativo– y llenos de carácter.

REGIONES Y PRODUCTORES

A continuación se presentan las siete grandes regiones vitícolas y los principales productores. La empresa pública Tekel produce vino en diversas regiones.

Tekel
Empresa del estado que produce particularmente el Hosbag, un gamay de Tracia (Trakya), y el Buzbag, un tinto fuerte a base de bogazkarasi de Anatolia.

MAR EGEO
Esta región engloba los sectores de Esmirna, Manisa y Denizli, y suministra cerca del 20 % de la producción turca. Variedades tintas: çalkarasi, garnacha y cariñena. Variedad blanca: sémillon.

MAR NEGRO
Región costera que comprende Çorum y el valle de Tokat. Variedades tintas: dimrit, sergikarasi. Variedades blancas: narince, kabarcik.

Diren
Empresa familiar situada en el valle de Tokat y productora de vinos tintos y blancos bien estructurados, así como de un rosado. El tinto se llama Kamen.

ANATOLIA ORIENTAL
La producción de vino se concentra en Elazig. Variedades tintas: öküzgözü, bogazkarasi. Variedad blanca: narince.

REGIÓN MEDITERRÁNEA
Producción concentrada en Burdur. Variedad tinta: dimrit.

ANATOLIA CENTRAL
La producción de vino se da en las ciudades y regiones de Ankara, Kirikkale, Nevsehir, Kirsehir y Nigde. Anatolia soporta inviernos muy fríos y veranos muy calurosos.
Variedades tinta: kalecik karasi, papazkarasi, dimrit. Variedades blancas: emir, hasandede.

Kavaklidere
Viejo centro de vinificación privado cercano a Ankara. Un vino reciente llamado Sultán procede de la uva sultana sin pepitas.

ANATOLIA SURORIENTAL
Sectores de Gaziantep, Mardin, Urfa y Diyarbakir. Variedades tintas: borozkarasi. Variedades blancas: dökülgen, kabarcik.

TRACIA Y MÁRMARA
El corazón de la producción vitícola turca (40 % del total) se concentra alrededor de Tekirdag, Çanakkale, Edirne, Kirklareli y Bilecik. Variedades tintas: papazkarasi, adakarasi, karaseker, gamay, pinot noir. Variedades blancas: yapincak, beylerce, sémillon, clairette, riesling.

Doluca
Empresa privada tracia, cerca de Istanbul. Villa Doluca es el tinto más popular de Turquía. Tiene también un moskado semiseco.

Oriente Medio

Si se incluye Turquía (véase página opuesta), el Mediterráneo oriental es una región por la que todo aficionado al vino debería brindar de vez en cuando. Cada vez que se decanta una botella de oporto añejo o se descorcha un cava fresco habría que dar las gracias al Oriente Medio, pues allí, en ese paisaje árido, poblado de higueras y olivares, es donde empezó todo.

Miles de años antes de Cristo ya se producía vino en la región: era un producto básico, como el pan o la fruta. Todavía es así, pero la atención del mundo se ha trasladado. Fue la cuna de la vid, pero hace tiempo que el vino llegó a la mayoría de edad y abandonó su tierra natal.

Se han hecho esfuerzos por modernizar el sector vitícola en esta parte del mundo, a veces con éxito. El clima es caluroso y seco. Las vides son, por lo general, resistentes, pero no necesariamente de gran calidad, y la vinificación, en conjunto, sólo satisface las exigencias del mercado local.

Algunas regiones de California y Australia producen vinos honestos en condiciones también difíciles. En esos países, la industria vinícola no encuentra problema alguno que no se pueda resolver mediante investigación e inversiones, pero hacen falta años de la primera y cantidades ingentes de las segundas.

La prueba de que la calidad es posible la da en Líbano Château Musar, que produce los mejores vinos tintos no sólo del país, sino de toda la región.

A un nivel algo inferior se encuentran los vinos israelíes de los altos del Golán. El hecho de que sean kosher destaca otro factor esencial en materia de vino en esta región: el religioso.

Aquí se practican ampliamente tres de las grandes religiones mundiales: el cristianismo, el judaísmo y el islam. El judaísmo exige vinos kosher, lo que ha condicionado toda la industria del vino en Israel. La prohibición islámica que afecta al alcohol parece que a veces anima más a la transgresión que a la abstinencia, pero donde los musulmanes son mayoritarios, las actividades vinícolas tienen pocas posibilidades de prosperar.

Poda de la vid en Chipre.

ISRAEL

En Israel, la industria vinícola actual fue fundada por el barón Edmond de Rothschild, quien creó viñedos en la década de 1880 con cepas francesas. En 1906, la empresa se convirtió en la cooperativa de viñadores Carmel, que exporta vinos kosher a todo el mundo para las comunidades judías. Israel cuenta actualmente con 3 033 ha de viñas, que producen uva para Carmel y otras trece empresas más.

Los vinos kosher son, por lo general, dulces y tintos. Por motivos religiosos, responden a criterios de pureza estrictos, pero el mosto o el vino están pasteurizados, en detrimento de la calidad. El gusto de los israelíes ha evolucionado recientemente hacia vinos más secos, pero para un judío practicante, el vino ha de ser, ante todo, kosher, y el gusto es secundario. No obstante, cuando el nuevo centro de vinificación de los altos del Golán empezó a atraer la atención, a principios de la década de los 80, con vinos kosher de sauvignon, chardonnay y cabernet sauvignon, galvanizó el mundo israelí del vino. Los viñedos del Golán, como los de Musar en Líbano, están plantados en altitud (hasta a 1 100 m) y situados –es una coincidencia– en una zona en litigio. La cooperativa de Carmel, que adolecía de falta de equipamiento, ha adquirido material nuevo por valor de 8 millones de dólares. La época de un mercado cautivo y complaciente ha quedado atrás.

LÍBANO

Serge Hochar, cuyo nombre es muy representativo del vino libanés, es de formación francesa. Su padre creó el Líbano Château Musar en la década de los 30. La finca no sólo tiene que hacer frente al clima, sino también a la guerra. Cuando se tiene un viñedo a 1 000 m de altura en el valle de la Bekaa y una bodega al otro lado de la línea de fuego, los obuses y los morteros son más peligrosos para la cosecha que la podredumbre o el mildiu. Sin embargo, Musar ha conseguido alcanzar una buena posición en el mundo de los vinos de calidad.

CHIPRE

Desde hace años parece inminente una mejora, ya que el vino generoso, sobre todo el commandaria, podría ser de gran calidad. Sin embargo, hay que seguir esperando. La uva se cultiva hasta a 900 m de altitud en los montes Tróodhos, pero en espera de ser vinificada, permanece demasiado tiempo al sol después de la vendimia para dar vinos frescos y frutales. Existe, sin embargo, un plan para descepar las viñas costeras más mediocres. Y aunque actualmente esté prohibido plantar la variedad tinta mavron, fuerte en alcohol, tánica y poco frutal, sigue representando el 70 % de las vides, seguida muy de lejos por la xynisteri blanca, con un 13 %. Otras variedades cultivadas son: cabernet sauvignon, garnacha, lefkas, málaga, palomino, syrah, chardonnay y riesling.

El commandaria, famoso vino de postre chipriota, fue antaño especialmente apreciado por los caballeros templarios. En efecto, durante las cruzadas, en el siglo XII, esos valientes guerreros habían plantado las vides de las que procede alrededor de Limassol. Las uvas blancas de xynisteri y tintas de mavro kypriako se secan al sol sobre cañizos durante una decena de días, antes de la fermentación.

La zona de denominación abarca catorce pueblos, de los cuales los mejores son Yerasa, Zoopiyi y Kalo Chorio, pero el commandaria actual es esencialmente un vino comercial. El jerez de Chipre, un vino generoso de calidad mediocre, ya no tiene derecho a ese nombre desde 1995.

OTROS PAÍSES DE ORIENTE MEDIO

Egipto, estado laico, cuenta con un productor de vino, Gianaclis, pero la mayor parte de las viñas están dedicadas a la uva de mesa, a las pasas o al zumo de uva.

También existen vides en países como Siria, Jordania o Irak, pero producen muy poco vino. □

REGIONES Y PRODUCTORES

Los principales productores de vino se encuentran en Israel y Chipre. Egipto tiene una sola empresa importante. Siria, Jordania e Irak tienen una producción mínima que satisface un reducido consumo local.

ISRAEL
Las regiones vitícolas de Israel comprenden varias zonas.
Shomron
Sector de Sarón, en Samaria.
Neguev
Alrededor de Beersheba.
Shimshon
En Samson, sectores de Dan, Adulam y Latroun.
Galil
En Galilea, sectores de Canaán, Nazaret, Tabor y Caná.
Harei Yehuda
En los montes de Judea, sectores de Jerusalén y Betin.

Centro de vinificación de los Altos del Golán
Hatzor, en Galilea, es más conocido fuera de Israel bajo el nombre de Centro de Vinificación de los Altos del Golán. Propiedad colectiva de ocho colonias de la región, tiene actualmente 230 ha en producción. Las vides dan vinos tintos y blancos de buena calidad elaborados con variedades francesas. El clima es fresco: la vid crece al pie de las nieves del monte Hermón. La gama de base se llama Gamla, la gama alta Yarden y la gama intermedia Golán. Todos los vinos son kosher, pero, puesto que se encuentran fuera de los límites bíblicos de Israel, los productores no están obligados a dejar la viña en barbecho uno de cada siete años. El suelo es volcánico y la técnica de vinificación californiana.

Carmel
La mayor empresa vinícola de Israel (70 % del mercado), de producción enteramente kosher, es una cooperativa de viñadores. Durante mucho tiempo se ha negado a modernizarse y producía vinos mediocres, conformes, sin embargo, a los criterios kosher de pureza. Actualmente la cooperativa elabora vinos mejores, más seductores, cuya gama alta lleva la etiqueta Rothschild.

LÍBANO
Château Musar
La estrella de Líbano y la mejor finca vitícola de todo Oriente Medio.

Los vinos tintos están hechos de cabernet sauvignon, cinsaut y syrah; en los blancos se encuentra chardonnay y sauvignon blanc. Los tintos son vinos opulentos y especiados de gran longevidad.

CHIPRE
Cada empresa suele producir una gama de vinos: tintos, blancos y commandaria, un vino generoso. Las viñas se extienden en 24 000 ha concentradas en una gran región al norte y al sur de los montes Tróodhos. A veces se puede encontrar commandaria de productores pequeños: la búsqueda merece la pena.

Etko
La cooperativa de Chipre produce bajo la marca Nefeli un blanco bastante fresco de xynisteri. Otros vinos: Olympus, de garnacha y cariñena cornaro, Rose Lady, Semili, White Lady y Grand Commandaria.

Keo
Uno de los cuatro productores más importantes de Chipre. Las marcas más conocidas son Othello, Aphrodite, Bellapais, Thisbe y Commandaria Saint John. Esta empresa realiza actualmente investigaciones sobre viejas cepas locales.

Centro piloto Laona «Arsos»
Un centro de producción gestionado por el estado y dedicado a la experimentación de las grandes variedades.

Loel
Uno de los cuatro productores importantes que controlan el 75 % del mercado. Entre sus marcas, Palomino, Amathus, Orpheo Negro y Commandaria Alasia.

Sodap
Produce las marcas Afames, Arsinoe, Danae, Kolossi, Kokkinelli, Santa Marina y Commandaria Saint Barnabas.

EGIPTO
Gianaclis
Única empresa vinícola del país (cerca de 800 000 botellas al año de cabernet sauvignon, colombard, garnacha, moscatel, palomino y ruby cabernet), basada en Abu Hummus, en el noroeste del delta del Nilo. Produce marcas como Omar Khayyam (que no se debe confundir con el espumoso indio del mismo nombre) y Reine Cléopâtre.

NORTE DE ÁFRICA

Francia colonizó el Norte de África por etapas y la dejó del mismo modo. La primera etapa fue Argelia, donde los franceses llegaron en 1830; luego Tunicia, en 1881, y finalmente Marruecos, en 1912. En cada uno de estos países los franceses establecieron viñedos importantes. Medio siglo más tarde llegó la retirada: de Tunicia en 1955, de Marruecos en 1956 y de Argelia en 1962. La mayoría de los mejores productores se fueron para instalarse en Córcega y el Midi, y volver a empezar de cero; dejaron en herencia a las poblaciones locales variedades, gustos y una legislación vitícola francesa.

Actualmente ya no queda mucho de esta herencia. La religión musulmana, sobre todo en Argelia, lleva inevitablemente a marginar al vino, aunque éste no sea el único peligro. Francia había considerado Argelia un mercado para el vino francés. Sin embargo, a finales del siglo XIX, Argelia se convirtió en su proveedor. Los tres países colonizados terminaron por exportar a la metrópolis vinos a granel, utilizados por lo general para reforzar los vinos menos concentrados, menos alcohólicos y de menos color, especialmente en Borgoña.

Cuando los franceses se fueron, este comercio cesó. Con una demanda interior limitada, estos países se dedicaron a arrancar sus vides, mientras vendían todo lo que podían a los soviéticos. Pero también este mercado se hundió hacia fines de la década de los 80. Por último, la decadencia económica interior ha empeorado las cosas. En los tres países, la superficie de viñedos se ha reducido a menos de la mitad desde la independencia y el rendimiento ha bajado por el abandono que sufren las viñas. Algunas iniciativas recientes de asociación con empresas francesas parecen ser la única solución de supervivencia para la viña mogrebí.

Regiones vitícolas

Casi todos los viñedos del Norte de África bordean la costa, mientras que los mejores vinos proceden de las colinas un poco más apartadas. Marruecos es el único país abierto al Atlántico, del que obtiene un frescor beneficioso para el vino. No obstante, al igual que en los países vecinos, se han arrancado grandes extensiones de viñas costeras. En las colinas, la vid puede crecer hasta los 1 200 m de altitud, e incluso ahí el frescor desempeña un papel crucial en la calidad de los vinos.

Variedades y estilos de vino

Los vinos del Norte de África mantienen cierto atractivo en Francia como acompañamiento de los platos mogrebíes, pero es difícil imaginar a quién más podrían interesar. Se parecen sobre todo a los vinos del Midi, pero actualmente se consigue tanto frescor y fruta en el sur de Francia que los consumidores están cada vez menos dispuestos a aceptar la mediocridad. Se olvida demasiado fácilmente que la cariñena, abandonada a su suerte en un clima caluroso, puede dar un vino espectacularmente áspero y desprovisto de fruta, al igual que la cinsaut, la aramon y la alicante bouschet, cepas tintas muy presentes en el Norte de África. También se cultivan variedades no europeas, como la farhana, la hasseroum, la rafsai y la zerkhoun, así como excelentes cepas francesas, desde la cabernet sauvignon hasta la syrah y mourvèdre. Hay también garnacha y pinot noir: la primera tiende al exceso de alcohol y a la pastosidad, la segunda reclama climas bastante más frescos. La cariñena es omnipresente. Los vinos blancos proceden a menudo de clairette y de ugni blanc, pero los mejores son los moscateles de Tunicia, dulces o secos, que tienen sus propias denominaciones.

Los mejores tintos proceden de Marruecos, cuyas instalaciones de vinificación son, sin duda, las más modernas del Norte de África. El 85 % de la producción es de vino tinto, mientras que el resto es, sobre todo, rosado obtenido por sangrado, un vino muy pálido bautizado a veces como vino gris. Los tintos pueden tener estructura y cuerpo, pero los blancos son poco logrados.

Argelia está organizada según un sistema cualitativo desarrollado en la época colonial, con doce regiones de VDQS. Los mejores vinos son los tintos procedentes de la montaña.

Arado tirado por un caballo en una viña de Enfidaville, Tunicia.

PRODUCTORES Y BODEGUEROS

Argelia, Marruecos y Tunicia tienen una legislación vitícola basada en el sistema francés de las denominaciones de origen. Esta herencia se refleja a menudo en los nombres de los viñedos. Los de los vinos varían: se exportan grandes cantidades a granel y los nombres que figuran en las etiquetas muchas veces se dejan a la fantasía del embotellador.

ARGELIA

Las zonas vitícolas de calidad se encuentran en las provincias de Orán y de Argel. Son herencia del período colonial. Siete regiones tienen derecho a una denominación de origen garantizada (AOG).

ORÁN

Orán siempre ha sido la mayor provincia vitícola y produce los mejores vinos.

Coteaux de Mascara

Zona AOG que produce algunos de los mejores vinos de Argelia, tintos generosos y rústicos. Clos Faranah y Sidi-Brahim se encuentran entre los más conocidos. También se elabora vino blanco.

Coteaux de Tlemcen

Otra zona AOG en colinas de gres que produce vinos tintos, blancos y rosados de buena calidad, potentes y finos.

Otras zonas de Orán

Ain-Temouchent, Ain-el-Turk, Sidi-Bel-Abbés, Messarghin, La Sanca, Arzen. Montes del Tessala es una AOG.

ARGEL

Segunda provincia vitícola por su magnitud, con buenos viñedos de montaña.

Miliana

Uno de los viñedos «de montaña» más apreciados. Produce sólidos vinos tintos.

Médéa (Lemdiyya)

Zona AOG con viñas situadas en altitud, que producen una gama de vinos que merece ser destacada por tener cierta finura.

Dahra

Zona con viñas en altitud cercanas al mar y situadas entre las provincias de Argel y Orán. Producen vinos tintos y blancos de la AOG Alto Dahra.

Mostaganem-Dahra

Región dividida en cuatro sectores: Picard-Dahra tiene viñas en laderas de bajo rendimiento; Dahra-Mostaganem y Mostaganem producen vinos tintos, blancos y rosados bastante fuertes; Rivoli-Mazagran tiene rendimientos bajos y da tintos sólidos, rosados robustos y blancos.

Otras zonas de Argel

Ain-Bessem y *Coteaux* du Zaccar son zonas AOG, la primera de las cuales da, por lo general, vinos mejores. Los uadis Issers y Sebdou producen sobre todo vino común.

MARRUECOS

El país cuenta con 12 regiones que producen vinos de denominación de origen garantizado.

Berkane y Angad

Pequeña región en el este del país que produce robustos vinos tintos.

Mequínez/Fez

Principal región vitícola; produce buenos tintos en las viñas altas al pie del Atlas. Las denominaciones comprenden Guerrouane, Beni m'tir, Sais, Beni Sadden y Zerhoune.

Gharb

Comprende las denominaciones de Gharb y Zemmour. Aquí, y más al sur, se produce el gris de Boulaouane, un rosado popular y ligero.

Rabat

En la costa atlántica se hallan las denominaciones de Chellah y Zaer, que producen vinos tintos ligeros.

Casablanca

Viñas costeras que se incluyen en la denominación Zenata.

TUNICIA

Las viñas están al noreste del país, al este y al oeste de Túnez. El país produce vinos tintos, rosados y blancos, mientras algunos vinos gozan de una denominación de origen. Actualmente es el moscatel el que tiene más éxito. Las viñas que rodean Bizerta, en el norte, han hecho de él una especialidad, al igual que las de Hammam-Lif, cerca de Túnez, Grombaria y Bou-Arkoub, al este.

Las caballerizas reales de Mequínez en Marruecos.

Alemania
Países del Benelux, Suiza y Austria

EL CLIMA FRÍO HACE QUE ESTOS PAÍSES PRODUZCAN
EXCELENTES VINOS BLANCOS. SUIZA AÑADE A SU
PATRIMONIO VARIEDADES FRANCESAS
E ITALIANAS.

ALEMANIA

LOS MEJORES VINOS ALEMANES FIGURAN EN EL PALMARÉS DE LOS GRANDES VINOS DEL MUNDO. AUNQUE ALGUNOS VINOS COMUNES PUEDEN DECEPCIONAR, LOS ESFUERZOS DE CIERTOS JÓVENES VITICULTORES SON PROMETEDORES.

Las viejas bodegas del monasterio de Eberbach (Rheingau) acogen un museo de prensas. Fueron construidas en 1145 para recibir la vendimia de los grandes viñedos monásticos. Actualmente, Eberbach es propiedad del Estado.

Se sabe que la naturaleza del suelo, el clima y la elección de las variedades son factores determinantes para el buqué, el sabor y el estilo de un vino. A los viticultores alemanes les gusta destacar sus peculiaridades frente a otras regiones vitícolas prestigiosas del mundo, pues el clima frío del norte de Europa hace difícil la buena maduración de la uva. Este defecto se compensa plantando la vid en los emplazamientos más soleados. La mayoría de las viñas está en el oeste y el sur del país, siguiendo los meandros de los valles fluviales, en particular del Rin y sus afluentes. Las mejores laderas, elegidas por la insolación y la proximidad a los ríos, gozan de un microclima que ofrece un calor constante, más favorable para la maduración de la uva. Cada parcela presenta una combinación de propiedades vitícolas específicas, con una heterogeneidad incluso más marcada todavía que en Francia: las mejores parcelas pueden lindar con otras mediocres. Los azares climáticos son riesgos adicionales, pues unas pocas horas de mal tiempo pueden echar por tierra los esfuerzos de un año: los vinos alemanes proceden de un trabajo en condiciones límite para la viticultura, lo que explica que la graduación alcohólica de esos vinos sea, a menudo, relativamente baja, mientras que su acidez puede ser particularmente alta. Alemania produce esencialmente vinos blancos, que conservan su frescura y elegancia durante varios años. Este es el caso, por ejemplo, de los vinos hechos con la variedad riesling. Las primeras vides fueron plantadas en las regiones del Rin y del Mosela por los romanos, que dejaron en herencia monumentos hermosos, entre ellos una escultura famosa que representa unos barriles de vino estibados a bordo de un barco, expuesta hoy en el museo regional de Tréveris. Luego, después de Carlomagno, los monjes y los nobles de la Edad Media dejaron su huella en las múltiples propiedades, muchas de las cuales todavía existen. Desde esta época, y hasta la década de los 60, el Rin permitía expedir el vino hacia el norte de Europa, pues las vías fluviales eran esenciales para el transporte de los vinos. Actualmente el Rin todavía contribuye a que crezcan las viñas situadas en sus orillas, restituyendo el calor que ha absorbido durante el verano y principios de otoño hasta justo antes de la vendimia.

LAS REGIONES VITÍCOLAS DE ALEMANIA

En el mapa aparecen los 13 *Anbaugebiete*, o regiones oficiales. Los vinos de calidad mencionan la región de origen en la etiqueta. Las regiones vitícolas centrales de Rheingau, Nahe, Hesse renana, Palatinado y Bergstrasse de Hesse están representadas en la p. 357, las de Mosela-Sarre-Ruwer en la p. 353. Las dos regiones de Saale-Unstrut y Sajonia, situadas en la ex RDA, están en pleno desarrollo.

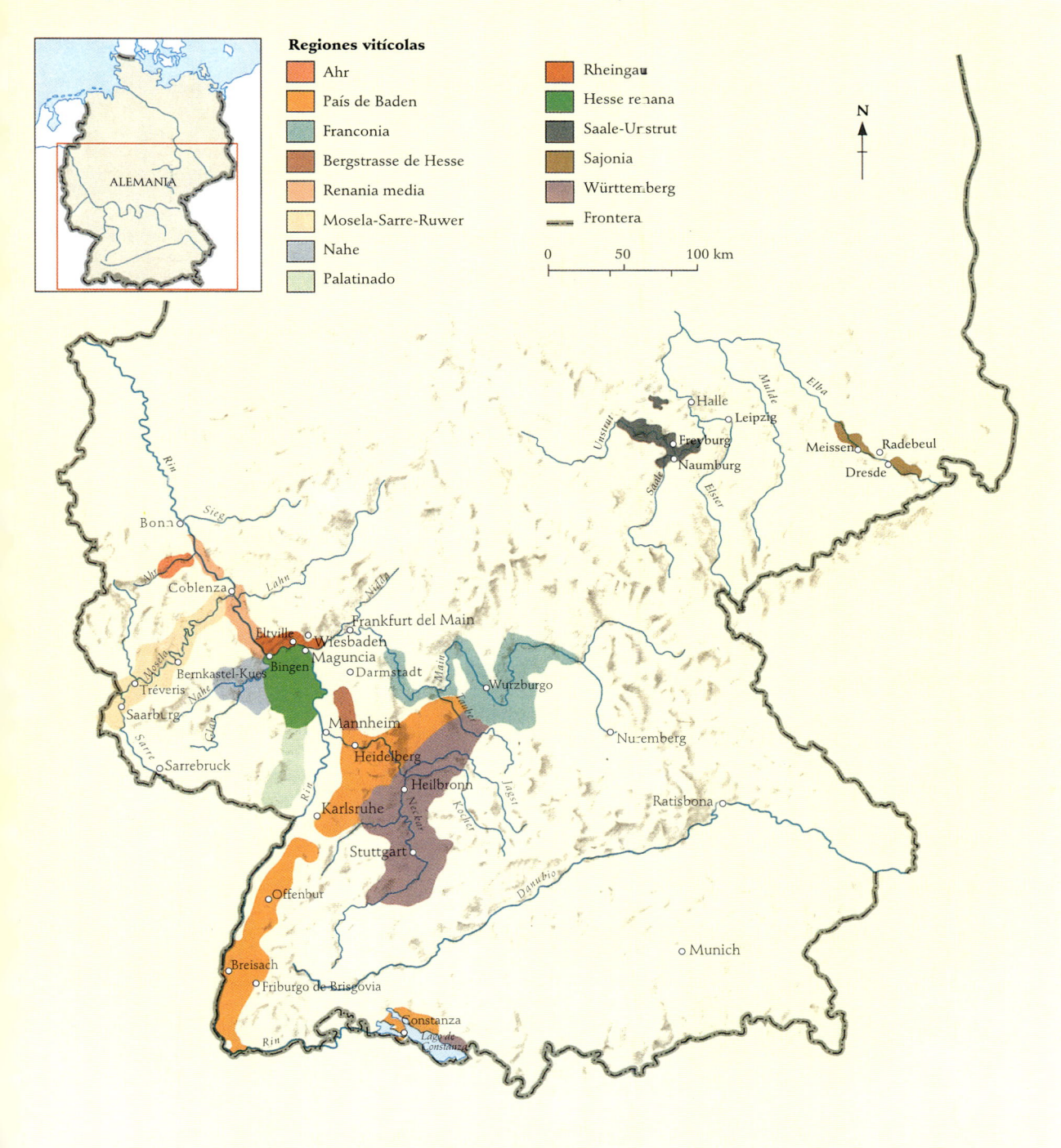

Regiones vitícolas
- Ahr
- País de Baden
- Franconia
- Bergstrasse de Hesse
- Renania media
- Mosela-Sarre-Ruwer
- Nahe
- Palatinado
- Rheingau
- Hesse renana
- Saale-Unstrut
- Sajonia
- Württemberg
- Frontera

Las principales regiones vitícolas están situadas en la proximidad de un río. Los viñedos de Baden nunca se alejan del Rin. El Neckar y sus afluentes serpentean entre las laderas de Württemberg antes de desembocar en el Rin, en Mannheim. El Main, otro afluente del Rin al que se une en Maguncia, atraviesa en su curso los viñedos de Franconia. La pequeña región de Bergstrasse de Hesse se extiende frente al valle renano, al norte de Heidelberg. Al otro lado del río, la región del Palatinado se caracteriza por haber suprimido de su denominación la mención «Rin» (en 1992). Justo al norte se encuentra la Hesse renana, bordeada al este y al norte por el río, y en el margen derecho los viñedos de Rheingau. Las viñas escarpadas de las gargantas del Rin conforman la región de Mittelrhein. El Nahe, otro afluente, también ha dado su nombre a una región vitícola.

Regiones y reglamentación vitícola

La reglamentación vitícola alemana ha codificado estas divisiones geográficas –y tradicionales– en *Anbaugebiete*, o regiones oficiales. Son 13 regiones (véase mapa p. 347) y están a su vez divididas en *Bereiche*, o distritos.

Antiguamente, existían varios millares de parcelas pequeñas, cada una con su propia etiqueta: una *Einzellage*, o pago concreto. Pero una ley de 1971 reagrupó muchos de esos pagos tradicionales en *Einzellagen* y les concedió una entidad legal. La reducción de las denominaciones ha permitido evitar la confusión, aunque también ha hecho desaparecer algunos matices cualitativos importantes. Además, esta ley establece la noción de *Grosslage*, o pago colectivo, que agrupa diversos viñedos de características similares, aunque no estén necesariamente contiguos.

Estas dos menciones, *Einzellage* y *Grosslage*, siempre van precedidas en la etiqueta por el nombre del pueblo en que se encuentra el viñedo. La etiqueta de un vino alemán no permite saber si la viña citada es una *Grosslage* (denominación colectiva, menos precisa) o una *Einzellage* (viñedo por lo general más pequeño y específico).

Niveles de calidad

El origen geográfico es el primer criterio de distinción de los vinos alemanes. El segundo es su nivel de calidad oficial, que está clasificado en tres categorías según la cantidad de azúcar del zumo de uva (o mosto).
■ **Tafelwein** (vino de mesa). Categoría de vinos de mesa comunes. Si la etiqueta precisa «alemán» (*Deutscher*), significa que el vino procede de un viñedo alemán. Si no, se trata de un vino de algún otro país de la Unión Europea embotellado por un bodeguero alemán.
Landwein (vino de la tierra): denominación de los mejores vinos de la categoría *Tafelwein*.
■ **Qualitätswein eines bestimmten Anbaugebiete (QbA)**. Escala inferior de los vinos de calidad. Designa los vinos de calidad de una región delimitada.
■ **Qualitätswein mit Prädikat (QmP)**. Literalmente, «con distinción». Escala superior de los vinos de calidad. Los vinos QmP, y eso los distingue de los QbA, se elaboran a partir de uva cuyo contenido en azúcar es suficiente para no tener que chaptalizar. Están subdivididos en seis subcategorías, siempre según el mismo criterio de densidad del mosto en orden creciente.
Kabinett: escalón de base de los QmP.
Spätlese: literalmente «vendimia tardía». Elaborados a partir de uva más madura, los *Spätlesen* pueden ser tanto dulces como secos.
Auslese: vino elaborado con uva seleccionada. En las buenas añadas, la selección se hace a veces de uva afectada de podredumbre noble *(Botrytis cinerea)*, produciendo vinos dulces opulentos. También se elaboran cada vez más *Auslesen* secos.
Beerenauslese: vino licoroso, elaborado con granos de uva sobremadurada, seleccionados uno a uno.
Trockenbeerenauslese (TBA): vino elaborado como los *Beerenauslesen* pero con uva marchita y secada *(trocken)* bajo el efecto de la podredumbre noble. Este mosto muy concentrado da vinos muy dulces. Son caros.
Eiswein: literalmente, «vino de hielo». El mosto está todavía más concentrado, puesto que la uva se ha helado en el pie. Los *Eiswein* son vinos raros y caros.

La idea básica de la selección

Esta jerarquización oficial de los vinos alemanes de calidad procede del siguiente razonamiento: cuanto más madura es la uva, mejor es el vino. Refleja la dificultad de hacer madurar la uva en un clima tan ingrato, pero también refleja una búsqueda de rareza por parte de los viticultores y, en consecuencia, de valor añadido. La tradición, apoyada por la ley, es dejar la uva en la cepa el mayor tiempo posible –siempre que el clima lo permita– para alcanzar

---

LEER UNA ETIQUETA DE VINO ALEMÁN

Para el aficionado que no sea un especialista, la lectura de las etiquetas de vinos alemanes es un enigma; sin embargo, dan multitud de datos.

El nombre del productor figura generalmente en primera posición, precedido, casi siempre, de los términos *Weingut* (finca) o *Schloss* (castillo).
El nombre del viñedo va siempre precedido del nombre del pueblo, al que se suele añadir el sufijo «-er», marca del adjetivo. Así, para decir que una botella procede de Bernkastel (nombre del pueblo), se escribirá *Bernkasteler* (de Bernkastel). Por ejemplo *Bernkasteler Doktor* indica que el vino procede de la viña «Doktor» de Bernkastel.
Los niveles de calidad QbA o QmP siempre se mencionan (el segundo de manera bien visible). Decodificada, la etiqueta da, pues, el nombre del productor, la región de donde procede la uva y el nivel de calidad oficial. También puede indicar la cosecha o la variedad, pero estas menciones no son obligatorias.
A.P. (*Amtliche Prüfung:* control oficial) es una garantía de calidad. Su presencia atestigua que el vino se ha hecho de las variedades autorizadas, que alcanza el nivel de azúcar mínimo y que la región mencionada es ciertamente la de origen. Si la etiqueta indica *Erzeugerabfüllung*, quiere decir que el vino ha sido embotellado por el productor, eventualmente por una cooperativa. La mención *Gutsabfüllung* significa que el vino se ha embotellado en la propiedad.

una maduración óptima. Así, la vendimia puede prolongarse durante meses: se empieza por las viñas destinadas a producir vinos *Kabinett*, mientras se ansía que aparezca la podredumbre noble en los demás viñedos para cosechar uva sobremadurada y producir un *Auslese* o algo mejor.

Vinos secos y semisecos
Una modificación de la legislación autoriza la mención *Halbtrocken* (semiseco) o *Trocken* (seco) para los vinos cuyo contenido en azúcar residual se sitúa por debajo de cierto nivel (o de cierta densidad).

El carácter de los vinos
Los vinos alemanes son blancos en su gran mayoría, pero la superficie plantada de tinto, que apenas representa el 15 % del viñedo, está aumentando.

El carácter de los vinos alemanes está determinado por el distrito y la viña, la variedad, los diversos niveles de calidad descritos más arriba y los gustos del productor. A estos criterios hay que añadir la cosecha, pues el clima del año tiene un papel de primerísima importancia.

Para cada nivel de calidad está establecida una densidad mínima del mosto, que varía según la región: para obtener la misma calificación, las regiones más al sur deben alcanzar un nivel de azúcares naturales más alto que las regiones del norte.

La ley asume las diferencias debidas al clima y al entorno, puesto que los viñedos septentrionales son más sensibles a las pequeñas diferencias de insolación y de naturaleza del suelo. Una propiedad alemana puede estar compuesta de una docena de parcelas diferentes y producir una gran variedad de vinos, cuya identidad quedará determinada por el emplazamiento y la madurez. Es difícil, pues, clasificar y codificar vinos cuyas características pueden ser tan dispares.

El envejecimiento y las cosechas
De todas las variedades plantadas en Alemania, la riesling –con su marcado equilibrio entre fruta y acidez– es la que produce los vinos dotados de un mejor potencial de envejecimiento. En general, una buena concentra-

El castillo de Stahleck domina Bacharach (Mittelrhein).

ción de azúcares en el momento de la vendimia alargará el tiempo potencial de crianza en botella. Los vinos más concentrados, como los *Beerenauslesen*, rara vez alcanzan su apogeo antes de siete –e incluso diez– años en botella. La acidez también es un factor esencial para conseguir un buen envejecimiento del vino: en los años muy calurosos se producen a menudo vinos con poca acidez, pero que tienen un alto nivel de azúcar; estos vinos conservan menos tiempo sus cualidades que los que gozan de un mejor equilibrio desde su nacimiento.

Las variedades clásicas
La variedad blanca que sirve de referencia a los vinos alemanes es la riesling. En Alemania ocupa los mejores emplazamientos, que son los de las laderas más escarpadas, como las del Mosela medio y de Rheingau, cuya buena insolación, unida al calor de otoño, garantiza el largo período de maduración que necesita.

La sylvaner es otra variedad clásica de los vinos blancos alemanes. Se asocia sobre todo con la región de Franconia, pero sus viñedos más extensos están en la Hesse renana.

Viñedos y variedades nuevas
Desde la década de los 60, las viñas alemanas han doblado su superficie. Muchos viñedos han sido objeto de una concentración parcelaria *(Flurbereinigung)* para facilitar la mecanización del trabajo y reducir los costes de explotación. Los resultados de esta concentración son poco estéticos, especialmente en lo que respecta a los viñedos de Baden, en la región de Kaiserstuhl, y algunos productores sostienen que estos cambios son la causa de las modificaciones que se han producido en el clima local.

Paralelamente, cruzando variedades antiguas, los investigadores han obtenido cepas nuevas, menos sensibles a las enfermedades y capaces de producir vinos con carácter. También permiten mayores rendimientos y un contenido de azúcar más elevado: unos rivales nuevos para las variedades tradicionales como la riesling y la sylvaner. El primer híbrido creado, la müller-thurgau (riesling x sylvaner), da un vino blanco de calidad siempre que los rendimientos sean bajos.

La variedad scheurebe (sylvaner x riesling), el mejor de los híbridos a juzgar por la calidad de los vinos, ofrece resultados estupendos en la región del Palatinado. Estos vinos destacan por su buqué y una buena acidez: gozan de un respetable potencial de envejecimiento.

La cepa kerner (trollinger x riesling), apreciada por la constancia de sus rendimientos, da vinos de carácter robusto, aunque les falta la finura y el encanto de los riesling. Gracias a su nivel de azúcar, estos vinos satisfacen a menudo los criterios de calidad que les permiten entrar en las categorías de *Spätlesen* o *Auslesen*.

Los vinos tintos y la familia de las pinot

Los vinos tintos ocupan un lugar creciente en el universo vitícola alemán. En tinto, las variedades utilizadas son principalmente la spätburgunder (pinot noir), pero también la blauer portugieser, que da vinos ligeros, y la dornfelder, un híbrido nuevo cuyos vinos se parecen al beaujolais.

En cepas blancas, se encuentran la weissburgunder (pinot blanc), la ruländer (pinot gris) y la chardonnay (autorizada en el sur desde 1991).

En los distritos de Baden, Kaiserstuhl y Ortenau, la spätburgunder y la weissburgunder alcanzan niveles de calidad suficientes para poder acceder a una difusión internacional.

Cosecheros y bodegas cooperativas

A excepción de Baden-Württemberg, la mayoría de los mejores vinos procede de fincas privadas o de propiedades estatales (Rheinland Pfalz, Hessen, Bayem) o municipales. Las bodegas cooperativas reciben la uva (nunca mostos ni vinos) de sus asociados: más de un tercio de la cosecha. En Banden-Württemberg, elaboran toda una gama de vinos. En otros lugares, la calidad y el estilo de los vinos de la cooperativa pueden variar en función de la política comercial de la bodega. La nueva tendencia confirma una voluntad de producir vinos mejores y de venderlos más caros. Estos productos se distribuyen con la mención *Erzeugerabfüllung* (embotellado por el productor)

Nuevos estilos de vino

El gusto de los jóvenes consumidores alemanes tiende hacia los vinos ligeros, más secos y frutales, por lo que los viticultores elaboran actualmente vinos procedentes de vides viejas de bajo rendimiento y poco sensibles a la podredumbre gris.

Terrazas escarpadas, a orillas del Mosela (Trittenheim).

Además, en un afán ecológico, prefieren los abonos orgánicos y limitan el tratamiento químico de la vid. La crianza en madera nueva es habitual para la pinot y para otras variedades similares. Pero queda abierto un interrogante: ¿esta práctica mejora o desnaturaliza el vino?

La VDP *(Verband Deutscher Prädikatsweingüter)* es la asociación de productores de QmP y su águila en la etiqueta indica que el vino es de gran calidad.

EL LIEBFRAUMILCH Y OTROS VINOS GENÉRICOS

El éxito comercial de los vinos alemanes en el extranjero durante los últimos decenios se debe esencialmente al *Liebfraumilch* y a algunos vinos blancos semisecos producidos en grandes cantidades. El nombre de Liebfraumilch procede de un pequeño viñedo cerca de Worms, antaño propiedad de la Iglesia. Hasta el siglo XIX, esta denominación se aplicaba a los vinos procedentes de un territorio bastante más extenso, pero siempre designaba vinos de gran calidad.

Según la reglamentación actual, el vino puede proceder de cualquier parte de la Hesse renana, del Palatinado, de Nahe o de Rheingau. Se trata, pues, de un vino genérico, elaborado principalmente a partir de riesling, müller-thurgau, sylvaner y kerner. Ha de ser un QbA y mostrar un contenido mínimo de azúcares residuales.

A causa de la competencia internacional, la calidad del liebfraumilch responde a criterios poco estrictos y se trata más de no sobrepasar cierto precio de venta que de alcanzar un nivel de excelencia.

El mismo planteamiento comercial se ha aplicado a otros vinos genéricos como el Bereich Bernkastel, el Piesporter Michelsberg (una *Grosslage,* o distrito de producción) o el Niersteiner Gutes Domtal (otra *Grosslage*). Estos últimos pueden proceder de un distrito extenso, lo que permite a los productores hacer mezclas. Algunos productores, que poseen viñedos reputados en Piesport o Nierstein, por ejemplo, se lamentan de que esos vinos genéricos sin interés, de origen geográfico diverso, perjudican sus vinos de calidad que llevan el mismo nombre.

AHR-RENANIA MEDIA

En 1853, se descubrieron los vestigios de una hilera de vides, a más de cuatro metros de profundidad, así como monedas de 268 a 160 a. de C. diseminadas entre las parras, testigos históricos del antiquísimo cultivo de la vid en esta región del Ahr, de 25 km de longitud.

En menos de un siglo, la superficie de la región se ha reducido en tres cuartas partes. El viñedo ya no representa actualmente más que 522 ha, pero sus vinos gozan de gran fama en Alemania. La producción favorece ampliamente los vinos tintos, con 268 ha para la spätburgunder y 95 ha para la portugieser. En cuanto a las variedades blancas, riesling y müllerthurgau cubren respectivamente 51 y 42 ha.

El río Ahr, en su descenso de las antiguas colinas volcánicas de Hohe Eifel (que culminan a 762 m), fluye en dirección este, hacia el Rin. Su valle, con extrañas formaciones rocosas, acoge viñas escarpadas en sus flancos de esquisto coronados de hermosos bosques. La producción de vino goza del favor de cerca de medio millón de visitantes que atrae cada año la región.

Una de las especialidades de la zona es un vino rosado, el *Weissherbst*, vino frutal, vivo y refrescante, que debe su frescura a un buen nivel de ácido tartárico, característica de calidad para ese tipo de vino.

Renania media

La bonita población de Linz, al norte del viñedo de la Renania media (Mittelrhein), está justo enfrente del punto de unión entre el Rin y el Ahr. La región tiene 700 ha de vides. Las viñas, que se extienden a lo largo de 110 km, van desapareciendo poco a poco desde hace varios años, unas para dejar sitio a las urbanizaciones de ciudades como Coblenza; otras por falta de mano de obra, o porque la viticultura en estas laderas escarpadas ya no es rentable. Aunque se han replantado muchas viñas, más de la mitad de las vides de riesling de la región (519 ha) tiene un mínimo de 20 años.

A pesar del estado preocupante de la viticultura en esta encantadora garganta renana, tan admirada antaño por poetas y pintores, la situación no es desesperada y todas las ilusiones están permitidas. La calidad de los mejores vinos de la región empieza a ser reconocida en el mundo y los viticultores se esfuerzan por mejorarla día a día.

PUEBLOS Y PRODUCTORES

AHR
La denominación genérica *(Bereich)* Walporzheim-Ahrtal abarca todo el valle del Ahr. Algunos distritos destacados son: Bad Neuenahr-Ahrweiler, Walporzheim, Dernau y Mayschoss.

Dernau y Mayschoss
El Weingut Meyer-Näkel de Dernau es uno de los mejores ejemplos de las nuevas vinificaciones de los vinos del Ahr. Su fama sigue inigualada en Alemania por la calidad de sus spätburgunder, a veces criados en barrica. La finca produce, sobre todo, vinos tintos, pero también spätburgunder (pinot noir) vinificado en blanco y weissherbst. La bodega cooperativa más antigua de Alemania, Mayschoss-Altenahr, es todavía una de las más importantes de la región.

RENANIA MEDIA
Los distritos son, entre otros: Bacharach, Boppard, Leutesdorf, Hammerstein, Mühlental y Lahntal.

Boppard
El viñedo de Hamm en Boppard tiene fama de producir buenos riesling. Se puede destacar el nombre de Perll, común a dos propiedades.

Viña que domina Mayschoss, en el valle del Ahr.

Mosela-Sarre-Ruwer

La región vitícola de Mosela-Sarre-Ruwer es una de las más espectaculares de Alemania. Su viñedo (12 980 ha) sigue fielmente el curso de los tres ríos epónimos de la región y serpentea por sus márgenes desde Coblenza hasta la frontera francesa. Más de una cuarta parte de las vides está situada en laderas que caen a plomo sobre el río. Paralelamente, en la década de los 60 se creó un viñedo nuevo de superficie comparable: se plantaron vides de alto rendimiento en terrenos llanos, en un suelo que, sin duda, habría convenido más a huertos o incluso patatales.

Sea como fuere, la gran producción de vinos baratos procedentes de estos viñedos explica en parte el precio ridículo actual de los vinos de la región. En el siglo XIX, un buen vino del Mosela, procedente de las laderas escarpadas, era más caro que un *premier cru* de Médoc.

El estilo de los vinos del Mosela

Los viñedos del Mosela están plantados de una riesling que da un vino blanco sublime y de los más sutiles que existen. Los factores que determinan la calidad se estudian en la página 354, aunque no hay que olvidar que la filosofía del productor también cuenta. La vendimia tradicionalmente tardía y el frescor de los lagares explican la presencia de azúcares no fermentados en el vino embotellado. Cuando son naturales, equilibran agradablemente la acidez inicial del vino. El añadido de azúcar comporta, sin embargo, riesgos para los vinos baratos, cuyo éxito comercial ha manchado la fama de Mosela.

Los mejores riesling destacan en su juventud por la ligereza y la frescura, pero también por la facultad de transformarse, con la edad, en vinos fascinantes y complejos. En años soleados, los vinos de calidad *Auslese* o superior reflejan el equilibrio exquisito entre la fruta y la acidez propia de la riesling. En efecto, los grandes vinos del Mosela, cualquiera que sea su nivel, nunca son muy dulces.

Variedades clásicas

Hasta el siglo XVII, la región estaba plantada mayoritariamente con la variedad elbling, que representaba todavía cerca del 60 % de las vides a principios del siglo XIX pero que actualmente sólo se encuentra en el alto Mosela y, a veces, en el bajo Mosela. La riesling la ha sustituido en más de la mitad de la superficie y constituye la cepa exclusiva de los emplazamientos más favorables.

Las otras variedades son: un 23,2 % de müller-thurgau y un 7,5 % de kerner, cuyo rendimiento supera en un 20 % el de la riesling. La cepa óptima se introdujo en la década de los 70 para reforzar los vinos ligeros o para que alcanzase por sí sola, aunque por la puerta trasera, el nivel de *Auslese*. Se trata de un híbrido de vides europeas que produce mostos cargados de azúcar, pero sin auténtica distinción.

Actualmente, la región vuelve a los vinos de calidad que forjaron su fama, es decir, a la riesling. La müller-thurgau se ha plantado ampliamente en los viñedos de segunda categoría y da vinos correctos, en el espíritu de la región. Las mejores fincas han permanecido insensibles al encanto comercial de los híbridos más recientes, incapaces de dar a sus vinos el carácter regional.

Desde hace poco vuelven tímidamente las variedades tintas, en particular la spätburgunder.

El precio de la belleza

El cultivo de la vid en algunas pendientes muy empinadas del Mosela es difícil y oneroso. Se mide en términos de costo, pero requiere también toneladas de ingenio. Por ejemplo, un sistema de monorraíles ha salvado los viñedos empinados de Winningen: transporta a obreros y materiales a través de las viñas hasta las terrazas más altas. La explotación, a pesar de las innovaciones técnicas, es todavía muy cara y se prefiere admirar esos magníficos paisajes que trabajar en ellos. En la finca Richard Richter, en el bajo Mosela, los 9 000 pies de vid plantados por hectárea exigen, cada uno, treinta minutos de trabajo por año, vendimia incluida. Y la recompensa por estos desvelos es de una botella de vino por parra. Los costes de explotación de las vides recientes plantadas en terreno llano son, lógicamente, muy inferiores, pero el vino no tiene la misma calidad.

Los distritos del Mosela

El mapa de la página opuesta muestra los *Bereiche* o distritos de producción. Cada uno posee su carácter y su estilo de vino. El bajo Mosela (*Bereich* Zell) se considera, desde hace tiempo, el pariente pobre del Mosela medio. Y, sin embargo, muchos de sus viñedos están bien situados y son capaces de producir buenos vinos.

El *Bereich* del Mosela medio se llama oficialmente Bernkastel, como la capital de la región. Las vides crecen en los alrededores del río, en las pendientes empinadas, algunas perfectamente expuestas, otras menos. Otros 25 pueblos, algunos famosos desde hace siglos, como Piesport, Wehlen o Graach, bordean el río. Producen vinos que alcanzan el nivel fabuloso de *Trockenbeerenauslese* y las grandes añadas se pueden guardar durante decenios.

El Mosela medio se acaba pocos kilómetros río abajo de Tréveris, donde empieza el alto Mosela, en el otro extremo de la ciudad. Los mejores vinos, los más delicados y estilizados, proceden de las vides plantadas en la confluencia del Sarre y del Ruwer, y no de las que crecen en esta zona del Mosela.

LAS ZONAS VITÍCOLAS DEL MOSELA

Mosela se divide en cuatro distritos diferentes: bajo Mosela, Mosela medio, alto Mosela y Sarre-Ruwer, correspondientes a los *Bereiche* de Zell, Bernkastel, Obermosel y Moseltor, y Saar-Ruwer. El bajo Mosela se extiende desde la confluencia del Mosela y del Rin en Coblenza hasta el pueblo de Zell. A partir de allí empieza el Mosela medio, que llega hasta las afueras de Tréveris. El alto Mosela, con laderas escarpadas, se extiende desde el otro lado de esta ciudad hasta la frontera francesa. Los ríos Sarre y Ruwer terminan su curso desembocando en el Mosela a uno y otro lado de Tréveris.

Distritos vitícolas
- Viñedos
- Límite de distrito vitícola
- Frontera
- Autopista
- Carretera principal

LOS FACTORES DE CALIDAD

El clima frío de la región vitícola de Mosela-Sarre-Ruwer explica que la elección del emplazamiento, de la variedad y las condiciones climáticas de la añada sean, al margen de los rendimientos, fijados aquí por el productor, los factores de calidad determinantes.

Emplazamientos y microclimas

La riesling sólo madura bien cuando está plantada en un emplazamiento en pendiente, bien expuesto, que le garantice un máximo de insolación y un calor suficiente desde abril a octubre; a una altitud media y al abrigo de los vientos fríos. También tiene que gozar de un nivel de humedad conveniente. Una clasificación oficial distingue los viñedos en pendiente empinada (desnivel superior al 20 %), las laderas (de 5 % a 20 %) y las viñas en terreno llano. Un viñedo plantado en una pendiente fuerte y expuesto a pleno sur disfrutará de una insolación mejor que otro plantado a media ladera o en la llanura. Sin embargo, no debe estar situado a una altitud demasiado elevada, pues le faltaría calor. Por otro lado, una viña demasiado baja, al pie de la ladera, se arriesga a sufrir heladas.

En esta región, donde el menor rayo de sol, la menor hora de calor son vitales para la vid, se buscan suelos esquistosos, pues favorecen la maduración al restituir, por la noche, el calor almacenado durante el día.

Añadas

Cada año es un nuevo desafío. Una helada en primavera o las lluvias en verano pueden impedir el buen desarrollo de la uva. La insolación de agosto a octubre determina las características de la cosecha. Los años fríos, los vinos no pasarán del nivel QbA; con un verano normal, las viñas mejor situadas llegan a producir QmP, mientras que una buena insolación en septiembre y octubre significa por lo menos el nivel *Auslese*. En esos años, muy raros, la riesling da grandes vinos.

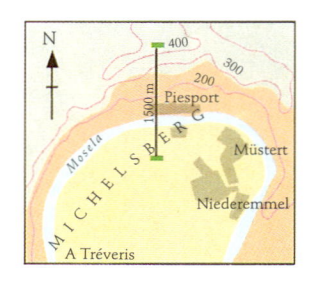

MOSELA MEDIO: PERFIL E INSOLACIÓN
- Viñedos de la mejor calidad
- Otros viñedos
- Terrenos demasiado elevados y fríos
- Pueblos
- Curva de nivel (en m)

Variedades

Cepa clásica del Mosela, la riesling posee un excelente potencial de calidad, pero a condición de plantarla en un lugar muy soleado, pues madura lentamente. Por el contrario, resiste bien los fríos del invierno. Las otras variedades no alcanzan el mismo nivel de calidad.

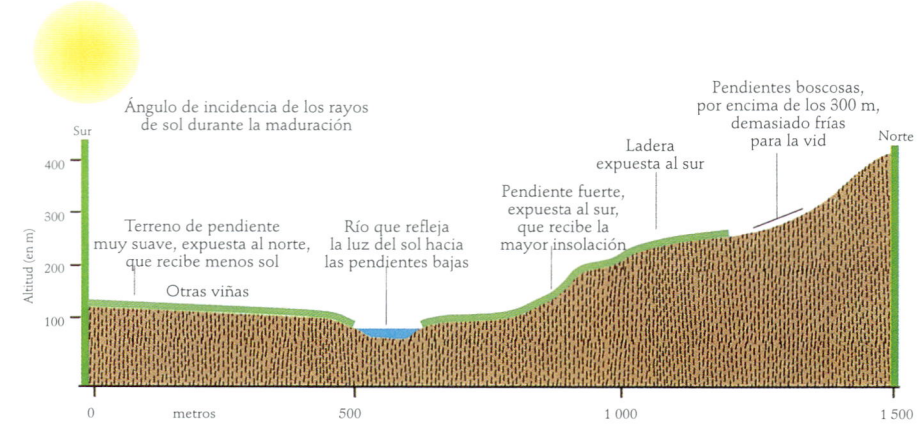

Sonnenuhr (reloj de sol) en Wehlen.

Rendimientos

El progreso de las técnicas de viticultura ha permitido aumentar netamente los rendimientos, cuya media alcanzaba, en 1982, 173 hl/ha. Este nivel tiene como corolario vinos con un contenido de acidez anormalmente bajo y con una disolución que no permite la expresión del terreno. Estos altos rendimientos afectan en particular la riesling que, por falta de concentración, da un vino ordinario. La legislación no fija límite alguno. Algunas fincas han tomado la iniciativa de reducir su producción mediante poda o aclarado, a fin de obtener vinos de calidad superior. Unas reglamentaciones nuevas deberían limitar pronto los rendimientos que, hasta hoy, siguen sometidos a los caprichos de la naturaleza y de los hombres.

PUEBLOS Y PRODUCTORES

Las mejores viñas del Mosela se encuentran, sobre todo, en las regiones del bajo Mosela y del Mosela medio (véase mapa p. 353). A continuación, se describen los vinos de cada una de estas regiones, subiendo el río de noreste a suroeste.

BAJO MOSELA

El bajo Mosela se encuentra en el *Bereich* de Zell y se divide en seis *Grosslagen*. El valle, sinuoso, de pendientes abruptas, está salpicado de pueblos que atraen a numerosos turistas enófilos. El *Bereich* de Zell reúne dos ventajas para obtener vinos maduros de buen nivel: un suelo esquistoso y laderas escarpadas. La riesling es la cepa principal.

Estos vinos del Mosela presentan algunos puntos en común con los de la Renania media. Tienen buen armazón y desarrollan un sabor agradable sin rivalizar, sin embargo, en finura y delicadeza con los mejores vinos del *Bereich* Bernkastel. Su estructura los convierte en buenos vinos secos *(trocken)*, no desprovistos de cierto dulzor. En efecto, la legislación alemana autoriza una pequeña cantidad de azúcares residuales, incluso en los vinos «secos».

Winningen y Kobern-Gondorf

Winningen es uno de los mayores pueblos vitícolas del Mosela y el más importante de esta región. Comparte, con su vecino Kobern, el hermoso viñedo en terrazas de Winninger Uhlen.

La fama reciente de algunas fincas privadas –Richard Richter, Von Schleinitz, Von Heddesdorff y Heymann-Löwenstein– se debe a los riesling de carácter. Heymann-Löwenstein, de espíritu muy independiente, sólo produce vinos QbA, cuya gran calidad puede justificar el precio.

Cochem y Pommern

El paseo al lado del río y el castillo de Cochem atraen a numerosos turistas. El pueblo está en el centro de la *Grosslage* Rosenhang. Weingut Reinhold Fuchs de Pommern se especializa en vinos secos –el 90 % de su producción– embotellados en la propiedad.

Zell

En el extremo del *Bereich*, río arriba, se encuentran la población de Zell y los pueblos de Merl, Bremm y Bullay. La superficie de Zeller Schwarze Katz, la única *Grosslage* del *Bereich* cuyo vino es conocido en el extranjero, ha pasado de 10 a 410 ha.

MOSELA MEDIO

Los paisajes son parecidos –aunque menos espectaculares– a los de río abajo. Las mejores viñas, en las laderas abruptas, están divididas por valles laterales. El río serpentea y atraviesa pueblos vitícolas muy conocidos.

Contrariamente al Palatinado y a la región de Baden, cuyos vinos tintos tienen una graduación alcohólica superior, el encanto de los vinos del Mosela medio reside en el justo equilibrio entre buqué y sabor.

De Briedel a Kröv

Los viñedos del *Bereich* de Bernkastel empiezan en el pueblo de Briedel y siguen los meandros del Mosela hasta Erden, atravesando Traben-Trarbach y Kröv. Las fincas de la región no gozan de gran fama, pues sus vinos, agradables, frutales y frescos, no alcanzan nunca la cima de la calidad.

De Erden a Graach

Los viñedos importantes del Mosela medio empiezan en Ürzig, donde el gran río des-

---

EL GROSSER RING

Los 27 miembros del *Grosser Ring*, sección local del VDP, representan básicamente las fincas de Sarre-Ruwer y las del sector del Mosela entre Erden y Trittenheim. Cada otoño, desde su creación (en 1908), el *Grosser Ring* organiza el mayor acontecimiento vitícola de la región: una subasta. Los precios alcanzados pueden ser muy altos, pero no tienen las repercusiones de los de las subastas de los Hospices de Beaune (Borgoña).

Los miembros del *Grosser Ring*, propietarios de los viñedos mejor situados, producen los riesling más prestigiosos de la región y sus esfuerzos de promoción benefician a todos los buenos vinos de Mosela-Sarre-Ruwer.

FRIEDRICH-WILHELM-GYMNASIUM

Esta propiedad, situada en Tréveris, tiene un gran viñedo y bodegas. Agrupa 21 parcelas diseminadas entre Zeltingen, Graach, Bernkastel, Dhron, Neumagen, Trittenheim, Klüsserath y Mehring, así como en Falkenstein, Oberemmel, Ockfen y Wiltingen en el Sarre. Los vinos de cada parcela se vinifican por separado, luego se crían en barricas de roble. A continuación se evalúan en virtud de la clasificación oficial potencial, de los azúcares residuales y de la variedad: la riesling ocupa el 90 %. Esta división parcelaria lleva a la producción de 107 vinos diferentes, a los que se añaden dos *Sekt*, producidos a partir de una viña de 36 ha. Es una finca maravillosa a la que se han añadido, poco a poco, nuevas parcelas. Merece su gran reputación por la autenticidad y el carácter excepcional de sus vinos.

cribe un recodo. El pueblo de Erden está frente a sus viñas, que se extienden en la orilla norte, bien expuestas al sol. Los viñedos Prälat y Treppchen son famosos. En Ürzig, el Würzgarten (literalmente, «jardín de las especias») da vinos con notas especiadas. Entre las mejores fincas se encuentran Bischöfliche Weingüter, Weingut Oekonomierat Dr Loosen, Weingut Mönchhof-Robert Eymael y Weingut Dr Pauly-Bergweiler.

Bernkastel

Uno de los pocos puentes que cruzan el Mosela une la vieja población de Bernkastel, «capital» del Mosela medio, con su reciente «co-capital», Kues, donde tienen su sede muchas sociedades vinícolas importantes, así como la bodega cooperativa Moselland. La gloria de Bernkastel es el viñedo Doktor, que domina, desde su ladera abrupta, los tejados del pueblo y, en las mejores añadas, da uno de los vinos más sublimes del mundo: intenso, dulce, de gran longevidad. La viña (3,2 ha) pertenece a las fincas Wegeler-Deinhard, Dr Thanisch y Lauerburg.

De Bernkastel a Piesport

Antes de alcanzar Wintrich y luego Piesport, el río contornea varios pueblos poco conocidos y otros a los que la calidad de sus vinos ha hecho más celebres: Brauneberg, y su viñedo Juffer, Kesten y el Paulinshofberg.

Este pueblo ha dado su nombre a Piesporter Michelsberg, una *Grosslage* expuesta al norte, que se extiende sobre un terreno llano, en la otra orilla. Piesport también ha perdido algo de su reputación, aunque todavía puede gloriarse de viñedos de gran clase, en particular Goldtröpfchen. Entre los mejores productores cabe citar las fincas de Tréveris, Von Kesselstatt, Bischöfliche Weingüter y Vereinigte Hospitien.

De Neumagen a Longuich

El Mosela medio se acaba en los pueblos de Neumagen (cuyo mejor viñedo se llama Rosengärtchen), Trittenheim (viñedo Apotheke) y Klüsserath (Bruderschaft).

SARRE-RUWER

La ciudad de Tréveris rompe la sucesión de viñas y dos ríos que confluyen en el Mosela, el Sarre y el Ruwer, dotan a la región de sus mejores viñedos. La riesling ocupa el 70 % de estos viñedos y, como siempre, los terrenos de mayor pendiente constituyen los mejores emplazamientos. El distrito sólo es conocido en el extranjero por sus grandes vinos. En Alemania se encuentran los QbA del Sarre, menos caros, con el nombre de la *Grosslage* Wiltinger Scharzberg, pero, casi siempre, estos vinos baratos, de alto nivel de acidez, sirven para hacer *Sekt*, el espumoso alemán.

Ruwer

Este subdistrito se ha dado a conocer gracias a dos fincas de prestigio, Karthäuserhof y von Schubert (véase recuadro), y sus riesling, delicados pero longevos. El Ruwer produce, si bien en cantidades muy pequeñas, vinos que figuran entre los mejores de Alemania.

Sarre

Las viñas del Sarre, río arriba, producen riesling firmes, que están llenos de carácter y de elegancia.

Como en el Mosela, los suelos rebosan de esquisto, pero de naturaleza más desmenuzable.

En las catas a ciegas, los vinos del Sarre se distinguen por su buqué particularmente intenso, cargado de esas notas minerales de esquisto que la cepa riesling es capaz de expresar.

Las mejores fincas son Schloss Saarstein, Weingut Bert Simon, Egon Müller-Scharzhof, Weingut Reverchon y Weingut von Hövel, sin olvidar las propiedades de las obras de beneficencia de Tréveris (véase antes, Bernkastel).

ALTO MOSELA

Los vinos producidos por las 1 100 ha de viñas río arriba de Tréveris no pueden compararse con los mejores vinos de Bernkastel o de Sarre-Ruwer. Son raros los QmP, lo que no impide que un puñado de fincas produzcan *Trockenbeerenauslesen*. La mayor parte de la uva se entrega cada año a la cooperativa central de Moselland, en Bernkastel. Los viticultores de esta región llevan una vida modesta, comparada con la de los luxemburgueses, en el otro margen del Mosela.

La caliza conchera sustituye aquí el esquisto del Mosela medio. El suelo profundo es rico en humus y, contrariamente a las laderas escarpadas río abajo de Tréveris, que no son adecuadas para el cultivo de cereales, la viticultura del alto Mosela siempre ha competido con la agricultura. Actualmente, la weisser elbling, una variedad prolífica de origen desconocido, ocupa el 87 % del viñedo. En esta región, a menudo se mezcla con vinos ligeros hechos de sylvaner.

VON SCHUBERT

Remontando el Ruwer, en la zona donde atraviesa Eitelsbach, se llega a una región de colinas que se prolonga hasta un valle adyacente. Allí se encuentra la finca de los Von Schubert, Maximim Grünhaus, que se divide en tres viñedos. Con la misma etiqueta se pueden encontrar varios vinos diferentes. Los tres emplazamientos, Abtsberg, Herrenberg y Bruderberg, producen regularmente vinos que tienen su propia personalidad, lo que justifica los tres nombres. Cuando uno de los vinos carece de carácter, su etiqueta no menciona el viñedo de origen.

LAS REGIONES VITÍCOLAS DEL RIN

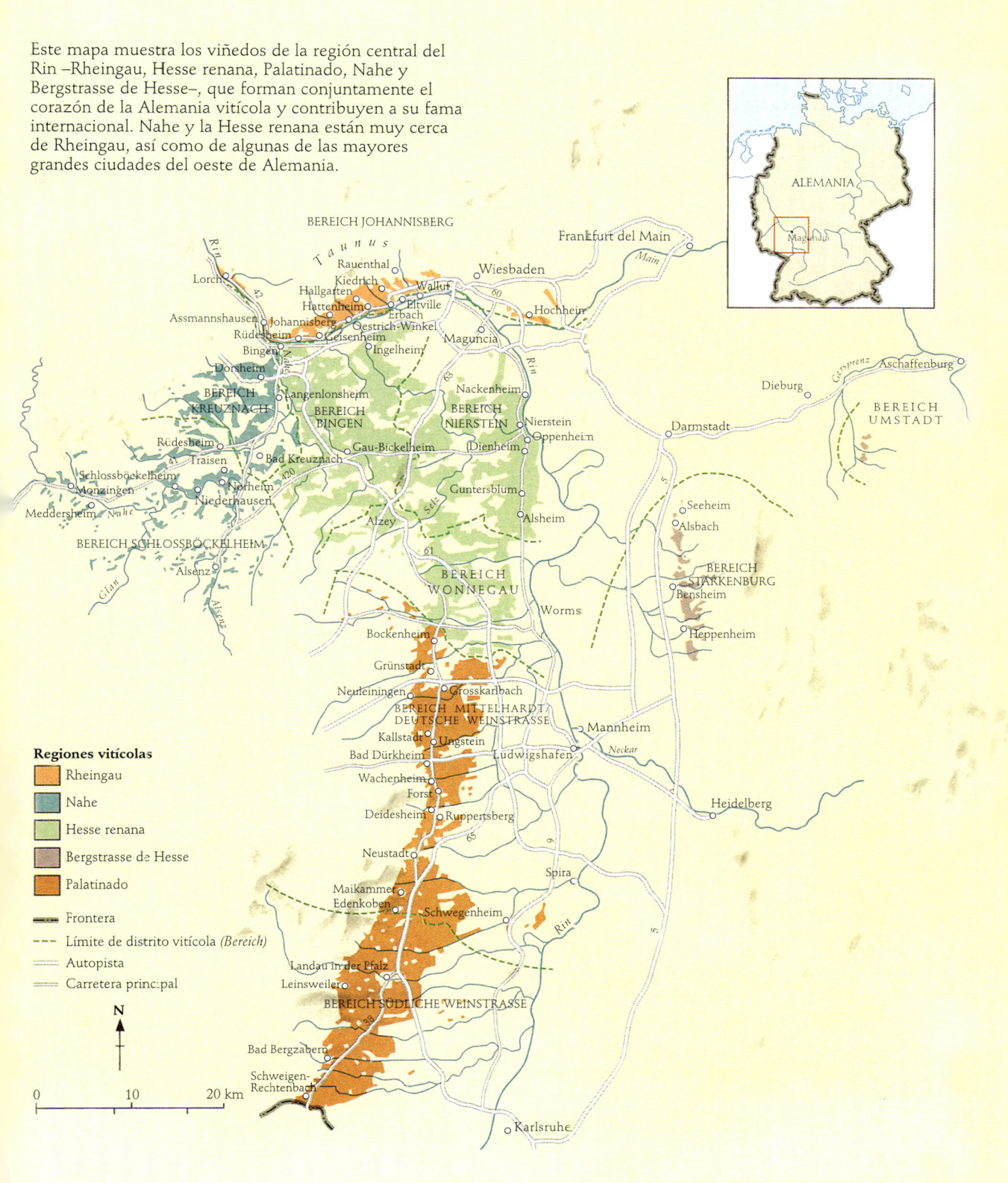

Este mapa muestra los viñedos de la región central del Rin –Rheingau, Hesse renana, Palatinado, Nahe y Bergstrasse de Hesse–, que forman conjuntamente el corazón de la Alemania vitícola y contribuyen a su fama internacional. Nahe y la Hesse renana están muy cerca de Rheingau, así como de algunas de las mayores grandes ciudades del oeste de Alemania.

Regiones vitícolas
- Rheingau
- Nahe
- Hesse renana
- Bergstrasse de Hesse
- Palatinado
- Frontera
- Límite de distrito vitícola (*Bereich*)
- Autopista
- Carretera principal

RHEINGAU

Los productores de Rheingau que embotellan personalmente sus vinos gozan de la enorme fama de esta región prestigiosa a la hora de comercializarlos. Los vinos son más caros que en otras zonas y los precios suelen estar justificados por su calidad: figuran entre los grandes blancos alemanes. La riesling está perfectamente adaptada, puesto que lleva plantada en la región desde 1435. Elegantes en su juventud, los vinos de Rheingau adquieren, al envejecer, complejidad y un equilibrio soberbio.

Hasta la década de los 80, las grandes fincas pertenecían, sobre todo, a la aristocracia –Schloss Johannisberg, Schloss Groenesteyn– o al estado federal de Hesse y garantizaban, por sí solas, la reputación de los vinos de la región. Como es frecuente en los viñedos más antiguos de la vieja Europa, la viticultura es un trabajo a tiempo parcial para la gran mayoría de los productores, puesto que sólo 304 productores poseen más de 3 ha de vides.

Los viñedos de Rheingau crecen principalmente en las laderas inferiores de las montañas del Taunus. Al este, una *Grosslage* de 356 ha, Hochheimer Daubhaus (cerca de la ciudad de Hochheim), bordea la orilla del Main y se encuentra separada del viñedo principal por los alrededores de Wiesbaden. Al oeste, las viñas escarpadas de Assmannshausen y de Lorchhausen se parecen mucho a las de la Renania media.

La tradición del riesling
Gran cantidad de extensas propiedades pertenecen desde hace siglos a grandes productores perfectamente equipados y bien organizados. Sus archivos indican que, a lo largo de los siglos, las cosechas han sido muy escasas o, alguna vez, catastróficas. Rara vez se han empleado productos químicos (con excepción del anhídrido sulfuroso) para proteger la vid. La naturaleza tenía su propio equilibrio, que algunos productores de Rheingau intentan recrear, en la medida en que la contaminación atmosférica lo permite. Sin embargo, estos bajos rendimientos de antaño se explican también por la naturaleza de las variedades. Tomemos el ejemplo de la riesling, que cubre actualmente el 81 % de Rheingau. Sus rendimientos actuales son más constantes gracias a una mejor selección clonal. En Rheingau, la media de los rendimientos, que era de 51,8 hl/ha en la década de los 50, pasó a 71 hl/ha diez años después, para alcanzar los 81 hl/ha desde 1970.

La tendencia actual aboga por una poda más severa y el aclarado, o eliminación de racimos superfluos durante el verano. Los rendimientos medios de la década de los 90 deberían ir, pues, a la baja. Las cosechas menores, desde 1950, han sido de calidad mediocre, mientras que las más abundantes, como la de 1959, no han permitido jamás igualar la densidad del mosto de un año excepcional.

Cerca del 60 % de los vinos de Rheingau se clasifican QbA y el resto de la cosecha se elabora como *Sekt* (véase p. 374). El riesling QbA representa bien el estilo regional, pero no siempre es rentable producirlo. Los QmP en general, y los *Spätlesen* en particular, son categorías de vino que permiten mejores márgenes de beneficio para las propiedades tradicionales que basan su producción en la riesling.

Comprender los nombres de los vinos de Rheingau
En Rheingau, como en otros lugares, el nombre del pago individual ha perdido importancia en los últimos años. La comercialización de vinos baratos con el nombre genérico de la *Grosslage* ha contribuido sin duda a ello. Cada vez más, los productores de Rheingau destacan el nombre de la finca. Algunos han elaborado *cuvées* especiales, como el Geheimrat «J», de Wegeler-Deinhard. Sin embargo, la mayoría de los productores cuenta también con el nombre del viñedo de origen para convencer a los compradores.

El sistema de denominación utilizado en Rheingau es muy confuso. Por ejemplo, Johannisberger Erntebringer designa una *Grosslage* de 329 ha, pero Johannisberg es también el nombre de un pueblo donde se encuentran 9 *Einzellagen* (viñedos individuales), como el Johannisberger Hölle), mientras que el *Bereich,* o distrito, de Johannisberg abarca toda la región de Rheingau.

Para complicar todavía más esta situación de nombres difíciles de distinguir, y siempre en la familia de los Johannisberg, citemos el Schloss Johannisberg, la finca más impresionante de Rheingau. □

La abadía de Ste-Hildegarde al lado de las viñas de Rüdesheim.

LOS FACTORES DE CALIDAD

Los viñedos principales de Rheingau se extienden sobre las laderas de suave pendiente y expuestas al sur, delimitadas por bosques al norte y por el Rin al sur. Esta orientación al sur es un factor de calidad importante. En efecto, en los mejores emplazamientos para la elaboración de los famosos vinos generosos de Rheingau, es posible cosechar uvas bien maduras en vendimias tardías.

La variedad riesling está muy bien adaptada a los diferentes suelos y microclimas de esta región, donde es todavía la cepa predominante. En pocos años, una selección clónica ha permitido identificar clones de riesling que tienen la ventaja de producir uvas con grandes rendimientos.

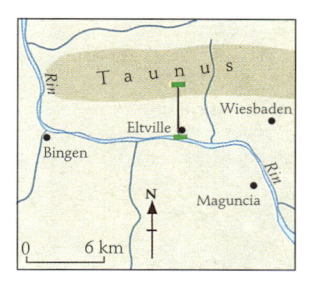

Emplazamientos y suelos

Los viñedos de Rheingau están situados a menos de 5 km del Rin o del Main. Las parcelas limítrofes con el bosque, en la parte más alta de las laderas, tienen un microclima menos favorable por su altitud y su alejamiento del Rin. Pero los años en que la uva llega a la madurez antes del inicio oficial de la vendimia, la calidad puede ser superior en estas viñas (Rauenthal, Kiedrich o Schloss Vollrads), ya que las uvas maduran allí más lentamente. La fecha oficial de inicio de la vendimia se fija para toda la región sin tener en cuenta las variaciones debidas a los microclimas. Sin embargo, el argumento de que los productores están mejor situados para elegir la fecha de la vendimia en función de la madurez de la uva en sus diversas parcelas merecería ser considerado.

En Hochheim, al este, el suelo está compuesto de arcilla, arena y grava, mientras que en Lorch, en el oeste, dominan el esquisto y la arenisca. De todas formas, para la calidad importa menos el terreno que el microclima.

Clima

La región de Rheingau está protegida de los fríos vientos del norte por los montes del Taunus y se aprovecha de los efectos caloríficos que produce la masa de agua del Rin.

RHEINGAU: PERFIL E INSOLACIÓN

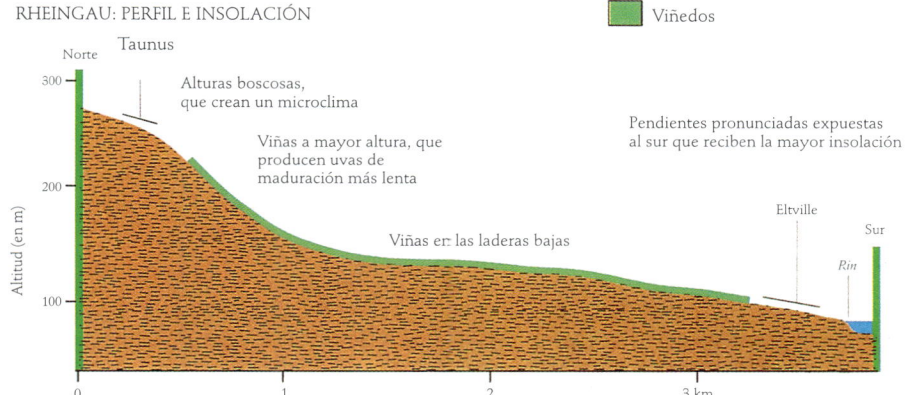

La exposición de las parcelas crea diferencias de maduración: los emplazamientos más protegidos disfrutan de más calor y de una buena propensión a conservar dicho calor, lo que favorece la maduración de la uva.

Estas condiciones conjugadas crean microclimas favorables para la viticultura. La pluviosidad es débil y la insolación suficiente.

Las viñas llegan hasta el bosque por encima del Eltville.

Selección y nivel de azúcar

En sus orígenes, la viticultura de Rheingau estaba en manos de la Iglesia, que aportaba los conocimientos necesarios para la gestión de las viñas, decidía las fechas de vendimia y presidía la selección de la uva, una tradición que sobrevivió hasta la época napoleónica. La producción de vinos generosos a partir de uvas afectadas por la podredumbre noble (*Botrytis cinerea*) comenzó hacia 1820. La tendencia actual se decanta por el riesling *Spätlese*, de sabor muy franco, a partir de uvas exentas de *Botrytis*. Las uvas destinadas a los *Spätlesen* se pueden cosechar legalmente siete días después del inicio oficial de la vendimia; las destinadas a *Auslesen* pueden cosecharse en cualquier momento.

PUEBLOS Y PRODUCTORES

A continuación se relacionan los distintos pueblos de Rheingau de oeste a este. Los vinos de calidad del conjunto de la región pueden utilizar el nombre del *Bereich* de Johannisberg. Las grandes fincas tienen un papel importante. Figuran bajo el nombre del pueblo donde tienen su sede social, aunque casi todas posean viñedos en varios pueblos.

De Lorchhausen a Assmannshausen
Los viñedos de Rheingau cambian de orientación río arriba de Assmannshausen y siguen las gargantas del Rin por el margen derecho hasta Lorch y Lorchhausen, casi enfrente de Bacharach. Weingut Graf von Kanitz es la mejor propiedad de Lorch.

Assmannshausen es conocido por sus vinos tintos varietales de spätburgunder. Los mejores viñedos de Assmannshausen están distribuidos sobre las 55 ha del inigualable pago de Höllenberg.

Rüdesheim
Este pueblo turístico, situado al pie del Rüdesheimer Berg, es famoso por sus laderas cubiertas de vides, cuya pendiente se vuelve más empinada a medida que se acerca a la cima. Los vinos de las parcelas más abruptas, como la *Einzellage* Berg Schlossberg, se distinguen en las catas de riesling de Rheingau por un sabor particular que recuerda el suelo de esquisto.

El *land* de Hesse (finca Staatsweingut Rüdesheim), el Dr. Heinrich Nägler y Bernard Breuer son los propietarios de las fincas más conocidas de la región.

Johannisberg y Geisenheim
El pueblo de Johannisberg tiene nueve viñedos individuales. Se eligió su nombre para figurar en las etiquetas de los vinos genéricos del conjunto de la región, pero su finca más conocida es todavía el imponente Schloss Johannisberg (véase recuadro).

Geisenheim es conocido en círculos vinícolas de todo el mundo por la Hessische Forschungsanstalt für Wein, Obst, und Gartenbau –el Instituto de investigación de Hesse para el vino, la fruta y las hortalizas– que se dedica tanto a la formación como a la investigación.

Winkel y Oestrich
Contrariamente a los riesling de Geisenheim, los de Winkel tienen distinción sin poseer, no obstante, un sabor y un aroma tan marcados. Los más famosos, con un estilo a la vez muy frutal y una buena acidez, proceden de las viñas más altas de Schloss Vollrads.

Los riesling del pueblo vecino, Oestrich, son muy buenos pero no alcanzan el refinamiento de los mejores vinos de la viña Winkeler Hasensprung.

Hattenheim
Su viñedo más conocido, Steinberg (31 ha), está rodeado de muros de época cisterciense. Kloster Eberbach tiene un solo propietario, el *land* de Hesse (*Staatsweingut*). El vino, estructurado y concentrado, está dotado de un carácter fuerte. Schloss Schönborn, Schloss Reinhartshausen y Langwerth von Simmern son algunos de los productores de Hattenheim.

Erbach
Pocos enófilos negarían al Erbacher Marcobrunn su lugar en el pelotón de cabeza de los buenos viñedos, muy numerosos en la región. Los vinos se destacan en las añadas medias o en los años de sequía extrema; en los grandes años deben competir con toda la región.

Entre las fincas más extensas de Erbacher Marcobrunn están las mejores de la *Einzellage*: Schloss Schönborn, Von Simmern, el *land* de Hesse (*Staatsweingut*) y Schloss Reinhartshausen.

Rauenthal y Kiedrich
Cerca de las colinas que dominan Rheingau, los pueblos de Rauenthal y Kiedrich producen grandes vinos en las buenas añadas. Cabe citar la propiedad Robert Weil, que pertenece en un 99 % a la sociedad Suntory Ltd. de Osaka (Japón).

Eltville y Walluf
El *land* de Hesse posee fincas vitícolas en Rheingau y en Bergstrasse de Hesse, cuya sede se encuentra en Eltville. Río abajo, la finca J. B. Becker de Walluf produce un spätburgunder estructurado de calidad excepcional, así como riesling con estilo y una buena concentración.

Hochheim
La situación oriental de Hochheim, más cerca del Main que del Rin, le ha dado cierta independencia. En efecto, no siempre ha formado parte de Rheingau. Aparte de una larga tradición de vinificación, presume de haber vendimiado *Spätlesen* por lo menos 160 años antes que Schloss Johannisberg, y de haber plantado riesling como variedad única mientras en otros lugares se mezclaba con otras.

Algunos buenos productores a destacar son: Schloss Schönborn, Balthasar Ress, Aschrott, Domdechant Werner, Weingut Königin Victoria Berg y el *land* de Hesse.

SCHLOSS JOHANNISBERG

El castillo, situado sobre una meseta y rodeado de 35 ha de riesling, es visible desde lejos. Tiene una hermosa bodega y una colección de vinos de las grandes cosechas que se remonta a 1842 e incluso más. Los vinos del Schloss son firmes, estructurados y llevan una etiqueta encantadora del estilo del siglo XIX. Las distintas categorías de QmP se reconocen por las cápsulas de colores diversos, perpetuando así una tradición iniciada a mediados del siglo pasado con los sellos de cera. Al igual que las demás fincas, Schloss Johannisberg tiene su propia *Gutsschänke*, o taberna, práctica que se ha ido extendiendo en la región desde la década de los 70.

NAHE

Hace mil años, los viñedos del Nahe superaban ampliamente sus límites actuales y continuaban hasta Simmern, al norte, en el país montañoso de Hunsrück, poco propicio para la vid. Cuando las vides eran destruidas por una guerra, a menudo sólo se volvían a plantar los mejores emplazamientos. La mayoría de las 4 635 ha actualmente cultivadas está cerca del Nahe y de sus afluentes. El agua y los valles explican la configuración de las viñas del Nahe en las mejores laderas.

Suelos, zonas vitícolas y climas

Los viñedos se dividen en dos *Bereiche*, Schlossböckelheim y Kreuznach (véase mapa p. 357) pero, de hecho, se distinguen tres emplazamientos diferenciados por la naturaleza del suelo. De Bingerbrück, en la confluencia del Nahe con el Rin, hasta Langenlonsheim, se encuentra esquisto y cuarzo; en los alrededores de Bad Kreuznach, esquisto rojo descompuesto, loes y aluviones; de Bad Kreuznach hasta Monzingen, pórfido y arenisca coloreada. Esta división corresponde más o menos al Nahe bajo, medio y alto.

El clima es seco, con una pluviometría de sólo 500 mm anuales. Como en todas las regiones vitícolas del norte de Alemania, la influencia del microclima es más importante que la del clima en general.

Variedades y estilos de vino

El Nahe produce principalmente vinos blancos y, aunque la parte plantada con variedades tintas esté en aumento (5 %), la cosecha de uvas tintas produce sobre todo rosado o *Weissherbst*. La müller-thurgau y la riesling cubren, cada una, una cuarta parte de la superficie total y la sylvaner, antaño variedad importante de la región, renace lentamente. Las fincas que, como Klören en Laubenheim, habían plantado bacchus en un momento de locura, cultivan actualmente weissburgunder, cada vez

Schloss Wallhausen (Bad Kreuznach).

más popular en estos suelos pesados, inadecuados para la riesling. La weissburgunder también sustituye la müller-thurgau en algunas parcelas de la destacable finca Dönnhof de Oberhausen. Algunas fincas, como Crusius, en Traisen, y Steitz, en el valle del Alsenz, todavía cultivan varias cepas en una misma parcela, a título de curiosidad pero también para perpetuar una tradición ancestral. Steitz va más lejos y no injerta las vides de estas parcelas. Dominan la sylvaner y la riesling, pero también se encuentra gewürztraminer, gutedel, elbling y las variedades tintas sankt laurent y portugieser. Esta mezcla de cepas, cuyas uvas maduran en períodos muy diferentes pero que se vendimian a la vez, confiere un interés adicional a los vinos del Nahe.

Más vigorosos que los del Mosela, los vinos del Nahe reflejan un clima más caluroso y seco así como la diversidad de suelos. La riesling aporta su delicadeza, apoyada por una acidez punzante que permite al vino envejecer bien. El Nahe ha contribuido a la promoción de los vinos secos, que representan actualmente el 22 % de la producción nacional de vinos de calidad.

PUEBLOS Y PRODUCTORES

La región del Nahe se divide en dos *Bereiche,* Schlossböckelheim y Kreuznach.

Schlossböckelheim
Este *Bereich* cubre la mitad sur del Nahe y debe su nombre al pueblo vinícola principal de la región. Los otros pueblos principales son Niederhausen y Traisen.

Kupfergrube y Felsenberg son las mejores viñas de Schlossböckelheim. Kupfergrube pertenece en su mayoría a la finca del Estado. Weingut Hans & Peter Crusius, Weingut Dönnhof y Paul Anheuser también poseen tierras en Schlossböckelheim.

La *Einzellage* más pequeña del Nahe, Oberhäuser Brücke (1,1 ha), cerca de Niederhausen, pertenece a la finca Dönnhof. En Niederhausen se encuentran las bodegas de la finca del *land* de Renania-Palatinado.

El viñedo más renombrado de Traisen es Bastei (2 ha de riesling).

Kreuznach
Este *Bereich* recibe su nombre del balneario termal de Bad Kreuznach. La ciudad, rodeada de viñedos, pertenece a la *Grosslage* Kronenberg. Algunas *Einzellagen* –Kahlenberg y Steinberg, por ejemplo– son reconocidas por la calidad de sus vinos. August E. Anheuser, Staatsweingut Bad Kreuznach y Weingut Reichsgraf von Plettenberg se cuentan entre las principales fincas.

Al noroeste de Bad Kreuznach, en el valle de Gräfenbach, la importante finca de Schloss Wallhausen, Prinz zu Salm-Dalberg'sches Weingut, pertenece al príncipe de Salm-Salm.

Los pueblos principales son Rüdesheim, Winzenheim, Bretzenheim y Langenlonsheim.

Hesse renana

La región de Hesse renana (*Rheinhessen*) representa una cuarta parte de la superficie vitícola alemana.

Las mejores parcelas, conocidas con el nombre de *Rheinterrase* (terraza del Rin), se extienden al este de la región –de Mettenheim, al norte de Worms, pasando por Nierstein hasta Bodenheim, al sur de Maguncia– y ocupan 2 500 ha, es decir el 10 % de la región.

Las ciudades de Ingelheim y de Bingen, en las laderas de las colinas que están frente a Rheingau, demuestran que en la Hesse renana se pueden hacer vinos de gran calidad aunque no sea en una *Rheinterrase*.

El atractivo engañoso de los grandes mercados

La extensión media de una finca de la Hesse renana (3,2 ha) apenas supera la media francesa o española, pero representa el doble de una finca media alemana. Esta situación estimuló a los viticultores a producir la mayor cantidad de uva posible y a vinificar ellos mismos, antes que vender sus vinos a granel y a bajo precio a los mayoristas.

A juzgar por el volumen de ventas, este método tuvo un gran éxito comercial, pero correspondía a una demanda de vinos corrientes que obligó a bajar precios. El resultado ha sido cierto fracaso económico y una mala imagen para la región.

Variedades y estilos de vino

Desde 1950 hasta el principio de la década de los 80, tanto el público como los productores de las regiones del norte creían que la calidad de los vinos alemanes estaba en relación directa con la tasa de azúcar residual.

El vino *Spätlese*, muy solicitado, tenía que ser más dulce que el *Kabinett* o que el QbA. Las variedades tradicionales, riesling y sylvaner, no producían *Spätlesen* en cantidad suficiente para el mercado: se introdujeron otras cepas, la kerner y la bacchus. La calidad de estos vinos, que se elaboraban

Vendimia mecánica en Rothenberg.

en cantidad excesiva, era mediocre, pero el nivel de azúcar se atenía a la reglamentación alemana.

Los vinos baratos y dulces, principalmente blancos, han dado a conocer la región, pero la calidad deslumbrante de los vinos de algunas fincas, sobre todo en la *Rheinterrase*, aún es ampliamente desconocida. La müller-thurgau ocupa un 23 % de las 25 461 ha cultivadas, la sylvaner un 14 %, la kerner y la scheurebe un 8 % respectivamente, la bacchus y la riesling un 7 % cada una, la faberrebe (weissburgunder x müller-thurgau) un 6 % y la portugieser un 5 %. Predominan los vinos blancos. Las superficies cultivadas sólo han aumentado en un 8 % en la década de los 80, pero la parte de riesling ha crecido en un 50 %. Algunos especialistas afirman que se ha plantado en emplazamientos que no le convienen, aunque está claro que esta evolución en la elección de las cepas demuestra una voluntad de mejorar la calidad. Sin embargo, la kerner (2 173 ha), utilizada para el liebfraumilch (véase p. 350), ha tenido un incremento mayor (78 %).

El país natal del liebfraumilch

En 1992, Alemania exportó unos 336 millones de botellas, el 45 % de las cuales eran liebfraumilch, un vino de mezcla, en el que riesling, sylvaner, müller-thurgau o kerner deben entrar en una proporción de al menos el 70 %. Las uvas proceden obligatoriamente de la Hesse renana, el Palatinado, Nahe o Rheingau.

Antiguamente, la única fuente de liebfraumilch eran los viñedos que rodeaban la Liebfrauenkirche («iglesia de la Virgen») de Worms. La casa Valckenberg posee el 89 % de la viña originaria, la Wormser Liebfrauenstift-Kirchestück, y pretende recuperar su reputación mediante una plantación de riesling y weissburgunder.

Poco consumido en Alemania, el liebfraumilch suele venderse bastante barato en el extranjero.

El futuro de la Hesse renana

Gunderloch, la finca más importante de Nackenheim, considera que sus mejores viñedos son dignos de un *grand cru* y trata ardientemente de introducir en la región una clasificación de los viñedos. Bastantes propietarios de la *Rheinterrase* se han unido a esta reivindicación. No obstante, durante más de un siglo y medio los vinos alemanes se han distinguido en función de las fechas y los métodos de vendimia, de las variedades y de la multitud de lugares de procedencia, por lo que la clasificación coherente de los pagos es una asignatura pendiente.

A partir de la cosecha de 1992, las bodegas cooperativas lanzaron junto con otros productores una nueva estrategia comercial, que consiste en vender los vinos con la mención *Selection Rheinhessen* (selección de la Hesse renana). Esta designación se aplica a vinos embotellados en la propiedad y que llevan una única cápsula; tienen un 12,2 % vol como mínimo sin chaptalización y las uvas, procedentes de variedades clásicas, se vendimian a mano; los rendimientos son inferiores a 55 hl/ha. Además, estos vinos secos se presentan a una comisión de cata que controla su calidad.

PUEBLOS Y PRODUCTORES

La Hesse renana está limitada al norte y al este por un meandro del Rin, al sur por la ciudad de Vorms y los viñedos del Palatinado, y al oeste por las afueras de Bad Kreuznach, en la región del Nahe. La mayoría de sus vinos son blancos.

BINGEN Y LA PARTE OCCIDENTAL

Bingen se encuentra en el extremo noroeste de la Hesse renana, en la orilla sur del Rin, frente a Rüdesheim, en Rheingau, y los viñedos del Nahe. Da su nombre al *Bereich* que cubre toda la mitad oeste de la Hesse renana.

Desde la colina que domina la ciudad, las 35 ha de viñas de la *Einzellage* Scharlachberg se abren camino hacia el sur por el paisaje ondulado del *Bereich*. Estos viñedos, plantados en su mayoría en las laderas, son de los pocos que se conocen fuera de sus fronteras. Weingut Villa Sachsen, la propiedad más importante, pertenece a una sociedad japonesa, Tokio Izumi, y produce sobre todo riesling. Los vinos de Binger Scharlachberg y de otros emplazamientos están bien hechos. Envejecen en barrica, son nerviosos y tienen a menudo aguja.

Gau-Bickelheim

Más al sur, a pocos kilómetros de la autopista E 31, que atraviesa diagonalmente la Hesse renana, se encuentra el pueblo de Gau-Bickelheim. Alberga la cooperativa central Rheinhessen Winzer. Esta cooperativa vende el 95 % de su producción en Alemania. Por medio de su filial, Winzerkeller Ingelheim, la cooperativa ha previsto una estrategia para desarrollar una gama de vinos de calidad de precio medio, para comercializarlos por el circuito de los detallistas.

Ingelheim

Se dice que desde las colinas que caen sobre Ingelheim, Carlomagno vio cómo se fundía la nieve en las laderas de Rheingau, al otro lado del Rin. Así decidió la plantación de su futura viña. Pero, aunque la leyenda pueda estar justificada, pues es el historiador Bassermann-Jordan quien lo afirma, la principal gloria de Ingelheim son sus vinos tintos hechos de spätburgunder. Los vinos de Ingelheim reflejan bien el carácter de la pinot, a pesar de que son muy ligeros: elegantes, pero sin gran concentración. El vino elaborado por Weingut J. Neus es hoy por hoy el más conocido.

RHEINTERRASE (la terraza del Rin)

Hubo un tiempo en que la influencia de los clérigos de Maguncia se extendía, como sus viñas, a las dos orillas del Rin. En Bodenheim, a algunos kilómetros al sur de Maguncia, las vides eran abundantes y estaban bien arraigadas en las pendientes de la *Rheinterrase*, ese largo acantilado que domina el Rin.

Más al norte, da la impresión de que el viñedo esté mal orientado, ya al este, ya al norte; sin embargo, esto no impide que Weingut Kühling-Gillot produzca, en las buenas añadas, un tinto de pinot noir con un 13 % vol de alcohol natural y que conserva unos pocos gramos de azúcar residual, al igual que el blanco de pinot gris. Una demostración de lo que se puede llegar a obtener con una selección minuciosa.

Nackenheim

En Nackenheim, la terraza se acerca aún más al Rin. Su viñedo más famoso, Nackenheim Rothenberg, está plantado en una pendiente del 30 %, sobre un suelo esquistoso del color ocre de la terracota. Weingut Gunderloch es dueño de algunas parcelas, plantadas en un 80 % de riesling. Como otras buenas fincas, Gunderloch se ha fijado una graduación mínima superior a la definida por la ley para todas las categorías de vino. Sus riesling *Spätlesen* tienen un mínimo de 12,2 % vol de alcohol potencial y sus *Auslesen* el 13,8 %, cuando los mínimos exigidos son, respectivamente, 11,4 % vol y 12,5 % vol. En Gunderloch, los vendimiadores trabajan en selecciones sucesivas y pasan hasta cinco veces por entre las vides para cosechar la uva en su mejor momento; es decir, cuando se considera suficiente su acidez.

Nierstein

Es el viñedo que se encuentra al salir de Nackenheimer Rothenberg. Aquí, como en otros pueblos de la *Rheinterrase*, la concentración parcelaria (véase p. 348) está concluida desde hace cierto tiempo. Costó 80 000 DM por hectárea, pero ha permitido una reducción de los costes del cultivo de la vid. Además, algunos viticultores creen que, sin esta modernización, la viticultura habría terminado por desaparecer de la terraza del Rin por falta de rentabilidad. La época en que las fuertes lluvias arrastraban la buena tierra roja y la llevaban Rin abajo hasta Maguncia forma parte del pasado.

Los mejores pagos de Nierstein son Glöck, Pettenthal, Ölberg y Brudersberg. Nierstein cuenta con 150 viticultores. Los más conocidos son Weingut Heyl zu Hermsheim y Weingut Bürgermeister Anton Balbach Erben.

La *Grosslage* Niersteiner Gutes Dorntal abarca una quincena de pueblos y sólo el 2 % de las vides crece en el propio Nierstein. Suele ser poco probable que los vinos etiquetados Nierstein procedan realmente del pueblo epónimo, práctica ilógica, pero legal, que se debería abandonar.

Oppenheim

Las malas relaciones que mantiene el municipio de Oppenheim con la *Grosslage* Oppenheimer Krötenbrunnen plantean el mismo problema que a los viticultores de Nierstein.

Oppenheim es la población más grande de la *Rheinterrase* y tiene un gran número de fincas, entre ellas Staatsweingut mit Domäne Oppenheim (finca del Estado) y Weingut Louis Guntrum. Su museo del vino es el más interesante de Alemania. Sackträger es la mejor *Einzellage* de Oppenheim.

El Palatinado

El Palatinado (*Pfalz* en alemán, antiguamente *Rheinpfalz*) es una estrecha región de 23 045 ha que se extiende al oeste del Rin, a lo largo de unos 80 km, en un eje norte-sur. La mayoría de los viñedos está plantada en la llanura situada entre el Rin y los bosques altos de Pfälzer Wald, o en las suaves pendientes que descienden hacia el este, justo por debajo de los bosques que los protegen de los vientos del oeste. El clima, suave y seco, da veranos y otoños calurosos.

La frontera franco-alemana de Wissembourg marca el límite sur del Palatinado, pero en realidad esta región prolonga naturalmente el viñedo alsaciano. La topografía es la misma: el Rin al este, las colinas boscosas al oeste, y los pueblos que se suceden sobre las laderas.

El Palatinado ha producido durante mucho tiempo vinos ordinarios. Sólo había unas pocas fincas de buen nivel, concentradas en un puñado de pueblos en el centro de la región, el Mittelhaardt. Una nueva generación de propietarios ha aumentado la gama de los buenos vinos, lo que permite al Palatinado figurar actualmente entre los mejores viñedos de Alemania.

Variedades y estilos de vino

El Palatinado atraviesa un período de transición. La moda del vino blanco rústico semiseco o dulce deja paso a la de un vino blanco más seco y fresco. Por otra parte, gana importancia el vino tinto. La müller-thurgau está todavía en cabeza con el 22 % de la superficie plantada, seguida de la riesling, con el 20 %, y las kerner, portugieser, sylvaner y scheurebe. La sylvaner se está recuperando gracias a la crianza en barrica. Las otras variedades que conviene recordar por la calidad que permiten obtener son la pinot noir y la dornfelder para el tinto, así como las huxelrebe, la bacchus, la rülander y la ortega para el blanco.

Las bodegas del estado de Neustadt-Mussbach y la pequeña finca familiar de Knisper, en Laumersheim, hacen experimentos con la gänsefüsser (literalmente «patas de oca» por la forma de su hojas). Muy plantada antiguamente, daba un vino que era muy apreciado. Sin embargo se abandonó por culpa de sus rendimientos demasiado irregulares. La gewürztraminer, también apreciada desde siempre, se mantiene en algunas fincas buenas a pesar de su bajo rendimiento y del interés moderado que se presta a los vinos muy aromáticos.

Puede dar *Auslesen* secos con un 15 % vol o más de alcohol, muy solicitados en el sur de la región, pero nunca es tan buena como cuando conserva algunos gramos de azúcar residual. En el Palatinado meridional el pinot blanc se elabora en diversas formas, desde el vino de base para los espumosos *(Sekt)* hasta los ricos *Auslesen* con más del 16 % vol de alcohol.

El 25 % de los blancos producidos en la región son secos. Entre 1982 y 1992, aumentó la proporción de vinos oficialmente secos –los que llevan la mención *trocken* en la etiqueta– y, actualmente, los vinos suelen ser más secos que en la década de los 70.

El grado de alcohol de un vino *Kabinett* puede variar entre el 9,5 % vol (el mínimo legal) y el 12 % vol, según las cepas, y no existe una definición exacta de sus características: a menudo se trata de un *Spätlese* rebajado de categoría que, en este caso, puede ser muy bueno, aunque sería mejor que la ley fijara un grado de alcohol máximo. En una buena añada, muchos *Spätlesen* son, en términos legales, *Auslesen* de calidad inferior. La demanda de *Auslesen* es limitada y las buenas fincas se imponen siempre mínimos de graduación más altos que los exigidos por la ley (generalmente algo menos de un grado). Hace treinta años, el estilo de los vinos blancos del Palatinado –ya que en esta época nadie hablaba todavía de los tintos– se reconocía por una ligera oxidación, una acidez relativamente baja para los riesling y un marcado sabor al terreno. Actualmente, el riesling de Mittelhaardt recuerda bastante, en términos de estructura, un riesling de Rheingau, con una vivacidad debida a un buen nivel de ácido tartárico.

Los vinos tintos y la madera

En el ámbito de los vinos tintos parece que la variedad dornfelder está a punto de sustituir la portugieser para los vinos de consumo corriente, simples y frutales. El Pfälzer Dornfelder no es nunca un gran vino, pero puede adquirir cierta complejidad si se cría en barricas de madera nueva. En la finca Münzberg, en Godramstein, al sur, se cree que este tipo de crianza lo hace parecerse al merlot. En otras fincas, se prefiere criar en roble viejo para que el vino no adquiera ningún tanino y conserve sus aromas frutales.

La polémica sobre la crianza en barrica continúa en el Palatinado. Por ejemplo, la finca Lingenfelder, en Grosskarlbach, trata su dornfelder de manera especial. Cuando la fermentación ha llegado al punto en que apenas queda el 3 % vol en potencia, se trasiega el vino y se mete en cubas de acero inoxidable. Luego pasa seis meses en grandes fudres de roble antes de ser levemente filtrado, sin clarificación, y embotellado. Es un vino lleno de fruta y equilibrado.

La tradición de las barricas talladas.

PUEBLOS Y PRODUCTORES

El Palatinado está dividido en dos *Bereiche*: al norte, el Mittelhaardt/Deutsche Weinstrasse, que linda con la Hesse renana, y al sur la Südliche Weinstrasse, en la frontera francesa. Los pueblos vitícolas se encuentran en la parte meridional del Mittelhaardt, entre Kallstadt y Neustadt. Se producen tintos y blancos.

UNTERHAARDT

El norte del Palatinado se conoce como Unterhaardt. Incluía el valle del Alsenz y diversos pueblos que actualmente pertenecen al Nahe. Su suelo pesado sólo permitía producir vinos ordinarios, pero durante los últimos veinte años su reputación ha mejorado considerablemente. Los viñedos actuales comienzan justo al norte de Kirchheimbolanden y la *Weinstrasse* («ruta del vino») parte de Bockenheim, el pueblo más importante del norte. Hay otros pueblos buenos, como Laumersheim y Grosskarlbach. En este último, Weingut K. & H. Lingenfelder se ha hecho famoso por sus vinos tintos y blancos, vinificados en un estilo clásico.

El viejo pueblo fortificado de Freinsheim es conocido por los vinos secos de la finca Kern, embotellados sobre las lías.

Grünstadt se encuentra junto al bosque y marca la frontera con el Mittelhaardt.

MITTELHAARDT

Es el corazón del Palatinado. Los pueblos vitícolas se suceden en las laderas situadas bajo el Pfälzer Wald (bosque palatino): Kallstadt, Ungstein, Bad Dürkheim, Wachenheim, Forst, Deidesheim y Ruppersberg. Aquí se encuentran las viñas de la mayoría de los viticultores miembros del VDP.

Kallstadt

El más septentrional de los siete pueblos más importantes se distingue por sus mejores pagos, Saumagen y Annaberg. Algunos buenos productores son: Weingut Koehler-Ruprecht, Weingut Eduard Schuster y la cooperativa Winzergenossenschaft Kallstadt.

Ungstein

Ricos, frutales y fogosos son los adjetivos que mejor describen los vinos de Ungstein. El tinto ocupa un buen lugar, pero son mejores los blancos de riesling. Weingut Pfeffingen goza de renombre.

Bad Dürkheim

Este pequeño pueblo balneario posee viñas excelentes. En septiembre de cada año organiza una gran fiesta del vino, famosa hasta el punto de que se considera la más importante del mundo. Weingut Fitz-Ritter es una de las mejores propiedades.

Wachenheim

Es un pueblo productor de vinos de calidad, conocido por sus pagos Gerümpel y Altenberg. Los vinos blancos son robustos y envejecen bien en botella, en la mejor tradición local. Algunas fincas también hacen vinos de estilo seco, con unas características más actualizadas. La finca más conocida, Bürklin-Wolf, tiene un centenar de hectáreas de vides, repartidas por varios pueblos del Mittelhaardt. Es la mayor de las tres fincas famosas del Palatinado. Los vinos se crían en cuba de acero inoxidable y en madera. A menudo se hacen servir de referencia para juzgar los demás vinos de la región.

Forst

Forst es famoso por sus riesling, cuya calidad varía según el productor y el pago de procedencia. En general, los riesling de Forst son vinos rectos, firmes y nerviosos, cuyo carácter gana con las nuevas técnicas de vinificación.

La superficie del viñedo más grande, Ungeheuer, ha aumentado mucho desde 1971. El más famoso, Jesuitengarten, está plantado totalmente de riesling, pero el mejor es sin duda su vecino, Kirchenstück. Se suele transportar basalto de las colinas situadas al oeste de Forst para cubrir la viña, ya que se asegura que cuanto más oscuro es el suelo, mejor retiene el calor.

Deidesheim

Deidesheim rivaliza con Forst, en pleno corazón del Mittelhaardt, gracias a sus mejores pagos: Hohenmorgen, Grainhübel y Herrgottsacker. Las dos grandes fincas que dominan la producción del pueblo son –con Bürklin-Wolf– de las más conocidas de Alemania. La finca Von Buhl, modernizada, está alquilada actualmente a un grupo japonés. Sus 54 ha (plantadas en un 90 % de riesling) se encuentran a caballo entre Forst, Deidesheim, Ruppertsberg y Friedelsheim. Se elaboran vinos frescos y nerviosos, vinificados para ser guardados.

La finca Bassermann-Jordan cuenta con 40 ha de vides (riesling exclusivamente), bien situadas en Forster Jesuitengarten y Deidesheimer Hohenmorgen. Al contrario que Von Buhl, Bassermann-Jordan cría sus vinos en fudres de 2 400 l.

Las dos fincas que pertenecen a Deinhard también elaboran vinos de calidad.

Ruppertsberg

El último pueblo del Mittelhaardt no tiene la misma fama que su vecino Deidesheim, a pesar de sus pagos de Hoheburg y Linsenbusch, que producen muy buenos vinos.

SÜDLICHE WEINSTRASSE

Aunque la mayor parte de los vinos del Mittelhaardt tienen un estilo que los acerca bastante a los vinos del norte de Alemania, los del *Bereich* Südliche Weinstrasse (llamado también Palatinado meridional) recuerdan más los de Alsacia o de Ortenau, en Baden.

El rendimiento de las vides sitúa las viñas de la región en un segundo puesto de productividad de Alemania, detrás del *Bereich* Obermosel. Antes de la década de los 70 no se producía a gran escala ningún vino digno de ese nombre.

La riesling cubre el 7 % de las viñas. Las uvas de la familia de las pinot crecen bien en estos climas. Muchos viticultores utilizan barricas de roble nuevo para sus vinos tintos.

En términos de volumen, los mayores productores son las dos cooperativas, Rhodt unter Rietburg y Deutsches Weintor. Entre las fincas particulares merece la pena recomendar: Weingut Becker de Schweigen, Weingut Siegrist de Leinsweiler y Weingut Rebholz de Siebeldingen.

BERGSTRASSE DE HESSE

Bergstrasse de Hesse es una pequeña zona vitícola de unas 400 ha, en el límite del Odenwald, separada de Worms por el cauce del Rin (de 200 m en este lugar). En primavera los paisajes son magníficos y, según aseguran los habitantes de la región, los almendros, los albaricoqueros, los cerezos y los melocotoneros se cubren de flores en el espacio de una sola noche. Las heladas son excepcionales, la pluviometría generosa; el suelo no es uniforme y se compone de arena, arcilla, caliza o loes.

El viñedo se divide en dos *Bereiche*. El mayor, el *Bereich* Starkenburg, es, de hecho, una extensión geográfica de Bergstrasse de Baden al norte de Heidelberg (véase mapa p. 357). El *Bereich* Umstadt es un pequeño viñedo aislado, situado al sur de la línea que une Darmstadt con Aschaffenburg, en Franconia, al noreste de la región de Bergstrasse de Hesse.

Produce mayoritariamente vino blanco. Más de la mitad de la superficie es riesling y el tamaño de los viñedos se ha doblado desde mediados de la década de los 60. La müller-thurgau cubre un 17 % de las viñas, la sylvaner un 8 % y la kerner un 4 %. Aunque hablando estrictamente no se ha reestructurado la viña, las vides viejas no son más numerosas aquí que en Rheingau, la otra región vitícola del *land* de Hesse.

Los riesling de Bergstrasse de Hesse pueden rivalizar fácilmente con los de Rheingau. Sin embargo el volumen de producción es bastante limitado y los vinos son difíciles de encontrar fuera de su región de origen y no digamos en el extranjero.

Los vinos elaborados en las laderas siempre son mejores que los del llano o de las mesetas, dado que los terrenos en pendiente son menos fértiles, están mejor drenados y son más soleados. Cerca de una cuarta parte de los viñedos está plantada en pendientes tan abruptas o en lugares tan inaccesibles que es prácticamente imposible trabajarlos de otro modo que a mano. Todo se hace aquí a pequeña escala –más de la mitad de los viticultores posee menos de 2,5 ha– y los costes de producción son tan altos que no siempre es rentable para un viticultor hacer su propia vinificación. Por este motivo, la cooperativa principal de Heppenheim recibe la uva del 70 % de las superficies cultivadas. En cuanto a los viticultores del *Bereich* de Umstadt, con sus 29 ha de viñas, entregan su cosecha a su propia cooperativa de Odenwald.

Durante una conferencia, en 1992, se calculó que el coste neto de producción de una botella de riesling *Spätlese,* procedente de una viña en fuerte pendiente y con un rendimiento de 75 hl/ha, era de 7,10 DM. Si se considera que el precio de venta medio es de 9 DM para el conjunto de los vinos, hay que reconocer que las bodegas del estado de Bensheim y de Bergstrasse de Hesse tienen una política de ventas razonable. □

Viñas por encima de Unterhambach.

PUEBLOS Y PRODUCTORES

Heppenheim
En el extremo sur, el encantador y viejo pueblo de Heppenheim es uno de los centros de Bergstrasse de Hesse. Acoge la principal bodega cooperativa de la región, la Bergsträsser Gebiets-Winzergenossenschaft, que agrupa a 570 viticultores.

Estimula a sus miembros a entregar uva de calidad comprándola según una tarifa ponderada. En consecuencia, el rendimiento medio de la vid es de 84 hl/ha, lo que es relativamente bajo para una cooperativa. La fermentación se hace gracias a levaduras autóctonas (las que se encuentran naturalmente sobre la uva), lo que supone que no queda en las bayas ningún producto de tratamiento.

Bensheim
Bensheim es otro viejo pueblo pintoresco, centro de una tierra vitícola de gran renombre. Weingut der Stadt Bensheim cuenta con cerca de 12 ha, plantadas de variedades tradicionales de la región así como de rotberger, un cruce de trollinger y riesling creado por el Instituto de investigaciones de Geisenheim (Rheingau). Los vinos tienen un alto nivel de acidez, lo que permite producir rosado y *Sekt*.

La cooperativa produce buenos QbA y toda una gama de QmP, incluido un *Eiswein*. El seguro que cubre la producción de *Eiswein* –puesto que se corre un gran riesgo dejando la uva en el pie hasta tan tarde– está suscrito por la cooperativa, y no por los viticultores asociados.

Con 37 ha de viñas, el Staatsweingut (viñedo del Estado) de Bensheim es el mayor productor-embotellador de la región. Está especializado en *Eiswein,* que se elabora principalmente en la *Einzellage* Heppenheimer Centgericht. Produce seis vinos diferentes de riesling en *Eiswein*. Al tratarse de una filial de las bodegas del estado de Hesse, en Eltville, sigue la técnica de Rheingau, que consiste en cubrir la uva –cuando todavía está en la vid– con hojas de aluminio hasta el momento de la vendimia.

FRANCONIA

Hace cerca de doscientos años, el gobernador de la ciudad de Volkach explicó a sus superiores que las vides habían sido plantadas en unos emplazamientos que impedirían que la uva madurase como es debido «aunque hubiera dos soles en el cielo». Después de esta solemne declaración, a lo largo de la historia la superficie de los viñedos de Franconia ha aumentado y disminuido alternativamente según la situación económica y política del momento. Durante los últimos 25 años, el viñedo ha crecido en un 169 % hasta alcanzar las 5 918 ha. Los mejores productos de Franconia son vinos con carácter, intensos y buenos para guardar, pero muy irregulares de una cosecha a otra. Se reconocen por su característica botella, baja y redonda, que lleva el nombre de *Bocksbeutel*.

Franconia se encuentra en el corazón de Alemania, al este del Rin, en una región de clima duro, cubierta de bosques densos. Los viñedos se concentran en los rincones más cálidos, a lo largo del Main y de sus afluentes. El volumen de las vendimias puede variar considerablemente según las añadas. Los últimos años han sido muy suaves y el rendimiento no se ha visto afectado por las heladas de invierno o de primavera. Sin embargo, nunca hay demasiados buenos vinos. En contrapartida, la oferta es generalmente superior a la demanda en lo que respecta al vino ordinario. Durante la década de los 90, los mejores viticultores han reducido sus rendimientos, podando más corto o recogiendo una parte de la uva a mediados de agosto.

Viñedos y variedades

Actualmente se replanta sobre todo sylvaner, cepas de la familia de las pinot y, en menor medida, riesling. Pero a veces híbridos como la müllerthurgau (47 % de las vides) o la baccus dan mejor resultado.

La scheurebe no es muy habitual, pero suele sorprender e incluso impresionar a catadores foráneos. Necesita un medio favorable para obtener una madurez suficiente y dar vinos que puedan alcanzar la categoría de QmP. Ocurre lo mismo con la rieslaner, un cruce autóctono de sylvaner y riesling.

El Bürgerspital plantó riesling en la famosa viña Würzburger Stein y comenzó a vinificarlo como variedad única a finales del siglo pasado. Cuando es bueno, el riesling de Stein es un vino seductor, de gran finura, con aromas delicados y largo en boca. Para responder a la demanda de vinos secos —lo que exige evitar la *Botrytis cinerea*–, ha disminuido durante los últimos años la producción de *Auslesen* dulces. Riesling, sylvaner, rieslaner y las pinot noir, blanc y gris dan buenos resultados en Würzburger Stein. Actualmente se realizan experimentos con chardonnay; pero a largo plazo será preferible, sin duda, dedicarse a una gama de variedades más reducidas para apuntalar la reputación de los viñedos.

Estilos de vino

La mayoría de los buenos vinos de Franconia presenta un ligero sabor terroso, especialmente marcado en los de sylvaner, que tienen carácter, pero también frescura, y son verdaderamente muy agradables.

Conocida sobre todo por sus vinos blancos, la región también produce algunos tintos que tienen una demanda creciente. Por este motivo, los viticultores siguen plantando pinot noir, portugieser, schwarzriesling y domina (un híbrido de portugieser y pinot noir).

Fincas y pagos

Los mejores terrenos se concentran en las laderas sur y suroeste de las colinas, más expuestas al sur, pero también a las heladas de primavera. Las vertientes expuestas al este son más frescas y están menos sometidas a las heladas, pero las uvas maduran peor que en las parcelas famosas de orillas del Main.

El yeso y el keuper son elementos importantes del suelo en los límites del Steigerwald. El suelo de Wurzburgo se caracteriza por la presencia de caliza, a la que se atribuye la capacidad de dar finura al vino. □

La belleza barroca de las bodegas del palacio de Wurzburgo.

PUEBLOS Y PRODUCTORES

Los viñedos de Franconia están delimitados por los meandros del Main, que trazan grandes bucles de este a oeste. Incluyen tres *Bereiche*: el Steigerwald al este, el Maindreieck alrededor de Wurzburgo, en el centro, y el Mainviereck, río abajo hacia el oeste. Los vinos blancos representan el 95 % de la producción. La región es famosa por el célebre Stein Wein (uno de los pagos de Franconia); sus mejores *cuvées*, a base de sylvaner, son vinos secos y firmes.

STEIGERWALD
El bosque de Steigerwald forma la frontera suroeste de Franconia. Los pueblos vitícolas más conocidos del *Bereich* se encuentran al sur de la autopista E43.

Castell
La finca más extensa del *Bereich* es Fürst Castell-Castell, en el encantador pueblo del mismo nombre. Todo el viñedo está en pendiente, pero no es demasiado escarpada. Curiosamente, esta finca es la única propietaria de 8 *Einzellagen*.

Iphofen
No es raro que los mejores vinos del *Bereich* procedan de Iphofen. Sus viñedos han sido reestructurados y ocupan amplias pendientes. En la *Einzellage* Julius-Echter-Berg, los buenos viticultores hacen *Kabinett* y *Spätlesen* con casi un grado más que el mínimo legal. Las dos fincas de Iphofen se llaman Johann Ruck y Wirsching.

MAINDREIECK
Este *Bereich* tiene por centro Wurzburgo, el corazón vitícola y cultural de Franconia.

Volkach
Volkach es una ciudad agradable que acoge cada año, en septiembre, a unas 8 000 personas a la sombra de los castaños y los tilos para participar de la gran fiesta del vino. En la finca de los Von Schönborn, Schloss Halburg, cerca de Volkach, las uvas de rieslaner pasan por una fermentación maloláctica para perder su acidez málica de fruta verde. Esta finca también cría bachhus, demostrando que esta variedad también puede dar buenos vinos.

Justo al sur de Volkach se forma una isla bastante grande entre el meandro del Rin y un canal. Las hermosas pendientes de esta viña escarpada, conocida por el nombre de Escherndorfer Lump, forman una de las pocas *Einzellagen* conocidas fuera de Franconia.

No lejos de allí, en Nordheim, se encuentra una de las mejores pequeñas bodegas cooperativas. Recibe la uva de 265 ha, que pueden proceder de lugares tan alejados como Steigerwald. Sus vinos (müller-thurgau, riesling y un elegante traminer, sorprendente por su acidez equilibrada) se crían en barricas de madera, en bodegas del siglo XVII actualmente climatizadas.

Esta bodega tiene una reputación que no para de aumentar. Lo mismo se puede decir de las tres pequeñas cooperativas de Thüngersheim, Sommerach y Randersacker.

Kitzingen
Kitzingen se encuentra Main abajo de Volkach. Su cooperativa regional, Gebiets-Winzergenossenschaft, trata una cuarta parte de la producción de Franconia. Aquí todo se hace a gran escala, pero los 1 500 vinos diferentes se conservan por separado. Efectivamente, las veinte variedades se vinifican aparte según el pueblo de origen, el nivel y la clasificación oficial, con el fin de reducir el número de *cuvées* a 600, que incluyen pequeños lotes de calidad superior.

Randersacker
Pocos kilómetros río arriba de Wurzburgo, Randersacker tiene una buena cooperativa, cierto número de tabernas con vinos rústicos y algunas buenas fincas, de entre las cuales Weingut Robert Schmitt hace una bonita gama de QmP. Se afirma a menudo que Randersackerer Pfülben es uno de los mejores terrenos de Franconia gracias a su suelo calizo y su microclima adaptado a la riesling, la sylvaner y la rieslaner.

Wurzburgo
Las tres fincas más famosas de Franconia pertenecen al Bürgerspital, al Juliusspital y al Staatlicher Hofkeller de Wurzburgo. Las bodegas de Hofkeller están situadas bajo el palacio construido por los obispos de la familia Von Schönborn. Quedaron muy dañadas en 1945, pero han sido reconstruidas y acogen nuevamente vino. La finca cubre 120 ha repartidas en 14 municipios, algunos de los cuales se encuentran en el límite de Franconia. Aparte de las de Randersacker, las parcelas más famosas, Stein entre ellas, están en Wurzburgo.

Entre las tres grandes fincas de Wurzburgo, actualmente suele considerarse el Juliusspital, el *primus inter pares*. Sus 163 ha de vides, plantadas progresivamente desde 1576, cuentan con parcelas importantes en los mejores emplazamientos y 8 ha en Bürgstadt, al oeste de Wurzburgo.

MAINVIERECK
Este *Bereich* cubre la parte oeste de la región, río abajo.

Bürgstadt
Tanto Bürgstadt como los pueblos y ciudades que lo rodean a este lado del Main son conocidos sobre todo por sus tintos. La finca Rudolf Fürst se encuentra en esta parte del Mainviereck, al igual que Weingut der Stadt Klingenberg.

Se trata de una región de pequeñas propiedades, la más extensa de las cuales, Fürst Löwenstein, está en Kreuzwertheim. Agrupa 7 400 ha de bosque y de cultivos, y 26 ha de vides. Entre estas últimas, 9 ha ascienden por las pendientes abruptas de Homburger Kallmuth, parcialmente dispuestas en terrazas.

SAALE-UNSTRUT Y SAJONIA

Con la reunificación de Alemania, dos zonas de producción de la antigua Alemania Oriental se han añadido a las 11 regiones vitícolas delimitadas por la legislación alemana federal. Aparte de algunas viñas pequeñas diseminadas, las principales regiones de producción vitícola son las denominaciones Saale-Unstrut (390 ha), al suroeste de Leipzig, y Sajonia, a lo largo del Elba, a cada lado de Dresde (véase mapa p. 347). La viticultura de estas regiones es una gran desconocida, carente de estadísticas, salvo en lo que respecta al clima.

Los viñedos de Sajonia y de Saale-Unstrut se sitúan al norte del valle del Ahr, a la misma latitud que el sureste de Inglaterra. Su clima es parecido al de Franconia, con una mayor amplitud en las variaciones de las temperaturas. En el invierno de 1987, por ejemplo, los termómetros llegaron a –34 °C y, a finales del mes de abril de 1991, todavía había 12 cm de nieve y una temperatura de –8 °C. El cultivo de la vid sólo es viable en algunos lugares que gozan de microclimas. Las precipitaciones son débiles y el ciclo vegetativo más corto que en el resto del país.

En Sajonia, el suelo se compone de roca volcánica y loes, mientras que es bastante calizo en Saale-Unstrut, lo que explica que, a igual grado de alcohol, estos vinos parezcan más redondos que los del Mosela, donde el suelo rebosa de esquisto. Los rendimientos apenas superan los 34 hl/ha porque las vides están poco cuidadas: no se reemplazan los pies muertos o los clones utilizados son sensibles a las heladas. Sin embargo, donde se han reconstruido las terrazas y rejuvenecido las vides, se alcanzan rendimientos de 50-60 hl/ha.

Variedades

Los vinos, secos en su mayoría, se parecen a los del Nahe. Su graduación alcohólica nunca es tan baja como en Mosella-Sarre-Ruwer.

La mayoría de los viñedos está plantada de müller-thurgau. El resto se reparte entre, por orden alfabético, las variedades siguientes: bacchus, gutedel, kerner, riesling, ruländer, sylvaner, traminer y weissburgunder, así como algunos cruces entre cepas de Europa oriental y *Vitis vinifera*. En Sajonia también hay plantaciones de goldriesling, cepa menos noble de lo que su nombre podría hacer pensar y que, en pequeñas cantidades, crece en Alsacia.

Productores y bodegueros

Los dos principales productores de Saale-Unstrut son Staatsweingut Naumburg (121 ha), fundada por los cistercienses y que pertenece actualmente al *land* de Sajonia-Anhalt, y la cooperativa de Freyburg, llamada Winzervereinigung Freyburg/Unstrut. Todos los vinos se comercializan con el nombre de la variedad, sin indicación del municipio.

En Sajonia, la cooperativa de Meissen, Winzergenossenschaft Meissen, recibe la uva recolectada en las 160 ha de los viticultores que trabajan a tiempo parcial. El *land* de Sajonia es dueño del Schloss Wackerbarth, en Radebeul, así como de las bodegas de *Sekt*, Staatsweingut Radebeul (con una extensión de 100 ha).

Recientemente han aparecido algunas fincas particulares como consecuencia de la reunificación, pero los problemas financieros con que se encuentran no son fáciles de resolver. Desde que se produjo la caída del régimen comunista, estas regiones tienen dificultades para encontrar el capital necesario para las inversiones imprescindibles que habría que realizar. ☐

Viñedos de la región vitícola de Sajonia, cerca de Dresde.

BADEN

Los viñedos de Baden son más un conjunto de pequeñas parcelas, separadas por el Rin o por bosques inmensos, que una auténtica región. Las viñas siguen la orilla oriental del río, al norte de Basilea, y terminan donde las colinas descienden hacia las zonas sometidas a las heladas de la llanura del Rin. Los huertos cubren los flancos orientados al norte y al noreste, desde la Selva Negra, mientras que la vid crece en los que se abren al sur. Las propiedades son, en general, demasiado grandes para ser abandonadas, pero demasiado pequeñas para ser rentables. Hay, pues, bastantes cooperativas, entre ellas la de Breisach, Badischer Winzerkeller, el mayor productor de Europa, con una superficie plantada de 15 346 ha.

Las variedades

A principios del siglo XIX, la región de Baden contaba con cerca de 200 variedades de uva. En la actualidad no quedan más que siete (seis de ellas blancas), que se reparten el 92 % de las vides: un tercio de müller-thurgau, un cuarto de spätburgunder, un tercio de ruländer, gutedel, riesling, weissburgunder y sylvaner.

El cultivo de chardonnay, cuyos plantones han sido importados de Francia o de Italia, está actualmente autorizado en algunas partes de Alemania donde se experimenta con nada menos que 26 clones. Pero, para estar a gusto en Alemania, la chardonnay exige condiciones similares a las de la riesling. De hecho, dos vinos de chardonnay de la región tienen por origen un error de entrega: uno, producido por Badischer Winzerkeller, procede de pies suministrados en la década de los 70 por Alsacia como si fuesen weissburgunder. El otro, un *Sekt* hecho en realidad de auxerrois (familia de las pinot), es elaborado por una cooperativa de Markgräflerland. Según la división regional de la Unión Europea, la región de Baden se encuentra en zona «B», mientras que el resto de Alemania se encuentra en zona «A» (véase p. 128). En virtud de esta clasificación, los reglamentos estipulan que la graduación, en una añada normal, no puede aumentarse en más de un 2,5 % vol mediante chaptalización, lo que es difícil de respetar en algunos distritos, como el del lago de Constanza. Cuando los rendimientos no son demasiado altos, el clima de Baden, relativamente suave, permite obtener vinos más redondos y ricos en alcohol que en las regiones más septentrionales de Alemania.

La crianza de los pinot blanc y noir en barricas de roble nuevo se extiende, pues los vinos ganan en redondez, pero aún es experimental en la mayoría de las bodegas. Algunos productores tienden a emplear la madera de los bosques locales, pero en general las barricas utilizadas proceden de robles del Allier, del Lemosín o de Nevers, a pesar de algunos intentos hechos con madera de los Vosgos o de Eslovenia.

Durbach, pueblo vitícola famoso.

Las buenas cooperativas

Las cooperativas de Baden tienen fama de hacer vinos de calidad; algo lógico ya que a menudo son el único productor del pueblo y reciben toda la cosecha, incluidas las mejores uvas de las mejores parcelas. Los aficionados conocen bien cooperativas como Sasbachwalden y Kapperlrodeck, que comercializan un spätburgunder, la variedad más corriente, a un precio razonable.

En conjunto, los rendimientos, sumados los de todas las cepas, la riesling y la müller-thurgau incluidas, son todavía muy altos. Únicamente las *cuvées* de prestigio proceden de parcelas cuyos rendimientos son bajos.

Al margen de los problemas de equilibrio financiero entre calidad y cantidad, la costumbre alemana que consiste en separar minuciosamente la uva en función de su madurez parece tener tres inconvenientes. Supone, de entrada, una descenso de la calidad al final de la vendimia; por otra parte, multiplica y complica el embotellado; y, finalmente, aumenta los costes de producción.

En realidad, este principio sólo se justifica realmente para los riesling del norte y no para los viñedos del sur.

La gastronomía

La región de Baden, con sus 3 688 ha de spätburgunder, cuenta con 34 restaurantes recompensados con una estrella por la guía Michelin, mientras que la Côte d'Or francesa, a modo de comparación, sólo tiene 8 para 5 802 ha de la misma cepa.

El interés de los alemanes por la alta gastronomía es un fenómeno reciente, pero los progresos realizados para elaborar vinos (sobre todo tintos) a la altura de sus platos son admirables. Este nuevo atractivo de la región merece ser destacado, pues, sin querer minimizar los esfuerzos de Rheingau, la estructura y la variedad de los vinos de Baden permite asociarlos a una amplia gama de platos. □

PUEBLOS Y PRODUCTORES

Los viñedos de Baden se extienden a lo largo del Rin, desde el lago de Constanza, al sur, hasta Franconia, al norte, entre el río y la Selva Negra. Están frente a los de Alsacia, pero gozan de un clima diferente, más continental, con más nubes y lluvias, un microclima que debe su originalidad precisamente a la cercanía de la Selva Negra. Los vinos de Baden, blancos en un 75 %, son vinos de gran rendimiento que, cuando están logrados, ocultan su ligereza, su acidez y su dilución tras notas florales seductoras. El dominio de las bodegas cooperativas —que representan cerca del 90 % de la producción de la región— no excluye una coexistencia con hermosas fincas cargadas de historia.

TAUBERFRANKEN

En el extremo noreste, el estrecho *Bereich* Tauberfranken (700 ha), anteriormente conocido como Badisches Frankenland, sigue el curso del río Tauber, justo antes de que desemboque en el Main. El clima continental representa grandes riesgos de heladas primaverales.

La mayoría de los vinos de Tauberfranken son blancos (dos tercios de müller-thurgau), vinificados por las cooperativas.

EL NORTE DEL RIN

El *Bereich* Badische Bergstrasse/Kraichgau abarca cerca de 2 000 ha frente al valle del Rin, al norte y al sur de Heidelberg. Los vinos de este *Bereich*, procedentes en un 40 % de müller-thurgau y en un 20 % de riesling, se consideran de los más ligeros de la región.

Desde Laudenbach, en el extremo norte de la región, se entrega la uva a la cooperativa de Heppenheim, en Bergstrasse de Hesse (véase páginas anteriores). Tres de las fincas de la región son miembros del VDP. Weingut Reichsgraf und Marquis zu Hoensbroech en Angelbachtal-Michelfeld produce casi exclusivamente vinos secos a base de pinot y riesling. Weingut Freiherr von Göler, Burg Ravensburg, en Sulzfeld (14,5 ha), mezcla un 60 % de riesling y un 20 % de lemberger, proporciones que no dejan de recordar las del vecino Württemberg.

En Oestringen-Tiefenbach, la finca Weingut Albert Heitlinger está plantada al 45 % de riesling y produce un vino original. Heitlinger elabora «productos» sorprendentes como su aguardiente de aguaturma.

ORTENAU

Al sur de la famosa ciudad termal de Baden-Baden, el *Bereich* Ortenau goza de una buena fama que no cesa de crecer. Los vinos procedentes de los pueblos circundantes alcanzan precios bastante altos y se comercializan en botellas francesas. Los viñedos, plantados en un 30 % con riesling, cubren 2 244 ha, mientras que la notable *Einzellage* Neuweierer (Mauerberg, cerca de Baden-Baden) se compone exclusivamente de riesling.

Affental

Affental, literalmente «valle de monos» agrupa algunos pueblos al sur de Baden-Baden. Sus vinos tintos son conocidos en Alemania, en parte gracias al mono grabado en el vidrio de las botellas.

Durbach

El pueblo de Durbach es afamado por sus riesling, sus restaurantes y sus magníficas viñas en las laderas de granito y de gneis, cuyas pendientes pueden ser vertiginosas, como en Plauelrain.

Aparte de su bodega cooperativa, Durbach posee cierto número de fincas privadas muy buenas. Weingut Freiherr von Neveu es conocido por su riesling, así como por su tinto a base de pinot noir. Otra finca importante, Gräflich Wolff-Metternich'sches Weingut, fue fundada en Durbach en 1180.

Ortenberg

La ciudad de Offenburg tiene su propia finca en el pueblo de Ortenberg, al sur de Durbach: el Weingut der Stadt Offenburg. Las 30 ha de vides están plantadas en pendientes de gran declive. Las cepas, variadas, incluyen cabernet sauvignon, cuyo vino envejece en barricas nuevas.

BREISGAU

El *Bereich* de Breisgau está situado al sur de Offenburg, donde las viñas lindan con campos de maíz. La mayoría de los vinos se parece a los de Kaiserstuhl, aunque son más ligeros y menos ácidos. Los produce la bodega cooperativa, Badischer Winzerkeller (véase recuadro).

KAISERSTUHL

La colina volcánica de Kaiserstuhl domina la amplia llanura

BADISCHER WINZERKELLER

La cooperativa Badischer Winzenkeller, la mayor de Europa, es la «locomotora» de la viticultura de Baden. Equipada con instalaciones inmensas en Breisach, cerca de la frontera francesa, produce la mitad de los vinos de Baden. Además ha desempeñado un papel precursor en varios campos, como el de la vinificación individual de centenares de lotes diferentes, a fin de salvaguardar la identidad de cada parcela. La bodega vinifica la uva de 5 000 ha de vides que representan una gama de vinos de todos los niveles y estilos, desde el más común hasta los vinos criados en barrica. Posee en Breisach la bodega de *Sekt*, llamada Gräflich von Kageneck'sche Sektkellerei.

del Rin. El *Bereich* Kaiserstuhl representa un tercio de los viñedos de Baden y produce sus vinos más famosos. La media de las temperaturas registradas en esta región es la más alta de toda Alemania, lo que explica que la acidez de los vinos sea más marcada que en las regiones más septentrionales.

Cierto número de fincas de gran calidad gozan de renombre. Cuatro de ellas, miembros del VDP –Weingut Bercher, Weingut Dr Heger, Weingut B. Salwey y Weingut Rudolf Stigler–, son casi tan conocidas por los aficionados alemanes como las mayores propiedades de Rheingau.

Los vinos del Kaiserstuhl son producto casi exclusivo de las cooperativas. Las de los pueblos de Achkarren, Bickensohl, Bischoffingen, Oberrotweil, Burkheim y Königschaffhausen tienen buena reputación.

Ihringen

En la vertiente sur de Kaiserstuhl se encuentra la famosa *Einzellage* Ihringer Winklerberg, cuya superficie pasó de 40 a 140 ha en 1971. El viñedo original data de 1813 (los romanos no pasaron por aquí). Tal como ocurre con frecuencia, la nueva delimitación agrupa terrenos con suelos y microclimas diferentes. Los mejores vinos de la viña originaria proceden de las fincas Heger y Stigler y de la cooperativa Ihringen Kaiserstühler.

Bischoffingen y Burkheim

Bischoffingen es otro pueblo famoso de Kaiserstuhl gracias a su gran cooperativa y al Weingut Karl Heinz Johner. Este último es un especialista de la cría en barrica de tintos y blancos.

TUNIBERG

Para el visitante, el terreno elevado del *Bereich* Tuniberg parece un pequeño Kaiserstuhl al que le falta el aroma que aporta un suelo volcánico. Compuesta de una capa espesa de loes, la tierra es demasiado fértil para el cultivo de la vid. Cerca de la mitad de los viñedos está plantada con spätburgunder y el 43 % de müller-thurgau. La poderosa cooperativa Badischer Winzerkeller vinifica casi la totalidad de las cosechas.

MARKGRÄFLERLAND

Entre Friburgo de Brisgovia y Suiza, el *Bereich* Markgräflerland se mantiene a una buena distancia de la autopista E4, que lo separa del Rin. En este agradable paisaje rural, las vides crecen en colinas suaves, cuya cima, Hochschwarzwald, culmina a 1 300 m de altitud.

La suavidad del paisaje se refleja en los vinos hechos de chasselas, la variedad más extendida. El origen del nombre alemán de la chasselas,

Viñedos rodeando el Schloss Staufenberg en Durbach.

LA ETIQUETA «BADEN SELECTION»

La asociación de los viticultores de Baden, consciente de que la multiplicación de etiquetas de vinos de gama alta produce cierta confusión entre los consumidores, ha decidido hacer más accesibles y también más fácilmente reconocibles los mejores vinos, creando para ellos una etiqueta de calidad. La han llamado *Baden Selection*. Los vinos deben proceder de variedades de la familia de las pinot (con un rendimiento máximo de 40 hl/ha), de riesling, de gutedel o de müller-thurgau (con un rendimiento máximo de 60 hl/ha). Puede parecer sorprendente que se haya incluido en esta lista la müller-thurgau y no la sylvaner, pero hay que saber que los vinos de müller-thurgau obtenidos con un rendimiento de 60 hl/ha no tienen nada que ver con los que se obtienen de 100 hl/ha o más. Los vinos etiquetados como *Baden Selection* deben proceder de vides de más de quince años. En la etiqueta figuran obligatoriamente la añada, la variedad y la región de origen, pero, curiosamente, está prohibido mencionar un pueblo o un nombre de pago. Todos los vinos están sometidos a una cata. Los responsables consideran que el 3 % de los vinos debería superar este examen. Se espera que esta nueva búsqueda de calidad seducirá cada vez a más viticultores, ya que el objetivo se eleva al 10 % de la producción, lo que equivale a 24 millones de botellas. Muchos vinos de cooperativa de una calidad cercana a la gama *Baden Selection* se han impuesto ya en la carta de vinos de grandes restaurantes.

gutedel, es difícil de explicar porque, aunque es buena *(gut)*, no es noble *(edel)*. Esta chasselas, que ocupa el 43 % de las vides del Markgräflerland, produce vinos blancos ligeros y agradables. Cuando se tiene la suerte de encontrar un gutedel más concentrado, es una agradable sorpresa.

Schlossgut Istein es una pequeña finca situada en Lörrach que elabora, entre otros, un buen spätburgunder. Las cooperativas de Auggen, Müllheim y Wolfenweiler son dignas de confianza: aparte del gutedel se dedican al müller-thurgau.

EL LAGO DE CONSTANZA

La región del lago de Constanza (*Bodensee* en alemán) agrupa tres *Bereiche*. Los dos menores pertenecen a los antiguos estados de Württemberg y de Baviera, mientras que el *Bereich* Bodensee (400 ha) forma parte de la región de Baden.

La pinot noir crece aquí desde el siglo XIX, pero el primer rastro de su plantación como variedad única data de 1705, en Meersburg. Se cultiva poco, para hacer un rosado ligerito muy apreciado localmente: el *Weissherbst*.

WÜRTTEMBERG

La mayor parte del Württemberg vitícola se extiende desde Stuttgart, al sur, hasta Heilbronn, al norte, sobre las dos orillas del Neckar. Los viñedos, que cubren 10 314 ha, están plantados en su mayoría en las laderas abruptas que dominan el río y sus afluentes, a veces en terrazas, así como en las pendientes orientadas al sur de las colinas boscosas. Hay seis *Bereiche* diferentes, pero en casi todos los casos el propietario es más importante que el origen geográfico de los vinos.

Las variedades

Los vinos del Württemberg se consumen esencialmente en la región. En los cafés y las tiendas se aprecian mucho estos vinos tintos ligeros que, en otros lugares, se calificarían de rosados.

Más de la mitad de los viñedos está plantada con cepas tintas y una cuarta parte con riesling. Esta última ocupa, con las tintas trollinger y lemberger, los mejores terrenos. Las parcelas de riesling están diseminadas por toda la región, ya que esta variedad ha alcanzado mucho renombre en algunos pueblos, como en Flein, al sur de Heilbronn. Detrás de la riesling viene la trollinger, que cubre el 22 % de las viñas, luego la schwarzriesling (müllerrebe o pinot meunier) con el 15 % y, finalmente, kerner, müller-thurgau y lemberger (o limberger, como se llama oficial aunque raramente) respectivamente con el 9 %, el 8 % y el 7 %. La samtrot, un híbrido de schwarzriesling, cubre 90 ha y también se encuentra un poco de frühburgunder, llamada aquí clevner.

Lo escarpado de las laderas genera costes de producción elevados que obligan a una elección entre dos modos de cultivo: producir grandes cantidades de vino común o pequeñas cantidades de vino caro. La mayoría de los viticultores ha optado por la primera solución: la trollinger alcanzó una media de 222 hl/ha en la cosecha excepcional de 1989. El resultado es un vino tinto claro que no es nada desagradabe para un consumo corriente, pero que no puede de ningún modo alcanzar la raza o la profundidad que caracterizan los buenos vinos tintos. Las cooperativas, que monopolizan el 88 % de la cosecha, no han encontrado nada mejor que calentar la vendimia de uvas tintas hasta 85 °C durante seis minutos para obtener una mejor extracción. A continuación, la cosecha se enfría, se prensa y se centrifuga para obtener un mosto que se refresca hasta 18° C, antes de añadir la levadura destinada a la fermentación. Por último se «redondea» el resultado final añadiendo zumo de uva *(Süssreserve)*, el objetivo es que el líquido sea bebible y comercializable en los cafés y supermercados locales.

A pesar de la belleza de sus viñedos y del encanto de sus paisajes, a pesar de sus cooperativas modernas, cuya técnica e higiene son irreprochables, Württemberg es actualmente la región más decepcionante de Alemania occidental en materia de producción vitícola. Eso no impide que a sus habitantes les encanten sus vinos tintos, ligeritos y sin taninos, ni que los defiendan sin rubor. En el horizonte parecen perfilarse algunos cambios gracias sobre todo a los esfuerzos de 14 bodegas, resueltas a apostar por la calidad, que han tomado como ejemplo a sus competidores de Baden y están dispuestas a luchar para aprovechar el potencial de la región.

La única variedad de Württemberg que podría dar un vino aceptable –con un buen color tinto y buenos taninos– es la lemberger (la blaufränkisch de Austria). Al igual que la dornfelder, puede tener cierta concentración e incluso soportar la crianza en roble nuevo (a menudo de origen suavo). Algunas cooperativas crían vinos en madera, pero las fincas privadas son las que tienen las mejores iniciativas.

PRODUCTORES Y BODEGUEROS

En Württemberg, la calidad del vino depende más de la voluntad del productor que del emplazamiento de las vides. Aunque algunos terrenos individuales son mejores que otros, los precios son más o menos idénticos. Eso demuestra que la sobreproducción borra todo esfuerzo cualitativo y toda tentativa de individualización.

Las bodegas cooperativas vinifican el 88 % de la uva. La mayor es la bodega central de Möglingen, al norte de Stuttgart. Posee una capacidad de almacenamiento de tres cosechas y las otras bodegas cooperativas le suministran el 15 % de su vendimia.

Aparte de los vinos de alto nivel de las cooperativas, algunas propiedades producen y embotellan vinos con carácter. Entre ellas se encuentran los nueve miembros de la reciente sección local del VDP (véase p. 350).

Weingut Graf Adelmann de Burg Schaubeck es una de las propiedades más conocidas. Es la que mejor demuestra hasta qué punto puede ser bueno el vino de Württemberg. El rendimiento medio es de 2 hl/ha, contra los 109 de la región, y el 99 % de su vino es seco.

Weingut Robert Bauer de Flein también hace buenos vinos totalmente fermentados que se crían en barrica. En Burg Hornberg, Freiherrlich von Gemmingen-Hornberg'sches Weingut, finca fundada en 1612, utiliza variedades tradicionales como la traminer.

Schlosskellerrei Graf von Neipperg, una finca familiar fundada en 1200 en Schloss Schwaigern, cerca de Heilbronn, posee 32 ha de vides para tinto y blanco. La mayor parte de sus vinos son secos.

SEKT

Lo que la reglamentación de la Unión Europea define como vino espumoso de calidad se conoce en Alemania y Austria con el nombre de *Sekt*. A principios de siglo, el emperador Guillermo II demostró la confianza que tenía en el *Sekt* alemán ya que lo gravó con un impuesto para financiar la construcción de su flota. Actualmente, del 75 al 80 % del *Sekt* alemán se elabora a partir de vinos importados, dado que el vino alemán es demasiado caro para esta utilización.

El consumo anual de vino espumoso en Alemania, 5 litros por persona, es uno de los más elevados del mundo. El término «vino espumoso de calidad» es la mención exigida por la Unión Europea. Las condiciones de elaboración son tan vagas que la mención no da ninguna información sobre la calidad real del contenido de la botella. Cerca del 98 % de los vinos alemanes están clasificados como *Sekt* y se venden muy baratos. Sólo el 1 % del *Sekt* se vende a un precio elevado.

Los principales productores

Casi 800 empresas producen *Sekt*. El mayor centro de embotellado del mundo, el de Peter Herres, en Tréveris, saca de su cadena 75 000 botellas por hora, mientras que el 86 % de los demás embotelladores producen poco más de 20 000 al año. La producción anual total es de 492 millones de botellas, de las que Henkell-Söhnlein, el grupo Reh y Seagrams producen dos tercios.

El estilo de *Sekt* preferido en Alemania es el que la reglamentación europea define como seco, es decir, el que contiene entre 17 y 35 g de azúcar por litro (en tanto que vino espumoso). Cuando uno se aventura en el terreno del *Sekt* de calidad, se prefiere generalmente la categoría de los brut (0 a 15 g de azúcar por litro). Estos últimos, por lo general de añada, suelen ser vinos monovarietales (preferentemente riesling, aunque la pinot blanc gane terreno) procedentes de un solo viñedo alemán. La etiqueta menciona a veces un nombre

Un bodeguero de *Sekt* en el Palatinado.

de origen más preciso que la región o la provincia.

Los métodos de fermentación

Hasta mediada la década de los 80 nadie se preocupaba demasiado en Alemania por saber dónde y cómo se realizaba la segunda fermentación. Se aplicaban tres métodos: la fermentación en cuba; la fermentación en botella seguida de un degüello a presión en cubas antes del embotellado; y la fermentación definitiva en botella (como para el cava o el champagne). La elección de uno u otro método dependía de criterios económicos. Los factores de calidad más importantes estaban ligados al vino de base, a la elección de las levaduras, a la duración de la conservación del vino con su orujo, así como a la voluntad del vinificador y a sus conocimientos técnicos.

Winzersekt

Muchos productores de vinos tranquilos comercializan también un *Sekt* que elaboran ellos mismos o que encargan. Puesto que se trata en general de volúmenes pequeños, la fermentación en botella es la solución más práctica y además favorece la calidad. Cuando hacen *Sekt*, las pequeñas fincas lo venden a sus clientes habituales de vinos tranquilos. A diferencia de los bebedores medios de *Sekt*, estos consumidores se interesan por la calidad de la vinificación y, para ellos, el «método tradicional» *(méthode champenoise)* es una garantía.

La producción de *Winzersekt*, el *Sekt* de viticultor, empezó tímidamente en la década de los 80, pero en la actualidad alcanza 6 millones de botellas al año. Estos vinos se venden a un precio mucho más alto que los producidos en gran cantidad. Se ha creado una asociación de productores en Sprendlingen. Cuenta con unos 700 miembros que venden una gama de *Sekt* de origen local, sin duda el único éxito de la viticultura del Hesse renano en la década de los 90. Existe una asociación del mismo tipo en el Sarre y en toda Alemania las cooperativas han añadido un *Winzersekt* a su gama de productos.

La industria del *Sekt* ha experimentado un crecimiento notable desde la década de los 50, con una sola interrupción temporal debida al aumento de los impuestos.

Sin embargo, el *Sekt* no goza de buena imagen ni en Alemania ni en el resto del mundo. Para un aficionado al vino, que busca siempre la autenticidad en sus compras, la mayoría de los *Sekt* resultará decepcionante, tanto por la diversidad de los vinos de base como por las opciones industriales de los modos de elaboración. □

PAÍSES DEL BENELUX

A PESAR DE SU SITUACIÓN SEPTENTRIONAL, BÉLGICA, HOLANDA
Y LUXEMBURGO PRODUCEN VINO.
LUXEMBURGO PRODUCE ALGUNOS VINOS BLANCOS DE CALIDAD.

Los países del Benelux no son regiones donde la viticultura sea fácil, pues están situados más allá del límite septentrional del cultivo de la vid (50°-53° de latitud norte). Aunque, paradójicamente, las viñas de Luxemburgo, a orillas del Mosela, producen buenos vinos de excelente reputación, las pequeñas viñas de Bélgica y Holanda no representan más que unas decenas de hectáreas en países donde domina el consumo de cerveza. Los escasos vinos de estos países son elaborados por un grupo de apasionados que comparten el fruto de sus esfuerzos con unos pocos amigos y otros clientes locales. Pero no siempre ha sido así. En Bélgica, las vides, principalmente en las orillas del Sambre y del Mosa, así como en los alrededores de Lovaina, crecen desde la conquista romana (54 a. de C.). Si a principios del siglo XIX los viñedos de Lieja fueron salvados por orden de Bonaparte, los alemanes en cambio causaron destrucciones que se pueden considerar definitivas en 1914. De hecho, las autoridades de ocupación aprovecharon las circunstancias para eliminar la competencia directa de la región del Rin. Es lamentable que haya desaparecido la mayor parte de los viñedos belgas, aun cuando la calidad de sus vinos era mediana. Al leer a los pocos autores que han escrito sobre vinos belgas, se descubre que el vino belga era ácido, de poco nivel y que viajaba mal, como ocurría antaño con muchos vinos. En Luxemburgo, la vid ha tenido una historia relativamente apacible, a imagen de la del país. También fue introducida allí por los romanos hace cerca de dos mil años. Ya en esa época el principal lugar de plantación era el valle del Mosela, cuyas orillas están bien soleadas. Los viñedos que sobrevivieron a la Revolución francesa y a las guerras napoleónicas experimentaron un auge extraordinario durante el siglo XIX, particularmente después de la guerra franco-prusiana de 1870. Los productores locales exportaban sus vinos. Se utilizaban dos variedades: la riesling renana y la elbling. Estas cepas servían de vinos de base para la elaboración de espumosos alemanes. Todos los viticultores luxemburgueses compraban cada vez más tierras y pasaron por un período de prosperidad enorme. La Primera Guerra Mundial puso fin brutalmente a esa riqueza. Entre las dos guerras nació la unión económica con Bélgica, que permitió de nuevo a los viticultores exportar una gran parte de su producción, pero esta vez a Bélgica.

Los principales viñedos de Luxemburgo están situados a lo largo del curso del Mosela, donde las vides gozan de una exposición sureste en terrazas bien drenadas. Esta viña se encuentra cerca de Grevenmacher, al norte de la zona vitícola.

Bélgica

Actualmente, la viticultura belga apenas agrupa un centenar de viticultores en una superficie de sólo 30 ha. Además, los viticultores son muy discretos; a veces, sus direcciones no se transmiten más que entre iniciados. Algunas viñas pequeñas se han forjado un nombre... que no va más allá de las fronteras.

Las principales zonas de producción están situadas en Torgny (Gaume), en las orillas del Mosa, en Huy y en Saing (Charleroi), donde las vides crecen en el escorial de Trazenie, y en Hageland, la única región con auténticas explotaciones, cuyo tamaño llega a las 5 ha. Al lado de estas zonas «grandes», existen viticultores aficionados casi por todas partes. En las etiquetas se destacan los lugares como Hagelander o Torgny, aunque no haya legislación local alguna sobre las denominaciones, salvo las de la Unión Europea.

Las vides plantadas son en su mayoría pinot noir para los tintos y müller-thurgau para los blancos; todos los vinos se han de beber jóvenes.

Los Países Bajos

Hay en los Países Bajos tres zonas de viñedos; dos de ellas están situadas al sur del país, no lejos de Maastricht, y otra más al norte, en Brabante. Las principales cepas cultivadas son riesling, auxerrois, müller-thurgau y optima (un cruce entre müller-thurgau y sylvaner). Los vinos blancos producidos en Holanda son vivos y ligeros.

Luxemburgo

Luxemburgo es probablemente uno de los países productores de vino más pequeños del mundo, sino el menor. Pero, en superficie plantada de vides (1 390 ha) supera a Inglaterra. A pesar de la pequeña superficie plantada, la producción es importante, pues el rendimiento por hectárea es muy alto (no menos de 130 hl/ha). Los propios luxemburgueses son grandes consumidores ya que beben 60 l de vino por año y habitante.

Toda la producción se concentra en las laderas del valle del Mosela, con un subsuelo arcilloso-calizo, una exposición a pleno sur en las laderas y unas pendientes regulares que favorecen la vid. El río tiene un efecto termorregulador: la reflexión de la luz en el agua contribuye a la maduración de la uva.

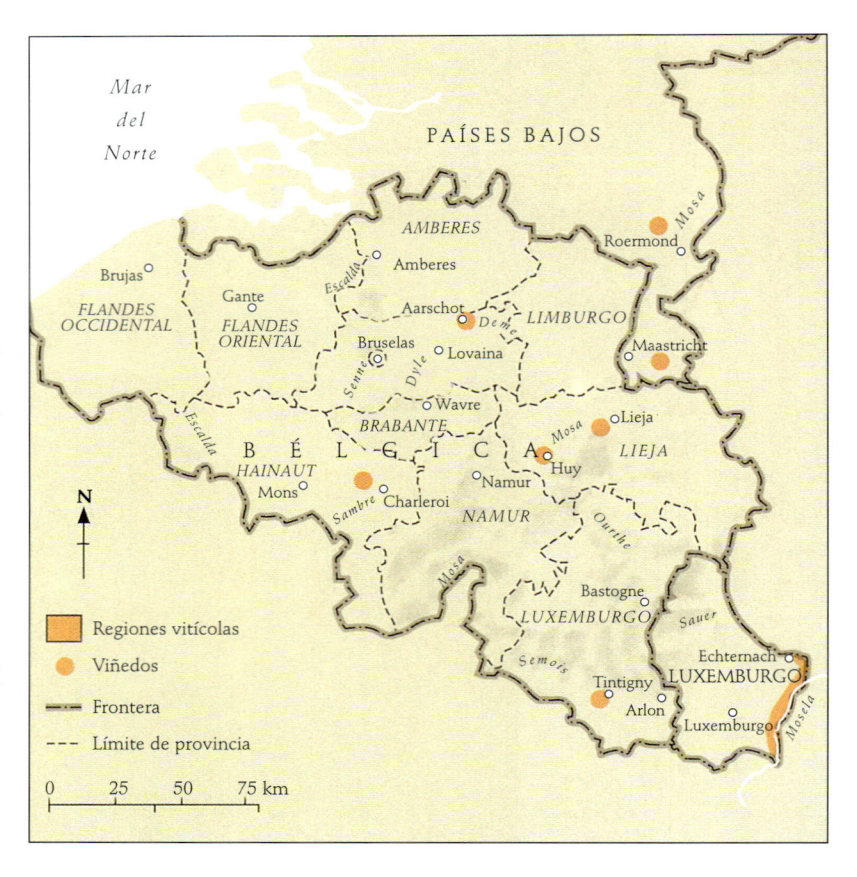

Las viñas luxemburguesas están frente a las del Mosela superior alemán (véase p. 356).

Durante los últimos 25 años la producción ha progresado enormemente: no sólo en términos de cantidad, sino también de calidad. Al mismo tiempo, ha descendido considerablemente el número de bodegas particulares. El 70 % de la producción procede de bodegas cooperativas, el 15 % de bodegas particulares y el resto de bodegas particulares que venden íntegramente a mayoristas.

Actualmente las variedades principales son la rivaner, o müller-thurgau, que da vinos que se podrían calificar de vinitos (esta cepa está en fuerte retroceso) y la riesling, pero también la pinot auxerrois, la pinot gris, la pinot blanc y la elbling (que representa menos del 10 % de la superficie plantada). De estas cepas surgen vinos muy ligeros que sirven de base para espumosos. La producción luxemburguesa incluye un 99 % de vinos blancos –tranquilos o espumosos– y un 1 % de vinos tintos, exclusivamente a base de pinot noir.

En 1935 se creó la Marque Nationale. Corresponde a una garantía equivalente a una Denominación de Origen Controlada. Se atribuye a los vinos después de una cata de todas las cubas de la bodega. Dos meses después del embotellado, los propietarios pueden solicitar el acceso a una nueva clasificación. Los vinos catados por un jurado son calificados sobre 20 puntos: de 14 a 16 se convierten en *vins classés*, de 16 a 18 en *premiers crus* y de 18 a 20 en *grands permiers crus*. Los que obtienen menos de 14 conservan la Marque Nationale. □

SUIZA

LOS VINOS SUIZOS, CUYA CALIDAD VA EN AUMENTO,
ESTÁN DESTINADOS AL MERCADO NACIONAL,
CONSTITUIDO POR UN PUEBLO PRÓSPERO Y AFICIONADO AL VINO.

El pueblo de Aigle, en Chablais (cantón de Vaud), tiene sus viñas en laderas expuestas al suroeste del valle del Ródano. Algunos de los mejores vinos suizos proceden de estas vides.

La eficacia y el rigor reinan desde hace tiempo en las viñas suizas; son necesarios porque la demanda de vino supera ampliamente el volumen que se puede producir: cada suizo consume alrededor de 20 l de vino del país y 30 l de vino importado al año. Las vides, plantadas en laderas orientadas al sur a lo largo de los ríos y en las orillas de los lagos (que reflejan el calor), son difíciles de cultivar y su alto coste de producción hace que los vinos suizos sean notoriamente onerosos. Puesto que la búsqueda de eficacia –que implica el recurso excesivo a la sobreproducción– ha producido una abundancia de vinos ligeros de baja acidez, el rendimiento de los mejores vinos está limitado por ley. Sin embargo, algunos expertos estiman que 112 hl/ha sigue siendo demasiado si se quiere evitar el agotamiento precoz de la vid.

La superficie media de una propiedad vitícola –menos de media hectárea– representa un tercio de la media comunitaria. Para la vinificación, la mayor parte de los viticultores se remite a grandes centros o a cooperativas, aunque un número creciente de fincas pequeñas, dirigidas a menudo por viticultores jóvenes, practican el embotellado. Tradicionalmente, la mayoría de los vinos estaba destinada al consumo diario, pero actualmente la formación y el ejemplo de otras regiones de Europa y el Nuevo Mundo contribuyen a la aparición de vinos suizos de calidad. Hay vides en casi todas partes, tanto para tinto como para blanco, pero los viñedos más importantes están situados en los cantones francófonos de Valais y Vaud. En general, los vinos suizos son secos y el 56 % son blancos. La principal variedad blanca utilizada en los cantones francófonos es la chasselas, que da generalmente un vino para beber antes de los tres años, aunque puede sorprender agradablemente al término de 25. Para darle más vivacidad, se embotella con un poco de su gas carbónico natural. De un gusto bastante neutro, la chasselas puede, sin embargo, extraer carácter y sabor de un buen suelo. En los cantones germanófonos, la principal cepa blanca es la riesling-sylvaner, nombre suizo de la müller-thurgau. La pinot noir (llamada blauburgunder en la Suiza alemana) es la mejor variedad tinta. Se hace œil de perdrix, un rosado sin apenas color, en los cantones francófonos. En el cantón más soleado, el Ticino, en la Suiza italiana, reina la merlot, que da algunos de los mejores tintos del país.

LAS REGIONES VITÍCOLAS DE SUIZA

Al margen de las zonas montañosas de los Alpes, los viñedos se encuentran distribuidos un poco por toda Suiza, a lo largo de los lagos o de los cursos de agua, que moderan el clima. Las zonas de viticultura más importantes, en los cantones francófonos, producen blancos con chasselas, tintos con pinot noir y, en Valais, con una mezcla de pinot noir y gamay llamada dôle. Los cantones de la Suiza alemana, al norte y al este, elaboran vinos para beber jóvenes, blancos a base de riesling-sylvaner (müller-thurgau) y tintos de blauburgunder (pinot noir). En el sur, el clima más cálido permite que la merlot haga hermosos vinos tintos afrutados.

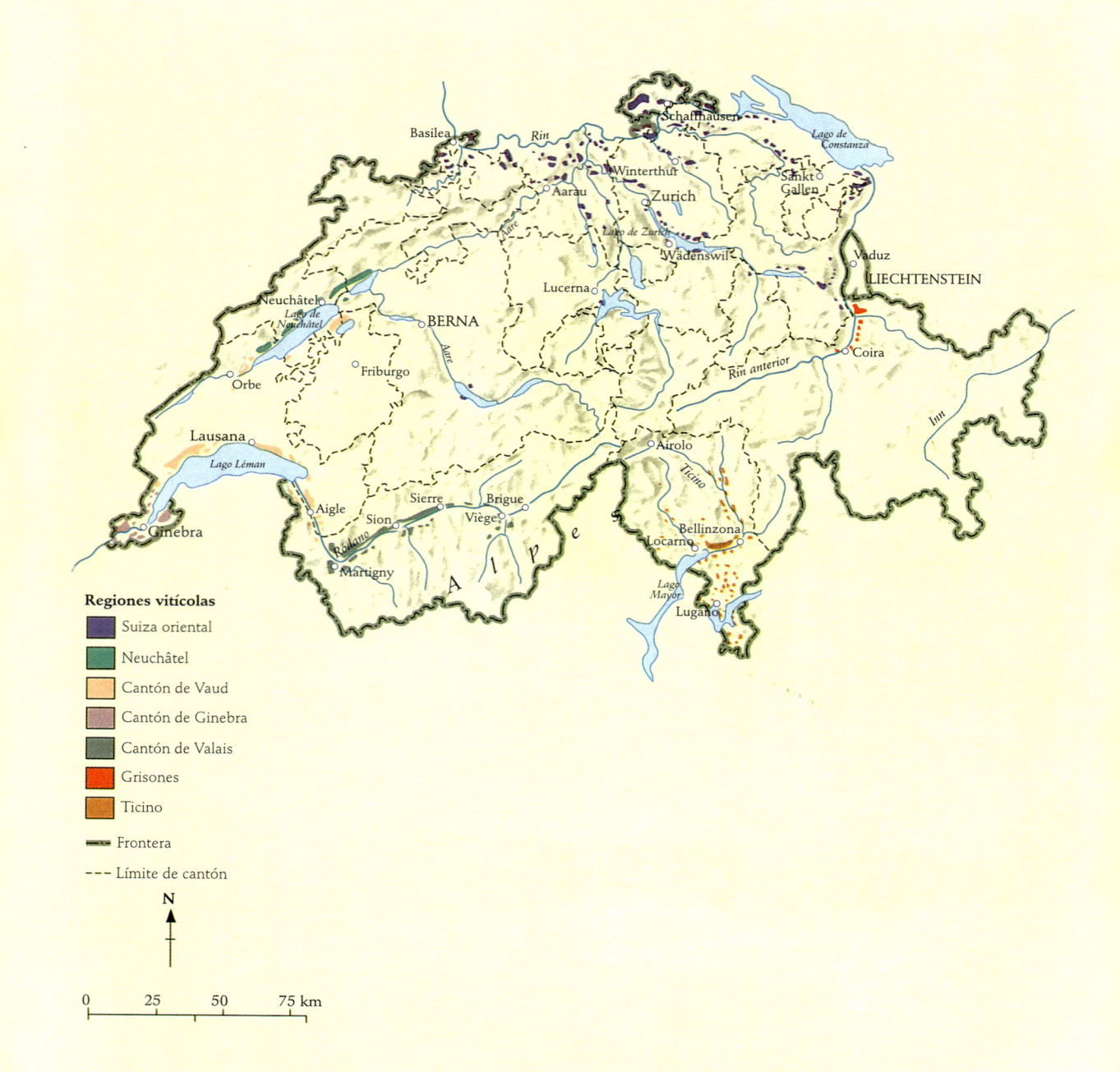

Regiones vitícolas

- Suiza oriental
- Neuchâtel
- Cantón de Vaud
- Cantón de Ginebra
- Cantón de Valais
- Grisones
- Ticino

— Frontera
--- Límite de cantón

REGIONES Y PRODUCTORES

Sólo 6 de los 26 cantones suizos son francófonos, pero contienen las tres cuartas partes de las 15 000 ha de viñas de la Confederación. El cantón de lengua italiana de Ticino posee 1 300 ha y el resto está repartido por los 17 cantones de la Suiza alemana. La superficie vitícola ha aumentado en un 20 % desde la década de los 60, más de un tercio en Valais, que es el cantón que produce más vino.

SUIZA FRANCESA

El oeste de Suiza, límite del país con Francia, produce los vinos más interesantes. Valais y Vaud abarcan, con diferencia, las mayores superficies vitícolas, pero Ginebra y Neuchâtel también tienen una producción nada desdeñable.

Valais

Las viñas de Valais (más de 5 000 ha) están situadas en las laderas bajas de las montañas circundantes. Algunas de las viñas más altas de Europa están en Visperterminen, a más de 1 000 m por encima del nivel del mar. A partir de allí, la vid sigue el curso del Ródano desde sus inicios hasta el ángulo recto que forma en Martigny. Muchas parcelas están plantadas intensivamente, a veces hasta 15 000 pies por hectárea. El rendimiento por cepa puede ser bajo, pero por hectárea está cerca del máximo autorizado para un vino de calidad.

En Valais el tiempo puede ser seco y caluroso; las viñas que rodean Sierre se dan por satisfechas con cerca de 400 mm de lluvia por año, a los cuales se añade a veces un breve riego. Las uvas maduran fácilmente y el contenido de azúcar no varía mucho, se cultiven a 400 m o a 800 m de altitud.

Los vinos más corrientes de Valais son el fendant (nombre local del chasselas, aquí con su nivel máximo de alcohol... y de precio) como blanco y el dôle como tinto.

El dôle es una especialidad agradable de Valais. Es un vino que reúne la fruta y la estructura necesarias, y que hay que beber antes de los tres años. La pinot noir desempeña el papel principal mientras que se concede un papel secundario a la gamay, cuya uva se vendimia al mismo tiempo.

En ausencia de bruma (es decir, con menos riesgo de podredumbre), la pinot noir es una cepa interesante en Valais, siempre que no esté plantada en los lugares más soleados. Algunos clones borgoñones o suizos dan vinos con acidez, y por tanto la estructura necesaria, contrariamente a tantos vinos elaborados hacia mediados de la década de los 80 y antes, que eran víctimas de la sobreproducción. Los viticultores bien formados ya no buscan una tasa de azúcar muy elevada y vendimian cuando la uva alcanza un 12-13 % vol de alcohol potencial con un nivel de acidez satisfactorio, lo que da un vino que puede evolucionar durante varios años en botella.

En cuanto a si es mejor cultivar chardonnay y otras variedades importadas recientemente o atenerse a las variedades tradicionales, se trata de una cuestión de filosofía y de mercadotecnia a la que los productores dan respuestas variadas. En Valais, los partidarios de las cepas autóctonas tienen elección entre diversas variedades interesantes. La humagne rouge (también hay una versión blanca) es una cepa exhuberante: si la vendimia no supera los 80 hl/ha, el vino puede ser robusto y bastante concentrado para soportar una crianza en barrica de madera nueva de unos 225 l. Su sabor tánico recuerda el de algunos de Barolo. En este clima casi tan cálido como el de Côtes du Rhône septentrional se cultiva también la syrah.

Las uvas de las cepas blancas autóctonas de Valais, amigne y petite-arvine, así como las de cornalin (tinto), maduran tardíamente, en octubre. Bien cuidadas y con rendimientos bajos tienen mucho carácter, pues los dos vinos blancos tienen un gusto intenso y afrutado. En un estilo más dulce y a veces más rico en alcohol, Valais tiene su malvasía (pinot gris), el más caro de los vinos tradicionales del cantón. La producción de estas especialidades es muy reducida.

Entre los buenos productores se encuentran Charles Bonvin, las bodegas Imesch, Simon Maye y la finca del Mont d'Or.

Vaud

Cuando el Ródano deja Valais y entra en el cantón de Vaud, la vid sigue creciendo a lo largo del valle; luego continúa por la orilla septentrional del lago Léman, que tienen una influencia preponderante en el clima templado de la región.

Vaud cuenta con 3 700 ha de viñas repartidas en cinco zonas: Chablais, Lavaux, La Côte, Côtes de l'Orbe-Bonvillars y Vully, estas dos últimas en enclaves alejados del lago. Los viticultores de Vaud siempre han vendido sus vinos bajo el nombre de los mejores pueblos de cada zona, como Mont-sur-Rolle, Féchy, Aigle, Epesses, Saint-Saphorin, Dézaley e Yvorne, muy conocidos en Suiza.

LA LEGISLACION VITÍCOLA

Hace unos años, en Suiza, las etiquetas de vino dependían en gran medida de los deseos del productor: los vinos podían llevar nombres de lugar, de variedad o de marca. Pero se están revisando las leyes que rigen la industria del vino para aumentar la competitividad del vino suizo, proteger los ingresos de los productores y asimilar la legislación del país a la de la Unión Europea. Por ejemplo, las botellas se han normalizado para contener 75 cl (en lugar de 70 cl).
En enero de 1993, se crearon tres categorías de vinos –vino de denominación controlada, vino de procedencia determinada y otros vinos–, pero su entrada en vigor está precisando tiempo.
Los reglamentos se elaboran a diversos niveles gubernamentales y se deja a cada cantón una gran autonomía legislativa.
Se ha instituido una reglamentación para la producción de vino de denominación de origen controlada de los cantones de Ginebra, Neuchâtel y Valais, y pronto les seguirán el resto de los cantones. Los mejores pueblos de Vaud utilizan ya un sistema de denominación; las leyes de DOC refrendarán la realidad actual con modificaciones mínimas.

Chablais se extiende por la ribera derecha del Ródano hasta donde el río desemboca en el lago; sus viñas están situadas en pendientes orientadas al suroeste, en pueblos como Aigle, Bex, Ollon, Villeneuve e Yvorne. Los vinos blancos de chasselas y los tintos de pinot noir y gamay son sólidos y están llenos de carácter.

Al este de Lausana, los viñedos escarpados y cuidados de Lavaux, plantados de chasselas, son de los más hermosos de Europa. Gracias al calor reflejado por las terrazas rocosas, también se cultiva pinot noir, que da un vino agradable pero generalmente falto de complejidad. Los mejores pueblos incluyen Calamin, Dézaley, Epesses, Lutry y Saint-Saphorin.

Al oeste de Lausana, la mayor parte de los vinos están elaborados por cooperativas o bodegueros mayoristas. La zona de La Côte está sembrada de casas bonitas; las viñas que las rodean crecen en ondulaciones o laderas poco pronunciadas que permiten una vendimia mecánica. Las variedades también son chasselas, para los elegantes vinos blancos, y pinot noir para tintos finos y agradables. Los pueblos más conocidos son Fréchy y Mont-sur-Rolle.

Entre los buenos productores se encuentran la Association Viticole Aubonne, Badoux & Chevalley, Hammel, J. & P. Testuz y la Association Viticole d'Yvorne.

Ginebra

Los viñedos, sobre una superficie de 1 500 ha, lindan con los del cantón de Vaud, al norte del lago Léman. Los vinos blancos de chasselas (llamados aquí perlan) representan cerca de la mitad de la producción y obtienen su carácter ligero y elegante de suelos arcillosocalizos ricos en minerales. Se hace también blanco, a partir de las variedades borgoñonas aligoté y chardonnay, y tintos ligeros a base de gamay.

Neuchâtel

En las regiones más frescas, como en Neuchâtel, donde las viñas pueden alcanzar los 580 m por encima del nivel del mar, hay que tener en cuenta la altitud para evaluar la madurez de la uva y fijar la fecha de la vendimia. El clima está moderado por el lago de Neuchâtel y las colinas calizas situadas al norte del lago pueden producir en buenas añadas los mejores tintos y rosados suizos de pinot noir. La chasselas da vinos blancos

LIECHTENSTEIN

El principado de Liechtenstein está situado entre Suiza y Austria.

Convertido en principado en 1719, está constituido por los señoríos de Vaduz y de Schellenberg, y adoptó en 1921 una constitución que lo une a su vecina Suiza en el aspecto económico.

Las 15 ha de viñas que serpentean entre las casas de Liechtenstein pertenecen fundamentalmente al príncipe Hans-Adam II. Las bodegas de su finca, Hofkellerei des Fürsten von Liechtenstein, situadas en Vaduz, son conocidas en Europa central por su chardonnay, procedente de viñas de bajo rendimiento, y su pinot noir surgido de vides viejas.

Por su estilo y estructura, los vinos se parecen a los de los cantones vecinos de la Suiza alemana.

vivos y ligeramente burbujeantes.

LA SUIZA ALEMANA

En la Suiza de lengua alemana –la mayor parte del país–, la viticultura se concentra en los cantones cercanos a la frontera alemana, en una región llamada Ostschweiz (Suiza oriental). Los vinos de esta zona se beben generalmente en el año; los blancos son sobre todo a base de riesling-sylvaner (müller-thurgau) y los tintos de blauburgunder (pinot noir, también llamada aquí klevner o beerli).

El foehn, un viento cálido que sopla de los Alpes en otoño, contribuye a la maduración de la pinot noir. Las variedades blancas tradicionales, la aromática completer y la elegante räuschling, se cultivan muy poco. Repartidos por la región, algunos viticultores se esfuerzan por producir vinos tintos de pinot noir y blancos de chardonnay que tengan un poco más de estructura que antaño. No es rara la crianza en barrica.

Los principales cantones vinícolas son Zurich y Schaffhausen, aunque también se compra mucho vino blanco de Valais. La mayor parte de la cosecha de Zurich es vinificada por dos bodegas cooperativas en Wädenswil y Winterthur. Cerca de 200 viticultores también entregan su vino a las bodegas cantonales oficiales, las Staatskellereien de los cantones de Zurich. Por último, algunas fincas muy pequeñas ligadas a un restaurante elaboran vino. Aparte de las cooperativas, uno de los productores más afamados es Meier.

LA SUIZA ITALIANA

En Ticino, al sur de Suiza, se habla sobre todo italiano. Este cantón de altas cumbres –y también un alto nivel de paro– es conocido por sus vinos tintos a base de merlot, introducida aquí en 1897. Los cálidos veranos de Ticino no favorecen la producción de vino blanco y sólo el 3 % de las viñas están ocupadas por variedades blancas (chasselas, sémillon, sauvignon). Algunos cosecheros producen, sin embargo, blanco y rosado a partir de merlot y pinot noir.

El merlot de Ticino es generalmente un vino fino y fácil de beber, pero algunos se crían en barrica de roble nuevo para conseguir mayor complejidad. Se ha plantado cabernet sauvignon con el fin de producir una mezcla de tipo bordelesa.

La etiqueta oficial «ViTi» era antes una garantía de calidad, pero si se da crédito a la revista de vinos *Alles über Wein,* algunos productores de renombre desdeñan las catas ViTi: «Los buenos tiempos de la etiqueta ViTi han terminado. Creada en 1949 para proteger la calidad de los vinos de Ticino, es actualmente sinónimo de mediocridad controlada».

Los vinos más interesantes son los de bodegueros o pequeños productores, más que los de cooperativas. Entre los mejores se puede citar a Delea, Tamborini, Valsangiacomo fu Vittore y Vinattieri Ticinese.

AUSTRIA

VINOS BLANCOS SECOS, PERFUMADOS, MELOSOS, RICOS Y VOLUPTUOSOS,
TINTOS SABROSOS; AUSTRIA OFRECE UNA GAMA DE VINOS
CUYA CALIDAD NO CESA DE MEJORAR.

Lo antiguo y lo moderno hacen buena pareja. Hileras de vides perfectamente alineadas detrás de una prensa tradicional de madera de una escuela de viticultura. La nueva generación ha sabido revitalizar la viticultura austríaca.

La vid ya crecía en Austria antes de la ocupación romana pero, con algunas excepciones, la calidad de los vinos no siempre ha sido reconocida fuera de sus fronteras. Los viñedos son muy diferentes: con muchos años de experiencia y muchas tradiciones locales, cada viticultor ha adoptado las cepas y los estilos de vino más convenientes, lo que explica la inmensa variedad de vinos austríacos. Austria es ante todo un país de vinos blancos. La riesling llega a tal madurez en Wachau y Kamptal-Donauland que, llevando la fermentación hasta el extremo, se obtienen vinos muy ricos sin azúcar residual. La variedad específica de Austria es la grüner veltliner: cultivada en todas partes, da vinos ligeros y pimentados, que se apoyan en una buena acidez. En Wachau se pueden producir vinos tan potentes como el riesling. Estiria (Steiermark), región de clima bastante más fresco, es feudo de vinos delicados: pinot blanc (klevner), welschriesling, morillon (chardonnay) y la excelente sauvignon.

Se han realizado grandes esfuerzos para mejorar la calidad de los tintos. Cepas locales de tan larga implantación como la zweigelt, la blauer, la portugieser y la saint-laurent dan vinos frutales, frescos, para ser bebidos jóvenes. La blaufränkisch (o lemberger), más rica en taninos y acidez, se envejece a veces en barricas. También se cultiva cabernet sauvignon y blauburgunder. Los mejores vinos tintos proceden de Carnuntum, región al sureste de Viena, y de Burgenland. Esta última zona ofrece además algunos vinos de vendimia tardía *(Eiswein)* y vinos botrytizados excelentes. Precisamente en Burgenland estalló, en 1985, el escándalo que sacudió la viticultura de todo el país: se descubrió que algunos vinificadores añadían productos químicos para simular el dulzor de la podredumbre noble. Como consecuencia de este episodio, la legislación austríaca se convirtió en la más estricta de Europa. Aparte de algunos viticultores, Austria ha sabido conservar sus cepas locales y los estilos de vino que la caracterizaban. Por ejemplo, ningún otro país de Europa ofrece un rosado vivificante como el schilcher, o un blanco poderoso y especiado como el zierfandler. Austria ha pagado caro la conducta de algunos de sus productores, pero ha salido reforzada, con una gran voluntad de producir vinos excelentes y de recuperar su lugar entre los mejores países productores del mundo.

LAS REGIONES VITÍCOLAS DE AUSTRIA

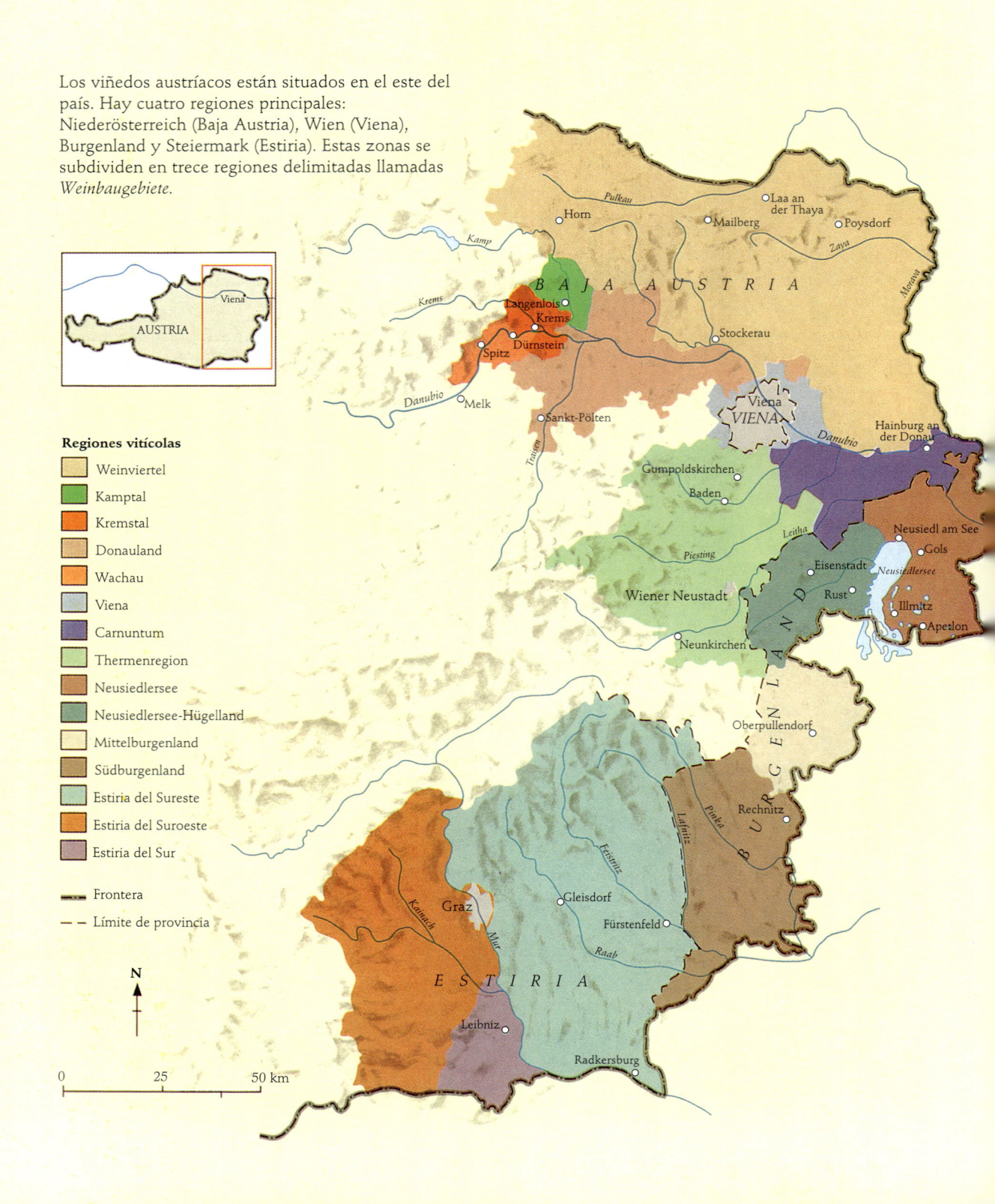

Los viñedos austríacos están situados en el este del país. Hay cuatro regiones principales: Niederösterreich (Baja Austria), Wien (Viena), Burgenland y Steiermark (Estiria). Estas zonas se subdividen en trece regiones delimitadas llamadas *Weinbaugebiete*.

Regiones vitícolas

- Weinviertel
- Kamptal
- Kremstal
- Donauland
- Wachau
- Viena
- Carnuntum
- Thermenregion
- Neusiedlersee
- Neusiedlersee-Hügelland
- Mittelburgenland
- Südburgenland
- Estiria del Sureste
- Estiria del Suroeste
- Estiria del Sur

— Frontera
- - Límite de provincia

REGIONES Y PRODUCTORES

Las cuatro regiones de producción principales y sus viñedos están clasificados aproximadamente por orden de importancia decreciente. Los nombres de los productores más serios se relacionan en orden alfabético al final de cada región.

BAJA AUSTRIA (Niederösterreich)

Esta extensa provincia atravesada por el Danubio cubre todo el noreste del país. Los vinos de calidad proceden de las colinas de Wachau, de las mejores zonas de Kamptal-Donauland y de Thermenregion, alrededor de la ciudad de Gumpoldskirchen.

Wachau

Con 1 358 ha de viñas, Wachau es una de las zonas vitícolas más pequeñas de Austria pero produce sin duda los mejores vinos blancos del país. Las variedades dominantes son la grüner veltliner y la riesling, pero también se cultiva neuburger y müller-thurgau (conocida localmente como riesling-sylvaner). Las vides en terrazas bordean las gargantas del Danubio a lo largo de 16 km antes de alcanzar Viena. Gracias a los excelentes terrenos volcánicos y a microclimas particulares, los vinos son perfumados, potentes, sabrosos y ricos.

Por curioso que pueda parecer, Wachau ha definido su propio sistema de clasificación cualitativo, que se traduce así en la etiqueta: el *Steinfeder* es el vino más ligero (10,7 % vol como máximo), seguido por el *Federspiel* (cerca de 11,5 % vol). El más rico (equivalente a un *Spätlese* seco alemán) se llama *Smaragd* y debe tener un mínimo de 12 % vol. Estos vinos suelen proceder de terrenos excepcionales de bajo rendimiento y de uvas de vendimias tardías. Cuando están verdaderamente logrados, son soberbios y envejecen de maravilla. Si las viñas están particularmente bien situadas, su nombre puede figurar en la etiqueta, precedido de la palabra *Ried*.

Los mejores viticultores son Franz Hirzberger, Emmerich Knoll, Nikolaihof, F. X. Pichler y Franz Prager, seguidos de cerca por Leo Alzinger, Josef Jamek, Rudolf Pichler y la cooperativa Freie Weingärtner Wachau.

Kamptal-Donauland

Esta zona cinco veces mayor que Wachau sigue el curso del Danubio hacia Viena, atraviesa la ciudad de Krems y se extiende al norte hacia Langenlois y al sur hacia el monasterio de Götweig. La riesling y la grüner veltliner crecen sobre suelos volcánicos que les confieren un estilo que recuerda el de Wachau, un poco menos potente pero a menudo más elegante. Al este de Krems, los vinos procedentes de las terrazas de loes pierden en elegancia lo que ganan en corpulencia, y pueden ser excelentes. Aunque siempre dominan los vinos blancos, el número de cosecheros que producen buenos tintos no deja de crecer.

Entre los mejores productores: Willi Bründlmayer (excelente chardonnay; riesling y veltliner impecables), Jurtschitsch, Malat-Bründlmayer, Mantlerhof (especialista en blanco hecho de la rara roter veltliner), Josef Jigl y Fritz Salomon.

Donauland-Carnuntum

Cortada en dos por la ciudad de Viena, esta extraña región que sigue el Danubio desde el este de Krems hasta la frontera eslovaca es difícil de definir. El suelo, generalmente de grava, mezclado con arcilla y caliza, es prometedor para vinos tintos como el zweigelt, en particular en pueblos como Göttlesbrunn. Los buenos productores son principalmente Walter Glatzer, Ludwig Neumayer, Hans Pitnauer y Rudolf Zimmermann.

Weinviertel

Primera zona de producción de uva de Austria (31 %), Weinviertel se extiende al norte y noroeste de Viena. Los vinos se vinifican generalmente para ser ligeros y fáciles de beber.

Algunos productores de Grossriedenthal han decidido consagrarse al *Eiswein,* cuya producción es totalmente compatible con el clima seco de esta región.

Los buenos productores son Richard Luckner, Malteser Ritterorden (que forma parte actualmente del grupo Lenz Moser), Roman Pfaffl, Fritz Rieder (*Eiswein*) y Helmut Taubenschuss.

Thermenregion

El corazón de esta zona al sur de Viena es el famoso pueblo de Gumpoldskirchen que, aunque no representa más que el 0,5 % de los viñedos austríacos, ha gozado durante mucho tiempo de popularidad nacional. Gran parte de su vino surge de dos variedades locales, la zierfandler (o spätrot) y la rotgipfler, que ganan al ser mezcladas y dan entonces un vino blanco semidulce, amplio y fuerte, rico en aromas especiados. Después del escándalo de 1985, una nueva generación de viticultores se esfuerza por restablecer el renombre de la región: cuando está logrado, el gumpoldskirchen es un vino de carácter que no se olvida.

Al sur de Gumpoldskirchen, otros viñedos como Tattendorf se están ganando una sólida reputación por sus excelentes tintos, aunque la prolífica blauer portugieser sea todavía la cepa principal. La saint-laurent y la zweigelt (un cruce de saint-laurent y blaufränkish) pueden dar resultados correctos con bajos rendimientos, pero los vinos también pueden ser rústicos y descorazonadores.

LEER UNA ETIQUETA

La etiqueta debe mencionar obligatoriamente ciertos datos.

La variedad: generalmente destacada, su mención indica que representa al menos el 85 % de la mezcla.

La categoría de calidad: las distintas categorías son casi iguales que en Alemania (véase p. 348) y empiezan por el *Tafelwein* (vino de mesa) y el *Landwein* (vino del país). Todos los *Qualitätsweine* (vinos de calidad) se someten a una cata y deben llevar un número de certificación (*Prüfnummer*). Esta mención confirma que el vino es de la región nombrada y que responde a ciertos criterios legales, como el contenido de azúcar de los mostos (alcohol potencial). En la categoría *Qualitätswein*, los vinos se clasifican (de menos a más dulce) en *Kabinett, Spätlese, Auslese, Eiswein, Beerenauslese, Ausbruch* y *Trockenbeerenauslese*.

Cuando la fermentación es completa, incluso la uva muy dulce y muy madura se puede transformar en vino seco. Por este motivo, la legislación obliga a mencionar el nivel de azúcar residual en la etiqueta: *trocken* (seco), *halbtrocken* (semiseco), *halbüss* o *lieblich* (semidulce), o *süss* (dulce).

La región de origen: se indica en todo *Qualitätswein*. Puede tratarse de una de las 13 *Weinbaugebiete* (región de producción), de un municipio o de un viñedo concreto. Cualquiera que sea el nombre, el vino debe proceder en su totalidad de ella.

Entre los mejores productores se encuentran Manfred Biegler, Franz Kurz y Gottfried Schellmann (todos de Gumpoldskirchen), así como Johann Reinisch y Erich Schneider.

BURGENLAND

La suavidad del clima de esta región –la más calurosa de Austria– estimula la producción de vinos tintos (22 %) y de blancos amplios y corpulentos.

Neusiedlersee-Hügelland

Esta región se extiende entre Viena y el lago Neusiedl. El clima es excelente y la humedad que desprende el lago en otoño estimula el desarrollo de *Botrytis,* origen de unos soberbios vinos fuertes. El pueblo de Rust es el más renombrado, pues su vino, el Ruster ausbruch, existe desde hace siglos. Según la ley austríaca, un *Ausbruch* se hace a partir de uvas cuya tasa de azúcar se sitúa entre la de un *Beerenauslese* y un *Trockenbeerenauslese*. Pero, para Rust, también define el estilo del vino, generalmente menos dulce que un *Beerenauslese,* pues la fermentación es más larga. Cepas como la weissburgunder, la welschriesling y la ruländer (pinot gris) dan soberbios vinos botrytizados, de lo que también son capaces la bouvier, la fourmint y la muscat-ottonel.

Feiler-Artinger, Hans Holler (vinos dulces), Anton Kollwentz (vinos secos), Peter Schandl, Heidi Schröck, Ernst Triebaumer (tintos) y Robert Wenzel (vinos dulces) figuran entre los mejores productores.

Neusiedlersee

Al otro lado del lago, entre su ribera este y Hungría, se encuentra la región de Neusiedlersee, antaño conocida como Seewinkel. Los viñedos son relativamente recientes y se han extendido de tal manera alrededor de los pueblos de Gols, Illmitz y Apetlon que representan actualmente el 20 % de la producción nacional.

Se encuentran aquí los mismos factores de calidad que en Neusiedlersee-Hügelland, pero el suelo es muy diferente: generalmente arenoso, no estimula los grandes rendimientos. Así, los vinos están dotados a menudo de una baja acidez y una vida corta. Los años calurosos, la parte sur de los viñedos produce vinos botrytizados en gran cantidad. La calidad no siempre le va a la par, pero es evidente que algunos viticultores han hecho grandes esfuerzos. Se produce actualmente una gama muy amplia de vinos: chardonnay, pinot noir criado en barrica, *Eisweine* elegantes y vinos botrytizados sorprendentes.

Martin Haider (blancos dulces), Alois Kracher (blancos dulces), Hans Nittnaus (tintos), Willi Opitz (blancos dulces), Georg Stiegelmar y Josef Umathum (blancos secos) son productores destacables. Hay que citar igualmente a Erich Heinrich, las agrupaciones de productores Pannonischer Reigen y Seewinkler Impressionen, y Engelbert Prieler (tintos).

Mittelburgenland

Al sur de Neusiedlersee-Hügelland, esta tierra está plantada en un 95 % con variedades tintas, entre las que destacan la blaufränkisch. Se han realizado muchos experimentos de añejamiento en barrica y, a menudo mezclada con cabernet sauvignon, la blaufränkisch da vinos bastante tánicos y robustos. Esta región parece destinada a convertirse en un proveedor fiable de vinos tintos estructurados.

Los mejores productores son Engelbert Gesellmann, Anton Iby, Hans Igler, Paul Kerschbaum y Franz Weninger.

Südburgenland

De extensa superficie, Südburgenland representa, sin embargo, apenas el 0,8 % de los viñedos austríacos y, al igual que Mittelburgenland, parece más adaptada a la producción de vinos tintos.

Destacan como buenos productores Paul Grosz, Hermann Krutzler y Schützenhof.

ESTIRIA (Steiermark)

Situada al sur de los Alpes y en la frontera con Eslovenia, Estiria está dividida, en términos de vino, en tres regiones de tamaño desigual: el Sur (Süd), el Sureste (Süd-Ost) y el Oeste (West).

Estiria del Sur (Südsteiermark)

Aquí nacen los mejores vinos de Estiria. La más pequeña de las tres regiones de la zona posee más vides (1 561 ha) que las otras dos juntas. Los vinos blancos son tan apreciados (y tan caros) como los de Wachau, pero de un estilo totalmente diferente. El clima es más duro, con heladas de primavera y granizo. A las uvas, sobre todo cuando los rendimientos son demasiado altos, les cuesta mucho madurar, aunque se vendimien tardíamente, a finales de octubre. Los vinos son al mismo tiempo de estructura delicada y están marcados por una fuerte acidez. Sólo los procedentes de bajos rendimientos alcanzan la concentración y el extracto suficientes para ser equilibrados. En este caso son finos y vigorosos.

Las variedades cultivadas son numerosas: weissburgunder (pinot blanc o, localmente, klevner), riesling, morillon (chardonnay), la popular welschriesling, ruländer, traminer y muskateller.

La sauvignon (llamada antiguamente muskat-sylvaner), plantada en los últimos años, ha dado resultados excelentes: sus vinos de raza, con perfumes vegetales, no carecen de carácter.

Entre los mejores productores cabe destacar a Reinhold Polz, Wilhelm Sattler y Manfred Tement, seguidos por Alois Gross y Lackner-Tinnacher.

Estiria del Sureste (Süd-Oststeiermark)

Esta región, casi tan extensa como la Weinviertel, es la más cercana a la frontera eslovena y abarca el 1,7 % de los viñedos austríacos. Las cepas son las mismas que en Estiria del Sur. Albert Neumeister, Gräflich Stürgkh's Weingut y Winkler-Hermaden se encuentran entre los productores a destacar.

Estiria del Oeste (Weststeiermark)

Situada entre la ciudad de Graz y la frontera eslovena, la región sólo cuenta con 280 ha de viñas y produce el schilcher, un rosado procedente de una cepa local, la blauer wildbacher. La calidad de esta variedad, que se caracteriza por una acidez muy alta, depende del vinificador, que podrá hacer de ella un vino encantador y vivo o, por el contrario, de una agresividad temible. En cualquier caso, está elaborado para ser bebido joven. Su rareza y personalidad lo convierten en un vino muy buscado y, en consecuencia, caro. Los mejores ejemplos provienen de las casas Erich Kuntner y Günter Müller.

VIENA (Wien)

La capital está rodeada por 700 ha de viñas y casi la totalidad del vino que producen se consume en la zona. En los pueblos vinícolas, a las puertas de Viena, hay muchas hosterías, las *Heurigen,* donde los cosecheros suelen vender sus propios vinos, generalmente blancos ligeros y finos, que se beben en su primer año. Pueden ser de muy buena calidad, sobre todo cuando proceden de los mejores terrenos, como Nussberg y Bisamberg.

La grüner veltlimer es la cepa más popular en los alrededores de Viena, pero también se producen vinos excelentes de riesling y pinot blanc. La mayor parte de los vinos consumidos en las *Heurigen* son *Gemischter Satz,* es decir, una mezcla de las diferentes variedades cultivadas en la misma parcela.

Entre los buenos cosecheros cabe destacar a Fuhrgassl-Huber, Johann Kattus (vinos burbujeantes), Franz Mayer, Herbert Schilling y Fritz Wieninger.

Danubio
y Mar Negro

En esta extensa región sólo algunos países,
como Hungría, son conocidos por sus vinos.
Otros, como Moldavia, a duras penas salen de la oscuridad
en que estuvieron sumidos durante decenios.

LAS REGIONES VITÍCOLAS DEL DANUBIO Y DEL MAR NEGRO

La cuenca del Danubio tiene viñedos casi tan amplios como los de España. Las viñas se prolongan por una zona que se extiende alrededor de la costa del mar Negro, desde Moldavia hasta Georgia.

DANUBIO

LA REGIÓN QUE SE EXTIENDE DESDE EL ESTE DE AUSTRIA HASTA EL MAR NEGRO,
CON SUS PAISAJES DE LADERAS Y LLANURAS CUBIERTAS DE VIÑAS,
OFRECE UN ABANICO INTERESANTE DE VINOS TRADICIONALES O RECIENTES.

Los países del sureste de Europa tienen una gran identidad vinícola, pero están sometidos a imperativos comerciales: la región de Tîrnăve, en Rumania, elabora vinos de variedades autóctonas tradicionales, así como vinos de cepas clásicas importadas.

Los países de la cuenca del Danubio comparten una auténtica tradición vinícola, con cepas y estilos de vinos que se parecen y están sometidos a las mismas influencias. La frontera del Imperio romano, y luego la del bizantino, seguían el curso del Danubio. Las legiones romanas introdujeron las primeras vides y las primeras prensas. Fueron sustituidas más tarde por los monjes y los colonos germánicos. Durante la larga ocupación turca, que tuvo su apogeo en el siglo XVI, la historia de la viña atravesó diversas vicisitudes. Después de la Segunda Guerra Mundial, las fronteras dibujadas por la historia fueron borradas por cuatro decenios de régimen comunista, que influyeron profundamente en la estructura de la viticultura al sustituir a los pequeños propietarios por grandes cooperativas y granjas colectivas. Actualmente se observan dos tendencias: un regreso a la situación anterior al comunismo, con la restitución de las tierras a sus antiguos propietarios, y la adopción de nuevos hábitos vitícolas, como la importación de variedades clásicas y la introducción de nuevas técnicas de vinificación. Los países del Danubio tienen por delante un futuro prometedor, con una producción de buenos vinos de consumo común, así como el renacimiento de perlas raras, como el famoso tokay de Hungría. La asesoría y la tecnología de Occidente son bienvenidas, pues esta industria vitícola en plena expansión trata de encontrar salidas comerciales. Desde hace poco, algunos excelentes vinos de la región del Danubio se exportan bajo etiquetas de variedades tan conocidas como la cabernet sauvignon o la merlot. A pesar de estos cambios importantes, cada país productor tiene su propia identidad, con vinos cuyo carácter merece ser preservado. La parte occidental de la región –la República Checa, Eslovaquia, Eslovenia y, en cierta medida, Hungría– sigue el ejemplo de Alemania y Austria, y elabora sobre todo vinos blancos. Rumania, Bulgaria y Serbia han añadido a sus variedades tradicionales algunas renombradas, como la chardonnay o la cabernet sauvignon, y producen tanto vinos blancos como tintos clásicos. El futuro de estas regiones está lleno de expectativas, con una firme voluntad de satisfacer plenamente la curiosidad de los nuevos consumidores del oeste de Europa.

Hungría

Hungría se distingue por una originalidad fruto de su identidad nacional (magiares aislados en medio de germanos y eslavos) y de la herencia fastuosa de la historia del Imperio austrohúngaro. Los húngaros están orgullosos de esos particularismos, que el intento de nivelación de los regímenes comunistas no consiguió borrar.

Los húngaros hacen las cosas a su manera. Los viñedos, con variedades que no se encuentran en ningún otro lugar del planeta, son el fiel reflejo de la lengua, una de las más complejas de Europa. Hay que destacar, por ejemplo, que les debemos el tokay, un vino que no tiene parangón en el mundo. Sin embargo, y a pesar de sus enormes esfuerzos, necesitarán toda la energía y la intuición que los caracterizan para explotar su potencial en el próximo decenio.

Ya durante la dominación romana, Hungría elaboraba vino y, desde entonces, ha sabido conservar una buena tradición vitícola, exceptuando algunas interrupciones bajo la ocupación turca. Los vinos de tokay se empezaron a comercializar en Europa en el siglo XVII y extendieron su fama bajo el dominio austríaco. La llegada del comunismo, en 1945, supuso la colectivización, las reformas agrarias y una planificación que no tenía en cuenta las peculiaridades. Actualmente se vive un retorno al pasado con la devolución de las tierras a sus antiguos propietarios. En cierta medida, el hundimiento del régimen comunista ha dejado la industria vitícola húngara en un estado de descomposición peor que el de los países vecinos. Por ejemplo, la centralización era menos rígida en Hungría que en Bulgaria, pero las exportaciones –cerca de la mitad de la producción anual (entre 530 y 730 millones de botellas)– estaban destinadas en un 80 % a países incapaces de comprar en el momento en que Hungría más lo necesitaba: URSS, RDA y Polonia.

Las consecuencias fueron inmediatas: un enorme excedente de vino (el doble del consumo nacional) y un gran descenso de los ingresos. La situación hubiese podido ser catastrófica si Hungría no hubiera reaccionado a tiempo, suministrando a Occidente un sauvignon blanc y un chardonnay frescos, de buena factura y de calidad. Estos vinos, elaborados en Hungría con tecnología occidental (a menudo australiana), están destinados a mercados ricos, con divisas fuertes y afi-

Plantaciones experimentales en Hajós.

LOS NIVELES DE CALIDAD

Las leyes vigentes en cuestión de vinos (que pueden ser modificadas en un futuro próximo) definen tres niveles de calidad.

Vinos de mesa: embotellados en botellas de 1 l con una graduación mínima de alcohol de un 8 % vol.
Vinos de calidad: embotellados en botellas de 75 cl, deben tener un nivel de alcohol mínimo del 10 % vol. Las etiquetas tienen que mencionar el lugar de origen, la variedad y el año.
Vinos de calidad especial: embotellados en botellas de 75 cl, se elaboran con uva que ha llegado a su madurez en la viña o con uva sobremadurada. Las etiquetas mencionan el lugar de origen, la variedad y la añada. Se venden con el sello del Estado.

cionados a los vinos blancos. Si éste es el futuro del vino húngaro, puede decirse que es prometedor.

Variedades y estilos de vino

Hungría es, principalmente, un productor de vino blanco. El vino tinto, que no alcanza el 30 % de la producción, procede en su mayoría del sur, alrededor de Villány y de la Gran Llanura. Gran parte de los vinos tintos tiene un carácter bastante ligero, e incluso el egri bikavér («sangre de toro») no es tan concentrado como su nombre podría dar a entender. Los vinos blancos, por su parte, son especiados y más bien dulces cuando se ajustan al gusto local. Hungría hace uso de variedades nobles, blancas y tintas (pinot noir y merlot, entre otras), pero sería una auténtica desgracia que abandonara sus cepas tradicionales. Se necesitará tiempo para inventariar las calidades de sus variedades autóctonas, pero ya se sabe que, entre las tintas, la kadarka (difícil de cultivar, sensible a las heladas invernales, pero muy prometedora) podría ser interesante. También se habla de la kékfrankos, aunque pocas veces da un vino apasionante, y de la zweigelt, que también existe en Austria donde los viticultores la aprecian por su rendimiento.

La variedad mejor implantada y más extendida es blanca, la olaszrizling (también llamada laski rizling o incluso welschriesling). La leányka, bastante neutra, es bastante corriente, así como la furmint, la hárslevelü, la tramini (o traminer), la muscat ottonel, la juhfark, la rhein riesling (rajnai rizling), la müller-thurgau (rizlingszilváni) y la szürkebarát. Todas estas variedades, y algunas más, crecen en 22 viñedos del Estado y en 10 000 propiedades privadas. Estas últimas ya existían durante el régimen comunista y continúan su actividad (a escala reducida por el momento). En el pasado, se atribuían parcelas de cerca de media hectárea a las familias. Si los propietarios explotaban la viña, podían vender la producción a una finca del Estado o vinificar vino en su propia y pequeña bodega. Con la privati-

Las viñas descienden hasta las orillas del lago Balatón.

zación de la tierra y de las explotaciones es probable que los viticultores formen asociaciones privadas.

El Centro y el Sur

Hungría cuenta con cerca de 140 000 ha de viñas por todo el país, a excepción del extremo sureste. Más de la mitad crece en la Gran Llanura, que debe su nombre a sus dimensiones y a su relieve llano. Situada al sur de Budapest y al este del Danubio, la Gran Llanura tiene condiciones climáticas extremas, con veranos tórridos e inviernos muy fríos: el viento sopla tan fuerte que el suelo arenoso tiene tendencia a erosionarse con facilidad... a menos que esté plantado de vides. Los vinos son maduros, poco ácidos, bastante ligeros; en su mayoría son vinos blancos, a base de olaszrizling, una cepa neutra. Se trata pues de vinos comunes, sin el potencial de calidad que pueden alcanzar los vinos de otros viñedos húngaros plantados en laderas. La región de la Gran Llanura se divide en tres distritos.

Kiskunság: produce sobre todo vino blanco de la variedad olaszrizling.

Hajós-Vaskuti: elabora principalmente vinos tintos a partir de las cepas kadarka, cabernet y otras.

Csongrád: se obtiene mayoritariamente vino tinto a partir de la variedad kadarka.

El Suroeste

Al oeste de la Gran Llanura, en la otra orilla del Danubio, se encuentran las viñas de la región transdanubiana del Sur.

Villány-Siklós: se trata de la zona vitícola más meridional. Villány produce tintos (hechos de merlot y cabernet sauvignon) con gusto de ciruela y destinados a la exportación. Pero la especialidad local es el oporto tinto, cuyos sabor redondo y baja acidez se corresponden más con el gusto húngaro. Siklós es famoso por sus blancos.

Mecsek: un poco más al norte, alrededor de Pécs, esta región produce sobre todo vinos blancos. Los viñedos están plantados en laderas con olaszrizling, furmint, chardonnay y cirfandli (la zierfandler austríaca). Los suelos son de arena volcánica o de esquisto, y los vinos bastante dulces.

Szekszárd: más al norte todavía, vuelve a dominar el vino tinto. Está muy presente la kadarka, pero también se encuentran cabernet, merlot y kékfrankos.

Dél-Balaton: Dél-Balaton, o Balatón Sur elabora vinos blancos secos o espumosos a base de olaszrizling, sauvignon blanc y chardonnay, así como tintos (cabernet sauvignon). Todos, cabernet incluido, son bastante dulces. La gran granja vinícola de Balatonboglár se encuentra en la orilla sur del lago Balatón. Las vides son más jóvenes que las de la orilla norte e incluyen más cepas importadas.

El lago Balatón

Las principales viñas del Balatón están situadas, al igual que las de otros distritos, en la región transdanubiana del Norte. El papel del enorme lago Balatón en la viticultura regional es esencial: no en vano se trata del mayor lago europeo. Atempera el clima gracias a su impresionante extensión. Los suelos son arenosos y volcánicos.

La olaszrizling es la variedad principal al norte del lago, pero las mejores siguen siendo las cepas autóctonas (furmint, kéknyelü y szürkebarát). Una mejora de las técnicas de crianza en esta región podría dar, en el futuro, vinos aromáticos de gran carácter.

La región del lago Balatón se divide en varios distritos.

Badacsony: esta zona centrada en un volcán extinguido, en la orilla oeste del lago, produce vinos blancos (kéknyelü, szürkebarát, olaszrizling, sauvignon blanc, rajnai rizling, zöldszilváni, muskotály, rizlingszilváni y tramini).

Balatonfüred-Csopak: más al este, en la misma orilla del lago, es un distrito que elabora vinos blancos, principalmente a partir de olaszrizling.

Balatonmellék: este distrito produce sobre todo vinos blancos en las proximidades del lago.

Somló: la zona vitícola más pequeña de Hungría, con 500 ha situadas en otro volcán extinguido. Se extiende desde el lago hacia el noroeste. Produce vinos blancos hechos de las variedades furmint, juhfark, muscat ottonel y tramini.

Mór y Sopron: estos distritos, que se apartan más del lago, pero aún se encuentran en la región transdanubiana septentrional, dan vinos algo más ácidos, blancos en Mór y tintos en Sopron.

Situada en las primeras estribaciones de los Alpes, en el oeste del país, Sopron goza de un clima más templado que el resto de Hungría. La ciudad está a orillas de otro lago, el Fertö Tó (llamado Neusiedlersee en Austria). Los inviernos son más suaves y los veranos más frescos y húmedos. Se producen tintos, elaborados con kékfrankos, pinot noir y cabernet, y blancos hechos con zöldveltelini, tramini y leányka. A pesar del gran interés que presenta la cabernet, casi toda la producción de tinto es a base de kékfrankos. La región de Mór se encuentra entre Budapest, al este, y Sopron, al oeste, bastante cerca de la frontera eslovaca. Su especialidad es un vino blanco relativamente neutro a base de la variedad ezerjó, pero el suelo de loes y de silicio le confiere una acidez agradable.

El Norte

Aquí se produce la mayoría de los vinos que han cimentado la fama de Hungría en el extranjero. El Norte es la región de producción del egri bikavér así como del famoso tokay, un vino excepcional. También en esta zona se encuentra la finca Gyöngyös, de influencia australiana.

Control de la sedimentación del vino en las cavas de tokay de Tolcáva.

Eger: la vieja ciudad de Eger es la capital de una región cuyo vino más conocido sigue siendo el egri bikavér, o «sangre de toro» de Eger. Compuesto esencialmente de kékfrankos mezclada con un poco de cabernet sauvignon, cabernet franc y oporto, se elabora en la finca Egervin, que cultiva la vid en 6 500 ha de la región de Mátraalja-Egri. Una leyenda cuenta que, en el siglo XVII, los magiares habrían conseguido liberar Eger del sitio de los turcos por beber mucho vino: su color había hecho creer a los otomanos que sus adversarios bebían sangre de toro. Actualmente el vino de mezcla que lleva este nombre está rara vez a la altura de la leyenda.

Bükkalja: esta región importante, cercana a Eger, a los pies de los montes Bükk, está especializada en blancos.

Mátraalja: esta región extensa y variada, en las vertientes meridionales de los montes Mátra, al oeste de Eger, produce sobre todo vinos blancos de todos los estilos, hechos a partir de las variedades olaszrizling, rizlingszilváni, tramini, szürkebarát, zöldveltelini, leányka y muscat ottonel. En Mátraalja se encuentra el viñedo Gyöngyös, donde un tal Hugh Ryman, de origen australiano, produce un sauvignon blanc y un chardonnay, dos vinos francos y redondos. Ryman, uno de los primeros viticultores extranjeros que ha invertido en Hungría, ha revolucionado la viticultura en la propiedad. Su objetivo no es hacer grandes vinos, sino vinos seductores, capaces de rivalizar por precio y calidad con los vinos australianos medios. Nagyréde, población de esta región, ha adquirido su fama gracias a sus vinos frescos y frutales, particularmente un buen rosado. La región del tokay se describe más adelante.

El futuro de la industria vinícola en Hungría

Antes del derrumbe del comunismo, los métodos de fabricación del vino habían caído por debajo de lo imaginable. Sin embargo, el equipamiento es excelente, con prensas modernas y un material de vinificación adecuado, y los viñedos están en buen estado y dotados de buenos clones que ofrecen rendimientos razonables. Pero una explotación moderna y cepas de buena calidad no bastan cuando se descuida la vinificación (lo que, lamentablemente, ocurre demasiado a menudo). Como en la mayoría de los países del este de Europa, la industria vitícola buscaba antes la cantidad que la calidad. Es de esperar que la tendencia se invierta para atraer las tan codiciadas divisas extranjeras. Una ley del vino en proceso de elaboración trata de armonizar las normas con las de la Unión Europea. Sin embargo, el vino húngaro sólo podrá renacer y reflejar su riqueza gracias a inversiones considerables. De momento, ya se han plantado en las laderas húngaras las variedades clásicas más populares. Estas plantaciones nuevas, así como el potencial de ciertas cepas locales, debería permitir la elaboración de vinos de gran calidad que dentro de poco podrían figurar entre los mejores vinos del mundo.

TOKAY

Para Luis XIV, el tokay era el rey de los vinos. En su tiempo, era el vino más consumido en Europa, apreciado por sus propiedades medicinales tanto como por su aroma rico y su carácter refrescante. Todavía hoy es un vino notable, aunque sólo sea por la originalidad de la elaboración. Su potencial de añejamiento es sorprendente: las mejores añadas pueden envejecer durante dos siglos. Las 7 000 ha de viñas de tokay están plantadas en Hungría y en el este de Eslovaquia, no lejos de la frontera rusa, sobre un suelo de naturaleza volcánica. Dominan el valle del Bodrog, cuyas brumas otoñales provocan la podredumbre noble o *Botrytis cinerea* en las dos variedades principales, la furmint y hárslevelü. La tercera variedad, la moscatel amarilla, a veces se comercializa por separado.

La elaboración del tokay

Los viticultores suelen esperar a principios de noviembre para vendimiar. De esta forma pretenden cosechar las uvas *aszú*, es decir, afectadas de podredumbre noble, endulzadas y concentradas por la acción de la *Botrytis*. Los racimos se depositan en un *putton* (en plural *puttonyos*), un cesto que puede contener cerca de 25 kg de fruta. La característica esencial del tokay reside en que la uva no se vinifica inmediatamente. Una vez prensada, se echa en una barrica de 136 l que contiene vino seco, elaborado con uva no afectada por la *Botrytis* y cosechada anteriormente ese mismo año. Esta curiosa mezcla de vino y de uva botrytizada se deja en maceración, lo que no tarda en producir una fermentación alcohólica. Una parte del azúcar de la uva se transforma en alcohol, lo que aumenta la tasa de alcohol desde un 2 % vol hasta el 14% vol, mientras que la mezcla gana en concentración aromática (calculada en polifenoles y glicerol). Se mide la riqueza del vino por el número de *puttonyos* (cestos) vertidos en la barrica de vinificación (entre tres y seis). En las mejores cosechas, se llega a añadir incluso más de seis *puttonyos* para elaborar un tokay de excepción, que entonces se llama aszú eszencia.

Al final de la segunda fermentación, que puede durar varios meses, el vino *aszú* se vierte en barricas pequeñas que se dejan envejecer en largos túneles subterráneos y húmedos, abundantes en esta región. Se favorece cierta exposición al aire, lo que da a los vinos aromas de jerez, con notas de manzana, caramelo y miel. Después del añejamiento en barrica, que puede durar entre cinco y doce años, el vino se mezcla y luego se embotella.

El tokay no es siempre vino *aszú*. Los años en que la podredumbre noble no afecta todos los racimos o la botrytización se ve reducida por unas condiciones climáticas desfavorables, la uva sana y la afectada por la podredumbre noble se vinifican conjuntamente. El vino resultante de esos años menos buenos se llama szamorodni, que puede ser seco o meloso. En el otro extremo de la gama de calidad se encuentra el eszencia, así llamado por el nombre del jugo que fluye naturalmente por exudación de la uva *aszú*. Es tan rico en azúcar que puede tardar años en fermentar, para no tener finalmente más que un 3 % vol de alcohol. Este néctar es demasiado dulce, demasiado concentrado para ser bebido solo: generalmente se reserva para las mezclas, pero quien prueba este vino (increíblemente caro) conserva un recuerdo inolvidable.

Los avances recientes

Este método de fabricación tradicional se encuentra desgraciadamente desvirtuado por las prácticas dudosas de la granja central del Estado, que durante mucho tiempo interpretó las tradiciones seculares de la elaboración del tokay con un planteamiento industrial y sin un solo *putton* en las bodegas. Sólo unas pocas granjas pequeñas efectuaban realmente la mezcla de uva botrytizada con vino descrita más arriba. Por fortuna, los funcionarios de la granja estatal respetaban las proporciones de uva botrytizada y de vino, lo que permite que los tokay de las cuarenta últimas cosechas conserven cierta parte de autenticidad.

Desde 1991, varias propiedades históricas han sido reconstituidas, como la antigua explotación imperial de Hetszölö. El proceso de añejamiento, muy largo, permite afirmar que habrá que esperar un decenio antes de que las fincas independientes alcancen su objetivo: volver a los vinos *aszú* específicos de cada viñedo que fueron la gloria de la región. A pesar de todo y teniendo en cuenta las cantidades producidas, la granja del Estado elaboró vinos notables, lo que hace pensar que la explosión de este gran viñedo en parcelas pequeñas debería culminar con un aumento sensible de la calidad. El renacimiento de estos vinos es para mañana... o quizá pasado mañana. □

LOS ESTILOS DE TOKAY

VINOS	Contenido en azúcar	Extracto seco	Años de añejamiento en barrica
Szamorodni seco	0-10	25+	2
Szamorodni dulce	10-50	25+	2
Aszú 3 *puttonyos*	60-90	30+	5
Aszú 4 *puttonyos*	90-120	35+	6
Aszú 5 *puttonyos*	120-150	40+	7
Aszú 6 *puttonyos*	150-180	45+	8
Aszú eszencia	180-240	50+	10-20

(El contenido en azúcar y el extracto seco están expresados en gramos por litro)

Bulgaria

De todos los países de la Europa del Este, Bulgaria es el que más ha seducido a los consumidores de vino occidentales. Desde 1975 más o menos, el cabernet sauvignon búlgaro, bien madurado y bien hecho, comenzó a erigirse en rival de los burdeos comunes en las mesas alemanas, británicas y escandinavas. Sin embargo, desde la caída del régimen comunista, ya no es el único que aparece en las cartas de los restaurantes extranjeros, dado que la geografía vitícola se ha diversificado con la multiplicación de fincas, variedades y estilos de vino. También los vinos blancos, tradicionalmente menos interesantes y afinados que los tintos, mejoran muy rápidamente.

Bulgaria, encerrada entre el mar Negro al este y las repúblicas de la ex Yugoslavia al oeste, parece haber sido bendecida por los dioses para el cultivo de la vid. Goza de un clima principalmente continental, con veranos calurosos e inviernos fríos, y temperaturas que varían entre los 40 °C y los −25 °C. El mar Negro suaviza estas oscilaciones de temperatura en el este.

Historia de la vid

Poco importa que fuera por voluntad del hombre o de la naturaleza, lo cierto es que la vid ya crecía en Tracia, la antigua Bulgaria, hace 3 000 años, como atestigua la *Ilíada* de Homero. El vino búlgaro tiene, pues, una larga historia, aunque su existencia fue interrumpida por el dominio del Imperio otomano (musulmán), que limitó la explotación vitícola a una escala local desde 1396 hasta 1878. Hubo que esperar a 1918 para que la producción de vino empezara a tomar un auge real. Como en otros países, el régimen comunista supuso la colectivización de las viñas y del resto de la agricultura, y no fue hasta la década de los 70 cuando los vinos empezaron a adoptar su forma moderna.

La necesidad de exportar forjó la industria vitícola búlgara actual. Su primer cliente fue la ex URSS, cuya sed de espumosos y de vinos de mesa dulzones parecía ser insaciable. Pero los vinos búlgaros también hicieron una incursión en Occidente gracias a la empresa estadounidense Pepsico, que quería colocar sus bebidas gaseosas en Bulgaria pero se negaba a ser pagada en la moneda local o en repuestos para tractores. Para disponer de vino vendible en Occidente, el grupo estadounidense puso a los búlgaros en contacto con personalidades de la industria vitícola californiana, como el profesor Maynard Amerine, de la universidad de California. Algunas fincas vitícolas, animadas por el entusiasmo californiano, empezaron a invertir en su modernización.

El paisaje suavemente ondulado a uno y otro lado de los Balcanes, que dividen el país longitudinalmente, se encuentra recubierto de hileras de cabernet sauvignon y otras variedades clásicas. Antes de la colectivización, ya se cultivaba la vid no sólo en estas tierras llanas, sino también en las vertientes más abruptas, práctica que se abandonó bajo el régimen comunista por falta de rentabilidad. Cuando se volvió a plantar en esas laderas resultó que daban los vinos búlgaros más finos.

La estructura de la industria vitícola búlgara descansaba, por tanto, en la producción de grandes cantidades de vinos bien vinificados y concebidos para el gusto extranjero (aunque no necesariamente occidental). Los progresos no fueron uniformes, ni mucho menos. Se dio un gran paso adelante con la aplicación de las reglamentaciones *Controliran*, que establecían los orígenes geográficos de los mejores vinos para añadirles –por así decir– un carácter regional. Algunas propiedades supieron aprovechar las oportunidades de exportar que les iban surgiendo, mientras que otras no estuvieron a la altura. Sin embargo, fue la administración, y no la naturaleza de los suelos ni del clima, quien clasificó los viñedos en zonas diferentes. Además, la individualidad en la elaboración del vino tenía sus límites: se decidió un sistema de poda a un metro para todas las vides cuando algunas, como la mavrud autóctona, merecían un planteamiento diferente. Como en otros países comunistas, la comercialización estaba en manos de un monopolio, Vinimpex, mientras que una autoridad de tutela, Vinprom, controlaba la producción.

Los vinos búlgaros actuales

Desde 1975 hasta cerca de 1985 la industria vitícola búlgara disfrutó de su época de vacas gordas. Las flacas llegaron en 1984, cuando el presidente Gorbachov decidió restringir el consumo de alcohol de los soviéticos. Aunque esta medida se dirigía preferentemente al vodka, también afectó a todos los países del Comecon exportadores de vino. Las exportaciones búlgaras cayeron de 300 a 170 millones de botellas en un solo año, y luego a 100 millones en el año siguiente. Como consecuencia inmediata se decretó un amplio programa de reducción del número de vides y ciertas medidas restrictivas, como la congelación del precio de la uva. Se destruyó cerca de la mitad de los viñedos, mientras que otros se abandonaron. Luego se replantó (especialmente con chardonnay), pero en 1990 la producción de vino no pasaba de los 240 millones de botellas (frente a 600 en 1985).

En 1989 cayó el régimen comunista. En 1990, se liberalizó (¡en 36 horas!) la industria vitícola y, en 1991, la ley de restitución devolvió las tierras a sus propietarios de antes de 1947. La mayoría de las viñas pasaron rápidamente a manos de personas obligadas a seguir con la viticultura al menos cinco años, pero no siempre cualificadas para un mantenimiento correcto de las vides (a menudo los nuevos propietarios viven en la ciudad y no se pueden ocupar convenientemente de sus bienes o, simplemente, no están interesados en la viticultura). Afortunadamente, la privatización de los grandes centros de vinificación se ha hecho más progresivamente.

Vides y viñedos

Independientemente de los cambios poscomunistas, los elementos de base siguen siendo los mismos. La produc-

La variedad melnik, cultivada en laderas de arenisca cerca de los montes Pirin.

ción se divide a partes casi iguales entre vinos blancos y tintos, que se elaboran en más de 130 «complejos agroindustriales» que practican el policultivo.

Los viñedos ocupan el 4 % de la tierra cultivada y las tres cuartas partes acogen variedades no autóctonas. En lo que respecta al vino tinto, un 75 % está elaborado con cabernet sauvignon o merlot. Les siguen la pamid, la gamza, la mavrud, la melnik, la pinot noir y la gamay. Para los vinos blancos, la cepa más corriente es la rkatsiteli.

Cada finca emplea una amplia gama de cepas y, aunque existen ciertas preferencias regionales (por el tinto en el sur, por el blanco en el este), no se encuentra en ninguna parte la especialización que se observa en los países de Europa occidental, con variedades adaptadas a las condiciones locales. No cabe duda de que la calidad mejoraría con la especialización y convendría que se hiciera por iniciativa de las propias fincas vitícolas, que constituyen la fuerza de la industria en la era poscomunista.

Sin embargo sería una lástima que las leyes del mercado empujaran a las fincas a favorecer la cabernet sauvignon y la chardonnay en detrimento de las variedades nacionales. La mavrud, por ejemplo, puede producir vinos excelentes. Este viduño se cultiva al sur del país, en un centenar de hectáreas alrededor de Asenovgrad, su región predilecta. Da bayas menudas y en poca cantidad, por lo que es difícil de cultivar. Pero, al madurar (bien entrada la estación), produce un vino denso, rico en taninos, que recuerda al mourvèdre del sur de Francia.

La melnik es otra variedad de cepa tinta autóctona. Procedente de la ciudad del mismo nombre, en el suroeste, cerca de la frontera con Grecia, no se emplea en su justo valor y se podría mejorar tanto el cuidado de la viña como la vinificación.

La gamza se cultiva mucho, quizá porque da muchas bayas grandes cuando se riega abundantemente. Ofrece un vino pálido y ligero que se oxida rápidamente. Un rendimiento más bajo permitiría obtener un vino mejor, más profundo, capaz de envejecer.

En cuanto a las variedades blancas auténticas, ni la dimiat ni la misket (cruce de dimiat y riesling) ofrecen buenos resultados, aunque una vinificación cuidadosa consigue vinos bastante seductores. La rkatsiteli no es una cepa exclusiva de Bulgaria, pues se encuentra en otros países vecinos del mar Negro y, sin duda, se importó de Georgia: bastante neutra, podría revelar ciertas cualidades si la uva se vinificara correctamente.

No todas las empresas búlgaras están equipadas para sacar el mejor partido de sus viñedos, sea cual sea la variedad. En el mejor de los casos, disponen de hileras interminables de cubas de fermentación de acero inoxidable y, a veces, de barricas destinadas al añejamiento de algunos vinos tintos o de los mejores vinos blancos de chardonnay. Algunas no tienen siquiera el equipamiento básico que permite controlar las temperaturas de fermentación; cuando es así, los tintos suelen ser de mejor calidad que los blancos. En consecuencia, es esencial que los consumidores distingan entre una finca y otra, como en cualquier otra región vitícola seria: hay que leer las etiquetas con mucha atención, pues ya no basta con pedir un «cabernet búlgaro» (véase la lista de las mejores propiedades en la página siguiente).

REGIONES VITÍCOLAS

Bulgaria incluye cinco regiones vitícolas que cubren todo el país, con excepción de los alrededores de Sofía. Los Balcanes (Stara Planina) constituyen una barrera climática y física que separa el sur, más cálido, con vinos ricos y concentrados, del norte, más fresco, con vinos más refinados y dedicados a la exportación, en los que dominan las variedades clásicas. Las cepas autóctonas están presentes, sobre todo, en el sur. Las etiquetas de las botellas son claras: indican el nombre de la finca (a menudo el de la región) y de la variedad, así como la categoría del vino (véase recuadro).

La ciudad de Melnik en la región suroeste.

La región suroeste

La región suroeste, cerca de la frontera griega, es, de lejos, la más calurosa. Su especialidad es el melnik tinto, cultivado alrededor de la ciudad del mismo nombre. Las fincas de Petrich y Harsovo, en clara mejoría, no hacen sin embargo justicia al potencial del melnik. El cabernet sauvignon es maduro y muy aterciopelado.

La región sur

La región sur, muy calurosa, produce principalmente vino tinto, al menos en términos de calidad. Predominan el mavrud (sobre todo en Asenovgrad) y el pamid, así como el cabernet sauvignon, el pinot noir y el merlot (particularmente bueno en las regiones de Haskovo, Stabolovo y Sakar).

El mavrud de Asenovgrad es un vino *Controliran*: de color oscuro y sabor especiado, es capaz de envejecer. Procede de las estribaciones de los montes Ródope, que forman la frontera con Grecia.

La región este

La región este, que se extiende a lo largo de toda la costa, goza de los efectos refrescantes del mar Negro y produce los mejores blancos del país, especialmente los de Preslav y Shumen. La calidad ha mejorado notablemente durante los últimos años, pero todavía no es constante.

La finca de Preslav es el no va más en materia de vinos blancos. Seleccionada en la década de los 70 para la exportación a Occidente, todavía produce el mejor vino blanco del país. Controla las empresas de Khan Krum y de Novi Pazar, pero Shumen ha escapado a su tutela. En el futuro es probable que Khan Krum supere al maestro en calidad. Las dos propiedades producen un buen chardonnay, cuyos vinos de reserva envejecen en roble nuevo.

La finca de la ciudad balneario de Burgas, en la costa del mar Negro, muestra una preferencia típicamente oriental por los vinos blancos, que constituyen cerca del 65 % de la producción. Los vinos del país pueden ser bastante seductores, sobre todo el aligoté.

La región Balcanes del Sur

La región Balcanes del Sur, además de las rosas, cultiva muchas variedades blancas, así como cabernet sauvignon y misket tinta en la región de Sungulares.

La región norte

Los mejores vinos tintos proceden de las montañas del norte. Allí se encuentra la finca de Suhindol, que se hizo famosa al forjar el renombre internacional del cabernet sauvignon búlgaro. Sin embargo, actualmente ya no se puede decir con seguridad que ostente el título de mejor productor.

Suhindol fue la primera finca exportadora de Bulgaria en ser privatizada. Controla igualmente la finca de Vinenka, una de las más antiguas del país, que produce un cabernet sauvignon muy bueno, así como un buen merlot. El centro de vinificación ruso es uno de los mejores de Bulgaria. La variedad más cultivada es la cabernet sauvignon, que da un vino elaborado según normas de calidad muy estrictas en un establecimiento dotado de los mejores equipos.

NIVELES DE CALIDAD

La ley del vino de 1978 distingue cuatro niveles de calidad.

Vinos del país: jóvenes, destinados a ser bebidos enseguida. Se trata a menudo de una mezcla de vinos hechos de dos variedades.

Vinos varietales: vinos de origen geográfico controlado. Los tintos tienen a menudo cierta edad, contrariamente a los blancos. Algunos, particularmente el mavrud, se venden como vinos de calidad superior.

Vinos de reserva especial: procedentes de emplazamientos seleccionados, a partir de uvas minuciosamente elegidas. Se elaboran en cantidades pequeñas.

Vinos Controliran: fabricados a partir de cepas controladas en emplazamientos precisos. Se obtiene el estatuto de *Controliran* después de someter tres cosechas sucesivas al control del Estado. Los años siguientes, el vino puede ser rebajado de categoría si ya no corresponde a los criterios de calidad. Hay alrededor de 27 vinos *Controliran*, que proceden a menudo de las fincas punteras. La palabra *Controliran* figura muy claramente en las etiquetas.

Vinos de reserva: de todas las categorías mientras tengan dos años (los blancos) o tres (los tintos). En la práctica, la mayoría de los vinos de reserva son los mejores vinos varietales.

RUMANIA

Rumania tiene una larga historia vinícola: las vides de la orilla del mar Negro fueron plantadas hace 3 000 años por los griegos; los sajones introdujeron luego las variedades germánicas en Transilvania. Fue necesario que una epidemia de filoxera diezmara la mayor parte de los pies, a finales del siglo XIX, para que la mayoría fueran sustituidos por cepas francesas (pinot noir, cabernet sauvignon, merlot y sauvignon blanc). Sin embargo, se han conservado algunas variedades autóctonas: tămaîîoasă romaneascǎ, feteascǎ albǎ, feteascǎ regalǎ (blanca) y feteascǎ neagrǎ (tinta).

Rumania ocupa una buena posición entre los países productores de vino –muy por delante de sus vecinos de los Balcanes– y la vid constituye una parte importante de la economía rural.

La mayoría de los vinos rumanos se consumen en el país, lo que limita la posibilidad de que se exporten.

Los viñedos están repartidos en 8 regiones, a su vez subdivididas en 50 denominaciones. El sistema de denominaciones está inspirado en el modelo francés, mientras que el principio de clasificación copia el modelo alemán, por lo que los vinos están clasificados en función de su grado de alcohol potencial y de la fecha de la vendimia.

La categoría más baja corresponde al vino de mesa sin origen específico, que tiene entre un 8,5 % vol y un 10,5 % vol de alcohol. A continuación se sitúan los vinos del país, todavía sin origen preciso, que tienen entre 10,5 % vol y 11,5 % vol. En lo alto de la escala se encuentran los vinos de denominación, con un nivel mínimo de alcohol de 11,6 % vol. No se practica la chaptalización. Aunque no está prohibida, cualquier solicitud de autorización se pierde por los pasillos de la burocracia. Además, el azúcar es un bien escaso y caro.

Por el mismo motivo, la mayoría de las viñas rumanas no han visto jamás ni la sombra de un producto químico capaz de tratar la podredumbre o las enfermedades.

Como todas las actividades en Rumania, la industria vinícola se encuentra en una fase de transición. Se restituye la tierra a sus antiguos propietarios a medida que se desmantelan las enormes granjas del Estado y se abandona el sistema cooperativo. Sin embargo, todavía existen fincas vitícolas del Estado así como cooperativas, las únicas capaces actualmente de vinificar la uva y embotellar el vino correctamente.

Los equipamientos de las bodegas pueden variar desde lo más rudimentario hasta la tecnología más reciente, pues en algunas se han realizado considerables inversiones. A pesar de todos estos problemas, existe un potencial real para producir vinos rumanos de calidad.

Los mejores vinos, que sin duda pronto serán descubiertos en todo el mundo, proceden de cuatro regiones principales: Tîrnăve, Cotnari, Dealus Mares y Murfatlar. Como el país está al norte de los Balcanes, tiene un clima más frío, que favorece la elaboración de vinos blancos. En efecto, en todas las regiones, a excepción de las del extremo sur, la uva madura con dificultad, salvo en años particularmente calurosos.

Regiones y estilos de vino

Al norte de los Cárpatos, la región de Tîrnăve, en Transilvania, cultiva la vid en una meseta entre dos ríos, el Tîrnăve Mare y el Tîrnăve Mică. El suelo es pobre pero el microclima suave. Las viñas –plantadas con las variedades feteascǎ albǎ, feteascǎ regalǎ, riesling itálico, muscat ottonel, sauvignon blanc y pinot gris– producen vinos blancos que están dotados de buenos aromas y tienen también un buen nivel de acidez.

En las estribaciones meridionales de los Cárpatos se encuentran las viñas de Dealul Mare, cerca de la ciudad industrial de Ploieşti, al norte de Bucarest. Están plantadas en un campo petrolífero, lo que crea un paisaje surrealista de torres de perforación sobre un fondo de viñas. El clima, más cálido, permite cultivar algunas variedades tintas, sobre todo pinot noir, así como cabernet sauvignon, merlot y feteascǎ neagrǎ. La tămaîîoasă también es un buen viduño. Una estación de investigación, equipada de forma moderna, permite seguir el progreso del viñedo.

La región más calurosa y seca, Murfatlar, se encuentra cerca del puerto de Constanţa. Aquí, la cabernet sauvignon se expresa mejor gracias a la influencia cálida del mar Negro, que permite al vino ganar en madurez.

Hay otras denominaciones: en la llanura del Banat, al oeste; Segarcea, Stefaneşti y Drăgăşani, al sur; y Odobeşti y Nicoreşti, al este.

COTNARI

En el siglo XIX, los vinos de Cotnari, pálidos y con gusto de miel, alcanzaron un cierto renombre que recuerda en algo el éxito del tokay húngaro. En esta región, situada al noreste de Rumania, cerca de la ciudad de Iaşi, los otoños, generalmente secos y soleados, permiten dejar la uva en la vid hasta bien entrada la temporada, cuando las bayas empiezan a deshidratarse y a secarse, produciendo un jugo rico y concentrado.

El cotnari se hace con las variedades grasǎ, feteascǎ albǎ, tămaîîoasă romaneascǎ y francusǎ (de las que tambien se hacen vinos varietales). La grasǎ es una variedad muy rica sometida a la podredumbre noble. La feteascǎ albǎ aporta finura, la tămaîîoasă romaneascǎ, un perfume de incienso, y la francusǎ una nota ácida a un vino que, si no, sería dulce hasta el empalago.

Cada variedad se vinifica por separado, luego se mezcla a razón de 30 % de grasǎ, 30 % de feteascǎ albǎ, 20 % de tămaîîoasă y 20 % de francusǎ. Se utilizan grandes toneles de roble para la fermentación y la maduración del vino durante algunos años antes del embotellado. El cotnari envejece bien, especialmente en las mejores añadas.

Eslovenia

Eslovenia es un país muy joven, puesto que sólo existe desde 1991, fecha de la escisión de la ex Yugoslavia. Hay actualmente 21 500 ha de viñas para una población de dos millones de habitantes.

En la época en que Eslovenia todavía formaba parte de Yugoslavia, sólo aportaba el 6 % de la producción vinícola anual yugoslava, pero era la región más próspera del país. Con Serbia y Kosovo, Eslovenia era un gran exportador de vino.

Sus bodegas están hoy bastante bien equipadas: cubas de acero inoxidable, al lado de viejos fudres de roble y cubas de cemento. Aunque la mayor parte de las viñas haya sido rápidamente privatizada, cada región dispone de su propia empresa vitícola central, una unidad enorme que vinifica por sí sola el 97,5 % de la producción anual del país (8 millones de botellas, con la misma proporción de blanco que de tinto).

El resto lo elabora un número creciente de productores privados, 150 de los cuales ya embotellan su propio vino. Independientemente de la magnitud de la bodega (una o dos cubas, una hilera de barricas de roble negro), están orgullosos de ella.

El régimen social-comunista yugoslavo permitía a cualquiera poseer 10 ha de tierra. De hecho, la propiedad media es menor y, como es tradicional el policultivo, muchos propietarios poseen menos de una hectárea de vides. En su mayoría prefieren cultivar una mezcla de cepas, variable según la región.

Entre las otras ocho repúblicas de la ex Yugoslavia, Croacia era la mayor productora de vino (46 %, dos tercios de los cuales era blanco), seguida de Serbia (17 %, 70 % era tinto). El resto se dividía entre Kosovo (60 % de tinto), Montenegro (90 % de tinto), Vojvodina (95 % de blanco), Macedonia (mitad tinto, mitad blanco) y Bosnia-Herzegovina (79 % de blanco).

Después de una paz dolorosa, Serbia debería tener el mayor potencial de calidad. Croacia hace sin problemas un buen vino tinto de calidad común.

El Amselfelder, una de las marcas de vino tinto más vendidas de Europa, procedía de Kosovo. Se trataba de un pinot noir destinado originariamente al mercado alemán. En la actualidad la amenaza de guerra que pesa sobre Kosovo ha empujado a los propietarios de la marca a trasladar la producción a Italia, donde su estilo comercial, bastante dulce, se reproduce sin ningún problema.

Categorías de calidad

A la espera de que todas las repúblicas redacten sus respectivas leyes del vino, en Eslovenia sigue estando en vigor la de 1974. Define varias categorías de vino: los vinos de alta calidad, los vinos de calidad, los vinos de mesa de origen controlado y los vinos de mesa comunes.

Los vinos son clasificados por un jurado después de una cata confirmada por un análisis químico: así, en principio, un vino puede cambiar de categoría de un año a otro. La chaptalización está prohibida para todos los vinos de alta calidad.

Vendimia en la región de Podravski.

LAS REGIONES VITÍCOLAS

En Eslovenia hay tres grandes regiones vitícolas: la región del litoral (Primorski), en la costa adriática cerca de Italia; la del valle del Drava (Podravski), al noreste, cerca de Austria; y la del valle del Sava (Posavski), al sureste. Todas tienen el mismo relieve ondulado; la llanura central de Eslovenia no cultiva vides.

Primorski
Una parte de esta región es la prolongación del Collio italiano, en la región de Friul-Venecia Julia; los vinos tienen, por lo tanto, un estilo muy italiano. Entre los vinos tintos destaca un buen merlot, algunas veces criado en barrica, y un cabernet sauvignon.

Entre los vinos blancos, a menudo excelentes, se encuentran pinot gris y blancos maduros, secos y aromatizados, un vino de chardonnay, ligero y bien estructurado, así como un vino de malvasía, sutil, con sabor de albaricoque. La especialidad local es el refošk tinto, oscuro y ácido.

Podravski
Los mejores vinos del país, y seguramente los mejores blancos, provienen de esta región del noreste, que comprende la zona de Ljutomer. Se encuentran variedades y vinos blancos sabrosos que recuerdan los mejores vinos alemanes o austríacos: rulandec (o pinot gris), rhein riesling, traminéc (o traminer), un muy buen sauvignon blanc y vinos de postre hechos de uvas botrytizadas. Incluso el laski rizling, bebido preferiblemente en la región, puede ser fresco y seductor.

La zona de Ljutomer-Ormoz posee los mejores viñedos del país, así como dos bodegas enormes, Ljutomer y Ormoz. Esta última, la mayor, destaca en términos de calidad, pero el vino que lleva la etiqueta Ljutomer procede de las dos propiedades, confusión que perjudica a ambas. Hay un buen número de pueblos interesantes en la región, uno de los cuales, Jeruzalem, parece que fue fundado por cruzados que apreciaron demasiado las viñas para abandonarlas.

Posavski
Los vinos del sureste de Eslovenia son generalmente sanos, pero sin gran atractivo.

República Checa y Eslovaquia

Los vinos de la ex Checoslovaquia eran, hasta el hundimiento del comunismo, quizá los menos conocidos de Europa. La mayoría de los países del bloque soviético exportaba sus vinos dentro del Comecon, salvo Checoslovaquia que, exceptuando algunas botellas comercializadas en Polonia, guardaba toda su producción para consumo interno e importaba, además, cerveza.

Cuando esta industria autárquica buscó asesoría, se dirigió a su hermano mayor ruso. El resultado estuvo a la altura de la fama comunista: dos ministerios, uno para la gestión de las fincas vitícolas, otro para el cultivo de las vides, y grandes subvenciones del Estado para la uva. El vino, después de una elaboración aleatoria, se embotellaba en botellas recicladas que contenían todavía rastros de detergente u otras sustancias indeseables.

Hay que destacar que, a pesar de todo, cierto número de vinos llamaron la atención de los inversores occidentales, lo que permite pensar que merecerán nuestro interés en un futuro próximo.

Regiones y variedades

La calidad y el potencial de calidad son prácticamente idénticos en el estado de Eslovaquia y en las dos repúblicas checas de Bohemia y Moravia. Bohemia es la región más fría del país y posee el viñedo más pequeño, unas 400 ha al norte de Praga, seguida por Moravia, al este. En cuanto a Eslovaquia, conserva cerca de dos tercios de las 45 670 ha de viñedos de la ex Checoslovaquia.

Las variedades no ofrecen sorpresas para un país limítrofe con Alemania, Austria y Hungría: esencialmente frankovka (la limberger alemana) y st-laurent, más un poco de pinot noir, para los tintos, y pinot blanc, traminer, roter y grüner veltliner (uva blanca en los dos casos, a pesar del nombre), müller-thurgau, sylvaner, rhein riesling, laski rizling, irsay oliver autóctona, muy perfumada, un poco de sauvignon blanc y pinot gris para los blancos. Cabe agregar que los vinos blancos representan aproximadamente entre el 60 % y el 85 % de la producción total.

Unas granjas colectivas de varios miles de hectáreas, que practican el policultivo, cultivan las viñas. Sin embargo, los viñedos parecen ocupar los emplazamientos más apropiados.

La privatización –o restitución– ha sido rápida en los dos estados de la ex Checoslovaquia, a pesar de las complicaciones ligadas al cambio de cultivo de las tierras. La privatización de las fincas vitícolas ha sido una tarea más simple, ya que cada empresa central (con una cadena de embotellado) y sus satélites (aquellas que no tenían más que equipos de vinificación y de almacenamiento) se han convertido en una sociedad independiente de pleno derecho.

Estilos de vinos

Se pueden comparar estos vinos a los de Austria y Hungría: los mejores son secos, maduros y bien vinificados, a menudo bastante ligeros, con excelentes aromas varietales. El vino a base de pinot noir, cuando está logrado, es muy bueno.

El clima es continental, caluroso y seco con inviernos fríos y, como la vendimia se hace en los meses de octubre o noviembre, los riesgos de exceso de temperatura en las cuvas de fermentación son mínimos, aun sin sistema de refrigeración.

Aunque la mayoría de los vinos tiene un estilo septentrional, las excepciones proceden de los vinos de tokay. Estos viñedos, que se creían exclusivamente húngaros, se extienden algo más allá de la frontera eslovaca.

Bajo el régimen comunista, el gobierno los había arrendado a Hungría a cambio de cerveza, pero han vuelto al control checo desde el principio de la década de los 90, así como también el derecho a la denominación tokay. □

PRODUCTORES Y BODEGUEROS

Los centros de vinificación que ya no están bajo el control del Estado tienen ahora la voluntad de reforzar su individualidad.

Nitra
Una de las mayores fincas de Eslovaquia, con viñas al sureste de la provincia plantadas en laderas orientadas al suroeste. Fruto del azar más que de la voluntad, aquí se elaboran los vinos de las variedades más fuertes y aromáticas, como el irsay oliver, con la colaboración y los consejos de expertos occidentales.

Pezinok
Finca eslovaca al sureste de la provincia que distribuye toda una gama de vinos con la ayuda de occidente.

Saldorf
Finca relativamente pequeña que cultiva, entre otras, ruländer, rhein riesling, sauvignon blanc, müller-thurgau y grüner veltliner, cuyos vinos se exportan a Occidente con la etiqueta Archioni. Algunos envejecen bien (salvo el grüner veltliner).

Valtice
Castillo medieval que perteneció antaño a la familia Liechtenstein. Cuenta con 1 100 ha de viñas en Moravia. Asesorados por expertos occidentales, los viticultores de esta finca producen vinos blancos de tipo rhein riesling, grüner veltliner, welschriesling y el raro grüner sylvaner, así como tintos de frankovka y de st-laurent.

Znovin-Satov
Gran centro de vinificación moravo que produce vinos robustos, una parte de los cuales se exporta bajo la etiqueta Moravenka. Tienen un estilo más tradicional que el de los vinos producidos para el consumo de los aficionados occidentales en Nitra.

Mar Negro

SE PUEDE CONTAR CON LOS PAÍSES COSTEROS DEL MAR NEGRO Y DE LA EX URSS PARA AÑADIR ESTILOS Y SABORES DIGNOS DE INTERÉS AL MAPA MUNDIAL DE LOS VINOS.

En el mundo del vino, la URSS era el enigma número uno. Se sabía que la vid crecía en la costa del mar Negro y varias fuentes situaban el Imperio soviético como el tercer o cuarto productor mundial. Los visitantes volvían con historias de «champanski» dulce y de botellas que, a pesar de etiquetas idénticas, contenían vinos manifiestamente diferentes, sin duda procedentes de regiones y de cepas diversas. Los raros ejemplares que llegaban a los países occidentales entraban generalmente en la categoría de «vinos imbebibles». Pero, en abril de 1990, en Londres, Sotheby's subastó más de 13 000 botellas de 124 vinos diferentes de cosechas de entre 1830 y 1945, procedentes de la bodega imperial rusa de Massandra, en Crimea. Muchos de estos vinos eran buenos, algunos excelentes, y aportaban así la prueba de que Rusia había sabido hacer vino. A finales de la década de los 80 aparecieron los primeros signos de capacidad para hacer vino más reciente. Unos tintos soberbios y sólidos de Moldavia, de cosechas de las décadas de los 60, 70 y 80, llamaron la atención y, a medida que la URSS se desintegraba, se pudo empezar a evaluar cada una de las repúblicas vitícolas. De oeste a este, se encuentran Moldavia, Ucrania (Crimea incluida), Rusia, Georgia, Armenia y Azerbaiján. Antaño sus vinos se expedían a granel y se embotellaban en cualquier lugar de la URSS. Eso explica en buena parte la ausencia de correlación entre vinos y etiquetas, así como una calidad a menudo deprimente: el vino se pasteurizaba, es decir, se calentaba para evitar todo riesgo de nueva fermentación o de infección bacteriana. De esta forma permanece estable, pero ya no tiene vida. Además, justo antes de llegar a la planta de embotellado, había viajado mucho. La estructura de la antigua industria vinícola soviética todavía existe. Se basa en centros de vinificación de «primera fase», donde se fermentan los mostos antes de enviarlos a los centros de «segunda fase», encargados del añejamiento y a veces del embotellado. Los viñedos están casi siempre explotados aparte. La aceleración de la evolución política y técnica hace que el futuro sea imprevisible. Moldavia ya muestra signos de su capacidad de suministrar vinos tintos interesantes. Los otros estados del mar Negro no le van mucho a la zaga.

Bodega de los zares en Massandra, en Crimea, con botellas guardadas desde hace casi un siglo. La grandeza de estas viejas añadas ha suscitado el interés de todo el mundo por el potencial de los grandes vinos del mar Negro.

MAR NEGRO 399

La modernización

Los países del mar Negro se enfrentan a graves problemas de modernización. El principal obstáculo para todos ellos es la ausencia de un elemento fundamental: cadenas eficaces para el embotellado. Como todo, o casi todo, se hacía fuera, muchos centros de vinificación no tienen instalaciones de este tipo, mientras que los demás están generalmente equipados con sistemas inadecuados para la producción de vinos de calidad.

Faltan además otros productos básicos: las botellas de 75 cl, esenciales para exportar a la Unión Europea, son raras, al igual que las etiquetas, los tapones y las cápsulas. Un importador británico ha resuelto este último problema sellando las botellas con cera, como algunos oportos vintages.

Antiguamente, estos problemas de penuria se atenuaban por la cooperación entre los distintos centros de vinificación. Pero la ruptura con Moscú ha aumentado la autonomía de cada centro y los que antes colaboraban actualmente compiten entre sí.

La privatización ha sido más lenta que en la Europa del Este. El vino es una industria vital en estos países, sobre todo en Moldavia donde ocupa el primer lugar, y ningún gobierno ha querido renunciar a su control. Sin embargo, cuantos más centros de vinificación se hagan cargo de su propia comercialización, mayor será el número de vinos que atravesarán las fronteras.

La visita regular de algunos vinificadores occidentales, que viajan para evaluar las posibilidades de elaborar productos adaptados específicamente al gusto occidental, debería incitar a los productores a hacer vinos más frescos, más frutales y más comerciales.

MOLDAVIA

Cuanto más se avanza hacia el este, menos familiares son los vinos para los paladares occidentales. A este respecto, Moldavia es la más europea de estas regiones: se encuentran más variedades europeas en sus 160 000 a 200 000 ha de viñedos que en cualquier otra república. Las inmensas granjas vitícolas pueden contar hasta con 18 000 ha de chardonnay, cabernet sauvignon, sauvignon, aligoté y pinots diversos. La saperavi es una excelente cepa tinta autóctona, rica, especiada y tánica. La rkatsiteli blanca autóctona parece bastante insípida, pero algunos observadores creen en su futuro si se vinifica bien. El país es pequeño, apenas 350 km de norte a sur, y la vid está en todas partes, salvo en el extremo norte. Las mejores viñas se encuentran, sin embargo, en el centro y en los alrededores del Dniéster, pero si existen pagos de primera categoría –y seguro que existen–, todavía no se han identificado. Los rendimientos son notablemente bajos: 20-40 hl/ha.

En materia de equipamientos y de técnica, Moldavia se ha adelantado a sus vecinas, pero todavía está retrasada en relación con países como Hungría. No obstante, el potencial es enorme, sobre todo en lo que respecta a los vinos tintos. El añejamiento es a menudo lento y cuidadoso, en viejas barricas de roble, y algunos vinos de la década de los 60 conservan un frescor sorprendente. Moldavia produce entre 530 y 600 millones de botellas al año, tanto como Burdeos. Sus vinos obedecen a un sistema de «añada», en el cual una añada es un año en el que la uva alcanza 10 grados Baumé, o más, de azúcar natural. En los viñedos del norte, eso ocurre una vez cada tres años, mientras que en el sur –de donde proceden los mejores tintos– cada año es una añada.

Los países del mar Negro presentan muchísimas variedades: según se dice, más de 1 000 sólo en Georgia. La ex URSS ha multiplicado las investigaciones sobre ese tema, pero el acceso a sus archivos (en ruso y en Moscú) permitiría establecer cuántos nombres son en realidad sinónimos para una misma cepa. Las principales variedades cultivadas en estas regiones son las siguientes.

BLANCAS
Aligoté: muy extendida.
Chardonnay: Moldavia, Ucrania.
Fetjeaska: Moldavia, Ucrania.
Furmint: Moldavia.
Krakhuna: Georgia.
Mtsvane: Georgia; a menudo asociada con la rkatsiteli.
Moscatel: muy extendida, de gran calidad.

UCRANIA

Los viñedos de Ucrania son más llanos que los de Moldavia, su vecina a orillas del mar Negro, y tienen también la misma latitud que Burdeos. Ahí terminan las semejanzas. Ucrania se ha especializado en la producción de vino blanco y, sobre todo en Crimea, en la elaboración de espumosos. Produce principalmente sauvignon, pero el estilo de sus vinos tranquilos no se parece en nada al bordelés.

Las cepas son menos variadas que en Moldavia. Las principales variedades ucranianas son la rkatsiteli y la aligoté. También se cultiva riesling, pero en un estilo muy poco renano.

Aparte de espumosos, Crimea produce vinos generosos y vinos de postre hechos de uva cultivada en las estrechas viñas costeras. El terreno es en pendiente, pero las vides están en la parte baja de la ladera. A pesar del riego el rendimiento es bajo. El clima es agradable, con inviernos suaves y veranos no demasiado calurosos. Los vinos espumosos proceden del norte y se producen según el método tradicional de segunda fermentación en botella, o bien según el de cuba cerrada, o incluso por el sistema ruso llamado «en continuo»: se bombean los vinos de base y la levadura a través de una serie de cubas y –al final de la cadena– se embotella un flujo constante de vino efervescente.

LAS VARIEDADES

Pinot blanc, pinot gris: Moldavia, Ucrania.
Riesling: muy extendida.
Riesling italico: Moldavia.
Semillion: sinónimo de sémillon.
Tsitska: Georgia.
Tsolikouri: Georgia.

TINTAS
Aleatico: Crimea.
Bastardo: Crimea.
Cabernet sauvignon: muy extendida.
Malbec: Moldavia, Ucrania.
Matrassa: Ucrania, Azerbaiján.
Merlot: Moldavia.
Moscatel: muy extendida, de gran calidad.
Plechistik: Rusia.
Saperavi: muy extendida, de gran calidad.

RUSIA

La mayor parte de los países de la ex URSS producen vinos espumosos, pero el potencial de la República de Rusia reside sobre todo en los vinos tintos tranquilos de cabernet sauvignon.

Los vinos tintos se producen en el sur y el este del país, los blancos y los espumosos en el norte y el oeste. Entre las variedades se encuentran la moscatel (para los vinos dulces), la sylvaner, la riesling, la cabernet, la aligoté, las pinot gris y noir, la pletchistik, la pukhjakovsky, la tsimlyanski y la inevitable rkatsiteli.

GEORGIA

Los viñedos y la vinificación de este país significan una ruptura con todo lo conocido. Se encuentran pocas variedades europeas, aparte de la moscatel.

Se practican tres grandes métodos de vinificación. El método «europeo» implica la fermentación de los mostos sin hollejos. El método de Imeretia consiste en una fermentación parcial del mosto, en presencia de los hollejos, dentro de grandes tinajas subterráneas que se parecen algo a las tradicionales tinajas españolas. Finalmente, con el método local de Kakhetia, los hollejos se dejan en contacto con el vino durante tres a cinco meses. Los vinos blancos así producidos (de un amarillo bastante oscuro y tánicos) chocan con el gusto occidental, aunque a los georgianos les encantan.

Hay que añadir que la vieja ley soviética exigía que todos los vinos, tintos, blancos o generosos, de todas las repúblicas envejecieran tres años en madera antes del embotellado. Se comprende así que los georgianos no tengan la costumbre de buscar la fruta o el frescor en sus vinos blancos.

El gusto georgiano también se basa en un alto nivel de azúcar residual, tanto en los tintos como en los blancos. En el mercado interior, los vinos siempre se identifican con un nombre y un número, un hábito muy soviético. El nombre puede ser el de la variedad o el del lugar de producción... o cualquier otra cosa: el Saamo n.º 30 es un rkatsiteli dulce procedente del pueblo de Kardanakhi, en Kakhetia, y *saamo* significa «agradable».

ARMENIA, AZERBAIJÁN, KAZAJSTÁN

Armenia y Azerbaiján están especializados en vinos dulces. Armenia produce además algunos vinos tintos de alta graduación y Azerbaiján, tintos y blancos secos.

Viñas en invierno cerca de Kichinev, en Moldavia central.

La única otra región vitícola de la ex URSS se encuentra en Kazajstán, donde se producen vinos blancos y vinos dulces hechos de uvas que crecen en las orillas del mar Caspio.

PRODUCTORES

Los centros de vinificación surgidos de una larga tradición empiezan a despertar. Los más recientes emergen gracias a la modernización.
He aquí tres de los que demuestran el potencial de estas extensas regiones de la ex URSS.

MOLDAVIA

Krikova
Centro moldavo equipado con una cadena de embotellado italiana novísima. Produce buenos kodru, krasny y cabernet sauvignon, corpulentos y maduros.

Purkar
Centro moldavo fundado en 1827 en las orillas del Dniéster. Las bodegas están excavadas en la caliza y ofrecen condiciones ideales así como una temperatura constante. El negru de Purkar es una mezcla de cabernet sauvignon y de saperavi, amplia y de gran longevidad.

UCRANIA

Massandra
El centro de Massandra, en Crimea (Ucrania), ya no produce vino. Se crían en él, en botellas y barricas, los que vienen de las viñas costeras de Crimea, vinificados en otros establecimientos. Originariamente, Massandra aprovisionaba la residencia de verano de los zares en Livadia. Se trataba sobre todo de vinos dulces y fortificados, hechos a imagen de los de Europa occidental: «oportos», «málagas», «madeiras», «tokays», «marsalas», «cahors» y, por supuesto, «champagnes». A menudo eran de muy alta calidad.

AMÉRICA DEL NORTE

—

LOS VINOS VARIETALES CALIFORNIANOS IRRUMPIERON EN EL PANORAMA
VITÍCOLA EN LA DÉCADA DE LOS 70. DESDE ENTONCES, LA EXPERIENCIA
CALIFORNIANA HA INSPIRADO A OTROS ESTADOS AMERICANOS
Y A CUATRO PROVINCIAS CANADIENSES.

—

Para explicar la historia del vino en este continente se suele empezar por la saga del explorador vikingo Leif Ericsson, que desembarcó en Terranova hacia el año 1000. Después de ver las frutas silvestres que allí crecían, Ericsson declaró que el nuevo mundo era «un vasto viñedo». Actualmente se cree que la emoción le hizo confundir bayas y uvas. Pero seguramente crecían vides –si no en esa época, al menos más tarde– y la vinificación se desarrolló al mismo tiempo que los jóvenes estados de América del Norte. Sin embargo, ha habido que esperar a los últimos veinte años para que el resto del mundo se enterara de que realmente existe una industria vinícola americana: la calidad de los vinos californianos provocó el asombro general y hubo que empezar a contar con el Nuevo Mundo. Desde entonces, los vinos californianos no han cesado de seducir a los entendidos, aunque los vinos de América del Norte no proceden exclusivamente de California. Se elabora vino en 45 de los 50 estados de Estados Unidos –Washington, Oregón y Nueva York son los productores más notables– y en cuatro provincias de Canadá; pero los productores, al igual que los consumidores, están repartidos de forma muy desigual a través del extenso continente.

La fantástica diversidad de los paisajes, los suelos y los microclimas ha permitido que se desarrollara una variedad increíble de vinos, desde el exótico Léon Millot y el seyval blanc del este de las Rocosas hasta el cabernet sauvignon y el chardonnay que han dado a California su fama internacional. El concepto de vinos varietales –hechos de una sola variedad de uva– forma parte tanto del universo vinícola de América del Norte como del de Australia o Nueva Zelanda. Norteamérica posee sus propias variedades autóctonas que, aunque van siendo sustituidas por híbridos diversos (en general un cruce de *Vitis vinifera* francesa y de *Vitis labrusca* americana) y por cepas europeas clásicas, marcaron para siempre la historia del vino gracias a su resistencia a la filoxera. Innumerables vides de todo el mundo están actualmente injertadas en pies de *labrusca*. Esta solución creativa fue producto de una reflexión innovadora, de un espíritu de adaptación y de un entusiasmo ilimitado, característicos de los vinificadores del Nuevo Mundo. Su ardor y su voluntad de éxito se hicieron evidentes en las décadas de los 70 y 80 cuando, atacando los problemas de raíz, consiguieron abolir las costosas reglamentaciones locales. Ahora, a partir de las mismas variedades, muchos productores ofrecen dos versiones de vinos blancos y tintos, una frutal y de evolución rápida, otra más rica y criada en barrica.

La historia moderna de los vinos americanos comenzó con la creación de pequeñas sociedades vinícolas familiares fundadas por gente procedente de otras profesiones (a menudo sin relación con el vino o la vid), otro rasgo característico tanto de los norteamericanos como de los productores de vino de las antípodas. Libres de toda limitación impuesta por la tradición, los viñadores norteamericanos no dudaron en recurrir a la tecnología: la irrigación permite cultivar vides en el desierto, mientras que la fermentación, el añejamiento en barrica y el embotellado se realizan a menudo a través de ordenador en un medio estéril y aséptico. La propia elaboración del vino se ha convertido en una atracción turística: el valle de Napa, en California, por ejemplo, recibe cada año casi tantos turistas como Disneylandia, y las empresas canadienses situadas en la península del Niágara estimulan a sus visitantes a ir a degustar sus vinos.

Hasta mediados de la década de los 80, los vinos producidos en Estados Unidos, incluso los de las mayores empresas, no estaban destinados a la exportación, situación que está cambiando rápidamente. En 1984, la suma total del vino exportado apenas superaba los 36 millones de botellas; en 1992 alcanzaba más de 216 millones. Aparte de Canadá, los dos principales mercados del vino estadounidense son el Reino Unido y Japón, pero permanentemente se abren nuevas salidas. Comparada con Europa, la industria vinícola de América del Norte está empezando. Muchas regiones sólo han alcanzado un desarrollo embrionario: el 95 % de todo el vino del país procede de tres estados (California, Nueva York y Washington). Sin embargo, es probable que dentro de poco Estados Unidos compita con el Viejo Continente en el mercado mundial.

AMÉRICA DEL NORTE 403

LAS REGIONES VITÍCOLAS DE AMÉRICA DEL NORTE

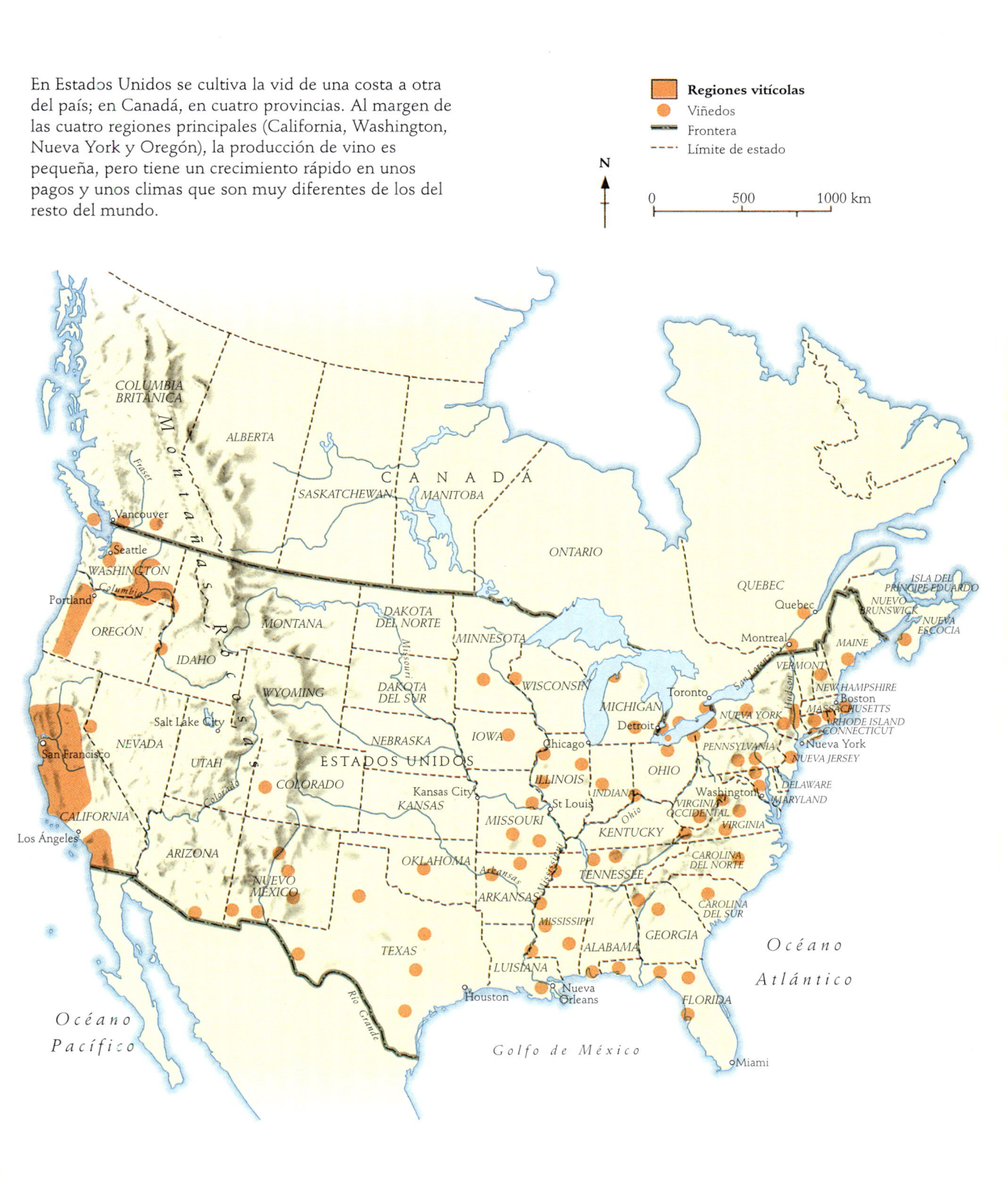

En Estados Unidos se cultiva la vid de una costa a otra del país; en Canadá, en cuatro provincias. Al margen de las cuatro regiones principales (California, Washington, Nueva York y Oregón), la producción de vino es pequeña, pero tiene un crecimiento rápido en unos pagos y unos climas que son muy diferentes de los del resto del mundo.

Leyenda:
- Regiones vitícolas
- Viñedos
- Frontera
- Límite de estado

Escala: 0 – 500 – 1000 km

La historia del vino en América del Norte

Está casi confirmado que en el siglo XVII, y quizá antes, ya crecían vides silvestres en la costa este de Norteamérica, desde Georgia a Canadá. Los primeros vinos fueron de misa: hacia mediados del siglo XVII, las misiones jesuíticas producían vino en Quebec, al igual que las franciscanas en Nuevo México, a lo largo del Río Grande. (Por lo demás, es posible que la vid llegara a Nuevo México desde el sur en 1580.)

Estas vides, que crecían en estado silvestre desde la costa noreste hasta el centro de la costa atlántica, eran de *Vitis labrusca*. La variedad más conocida es la concord, una uva tinta desarrollada por Ephraim Bull, habitante de Concord, en Massachusetts. Esta vid robusta, de gran rendimiento y resistente a las enfermedades, se plantó poco a poco en toda Nueva Inglaterra, el Medio Oeste y la costa atlántica central. En el sur crecía en estado silvestre otra vid local, la *Vitis rotundifolia*, que más tarde se cultivó. La variedad más apreciada de esta especie, la scupernong, se plantó desde las Carolinas hasta Florida, luego más al oeste, hacia el Mississippi y los estados vecinos.

Las primeras referencias a una industria vinícola se encuentran en Pennsylvania, en los estados de Nueva Inglaterra, en Kentucky y en las Carolinas, donde se elaboraba vino a partir de cepas locales. Muchos productores trataron de encontrar una uva que diera un vino de estilo europeo, pues los viduños americanos conferían al vino un sabor particular. Entre los que hicieron estos experimentos se encuentran nombres tan ilustres como los de lord Baltimore, William Penn y Thomas Jefferson. Por desgracia, todos fracasaron.

Al oeste de las Rocosas, donde no crecía ninguna vid autóctona, los primeros vinos se elaboraron a partir de una cepa procedente del sur de México, la criolla. En la década de 1850 se llevaron a California cientos de esquejes europeos de *vinifera*, donde se adaptaron a unas condiciones similares a las de las regiones mediterráneas.

La prohibición

De 1919 a 1933, la prohibición, o ley seca, hizo mucho daño a la industria vinícola que, tanto en Estados Unidos como en Canadá, disfrutaba de una cierta prosperidad gracias a la energía y la experiencia de inmigrantes europeos (principalmente en Ohio, Indiana y Virginia, así como en Missouri, Nuevo México y California). Pero este éxito fue de corta duración, pues la filoxera hizo su aparición en California en la década de 1880, mientras que en el Medio Oeste se propagaban otras enfermedades. Las vides que sobrevivieron a la prohibición fueron esencialmente las variedades americanas destinadas a zumo de uva, mermeladas y jaleas. Aparte de la concord, las cepas más apreciadas eran la catawba, la norton y la isabella (tintas), así como la delaware, la niágara y la dutchess (blancas). Por esa época eran lo suficientemente buenas para producir vinos dulces y generosos de tipo oporto, jerez y madeira, que tenían gran éxito. Muchos estados tardaron decenios tras la derogación de la ley seca en reiniciar sus actividades vitícolas y, hasta el principio de la década de los 60, todas las regiones, incluida California, elaboraban esencialmente vinos generosos, vinos de mesa dulces y vinos comunes.

La situación actual

La mayoría de los productores de América del Norte no existía antes de 1966. Al menos el 70 % de las 700 empresas vinícolas de California se fundó después de esta fecha y, en el estado de Nueva York, por lo menos el 80 % de las 90 empresas activas se creó después de 1976. En Ontario (Canadá), la primera licencia desde 1929 se concedió en 1975.

En 1991, Estados Unidos era el cuarto productor del mundo después de Italia, Francia y España. En la década de los 80, la producción media anual superaba los 2,4 millones de botellas. Pero, en comparación con los

---

LEER UNA ETIQUETA DE VINO ESTADOUNIDENSE

Los nombres de los vinos son sencillos: el nombre del productor o de la explotación va seguido del de la variedad –por ejemplo, pinot noir–, al que se añade a veces una mención de tipo «Special Reserve». Los nombres de marca, antaño reservados a los vinos comunes, se usan hoy para designar las mezclas de variedades de calidad superior.

El estilo de vino. Lo más común es el vino varietal. Se «bautiza» en función de la uva dominante, que según la ley federal estadounidense debe constituir por lo menos el 75 % del contenido de la botella, o el 90 % en Oregón (a excepción de la cabernet sauvignon para permitir algunas mezclas de tipo bordelés).

Los grandes productores han recurrido a menudo a nombres genéricos (tales como borgoña, chablis, chianti, oporto, jerez, blanco seco o *blush*), pero el uso de un nombre europeo no significa que se trate de cepas europeas: están autorizadas todas las variedades y mezclas. Una vez más, Oregón es la excepción: no pueden figurar en la etiqueta topónimos europeos.

La región de origen. La denominación regional más general es la del estado (California, Nueva York, Texas, etc.); los vinos etiquetados como California deben estar hechos completamente de vides cultivadas en ese estado. A continuación viene el nombre del condado: el 75 % de la uva, como mínimo, debe proceder del condado mencionado, salvo en Oregón, que exige el 100 % para autorizar dicha mención.

Sin embargo, los condados son entidades políticas y no vinícolas. Para paliar este problema, la ley estadounidense instituyó en 1980 las AVA, calcadas parcialmente de las denominaciones europeas y que pueden superar los límites de un condado. Delimitadas en función de fronteras climáticas naturales, dan una mejor idea del estilo del vino. Los vinos que llevan el nombre de una AVA deben contener por lo menos un 85 % de uva de la región mencionada (una vez más, la legislación más estricta de Oregón exige el 100 %).

La subdivisión regional más pequeña es la del viñedo. Si se menciona su nombre, el 95 % de la uva debe proceder de él.

La cosecha. No es obligatoria, pero, de indicarla, el vino debe contener por lo menos un 95 % de la añada mencionada.

Otras informaciones. La graduación alcohólica y las advertencias contra el abuso del alcohol figuran en todas las botellas destinadas al mercado estadounidense (estas indicaciones no figuran en las botellas exportadas a Europa).

En Canadá, aunque las leyes y las zonas oficiales difieren (véase p. 445), las etiquetas llevan indicaciones muy similares.

países europeos, el consumo era reducido: 8 litros por habitante contra 80 en Francia y 74 en Italia. Los estadounidenses no tienen el mismo concepto del vino: es una bebida reservada para las grandes ocasiones y son muchos los que no lo prueban jamás. Seis estados –California, Nueva York, Florida, Texas, Illinois y Nueva Jersey– consumen la mitad del vino vendido en el país.

Las variedades americanas

Las variedades autóctonas de *labrusca* dan vinos de un sabor pronunciado, a menudo calificado de *foxed*, con un amargor más perceptible todavía en los vinos secos. Los vinos de *labrusca* suelen tener una alta tasa de acidez y se dice que hay que estar acostumbrado para apreciarlos. Los híbridos enteramente americanos conservan las características de la *labrusca*, mientras que los híbridos americano-europeos confieren a los vinos un sabor bastante más aceptable. A pesar de todo, los mejores vinos son los que proceden de esquejes de *vinifera* adaptados al medio americano y cultivados en microclimas favorables.

En la actualidad se encuentra una amplia gama de cepas de *vinifera* en toda Norteamérica. Cada variedad puede dar vinos muy diferentes según donde crezca. Un chardonnay o un sauvignon de California, por ejemplo, tendrán un sabor muy distinto a los del estado de Washington. Los métodos de vinificación americanos, al igual que los conceptos de mercadotecnia (el *blush* no es, al fin y al cabo, más que el rosado de antaño), han dado origen a estilos más diversos todavía.

Las regiones vitícolas

América del Norte posee cinco grandes regiones o estados que producen vino.

California domina completamente la producción (90 %). Esta situación parece que no cambiará, pues goza de un clima particularmente suave, de cepas de *vinifera* bien implantadas y de productores que ya tienen cimentado su renombre.

El Noroeste abarca principalmente, en términos de vino, los estados de Washington y Oregón. Es una región en pleno desarrollo cuya reputación de producir vinos de gran calidad está aumentando.

El Noreste es, sobre todo, el estado de Nueva York, segundo mayor productor aunque sólo represente el 3 % de la producción total del país. Es el ejemplo perfecto de los estados vitícolas del Este que se están pasando a variedades de *vinifera* con la esperanza de producir vinos más tradicionales.

Los otros estados del Noreste que producen vino son los de Nueva Inglaterra, New Jersey, Pennsylvania y Maryland, que fueron de los primeros productores del continente.

El Sur y el Medio Oeste tienen productores pequeños, pero capaces de hacer buenos vinos, que se descubren a veces en lugares insospechados.

Canadá es, quizá, un productor inesperado, dado el rigor de su clima, pero sus habitantes vendimiaban bastante antes que los estadounidenses. Actualmente está naciendo una industria vinícola de calidad. □

VARIEDADES E HÍBRIDOS LOCALES

Las variedades locales todavía se cultivan mucho, aunque ganen terreno los híbridos y aumente la proporción de cepas de *vinifera* (véase cada región).

Aurora. Híbrido francoamericano empleado para vinos dulces y espumosos, generalmente sin interés.

Baco noir. Híbrido francés que da vinos tintos oscuros capaces de envejecer.

Cayuga white. Híbrido francoamericano que da un blanco firme, de calidad razonable.

Chambourcin. Híbrido francés apreciado, que produce tintos con cuerpo y aroma, también utilizado en las mezclas.

Chancellor. Híbrido francés que da tintos afrutados, pero sin gran interés.

Chelois. Híbrido francés empleado para los tintos de tipo borgoña, mezclas y *blushes*.

Concord. Uva tinta americana que produce tintos oscuros apagados con un característico sabor *foxed*.

Cynthiana. Véase norton.

De Chaunac. Híbrido francoamericano popular, que da tintos comunes afrutados para beber jóvenes.

Delaware. Uva americana rosada, empleada para vinos tranquilos y espumosos, ligeramente *foxed* cuando no son demasiado secos.

Dutchess. Variedad americana parecida a la delaware, que da vinos blancos comunes.

Elvira. Vieja cepa blanca americana en vías de desaparición.

Isabella. Vieja variedad tinta americana, de tipo muy *foxed*, en vías de desaparición.

Léon Millot. Híbrido francés, similar a la maréchal Foch, que da tintos de buena calidad, con cuerpo y capaces de envejecer.

Maréchal Foch. Híbrido francoamericano muy cultivado –se considera cercano a la gamay– que da vinos tintos afrutados y bien equilibrados.

Melody. Híbrido reciente procedente de la pinot blanc que produce vinos blancos afrutados y abocados.

Niágara. Híbrido americano cercano a la concord. Es la variedad más *foxed*. Se usa a menudo para los blancos dulces.

Norton. Vieja cepa tinta americana que da vinos pesados y *foxed*.

Ravat. La ravat blanc, también llamada vignoles, es un híbrido francoamericano derivado de la chardonnay y usado casi siempre para los blancos dulces de calidad.

Seyval blanc. Híbrido francoamericano derivado de la chardonnay, que da vinos varietales blancos y frutales.

Vidal blanc. Híbrido derivado de la trebbiano y utilizado para una gama de blancos de buena calidad, incluidos vinos de hielo.

Vignoles. Véase ravat.

Villard. Híbrido francoamericano que da tintos y blancos opacos.

CALIFORNIA, WASHINGTON Y OREGÓN

Estos tres estados de la costa oeste producen la gran mayoría de los vinos estadounidenses. Las zonas costeras dan los vinos más elegantes. El valle Central suministra el 85 % de los vinos comunes. Más fresco y húmedo, Oregón se parece a ciertas regiones del norte de Europa. Las noches frías del estado de Washington garantizan a la uva un buen nivel de acidez.

CALIFORNIA

UNA GRAN VARIEDAD DE EMPLAZAMIENTOS Y DE CEPAS, Y UNA MULTITUD
DE PRODUCTORES HAN HECHO DE ESTA REGIÓN VITÍCOLA
UNA DE LAS MÁS DINÁMICAS E IMPORTANTES DEL MUNDO.

Favorecida por un clima muy hospitalario, California produce vino desde hace más de doscientos años. Pero hasta la década de los 60 los consumidores exigentes de San Francisco, Los Ángeles y otras ciudades californianas no empezaron a buscar una fuente local de vinos finos. Los productores emprendedores y económicamente sólidos no tardaron en enfrentarse al desafío. La uva llegó a California desde España a través del sur de México, por medio de los frailes franciscanos que establecieron sus misiones a lo largo del Camino Real (actualmente la US 101): tenían por misión convertir a los indios al cristianismo y necesitaban vino para celebrar misa. En 1849, con la fiebre del oro la viticultura se extendió por todo lo que sería más tarde el estado de California: hordas de jóvenes llegados para escarbar el suelo en busca del metal amarillo terminaron por adoptar medios de subsistencia más estables. La pasión por el vino fue una de las consecuencias de esta mezcla de colonos europeos de orígenes diversos. La heterogeneidad de las regiones del «Golden State», soleado todo el año, suministraba una gama de pagos con microclimas que iban desde las frescas zonas oceánicas en la costa del Pacífico, cuna de vinos finos, hasta las tierras fértiles del valle de San Joaquín, de calor tórrido, pasando por las pequeñas fincas que producían vinos distinguidos en las estribaciones de la sierra Nevada. Después de sobrevivir a los ataques de la filoxera (primero en la década de 1880, luego a principios de la de 1890) y a las privaciones impuestas por la prohibición, entre 1920 y 1933, sin olvidar la gran depresión de la década de los 30, la industria vitícola sigue siendo sólida y próspera. El Estado produce cada año 1 836 millones de botellas, es decir, cerca del 90 % de la producción de Estados Unidos.

California ofrece actualmente tanta diversidad como cualquier otra región vitícola del mundo. Aunque la mayor parte de las 750 fincas vitícolas producen vinos blancos secos (principalmente de chardonnay) y tintos (principalmente de cabernet sauvignon y de zinfandel, variedad propiamente californiana), también elaboran en cantidad vinos rosados de color pálido (o *blush*), vinos tintos (y algunos blancos) de mezcla, blancos licorosos a base de riesling o de gewürztraminer botrytizadas, vinos generosos o espumosos, y una larga lista de otros vinos para satisfacer la curiosidad insaciable de los enófilos locales.

El valle de Napa es la región vitícola más importante de California. Vichon Winery, cerca de Oakville, situada en el corazón del valle, pertenece a Robert Mondavi, uno de los vinificadores más renombrados de Estados Unidos.

El viñedo californiano

La mitad de las 283 000 ha de viñas del estado de California está dedicada al vino, mientras que la mayor parte del resto se vende como pasas y el 10 % como uva de mesa. A título de comparación, California dedica al vino un 25 % más de superficie que Burdeos, pero produce el doble de vino, pues los rendimientos pueden variar entre 95 y 190 hl/ha en el valle interior. Por el contrario, Napa y Sonoma producen cerca de 50 hl/ha, un rendimiento más cercano al de los viñedos de calidad europeos.

Las regiones vitícolas

La diversidad de los vinos de California refleja el abanico casi ilimitado de emplazamientos. La vid crece en 47 de los 58 condados del Estado, que se puede dividir en tres zonas climáticas principales:
- los emplazamientos sometidos a la influencia del Pacífico (entre el condado de Mendocino, al norte, y San Diego, en el extremo sur);
- el valle Central (Central Valley), una inmensa zona de clima muy caluroso;
- las estribaciones frescas de la sierra Nevada, al este.

Las zonas costeras son, con diferencia, las más importantes para la producción de vinos de calidad. Las regiones próximas al Pacífico (valle de Napa, condado de Sonoma, condado de Lake, valle de Anderson en el condado de Mendocino, valle de Livermore y montañas de Santa Cruz, alrededor de la bahía de San Francisco, condado de Monterey, condado de San Luis Obispo y Santa María en el condado de Santa Bárbara) gozan de las brumas procedentes del océano, de la bahía o de los ríos, que moderan las temperaturas diurnas. De esta forma la uva conserva su acidez natural, lo que favorece la producción de vinos de calidad, frutales y vivos. Napa y Sonoma son las regiones con mayor número de vides.

El valle Central elabora unos vinos de mesa de calidad media que constituyen el soporte económico de los vinos de calidad. El 85 % de los vinos californianos procede de las tierras fértiles que se extienden entre Bakersfield y el norte de Sacramento. Este extenso valle también suministra soberbios vinos melosos.

Las explotaciones individuales cada vez sacan más partido de la extensión y de la diversidad de los emplazamientos vitícolas de California. Desde su sede central, en el condado de Lake, Kendall-Jackson ha cimentado su fama sobre los chardonnay procedentes de todo el Estado. Beringer, Franciscan, Mondavi y algunos más son propietarios de viñas en diversas regiones vitícolas. En el valle Central hay explotaciones vinícolas importantes como la casa Gallo (la más grande del mundo en términos de volumen), pero también innumerables productores pequeños que practican la viticultura y la vinificación como afición y están situados, a menudo, en los alrededores de las ciudades. Grandes o pequeñas, la mayor parte de las explotaciones compra uva o es propietaria de parcelas en varios viñedos; el vinificador demuestra su talento en las mezclas. La uva de los viñedos situados en las zonas más frescas aporta acidez y la de microclimas más calu-

LAS VARIEDADES EN LA ETIQUETA

En California, la etiqueta de los vinos de calidad lleva generalmente el nombre de la variedad. Las cepas más importantes son la siguientes.

VINOS TINTOS

Zinfandel. Esta variedad –que se encuentra rara vez fuera de California– permite elaborar una gran gama de estilos de vino tinto, pero también vinos de capa más pálida. Etiquetados *white zinfandel* o *blush*, suelen tener aromas de fresa y son ligeramente dulces o semisecos.

Cabernet sauvignon. Este gran vidueño tinto de Burdeos ofrece desde hace tiempo buenos resultados en las regiones costeras.

Garnacha. Cepa de zonas mediterráneas (España y sur de Francia), aquí se utiliza en proporciones importantes para los vinos comunes del valle Central.

Pinot noir. La uva tinta de Borgoña crece en las zonas más frescas, como Carneros, el valle del Russian River (condado de Sonoma) y en otras regiones costeras del norte. La pinot noir entra en las mezclas de vinos espumosos y se utiliza cada vez más en vinos varietales.

Merlot y cabernet franc. Antaño destinadas a mezclas con la cabernet sauvignon, actualmente están cada vez más difundidas como vinos varietales.

Petite sirah. No tiene nada que ver con la syrah del valle del Ródano y se utiliza en las mezclas genéricas.

Cariñena. La cariñena ocupa superficies importantes. Se emplea sobre todo en mezclas.

Barbera. Esta uva entra sobre todo en mezclas de vinos tintos genéricos.

Gamay. Da, en Napa y Sonoma, vinos que recuerdan el beaujolais.

Syrah. Esta cepa se encuentra en superficies pequeñas; la uva se utiliza sobre todo en mezclas.

Nebbiolo y sangiovese. Uno o dos productores emplean estas variedades italianas para elaborar vinos varietales.

VINOS BLANCOS

Chardonnay. La gran uva blanca de Borgoña y Champagne da vinos blancos secos de estilos diversos.

Colombard. Plantada en grandes extensiones en el valle Central, se emplea para vinos comunes.

Chenin blanc. Da vinos comunes así como, de vez en cuando, vinos secos o licorosos.

Sauvignon blanc. Plantada en los condados costeros, se elabora en vino varietal o se usa para mezclas.

Muscat blanc. Conocida a veces bajo el nombre de muscat canelli, se usa generalmente para vinos licorosos.

Riesling. Este gran vidueño alemán (a menudo conocido bajo los nombres de johannisberg riesling o white riesling) da vinos aromáticos, secos o semisecos.

Gewürztraminer. Sirve para la elaboración de vinos secos y, ocasionalmente, semisecos.

Sémillon. Entra en las mezclas de vinos blancos de estilo bordelés, aunque a veces se distribuye como vino varietal.

rosos da vinos más carnosos. De esta forma, los dos datos fundamentales, los que dan la clave del estilo del vino, son los nombres del productor y de la variedad principal, y suelen figurar claramente en la etiqueta.

Los nombres de los vinos

La mayoría de los vinos californianos, y ante todo los de calidad, son vinos varietales: llevan el nombre de la variedad principal (véase recuadro). Pueden no estar elaborados exclusivamente a partir de la cepa indicada, pero ésta debe representar por lo menos el 75 % de la mezcla.

Los productores californianos saben desde hace tiempo que un vino hecho con una sola variedad no es forzosamente mejor (una buena mezcla a menudo lo mejora). Así nació la categoría de *meritage*, que da mayor margen al vinificador para hacer mezclas de estilo bordelés, a condición de que use las variedades cabernet sauvignon, merlot, cabernet franc, petit verdot y malbec para el tinto; y sauvignon, sémillon y muscadelle para el *meritage* blanco. Aunque no se pueden etiquetar como vinos varietales, estos vinos son, sin embargo, superiores a los vinos comunes. Cierto número de productores recurre a la denominación *meritage*, pero otros han creado sus propias marcas.

La mención de una región famosa, como Napa o Sonoma, ayuda a vender, pero sólo puede figurar en la etiqueta si procede de la región citada un porcentaje importante de la uva (véase recuadro p. 404).

Los vinos espumosos elaborados según el método tradicional inventado en Champagne son cada vez más conocidos y se identifican en la etiqueta con el término «Método tradicional» (en lugar de «méthode champenoise», actualmente prohibido), aunque California todavía usa algunos nombres europeos (*chablis*, *burgundy*, *port* y *sherry*) para describir vinos genéricos que se parecen bastante poco a sus ilustres homónimos.

Las cosechas y la crianza

La suavidad del clima californiano explica que las variaciones entre cosechas sean menores que en las regiones vitícolas prestigiosas de la vieja Europa. Aunque en algunas zonas puede llover y hacer frío o calor fuera de temporada, las malas cosechas son muy raras en California. A causa de los modos de vinificación, la mayoría de los vinos californianos se puede consumir en su juventud: un año o dos después de la vendimia para los vinos blancos, de tres a cinco años para los vinos tintos de calidad normal. Sólo los vinos blancos de calidad superior (chardonnay y sauvignon de Sonoma y de Napa) pueden mejorar durante siete u ocho años. Algunos raros vinos tintos, sobre todo los de cabernet sauvignon y de zinfandel de las mejores zonas costeras, pueden sobrevivir a un largo envejecimiento –20 o más años–, pero están listos para beber mucho antes que los grandes vinos europeos que tratan de emular. California, que rebosa de productores originales, también ofrece una de las mejores escuelas del mundo en materia de viticultura y enología (la universidad de Davis). La fermentación y la crianza del vino en barrica son objeto de experimentos constantes. A partir de las mismas cepas, muchos productores ofrecen dos versiones de vinos blancos y tintos, una frutal y de evolución rápida, la otra más rica y criada en barrica. □

Los centros de vinificación de California usan a veces fudres o barricas de roble para la fermentación o la crianza de los vinos.

LOS FACTORES DE CALIDAD

En California, la búsqueda del terreno ideal se basa en lo contrario que en el norte de Europa. Mientras los viticultores europeos buscan los emplazamientos soleados, al ser el clima a menudo demasiado frío y duro para la uva, los californianos, que disponen de un clima demasiado suave con tendencia al calor, prefieren los lugares más frescos: la uva debe luchar para alcanzar su plena madurez, en vez de conseguir una maduración demasiado fácil gracias al calor. Los criterios y prioridades en materia de suelos, emplazamientos e insolación también difieren de los europeos. Los incontables emplazamientos explotables, potenciales o reales, están empezando a ser explorados.

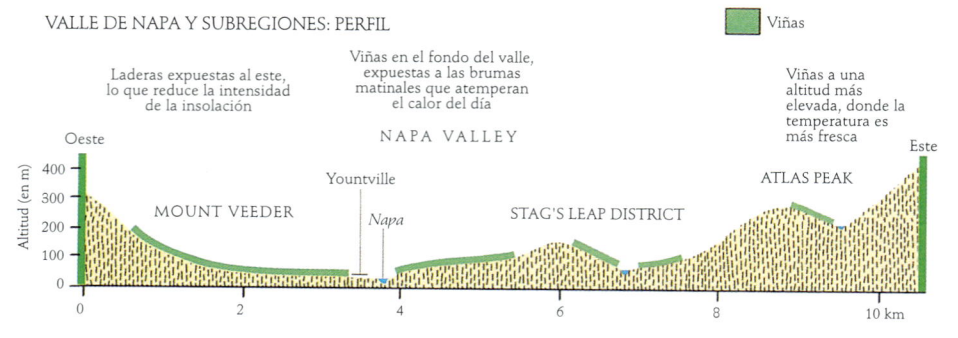

Clima
Mientras los europeos se dirigen hacia los climas más frescos del norte para la pinot noir, la riesling y las uvas ácidas necesarias para los vinos espumosos, los californianos va en dirección oeste y tratan de acercarse a la costa. Por ejemplo, desde el condado de Santa Bárbara, si se remonta el río Santa Ynez uno o dos kilómetros, la temperatura diurna media aumenta un grado. Cerca del Pacífico, la pinot noir es la cepa favorita de los viticultores; un poco más en el interior crece mejor la chardonnay; subiendo hacia el lago Cachuma, las temperaturas más elevadas permiten llevar a la madurez la sauvignon, e incluso la cabernet sauvignon en años de mucho calor. Santa Ynez está situado bastante al sur del valle de Napa, donde la cabernet aún se encuentra más a gusto.

Emplazamientos y exposiciones
Las viñas en ladera son muy apreciadas para los vinos de cabernet sauvignon y de zinfandel. La exposición al sur se considera demasiado calurosa: se prefiere una exposición al este, incluso al norte, que ofrece más frescor y hace madurar bien el fruto.

VALLE DE NAPA Y SUBREGIONES: PERFIL

Laderas expuestas al este, lo que reduce la intensidad de la insolación — Viñas en el fondo del valle, expuestas a las brumas matinales que atemperan el calor del día — Viñas a una altitud más elevada, donde la temperatura es más fresca

Oeste — NAPA VALLEY — Este
MOUNT VEEDER — Yountville / Napa — STAG'S LEAP DISTRICT — ATLAS PEAK

La bruma de la costa refresca las viñas de Sonoma.

En cada viñedo, el clima es más determinante que la composición del suelo para elegir la variedad que dará mejores resultados. En las regiones costeras al este y al norte de San Francisco, en particular en los condados de Napa y Sonoma, entra en juego otro factor: las brechas abiertas en la cadena montañosa paralela a la costa permiten que las brisas marinas atemperen el calor de los valles. Carneros, al sur de Napa, es así más fresco que otras regiones más septentrionales.

Técnicas
California es, sin duda, el lugar donde se experimentan todas las técnicas posibles de vinificación. Entre las claves de los progresos alcanzados están las barricas de roble francés y las cubas de acero inoxidable, que permiten controlar las temperaturas de fermentación.

Suelos
Desde la década de los 70, los viticultores californianos ya no ignoran que cada parcela tiene su propia identidad y su propia personalidad. También han aprendido que, plantada en un suelo de grava bien drenado, la cabernet sauvignon puede dar un vino clásico, mientras que en suelos pesados y arcillosos le cuesta expresar su fruta y da vinos más herbáceos, con aromas vegetales. Salvo para los viticultores que afirman que un suelo calizo es indispensable para la pinot noir (Calera en San Benito, Chalone en Monterey), la importancia del suelo se reduce a su textura, inclinación e insolación. Un buen drenaje es esencial: a la vid no le gusta tener «los pies en el agua». Los suelos de las laderas son menos fértiles que los de los valles, lo que confiere al fruto aromas más intensos.

LAS REGIONES VITÍCOLAS DE NAPA Y DE SONOMA

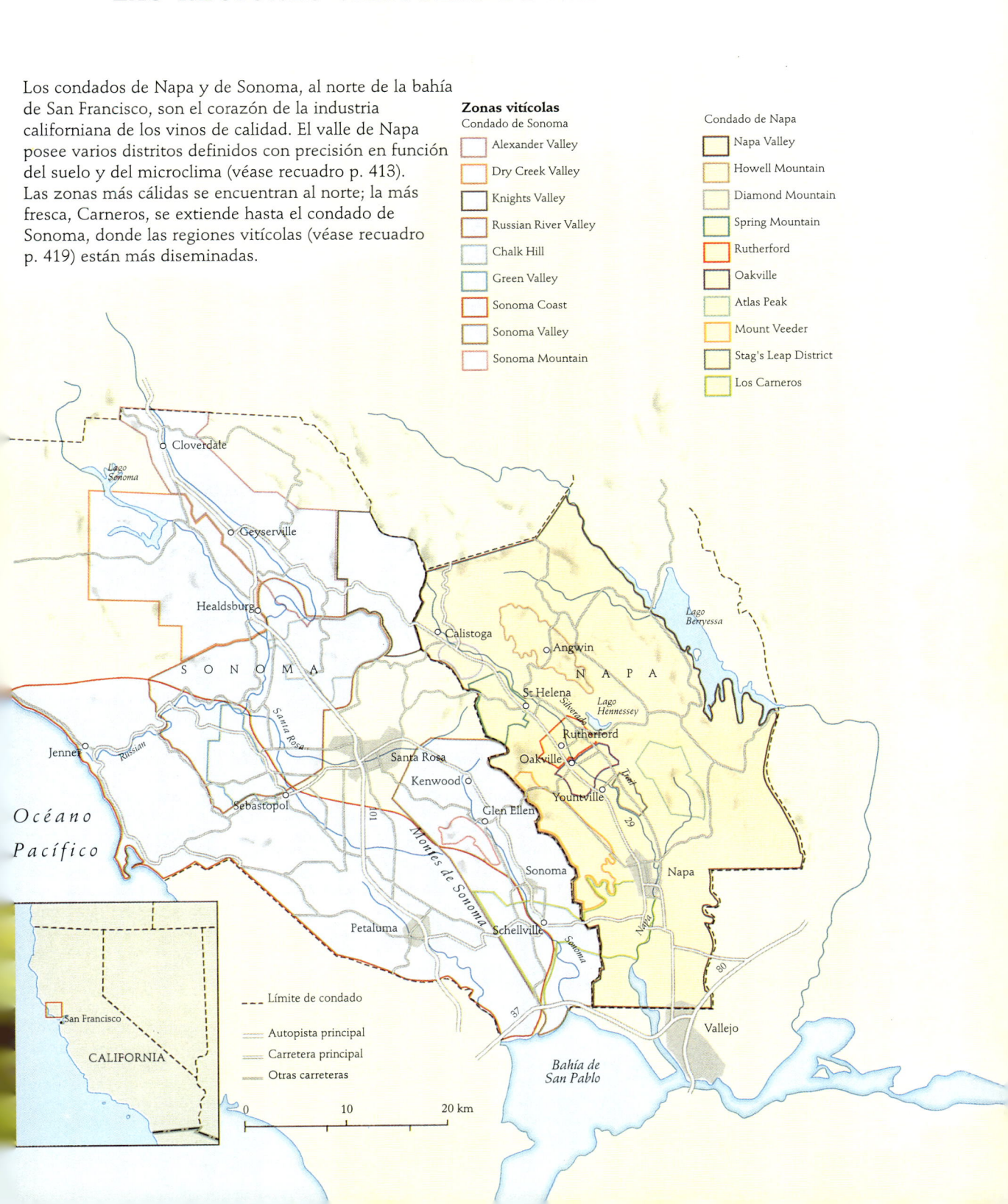

Los condados de Napa y de Sonoma, al norte de la bahía de San Francisco, son el corazón de la industria californiana de los vinos de calidad. El valle de Napa posee varios distritos definidos con precisión en función del suelo y del microclima (véase recuadro p. 413). Las zonas más cálidas se encuentran al norte; la más fresca, Carneros, se extiende hasta el condado de Sonoma, donde las regiones vitícolas (véase recuadro p. 419) están más diseminadas.

Zonas vitícolas

Condado de Sonoma
- Alexander Valley
- Dry Creek Valley
- Knights Valley
- Russian River Valley
- Chalk Hill
- Green Valley
- Sonoma Coast
- Sonoma Valley
- Sonoma Mountain

Condado de Napa
- Napa Valley
- Howell Mountain
- Diamond Mountain
- Spring Mountain
- Rutherford
- Oakville
- Atlas Peak
- Mount Veeder
- Stag's Leap District
- Los Carneros

--- Límite de condado
— Autopista principal
— Carretera principal
— Otras carreteras

0   10   20 km

NAPA VALLEY

Napa Valley, con su forma de luna creciente, es la más conocida de las regiones vitícolas americanas. Dedicada totalmente a la vid, consagra 14 000 ha (es decir, lo mismo que Montilla-Moriles) a esta única actividad. El condado de Napa tiene la mitad de tamaño que el de Sonoma, pero cuenta con el doble de explotaciones vitícolas; su superficie plantada de uva representa sólo una décima parte de la del total de California, pero sus cerca de 250 fincas vitícolas corresponden al tercio del total de las explotaciones del Estado.

La *highway* (autopista) 29, llamada acertadamente «ruta del vino», es paralela al río Napa y recorre una sucesión casi ininterrumpida de viñas, de bodegas y de centros de degustación: desde Trefethen (Oak Knoll Avenue), justo al norte de Napa, hasta los viñedos de zinfandel de Storybook Mountain (en el límite con el condado de Sonoma), 48 km más allá.

Historia de Napa

Napa estaba evidentemente predestinada para la vid: sus 150 años de historia vitícola y la clemencia de las distintas zonas climáticas (véase recuadro p. 413) son la prueba. Las bodegas de piedra, de cimientos sólidos, construidas para durar mucho tiempo, son monumentos que han envejecido con belleza.

La magnífica Greystone, en el límite norte de St Helena (hoy sede del Instituto culinario de América para el oeste del país); la finca Far Niente en Oakville, soberbiamente restaurada; la fachada de piedra del castillo Montelena, en Calistoga; los muros cubiertos de hiedra de Inglenook; la pequeña estructura de piedra que forma actualmente el corazón de Beaulieu: sin ellos, la extraordinaria expansión de Napa durante la década de los 70 se habría convertido en un cataclismo.

El primer vino del valle fue producido hacia 1840 por George Yount, natural de Missouri, que después de haber luchado contra los indios se instaló en 1836 en el lugar llamado hoy

Centro de vinificación cerca de Oakville.

Yountville. Plantó un huerto y vides en 1838 y, desde 1840, obtenía 20 000 l de vino al año.

Sin embargo, hasta la guerra de Secesión (1861-1865), el vino no fue en Napa Valley más que una actividad accesoria de la agricultura: un huerto por aquí, un jardín por allí y algunas hileras de vides en el lugar más soleado. El auténtico pionero de la industria vinícola de Napa fue Charles Krug, prusiano de origen, que empezó a producir vino a principios de la década de 1860. Utilizó la primera prensa mecánica y fundó en St Helena la primera explotación vinícola de Napa Valley. También fue él quien formó a los primeros vinificadores famosos de California: Clarence Wetmore (fundador de Cresta Blanca), Jacob Beringer y Carl Wente.

En 1870, bajo el impulso de hombres como Jacob Schram y Hamilton Walker Crabb, que transformaron ese pasatiempo en un negocio, el vino ya estaba en vías de convertirse en una industria. Después de visitar la finca Calistoga de Jacob Schram, el escritor escocés Robert Louis Stevenson describió su vino como «poesía en botella».

Por esa época, Crabb plantaba To Kalong Vineyard (decía que significaba «la viña del amo» en griego) al oeste de Oakville, donde probó más de 400 variedades. To Kalong todavía es una finca experimental: una parte de la viña de Crabb se ha convertido en el centro de experimentos vitícolas de la universidad de Davis en California; la otra, Block P, pertenece a Mondavi, quien produce allí su cabernet sauvignon Reserve.

En 1889, Napa Valley contaba al menos con 142 bodegas, a pesar de los desastres causados por la filoxera en las décadas de 1880 y 1890.

Los trece años de la prohibición interrumpieron el auge de las explotaciones vitícolas, pero no impidieron la ampliación de la viticultura. Estimulado por los vinificadores clandestinos, el consumo de vino se multiplicó por algo más de dos entre el principio y el final de la prohibición.

Durante el período agitado que siguió, las grandes cooperativas se hicieron progresivamente dueñas de la industria vinícola.

En la década de los 40, pequeños productores instalados en las colinas –Stony Hill, Souverain (actualmente Burgess), Mayacamas– iniciaron una conversión para pasar de los vinos de postre, así como de los vinos genéricos, a los vinos varietales de chardonnay y cabernet sauvignon.

En 1943, el padre de Robert Mondavi salvó de la ruina la explotación de Charles Krug. Al fundar su propio negocio en Oakville, en 1966, Robert Mondavi estableció la primera explotación importante en Napa Valley desde el final de la prohibición.

Más del 95 % de las empresas vinícolas que existen actualmente en Napa Valley nacieron después de aquella, de estilo «misión española», de Mondavi.

El valle de Napa, al igual que otras zonas de California, vivió su verdadero auge entre mediados de la década de los 70 y la de los 80, época en que los estadounidenses empezaron a interesarse por los libros sobre vino, a visitar las explotaciones vitícolas y a probarlo todo, desde la chenin blanc a la chardonnay, pasando por la pinot blanc y la pinot noir. En un solo año, 1972, se fundaron once explotaciones nuevas en Napa Valley, entre ellas Stag's Leap Wine Cellars y Clos du Val. En 1973 siguieron otras ocho y, a partir de entonces, nada ha podido detener el desarrollo de la región.

Actualmente, Napa Valley está bien equipado para acoger a los 250 000 visitantes anuales que enfilan la autopista 29 y la Silverado Trail, la carretera paralela, hacia el este. Abundan los restaurantes y las salas de degustación.

Las mañanas despejadas, el cielo está moteado de globos multicolores que ofrecen una vista panorámica del valle tapizado de vides.

Variedades y estilos de vino

La mayoría de las variedades predominantes de California (véase p. 408) están presentes en Napa Valley, y la mayor parte de los vinos lleva el nombre de la variedad principal. Domina la cabernet sauvignon para los tintos y la chardonnay para los blancos, con cerca de 4 000 ha cada una. Las dos cepas ocupan más de la mitad de la superficie cultivada de Napa. Las otras variedades importantes son la pinot noir (1 130 ha) y la merlot (970 ha) para los tintos. También se utiliza zinfandel (1 770 ha), no sólo para los vinos tintos, sino también para los *blushes* (rosados), secos o levemente dulces; sauvignon (1 250 ha) para los blancos secos; y chenin blanc (592 ha) para vinos secos o licorosos al estilo de los del valle del Loira y para vinos que usurpan el nombre de Vouvray.

Desde hace algún tiempo, hay cierta tendencia a emplear variedades usadas en las mezclas de estilo bordelés, llamadas «*meritage*» (véase p. 409): cabernet franc, malbec y petit verdot para los tintos, y sémillon para los blancos.

Estos vinos son muy distintos de los primeros vinos varietales californianos, de aromas de barrica muy marcados, extracción máxima y alto nivel de alcohol; los productores se orientan actualmente hacia néctares más complejos y sutiles. A medida que los consumidores se vuelven más exigentes suben los precios. ☐

LAS ZONAS VINÍCOLAS DE NAPA

Napa dispone de un área vitícola (AVA) principal, que cubre la totalidad del condado, y varios distritos, algunos de los cuales están bien establecidos, aunque otros no han sido reconocidos todavía oficialmente. Al ser muy cara la uva de Napa Valley, su nombre ocupa un lugar destacado en las etiquetas. La mayoría de las fincas posee vides en varios distritos. Sea como fuere, el área vitícola sólo puede figurar en la etiqueta si por lo menos el 85 % del vino procede de ella.

Napa Valley. AVA principal, engloba todos los viñedos del condado de Napa, incluidos Chiles Valley, Pope Valley y Wild Horse Valley, que se hallan fuera de la cuenca del río Napa.

Mount Veeder. Área vitícola a lo largo de los montes Mayacamas, al norte y al oeste de la ciudad de Napa, en dirección a Bald Mountain. Representa cerca de 400 ha de vides plantadas entre 120 y 800 m por encima del nivel del mar. Los suelos volcánicos bien drenados favorecen los rendimientos bajos (nunca más de 40 hl/ha) y la elaboración de cabernet sauvignon y chardonnay, intensos y bien estructurados, de fincas como Mount Veeder, The Hess Collection, Mayacamas Vineyard y Château Potelle.

Spring Mountain. Esta área vitícola asciende a lo largo de colinas situadas al oeste de St Helena. Las viejas vides suministran uvas muy concentradas. Las explotaciones de primer nivel son Cain Cellars (Cain Five, un tinto meritage), Smith-Madrone (un johannisberg riesling) y Robert Keenan (merlot).

Diamond Mountain. Situado al sur de Calistoga, este viñedo es uno de los más escarpados. Algunas terrazas del viñedo Diamond Mountain de Sterling tienen la altura de un hombre y los rendimientos bajos permiten la producción de chardonnay finos y de cabernet sauvignon finos y nobles. Diamond Creek Vineyards (véase p. 414) y Stonegate también poseen vides en la colina.

Howell Mountain. Esta área vitícola bordea la carretera Deer Park, que serpentea por la colina y se extiende desde St Helena hasta el lado Vaca del valle, pasando por Angwin. Reconocida como AVA desde enero de 1984, la totalidad de sus 80 ha está situada por encima de los 425 m, casi siempre dominando el cinturón de bruma matinal. La variedad clásica de Howell Mountain es la zinfandel, pero las plantaciones nuevas suministran la cabernet sauvignon de Dunn, compacta y firme, para dar un vino joven que se amplía después de algunos años en botella.

Atlas Peak. Esta AVA situada al norte de Napa es el feudo de Piero Antinori, propietario de Atlas Peak Vineyard (186 ha). También es el bastión de la sangiovese (48 ha, un tercio del total de esta variedad en California).

Stag's Leap District. Situada al este de Yountville, esta AVA es conocida por los cabernet sauvignon de las fincas Clos du Val, Stag's Leap Wine Cellars, Stag's Leap Vineyard, Shafer, Pine Ridge y Silverado. En los vinos tintos del área, las notas suaves envuelven un corazón de fruta sólido. La mayoría de los suelos son ricos en mantillo.

Rutherford y Oakville. Situados en medio del valle, cada uno tiene derecho a su propia AVA, pero a veces se agrupan bajo la designación Rutherford-Oakville Bench. El *bench* (banco) es una terraza ancha, llana y baja moldeada por el río Napa que recorre el valle: los suelos son tan ricos en aluviones como en gravas bien drenadas. Rutherford es particularmente famoso por sus cabernet sauvignon de carácter, sólidos y tánicos, con aromas levemente herbáceos.

Oakville, más al sur, se distingue por sus suelos más variados. Se cultiva cabernet sauvignon y otras variedades.

Los Carneros
Es la más meridional de las AVA del condado. Se caracteriza por una capa fina de tierra arable y un clima refrescado por la proximidad de la bahía. Se prolonga en Sonoma Valley.

La chardonnay cubre la mitad de las 2 630 ha de la AVA, mientras que la pinot noir, que da aquí vinos suculentos con aromas de fresa, representa un tercio de la superficie cultivada. La merlot, «descubierta» recientemente en el viñedo Winery Lake de Sterling y otros, se planta cada vez más.

PRODUCTORES Y BODEGUEROS

A pesar del interés creciente por las áreas vitícolas, el criterio de calidad más seguro, tanto en Napa como en el resto de Estados Unidos, es la reputación del productor. El talento del viticultor reside en la mezcla de vinos de características diferentes. Las fincas vitícolas enumeradas a continuación tienen su sede en Napa Valley, pero pueden utilizar uva procedente de otros lugares. La mayor parte de los vinos llevan el nombre de su variedad: véase p. 408.

Beaulieu
La reputación de esta venerable casa descansa en el cabernet sauvignon Georges de Latour Private Reserve, que lleva el nombre de un francés establecido en Rutherford en 1892 y que el vinificador ruso André Tchelistcheff no cesó luego de mejorar durante 40 años. Uno de los tintos californianos hecho exclusivamente de cabernet sauvignon y criado en barrica de roble americano, este vino puede mejorar durante decenas de años en botella.

Beringer
Los hermanos Frederick y Jacob Beringer fundaron en 1876 esta explotación vitícola justo al norte de St Helena. Esta réplica de su *Rhine House* (Casa del Rin) familiar de Maguncia, tan exquisita como original (actualmente sala de degustación), está situada al lado de bodegas excavadas por obreros chinos. Los vinos estrella son el cabernet sauvignon Private Reserve, robusto pero equilibrado, y un chardonnay con aromas procedentes de las barricas. La etiqueta «Napa Rich» está reservada a los vinos más finos.

Caymus
La familia Wagner inició su actividad agrícola en Napa Valley en 1906, plantó uva en 1941 y comenzó a producir ella misma el vino en Rutherford en 1972. Los Wagner demostraron rápidamente que las construcciones barrocas no eran indispensables para la producción de grandes vinos, como el sensacional Special Selection Cabernet-Sauvignon. Actualmente trabajan en una bodega magnífica con fachada de piedra. Conundrum es un vino blanco seco, mezcla de moscatel, sauvignon, chardonnay y sémillon, fermentado en barrica.

Clos du Val
Nacido en Francia, Bernard Portet, cuyo padre era director del Château Lafite-Rothschild, aporta un toque muy francés a esta explotación vitícola del distrito de Stag's Leap: sus zinfandel y sus sémillon son de lo más interesantes. Clos du Val (en la Silverado Trail, justo al norte de la ciudad de Napa) es también propietaria de la finca St Andrew, donde se esfuerzan por producir un chardonnay, y de Taltarni Vineyard, en Australia (dirigida por el hermano menor de Bernard).

Clos Pegase
Cuando se creó, en 1984, Clos Pegase desencadenó una polémica arquitectónica; actualmente, sus líneas singulares y su color rojo rosado están perfectamente integrados en el paisaje del sur de Calistoga. Los vinos producidos son un chardonnay, un merlot, un cabernet sauvignon y un meritage tinto, mezcla de cabernet sauvignon, cabernet franc y merlot.

Cuvaison
Fundada en 1970, suiza desde 1979, esta explotación de Calistoga utiliza sobre todo uva procedente de sus viñedos de Carneros. Gracias al vinificador John Thacher, los vinos bastante densos se han convertido en elegantes y sabrosos: chardonnay, merlot, Carneros pinot noir y cabernet sauvignon.

Diamond Creek
Los cuatro viñedos diminutos, que apenas totalizan 8,5 ha en el monte Diamond, poseen

La sala de degustación, muy germánica, de Beringer en St Helena.

cada uno su propio suelo y su propia insolación, y producen cuatro cabernet sauvignon muy diferentes entre sí. Volcanic Hill, con suelo equilibrado de color ceniza, produce vinos austeros; Red Rock Terrace, de un color rojo ferruginoso, da vinos llenos de fruta; Gravelly Meadow es fresco y sus vinos son yodados con aromas de cereza; Lake es muy pequeño, y sus vinos, intensos y caros, sólo se elaboran en las grandes cosechas.

Domaine Carneros
Eilene Crane había trabajado en Domaine Chandon (véase a continuación) antes de vinificar vinos blancos burbujeantes para Gloria Ferrer (Sonoma). Actualmente ejerce el noble arte de la vinificación en Domaine Carneros, al suroeste de Napa.

Las bodegas, que se parecen a las de un *château* francés, son fruto de una colaboración entre Taittinger, una casa de Champagne, y el distribuidor estadounidense Kobrand.

Domaine Chandon
En 1973, Moët-Hennessy desembarcó en Napa Valley y compró viñas en Carneros, Yountville y en lo alto de Mount Veeder. Los blancos burbujeantes de la finca se pueden degustar en su elegante salón de Yountville y en su encantador restaurante francés, cuya carta ofrece vinos tranquilos y espumosos de Napa Valley. Fino y muy vivo, Étoile es la estrella de los vinos burbujeantes. Le Panache, otra creación de la finca, es un aperitivo a base de mostos fortificados.

Far Niente
Construida por el capitán John Benson en Oakville en 1885, esta bodega de piedra fue restaurada un siglo más tarde por Gil Nickel, un arbolista de Oklahoma. Los chardonnay son ricos y los cabernet sauvignon rebosan de aromas. Dolce, un blanco licoroso, es una mezcla de sémillon y sauvignon botrytizadas.

Franciscan
Después de muchos altibajos y otros tantos cambios de propietario, Franciscan, cerca de Rutherford, conoce por fin días más tranquilos en manos de la familia alemana Eckes. El cabernet sauvignon procede de uvas de Oakville, el merlot de uva de Alexander Valley (Sonoma) y el chardonnay de uva del condado de Monterey, al sur de la bahía de San Francisco. La sociedad también es propietaria de Mount Veeder Winery y tiene propiedades en Chile.

Freemark Abbey
Estas bodegas de piedra, situadas al norte de St Helena, datan de 1886, pero la propiedad no ha sido nunca una abadía. Primera finca de Napa que produjo un blanco licoroso de riesling botrytizada (llamado Edelwein, en 1973), Freemark Abbey se especializa actualmente en vinos de chardonnay y de cabernet sauvignon. Los cabernet sauvignon de los años buenos envejecen notablemente bien.

Grgich Hills
Originario de Croacia, Miljenko («Mike») Grgich es conocido por sus chardonnay generosos y equilibrados, de maduración lenta. Después de un período de aprendizaje con Robert Mondavi, fue contratado en Château Montelena, donde su chardonnay 1973 se hizo mundialmente famoso. En 1977 creó esta explotación en Rutherford con su socio Austin Hills. También vinifican las variedades cabernet sauvignon, zinfandel, sauvignon y johannisberg riesling.

Heitz Cellers
La finca de Joe Heitz, al sureste de St Helena, es famosa por su Martha's Vineyard Cabernet-Sauvignon, uno de los tintos más renombrados de California por su estructura clásica y sus aromas muy característicos de eucalipto. David Heitz, hijo de Joe, es actualmente responsable de la vinificación.

Inglenook
Este edificio imponente, cubierto de hiedra y situado al oeste de Rutherford, es uno de los construidos hace más de un siglo por Hamden W. McIntyre (con Beaulieu, Greystone, Far Niente y Château Montelena). La fama de Inglenook se basa en los cabernet sauvignon, muy característicos de Rutherford, con aromas de cedro, eucalipto y tabaco. Gravion es un blanco seco de sauvignon/sémillon de estilo bordelés.

Charles Krug
Las bodegas datan de 1861, año en que Charles Krug plantó vides al norte de St Helena y se convirtió en una especie de «gurú» para los pioneros del vino de Napa Valley. Krug pertenece actualmente a Peter Mondavi y sus hijos. La finca es conocida por su cabernet sauvignon Vintage Selection, de matices apimentados, y un chenin blanc sedoso, con aromas de hierbas y heno.

Louis M. Martini
Michael y Carolyn, nietos de Louis M. Martini, dirigen en

ROBERT MONDAVI

Robert Mondavi es la locomotora de la industria americana del vino. Después de dejar a Charles Krug, fundó su explotación en Oakville en 1966 y creó el fumé blanc, un sauvignon complejo criado en barrica que lleva la variedad a las cimas de la calidad. También produce cabernet sauvignon estructurados, de buqué complejo, chardonnay ricos en fruta y pinot noir finos.
En Woodbridge, en Central Valley, Mondavi hace asimismo vinos varietales a precios muy asequibles.
Su Opus One, en asociación con Mouton Rothschild, es un cabernet sauvignon comparable a ciertos *crus classés* de Burdeos. También es propietario de Vichon (conocido por su Chevrignon, una mezcla de sauvignon y sémillon) y Byron (a base de pinot noir procedente del condado de Santa Bárbara).

416 CALIFORNIA/NAPA

la actualidad esta explotación conocida por sus cabernet sauvignon de gran finura y una buena disposición para envejecer. Los de las décadas de los 40 y los 60 alcanzan precios altos en las subastas. El Muscato Amabile, un blanco dulce de estilo asti spumante del Piamonte, es un auténtico regalo.

Robert Mondavi
Véase recuadro p. 415.

Château Montelena
Este viejo castillo situado al norte de Calistoga es un símbolo de excelencia en materia de vinificación: chardonnay, cabernet sauvignon firmes, zinfandel con nariz viva y johannisberg riesling con sólo una pizca de azúcares residuales, que evocan el albaricoque. Un junco chino auténtico preside el lago de 2 ha de la propiedad.

Mumm Napa Valley
Esta empresa de la casa de Champagne Mumm y de Seagram, el magnate canadiense de los licores, situada al oeste de Rutherford, es conocida por sus vinos espumosos de método clásico comercializados a precios razonables. El blanc de noirs es delicado, con una nota de cereza. La *cuvée* Winery Lake se redondea con gracia al envejecer.

Joseph Phelps
El pórtico de Phelps, explotación construida en 1973 en St Helena, está hecho de traviesas de ferrocarril centenarias. Walter Schug, vinificador de origen alemán, hizo famosa la finca por sus riesling secos y licorosos, y los cabernet sauvignon densos y robustos (viñedo Eisele), antes de crear su propia finca. El vinificador actual, Craig Williams, ha impreso su marca con un syrah, un garnacha tinto y un blanco vivo a base de viognier.

Rutherford Hill
La merlot, variedad de los tintos legendarios (y caros) de Pomerol, interesa cada vez más a consumidores y críticos. Rutherford Hill (noreste de Rutherford) y Freemark Abbey tienen una mayoría de accionistas comunes. Rutherford cría su chardonnay en barricas de roble de Limoges y, en sus mezclas con cabernet sauvignon, utiliza más merlot que Freemark.

St Clement
Esta fantástica casa victoriana al norte de St Helena data de 1878. La explotación vitícola situada en el sótano inició su actividad en la década de los 60 bajo el nombre de Spring Mountain. Fue rebautizada St Clement en 1975 y vendida a la cervecera japonesa Sapporo en 1987. El sauvignon blanc, esbelto, con nariz de limón verde, evoca los vinos de Graves; los chardonnay son ricos, pero no tienen demasiada madera ni son excesivamente grasos.

St Supéry
Esta explotación es una verdadera bendición para los enófilos de paso por Rutherford: pueden visitar sus viñas pero también su museo viviente de la historia del vino de Napa Valley (Atkinson House), donde se explica a los visitantes las diferencias entre los vinos y las variedades con las que están elaborados. Propiedad de la familia francesa Skalli (que posee la marca Fortant de France en el Midi), St Supéry está dirigido por Michaela Rodeno. Su sauvignon, elegante y complejo, posee aromas que evocan la hierba recién segada.

Saintsbury
En el corazón del distrito de Carneros, al suroeste de Napa, Dick Ward y David Graves se han especializado en la pinot noir y la chardonnay. Su pinot noir Garnet, ligero y frutal, rebosa de aromas de cereza.

Schramsberg
Jack Davies, antiguo asesor de gestión, y su mujer Jamie fueron el origen de los vinos espumosos elaborados según el método tradicional en California. Fundaron Schramsberg en 1965, en el emplazamiento de una vieja finca de Calistoga que databa de 1862. El blanc de blancs y el blanc de noirs envejecen muy bien.

Silver Oak
Esta finca de Oakville sólo produce cabernet sauvignon: un cabernet Napa Valley, un cabernet Alexander Valley (Sonoma) y un cabernet Bonny's Vineyard (procedente de una pequeña viña perteneciente a Bonny, la mujer de Justin Meyer). Todos, plenos de aromas de violeta, son expresiones poderosas de la cabernet sauvignon.

Silverado
Esta finca elegante, con una fachada de piedra y colgada sobre una colina frente a la Silverado Trail, produce vinos finos. El sauvignon rebosa de aromas de pedernal y hierba; el chardonnay es graso y rico en aromas de regaliz y limón; el merlot se distingue por sus aromas de grosella negra y moras; el cabernet sauvignon exhala notas sutiles de cedro y tabaco con una pizca de yodo.

Stag's Leap Wine Cellars
En su bodega, junto a la Silverado Trail, al este de Yountville, Warren Winiarski, antiguo profesor de ciencias políticas de la universidad de Chicago, hace chardonnay sin exceso de madera ni demasiado grasos, con un fruto extremadamente maduro, y cabernet sauvignon que exhalan aromas de pimiento y poseen, bajo su capa sedosa, una estructura tánica firme. El Cask 23 *cuvée* especial tinto proviene de cabernet sauvignon y de otras variedades bordelesas. Los vinos de Winiarski gozan de fama mundial.

Sterling
Sterling, que perteneció a Coca-Cola, se halla actualmente en manos del grupo Seagram. Colgada en la cima de una colina de Calistoga, sus muros blancos recuerdan un monasterio griego. El merlot siempre es exquisito, los cabernet sauvignon Diamond Mountain Ranch y los chardonnay son densos y están bien construidos. El Winery Lake Pinot Noir resulta fino y opulento.

Sutter Home
El edificio vitícola de madera más antiguo de Napa Valley (1874) sirve de sala de degustación de Sutter Home, situada justo al sur de St Helena. La expansión de la década de los 80 la ha hecho pasar de 600 000 a cerca de 60 millones de botellas, con un zinfandel blanco, el más popular de Estados Unidos (color cereza claro, muy levemente dulce), un tinto ligero y frutal (mezcla de zinfandel, barbera, gamay y pinot noir), bautizado Soleo, y una gama nueva de vinos sin alcohol. Sutter Home también es propietaria de Montevina Winery, en Amador County, en las estribaciones de la sierra.

Trefethen
Justo al norte de Napa, Eshcol, de color calabaza, es el segundo edificio vinícola de madera más antiguo del valle. Ha sido restaurado por Gene Trefethen y su familia. Ciruelos y nogales fueron sustituidos por un viñedo de 243 ha, que produce actualmente un chardonnay elegante y firme, un white riesling con notas de albaricoque y un cabernet sauvignon maduro con aromas de cacao. Las mezclas Eshcol Red y Eshcol White, vendidas a precios competitivos, son muy apreciadas.

SONOMA

El condado de Sonoma, por su extensión y su geografía, ofrece a los vinos posibilidades de expresión infinitamente variadas. Es dos veces y media mayor que el condado de Napa para una superficie plantada de vides equivalente. Mientras Napa practica el monocultivo, Sonoma destaca por la variedad hortícola. Por último, Napa conserva la huella patriarcal de Burdeos, y Sonoma, país de jardineros, con sus campos de flores, sus manzanos, sus ciruelos y sus pastos para vacas lecheras y cabras, recuerda más bien la Borgoñona.

Historia de Sonoma

Después de establecerse en México, los frailes españoles se dedicaron a fundar misiones en California: empezaron en San Diego en 1767 y terminaron por la pequeña ciudad de Sonoma, en 1823. Los frailes llevaron consigo la vid necesaria para elaborar el vino de misa y el aguardiente que los ayudaba a dormir. Luego llegaron los rusos, que se establecieron en Fort Ross y dieron el nombre de su princesa al Mount St Helena. Más tarde aún, los emigrantes italianos extendieron el cultivo de la vid: los Rossi, Sbarboro, Pastori, Nervo, Mazzoni y Seghesio fueron las primeras familias de colonos.

Actualmente, los nombres de Sonoma tienen una consonancia bastante más internacional: empresas inglesas, japonesas, francesas, españolas y alemanas poseen fincas importantes, y amplias extensiones de viñas pertenecen a explotaciones situadas al otro lado del Mayacamas Range (en el condado de Napa).

Sonoma también fue la patria de adopción de Agoston Haraszthy, un simpático timador húngaro que se hacía llamar «conde» (y a veces «coronel») y que tenía con el general Mariano Vallejo, el gobernador mexicano de la ciudad, largas conversaciones sobre viticultura. Dos de sus hijos se casaron con las hijas gemelas de Vallejo y, en 1857, Haraszthy fundó la finca Buena Vista, plantó más de 100 000 cepas de vides europeas, entre las cuales, según parece, la zinfandel (1861), pero finalmente tuvo que marcharse en 1866 a causa de ciertos problemas financieros.

La tradición de la venta a granel de los vinos de Sonoma a las fincas de otras regiones terminó con el auge del vino en la década de los 70. A medida que surgían nuevas fincas por todo el

La impresionante bodega subterránea de Ferrari-Carano, al norte de Healdsburg.

condado, los vinos de Sonoma empezaron a ser conocidos por su diversidad y su carácter fuerte.

La industria vinícola de Sonoma

Con 130 explotaciones y 13 950 ha de viñas, el condado de Sonoma vive en nuestros días un período de estabilidad: hace veinte años sólo había 30 fincas vitícolas y apenas 4 450 ha cubiertas de vides. Decir, pues, que el mundo se interesa cada vez más por los vinos de Sonoma es una perogrullada.

En el pasado, los viticultores de Sonoma se negaban a promocionarse y evitaban que se hablara de ellos; hoy, varios organismos están encargados de dar a conocer la calidad de sus vinos al resto del mundo. Signo positivo de los tiempos, viticultores y vinificadores, otrora adversarios encarnecidos, trabajan a menudo mano a mano.

El mejor de estos organismos es el Carneros Quality Alliance que, no satisfecho con hacer compartir a viticultores y bodegueros el mismo afán de calidad, ha financiado un estudio científico muy serio sobre la identidad de la pinot noir en la región. A pesar de la propuesta de una etiqueta de calidad, presentada por un grupo de Sonoma Valley, todavía es más prudente fiarse de la reputación de cada productor para estar seguro de la calidad.

El condado de Sonoma ofrece, más que otras regiones de la costa oeste, una hospitalidad intachable y muchas actividades a los visitantes que se interesan por la gastronomía.

El clima y los suelos

El interés que despiertan los vinos de Sonoma está ligado a la calidad, y la clave de la calidad reside en los cultivos (manzana, lúpulo, ciruela) que dominaban antes el condado. Todos, pero sobre todo la manzana, exigen condiciones climáticas más frescas que las que reinan habitualmente en California. Para la vid, este clima significa un ciclo vegetativo más largo y más lento, templado por la bruma que remonta el Russian River a partir de Jenner (donde desemboca en el Pacífico) o que, tierra adentro, parte de la bahía de San Francisco, remonta Sonoma Valley y atraviesa la región de Carneros. En lo que respecta a la uva, los sabores y los aromas se deben a un largo período de maduración más que a la acción del sol. Los aromas de las uvas se encuentran en los vinos desde su juventud y se prolongan con elegancia hasta una edad venerable.

La individualidad de los vinos de Sonoma refleja la gran variedad de textura de los suelos y de insolación, pero también las lluvias y la influencia oceánica (véase p. 410). En la parte alta de Alexander Valley, en el interior, el clima es menos fresco y los suelos de grava restituyen por la noche el calor acumulado durante el día: es lo ideal para la cabernet sauvignon y la sauvignon. A pocos kilómetros, en Green Valley, los suelos más fríos de algunos meandros del Russian River, la proximidad del Pacífico y las brumas matinales crean condiciones perfectas para los pinot noir y los chardonnay (a veces vinos tranquilos y a menudo espumosos).

Aunque se comprenda mejor el condado de Sonoma a través de sus zonas (áreas vitícolas o AVA, véase recuadro p. 419), hay que saber que el nombre del productor es todavía una mejor garantía de calidad que el de la región mencionada en la etiqueta. Esto se explica en parte porque el nivel de un área vitícola viene marcado por el peor productor que tiene derecho a la denominación. Un vino que lleva el nombre de una AVA pequeña o de un viñedo individual puede ser el mejor de un productor dado. También es posible que otros vinos –que los productores han mezclado con igual mimo– no tengan derecho a la AVA porque menos del 85 % de la uva procede de la región. Además, los límites de las áreas vitícolas se solapan a menudo.

Variedades y estilos de vino

Mientras la mayoría de las regiones vitícolas del mundo tratan de producir vinos de un cierto estilo, las diferentes áreas vitícolas de Sonoma permiten hacer vinos de estilos muy diversos a partir de la gama completa de las variedades californianas (véase recuadro p. 408). Los blancos secos de chardonnay y los tintos de cabernet sauvignon están en cabeza de la lista, pero las cosechas de zinfandel (vinos tintos y rosados), pinot noir y merlot (vinos tintos), sauvignon, chenin blanc, colombard y gewürztraminer (vinos blancos) y cabernet franc (tintos ligeros) no son desdeñables.

La mayor parte de los vinos toman su nombre de la variedad principal. Los nombres de cepa o de finca son las claves del estilo y de la calidad del vino.

La zinfandel es una variedad típica de California, rara fuera de Estados Unidos.

LAS ZONAS VINÍCOLAS DE SONOMA

A continuación, se presentan a grandes rasgos las siete grandes áreas vitícolas (AVA) del condado de Sonoma, de sur a norte. Aunque todo vino producido en la región se puede vender bajo el nombre del condado, algunas áreas vitícolas –Sonoma Valley, Russian River Valley, Alexander Valley–, más extensas que las de Napa, han forjado su propia reputación. Aparecen cada vez más en las etiquetas, a condición de que proceda de ellas el 85 % de la uva empleada en la elaboración del vino.

Carneros-Sonoma. El área vitícola más meridional de Sonoma se prolonga hacia el este en Napa Valley, mientras que su parte oeste corresponde a la parte sur del área vitícola Sonoma Valley. Carneros lleva su nombre por las ovejas que antaño pastaban en estos suelos de baja altitud, poco profundos y compuestos de arcillas compactas y aluviones. Es una zona refrescada por la bahía de San Pablo (el extremo norte de la bahía de San Francisco) y por los vientos regulares de tarde que vienen del Pacífico y se cuelan por Petaluma Gap. Por ello, la mayoría de las 2 650 ha del área están plantadas de pinot noir.

Sonoma Valley. Área vitícola en forma de luna creciente que se extiende hacia el noroeste de la bahía hasta Santa Rosa Plain, paralelamente a Napa Valley, al este, también en forma de luna creciente. Sonoma Valley forma un círculo alrededor de la histórica ciudad de Sonoma. Cerca de 2 450 ha están dedicadas a la cabernet sauvignon, la merlot y la sauvignon, cepas que se extienden por el fondo del valle y en los bancos (amplias terrazas naturales del valle). La parte superior de las pendientes está plantada de zinfandel.

Sonoma Mountain. Esta área vitícola situada en el extremo noroeste del valle está incluida en la AVA Sonoma Valley. Cerca de 245 ha trepan hasta 440 m sobre el nivel del mar y, como consecuencia, por encima de las brumas matinales. Se favorecen pues las variedades que aprecian el calor: cabernet sauvignon, zinfandel y sauvignon. También se cultiva chardonnay.

Russian River Valley. Esta área de 3 400 ha es la extensión meridional más fresca de Alexander Valley: se unen donde el Russian River dibuja un recodo hacia el oeste para dirigirse al océano. Antaño el río desembocaba en la bahía de San Francisco, pero una erupción antigua del Mount St Helena lo desvió hacia el mar. La pinot noir, la chardonnay, la riesling y la gewürztraminer maduran lentamente a lo largo de los meandros sinuosos del lecho de gravas. La mayor parte de la cosecha está dedicada a la producción de vinos espumosos de fruta delicada y buena vivacidad.

Green Valley. Es uno de los dos distritos del AVA Russian River. Situado en el lado oceánico del área vitícola, a apenas 10 km del Pacífico, es más fresco. La mayoría de los viñedos están dedicados a la chardonnay y la pinot noir.

Chalk Hill. Esta zona se extiende por la parte más occidental y más cálida de Russian River, en el límite sur de Alexander Valley. Sus suelos marrón oscuro de cenizas volcánicas, a la sombra de la montaña que los creó, están plantados principalmente de variedades blancas, sauvignon y chardonnay.

Sonoma Coast. En las partes más favorecidas de esta AVA, la bruma permite obtener vinos intensos hechos con uvas maduras y rebosantes de aromas de fruta. Es, sin embargo, una zona creada artificialmente, puesto que sus diversas partes sólo tienen en común su fachada costera.

Knights Valley. Aunque forme parte del condado de Sonoma desde el punto de vista administrativo, esta área vitícola es más bien la extensión norte de Napa Valley o la sur de Alexander Valley. Cultivada inicialmente por William Knight, que se instaló aquí en 1845, aislada del océano y de la bahía, su calor y el bajo pH de sus suelos son muy indicados para las cepas cabernet sauvignon, merlot y sauvignon. Beringer, basado en Napa, posee la mayor parte de las viñas.

Alexander Valley. Colonizada en 1833 por Cyrus Alexander, un pionero que acumulaba las funciones de mercader, trampero, minero y cazador, esta AVA se extiende desde el norte de Healdsburg hasta Cloverdale sobre una superficie de 2 650 ha y se encabalga sobre la parte norte de Russian River Valley. Los suelos aluviales, ricos y profundos del río dan excelentes vendimias tardías (de uvas botrytizadas) de riesling y gewürztraminer, y un chardonnay amplio. Los suelos con una fina capa arable de las terrazas que dan al río producen cabernet sauvignon y sauvignon.

Dry Creek Valley. Algo más pequeña y cercana al Pacífico, esta AVA tiene bastantes puntos en común con Alexander Valley. Sus 2 250 ha de terrazas volcánicas y de gravas en terreno llano acogen todas las variedades bordelesas, tanto tintas como blancas. Se encuentran varios emplazamientos de vides centenarias de zinfandel, que producen tintos.

El clima fresco de Carneros le va bien a la pinot noir.

PRODUCTORES Y BODEGUEROS

La diversidad de los vinos de Sonoma no puede atribuirse sólo a la amplia paleta de variedades utilizadas (véase p. 408), con cuyos nombres se suelen bautizar los vinos. También se debe a las diferencias entre las áreas vitícolas del condado (véase p. 419), cada una de las cuales tiene su propio microclima y suelo. La mayoría de los productores hace varios vinos: tintos y blancos, tranquilos y espumosos.

Arrowood
El renombre de Richard Arrowood data de la década de los 70, época en que fundó Château Saint Jean (véase más adelante), donde vinificaba diversos chardonnay y opulentos riesling botrytizados. Con su perfecta maestría técnica elabora actualmente chardonnay, cabernet sauvignon y merlot elegantes, de diversos viñedos, en una construcción vitícola blanca y gris azulada perteneciente a Glen Ellen.

Buena Vista
Agoston Haraszthy fundó la finca en 1857 y Frank Bartholomew, dueño de United Press International, resucitó el viñedo y la fama de sus vinos en la década de los 40. En manos actualmente de alemanes, Buena Vista centra sus esfuerzos en sus 360 ha de Carneros y hace tanto la promoción de la región como de su finca. La vinificadora Jill Davis saca buen partido de las variedades clásicas (chardonnay y pinot noir), pero ofrece también merlot suaves y sedosos, y cabernet sauvignon con aromas de grosella negra.

Clos du Bois
Véase recuadro en esta página.

Dry Creek
Desde 1972, el propietario, David Stare, ha hecho de su fumé blanc (sauvignon), con notas de helecho, de hierbas y de higo, su tarjeta de visita. El hecho de que sus primeros fumé, de textura grasa y elegante, todavía se beban bien demuestra no sólo la calidad de la cepa, sino también cómo se trata en Dry Creek. La finca está en el centro del área vitícola de Dry Creek Valley, al norte de Healdsburg. También elaboran un zinfandel penetrante, con aromas de frambuesa, y un tinto meritage con notas abundantes de cedro y de frambuesa, ambas típicas de la región.

Gary Farrell
Cuando trabajaba en Davis Bynum Winery, junto a la Westside Road, en Healdsburg, Gary Farrell extraía un máximo de fruta suculenta de la pinot noir de Russian River. Es un vinificador de talento que elabora vinos bajo su propia etiqueta al disponer de las instalaciones de un instituto. Farrell también vinifica los vinos de Davis Bynum.

Ferrari-Carano
Don y Rhonda Carano son los propietarios de esta explotación de Healdsburg que posee una bodega subterránea de unas 230 000 botellas. Un fumé blanc (sauvignon) con notas de higo y melón, y un chardonnay con notas de frutas exóticas son sus vinos principales. También cultivan la sangiovese, una cepa tinta italiana que estudian de cerca.

Gloria Ferrer
José y Gloria Ferrer son dueños de Freixenet, el gigante español del cava, cerca de Barcelona. En 1982, José vio cumplido su sueño: extender su actividad a California. Su vino espumoso Brut, de método tradicional, a la vez elegante y rico, lleva un 90 % de pinot noir. La *cuvée* Carneros, más carnosa, con aromas de pan tostado, permanece tres años con las lías; está compuesta a partes iguales de pinot noir y chardonnay. También se producen vinos tranquilos en su finca situada al sur de Sonoma.

Foppiano
Louis Foppiano Jr. perpetúa la larga historia de la finca –muy cerca de donde el Russian River pasa por debajo de la *highway* 101, al sur de Healdsburg–, construida en 1896 por su abuelo. Sus cabernet sauvignon y sus chardonnay de gama alta se venden con la etiqueta Fox Mountain, mientras que sus vinos menos caros llevan la etiqueta Riverside Farm. Entre ambos, con el simple nombre de Foppiano Vineyards, los vinos de petit sirah, zinfandel y cabernet sauvignon para los tintos, y chardonnay y sauvignon para los blancos son fáciles de beber y su precio es razonable.

Gallo-Sonoma
E. y J. Gallo lanzaron en 1993 su primer Sonoma Estate

CLOS DU BOIS

Imagínese lo que significa la vinificación de 2 040 000 botellas de chardonnay fermentado en barrica; imagínese luego un vino hermoso, graso, con aromas de limón. Clos du Bois produce un total de 4 200 000 botellas, entre ellas un merlot (otra especialidad) suave, sedoso y largo en boca, con notas de grosella negra y de mora, que iguala el chardonnay en popularidad. La vinificadora Margaret Davenport también hace chardonnay de una sola viña (los de Flintwood son rectos y austeros, los de Calcaire más redondos y carnosos) y cabernet sauvignon (Briarcrest y Marlstone). Clos du Bois pertenece al grupo Allied Lyons, que dirige también Callaway, en el sur del Estado, y dos fincas de Napa, Atlas Peak y William Hill Winery.

Chardonnay, carnoso y elegante. Su finca de más de 800 ha, al norte de Healdsburg, produjo luego un cabernet sauvignon caro.

Geyser Peak
Después de pertenecer a la cervecera Schlitz y luego, en parte, a la sociedad australiana Penfolds, Geyser Peak, cerca de Geyserville, está actualmente de nuevo en manos de la familia Trione. El vinificador australiano Daryl Groom ha conseguido un sémillon/chardonnay magnífico, seco y lleno de espíritu. Groom vinificaba antes el Grange Hermitage por cuenta de Penfolds. Reserve Alexandre es un meritage tinto complejo.

Glen Ellen-Benziger
Aunque el clan Benziger, de Glen Ellen, haya hecho bastante ruido con su chardonnay y su cabernet sauvignon Proprietor's Reserve, de precios razonables, elabora con el mismo talento sus vinos de gama alta, sobre todo un sauvignon graso y agradable. En la gama Imagery ejerce su arte con nuevos métodos de vinificación de variedades tintas poco corrientes: aleatico, trousseau, syrah y cabernet franc.

Gundlach Bundschu
Jim pertenece a la cuarta generación de los Bundschu que explota Rhinefarm Vineyard en Sonoma, plantada en 1858 por Charles Bundschu y Jacob Gundlach. Las 113 ha actuales comprenden la viña Kleinberger, que produce un vino blanco seco en el estilo de los riesling y un merlot intenso con aromas de grosella negra.

Hanzell
Esta joya de 13 ha, justo al norte de Sonoma, tiene un edificio vitícola inspirado en la fachada norte de Clos Vougeot, en Borgoña. El fundador, J. D. Zellerbach, gran amante de los vinos de Borgoña, plantó inicialmente chardonnay en 1953 y luego pinot noir. Fue uno de los primeros en importar barricas francesas y en vinificar en cubas de acero inoxidable. El chardonnay procedente de una parcela en pendiente, expuesta al suroeste, está particularmente logrado.

Iron House
El frescor del clima de Green Valley conviene perfectamente a las variedades pinot noir y chardonnay, elaboradas en vinos espumosos (el Brut Rosé y el Wedding Cuvée, muy afrutados, son notables; Laurent Perrier trabaja con Iron House) y en vinos tranquilos. El cabernet sauvignon procede de una viña que pertenece al vinificador Forrester Tancer, a más de 48 km de la finca de Sebastopol, en Alexander Valley.

Jordan
Tom Jordan ha construido su finca Domaine d'Healdsburg a imagen de un *château* bordelés, pero su vino blanco es un chardonnay, variedad borgoñona. El cabernet sauvignon es suave y su fruta, que evoca la grosella negra, se prolonga en boca; el chardonnay es graso y posee aromas de regaliz y de anís. Jordan también produce una pequeña cantidad de vino blanco licoroso (sémillon/sauvignon) de uva botrytizada, así como un vino espumoso con aromas de manzana y de pan tostado, elaborado por el método tradicional, y llamado «J».

Kenwood
Kenwood produce cada año sin esfuerzos cerca de 2 400 000 botellas de buenos vinos que resultan más interesantes en cada cosecha: un zinfandel de notas pimentadas, un cabernet sauvignon Artist Series elegante, un sauvignon con aromas de hierbas y de limón, un pinot noir fino, un chenin blanc noble y franco con notas de melón, y un chardonnay carnoso. La familia Lee compró en 1970 la antigua finca Pagani Brothers en Kenwood.

Kistler
Steven Kistler ha hecho tres cosechas en Ridge (bahía de San Francisco) a fin de probar lo que llama una vinificación «no intervencionista». El éxito de su chardonnay, franco en el ataque, luego suave y más carnoso al final, le ha permitido crear en Glen Ellen una pequeña explotación de 30 000 botellas, equipada con siete bodegas de barricas cuyas temperatura y humedad se controlan individualmente. También produce cabernet sauvignon y pinot noir.

Korbel
En Guerneville, no lejos del Pacífico, en las riberas de grava de los meandros del Russian River, Korbel enamora a los visitantes con su jardín de rosas antiguas y sus viejos edificios de ladrillo cubiertos de parras. Fundada hace un siglo por tres hermanos checos (Francis, Joseph y Anton Korbel) y perteneciente desde 1954 a la familia Heck, Korbel produce cada año más de 12 millones de botellas de vinos espumosos diversos y cerca de 4 millones de botellas de aguardiente.

Laurel Glen
A partir de una parcela situada en las laderas de Sonoma Mountain, fuera de la zona de brumas, al oeste de Glen Ellen, Patrick Campbell obtiene uno de los mejores cabernet sauvignon del país. Rebosante de aromas de violeta, de mora y de cereza negra, tiene el esqueleto necesario para envejecer bien gracias a su estructura tánica y a los buenos niveles de acidez.

Matanzas Creek
Una explotación con la divisa «el extremismo en la búsqueda de la calidad no es un vicio» es necesariamente una fuerza con la que hay que contar. Los propietarios, Sandra y Bill MacIver, emplean a dos vinificadores para experimentar e investigar todos los parámetros de calidad imaginables.

Como resultado de su búsqueda de calidad han conseguido un chardonnay rico en aromas de caramelo y vainilla, realzado por notas de clavo, manzana y regaliz. Un merlot esbelto permanece en boca o envejece bien en botella; hay un sauvignon equivalente en blanco.

Pedroncelli
Esta explotación de Geyserville fue fundada en 1927; contaba, entonces, con cepas de cariñena, burger y petite sirah. La dirección está actualmente en manos de los hijos y nietos de John Pedroncelli y las variedades incluyen chardonnay, sauvignon, chenin blanc, cabernet sauvignon y zinfandel (vinificado en rosado pálido, rosado y tinto).

Piper-Sonoma/Rodney Strong
Anteriormente filiales de la misma sociedad, Piper y Strong siguen estando una al lado de la otra cerca de Healdsburg. La primera finca pertenece a Piper Heidsieck y produce vinos espumosos magníficos, pero ha reducido su producción a causa del descenso del consumo. La segunda toma su nombre de su fundador, Rod Strong, un vinificador

que produce un cabernet sauvignon notable, Alexander's Crown.

Saint Francis
Antaño se cultivaban ciruelos en esta parcela de 40 ha pero actualmente en Kenwood, la explotación de Joe Martin, reina la merlot. El vinificador Tom Mackey, que anteriormente oficiaba en el distrito de Finger Lakes (estado de Nueva York), también elabora un muscat canelli blanco aromatizado con algunos gramos de azúcar residual, así como cabernet sauvignon, cabernet franc y zinfandel.

Château Saint Jean
Desde su creación cerca de Kenwood en 1973, Saint Jean ha tenido como estandarte el chardonnay, que significa cerca del 70 % de su producción de 2 700 000 botellas. El de la viña Robert Young, extremadamente carnoso, exhala fuertes aromas de pan tostado, y el de la viña Belle Terre se expresa en el mismo registro, añadiendo aromas de pera; también se produce un Sonoma County Chardonnay.

Los tintos vuelven con fuerza (un intrigante pinot noir terroso y con aromas *foxed*), y el riesling botrytizado con notas melosas y el gewürztraminer brillan con todo su esplendor. En otra instalación se vinifica un espumoso.

Sebastiani
Creado en 1904 por el inmigrante toscano Samuele Sebastiani, el gigante del centro de la ciudad de Sonoma ha cambiado varias veces de línea. Antiguamente productor de vinos para vender exclusivamente a granel, Auguste Sebastiani introdujo luego variedades corrientes. Su hijo, Sam, redujo fuertemente la explotación para dedicarse a la producción de vinos de gran calidad, entre ellos un blanco seco de mezcla, con aromas a la vez de flor y de pedernal, llamado Green Hungarian.

Simi
Giuseppe Simi y su hermano Pietro compraron en 1881 la finca de Healdsburg y construyeron en 1890 una bodega de piedra, corazón de la explotación actual. Después de sobrevivir a la prohibición, la empresa fue renovada primero por Russ Green y luego por Moët-Hennessy. Los chardonnay destacan por sus aromas de clavo, de manzana y de anís; los cabernet sauvignon con aromas de violeta son redondos y finos, y una mezcla nueva de sémillon y sauvignon (Sendal) se revela carnosa, con notas de higos maduros y melón.

Sonoma-Cutrer
En esta magnífica *winery*, el chardonnay es la estrella indiscutible. Un túnel de refrigeración permite que la uva recién vendimiada llegue a la prensa con la temperatura adecuada tras pasar por una mesa de selección. Los vinos de Sonoma-Cutrer llevan en las etiquetas los nombres de todos los viñedos de donde provienen: Les Pierres, Cutrer y Russian River Ranges.

Château Souverain
Souverain forma parte actualmente del grupo Nestlé (al igual que Beringer) y suministra un excelente ejemplo de los vinos mal conocidos y, en consecuencia, subestimados de Sonoma: un zinfandel especiado, un pinot noir fino y un chardonnay sedoso.

Viansa
Cuando Sam Sebastiani abandonó la explotación creada por su abuelo, estableció cerca del aeropuerto de Schellville, en el sur de Sonoma (Carneros), una pequeña explotación de aires italocalifornianos, con olivos (por el aceite), variedades típicamente italianas (sangiovese, por ejemplo) y una sala de degustación que parece un mercado. Su mejor vino es un cabernet sauvignon bien equilibrado, con aromas de grosella negra.

Williams Selyem
Burt Williams y Ed Selyem hacen el que se puede considerar el mejor pinot noir de Healdsburg, a partir de uvas del Russian River que fermentan en antiguas cubas lecheras de acero inoxidable. Estos pinot noir son especiados, suculentos y largos en boca. Su zinfandel, pleno de aromas de moras y café, merece ser probado.

Château Saint Jean, cerca de Kenwood, en el valle de Sonoma.

Otras regiones costeras

Las numerosísimas explotaciones situadas fuera de Napa y de Sonoma reflejan bien la fascinante diversidad de California. Aparte de algunos productores que se identifican, como en Europa, por un pago definido y con un vino específico, suele tratarse de toda una panoplia de vinos dispersos que ofrecen un amplio abanico de estilos y calidades: en efecto, pueden proceder de todas las principales variedades californianas (véase recuadro p. 408), a las que se añaden algunas más. Es normal que una misma explotación produzca tinto, blanco y rosado *(blush)*, un vino espumoso e incluso uno o varios de postre.

Lake y Mendocino

Al norte de lo que humorísticamente se conoce como «Sonapanoma» se extienden los condados de Lake y de Mendocino. Aunque sean menos conocidos por el resto del mundo que Napa y Sonoma, y haya menos productores, estos condados pertenecen a lo que los californianos llaman la costa norte. Situados al norte de San Francisco, gozan, como sus vecinos, de las muchas ventajas de un clima fresco, lo que es particularmente cierto para el valle de Anderson (en Mendocino), cuyos vinos tienen muy buena fama.

Tierra adentro, alrededor de Clear Lake, el clima cálido del condado de Lake va bien a la sauvignon (vinos blancos) y a la cabernet sauvignon (vinos tintos), por lo que estas dos variedades cubren más de la mitad de las 1 200 ha del viñedo. Los suelos son, por lo general, de naturaleza volcánica, producto a menudo de las erupciones antiguas de Mount St Helena y de Mount Konocti. Los viticultores se consideran auténticos pioneros por estar alejados de los circuitos comerciales habituales: hasta el día de hoy, ni una sola línea férrea ha penetrado en el condado de Lake para comunicar la media docena de explotaciones. Muchos viñedos pertenecen a sociedades vinícolas cuya sede está en el valle de Napa: Sutter Home, Louis Martini y Beringer entre otros.

Brumas en la costa californiana.

El condado de Mendocino se divide en dos zonas principales: el caluroso valle interior de Ukiah y el valle fresco de Anderson, orientado al oeste, hacia el océano Pacífico. Una treintena de explotaciones se reparten las 4 900 ha de viñas. La chardonnay (para los blancos) cubre una cuarta parte de la superficie, mientras que el resto está plantado de zinfandel con gusto de pimienta y frambuesa (esencialmente en colinas altas, en los límites de los bosques de secuoyas), de cabernet sauvignon y de cariñena tinta común. La pinot noir gana terreno, pero suele servir para la fabricación de vinos blancos espumosos (Roederer, Scharffenberger). El único viñedo de la región vitícola de Cole Ranch produce un excelente cabernet sauvignon.

La zona de la bahía

Una gran variedad de emplazamientos vitícolas rodea la bahía de San Francisco, desde las llanuras de grava del valle de Livermore hasta las vertientes del bosque húmedo de las montañas de Santa Cruz (AVA), con explotaciones establecidas en bodegas históricas de piedra, provistas de hangares de chapa ondulada que acogen tinas de acero inoxidable y barricas de roble francés.

En esta zona, algunos centros de vinificación (Audubon y Rosenblum) se encuentran en plena ciudad y se aprovisionan de uva en diversas regiones, mientras que otros, más pequeños, se concentran en un pago preciso (Ahlgren, Cronin, Fogarty, Hallcrest, Roudon-Smith, Santa Cruz Mountain Vineyard, Woodside).

Con sus cepas cabernet sauvignon para los tintos, y sauvignon y sémillon para los blancos, el valle de Livermore se parece un poco a Graves en Burdeos. Las montañas frescas que dominan los condados de Santa Cruz y de Santa Clara están plantadas principalmente con chardonnay y white riesling para los vinos blancos, y con zinfandel y pinot noir para los tintos.

Monterey y San Benito

Más al sur, los condados de Monterey (en la costa) y San Benito (tierra adentro) ofrecen una variedad todavía mayor de emplazamientos vitícolas.

Monterey, región de ciclo vegetativo largo y soleado, debe su conquista a la irrigación: en efecto, la pluviometría no supera jamás los 250 mm al año, es decir, la mitad de lo que necesita la vid. En el curso de la década de los 60, Paul Masson, Mirassou y Wente introdujeron en el valle de Salinas sistemas de riego a chorro y gota a gota. Gracias al riego, en este suelo blando y arenoso poco propicio para la filoxera, la vid cubría ya más de 16 000 ha a mediados de la década de los 70, esencialmente de cabernet sauvignon que regada en exceso dio en grana.

Actualmente, el viñedo del valle de Salinas (que engloba las regiones vitícolas de Santa Lucía Highlands, Arroyo Seco, San Lucas y Chalone) sólo cubre 12 100 ha, cerca de un tercio de las cuales están plantadas de chardonnay (para los blancos). Vienen luego, por orden de importancia decreciente: cabernet sauvignon (mejor comprendida hoy, pues se deja de regar en el mes de junio), chenin blanc y riesling para los blancos, zinfandel y pinot noir (que hace maravillas cerca de la bahía de Monterey) para los tintos, y sauvignon y pinot blanc (sobre todo para los espumosos). Delicato, una casa situada en el valle Central, posee un viñedo en San Bernabé, cerca de King City que, con sus 3 450 ha, es uno de los mayores viñedos de un solo propietario del mundo.

La variedad tinta merlot se comporta muy bien en las tierras altas de Santa Lucía (el Smith & Hook es excelente), los pinot noir concentrados vienen de emplazamientos más frescos (Pinnacles, Morgan), los chardonnay tienen notas de frutos exóticos características (Estancia, Lockwood), y J. Lohr produce un gamay tinto con gusto de cereza picante.

El área vitícola del valle de Carmel, que constituye una bolsa calurosa al oeste del río Salinas, es, por su parte, famosa por los cabernet sauvignon generosos con aromas de cacao.

San Benito formaba antes parte del condado de Monterey y debía su fama al gran viñedo del valle de la Ciénaga plantado por Almaden: como consecuencia de un temblor de tierra quedó cortado en dos por la falla de San Andrés. Los pinot noir de Calera cimientan hoy la fama de este condado.

San Luis Obispo

Paso Robles es la mayor área vitícola del condado de San Luis Obispo (40 explotaciones cultivan cerca de 3 650 ha de viñas), pero la importancia de los viñedos del valle del Edna (al sur de la ciudad de San Luis Obispo) y de Arroyo Grande va en aumento

Paso Robles, sobre todo en su parte más calurosa, al oeste de la *highway* 101, es famoso por sus cabernet sauvignon afrutados, finos y accesibles (Castoro, Eberle, Meridian).

En 1913, el pianista polaco Ignace Paderewski compró 800 ha al oeste de Paso para plantar almendros y zinfandel. Actualmente, la ciudad de Templeton, justo al sur de Paso, es muy apreciada por los entendidos gracias a sus zinfandel tintos afrutados y pimentados (Ridge, Mastantuono). Cada año, en mayo, Paso Robles es sede de un gran festival del vino. El área vitícola de York Mountains, que cubre solamente 12 ha en una meseta al oeste de Templeton, es la finca exclusiva de la York Mountain Winery, fundada en 1882.

El valle del Edna es conocido sobre todo por sus chardonnay llenos de carácter (Edna Valley Vineyard, Corbett Canyon), mientras que Arroyo Grande se especializa en vinos espumosos vivos (Maison Deutz).

La región más meridional del condado cubre una pequeña parte de la AVA valle de Santa María, cuya mayor parte se extiende hasta el condado de Santa Bárbara.

Santa Bárbara y el sur de California

Contrariamente al resto de California, expuesta al oeste, Santa Bárbara posee, entre Point Concepcion y Rincón, 80 km de laderas orientadas al sur, por lo que se parece a la costa mediterránea de España o Francia.

Las misiones, al extenderse hacia el norte, introdujeron la uva en este condado: Santa Bárbara (en 1786), Purísima Concepción (Lompoc, en 1787) y Santa Inés (Solvang, en 1804). Como en muchas otras regiones de California, el viñedo prosperó durante la segunda mitad del siglo XIX, pero se arruinó por la prohibición a principios del siglo XX. La Bodega de Albert Packard, construida en 1865, era una estructura de adobe de tres pisos con muros de un metro de grosor. El camino que pasaba entre las viñas es actualmente la calle De la Vina.

La resurrección de Santa Bárbara se inició en 1962, cuando el canadiense Pierre Lafond fundó Santa Bárbara Winery. Conocido en la época por sus vinos afrutados, actualmente lo es por su pinot noir con gusto de cereza, su generoso johannisberg riesling y su zinfandel tinto pleno de vitalidad. Pero Santa Bárbara figura actualmente en los mapas vitícolas sobre todo gracias a la promoción desinteresada y al renombre del antiguo fabricante de neumáticos Brooks Firestone.

En Santa Bárbara, las propiedades de personalidades famosas y los ranchos suman cerca de 4 000 ha de viñas. Más de la mitad están plantadas de chardonnay, que da vinos blancos ricos y amplios con notas de frutos exóticos, aunque hay que hacer una mención especial a la pinot noir por los tintos de las fabulosas viñas de Bien Nacido, Sierra Madre y Sanford. Las mejores áreas vitícolas son el valle de Santa María, las llanuras del noroeste del condado y el valle de Santa Ynez, que sigue los meandros del río del mismo nombre desde el lago Cachuma hasta el Pacífico. Más de una veintena de centros de vinificación transforman la uva en vino.

Muchos viñedos se extienden al sur del condado de Santa Bárbara. El primer centro de vinificación fue fundado en 1824 en Los Ángeles por Joseph Chapman. Fue seguido por Jean-Louis Vignes, un francés nacido en Cadillac, cuyo El Aliso Ranch se convirtió en un negocio muy próspero. Después de la fiebre del oro, cuando la viña se desplazó hacia Napa, Sonoma y las estribaciones de la sierra, el comercio del vino perdió importancia en Los Ángeles, a causa de la enfermedad de las vides (enfermedad de Pierce) y de la urbanización.

Actualmente, una parte ínfima de las 8 000 ha de viñas del condado de Riverside aprovisiona la docena corta de vinificadores instalados cerca de Los Ángeles; el resto se vende como uva de mesa. En cuanto a los suelos arenosos del área vitícola de Tenecula, en el extremo suroeste del condado (al norte de San Diego, al sureste de Los Ángeles), son conocidos por su chardonnay, a la vez tranquilo (Callaway) y espumoso (Thornton, antiguamente Culbertson). El área vitícola más modesta del valle de San Pascual apenas posee 40 ha de vides. □

PRODUCTORES Y BODEGUEROS

Los vinificadores californianos poseen a menudo viñas en varias AVA diferentes, incluso en diversos condados, y pueden, además, comprar vino a otras explotaciones. A continuación están clasificados según la localización de su bodega de vinificación. Como en el resto de California, la mayoría de los vinos de calidad lleva el nombre de la variedad de la que están hechos (véase p. 408).

LAKE Y MENDOCINO

Fetzer
Fundada por Barney Fetzer en Hopland (Mendocino) en 1969, Fetzer se ha convertido en un gran productor, aunque sus vinos siguen siendo soberbios (la empresa pertenece actualmente al grupo Brown-Forman). Un gran jardín botánico reproduce el ciclo de la vid y una escuela de cocina enseña el arte de emparejar vinos y comidas. El chardonnay Sundial, fresco, con gusto de pera y de manzana, tiene una relación calidad/precio particularmente interesante.

Guenoc
Su viñedo cerca de Middletown, antiguo rancho de la cantante británica Lillie Langtry, está situado a caballo entre los condados de Lake y de Napa. Su tinto Langtry es un meritage fino con gusto de mora; el blanco Langtry posee un rico aroma de oliva y de regaliz. Su chardonnay Reserve también está lleno de personalidad, con un buqué delicado pero muy franco de limón y de crema

Kendall-Jackson
El imperio del abogado Jess Jackson, que empezó en 1983 en Lakeport con la construcción del minúsculo Château du Lac, produce actualmente cerca de 12 millones de botellas al año gracias a la adquisición de las casas J. Stonestreet (Sonoma), Cambria (Santa María Chardonnay) y Edmeades (valle de Anderson). Kendall-Jackson ha hecho de Chardonnay un término genérico que designa su blanco popular, levemente dulce, con sabor de piña. El Cardinale, una costosa mezcla meritage tinta, es amplio y audaz, con un buqué de grosella negra, yodo y tabaco.

Navarro
Ted Bennett y su esposa Deborah Cahn poseen 20 ha en Philo, en el suave frescor del lejano valle de Anderson, pero también compran uva. Sus chardonnay secos y firmes, y sus pinot noir finos son tan apreciados como su riesling y gewürztraminer botrytizados, deliciosamente dulces. Esta última variedad sirve igualmente para elaborar el mosto ofrecido a los hijos de los visitantes.

Parducci
Fundada por el padre de John Parducci en 1932, esta explotación, como las de sus compatriotas italianos, se dedica tranquilamente a sus ocupaciones. Produce vinos honrados y asequibles, como su petite sirah de gusto especiado de ciruelas y bayas rojas. Ukiah recibe miles de visitantes que quieren conocer la explotación, la tienda de recuerdos, la galería de arte, el restaurante y la sala de degustación.

Roederer
Creada por Jean-Claud Rouzaud en 1985, la filial californiana de la casa champañera de Reims comenzó elaborando vino espumoso clásico del otro lado del Atlántico antes de mezclar los vinos del valle de Anderson según el famoso *méthode champenoise*. Para ello compró tierras situadas a alturas diferentes y más o menos cercanas a la costa: las vides más cercanas al océano están a 18 km de las más lejanas. El negocio está concebido para producir 1 200 000 botellas a partir de sus 162 ha de viñas. Su Roederer Estate Brut, envejecido en barricas de roble, es elegante, con notas de agrios y de levadura.

Scharffenberger
Los champagnes Pommery y Lanson (del grupo francés LVMH) son los socios de John Scharffenberger en Philo (Mendocino). Los espumosos blancos tienden a ser muy secos y austeros, pero el Brut Rosé posee un rico aroma de pan tostado, ciruela y fresa.

ZONA DE LA BAHÍA

Bonny Doon
Randall Grahm elabora vinos muy personales, algunos de los cuales proceden de su explotación en las montañas de Santa Cruz. Su tinto sabroso al estilo de los vinos del Ródano, Le Cigare Volant, lleno de aromas de arándano y de cereza, tiene una etiqueta original que representa un ovni. Produce también un aguardiente de pera, un muscat canelli muy dulce, en el estilo de los *Eisweine* alemanes, y algunas otras imitaciones diversas y variadas.

Concannon
La larga historia de Concannon se remonta a su fundación en 1883 por el librero irlandés James Concannon. Sus bodegas siguieron produciendo durante la prohibición, gracias a los lazos mantenidos con la Iglesia católica de San Francisco (y sus pedidos legales de vino de misa). Concannon es uno de los últimos productores de petite sirah, un tinto un tanto rústico con un sabor pronunciado de ciruela, que crece bien en los suelos de grava del valle de Livermore.

Mirassou
La quinta y la sexta generación aseguran que la familia compró sus vides del valle de Santa Clara en 1854. Desde la década de los 60, la casa realiza esfuerzos en sus 300 ha del condado de Monterey, donde produce un pinot noir fino, un cabernet sauvignon generoso con gusto de pimiento y varios vinos blancos espumosos (Au Natural es frutal y penetrante) que se aprovechan del clima fresco de Monterey. Las bodegas están en San José.

Ridge
Fundada por un grupo de científicos, viticultores domingueros, esta empresa basada en Cupertino pertenece actualmente a unos japoneses.

Pero Paul Draper, vinificador veterano, todavía produce los zinfandel más elegantes en viñedos tan diferentes y distantes como Lytton Springs (Sonoma), Fiddletown (Amador) y Dusi (Paso Robles). Su petite sirah York Creek (Napa), denso y casi negro, hace furor entre los aficionados.

Wente
Como sus vecinos, los Concannon de Livermore, los

Wente comenzaron a cultivar la vid en 1883. El negocio todavía pertenece a la familia, que ha comprado las viñas de Concannon y transformado las antiguas bodegas de Cresta Blanca en restaurante y en centro de vinificación de vinos espumosos. Wente cría ganado al lado de sus viñas de Livermore y posee muchas parcelas de vides en el condado de Monterey. Su sémillon se distingue por un delicioso buqué de melón y de higo.

MONTEREY Y SAN BENITO
Calera
La pasión de Josh Jensen por Borgoña lo empujó a buscar un terreno bastante calizo. Encontró un antiguo horno de cal (Calera) en las colinas que dominan Holister, en el condado de San Benito. Las bodegas se alinean en siete niveles a lo largo de la ladera. Cada pago (Jensen, Reeds, Selleck y Mills) produce un pinot noir diferente, pero todos elaboran vinos concentrados con aromas de canela y cereza. También se produce viognier, en el estilo sobrio de los blancos del Ródano.

Chalone
Situada al este de la población de Soledad y en el mismo lado de las formaciones rocosas basálticas de los Pinnacles que Monterey, Chalone también vinifica según la tradición borgoñona con el fin de dar un máximo de carácter a sus pinot noir y chardonnay. Asociada con Château Lafite-Rothschild, la empresa también posee Edna Valley (San Luis Obispo), Acacia (Napa), Carmenet (Sonoma) y Woodward Canyon (estado de Washington).

Jeckel
Emplazada en Greenfield, esta explotación es la excepción a la regla según la cual «la riesling no da nada bueno en California». La bruma de la bahía de Monterey permite que la uva conserve la acidez, por lo que incluso el riesling seco mantiene su profundidad y su verdor, mientras que el vino de postre botrytizado es ricamente frutal.

Su chardonnay también tiene éxito y, en su madurez, su cabernet sauvignon posee un ligero sabor a cacao.

The Monterey Vineyard
Fundada en 1974 cerca de la pequeña población de Gonzales, la explotación pertenece actualmente al grupo Seagram. Su punto fuerte es su gama Classic, con vinos asequibles y fáciles, particularmente el Classic Pinot Noir y el Classic Red.

SAN LUIS OBISPO
Eberle
El antiguo jugador de fútbol Gary Eberle plantó sus primeras vides al este de Paso Robles en 1972 para Estrella River Winery (actualmente Meridian). Luego lanzó su propia etiqueta en 1980. Un clon de cabernet sauvignon de bajo rendimiento produce 84 000 botellas de vinos tiernos con bellas notas de frutas rojas. La explotación produce también 42 000 botellas de chardonnay y cantidades ínfimas de barbera, syrah, zinfandel, viognier, así como un muscat canelli muy floral.

Martin Brothers
Al instalarse en Paso Robles, el vinificador Nick Martin y el comercial Tom Martin aportaron a este lugar un soplo de cultura italiana. Hicieron popular la nebbiolo, con su gusto áspero de violeta y de granada (en la etiqueta figuran reproducciones del renacimiento italiano). Su chenin blanc, fino y seco, es característico. Su vin santo (véase p. 303) está hecho con uvas de malvasía bianca. Los hermanos Martin destilan una *grappa* a partir de la nebbiolo.

Meridian
Estrella River Winery, la explotación originaria fundada en Paso Robles, fue enseguida adquirida por Beringer (que pertenece a Nestlé/Wine World) como consecuencia de desacuerdos familiares. El maestro viticultor Chuck Ortman supervisa una producción de 3 600 000 botellas, dos tercios de ellas chardonnay Santa Barbara con notas de vainilla y melón. Home Vineyard produce cabernet sauvignon, syrah y zinfandel.

Wild Horse
Las bodegas de Templeton están situadas en una meseta al este del río Salinas, a sólo 23 km del Pacífico. Su chardonnay tiene aromas de manzana; su pinot noir es impresionante, con aromas de rosa, de seta y de cereza; su merlot tiene un sabor de terruño, con una punta de alcanfor, eucalipto y tabaco.

SANTA BÁRBARA Y EL SUR DE CALIFORNIA
Byron
En 1984, Byron Kent («Ken») Brown fundó Byron por encima de las viñas situadas al oeste del valle de Santa María. El rápido éxito de su chardonnay y de su pinot noir incitó a Robert Mondavi a comprar el negocio en 1990. También produce un cabernet sauvignon con notas de tabaco y grosella.

Callaway
Ely Callaway, magnate del textil retirado, fundó esta explotación en las tierras salvajes de Temecula (a 90 km al norte de San Diego) en 1979. La cedió al grupo Hiram Walker en 1981. Su especialidad es la elaboración de un chardonnay criado con las lías, llamado Calla-Lees. El fumé blanc (un sauvignon criado en barrica) y un sauvignon frutal (vinificado en cubas inoxidables) también han tenido éxito.

Firestone
En 1972, Brooks Firestone comprobó que el valle de Santa Ynez le iba perfectamente al cultivo de la vid. En Los Olivos se especializó en riesling (secos y dulces) con sabor de albaricoque, un pinot noir y un merlot muy largo en boca. Su mujer, Kate, dirige Carey Cellers, la explotación vecina.

Sanford
Rich Sanford comenzó a plantar vides en la orilla sur del río Santa Ynez, en Buellton, en 1971. Su conocimiento de la región le ha permitido elaborar un chardonnay con sabor de mantequilla y de pomelo, pinot noir con rico buqué de cereza, sauvignon vivos y un vino gris a base de pinot noir.

REGIONES INTERIORES

Las dos regiones vitícolas del interior no gozan de la influencia del océano Pacífico, pero ofrecen, a pesar de todo, algunos vinos interesantes de todos los estilos imaginables. Aparte de las cepas californianas (véase p. 408), en el valle Central se cultivan cepas portuguesas para hacer vinos de tipo oporto.

El valle Central

El gran valle Central de California se extiende sobre 640 km al norte de Bakersfield hasta las estribaciones del Mount Shasta. El valle de Sacramento, que ocupa la mitad norte, posee dos AVA.

El delta, región de llanuras bajas al sur y al oeste de Sacramento, está refrescado durante la noche por las lenguas de bruma procedentes de la bahía de San Francisco. Engloba la AVA Clarksburg, conocida sobre todo por sus vinos chenin blanc muy vivos y herbáceos.

La AVA Lodi, en la orilla sur del delta, produce zinfandel muy apreciados con aromas de frambuesa, pero también incluye la variedad tokay, que sirve para hacer aguardiente.

La mitad sur de esta enorme región está ocupada por el valle de San Joaquín, de unos 300 km de ancho y fuente de la riqueza agrícola californiana: incluye 6 de los condados agrícolas más ricos de Estados Unidos. Sus suelos fértiles, profundos, blandos y arenosos –donde las viñas crecen al lado de campos de algodón y de trigo– producen las nueve décimas partes de los vinos del Golden State.

Aunque las altas temperaturas diurnas matan la acidez y no permiten la elaboración de grandes vinos, el equilibrio es suficiente para la producción de vinos comunes. Las 105 000 ha de la variedad thompson seedles suministran vino blanco común, una base para el brandy, así como uva de mesa y pasas.

La colombard (22 300 ha), la chenin blanc (10 000 ha), la zinfandel, la garnacha, la barbera y la petite sirah dan enormes cantidades de vinos comunes

El condado de El Dorado, en las estribaciones de la sierra.

(tintos y blancos fáciles de beber, consumidos generalmentes en el año) que hacen sombra a los vinos blancos de chardonnay, a los tintos de cabernet sauvignon y a los espumosos elegantes que también se producen en la región.

La gama de los productos no termina aquí. En las décadas de los 30 y los 40, la mayoría de los vinos californianos eran dulces y fortificados. Hoy en día estos vinos están casi olvidados, pero no lejos de la mayor explotación del mundo (Gallo produce más de 12 millones de botellas a la semana), algunos productores minúsculos (Quady y Ficklin) hacen excelentes vinos de postre. Y, muy cerca, gigantes anónimos (Sierra, Vie-Del, Noble) fermentan tranquilamente vinos elaborados a la medida para filiales de firmas prestigiosas (Heublein, Mondavi, Sebastiani) o para productores de brandy y de vinos comunes (Delicato, Franzia, Bronco, Giumarra o Guilt).

Dos de las mayores escuelas vinícolas están situadas en el valle Central: la universidad de California en Davis y la California State en la localidad de Fresno.

Las estribaciones de la sierra

A lo largo del borde oriental del valle Central se encuentran las estribaciones de sierra Nevada que, como el Piamonte italiano, forman la transición entre las llanuras calurosas y secas y las estaciones de deportes de invierno.

La majestuosa sierra ofrece unos paisajes muy diferentes de los del valle, pero sus vinos extremadamente frutales –tintos de zinfandel y de cabernet sauvignon, blancos de chardonnay y de sauvignon– son muy seductores.

Los condados de las estribaciones son, ordenados según la superficie decreciente: Amador (800 ha), El Dorado (200 ha), Calaveras (80 ha), Tehama (60 ha) y, finalmente, Nevada (50 ha).

Mucho antes de que nadie pensara asociar Napa o Sonoma con el vino, los buscadores de oro habían plantado vides donde los robles de la llanura daban paso a los pinos de altura. Los arroyos de montaña y las minas abandonadas acogían más de un centenar de centros de vinificación hasta que la filoxera y la prohibición, unidas a las dificultades para el transporte, pusieron fin a estas actividades durante medio siglo.

El renacimiento vinícola se inició en la década de los 70, cuando llegaron al mercado los zinfandel del condado de Amador, elaborados por Sutter Home y Ridge. Pronto nombres como Boeger, Karly, Stevenot, Madrona y Monteviña forjaron la fama de la región.

La explicación es simple: las viñas de ladera, situadas entre 460 y 910 m, dan rendimientos débiles pero producen vinos de carácter; la ausencia de bruma reduce cualquier riesgo de enmohecimiento; y los precios muy bajos del suelo reducen los costes de producción y, en consecuencia, los precios de los vinos.

PRODUCTORES Y BODEGUEROS

El valle Central produce más del 80 % del total de los vinos californianos, pero se trata en su mayoría de vinos comunes, destinados a ser mezclados. Esta misma región produce vinos fortificados y de postre. Las grandes altitudes de las estribaciones de sierra Nevada dan a los vinos aromas intensos, aunque se cultiven las variedades californianas habituales (véase p. 408).

EL VALLE CENTRAL
J. F. J. Bronco
Es la sexta explotación de Estados Unidos, con una capacidad de almacenamiento de cerca de 228 millones de botellas. Produce esencialmente vino de mesa de calidad común y espumosos vendidos bajo las etiquetas J. F. J. Cellars y C. C. Vineyard. Al principio de la década de los 90, Bronco empezó a comprar etiquetas prestigiosas: Grand Cru, Hacienda, Laurier, Black Mountain y los oportos J. V. Morris.

Ficklin
La familia Ficklin planta vides en Madera desde 1912, pero no empezó a hacer vino hasta 1948. Elabora oporto a partir de las variedades portuguesas tinta madeira, tinta cão, touriga y souzão. La vieja bodega de adobe está cubierta de hiedra; los vinos, de precio razonable, son deliciosos y están dotados de un sabor de cereza y de grosella.

Gallo
La explotación vinícola de Modesto se ha convertido en la mayor del mundo (780 millones de botellas al año) después de que Ernest Gallo se gloriara, al morir su hermano Julio, de ser capaz de vender más vino que él. La mayoría de los vinos (de mesa, dulces y espumosos) son baratos pero están bien hechos. El Hearty Red Burgundy, un tinto levemente dulce, lo ha dado a conocer, pero su vino varietal de sauvignon es de una calidad excelente.

R. H. Phillips
La explotación de la familia Giguiere, que produce 3 millones de botellas, está situada en las colinas de Dunnigan, al este del famoso valle de Napa. Dado que el suelo es barato en el valle de Yolo (cerca de la universidad de California en Davis), sus mezclas frescas y frutales, y sus vinos varietales son de una relación calidad/precio particularmente interesante. La vendimia nocturna da vinos limpios y vivos, sobre todo el sauvignon.

Quady
Andrew Quady ha dado carta de nobleza a los vinos de postre. Su orange muscat floral, llamado Essensia, su black muscat, con sabor de cereza (Elysium) y su orange muscat espumoso, con un 4 % vol de alcohol (Electra), le han valido el sobrenombre de «rey del moscatel californiano». La explotación de Madera también produce vinos fortificados que se parecen al oporto, algunos de los cuales llevan la etiqueta Starboard («estribor», juego de palabras sobre el hecho de que *port*, lo contrario de *starboard*, significa a la vez babor y oporto).

LAS ESTRIBACIONES DE LA SIERRA
Boeger
En 1972, Greg y Susan Boeger fundaron su viña y su explotación justo al este de Placerville, en el condado de El Dorado. Las vides están plantadas hasta los 900 m de altitud, el clima es fresco y sin brumas. Su merlot y su zinfandel son ambos muy seductores.

Monteviña
El viñedo, plantado en el granito rojo descompuesto del condado de Amador, se hizo pronto famoso por su poderoso zinfandel. La explotación, comprada por Sutter Home (Napa) en 1988, se dedicó entonces a las variedades tintas italianas: desde el principio, el emplazamiento dio el barbera más fiable de California. Plantaciones recientes de nebbiolo están al costado de cepas como sangiovese, refosco y aleatico.

Renaissance
Las admirables viñas en terrazas sobre la población de Renaissance producen vinos de postre procedentes de vendimias tardías de riesling y sauvignon. La casa también es conocida por su petite sirah, rico y concentrado.

Uno de los grandes centros de vinificación del valle Central.

NOROESTE DE ESTADOS UNIDOS

PAÍSES VITÍCOLAS AÚN MUY JÓVENES, LOS DOS ESTADOS
DEL NOROESTE DE ESTADOS UNIDOS OFRECEN UNA PALETA
SEDUCTORA DE VINOS DE CALIDAD.

Los dos estados del noroeste del país –Washington y Oregón– no son famosos como California por su insolación y la suavidad de sus temperaturas. Pero como su vecino meridional, el clima, influido por las cadenas de colinas y de montañas que generan abundantes microclimas, atrae e inspira a los vinificadores. En el estado de Washington, la mayor parte de los viñedos está retirada tierra adentro y alejada de la influencia del Pacífico por la cordillera de las Cascadas. Ésta forma una barrera contra la lluvia y crea un desierto; la vid, por tanto, no puede crecer más que en los valles del río Columbia y sus afluentes. El riego y un planteamiento científico de la viticultura permiten la elaboración de una gran variedad de vinos; los blancos secos y semisecos hechos a partir de chardonnay, riesling, sauvignon y sémillon, y los tintos de cabernet sauvignon y de merlot son los que más éxito tienen. Los mejores son a menudo vinos varietales (véase p. 404).

La principal región vitícola de Oregón es el valle del Willamette, abrigado entre la cadena costera y las Cascadas, al este. Más fresca y lluviosa que California, goza de un clima semejante al de Borgoña y la cepa más cultivada es la pinot noir, la maravillosa uva borgoñona, mientras que la chardonnay y la pinot gris dan blancos secos elegantes. A causa del éxito de la pinot noir, Oregón es una de las escasas regiones del Nuevo Mundo que podría hacerle la competencia a Borgoña, y las inversiones francesas en la región no han hecho más que acrecentar el entusiasmo local. La industria vinícola es relativamente reciente en estos dos estados.

Oregón es famoso sobre todo por sus vinos tintos de pinot noir. Esta explotación vinícola, Elk Cove, produce pinot noir procedentes de tres viñedos distintos situados al norte del valle del Willamette, centro de la industria vinícola del Estado.

Desde el fin de la prohibición (1920-1933) hasta mediada la década de los 60, el estado de Washington no poseía más que media docena de sociedades vinícolas que elaboraban vino a partir de frutas (ruibarbo, frambuesas, pera).

En 1962, un grupo de vinificadores aficionados plantó variedades clásicas europeas en un pago. Desde 1967, el éxito de sus vinos impulsó a un rico competidor local a sustituir las uvas locales por variedades de *Vitis vinifera* y, desde entonces, el viñedo del Estado progresó rápidamente, tanto en cantidad como en calidad. La historia vinícola de Oregón es sumamente reciente y, aunque la industria sea todavía modesta, la calidad de sus vinos, sobre todo los de pinot noir, permite las comparaciones con Borgoña.

WASHINGTON

El estado de Washington está a punto de alcanzar al de Nueva York, segundo productor de vino del país. Es una región en desarrollo constante, que produjo 40,8 millones de botellas en 1992.

Nueva York, que elaboró 132 millones en 1988, sólo produce actualmente la mitad. Dicho esto, ni uno ni otro serán jamás una amenaza para California.

El estado de Washington posee 13 700 ha de viñas (es decir, diez veces menos que el viñedo californiano, el equivalente del condado de Napa o de Sonoma), pero su producción no representa más que una treintava parte de la de su vecino meridional.

Dos tercios de las viñas del Estado están plantados con concord, que sirve para hacer mosto, no vino.

El clima

Al este de la cordillera de las Cascadas, el centro del Estado posee un clima continental, que se caracteriza por veranos calurosos, inviernos fríos y pocas precipitaciones.

En la zona resguardada de la lluvia por las Cascadas (la altitud del monte Rainier es de 4 367 m), el valle del Columbia es una meseta árida y desértica, donde las precipitaciones anuales no superan apenas los 200 mm.

Hay que recurrir, pues, al riego para hacer crecer la vid al este de las Cascadas: se emplean enormes sistemas giratorios cuyos desmesurados brazos metálicos riegan cerca de 65 ha al mismo tiempo.

Por otra parte, es esencial endurecer las vides y prepararlas para los rigurosos inviernos de las llanuras altas: se deja de regar y de darles elementos nutritivos hacia mediados de agosto, mucho antes de las primeras heladas de otoño, a fin de que las plantas puedan resistir el rigor del invierno.

En 1979, antes de que se entendiera la importancia de este procedimiento, más de 400 ha de viñas quedaron destruidas por el frío.

Toma de una muestra durante la fermentación.

LAS ZONAS VITÍCOLAS

El estado de Washington posee un área vitícola principal (AVA) y dos secundarias. La cuenca del Columbia constituye el 98 % del viñedo.

El valle del Columbia, con un viñedo de más de 2 400 ha, es decir, el 58 % del total del Estado, es la región más importante. Forma una T invertida, cuyo palo es el río Columbia, que corre hacia el sur y divide el Estado por la mitad.

El valle de Walla Walla, con menos de 40 ha, forma el brazo oriental de la T (el río Snake fluye hacia el oeste y se une al Columbia por debajo de Tri-Cities).

El valle de Yakima, con sus 1 600 ha, forma el brazo occidental de la T (el río Yakima fluye hacia el sureste y se une al Columbia justo por encima de Tri-Cities).

Está previsto crear, en el ángulo noroeste del Estado, al norte de Seattle, un área vitícola que se llamará Nooksack River Basin. Esta región particularmente fresca podría convertirse en una fuente importante de buenos espumosos. También se encuentran algunas viñas en el noreste, cerca de Spokane.

Al igual que en el norte de Europa, los viticultores del Estado buscan las vertientes orientadas al sur, para aprovechar la luz solar durante el verano y la protección relativa contra el frío invernal.

La proximidad de un río –el Columbia o el Yakima– también modera el clima. Las noches frescas garantizan una buena acidez de la uva.

La vendimia es más tardía que en California: comienza a mediados de septiembre para no terminar a veces hasta noviembre.

Variedades y estilos de vino

La chardonnay y la riesling, para el vino blanco, son las cepas más cultivadas (más de 800 ha cada una), seguidas, para el vino tinto, de la cabernet sauvignon y la merlot (cerca de 600 ha cada una).

La sauvignon (para blancos) gana terreno con cerca de 400 ha. Aunque menos extendida, la sémillon también tiene sus adeptos; a veces sirve para la elaboración de vino varietal, pero también se mezcla con sauvignon. Salvo la riesling, todas las variedades están en expansión.

El Estado debe su fama a los blancos a base de chardonnay, con fruta viva y fresca, y de riesling, con un sabor profundo de albaricoque; a sus merlot tintos, llenos de aromas de bayas, y a sus cabernet sauvignon poco tánicos, cuya fruta resulta sorprendente. El gusto frutal es muy pronunciado porque la maduración de la uva es lenta y constante bajo el sol moderadamente cálido de esta latitud septentrional.

Al ser la industria vitícola relativamente reciente, los estilos que pueden encontrarse son muy variados. Algunos vinificadores hacen envejecer varios meses en barrica de roble los blancos de chardonnay y de sémillon, así como los tintos.

Los vinos espumosos tienen cada vez más éxito, especialmente los de Château Sainte Michelle, el mayor productor del Estado.

PRODUCTORES Y BODEGUEROS

La historia de los vinos del estado de Washington se inició sobre todo con la creación de la empresa Columbia, seguida de la del Château Sainte Michelle. En las décadas de los 70 y los 80, el número de nuevas empresas vinícolas no dejó de crecer. La mayoría de los vinos son varietales. Llevan el nombre de la variedad principal que los compone.

Arbor Crest
Arbor Crest atrajo la atención desde el principio con sus chardonnay de rico buqué. Su sala de degustación, Cliff House, está situada en un afloramiento basáltico que domina el río Spokane, a unos kilómetros al este de Spokane. El viñedo de 36 ha de la familia Mielke se encuentra en Wahluke Slope, un emplazamiento del valle del Columbia expuesto al este, y produce un sauvignon austero y un merlot generosamente afrutado.

Columbia
Fundada en 1962 por un grupo de aficionados entusiastas que plantó 2 ha en el valle de Yakima, Columbia debe su fama a los soberbios cabernet sauvignon del vinificador y *Master of Wine* David Lake, procedentes de algunos de los mejores viñedos de Yakima: Otis, Red Willow y Sagemoor Farm. Columbia produce actualmente 960 000 botellas al año, entre ellas muchas de vinos varietales tintos a base de cabernet sauvignon, merlot, syrah y cabernet franc, y blancos de chardonnay, riesling, gewürztraminer y sémillon.

Covey Run
Llamada originalmente Quail Run, esta empresa de Zillah (valle de Yakima) fue creada por un grupo de cultivadores de árboles frutales atraídos por la vid. El oloroso lemberger fermentado en cubas inoxidables, un tinto muy original, es una de sus especialidades, juntamente con el riesling y el chardonnay. La Caille de Fumé es una mezcla blanca seca de sauvignon y sémillon.

The Hogue Cellars
Los Hogue dirigen una granja diversificada de 566 ha y una explotación vinícola de 2,9 millones de botellas cerca de Prosser (valle de Yakima). Sin embargo un sémillon blanco sedoso y unos merlot tintos con aroma de menta han incitado a la familia a ocuparse sobre todo de la vinificación. Su gama comprende actualmente tintos de cabernet sauvignon y de cabernet franc.

Latah Creek
Mike Conway, propietario de esta empresa vinícola de Spokane, da una nota muy personal a sus chardonnay plenos de vitalidad y a su lemberger tinto añejado en barrica de roble.

Leonetti
Gary Figgins empezó a producir un merlot y un cabernet sauvignon típicos en la bodega de una casa de Walla Walla. Los tintos siguen siendo su especialidad: 4,4 ha de merlot rodean la casa (con un poco de syrah y de sangiovese). Su mezcla de estilo bordelés se llama Walla Walla Valley Select.

Preston
La viña de 20 ha, plantada en 1972 en las mesetas del desierto arenoso, justo al este de Pasco, alcanza actualmente 73 ha y la producción ha pasado a 420 000 botellas. El chardonnay seco y el riesling dulce de vendimia tardía son, desde hace tiempo, las especialidades de Preston, y su gamay rosé (que lleva la etiqueta Beaujolais) es fresco y afrutado.

Quilceda Creek
Desde 1979, la empresa sólo produce en Snohomish (norte de Seattle) 12 000 botellas de cabernet sauvignon (hecho con uva del valle del Columbia), que los entendidos se apresuran a comprar. Paul Golitzin vinifica con los consejos del famoso André Tchelistcheff, que oficia desde hace cuarenta años en Beaulieu (Napa).

Château Sainte Michelle
Véase recuadro en esta página.

Paul Thomas
Al lado de vinos sorprendentemente secos elaborados con frutas, Paul Thomas ha creado Crimson Rhubarb –un blanc de noirs a base de ruibarbo–, una bebida que se ha hecho clásica en el oeste del estado de Washington. Su chardonnay fermentado en barrica es tan agradable como su mezcla tinta cabernet sauvignon/merlot. El negocio fue comprado en 1993 por Associated Vintners (Columbia).

Woodward Canyon
Las especialidades en tinto del vinificador Rick Small son los cabernet sauvignon y los merlot, pero también produce un chardonnay de estilo borgoñón: fermentación en barrica, fermentación maloláctica, larga estancia con lías. Su tinto meritage de tipo bordelés se llama Chabonneau. Posee un viñedo cerca de su explotación en el valle de Walla Walla y también compra vino en el valle del Columbia.

CHÂTEAU SAINTE MICHELLE

Situada en los alrededores de Seattle, esta empresa vinifica la uva local y se convirtió además en la más influyente del Estado en 1967, cuando unas grandes inversiones permitieron contratar a André Tchelistcheff (del valle del Napa, en California) como asesor y empezar a elaborar vinos varietales. Château Sainte Michelle produce actualmente 6 millones de botellas al año, con una gama de vinos varietales (riesling y cabernet sauvignon Cold Creek del valle de Yakima) y vinos espumosos que llevan su nombre. La sociedad matriz, Stimson Lane, también posee otra gran explotación (72 000 botellas), Columbia Crest, en Paterson, conocida por sus blancos fáciles de beber, así como la más modesta de Snoqualmie, que produce un Late-Harvest White Riesling (dulce) y un muscat canelli semiseco.

OREGÓN

Desde que el Eyrie Pinot Noir 1975 de David Lett fue descubierto en el transcurso de unas catas y la excelente añada de 1983 dio vinos de gran riqueza, de una madurez sorprendente (quizá excesiva) y de un buqué muy intenso, los vinos de Oregón tienen una fama desproporcionada en relación a la producción.

Las vides cubren 2 400 ha, es decir, menos del 2 % de la superficie que California dedica a la uva para vino. En 1993, Oregón poseía 115 explotaciones (sólo 36 en 1982).

Climas y suelos

La mayor parte del viñedo del Estado está situada al oeste de la cordillera nevada de las Cascadas, orientada de norte a sur y paralela al Pacífico, a unos 160 km tierra adentro. Es una región fresca y lluviosa que se parece bastante más a Borgoña y otros viñedos del norte de Europa que a California o al estado de Washington.

El corazón de la región vitícola se encuentra en el condado de Yamhill, tierra adentro, cerca de Tillamook, que posee un cuarto de las viñas del Estado. McMinnville (10 000 habitantes) es el centro del condado de Yamhill, en la parte más septentrional del valle del Willamette (véase recuadro). En el Linfield College de McMinnville se celebra cada año, en el mes de julio, la fiesta internacional del pinot noir (IPNC).

El valle del Willamette, antaño un mar interior, posee tierras de origen volcánico (recuerdo de una antigua erupción del Idaho), muy ricas en óxido de hierro de color orín en la región de Dundee (Red Hills), aunque algunas vertientes occidentales de Yamhill presenten capas sedimentarias amarillentas.

En el valle del Willamette, que suministra las tres cuartas partes de la uva de Oregón, los rendimientos no superan generalmente los 30-40 hl/ha. En esta región fresca, la vendimia suele prolongarse desde principios de octubre a mediados de noviembre. En el valle del Rogue, ligeramente más cálido, se vendimia un poco antes, salvo donde crece cabernet sauvignon, variedad siempre tardía.

Las primeras vides para vino fueron plantadas en 1961, cuando Richard Sommer tuvo la idea de producir, al oeste de Roseburg, un riesling capaz de envejecer. Hill Crest Vineyard se estableció en 1966. El mismo año se plantaron los primeros pies de vid del condado de Yamhill, en Eyrie Vineyard, donde David y Diana Lett

Viña de Red Hills (Dundee).

LAS ZONAS VITÍCOLAS

Oregón posee actualmente tres áreas vitícolas (AVA), la mayor de las cuales es el valle del Willamette.

El valle del Willamette se extiende de sur a oeste entre Portland y Eugene.

El valle del Umpqua se encuentra más al sur y se extiende hasta Roseburg.

El valle del Rogue –que incluye los valles del Applegate y del Illinois– está justo al norte de la frontera californiana, alrededor de la ciudad de Grants Pass.

demostraron que la pinot noir no necesita tener un color oscuro para ser buena y envejecer bien.

«La cabernet sauvignon posee un aroma particular donde quiera que crezca –dijo David Lett–. Pero la pinot noir puede variar tanto según el emplazamiento y el vinificador que es difícil de definir, y esto la hace tan interesante.»

Variedades y estilos de vino

Cerca de la mitad del viñedo de Oregón está plantado con pinot noir. Prácticamente todo el resto son variedades blancas: la chardonnay ostenta la segunda posición (526 ha), seguida por la white riesling (283 ha) y la pinot gris (174 ha).

Aunque la pinot noir sea objeto de todos los cuidados, la década de los 80 estuvo marcada por dos fenómenos nuevos: el primero fue la explosión de la pinot gris, vinificada antiguamente a la italiana (pinot grigio), que da hoy un blanco seco de gusto metálico de pedernal.

El segundo fue más discreto: se pasó del chardonnay de estilo californiano, muy desarrollado, al más sutil y elegante de Oregón, afrutado y especiado.

Las fermentaciones malolácticas redondearon las notas rudas y demasiado ácidas debidas al clima más fresco de Oregón.

Los blancos de Oregón, sobre todo los chardonnay, pueden envejecer tres o cuatro años en botella. Los tintos de pinot noir ofrecen una gran variedad –según los vinificadores y las cosechas–, pero la mayoría están listos para beber al cabo de cuatro a seis años, aunque los mejores sigan evolucionando durante mucho más tiempo.

En la década de los 80 desembarcaron en el Estado vinificadores respetados de California (William Hill, Carl Doumani, Steve Girard), de Francia (Domaine Drouhin y Laurent Perrier) y de Australia (Brian Croser), que poseen el talento y los medios financieros necesarios para desarrollar la experiencia vitícola de Oregón.

PRODUCTORES Y BODEGUEROS

Las explotaciones vinícolas de Oregón, como las del estado de Washington, datan de las décadas de los 70 y los 80. La mayoría son familiares y se centran en los vinos elaborados a partir de su propia uva. La mayor parte de las explotaciones enumeradas a continuación se hallan en el norte del valle del Willamette, entre Portland y Salem. Los vinos llevan generalmente el nombre de la variedad, como en el resto de Estados Unidos.

Adelsheim
David y Ginny Adelsheim empezaron a plantar su viñedo de 19 ha en 1971, en las vertientes de Chelahem Mountain, mitad pinot noir mitad pinot gris. Más tarde añadieron chardonnay, pinot blanc y riesling.

Amity
La mitad del viñedo de 6 ha de Myron Redford, plantado en 1970, es de pinot noir, una gran parte de la cual se vinifica cada año en vino nuevo. Merece mencionarse el gewürztraminer, así como el gamay.

Bethel Heights
En 1977, los gemelos Ted y Terry Casteel empezaron a plantar sus 21 ha en las colinas de Eola, a 19 km al noroeste de Salem. Desde 1984 producen vino procedente únicamente de su finca. Casi la mitad de las vides son pinot noir, que da un vino fino. La chenin blanc da un blanco seco.

Elk Cove
Pat y Joe Campbell fundaron su explotación (240 000 botellas) en 1977. Se dedican principalmente a la pinot noir, procedente de tres viñedos diferentes: Elk Cove Estate, Wind Hill y Dundee Hills. Su cabernet sauvignon es un producto muy raro en Oregón.

The Eyrie
Véase recuadro en esta página.

Henry Estate
En 1972 la familia Henry comenzó a plantar vides en las orillas del río Umpqua, 20 km al noroeste de Roseburg, y las bodegas se terminaron en 1978. Aunque haga más calor aquí que en valle del Willamette, la pinot noir es la cepa predominante. Los blancos son un chardonnay criado en roble americano, gewürztraminer y müller-thurgau.

Knudsen-Erath
El leñador Carl Knudsen y el vinificador Dick Erath fundaron la mayor explotación de Oregón (actualmente 480 000 botellas) en 1972 al oeste de Dundee. La mitad de su producción es un pinot noir. El riesling con perfume de madreselva se elabora a la vez en seco y en el estilo de los vinos del Mosela (2 % de azúcar residual). Su Vin Gris (rosado) seco y frutal está hecho de pinot noir; el pinot gris fermenta en barricas de roble francés y se cría con sus lías.

Oak Knoll
Ron y Marge Vuylsteke no poseen viñas, sino que compran la uva. Un chardonnay añejado en barricas de cobre está en cabeza, seguido por un pinot noir sedoso, un riesling y un pinot gris seco.

Ponzi
El viñedo de 28 ha de Dick y Nancy Ponzi se halla a sólo 24 km al oeste de Portland. Sus riesling de raza y sus pinot noir son vinos muy seductores. Su chardonnay se fermenta en barricas de roble francés.

Rex Hill
Esta explotación fue fundada en 1982 por sus propietarios, Paul Hart y Jan Jacobsen. El vinificador Lynn Penner-Ash se esmera en unos pinot noir sabrosos. Procedentes de siete viñedos diferentes, representan el 60 % de una producción de 360 000 botellas. El chardonnay tiene un sabor de pedernal y un perfume rico de clavo.

Sokol-Blosser
Susan Sokol-Blosser y su marido Bill empezaron a plantar vides en las Red Hills de Dundee en 1971; su primera cosecha fue la de 1977. Producen un müller-thurgau (blanco) con perfume de madreselva, un chardonnay con notas de cítricos y pinot noir con aromas de cereza.

Tualatin
El vinificador californiano Bill Fuller y el empresario Bill Malkmus fundaron en 1973 este viñedo de 34 ha en la pequeña población de Forest Grove. Su riesling con sabor de albaricoque y de pedernal, su pinot noir con aroma de clavo ahumado y su chardonnay rico en pan tostado, en roble y en clavo son muy apreciados. También elaboran vinos blancos a base de sauvignon, gewürztraminer, flora (un híbrido de sémillon y gewürztraminer) y müller-thurgau.

THE EYRIE

En esta explotación situada en un pequeño terreno industrial de los alrededores de McMinnville, en el condado de Yamhill, nacieron los grandes vinos de Oregón. Las vides, plantadas en 1966 en las Red Hills de Dundee por David y Diana Lett, son los pies de vid más viejos del valle del Willamette. Los vinos que producen son sorprendentes. Sus pinot noir, intensos en su juventud, envejecen tan bien como algunos de los borgoñas tintos que han servido de modelo: las mejores cosechas de la década de los 70 se han guardado veinte años, mientras que las menos buenas se beben al cabo de cinco a diez años. El pinot gris y el chardonnay son igualmente excelentes. Los productos más originales de Eyrie son un muscat otonnel blanco sutil y un raro pinot meunier tinto.

Noreste de Estados Unidos

PRODUCTOR VINÍCOLA DESDE LA ÉPOCA COLONIAL,
EL NORESTE DE ESTADOS UNIDOS ELABORA ACTUALMENTE
VINOS DE ESTILO CLÁSICO.

Las viñas de Tewksbury Wine Cellars, en las colinas del condado de Hunterdon (Nueva Jersey), son una prueba del renacimiento vinícola del Estado. Las cepas, principalmente de vinifera, *son sensibles a las heladas primaverales.*

En el noreste de Estados Unidos nacieron las variedades americanas. Las numerosas vides que crecían en estado silvestre en la época colonial han dado origen a topónimos como «la viña de Martha» (Martha's Vineyard), en la costa de Massachusetts, y a muchos otros nombres de poblaciones en toda Nueva Inglaterra y los estados vecinos. Estas vides silvestres robustas y resistentes son los antepasados de la cepa concord, matriarca de la familia *Vitis labrusca*. Durante un tiempo se pensó que si la vid crecía en estado silvestre también prosperarían las variedades europeas. Por ese motivo, muchos colonos desdeñaron la cepa autóctona. En 1683, William Penn, fundador de Philadelphia, importó esquejes de vides de Francia y España e hizo la primera tentativa –fallida– de aclimatar las variedades europeas al Nuevo Mundo. Durante la década de 1850 se terminó finalmente por domesticar la concord que, desde entonces, reina en el Noreste.

Al principio no se cultivaba la vid para elaborar vino. La concord era muy apreciada a causa de sus múltiples cualidades: se hacía con ella mosto, mermeladas y gelatinas. Antes de la prohibición, otras cepas de *labrusca* (delaware, dutchess, elvira y catawba) daban vinos de mesa, espumosos y generosos. Pero ni antes ni después de esa época los vinos del Este lograron ganarse un respeto en Estados Unidos. Su imagen siguió siendo la de vinos dulces hechos de variedades americanas, o la de vinos kosher que, al estar elaborados a partir de la concord, se asociaban automáticamente con los vinos de esta región. Los híbridos franceses y las cepas de *vinifera* apenas se habían plantado fuera del estado de Nueva York antes del final de la década de los 60, cuando la reglamentación se modificó para estimular la creación de pequeñas empresas vinícolas «granjeras», reduciendo principalmente los costes prohibitivos de la licencia. Por eso se cuentan actualmente más de 200 empresas vinícolas en el Noreste (Nueva York, Nueva Inglaterra, Nueva Jersey, Pennsylvania y Maryland), cerca de la mitad de las cuales están en el estado de Nueva York. Mientras estas pequeñas empresas se multiplicaban, también comenzaron a plantarse híbridos, *vinifera*, o ambas, por lo que actualmente se elaboran en esa región buenos vinos tranquilos y espumosos de una calidad aceptable.

Historia de los vinos del Noreste

La región vitícola más antigua es el valle del Hudson, en el estado de Nueva York, donde la empresa vinícola Brotherhoods Winery, fundada en 1839, se considera la primera de Estados Unidos. En el este del estado de Nueva York, se elaboraba vino desde 1860 en el distrito de los Finger Lakes, que se convirtió en el centro de la producción vinícola del Noreste y conservó su importancia después de la prohibición.

El estado de Nueva York era entonces el principal productor de uva y de vino de la región, hasta el punto de que viticultores de Pennsylvania, de Nueva Jersey e incluso de Canadá enviaban su uva a grandes productores de vino o de mosto de Nueva York. La región se hizo pronto famosa por el mosto Welch's, los vinos aromáticos de *labrusca*, los vinos kosher y los vinos generosos baratos.

La implantación de las variedades extranjeras

Se pensaba que el clima frío del Noreste, su ciclo vegetativo corto y su humedad estival excluían cualquier posibilidad de hacer crecer otras vides que no fueran las locales. Durante los años 60, algunos viticultores de Nueva York y de los estados vecinos comenzaron a plantar híbridos franceses resistentes al frío y a muchas enfermedades. Philip Wagner, de Boordy Vineyard, en Maryland, dedicó muchos años de investigación a los híbridos adaptados al clima continental, seleccionando cuidadosamente los microclimas apropiados y haciendo crecer sus esquejes al abrigo del hielo. Wagner fundó un invernadero vitícola desde donde suministraba toda una gama de híbridos franceses a viticultores del Noreste y del Medio Oeste.

Otros dos pioneros, Charles Fournier y el doctor Konstantin Frank, buscaron una variedad resistente que permitiera cultivar la *Vitis vinifera* en climas fríos y, en 1957, sus vides experimentales sobrevivieron a las grandes heladas que destrozaron los Finger Lakes. Fue de este modo como los viticultores del Noreste se interesaron por la *vinifera*.

Variedades y estilos de vino

No es raro que los productores hagan vinos a partir de tres tipos de cepas:

Barricas y garrafas en Montbray Wine Cellars, empresa pionera de Maryland.

americanas, híbridas y *vinifera*. La elección se hace en función de lo que el vinificador ha podido conseguir y de la demanda del mercado. Algunos productores sólo venden a clientes residentes de la región; otros, sin embargo, tienen como clientes a los turistas o también el mercado más sofisticado de los restauradores y detallistas, tanto en la región como fuera de ella.

Incluso los viticultores que se lanzan al mercado internacional con vinos finos, a menudo ofrecen a los turistas de paso vinos baratos, dulces y fáciles.

Muchos vinos a base de híbridos llevan el nombre del propietario, lo que generalmente es más atractivo para el no iniciado que el nombre de la variedad híbrida (más difícil de pronunciar). Con los años, el Noreste ha rendido un gran servicio al mundo del vino con sus intentos de cultivar una gran cantidad de cepas híbridas de clima frío en emplazamientos y suelos diferentes. Algunas han conseguido destacar.

El híbrido francoamericano aurora se hizo muy popular cuando los híbridos autóctonos resultaban de pésima calidad pero, actualmente, se va sustituyendo poco a poco por la cayuga white.

Entre las demás variedades blancas con que se hacen experimentos, las más apreciadas por los viticultores del Noreste son la seyval blanc y la vidal blanc. La ravat (también llamada vignoles) parece ser una de las uvas blancas más versátiles: da vinos secos, dulces y espumosos.

Entre los híbridos tintos, los más apreciados son la baco noir (la primera que demostró su calidad), la chambourcin, la chelois, la de Chaunac, la maréchal Foch y la villard noir. Pero todavía ningún híbrido tinto puede considerarse realmente superior a los demás.

Estado de Nueva York

Hasta donde llegan los archivos, el estado de Nueva York ha sido siempre el segundo productor de vino de Estados Unidos; pero los grandes aficionados lo han tratado con desdén a causa del volumen de producción de vinos dulces.

Durante años, sus vinos, en su mayoría a base de concord, de catawba y de otras variedades de *labrusca*, eran bastante dulces para maquillar los aromas rudos y poco agradables de estas uvas.

Las cepas americanas fueron las más cultivadas hasta la década de los 80 y unas pocas grandes empresas dominaban la producción. La situación comenzó a cambiar gracias a una ley, la Farm Winery Act de 1976, que redujo el precio de la licencia y permitió a los pequeños productores (de menos de 240 000 botellas) vender directamente a los consumidores. De 88 empresas vinícolas censadas en 1993, 73 habían sido fundadas después de 1976. En su mayoría son pequeñas y familiares.

La concord, a pesar de su retroceso, todavía representa el 75 % del viñedo. Aunque la superficie vitícola total disminuya a medida que se suprimen las viñas improductivas y las cepas desechadas, la superficie plantada de híbridos y de *vinifera* aumenta. Los principales híbridos blancos son la aurora, la seyval blanc, la cayuga white y la vidal blanc, y para los tintos, la baco noir y la de Chaunac. La variedad de *vinifera* predominante, séptima en orden de importancia, es la chardonnay. La riesling y la gewürztraminer ganan terreno progresivamente.

El estado de Nueva York posee cuatro grandes AVA. Al suroeste de Buffalo, el 95 % del distrito del lago Erie está plantado de concord, la mayor parte de la cual se transforma en mosto.

Las otras tres zonas se interesan más por los vinos de calidad. Los Finger Lakes vuelven a empezar con jóvenes productores, exigentes en cuanto a calidad, que cultivan híbridos y variedades de *vinifera*. El valle del Hudson, afamado por sus híbridos perfumados y bien elaborados, cultiva en la actualidad cepas de *vinifera*.

La tercera región, situada en el extremo oriental de Long Island, ha apostado plenamente por los vinos de *vinifera*.

Aunque la industria vinícola del estado de Nueva York no se ha desarrollado durante los últimos años, su producción anual alcanza, a pesar de todo, una media de 180 millones de botellas.

Explotación a orillas del lago Erie.

Los Finger Lakes

Con unas 40 empresas, este distrito produce más del 85 % de los vinos del Estado. Se cultivan todos los tipos de uva: *labrusca*, híbridos y *vinifera*. Aunque la superficie total del viñedo haya disminuido, se han plantado muchas viñas nuevas a lo largo de las orillas un poco más protegidas de los lagos Cayuga y Seneca, donde las variedades de *labrusca* y los híbridos se sustituyen por cepas de *vinifera*.

La mayoría de las empresas más antiguas –Taylor, Great Western, Gold Seal– se ha instalado cerca de los lagos Canandaigua y Keuka, donde se encuentra una de las mayores empresas estadounidenses, la Canandaigua Wine Company. Las pequeñas empresas más prestigiosas producen chardonnay, riesling y gewürztraminer excelentes y, en la mayoría de las cosechas, la seyval blanc y la cayuga white demuestran ser unos híbridos fiables.

El valle del Hudson

La región vitícola más antigua del Estado está situada a 110 km al norte de la ciudad de Nueva York y cuenta con más de 20 empresas, todas relativamente pequeñas. A causa de la humedad, la mayoría empezó plantando híbridos franceses, esencialmente seyval blanc. Sin embargo, la longitud del ciclo vegetativo (entre 180 y 195 días) ha despertado un nuevo interés por las *vinifera*, mientras que chardonnay y cabernet ganan rápidamente terreno.

Long Island

La parte oriental de Long Island se divide en dos penínsulas esqueléticas: North Fork, una zona rural, y South Fork, dominio de hermosas mansiones. Todas las empresas, salvo dos, están situadas en North Fork, donde los suelos de arcilla arenosa y la influencia suavizante del océano y de la bahía crean un emplazamiento particularmente favorable para las variedades nobles de *vinifera*. Dieciséis productores elaboran vinos de calidades diversas con vistas al mercado de Nueva York.

Desde 1973, Hargrave Vineyards ha convencido incluso a los más incrédulos de que esta región es buena para la viticultura: el éxito de su cabernet sauvignon y su merlot ha impulsado a los competidores a plantar cepas de *vinifera*.

En el curso de sus veinte primeras cosechas, Long Island ha dado muchos merlot ricos y casi clásicos, así como buenos cabernet sauvignon. Los esfuerzos más recientes por hacer mezclas de estilo bordelés podrían verse coronados por el éxito. Chardonnay y sauvignon son las cepas blancas predominantes.

PRODUCTORES Y BODEGUEROS

Las grandes empresas, que elaboran principalmente vinos de poca calidad a partir de variedades autóctonas, se han tenido que enfrentar finalmente a la competencia de un grupo creciente de productores que emplean los mejores híbridos y las cepas de la familia de la *vinifera*.

FINGER LAKES

Canandaigua Wine Co.
Con más de 96 millones de botellas al año, ésta es una de las mayores empresas vinícolas estadounidenses. Posee la etiqueta más antigua, la denominada Virginia Dare. Produce muchos vinos de *labrusca*, pero también vinos monovarietales de gama alta, especialmente moscatel.

Glenora Wine Cellars
Fundada en 1977, esta sociedad siempre se ha centrado en vinos varietales a base de híbridos y, más recientemente, de riesling y chardonnay. Completa la producción de sus viñas de Seneca Lake con uva comprada a viticultores locales. Glenora elabora buenos riesling equilibrados y un rico Reserve Chardonnay fermentado en barrica. Sus vinos espumosos de método tradicional (mezcla de chardonnay y de pinot noir) pueden ser notables.

Knapp Vineyards
La amplia gama de vinos varietales hechos de híbridos y de *vinifera* le ha valido a Knapp muchas recompensas en estos últimos años. Fundada en 1982, en Seneca Falls, cerca del lago Cayuga, Knapp posee su propia viña de 26 ha y ha firmado un arrendamiento a largo plazo por 53 ha más. Sus blancos, riesling secos o de vendimia tardía, seyval blanc y vignoles, son impresionantes.

Wagner Vineyards
Desde su primera vendimia en 1978, Wagner se ha convertido en el productor más famoso de chardonnay de la región de Finger Lakes (condado de Seneca). Sólo produce vinos procedentes de los viñedos de la finca, donde la *vinifera* (chardonnay, riesling, pinot noir y gewürztraminer) representa cerca de la mitad de sus 240 000 botellas. También hay que mencionar su seyval blanc fermentado en barrica y su agradable Reserve White. En 1988, Wagner lanzó dos vinos de hielo (hechos de uvas heladas) de ravat blanc y de riesling extraordinarios.

VALLE DEL HUDSON

Benmarl Wine Co.
Mark Miller comenzó a producir vino en Marlboro en 1971, bastante antes que sus competidores. De entrada se plantaron 30 ha de híbridos, a las que más tarde se añadieron chardonnay y cabernet sauvignon. Para financiar su proyecto, Miller vendió participaciones de sus viñas a 400 accionistas que le ayudan todo el año. Sus principales vinos son el seyval blanc, el baco noir, el chelois y el vignoles.

Clinton Vineyard
Esta sociedad del condado de Dutchess ha encontrado su camino especializándose en la seyval blanc, con la que también hace un espumoso. Su producción es de 120 000 botellas anuales. Incluye también chardonnay y riesling.

Millbrook Vineyards
El propietario, John Dyson, ha patentado un sistema original de emparrado que le permite cultivar un 100 % de cepas de *vinifera* en Millbrook, al este del Hudson. El chardonnay, con un Reserve fermentado en barrica, constituye más de la mitad de su producción. Produce además un poco de cabernet franc, pinot noir y tokay. Actualmente prueba variedades del Ródano e italianas.

Rivendell Winery
El arranque prudente, en 1983, de esta empresa de New Paltz, al oeste del Hudson, no le ha impedido convertirse en diez años en una de las marcas más buscadas. Su fama sin tacha se basa en su chardonnay, su seyval blanc fermentado en barrica, su vidal blanc, su cabernet sauvignon y sus propias mezclas.

LONG ISLAND

Bedell Cellars
Esta pequeña empresa (60 000 botellas), dirigida por Kip y Susan Bedell desde principios de la década de los 80, está instalada en una granja de patatas renovada. Sus primeras cosechas de merlot y de cabernet sauvignon eran tan ricas y parecían poder guardarse tanto tiempo que inmediatamente situaron a Bedell entre los mejores productores fuera de la costa oeste.

Bridgehampton Winery
Uno de los raros productores de la costa sur, esta empresa modelo se ha hecho un nombre con su chardonnay, su merlot y su vino de postre, un riesling de vendimia tardía.

Hargrave Vineyards
Fundada en 1973, fue la primera empresa vinícola contemporánea del noreste. Su éxito se debe principalmente a sus tintos, en especial su cabernet sauvignon, su merlot y su cabernet franc. A su mejor blanco, el chardonnay, le falta lamentablemente un poco de consistencia. Hace también sauvignon, johannisberg riesling, gewürztraminer y pinot noir, y produce a plena capacidad 144 000 botellas al año.

Palmer Vineyards
Creada en 1983 por el publicitario neoyorquino Robert Palmer, esta empresa produce 120 000 botellas y está situada en la finca más antigua de North Fork. Palmer se ha forjado enseguida una reputación con su gewürztraminer y su merlot, y produce también cabernet sauvignon y chardonnay.

Pindar Vineyards
Con sus 85 ha de viñas en North Fork, esta es la mayor explotación de Long Island: 540 000 botellas al año. Ofrece una amplia gama de vinos y, gracias a su elaborado sistema de distribución, ha conseguido fama internacional con su merlot y su Mythology, una mezcla tinta de tipo bordelés. El chardonnay también es muy bueno.

Otros estados del noreste

Las otras regiones vitícolas del noreste de Estados Unidos son algunos estados de Nueva Inglaterra, Nueva Jersey, Pennsylvania y Maryland.

La historia vitícola de estas regiones es similar a la de Nueva York.

Nueva Inglaterra

Massachusetts cultiva la vid desde hace mucho tiempo. La isla de Martha's Vineyard fue descubierta en 1602 y se bautizó así por la uva *labrusca* que allí crecía. Actualmente acoge una gama impresionante de variedades de *vinifera*.

Los seis estados de Nueva Inglaterra han desempeñado un papel en el renacimiento actual de los vinos estadounidenses.

En 1973, White Mountains Vineyards, en New Hampshire, fue la primera empresa que abrió después de la prohibición. Por desgracia, este pionero de la *vinifera*, que cultivó hasta el invierno particularmente rudo de 1983, no ha sobrevivido.

La mejores regiones vitícolas de Nueva Inglaterra se encuentran cerca de la costa o en las montañas situadas en el interior.

En esta zona hay actualmente unas 30 o 40 explotaciones en actividad. Según la proximidad del océano y la altitud del emplazamiento, el ciclo vegetativo puede reducirse a 145 días o alargarse hasta 210.

Las vides cubren actualmente un total de 400 ha, repartidas a medias entre *vinifera* e híbridos franceses.

Los estados más destacables son actualmente Connecticut y Massachusetts, que poseen 10 explotaciones cada uno, la mayoría situada en una estrecha franja costera. Otras muchas empresas también hacen vinos de frutas y de bayas, o sidra.

El sureste de Nueva Inglaterra se ha convertido en una AVA apreciada por los productores de Connecticut, de Rhode Island y de Massachusetts. Los que poseen viñas en el oeste de Connecticut prefieren utilizar la AVA de Connecticut Highlands, aunque la primera sea mucho más cálida y esté mejor adaptada a la *vinifera*.

Nueva Jersey

La Farm Winery Act de 1981 ha permitido al Estado asistir a un pequeño renacimiento vinícola. Con el sobrenombre de *Garden State* («Estado jardín»), Nueva Jersey posee cerca de 260 ha de viñas, el 75 % de las cuales son híbridos franceses. Muchos productores que poseen viñas en el condado de Hunterton emplean la AVA de Central Delaware Valley. La mayor parte de los 19 productores del Estado tienen cierto éxito con los híbridos, en particular las variedades seyval blanc y chambourcin.

Pennsylvania

Con 3 650 ha de viña, el 80 % de variedades de *labrusca*, Pennsylvania ha visto decrecer su viñedo desde hace algunos años.

Conestoga Vineyard, el primer productor de vino de la historia contemporánea del Estado, fue creado en 1963. En 1968, después de que el Estado autorizara a las explotaciones a comercializar sus propios vinos, se fundaron otras empresas: actualmente existen más de 40.

La parte sureste del Estado tiene terrenos selectos para híbridos y *vinifera*, donde las condiciones climáticas se parecen a las de su vecino, Maryland.

Una conocida explotación de Pennsylvania.

Maryland

Gracias a los trabajos del pionero Philip Wagner, quien fundó Boordy Vineyards en 1945, el Estado produjo vino bastante antes que sus vecinos, Desde finales de la década de los 60, Montbray Cellars, cerca de Baltimore, dedicó todos sus esfuerzos a la *vinifera*.

Los que la siguieron en la década de los 70 plantaron híbridos o experimentaron con la chardonnay, la riesling y la cabernet sauvignon. Durante los últimos años sólo se han plantado cepas de *vinifera*. Maryland posee actualmente 130 ha de viña, cerca de la mitad de híbridos, la otra de *vinifera*.

La mayor parte de las viñas se hallan en el este del Estado, cerca de la frontera con Virginia. Cabernet sauvignon y chardonnay encabezan las *vinifera*, mientas que el principal híbrido es la seyval blanc.

Las empresas comerciales de Maryland se encuentran en una situación extraña: para obtener uva han de luchar literalmente contra los pequeños productores, ya que ofrecen precios de compra más altos a los viticultores.

Los grandes ganadores de esta competencia son, sin duda, los viticultores independientes.

Aunque la mayoría de los productores indican «Maryland» en sus etiquetas, al Estado se le han atribuido tres AVA.

Cumberland Valley se extiende hasta Pennsylvania e incluye muchos viñedos excelentes. Sin duda esta denominación se utilizará cada vez más en el futuro. Catoctin, en las montañas del oeste de Baltimore, es una región que alberga un gran potencial para las variedades de *vinifera*. La tercera AVA, Linganore, aún tiene que demostrar su valía.

PRODUCTORES Y BODEGUEROS

Los productores del Noreste sufren desde siempre una situación financiera precaria debida a la legislación del Estado (en proceso de cambio), a las condiciones climáticas desfavorables y a las reticencias del mercado ante las variedades no *vinifera*.

NUEVA INGLATERRA

Los estados de Connecticut y Massachusetts son las dos regiones vitícolas más importantes de Nueva Inglaterra. Existe además una docena de explotaciones pequeñas en Rhode Island.

CONNECTICUT
Haight Vineyards
Primera empresa contemporánea del Estado, Haight plantó vides experimentales en 1978 y comenzó a comercializar sus vinos seis años más tarde. Situadas en el noroeste del Estado, en el condado de Lichtfield, sus viñas en ladera cubren 12 ha y producen 96 000 botellas al año. Su gama comprende riesling, chardonnay, una mezcla de variedades tintas y blancas esencialmente híbridas etiquetada Recolte, así como un poco de blanc de blancs espumoso según el método tradicional. La explotación se aprovisiona en la AVA de Connecticut Highlands.

Chamard Vineyards
Número dos de Connecticut, esta explotación está dirigida por la familia Chaney. Se dedica a cepas de *vinifera* –chardonnay, pinot noir y cabernet sauvignon–, pero también a merlot y cabernet franc para sus mezclas. Su producción de 48 000 botellas debería aumentar considerablemente.

RHODE ISLAND
Sakonnet Vineyards
Este productor del condado de Newport atravesó un período difícil antes de que lo comprara Samson en 1987. Han ampliado la viña a 17,5 ha y compran uva en los estados vecinos para cubrir una producción de 300 000 botellas al año. Sus viñedos producen vidal blanc, chardonnay, gewürztraminer, pinot noir y cabernet franc. Sus vinos más apreciados son dos mezclas, America's Cup White y Spinnaker White, ambos hechos en parte de vidal y de cayuga white.

MASSACHUSETTS
Chicama Vineyards
Es una de las primeras explotaciones del Noreste que se dedicó a las variedades de *vinifera*. Chicama fue fundada en 1971 por la familia Mathiesen que, buscando una idea original para desarrollar su granja de 25 ha, plantó 15 ha de vides. Chicama está situada en la isla de Martha's Vineyard y cultiva una gama de cepas de *vinifera*, entre ellas chenin blanc, chardonnay, sauvignon, gewürztraminer, cabernet sauvignon, merlot y pinot noir. El vinificador de Chicama, Tim Mathiesen, se interesa sobre todo por los tintos, pero su chardonnay espumoso, el Sea Mist, tiene mucho futuro. La mayoría de sus vinos – 60 000 botellas al año de media– se venden, por ahora, a los turistas o en Massachusetts. (Un productor del valle de Napa en California usa el nombre de Martha's Vineyard.)

OTROS ESTADOS DEL NORESTE
Al sur del estado de Nueva York se encuentran los estados de Nueva Jersey, Pennsylvania y Maryland. Ninguno de ellos es un gran productor, pero la actividad vinícola local podría llegar a ser interesante.

NUEVA JERSEY
Renault Winery
Situada en Egg Harbor City, es la más antigua explotación del Estado (1864) y todavía una de las más apreciadas. Fundada por el bodeguero champañés Louis Renault, llegado a Estados Unidos a mediados del siglo XIX, produce actualmente 300 000 botellas de vinos diversos, de los que destacan los espumosos, sobre todo su Spumante.

Tewksbury Winery Cellars
Situada en el condado de Hunterdon, en el noreste de Nueva Jersey, al igual que la mayoría de las mejores empresas del Estado, fue una de las primeras explotaciones de la zona (1979). Su propietario, el veterinario Dan Vernon, ha plantado 8 ha en laderas cerca de su granja y produce un chambourcin, un riesling y un gewürztraminer apreciados.

PENNSYLVANIA
Chaddsford Winery
Eric Miller, cuya familia posee Benmarl en el estado de Nueva York, fundó su propia explotación en el sureste de Pennsylvania en 1982. Produce diversos híbridos y mezclas vendidos a los turistas y en la región. Compra su uva en los viñedos de Philip Roth y de Stargazer, de la región de Piedmont, y sus excelentes chardonnay fermentados en barrica han sido debidamente premiados. También produce cabernet sauvignon.

MARYLAND
Catoctin Vineyards
Jerry Milne no tenía más ambición que ser propietario de viñas, pero las circunstancias lo obligaron a lanzarse a la vinificación y sus vinos se consideran excelentes. Situado en el condado de Montgomery, Catoctin produce 48 000 botellas al año y también suministra uva a muchos otros productores. Sus mejores vinos son el cabernet sauvignon y el chardonnay.

Boordy Vineyards
Con sus 96 000 botellas al año, esta explotación es la mayor de Maryland. Produce una gama de híbridos procedentes de la uva de su pequeña finca y de otros viticultores de la región. Situada actualmente en los Hydes rurales, y ya no en las afueras de Baltimore, pertenece a la familia Deford, que ha comprado este viñedo histórico a su fundador, Philip Wagner.

Montbray Wine Cellars
G. Hamilton Mowbray, propietario de esta explotación vinícola de Westminster, en el condado de Carroll, elabora vinos desde mediados de la década de los 60 y se ha hecho con cierto renombre en el Estado. Produce una gama de vinos procedentes de variedades de *vinifera*, así como un seyval blanc ejemplar.

Sur y el Medio Oeste

POCOS ESTADOS HAN DESARROLLADO SU PRODUCCIÓN VITÍCOLA ANTES DE LA DÉCADA DE LOS 70, PERO, CON LA APORTACIÓN DE LAS NUEVAS TECNOLOGÍAS, SU FUTURO ESTÁ LLENO DE EXPECTATIVAS.

El viñedo de Naked Mountain, cerca de Markham, en las laderas boscosas del condado de Fauquier, es una de las explotaciones que ha desarrollado una plantación de variedades de *vinifera* para hacer renacer la actividad vitícola.

La vid local, descubierta por sir Walter Raleigh y los primeros exploradores del sureste de Estados Unidos, pertenecía a la especie *rotundifolia*, otro nombre de la familia de las muscadines. Durante años, la cepa más cultivada en el Sur fue la muscadine scuppernong, que todavía crece en los climas calurosos y húmedos de las Carolinas, Georgia y Mississippi. Según el historiador del vino Leon Adams, el primer vino elaborado en América del Norte, en 1565, se habría hecho con scuppernong de Florida. Virginia Dare, el vino más conocido y apreciado en Norteamérica antes de la prohibición, estaba elaborado con scuppernong, una cepa que no se parecía en nada a las variedades de *vinifera*. Se califica a menudo, quizá con un toque de humor, de «regalo de Dios al Sur soleado».

Para los viticultores del Medio Oeste, las condiciones de trabajo son muy diferentes que para los del Este, por lo que se centraron de entrada en las variedades de *labrusca*. Antes de la prohibición, Ohio y Missouri, que cultivaban cepas locales como la catawba y la delaware, eran los mayores productores del país. Hacia 1900, cada uno de estos estados producía tanto vino como California, pero su industria se arruinó casi completamente con la prohibición. Los primeros signos de renacimiento aparecieron a finales de la década de los 60. En la de los 70, la mayoría de los estados del Medio Oeste (Ohio, Indiana, Michigan, Missouri) había recuperado más o menos sus actividades vinícolas con variedades de *labrusca* e híbridos. Actualmente, cada estado del Medio Oeste, Wisconsin y Minnesota incluidos, produce vino en cantidad comercial, con Ohio y Missouri a la cabeza. El primero ha hecho progresos enormes con los híbridos francoamericanos y comienza a interesarse por la *vinifera*. Missouri, poco predispuesto a la *vinifera*, ofrece toda una gama de buenos vinos de híbridos e incluso algunas buenas variedades locales.

El nuevo líder incontestado del Sur es Virginia, que ha obtenido fama internacional con sus vinos *vinifera* de estilo clásico. A medida que la población de Estados Unidos se desplaza hacia el Sur (y el Suroeste), estas regiones con un potencial vinícola todavía por explotar –sobre todo Tennessee, Georgia y Carolina del Norte– puede que hagan del Sur el segundo productor de grandes vinos, después de la costa oeste.

El Sur

Aunque la historia vitícola de Virginia se remonta a las viñas de Thomas Jefferson en Monticello (plantadas con variedades italianas), el Estado ha sido, sin embargo, uno de los más lentos en desarrollar su industria vitícola durante los últimos decenios, produciendo tradicionalmente vinos de *labrusca* y generosos. Posee actualmente unas 600 ha de viñas, dos tercios de las cuales están plantadas de chardonnay, cabernet sauvignon y cepas de *vinifera*, tintas y blancas. Más de 200 viticultores venden su uva a 50 centros de vinificación de tamaños diversos, cuya producción va de 100 000 a más de 1 200 000 botellas. Aunque distribuidas por las siete AVA, Virginia central, a lo largo de las Blue Ridge Mountains, tiene la mayor concentración de explotaciones.

Tennessee, Carolina del Norte, Georgia, Florida, Arkansas y Mississippi poseen varias empresas vinícolas. Tennessee, en particular, ha alcanzado el rango de estado productor de vino y tiene actualmente 240 ha de viñas, 15 explotaciones y tierras suficientes para poder extenderse mucho. El número de explotaciones en Georgia ha llegado a 6, pero sólo el 5 % de sus 500 ha de vides son de *vinifera*. Florida dispone de 240 ha de viñas y de 6 productores.

Los productores de estas regiones se enfrentan a problemas de clima: los inviernos son demasiado cálidos en Florida y demasiado fríos en Carolina del Norte para la *vinifera*. Las cepas autóctonas, entre ellas la muy extendida muscadina scuppernong (Carolina del Norte y Mississippi), los híbridos y las mezclas locales dan una amplia gama de estilos de vino que se añaden a los de las variedades de *vinifera*.

Los estados del Suroeste

En 1975, Texas no poseía más que una explotación y 8 ha de viña: en diez años, estas cifras han pasado respectivamente a 24 y 2 000, y varias explotaciones recientes parecen prometer mucho. Con el tiempo, algunas variedades, como la ruby cabernet y la cariñena han resultado ser malas elecciones para la región. Muchos productores, especialmente los que tenían intereses en la industria petrolera, han pasado por dificultades económicas durante la década de los 80, y otros no han conseguido los resultados esperados. Texas, con una producción anual de cerca de 12 millones de botellas, es el cuarto productor de Estados Unidos. A principios de la década de los 90, había producido suficientes buenos vinos a partir de cabernet sauvignon, sauvignon, chenin blanc y chardonnay para que se le augurara un brillante futuro vinícola. Texas posee cinco AVA, entre ellas una de las mayores del país en Hill Country, que cubre 40 000 km². La mayoría de las viñas se reparte en tres regiones: las mesetas de las High Plains (a 999 m de altitud) cerca de Lubbock; el oeste de Austin, en Hill Country; y el oeste, donde las viñas pertenecen a la universidad de Texas.

La historia vinícola de Nuevo México se remonta a 1580, cuando los misioneros plantaron vides a lo largo del Río Grande. Una pequeña industria sobrevivió más de 300 años, dotando al Estado de 1 200 ha de viñas. La prohibición puso fin a estas actividades y el renacimiento vinícola tuvo que esperar a la década de los 80, gracias a las 160 ha de cepas de *vinifera* que permitieron alimentar las primeras explotaciones comerciales nuevas. Los viñedos, situados a lo largo de mesas, en la orilla del Río Grande, están agrupados en tres AVA: el valle de Mesilla, el valle del Río Grande medio, y el valle de Mimbres. Casi la totalidad de estas 2 000 ha está plantada de *vinifera*. Muchos productores hacen buenos cabernet sauvignon y sauvignon, y sus nuevos vinos espumosos han dado resultados notables.

Con sus 100 ha de *vinifera* plantadas esencialmente en la AVA de Sonita, Arizona sólo está en las primeras fases de su historia vinícola. Las viñas de Sonita se hallan a 1 500 m de altitud: el clima cálido y seco, así como la gran superficie todavía disponible, debería estimular que nuevas explotaciones se añadieran a las 6 ya existentes.

El Medio Oeste

Michigan posee 4 500 ha de vid, de las cuales sólo 800 (sobre todo de híbridos y de una cantidad menor de *vinifera*) están destinadas al vino. La producción de concord se envía al estado de Nueva York, donde se transforma en mosto. Decimocuarto estado vinícola de Estados Unidos, Michigan posee actualmente 18 explotaciones. La mayoría de los viñedos está en las orillas del lago Michigan; las más modestas cerca del lago Erie. El Estado cuenta con cuatro AVA: Fennville, Lake Michigan Shore, Leelanau Peninsula y Old Mission Peninsula.

Gracias a la ayuda activa del Estado, Missouri está a punto de recuperar el lugar que ocupaba en la industria vinícola estadounidense. Su viñedo cubre más de 500 ha. La catawba, empleada para los vinos de mesa tintos y los espumosos, es la variedad más plantada. La vidal y la seyval blanc son dos de los mejores híbridos blancos de Missouri. La norton (cynthiana), que da un vino tinto pleno de aroma, está tan valorada como la chancellor y la chambourcin para los tintos. La *vinifera* es casi inexistente. Las 30 explotaciones de Missouri producen una gama de vinos varietales y de mezcla a base de híbridos. Las AVA son cuatro: Augusta, Hermann, Ozrak Highlands y Ozrak Mountain.

Después de muchos años en que los híbridos abrieron el camino a vinos de *vinifera* de éxito moderado, Ohio e Indiana conocen un tímido desarrollo. Ohio posee 40 productores y 900 ha de viñas, la mitad de las cuales son de híbridos franceses y de *vinifera*. En el futuro, se piensa plantar más *vinifera*, cuyas variedades más prometedoras parecen ser, por ahora, la riesling, la gewürztraminer y la chardonnay. La cabernet sauvignon tiene cierto éxito y varios viticultores hacen experimentos con la pinot gris. Las AVA son tres: isla St George, lago Erie y Ohio River.

PRODUCTORES Y BODEGUEROS

Muchos productores siguen buscando las cepas mejor adaptadas a su región. Algunos completan la vendimia con uva procedente, sobre todo, de la costa oeste. Se estimulan las variedades de *vinifera* en los estados más calurosos que gozan de un sistema de irrigación, mientras que los climas más frescos se han de atener a los híbridos.

CAROLINA DEL NORTE
Château Biltmore
Situada en Ashville, esta explotación sólo es una pequeña parte de una finca histórica de 3 250 ha en la que la familia Vanderbilt construyó, en 1880, una hermosa mansión convertida actualmente en atracción turística. Las 45 ha de cabernet sauvignon y de chardonnay se plantaron a principios de los 80. También se produce un blanc de blancs espumoso.

GEORGIA
Château Elan
Situada a unos 48 km al norte de Atlanta, esta explotación recibe más de 250 000 visitantes al año en su restaurante y su museo. El viñedo, de 80 ha, está plantado de chardonnay, sauvignon, riesling, cabernet sauvignon, pero también de chambourcin y seyval blanc, dos híbridos apreciados. Château Elan vende la mitad de su producción en la región y se acerca a las 720 000 botellas al año.

VIRGINIA
Montdomaine Cellars
Situada en Charlottesville, esta finca tiene un viñedo de unas 20 ha en la denominación Monticello. Se centra en la chardonnay y las mezclas tintas de tipo bordelés. Sus primeras cosechas de cabernet sauvignon y de merlot han sido muy bien calificadas.

Meredyth Vineyards
En Middleburg, la más antigua explotación de Virginia produce con talento vinos hechos de híbridos y de *vinifera*. Su viña de 22 ha está situada en las espléndidas montañas Bull Run. Un merlot correcto se ha añadido recientemente al seyval blanc, invariablemente bueno.

Prince Michael Vineyards
Con sus 45 ha en la región de Montpelier, Prince Michael se ha forjado un nombre con su chardonnay fermentado en barrica y su tinto especiado de tipo bordelés, LeDucq Meritage.

Piedmont Vineyards
Esta explotación de la región de Middleburg, no lejos de Washington D. C., produce excelentes chardonnay y sémillon. Desde su fundación en 1973, elabora un agradable seyval blanc en su viñedo de 25 ha, mientras que la mezcla tinta de tipo bordelés es una tentativa totalmente nueva.

ARKANSAS
Wiederkehr Vineyards
Fundada en 1880, en Altus, por la familia suiza Wiederkehr, esta bodega histórica, ampliada varias veces, ha hecho de Wiederkehr uno de los mayores productores al este de las Rocosas. Dos tercios del viñedo están plantados de *vinifera* y producen una amplia gama de vinos. Su riesling y varios vinos a base de moscatel son los mejores.

TEXAS
Fall Creek
En sus 32 ha en las orillas del lago Buchanan, en el condado de Llano, los Auler han construido la réplica de un castillo francés y producen chardonnay, cabernet sauvignon y sauvignon. También hacen en cantidades limitadas un Reserve Chardonnay notable.

Llano Estacado
Pionera en el renacimiento vitícola de Texas, esta explotación es actualmente la segunda del Estado, con una media de 800 000 botellas al año. Produce un chardonnay, un chenin blanc y un sauvignon relativamente buenos. Su próximo desafío será el cabernet sauvignon.

Cap Rock Winery
Establecida en 1988 en Lubbock, esta explotación de alta tecnología ha cambiado de manos antes de su primera vendimia. Dotada de un viña de 48 ha, se especializa en chardonnay, cabernet sauvignon y sauvignon, y ofrece tres gamas de precio para cada uno. También hace chenin blanc, *blush* y espumoso.

Pheasant Ridge
A menudo desiguales, los vinos de este otro pionero de Lubbock están a veces marcados por detalles de genialidad. El propietario, Bobby Cox, produce chardonnay, chenin blanc, sauvignon y cabernet sauvignon; este último vino se convertirá en su mejor *cuvée* en el futuro.

NUEVO MÉXICO
Gruet Winery
Fundada en 1984 por la familia Gruet, de origen champañés, esta explotación se especializa en vinos espumosos de método tradicional: brut, blanc de noirs y un blanc de blancs de añada.

Anderson Valley Vineyards
Situada al norte del valle del Río Grande, esta empresa fundada en 1973 fue la primera del Estado en elaborar vinos de calidad. Con su viñedo de 47 ha alrededor de Albuquerque, es famosa gracias al cabernet sauvignon, el sauvignon y los demás vinos de *vinifera*.

MISSOURI
Stone Hill Wine Co.
Uno de los primeros gigantes de Missouri (fundado en Hermann en 1847), Stone Hill era la segunda explotación del país en 1910. Reabierta en 1965, produce toda una gama de vinos, parcialmente a partir de su viña de 25 ha. Su bodega inmensa atrae a millares de turistas, que aprecian los vinos de *labrusca* y de híbridos. Los de catawba y de norton siempre tienen éxito, mientras que los híbridos como el seyval blanc, el vidal y el vignoles para los blancos, y el villard noir para los tintos inspiran un respeto creciente.

Mount Pleasant Vineyard
Esta empresa histórica de Missouri fue fundada en 1881 y renovada en 1968 por Lucian Dressel, su propietario y vinificador. Produce 240 000 botellas de una gama de vinos varietales y espumosos procedentes de su viña de 28 ha. El vidal blanc es a menudo de una calidad notable, al igual que el seyval blanc, un delicado Missouri Riesling y un vino generoso de tipo oporto. Dressel ha contribuido a hacer de Augusta una AVA, la primera denominación estadounidense que recibió la aprobación federal.

Hermannhof Winery
Esta antigua fábrica de cerveza abandonada, situada en Her-

AMÉRICA DEL NORTE/SUR Y EL MEDIO OESTE

mann, fue comprada a principios de la década de los 80 por un banquero de la región, James Dierberg. Renovó todo el edificio, bodegas incluidas, para gran alegría de los turistas, y produce una gama de híbridos franceses. Sus vinos más solicitados son el cynthiana y su gama de espumosos.

TENNESSEE
Tennessee Valley Winery

Antigua asociación de viticultores aficionados, esta explotación del condado de Loudon está actualmente dirigida por la familia Reed. Produce vinos a base de variedades americanas, de híbridos y de *vinifera*. Los mejores son el aurora, el de Chaunac, y un maréchal Foch. La calidad del chardonnay y del cabernet sauvignon ha resultado irregular.

MICHIGAN
Château Grand Traverse

Fundada en 1974, esta empresa de Michigan pertenece a la familia O'Keefe, que tiene 20 ha de *vinifera* en la AVA de la península de Leelanau, en el extremo norte del lago Michigan. La mitad de las 420 000 botellas producidas es una gama de riesling más o menos dulces.

St Julian Wine Co.

Fundada en 1921, St Julian es una de las pocas explotaciones de la región, antaño próspera, de Paw Paw que todavía funciona bastante bien. Su amplia gama de vinos de mesa hechos de híbridos y sus espumosos son apreciados, y las ventas han aumentado enormemente cuando se añadió a la lista un mosto sin gas ni alcohol. Esta bebida existe actualmente en 14 variantes y las salas de degustación atraen a muchos visitantes. Las ventas anuales superan los 2 400 000 botellas y se puede estimar que St Julian produce el 50 % de los vinos de Michigan.

OHIO
Firelands Winery

Esta sociedad pertenece a Paramount Distillers, de Cleveland, cuyo presidente, Bob Gottesman, ha mantenido viva por sí solo la industria vinícola del Estado. Paramount, que posee Lonz Winery, Mon Ami Wine Company y Meier's Wine Cellars (todas en Ohio), ha hecho inversiones importantes en Firelands.

A esta explotación situada en la AVA de la isla de St George, en el lago Erie, se accede con transbordador. Con sus 16 ha de *vinifera*, Firelands se especializa en el chardonnay, el cabernet sauvignon y el gewürztraminer.

Chalet Debonne

Uno de los valientes pioneros de Madison, en el condado de Lake, Debonne, empezó en 1971 con híbridos. Más tarde ha añadido *vinifera* a su viña de 25 ha. Los híbridos incluyen el fiable chambourcin y, en los años buenos, un chardonnay y un riesling sorprendentemente buenos.

MINNESSOTA
Alexis Bailly Winery

Jurista de profesión y granjero de vocación, al principio David Bailly se interesó por el vino como pasatiempo. Durante la década de los 70 plantó algunas hectáreas de híbridos en sus tierras al sureste de Minneapolis y luego construyó una bodega pequeña. Los híbridos tintos –maréchal Foch y Léon Millot– dan vinos varietales de color oscuro y, casi siempre, equilibrados y aromáticos. Nan, la hija de David, se ocupa actualmente de la vinificación.

En Texas, Fall Creek Vineyards ilustra muy bien el estilo de viticultura de los estados del Sur.

CANADÁ

A PESAR DE LAS CONDICIONES A MENUDO POCO PROPICIAS PARA LA VID, CANADÁ EMPIEZA A ADQUIRIR FAMA POR SUS VINOS. ALGUNOS SON ORIGINALES, AUNQUE OTROS TIENEN MENOS CARÁCTER.

Waddington Bay, en Columbia Británica, es un ejemplo del paisaje montañoso de Canadá, rara vez adaptado a la viticultura. Pero los viticultores del país gozan de algunos microclimas para producir vinos de los estilos más variados.

Puede parecer sorprendente encontrar más de 70 empresas vinícolas en un país conocido universalmente por la duración y el rigor de sus inviernos. Sin embargo, se cultivan 8 100 ha de viñas en las cuatro provincias de Ontario, Columbia Británica, Nueva Escocia y Quebec. Además, los canadienses consumen más vino por habitante que sus vecinos estadounidenses. Las cuatro quintas partes de los vinos vendidos en Canadá son blancos, pero la moda tiende ahora hacia los tintos desde la emisión por televisión de *La paradoja francesa*, en que un médico sugirió que los franceses, a pesar de una ingestión notable de colesterol, estaban menos sujetos a las enfermedades cardiovasculares porque bebían regularmente vino tinto.

Poca gente sabe que Canadá es el mayor productor de *Eiswein*, el «vino de hielo», raro, blanco y dulce. Cada año, entre noviembre y navidad, la temperatura desciende a −17 °C en Ontario y Columbia Británica, y congela la uva tardía en la vid; los granos se prensan cuando están duros como piedras. Las cepas preferidas para este vino de hielo son la riesling y el híbrido blanco de piel gruesa llamado vidal.

Mientras este costoso néctar acumula medallas de oro desde Burdeos hasta Verona y desde Londres hasta Nueva York, los vinos de mesa elaborados a partir de variedades europeas también empiezan a tener éxito, tanto en Canadá como en el extranjero. En Canadá, los vinos de calidad tienen una gran deuda con la Vintners Quality Alliance, un sistema de denominación instaurado en 1988 para la región más importante del país, Ontario, y seguida dos años después por Columbia Británica.

A pesar de que la industria vinícola canadiense data de principios del siglo XIX, hubo que esperar a la década de los 60 para que las cepas híbridas como la seyval blanc, la vidal, la baco noir y la maréchal Foch, así como los vidueños europeos tradicionales, empezaran a reemplazar las variedades de *Vitis labrusca* locales. Durante varios decenios, la robusta concord fue la base de los vinos de Ontario, dando productos dulces y potentes comercializados bajo los nombres usurpados de «oporto» o «jerez». Estas designaciones se tendrán que abandonar en un futuro muy próximo.

En Canadá, actualmente la producción se centra en los vinos de mesa a base de chardonnay, riesling, pinot gris y pinot blanc para los vinos blancos; y de pinot noir, cabernet sauvignon, cabernet franc, gamay y merlot para los tintos. Al margen de los vinos de hielo, en Ontario y Columbia Británica merece la pena descubrir los riesling y los vidal de vendimia tardía. Se elabora un espumoso llamado «champán canadiense» según el método tradicional, y todavía se producen también «oportos» y «jereces» y vinos de baja graduación (7 % vol).

Historia del vino canadiense

Si se da crédito a las sagas noruegas, el explorador vikingo Leif Ericsson descubrió la uva al desembarcar en el continente americano en el año 1001 y bautizó el lugar Vineland («tierra de la vid»). Puede que se tratara de uva silvestre, pero la historia del vino canadiense no se remonta, de hecho, tan lejos.

Johann Schiller, un cabo alemán que combatió en tres guerras norteamericanas, es considerado el padre del vino canadiense. En 1811 se retiró a una concesión, justo al oeste de Toronto. Plantó una pequeña viña con esquejes de vides silvestres encontradas en las orillas del Credit River, vinificó la uva y vendió el vino a sus vecinos. Treinta y cinco años más tarde, la finca fue comprada por un aristócrata francés, Justin de Courtenay, que había intentado sin éxito elaborar en Quebec un vino que se pareciera al borgoña tinto.

La primera auténtica empresa vinícola comercial nació en Canadá en 1866, cuando tres *gentleman farmers* de Kentucky compraron tierras en la isla Pelée (lago Erie), en el extremo sur de Canadá, y plantaron 12 ha de uva catawba. Algunos meses más tarde, dos hermanos ingleses, Edward y John Wardoper, se les añadieron y plantaron su propia viña de 6 ha.

Poco a poco, se fueron plantando vides en tierra firme, hacia la península de Niágara, al este, donde se encuentra actualmente la mayoría de las viñas. En 1890, Canadá poseía 41 empresas vinícolas, 35 de las cuales estaban en Ontario. En el valle de Okanagan (Columbia Británica) y en las orillas del San Lorenzo (Quebec) fue la Iglesia, antes que los granjeros, quien estimuló la viticultura y el arte de la vinificación.

Durante los quince años de la prohibición (1919-1933), se pudo elaborar y vender legalmente vino en Canadá (gracias al poderoso grupo de presión de los viticultores, que consiguió que se excluyera el vino de la ley seca), con lo que los canadienses conservaron el derecho a comprar vinos dulces de *labrusca* con un 20 % vol de alcohol. Después de la prohibición, se instauró en todo el país el sistema «estanco» del alcohol: el gobierno de cada provincia reglamentaba la venta y distribución de las bebidas alcohólicas. Se crearon almacenes gubernamentales, cuyos productos estaban fuertemente gravados para frenar el consumo, generando al mismo tiempo importantes beneficios. Este sistema se mantiene en nuestros días, aunque Alberta y Manitoba hayan decidido privatizar el comercio al por menor, conservando no obstante el control de los precios mayoristas.

La industria vinícola canadiense se divide en tres categorías: grandes empresas comerciales, propiedades vitícolas y pequeños negocios artesanales.

El clima

Al ser el país frío, la calidad varía de una vendimia a otra, al igual que en los viñedos del norte de Europa. Se pensó mucho tiempo que la vid del tipo *Vitis vinifera* no sobreviviría a los rigores del invierno canadiense, seguido por períodos alternativos de hielo y deshielo en primavera. Así que sólo se plantaron cepas robustas de *labrusca* (principalmente concord para tintos y niágara para blancos), así como híbridos de gran rendimiento y maduración rápida. En Ontario, las variedades de *labrusca*, con su buqué y su aroma *foxed*, afortunadamente ya no se usan desde 1988 para los vinos de mesa (todavía se emplean para los «oportos» y «jereces» y los vinos de 7 % vol) y las cepas europeas tradicionales reemplazan cada vez más a los híbridos.

La legislación vinícola

La producción y la venta de bebidas alcohólicas están reglamentadas por la provincia, aunque la legislación varía según las regiones. Como se trata de un país bilingüe, todas las etiquetas deben ir impresas en las dos lenguas (francés e inglés). Se encuentran casi las mismas menciones que en Estados Unidos (véase p. 404).

La Vintners Quality Alliance (VQA) es el equivalente canadiense del sistema de denominación controlada francés y sólo se aplica por ahora en Ontario y Columbia Británica. Las normas VQA imponen que los vinos procedan de variedades cultivadas en la provincia, donde también debe efectuarse el embotellado.

Hay dos categorías de VQA: provincial y geográfica.

La denominación provincial admite la utilización de uvas híbridas o de *vinifera*, con un mínimo del 75 % de la variedad mencionada. La etiqueta especificará «Producto de Ontario» o «Producto de Columbia Británica».

Las denominaciones geográficas se aplican a regiones vitícolas precisas, que se mencionan en la etiqueta. Sólo están autorizadas las variedades de tipo *Vitis vinifera*, con un mínimo del 85 % de la cepa mencionada. Un vino de mezcla, como un riesling/chardonnay o un cabernet sauvignon/merlot debe contener por lo menos el 10 % de la segunda variedad mencionada. Los vinos de añada deben tener al menos un 95 % de vino de la cosecha indicada.

Un grupo de profesionales cata los vinos VQA y juzga el estilo y la calidad. Los vinos aprobados reciben un sello negro VQA; mientras que los vinos calificados con un 15 sobre 20 tienen derecho a la denominación superior del sello de oro.

REGIONES, PRODUCTORES Y BODEGUEROS

Las dos regiones vitícolas principales de Canadá son Ontario, al este, y Columbia Británica, al oeste. Los viñedos de Nueva Escocia y Quebec, al este, son mucho más modestos.

ONTARIO
Las regiones vitícolas de Ontario, de donde procede alrededor del 85 % de los vinos canadienses, están a una latitud parecida a las Rías Baixas o Chianti. Pero desde el punto de vista de la temperatura o las precipitaciones, el clima se parece más al de Borgoña. Los años calurosos y secos se pueden elaborar vinos tintos de tipo bordelés, así como gamay y pinot noir potentes de estilo borgoñón. La mayoría de los años, la chardonnay y la riesling dan vinos honrados, incluso muy buenos, gracias a los microclimas cálidos de los lagos Ontario y Erie, así como a la circulación de aire provocada por la escarpadura del Niágara. Esta antigua orilla de lago prehistórico amortigua las brisas del lago, reduciendo así los riesgos de helada.

Ontario posee tres regiones vitícolas de denominación: la península de Niágara, la orilla norte del Erie y la isla Pelée. Según la legislación vinícola, los productores pueden elaborar vinos VQA a partir de uva cultivada en su totalidad en la región (etiquetados «Producto de Ontario») o mezclar hasta un 75 % de vino importado con vino local para los vinos que no llevarán la mención VQA, sino solamente «Producto de Canadá».

Ontario posee 30 empresas vinícolas, que van desde Brights (que acaba de comprar Cartier-Inniskillin, convirtiéndose así en la décima empresa vinícola de Norteamérica) hasta propiedades casi minúsculas que producen menos de 60 000 botellas.

Entre los mejores productores hay que citar Cave Spring Cellars, Château des Charmes, Henry of Pelham, Hillebrand Estates, Inniskillin, Konzelmann Winery, Marynissen, Pelee Island Winery, Reif Estate, Southbrook Farms, Stoney Ridge y Vineland Estates.

COLUMBIA BRITÁNICA
El valle de Okanagan, donde se encuentra la mayoría de las empresas vinícolas de Columbia Británica, es, en realidad, un desierto. En su parte meridional, en la frontera con el estado de Washington (Estados Unidos), la temperatura diurna alcanza los 35 °C, pero las noches son muy frescas. Está a la misma latitud que Champagne y Rheingau, pero, a diferencia de estas regiones del norte de Europa, los veranos tórridos, la ausencia de lluvia y el frescor de las noches hacen necesario el riego. Se plantaron numerosas variedades alemanas poco conocidas (optima, ehrenfelser, siegfried rebe), así como riesling, gewürztraminer, bacchus y auxerrois. Los tintos, esencialmente de pinot noir, merlot e híbridos no han alcanzado todavía, con pocas excepciones, la calidad de los blancos.

Hay 30 empresas vinícolas, repartidas en las cuatro zonas de denominación: el valle de Okanagan, el valle de Similkameen, el valle de Fraser y las islas Victoria. La superficie de viñas ha crecido espectacularmente desde 1988, y cada año se plantan de 40 a 60 ha más. Las nuevas plantaciones son todas de *Vitis vinifera*. Las pequeñas y medianas empresas son las que han tenido la expansión más fuerte.

Según la legislación de Columbia Británica, sólo las mayores empresas vinícolas están autorizadas a embotellar el vino importado, que puede estar mezclado con vino local. Las pequeñas y medianas empresas no pueden embotellar más que el vino procedente de la uva de la región, que tendrá derecho a la etiqueta VQA si supera el examen de cata.

Entre los mejores productores hay que citar Blue Mountain Vineyard, Brights, Cedar Creek, Domaine de Chaberton, Gehringer Brothers Estate, Gray Monk, Hainle Vineyards, Le Comte Estate, Mission Hill, Sumac Ridge y Summerhill.

NUEVA ESCOCIA
A medio camino entre el ecuador y el polo Norte, Nueva Escocia tiene tres empresas vinícolas y un total de 60 ha de viñas, compuestas sobre todo de híbridos y de viejas variedades rusas como la michurinetz y la severnyi. El ciclo vegetativo corto reduce el número de cepas que se pueden plantar en el valle de Annapolis y en el estrecho de Northumberland. Por este motivo se hacen esfuerzos para encontrar clones de maduración rápida. Las tres empresas vinícolas de la provincia (particularmente Sainte Famille Wines) se abastecen de 38 viticultores.

QUEBEC
Quebec es la región menos favorable para la viticultura. La ciudad de Durham es el centro de la pequeña –¡pero entusiasta!– región vitícola de Quebec, donde quince empresas han recibido la autorización para producir vino desde 1985. Las empresas vinícolas bordean la frontera estadounidense y se esfuerzan por producir seyval blanc para los turistas. Durante los meses de invierno, las máquinas cubren las viñas con tierra para protegerlas del frío, y en primavera hay que desenterrarlas a mano. La región de Durham cuenta con una insolación media de 1 150 horas durante el ciclo vegetativo (contra 2 069 en Burdeos, por ejemplo), pero muchos microclimas crean bolsas cálidas donde de sólo sobreviven y –a veces– prosperan las vides más resistentes.

Las pequeñas empresas vinícolas producen esencialmente (90 %) vino blanco, sobre todo seyval blanc muy fresco. Estos vinos sólo se pueden comprar directamente a los productores, pero el paisaje merece el rodeo (80 km al sur de Montreal).

Entre los mejores productores hay que citar Vignoble de l'Orpailleur, Vignoble Dietrich-Joos y Vignobles le Cep d'Argent.

Ni Nueva Escocia ni Quebec han aceptado las normas VQA, lo que habría permitido que Canadá tuviera un sistema de denominación nacional.

América Central
y América del Sur

En México se encuentran las viñas
más antiguas del Nuevo Mundo; las de Chile y Argentina
son apreciadas por su gran productividad,
así como por la calidad creciente de sus vinos.

La vid, introducida en América por los conquistadores españoles, fue cultivada de inmediato por los misioneros, que necesitaban vino para celebrar misa. Hernán Cortés, gobernador de Nueva España (el México actual) en el siglo XVI, ordenó que cada colono plantara 1 000 pies de vid cada año. Así, partiendo de México, la viticultura se extendió por el norte y el sur del Nuevo Mundo, alcanzando Perú a finales de siglo, luego Chile y Argentina, y, en el siglo siguiente, el oeste norteamericano. Las vides se adaptaron a sus nuevos emplazamientos y fueron los suficientemente productivas para elaborar al mismo tiempo vino y aguardiente. Para responder a la demanda de vino, modesta pero real, algunas variedades de lejano origen español, como la país (en Chile) o la criolla (en Argentina), proliferaron en esos dos países de clima seco y caluroso, envidiado por los viticultores de todo el mundo.

Entre estas latitudes de 32° y 36° sur, diversas variedades de *vinifera*, plantadas en la misma época (mediados del siglo XIX) en Argentina y Chile, reciben calor suficiente para madurar la uva de tal manera que no sea necesario chaptalizar. Sin las brisas refrescantes del cercano océano Pacífico, la mayoría de los viñedos de Chile serían demasiado calurosos para las cepas sensibles. Los viticultores sólo han tenido que lamentar alguna rara ola de frío o de hielo justo antes de la vendimia. Los recursos naturales de América del Sur, aún más que su clima, fueron la envidia de los viticultores de otros países. Santiago y Mendoza, capitales vinícolas respectivas de Chile y Argentina, no distan más de 240 km, pero están separadas por la cordillera de los Andes, de altas cimas, que suministra toda el agua necesaria para el cultivo de la vid.

Cuando se dominaron los abundantes recursos de agua de los Andes mediante sistemas de irrigación, fue fácil establecer viñedos. En Chile, en su mayor parte están situados cerca de los ríos principales, que fluyen hacia el oeste, en dirección al océano Pacífico. Estos ríos y sus afluentes, alimentados generosamente por la montaña, no se secan jamás. Mediante canales y pozos, los productores han ideado un sistema de surcos que permite regar en cualquier momento las hileras de vides. Del otro lado de los Andes, los productores argentinos han concebido un sistema más elaborado y complejo de embalses, presas, canales y pozos para captar y distribuir el agua del deshielo. El agua no fluye todo el año, pero este sistema permite recogerla en cantidad suficiente, almacenarla y regar más tarde, durante el ciclo vegetativo, las viñas situadas al pie de los Andes.

A mediados del siglo XIX, la afluencia de inmigrantes europeos a América del Sur incrementó el interés por el vino y estimuló experimentos con toda una gama de variedades. En la década de 1850 se desarrollaron en Chile y Argentina los primeros viñedos importantes de *Vitis vinifera* de origen francés. La influencia francesa en la viticultura chilena se dejó sentir más tiempo y limitó, hasta hace poco, la elección de las variedades. Las cepas y los estilos de vino italianos son más frecuentes en Argentina y Brasil. Con el tiempo, italianos, franceses y alemanes terminaron por imponer el vino en los hábitos alimentarios. En México, por el contrario, como en la mayor parte de América Central, la naciente industria vinícola no se benefició de la llegada de emigrantes expertos en vino. Más entrado el siglo, mientas la filoxera destruía los viñedos europeos, algunos viticultores y gentes que poseían ciertos rudimentos en materia de vides y de vino se instalaron en América del Sur, donde prosperó la *Vitis vinifera,* que les resultaba familiar.

Durante decenios, los esfuerzos de las industrias vinícolas de América Central y del Sur estuvieron ensombrecidos por las dificultades económicas y políticas locales. A finales de la década de los 80, se recobró cierta estabilidad en muchos países, lo que atrajo a inversores extranjeros. Los productores de vino pudieron dedicarse a los mercados de exportación e incrementar la calidad de sus vinos más que su cantidad. Nuevos estilos de vino, capaces de competir con los de Europa, California y Australia, han permitido obtener vinos blancos con aromas de fruta fresca y tintos ricos, con un color profundo y con sabores y aromas intensos.

LAS REGIONES VITÍCOLAS DE AMÉRICA CENTRAL Y DEL SUR

Las principales regiones vitícolas de América del Sur se encuentran a uno y otro lado de la cordillera de los Andes, en Chile y Argentina –entre las latitudes 32° y 36° sur–, donde las condiciones climáticas son ideales para la viticultura. También se produce vino en otros países, como Brasil, México, Uruguay, Perú, Colombia, Paraguay, Bolivia y Ecuador.

Inestabilidad política y económica

En México, la viticultura sufrió dos duros golpes a principios del siglo XX: uno fue la filoxera, que causó daños considerables, y otro la revolución de 1910. En Chile, país aislado por los Andes y, en consecuencia, protegido de la filoxera, los productores tuvieron que afrontar en 1902 impuestos excesivos sobre el vino y luego, de 1938 a 1945, la prohibición total del consumo de vino.

A principios de la década de los 70, muchos viñedos chilenos fueron requisados por el gobierno. A lo largo de esa década, varios países sudamericanos padecieron períodos de inflación galopante y tasas de interés exorbitantes que, por una parte, perjudicaron los mercados interiores y, por otra, frenaron a los inversores extranjeros.

La revolución vitícola

A medida que las condiciones políticas y económicas se estabilizaban, en la década de los 80, los inversores extranjeros empezaron a interesarse más de cerca por las tierras de América del Sur que pudieran convenir al viñedo, y empresas internacionales sólidas invirtieron su capital en esas regiones. Era el momento ideal: en Chile y Argentina, los mercados interiores, que habían absorbido hasta entonces casi toda la producción, estaban en plena desaceleración.

Para garantizar la supervivencia a largo plazo, los productores apuntan actualmente hacia los mercados de exportación, lo que los ha llevado a replantear sus métodos. La mayoría de los grandes exportadores ha modernizado sus instalaciones y ha desarrollado estilos de vino y técnicas de vinificación nuevas, como la utilización de barricas pequeñas de roble para la crianza de los mejores vinos. Las bodegas construidas hace más de un siglo contrastan con las hileras de cubas relucientes de acero inoxidable, centrifugadoras, prensas novísimas y cadenas de embotellado. Algunos productores más tradicionalistas son reacios a estos progresos, pero la mayoría los considera la única vía posible. A principios de la década de los 90, los vinos chilenos habían conseguido buena aceptación en muchos mercados y Argentina se preparaba también para la exportación. Uno de los mayores obstáculos que encuentran los productores sigue siendo la inclinación de los viticultores sudamericanos a dejar que las vides produzcan cosechas demasiado abundantes. A las puertas del siglo XXI, América del Sur dispone de toda la tecnología vinícola que necesita. Ahora que el conflicto entre altos rendimientos y vinos de calidad está resuelto y que los vinos de América Central y del Sur tienen un papel cada vez más importante en el mercado mundial, se prepara una revolución en el mundo vinícola.

Las regiones vinícolas

México es el más antiguo productor americano, pero su industria de vinos de calidad es relativamente reciente. Los vinos rústicos y el aguardiente todavía dominan la producción, y el país está eclipsado por sus vecinos del norte y del sur.

Chile es el campeón de las exportaciones. Actualmente es el tercer suministrador de vinos de importación a Estados Unidos, detrás de Italia y Francia, ocupando el puesto que tenían Australia y Alemania. Ha obtenido ese resultado ofreciendo vinos bajo nombres de variedades conocidas y a precios asequibles.

Argentina, gigante que despierta, dispone de emplazamientos adecuados para la vid tan amplios que podría desempeñar un papel protagonista en el escenario sudamericano. Es la región vinícola más importante del continente y la que tiene un mayor potencial. Sus explotaciones más conocidas son relativamente modernas, pero su tecnología siempre ha buscado la producción masiva.

Brasil, tercer productor de vino de América del Sur, se aprovecha de una clara mejora de la economía. Con 56 000 ha plantadas, todavía no se ha lanzado a la exportación, pues su producción apenas cubre sus necesidades internas.

Las bodegas centenarias de ladrillo de Santa Rita, en el valle del Maipo, en Chile.

MÉXICO

A pesar de su rico pasado y de su papel esencial en la viticultura americana, México es una paradoja en el mundo del vino. Este país, que introdujo la vid y la vinificación al norte y al sur de sus fronteras, se considera en nuestros días demasiado caluroso e inhóspito para la viticultura. Al estar situada la mitad de su territorio en la zona tórrida del sur del trópico de Cáncer, su cinturón vitícola ocupa el altiplano central, a una altitud de 1 600 m.

Historia vinícola
A finales del siglo XIX, la familia Concannon, pionera de la viticultura en California (Livermore Valley), persuadió al gobierno mexicano para que aprovechara el potencial vitícola del país e introdujo algunas docenas de variedades francesas de *vinifera* en México. James Concannon abandonó México en 1904, pero seis años más tarde otro vinificador californiano, Perelli-Minetti, plantó otra gama de cepas en cientos de hectáreas cerca de Torreón.

Hacia 1900, gran parte de los viñedos mexicanos quedó destruida por la filoxera y los problemas políticos perturbaron el país durante muchos años después de la revolución de 1910. No renació el interés por la viticultura hasta la década de los 40, cuando los granjeros sustituyeron sus campos de algodón por vides.

La industria vinícola moderna
Al igual que antaño, la prioridad sigue siendo la producción de aguardiente. Muchas empresas internacionales han invertido en la viticultura mexicana y han creado sus propias explotaciones para evitar los fuertes impuestos a las importaciones europeas que pesan sobre los aguardientes. La familia española Domecq fue la primera en hacer grandes inversiones en 1953. Su sede está en Ciudad de México, pero sus instalaciones de producción de aguardiente están repartidas en once lugares. Las españolas González-Byass y Freixenet, las francesas Hennessy y Martell Cognac, las italianas Martini & Rossi y Cinzano, la japonesa Suntory y la norteamericana Seagram son otras de las empresas famosas que poseen grandes intereses en México. Mediante esfuerzos importantes, consistentes en inversiones considerables y mucha dedicación en la producción de vino, Domecq se ha confirmado como el primer productor de vino de mesa y exporta varias de sus gamas a Estados Unidos.

Actualmente, los viñedos mexicanos cubren más de 70 000 ha. Cerca del 80 % de la uva va a las destilerías o a la elaboración de vermut, pero la producción vinícola tradicional ha progresado desde 1980. Teniendo en cuenta el número creciente de viñas que se reconvierten a las variedades tradicionales y el desarrollo de emplazamientos costeros o de altitud, la dinámica relativa de la década de los 90 debería mantenerse.

REGIONES VINÍCOLAS Y PRODUCTORES

La producción está dominada por grandes empresas internacionales y los pequeños productores chocan con dos tipos de dificultades: la obtención de la licencia para vender vino y la indiferencia del mercado interno ante productos que no sean los vinos de calidad común.

Baja California
Baja California goza de un clima templado y su viñedo se extiende rápidamente: actualmente hay plantadas más de 10 000 ha. La mayor parte de la uva procede del valle de Guadalupe y de los alrededores de Ensenada. Santo Tomás, el más antiguo y conocido de los productores, hace cabernet sauvignon y chardonnay muy prometedores. Cava Valmur y Domecq son también conocidos por su cabernet sauvignon.

Sonora
En Sonora hay muchos productores de aguardiente, entre ellos Martell. En la mayoría de las viñas se cultiva thomson seedless y otra uva de mesa para la exportación.

Laguna, distrito de Torreón
Este distrito se dedicó mucho tiempo al cultivo del algodón. El clima es caluroso para las variedades nobles, que tienen más posibilidades a una altitud mayor. La empresa más conocida, Vergel, fundada en 1943, ha modernizado sus instalaciones y utiliza cubas de acero inoxidable con regulación de temperatura.

Parras, Saltillo
Parece que el valle de Parras, al norte de Ciudad de México, ha sido la cuna del vino americano. Las mejores viñas están situadas a 1 500 m de altitud, donde el clima es adecuado para la producción de vinos de calidad.
La empresa Viñedos San Marcos, explotación moderna, es conocida sobre todo por su cabernet sauvignon y sus espumosos. Bodegas de San Lorenzo (perteneciente a Casa Madero) es, por su antigüedad, la segunda explotación de América (1626); elabora una gama de vinos de *vinifera* y de aguardientes.
Esta zona cuenta con varias destilerías importantes de aguardiente.

San Juan del Río
El desarrollo de esta región vitícola, situada a 160 km al norte de Ciudad de México, es relativamente reciente. La mayoría de los viñedos está a una altitud de 1 800 m. Cava de San Juan marca la pauta con *viníferas* nobles como la cabernet sauvignon y la pinot noir (etiqueta Hidalgo), y un espumoso (Carte Blanche). Martell produce aquí vinos de mesa.

Zacatecas
Con sus vides situadas a 2 000 m, es la región vitícola más alta y más fresca. La viticultura se inició en la década de los 70 y el primer productor fue Bodegas del Altiplano.

CHILE

A principios de la década de los 80, Chile fue una bendición para muchos aficionados al vino norteamericanos e ingleses que buscaban una nueva fuente de buenos vinos a precios razonables. Al satisfacer esta demanda, Chile se convirtió en el primer productor sudamericano.

Con una ayuda mínima del gobierno –al menos al principio–, un núcleo de propietarios chilenos decidió realizar fuertes inversiones para modernizar sus instalaciones. Las viejas y grandes cubas de madera, hasta entonces suficientes para los vinos locales, fueron sustituidas por barricas pequeñas de roble americano o por barricas francesas, más caras. Para evitar la oxidación de los vinos blancos, los productores instalaron cubas de acero inoxidable para la fermentación y sistemas de control de temperatura para la fermentación y el almacenamiento. Instalaron también prensas nuevas y cadenas de embotellado modernas.

Paralelamente, se introdujeron mejoras en el cultivo para limitar los rendimientos y vendimiar así uva más concentrada, con un potencial aromático superior.

Los productores chilenos dividen sus vinos en dos categorías: los vinos baratos destinados al mercado interior y los vinos para exportar. Elaborados a partir de variedades prolíficas y sin renombre, como la país, los vinos chilenos locales, blancos o tintos, se añejan voluntariamente demasiado tiempo en toneles viejos y se oxidan para satisfacer el gusto local. Estos vinos para el mercado interior llevan por lo general el nombre de la finca, pero muchos otros se embotellan con la mención de «mosela» o «chianti» e incluso llevan sin rubor los nombres de Château Margaux y Chambertin.

Hacia finales de la década de los 80, la economía de Chile disfrutó de una expansión fulgurante gracias a la demanda mundial de sus productos agrícolas. El aumento continuo de los precios del suelo incitó a los productores de vino a dedicarse a otros cultivos, económicamente más interesantes, mientras se asistía simultáneamente a una caída del consumo de vino en todo el país. Muchos se volvieron entonces al mercado de exportación.

Durante la década de los 80, la producción bajó a cerca de la mitad, pero las exportaciones se multiplicaron por 8, alcanzando el 23 % de la producción total.

Cuatro sociedades dominan actualmente el mercado de exportación: Concha y Toro, Santa Rita, Santa Carolina y San Pedro.

Las variedades

Chile es una de las pocas regiones del mundo que tiene vides no injertadas anteriores a la filoxera (64 530 ha). A pesar de la adopción de variedades más aceptadas (pinot noir, cabernet sauvignon y chardonnay), la cepa utilizada para los vinos domésticos, la país, es aún la variedad más abundante. La cabernet sauvignon es, en superficie, la segunda cepa tinta. Entre los blancos, la sémillon, la sauvignon y la chardonnay representan la mitad del total. Se calcula que la chardonnay será la variedad blanca más extendida hacia el año 2000.

El encanto lleno de juventud de sus vinos tintos –cabernet sauvignon y merlot– ha llevado a Chile al primer plano del escenario internacional. Las dos variedades nobles desarrollan un color profundo, de un púrpura intenso, y aromas de bayas, hierbas y especias; pero a menudo les falta la astringencia que dan los taninos. La crianza en roble se introdujo para dar a esos vinos tintos más profundidad y un mejor potencial de envejecimiento.

En cuanto a los chardonnay de Chile, se espera que su calidad mejore en cuanto se reduzcan los rendimientos. Para muchos expertos, la sauvignon es la que tiene mayor potencial para hacer el mejor vino blanco de Chile.

Regiones vinícolas

En 1995, una nueva reglamentación sobre las denominaciones de origen estableció cinco zonas de producción.

El valle Central es una amplia región que se extiende 80 km hacia el norte de Santiago, la capital, y más de 240 km hacia el sur. Tiene condiciones climáticas variadas.

Cercano a Santiago, el valle del Maipo fue la primera región vitícola que se desarrolló y todavía tiene la mayor concentración de viñas. Gran parte de los cabernet sauvignon y de los merlot proceden de allí.

El valle del Maule, desarrollado en la década de los 80, es bastante más fresco. Es adecuado para la sauvignon, la merlot y la chardonnay.

Casablanca, nueva región del Aconcagua al noroeste de Santiago, goza de las brisas frescas del Pacífico. Los suelos cretáceos y arenosos dan una chardonnay que madura lentamente y aporta aromas delicados y concentrados. La merlot y la sauvignon blanc son las otras dos cepas preferidas.

Más al norte, están las regiones de Atacama y de Coquimbo. La región más meridional está situada a la latitud de Concepción.

Viña de Molina, cerca de Lontué.

PRODUCTORES Y BODEGUEROS

La mayoría de los productores bautiza sus vinos destinados a la exportación con el nombre de la variedad: cabernet sauvignon, merlot, chardonnay y sauvignon blanc son los más frecuentes. Pero ya es habitual que los productores ofrezcan vinos embotellados de uno o varios tipos de cepas a precios variados y bajo denominaciones diversas.

Caliterra
Esta explotación ultramoderna, establecida en Curicó, fue creada conjuntamente por Errázuriz Panquehue y la sociedad californiana Franciscan Vineyards. Propiedad ahora de Errázuriz, suministra el 85 % de los vinos del catálogo de Errázuriz y también 1 200 000 botellas de vino varietal de Caliterra. Los cabernet sauvignon proceden del valle del Maipo, el chardonnay y el sauvignon blanc del valle del Maule.

José Canepa
Empresa familiar fundada en 1930, esta explotación muy moderna del valle del Maipo fue una de las primeras en efectuar las fermentaciones en cubas de acero inoxidable con regulación de temperatura. Las viñas cubren 600 ha; el vinificador Andrés Ilabaca goza de cierto renombre por los sauvignon blanc, los cabernet sauvignon y los merlot, que son buenos.

Concha y Toro
Fundada en 1883, esta bodega es la principal productora de Chile. Desde mediados de la década de los 80, utiliza cubas de fermentación de acero inoxidable y barricas de roble francés. Aparte de la finca y de las bodegas en Pirque, en el valle del Maipo, Concha y Toro también produce en muchos otros lugares de Chile central y posee viñas (750 ha) en Maipo, Rapel y Curicó. La producción anual supera los 36 millones de botellas. La empresa exporta una gama de vinos de precios razonables con la etiqueta Casillero del Diablo, y cabernet sauvignon, merlot y chardonnay procedentes de una sola viña bajo la etiqueta Marqués de Casa Concha. Don Melchor es un cabernet sauvignon especial de producción limitada.

Errázuriz Panquehue
Situada en el valle de la región de Aconcagua, a 150 km al norte de Santiago, esta finca familiar fue fundada en 1870 por don Maximiano Errázuriz. En esta viña de 16 ha dominan la cabernet sauvignon, la merlot y la cabernet franc, y se producen vinos muy estimados, como el cabernet sauvignon Maximiano Reserva. La chardonnay, la sauvignon y la merlot, plantadas más recientemente, crecen en 69 ha del valle del Maule. Se utiliza el roble francés para la crianza de los vinos tintos. La producción anual alcanza las 840 000 botellas.

Cousiño Macul
En los alrededores de Santiago, esta finca familiar posee una explotación vitícola vieja y majestuosa, bodegas de crianza y equipamientos de los más modernos que existen en la actualidad. El viñedo de la finca, conocido desde hace tiempo por la cabernet sauvignon, se ha ampliado a 275 ha y ahora se encuentran merlot y chardonnay. Desde 1990, los vinos tintos de Cousiño Macul envejecen en barricas francesas. Al final del programa de replantación la empresa producirá tintos y blancos en cantidades iguales. El cabernet sauvignon Antiguas Reservas, de gran longevidad, es el más prestigioso.

Montes
En 1988, cuatro socios con una gran experiencia en el comercio del vino, fundaron la Discovery Wine Company para hacer vinos destinados únicamente a la exportación. Más de la mitad del viñedo de 85 ha, en Curicó, está plantado de cabernet sauvignon y de merlot, el resto de sauvignon blanc y de chardonnay. La etiqueta Nogales se utiliza para los vinos menos caros y Villa Montes para los de gama alta destinados a la exportación. Alpha designa el cabernet sauvignon de lujo del vinificador Aurelio Montes, que lo añeja en barricas de roble nuevas. El objetivo de Montes es producir 960 000 botellas.

La Playa
En 1980, la familia Pavone, ya activa en la industria vitícola chilena antes de 1960, volvió a ella y adquirió una finca de 400 ha en el valle del Maipo. Recuperó el nombre de Santa Ema para el viñedo y, en 1988, se asoció a la rama exportadora de La Playa para producir cabernet sauvignon, merlot, chardonnay y sauvignon blanc. Todas, salvo la chardonnay, se cultivan en la finca.

San Pedro
Fundada en 1865, San Pedro es una de las explotaciones chilenas más antigua. Sobrevivió al cambio de propietario en la década de los 80 y es hoy una de las más importantes de Chile, con una producción anual que supera los 9,24 millones de botellas. Es conocida sobre todo por sus vinos Gato Negro y Gato Blanco, que por sí solos representan cerca de la mitad de las exportaciones. Produce también otras etiquetas, como Castillo de Molina, vino de prestigio, y Santa Helena. Las exportaciones, bajo el conocido nombre de San Pedro, consisten sobre todo en chardonnay y merlot. La superficie de las viñas ha alcanzado las 950 ha.

Santa Carolina
Creada en 1875, Santa Carolina estuvo entre las primeras explotaciones que se modernizaron y plantaron viñedos en la región de Casablanca. Hace vino en tres lugares: Santiago (las bodegas originarias), Rapel y Curicó. Actualmente posee o arrienda 1 200 ha y goza de buena reputación por los cabernet sauvignon, los sauvignon y los sémillon. El cabernet sauvignon Reserva Especial y el sauvignon están entre los mejores vinos chilenos. La producción de chardonnay aumentará cuando las viñas de Casablanca hayan alcanzado su plena madurez.

Santa Mónica
En 1976, el conocido vinificador Emilio de Solminhac y su mujer renovaron una importante explotación de Rancagua. Haciendo vino para otras marcas desarrollaron el viñedo de su finca, que alcanza actualmente 93 ha. Todos los vinos exportados por Santa Mónica proceden de ese viñedo, cosa rara en Chile. El catálogo de exportación ofrece vinos de cabernet sauvignon, merlot, chardonnay, sauvignon, sémillon y riesling. La

producción media anual es de 360 000 botellas.

Santa Rita
Las exportaciones han pasado de 300 000 botellas en 1985 a 6 millones en 1994. Santa Rita se ha convertido rápidamente en uno de los primeros exportadores hacia Gran Bretaña y América del Norte. Creada en 1880, la empresa es actualmente una sociedad pública y posee dos explotaciones principales adyacentes a sus viñas de Maipo y de Lontué. Los viñedos plantados recientemente en Casablanca han hecho pasar la superficie total de Santa Rita a 336 ha. La empresa ha invertido decididamente en la modernización de sus equipamientos y sus bodegas acogen actualmente más de 8 000 barricas de roble francés. Los vinos exportados se venden bajo tres etiquetas: en primer lugar la gama 120, con cabernet sauvignon, merlot, sauvignon y chardonnay a precios razonables; los Reserva, embotellados en la finca; y Medalla Real, la etiqueta de prestigio.

Tarapacá Ex Zavala
Este viejo viñedo (establecido en 1874) prosperó hasta que un divorcio en la familia Zavala generó un problema que sólo se resolvió cuando el presidente de la República, cuyo sobrenombre era precisamente «el león de Tarapacá», decretó que la propiedad debía cambiar de nombre a Ex Zavala. Esta viña de 11 ha está plantada, sobre todo, de cabernet sauvignon y otras variedades tintas, pero se ha añadido chardonnay. La mayor parte de los vinos (1,2 millones de botellas) se vende en América del Sur bajo la etiqueta Gran Tarapacá u otros nombres.

Miguel Torres
Esta empresa muy innovadora empezó en 1979 con la compra de una vieja viña de Curicó por Torres, familia española del mundo del vino. Se construyó una instalación ultramoderna para producir 1 200 000 botellas al año. Torres introdujo en Chile las cubas de acero inoxidable con regulación de temperatura, prensas modernas y pequeñas barricas de roble francés y americano. En el viñedo, el emparrado y el riego han mejorado la calidad y sus métodos han sido copiados ampliamente. En las 220 ha de la viña, Torres se concentra en la sauvignon blanc y la cabernet sauvignon; también hace un vino espumoso Brut Nature según el método tradicional. Cerca de las tres cuartas partes de la producción están destinadas a la exportación.

Undurraga
Undurraga, uno de los primeros productores chilenos en exportar a los grandes mercados del vino, domina también el mercado interior. Situada en el valle del Maipo y creada en 1885, esta explotación, dirigida por la familia y organizada para producir grandes cantidades, suministra más de 12 millones de botellas al año. Depende de 150 ha en el valle del Maipo y compra, por contrato, uva procedente de Colchagua y otros lugares. La exportación representa más del 40 % de la producción y la encabezan el chardonnay y el sauvignon blanc. Recientemente se les han sumado el merlot y el pinot noir.

Valdivieso
Este productor muy importante (11 400 000 botellas), cuyo origen se remonta a 1879, fue conocido durante muchos años sobre todo por sus vinos espumosos. En 1950 se convirtió en sociedad anónima y actualmente decide la política de producción el grupo Mitjans, el accionista principal. La vieja instalación de Santiago fue modernizada y en 1990 se aprobó una inversión considerable en Lontué, centro de produccion de vinos espumosos. Valdivieso suministra más del 90 % de la producción chilena de vinos espumosos por el método tradicional. Sus *cuvées* Brut y Nature se elaboran a partir de pinot noir y de chardonnay. La empresa posee actualmente 120 ha en el valle del Maule. Valdivieso ofrece también cabernet sauvignon, merlot, chardonnay, sauvignon blanc y una mezcla de chardonnay y sémillon. Estos vinos se producen exclusivamente para la exportación.

Los Vascos
Véase recuadro en esta página.

Walnut Crest
Esta empresa, muy ambiciosa, fue creada en 1986 por algunos de los accionistas principales de Concha y Toro, en asociación con Banfi Vintners. Los viñedos alcanzan actualmente las 800 ha repartidas en diversos emplazamientos (400 de ellas en Colchagua y 100 en Casablanca). Centrada en Maipo, Walnut Crest produce alrededor de 12 millones de botellas al año, incluido el vino espumoso obtenido por el método Charmat (véase pp. 110-111). El merlot y el cabernet sauvignon destacan por los aromas de fruta fresca y sobresalen de un catálogo que ofrece también sauvignon blanc.

Viña del Mar
Propiedad de Mitjans, es una marca de exportación comercializada por Paterno Imports. Creada en 1987, la marca Viña del Mar incluye cabernet sauvignon, merlot, chardonnay y fumé blanc a precios razonables, y cabernet sauvignon, merlot y chardonnay reserva, más caros. La uva procede del distrito de Lontué en el valle de Maipo.

LOS VASCOS

Este viñedo famoso data de 1750. Ocupa 220 ha de las 2 200 ha de la finca, expropiada en la década de los 60, y fue reconstituida, parcela a parcela, por la familia fundadora Eyzaguirre-Echenique hacia finales de la década de los 70. Esta operación tuvo consecuencias financieras y condujo a la adquisición del 50 % de la empresa por la banca Rothschild, en 1988. Propietarios de Château Lafite, los Rothschild colaboraron en la modernización de Los Vascos y el equipo técnico de Lafite propuso nuevos programas de vinificación. El cabernet sauvignon representa más de la mitad de la producción. La influencia de Lafite se plasmó con la añada de 1990 y la aparición de un reserva cabernet. Los otros vinos son el chardonnay y el sauvignon blanc.

ARGENTINA

En cuanto a la producción de vino, Argentina ocupa el quinto lugar mundial y, con sus 208 000 ha, es sin duda el productor sudamericano más importante. No obstante, después de llegar a las 320 000 ha en 1980, la superficie cultivada no ha cesado de disminuir, decadencia que se explica en parte por la reducción permanente del consumo nacional desde la década de los 70. Sin embargo, con un consumo anual de 54 litros por habitante, Argentina se mantiene en el cuarto lugar mundial.

En 1557, los misioneros establecieron la primera viña del país cerca de Santiago del Estero y, a mediados de la década de 1850, el cultivo de *Vitis vinifera* importada de Europa no era nada desdeñable.

Actualmente, Argentina produce vinos comunes destinados al consumo nacional, vinos de calidad para la exportación, vino a granel expedido en barco para ser embotellado en el extranjero, aguardiente y zumo de uva concentrado. Es uno de los primeros productores de mosto, utilizado para endulzar tanto bebidas no alcohólicas como vino.

Los viñedos se extienden sobre más de 1 770 km de norte a sur. El centro de la industria vinícola es la provincia de Mendoza (a unos 960 km al oeste de Buenos Aires), de donde procede cerca del 70 % de los vinos argentinos. La mayoría de los viñedos están situados en los valles y las mesetas de los Andes.

Al sur de la ciudad de Mendoza se encuentran dos zonas de gran altitud, que disfrutan de microclimas más frescos, Maipú y Luján de Cuyo, donde se cultivan las mejores cabernet sauvignon y malbec.

Al este, al pie del Tupungato, crecen muy bien variedades como la chardonnay, la gewürztraminer, la pinot noir y la merlot.

Al norte de Mendoza, en una zona algo más cálida, la provincia de San Juan suministra el 22 % de la producción total del país. Las otras provincias poseen menos viñas. Salta, la provincia vitícola más septentrional, no está lejos del trópico de Capricornio. Sus vides están plantadas a 1 700 m de altitud y su clima más fresco conviene a las variedades blancas. Aunque sólo suministra el 3 % de la producción nacional, Río Negro, la zona vitícola más meridional y una de las más frescas de Argentina, es apreciada por su uva que se destina a los espumosos. En efecto, el país elabora grandes cantidades de espumoso para los mercados sudamericanos y varias casas de Champagne, entre ellas Moët & Chandon, Piper-Heidsieck y Mumm que se reparten la mayor parte de esta producción.

Variedades y estilos de vino

La cepa autóctona criolla suministra enormes volúmenes de vinos tintos. En cuanto a la malbec, sigue siendo con toda justicia la reina de las variedades europeas en Argentina. Con ella se elabora un vino de color oscuro, estructurado, espiritoso y para guardar largo tiempo. Rebosa de aromas profundos de grosella negra madura y de especias. Se suele mezclar con cabernet sauvignon u otras variedades tintas como la barbera.

La cabernet sauvignon, que se mezcla habitualmente con malbec o merlot, está en segundo lugar en cuanto a resultados. Algunos indicios hacen pensar que merlot y pinot noir deberían producir vinos de calidad.

Las variedades blancas más conocidas son la torrontés y la sémillon, mientras que la palomino sólo se usa para los blancos locales baratos. Ciertos productores emprendedores obtienen buenos chardonnay.

PRODUCTORES Y BODEGUEROS

Peñaflor
Al explotar varias bodegas, Peñaflor es el productor más importante del país. La etiqueta conocida en el mercado exterior es Trapiche, que incluye un cabernet sauvignon Reserva sólido, un malbec y un chardonnay. Andean Vineyards es otra gama que encabeza el cabernet sauvignon.

Viña Esmeralda
Se trata de un productor de grandes volúmenes cuyos mejores vinos son el cabernet sauvignon y el chardonnay San Felicien. Trumpeter es una etiqueta barata pero de buena relación calidad/precio. Para la exportación, la etiqueta de prestigio más reciente, Catena, incluye un excelente chardonnay criado en barrica de roble y un cabernet sauvignon de estilo californiano.

Bodegas Flichman
Flichman produce, bajo la etiqueta Caballero de la Cepa, un cabernet sauvignon lleno de aromas y amplio, un chardonnay y un syrah. La etiqueta Fond de Cap es más conocida por su cabernet sauvignon, excepcional.

Bodegas Weinert
El chardonnay y el sauvignon de este productor agradan de inmediato. Los tintos, que incluyen el cabernet sauvignon, el merlot y una mezcla llamada Cavas de Weinert tienen fama de envejecer bien. Representan los vinos tintos argentinos al estilo antiguo.

San Telmo
Este otro productor de grandes volúmenes muestra una notable aptitud para producir regularmente un malbec y una mezcla de malbec y cabernet sauvignon, Cuesta del Madero, que son excelentes. Los tintos criados durante mucho tiempo en madera vieja neutra son más típicos del estilo antiguo. San Telmo también produce de vez en cuando un chardonnay notable.

Etchart
Etchart, que pertenece en parte al grupo Pernod-Ricard, posee varios viñedos en Salta y produce muchos buenos vinos: el torrontés, florido y delicioso, es el mejor de su tipo, y el malbec es muy competitivo.

Brasil y otros países

Brasil es el país más extenso de América del Sur y su población, de crecimiento rápido, supera actualmente los 150 millones de habitantes. Con sus 58 000 ha de viñas es el tercer productor de vino de Sudamérica. Sin embargo, la historia del vino brasileño ha seguido un curso bien diferente que la de sus vecinos.

Las primeras viñas fueron plantadas con la cepa criolla, importada de Argentina en el siglo XVII. Más tarde, los portugueses ensayaron diversas variedades de su país, pero sin grandes resultados. En la mayor parte del territorio, el clima es demasiado tropical para que la uva de *vinifera* alcance su madurez plena; tiene tendencia a pudrirse y a verse afectada por el mildiu. En la década de 1830 se importaron variedades norteamericanas más resistentes a la humedad.

Las variedades

La isabella, cepa tinta prolífica, es la más plantada hoy en día. La delaware y dos variedades blancas, niágara y dutchess, son otras de las cepas de *labrusca* bastante extendidas (véase p. 405). Algunos híbridos francoamericanos, entre ellos la seyval blanc y la couderc noir, se han añadido a las variedades de *vinifera*, que en la actualidad representan menos del 20 % de las vides.

A partir de la década de los 20, las cepas italianas de *vinifera* se hicieron más populares. En la actualidad hay grandes cantidades de barbera y bonardo para los tintos, así como de trebbiano, sémillon, malvasía y moscatel para los blancos. También aumentan la merlot y la cabernet franc.

Las regiones vinícolas

Las 600 explotaciones vinícolas brasileñas están concentradas en tres provincias: Rio Grande do Sul, Santa Catalina y São Paulo. Más del 65 % de las viñas están situadas en Rio Grande do Sul, al sur del país, donde se encuentra también la mayoría de las explotaciones. Tierra adentro, numerosas viñas en laderas, nuevas y prometedoras, se inscriben en un triángulo definido por tres ciudades: Bento Gonçalves, Garibaldi y Caxias do Sul. A lo largo de la frontera uruguaya se encuentra una región de praderas donde algunos viticultores audaces han seguido el ejemplo de Almaden (en California) y desarrollan viñas de *vinifera* alrededor de Bagé y Santana do Livramento.

São Paulo acoge la sede social y los centros de vinificación de más de un centenar de sociedades vinícolas. Al sur, en la provincia de Santa Catalina, tanto las viñas como los estilos de vinificación presentan una clara influencia alemana.

Muchas empresas vinícolas internacionales se han visto atraídas por el potencial del mercado brasileño. National Distillers fundó una filial de Almaden Vineyards en la década de los 70. También se han establecido sólidamente Cinzano, Martini & Rossi y Rémy Martin.

La producción media anual de Brasil ha alcanzado recientemente los 492 millones de botellas, de los que poco más de 6 millones se destinan a la exportación, principalmente a Japón y Estados Unidos. Brasil podría ser durante mucho tiempo el mejor mercado para su propio vino.

Otros países de América del Sur

Uruguay es el cuarto productor sudamericano, con 14 000 ha de viñas en el sur y noroeste del país. Más de la mitad de los viñedos está plantada con *vinifera* (cabernet sauvignon, pinot noir, merlot y sémillon). La producción es de 96 millones de botellas anuales.

Perú, por el contrario, produce menos de 3 millones de botellas. La vid se cultiva al sur de Lima desde hace 400 años. El valle de Moquegua, cerca de la frontera chilena, también es una zona vitícola. La mayor parte de la uva sirve para la producción de aguardiente, pero uno o dos productores cultivan *vinifera*.

Colombia produce muy poco vino, aunque sí elabora una cierta cantidad de vinos generosos y de vermut, así como cócteles de frutas tropicales.

Paraguay, Bolivia y **Ecuador** producen pequeñas cantidades de vino de baja calidad.

PRODUCTORES Y BODEGUEROS

Algunas decenas de grandes empresas dominan la industria vitícola brasileña, en su mayoría son cooperativas. La mayor parte de los vinos son mezclas y genéricos.

Vinicola Aurora

Situada en Bento Gonçalves, esta inmensa cooperativa (fundada en 1931) posee más de 20 000 ha de viñas y más de un millar de socios. Embotella bajo diversas marcas: Conde de Foucault para la cabernet sauvignon y Clos de Nobles para la cabernet franc son las mejores. La producción anual alcanza los 540 millones de botellas.

Dreher

Fundada por Heublein, Dreher desarrolla viñas de *vinifera* en las montañas del oeste, cerca de Bagé. Sus vinos de exportación son los cabernet sauvignon, los barbera y el Castel Marjolet, una mezcla de cabernet sauvignon y merlot.

Riograndense

Pionera de la *vinifera* en Brasil, esta explotación posee 50 ha plantadas de merlot, cabernet sauvignon y trebbiano. Situada en Caxias do Sul, vende la mayor parte de sus vinos bajo la etiqueta Granja União.

Marcus James

Esta marca, cuya producción se efectúa en Vinicola Aurora, es propiedad de la empresa estadounidense Canandaigua Wine Co. Ofrece una amplia gama de vinos varietales, entre ellos chardonnay, cabernet sauvignon, merlot y zinfandel para los blancos. La producción anual se acerca a los 12 millones de botellas, cerca de la mitad de los cuales se exporta.

AUSTRALIA
Y NUEVA ZELANDA

—

LOS VINOS AUSTRALIANOS Y NEOZELANDESES,

LLEGADOS AL MERCADO INTERNACIONAL EN LOS AÑOS 80,

GOZAN DE UNA SÓLIDA REPUTACIÓN POR SU EXCELENTE CALIDAD

Y LA ORIGINALIDAD DE SUS AROMAS.

—

AUSTRALIA

AUSTRALIA PRODUCE VINOS DE UNA EXCELENTE RELACIÓN CALIDAD/PRECIO, QUE REBOSAN DE FRUTA Y SABORES, ASÍ COMO UNA GAMA DE VINOS FINOS.

En Australia Meridional, la región de Southern Vales se centra en McLaren Vale, donde las colinas cubiertas de viñedos gozan de un clima casi mediterráneo.

El estilo bien diferenciado de los vinos australianos destaca por el brillo, el frescor y la valorización de los aromas primarios de la uva. Los vinos, finos, frutales, rebosantes de gustos y sabores, reflejan el clima soleado. Se aprecian porque corresponden al estilo de vino que busca el mercado y porque están listos para ser bebidos desde su embotellado. Ésta es una característica ampliamente extendida, aunque las excepciones sean numerosas. Los mejores vinos australianos se distinguen por su complejidad, estructura y gran potencial de envejecimiento: los vinos de sémillon y de riesling pueden ser magníficos a los 20 años, los de cabernet sauvignon a los 30 y el Grange Hermitage de Penfolds a los 40 años o más. Mientras las grandes empresas vitícolas producen vinos técnicamente irreprochables y de una calidad constante, otros 700 productores elaboran vinos de gran diversidad de estilos y calidad. La producción anual alcanza 600 millones de botellas, de los que se exportan más de 132 millones a Asia, Europa y Norteamérica.

La vid, llegada a Australia en 1788 por el Cabo de Buena Esperanza, fue plantada en el jardín del gobernador Phillip, en el emplazamiento actual del centro de Sydney. El cultivo se extendió rápidamente huyendo de la humedad y las lluvias estivales de las zonas costeras: primero hacia las afueras occidentales de Sydney y Hunter Valley, para alcanzar luego la Australia oriental y meridional, y llegar hasta Victoria y Tasmania. A finales de la década de 1830, todas estas regiones producían a escala comercial, desarrollo que se prolongó hasta fines del siglo pasado. Sin embargo, los vinos australianos han sido ignorados en el extranjero hasta los últimos quince o veinte años. Poco a poco los productores australianos, menos aislados que en el pasado, estimulados por un mercado doméstico en plena expansión y ayudados por una tecnología punta –la irrigación transformó amplias regiones hasta entonces demasiado calurosas y áridas–, se dedicaron a elaborar los tipos de vino que esperaba el mercado internacional. Con cierta sorpresa descubrieron que sus vinos eran apreciados y aclamados en todo el mundo por su relación calidad/precio. La reputación de los productores de esta parte del hemisferio Sur sigue creciendo y sus vinos continuarán asombrando y apasionando a medida que alcancen todo su potencial.

Las regiones vinícolas

Aunque la vid se cultive en todos los estados y territorios australianos, las regiones vinícolas se concentran en el sureste del país, en el extremo suroeste de su larga costa y siguen los cursos de las dos grandes cuencas fluviales del Murray y de su afluente, el Murrumbidgee. Las regiones principales están situadas esencialmente en cuatro estados.

■ **Nueva Gales del Sur,** el más antiguo y caluroso de los estados vitícolas, comprende el famoso Hunter Valley, al norte de la capital, Sydney.

■ **Victoria,** el estado más meridional de la Australia continental, produce vinos muy diversos y algunos están llegando a alcanzar un buen nivel de calidad.

■ **Australia Meridional,** el estado más importante, produce en Riverlands, al noreste de Adelaida, grandes cantidades de vinos baratos para la venta a granel, pero también algunos de los mejores vinos australianos (en Barossa Valley, por ejemplo).

■ **Australia Occidental** posee las regiones vitícolas más recientes, reunidas en el suroeste del Estado, no lejos de la ciudad de Perth. Es una zona de clima variado donde la mayor preocupación de los viticultores es la falta de agua.

Cosechas y clima

La diversidad de los vinos australianos se acentúa por las variaciones que hay de una añada a otra. En las regiones prestigiosas, las condiciones climáticas a lo largo del ciclo vegetativo pueden, contrariamente a lo que se admite de modo general, tener un impacto considerable en el estilo (sobre todo) y en la calidad de la producción. Raras son las cosechas mediocres en el sentido europeo del término –poco azúcar natural, mucho mildiu o podredumbre–, pero las cosechas no se parecen: cada una tiene su carácter propio, que un catador experto puede reconocer.

Los vinos comunes y los vinos finos

La idea de que Australia es un continente caluroso y soleado es válida para el 90 % de su superficie. Pero muchas regiones productoras de vinos de calidad están situadas en el 10 % restante, donde el clima, por soleado que sea, es más bien fresco.

Para comprender la relación entre el clima australiano, el estilo de los vinos, su calidad y la elección de las variedades, conviene distinguir entre vinos finos y comunes.

Al igual que España o California, Australia tiene su región de vinos sin pretensiones, Riverlands, en la frontera de Nueva Gales del Sur, Victoria y Australia Meridional. El clima es terriblemente caluroso y soleado, pero la irrigación ha transformado esta zona semidesértica en una sucesión de viñas de gran rendimiento que suministran uva barata de calidad regular. Se emplean para los vinos vendidos en «cartones» o en garrafas (dos tercios de las ventas domésticas), pero también para la venta a granel de vinos exportados principalmente a los países escandinavos y a la Unión Europea (un tercio de las exportaciones en 1993). En total, la región de Riverlands suministra el 60 % de la producción, papel que debería conservar todavía mucho tiempo.

Los nombres de los vinos

La mayoría de los vinos australianos, y más particularmente los de calidad, toman su nombre de la variedad de la que proceden (véase recuadro). Australia ya utilizaba los nombres de cepa cuando estos no eran más que términos técnicos y oscuros para los europeos. También ha utilizado nombres europeos para identificar los estilos de vino. Así, en las estanterías de los almacenes australianos se pueden encontrar «claretes» de Coonawarra y «chablis» de Australia Meridional. Otra convención de etiquetaje, todavía en vigor, consiste en designar los vinos por un número de *cuvée (bin)* para indicar el estilo seguido. Una reglamentación nueva y algunos acuerdos recientes respecto a las etiquetas han clarificado la situación (véase recuadro p. 462).

Cada vez es más normal que figure el nombre de la región, y a veces el del productor, en la etiqueta. Aunque los estilos de vino son tan numerosos como los productores, el origen de la uva y el nombre de la parcela *(paddock)* se citan ahora frecuentemente. Esta evolución significa que los productores están tomando conciencia de que la adecuación entre la variedad y el pago tiene su importancia.

Las barricas de roble y la crianza

Las variedades blancas chardonnay, sémillon y sauvignon, para las que este sistema es ventajoso, son las que más a menudo se fermentan en madera. La crianza en barrica de roble francés dura entre 6 y 9 meses para los mejores vinos. En cuanto a las cepas más aromáticas, como la riesling y la gewürztraminer, se fermentan en cuba y se embotellan poco después.

Los productores crían normalmente sus vinos tintos de calidad en barri-

LA IDENTIFICACIÓN DE LAS VARIEDADES EN LA ETIQUETA

En la mayoría de los vinos australianos, la etiqueta menciona el nombre de la variedad. Las cepas –y en consecuencia, los nombres de los vinos– más importantes son:

TINTAS
Cabernet sauvignon. La ilustre variedad de los burdeos tintos tiene éxito en Australia, sola o con shiraz.
Shiraz. Llamada también hermitage (nombre local de la syrah del valle del Ródano), da vinos ricos, complejos, y mezclas logradas.
Merlot. En expansión, se utiliza en mezclas con cabernet sauvignon, como en Burdeos.
Pinot noir. La cepa de los borgoñas tintos crece bien en algunas regiones de clima más fresco.

BLANCAS
Chardonnay. Es la nueva estrella: en plena expansión, crece bien en muchas regiones y da un vino rico con aromas de mantequilla.
Sémillon. Esta variedad de Burdeos produce vinos blancos excelentes, en particular en Hunter Valley.
Riesling. La riesling del Rin, por oposición a cepas de menor calidad, da buenos vinos licorosos o semisecos.
Moscatel. Se importan muchas variedades de moscatel para la elaboración de vinos generosos y de postre.
Chenin, colombard y sauvignon. Estas cepas están sustituyendo las variedades locales coruchen, doradillo, moscatel, gordo, blanco, palomino, sultana y trebbiano, para los vinos comunes.

cas pequeñas de roble: la cabernet sauvignon y la shiraz se benefician de una estancia de 6 meses a 2 años en barrica.

Los vinos blancos australianos tienen tendencia a evolucionar rápidamente. Con excepción de algunos sémillon de Hunter Valley, que mejoran durante 20 años, los demás llegan a su madurez entre los 2 y los 6 años. También los vinos tintos están concebidos para ser agradables de beber mucho antes que sus homólogos europeos. Algunos grandes vinos tintos, el Grange Hermitage de Penfolds, por ejemplo, se vinifican para una maduración larga en botella, pero en la gran mayoría de los casos, los tintos alcanzan su apogeo entre los 5 y los 10 años. El clima australiano no es muy adecuado para las bodegas particulares, de modo que algunos productores no comercializan sus vinos hasta que no han llegado a su madurez. El desarrollo reciente de la industria australiana no ofrece una perspectiva suficiente para juzgar la evolución de los diversos estilos de vinos y fincas.

Historia del vino australiano

Si se comparan los mapas vitícolas de Australia de 1890 y 1990 se ven pocas diferencias. Por su parte, los productores han sufrido altibajos a lo largo de este siglo. Aparecida en Geelong (Victoria) en 1875, la filoxera significó la destrucción masiva de la vid de esta región (felizmente, las demás se salvaron). El crac bancario y la crisis de 1893, al igual que la supresión de tasas entre estados (consecuencia de la federación, en 1901), afectaron al conjunto de la industria vinícola: la posibilidad de que los productores vendieran en otros estados ayudó en gran medida a la expansión de Australia Meridional (Riverlands y Barossa Valley), estimulada además por la demanda creciente de vinos generosos, que se destinaban principalmente a la Inglaterra de la época victoriana.

Los vinos generosos dominaron el mercado, en detrimento de otros estilos de vinos, hasta la década de los 60 cuando la demanda de vinos de mesa, a pesar de su calidad mediocre, aumentó. A partir de esta época, otros factores contribuyeron a dar a la industria vinícola su forma actual: el desarrollo de unos conocimientos técnicos de alto nivel y la introducción masiva de la cabernet sauvignon (a partir de 1960) y de la chardonnay (a partir de 1970) para responder a una creciente demanda de vinos de calidad. Siguiendo el ejemplo dado en 1963 por el médico Max Lake, en Lake's Folly, en Nueva Gales del Sur, una serie de médicos, abogados y empresarios crearon centenares de explotaciones para ocupar sus fines de semana o su jubilación. Están repartidas en terrenos y zonas climáticas tan diversas como los que se pueden encontrar entre Guetaria y el condado de Huelva.

El auge de los vinos finos

Una gran corriente de aire fresco sopla sobre los viñedos australianos: en 1985, un tercio de la producción procedía de variedades nobles; en 1995, esta proporción alcanzó los dos tercios. En 1970, la riesling y la sémillon eran las únicas cepas blancas de calidad producidas en cantidad comercial. El mismo año, la producción de char-

Uva de chardonnay junto a una prensa tradicional en Padthaway.

AUSTRALIA   461

LAS REGIONES VITÍCOLAS DE AUSTRALIA

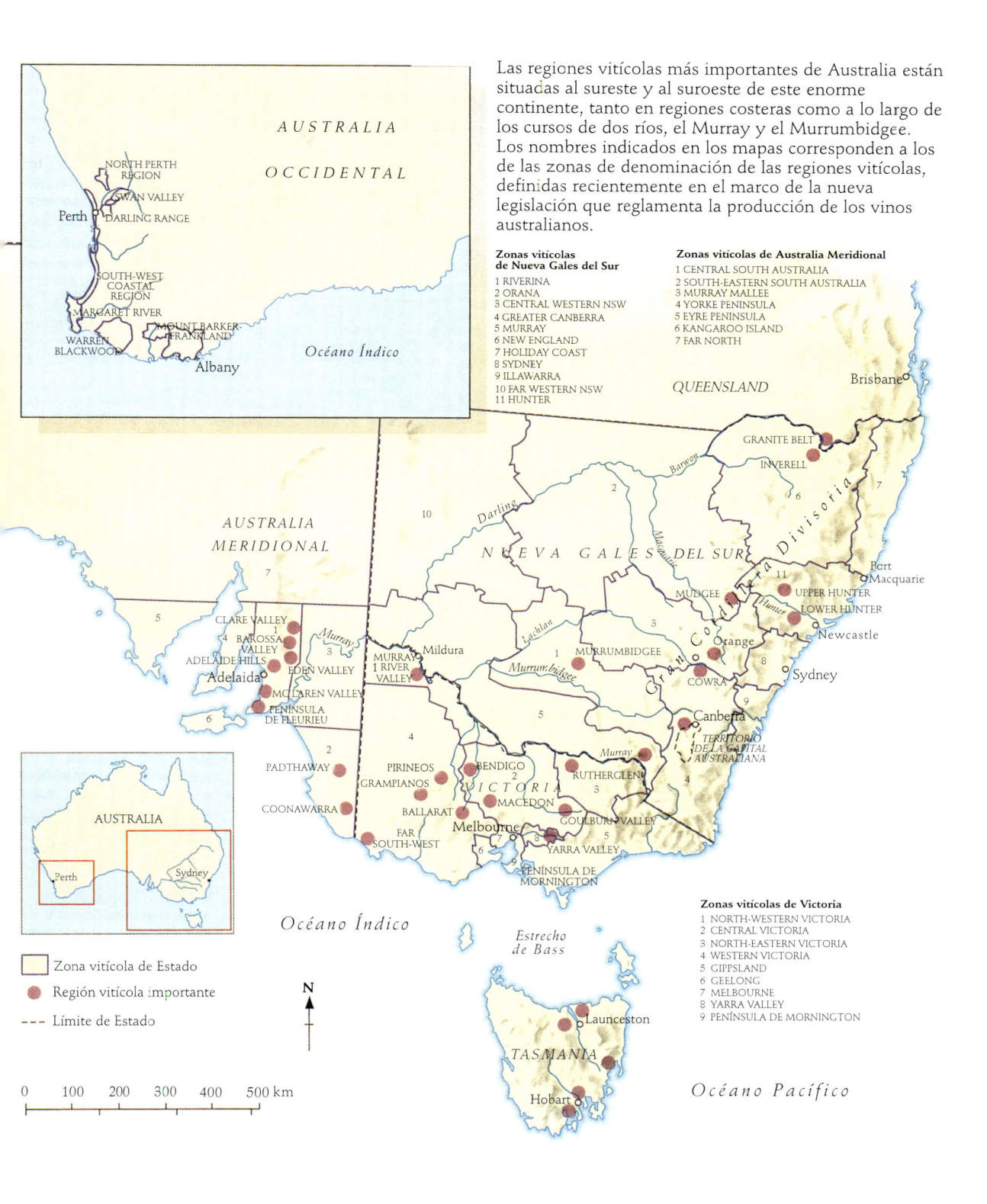

Las regiones vitícolas más importantes de Australia están situadas al sureste y al suroeste de este enorme continente, tanto en regiones costeras como a lo largo de los cursos de dos ríos, el Murray y el Murrumbidgee. Los nombres indicados en los mapas corresponden a los de las zonas de denominación de las regiones vitícolas, definidas recientemente en el marco de la nueva legislación que reglamenta la producción de los vinos australianos.

Zonas vitícolas de Nueva Gales del Sur
1 RIVERINA
2 ORANA
3 CENTRAL WESTERN NSW
4 GREATER CANBERRA
5 MURRAY
6 NEW ENGLAND
7 HOLIDAY COAST
8 SYDNEY
9 ILLAWARRA
10 FAR WESTERN NSW
11 HUNTER

Zonas vitícolas de Australia Meridional
1 CENTRAL SOUTH AUSTRALIA
2 SOUTH-EASTERN SOUTH AUSTRALIA
3 MURRAY MALLEE
4 YORKE PENINSULA
5 EYRE PENINSULA
6 KANGAROO ISLAND
7 FAR NORTH

Zonas vitícolas de Victoria
1 NORTH-WESTERN VICTORIA
2 CENTRAL VICTORIA
3 NORTH-EASTERN VICTORIA
4 WESTERN VICTORIA
5 GIPPSLAND
6 GEELONG
7 MELBOURNE
8 YARRA VALLEY
9 PENÍNSULA DE MORNINGTON

Zona vitícola de Estado
● Región vitícola importante
--- Límite de Estado

donnay no superaba las 50 toneladas, mientras que en 1995 rondó las 80 000, superando así cualquier otra variedad. Las cepas blancas chenin, colombard y sauvignon sustituyen progresivamente las variedades locales de menor calidad y son ya mayoritarias en Riverlands. El número de distritos vitícolas que producen uvas de calidad no cesa de crecer. En 1960 se contaban dos regiones en Nueva Gales del Sur (Lower Hunter Valley y Mudgee); tres en el estado de Victoria (North East, Great Western y Goulburn Valley); cuatro en Australia Meridional (Barossa Valley, Clare Valley, Southern Vales y Coonawarra); y una en Australia Occidental (Swan Valley). En total, había menos de 100 productores, y las tres cuartas partes instalados en Australia Meridional. En 1993, la industria del vino definió el marco legal de más de 100 regiones (en el interior de grandes zonas) e incontables subregiones. La mitad de estas subregiones totaliza 750 fincas vitícolas. Muchas regiones tradicionales están incluidas hoy día en zonas delimitadas recientemente.

La tecnología en la industria vinícola

El vino de Australia es producto de una industria cuyo nivel tecnológico no tiene igual en el mundo. Se debe en gran parte al Instituto australiano de investigación vinícola, reconocido en todo el mundo, pero también a dos escuelas de estudios superiores, las universidades de Adelaida (Roseworthy campus) y de Charles Sturt (Wagga Wagga campus), en Nueva Gales del Sur.

La revolución tecnológica de la industria vinícola australiana empezó mediada la década de los 50 con la introducción, para la riesling y la sémillon, de controles de temperatura durante la fermentación, de cubas de acero inoxidable y de las primeras cubas cerradas. En menos de veinte años, los productores se dieron cuenta de la importancia de la técnica para conseguir vinos de calidad, a pesar del clima caluroso y árido de muchas regiones.

El riego, no autorizado en muchas zonas vitícolas tradicionales, es indispensable en casi toda Australia para mejorar la calidad de la fruta y asegurar buenos rendimientos.

Actualmente se utilizan muchas técnicas para proteger las vides del sol durante el ciclo vegetativo: se prueban permanentemente terrenos nuevos, más frescos, y la selección clonal. La vendimia mecánica se efectúa de noche para cosechar la uva a una buena temperatura. El proceso de control de temperatura durante la vinificación, en la que el mosto y los vinos jóvenes son tratados con especial mimo, garantiza un producto de gran calidad.

El impacto de la tecnología ha sido paralelo a la voluntad decidida de los productores de compartir sus conocimientos: cada dos años se reúne una conferencia técnica nacional que atrae a expertos de todo el mundo y la mayoría de las regiones vinícolas organiza conferencias locales.

Los concursos vinícolas

Australia ha desarrollado un sistema de concursos vinícolas muy elaborado que llama mucho la atención (y cierto número de críticas), ya que los bodegueros de vinos australianos se precian de los premios y medallas obtenidos. Cada capital de los siete estados reúne durante cuatro días a una veintena de productores eminentes, que juzgan cerca de 2 000 vinos en condiciones muy estrictas. Durante el concurso abundan las discusiones sobre la técnica, el estilo, pero también las tendencias de la industria. Una semana después del anuncio de los premios, un centenar de productores se reúne para catar y comparar sus vinos con los que acaban de ser considerados los mejores del país. □

LA REGLAMENTACIÓN Y LAS ETIQUETAS

La Australian Wine and Brandy Corporation, organismo de derecho público, ha introducido un programa llamado «veracidad de etiquetas» destinado a completar la legislación y a hacer respetar las grandes líneas de un sistema de denominaciones de origen controladas: toda reivindicación de cosecha, variedad o región debe ser exacta y comprobable.

Los nombres nuevos

Un acuerdo firmado con la Unión Europea obliga a suprimir progresivamente nombres como «chablis», «champagne», «borgoña» y «burdeos» en las etiquetas de los vinos australianos destinados al mercado interior (estos nombres ya se habían eliminado en los vinos australianos exportados). Para sustituirlos, los principales productores seguirán desarrollando nombres de marca como el Jacob's Creek de la empresa Orlando, el Jamiesons Run de Mildara, el Grange Hermitage y el Koonunga Hill de Penfolds y el Bin 65 Chardonnay de Lindemans. Para estas marcas importan poco la región y la variedad. Se impone el pragmatismo: las cuatro empresas vinícolas más importantes –Penfolds, BRL Hardy, Orlando y Mildara Blass– producen el 80 % de los vinos australianos. Para obtener tales cantidades, mezclan variedades (cabernet sauvignon y shiraz, por ejemplo) y los vinos de regiones tan dispares como Hunter Valley, Coonawarra y Clare Valley desde hace tiempo.

Las explotaciones pequeñas destacan más la variedad, la región y, evidentemente, su propio nombre. Aunque las más importantes –que se llaman «explotaciones tienda»– poseen viñas, muchas completan su cosecha con uvas de la misma región.

Las etiquetas

Las etiquetas de los vinos australianos no son de gran ayuda para los extranjeros. Si se ignoran los reclamos comerciales y las menciones obligatorias de la contraetiqueta, la etiqueta principal resulta bastante simple. De hecho, hay que conocer la reglamentación, tener nociones sólidas de geografía y cierto olfato para determinar el lugar de producción y el origen del vino tienen algo en común. En resumen, aunque los productores han de indicar obligatoriamente la dirección, no están obligados a revelar el origen de la uva (y por lo tanto del vino). Cuando se deciden a hacerlo, un 85 % de la uva debe proceder de la zona mencionada. La misma norma rige para los vinos varietales, que deben contener un 85 % de las cepas mencionadas. Finalmente, si se indican varias regiones o variedades, deben figurar por orden de importancia decreciente.

Nueva Gales del Sur

Nueva Gales del Sur fue el primero de los estados australianos que cultivó la vid. En Hunter Valley, cerca de la costa, se producen actualmente algunos de los mejores vinos de Australia. Además, con las dos zonas tierra adentro, Mudgee y Murrumbidgee Irrigation Area, el Estado suministra más de un cuarto de la producción total de vinos australianos.

Tres personajes marcaron el desarrollo de la industria vinícola de Nueva Gales del Sur. El capitán John Macarthur, más conocido como padre de la industria lanera australiana, viajó a Francia y Suiza en 1815 y 1816. Trajo diversas variedades cuyo cultivo estudió y, en 1820, creó un viñedo con fines comerciales al oeste de Sydney. Gregory Blaxland, además de exportador y criador de ganado, exportó los primeros vinos australianos a Inglaterra en 1822. Por último, James Busby, un jardinero escocés, trajo de Europa en 1831 unos 600 que incluían injertos de casi todas las variedades conocidas de *Vitis vinifera*.

En 1825, Busby compró una finca en Hunter Valley, cuya gerencia confió a su cuñado, William Kelman. El desarrollo del viñedo comenzó realmente a su regreso de Europa, en 1831, año en que George Wyndham, fundador de lo que se convertiría en el mayor establecimiento vitícola de Hunter Valley, plantó con éxito vides en Dalwood, cerca de Branxton. Un año más tarde, Nueva Gales del Sur contaba con diez fincas vitícolas que iban de media a una hectárea de superficie.

Hunter Valley

Gracias al desarrollo de Upper Hunter Valley (breve en la década de 1860 y 1870, más importante desde 1960), el predominio de la zona de Hunter Valley parece garantizado. Sin embargo, en materia de viticultura, este liderazgo es una paradoja que sólo se explica en parte por la proximidad de Sydney, la ciudad más poblada de Australia. Lower Hunter Valley está teóricamente poco adaptada para el cultivo de la vid: la mayor parte de la lluvia cae en mal momento (a menudo, justo al principio de la vendimia), el suelo es arcilloso y está mal drenado, y las temperaturas estivales son muy altas. En contrapartida, las nieblas de la tarde protegen las vides, y la tasa elevada de humedad y las brisas marinas contribuyen a que soporten el calor. Además, los rendimientos son bajos, lo que da buena uva, y las variedades sémillon y shiraz muestran una afinidad inexplicable por estos pagos.

Arrowfield Estate, en Upper Hunter.

Hunter Valley produce algunos de los mejores vinos secos a base de sémillon del mundo, como lo demuestran los vinos majestuosos de 20 o 30 años producidos por la empresa Lindemans. Los viñedos originarios de esos vinos blancos únicos dejaron de producir a principios de la década de los 70, pero McWilliams, Tyrrells y Rothbury (al igual que Lindemans, pero a una escala menor) todavía elaboran vinos soberbios y distinguidos, muy característicos del terreno. La magia del sémillon de Hunter Valley —elaborado sin recurrir a la barrica— se debe a su forma de evolucionar desde un vino delgado, ligeramente vegetal, anémico en su juventud, hacia un vino opulento, con aromas de miel y de avellana tostada cuando llega a su plena madurez.

A lo largo de su vida, la shiraz sufre una metarmofosis diferente pero también notable. Estructurada y tánica en su juventud, la de Hunter Valley revela en su madurez una textura de terciopelo y aromas de frutas rojas y negras, pero también de tierra, de cuero, de chocolate, de café y de paja.

En cuanto a las variedades blancas, la chardonnay se cultiva hoy más que la sémillon, mientras que, para las tintas, la cabernet sauvignon está alcanzando rápidamente a la shiraz: estas cuatro cepas ocupan en la actualidad el 77 % del viñedo.

En Upper Hunter dominan los blancos. La chardonnay, omnipresente, produce un vino suave, muy comercial, con aromas de melocotón y de evolución rápida. La cabernet sauvignon, que se emplea para los tintos, crece mejor en Lower Hunter, aunque con la edad domine el carácter regional.

Mudgee

Mudgee ocupa el extremo suroeste de la extensa Orana Zone, a la misma latitud que Hunter Valley, pero al oeste de la Gran Cordillera Divisoria. El viticultor alemán Adam Roth plantó allí las primeras vides en 1858. El viñedo y la explotación vitícola (Craigmoor) que él creó permanecieron en la familia hasta 1969.

Aunque Mudgee haya forjado su fama sobre los shiraz tintos, ricos, concentrados y de capa intensa (y, más tarde, sobre los cabernet sauvignon), el nieto de Roth plantó en 1930 injertos de variedades blancas obtenidas del Kaluna Vineyard de Laraghy. Hacia finales de la década de los 60, estos injertos fueron identificados por el doctor Denis Bourbals, un renombrado ampelógrafo francés, como clones de chardonnay de muy buena calidad libres de todo virus. Se convirtieron así en una fuente importante de chardonnay en el gran viaje que esta cepa hizo luego por toda Australia.

Con su clima relativamente más seco y sus suelos más propicios a la vid, Mudgee se convirtió para Hunter Valley y otras regiones en un proveedor de uva y de vinos a menudo desconocido pero altamente fiable. Nadie se sorprendió cuando Wyndham Estate, de Hunter Valley, compró viñas y establecimientos vitícolas de Montrose (el mayor productor con diferencia), Craigmoor y Amberton a finales de la década de los 80.

Rothbury Estate, de Hunter Valley, arrienda actualmente el inmenso Augustine Vineyards de Mudgee, mientras Rosemount Estate y Tyrrells, otras dos empresas de Hunter Valley, han firmado contratos de compra a largo plazo con productores de esta región.

Murrumbidgee

La producción anual de Mudgee (cerca de 10 000 t) y la de Hunter Valley (16 000 t) parecen insignificantes comparadas con las 75 000 t de uva cosechadas cada año por la Murrumbidgee Irrigation Area, en la Riverina Zone. Los vinos blancos, más de la mitad de sémillon y trebbiano, constituyen el 70 % de la producción; el 50 % de los tintos proceden de la variedad shiraz. Con sólo una excepción –la sémillon botrytizada–, los vinos son de calidad común. Prevalecen las consideraciones de cantidad y de precio de coste: las lluvias primaverales y estivales son escasas y hay que recurrir al riego, que permite rendimientos enormes.

El resto de Nueva Gales del Sur

Finalmente se están empezando a explorar sistemáticamente las laderas en altitud y con exposición oeste de la Gran Cordillera Divisoria para identificar emplazamientos posibles para viñedos. Tyrrells ha plantado una viña importante en Inverell, en la New England Zone. El director de vinificación de Rosemount, Philip Shaw, se ha asociado con Rosemount para cultivar vid en Orange, en la Central Western Zone. Los primeros vinos de Rosemount Orange Region aparecieron en 1993, convirtiéndose junto a Bloodwood Estate (también bajo contrato con Rosemount) en los primeros productores de la región que comercializan sus vinos. Otros esperan su turno.

La Central Western Zone también incluye Cowra Region, que se encuentra más al sur, pero a menor altitud, y suministra a Cowra Estate y a Rothbury Estate vinos de chardonnay. Más al sur todavía, y a mayor altitud, está la Young Region (en la Great Canberra Zone). La sociedad McWilliams, propietaria actual de Barwang Estate, produce una cantidad limitada, pero creciente, de vinos a base de shiraz y de sémillon.

Otros viticultores hacen personalmente cantidades pequeñas de vino o venden la uva a los productores de Greater Canberra, un conjunto de explotaciones florecientes repartido por todo el Territorio federal de la capital. Con la vista dirigida probablemente hacia el este y a las puertas del próximo milenio, la zona comprende 16 regiones, desde Goulburn, al norte, hasta Snowy River y Bega Valley, al sur.

En la parte sur de Nuevas Gales del Sur se encuentra el distrito de Tumbarumba, que pertenece a la Murray Zone y goza del clima siempre fresco de las Snowy Mountains. Seppelt, una importante empresa de Australia Meridional, es su principal cliente: compra chardonnay y pinot noir para sus vinos espumosos de calidad y, desde la cosecha del 92, comercializa en Australia Meridional un sauvignon sorprendente, hecho de una mezcla de uva de Tumbarumba y de Padthaway.

Finalmente están las explotaciones situadas en la costa, entre Port Macquarie, en Hastings Valley, al norte (Cassegrain), y Begain, al sur (Grevillea Estate). A excepción de Cassegrain, la producción de estas explotaciones costeras pequeñas está dedicada abiertamente al mercado de los turistas y la calidad es, en el mejor de los casos, mediocre. □

QUEENSLAND

Queensland, estado del noreste de Australia, sólo posee una pequeña superficie de viñas. Aparte de las avanzadillas como Roma (en la parte oeste, retirada y tórrida), Atherton Tablelands e Ipswich, todas las explotaciones de Queensland están establecidas en Granite Belt, una región frutícola situada en el extremo sur de los Darlings Downs, a algunos kilómetros de la frontera con Nueva Gales del Sur. Eso explica que se incluya Queensland en este capítulo.

Todos los viñedos se encuentran a una altura comprendida entre 750 y 900 m. El brote es tardío y las heladas primaverales son una amenaza auténtica. Después de los calores del verano, las temperaturas bajan rápidamente. Las lluvias son abundantes durante la temporada vegetativa y pueden proseguir durante la vendimia.

Las dos cepas que mejor se adaptan son la sémillon, de gusto característico, y la shiraz, pimentada y especiada. Sin embargo, la chardonnay y la cabernet sauvignon también tienen su importancia en Ballandean. La producción total es reducida y está destinada principalmente a la venta directa a los turistas.

PRODUCTORES Y BODEGUEROS

Bald Mountain

Denis Parsons cultiva minuciosamente sus vides. Hace elaborar en otro sitio, bajo contrato, sus vinos de sauvignon y de chardonnay, redondos y suaves, y su shiraz especiado.

Ballandean Estate

La explotación vinícola más antigua de la región produce vinos de cepas y de estilos variados, en particular el Auslese Sylvaner (blanco) –una rareza– así como tintos de hermosa textura.

Rumbalara

Rumbalara se especializa en sémillon y obtiene algunos vinos muy buenos, aunque la calidad sea variable. La finca da a veces un cabernet sauvignon aterciopelado.

Stone Ridge

Esta empresa ha cimentado su fama sobre su shiraz muy pimentado, pero ofrece también actualmente un chardonnay elegante.

REGIONES, PRODUCTORES Y BODEGUEROS

Con la excepción notoria de Riverina, las regiones vinícolas de Nueva Gales del Sur tienen una gran tradición de pequeñas explotaciones familiares y estuvieron a la vanguardia del auge de los vinificadores «de fin de semana». Las regiones más importantes están indicadas por orden alfabético y van seguidas de algunos destacados productores. Para la lista completa de zonas y regiones véase p. 513.

LOWER HUNTER VALLEY
Junto con Barossa Valley es la región vinícola más conocida de Australia. La diversidad de suelos, los veranos cálidos o muy calurosos y las lluvias insuficientes plantean problemas. A pesar de todo, se hacen grandes vinos: sémillon de envejecimiento largo, chardonnay que evolucionan rápidamente, shiraz aterciopelados para guardar mucho tiempo y cabernet sauvignon de carácter.

Allandale
Esta finca se centra en los vinos de sémillon, chardonnay, shiraz y cabernet sauvignon, todos fieles al estilo regional.

Allanmere
El propietario, Newton Potter, y el vinificador, Geoff Broadfield, obtienen vinos de chardonnay y de sémillon magníficos, así como tintos. Durham es la etiqueta del reserva.

Broke Estate
Este recién llegado es ambicioso y se asesora con expertos. Ha debutado con un vino de mezcla notable a base de cabernet y con un chardonnay bien construido.

Brokenwood
Esta pequeña explotación es una de las más consideradas. Produce una gama de vinos de calidad que van del Graveyard Hermitage (tinto), hecho con uva de la finca, al sauvignon/sémillon y al cabernet/merlot (etiqueta Cricket Pitch). El chardonnay y el cabernet sauvignon Hunter Valley están muy solicitados.

Drayton's
Esta explotación familiar, que data de 1853, hace vinos de precios moderados pero de calidad constante. El verdelho (blanco) y el hermitage (tinto) son sus especialidades.

Evans Family
Esta explotación familiar del gurú del vino Len Evans elabora gamay (tinto), pinot noir y chardonnay, de los cuales sólo el último es destacable.

Lake's Folly
Max Lake, doctor en medicina, fue el fundador de la primera de estas explotaciones «de fin de semana» tan importantes en el mundo del vino australiano. Su hijo Stephen dirige las vinificaciones y produce cabernet sauvignon y chardonnay.

Lindemans
La explotación Lindemans se remonta a 1870. Está orgullosa de su larga tradición que incluye vinos de mezcla con gran proporción de sémillon, shiraz –actualmente sus mejores vinos– así como chardonnay sofisticados.

McGuigan Brothers
Brian McGuigan, genio de la mercadotecnia, se ocupa de la producción del vino. La sociedad, dedicada en gran medida a la exportación, produce orgullosamente vinos comerciales.

McWilliam's Mount Pleasant
Esta es la operación de prestigio del clan McWilliams, basado en Riverina. La empresa de esta familia prolífica, fundada en la década de 1880, era más predominante antaño.

La calidad de los vinos producidos por McWilliam's Mount Pleasant es intachable: el Elizabeth Sémillon, puesto a la venta seis años después de la cosecha, es una verdadera joya.

Murray Robson Wines
Robson ha tenido altibajos, pero bajo la dirección de su adinerado propietario, es actualmente una empresa floreciente con sus numerosos estilos de vino y etiquetas, como el chardonnay, el sémillon, el shiraz y el cabernet sauvignon.

Richmond Grove
Miembro del grupo Wyndham (que pertenece a la sociedad Orlando, de Austalia Meridional), esta explotación utiliza principalmente uva de una viña ultramoderna de Cowra.

Rothbury Estate
Creación del escritor Len Evans, la empresa elabora cada año 3 millones de botellas.

En esta importante producción hay que destacar un Cowra Chardonnay, un Hunter Chardonnay y un shiraz particularmente concentrado, sin olvidar el sémillon.

Tulloch
La fama de esta explotación ha sufrido desde que la familia Tulloch, que la dirigía desde 1895, la vendió en 1969. Miembro del grupo Penfolds, Tulloch sólo brilla ocasionalmente con su chardonnay.

Tyrrell's
Véase recuadro p. 466.

Wyndham Estate
Es el mayor productor con diferencia de Hunter Valley. Wyndham, fundado en 1831, goza de una larga tradición. La explotación actual es resultado de la fogosa década de los 70, época en que estaba dirigida por Brian McGuigan.

UPPER HUNTER VALLEY
Los suelos profundos, frecuentes en esta zona, explican que los rendimientos sean más altos que en Lower Hunter. Las variedades chardonnay y sémillon han cimentado el renombre de la región, que cuenta con dos viñedos importantes: Denman Estate (propiedad de Rothbury) y Segenhoe Estate (propiedad de Tyrells).

Arrowfield
Los mejores vinos de esta explotación japonesa se elaboran con uva procedente de otras regiones, incluso de Nueva Zelanda. La mayoría de los blancos se crían en barricas de roble.

Reynolds Yarrama
Jon Reynolds, antiguo vinificador de Houghton (Australia Occidental), elabora vinos sólidos y sabrosos, entre ellos un chardonnay y un cabernet/merlot.

Rosemount Estate
Con gran éxito desde su fundación, en 1969, Rosemount obtiene vinos notablemente constantes. Roxburgh Chardonnay y Show Reserve, ambos voluptuosos, son los florones de la finca.

MUDGEE
Las lluvias son menos abundantes durante el ciclo vege-

tativo, las noches más frescas y los días de verano más calurosos que en Hunter Valley. Los mejores vinos son un sémillon (eclipsado por el de Hunter Valley), un chardonnay, un shiraz y un cabernet sauvignon.

Botobolar
Gil Wahlquist fue uno de los primeros en convertirse al cultivo orgánico. Produce blancos eclécticos, shiraz y cabernet sauvignon corpulentos.

Craigmoor
Fundada en 1858, la segunda explotación australiana por antigüedad está magníficamente situada y es una atracción turística. Craigmoor pertenece hoy a Wyndham.

Huntington Estate
Bob Roberts, un autodidacta, elabora vinos fantásticos de cabernet sauvignon, shiraz y cabernet/shiraz que guardan durante decenios sus aromas de fruta.

Miramar
Al revés de la práctica habitual en Mudgee, Ian MacRae produce más vinos blancos que tintos (y un excelente rosado): riesling, sémillon, sauvignon, traminer y chardonnay.

Montrose
Esta explotación produce cantidades importantes de vinos blancos y tintos, finos y suaves, cuyos mejores ejemplos llevan la etiqueta Poets Corner. Montrose obtiene a veces verdaderas joyas: el chardonnay 1991, con notas de melón y de melocotón, es un buen ejemplo.

Stein's
Bob Stein hace shiraz rebosantes de notas especiadas y de aroma de fruta (cereza negra).

TYRRELL'S

Esta pequeña explotación fue fundada por Edward Tyrrell, en Hunter Valley, en 1864. Murray Tyrrell la ha sacado de un relativo anonimato para situarla a nivel internacional. Desde 1888 sólo ha tenido dos propietarios: «Uncle Dan» Tyrrell, que hizo 70 cosechas consecutivas (hasta 1958), y Murray Tyrrell (con su hijo Bruce en el cargo de director general). Murray ha sabido crear un hábil equilibrio entre la tradición y los imperativos comerciales de la explotación y fue el primero en darse cuenta del potencial de la chardonnay. El curiosamente llamado Vat 47 Chardonnay, creado en 1971, no tuvo rival durante diez años y conserva una gran fama. Encabeza una lista con diversos «Vats», la gama Old Winery y dos vinos producidos en grandes cantidades, Long Flat Red y Long Flat White.

Thistle Hill
Dave Robertson puede producir vinos de chardonnay extremadamente buenos, con notas ahumadas y exóticas, así como vinos de cabernet sauvignon.

MURRUMBDIGEE IRRIGATION AREA (MIA)
La MIA, o región de Riverina, nació de un semidesierto transformado por un ambicioso plan de irrigación entre 1906 y 1912. Las variedades son esencialmente blancas, con la sémillon en cabeza. La shiraz es la única tinta de importancia. El sémillon botrytizado es la especialidad de la MIA.

De Bortoli
Esta explotación, fundada en 1928, produce 36 millones de botellas al año. El opulento Noble One, un sémillon botrytizado, es un gran vino y estrella de la finca.

Lillypilly
Pequeña explotación familiar, Lillypilly está dirigida por Robert Fiumara. Los blancos dulces son sus mejores vinos: un muscat de Alejandría especiado y botrytizado, y un riesling botrytizado.

McWilliams
Fundada en 1877, McWilliams produce cerca de 18 millones de botellas. La empresa tiene ambiciones, pero, hasta hoy, su fondo se compone de vinos generosos de estilo jerez y oporto, y de vinos sin gran originalidad.

Miranda
Esta empresa ambiciosa ha demostrado su calidad al comprar una explotación en Barossa (Rovalley) y uva en Australia Meridional. Los vinos de chardonnay con gusto característico y los riesling con notas de limón verde (etiqueta Wyangan Estate) están muy logrados.

CANBERRA
No existe Freehold Title en el Territorio federal de la capital. Por este motivo las explotaciones se concentran cerca de la frontera y cuentan enormemente con las ventas directas a los clientes de paso. El clima es continental y la mayor parte de las viñas están situadas a 500 m de altitud o más. Los mejores vinos son los de cabernet sauvignon, riesling y chardonnay.

Brindabella Hill
Roger Harris consigue riesling con aromas de limón verde, mezclas de sémillon y sauvignon vivas, con notas vegetales, y cabernet frescos.

Doonkuna Estate
Sir Brian Murray fue el único virrey viticultor. Su viuda prosigue su obra con riesling muy perfumados, sauvignon sutiles y chardonnay elegantes.

Helm's Wines
Ken Helm es un embajador infatigable del distrito. La calidad puede ser desigual, pero los riesling y sus mezclas de cabernet y merlot son buenas.

Lark Hill
Es la mejor explotación de la región. Sus riesling, spätlese riesling, chardonnay y cabernet/merlot están en cabeza.

OTROS PRODUCTORES
Camden Estate
Camden Estate no está lejos de Sydney y cerca de uno de los primeros viñedos australianos. Su chardonnay es corpulento y complejo.

Cassegrain
Cassegrain, en Hastings Valley, es conocido por su chardonnay corpulento y rico, y su merlot vivo de un estilo nuevo.

Trentham Estate
La familia de Tony Murphy cultiva la vid desde hace tiempo en Mildura, a orillas del Murray, del lado de Nueva Gales del Sur. Su explotación de Trentham se ha hecho rápidamente famosa con una gama sorprendente.

VICTORIA

Vides situadas a 750 m de altitud en las estribaciones de la Gran Cordillera Divisoria.

Victoria posee más regiones vitícolas que cualquier otro estado australiano y presenta estilos de vinos muy variados, pero su industria vinícola ha tenido una historia movida. Actualmente, muchas explotaciones preocupadas por la calidad producen vinos apasionantes y el futuro es muy prometedor.

Las primeras vides llegaron de Tasmania a Victoria en 1834, pero nadie sabe qué pasó con ellas. Tres años más tarde, William Ryrie, originario de Nueva Gales del Sur, creó una granja en lo que ahora se llama Yarra Valley, donde plantó los esquejes que había traído.

A finales de la década de 1840, tres regiones podían estar orgullosas de su producción: Melbourne Metropolitan (alrededor de la capital del Estado), Geelong y Yarra Valley. Siguieron siendo importantes hasta cerca de 1880, pero el descubrimiento de oro en Ballarat, en Central Victoria, en 1851, cambió el curso de la historia: Australia se convirtió, por breve tiempo, en el país más rico del mundo (en renta por habitante). Gracias a ello las viñas se extendieron rápidamente hacia el norte, a Ballarat, Bendigo, Great Western y Rutherglen.

Un ganadero, Lyndsay Brown, fue, sin pretenderlo, el precursor del viñedo australiano al plantar vides en Rutherglen el año del descubrimiento del oro: afirmó que «para descubrir oro, basta con cavar hasta 45 cm de profundidad y plantar pies de vid». En 1875, Victoria era con diferencia el estado vinícola más importante y, en 1890, suministraba bastante más de la mitad de la producción australiana.

La crisis y la recuperación del vino en Victoria

En 1875, la filoxera hizo su aparición en la región de Geelong, luego ganó progresivamente el norte, atravesó Bendigo y devastó Rutherglen y Milawa antes del final de siglo. Algunas regiones –entre ellas Yarra Valley y Freat Western– se salvaron misteriosamente. Victoria fue el único estado que se vio afectado profundamente por la filoxera.

La caída de la producción fue inexorable. La federación de estados australianos consiguió, en 1901, la eliminación de las barreras aduaneras y de impuestos entre estados. Simultáneamente, los hábitos de los consumidores evolucionaron hacia los vinos generosos y los tintos secos y bien armados. Estos dos fenómenos ayudaron a la causa vinícola de Australia Meridional, que terminó por acaparar el mercado en detrimento de su vecina Victoria. Con excepción de algunas fincas todas las regiones del sur de Victoria dejaron de producir.

El renacimiento de la industria vinícola en Victoria llegó con la segunda mitad de la década de los 60, cuando subsistía apenas una docena de explotaciones fuera de la zona North-Esat. Veinticinco años más tarde eran más de 200 y prácticamente se creaba una cada día.

La delimitación de las regiones vitícolas australianas que propone la industria del vino divide el Estado en nueve zonas: North-Western Victoria (Murray Valley), Central Victoria, North-Eastern Victoria, Western Victoria, Gippsland, Yarra Valley, Geelong, Melbourne y la península de Mornington. Estas zonas se subdividen a su vez en 17 regiones y 82 subregiones. La división de las subregiones es tan sutil que es incomprensible, incluso para el más motivado de los amantes del vino australiano; en otros casos, los límites son una demarcación clara entre territorios y climas bien distintos. No todas las zonas y regiones presentan interés comercial.

Regiones vitícolas y zonas climáticas

Por aleatoria que pueda ser toda generalización, se distinguen tres regímenes climáticos en este Estado.

Muy caluroso. Las regiones de Murray River Valley, Central Northern Victoria (una región de Central Victoria Zone) y North-Eastern Victoria Zone (con excepción de las subregiones de altitud de King Valley Region) son muy calurosas, con temperaturas altas durante el día y frescas de noche. Producen vinos generosos de gran calidad y, sobre todo en Murray River Valley, grandes cantidades de vino blanco para su venta en barrica.

Templado. Las zonas de Western y Central Victoria engloban Grampians (antiguamente Great Western), Pyrenees, Bendigo y Goulburn Valley. El clima templado se presta perfectamente a la producción de shiraz y de cabernet sauvignon bien armados, ricos y corpulentos. La maduración del fruto está garantizada, y el clima no es tan cálido como para inhibir la expresión de la uva.

Frío. Las regiones que, en el plano geográfico, pertenecen a las dos zonas precedentes pero, desde el punto de vista climático, se acercan a la parte sur del Estado son el Far South-West (entre ellas Drumborg), Macedon y Ballarat. Forman, con Yarra Valley, Geelong, la península de Mornington y Gippsland, un grupo de clima fresco.

La pinot noir, que, al igual que la chardonnay, crece bien en las regiones más frescas, sirve para la elaboración de vinos tranquilos y espumosos. En las mejores versiones, pinot noir y chardonnay adoptan tonalidades netamente borgoñonas, que se acentúan cuando llegan a su madurez (de 3 a 5 años para el pinot noir y 10 para el chardonnay).

Las particularidades de un clima y/o de una añada determinan si las cepas más tardías, cabernet sauvignon y shiraz, alcanzarán su maduración óptima, fuente de todos los sabores. La sauvignon y la merlot son uvas que maduran antes y su cultivo probablemente se desarrollará más.

Murray River Valley

Esta célebre región suministra más del 80 % de las uva de Victoria. Por tanto, no es sorprendente que la mayor explotación de Australia (Karadoc, propiedad de Lindemans, con una capacidad de almacenamiento de 64 millones de litros) esté situada en el extremo oeste del valle, no lejos de la ciudad de Mildura. Pero la región cuenta con otras grandes explotaciones: la más importante, la de Mildara –situada en las afueras de la ciudad– parece algo anticuada en relación con la de Lindemans. Más al sur, en Irympele, la empresa Alambic Wine Company, que ha suministrado durante mucho tiempo vino a granel a otras explotaciones sin usar su nombre, promueve actualmente con éxito sus propias marcas, Salisbury Estate y Somerset Crossing. Finalmente, al otro lado del Murray y, geográficamente, en Nueva Gales del Sur, se encuentra la explotación Buronga Hill, perteneciente al grupo BRL Hardy.

El resto del estado de Victoria

Un examen atento de las estadísticas revela claramenta la importancia y la naturaleza de la producción del resto del estado de Victoria. Cerca de la mitad de la producción de Murray River Valley está garantizada por la muscat gordo blanco y la sultana, dos variedades poco prestigiosas cuya importancia está disminuyendo. Por otra parte, el 65 % de las cuatro variedades tintas nobles (cabernet sauvignon, shiraz, pinot noir y merlot) y casi el 40 % de las cepas nobles blancas (chardonnay, riesling y sauvignon) proceden del sur de Murray.

En los próximos años, la contribución del resto del Estado a la producción de vinos de calidad crecerá. Pretender que Victoria recupere su papel motor de finales del siglo XIX demostraría un optimismo ciego, pero es innegable que, desde 1970, su industria vinícola ha experimentado más cambios que en ningún otro estado australiano y que su desarrollo no muestra signo alguno de desfallecimiento.

Si la frontera norte-sur entre Australia Meridional y Victoria se hubiera establecido 20 km más al oeste, Coonawarra –la región australiana más prestigiosa en cuanto a vinos tintos– formaría parte de Victoria; en cambio, si se hubiera establecido 30 km más al oeste, los grandes vinos blancos de Padthaway formarían parte de Victoria. La teoría según la cual el clima y el estilo de vino de estas dos regiones famosas son más cercanos a los de Victoria que a los del resto de Australia Meridional se sostiene.

La influencia de la altitud, la latitud y la confluencia del océano Índico con el mar de Tasmania crean un paisaje vitícola extraordinariamente rico en todo el Estado.

Vendimia en Coldstream Hills.

REGIONES Y PRODUCTORES

Aunque dominen los productores de vino a granel, las pequeñas propiedades individuales, creadas desde hace una quincena de años y preocupadas por la calidad, extienden su influencia. En la región de Murray River, Victoria cuenta con muchos grandes productores que también están presentes en Nueva Gales del Sur. Las zonas más importantes en el plano comercial, o las regiones de estas zonas, figuran a continuación por orden alfabético. Para la lista completa de las zonas, regiones y subregiones, véase p. 513.

BENDIGO

Bendigo es un país de vinos tintos. Sus viñedos diseminados están rodeados de bosques de eucaliptos que, según parece, contribuyen al carácter de los vinos: shiraz y cabernet sauvignon bien armados y de capa profunda.

Jasper Hill
Ron y Elva Laughton elaboran dos tintos poderosos, Georgia's Paddock Shiraz y Emily's Paddock (mezcla de shiraz/cabernet franc), que envejecen bien.

Mount Ida
Propiedad de Mildara Blass, Mount Ida produce un shiraz excelente.

Passing Clouds
Graeme Leith firma un shiraz delicioso, así como vinos de mezcla a base de cabernet.

Yellowglen
Yellowglen utiliza uva de todo el sureste de Australia y ha mejorado la calidad de sus *cuvées* más destacadas.

GEELONG

Las llanuras y las suaves pendientes de Geelong, relativamente frescas, poco arboladas y barridas por los vientos, van bien para la producción de chardonnay y de pinot noir auténticos y aromáticos. También se producen vinos con notas especiadas hechos de shiraz, cabernet sauvignon, sauvignon y riesling.

Bannockburn
Vides en plena madurez, rendimientos bajos y métodos de vinificación con influencia francesa producen sauvignon y chardonnay, así como pinot noir (la especialidad de la finca) y shiraz.

Clyde Park
Gary Farr vinifica en Bannockburn, pero tiene su propia viña en Clyde Park. El chardonnay es su mejor vino.

Idyll Vineyard
Los Sefton, instalados aquí desde la década de los 60, producen traminer sabrosos, de carácter, así como shiraz y cabernet sauvignon en barrica.

Prince Albert
Una de las dos fincas australianas que elaboran vinos al 100 % de pinot noir a partir de un emplazamiento plantado en el siglo XIX. Los vinos son agradables, pero muy ligeros.

Scotchmans Hill
Desde 1990, esta finca ha producido grandes vinos, entre ellos chardonnay, pinot noir (sobre todo) y cabernet, al mismo tiempo finos y sabrosos.

GIPPSLAND

Grandes distancias separan los pequeños viñedos que siembran este paisaje de llanuras a menudo áridas. Como se puede imaginar, los rendimientos, extremadamente bajos, permiten obtener chardonnay muy concentrados y de una hermosa textura, así como algunos pinot noir magníficos. También se hacen vinos de cabernet.

Bass Phillip
Esta es la otra finca dedicada únicamente a la pinot noir. Phillip Jones obtiene vinos elegantes.

Briagolong Estate
El doctor Gordon McIntosh obtiene vinos de chardonnay y de pinot noir muy personales pero llenos de sabor.

McAlister Vineyards
El único vino producido por esta finca es el McAlister, una mezcla de cabernet sauvignon, cabernet franc y merlot, a la vez potente, complejo y con músculo.

Nicholson River
Ken Eckersley elabora un chardonnay que rebosa de notas de miel y de matices de pan tostado procedentes de las barricas.

GOULBURN VALLEY

La aldea de Tabilk y el Château Tahbilk constituyen desde siempre el centro de esta región vitícola. Se les ha añadido Mitchelton, un vecino más reciente. Los mejores vinos abarcan shiraz y cabernet sauvignon para guardar mucho tiempo, así como riesling potentes.

Château Tahbilk
En esta finca histórica y familiar se elabora vino desde la década de 1860: algunas vides de shiraz plantadas en 1862 todavía son productivas. Las especialidades son vinos de marsanne elegantes, y shiraz y cabernet sauvignon para guardar largo tiempo, bastante tánicos.

Mitchelton
Este productor exporta bien una gama importante, entre ella los vinos de marsanne criados en barrica de roble, buenos riesling carnosos y una mezcla shiraz/cabernet sauvignon rica en fruta.

GRAMPIANS

Desde hace 140 años, oro y vino están íntimamente unidos en esta región (antigua Great Western), con varios tipos de shiraz que presentan calidad y regularidad, cabernet sauvignon carnosos y suaves, y chardonnay.

Best's
Este viñedo histórico posee vides plantadas en la década de 1860 y cepas desconocidas en otros lugares. Los vinos de shiraz y de cabernet sauvignon sedosos son excelentes, al igual que los de chardonnay, con aromas de melón y melocotón.

Montara
Todos los vinos de chardonnay, riesling, ondenc (blanco), chasselas (blanco), pinot noir, shiraz, cabernet sauvignon y los oportos proceden de las viñas de la finca. De vez en cuando sobresale la pinot noir... contra toda lógica, pues el clima es, en teoría, demasiado caluroso.

Mount Langi Ghiran
Trevor Mast produce algunos de los mejores shiraz de Australia. De textura maravillosa, sus vinos rebosan de aromas.

Seppelt Great Western
Fundado en 1865 por Joseph Best y comprado en 1918 por

Seppelt, es el centro de producción de todos los espumosos comercializados por Penfolds bajo las etiquetas Seppelt, Seaview, Minchinbury y Killawarra. La calidad ha mejorado desde mediados de la década de los 80 a medida que chardonnay y pinot noir sustituían las variedades menos interesantes.

MACEDON

Los distritos de Macedon son muy diferentes: Sunbury se encuentra en las llanuras, mientras que Kyneton y Macedon Ranges están situados en las laderas. Tienen en común un suelo granítico relativamente duro, vientos fuertes y un clima muy fresco. Las añadas soleadas dan vinos de cabernet y de shiraz muy distinguidos; los años más frescos favorecen unos pinot noir llenos de savia y unos chardonnay bien estructurados.

Cleveland
Esta finca obtiene sus mejores resultados con chardonnay y pinot noir. También se producen vinos espumosos y un cabernet sauvignon.

Cobaw Ridge
Vinificador autodidacta, Alan Cooper produce vinos de chardonnay y un shiraz.

Cope-Williams
Gordon Cope-Williams, arquitecto inglés emigrado, hace un excelente Macedon Brut espumoso.

Craiglee
Craiglee reencarna desde 1976 un viñedo histórico de Macedon en Sunbury. Se producen shiraz excelentes así como un chardonnay seductor.

Goonawarra
Fundada en 1863, esta finca revive desde 1983 en unos edificios magníficos. Los vinos de sémillon, chardonnay y cabernet franc de las viñas de la finca son de gran calidad.

Hanging Rock
John y Ann Ellis producen una gama importante de vinos que van desde el espumoso de las viñas de la finca hasta vinos sin pretensiones, Picninc White y Picnic Red.

Rochford
Los vinos de esta finca, que habrá que vigilar atentamente, son pinot noir ligeros o de cuerpo medio corpulentos.

Virgin Hills
Esta finca produce un solo vino tinto de gran calidad (las mejores barricas se embotellan con la etiqueta Reserve), elaborado sin añadir anhídrido sulfuroso a partir de las variedades cabernet sauvignon, shiraz y merlot de la finca, cultivadas orgánicamente.

Wildwood
Después de unos inicios inciertos en 1983, Wayne Stott produce pinot noir aromáticos y cabernet con aromas de menta.

PENÍNSULA DE MORNINGTON

Antes zona de veraneo de los habitantes adinerados de Melbourne, esta región cuenta con 35 fincas vitícolas, la mayor parte de las cuales satisfacen las necesidades de turistas y clientes de paso, ofreciéndoles vinos constantes y de buena calidad. El frescor del clima marítimo favorece los vinos delicados y elegantes; dominan las variedades chardonnay, pinot noir, shiraz, merlot y cabernet sauvignon.

Dromana Estate
Los viñedos impecables de Garry Crittenden producen chardonnay y cabernet/merlot (etiqueta Dromana Estate), dos vinos que son la admiración de todos. Además se compra uva para una gama ecléctica comercializada con la etiqueta Schinus.

Elgee Park
Bailleu Myer fue el pionero del renacimiento de la península de Mornington en el siglo XX al introducir la primera cepa viognier de Australia. Sus mejores vinos son el chardonnay y el riesling.

King's Creek
La asesora enóloga Kathleen Quealy hace, en pequeñas cantidades, elegantes vinos de chardonnay y de pinot noir.

Main Ridge
Nat White ha elegido uno de los emplazamientos más frescos de la penígula para producir vinos de chardonnay, pinot noir y cabernet sauvignon, ligeros, limpios y vivos.

Massoni
Leon Massoni, restaurador de Melbourne, y Ian Home, anterior propietario de Yellowglen, tienen la ambición de aumentar su producción de pinot noir, de chardonnay y de vino blanco espumoso.

Merricks Estate
El abogado George Kefford y su mujer Jacquie producen un shiraz suculento y especiado vinificado bajo contrato.

Moorooduc Estate
El doctor Richard McIntyre consigue desde 1983 vinos de chardonnay de una textura notable, así como pinot noir y cabernet sauvignon elegantes.

Port Phillip Estate
Jeffrey Shera, eminente abogado, comercializó en 1991 sus primeros vinos de pinot noir, shiraz, cabernet/merlot y chardonnay.

Stoniers Merricks
Se trata de una finca que tiene un desarrollo rápido y vinifica bastantes vinos por cuenta de otros. La calidad es ejemplar,

---

BROWN BROTHERS

Fundada en 1889 en North-Eastern Victoria, Brown Brothers ha sabido mantener siempre su ventaja sobre la competencia. Todo el mérito se debe a John Charles Brown, que forma parte de la tercera generación de los Brown que hace vino. Su primera añada es de 1934. Sus cuatro hijos perpetúan la tradición. Brown Brothers se ha distinguido sobre todo por proceder a la primera evaluación sistemática de las incontables variedades que todavía no se habían utilizado y por plantar viñedos en altitud, en el clima más moderado de las estribaciones de los Alpes australianos. La sociedad está especializada en vinos varietales y produce varios vinos blancos, como el Dry Muscat Blanc y el Family Reserve Chardonnay. Su mejor tinto es el delicioso Koombahla Cabernet-Sauvignon.

encabezada por pinot noir elegantes, que desafían los mejores del género de Yarra Valley.

T'Gallant
Una pareja de asesores enólogos, Kevin McCarthy y Kathleen Quealy, dirige esta finca y produce un chardonnay, el Holystone (un blanco de mezcla pinot noir/chardonnay) y un pinot gris.

Tuck's Ridge
Fundada en 1993, esta finca de 25 ha de viñas parece destinada a convertirse en la más importante de la región (alcanzó las 300 000 botellas en 1995). Se producen vinos de riesling, chardonnay, pinot noir y cabernet sauvignon.

MURRAY RIVER VALLEY
El caudaloso Murray tiene su nacimiento en la Gran Cordillera Divisoria, fluye por la frontera entre Nueva Gales del Sur y Victoria, y desemboca en el oeste, en el océano Índico (1 000 km), cerca de Adelaida. En las dos orillas del río, la viticultura depende de la irrigación. La región vive gracias a los grandes volúmenes de vinos blancos comunes.

Lindemans Karadoc
Es el gran centro de producción de la rama Lindemans del grupo Penfolds, con 4,8 millones de botellas (de un total de 42 millones) de Bin 65 Chardonnay, expedidos cada año a las cuatro esquinas del planeta.

Mildara
El nombre se remonta a 1888, pero la finca actual es algo menos antigua. Ofrece una gama importante de vinos (12 millones de botellas) que van desde los de mesa de Riverlands a los aguardientes (entre ellos Jacques, un brandy), pasando por vinos generosos de estilo jerez. Los vinos de gama alta comercializados con la etiqueta Mildara Blass se vinifican en su mayor parte fuera de la finca.

Salisbury Estate
Los vinos vendidos con la etiqueta de la finca sólo representan un pequeño porcentaje de los cerca de 14,4 millones de botellas vendidas a granel.

Tisdall
Tisdall forma parte de Mildara Blass desde 1993. Es probable que en un futuro próximo se reduzca su gama de productos. El mejor vino de la finca es un cabernet/merlot de calidad constante.

FAR SOUTH-WEST
El viñedo Seppelt Drumborg es con diferencia la empresa más importante, aunque la uva se vinifique en Great Western. El tiempo, a veces muy frío y variable, hace difícil la viticultura, pero el esfuerzo se ve compensado por una soberbia base de vinos espumosos, algunos riesling botrytizados y, de vez en cuando, un cabernet sauvignon de carácter intenso.

Crawford River
Vinificador aficionado, John Thompson obtiene, contra toda lógica, riesling, riesling botrytizados, vinos de mezcla sémillon/sauvignon blanc y buenos cabernet sauvignon.

YARRA VALLEY
Este hermoso valle rodeado de montañas tiene un clima más seco pero más frío que el de Burdeos (y más cálido que el de Borgoña). Los suelos antiguos, bien drenados, se prestan a la producción de vinos de chardonnay elegantes, de shiraz especiados, de merlot suntuosos y de cabernet sauvignon de gran calidad. Pero ha sido la pinot noir la que ha forjado la fama excepcional de la región: es uno de los mejores vinos del mundo y ha restablecido la prestigiosa reputación de que gozaba la región en el siglo XIX.

Coldstream Hills
Fundada y dirigida por James Halliday (pero perteneciente a una sociedad que cotiza en bolsa desde 1988), esta finca ha conseguido más premios que ninguna otra de Yarra Valley. Ha tenido un gran éxito con su pinot noir y su chardonnay.

De Bortoli
Primer productor del valle (1,2 millones de botellas), De Bortoli tiene un desarrollo rápido. Ofrece vinos con gustos y aromas generosos bajo la etiqueta De Bortoli y otros, con precios muy estudiados, con la etiqueta Windy Peak.

Diamond Valley
David Lance elabora con talento un riesling, un chardonnay y un cabernet de mezcla, pero se supera con su pinot noir.

Domaine Chandon
Explotación de ensueño en Yarra Valley, esta finca, que pertenece a la empresa Moët & Chandon, elabora varias *cuvées* de vinos espumosos de estilo y de calidad extraordinarios, como la marca Green Point.

Long Gully Estate
Esta finca importante produce una amplia gama de vinos de mesa que se exporta bien.

Mount Mary
Considerado por muchos el productor con mayor futuro de la región, John Middleton elabora en pequeña cantidad cabernet perfectamente equilibrados y para guardar mucho tiempo, pinot noir finos y de raza, y blancos austeros y elegantes.

Oakridge Estate
Con sus vides plantadas en suelos rojos volcánicos, esta finca está especializada en los cabernet sauvignon y obtiene vinos de gran clase, con una bonita definición.

Seville Estate
Peter McMahon produce grandes vinos en pequeñas cantidades, en particular un shiraz con aires de vino del Ródano y riesling muy botrytizados.

St Huberts
St Huberts es la primera finca que fue relanzada. Pertenece a Rothbury Estate y produce excelentes vinos de chardonnay y de cabernet sauvignon.

Tarrawarra
Magnate de la industria textil, Marc Besen hace vinos de chardonnay y de pinot noir potentes, concentrados y cuya longevidad es impresionante.

Yarra Burn
David y Chris Fyffe bordan sobre todo un pinot noir espumoso y un vino blanco seco de mezcla sémillon/sauvignon.

Yarra Ridge
Esta finca ha tenido desde su primera cosecha, en 1989, una expansión rápida que debería proseguir tras su asociación con Mildara Blass. Utiliza uva de todas las zonas y regiones de Victoria para elaborar sus vinos, entre ellos destaca un sauvignon que tiene mucho éxito.

Yarra Yering
Bailey Carrodus produce vinos tintos carnosos y complejos, entre ellos el Dry Red N° 1 (a base de cabernet) y el Dry Red N° 2 (a base de shiraz).

Yeringberg
De nacionalidad suiza, el barón Guillaume de Pary produce vinos voluptuosos en esta finca fundada por su abuelo en la década de 1880. Las variedades marsanne y roussanne son las especialidades de la casa.

Australia Meridional

El famoso terreno *terra rossa* de Coonawarra produce un cabernet sauvignon espléndido.

Australia Meridional representa más de la mitad de la producción total del país. Riverlands es una zona de gran rendimiento que ofrece vinos diversos sin gran distinción, pero el resto de la región produce vinos tintos, blancos y espumosos que se cuentan entre los mejores de Australia.

¿Quién fue el primero en hacer vino destinado al comercio en Australia Meridional? La cuestión no está todavía resuelta. Uno de los pretendientes al título, Walter Driffield, después de haber enviado a Inglaterra 12 botellas de vino blanco de la cosecha de 1844 para la reina Victoria, fue perseguido por la justicia por haber elaborado vino sin autorización. La historia no dice qué pensó la reina del vino. La producción se inició en los jardines de las afueras de Adelaida, pero se extendió hacia Reynella, al sur, y Clare y Barossa Valley, al norte. Buena parte de Barossa Valley debe su desarrollo a los alemanes luteranos de Silesia.

Los primeros viticultores se dieron cuenta de que el clima de Australia Meridional convenía mejor al cultivo de la vid que el de su Europa natal. Los suelos variados pero, en general, bien estructurados, retenían suficientemente las lluvias de invierno y de primavera para alimentar las vides durante los veranos secos. Los buenos rendimientos de uva sana estaban, en principio, garantizados y los contenidos altos en azúcar eran seguros.

Clima y zonas vitícolas

Situada a una latitud de 35° sur, Adelaida, capital de Australia Meridional, puede compararse en el plano climático con la costa central de California. Gran parte de Australia Meridional se beneficia de la influencia marítima y el frescor de los mares mejora las condiciones que, de otro modo, serían demasiado calurosas para producir vinos de gran calidad.

En las décadas de los 40 y los 50, Australia Meridional producía el 75 % de los vinos australianos. Aunque este porcentaje hoy ya no es más que del 50 %, la importancia del Estado es evidente. Está dividido en tres zonas: Central, South-East y Murray Mallee. (Cuatro zonas más, la península de York, la península de Eyre, la isla de los Canguros y Far North son de un interés puramente académico.)

Central Zone podría calificarse de sala de máquinas de la industria australiana. Esta zona engloba las regiones tradicionales –y más conocidas– de Australia.

Barossa Valley

Barossa Valley es con diferencia la región más importante. A pesar de ello, atravesó un período difícil en la década de los 70. En la misma época adquirieron cierto renombre las regiones vitícolas de clima más fresco, donde la chardonnay reemplazaba la riesling y la cabernet sauvignon tomaba el lugar de la shiraz como variedades y vinos más buscados. La superficie cultivada ha disminuido y, a medida que los pequeños cosecheros obtenían los favores del público, las grandes fincas de Barossa perdían su clientela por sus opciones industriales. La decadencia de Barossa Valley se debe al descepe de vides de bajo rendimiento, que antaño servían principalmente para la producción de vinos generosos. No obstante, la uva tinta de las viejas cepas de shiraz, mourvèdre y garnacha que subsisten, sin conducción ni irrigación, son hoy muy buscadas.

El renacimiento de Barossa Valley revela sus puntos fuertes: es perfectamente adecuada para la producción de vinos tintos ricos, carnosos y generosos, como lo demuestra el Grange Hermitage de Penfolds. Sin embargo, se siguen produciendo grandes cantidades de vinos blancos, riesling y chardonnay, como en todas partes, pero la producción de uva tinta supera de lejos la de uva blanca.

Clare Valley y Eden Valley

En Clare Valley, al norte de Barossa, así como en Eden Valley, entre Barossa Valley y los Adelaide Hills, reina la riesling, llamada a menudo y erróneamente riesling del Rin. La vinificación lleva el sello tan particular del estilo australiano. En efecto, el estilo punzante de este vino blanco no se parece en nada al riesling de Alsacia o de Alemania, pero, en botella, puede evolucionar perfectamente durante 10 o 20 años.

Clare Valley goza de un clima particular, más continental que marítimo, que curiosamente también conviene muy bien a las variedades tintas cabernet sauvignon, shiraz y malbec. Los vinos de estas cepas tienen una capa profunda, concentración y fuerza, sin ser demasiado maduros o confitados.

McLaren Vale

McLaren Vale, situada en el centro de la región de Southern Vales, cerca de 40 km al sur de Adelaida, ha forjado su reputación con la producción, desde hace algo más de un siglo, de vinos tintos de gran extracción y de carácter ferruginoso. Aunque se sigan produciendo shiraz y cabernet sauvignon, muchos viñedos también convienen para la uva blanca (sauvignon, sémillon y chardonnay). En general, gozan de un clima marítimo y resultan mejor los años más frescos.

Adelaide Hills

La industria del vino de Australia Meridional nació en ciertas zonas de las llanuras secas que rodean la ciudad de Adelaida. El desarrollo urbano ha llevado a muchos viticultores hacia el clima más fresco de las Adelaide Hills. En la subregión de Clarendon, al norte de las Adelaide Hills, se elaboran riesling fuertes y cabernet sauvignon con acentos de grosella negra y de una finura excepcional. Al ganar en altura, en dirección a la subregión de Piccadilly Valley, hacia el norte, el clima se vuelve bastante más fresco: dominan la chardonnay y la pinot noir, y una parte importante de la producción sirve para la elaboración de vinos espumosos. Más lejos, hacia el noreste, la subregión de Lenswood produce todas las variedades clásicas de Burdeos y Borgoña.

South-East Zone

La South-East Zone, situada a varios cientos de kilómetros al sureste de Adelaida, comprende dos subregiones muy importantes, Coonawarra y Padthaway.

El clima de Coonawarra ha resultado ideal para la cabernet sauvignon: es netamente marítimo, pero suficientemente cálido para evitar los aromas vegetales excesivos y suficientemente fresco para permitir la plena expresión del carácter de las cepas. La shiraz también crece desde siempre en Coonawarra: los años frescos sobresalen las notas especiadas, mientras que los años más soleados dominan los aromas de cereza negra y de grosella negra. Los vinos de cabernet sauvignon y de shiraz comparten la misma textura fina y sedosa: los taninos son finos y suaves.

Algunas de las empresas vitícolas más importantes emplean técnicas punteras... aunque controvertidas. Estos métodos garantizan rendimientos elevados y reducen el coste de producción por tonelada de uva a niveles muy bajos con respecto a las estándares mundiales. En contrapartida, no optimizan el potencial de calidad de los vinos.

Más al norte, Padthaway, una región un poco más cálida, prefiere la uva blanca, aunque en las dos regiones se cultiven todas las variedades principales. Los chardonnay de Padthaway, en particular, poseen un carácter regional muy marcado, con aromas y gustos que evocan infaliblemente el pomelo. En esta región también los rendimientos son, por lo general, altos.

Murray Mallee

La famosa Riverlands –en la zona de Murray Mallee– es una región de llanuras áridas y calurosas que el río Murray atraviesa de este a oeste desde la frontera del estado de Victoria. La viticultura sólo es posible gracias a un extenso sistema de irrigación. Se producen enormes cantidades de vinos comunes, que no por eso son menos solicitados, para la venta en barrica, en «cartón» o a granel para la exportación. Se trata principalmente de vinos blancos. La vendimia es mecánica y los rendimientos son elevados. □

TASMANIA

Tasmania es una isla situada frente a la costa sureste de Australia. Su minúscula producción de uva y de vino no le impide ser siempre objeto de fascinación desde que Bartholomew Broughton puso su primer vino a la venta en 1827, y desde que Diego Bernacchi, según la leyenda, ató en 1889 falsos racimos de uva a sus vides de la isla de María para atraer a los inversores.

Según el ministerio de Agricultura tasmano de la época, el clima del territorio era mucho más adecuado para los manzanos que para las vides. Actualmente, el viñedo ocupa seis emplazamientos distintos de la isla. En 1993 sólo se cosecharon 1 200 toneladas, y casi tres cuartas partes eran de chardonnay y de pinot noir.

Las tres regiones principales eran antiguamente Pipers Brook, Tamar Valley y Derwent Valley, pero tres regiones nuevas han empezado a dar que hablar: Coal River, la Costa Este (aproximadamente la mitad superior) y Huon Valley (al suroeste de Hobart).

PRODUCTORES Y BODEGUEROS

Los productores son una cuarentena y en su mayoría producen menos de 12 000 botellas al año.

Heemskerk

Esta sociedad produce el vino espumoso Jansz, un pinot noir bien construido, un riesling perfumado y un chardonnay austero.

Morilla Estate

Magníficamente situada a orillas del río Derwent, Morilla hace un gran esfuerzo con la pinot noir, pero parece obtener mejores resultados con la chardonnay, la riesling y la gewürztraminer.

Pipers Brook

Andrew Pirie dirige esta finca de desarrollo rápido. Encabezan su producción un chardonnay y un pinot noir.

Los pequeños productores que merecen ser señalados son Freycinet y Spring Vale (Costa Este), Holm Oak y Marions Vineyard (Tamar Valley) y Domaine A (Coal River).

REGIONES Y PRODUCTORES

Hasta estos últimos años, las grandes empresas vitícolas de Riverlands dominaron la industria del vino de Australia Meridional en detrimento de las pequeñas explotaciones. Muchos pequeños productores se agrupan actualmente para obtener más poder e influencia. Las regiones más importantes en el plano comercial figuran a continuación por orden alfabético. Para la lista completa de zonas, regiones y subregiones, véase p. 513.

ADELAIDA
Las afueras al norte de Adelaida cuentan con varios barrios antiguamente famosos por sus vinos, entre ellos Magill, Woodbury, Tea Tree Gully y Hope Valley. La gran urbanización ha reducido la viticultura a Angle Valley y Gawler River, en las llanuras calurosas del norte de la ciudad.

Penfolds Magill Estate
Cinco preciosas hectáreas de shiraz rodean todavía la casa construida por Christopher Rawson Penfold a su llegada de Inglaterra en 1844. Se produce el Magill Estate Dry Red.

Primo Estate
Galardonado con la medalla de oro de Roseworthy (universidad de Adelaida), Joe Grilli produce un colombard vivo, un Joseph Cabernet-Sauvignon concentrado y un riesling botrytizado.

ADELAIDE HILLS
Las viñas están a una altitud de entre 400 y 600 m y el clima es bastante más fresco que el de Adelaida. La región produce con regularidad vinos de gran elegancia y finura.

Ashton Hills
Stephen George, también asesor enólogo de Vendouree en Clare Valley, elabora elegantes vinos de riesling, chardonnay, pinot noir, así como uno de mezcla a base de cabernet sauvignon y merlot.

Grand Cru Estate
Antiguo director de Seppelt, Karl Seppelt produce chardonnay y shiraz, así como un cabernet sauvignon.

Petaluma
Brian Croser produce vinos que alcanzan las cumbres de la calidad con uva de Coonawarra, de Piccadilli Valley y de Clare Valley. El vino espumoso se llama Croser, la segunda etiqueta de vinos tranquilos es Bridgewater Mill.

Stafford Ridge
Antiguo director de vinificaciones en Hardy, Geoff Weaver ha ampliado su propia finca de Stafford Ridge. Sus riesling, sauvignon y chardonnay son intensamente aromáticos.

BAROSSA VALLEY
Un clima templado, lluvias invernales y primaverales, veranos generalmente secos y suelos variados hacen de Barossa Valley una región ideal para la producción de vinos tintos fuertes. Penfolds y otros productores elaboran grandes vinos tintos de viñas con vides viejas (de hasta cien años) de bajos rendimientos.

Basedow
Esta finca, que data de 1896, produce con determinación vinos que no decepcionan nunca, como un sémillon criado en barrica.

Charles Melton
Graeme (Charlie) Melton ha desempeñado un papel preponderante en el renacimiento de Barossa Valley, sobre todo con su vino tinto, Nine Popes, hecho con una mezcla de shiraz, garnacha y mourvèdre.

Elderton
La familia Ashmead ha pasado de la viticultura a la producción de vino (vinificado fuera de su finca bajo contrato). El shiraz y el cabernet sauvignon son sus vinos más logrados.

Grant Burge
Fundador de Krondorf, Grant Burge ha plantado un viñedo muy importante para esta finca fundada en 1988. Produce vinos con sabores generosos.

Kaiser Stuhl
Fundada en 1931, esta antigua cooperativa forma parte actualmente del grupo Penfolds y produce 15,6 millones de botellas al año. Sólo el Red Ribbon Shiraz tiene pretensiones de calidad.

Krondorf
Parte de Mildara Blass en la actualidad, Krondorf es un éxito comercial. La uva procede de toda Australia Meridional.

Leo Buring
Fundada en 1931, esta finca se considera desde hace tiempo productora de los mejores riesling australianos. Se trata de vinos blancos que evolucionan maravillosamente durante 20 años y más. Actualmente, la empresa pertenece al grupo Lindemans (Nueva Gales del Sur).

Orlando
Pertenece a Pernod-Ricard, pero fue fundada en 1847. La casa Orlando produce con Wyndham y varios otros miembros del grupo un vino de fama mundial, Jacobs Creek (tinto y blanco). Entre las otras etiquetas se cuentan St Hugo, St Helga, Gramps y RF.

Penfolds
Véase recuadro p. 475.

Peter Lehmann
Sus vinos de riesling, sémillon, chardonnay, shiraz, cabernet sauvignon y una mezcla de cabernet sauvignon y malbec procedentes de uvas de Barossa son los valores seguros de esta finca.

Rockford
Rocky O'Callaghan vinifica a la antigua y aprovecha sus vides viejas para producir vinos de carácter muy fuerte, entre ellos destacan el riesling y el shiraz.

St Hallet
Véase recuadro p. 476.

Tollana
Fundada en 1888, Tollana forma parte del grupo Penfolds, pero se ha forjado su propia identidad con su Eden Valley Riesling concentrado, los sémillon, los sauvignon y los chardonnay fermentados en barrica, y sus vinos tintos elegantes y plenos de savia.

Tolley
Perteneciente a la misma familia desde 1892, Tolley todavía produce bajo la dirección familiar un abanico clásico de vinos bien hechos y de precios razonables con, sin embargo, una especialidad, un gewürztraminer muy aromático.

Wolf Blass Wines
Desde la década de los 60, Wolf Blass ha desarrollado una de las marcas más logradas de Australia, que comprende mezclas de vinos de varias cepas y varias regiones, todas influidas por el roble americano.

Yalumba
Fundada en 1863 y productora de más de 10 millones de botellas al año, Yalumba es una de las mayores fincas familiares de Australia y tiene un éxito notable con su vino espumoso Angas Brut, barato, sus vinos varietales comercializados con la etiqueta Oxford Landing y sus vinos de marca.

CLARE VALLEY
Clare Valley contrasta de forma sorprendente con Barossa. Las explotaciones, más pequeñas, pertenecen en su mayoría a familias que se ocupan personalmente de ellas y utilizan sobre todo la uva de la región. Entre los vinos, se elaboran riesling soberbios, para guardar mucho tiempo, shiraz poderosos y una especialidad regional, una mezcla compleja de cabernet sauvignon y malbec. La sémillon prospera; la chardonnay un poco menos.

Eaglehawk Estate
Esta finca fundada en 1856 se llamaba Quelltaler antes de ser comprada por Wolf Blass y produce actualmente una selección limitada de vinos agradables.

Grosset
Jeffrey Grosset elabora muy buenos riesling y chardonnay, pero también el Gaia, un espléndido vino tinto a base de cabernet.

Jim Barry
La gran familia Barry es propietaria de algunos viñedos donde elabora riesling y el Armagh, un competidor de altos vuelos del Grange de Penfolds.

Leasingham
20 años bajo el báculo de H. J. Heinz no han permitido a esta empresa fundada en 1893 recuperar la fama que tenía antes. Perteneciente actualmente a BRL Hardy, produce vinos de riesling, chardonnay, shiraz y cabernet/malbec.

Mitchell Cellars
Desde 1975, Andrew y Jane Mitchell elaboran un riesling clásico así como un cabernet sauvignon sólido y tánico. Actualmente añaden a su catálogo un chardonnay y un shiraz con aromas de menta.

Pikes
Los hermanos Neil y Andrew (viticultores de Penfolds) producen un sauvignon y un cabernet sauvignon.

Sevenhill
Fundada en 1851 por la Jesuit Manresa Society, que todavía dirige la finca, Sevenhill elabora vinos de misa y vinos a base de variedades habituales e inhabituales, el crouchen (blanco), el garnacha y el touriga (tinto).

Skillogalee
Los viñedos escarpados de Skillogalee producen riesling, shiraz y vinos de mezcla (cabernet sauvignon/cabernet franc/malbec).

Taylors
La uva de la finca, cosechada a mano, mucha ambición y un planteamiento comercial pragmático (calidad y precios modestos): esta receta da buenos resultados para el chardonnay y el cabernet sauvignon de Taylors.

Tim Knappstein
La finca fue comprada por Petaluma en 1993, pero el talentoso Tim Knappstein todavía se ocupa de ella. Produce vinos de riesling, chardonnay, fumé blanc y cabernet/merlot, así como un riesling botrytizado excepcional, un sémillon y un pinot noir de Lenswood.

Wendouree Cellars
Creados en 1895, estos viñedos poseen un microclima único y producen en pequeña cantidad vinos tintos extremadamente concentrados y profundos (shiraz, mourvèdre, malbec y cabernet sauvignon).

Wilson Vineyard
Los vinos de John Wilson son eclécticos y comprenden un zinfandel y un tinto espumoso.

COONAWARRA
Esta región posee todas las características de una auténtica denominación: un suelo calizo muy particular (rojo a causa de los depósitos de hierro), llamado *terra rossa*, y un microclima templado único. La región produce en abundancia los mejores cabernet sauvignon de Australia y shiraz de gran calidad. La riesling, la sauvignon y la chardonnay también se dan muy bien.

Balnaves
El propietario, Doug Balnaves, hace vinificar una parte de su uva bajo contrato. Sus vinos de chardonnay, cabernet sauvignon y cabernet/merlot son suaves y ricos en fruta.

Bowen Estate
Doug Bowen es un pequeño propietario que se supera con sus shiraz fuertes y sus cabernet sauvignon concentrados.

Brands Laira
Los consejos técnicos de los McWilliams, los nuevos copropietarios, han mejorado el abanico de riesling, chardonnay, shiraz, cabernet sauvignon y cabernet/merlot. Hay que buscar sus Original Vineyard Shiraz.

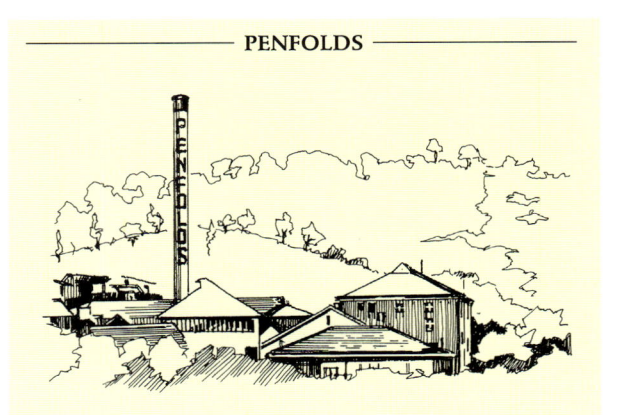

PENFOLDS

Penfolds es el nombre de la explotación más importante de Australia y el mayor grupo de fincas pertenecientes a un solo propietario. Tradicionalmente, la fuerza de Penfolds reside en sus vinos tintos, desde su Grange Hermitage (el mejor vino del país) a su Koonunga Hill, pasando por el Magill Estate, el Bin 707 Cabernet-Sauvignon, el St Henri, el Clare Estate, el Bin 389 Cabernet Shiraz, el Bin 128 Coonawarra Shiraz y el Bin 28 Kalimna Shiraz. Vendimias en plena maduración, mezclas de vinos procedentes de regiones diferentes para alcanzar un buen equilibrio, y fermentaciones y técnicas de crianza en barrica controladas con rigor dan a los vinos profundidad y complejidad. Desde 1990, Penfolds se ha lanzado con éxito a la producción de vinos blancos.

Hollick
Ian Hollick produce tintos de calidad y Patrick Tocaciu, anteriormente encargado de vinificación en Tollana, elabora riesling y chardonnay sutiles.

Katnook Estate
Esta finca forma parte de la sociedad Coonawarra Machinery, el mayor grupo de viticultores independientes del distrito. Buenos vinos de sauvignon, chardonnay de gran estilo y cabernet sauvignon encabezan la selección Katnook. John Riddoch es la segunda etiqueta.

Leconfield
Ralph Fowler elabora riesling y cabernet sauvignon de gran calidad.

Lindemans
Muy conocido en Hunter Valley, en Nueva Gales del Sur, Lindemans se instaló en Coonawarra en la década de los 60. Los directivos se centran en los vinos tintos: en cabeza del catálogo figuran el St George Cabernet-Sauvignon y el Limestone Ridge, a base de shiraz y de cabernet.

Mildara
Esta sociedad fue fundada en 1888 en Mildura, en el estado de Victoria, donde todavía está su sede social. En 1955, la empresa compró viñas en Coonawarra, donde produce actualmente todos sus vinos de prestigio. Con Wynns, ha tenido un papel determinante en el renacimiento de la región. El suculento Jamiesons Run, una mezcla de vinos de varias cepas, es el origen de su éxito comercial.

Parker Estate
Se trata de una asociación de tres familias que elaboran dos cabernet sauvignon, el mejor de los cuales lleva la etiqueta Terra Rossa First Growth y es extremadamente concentrado.

Penley Estate
Los chardonnay con aromas complejos y los cabernet sauvignon son sus mejores vinos. Proceden de la uva de la finca.

Redman
Un nombre célebre que decepciona desde hace muchos años, pero que recientemente ha vuelto a un buen nivel con su Claret (shiraz) y su cabernet sauvignon.

Rouge Homme
Se trata de una marca separada de Lindemans y compuesta de mezclas de shiraz y de cabernet, así como de cepas de chardonnay.

Rymill
Peter Rymill pasó de la viticultura a la vinificación en 1987. Su sauvignon carnoso y su shiraz muy rico han causado buena impresión.

Wynns Coonawarra Estate
Fundada a finales del siglo XIX, Wynns es, quizá, el productor más famoso de la región y, sin duda alguna, el de mayor éxito. John Riddoch Cabernet Sauvignon y Michael Hermitage (tinto) son los portaestandartes opulentos, producidos en pequeñas cantidades. Sus valores seguros son el Hermitage, robusto y especiado, y su cabernet sauvignon, complejo y frutoso.

Zema Estate
La familia Zema poda y vendimia a mano, lo que es raro en la región de Coonawarra. Elabora shiraz y cabernet sauvignon.

EDEN VALLEY
El extremo norte de las Adelaide Hills, barridas por el viento, se ha considerado siempre una extensión de Barossa Valley. La riesling se da bien, rivalizando en calidad con la de Clare Valley, pero tiene su propio estilo, un poco más afrutado. El clima relativamente fresco también es conveniente para elegantes chardonnay, shiraz y cabernet sauvignon.

Heggies
Es la segunda incursión de Yalumba en la viticultura de gran altitud. Los riesling firmes con aromas de cítricos, otros muy intensos, botrytizados, y los chardonnay son los mejores vinos.

Henschke
Esta pequeña finca que data de 1868, dirigida con devoción y talento por Stephen y Pru Henschke, figura entre las mejores de la región. Produce un amplio abanico de vinos que casi siempre merecen superlativos, entre ellos, y a la cabeza del catálogo, un Hill of Grace Shiraz de textura aterciopelada, que procede de viejas vides de 120 años de edad.

Hill-Smith Estate
Hill-Smith depende para su uva de dos viñas situadas respectivamente a 380 y 550 m, y aporta una tercera marca para Yalumba. El sauvignon, el chardonnay y el cabernet/shiraz están muy logrados.

Mountadam
David Wynn y su hijo Adam elaboran vinos de chardonnay, pinot noir y cabernet sauvignon concentrados procedentes de viñas de bajo rendimiento pertenecientes a la finca.

Pewsey Vale
Este viñedo fue el primero que Yalumba tuvo fuera de Barossa Valley después de cerca de un siglo. Un riesling firme es la recompensa.

PENÍNSULA DE FLEURIEU
La península es una zona de influencia marítima donde hace bastante más fresco de lo

ST HALLETT

Aunque la reputación de Barossa Valley sufrió de 1965 a 1985, algunas pequeñas explotaciones como St Hallet han contribuido en gran medida a restablecer la situación. El mérito es de Bob McClean (que antes trabajaba en Orlando), que se asoció con el vinificador Stuart Blackwell y con Carl Lindner, viticultor desde hacía tiempo en Barossa. Los tres hombres transformaron St Hallet al producir el Old Block Shiraz, elaborado a partir de una serie de viñas plantadas con vides de más de 70 años. Aunque los sabores son intensos, el vino no es tánico ni rudo. Su textura fina y sedosa se ha reforzado con el uso de barricas nuevas. También producen un vino blanco que no pasa por barrica, el Poachers White, una mezcla de sémillon/chardonnay/sauvignon y un Barossa Shiraz.

que se podría pensar. La subregión de Langhorne Creek, que depende totalmente de las inundaciones de invierno, suministra desde hace tiempo uva a los grandes productores de Barossa Valley; su fruto, ligeramente vegetal, se mezcla perfectamente con el de las viñas de otras regiones más calurosas.

Bleasdale Vineyards

Se trata de una joya de interés histórico –fundada en 1850 y todavía dirigida por la familia Potts– que produce verdelho (blanco) en el estilo de los madeiras, así como un vino de notas de madera.

Currency Creek

Bajo la influencia del mar, este viñedo produce sauvignon blanc, chardonnay y vinos espumosos elegantes.

MCLAREN VALE

McLaren Vale es, desde principios de siglo, el centro de las pequeñas explotaciones profesionales. La región tiene un encanto único y produce grandes vinos, particularmente en las añadas frescas. El sauvignon, el chardonnay y el cabernet sauvignon son los más logrados.

Andrew Garrett

Ambiciosa en la década de los 80, pero más calmada desde que pasó a pertenecer a una sociedad japonesa (Suntory), esta finca produce vinos muy agradables a base de riesling, chardonnay, shiraz y cabernet/merlot.

BRL Hardy

Un matrimonio de conveniencia entre Renmano y la empresa familiar, de larga tradición, Thomas Hardy, fundada en 1853, ha producido el segundo grupo australiano, en que la rama Hardy produce cerca de 8 millones de botellas al año. Los vinos de marca Hardy son muchos y variados, honrados y sin sorpresas.

Chapel Hill

Es el gran éxito de la década de los 90, gracias a la asesoría de Pam Dunsford y al capital aportado por los nuevos propietarios. Los vinos de chardonnay, shiraz y cabernet sauvignon son de gran opulencia.

Château Reynella

Fundado en 1838, Château Reynella es hoy la sede social del grupo BRL Hardy. Produce vinos de calidad bajo la etiqueta Stony Hill y un gran oporto de añada.

Coriole

La familia Lloyd produce un shiraz soberbio, un sangiovese tinto y algunos blancos secos.

D'Arenberg

D'Arry Osborn y su hijo Chester elaboran vinos tintos de gran carácter y buena calidad a partir de vides viejas de shiraz y de garnacha.

Geoff Merrill

Merrill se cuenta entre las personalidades de la industria vinícola australiana. Elabora vinos de una elegancia sorprendente bajo la etiqueta Geoff Merrill y vinos más exóticos con las de Mount Hurtle y Cockatoo Ridge.

Ingoldby

Nombre muy respetado en la región, Ingoldby pertenece en la actualidad a Bill Clapis, que produce sin fisuras cabernet sauvignon bien armados y de sabores generosos, así como muchos otros vinos.

Kay Bros

Colin Kay perpetúa una tradición familiar con un siglo de antigüedad. Su mejor vino es el Block 6 Shiraz.

Normans

Finca familiar que data de 1851, Normans produce con gran constancia vinos de calidad. Los mejores son el shiraz y el cabernet sauvignon (con la etiqueta Chais Clarendon).

Pirramimma

Otra finca familiar establecida a fines del siglo XIX, Pirramimma ha perdido terreno desde hace algunos años, aunque posee viñedos excelentes para su aprovisionamiento de uva. Actualmente trata de rehacerse gracias a cepas de riesling, chardonnay y shiraz.

Richard Hamilton

Richard Hamilton también es propietario de Leconfield (véase p. 476) y emplea el mismo equipo de talento para la viticultura y la comercialización en las dos fincas. Un chardonnay suculento y un shiraz especiado procedente de vides viejas son sus mejores vinos.

Shaw & Smith

Michael Hill-Smith, primer *Master of Wine* de Australia, y Martin Shaw, antiguo «enólogo itinerante», producen un sauvignon de gran calidad y un chardonnay de carácter marcado fermentado en barrica.

Wirra Wirra

Se trata de una explotación dinámica y coronada por el éxito. Es famosa desde hace tiempo por su sauvignon limpio y preciso con aromas vegetales, y un chardonnay de gran calidad y complejo. Hoy se les ha sumado un excelente vino blanco espumoso, The Cousins, y un cabernet sauvignon sedoso, bautizado The Angelus.

Woodstock

Scott Collett es un gran epicúreo que hace vinos con ese mismo espíritu. Los mejores son un cabernet sauvignon con notas de frutos rojos y un vino blanco licoroso, bien botrytizado, de una intensidad impresionante.

MURRAY MALLEE

Es el país del desierto y del *bush*, que sólo puede vivir gracias a la irrigación. Un verano caluroso y seco, un suelo arenoso que drena sin obstáculos y agua en cantidad ilimitada producen rendimientos importantes de uva blanca –principalmente chardonnay, riesling, chenin y colombard–, así como otras variedades utilizadas para vinos vendidos a granel, generosos y aguardientes.

Angove's

El conjunto impresionante de modestos vinos blancos y tintos, generosos y aguardientes de gran calidad procede totalmente de la uva de la finca. Las hileras de vides totalizan una longitud de 1 500 km.

Berri Estates

Antigua cooperativa que hoy forma parte de BRL Hardy, Berri Estates produce principalmente vinos para exportar en barrica y a granel, en buena parte destinados a los mercados escandinavos y a la Unión Europea.

Renmano

Renmano es la mitad BRL del grupo BRL Hardy, al que aporta 19 millones de botellas al año. Entre los vinos se encuentra el Chairman's Selection, riesling y cabernet sauvignon sabrosos, así como un chardonnay.

PADTHAWAY

Padthaway es literalmente el monopolio de algunas de las más importantes empresas vinícolas de Australia: Lindemans, Seppelt, Wynns, BRL Hardy y Orlando se reparten más del 90 % de las vides, y sólo un pequeño productor está establecido en la zona, Padthaway Estate. Con un clima levemente más caluroso que el de Coonawarra y con suelos muy bien drenados y estructurados, la región produce rendimientos notables de uva de buena calidad, sobre todo de las variedades chardonnay, riesling y sauvignon. Una proporción importante de la uva entra en mezclas anónimas, utilizadas especialmente para vinos espumosos.

Australia Occidental

Australia Occidental fue el último de los estados australianos en tener un viñedo; pero su fama aumenta más deprisa que la de los demás. Esta región de climas muy contrastados posee vinos igualmente variados. Primero se plantó en Swan Valley, pero las viñas del sur de Perth, de clima más fresco, son actualmente las más interesantes y tienen un futuro prometedor.

La colonización de Australia Occidental comenzó con la llegada del barco *Pamelia* en 1829: uno de sus pasajeros, el botánico Thomas Waters, llevaba vides en su equipaje. Se le concedió una finca de 20 ha en Guildford, a orillas del Swan, donde plantó sus vides y excavó la bodega de Olive Farm, el primer establecimiento vinícola australiano.

Swan Valley

En 1840, John Septimus Roe plantó el viñedo Sandalford en Swan Valley, fundando así una dinastía vitícola que duró 130 años. Por la misma época se creó muy cerca Houghton, actualmente considerado el establecimiento vinícola más importante de Australia Occidental.

La viticultura siguió concentrada en Swan Valley hasta mediados de la década de los 60. Los colonos yugoslavos eran mayoría (del mismo modo que en Barossa Valley lo eran los luteranos). En su día, Swan Valley contaba con tantos establecimientos vinícolas como los estados de Victoria o de Nueva Gales del Sur.

La evolución del estilo de vida y de la demanda, la incursión de los vinos a granel de Australia Meridional, vendidos en los supermercados, y la emergencia de las regiones más meridionales, de clima más fresco, modificaron progresivamente la situación. En 1979, Swan Valley suministraba el 58 % de la uva de Australia Occidental y sólo el 25 % en 1992. Desde entonces se ha estabilizado la producción.

Dispone del clima más caluroso de todas las regiones vitícolas australianas, con la menor pluviosidad estival

Vendimia de chardonnay en Perth Hills.

y el mayor número de horas de insolación. La vendimia se inicia a finales de enero, dura un mes y dos tercios de la cosecha son de uva blanca.

A excepción de una pequeña cantidad de cabernet sauvignon, utilizada en su mayor parte para el Houghton Rosé, la única cepa tinta plantada en cantidad considerable es la garnacha, destinada sobre todo a la elaboración de los vinos generosos.

La variedad blanca mayoritaria es la chenin, que representa por sí sola el 25 % de la producción total, seguida de las cepas verdelho y chardonnay, y de muscadelle y sémillon. La mayor parte de la uva blanca de esta región sirve para la elaboración del Houghton White Burgundy (conocido en el extranjero con el nombre de Houghton Supreme). Durante mucho tiempo fue el vino blanco más vendido de Australia.

Las regiones del sur

Margaret River Region, 250 km al sur de Perth, a conseguido renombre internacional por la calidad admirable de sus vinos, pero también puede presumir de un carácter único y paisajes de gran belleza.

Se han probado todas las variedades importantes en este clima templado: por orden decreciente de resultados se encuentran la cabernet sauvignon, la sémillon, la merlot, la sauvignon, la chenin, la chardonnay y la shiraz. La riesling y la pinot noir no han obtenido buenos resultados; sin embargo, existe un pequeño viñedo de zinfandel, la especialidad californiana, que ha dado muy buenos frutos.

La región de Mount Barker-Frankland, que se encuentra al sur, tiene un clima más fresco y se extiende hacia el norte desde la ciudad de Albany (muy conocida en la época de la pesca de la ballena) hasta Mount Barker. Las primeras vides plantadas cerca de Mount Barker datan de 1966, un año antes que las de Vasse Felix en Margaret River.

Desde el principio se impusieron los riesling firmes, con buena aptitud para el envejecimiento, y los cabernet sauvignon clásicos y austeros. Sauvignon, chardonnay, pinot noir (sobre todo en Albany) y shiraz han prosperado desde entonces sin cuestionar la primacía de las variedades riesling y cabernet sauvignon.

A medio camino entre Margaret River y Mount Barker está Warren Blackwood, zona más conocida por el nombre de sus subregiones, Manjimup y Pemberton. Esta joven región despierta muchas expectativas, en particular con las variedades pinot noir y chardonnay.

La South-West Coastal Region, desde Margaret River hasta el norte de Perth, tiene forma de anguila. Las viñas están plantadas en un suelo arenoso llamado Tuart Sands y el clima es bastante más caluroso en su extremo norte que en el sur.

Darling Range, al este de Perth, agrupa algunas fincas y, sobre todo, explotaciones pequeñas. Su clima apenas es más fresco que el de Swan Valley.

Finalmente, la Northern Perth Region es muy calurosa y está dedicada prácticamente de forma íntegra a la producción de uva blanca. □

REGIONES Y PRODUCTORES

Las zonas más recientes y frescas de Australia Occidental se distinguen por la existencia de pequeñas explotaciones que se dedican a estilos de vinos complejos. En la medida en que están situadas al margen de los mercados principales del este, algunas todavía tienen que desarrollar su potencial. Para la lista completa de las zonas, regiones y subregiones véase p. 513.

MARGARET RIVER
Las aguas relativamente cálidas del océano Índico y la ausencia de montañas cercanas se conjugan para dar a la región de Margaret River uno de los climas más templados del mundo vinícola. Produce blancos muy característicos, sémillon, sauvignon y chardonnay, así como cabernet sauvignon potentes, que envejecen bien.

Amberley Estate
Albert Haak, nacido en Sudáfrica, tiene gran éxito comercial con su especialidad, chenin fáciles de beber vendidos a precios moderados.

Ashbrook Estate
Los hermanos Devitt elaboran vinos varietales que impresionan siempre por su calidad.

Brookland Valley
Magníficamente situada y dotada de un restaurante, esta explotación produce chardonnay y sauvignon vivos y ligeros.

Cape Mentelle
Uno de los grandes productores de la región, pertenece mayoritariamente a la empresa champañesa Veuve Clicquot. Hace un sémillon punzante, un chardonnay fermentado en barrica, muy característico, y vinos de zinfandel, shiraz y cabernet sauvignon voluptuosos.

Chateau Xanadu
Las botellas de Xanadu llevan etiquetas sorprendentes. Vivo, con agradables notas vegetales, el sémillon presenta una calidad constante.

Cullen Wines
La familia Cullen produce muchos grandes vinos, con los cabernet/merlot en cabeza.

Devil's Lair
La producción está destinada a aumentar en esta nueva explotación: chardonnay con notas florales y cabernet sauvignon potentes.

Happ's
Erland Happ quiere especializarse en merlot, pero, por el momento, le sale mejor un chardonnay complejo.

Hayshed Hill
Esta sociedad fundada en 1993 ofrece un cabernet sauvignon muy frutal y un sémillon rico, con notas de madera.

Leeuwin Estate
La finca de Leeuwin produce un chardonnay maravilloso para guardar largo tiempo y un cabernet sauvignon.

Moss Wood
Keith Mugford elabora con cariño dos *cuvées* de sémillon, una de las cuales pasa por barrica de roble, un chardonnay voluptuoso y el cabernet sauvignon más sensual de la región, todos de gran elegancia.

Pierro
Gracias a su trabajo, Michael Peterkin obtiene uno de los chardonnay más ricos en textura y más complejos de Australia, así como un sémillon/sauvignon.

Vasse Felix
La más antigua de las explotaciones de la región pertenece actualmente a la familia Holmes de Court. Produce un vino blanco Classic Dry White, un Noble Riesling botrytizado y un shiraz.

Willespie
Esta finca produce con regularidad un sauvignon rebosante de aromas, un verdelho (blanco), un sémillon y un merlot.

MOUNT BARKER-FRANKLAND
El clima de esta región muy pintoresca es marítimo en Albany, donde crecen la chardonnay, la sauvignon y la pinot noir; y continental, pero también bastante fresco, más al norte, donde dominan la riesling, la shiraz, la cabernet sauvignon y la malbec.

Alkoom
Productor notable de riesling y de chardonnay estructurados y para guardar mucho tiempo, de cabernet sauvignon y de malbec a veces opulento.

Castle Rock
La vista que se tiene de las viñas de la finca, situadas en las laderas del Porongurup, es inmejorable, pero los riesling y los chardonnay delicados, así como los cabernet sauvignon complejos, son mucho más rentables para la familia Diletty.

Chatsfield
Ken Lynch y su hija Siobhan elaboran un chardonnay delicioso, un riesling y un shiraz especiado.

Frankland Estate
Barrie Smith y Judy Cullan, criadores de ovejas, se han diversificado al convertirse a la producción de vinos. Su riesling es excelente y su sauvignon está bien construido.

Galafrey
Ian y Linda Tyrer tienen mucho éxito con su riesling de notas vegetales, su shiraz intenso y su chardonnay.

Goundrey
La explotación más importante de la región produce 360 000 botellas al año. También hace vino para fincas más pequeñas, con las etiquetas de éstas. Goundrey es propietario de las marcas Windy Hill y Langton, de menor renombre. Los vinos de esta última pueden ser de una excelente relación calidad/precio, en especial el chardonnay y la mezcla sauvignon/sémillon.

Howard Park
El vinificador de Plantagenet, John Wade, consigue en su propia explotación, fundada en 1986, riesling mimados y cabernet sauvignon/merlot especiados, con notas de roble y de cereza, de gran clase. Recientemente ha introducido una segunda etiqueta, Madfish Bay.

Plantagenet
Plantagenet se ha ganado el respeto de todos con los chardonnay intensos y elegantes (la *cuvée* Omrah Vineyard no pasa por barrica), los shiraz especiados y un cabernet sauvignon fino y sedoso. Se trata de un vinificador de talento que trabaja por contrato.

Wignalls
Este viñedo es excepcionalmente adecuado para la pro-

ducción de pinot noir aromáticos y llenos de savia, con carácter borgoñón. Los chardonnay y los sauvignon también son buenos. Plantagenet se ocupa de la vinificación de tres vinos.

SOUTH-WEST COASTAL
Estrecha franja costera (250 km de largo por 20 de ancho), esta región vitícola es una de las más insólitas del mundo. La industria vinícola se ha instalado aquí a causa del terreno, una arena fina llamada «tuart» por el nombre de los gomeros que crecen en ella. Los estilos de vino son variados.

Baldivis Estate
Esta finca forma parte de una explotación hortícola que produce blancos agradables y ligeros de las cepas sémillon, chardonnay y sauvignon, así como un tinto de las variedades cabernet sauvignon y merlot.

Capel Vale
Peter Pratten recurre al talento del vinificador Rob Bowen para producir a veces riesling resplandecientes, chardonnay con aromas de higo y de melón que envejecen bien, y el Baudin, un vino de mezcla a base de cabernet sauvignon.

Killerby Vineyards
Killerby fue fundado por el malogrado Barry Killerby, cuya hija Anna se ocupa hoy de la finca con su marido Matt Aldridge (antes en Rosemount), encargado de las vinificaciones. Hacen vinos blancos elegantes y un cabernet sauvignon que ha ganado medallas en los concursos.

Paul Conti
Excelente vinificador, Paul Conti produce una gama de vinos sin pretensiones. Su Frontignac (blanco) de vendimia tardía, muy puro, con aromas de especias y de uva fresca, y su excelente Manjimup Hermitage (tinto) con aromas de cereza, siempre son buenos.

SWAN VALLEY
A pesar de un clima terriblemente caluroso y seco en verano, los suelos aluviales profundos retienen bien el agua. Sin embargo, la evolución de la industria ha contribuido a la decadencia de muchas explotaciones y a la concentración de la producción en Houghton.

Evans & Tate
Los edificios vitícolas y una de las viñas (Gnangara) de la explotación se encuentran aquí, pero los mejores vinos proceden de uva de Margaret River: un sémillon fresco y aromático, un chardonnay vivo y pleno de carácter, un merlot sedoso con aromas de frutas rojas y un cabernet sauvignon bien armado, cuyos aromas de pan tostado proceden de la barrica.

Houghton
Véase recuadro en esta página.

Lamont
Corin, hija del malogrado Jack Mann, ha recuperado los métodos de su padre y produce un White Burgundy, un Light Red Cabernet, un Hermitage (tinto) y un chardonnay.

Moondah Brook Estate
Esta marca de Houghton utiliza uva de chenin y verdelho de la viña Moondah Brook y cabernet sauvignon de Margaret River y Frankland.

Olive Farm
Es la explotación vinícola más antigua de Australia. Olive Farm fue fundada en 1829. Da poco que hablar hoy, pero todavía produce competentemente una gama completa de vinos de mesa y generosos.

Sandalford
Fundada en 1840, Sandalford posee un viñedo importante en Margaret River. Sin embargo, sus vinos fueron habitualmente decepcionantes hasta la cosecha de 1993, que vio la llegada del nuevo vinificador, Bill Crappsley (anteriormente en Evans & Tate). El cabernet sauvignon garantiza la mayor parte de las ventas, pero los blancos de verdelho son más prometedores.

Westfield
John Kosovich, cuyo padre fundó la viña en 1922, hace maravillas desde hace tiempo con la verdelho, la chardonnay y la cabernet sauvignon de Swan Valley. Pronto cosechará las primeras uvas de su pequeña viña de Pemberton.

WARREN BLACKWOOD
Una de las regiones vitícolas más recientes de Australia. La altitud es variable, pero refresca el clima y favorece las lluvias de invierno y de primavera. Se han probado casi todas las variedades importantes, pero se dedica una atención especial a la chardonnay y la pinot noir.

Entre los productores destacan:
Donnelly River, Gloucester Ridge, Mounford, Piano Gully, Smithbrook y Warren Vineyard.

DARLING RANGE
Darling Range, llamada también Perth Hills (colinas de Perth), está a 15 km de Perth. La mayoría de las viñas está situada entre 150 y 400 m de altitud y no necesitan ser regadas. Dominan sobre todo las variedades blancas (chardonnay, sémillon y sauvignon), pero en total apenas totalizan unas 30 ha.

Entre los productores destacan:
Avalon, Carosa Vineyard, Chittering Estate, Coorinja Vineyard, Cosham, Darlington Estate, Hainault, Piesse Brook y Scarp Valley.

HOUGHTON

Houghton fue fundada en 1836. John Fergusson hizo el primer vino en 1859 y, durante un siglo, la finca permaneció en manos de la misma familia. La llegada en 1930 del malogrado Jack Mann, vinificador de gran talento, fue el acontecimiento más importante de la historia de la finca. Su vino blanco procede de cepas chenin y muscadelle, y se ha convertido en uno de los más vendidos de Australia. Por sí solo ha conseguido que Swan Valley ganara su título de nobleza. Al cabo de 10 a 15 años en botella adquiere una riqueza comparable a un sémillon de Hunter Valley de edad equivalente. (Ninguno de los dos vinos se cría en barricas de roble para mejorar la textura o los aromas.) Los sucesores de Jack Mann han afinado el estilo añadiendo chardonnay y reduciendo la proporción de muscadelle.

NUEVA ZELANDA

AUNQUE NO IGUALE EL VOLUMEN DE PRODUCCIÓN DE AUSTRALIA, NUEVA ZELANDA SE HA GANADO UN LUGAR EQUIVALENTE EN EL MUNDO DEL VINO GRACIAS A UN COMPROMISO CON LA CALIDAD.

En Nueva Zelanda, la industria vinícola moderna está en sus albores, pero ha adquirido una reputación mundial sin relación alguna con su dimensión ni su antigüedad. Con el lema «vinos de clima fresco», los vinos neozelandeses se han dotado de una personalidad fácil de recordar y se han popularizado enseguida. Son vinos vivos y frutales, que se caracterizan por su acidez y concentración aromática. Huyen de cierta pesadez en beneficio de la elegancia y el equilibrio. No es sorprendente que los vinos de Nueva Zelanda hayan encontrado clientes tanto en Europa, como en las dos Américas y en Extremo Oriente. Estos vinos están perfectamente representados por dos tipos de vino blanco que han seducido a los catadores de todo el mundo. El primero es a base de sauvignon. En Nueva Zelanda, adquiere una intensidad aromática y un fruto magnífico. El segundo está hecho de chardonnay, otra variedad que presenta en este país una notable acidez natural, equilibrada por la redondez de la fermentación maloláctica, el uso de la madera nueva y las hermosas notas de fruta. A estos dos tipos de vino se añade un tercero en rápido desarrollo: basado en mezclas de variedades tintas —cabernet sauvignon con un poco de merlot—, da vinos de una gran elegancia. Por su latitud, lo normal es que Nueva Zelanda tuviera un clima caluroso, un poco como ocurre en los viñedos españoles. En realidad, la situación aislada de este país al sur del océano Pacífico le proporciona un clima variable con fuertes vientos del sur —frecuentemente fríos— que soplan desde la Antártida. Así por ejemplo, la región de Northland, en el extremo septentrional de la isla del Norte, es semitropical, mientras que el extremo sur de la isla del Sur, cerca de Dunedin y de Invercargill, puede padecer inviernos rigurosos y veranos frescos. En las dos islas, las viñas se sitúan entre estos dos extremos climáticos. Las de Auckland, las situadas más al norte, están actualmente en decadencia. Las nuevas plantaciones se concentran en una zona templada que va del centro de la isla del Norte (Gisborne y Hawke's Bay) hacia el sur, pasando por el valle de Wairarapa, hasta el norte de la isla del Sur, cerca de Marlborough y Nelson.

El pico de Te Mata domina el viñedo de Hawke's Bay cerca de Hastings, una de las mayores regiones vitícolas de la costa este de la isla del Norte de Nueva Zelanda. Las hileras de vides espaciadas permiten la mecanización de la viticultura.

Historia de los vinos

La industria vinícola actual –orientada a la producción de buenos vinos varietales, sobre todo de cepas francesas– ha experimentado un rápido desarrollo desde la década de los 70, pero la viticultura neozelandesa, como la de Australia, data en realidad de la colonización europea. La vid fue introducida en 1819 por un misionero inglés, el reverendo Samuel Marsden, quien plantó las primeras cepas llegadas de Australia en Kerikeri, en la región de Northland. Sin embargo, los primeros vinos fueron obra de James Busby, quien también tuvo un papel considerable en el desarrollo de la viticultura australiana. Llegó a Nueva Zelanda en 1832 y, cuatro años después de plantar sus primeras vides, hizo vino en Waitangi, siempre en Northland.

Al margen de los primeros colonos británicos entusiastas, los inmigrantes franceses, alemanes y dálmatas contribuyeron indirectamente al crecimiento de la industria vinícola a lo largo del siglo XX: llegados para explotar la goma (resina fosilizada de un árbol, el kaori), no podían vivir sin vino en el lugar de trabajo y terminaron por dedicarse a tiempo completo a la vinificación.

Aparte de los problemas que sufrieron todos los viñedos durante el siglo XIX –entre ellos la filoxera, que llegó a Nueva Zelanda en 1895–, los productores de este país tuvieron que afrontar la caída del consumo consecuente a la influencia de la liga antialcohólica. Los efectos de esta tradición abstemia se hicieron sentir hasta 1989, cuando se autorizó por primera vez a los supermercados la venta de alcohol.

Tendencias recientes

Hasta la década de los 70, gran parte del vino producido se fortificaba y vendía con los nombres de «jerez» u «oporto», según el estilo y el grado de dulzor. Desde entonces, los vinos no fortificados han alcanzado una importancia creciente. En la misma época, más de dos tercios de los viñedos de Nueva Zelanda estaban plantados de híbridos –cruces de variedades americanas y europeas– que hoy han desaparecido casi totalmente. En materia de viticultura, Nueva Zelanda todavía está en plena mutación y, hasta la década de los 80, no habían quedado establecidas definitivamente las zonas vitícolas, con un cultivo de variedades específicas y una experimentación continua.

Cuando la implantación de cepas europeas se impuso a la de híbridos, se decidió plantar variedades alemanas, en particular la variedad blanca müller-thurgau. Pero, poco a poco, los viticultores comprendieron que el clima neozelandés se parecía más al de Francia central que al de Alemania y se dedicaron a plantar sauvignon, al principio de la década de los 70, y chardonnay a mediados de la de los 80. Las cepas alemanas, que constituían la base de la producción de vinos baratos a granel o en «cartón», fueron sustituidas por variedades francesas, consideradas más adaptadas al estilo particular de los vinos de Nueva Zelanda. Entre las variedades tintas sólo la cabernet sauvignon, plantada ya por James Busby, tiene una historia larga en el país.

Actualmente, el crecimiento de la producción depende en gran parte del mercado mundial. Las exportaciones se han multiplicado por siete entre 1987 y 1992, alcanzando cerca de 9,5 millones de botellas por un valor de 2 870 millones de pesetas, que podrían convertirse en 8 250 millones en el año 2000 si el viñedo aumentara en 2 000 ha (5 790 ha en 1992). El consumo interior es relativamente estable: 57,6 millones de botellas en 1992, es decir, 20 botellas por habitante para una población de unos 3 millones de personas. El futuro de Nueva Zelanda es cuestión de calidad y no de volumen. Pero aunque puede rivalizar fácilmente con Australia en el plano de la calidad, tendrá más dificultades en el del precio.

Estructura de la industria vinícola

Para satisfacer la demanda interior y exterior, la industria del vino está al mismo tiempo concentrada y diversificada. En 1992, tres grandes productores representaban por sí solos el 85 % de las ventas, el 78 % de la producción y el 65 % de las exportaciones, pero también había 163 explotaciones menores. En esto, como en muchas otras cosas, el sector vinícola de Nueva Zelanda se parece al de Australia. En los dos países dominan los gigantes, que también ofrecen –felizmente– una gama de calidad. Asimismo se encuentran puntos de venta en algunas bodegas pequeñas que producen algunos de los mejores vinos y tienen un servicio de relaciones públicas extremadamente desarrollado. Entre todas, las explotaciones vinícolas ofrecen algunos vinos de gran calidad en cantidades relativamente importantes. Muchos inversores han cruzado el mar de Tasmania: Cloudy Bay, por ejemplo, la más famosa explotación de Marlborough, es una *joint-venture* con Cape Mentelle, de Australia Occidental.

La evolución de la viticultura

En Nueva Zelanda, la industria del vino se ha desarrollado hacia el sur partiendo de la región de Auckland. En muchos lugares, la viticultura surgió por motivos más sociológicos que climáticos, de modo que las viñas no están necesariamente plantadas donde sería lógico. Muchas explotaciones que anteriormente cultivaban uva en Auckland la compran hoy bajo contrato a viticultores de zonas más adecuadas para la vid. Algunas todavía vinifican la uva en el propio lugar, mientras que otras la transportan de la viña a la bodega en camiones frigoríficos.

Muchas regiones, incluso aquellas donde la viticultura es reciente, registran una pluviosidad fuerte o muy fuerte, de modo que el principal problema es a menudo el crecimiento exhuberante de las vides. Una poda severa durante el período de crecimiento y la conducción de la vid garantizan a las bayas una insolación máxima. Esas técnicas se han imitado en otros lugares.

La isla del Norte

Las tres cuartas partes de las vides de Nueva Zelanda están todavía en la isla del Norte, a pesar de los inconvenientes climáticos, pero los productores tienden a conseguir uva en el sur, comprando o plantando viñas o incluso comprando la cosecha a otros viticultores.

Auckland, al norte de la isla, es la región vitícola más antigua de Nueva Zelanda, pero su clima húmedo con fuertes lluvias otoñales, que favorecen el mildiu, no conviene a la vid: los suelos son frecuentemente pesados y arcillosos, de modo que es indispensable un buen drenaje.

Aunque la superficie total de viñedo haya disminuido –hoy produce

LAS REGIONES VITÍCOLAS DE NUEVA ZELANDA

La riqueza del viñedo neozelandés, desde Northland, en la isla del Norte, hasta Otago, en la isla del Sur, se debe a una gran variedad de suelos y climas. Auckland, Gisborne y Hawke's Bay fueron las primeras zonas vitícolas importantes de Nueva Zelanda que consiguieron sus títulos de nobleza. Las nuevas zonas de Wairarapa, en la isla del Norte, y de Marlborough, en la isla del Sur, sólo reconocidas desde principios de la década de los 80, todavía están en pleno desarrollo.

Regiones vitícolas
- Principales regiones productoras de vino
- Otras regiones productoras
- -- Límite de región

menos del 7 % de la uva del país–, subsisten zonas relativamente importantes en Henderson, Kumeu, Huapai y el sur de la isla Waiheke, en la bahía de Auckland. Es, sobre todo, una región de vino tinto, con la cabernet sauvignon como variedad principal.

Waikato y la bahía de Plenty, al sur de Auckland, son dos zonas relativamente cercanas, pero distintas. Esta parte del país fue colonizada más tarde, a causa de las guerras del siglo XIX entre maoríes y europeos por la posesión de la tierra, pero está asociada a la viticultura desde hace tiempo. Romeo Bragato, viticultor italiano llegado de Australia, creó un viñedo experimental a finales del siglo pasado y la estación gubernamental de investigación vitícola se encuentra en Te Kauwhata.

En estas regiones persiste el riesgo de lluvias otoñales intensas, que producen la podredumbre de la uva y las pérdidas que ello implica. Los suelos varían. Las viñas de Waikato están situadas cerca de Hamilton y alrededor del estuario del Thames, mientras que la bahía de Plenty se halla más al este. Las variedades más cultivadas son la müller-thurgau, la sauvignon y la chenin (vinos blancos).

Gisborne, al sureste de la bahía de Plenty, con ricos suelos aluviales de alto rendimiento, es una región de gran producción. Llueve en otoño, pero rara vez lo bastante para dañar la cosecha. El problema principal son las heladas de primavera, una amenaza constante. Es, sobre todo, una zona de vinos blancos donde domina la müller-thurgau, seguida por la muscat doctor Hogg, la chardonnay, la reichensteiner y la gewürztraminer. Buena parte del vino se vende a granel para embotellarse en «cartones». Las explotaciones locales son raras. Entre ellas se encuentra la única empresa de vinificación neozelandesa que aplica métodos biodinámicos.

Hawke's Bay, en la costa este de la isla del Norte, entre Napier y Hastings, ha sido durante mucho tiempo una región pionera y es adecuada para la viticultura: gracias al sol abundante y a las escasas lluvias otoñales, la uva madura bien a pesar del riesgo de heladas primaverales. Los mejores suelos están compuestos de depósitos de grava bien drenados.

La variedad más cultivada con diferencia es la müller-thurgau, seguida de una cepa tinta, la cabernet sauvignon. Esta región es, en efecto, origen de algunos de los mejores vinos tintos del país. Muchas otras regiones compran vino en Hawke's Bay, considerada la zona vitícola de calidad más extensa de la isla del Norte.

Wairarapa, al sur de la isla, posee un viñedo todavía poco extendido, pero sus tintos de pinot noir tienen fama internacional. Su llegada al mundo del vino es reciente (las primeras viñas contemporáneas se plantaron en 1978), pero es la región vitícola «nueva» más en boga en Nueva Zelanda. También se cultivan algunas variedades blancas, entre ellas la chardonnay, la sauvignon y la gewürztraminer.

En el corazón de Wairarapa se encuentra la ciudad de Martinborough, situada en el centro de una pequeña meseta llamada Martinborough Terrace. Esta zona está abrigada por las montañas de Tararua, de modo que la pluviosidad anual es escasa. El único problema es el viento, que obliga a la instalación de pantallas. Los mejores suelos, con légamos de grava bien drenados, están alrededor de Martinborough.

La isla del Sur

Plantados al mismo tiempo que los de la isla del Norte, la mayoría de los viñedos fueron abandonados y los productores no se dieron cuenta de su potencial hasta la década de los 70.

Nelson, en la costa norte, es una región vitícola poco extensa, aunque el cultivo de la vid se remonte a la década de 1860. Es el lugar más caluroso de la isla, donde la insolación es importante a pesar de un riesgo de lluvia en otoño y de helada en primavera. La chardonnay y la riesling son las variedades más frecuentes.

Marlborough, al sureste de Nelson, en las extensas llanuras de Wairau, ya es la región vitícola más extensa de Nueva Zelanda: sus 2 070 ha fueron plantadas en 1973, cuando el grupo Montana, la mayor empresa vinícola del país, plantó las primeras vides. Es una de las zonas más secas y soleadas de todo el país y, aunque en prima-

VARIEDADES Y ESTILOS DE VINO

Variedades blancas
La chardonnay es la cepa blanca más extendida en Nueva Zelanda: se encuentra en todas las regiones vitícolas. Marlborough y Hawke's Bay producen los estilos de vino más típicos. Los vinos de chardonnay se suelen criar en madera y asocian sabores bien maduros a una hermosa acidez.

La segunda cepa de calidad es la sauvignon. La mayoría de sus vinos procede de Marlborough, mientras que los de Hawke's Bay tienen mayor redondez.

La riesling crece sobre todo en la isla del Sur y en Hawke's Bay, donde da vinos blancos secos y vinos licorosos.

La müller-thurgau sigue a la chardonnay en términos de superficie plantada. Da vinos blancos semisecos o melosos, para mezclas o para la venta en «cartones». Se cultiva sobre todo en Gisborne.

Entre las demás variedades blancas destacan la sémillon, la gewürztraminer, la chenin y la palomino (para los vinos de tipo jerez).

Variedades tintas
La cabernet sauvignon es la cepa tinta más extendida en Nueva Zelanda. Se cultiva sobre todo en la región de Auckland, en particular en la isla de Waiheke; en Hawke's Bay, donde los vinos tienen mucho carácter, y en Marlborough, que empieza a ganar fama en este terreno. Esta variedad se mezcla cada vez más con merlot para obtener vinos más equilibrados. Vinificada sola adopta un gusto levemente herbáceo.

La mayoría de los famosos pinot noir de Nueva Zelanda se producen en la región de Wairarapa, alrededor de Marlborough, aunque en Canterbury y particularmente en Central Otago esta uva ha dado a veces un vino excepcional, que permite presagiar el enorme potencial de la variedad. Por ahora, gran parte de la pinot noir se mezcla con chardonnay para producir blancos espumosos fermentados en botella, sobre todo en Marlborough.

Algunos merlot de Hawke's Bay y de Marlborough vinificados solos indican que Nueva Zelanda es capaz de producir vinos de nivel mundial en esta categoría. Por ahora, la buena madurez obtenida normalmente por esta variedad se usa sobre todo para redondear vinos de cabernet sauvignon, a veces demasiado verdes.

Viñedo de Gibbston Valley (Central Otago) en el sur de la isla del Sur.

vera puedan producirse heladas, las condiciones de maduración lenta son adecuadas para las variedades blancas: müller-thurgau, sauvignon, chardonnay y riesling. La cabernet sauvignon es la principal cepa tinta, aunque da unos vinos en los que se aprecia un fuerte gusto herbáceo a causa de la falta de maduración de la uva. Muchas explotaciones de Auckland compran uva en Marlborough, o mandan hacer su vino.

Canterbury-Christchurch, al este de la isla, es una región cuyo interés data de principios de la década de los 70. Unos colonos franceses plantaron vides en 1840. Todavía reina una gran confusión en cuanto al tipo de vino al que los productores deberían dedicar sus esfuerzos en esta región bastante fresca. La baja pluviosidad y los largos otoños con días calurosos y noches frescas son factores que van muy bien para la viticultura. Los suelos están compuestos de légamos que cubren gravas de origen fluvial.

Central Otago, más al sur, es la zona vitícola menos extensa del país (35 ha); su desarrollo actual data de finales de la década de los 50. Se cultivan sobre todo variedades blancas. La estación cálida es breve, pero los otoños son secos y generalmente soleados. □

LA LEGISLACIÓN VITÍCOLA

Convencidos de que un vino se vende por su sabor y no por su procedencia, los neozelandeses están menos obsesionados con la legislación que los europeos en materia de etiquetas.

Al igual que otros países vinícolas nuevos, los productores de Nueva Zelanda han utilizado nombres franceses y alemanes durante años para identificar el estilo de sus vinos. Después de 1983, la legislación se ha vuelto más estricta y las etiquetas que llevan un nombre de variedad son ya una práctica más común. Un vino varietal debe estar elaborado al 85 % con la cepa indicada; si es un vino de mezcla, la variedad dominante se menciona en primer lugar. Las otras informaciones son las clásicas: añada, productor, contenido y graduación alcohólica. Se puede encontrar la mención *estate-bottled* (embotellado en la propiedad), pero eso no significa mucho en Nueva Zelanda, donde a menudo se transporta la uva cientos de kilómetros desde la viña al centro de vinificación.

Un nombre regional figura en la etiqueta si el vino procede en su totalidad de dicha región (uva cultivada y vinificada en el lugar): Marlborough y Hawke's Bay son las regiones citadas con mayor frecuencia. La zona de Wairarapa, con la ciudad de Martinborough, se ha impuesto un sistema de etiquetado propio: una pequeña etiqueta adhesiva que lleva la mención «100 % Martinborough Terrace Appellation Committee» certifica que el vino procede en su totalidad de la región.

Desde 1994, un sistema de registro delimita las zonas de producción trazando las fronteras de regiones reconocidas, de subregiones e incluso de viñedos con un nombre.

El gobierno de Nueva Zelanda sostiene la industria del vino desde finales del siglo XIX. En las décadas de los 60 y de los 70, se animó a los granjeros –no sólo a los productores de vino– a plantar vides en las tierras disponibles. Ello explica las grandes cantidades de uva que los viticultores suministran por contrato a la industria, pero también el descepe de muchos híbridos de calidad ínfima.

El gobierno ha decretado varios planes de descepe contra la sobreproducción. El último, después de la vendimia de 1985, afectó a 1 515 ha de variedades inferiores. Sin embargo, a causa de la actual demanda del mercado exterior, el viñedo es hoy más extenso que en 1985.

PRODUCTORES Y BODEGUEROS

Las cuatro quintas partes de la uva utilizada por la industria vinícola de Nueva Zelanda son suministradas por viticultores contratados y no cultivadas por los que la vinifican. Ello explica la importancia concedida en la siguiente lista a la procedencia de la uva. Hasta el centro de vinificación más insignificante posee equipos de tecnología reciente y se caracteriza por su autonomía y por el entusiasmo que siempre acompaña a una industria nueva.

ISLA DEL NORTE

La mayoría de los centros de vinificación establecidos desde hace tiempo se encuentran en la isla del Norte.

Ata Rangi
Este viñedo pequeño (4 ha) pero notable de Wairarapa produce un sabroso pinot noir y un vino tinto llamado Célèbre, que mezcla cabernet sauvignon, merlot y syrah.

Babich
Este modelo de las muchas explotaciones vinícolas creadas por inmigrantes dálmatas todavía pertenece a la familia Babich. Compra uva, pero también posee 50 ha de viñas en Henderson, al norte de Auckland. La gama Irongate, procedente de Hawke's Bay, es la mejor: incluye un chardonnay y una mezcla de cabernet y de merlot. Un sauvignon blanc procede de Marlborough y una mezcla de sémillon y de chardonnay, de Gisborne.

Brookfield
Peter Robinson tiene 3,5 ha en Hawke's Bay y compra el resto de la uva en la región. Sus dos vinos principales son un chardonnay y una mezcla de cabernet y de merlot.

Collard Brothers
La familia Collard es una de las pocas que produce bonitos blancos de chenin. También hace chardonnay procedentes de las cuatro zonas vitícolas principales del país: Auckland, Gisborne, Hawke's Bay y Marlborough. Los Collard tienen su centro en Henderson, donde poseen 40 ha.

Coopers Creek
Esta bonita explotación vinícola situada en Huapai, al norte de Auckland, produce una amplia gama de vinos varietales, el más famoso de los cuales es, sin duda, el Swamp Reserve Chardonnay, hecho de uva local. Un chardonnay procedente de Parker's Vineyard, en Gisborne, se ha añadido al catálogo en 1992. El Coopers Red es a base de pinot noir.

Corbans
Segunda empresa vinícola de Nueva Zelanda, el grupo tiene centros de vinificación en Te Kauwhata, Hawke's Bay, Gisborne y, asociado con la empresa australiana Mildara Blass, en Marlborough. Los mejores vinos son los de Stoneleigh Vineyard en Marlborough: chardonnay, sauvignon y más recientemente, tintos como el malbec. Los riesling son una especialidad de la marca Corbans desde hace tiempo. La marca Cooks, por su parte, está reservada a los vinos de Hawke's Bay.

Delegat's
Delegat's, una explotación vinícola familiar de Henderson, ha racionalizado su abundante gama de productos. De Hawke's Bay procede una serie de vinos varietales baratos y la gama superior Proprietor's Reserve; un chardonnay y un sauvignon (marca Oyster Bay) proceden de Marlborough.

De Redcliffe
Este pequeño centro de vinificación se inscribe dentro un complejo de ocio situado en la región de Waikato. A partir de 14 ha que cubren la mitad de sus necesidades y de uva comprada en la región de Marlborough, De Redcliffe produce una gama variada que va desde un sabroso riesling de Marlborough o un sauvignon blanc de Marlborough, con aromas típicamente vegetales, hasta blancos de sémillon muy balsámicos. Un chardonnay y un pinot noir proceden de Hawke's Bay.

Dry River
Neil McCallum dirige esta pequeña viña de 4,5 ha al margen de las tendencias generales de la región de Wairarapa. Aunque produzca pinot noir, dedica más tiempo a variedades blancas como la riesling, la gewürztraminer y la pinot gris. Su gewürztraminer seco está particularmente logrado, al igual que el pinot gris, del que consigue extraer los aromas secos y pimentados que tendría en la mismísima Alsacia.

Esk Valley
Desde su compra en 1987 por Villa Maria, el cambio de dirección de esta empresa vinícola de Hawke's Bay ha sido espectacular. Ya especializada en los vinos de calidad, sigue las huellas de Villa Maria al producir buenas mezclas de cabernet y merlot.

Goldwater
La isla de Waiheke se ha dado a conocer gracias al vino de estilo bordelés de Goldwater. Esta mezcla de cabernet sauvignon, cabernet franc y merlot necesita tiempo para madurar, pero siempre presenta hermosas notas frutales más allá de los taninos. Al tinto se añade actualmente el Dalimore Vineyard Chardonnay, que pasa de nueve a diez meses en madera, y el sauvignon blanc criado en barricas de roble.

Kumeu River
Aquí se ha pasado de los vinos generosos a un estilo abiertamente francés, con chardonnay con gusto de miel, sauvignon fermentado en madera y una mezcla de cepas bordelesa (40 % de cabernet sauvignon, 40 % de cabernet franc y 20 % de merlot). La bodega de vinificación, propiedad de la familia Brajkovich, sigue utilizando uva de Auckland.

Lincoln
Esta explotación pertenece a la familia Fredatovich. Su gama comprende un chardonnay de Parklands Vineyard en Brigham's Creek, un chenin blanc y vinos varietales alemanes aromáticos.

Martinborough
La pinot noir y el viñedo de Martinborough están unidos indisolublemente. Con 10 ha de viñas en propiedad y otras contratadas, la explotación cubre lo esencial de sus necesidades. También hay chardonnay, sauvignon y gewürztraminer.

Matawhero
Los principales vinos producidos en este viñedo de 30 ha, situado en Gisborne, son un chardonnay, un gewürztraminer, una mezcla de cabernet y de merlot, un pinot noir y un syrah. Denis Erwin, el propietario, hace fermentar los vinos con levaduras autóctonas.

Matua Valley
Matua Valley es una de las explotaciones más innovadoras. Elabora una amplia gama

de vinos varietales, algunos de los cuales, como M –uno de los mejores blancos espumosos de Nueva Zelanda–, sólo se pueden comprar en la bodega de Waimauku, al norte de Auckland. La familia Spence, que dirige el negocio, figura entre las primeras productoras de sauvignon de Nueva Zelanda. Recientemente ha empezado a producir en la región de Marlborough sauvignon, riesling y chardonnay (premiados en concursos) con la marca Shingle Peak.

The Millton Vineyard

El único viñedo de cultivo biológico de Nueva Zelanda está en Gisborne, donde la familia Millton produce un chardonnay fermentado en madera muy famoso, un riesling botrytizado y un chenin al estilo de los vinos del Loira. Su sistema de cultivo biodinámico utiliza plantas en lugar de productos químicos para luchar contra enfermedades e insectos.

Mission

Con casi 150 años de antigüedad, esta explotación de Hawke's Bay produce una amplia gama de buenos vinos varietales a precio bajo. Prueba de una renovación cualitativa, el chardonnay Saint Peter Chanel Vineyard Reserve presenta mucha intensidad y sabor.

Montana

Es el mayor grupo vinícola del país y uno de los más innovadores. Montana fue el primero en plantar sauvignon en Marlborough. Su excelente blanco espumoso fermentado en botella, Deutz Marlborough Cuvée (*joint-venture* con la sociedad francesa Champagne Deutz), está hecho con uva procedente de Marlborough. Otra *joint-venture* con la sociedad australiana Penfolds pretende realzar el nivel de los vinos tintos. Más recientemente, Montana ha adquirido viñas en Hawke's Bay (marca Church Road). La empresa produce una amplia gama de vinos baratos, algunos de los cuales son muy populares: Wohnsiedler, Blenheimer, Chablisse y Chardon. Tiene centros de vinificación en Gisborne, Hawke's Bay, Marlborough y Auckland.

Morton Estate

Esta explotación vinícola de la bahía de Plenty tiene una sólida reputación sobre todo gracias a su chardonnay. John Hancock, responsable de las vinificaciones, utiliza uva de Riverview Vineyard para su Black Label Chardonnay. Su vino tinto, a base de cabernet y merlot, es amplio y robusto. La gama también comprende dos pinot noir y tres vinos espumosos fermentados en botella, el más nuevo de los cuales es el Black Label.

Ngatarawa

Alwyn Corban dirige según métodos biológicos esta viña de 15 ha situada en Hawke's Bay. La gama de la casa incluye el Glazebrook, hecho de cabernet y de merlot, el chardonnay Alwyn y un riesling botrytizado.

Nobilo Vintners

Propiedad de la familia Nobilo, esta explotación vinícola es una de las principales del país. La uva procede de Gisborne, Hawke's Bay y Marlborough, así como de viñedos propios. Aunque produce principalmente chardonnay, Nobilo ofrece una gama completa que incluye uno de los pocos vinos de pinotage (tinto) producidos en Nueva Zelanda.

Palliser Estate

Uno de los recién llegados de Wairarapa (primera cosecha en 1989) es también uno de los principales, con 30 ha plantadas y otras previstas. El mejor vino es un pinot noir.

C. J. Pask

Chris Pask posee 35 ha de vides en Hawke's Bay. Con la colaboración de Kate Redburn, responsable de vinificación coleccionista de medallas, produce chardonnay, sauvignon, una mezcla de cabernet y de merlot, y una gama barata llamada Roy's Hill.

Selaks

La uva procede de las 45 ha que rodean la bodega de Kumeu (Auckland), y de viñedos de Marlborough, Gisborne y Hawke's Bay. La marca de gama alta, Founders, incluye un sauvignon criado en madera, un chardonnay, un cabernet sauvignon y el Mate I, un blanco espumoso.

Stonyridge

El mejor vino de esta finca dedicada al tinto es el Larose, una mezcla que incluye cabernet sauvignon, merlot, cabernet franc y malbec. Es famoso por ser uno de los mejores vinos de Nueva Zelanda en esta categoría de estilo bordelés.

Te Kairanga

Amplia y ambiciosa finca de 32 ha en Wairarapa, Te Kairanga produce un pinot noir frutal, un cabernet sauvignon, un chardonnay vinificado en cuba, un Reserve Chardonnay y un sauvignon fermentados en barrica, y un tinto ligero llamado Nouveau Rouge, mezcla de pinot noir, cabernet sauvignon y durif.

Te Mata

Véase recuadro en esta página.

Vidal

Fundada en 1905, esta explotación vinícola de Hawke's Bay forma parte hoy del grupo Villa Maria. El Reserve, a base de cabernet sauvignon y de merlot, es un vino robusto pero siempre elegante. El Reserve Cabernet-Sauvignon tiene también un buen nivel: ambos se benefician de una crianza cuidadosa en madera.

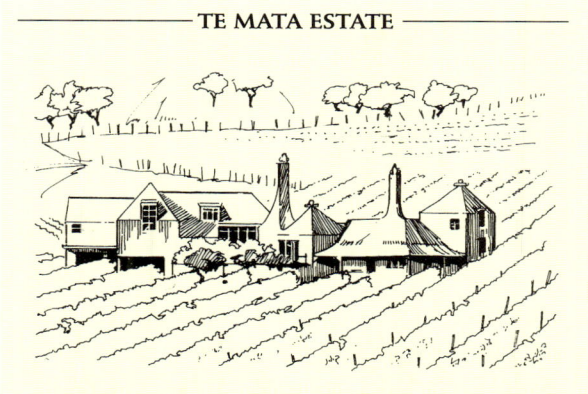

TE MATA ESTATE

Te Mata, la explotación vinícola más famosa de Hawke's Bay y la más antigua del país, produce los vinos más prestigiosos de Nueva Zelanda. Se plantó vid en 1892, pero la viña decayó después de la crisis de la década de los 30. La explotación no recuperó su vigor hasta que, en 1974, John Buck y Michael Morris la compraron. La bodega y las dependencias, restauradas recientemente, son ejemplos notables de arquitectura moderna.
Los mejores vinos son el Coleraine (cabernet sauvignon y merlot), generosamente frutal, y el amplio Elston Chardonnay, dos vinos de pago. También elaboran el Awatea, una mezcla de cabernet sauvignon y de merlot, el Te Mata, otra mezcla de las mismas variedades, el Castle Hill Sauvignon Blanc, un rosado y blancos secos de mezcla.

El Reserve Chardonnay también goza de fama. La gama Private Bin es más común.

Villa Maria
George Fistonich es el artífice del éxito de los vinos tintos de este grupo. Ofrece una Cellar Selection así como las gamas Reserve y Private Bin elaboradas con uva procedente de Hawke's Bay y de Marlborough: cabernet sauvignon, mezclas de cabernet y de merlot, chardonnay, syrah, riesling botrytizado, sauvignon y gewürztraminer.

Waimarama
John Loughlin ha decidido producir tintos de gama alta «tipo bordelés» en esta nueva explotación vinícola de Hawke's Bay. Los primeros vinos, desde la cosecha de 1991, han sido una mezcla de cabernet sauvignon y de merlot, y un cabernet sauvignon vinificado solo.

ISLA DEL SUR
Los vinificadores neozelandeses no han empezado a apreciar realmente el potencial vitícola de la isla del Sur hasta los años 70.

Cellier Le Brun
Daniel Le Brun desciende de un antiguo linaje de productores franceses de la Champagne. Desde 1989 produce en su explotación de Marlborough una serie de grandes vinos, los mejores de los cuales son la *cuvée* milesimada, un blanc de blancs y un rosado.

Chard Farm
Este viñedo de 12 ha situado en Central Otago se ha especializado en chardonnay y pinot noir. También se cultiva riesling.

Cloudy Bay
Véase recuadro en esta página.

CLOUDY BAY

El sauvignon de Cloudy Bay es el origen de la gran reputación de Nueva Zelanda por esta variedad. Con su plenitud y su amplitud, pero conservando siempre sus notas vegetales, este vino es la expresión del clima fresco que caracteriza a Nueva Zelanda y llamó la atención del mundo del vino a finales de la década de los 80.
Un excelente chardonnay también alcanza el equilibrio justo entre madera, fruta y acidez que marca el estilo de Marlborough. La explotación, que incluye un viñedo de 32 ha (actualmente propiedad del champagne Veuve Clicquot, e integradas en Cape Mentelle, empresa vinícola de Australia Occidental), también produce, desde hace poco, vinos tintos –un vino a base de cabernet sauvignon y un pinot noir–, así como un espumoso bautizado Pelorus.

Gibbston Valley
Este viñedo situado cerca del río Kawarau se plantó en 1981. Produce toda una serie de vinos para determinar las cepas que mejor se adaptan a la breve estación de crecimiento y al clima continental característico de Central Otago. Las variedades utilizadas incluyen riesling, müller-thurgau, gewürztraminer, pinot gris, sauvignon, chardonnay y pinot noir.

Giesen
La mayor finca vitícola (20 ha) de Canterbury fue fundada en el año 1984 por los hermanos Giesen, llegados de Alemania. Producen notables riesling de vendimia tardía, así como buenos chardonnay y sauvignon.

Grove Mill
Grove Mill se ha hecho rápidamente un sitio en Marlborough, en particular gracias a su untuoso Landsdowne Chardonnay. Entre los demás vinos se encuentran un gewürztraminer, un sauvignon y un cabernet sauvignon deliciosamente frutal.

Hunter's
El sauvignon es la estrella de Hunter's: en su versión no amaderada respeta el estilo vivo y frutal propio de Marlborough. El viñedo de 18 ha también produce un chardonnay fermentado en barrica, fino y dotado de aromas de frutas exóticas, un gewürztraminer fino y ligeramente dulce, y un cabernet sauvignon redondo y pimentado.

Jackson
Esta explotación vinícola de Marlborough es de creación muy reciente, pero la viña de 36 ha suministra uva a las bodegas locales desde 1987. La familia Stitchbury presentó su primera cosecha en 1991 y el sauvignon causó sensación de inmediato, rivalizando con el de Cloudy Bay.

Neudorf
Los Finn cultivan esta pequeña finca de 5 ha en Nelson. Producen un chardonnay amplio, un sauvignon con aromas de frutas exóticas, riesling y pinot noir.

Omihi Hills
La ambición de este viñedo de 6,5 ha al norte de Canterbury, que ha ofrecido su primera cosecha de volumen notable en 1992, son los vinos de pinot noir y de chardonnay de gama alta.

Rippon
Rippon comercializó sus primeros vinos en 1989 y alcanzó pronto cierta reputación, sobre todo por sus vinos de pinot noir, sauvignon y chardonnay.

Saint Helena
Después de haber alcanzado su cumbre en 1982 con un pinot noir que le valió a Canterbury su fama, Saint Helena ha tenido altibajos. Hoy recuperada, la finca también produce vinos de chardonnay, pinot blanc y pinot gris.

Seifried / Redwood Valley
Esta es la finca más extensa de Nelson. Sus 40 ha de vides pertenecen a Hermann Seifried. Un riesling botrytizado y uno seco figuran entre sus mejores vinos.

Vavasour
Al establecer su viñedo lejos del centro de la región de Marlborough (en Awatere Valley), Peter Vavasour se arriesgó, pero ha valido la pena. El cabernet sauvignon se considera uno de los mejores tintos de la isla del Sur y rivaliza con los de Hawke's Bay.

Waipara Springs
Los vinos de chardonnay, pinot noir y sauvignon elaborados por esta explotación vinícola nueva del norte de Canterbury han obtenido varias medallas.

RESTO DEL MUNDO

—

EL CALOR DE SUDÁFRICA ES PROPICIO PARA VINOS VARIADOS;
EN INGLATERRA, LOS VITICULTORES HAN DE COMBATIR
EL FRÍO Y LA LLUVIA; LOS CLIMAS DE ASIA REPRESENTAN
UN NUEVO DESAFÍO.

—

SUDÁFRICA

Cerca de Stellenbosch, se vendimia entre marzo y abril, seis meses antes que en el hemisferio Norte.

En 1652, Jan Van Riebeeck fundó la factoría de avituallamiento de la Compañía de las Indias en el cabo de Buena Esperanza y, poco después, hizo traer de Europa esquejes de vid, convencido de que el vino reduciría los casos de escorbuto entre los marineros. El 2 de febrero de 1659 escribió en su diario: «Hoy, Dios sea loado, ha fluido por primera vez el vino de la uva del Cabo». Simon Van der Stel, su sucesor como gobernador y también entendido en vinos, plantó sus propias vides en Constantia con la ayuda de refugiados hugonotes franceses expertos en viticultura y vinificación.

La industria no cesó de prosperar, incluso bajo la ocupación británica (a partir de 1806): durante la guerra entre Inglaterra y Francia, Sudáfrica adoptó el papel asumido tradicionalmente por Francia de proveedor de vino de los ingleses. Al margen de la reducción de impuestos sobre el vino entre Inglaterra y Francia, en 1861, los cincuenta años siguientes vieron tres catástrofes sucesivas: la filoxera (1886), la replantación de las vides y la sobreproducción que le siguió (por falta de poda); y luego, la guerra de los bóers (1899-1903). La situación mejoró un poco con la creación, en 1918, de la Kooperatiewe Wynbouwers Vereniging (KWV), una cooperativa subvencionada por el Estado para controlar la aplicación de la legislación, reducir la producción (por un sistema de cuotas), crear productos capaces de encontrar salidas comerciales y estimular la demanda.

Durante los años siguientes, la KWV mantuvo a flote la industria sudafricana del vino. Inevitablemente, el aislamiento del país supuso cierta inercia y la imposibilidad de seguir la evolución de las tendencias mundiales, en particular en materia de variedades. Unas leyes estrictas tuvieron la chardonnay en cuarentena durante decenios. Actualmente, el papel de la KWV ha evolucionado: todavía administra el sector vitivinícola, pero ya no depende del gobierno y no controla la producción, lo que deja libertad a los productores para elegir sus emplazamientos, plantar las cepas que quieran y ejercer la competencia en un mercado libre. La propia KWV es una sociedad vinícola que explota sus viñas, elabora vino y vende sus productos en los mercados nacional e internacional.

Hoy en día, los productores sudafricanos siguen las tendencias y las técnicas internacionales. La vinificación ha cambiado radicalmente desde la década de los 60, cuando los vinificadores del Cabo realizaban fermentaciones a baja temperatura para obtener vinos frescos y aromáticos en este clima cálido. Los vinificadores preocupados por la calidad experimentan la crianza en barricas de roble francés. Finalmente, los métodos de vendimia, la vinificación, la crianza y, de manera general, la higiene han mejorado.

Muchos productores viajan para adquirir experiencia y, en particular, conocer las variedades europeas clásicas, plantadas hoy a gran escala. Algunos hacen la vendimia en Europa o en California, otros estudian enología en Francia, en Alemania, en Australia o Nueva Zelanda. Todos son conscientes de la necesidad comercial de hacer estilos de vino adaptados a la demanda del consumidor. Muchas explotaciones vinícolas abren restaurantes y las rutas del vino forman parte de los circuitos turísticos.

Variedades y estilos de vino

En el siglo XIX, los vinos del Cabo gozaban de buena fama en Europa, en particular el vino dulce de Constantia, hecho de moscatel, muy apreciado por Napoleón durante su exilio y por los zares rusos. Los vinos fortificados y los licores también formaban parte de la tradición sudafricana.

Por esta tradición, puede decirse que Sudáfrica es el país de los vinos blancos. Las principales cepas son la steen, nombre local de chenin blanc (32 % de la superficie plantada), la hanepoot, o muscat de Alejandría (6,3 %), la colombard (6,2 %), la sauvignon (4 %), y la cape riesling, origen de la crouchen blanc del suroeste de Francia (4 %). La chardonnay experimenta actualmente un gran auge.

La chenin blanc se utiliza para estilos de vino que van desde los blancos secos de carácter vivo, fermentados a baja temperatura, hasta los vinos semisecos, melosos y, a veces, botrytizados.

Las variedades tintas más importantes son la cinsaut (5,3 %), la cabernet sauvignon (4,3 %) y la pinotage, un cruce de cinsaut y de pinot noir creado en 1926 (2,2 %). Las cepas shiraz (syrah), merlot, cabernet franc y pinot noir tienen también una popularidad creciente.

Como en América y Australia, los vinos se comercializan por lo general con el nombre de la variedad (conocida en el país como *cultivar*). El nombre del productor ocupa un lugar importante en la etiqueta.

El clima y el suelo

El suroeste de la región del Cabo goza de un clima más fresco de lo que se podría suponer en esta latitud, 35° al sur del ecuador. Los océanos Atlántico e Índico y la corriente fría de Benguela, que procedente de la Antártida, sigue la costa hacia el norte, ejercen una influencia moderadora. El clima se parece al de los países mediterráneos. Las lluvias anuales, que varían de 450 mm tierra adentro a 1 000 mm en las proximidades de la costa, suelen caer entre mayo y agosto. En las regiones centrales, los veranos son habitualmente calurosos, incluso muy calurosos, los inviernos suaves y las heladas raras. La uva de las zonas más calurosas del Cabo tiene tendencia a sufrir por el calor o a madurar demasiado rápidamente pero, si el agua llega en el momento adecuado y en la cantidad suficiente, puede descartarse cualquier problema. El riego es aquí vital y justificado.

Muchos años de investigación y experimentación han servido para establecer la mejor adecuación entre los diversos microclimas y las variedades específicas de la rica herencia vitícola del país (steen, hanepoot, shiraz). La investigación continúa con las variedades de uva importadas más recientemente.

Paralelamente prosigue la experimentación, como en otros países del Nuevo Mundo, con el objetivo de identificar los mejores suelos y los mejores emplazamientos. Los suelos varían mucho, no sólo en la parte suroeste del Cabo, sino también entre los diversos viñedos de una misma región. Generalmente, los suelos de las llanuras costeras varían desde la arenisca de Table Mountain, al oeste, hasta las rocas de granito, al este. Los esquistos dominan en el Karoo, mientras que en los valles, donde se encuentra la mayoría de las viñas, las llanuras son pedregosas. Los fondos de los valles están compuestos de arenas y gravas.

Regiones vinícolas

En 1973, la introducción del sistema de vinos de origen (WO) ha dividido los viñedos de Sudáfrica en varias regiones oficiales, distritos, zonas y fincas, por orden decreciente de superficie. La zona de producción más concentrada, situada en un radio de entre 50 y 80 kilómetros alrededor de Ciudad del Cabo, está dividida en dos regiones principales: Coastal y Breede River Valley. La denominación Boberg Region se utiliza para los vinos generosos de ciertas partes de la Coastal Region (véase p. 492). Ocho distritos están situados fuera de las regiones principales. Un vino puede llevar la denominación más específica de una zona clasificada (subdistrito) si está elaborado a partir de uva cosechada enteramente dentro de dicha zona.

El sistema WO se centra más en la variedad de uva –75 % por lo menos si en la etiqueta se menciona una sola cepa u 85 % si el vino está destinado a la exportación– que en el control de factores de calidad básicos como el rendimiento.

Resumen del sector vitícola

Un total de 4 900 explotaciones cultivan 92 500 ha de viñas al suroeste del Cabo. Se cuentan tres tipos principales de productores: las bodegas cooperativas, los productores privados y las fincas. La mayoría de las 70 bodegas cooperativas ofrecen vinos de una buena relación calidad/precio. Los productores privados, en número de 357, incluyen empresas prestigiosas como Bellingham, Distillers Corporation, Gilbey Vintners y Stellenbosch Farmers' Winery (SFW es la quinta explotación vitícola del mundo por su tamaño y la más importante de Sudáfrica después de la KWV). Estas empresas utilizan uva de sus propias viñas, pero también compran uva y vinos jóvenes para elaborar vinos de mezcla, que comercializan con sus diversas marcas. Las 82 fincas sólo hacen vino a partir de los viñedos de su propiedad o de parcelas próximas.

Sudáfrica es el octavo productor de vino del mundo con un poco más del 3 % de la producción mundial. Su consumo anual es de 9 litros por habitante. Tradicionalmente, los distribuidores nacionales vendían la mayor parte de los vinos en el mercado interior, pero el levantamiento de las sanciones y la mayor aceptación de los mercados extranjeros han supuesto un aumento del porcentaje de vino exportado. □

REGIONES Y PRODUCTORES

Las principales zonas vitícolas de Sudáfrica están situadas al suroeste de Ciudad del Cabo. Más al norte existen varias zonas aisladas, a lo largo del río Orange. Los principales productores están enumerados por región WO.

COASTAL REGION WO

Es la denominación más importante y engloba los seis distritos del Cabo que se encuentran con mayor frecuencia en las etiquetas: Constantia, Durbanville, Paarl, Stellenbosch, Swartland y Tulbagh.

Constantia District WO

Las tres fincas del distrito poseen 254 ha de viñas en las laderas de granito rojo de Constantia Mountain. Las viñas gozan de un clima de tipo mediterráneo y no necesitan irrigación, aprovechan la sombra de las montañas por la tarde y las brisas frescas procedentes del mar. Constantia cultiva principalmente chardonnay, sauvignon y riesling para los blancos, y cabernet sauvignon y shiraz para los tintos. El sauvignon es rico y poderoso.

Los productores son Buitenverwachting (con un chardonnay elegante), Groot Constantia y Klein Constantia (destacable por su vino Constance, un moscatel dulce que revive la tradición de los vinos de Constantia, y también por el chardonnay y el sauvignon).

Durbanville District WO

Situadas en las laderas de granito de las montañas Dorstberg, en los alrededores al norte de Ciudad del Cabo, subsisten cuatro fincas. Producen tintos, especialmente de pinotage y de shiraz.

Paarl District WO

Paarl, a 50 km al noreste del Cabo, es un gran distrito vinícola (19,5 % de los viñedos) que cuenta con algunos de los mejores productores y las cooperativas más dinámicas del país. También es centro de las actividades internacionales de la KWV y sede de las subastas anuales de Nederburg.

El clima es típicamente mediterráneo con veranos cálidos y secos e inviernos húmedos. El riego sólo es necesario en los años más secos. Los suelos varían de la greda, en el muy fértil valle de Berg, al granito alrededor del propio Paarl, pasando por la pizarra descompuesta de Malmesbury, en el noreste. Aunque el distrito esté especializado sobre todo en blancos, con buenos chenin blanc, sauvignon y chardonnay, los viñedos plantados a mayor altitud están bien adaptados para la producción de vinos tintos de calidad: entre los más logrados están el cabernet sauvignon y el pinotage. Los productores rectifican actualmente su tendencia a hacer vinos demasiado balsámicos, pues un número excesivo se cría en barrica.

El distrito de Paarl engloba la zona de Franschhoek WO (Franschhoek significa «rincón francés»: aquí se establecieron los hugonotes), que ha conservado su carácter francés, ilustrado por los vinos criados en roble y por el mejor espumoso del país, Cap Classique (método tradicional) de Clos Cabrière.

Entre los muchos buenos productores se encuentran Backsberg, Clos Cabrière (Pierre Jourdan Blanc de Blancs), Claridge, Dieu Donné (chardonnay de calidad), Fairview, Glen Carlou, La Motte, Nederburg (vendimias tardías), la cooperativa Simonsvlei y Villiera (excelentes sauvignon y merlot).

Stellenbosch District WO

En la bonita ciudad de Stellenbosch, cuya universidad acoge una facultad de viticultura y enología, se concentra el mayor número de explotaciones productoras de vino de calidad (15,6 % de las viñas del país). El distrito posee tres tipos de suelos: arenisca de Table Mountain al oeste (perfecta para vinos blancos), aluviones alrededor del río Eerste y granito al este (mejor para los tintos), donde se sitúa la zona de Simonsberg-Stellenbosch WO, en las estribaciones de las montañas.

Las variedades incluyen cabernet sauvignon, cabernet franc, merlot y shiraz. El distrito también produce algunos de los mejores vinos de pinotage (de maduración más precoz que la cabernet). Muchos vinos prestigiosos son tintos de mezcla, a menudo criados en barrica de roble.

Entre los mejores productores: Beyerskloof, Louisvale, Meerlust, Mulderbosch, Neethlingshof (por el Weisser Riesling Noble Vendange Tardive), Overgaauw, Rustenberg, Rusten-Vrede, Simonsig, Thelema, Vriesenhof y Warwick (Trilogy, una mezcla de estilo bordelés).

Swartland District WO

Swartland posee el 12,9 % de las vides de Sudáfrica alrededor de las poblaciones de Darling, Malmesbury y Riebeek. La irrigación suele ser necesaria. Esta región es una fuente tradicional de vinos generosos de gran calidad, hechos de cepas como la hanepoot, de vinos tintos robustos y sólidos de cinsaut, tinta barocca, pinotage y shiraz, y de buenos vinos asequibles de riesling, colombard, bukettraube y fernão pires.

Entre los buenos productores: Allesverloren (por los vinos de estilo oporto) y la cooperativa de Swartland.

Tulbagh District WO

Rodeadas casi por completo por las montañas Winterhoek (que crean muchos microclimas), las viñas de Tulbagh están situadas en el límite este de Swartland. El clima es caluroso y relativamente seco. También es necesaria la irrigación para las vides situadas en los suelos arenosos del fondo de los valles, pero menos para las de las laderas, más húmedas. El productor más conocido es Twee Jongegezellen.

Boberg Region WO

Esta denominación sólo suministra vinos generosos elaborados en los distritos de Paarl y Tulbagh.

BREEDE RIVER VALLEY REGION WO

Esta región abarca los tres distritos de Worcester, Robertson y Swellendam, donde corre el río Breede, y Wolseley, actualmente poco importante para la viticultura.

Worcester District WO

Una veintena de cooperativas suministran el 25 % de los vinos del país, entre los que destacan los riesling (weisser riesling), los sauvignon y los colombard, y vinos de postre de muscadelle blancos y tintos. También es la región más importante para la producción de aguardiente. Worcester cubre la mayor parte de los valles del río Breede y sus afluentes, cada uno de los cuales posee un microclima muy particular. La cooperativa Nuy es un buen productor.

Robertson District WO

Los suelos ricos en caliza de este distrito están particularmente bien adaptados a la viticultura, y en él se cultiva el 10 % del viñedo de Sudáfrica. Bordeado al norte y al sur por cadenas montañosas y con un clima caluroso y árido, el distrito no pudo practicar la viticultura hasta la construcción de un gran embalse, a principios de siglo. Actualmente, las fincas y las bodegas cooperativas de Robertson suministran algunos de los chardonnay y shiraz más apreciados del Cabo, así como espumosos y vinos de postre generosos tradicionales.

Entre los mejores productores: Graham Beck Winnery (espumosos), Bon Courage, De Wetshof (chardonnay sublimes), Rietvallei, la cooperativa Rooiberg y Weltevrede.

Swellendam District WO

Esta región está dedicada a la producción de grandes volúmenes para las cooperativas.

OTROS DISTRITOS
Klein Karoo District WO

El distrito se extiende desde Montagu, al oeste, hasta Oudtshoorn, al este. Hay que regar las viñas, generalmente plantadas en o cerca de los valles fluviales. Se da bien la chenin, cepa versátil del Cabo con un buen nivel de acidez natural que produce una gama de estilos que van desde los blancos secos a los blancos dulces y los rosados. Los suelos fértiles de esquisto rojo y los aluviones ricos y profundos, más cerca de los ríos, van mejor al muscadelle y a los otros vinos de postre, que dan fama a la región. Las bodegas cooperativas suministran la mayor parte de la producción. Boplaas produce excelentes vinos generosos de estilo oporto.

Olifants River/Olifantsrivier District WO

Este distrito se extiende de norte a sur a lo largo del valle. Las vides están plantadas en suelos de arenisca o de caliza. Los veranos pueden ser calurosos y la pluviosidad bastante reducida, pero el esmero en la conducción de la vid, privilegiando el follaje, permite que la uva madure a la sombra. Gracias a técnicas de vinificación modernas, Olifantsrivier es una fuente importante de vinos con buena relación calidad/precio, sobre todo los de la cooperativa Vredendal.

Overberg District WO

Overberg, al sur de Paarl y Stellenbosch, debería convertirse en uno de los distritos más interesantes de Sudáfrica. Unos viñedos minúsculos salpican grandes extensiones de trigales, sobre todo en la zona Walker Bay WO. Estas viñas disfrutan de las brisas frescas del Atlántico y poseen suelos de esquisto descompuesto para excelentes chardonnay y el pinot noir.

Entre los mejores productores: Bouchard-Finlayson, Hamilton Russell y Vergelegen.

Piketberg District WO

Este amplio distrito de relieve llano, entre Swartland y Tulbagh, al sur, y Olifantsrivier, al norte, padece temperaturas muy altas en verano y lluvias débiles, lo que explica el riego frecuente. La mayoría de los tintos se elabora al estilo de los oportos en bodegas cooperativas. Las inversiones realizadas para mejorar las técnicas vitícolas han permitido la aparición de vinos secos fáciles de beber.

Otros distritos

Douglas y Andalusia son las dos WO que rodean Kimberley, en el centro del país. Cada una tiene una cooperativa. Benede-Oranje, WO cercana a Augrabies, en el valle del Orange, también está en el centro del país. Estos distritos producen esencialmente vino a granel y de postre.

ZIMBABWE

El único otro país del sur del continente africano que hace vinos dignos de interés es la República de Zimbabwe.

La viticultura de Zimbabwe se inició con la plantación de parras para la producción de uva de mesa en la década de los 40. Un cuarto de siglo más tarde, se plantaron vides y la actividad vitícola llegó a su apogeo a principios de la década de los 80, cuando un centenar de viticultores suministraban uva para los centros de vinificación. Durante los últimos años, los vinos han desaparecido del mercado de exportación. Actualmente se cultivan cerca de 600 ha, pero sólo hacen vino tres empresas.

El clima no es realmente muy adecuado para la viticultura. Los inviernos suaves y los veranos calurosos no favorecen la producción de fruta de calidad. El riego es indispensable, al igual que un programa de control de las muchas especies nocivas. Los suelos son malos y algunas plantas, importadas de Sudáfrica, proceden de viñas de poca calidad o tienen virus. Con mucho trabajo, optimismo e ingenio, y gracias a la tecnología moderna, finalmente se han podido superar estos problemas. Zimbabwe produce anualmente más de 264 000 botellas de vinos tranquilos y espumosos. Las variedades principales son la cabernet sauvignon, la cinsaut y la pinotage para los tintos; y la colombar(d), la steen (chenin blanc), la clairette blanche y la hanepoot (muscat de Alejandría) para los blancos.

A principios de la década de los 90, los vinos de Zimbabwe tuvieron éxito en varios concursos internacionales, lo que demuestra el potencial de esta joven industria, pero su calidad es más correcta que buena.

Productores
African Distillers (Afdis)

Tres viñedos pertenecen a esta empresa –Green Valley, cerca de Mutare, Bertrans, en Gweru, y Worringham, cerca de Bulawayo– que también compra uva. Actualmente prueba diversas variedades nuevas que podrían adecuarse al difícil clima de Zimbabwe.

Monis Wineries

Monis posee viñas en el valle Mukuya, al sur de Marondera, a una hora y cuarto de coche de Harare, la capital, y además compra uva. Los edificios vinícolas fueron construidos en 1978, después de investigaciones técnicas minuciosas realizadas en Europa y California. Aparte de vinos tintos y blancos tranquilos, de vinos de vendimia tardía y de generosos, Monis ha lanzado en 1993 un espumoso por método tradicional, criado en madera, en dos estilos, Extra Dry y Medium. Las proyecciones de venta son del orden de 480 000 botellas en el mercado local y de exportación.

Philips Central Cellars

Este bodeguero de Zimbabwe compra la mayor parte de su vino pero también posee un viñedo de 7 ha en Enterprise, a 356 km de Harare. Situada en alto y en un clima bastante fresco y de baja pluviosidad, esta viña debería estar mejor adaptada a la viticultura que los demás emplazamientos del país. Las marcas Nyala y Flame Lily de Philips se venden bien en el mercado nacional. Philips empieza a embotellar vinos blancos elaborados con gewürztraminer, riesling y bukettraube, que podrían resultar los más interesantes de Zimbabwe.

Inglaterra, País de Gales

Los ingleses empezaron a elaborar vino en la época romana, en el siglo I. Sin embargo, las vides italianas se acomodaron mal al clima frío y el país debía importar más vino del que producía.

En la época de los sajones, en el siglo V, había viñas en Cambridgeshire, al este, y Gloucestershire, al oeste. Después de la conquista normanda, en 1066, el cultivo de la vid se mantuvo durante cerca de cinco siglos en las fincas de los aristócratas y los monjes. La tradición se perpetuó hasta la Primera Guerra Mundial, que puso fin a las actividades vitícolas británicas.

La producción volvió a despertar lentamente en la década de los 50, cuando un pequeño grupo de viticultores emprendedores intentó encontrar vides capaces de aclimatarse al frío y a la humedad.

La proximidad del mar suaviza la temperatura, pero las raíces, empapadas de agua, no permiten que la vid dé buen vino: es vital elegir un emplazamiento bien drenado.

Las heladas de primavera constituyen otro peligro; y finalmente hay que abrigar las vides del viento. Además, la vendimia es difícil de programar. En efecto, la uva tiene que madurar todo lo posible, pero debe ser cosechada antes de que la lluvia o el hielo pudran los racimos.

Estas primeras investigaciones permitieron emprender una auténtica viticultura comercial a principios de la década de los 70; diez años más tarde, había 450 ha de vid y más de 1 000 ha en 1994. Actualmente, existen cerca de 500 viñedos bien establecidos, que producen alrededor de 2 400 000 botellas al año.

Variedades y estilos de vino

Gran parte del vino inglés es blanco, ligero, con un perfume floral y con buena acidez; algunas explotaciones empiezan a elaborar vinos tintos y espumosos. La mayoría de los vinos se han de beber jóvenes. Sin embargo, algunos pueden envejecer en botella hasta cerca de diez años. Más de la mitad de las viñas están plantadas con híbridos alemanes, como la müller-thurgau, la bacchus, la reichensteiner y la schönburger. El híbrido seyval blanc, que es resistente al hielo, cubre casi el 13 % de la superficie cultivada. Los viticultores, en esta industria todavía joven, realizan numerosos experimentos para los que emplean una treintena larga de otras variedades.

Se plantan pocas cepas de vinos tintos –como la pinot noir, la triomphe d'Alsace, la dornfelder y la dunkelfelder. La producción de vinos tintos y rosados es, por tanto, bastante reducida.

La legislación

Hay que distinguir entre el vino inglés y el vino británico. El vino inglés (o galés) procede de uva cultivada y cosechada en las viñas de Inglaterra y del País de Gales. El vino británico, en cambio, es un producto industrial que se fabrica a partir de mosto concentrado de importación.

La mayor parte de los vinos ingleses llevan la denominación de «vino de mesa» (la legislación europea no permite la denominación de vino de calidad cuando procede de híbridos). La *English Vineyards Association* (Asociación de viñedos ingleses), organismo comercial que representa a la mayoría de los viñedos, atribuye su *Gold Seal of Quality* (Sello de Oro de Calidad) a vinos que superan un análisis y una cata rigurosas de un jurado de *Masters of Wine*.

La denominación oficial de la Unión Europea *English Vineyards Quality Wine* (vino de calidad de los viñedos ingleses) debería aparecer pronto en las botellas que la merezcan, pues la legislación, actualmente en fase de modificación, definirá las regiones de vinos de calidad del Reino Unido.

El nombre del viñedo o de la explotación que ha embotellado el vino suele figurar en letra grande. La etiqueta incluye a veces una descripción, como por ejemplo *dry white* (blanco seco), o el nombre de la variedad, cuando ésta constituye por lo menos el 85 % de la mezcla.

Si se citan dos cepas, su proporción puede variar, pero constituyen el 100 % de la mezcla.

Invierno en las viñas de Denbies.

REGIONES Y PRODUCTORES

Al norte, se cultiva la vid hasta Yorkshire, pero a causa del clima, la mayor parte de las viñas se encuentran en la mitad sur del país, desde Cornualles, al oeste, hasta Suffolk, al este, sin olvidar el País de Gales y las islas Anglonormandas. La mayor concentración está en el sureste, en Kent, East Sussex y West Sussex. La explotación media ocupa entre 2 y 3 ha, pero los viñedos pueden ir de 0,5 ha a cerca de 25 ha.

La mayor finca vitícola inglesa es, sin duda alguna, Denbies, en Surrey, con cerca de 100 ha. Entre los demás productores habría que citar: Adgestone (isla de Wight), Barkham Manor (East Sussex), Biddenden (Kent), Breaky Bottom (East Sussex), Carr Taylor (East Sussex), Lamberhurst (Kent), Nutbourne Manor (West Sussex), Pilton Manor (Somerset), Tenterden (Kent), Thames Valley (Berkshire), Three Choirs (Gloucestershire) y Wooton (Somerset).

India, China y Japón

En realidad, el vino jamás ha formado parte de la cultura de la India ni de los países del Extremo Oriente, aunque la viticultura haya existido en regiones donde el clima lo permitía. Algunas cepas de la familia *Vitis vinifera* son originarias de la India y Japón, y en el continente existen muchas otras especies, en particular la *Vitis amurensis*, que, cruzada con la *vitifera* ha dado el híbrido chino beichun.

INDIA

La India elabora vino desde hace 2000 años, pero hubo que esperar la llegada de los colonos portugueses, en el siglo XVI, para que naciera una auténtica industria organizada. Las variedades portuguesas de Goa todavía dan vino, pero son sobre todo las imitaciones de los nuevos vinos europeos las que están hoy relativamente en boga. Cada vez se plantan más variedades como chardonnay, ugni blanc, muscat, pinot noir, merlot y cabernet sauvignon, y mejora la tecnología.

La India tiene cerca de 50 000 ha de vides, pero menos del 1 % sirve para elaborar vino (2 millones de botellas/año). La producción se concentra en el este y noreste de Bombay, en la región del Decán, cuyas mesetas ofrecen condiciones climáticas aceptables, e incluso ideales, para la viticultura. Antaño, la legislación obligaba a los productores a exportar la totalidad del vino. Desde 1988, autoriza la venta del 25 % de la producción en el mercado nacional.

Actualmente, cierta cantidad de empresas indias están asociadas con inversores occidentales que les ayudan a exportar. A cambio estos últimos pueden introducirse en el mercado indio, compuesto por 800 millones de personas.

Los vinos indios, vendidos en botellas cerradas por una cápsula atornillada, son tradicionalmente espesos y dulces. En 1985 apareció el Omar Khayyam, un vino blanco espumoso elaborado por el método tradicional.

Las viñas de Suntory, en Japón.

Este vino sobresaliente ha hecho soñar al mundo internacional del vino, llevando a la industria de los vinos indios de calidad, que se desarrolla poco a poco, casi hasta el siglo XXI.

CHINA

La viticultura no es totalmente ajena a la cultura china, pero ha tenido poca importancia en su historia. Misioneros europeos y mercaderes plantaron vides a principios del siglo XX en la península de Shandong (Shan-Tong), en el noreste de China. La mayoría de las cerca de 30 000 ha de vid plantadas hoy se encuentran todavía en esta región, que produce alrededor de 12 millones de botellas/año. Sin embargo, hay pocas estadísticas precisas que confirmen la exactitud de estos datos.

Gran parte de los viñedos chinos están situados en las regiones de clima fresco, cuyas temperaturas descienden hasta 3 °C en invierno y se elevan a 26 °C en verano. En contrapartida, las lluvias son abundantes, sobre todo durante el período de crecimiento, en los meses de julio y agosto. Los tifones constituyen un grave peligro. Las mejores viñas suelen estar plantadas en las vertientes expuestas al sur, en tierras aluviales bien drenadas. Los viñedos más meridionales, más afectados por la humedad, pueden tener problemas de podredumbre.

Las variedades importadas por los misioneros –rkatsiteli, welschriesling, gewürztraminer y muscat negro de Hamburgo– todavía son mayoritarias. Tradicionalmente, la beichun, híbrido tinto de múltiples cualidades, bastante resistente a las enfermedades criptogámicas y al frío, y las cepas de uva de mesa dragon's eye, cow's nipple y cock's heart sirven para elaborar los vinos chinos semidulces, esencialmente blancos. El más conocido, el Kui hua chen chiew, se exporta a todos los países de Extremo Oriente.

China tiene alrededor de 90 explotaciones, un tercio de las cuales se esfuerza por producir un vino de calidad honrada. Desde la década de los 80, caracterizada por un espíritu de apertura a las inversiones extranjeras, cinco multinacionales financian material y expertos. La uva producida localmente se compra a pequeñas viñas familiares contratadas a la espera de que los nuevos viñedos, plantados con variedades clásicas europeas, lleguen a su madurez.

El objetivo es la producción de mezclas de semisecos esencialmente blancos, fáciles de beber, destinados tanto al mercado nacional como a la exportación: los restaurantes chinos de todo el mundo representan una salida nada desdeñable. Aparte de Rémi Martin, Hiram Walker y Pernod-Ricard (véase recuadro p. 496), también el grupo italiano Impexital y Seagram están interesados en invertir en China.

Las explotaciones del Estado más modernas empiezan a elaborar vinos de tipo occidental. Se aprovisionan ampliamente de riesling y chardonnay, lo que hace subir los precios de estas variedades todavía poco cultivadas y encarece estos vinos, que resultan bastante más caros que los tradicionales. China, después de incluir el mercado de Hong Kong, en 1997, tiene muchas oportunidades de aprovechar su enorme potencial.

JAPÓN

Aunque los japoneses no beban vino, practican la viticultura desde hace mucho tiempo. En 1186, la única cepa *vinífera* nipona, la koshu –que da vinos blancos afrutados– se cultivaba en viñedos cercanos al monte Fuji, al sur del valle de Kofu y al oeste de Tokyo. Esta región vitícola es todavía la más importante y las mejores viñas están plantadas en suelos volcánicos y de gravas, en vertientes expuestas al sur. La mayoría de las regiones vitícolas japonesas se encuentra en el sur de la isla principal. Al norte, la isla de Hokkaido tiene dos regiones vitícolas, y Kyushu, en el sur, tiene una.

Las variedades más corrientes son los híbridos americanos, traídos por japoneses a finales del siglo XIX, después de investigaciones hechas en el extranjero: la campbell's early (tinta y apagada); la delaware (blanca delicada pero poco ácida, particularmente adecuada para espumosos); y la muscat bailey A (un híbrido de koshu y de *Vitis labrusca* que produce rosados aceptables). Estas cepas, además de la koshu, constituyen el 85 % del viñedo japonés. El resto está plantado de sémillon, riesling, chardonnay, cabernet sauvignon y merlot. La superficie vinícola total produce 86 640 000 botellas/año. Los híbridos están mejor adaptados que las variedades europeas o asiáticas a este archipiélago de clima tan diferente (inviernos rigurosos, tifones, monzones, vientos salados) del de la cuenca mediterránea, a la misma latitud. Los aromas *foxed* de los vinos híbridos quedan en parte enmascarados por los 260 g de azúcar/l autorizados por ley: al consumidor le gusta lo dulce.

Los años 70 fueron época de cambios con la llegada de expertos extranjeros –franceses y australianos– y la introducción de variedades francesas y alemanas. Tres multinacionales japonesas, Sanraku, Mann y Suntory, construyeron explotaciones ultramodernas para la elaboración de vinos para el mercado nacional.

Los vinos suelen ser honestos, aunque carecen de carácter porque la vendimia se realiza durante las fuertes lluvias de septiembre. Los vinos locales, baratos, algunos de los cuales proceden de variedades europeas, han tenido un gran crecimiento y han empezado a competir con los costosos vinos importados, por lo que nada impide pensar que Japón se convertirá en un gran consumidor de vino.

Todos los vinos, salvo los mejores vinos europeos, se mezclan con vinos de importación baratos y llevan la mención «Produce of Japan». Cuando el vino importado a granel constituye más del 50 % de la mezcla, debe mencionarse en la etiqueta. No obstante, esos vinos tienden a desaparecer a medida que los vinos importados se distribuyen a mayor escala y a mejores precios. □

REGIONES Y PRODUCTORES

INDIA

C I Ltd
El multimillonario Sham Chougule tiene una explotación ultramoderna a 150 km de Bombay, en Narayangaon, en las montañas de Sahyadri. La mitad del viñedo de 40 ha está plantado de chardonnay. Está situado en un terreno rico en caliza, expuesto al este, a 750 m de altitud, lo que suaviza parcialmente el clima seco y cálido de la India. Su vino seco espumoso, el Omar Khayyam, fue una sorpresa para los catadores europeos. A base de una mezcla compuesta por un 20 % de chardonnay y una parte de ugni blanc, está elaborado según los consejos de expertos extranjeros, originariamente los de la casa de Champagne Piper-Heidsieck.
Con su socio financiero Pernod-Ricard, Chougule se dispone a lanzar al mercado indio el Marquise de Pompadour, versión semiseca del Omar Khayyam hecha con una mezcla que incluye un 20 % de uva de mesa thompson seedless.
También prepara vinos tranquilos al estilo europeo: un blanco Riviera White semidulce (ugni blanc, thompson seedless y chardonnay) y un tinto Riviera Red (pinot noir, cabernet sauvignon y bangalore blue).

Pimpane
La cooperativa de Pimpane, cerca de Nasik, a 160 km al noreste de Bombay, asociada a la empresa de Champagne Charbaut, produce un espumoso bastante seco, elaborado totalmente con thompson seedless. Llamado Princess Jaulke, se vende en Francia y el Reino Unido desde 1992.

CHINA

Beijing Friendship Winery
Esta explotación, asociada con Pernod-Ricard, produce 480 000 botellas de Dragon Seal blanco, una mezcla de variedades chinas y francesas.

Hua Dong Winery
La empresa, que pertenece en parte a Hiram Walker, está asociada a la explotación estatal Shandong Peninsula Qingdao. Asesores australianos han hecho plantar un viñedo experimental de chardonnay. Los vinos exportados más conocidos son los blancos Tsingtao.

Rémy Martin
El primer vino blanco chino de estilo moderno fue el Great Wall, elaborado en 1978 conjuntamente por Rémy Martin y la Oficina agrícola de Tianjin. La producción del Dinasty (tinto y blanco), destinada tanto al mercado nacional como a la exportación, totaliza 1 440 000 botellas. El Imperial Court, un blanco espumoso método tradicional, a base de chardonnay, pinot noir, pinot meunier y ugni blanc, se elabora en una explotación cercana a Shanghai.

JAPÓN

Los vinos japoneses de calidad proceden del Château Lumière (que pertenece a la vieja empresa familiar de Toshihiko Tsukamoto) y del Château Mercian (perteneciente a Sanraku), cuyos chardonnay, cabernet sauvignon y merlot son concentrados y profundos. El mejor vino de Suntory es el Château Lion, tipo sauternes, hecho de sémillon botrytizado. Se vende a un precio comparable al del Château d'Yquem.

REFERENCIAS

498 MENCIONES OBLIGATORIAS EN LAS ETIQUETAS

500 LEGISLACIÓN

502 DENOMINACIONES DE CALIDAD

503 TABLAS DE AÑADAS INTERNACIONALES

508 CALIFICACIÓN DE LAS COSECHAS EN ESPAÑA

510 REGIONES VITÍCOLAS Y PRODUCCIÓN

514 GLOSARIO

521 ÍNDICE

MENCIONES OBLIGATORIAS EN LAS ETIQUETAS

Hay algunas menciones que deben figurar en la etiqueta de una botella de vino de calidad (a diferencia de la de un vino de mesa, véase p. 502). En la legislación de cada país de origen se definen las que tienen que figurar obligatoriamente, las que pueden citarse y las que no deben aparecer. La tabla siguiente resume la situación para los mayores exportadores de vino de calidad del mundo.

Leyendas
Obligatorio = O
Permitido = P
Prohibido = X

	ESPAÑA	FRANCIA	ITALIA	ALEMANIA	PORTUGAL	INGLATERRA	HUNGRÍA	GRECIA	AUSTRIA	CHIPRE	ISRAEL	BULGARIA	RUMANIA	ESTADOS UNIDOS	AUSTRALIA	NUEVA ZELANDA	CHILE	ARGENTINA	SUDÁFRICA
1 El término «vino»	X	O/X	X	X	X	X	X	X	O	O	O	O	O	O	O	O	O	O	O
2 País de origen	O	O	O	O	O	O	O	O	O	O	O	O	O	O	O	O	O	O	O
3 Denominación de origen	O	O	O	O	O	O	O	O	O	P	O	P	O	P	O	P	O	O	O
4 Contenido de la botella	O	O	O	O	O	O	O	O	O	O	O	O	O	O	O	O	O	O	O
5 Contenido de alcohol	O	O	O	O	O	O	O	O	O	P	O	O	O	O	O	O	O	O	O
6 Nombre y dirección del embotellador o del propietario de la marca	O	O	O	O	O	O	O	O	O	O	O	O	P	O	O	O	O	P	O
7 Nivel de calidad	O	O	O	O	O	O	O	O	O	P	P	O	P	O	P	P	P	P	X
8 Mención del SO₂ y de otros aditivos	X	X	P	X	P	X	P	X	P	X	P	P	X	O	O	P	X	X	X
9 Variedades	P	P	P	P	P	P	O	P	P	X	O	P	P	P	P	O	P	O	P
10 Término «finca» (que da a entender que el vino procede exclusivamente de la mencionada finca)	P	P	P	P	P	P	P	P	P	X	P	P	P	O	P	P	P	P	O
11 Cosecha	P	P	P	P	O	P	O	P	P	X	P	P	P	P	O	P	O	P
12 Mención «seco», «dulce», «licoroso»	P	P	P	P	P	P	O	P	O	P	O	O	P	P	P	P	P	P	P
13 Aprobación (análisis o degustación)	O	X	P	O	P	X	P	X	O	X	P	O	X	X	P	P	X	O	P
14 Sello de autenticidad (en la etiqueta o el tapón)	P	O	P	P	O	X	P	O	O	O	X	P	X	X	X	X	P	X	O
15 Nombre del viñedo	P	P	P	P	P	P	P	P	P	X	X	P	P	P	P	P	P	X	P

Los comentarios siguientes se refieren a los puntos citados en la tabla de la página opuesta. Para más detalles sobre la lectura de una etiqueta, véase p. 51.

1. **La palabra «vino»** no tiene que figurar en las etiquetas de vino de calidad de la Unión Europea, pues el sistema de denominación controlada de cada país la hace inútil (véase pp. 500-501). Los vinos VDQS franceses son la única excepción. Todo vino importado por la Unión Europea o producido en un país exterior ha de señalar claramente la palabra «vino» en la etiqueta.

2. **El país de origen** no tiene que figurar en la etiqueta si el vino no está destinado a la exportación. En caso contrario, la mención es obligatoria para todos los vinos y todos los países.

3. **La denominación de origen** se basa generalmente en una región geográfica (ej.: Rioja en España) o en una variedad (ej.: Barbera d'Alba en Italia).

4. **El contenido de la botella** suele expresarse en centilitros (75 cl).

5. **El contenido de alcohol** (esencialmente alcohol etílico) se expresa casi siempre en porcentaje (12 %/vol), pero puede expresarse también en grados (12°). Su mención, que debe tener una precisión de 0,5 %, ya es obligatoria en casi todos los países.

6. **El nombre y la dirección** de quien embotella o del propietario de la marca han de figurar en todas las etiquetas de la Unión Europea y la mayor parte de los demás países. Si un producto está embotellado por una empresa subcontratada, la responsabilidad sigue siendo de la empresa para la cual se embotella. Cuando se trata de una marca de propietario, la responsabilidad es de la sociedad cuyo nombre y dirección figuran en la etiqueta. La identificación por lotes es similar: se trata de un código de referencia que permite identificar el lote exacto embotellado.

7. **El nivel de calidad** de los vinos de la Unión Europea forma parte del sistema de denominación controlada (véase pp. 500-501); lo mismo ocurre en los demás países que tienen un sistema similar. En realidad, no es siempre una garantía de calidad, ni siquiera cuando todos los vinos se someten a un juicio de cata.

8. **La mención de la presencia de anhídrido sulfuroso o de aditivos** debe aparecer en todos los vinos exportados a Estados Unidos o producidos en ese país. El anhídrido sulfuroso (SO_2), utilizado como conservante en el vino, así como en otros productos alimenticios, está presente naturalmente en el cuerpo humano. La tasa tolerada por la Unión Europea es de 160 mg/l para el vino blanco, 210 mg/l para el tinto y 260 mg para los vinos dulces, a excepción del *Beerenauslese* y del *Trockenbeerenauslese*. La utilización de aditivos –productos naturales tales como los ácidos ascórbico (vitamina C) y sórbico– es objeto de una reglamentación muy estricta. Dentro de poco, en las etiquetas estadounidenses podría ser necesario relacionar los pesticidas utilizados en la viña.

9. **La variedad** es hoy una indicación muy utilizada en todo el mundo. El porcentaje de variedad(es) contenida(s) en la botella está estrictamente reglamentado. Los vinos de la Unión Europea que mencionan una cepa deben contener, por lo menos, un 85 % de la misma. Cuando en la etiqueta figuran dos variedades, deben constituir el 100 % de la mezcla y hay que nombrar en primer lugar la cepa dominante. Ninguna etiqueta puede mencionar más de dos variedades, aunque el detalle de todos los viduños aparece en ocasiones en las contraetiquetas. En el resto de los países, el vino tiene que contener del 75 al 100 % de la variedad nombrada. Algunos, en particular Australia, Bulgaria y Chile, tienen el derecho de mencionar dos cepas.

10. **El término «finca»** (que indica que un vino procede exclusivamente de uva producida en esa propiedad) suele estar permitido en la etiqueta, pero a menudo se utiliza mal. En Sudáfrica, por ejemplo, se puede decir «finca» cuando la uva procede de una finca vecina o cercana que posea el mismo suelo y el mismo microclima.

11. **La cosecha** que figura en la etiqueta indica que por lo menos el 85 % del vino (95 % en Estados Unidos) procede de dicha añada.

12. **Una mención «seco» o «dulce»** suele estar autorizada en la etiqueta con todas sus letras y, en el caso de los vinos blancos, con símbolos que ya se han hecho internacionales en la actualidad. En los vinos efervescentes europeos, es obligatoria la mención «brut» o «semiseco».

13. **La aprobación** por una prueba (cata/control de calidad en laboratorio) es cada vez más frecuente en las etiquetas de muchos países. Por ejemplo, el caso más claro es el de todas las etiquetas de los vinos de calidad alemanes, que llevan un número AP (*Amtliche Prüfungsnummer*, número de control oficial). La reglamentación DOCa española y la DOCG italiana exigen hoy una cata antes del embotellado y después del añejamiento. El *Show System* (concurso de cata) australiano y neozelandés es comparable a la prueba de degustación.

14. **Un sello oficial** (colocado bajo la cápsula, sobre el corcho, en la parte posterior de la etiqueta, etc.) es un medio del organismo de control regional para autentificar el origen y la calidad. En Sudáfrica y en Austria se trata de una «banda» otorgada por el gobierno. En Australia no hay un organismo oficial que conceda estos sellos, pero existe sin embargo un deseo de reglamentación, como lo demuestra el logotipo gubernamental de los vinos de calidad de Nueva Gales del Sur.

15. **El nombre de la viña** está autorizado casi siempre cuando se trata de una garantía de calidad adicional y forma parte integrante del sistema francés en algunas AOC, como los *grands crus* de Burdeos, los *clos* de Borgoña, etc.

LEGISLACIÓN

La mayoría de los países productores de vino del mundo tienen una legislación muy estricta que reglamenta todas las etapas de la producción de un vino de calidad. Para pretender el estatuto de vino de calidad, el producto ha de adecuarse a dicha legislación; en caso contrario, se sitúa en una categoría de calidad inferior (véase p. 502).

Leyendas
Sí = ✔
No = ✘
Obligatorio = O
Permitido = P

	ESPAÑA	FRANCIA	ITALIA	ALEMANIA	PORTUGAL	INGLATERRA	HUNGRÍA	GRECIA	AUSTRIA	CHIPRE	ISRAEL	BULGARIA	RUMANIA	ESTADOS UNIDOS	AUSTRALIA	NUEVA ZELANDA	CHILE	ARGENTINA	SUDÁFRICA
1 Indicación de origen controlado	✔	✔	✔	✔	✔	✔	✔	✔	✔	✔	✔	✔	✔	✔	✔	P	P	✔	✔
2 Denominaciones de origen	✔	✔	✔	✔	✔	P	✔	✔	✔	✘	✔	✔	✔	✘	✘	✔	✔	✔	✔
3 Variedades: mención del tipo	✔	✔	✔	✔	✔	✔	✔	P	✔	✔	✔	✔	✔	✔	P	O	✔	✔	✘
mención del porcentaje	✘	✔	✔	✔	✔	✔	✔	✘	P	✘	✔	✘	✘	✔	P	O	P	✘	✔
4 Modo de cultivo (salvo densidad por hectárea)	✔	✔	✔	✔	✔	✘	✔	✔	✔	✔	P	✔	✔	✘	✘	✘	✔	✔	✘
5 Densidad de plantación (número de cepas por hectárea)	✔	✔	P	✔	✘	✘	✘	✘	✘	✔	✔	P	✔	✘	✘	✘	P	✔	✔
6 Irrigación	✔	✘	P	✘	✘	✘	P	✘	P	✘	✔	✘	✔	✔	✔	✔	✔	✔	✘
7 Modo de elaboración: espumosos	✔	✔	✔	✔	✘	✔	✔	✔	✔	✘	✔	✘	✔	✘	✔	✘	P	✔	✔
vinos fortificados	✔	✔	✔	✘	✘	✔	✔	✔	✘	✔	✔	✘	✔	✘	✘	✘	✘	✔	✔
8 Modo de crianza	✔	P	✔	✔	✔	✘	✔	✔	✔	✔	✔	✔	✔	✘	P	✘	P	✔	✘
9 Tasas de SO_2 u otros aditivos	✔	✔	✔	✔	✔	✔	✔	✔	✔	✔	✔	✘	✔	✔	✔	✘	✔	✔	✘
10 Embotellado en el lugar de producción	P	P	P	P	✘	✘	P	✘	P	P	✔	✔	✘	✘	✘	✘	P	✔	P
11 Madurez de la uva/ alcohol potencial	P	P	✔	✔	✔	✔	✔	✘	✔	✔	✘	✔	✘	✘	✘	✘	✘	✔	✘

Los comentarios siguientes se refieren a los puntos citados en la tabla de la página opuesta.

1. **El control de la indicación de origen** es inherente a los sistemas de denominación basados, como en España, Francia e Italia, en la región o la variedad. La legislación de la mayoría de los países vitícolas exige que, si un pueblo o una región están citados en la etiqueta, un amplio porcentaje de la uva con la que se ha hecho el vino proceda de allí. Sin embargo, en los viñedos del Nuevo Mundo, el origen de la uva tiene poca importancia y sólo ahora se empiezan a definir los mejores emplazamientos.

2. **El sistema de denominaciones de origen** divide actualmente el mundo vinícola. Varios países que tienen sistemas de denominaciones desde hace tiempo desearían que la reglamentación se suavizara para poder hacer experimentos; otros tratan de organizar un sistema similar. Las denominaciones de origen francesas, alemanas, españolas, portuguesas, americanas y australianas están descritas detalladamente en las pp. 510-513.

Las denominaciones más interesantes de otros países están comentadas en el capítulo dedicado al país en cuestión.

3. **Variedades:** todos los vinos de calidad de la Unión Europea deben estar elaborados a partir de cepas pertenecientes a la familia *Vitis vinifera*, «recomendadas» y/o «autorizadas» para cada región específica por la legislación vigente. Inglaterra lucha por obtener la autorización de utilizar la seyval blanc para los vinos de calidad ingleses y galeses. En su calidad de híbrido francoamericano, no está autorizada en la actualidad.

En países como Estados Unidos y Canadá, los híbridos están permitidos y se hacen muchos experimentos. Sin embargo, cuando en la etiqueta figura una variedad, tiene que representar cierto porcentaje (véase p. 499, nota 9).

4. **El modo de cultivo,** es decir, las prácticas vitícolas con excepción de la densidad de plantación, suele estar estrictamente reglamentado en Europa, sobre todo en lo que respecta a la poda de la vid, que tiene una repercusión directa en el rendimiento. La legislación alemana se basa desde hace tiempo en el número de yemas autorizadas en la vid (y en la tasa de azúcar del mosto), privilegiando el volumen sobre la calidad. Los países exteriores a la Unión Europea, muchos de ellos con una industria vitícola naciente, adoptan un planteamiento más flexible.

5. **La densidad de plantación** es uno de los temas más polémicos, pero rara vez está reglamentada. Regiones tradicionalmente de alta densidad, como Borgoña, hacen pruebas con plantaciones de menor densidad, mientras que en Australia, donde la baja densidad constituía la norma, las viñas nuevas se plantan con un número mucho mayor de vides por hectárea.

6. **El riego** está autorizado en los países de la Unión Europea para los viñedos nuevos, considerados todavía en fase experimental, tales como el viñedo de Raimat en España, los de Carlos Falcó en Toledo, o el viñedo inglés, donde los cultivos son difíciles. Por el contrario, las viñas de denominación controlada no pueden recurrir a la irrigación.

En otros países más calurosos, cuanto mayor es la calidad del vino, menos se riega la vid. En Australia o Chile, y en regiones específicas como el Wachau austríaco o el distrito de Robertson en Sudáfrica, la viticultura no se puede practicar sin un sistema de irrigación –más o menos importante– que funcione en algunas épocas del ciclo de la vid.

7. **El modo de elaboración** de los vinos espumosos o de los vinos dulces naturales está generalmente reglamentado por una legislación específica.

8. **El modo de crianza** puede ser objeto de una reglamentación para ciertos vinos pertenecientes a determinadas denominaciones. Por ejemplo, el *Spätlese* austríaco ha de añejarse hasta el 1 de marzo del año siguiente a la vendimia, y los vinos *Prädikat* superiores, hasta el 1 de mayo.

En España, la mayoría de las legislaciones de las DO estipulan los meses mínimos de crianza, ya sea en envase de madera o botella, para obtener las calificaciones de calidad: crianza, reserva o gran reserva.

9. **Tasa de dióxido de azufre u otros aditivos.** Sobre su utilización y reglamentación véase p. 499, nota 8.

10. **El embotellado en el lugar de producción** es sin duda el preferido por las autoridades encargadas de la denominaciones, pues evita determinadas tentaciones de fraude y constituye una garantía de autenticidad adicional, aunque actualmente la legislación de la Unión Europea no permite exigirlo.

Algunos estilos de vino, como el cava, deben embotellarse en su bodega de elaboración por razones evidentes, ya que debe tener lugar la segunda fermentación en la misma botella en que luego se comercializarán.

En otros países, como Sudáfrica, hay que desconfiar de esta información. Se puede dar el nombre de una finca a un vino, aunque un camión cisterna haya transportado dicho vino recién fermentado a la bodega de un mayorista o un bodeguero fuera del distrito de origen, y éste tome el relevo de la crianza.

11. **Madurez de la uva y grado potencial de alcohol:** los sistemas de denominación de algunos países y determinadas regiones de estos países exigen un grado de madurez de la uva, como los sistemas alemanes o austríacos (*Spätlese, Auslese*, etc.), basados totalmente en este criterio de tasa mínima de alcohol. En Francia, sólo el muscadet tiene una tasa máxima de alcohol. En España, algunas denominaciones de origen exigen un nivel de madurez. En Argentina, el mosto, o zumo de uva no fermentado, debe alcanzar entre 10 y 14° Beaumé (lo que da una indicación aproximada del grado de alcohol potencial del vino).

DENOMINACIONES DE CALIDAD

El sistema de denominación de origen se introdujo originariamente en Francia para proteger los vinos de calidad de determinadas regiones tradicionales. Desde la década de los 60, otros países europeos han instaurado sistemas que se inspiran en los mismos criterios de selección. La Unión Europea reconoce normalmente cuatro niveles de calidad: esta tabla muestra cómo establecer un paralelo entre esos cuatro niveles en países diversos.

PAÍS	VINOS DE CONSUMO CORRIENTE		VINOS DE CALIDAD	
	Vino de mesa	*Vino de la tierra*	*Vino de denominación de origen*	*Vino de denominación calificada*
España	Vino de mesa	Vino de la tierra	Denominación de origen (DO)	Denominación de origen calificada (DOCa)
Francia	Vin de table	Vin de pays	Apellation d'origine vin délimité de qualité supérieure (VDQS)	Appellation d'origine contrôlée (AOC)
Italia	Vino da tavola (VDT)	Indicazione geografica tipica (IGT)	Denominazione di origine controllata (DOC)	Denominazione di origine controllata e garantita (DOCG)
Alemania	Deutscher Tafelwein	Landwein	Qualitätswein eines bestimmten Anbaugebietes (QbA)	Qualitätswein mit Prädikat[1] (QmP)
Portugal	Vinho de mesa	Vinho regional	Indicação de proveniência regulamentada (IPR)	Denominação de origem controlada (DOC)
Inglaterra	Table wine	Regional wine	English/Welsh Vineyards Quality Wine	Nil
Hungría[2]	Asztali Bor	TA'J Bor Country Wine	Minöségi Bor	Különleges Minöségú Bor
Grecia	Table wine. Cava	Vino de la tierra	Denominación controlada de origen (vino dulce) Denominación controlada de origen de calidad superior (vino seco)	Reserva o gran reserva
Austria	Tafelwein	Landwein	Qualitätswein Kabinett Prädikatswein[3]	Vinea Wachau[4]

1 El *Prädikat*, o distinción, abarca seis niveles de madurez y de calidad: Kabinett, Spätlese, Auslese, Beerenauslese, Trockenbeerenauslese y Eiswein.
2 Hungría ha presentado su candidatura para convertirse en miembro de la Unión Europea.
3 El *Prädikat*, o distinción, abarca ocho niveles de madurez y de calidad: Spätlese, Auslese, Beerenauslese, Trockenbeerenauslese, Eiswein, Ausbruch, Strohwein, Bergwein.
4. Los mejores vinos de la región de Vinea Wachau tienen sus propias distinciones de madurez o de calidad: Steinfelder, Federsiel, Smaragd.

TABLA DE AÑADAS INTERNACIONALES

Cada cepa, cada viña, cada pago, cada denominación presenta tales diferencias de una cosecha a otra que toda generalización es aproximada. He aquí, sin embargo, algunas indicaciones: la columna «Guardar» indica la madurez; «B» significa «para beber ahora»; «D», «probablemente ha pasado su apogeo y está en decadencia»; «G» quiere decir «para beber ahora, pero aún se puede guardar»; «L» significa «dejar en la bodega» («L10+» da una estimación de la época probable de madurez de la cosecha). Las calificaciones van de 1 a 10.

RIOJA
Tintos

El fenómeno de la aparición cíclica de las añadas, al llegar al mercado respectivamente los vinos de crianza, los reservas y los grandes reservas, obligaría a considerar cada uno de los niveles de diverso modo. Estos comentarios se refieren al nivel de reserva. Véase también p. 135.

	Nota	Guardar	Comentarios
1996	7?	L4+	Cosecha de resultados desiguales.
1995	9	L8+	Segunda añada excepcional consecutiva.
1994	9	L8+	Una de las cosechas del siglo.
1992	6	B	El tiempo incierto produjo dificultades.
1991	7	G	Cosecha desigual.
1990	7	B	Añada variable.
1989	6	B	Vendimia mediana.
1987	7	B	Cosecha honesta.
1985	9	G	Muy buena cosecha para los mejores vinos.

Entre las añadas anteriores a las comentadas conviene destacar las de 1982, 1973, 1970, 1964 y 1962.

PENEDÉS
Tintos

En el Penedés se producen cada vez más –y mejores– vinos de crianza, reservas y grandes reservas, elaborados tanto con las variedades típicas de la región (tempranillo, garnacha, cariñena, etc.) como con las internacionales cabernet sauvignon, merlot y pinot noir. No obstante, todavía persiste una de las especialidades de la región, la de los vinos jóvenes, para ser bebidos pronto. Véase también p. 147.

	Nota	Comentarios
1996	7	Las lluvias otoñales afectaron a esta cosecha.
1995	6	Añada de buena calidad.
1994	9	Una buena añada.
1992	6	Añada muy irregular.

De hallarse, merece prestar atención a los vinos correspondientes a las cosechas anteriores de 1980 y 1970.

RIBERA DEL DUERO
Tintos

A los tintos de Ribera del Duero, sobre todo los de crianza, les conviene madurar en botella, aunque algunos bodegueros los vinifican para ser bebidos más jóvenes. Véase también p. 162.

	Nota	Guardar	Comentarios
1996	9	L8+	Una cosecha excelente.
1995	8	L6+	Añada de muy buena calidad.
1994	7	L5+	El tiempo produjo algunos problemas justo antes de la vendimia.
1992	6	B	Añada de resultados variables.
1991	7	G	No todos los vinos alcanzaron su mejor calidad.
1990	6	B	Cosecha desigual.
1989	6	B	Añada muy irregular.

Entre las cosechas anteriores merecen ser tenidas en cuenta sobre todo las correspondientes a 1980, 1931, 1982 y 1968.

BURDEOS
Tintos: Médoc y Graves

La valoración se refiere a los *grands crus*; los demás vinos estarán listos para beber antes. Las cosechas más recientes tienen una fruta que parece desarrollarse con mayor velocidad, salvo en los años más maduros. Véase también pp. 203 y 211.

	Nota	Guardar	Comentarios
1997	7?	L7+	Buena cosecha con cabernet bien frutosos.
1996	8	L10+	Buena cosecha clásica, con cabernet sauvignon soberbios. Muy prometedora.
1995	9	L10+	Año excepcional, con algunos vinos brillantes.
1994	7	L6+	A pesar de las lluvias de septiembre, los vinos prometen.
1993	6	G	Las lluvias de septiembre han impedido la buena maduración de los cabernet, pero los merlot son buenos.
1992	6	G	Vendimia importante, los vinos son ligeros pero equilibrados.

Año	Nota	Guardar	Comentarios
1991	5	B	Las heladas de primavera y las lluvias han marcado esta cosecha pequeña.
1990	9	L10+	Vinos soberbios, bien construidos con taninos concentrados de gran finura.
1989	9	G	Año de vendimia muy madura. Los vinos son opulentos pero desiguales.
1988	8	G	Añada clásica afrutada.
1987	6	D	Tiempo desapacible, la uva carecía de madurez.
1986	8	G	Vendimia muy madura. Hermosa concentración de taninos.
1985	8	G	Muy buena cosecha clásica, muy afrutada con taninos finos.
1983	9	G	Un año de vinos cuyos fuertes taninos se han suavizado.
1982	10	G	Muy buena cosecha de uva muy madura.
1981	7	D	Una cosecha clásica con vinos un poco ligeros.
1979	7	D	Año muy desigual de un pago a otro.
1978	8	G	Cosecha elegante.
1975	9	G	Año de concentración tánica.

BURDEOS
Tintos: Saint-Émilion y Pomerol

Estos vinos de la «orilla derecha» no se desarrollan igual que los de Médoc y Graves. En su mayor parte alcanzan antes la madurez. Véase también pp. 217 y 220.

Año	Nota	Guardar	Comentarios
1997	7?	L7+	Bien logrado con merlot finos y delicados.
1996	7	L4+	Más desigual que para los médoc a causa de vendimias lluviosas, pero algunos muy buenos vinos.
1995	9	L10+	Muy buena maduración para los merlot. Excelentes vinos.
1994	8	G	El verano caluroso produjo vinos maduros, con merlot muy logrados.
1993	6	G	Muy buenos merlot; los pomerol son excelentes.
1992	5	B	Año lluvioso, vinos medianos.
1991	5	D	Hielo y lluvia, muy pocos vinos buenos.
1990	10	G	Soberbia añada de gran concentración.
1989	9	G	Año maduro con vinos bastante tánicos.
1988	9	G	Muy buena añada que presenta una buena estructura afrutada.
1987	6	D	Año mediocre con buenos merlot, mejores que en Médoc.
1986	8	G	Cosecha de gran madurez.
1985	8	G	Soberbia cosecha con una buena extracción de fruta.
1983	8	G	Buena añada con vinos desiguales.
1982	10	G	Añada de vinos muy concentrados.
1981	7	B	Cosecha bastante lograda.
1979	7	B	Buena cosecha para los mejores pagos.
1978	7	B	Cosecha afrutada con buenos vinos.
1975	9	G	Año de gran fuerza tánica.

BURDEOS
Blancos secos

Los comentarios valen para los *crus* clasificados de Graves. Los mejores graves blancos son vinos muy seductores en sus primeros años de vida que adquieren una gran complejidad después de una decena de años. Véase también p. 211.

Año	Nota	Guardar	Comentarios
1997	7?	L6+	Vendimia precoz y difícil. Falta de homogeneidad.
1996	8	L8+	Vinos finamente equilibrados, potentes, bien estructurados.
1995	8	L8+	Vinos potentes y muy finos, como en 1988.
1994	7	G	Vinos buenos, bien equilibrados.
1993	6	G	Muy buenos vinos muy afrutados.
1992	7	B	Cosecha desigual.
1990	9	G	Añada soberbia con blancos elegantes.
1989	9	B	Año maduro con vinos opulentos.
1988	8	B	Cosecha con vinos amplios.

BURDEOS
Sauternes

Sauternes y Barsac vivieron una década fastuosa a partir de 1980. Las cosechas difieren en cuanto a la cantidad y la calidad de la uva botrytizada, que aumenta la concentración y el carácter de los vinos. En función de los caprichos de la naturaleza, los vinos licorosos son excelentes o más o menos mediocres. Véase también p. 214.

Año	Nota	Guardar	Comentarios
1997	8?	L7+	Muy buena cosecha.
1996	9	L8+	Cosecha muy fina. Octubre favorable a la botrytis.
1995	9	L8+	Desarrollo muy rápido de la botrytis en la primera quincena de octubre.
1994	8	L6+	Otra cosecha escasa, pero buena, en que la selección fue rigurosa.
1993	6	G	Cosecha reducida de buenos vinos.
1992	6	G	Añada probre.
1990	10	G	Cosecha soberbia de vinos muy concentrados de una rara elegancia.
1989	10	G	Excelente cosecha de vinos clásicos y de raza.
1988	9	G	Muy buena cosecha.
1986	8	G	Muy buen año; los mejores *crus* son para guardar.
1985	7	B	Añada bien equilibrada.
1984	6	D	Buenos vinos afrutados.
1983	10	B	Gran añada de vinos opulentos.

Leyenda. B: para beber ahora; D: probablemente ha pasado su apogeo; G: para beber ahora, pero aún se puede guardar; L: dejar en la bodega; L10+: número estimado de años entre la vendimia de un vino y su madurez.

1982	7	B	Poca botrytis, pero vinos agradables.
1980	7	B	Buena añada.
1978	7	B	Buen año, pero sin botrytis.
1976	9	B	Gran añada de vinos opulentos muy concentrados.
1975	10	B	Una de las mejores cosechas del siglo.

BORGOÑA
Tintos

En esta región, muchos viticultores y bodegueros producen vinos muy diferentes, y las variaciones del clima pueden producir grandes diferencias dentro de la misma región. Los comentarios se basan en los *premiers crus* de Côte d'Or. Véase también pág. 223.

	Nota	Guardar	Comentarios
1997	8?	L6+	Año seductor con vinos que serán bastante precoces.
1996	9	L8+	Cosecha irregular, pero los vinos más finos son destacables.
1995	8	L6+	Buenos vinos, finamente afrutados, buen color.
1994	6	B	Vinos variables a causa del mal tiempo, correctos, incluso buenos.
1993	7	G	Buena cosecha.
1992	7	B	Una añada mediocre.
1991	8	B	Buena añada, pero producción reducida (hielo).
1990	9	G	Tercera gran añada consecutiva.
1989	9	G	Excelentes vinos, muy concentrados.
1988	9	G	Gran cosecha, con vinos de raza, para guardar largo tiempo.
1987	7	D	Vinos ligeros pero afrutados.
1986	6	B	Añada desigual con algunos vinos muy buenos.
1985	8	B	Una buena cosecha de vinos maduros, equilibrados y afrutados.
1983	8	B	Buena añada, con disparidades.
1978	9	B	Año excelente con una cosecha reducida de vinos muy buenos.

BORGOÑA
Blancos

Las calificaciones conciernen sobre todo a los *crus* de Côte de Beaune. Los vinos de Chablis son objeto de una mención al pie de la tabla. Véase también p. 223.

	Nota	Guardar	Comentarios
1997	9?	L8+	Una buena cosecha, al estilo de la de 1989.
1996	9	L8	Cosecha excepcional, muy dulce y de fina acidez.
1995	9	L9+	Cosecha reducida, vinos soberbiamente equilibrados, con una concentración excepcional, como en 1990, pero más fuertes de alcohol.
1994	7	G	Cosecha mejor que la de 1993 y que los tintos de 1994.
1993	6	G	Buena cosecha afrutada.
1992	8	G	Buena añada de vinos clásicos.
1991	7	B	Cosecha de vinos equilibrados.
1990	8	G	Tercera gran añada consecutiva: vinos amplios y de raza.
1989	9	B	Gran añada de vinos muy estructurados.
1988	8	D	Buena cosecha, vinos ligeros y afrutados.
1986	7	D	Buena añada.
1985	7	D	Añada muy madura con vinos pesados, a los que a veces falta elegancia.
1983	9	D	Gran cosecha con vinos potentes.
1982	7	D	Buena añada de vinos clásicos.

Chablis: 1997, 1996 y 1995 son cosechas excepcionales (sobre todo 1996), para guardar. 1993 y 1994 son añadas buenas. La cosecha de 1992 se distingue por una vendimia importante y vinos amplios y grasos.
La cosecha de 1991 se vio reducida por la helada, pero algunos *crus* deberían ser excelentes.
1990 es una añada muy buena para los *grands crus* que merecen ser guardados algunos años en la bodega. Hay que destacar algunas cosechas excelentes de *premiers* y *grands crus*: 1989, 1988, 1986, 1985 y 1983.

CHAMPAGNE

Sólo las casas muy grandes producen vinos que indican la cosecha en las añadas muy buenas.

El champagne de una gran añada de una gran casa merece pasar una decena de años en la bodega antes de ser comercializado.

Es poco probable que 1997 produzca champagnes de añada, mientras que 1996 debería ser una cosecha grande, como 1995 y el trío 1988, 1989 y 1990. Pero todavía hay grandes existencias de cosechas anteriores. 1985 es una cosecha muy buena, elegante y frutosa. 1983 es menos expresiva y más lograda en las *cuvées* de uva tinta. 1982 todavía es suntuosa, sobre todo en las *cuvées* de chardonnay al 100 %. 1979 es otra cosecha excelente en las mezclas de pinot noir. Véase también p. 241.

RÓDANO
Tintos

Las condiciones climáticas pueden variar entre el norte y el sur del Ródano. La tabla de cosechas se refiere a los vinos del norte elaborados con syrah, que merecen ser guardados, así como los vinos

Leyenda. B: para beber ahora; D: probablemente ha pasado su apogeo; G: para beber ahora, pero aún se puede guardar; L: dejar en la bodega; L10+: número estimado de años entre la vendimia de un vino y su madurez.

de Châteauneuf-du-Pape y Gigondas del sur. Véase también p. 259.

Año	Nota	Guardar	Comentarios
1997	8?	L6+	Buen resultado, en el norte, para la syrah.
1996	7	L3+	Cosecha banal, vendimia abundante pero poco madura. Blancos excelentes.
1995	9	L8+	Añada muy buena, vinos fuertes y bien estructurados.
1994	7	B	Variable, vendimia lluviosa.
1993	6	B	Una cosecha mejor en el sur que en el norte, con vinos blancos mejores que los tintos.
1992	7	D	Cosecha sin gloria.
1991	6	B	Una añada estropeada por la lluvia, pero vinos mejores, si no grandes, en el norte.
1990	9	G	Cosecha excelente.
1989	9	G	Una gran cosecha de concentración tánica.
1988	10	G	La cosecha del siglo.
1985	8	G	Una gran cosecha clásica.
1983	10	G	Cosecha muy grande para los tintos del norte.
1982	8	D	Buen año caluroso y seco.

PIAMONTE
Tintos

Los tintos barolo y barbaresco de Piamonte necesitan madurar en botella, aunque algunos cosecheros adoptan un estilo de vinificación que da vinos para beber más jóvenes. Véase también p. 287.

Año	Nota	Guardar	Comentarios
1997	8?	L8+	Muy buena cosecha.
1996	8?	L8+	Añada de muy buena calidad.
1995	7	L6+	Las vendimias tardías de nebbiolo han producido vinos de muy buena calidad.
1994	7	B	Variable, mejor en Barolo.
1993	7	G	Cosecha desigual.
1992	6	B	Añada reducida con vinos ligeros.
1990	9	G	Añada muy buena.
1989	7	B	La cantidad se vio reducida por el granizo, pero la calidad es buena.
1988	8	G	Muy buena cosecha para los mejores vinos.
1986	8	B	Buena añada con una cosecha reducida.
1985	9	G	Cosecha destacable, sobre todo para el barolo.

Entre las mejores cosechas anteriores de barolo hay que citar: 1982, 1978, 1971 y 1964.

TOSCANA
Tintos

Los Chianti Classico y Ruffino DOCG, los Brunello di Montalcino DOCG y los *super vini da tavola*, cada vez más abundantes, son vinos para guardar. Esta tabla está dedicada a ellos. Véase también p. 303.

Año	Nota	Guardar	Comentarios
1997	8?	L6+	Muy buena calidad.
1996	7?	L5+	Variable. Chianti bien maduros, con colores profundos.
1995	8	L6+	Muy buena cosecha.
1994	9	L5+	De buena a excelente para los vinos DOCG y los *vini da tavola*.
1993	8	G	Buena cosecha.
1992	7	B	Añada honrada.
1991	6	D	Vendimia mediana.
1990	9	G	Gran cosecha.
1988	9	G	Cosecha muy buena.
1986	8	B	Buena cosecha.
1985	10	G	Excelente cosecha clásica.

Entre las buenas cosechas anteriores hay que citar, para los tintos: 1983, 1978, 1971, 1968 y 1967.
Hay que señalar que los blancos de 1994 y 1993 han salido particularmente bien en Umbría y Toscana.

PORTO VINTAGE (DE AÑADA)

La añada es tan importante para las marcas de oporto que sólo la declaran en años excepcionales. Los portugueses han adoptado el término inglés *vintage*, que significa a la vez vendimia y añada, por razones históricas, que datan de cuando el comercio de vinos de Oporto estaba dominado por los ingleses. El oporto de añada está destinado a envejecer mucho tiempo en botella.

Generalmente no se puede dar una nota antes de que el vino se embotelle (después de dos años de añejamiento en barrica) y envejezca algunos años, pues su carácter se puede modificar (por ejemplo, 1975). Algunas casas declaran los vinos de una sola *quinta* los años sin añada. Estos llegarán probablemente a su madurez al cabo de 8-12 años. Véase también p. 329.

Año	Nota	Guardar	Comentarios
1996	7	L12+	Cosecha abundante de calidad relativamente buena. Improbable declaración general.
1995	8	L12+	No será un vintage, salvo excepciones.
1994	9	L20+	Cosecha reducida de vinos excelentes: vintage.
1992	8	L12+	Sin duda, un vintage muy grande.
1991	7	L12+	Vintage de gran extracción.
1985	7	G	Bueno pero no grande.
1983	7	G	Buena añada.

Leyenda. B: para beber ahora; D: probablemente ha pasado su apogeo; G: para beber ahora, pero aún se puede guardar; L: dejar en la bodega; L10+: número estimado de años entre la vendimia de un vino y su madurez.

1982	7	G	Cosecha excelente para algunas casas, decepcionante para otras.
1980	8	G	Mejora a medida que envejece.
1978	7	G	Cosecha que empieza a revelar su fruta, pero que todavía está muy cerrada y un poco menuda.
1977	10	G	Gran vintage clásico, que todavía es un «monstruo» de concentración.
1975	7	G	Vintage muy controvertido que empieza a revelar su fruta.
1970	8	G	Muy gran vintage clásico.

Los mejores oportos vintage poseen tal concentración que tienen una duración de vida asombrosa. Las cosechas siguientes son excelentes y deberían poder sobrevivir hasta el año 2000: 1967, 1966, 1963, 1960, 1955, 1945.

ALEMANIA
Mosela

Aquí las cosechas difieren en calidad y también en estilo: tradicionalmente los años calurosos son los mejores, produciendo muchos vinos melosos o licorosos. Los años más frescos, con buenos vinos *Kabinett,* no se han de desdeñar. Véase también p. 352.

Nota	Guardar	Comentarios
1997	8?	L6+	Calidad de buena a muy buena, pero en cantidad muy reducida.
1996	7	L5+	Cosecha reducida y calidad desigual. Los mejores riesling se cosecharon a finales de octubre o noviembre.
1995	8	L5+	Inicialmente demasiado ácida, pero cosecha bien madura. Algunos *Eisweine.*
1994	9	L5+	De buenos a excelentes. Los riesling son finos y equilibrados.
1993	8	B	Buena cosecha a pesar de las condiciones difíciles.
1992	8	B	Buena cosecha.
1991	7	B	Cosecha afectada por el hielo.
1990	10	G	Acaso la mejor cosecha del trío de fin de decenio.
1989	9	G	Vendimia abundante.
1988	9	G	Gran cosecha.

Entre las mejores cosechas anteriores para guardar hay que citar: 1985, 1983, 1976, 1975, 1971, 1964, 1959.

REGIONES DEL RIN

Hay diferencias sutiles pero importantes entre Mosela y Rin: los vinos del Rin, sobre todo los del Rheingau, normalmente envejecen más tiempo, digamos 12 años y más para las mejores cosechas; por el contrario, los vinos de la Hesse renana rara vez se guardan más de 8 años. Véase también p. 357.

Nota	Guardar	Comentarios
1997	8?	L6+	Vendimia sana, con riesling de muy buena calidad.
1996	8	L5+	Buenos *Auslesen* y *Beerenauslesen* en el Rheingau, calidad mediana en el Palatinado.
1995	7	G	Vinos variables, vendimia precoz a causa de la podredumbre.
1994	7	B	Variables, muy buenos en el Palatinado, pocos vinos buenos en el Rheingau.
1993	7	B	Cosecha de calidad desigual.
1992	7	B	Añada de cosecha abundante.
1990	10	G	Añada excepcional.
1989	9	G	Cosecha excelente, pero desigual.

Entre las cosechas anteriores que merecen atención hay que citar: 1983, 1976, 1975, 1964, 1959.

CALIFORNIA

La enorme extensión de los viñedos californianos y la gran variedad de las condiciones climáticas hacen difícil una buena apreciación de las cosechas. Estos comentarios se refieren sobre todo a las regiones de Napa y Sonoma. Véase también p. 407.

Nota	Guardar	Comentarios
1997	9?	L5+	Gran cosecha de muy buena calidad.
1996	7	L3+	Cosecha reducida de muy buena calidad.
1995	8	L4+	Buena calidad, pero los blancos son un poco justos.
1994	8	B	Buenos tintos procedentes de una cosecha reducida.
1993	7	B	Añada de calidad desigual.
1992	6	D	Cosecha de maduración precoz.
1991	9	B	Buenos tintos para guardar.
1990	8	G	Muy buen tiempo.
1989	7	B	Buena cosecha.
1988	6	D	Vendimia modesta y precoz.
1987	9	B	Otra cosecha reducida.
1985	9	B	Condiciones ideales.

Entre la cosechas anteriores muy logradas para la cabernet sauvignon citemos 1980, 1978, 1974 y 1970.

Leyenda. B: para beber ahora; D: probablemente ha pasado su apogeo; G: para beber ahora, pero aún se puede guardar; L: dejar en la bodega; L10+: número estimado de años entre la vendimia de un vino y su madurez.

CALIFICACIÓN DE LAS COSECHAS EN ESPAÑA

El cuadro siguiente refleja la valoración oficial de la calidad de las cosechas de las distintas denominaciones de origen españolas desde 1970. La información ha sido facilitada por la Subdirección General de Denominaciones de Calidad y los distintos consejos reguladores.

DO / Año	70	71	72	73	74	75	76	77	78	79	80
Abona	–	–	–	–	–	–	–	–	–	–	–
Alella	MB	R	MB	R	R	MB	R	R	MB	E	R
Alicante	B	B	D	B	B	E	R	B	E	R	B
Almansa	–	–	–	–	B	E	R	B	MB	B	E
Ampurdán-Costa Brava	B	R	D	E	B	R	R	D	E	MB	R
Bierzo	–	–	–	–	–	–	–	–	–	–	–
Binissalem	–	–	–	–	–	–	–	–	–	–	–
Bullas	–	–	–	–	–	–	–	–	–	–	–
Calatayud	–	–	–	–	–	–	–	–	–	–	–
Campo de Borja	–	D	D	E	R	E	MB	B	MB	E	B
Cariñena	B	D	D	MB	R	E	MB	B	B	R	B
Cava	–	–	–	–	–	–	–	–	–	–	–
Cigales	–	–	–	–	–	–	–	–	–	–	–
Conca de Barberá	–	–	–	–	–	–	–	–	–	–	–
Condado de Huelva	–	–	–	–	–	–	–	–	–	–	–
Costers del Segre	–	–	–	–	–	–	–	–	–	–	–
El Hierro	–	–	–	–	–	–	–	–	–	–	–
Jumilla	–	R	R	E	B	MB	MB	B	MB	R	E
La Mancha	–	B	D	B	B	MB	D	E	MB	B	MB
La Palma	–	–	–	–	–	–	–	–	–	–	–
Lanzarote	–	–	–	–	–	–	–	–	–	–	–
Méntrida	–	–	–	–	–	E	B	R	B	R	MB
Mondéjar	–	–	–	–	–	–	–	–	–	–	–
Monterrei	–	–	–	–	–	–	–	–	–	–	–
Montilla-Moriles	–	–	–	–	–	–	–	–	–	–	–
Navarra	–	D	D	E	B	B	B	R	MB	R	R
Penedés	MB	B	E	MB	D	MB	E	B	E	–	MB
Pla de Bages	–	–	–	–	–	–	–	–	–	–	–
Priorato	R	D	B	B	B	B	E	E	B	MB	MB
Rías Baixas	–	–	–	–	–	–	–	–	–	–	–
Ribeira Sacra	–	–	–	–	–	–	–	–	–	–	–
Ribeiro	–	–	–	–	–	–	–	–	–	–	–
Ribera del Duero	–	D	R	MB	B	B	MB	D	R	B	B
Ribera del Guadiana	–	–	–	–	–	–	–	–	–	–	–
Rioja	E	D	D	B	R	B	B	D	B	B	B
Rueda	B	R	D	D	B	B	R	R	MB	B	R
Somontano	–	–	–	–	–	–	–	–	–	–	–
Tacoronte-Acentejo	–	–	–	–	–	–	–	–	–	–	–
Tarragona	B	R	D	B	B	B	B	R	E	B	B
Terra Alta	–	–	–	–	–	–	–	–	–	–	–
Toro	–	–	–	–	–	–	–	–	–	–	–
Txacolí de Getaria	–	–	–	–	–	–	–	–	–	–	–
Txacolí de Vizcaya	–	–	–	–	–	–	–	–	–	–	–
Utiel-Requena	–	R	R	R	B	B	D	R	B	B	B
Valdeorras	–	–	–	–	–	–	–	–	–	–	–
Valdepeñas	MB	D	R	MB	R	B	D	R	D	D	MB
Valencia	–	R	B	B	B	B	R	D	R	E	B
Valle de Güimar	–	–	–	–	–	–	–	–	–	–	–
Valle de la Orotava	–	–	–	–	–	–	–	–	–	–	–
Vinos de Madrid	–	–	–	–	–	–	–	–	–	–	–
Ycoden-Daute-Isora	–	–	–	–	–	–	–	–	–	–	–
Yecla	E	–	D	D	B	R	E	R	B	B	R

D = Deficiente; R = Regular; B = Buena; MB = Muy buena; E = Excelente.

CALIFICACIÓN DE LAS COSECHAS EN ESPAÑA

81	82	83	84	85	86	87	88	89	90	91	92	93	94	95	96	97
–	–	–	–	–	–	–	–	–	–	–	–	–	–	–	–	B
MB	E	E	B	B	B	B	B	MB	MB	E	B	E	MB	MB	MB	E
B	B	R	R	R	R	MB	B	B	MB	B	B	B	B	B	B	B
MB	E	B	B	MB	B	B	B	E	B	B	MB	MB	MB	MB	B	B
R	MB	MB	B	MB	MB	MB	B	MB	B	MB	MB	D	MB	B	MB	R
–	–	–	–	–	–	–	–	MB	MB	MB	MB	D	MB	B	MB	B
–	–	–	–	–	–	–	–	–	–	B	B	B	E	–	B	MB
–	–	–	–	–	–	–	–	–	–	–	–	–	MB	MB	MB	B
–	–	–	–	–	–	–	MB	B	B	B	MB	MB	B	MB	MB	B
E	MB	R	B	MB	B	B	B	MB	B	MB	MB	B	B	B	B	B
E	B	B	B	E	R	MB	MB	B	MB	MB	MB	MB	B	B	MB	R
–	–	–	–	–	–	–	–	–	–	–	–	–	B	B	MB	B
–	–	–	–	–	–	–	–	–	B	B	B	B	B	B	B	B
–	–	–	–	–	–	–	B	B	B	MB	–	B	MB	MB	B
–	–	–	–	–	–	B	B	B	B	B	MB	R	B	B	B
–	–	–	–	–	–	B	B	B	MB	MB	MB	B	E	E	MB
–	–	–	–	–	–	–	–	–	–	–	–	–	B	–	B
E	R	B	B	MB	R	MB	B	B	B	MB	B	MB	B	B	MB	B
B	MB	B	MB	B	B	B	B	B	B	B	MB	E	MB	B	MB	MB
–	–	–	–	–	–	–	–	–	–	–	–	–	MB	MB	B	–
–	–	–	–	–	–	–	–	–	–	–	–	–	MB	MB	MB	B
B	E	B	B	B	B	B	B	B	B	B	B	B	B	B	B	B
–	–	–	–	–	–	–	–	–	–	–	–	–	–	–	B	B
–	–	–	–	–	–	–	–	–	–	–	–	–	–	–	B	MB
–	–	–	–	–	B	B	B	MB	MB	E	MB	B	MB	–	B	MB
R	E	MB	MB	B	B	B	–	MB	MB	B	B	MB	MB	E	MB	B
MB	MB	B	MB	MB	B	R	MB	B	B	MB	B	MB	B	B	MB	MB
–	–	–	–	–	–	–	–	–	–	–	–	–	–	–	MB	E
B	B	B	B	MB	B	B	B	B	B	B	B	MB	E	MB	E	MB	B
–	–	–	–	–	–	B	E	E	B	B	B	B	B	MB	MB	MB
–	–	–	–	–	–	–	–	–	–	–	–	–	–	–	–	MB
–	–	–	–	–	B	MB	MB	B	B	R	MB	MB	–	–
E	MB	MB	R	MB	MB	B	MB	E	E	MB	B	R	MB	E	E	B
–	–	–	–	–	–	–	–	–	–	–	–	–	–	–	–	–
MB	E	B	R	B	B	MB	B	B	B	MB	B	B	E	E	MB	B
MB	MB	B	B	B	R	MB	B	B	B	B	B	B	B	E	MB	MB
–	–	–	–	–	B	B	MB	MB	MB	MB	E	E	E	MB	B
–	–	–	–	–	–	–	–	–	–	–	B	B	MB	B	MB
E	B	B	MB	B	B	B	–	B	B	B	B	B	B	MB	MB	B
–	–	–	–	–	–	E	MB	MB	MB	MB	–	MB	MB	E	MB
–	–	–	–	–	–	B	MB	MB	E	B	MB	E	MB	–	B
–	–	–	–	–	–	–	B	B	B	B	B	B	B	B	–	B
–	–	–	–	–	–	–	–	–	–	–	–	–	B	–	B
MB	MB	MB	B	B	R	MB	B	R	R	R	MB	E	MB	B	MB	B
–	–	–	–	–	–	B	B	B	MB	B	B	R	MB	B	B
E	B	MB	E	R	MB	MB	MB	E	E	MB	B	E	B	MB	MB	B
MB	B	MB	B	B	B	MB	R	R	R	B	B	MB	MB	B	MB	B
–	–	–	–	–	–	–	–	–	–	–	–	–	–	B	B	B
–	–	–	–	–	–	–	–	–	–	–	–	–	–	B	MB	MB
–	–	–	–	–	–	–	–	–	B	B	B	MB	B	B	B
–	–	–	–	–	–	–	–	–	–	–	–	B	B	B	B
R	B	MB	B	MB	B	R	B	B	B	B	B	B	B	MB	MB	B

REGIONES VITÍCOLAS Y PRODUCCIÓN

Las páginas siguientes relacionan las estadísticas de las zonas vitícolas de los grandes países productores del mundo de las que hay cifras disponibles. Las cifras expresan la producción de vino (en hectolitros o hl) y a veces el número de hectáreas (ha) plantadas de vides. Los datos de una región pueden ser imprecisos, pues incluyen viñedos que no producen.

PRODUCCIÓN DE VINO EN ESPAÑA (1997)

Región y DO/DOC	Superficie del viñedo	Producción (hl)
Rioja		
Rioja	52 266 ha	2 536 000
Cataluña		
Alella (1996)	355 ha	607
Ampurdán-Costa Brava	2 475 ha	70 836
Conca de Barberà	5 880 ha	280 000
Costers del Segre	3 983 ha	58 317
Penedès	24 722 ha	42 105
Pla de Bages	500 ha	13 081
Priorato	900 ha	7 479
Tarragona	11 485 ha	468 020
Terra Alta	8 370 ha	360 000
Castilla-León		
Bierzo	3 475 ha	168 308
Cigales	2 712 ha	28 560
Ribera del Duero (1996)	11 653 ha	121 263
Rueda	5 845 ha	120 900
Toro	2 692 ha	29 102
Aragón		
Calatayud (1996)	9 529 ha	31 375
Campo de Borja (1996)	9 846 ha	56 989
Cariñena	17 135 ha	232 965
Somontano (1996)	994 ha	19 532
Navarra		
Navarra	13 171 ha	580 300
Andalucía		
Condado de Huelva	6 000 ha	180 000
Jerez-Xérès-Sherry	10 636 ha	799 019
Málaga (1996)	997 ha	26 866
Montilla-Moriles	10 195 ha	647 000
Galicia y País Vasco		
Monterrei	500 ha	4 000
Rías Baixas	2 000 ha	54 590
Ribeira Sacra	1 500 ha	(t uva) 1 507
Ribeiro	2 700 ha	900 000
Valdeorras	2 700 ha	37 648
Txacolí de Getaria	89 ha	5 800
Txacolí de Vizcaya	85 ha	1 900
Castilla-La Mancha/Madrid/Extremadura		
Almansa	7 600 ha	124 800
La Mancha	188 682 ha	480 000
Méntrida	13 022 ha	73 569
Mondéjar	3 000 ha	3 500
Ribera del Guadiana	3 437 ha	43 374
Valdepeñas	28 706 ha	697 228
Vinos de Madrid	11 758 ha	219 102
Levante		
Alicante	14 874 ha	152 720
Bullas	3 500 ha	(t uva) 5 000
Jumilla (1996)	50 031 ha	237 442
Utiel-Requena	39 007 ha	391 443
Valencia	17 355 ha	516 295
Yecla	3 500 ha	30 000
Islas		
Abona	1 066 ha	370
Binissalem	310 ha	9 097
El Hierro	265 ha	(t uva) 270
La Palma	1 032 ha	
Lanzarote	2 285 ha	(t uva) 4 774
Tacoronte-Acentejo (1996)	1 200 ha	71 140
Valle de Güimar	529 ha	(t uva) 363
Valle de la Orotava	465 ha	–
Ycoden-Daute-Isora	2 000 ha	(t uva) 1 440

PRODUCCIÓN DE VINO EN FRANCIA (1996)

Región	Superficie del viñedo	Producción (hl) AOC	Producción (hl) VDQS
Alsacia	14 371 ha	1 172 111	4 692
Burdeos	109 140 ha	6 440 728	
Borgoña[1]	47 391 ha	2 897 317	12 651
Champagne	30 659 ha	2 007 252	
Jura y Saboya	4 066 ha	237 548	26 632
Languedoc-Rosellón	47 090 ha	2 168 985	26 954
Loira	51 575 ha	2 555 652	339 690
Provenza y Córcega	28 193 ha	1 232 624	
Ródano	73 002 ha	3 330 987	64 578
Suroeste	28 586 ha	1 561 686	66 998

Región	Producción (hl) Vinos del país admitidos[2]	Producción (hl) Vinos de mesa
Aquitania[3]	100 299	863 055
Languedoc-Rosellón	7 976 821	3 666 832
Loira	579 920	675 368
Midi-Pyrénées	710 791	685 226
Provenza y Córcega	972 157	887 218
Ródano	495 588	305 632
Otras	10 759[4]	913 659

1. La producción de vino del departamento de Rhône está incluida en la región de Borgoña. 2. Durante la vendimia se declararon 15 215 363 hl de vinos del país, pero sólo 10 846 335 hl recibieron la autorización del Institut national des appellations d'origine. 3. Burdeos incluido. 4. Incluida la producción de vino de la región de Borgoña (3 226 hl) y de Alsacia (1 038 hl).

PRODUCCIÓN DE VINO EN ITALIA

Por provincias, cifras de 1995.

Provincia	Superficie del viñedo	Producción (hl)
Piamonte	36 455 ha	2 708 600
Valle de Aosta	80 ha	27 700

REGIONES VITÍCOLAS Y PRODUCCIÓN   511

Lombardía	17 195 ha	1 437 900	Nahe	4 590 ha	294 204
Trentino-Alto Adigio	11 310 ha	953 100	Kreuznach		
Véneto	35 690 ha	5 952 900	Schlossböckelheim		
Friul-Venecia Julia	12 710 ha	1 086 000	Palatinado	23 764 ha	1 691 930
Liguria	635 ha	131 300	Südliche Weinstrasse		
Emilia-Romaña	2 690 ha	6 001 500	Mittelhaardt/Deutsche		
Toscana	30 865 ha	2 803 300	Weinstrasse		
Umbría	5 720 ha	969 200	Rheingau	3 249 ha	136 020
Marchas	10 135 ha	1 945 800	Johannisberg		
Lazio	17 415 ha	3 207 200	Hesse renana	26 436 ha	1 936 919
Abruzzos	10 330 ha	3 856 100	Bingen		
Molise	235 ha	377 000	Nierstein		
Campania	1 740 ha	2 115 400	Wonnegau		
Apulia	16 905 ha	10 035 100	Saale-Unstrut	506 ha	15 241
Basilicata	1 560 ha	531 600	Schloss Neuenburg		
Calabria	3 385 ha	967 900	Thüringen		
Sicilia	21 830 ha	10 390 800	Sajonia	329 ha	
Cerdeña	6 825 ha	698 000	Dresde		
			Elslertal		
Total Italia	267 609 ha	56 201 400	Meissen		

PRODUCCIÓN DE VINO EN ALEMANIA

Las regiones están divididas en *Bereiche*, citados bajo la región.

Región	Superficie del viñedo (1996)	Producción (hl, 1996)
Ahr	510 ha	45 865
Walporzheim/Ahrtal		
Renania media	620 ha	24 374
Siebengebirge		
Loreley		
Bergstrasse de Hesse	455 ha	23 843
Umstadt		
Starkenburg		
Franconia	6 080 ha	438 360
Maindreieck		
Mainviereck		
Steigerwald		
Bayer Bodensee		
Württemberg	11 224 ha	992 603
Remstal-Stuttgart		
Kocher-Jagst-Tauber		
Württembergisches Unterland		
Oberer Neckar		
Württembergishecher Bodensee		
País de Baden	15 852 ha	1 070 206
Tauberfranken		
Badisches Bergstrasse/ Kraichgau		
Ortenau		
Breisgau		
Kaiserstuhl Tuniberg		
Markgräflerland		
Bodensee		
Mosela-Sarre-Ruwer	12 215 ha	984 247
Zell/Mosel		
Bernkastel		
Saar-Ruwer		
Obermosel		
Moseltor		

PRODUCCIÓN DE VINO EN ESTADOS UNIDOS

AVA	Estado
Alexander Valley	California
Altus	Arkansas
Anderson Valley	California
Arkansas Mountain	Arkansas
Arroyo Grande Valley	California
Arroyo Seco	California
Atlas Peak	California
Augusta	Missouri
Bell Mountain	Texas
Ben Lomond Mountain	California
Benmore Valley	California
California Shenandoah Valley	California
Carmel Valley	California
Catoctin	Maryland
Cayuga Lake	Nueva York
Central Coast	California
Central Delaware Valley	Nueva Jersey/Pennsylvania
Chalk Hill	California
Chalone	California
Cienega Valley	California
Clarksburg	California
Clear Lake	California
Cole Ranch	California
Columbia Valley	Oregón/Washington
Cucamonga Valley	California
Cumberland Valley	Maryland/Pennsylvania
Dry Creek Valley	California
Dunnigan Hills	California
Edna Valley	California
El Dorado	California
Escondido Valley	Texas
Fennville	Michigan
Fiddletown	California
Finger Lakes	Nueva York
Fredericksburg in the Texas Hill Country	Texas
Grand River Valley	Ohio
Grand Valley	Colorado
Guenoc Valley	California
Hames Valley	California

The Hamptons, Long Island	Nueva York
Hermann	Missouri
Howell Mountain	California
Hudson River Region	Nueva York
Isle St George	Ohio
Kanawha River Valley	Ohio/Virginia Occidental
Knights Valley	California
Lake Erie	Nueva York/Ohio/Pennsylvania
Lake Michigan Shore	Michigan
Lake Wisconsin	Wisconsin
Lancaster Valley	Pennsylvania
Leelanau Peninsula	Michigan
Lime Kiln Valley	California
Linganore	Maryland
Livermore Valley	California
Lodi	California
Loramie Creek	Ohio
Los Carneros	California
Madera	California
Malibu-Newton Canyon	California
Martha's Vineyard	Massachusetts
McDowell Valley	California
Mendocino	California
Mendocino Ridge	California
Merritt Island	California
Mesilla Valley	Nuevo México/Texas
Middle Rio Grande Valley	Nuevo México
Mimbres Valley	Nuevo México
Mississippi Delta	Luisiana/Mississippi/Tennessee
Monterey	California
Monticello	Virginia
Mount Harlan	California
Mount Veeder	California
Napa Valley	California
North Coast	California
North Fork of Long Island	Nueva York
North Fork of Roanoke	Virginia
North Yuba	California
Northern Neck George Washington Birthplace	Virginia
Northern Sonoma	California
Oakville	California
Ohio River Valley	Indiana/Kentucky/Ohio/ Virginia Occidental
Old Mission Peninsula	Michigan
Ozark Highlands	Missouri
Ozark Mountain	Arkansas/Missouri/Oklahoma
Pacheco Pass	California
Paicines	California
Paso Robles	California
Potter Valley	California
Puget Sound	Washington
Redwood Valley	California
Rocky Knob	Virginia
Rogue Valley	Oregón
Russian River Valley	California
Rutherford	California
Saint Helena	California
San Benito	California
San Lucas	California
San Pasqual Valley	California
San Ysidro District	California
Santa Clara Valley	California
Santa Cruz Mountains	California
Santa Lucia Highlands	California
Santa Maria Valley	California
Santa Ynez Valley	California
Seiad Valley	California
Shenandoah Valley	Virginia/Virginia O.
Sierra Foothills	California
Solano Country GreenValley	California
Sonoita	Arizona
Sonoma Coast	California
Sonoma Country Green Valley	California
Sonoma Mountain	California
Sonoma Valley	California
South Coast	California
South-Eastern New England	Connecticut/ Massachusetts/Rhode Island
Spring Mountain District	California
Stags Leap District	California
Suisun Valley	California
Temecula	California
Texas High Plains	Texas
Texas Hill Country	Texas
Umpqua Valley	Oregón
Virginia's Eastern Shore	Virginia
Walla Walla Valley	Oregón/Washington
Warren Hills	Nueva Jersey
Western Connecticut Highlands	Connecticut
Wild Horse Valley	California
Willamette Valley	Oregón
Willow Creek	California
Yakima Valley	Washington
York Mountain	California

PRODUCCIÓN DE VINO EN AUSTRALIA

Las cifras de zonas y regiones delimitadas recientemente no están disponibles.

Producción de uva
Variedades más populares en 1997:

Blancas	Toneladas
Chardonnay	131 998
Sémillon	52 704
Riesling	34 284
Colombard	30 820
Chenin blanc	15 023
Sauvignon blanc	12 545

Tintas	Toneladas
Shiraz	110 119
Cabernet sauvignon	67 334
Pinot noir	14 601
Ruby cabernet	13 525

Regiones vitícolas
Zonas (en negrita) y regiones propuestas (no oficiales):

Nueva Gales del Sur

Riverina. Regiones: Griffith, Leeton, Murrumbidgee, Hay, Carrathool, Narrandera, Coolamon, Lockhart, Temora, Junee, Wagga Wagga, Cootamundra, Gundagai, Tumut.
Orana. Regiones: Mudgee, Cobar, Bogan, Bourke, Brewarrina, Walgett, Coonamble, Warren, Narromine, Gilgandra, Coonabarabran, Coolah, Wellington, Dubbo.

Central Western. Regiones: Cowra, Forbes, Orange, Blayney, Lachlan, Bland, Parkes, Weddin, Cabonne, Evans, Oberon, Rylstone, Greater Lithgow, Bathurst.
Greater Canberra. Regiones: Young, Yass, Canberra, Boorowa, Harden, Crookwell, Gunning, Mulwaree, Queanbeyan, Goulburn, Tallagande, Eurobodalla, Cooma-Monaro, Snowy River, Bega Valley, Bombala.
Murray. Regiones: Wentworth, Balranald, Wakool, Windouran, Murray, Conargo, Jerilderie, Urana, Berrigan, Corowa, Hume, Culcairn, Holbrook, Tumbarumba, Deniliquin.
New England. Regiones: Moree Plains, Yallaroi, Inverell, Severn, Tenterfield, Bingara, Narrabri, Barraba, Manila, Uralla, Gunnedah, Quirindi, Nundle, Walcha, Dumareso, Guyra, Parry.
Holiday Coast. Regiones: Tweed, Kyogle, Lismore, Richmond River, Copmanhurst, Maclean, Nymboida, Ulmarra, Bellingen, Coffs Harbour, Kempsey, Hastings Valley, Grafton, Byron, Ballina, Nambucca, Casino.
Sydney. Regiones: Hawkesbury, Wyong, Gosford, Wollondilly, Blue Mountains.
Illawarra. Regiones: Woolongong, Wingecarribee, Shoalhaven.
Far Western. Región: Central Darling.
Hunter/Hunter Valley/Hunter River Valley.
Sector: Upper Hunter. Región: Upper Hunter/Upper Hunter Valley/Upper Hunter River Valley. Distritos: Scone, Denman, Muswellbrook, Jerrys Plains, Merriwa.
Región: Lower Hunter/Lower Hunter Valley/Lower Hunter River Valley. Distritos: Allandale, Dalwood, Belford, Ovingham, Pokolbin, Rothbury, Broke/Fordwich, Milfield, Cessnock, Greater Taree, Greater Lakes, Gloucester, Dungog, Port Stephens, Newcastle, Lake Macquarie, Singleton, Maitland.

Victoria

North-Western Victoria.
Sector: Murray River Valley. Distritos: Nangiloo, Red Cliffs, Mildura, Robinvale, Merbein, Irymple, Karadoc, Wood Wood, Swan Hill, Lake Boga, Beverford, Mystic Park.
North-Eastern Victoria. Región: King Valley. Distritos: Milawa, Oxley, Markwood, Meadow Creek, Edi, Myrrhee, Whitlands, Cheshunt, Whitfield, Hurdle Creek.
Región: Owens Valley. Distritos: Buffalo River Valley, Buckland River Valley, Porpunkah, Beechworth.
Región: Rutherglen. Distritos: Wahgunyah, Barnawartha, Indigo Valley.
Región: Kiewa River Valley. Distrito: Yakandandah.
Región: Glenrowan.
Central Victoria.
Sector: Daylesford.
Sector: Maryborough.
Región: Central Northern Victoria. Distritos: Picola, Katunga.
Región: Goulburn Valley. Distritos: Avenel, Dookie, Murchison, Shepparton, Nagambie, Tabilk, Mitchellstown Mount Helen, Seymour, Graytown, Strathbogie Ranges, Yarck, Mansfield.
Región: Bendigo. Distritos: Bridgewater, Heathcote, Harcourt, Graytown, Rodosdale.
Región: Macedon. Distritos: Sunbury, Macedon Ranges, Kyneton.
Western Victoria. Región: Grampians. Distritos: Great Western, Halls Gap, Stawell, Ararat.
Sector: Ballarat.
Región: Pyrenees. Distritos: Avoca, Redbanl, Moonambel, Percydale.
Región: Far South West. Distritos: Gorae, Condah, Drumborg.
Región: Ballarat. Distrito: Smythesdale.
Yarra Valley. Distrito: Diamond Valley.
Geelong. Distritos: Anakie, Moorabool, Bellarine Peninsula, Waurn Ponds.
Mornington Peninsula.
Gippsland. Región: West Gippsland. Distritos: Moe, Traralgon, Warragul.
Región: South Gippsland. Distritos: Foster, Korumburra, Leongatha, Westernport.
Región: East Gippsland. Distritos: Bairnsdale, Dargo, Lakes Entrance, Maffra, Orbost.
Melbourne.

Australia Meridional

Central South Australia. Región: Adelaide. Distritos: Magill, Marion, Modbury, Tea Tree Gully, Hope Valley, Angle Vale, Gawler River, Evanston.
Región: Adelaide Hills. Distritos: Piccadilly Valley, Mount Pleasant, Clarendon, Lenswood.
Región: Barossa. Distritos: Barossa Valley, Lyndoch, Rowland Flat, Gomersal, Tanunda, Nuriootpa, Greenock, Angaston, Marananga, Seppeltsfield, Dorrien, Lights Pass.
Región: Clare Valley. Distritos: Clare, Watervale, Auburn, Sevenhill, Leasingham, Polish Hill River.
Región: Eden Valley. Distritos: Eden Valley, Springton, Flaxmans Valley, Keyneton, High Eden, Pewsey Vale, Partalunga.
Región: Fleurieu Penisnula. Distritos: Langhorne Creek, Currency Creek.
Región: McLaren Vale. Distritos: Happy Valley, McLaren Vale, McLaren Flat, Seaview, Willunga, Morphett Vale, Reynella, Cromandel Valley.
South-East. Regiones: Coonawarra, Padthaway, Buckingham-Mundulla, Penola.
Murray Mallee. Región: Murray Valley. Distritos: Riverland, Nildottie, Renmark, Berri, Barmera, Loxton, Waikerie, Morgan, Lyrup, Moorock, Kingston, Murtho, Monash, Qualco, Ramco.
Yorke Peninsula.
Eyre Peninsula.

Australia Occidental

Región: Northern Perth. Distritos: Gingin, Bindoon, Muchea, Moondah Brook.
Región: Darling Ranges. Distritos: Chittering Valley, Toodyay, Perth Hills (Bickley, Darlington, Glen Forrest), Orange Grove, Wandering.
Región: Swan Valley. Distritos: Upper Swan, Middle Swan, West Swan, Guildford, Henley Brook.
Región: Mount Barker-Frankland. Distritos: Mount Barker, Porongurup, Albany, Denmark, Denbarker, Frankland.
Región: Margaret River. Distritos: Yallingup, Wilyabrup, Cowaramup, Margaret River, Augusta.
Región: Warren Blackwood. Distritos: Donnybrook, Bridgetown, Blackwood, Manjimup, Pemberton.
Región: South-West Coastal. Distritos: Wanneroo, Mandurah, Bunbury, Capel, Baldivis.
Región: Esperance.

GLOSARIO

Este glosario define algunos términos específicos del mundo del vino, salvo el vocabulario de la cata, descrito en la p. 86. El origen de las palabras de lengua extranjera se indica mediante abreviaturas:
Al = Alemania; Fr = Francia; It = Italia; P = Portugal; US = Estados Unidos. Los asteriscos (*) señalan aquellas palabras que tienen entrada propia en este glosario.

Aboccatto (It) Abocado*.
Abocado Vino ligeramente dulce.
Acidez fija Conjunto de ácidos orgánicos contenidos en la propia fruta, tales como el ácido tartárico*, el ácido málico* y el ácido láctico*.
Acidez real Intensidad de la acidez expresada en pH (potencial hidrógeno), que varía entre 0 (para la mayor acidez) y 7 (para la neutralidad absoluta). El pH de los vinos está comprendido entre 2,8 y 3,9.
Acidez total Suma de la acidez volátil* y la acidez fija*. Varía según las estaciones, frías (la uva es entonces demasiado ácida) o cálidas (demasiado madura).
Acidez volátil El contenido en ácidos volátiles está regulado estrictamente por la ley. Esta no acepta niveles por debajo de 0,9 g por litro (durante la producción) y 1 g (en el comercio detallista), cantidad que señala un vino demasiado agrio. Esta acidez, constituida por los ácidos grasos que pertenecen a la serie acética, aumenta siempre con la edad del vino.
Ácido acético Ácido que se encuentra en pequeñas cantidades en todos los vinos. Si se desarrolla excesivamente, el vino se avinagra.
Ácido ascórbico Antioxidante utilizado justo antes del embotellado, eficaz sólo en presencia del anhídrido sulfuroso* (SO_2).

Ácido cítrico Ácido abundante en las frutas y los agrios. La uva también contiene ácido cítrico, aunque en cantidad poco importante. Las uvas blancas tienen más, especialmente las afectadas por la famosa podredumbre noble*. La acidificación por añadido de ácido cítrico en los vinos está reglamentada.
Ácido láctico Este ácido aparece durante la fermentación maloláctica* del vino.
Ácido málico Las uvas verdes tienen un alto contenido de ácido málico. Cuando la uva madura, se atenúa: es inestable. Se reconoce por su gusto acerbo de manzana verde.
Ácido tartárico Es el ácido más noble y más potente en la acidificación de los vinos, pero es escaso en el mundo vegetal. Su nivel en la baya de uva disminuye hasta el envero*; luego varía en razón de las condiciones climáticas.
Adega Centro de vinificación en Galicia y Portugal.
Aguja Se llaman vinos de aguja aquellos que contienen una ligera efervescencia gaseosa, menos pronunciada que en los espumosos*.
Alcohol Es uno de los elementos esenciales del vino. El alcohol etílico resulta de la fermentación alcohólica*: el metabolismo enzimático de las levaduras* transforma el azúcar del zumo de uva en alcohol, gas carbónico y calor. El nivel de alcohol de un vino puede variar entre menos del 7 % vol y más del 15 % vol, en función del contenido de azúcares naturales de los mostos* y del azúcar que a veces se añade (véase chaptalización). Más allá del 15 % vol suele tratarse de vinos generosos*. Hay que señalar que para obtener un grado de alcohol se necesitan 17 g de azúcar por litro, para los vinos blancos, y 18 g para los tintos.

Amabile (It) Un vino más dulce que el abocado*.
Ámbar Color amarillo dorado que adoptan algunos vinos blancos al envejecer. Esta variación de color se debe a una oxidación* de las materias colorantes.
Amontillado Vino que empieza elaborándose como un fino* y, en un momento determinado, se encabeza y pierde su velo de flor*. Desarrolla un color ámbar, cuerpo y gusto de avellana.
Ampelografía Ciencia de la vid que se dedica al estudio y clasificación de las cepas*.
Anhídrido sulfuroso (SO_2) Desde siempre, los viticultores han utilizado el anhídrido sulfuroso por sus muchas virtudes: mantiene a raya las fermentaciones precoces en la uva vendimiada, inhibe y activa selecciones de levaduras*, elimina microbios y bacterias, protege de la oxidación*, tiene un poder disolvente, puede bloquear la fermentación maloláctica* y es un aliado precioso de los vinos blancos licorosos sujetos a una refermentación en botella.
Antocianos Pigmentos rojos de la uva que dan su color a los vinos tintos. La coloración rojo-violeta de los vinos jóvenes es el resultado casi exclusivo de moléculas de antocianos (compuestos fenólicos), bastante inestables, que en el curso del añejamiento se ligarán con los taninos* (otros elementos fenólicos) para dar al vino su color rojo rubí.
AOC (Fr) Sigla de *Apellation d'Origine Contrôlée*. Se aplica a vinos procedentes de regiones y variedades claramente especificadas en el marco de las reglamentaciones codificadas por el INAO*. Los vinos de AOC deben responder a reglas muy precisas en materia de área delimitada de producción, de cepas*, de nivel mínimo de azúcar en el mosto* que se ha de obtener, de

grado de alcohol, de rendimiento máximo por hectárea, de poda* de la vid y de métodos de cultivo y vinificación. Los vinos AOC se someten a una cata de conformidad antes de ser comercializados.

Aromas Este término designa los perfumes exhalados por un vino y, más concretamente, las sensaciones percibidas tanto en la nariz como en la boca. Se distinguen los aromas varietales, los de fermentación y los de posfermentación (o de evolución).

Arrope Mosto* hervido que se utiliza en ciertos vinos generosos*.

Asoleo Acción de someter las uvas vendimiadas a la influencia del sol, para aumentar la concentración de sus azúcares.

Assemblage Operación que consiste en mezclar varios vinos. Los *assemblages* tienen por objetivo que el conjunto sea mucho mejor que cada elemento tomado por separado.

Atestamiento Operación de rellenado de las barricas*.

Ausbruch (Al) Tipo de vino austríaco más dulce que un *Beerenauslese** pero menos que un *Trockenbeerenauslese**.

Auslese (Al) Vinos alemanes elaborados con uva cosechada en vendimia tardía* (a veces botrytizada), que contiene una alta concentración de azúcar. Los vinos *Auslese* pueden ser secos o dulces.

Azienda agricola (It). Finca* italiana.

Azúcares residuales Conjunto de los azúcares presentes en el vino después de la fermentación alcohólica*.

Barrica Recipiente de madera para la crianza* del vino con un contenido aproximado de entre 225 l y 250 l.

Baumé El grado Baumé es una medida obtenida por un densímetro graduado de 0, en agua destilada, a 20 en una mezcla de 20 g de sal marina y 80 g de agua. Da la coincidencia de que cuando se pesa un mosto* con un densímetro Baumé, el grado obtenido es casi el grado de alcohol que este mosto alcanzará después de la fermentación.

Bazuqueo Mezcla y removido del sombrero* y el mosto* con una especie de pala. Puede ser manual o mecánico.

Beerenauslese (Al) Vino austríaco o alemán elaborado con uva a menudo botrytizada y muy dulce, cosechada en una vendimia tardía*.

Bereich (Al) Distrito vitícola.

Blanc de blancs Vino blanco elaborado a partir de uva blanca.

Blanc de noirs Vino blanco elaborado a partir de uva tinta.

Blush (US) Término americano que significa rosado.

Bodega Término que abarca diversos significados: el lugar de vinificación, el lugar de crianza* y envejecimiento de los vinos y, también, el lugar de venta de vinos al por menor.

Botrytis cinerea Famoso hongo parásito que ataca la uva. Un poco de botrytis, que se llama «podredumbre gris*», favorece los agentes fermentadores en el momento de pasar a la cuba; mucha botrytis compromete la vendimia (más allá del 10 o 15 % para los vinos tintos, 20 % para los blancos). En determinadas condiciones atmosféricas, un exceso de botrytis puede provocar lo que se llama la «podredumbre noble*», que concentra el zumo en la uva en una forma particular de sobremaduración. Esta uva botrytizada da vinos licorosos célebres, como el sauternes francés o el tokay de Hungría.

Bouchonné Se dice de un vino con un fuerte olor de corcho. Suele ser imbebible. Este fenómeno, irreversible y bastante raro, se debe al desarrollo de determinados hongos específicos del corcho.

Branco (P) Blanco.

Brote Momento del ciclo vegetativo correspondiente al desarrollo y apertura de los pámpanos.

Brut Este término indica, para los vinos efervescentes, una presencia muy reducida de azúcar (de 0 a 15 g/l). El «brut nature» sólo contiene de 0 a 3 g/l y ésta debe ser natural.

Buqué Conjunto de aromas*, tan complejo como agradable, que surge del vino y que se percibe por la nariz. Se distinguen varios buqués: uno, primario, corresponde a los aromas de la fruta; otro, secundario, nace de la fermentación; y un tercer buqué aparece a causa de las oxidaciones*, oxidorreducciones y reducciones que ocurren en el transcurso del añejamiento.

Cabeceo Mezcla de vinos de crianza jóvenes con otros maduros.

Caudalies (Fr) Unidades de persistencia temporales, equivalentes a los segundos, medidas de modo muy subjetivo por algunos catadores. La palabra tiene un curioso origen. Procede del latín *cauda* (cola), pero aunque es fácil hablar de «cola de pavo real» en el final gustativo, es mucho más difícil medir su longitud, intensidad y complejidad.

Cava Denominación de origen para los vinos espumosos* españoles elaborados por el método tradicional*.

Cepa Variedad del género *Vitis vinifera*. Se conocen más de 3 000 cepas diferentes.

Chai (Fr) Bodegas de vinificación, crianza* en barrica o en cuba, o de almacenamiento de botellas.

Chaptalización Promovida por el químico francés Chaptal (de donde viene su nombre), la chaptalización es una técnica que consiste en añadir azúcar antes de la fermentación (de caña, de remolacha, o mosto* concentrado rectificado) a los mostos insuficientemente ricos con el fin de obtener un grado alcohólico más alto en los vinos. Esta técnica, estrictamente prohibida en muchos países, suele estar muy reglamentada en los países que la toleran.

Charmat (Fr) Método de elaboración de vinos espumosos* en cuba por adición de azúcar y levaduras*. La segunda fermentación se hace en depósitos metálicos (*cuvée close*). Se conoce también como granvás.

Château (Fr) Designación de un vino que proviene de una propiedad particular. No siempre hay un castillo en cada propiedad y se cuentan muchos más *châteaux* en las etiquetas de los vinos que en el catastro.

Clarete Vino tinto/rosado ligero obtenido por sangrado*.

Clarificación Proceso de aclarado del vino antes de su embotellado. Consiste en mezclar al vino un coloide que se pega a los residuos en suspensión y los hace precipitarse por gravedad al fondo del recipiente. Se utilizan la clara de huevo batida, la cola de pescado, la caseína o la bentonita (una arcilla). A continuación se trasiega el vino, que suele filtrarse antes del embotellado.

Classico (It) Vinos considerados los mejores, procedentes del corazón del viñedo.

Climat (Fr) Término empleado en Borgoña para designar un pago concreto.

Clon Planta obtenida a partir de un solo pie, por multiplicación asexual (por esqueje o injerto*). Véase también selección clonal.

Clos (Fr) Viña rodeada por un muro. Esta designación se aplica esencialmente en Borgoña.

Consejo regulador Organismo formado por representantes de viticultores y bodegueros de una determinada zona o DO que controla la calidad y origen de los vinos amparados a dicha denominación.

Corrección Rectificación de mostos*. Conjunto de operaciones (chaptalización*, adición de ácidos) para obtener el pH correcto y un grado suficiente de azúcares antes de la fermentación.

Cosecha Año de la vendimia de que procede un vino. La calidad de una cosecha corresponde a todo un conjunto de factores climáticos que determinarán la calidad del vino y su potencial de envejecimiento. Las diferencias entre cosechas son tales que las bodegas mezclan a menudo vinos de añadas diferentes con el fin de obtener un vino más equilibrado.

Coupage Sinónimo de *assemblage**.

Crémant (Fr) Vino elaborado por el método tradicional* pero que no tiene tanta presión como el champagne (de 2,5 a 3 kg en lugar de 5 kg).

Crianza Evolución del vino a través del tiempo mediante su permanencia en depósitos, barricas* y botellas en condiciones controladas. Más concretamente: tiempo de envejecimiento en barrica establecido por las DO* para cada denominación específica y vino que cumple esta normativa.

Cru (Fr) Pago* determinado dotado de un clima particular.

Cuba Recipiente destinado a acoger los mostos* en fermentación para vinificarlos o para conservar los vinos.

Cultivar Sinónimo de cepa en Sudáfrica.

Cuvée (Fr) Selección correspondiente a un vino muy particular que puede haber sido objeto de mezcla o no. En Champagne, la *cuvée* corresponde al vino elaborado con los mostos* de primer prensado.

CV Sigla de Comarca Vinícola. Es la denominación para ciertos vinos de un origen preciso cuya calidad es superior a la del vino de mesa.

CVC Sigla de Compuesto de Varias Cosechas. Se aplica a los vinos mezclados, ya sean jóvenes o de crianza.

Decantación Acción de separar un líquido claro de sus sedimentos, de sus lías*. Se decanta un gran vino o un oporto de añada dejándolo fluir lentamente de su botella originaria a una garrafa o una jarra (decantadoras).

Degüello Fase importante y delicada del método tradicional*, en que se eliminan los depósitos de levaduras* que se han acumulado durante la segunda fermentación en botella.

Descube Operación que sigue al final de la fermentación alcohólica*. Los vinos blancos simplemente se trasvasan a otros recipientes. Para los vinos tintos, que han sufrido su fermentación en presencia de los hollejos, de las pepitas y, a veces, de los escobajos*, la operación de descube es más compleja: se procede primero a un sangrado*, es decir, se extrae la parte más baja de la cuba, y después se retira la parte superior menos líquida que se transporta a la prensa para obtener un vino de prensa*. Las materias más sólidas, resultantes de este prensado, constituyen el orujo*.

Desfangado Operación que consiste en separar los fangos o borras (las materias en suspensión) del zumo, antes o durante la fermentación del mosto*.

Despalillado Operación que consiste en separar la uva de los escobajos*. En efecto, en los pedúnculos hay aceites y taninos* que tienen tendencia a hacer el vino amargo y áspero.

DO La denominación de origen se aplica a los vinos españoles cuyo origen está certificado.

DOC (It) La Denominazione di Origine Controllata es el equivalente italiano de la DO española. Garantiza el origen, pero no necesariamente la calidad.

DOC (P) La Denominação de Origem Controlada es el equivalente portugués de la DO española.

DOCa La denominación de origen calificada representa el nivel máximo de calidad de vinos españoles.

DOCG (It) La Denominazione di Origine Controllata e Garantita es una garantía que se añade a la DOC italiana y significa que los vinos han sido catados y se les ha concedido esta garantía.

Domaine (Fr) Equivalente francés de finca*.

Dulce Designación que se aplica a vinos cuyo nivel de azúcar es superior a 45 g por litro.

Encabezado Adición de alcohol destilado procedente del vino a los mostos* y vinos. Esta técnica se utiliza para la obtención de vinos generosos*.

Eiswein (Al) Vino elaborado en Austria o en Alemania con uva cosechada en vendimia tardía*.

Emparrado Armazón destinado a sostener una parra.
Envero Etapa de la maduración de la uva que corresponde al momento en que las bayas cambian de color.
Escobajo Estructura leñosa del racimo. Se llama también raspón.
Espumoso Hay varias técnicas para obtener un vino espumoso: el método tradicional*, sinónimo de *méthode champenoise**; el método llamado «rural*», cuando la efervescencia se debe a una segunda fermentación; y el método Charmat* o granvás, cuando la generación de gas carbónico se efectúa en cuba para evitar el removido y el degüello*.
Estrujado Operación facultativa que consiste en romper los granos de uva antes de la fermentación para que liberen su zumo.
Fermentación alcohólica Etapa decisiva en la elaboración del vino. Cuando los azúcares contenidos en el mosto* se transforman en alcohol, gas carbónico y calor por la influencia de levaduras*, el zumo de uva se convierte en vino.
Fermentación maloláctica Fermentación que sigue a la alcohólica. Por la acción de determinadas bacterias lácticas, el ácido málico* (con sabor de manzana verde) se transforma en ácido láctico* (con sabor de yogur) y en gas carbónico. Dado que el ácido láctico es menos acerbo que el málico, el vino se vuelve más fino.
Filoxera Se trata de un pulgón importado por descuido desde Estados Unidos que ataca la raíces de la vid. Las plagas de filoxera fueron el origen de la destrucción de los viñedos de Europa entre 1860 y 1890. Véase injerto.
Finca Entidad geográfica y jurídica correspondiente a una explotación vitícola. Una finca se compone, pues, de viñas, edificios y equipamiento para el cultivo de la vid y la elaboración del vino.
Fino Vino jerezano de la variedad palomino que ha desarrollado el velo de flor* durante toda la crianza*.

Es pálido, seco y delicado, con una graduación alcohólica entre 14,4° y 15,5°.
Flor Capa de levaduras* que cubre la superficie de los vinos finos de Jerez y Montilla durante su crianza* y que los aísla del aire.
Fortificado Operación que consiste en «fijar» la fermentación alcohólica* por aportación de alcohol neutro; etapa esencial en la elaboración de los oportos y de los vinos dulces naturales.
Fudre Gran tonel que puede contener de 200 a 300 hl.
Generoso Vino elaborado bajo velo de flor* y cuya graduación alcohólica* es superior a 15 % vol. En general, se suelen calificar de generosos a todos los vinos de alta graduación alcohólica.
Graduación alcohólica Al calcular el porcentaje del volumen de alcohol etílico* contenido en el vino se obtiene la graduación alcohólica (expresada en % vol).
Gran reserva Vinos tintos españoles de las mejores cosechas que se han criado al menos dos años en barrica* y tres en botella.
Grand vin (Fr) Primer vino de mezcla de las mejores cubas de un *grand cru* de Burdeos.
Granizo Este gran enemigo de la vid daña los racimos: los pedúnculos se pueden romper y las bayas, cuando están cerca de la madurez, estallan y dejan escapar su zumo. Estos destrozos suelen ir seguidos de podredumbre y enmohecimiento.
Granvás Véase Charmat.
Gris (Fr) Vino que se obtiene cuando se deja poco tiempo en contacto la pulpa y el hollejo rojo de la uva tinta. Se recupera el vino de lágrima* levemente rosado y se realiza una fermentación en fase líquida.
Heladas Las heladas de invierno rara vez afectan a la vid, salvo excepciones (viñas septentrionales, inviernos muy duros con temperaturas inferiores a −15 °C). Por el contrario, las heladas primaverales son mortíferas por debajo de una temperatura de −2,5 °C, pues actúan sobre los

pámpanos en pleno crecimiento, llenos de agua, que son entonces muy sensibles al hielo.
Híbrido Cruce de dos especies de vid. Después de la plaga de la filoxera*, los cruces entre especies americanas y europeas han dado híbridos que resisten la filoxera, pero que dan vinos de calidad mediocre.
INAO (Fr) El Institut National des Appellations d'Origine es un organismo público francés creado el 30 de julio de 1935 con el fin de determinar y controlar las condiciones de producción de los vinos franceses de denominación de origen.
INDO Sigla del antiguo Instituto Nacional de Denominaciones de Origen que ha sido sustituido por la Subdirección General de Denominaciones de Origen*.
Injerto Después de la terrible plaga de la filoxera*, Europa tuvo que utilizar plantones americanos (*Vitis labrusca, Vitis riparia, Vitis rupestris*) como pie, pues sus raíces eran resistentes al insecto. Subsiste, pues, la vid europea (*Vitis vinifera*), pero como injerto.
IPR (P) Indicação de Proveniencia Regulamentada, segunda denominación de origen en Portugal.
Joven Vino embotellado en el año de la vendimia que no ha sido criado en madera. También se conoce como «sin crianza».
Kabinett (Al) Vinos blancos secos alemanes (QmP*) que nunca se chaptalizan.
Levaduras Hongos microscópicos unicelulares que se pueden encontrar naturalmente en el hollejo de la uva. Las levaduras se multiplican en el zumo de uva, provocando así la fermentación alcohólica*: estas levaduras se llaman «indígenas». Investigaciones específicas han permitido seleccionar levaduras más apropiadas para determinados tipos de fermentación y actualmente se pueden utilizar levaduras secas para hacer el vino.
Lías Impurezas formadas por levaduras en estado de vida latente,

tártaros y materias residuales de la vendimia, que se depositan en el fondo de las barricas*. Durante los trasiegos se desechan las lías.

Licor de expedición Licor compuesto de azúcar disuelto en un vino añejo de calidad, al que se le añade muy frecuentemente coñac, que se agrega al champagne y al cava después del degüello*. La cantidad varía según que el vino sea «brut» (15 g/l como máximo), «extra seco» (de 12 a 20 g/l), «seco» (de 17 a 35 g/l) o «semiseco» (de 33 a 50 g/l).

Licor de tiraje Mezcla de azúcar, cava, o champagne, y levaduras* que se agrega al vino según el método tradicional* antes del embotellado.

Maceración carbónica Modo de vinificación en el curso del cual la uva para vino tinto se mete en una cuba sin estrujado previo. A continuación se cierra la cuba y se satura de gas carbónico; las bayas, en un medio anaerobio, desarrollan un metabolismo que provoca una degradación del ácido málico* y una fermentación intracelular (que transforma una parte del azúcar en alcohol). Esta primera fase, que puede durar de algunas horas a algunos días, se efectúa a temperaturas bastante elevadas (30-32 °C). Luego se procede a dos fermentaciones separadas del vino de prensa* y del vino de lágrima*, a temperaturas bajas (20 °C), durante un tiempo relativamente corto. Gracias a este método se obtiene un vino de prensa de calidad superior al vino de lágrima.

Maceración pelicular (o prefermentación) Cuando se realiza una vinificación en blanco, el prensado se realiza antes de cualquier fermentación. Pero hay gran cantidad de componentes aromáticos (aromas varietales y precursores) aprisionados en los hollejos de la uva que no desempeñan entonces ningún papel en la vinificación. La maceración pelicular consiste en dejar los zumos en presencia de los hollejos, en maceración, durante algunas horas antes de prensar.

Maderizado Se dice de un vino cuyo sabor recuerda el del madeira. Suele tratarse de un envejecimiento por oxidación* de vinos blancos que se reconoce por un color ámbar oscuro.

Manzanilla Fino* muy seco producido en las bodegas de Sanlúcar de Barrameda.

Meloso Calificación de los vinos blancos dulces comprendidos entre los secos y los licorosos (entre 12 y 45 g/l de azúcar).

Méthode champenoise Modo de elaboración de vinos espumosos* cuya originalidad reside en el desarrollo de la espuma en la botella. Este método se usa para la elaboración del champagne (del que toma su nombre). Véase la descripción del método en la página 110.

Método rural Método de elaboración de vinos efervescentes por un embotellado antes del final de la fermentación alcohólica*.

Método tradicional Nombre que se utiliza en vez de *méthode champenoise** para los espumosos*, como el cava, que han sido elaborados mediante esa técnica fuera de Champagne. Sinónimos: Metodo Classico, Metodo Tradizionale (It).

Mezcla Operación que consiste en combinar varios vinos.

Mildiu Hongo parásito de origen americano que ataca los órganos verdes de la vid. Antaño se erradicaba mediante sulfatado de sales de cobre (caldo bordelés), pero actualmente se practican tratamientos con productos de síntesis.

Mistela Mezcla obtenida por la adición de alcohol a un zumo de uva antes de cualquier fermentación.

Mosto Zumo de uva obtenido por estrujado o prensado.

Oídio Enfermedad de la vid de origen americano causada por un hongo microscópico que ataca flores, hojas y uvas: las uvas se secan y la vid se cubre de un polvo blanco. Se remedia con un tratamiento a base de azufre.

Oloroso Vino de Jerez encabezado que no desarrolla velo de flor*.

Organoléptico El olor, el color y el sabor del vino constituyen el conjunto de las percepciones sensoriales llamadas «organolépticas».

Orujo Después del prensado se obtiene un «pastel» de los elementos sólidos de la uva: es el orujo. Si se destila este orujo, se obtiene el aguardiente del mismo nombre.

Oxidación Cuando el oxígeno del aire está en contacto directo con el vino, puede alterar su color y su sabor por oxidación.

Pago Conjunto de suelos y subsuelos, y su exposición y entorno que determinan el carácter de un vino.

Pasificación Sobremaduración de la cosecha que provoca una desecación de la uva, lo que determina un enriquecimiento en azúcar. Así se elaboran los vinos de paja* y algunos moscateles, que no hay que confundir con los vinos licorosos obtenidos gracias a la podredumbre noble*.

Passito (It) Vino italiano hecho de uva pasa.

Persistencia Característica de un gran vino que se manifiesta por la duración de las sensaciones de sus cualidades gustativas en boca y por vía retronasal. Algunos catadores miden esta persistencia utilizando sus propios criterios en función de unidades que llaman caudalies*.

Poda La poda consiste en eliminar los sarmientos del año, conservando una o varias ramas hermosas, bien situadas, con el fin de dejar los brotes suficientes que originarán los frutos. La uva se forma en el «ojo del año» que crece sobre la madera del año anterior. La poda en vaso (poda corta) protege a la vid de las intemperies de un país cálido (viento, sequía). La poda guyot (simple o doble) permite conservar un solo sarmiento en altura (o dos) además del tronco y es mejor para un clima templado.

Podredumbre gris Podredumbre causada por el mismo hongo que la

GLOSARIO

podredumbre noble, la *Botrytis cinerea**. Puede afectar a los granos de uva dañados por el granizo* o por el gusano de la uva. Su desarrollo se ve favorecido por una humedad elevada. La podredumbre gris afecta a la cantidad y altera la calidad de la vendimia.

Podredumbre noble Cuando las condiciones climáticas son favorables, con una combinación de alternancia lluvia/sol y un buen otoño, la uva sufre una degradación excepcional gracias al desarrollo de un hongo de nombre *Botrytis cinerea**, que «pudre» la uva, concentra el zumo y lo modifica.

Polifenoles Conjunto de los compuestos que tienen diversas funciones fenol, como los taninos*, los antocianos* y los ácidos fenoles, cuya combinación determina el aroma*, el color y la estructura del vino.

Poso Partículas sólidas que se encuentran en el vino. En los vinos blancos se trata a menudo de cristales de ácido tartárico* incoloros; en los tintos son sobre todo taninos* y pigmentos.

QbA (Al) Sigla de Qualitätswein eines bestimmten Anbaugebietes, categoría de vinos alemanes que han sido chaptalizados.

QmP (Al) Sigla de Qualitätswein mit Prädikat. Esta designación se reserva a los vinos alemanes de calidad que no son objeto de chaptalización*.

Quinta (P) Equivalente portugués de finca*. Los vinos de *quinta* pueden proceder a menudo de otras fincas diferentes de la mencionada.

Racimo Fruto de la vid que se desarrolla en primavera y que resulta de la fecundación de la inflorescencia. En el racimo se desarrollan las bayas, que son el fruto propiamente dicho. El racimo se compone de bayas, o granos de uva, y del escobajo* (la parte leñosa). La uva madura a finales del verano.

Rancio Vino trasañejo (con más de dos años de crianza*) con un aroma* y sabor característicos. Es licoroso, oxidado y seco.

Recioto (It) Categoría de vino tinto elaborado en Italia con uva dejada cierto tiempo en paseras y, por tanto, muy concentrado. Son vinos dulces de postre.

Reserva Vinos tintos guardados durante un período de tres años en la bodega; uno de ellos, por lo menos, en barrica*. Este período se reduce a dos años para los vinos blancos y rosados, seis meses de los cuales han de estar en barrica.

Réserve (Fr) Los vinos de reserva son aquellos que los bodegueros guardan para usarlos en mezclas posteriores.

Riserva (It) Vinos italianos de DOC* o DOCG* envejecidos más tiempo en barrica* o botella.

Rosato (It), **Rosé** (Fr) Rosado.

Sangrado Operación que consiste en extraer una parte del zumo de una cuba durante la fermentación en tinto. Así se elaboran los claretes* y algunos rosados.

Sec (Fr), **Secco** (It) Seco.

Second vin (Fr) *Assemblage** de las cubas que no se han elegido para la primera mezcla del *grand vin* de un *château* de Burdeos.

Selección clonal Selección de plantas rigurosamente idénticas, elegidas por su resistencia a las enfermedades de la vid, por su precocidad o su rendimiento.

Selección de granos nobles Expresión que califica los vinos elaborados a base de uva botrytizada o pasificada*.

Selección masal Elección de clones* diversos con el fin de garantizar una diversidad de cualidades en una misma parcela de plantación.

Sin crianza Otra de forma de denominar los vinos jóvenes*.

Solar (P) En Portugal, castillo o casa solariega.

Solera Sistema, aplicado especialmente al jerez, de envejecimiento de varias cosechas en una sucesión de barricas*.

Sombrero En el caso de una vinificación en tinto, el sombrero es la parte flotante constituida por los elementos sólidos (hollejos, semillas, escobajos*, pulpa) que se mantienen en la superficie del mosto* en fermentación gracias a la liberación del gas carbónico. Para obtener una buena extracción (de color y de aromas*) es importante dominar la maceración. Por este motivo, existen numerosos sistemas que agitan, bazuquean* y hunden este sombrero, a fin de mejorar los intercambios entre las materias sólidas y el líquido, es decir, el vino.

Spätlese (Al) Vinos alemanes de vendimia tardía*.

Spumante (It) Vinos espumosos italianos.

Subdirección General de Denominaciones de Origen Organismo dependiente del Ministerio de Agricultura que concede y controla las denominaciones de origen españolas.

Sulfatado Se dice de las operaciones de tratamiento de las vides contra diversos parásitos por aspersión. Antiguamente se utilizaba como principal agente de tratamiento el sulfato de cobre, aunque en la actualidad se emplean productos sintéticos más selectivos.

Superiore (It) Designa un vino con un nivel de alcohol superior (o con una crianza* más larga) que el de la DOC*.

Tafelwein (Al) Vino de mesa alemán.

Tanino Los escobajos*, los hollejos y las pepitas contienen esos taninos que el prensado y el encubado exprimen. Estos productos orgánicos aportan al vino aromas* y sabores, así como una capacidad de añejamiento.

Tenuta (It) Finca* italiana.

Terroir (Fr) En Francia, pago*.

Trasiego Operación consistente en separar el vino de sus lías* por trasvase de un recipiente a otro.

Trocken (Al) Seco.

Trockenbeerenauslese (Al) Vino alemán de tipo QmP muy dulce: es la gama máxima en su categoría.

Variedad Sinónimo de cepa*.

VCPRD Sigla de Vinos de Calidad Producidos en Regiones

Determinadas. Es el nivel de calidad correspondiente a aquellas regiones que están a la espera de que se les conceda la DO.

VDQS Sigla de Vin Délimité de Qualité Supérieure. Categoría de vino francés situada entre los vinos de mesa y los de denominación de origen.

Vecchio (It) Vino italiano envejecido más tiempo que la media en barrica* o botella.

Vendimia tardía Cosecha tardía de uva sobremadura con el objeto de obtener una mayor concentración de azúcar y aromas*.

Vendimia verde Operación que consiste en cortar algunos racimos todavía verdes, en el mes de julio, a fin de reducir la cantidad de la futura cosecha para aumentar la calidad.

Vidueño Sinónimo de cepa*.

Vigna, vigneto (It) Viña.

Vin de Pays (Fr) Vino procedente de una región particular que responde a ciertas normas de plantación de cepas* y rendimientos.

Vin santo (It) Vino de pasas italiano.

Vino Este término designa la bebida que se obtiene exclusivamente de la fermentación natural de la uva, o del zumo de uva, por la transformación de los azúcares en alcohol etílico* (etanol) y en otros alcoholes y componentes aromáticos gracias a la acción de levaduras*.

Vino de lágrima El vino de lágrima se obtiene antes del prensado de la vendimia. Es la parte líquida de la vendimia que se derrama naturalmente. Procede de las uvas más maduras.

Vino de paja Vino naturalmente dulce procedente de uva que ha sufrido un secado en pasero. Este método, practicado en Italia y en Jura, permite una concentración de los mostos* gracias al secado parcial de la uva.

Vino de prensa Vino, de inferior calidad, obtenido por un segundo prensado de los orujos.

Vino varietal Vino en cuya elaboración interviene principalmente una variedad de cepa*. La cantidad de vino de la cepa en cuestión que debe contener la mezcla está reglamentada en cada país. Cuando el vino está elaborado exclusivamente con una variedad, se habla entonces de vino monovarietal.

Vitis labrusca Género de vid americana.

Vitis vinifera Género de vid europea.

ÍNDICE

Los números de página que van en *cursiva* remiten a las ilustraciones; los que van en **negrita** indican un capítulo o remiten a un recuadro.

A

Abadía 156
Abbazia di Rosazzo 301
Abelé, Henri 245
Abilius 186
Abona, DO 192, mapa *131*
abrir una botella de vino **68-73**, *69*
 abrir una botella de espumoso 72-73
 sacacorchos **70-71**
Abruzzos 311, mapa *302*
 productores y bodegueros 314
Abtsberg 356
Abu Hummus 342
Abuelo Nicolás 172
Abymes 270
Acacia 426
acero inoxidable, cubas de **105**
Achaia-Clauss 338
Achkarren 372
acidez 57, 66, 86, 100, 135
 ajuste de la 116
ácido 57, 86
ácido sulfhídrico 85
Aconcagua Valley 453
Adams, Leon 440
Adanti, Fratelli 312
Adega, Quintana da 332
Adelaida 472, 474
Adelaide Hills 473, 474
Adelmann, Weingut Graf 373
Adelsheim 433
Adgestone 494
Admiral 205
Adudarham, Vinhos 340
Afdis, *véase* African Distillers
Affental 371
África *véase* África del Norte; Argelia Egipto; Marruecos; Sudáfrica; Tunicia; Zimbabwe
África del Norte 343
African Distillers (Afdis) 493
Agapito Rico, Bodegas y Viñedos 191
AGE, Bodegas 142
Aglianico del Vulture, DOC 315
Agoncillo 141
Agramont 174
agresivo, vino 86
Agrícola Castellana 169

agrios, vinos 85
Agua Alta, Quintana da 331
aguardiente 330
Aguiar Freitas 336
Aguilar 141
aguja 86
Agustín Blázquez, Hijos de 179
Ahlgren 423
Ahr-Renania media **351**
Ahrweiler 351
ahumado, vino 86
Aigle 377
Ain-Bessem, AOG 344
Ain-el-Turk 344
Ain-Temouchent 344
Aix-les-Bains 268
Ajaccio, AOC 274, 276
ajuste de la acidez 116
Alain Huet de Lemps 42
Alambie Wine Company 468
Alameda 180
Álava 157
Albana di Romagna, DOCG 295
albariza 176-180, *176*, 182
Albelda de Iregua, monasterio de 135
Albet i Noya 150
Albor 142
Albrecht, Lucien 249
Alcamo, DOC 319
Alcanadre 141
Alcatel-Alsthom 209
alcohol 86
Aleatico di Gradoli 315
Alejandro Fernández 162, **165**
Alella, DO 132, 154, mapa *146*
 productores y bodegueros 156
Alemania **346-374**, mapa *347*
 Ahr-Renania media **351**
 Baden **370-372**
 etiquetas **348**
 Franconia **367-368**
 Hesse renana **362-363**
 legislación 348-349
 Mosela-Sarre-Ruwer 352-356
 Nahe **361**
 Palatinado **364-365**
 Rheingau **358-360**
 Saale-Unstrut y Sajonia **369**
 Württemberg 373
Alembiques, Casa dos 334
Alentejo 327, 328
Alesme-Becker, Château Marquis d' 202
Alex Reserva Familiar 142
Alexander Valley, AVA 418

Alfaro 136
Alfonso VI 161, 162
Alhama, río 135, 136
Alhama, valle del 141
Aliança, Caves 326
Alicante, DO 189, 191, mapa *131*
Alión, Bodegas y Viñedos 165
Alkoom 479
Allandale 465
Allanmere 465
Allegrini 297
Allen, Herbert 70
Allesverloren 492
Allied Lyons 229, 331, 420
almacenamiento del vino **61-64**
Almaden 456
Almansa, DO 187, 188, mapa *131*
Almeirim, Adega Cooperativa de 326
Almirante 179
Aloxe-Corton *223*, 235
Alquézar 172
Alsacia **247-250**
 productores y bodegueros 249-250
 pueblos vitícolas **248**
Alsenz, valle del 361, 365
Alsina & Sardà 150
Alta Mar 156
Altare, Elio 290
Altenberg 365
Altenberg de Bergbieten 248
Altenberg de Bergheim 248
Altenberg de Wolxheim 248
Altesino 308
Altiplano, Bodegas del 451
Alto Corgo, Vinhos do 331
Alto Mosela 356
Alto Turia 189
Alto-Adigio **298-299**, mapa *286*
Altos del Pío 191
Álvarez, familia 166
Álvarez y Díez 169
Alvear 182
Alzinger, Leo 383
amable, vino 86
Amadeus 186
Amandi 185
Amarone 296
Amberley Estate 479
Amberton 464
Ambicioso 188
Amboise 255
Ambra, D' 317
América *véase* América Central y América del Sur; América del Norte

América Central y América del Sur **447-456**, mapa *449*
 Argentina **455**
 Brasil **456**
 Chile **452-454**
 México **451**
América del Norte **401-446**, mapa *403*
 California **407-428**, mapa *406*
 Canadá **444-446**
 Noroeste de Estados Unidos **434-439**
 Sur y Medio Oeste **440-443**
Amerine, profesor Maynard 392
Amiral de Beychevelle 205
Amirault, Max 216
Ammelas, castillo de *273*
Ammerschwihr 248
amontillado, jerez 176-180
Amontillado 1855 180
Amouriers, Domaine des 266
Ampuis 262
Ampurdán-Costa Brava, DO 154, mapa *146*
 productores y bodegueros 156
Amsfelder 396
Anatolia 340
Ancenis 253
Ancienne Cure, Domaine de l' 280
Andalucía 132, **175-182**
 Condado de Huelva **181-182**
 Jerez-Xérès-Sherry y Manzanilla-Sanlúcar de Barrameda **176-180**
 Málaga **181-182**
 Montilla-Moriles **181-182**
Andalusia, WO 493
Anderson Valley Vineyards 442
Anderson, valle de 408, 423
Andlau 248
Andresen 331
Ángel Lorenzo Cachazo, Bodegas 169
Angelbachtal-Michelfeld 371
Angelo, Fratelli D' 318
Angélus, Château l' 217
Angerville, Domaine Marquis d' 237
Anges, Domaine des 266
Angle Vale 474
Anglefort 270
Angove's 477
Anheuser, Paul 361

Anheuser, Weingut August E. 361
anhídrido sulfuroso 85, 115
animales, aromas 84
Anjou, AOC *252*, 255, 256
 productores y bodegueros 256
Anjou Blanc, AOC 256
Anjou Coteaux-de-la-Loire, AOC 255
Anjou Villages, AOC 255, 256
Ankialos 339
Anna de Codorníu 159
Annapolis, valle de 446
Anselmi 297
Antaño, Bodegas 169
Antica Casa Vinicila Scarpa 290
Antichi Vigneti di Cantalupo 291
Antinori 306
Antonio Barceló, Hijos de 182
Antoniolo 291
añadido de azúcar 105
Añamaza, río 141
Añares 144
Añil 188
Añina 176
aperitivos 90, 135
Apóstoles 179
Apotheke, viñedo 356
Appellation d'origine contrôlée (AOC) Francia 128, 196-198
Appellation d'origine contrôlée (Tunicia) 344
Appellation d'origine garantie (AOG) Argelia y Marruecos 344
Apremont 270
Aprilia 315
Aquéria, Château d' 266
Aquileia, DOC 300
Aragón 131, 157, **171**
Arbignieu 270
Arbin 268, 270
Arbois, AOC 267, 268
Arbois, Fruitière vinicole d' 269
Árboles de Castillejos 188
Arbor Crest 431
Arcaute, Jean-Michel 221
Archanes 339
Arche, Château d' 214, 215
Archioni 397
Arganda 187
Argel 344
Argelia 344
Argent Double, L' 276
Argentina **455**, mapa *449*
Arhtal 351
Aria 160
Arizona 441

Arkansas 441, 442
Arlay, Château d' 269
Arlot, Domaine de l' 237
Armailhacq, Château d' 202, 207
Armenia 400, mapa 386
armonioso, vino 86
aroma 82, 86
aromático, vino 86
arrope 181
Arrowfield 465
Arrowood 420
Arroyo Grande, AVA 424
Arroyo Seco, AVA 424
Arruda, Adega Cooperativa de 326
Artadi 142
Artigues-Arnaud 205
Artimino 309
Arzak, Juan Mari 90
Arzen 344
Arzuaga Navarro, Bodegas 165
Aschrott 360
Asensio 140
Ashbrook Estate 479
Ashton Hills 474
Asociación de Exportadores de Vino de Oporto, A.E.V.O. 331
aspecto del vino 82
áspero, vino 86
Assémat, Jean-Claude 266
assemblage 110, 158
Assmannshausen 358, 360
Associated Vintners 431
Association Viticole Aubonne 380
Association Viticole d'Yvorne 380
Asti, DOCG 288
Asti *spumante* 288
astringente, vino 84, 86
Asunción 182
aszú, uva 391
Ata Rangi 486
Atatürk, Kemal 340
aterciopelado, vino 86
atestamiento 116
Atlas Peak, AVA 413
Attems 301
Aube, viñedos de 242
Auckland 484
Aude, oeste de 273
Audubon 423
Auggen 372
Augusta, AVA 441, 442
Augustine 464
Aunbaugebiete 348
Áureo 156
Aurora, Vinícola 456
Ausejo 141
Auslese (Alemania) 348
Ausone, Château 217, 218, 219
austero, vino 86
Australia 458-480, mapa 461
  Australia Meridional 472-477
  Australia Occidental 478-480

Nueva Gales del Sur 463-466
Victoria 467-471
Australia Meridional 472-477, mapa 461
  clima y zonas vitícolas 472
Australia Occidental 478-480, mapa 461
Australian Wine and Brandy Corporation 462
Austria 381-384, mapa 382
Autol 141
Auxey-Duresses 236
Avalon 480
Aveleda, Quinta da 324
Avelino Vegas 165
avellana, olor a 86
Aveyron 279
Avgvstvs 150
Avi, Ca l' 150
Avignonesi 309
Avinyonet del Penedès 147
Avril, Paul 266
Axa 208, 333
Axarquía 181
Ayuso, Bodegas 188
Ayze 270
Azay-le-Rideau, AOC 255
Azeitão 321
Azerbaiján 400, mapa 386
azúcar, añadido de 105
azufrado, vino 85
Azumbre 169

B

Babich 486
Bacchus, Caveau de 269
Bach, Masía 151, 159
Bacharach 349, 351, 360
Bachen, Château 280
Backsberg 492
Bad Dürkheim 365
Bad Kreuznach 361, 361
Bad Kreuznach, Staatsweingut 361
Bad Neuenahr 351
Badacsony 389
Baden 348, 370-372
Baden Selection 372
Baden, asociación de viticultores de 372
Baden-Baden 371
Badia a Coltibuono 306
Badische Bergstrasse/Kraichgau, *Bereich* 371
Badische Frankenland 371
Badischer Winzerkeller 370, 371, 372
Badoux & Chevalley 380
Bagnol, Domaine du 275
Bahía, Zona de la 423, 425
Bahuaud, Donatien 254
Bailén 179
Bailly, Jean-François 258
Bailly Winery, Alexis 443
Bairrada, DOC 325
Baja California 451

Bajo Loira 253-254, mapa 252
  productores y bodegueros 254
Baja Montaña 173
Bajo Mosela 355
Balatón, lago 389, 389
Balatonboglár, granja vinícola de 389
Balatonmellék 390
Balbaina 176
Balbás, Bodegas 165
Balcons de l'Aude, Les 276
Bald Mountain 464
Baldivis Estate 480
Baldomar 156
Baleares 132, **192**
Balestard-la-Tonnelle Château 217
Ballandean Estate 464
Ballarat 468
Balnaves 475
balsámico, vino 86
balsámicos, aromas 84
Baltasar 49
Baltimore, lord 404
Balatonfüred-Csopak 389
Banallas 186
Banda Azul 143
Banda Dorada 143
Banda Roja 143
Bandol, AOC 272, 275
Bannockburn 469
Banti 309
Banyuls, AOC 272, 276
Barale, Fratelli 290
Barbadillo, Antonio 177, 179
Barbaresco 287, 288
Barbeito 336
Barbera d'Alba, DOC 288
Barbera d'Asti, DOC 288
Barbera del Monferrato, DOC 288
Barberani-Vallesanta 312
Barbeyrolles, Château 276
Barbi 308
Barbier, René 152
Barcelona 154
Bardolino 296
Bargemone, Commanderie de la 275
Barkham Manor 494
Barolo 287, 287, 288
Barón de Chirel 144
Barón de Ley, Bodegas 142
Barossa Valley 462, 472, 474, 476
Barr 248
Barreau-Badar, familia 221
barricas **117-118**
Barros Almeida 331, 336
Barry, Jim 475
Barsac, AOC 200, 214, mapa 204
Bartol, Quinta do 332
Bartoli, Marco De 320
Barton, familia 209
Barwang Estate 464
Bas-Médoc, AOC, mapa 204

Basedow 474
Basilicata **315**, mapa 316
  productores y bodegueros 318
Bass Philip 469
Bassermann-Jordan, Domaine 365
Bastei 361
Bastide Blanche, La 275
Bastides, Domaine les 275
Bastión de Camarena 188
bastoneo 106, 115
Batailley, Château 202
Bâtard-Montrachet 235, 236
Battistotti, Riccardo 299
Baudin 480
Bauer, Weingut Robert 373
Baumard, Domaine des 256
Baviera, *véase* Franconia
Bay Area, *véase* Bahía, Zona de la
bazuqueo 109
Béarn 279
Béarn-Bellocq 279
Beau-Séjour-Bécot 217
Beaucastel, Château de 266
Beaujeu 239
Beaujolais **239-240**, 224, 225
  crus 240
  beaujolais nouveau 239
Beaulieu 412, 414
Beaulieu, Château de (Coteaux-d'Aix-en-Provence) 275
Beaumes-de-Venise 265
Beaumet 245
Beaumont des Crayères 245
Beaune 230, 235
Beaupuy, cooperativa 280
Beauséjour (Duffau-Lagarosse), Château 217, 219
Beausite, Château 205
Beck, Graham 493
Becker, J. B. 360
Becker, Jean 249
Becker, Weingut 365
Bedell Cellars 437
Beerenauslese (Alemania) 348
Beijing Friendship Winery 496
Bel-Air, Château (Lalande-de-Pomerol) 221
Belair, Château 217
Belgrave, Château 202, 210
Belingrad, Château 280
Belland, Domaine Adrien 237
Bellavista 294
Belle Terre, viñedo 422
Bellegarde 205
Belle-Graves, Château 221
Bellet, AOC 275
Bellevue, Château 217
Belley 267, 268
Bellingham 491
Bellocq, Les Vignerons de 280

Bendigo 468, 469
Benede-Oranje, WO 493
Benelux, Países del **375-376**
  Bélgica 376
  Luxemburgo 376
  Países Bajos 376
Benettini, Conte Picedi 292
Beni m'tir 344
Beni Sadden 344
Benmarl Wine Co. 437
Bennwihr, cooperativa de 250
Bennwihr-Mittelwihr 248
Bensheim, Staatsweingut 366
Berberana, Bodegas 142
Berceo, Bodegas 140, 142
Bercher, Weingut 372
Berdiot 229
Bereiche 348
Bereiza 186
Berg Schlossberg 360
Bergat, Château 217
Bergbieten 248
Bergerac, AOC 277, 278, 280
Bergheim 248
Bergstrasse de Hesse 348, **366**, mapa 357
Bergsträsser Gebiets-Winzergenossenschaft 366
Beringer 414, 423, 426
Beringer, Jacob 412
Berkane et Angad 344
Berliquet, Château 217
Berlucchi, Fratelli 294
Berlucchi, Guido 294
Bernabei, Franco 303
Bernardo Álvarez, Bodegas 169
Bernkastel, *Bereich* 350, 352, 353, 355, 356
Berri Estates 477
Berrouët, Jean-Claude 221
Bertani 297
Bertaud-Belieu, Château 276
Berthiers, Les 258
Bertineau-St-Vincent, Château 221
Bertrams 493
Besserat de Bellefon 245
Best's 469
Bethel Heights 433
Beugnons 229
Beychevelle, Château 202, 205
Beyer, León 249
Beyerskloof 492
Bèze, Clos de 233
Bianchi 336
Bianco di Custozza, DOC 296
Bianco di Scandiano, DOC 295
Bickensohl 372
Biddenden 494
Biegler, Manfred 384
Bien Nacido 424

ÍNDICE 523

Bienvenues-Bâtard-
    Montrachet 235, 236
Bierzo, DO 161, **168, 169**,
    mapa *131*
    productores y
    bodegueros 169
Bieville Domaine de 229
Biferno, DOC 314
Bigi 312, 317
Bilbaínas, Bodegas 142,
    159, 160
Billecart-Salmon 245
Biltmore, Château 442
Bingen 362, 363
Binger Scharlachberg 363
Bingerbrück 361
Binissalem, DO 192, mapa
    131
Biondi-Santi 304, 308
Bischoffingen 372
Bischöfliche Weingüter
    356
Bizkaiko Txacolina *véase*
    Txacolí de Vizcaya
Blac de Belart 156
Blagny 236
Blanc Bruc 150
Blanc Cru 150
Blanc de Blancs 156
blanc de blancs 242
Blanc Prior 153
Blanc Scala Dei 153
Blanchots 228
Blanck, Paul & Fils 249
blanco (vino)
    elaboración **106-107**
    elegir un 34-35
    estilos de 36
Blandy Brothers 336
Blanquette de Limoux,
    AOC 110, 272, 273
Blaxland, Gregory 463
Blaye 222
Bleasdale Vineyards 477
Bligny, Château de 237
Bloodwood Estate 464
Blue Mountain Vineyard
    446
Boa Vista, Quinta da 332
Boada 166
Bobadilla 179
Boberg Region, WO 491,
    492
Boca, DOC 288
Bockenheim 365
bodega
    acceso 64
    acondicionamiento 61
    diferentes tipos de 61-
    63, *62-63*
    disposición 64
    humedad 64
    libro de 62
    limpieza 64
    luz 64
    temperatura 61, 64
    ventilación 64
    vibraciones 64
Bodega, La 424
Bodegas y Bebidas 142,
    173, 174, 188, 191
bodegueros mayoristas 120

Bodenheim 362
Bodensee, distrito de 370,
    372
Boeger 427, 428
Bois, Clos du **420**
Bois-Joly, Domaine du 254
Boizel 245
Bolivia 456, mapa *449*
Bolla 297
Bollinger 245, 256
Bom-Retiro, Quinta do 333
Bomfim, Quinta do 334
Bon Courage 493
Bon Dieu des Vignes,
    Château 213
Boniface, Pierre 270
Bonnes Mares 233
Bonnezeaux, AOC 252,
    255, 256
Bonny Doon 425
Bons-Ares, Quinta dos
    333
Bonvin, Charles 379
Boorde, Andrew 30
Boordy Vineyards 435, 438,
    439
Boplass 493
Boppard 351
Boratto, Vittorio 291
Borba, Adega Cooperativa
    de 328
Bordeaux Supérieur, AOC
    222
Bordeje, Bodegas 172
Bordón, Rioja 143
Borges & Irmaõ 324, 331
Borges, H.M. 336
Borgo Conventi 301
borgoña, copa de *79*
Borgoña **223-240**, mapa
    225
    Beaujolais **239-240**
    Chablis **227-229**
    Côte Chalonnaise **238**
    Côte d'Or **230-237**
    denominaciones **224**
    Mâconnais **238**
Borie, familia 208
Bornos 169
Borsao Borja, Bodegas 172
Bortoli, De, *véase* De
    Bortoli
Boscarelli 309
Bosco Eliceo, DOC 295
Bosnia-Herzegovina 396
Bossard, Guy 254
bota jerezana 177
botellas **49**
botelleros 62, *63*
Botobolar 466
botrytis, *véase* podredumbre
    noble
Botticino, DOC 293
Bouças, Solar das 324
Bouchard-Finlayson 493
Bouchard Père & Fils 237
Bouchaud, Henri 254
Bouchier, Bernard 258
Boudes 257
Bougros 228
Boullault, familia 254
Bourbals, Dr Denis 463

Bourdy, Christian 269
Bourg 222
Bourg, Clos du 256
Bourgelat, Clos 213
Bourgeois, Jean-Marie 258
Bourgueil, AOC 255, 256
Bouscassé, Château 280
Bouscaut, Château 211
Boutari & Son, J. 338
Bouvet-Ladubay 256
Bouzeron, AOC 238
Bowen Estate 475
Boyd-Cantenac, Château
    202
Bradomín 186
Braganza, DOC 297
Bragato, Romeo 484
Braida-Bologna 290
Bramaterra, DOC 288
Branaire-Ducru, Château
    202
Brand 248
Brands Laira 475
Brane-Cantenac, Château
    202, 205, 209
Branger, Claude 254
Brasil **456**, mapa *449*
Breaky Bottom 494
Breede River Valley, WO
    491, 492
Breisach 370
Bremm 355
Breñas, Las 192
Bressandes, Les 235
Bressandes, Corton Les 235
Bretzenheim 361
Breuer, Bernard 360
Brézème, AOC 262, 263
Briagolong Estate 469
Bridgehampton Winery 437
Briedel 355
Brighams Creek 486
Brights 446
Brillante 142
Brillat-Savarin 89, 90, 268,
    270
Brindabella, Hill 466
Briones 140
Brisgovia 372
Brisse, barón Léon 88, 89
BRL Hardy 462, 468, 475,
    477
Brochon 233
Broke Estate 465
Brokenwood 465
Brookfield Bronco. J. F. J.
    427, 428, 486
Brookland Valley 479
Brotherhood Winery 435
Broughton, Bartholomew
    473
Brouilly 240
Broustet, Château 214, 215
Brown, Lindsay 467
Brown Brothers **470**
brown sherry, jerez 178
Bruderberg 356
Brudersberg 363
Bruderschaft 356
Bruderthal 248
Brul, Le 299

Bruna, Riccardo 292
Bründlmayer, Willi 383
Brunello di Montalcino
    DOCG 304, 308, 309
brut 242
    cava 158
    sin año 242
Brut Barroco 160
Brut Nature, cava 158
Brut Nature Gran Reserva
    Marrugat 159
Bual 335
Buçaco 326
Bucci, Fratelli 313
Bucelas, DOC 325
Buena Vista 420
Bugey, VDQS 267, **268**,
    270
Buhl, von 365
Buitenverwachting 492
Bükkalja 390
Bulgaria **392-394**, mapa
    386
Bull, Ephraim 404
Bullas, DO 190,191, mapa
    131
Bullay 355
buqué 66, 82, 86
burdeos, copa de *79*
Burdeos **199-222**, mapa
    201
    Bourg y Blaye 222
    châteaux 200
    clasificación de 1855
    202
    denominaciones **200**
    Entre-deux-Mers 222
    Fronsac y Canon-
    Fronsac **222**
    Graves **211-213**, mapa
    204
    Médoc **203-210**, mapa
    204
    Pomerol **220-221**
    Saint-Émilion
    217-219
    Sauternes **214-216**,
    mapa *204*
    vinificación 200
Burdon, John William 180
Burg Homberg 373
Burg Ravensburg 371
Burg Schaubeck 373
Burgans 186
Burgaud, Bernard 263
Burge, Grant 474
Burgenland 384
Bürgermeister Anton
    Balbach Erben, Weingut
    363
Bürgerspital 367, 368
Burgos 162
Bürgstadt 368
Buring, Leo 474
Burkheim 372
Bürklin-Wolf 365
Burmester, J. W. 331
Buronga Hill 468
Busby, James 463, 482
Buttafuoco 293
Butteaux 229
Buzbag 340

Buzet, AOC 278, 280
Byron 426

C

Ca' Bolani 301
Ca' dei Frati 294
Ca' del Bosco 294
Ca' Ronesca 301
Caballero, Luis 180
Cabardès **274**
Cabernet d'Anjou. AOC
    255
Cabernet de Saumur, AOC
    255
Cabo Región del WO 491
Cabretón 141
Cabrière, Clos 492
Cabrières 276
Cachão, Quinta do 332
Cachucha, Quinta do 332
Cadaujaz 212
Cadet Bon, Château 217
Cadet-Piola, Château 217
Cadillac, AOC 222
Cahors, AOC 277, 278, 280
Cailleret 236
Caillerets 235
Caillou, Château 214, 215
Cain Cellars 413
Cairanne 265
cajas 62
Calabria **315**, 318, mapa
    316
Calahorra 141
Calatayud, DO 170, 171,
    mapa *131*
    productores y
    bodegueros 172
Cálem, A. A. 331
Calendal, Mas 275
calendario de los trabajos
    100-101
Calera 426
calidad 57, 126
    *Appellation d'origine
    contrôlée* (AOC) Francia
    128, 196-198
    *Appellation d'origine
    contrôlée* (Tunicia) 344
    *Appellation d'origine
    garantie* (Argelia y
    Marruecos) 344
    Ausbruch (Austria) 383,
    384
    Auslese (Alemania) 348,
    364
    Auslese (Austria) 383
    Beerenauslese (Alemania)
    348
    Beerenauslese (Austria)
    383
    Controliran (Bulgaria) 394
    *Denominação d'origem
    controlada* (DOC)
    Portugal 322
    Denominación de
    origen (DO) 128, 134
    Denominación de
    origen calificada
    (DOCa) 134

524 ÍNDICE

denominaciones de 502
Denominazione di origine controllata (DOC) Italia 128, 284
Denominazione di origine controllata e garantita (DOCG) Italia 285
Eiswein (Alemania) 348, 366
Eiswein (Austria) 383
España 134
Federspiel (Austria) 383
Gold Seal of Quality (Inglaterra y País de Gales) 494
Indicação de proveniencia regulamentada (IPR) Portugal 322
Indicazione geografica tipica (Italia) 284
Kabinett (Alemania) 348, 364
Kabinett (Austria) 383
Landwein (Alemania) 348
Landwein (Austria) 383
Marque Nationales (Luxemburgo) 376
Predicato (Italia) 309
Qualitätswein (Austria) 383
Qualitätswein eines bestimmten Anbaugebiete (QbA) Alemania 348
Qualitätswein mit ädikat (QmA) Alemania 348
Spätlese (Alemania) 348, 364
Spätlese (Austria) 383
Steinfeder (Austria) 383
Tafelwein (Alemania) 348
Tafelwein (Austria) 383
Trockenbeerenauslese (Alemania) 348
Trockenbeerenauslese (Austria) 383
Vinho regional (Portugal) 322
Vino da tavola (Italia) 284, 285, 311
vino de la tierra 134
vino de mesa 134
vinos de mesa (Francia) 198
Vins de consommation courante (Tunicia) 344
Vins de pays (Francia) 197-198
Vins de qualité supérieure (Tunicia) 344
Vins delimités de qualité supérieure (VDQS) Francia 196-198
Vins supérieurs (Tunicia) 344
Vintners Quality Alliance (VQA) Canadá 444, 445
ViTi (Suiza) 380
Viticultural Area System (VA) Estados Unidos 128, 404
Wine of Origin System

(WO) Sudáfrica 491
véase también clasificaciones
California **407-428**
Napa Valley **412-416**, mapa *411*
regiones costeras **423-426**
regiones del interior **427-428**
Sonoma **417-422**, mapa *411*
Caliterra 453
Callaway 420, 424, 426
Callejo 165
Calon-Ségur, Château 202, 205, 207
Caluso, DOC 288
Camarate, Quinta da 328
Cambria 425
Camden Estate 466
Camensac, Château de 202
Camero Viejo, sierra de 141
Camigliano 308
Camp 154
Campanas, Las 174
Campania **315**, 317, mapa *316*
Campeador 143
Campillo, Bodegas 143
Campo de Borja, DO 170, 171, mapa *131*
productores y bodegueros 172
Campo de Burgo, Bodegas 142
Campo de Requena, Cía Vinícola del 191
Campo de Rosell 191
Campo Grande Pálido 169
Campo Rotaliano 298
Campo Viejo, Bodegas 142, 143
Can Feixes 150, 159
Can Ràfols dels Caus *147*, 150
Canadá **444-446**
Canandaiga Wine Company 436, 437
Canard-Duchêne 245
Canarias, islas 132, **192**
Canberra 466
Canchales 144
Cándido, Francisco 318
Canepa, José 453
Canguros, islas 472
Canon, Château 217, 219
Canon-Fronsac, AOC 222
Canon-la-Gaffelière Château 217, 219
Cantabria, sierra de 138
Cantemerle, Château 202, 210
Cantenac-Brown, Château 202, 205
Canterbury, Nueva Zelanda 484, 485
cantidad de vino consumido 122, 123
Canuet 205
Cañamero 187
Cañas, Luis 140

Cap de Mourlin, Château 217
Cap Rock Winery 442
Capannelle 310
Caparzo, Tenuta 308
Cape Mentelle 479, 482, 488
Capel Vale 480
Capezzana, Tenuta di 310
Capitoro, Clos 276
Cappellini, Forlini 292
Caprai 312
Capriano del Colle, DOC 293
Caramany 273, 276
Carballino *185*
Carbonnieux, Château 211, 212
Carcavelos, DOC 288
Carchelo 191
Cardonne, Château La 210
Carema, DOC 288
Carême, Antonin 88
Carey Cellars 426
Carillon, Domaine Louis 237
Cariñena, DO 170, 171, mapa *131*
productores y bodegueros 172
Carlomagno 346, 363
Carlos III 179
Carlos VII 182
Carmel 341, 342
Carmel, vallée de, AVA 424
Carmes-Haut-Brion, Château Les 212
Carmignano, DOCG 304
Carmo, Quinta do 328
Carneros 415
Carneros, Los, AVA 413
Carneros-Sonoma, AVA 419
carnoso, vino 86
Caronne-Ste-Gemme, Château 205
Carosa Vineyard 480
Carr Taylor 494
Carraixet 191
Carras, Domaine *337*, 338
Carrascal 176
Carrascalejo 191
Carrión, Pascual 190
Carruades, Les 205
Carso, DOC 300
Carta Blanca 179
Carta de Oro 142
Carta de Plata 142
Carta Nevada 160
Carta Oro 179
Cartier-Inniskillin 446
Cartoixa de Scala Dei 153
Carvalho Ribeiro & Ferreira 326
Casa Castillo 191
Casa de la Viña 188
Casa lo Alto 191
Casa Vella d'Espiells 151
Casablanca (Chile) 452
Casablanca (Marruecos) 344
Casale del Giglio 317
Casalinho, Caves do 324

Casar de Valdaiga 169
casilleros *63*
Cassegrain 464, 466
Cassemichère, Château de la 254
Cassis, AOC 272, 275
Castaño, Bodegas 190, 191
Castéja, Philippe 219
Castel del Monte, DOC 315
Castel/Schloss Schwanburg 299
Castelgiocondo 307
Castell 335
Castell de Montsonís 156
Castell del Remei, Cellers 156
Castell Roc 150
Castellane, De 245
Castellare di Castellina 306
Castellblanch 160
Castell-Castell, Fürst 368
Casteller, DOC 298
Castelli, Maurizio 303
Castell'in Villa 306306
Castello, Tenuta 294
Castello della Sala *311*, 312
Castello di Ama 306
Castello di Ancarano, Tenuta 295
Castello di Fonterutoli 306
Castello di Gabbiano 306
Castello di Luzzano 294
Castello di Neive 290
Castello di Salabue 290
Castello di San Polo in Rosso 306
Castello di Volpaia 306
Castello Vicchiomaggio 306
Castiglioni Falletto 289
CastilCorvo 143
Castilla, Vinícola de 188
Castilla la Vieja, Bodegas de Crianza de 169
Castilla y León 131, **161-169**
Ribera del Duero **162-166**
Rueda, Cigales, Toro y Bierzo **167-169**
Castilla-La Mancha, 132, **187-188**
Almansa, DO 187, 188
La Mancha, DO 187, 188
Méntrida, DO 187, 188
Mondéjar, DO 187, 188
Valdepeñas, DO 187, 188
Castillo de Alhambra 188
Castillo de Almansa 188
Castillo de Calatrava 188
Castillo de Cuzcurrita 142
Castillo de Javier 174
Castillo de Liria 191
Castillo de Maluenda 172
Castillo de Manzanares 188
Castillo de Maqueda 188
Castillo de Monjardín *173*, 174
Castillo de Perelada 156, 160

Castillo de San Diego 179
Castillo de Tiebas 174
Castillo de Ygay 144
Castillo Irache 174
Castillo Trasmonte 191
Castle Rock 479
Castlet, Cascina 290
Castoro 424
Castris, Leone de 318
cata **81-86**
anotaciones 85
aprendizaje 82
copa de *79*, 82
etapas de la 82, *83*
evaluación 85
organizar una **84**
vocabulario de la 84, **86**
Catalan, Vin de Pays 272
Catalans, Vignerons 276
Cataluña 130, 131, **145-160**, mapa *146*
Cava **157-160**
otras comarcas 154-156
Penedés **147-151**
Priorato **152-153**
Cathiard, Daniel 213
Cathiard, Florence 213
Catocin, AVA 438
Catoctin Vineyards 439
Cattin & ses Fils, Joseph 249
Cattin & ses Fils, Théo 249
Cauhapé, Domaine 280
Caus Lubis 150
Causse, Le 276
Causses, Domaine des 266
cava 44, 110, 147
tipos de **158**
Cava, DO **157-160**, mapa *131*, *146*
productores y bodegueros 159-160
Cava (vino de mesa, Grecia) 339
Cavalleri 294
Cavallotto, Fratelli 290
Cavas Hill 150
Cave Springs Cellars 446
Cavicchioli 295
Caymus 414
Cazanove, Charles de 245
Cazaux, Clos 266
Cazes, Domaine 276
CB 182
Cedar Creek 446
cedro, olor a 86
Cefalonia 339
Celebration Cream 180
Celeiros, Quinta de 334
Cellatica, DOC 293
Celler Batlle 159
Cellier Le Brun 488
Cellorigo 136
Cenalsa 173
Cenicero *135*, 140
Central Delaware Valley, AVA 438
Central Otago 484, 485, *485*
centrifugación 116
Centro de Portugal **325-326**, mapa *322*

Cep d'Argent, Vignobles le 446
Cepa de Oro 142
cepas, *véase* variedades
Cerasuolo di Vittoria, DOC 319
Ceratti, Umberto 318
Cerdeña **319-320**, mapa *316*
Cerdon 270
Ceretto 290
Cérons, AOC 216, mapa *204*
Cérons, Château de 216
cerrado, vino 86
Cerro Añón 144
Cerrosol, Bodegas 165, 169
Certan, *véase* Vieux-Château-Certan
Certan de May, Château 221
Cervera 141
Cerveteri, DOC 315
Cesare, Pio 290
Chaberton, Domaine de 446
Chablis 224, *225*, **227-229**
 grands crus **228**
 premiers crus **229**
 productores y bodegueros 228-229
Chablisienne, La 228
Chacolí *véase* Txacolí
Chaddsford Winery 439
Chalk Hill 419
Chalone 426
Chalone, AVA 424
Chamard Vineyards 439
Chambert, Château 280
Chambertin 233
Chambéry 267, 268
Chambolle-Musigny 230, 233
champagne
 copa de *79*
 vocabulario del **242**
Champagne 98, 128, **241-246**, mapa *243*
 factores de calidad *244*
Champans 235
Champs Fulliot, Les 236
Chanay 270
Chandón, Cavas 150, 159
Chandon, Domaine (Napa) 415
Chandon, Domaine (Yarra Valley) 471
Chanson, Père & Fils 237
Chantada 185
Chantegrive, Château de 213
Chanturgue 257
Chapel Hill 477
Chapelle, La *259*
Chapelle-Chambertin 233
Chapelot 229
Chapman, Joseph 424
Chapoutier 247, 264
Chaptal, Jean Antoine 105
chaptalización 105
Charbaut 245, 496
Chard Farm 488

Charlemagne 235
Charles Sturt, Universidad, Nueva Gales del Sur 462
Charloux, Guy 210
Charmat, método 110
Charmes, Château des 446
Charmes, Les 236
Charmes-Chambertin 233
Charrere 292
Chassagne-Montrachet 236
Chasse-Spleen, Château 205, 210
Chasseloir, Château de 254
Châtains 229
Château-Chalon, AOC 267, 268, **269**
Château-Grillet, AOC *261*, 262, 263
Châteaubourg *260*
Châteaumeillant, VDQS 258
Châteauneuf-du-Pape, AOC 43, 260, *261* 264, 265, 266
Châtillon-en-Diois, AOC *261*
Châtillonne, La 263
Chatsfield 479
Chaucer 130
Chaume de Talvat 229
Chautagne 268, 270
Chauvin, Château 217
Chave, Gérard **264**
Checoslovaquia, *véase* República Checa; Eslovaquia
Chellah 344
Chénas 240
Chênes, Clos des 235
Cherchi, Giovanni 320
Chéreau-Carré 254
Cheval-Blanc, Château 217, 219
Chevalier, Domaine de 211, **213**
Chevalier-Montrachet 126, 235, 236
Cheverny, AOC *252*, 255
Chevrette, Domaine de 256
Chianti 127, *282*
 productores 306-307
Chianti Classico, DOCG 303, 305
Chianti Ruffina 303, 305
Chiarli 295
Chiarlo, Michele 290
Chicama, Vineyards 439
Chiclana 176
Chieti *314*
Chignin 270
Chignin-Bergeron 270
Chile 448, 450, **452-454**, mapa *449*
China 495, 496
Chinon, AOC *252*, 255, 256
Chipre **341-342**
Chiroubles 240
Chitry, AOC 229
Chittering Estate 480
Chivite 174
Chorey-lès-Beaune 235

Christchurch, Nueva Zelanda 485
Churchill Graham 331
C I Ltd 496
Cía Internacional de Grandes Vinos 150
Cidacos, río 135, 136
Cidacos, valle del 141
Cienega, valle de la 424
Cigales, DO 161, **167**, **169**, mapa *131*
 productores y bodegueros 169
Cinqueterre, DOC 292
Cinzano 290, 451, 456
Cirò, DOC 315
Cisa Asinari dei Marchesi di Gresy, Tenuta 290
Cismeira, Quinta da 324
Citran, Château 205
Clair, Domaine Bruno 237
Clairefont, de 205
Clairette de Bellegarde, AOC 272, 274
Clairette de Die, AOC 110, *261*
Clairette de Languedoc, AOC 272, 274
Clamoux, La 276
Clape, Auguste 263
Clappe, La 276
Clare Valley 462, 472, 475
Clariano 189
Claridge 492
clarificación 116
Clarke, Château 210
clasificación
 Burdeos (1855) 196, **202**, 208
 crus bourgeois 196, 205
 de los vinos por períodos de crianza **60**
 Graves (1959) **211**
 Sauternes (1855) **214**
 St-Émilion (1955) **217**
classic method 110
clavelin 269
Clément, Pape- 213
Clerc-Milon, Château 202
Clerico, Domenico 290
Clermont-Ferrand 257
Clermont-l'Hérault *273*
Cles, Barone de 299
Cleveland 470
clima 126
 véase también los factores de calidad de cada región vitícola
Climens, Château 214, 215
Clinet, Château 221
Clinton Vineyards 437
Clisson, Château de *254*
clones 102
Clos, Les 228
Clos Damiana 160
Clos de l'Obac 153
Clos Mogador 153
Closa la Rosada 156
Clotte, Château La 217
Cloudy Bay **488**
Cloutale, Clos la 280
Clusière, Château La 217

Clyde Park 469
Coal River 473
Coastal Region, WO 491, 492
Cobaw Ridge 470
Coblenza 351
Cochem 355
cocido, vino 86
Cockburn Smithes 324, 331, 332
Coing, Château du 254
Col d'Orcia 308
Colacicchi, Cantina 317
Colares, DOC 325
Coldstream Hills *468*, 471
Cole Ranch, AVA 423
Colección «125 174
coleccionista de vinos 64
Colegiata 169
Coli Senesi 304
Coliseo 180
Collard Brothers 486
Colle dei Bardellini 292
Colle del Sole 312
Colle Picchioni 317
Colli Albani, DOC 315
Colli Altotiberini, DOC 311
Colli Amerini, DOC 311
Colli Aretini 304
Colli Berici, DOC 297
Colli Bolognesi, DOC 295
Colli del Trasimeno, DOC 311
Colli di Catone 317
Colli di Luni, DOC 292
Colli di Parma, DOC 295
Colli Euganei, DOC 297
Colli Fiorentini 304
Colli Martani, DOC 311
Colli Morenici Mantovani del Garda, DOC 293
Colli Orientali del Friuli, DOC 300, 301
Colli Perugini, DOC 311
Colli Piacentini, DOC 311
Colline, Le 291
Colline Pisani 304
Collio Goriziano, DOC 300
Collioure, AOC 273, 276
Colmenares 182
Colombara, Fattoria 294
Colombia 456, mapa *449*
Colombiera, La 292
Colombo 180
Colombo, Jean-Luc 262
color del vino **59**, *59*, 82
Colterenzio/Schreckbichl, Cantina Sociale 299
Columbia 431
Columbia Británica 444, 445, 446
Combettes, Les 236
Comelli 301
comercialización, circuitos de 120
comidas y vinos **87-96**
Commandaria 337, 342
Commeraine, Clos de la 235

Companhia Geral da Agricultura dos Vinhos do Alto Douro 330, 333
Compañía Vinícola del Norte de España (CVNE) 142, 144
compartimentos 62, *63*
complejo, vino 86
compra de los vinos **53-55**, 58, 119
Comté Tolosan, Vin de Pays du 197
Comte, Estate le 446
Comtés Rhodaniens, Vins de Pays des 197
Conca de Barberà, DO 154, 155, 157, mapa *146*
 productores y bodegueros 156
Concannon, James 425, 451
Concavins 156
concentración 108
Concha, La 179
Concha y Toro 452, 4, 454
Concilio Vini 299
Condado Campiña 181
Condado de Aza 165
Condado de Huelva, DO 175, **181-182**, mapa *131*
Condado de Tea 184
Condado Litoral 181
Conde Ansúrez 169
Conde Caralt 160
Conde de los Andes 143
Conde de Valdemar 143
Condes de Albarei 186
condiciones de almacenamiento del vino **64**
Condrieu, AOC *261*, 262, 263
Conestoga Vineyard 438
Confradeiro, Quinta de 334
Connecticut 438, 439
Connétable de Talbot 205
Conques 205
Conseillante, Château La 221
conservación de los vinos **56-64**
Constantia, vino de 491
Constantia District, WO 492
Constanza o Bodensee, distrito del lago de 370, 372
Conterno, Aldo 290
Conterno, Giacomo 290
Contessa Entellina, DOC 320
Conti, Paul 480
Contini, Attilio 320
Contino, Viñedos del 140, 144
Contratto, Giuseppe 290
control de calidad *107*
control de la temperatura de fermentación 104, 108
Controliran (Bulgaria) 394
Convento 182

Coonawarra 462, 46, 472, 473, 475
Coopers Creek 486
Coorinja Vineyard 480
copas 78, **78-79**
  mantenimiento 77
Cope-Williams 470
Coppo & Figli, Luigi 290
Coquinero 179
Corbans 486
Corbett Canyon 424
Corbières, AOC 273, 276
Corbin, Château 217
Corbin-Michotte, Château 217
Córcega 274, 274, 276
  denominaciones y productores 276
corcho 68, 69, **70**, 119
  sabor a 85
Cordier, Domaine 21, 209, 210, 219
Cordón Negro 160
Corent 257
Corera 141
Cori 315
Coria, Giuseppe 320
Coriole 477
Cormerais, Bruno 254
Cornacchia, Barone 314
Cornago 141
Cornas, AOC 261, 26, 263
Corneilla, Château 276
Corona 142
Corral, Bodegas 142
Corte, Quinta da 332
Cortés, Hernán 448
corto, vino 86
Corton 235
Corton-André, Château 223
Corton-Charlemagne 235
COS 320
Cos d'Estournel, Château 202, 203, 205, 207
Cos Labory, Château 202, 207
cosechero, vino de 138
Cosecheros Abastecedores (Los Llanos) 188
Cosecheros Alaveses 140, 142
Cosham 480
Cosme Palacio y Hermanos 144
Cossart Gordon 336
Coste, Pierre 213
Costers del Segre, DO 132, 154, 155, 157, mapa 146
  productores 156
Costers del Siurana 153
Costières-de-Nîmes, AOC 272, 274
Côte Blonde 262, 263
Côte Brune 262, 263
Côte Chalonnaise 224, 225, **238**
Côte d'Auxerre, AOC 229
Côte d'Or 224, **230-237**
  factores de calidad 232
  productores y bodegueros **237**

Côte de Beaune 230
  grands crus **235**
  pueblos de la **235-236**
Côte-de-Beaune-Villages 235
Côte de Bréchain 229
Côte-de-Brouilly 240
Côte de Cuissy 229
Côte de Fontenay 229
Côte de Jouan 229
Côte de Léchet 229
Côte de Nuits 225, 230
  grands crus **233**
  pueblos de la **233-234**
Côte-de-Nuits-Villages, AOC 233
Côte de Palotte 229
Côte de Près Girots 229
Côte de Savant 229
Côte de Sézanne 242
Côte de Vaubarousse 229
Côte des Blancs 242
Côte-Rôtie, AOC 259, 261, 262, 263
Côte Vermeille, Vin de Pays de la 272
Coteaux Champenois, AOC 246
Coteaux d'Ancenis, VDQS 253, 252
Coteaux-d'Aix-en-Provence, AOC 272, 275
Coteaux-d'Aix-en-Provence Les Baux-de-Provence, AOC 275
Coteaux-de-l'Aubance, AOC 252, 255, 256
Coteaux de Loir, AOC 252
Coteaux de Mascara, AOG 344
Coteaux-de-Pierrevert, VDQS 276
Coteaux de Saumur, AOC 252
Coteaux de Tlemcen, AOG 344
Coteaux-de-Vérargues 276
Coteaux des Fenouillèdes, Vins de Pays des 272
Coteaux-du-Giennois, VDQS 258
Coteaux-du-Languedoc 271, 274, 276
Coteaux-du-Layon, AOC 252, 255, 256
Coteaux-du-Loir, AOC 255
Coteaux du Lyonnais **239**
Coteaux du Quercy, VDQS 279
Coteaux-du-Tricastin, AOC 261, 265, 266
Coteaux-du-Vendômois, VDQS 252, 255
Coteaux-du-Vivarais, AOC 265
Coteaux du Zaccar, AOG 344
Coteaux-Varois, AOC 272, 276
Côtes Catalanes, Vin de Pays des
Côtes d'Auvergne, VDQS 257

Côtes d'Olt, Les 279, 280
Côtes de Beaune 225
Côtes-de-Blaye 222
Côtes de Bordeaux St-Macaire 222
Côtes-de-Bourg, AOC 222
Côtes de Buzet, Vignerons Réunis des 280
Côtes-de-Duras, AOC 278
Côtes-de-la-Malpère, VDQS 274
Côtes-de-Millau, VDQS 279
Côtes-de-Montravel, AOC 278
Côtes-de-Provence, AOC 272, 276
Côtes-de-St-Mont, AOC 279, 280
Côtes-de-Toul, VDQS **250**
Côtes-du-Brulhois, VDQS 280, 278, 279
Côtes-du-Carbères-et-de l'Orbiel, VDQS 274
Côtes du Forez, VDQS 257
Côtes-du-Frontonnais, AOC 278, 279, 280
Côtes-du-Jura, AOC 268
Côtes-du-Lubéron 261, 265, 266
Côtes-du-Marmandais, AOC 278, 280
Côtes-du-Rhône, AOC 261, 265, 266
Côtes-du-Rhône meridionales **265-266**
Côtes-du-Rhône septentrionales **263-264**
  denominaciones y productores **263-264**
Côtes-du-Rhône-Villages, AOC 261, 265, 266
Côtes-du-Roussillon, AOC 272. 273, 276
Côtes-du-Roussillon-Villages, AOC 273, 276
Côtes-du-Ventoux, AOC 261, 265, 266
Côtes-du-Vivarais, AOC 261, 266
Côtes Noires, Les 276
Côtes Roannaises, VDQS 257272
Cotnari **395**
Côtto, Quinta do 324
Couhins, Château 211
Couhins-Lurton, Château 211, 212
Coulanges-la-Vineuse, AOC 229
Coulée-de-Serrant, AOC 255
Coulée de Serrant, Clos de la 256
Couly-Dutheil 256
Coupages de Mestres 160
Courtenay, Justin de 445
Cousiño Macul 453
Couspaude, Château La 217
Coutet, Château 214, 215

Couvent des Jacobins, Château 217
Covey Run 431
Covides (Cooperativa Vinícola del Penedés) 150
Cowra Estate 464
Craiglee 470
Craigmoor 463, 464, 466
cream, jerez 178
Cream of Cream 180
Crémade, Domaine de la 275
crémant 198, 242
Crémant d'Alsace 110, 248
Crémant de Bourgogne AOC 110, 229, **238**
Crémant de Loire, AOC 110, 255
Crémat, Château 275
Crépy, AOC 267, 270
Cresta Blanca 412
Crète 339
crianza 109, 115, **113-12**
  en botella de los vinos **57-60**
  málaga 181
  vino de 134, 138
  vino sin 134
Crimea, véase Ucrania
Criots-Bâtard-Montrachet 235
Cristiari 156
Croacia 396
Crocecé-Spinelli, Vignobles 276
Croft 179, 331, 332
Croix, La 205
Croix d'Argis, Domaine de la 249
Croix-de-Gay, Château La 221
Croizet-Bages, Château 202, 207
Cronin 423
Croser, Brian 432
Crotta di Vegneron, La 292
Crouseilles, castillo de 277
Crozes-Hermitage, AOC 261, 262, 263
Cruet 270
crus bourgeois 196, 205
Cruse, familia 209
Crusius Weingut Hans & Peter 361
Cruz 332
Cruzeiro, Quinta do 332
Csongrád 389
Cuatro Rayas 169
cuba de fermentación 109
cubitera 66
  isotérmica 66
cuerpo del vino 84, 86
Cueva del Granero, Bodegas 188
Cullen Wines 479
Culomb, Clos 276
Culberston 424
Culmbo, Clos 276
Cumberland Valley, AVA 438
Curé-Bon, Château 217

Cure-Bourse, Domaine de 205
Currency Creek 477
Curros, Bodegas Los 169
Curros, S.A.T. Los 166
Cuvaison 414
cuvée close 110
Cuvée DS 160
Cuvelier, Didier 209
Cuzcurrita 140
CVNE 142, 144

D

Dagueneau, Didier 258
Dahlenheim 248
Dahra 344
Dahra-Mostaganem 344
Dalí, Museo 154
Dalimore Vineyard Chardonnay 486
Dambach-la-Ville 248
D'Ambra 317
Dame, Mas de la 276
Dame de Malescot, La 205
Dame de Montrose, La 205
D'Angelo, Fratelli 318
Danubio, países del **387-397**, mapa 386
  véase también Bulgaria **392-394**
  véase también Eslovenia **396**
  véase también Hungría **388-391**
  véase también República Checa y Eslovaquia **397**
  véase también Rumania **395**
Dão, DOC 325
Daphnes 339
D'Arenberg 477
Darling Range 478, 480
Darlington Estate 480
Dassault, Château 217
Dauzac, Château 202, 209
Davis Bynum Winery 420
De Bartoli 319, 320
De Bortoli 466, 471
De Muller 153, 156
De Redcliffe 486
De Tarczal 299
De Wetshof 493
Dealul Mare 395
Debonne, Chalet 443
decantación 75, **74-75**
decantadoras 76, **76-77**
  mantenimiento 77
Decugnano dei Barbi 312
defectos del vino **85**
Deffends, Domaine du 276
degüello 111, 111, 158
Dehesa de los Canónigos, Bodegas 165
Deidesheim 365
Deidesheimer Hohenmorgen 365
Deinhard 365
Deiss, Domaine Marcel 249
Dél-Balaton 389
Delaforce 332

ÍNDICE 527

Delbeck, Pascal 219
Delea 380
Delegat's 486179
delgado, vino 86
Delgado Zulueta
Delicato 424, 427
Delmas, Jean-Bernard 212
Delon, Michel 209
Deltetto, Carlo 291
Demanda, sierra de la 135
Denbies 494, *494*
Denman Estate 465
Denominação de origem controlada (DOC) Portugal 322
Denominación de origen (DO) 128, 134
Denominación de origen calificada (DOCa) 134, 285
denominaciones
  Burdeos **200**
  Borgoña **224**
  Loira central **255**
  Yonne **229**
Denominazione di origine controllata (DOC) Italia 284, 285, 285
Denominazione di origine controllata e garantita (DOCG) Italia 285
Dentelles de Montmirail *265*
Dernau 351
Derwent Valley (Tasmania) 473
Desmirail, Château 202
Dessilani, Luigi 291
Deutscher Eck 315
Deutsches Weintor, cooperativa 365
Dow 334
Deutz, Champagne 245
Deutz, Maison 424
Devil's Lair 479
Diamante 143
Diamond Creek 413, 414
Diamond Mountain 413
Diamond Valley 471
Dietrich-Joos, Vignobles 446
Dieu Donné 492
dioses del vino **28**
Diren 340
Discovery Wine Company 453
Distillers Corporation 491
Distinction Finest Reserve 331
DC *véase* Denominación de origen
doble magnum 49
DOCa *véase* Denominación de origen calificada
Docetañidos 169
Doisy-Daëne, Château 214
Doisy-Dubroca, Château 214
Doisy-Védrines, Château 214, 215
Doktor, viñedo 356
Dolç de l'Obac 153
Dôle 379

Dolianova, Cantina Sociale di 320
Doluca 340
Domain A 473
Domdechant Werner 360
Domecq, Pedro 143, 177, 179, **180**, 451
Domergue, Daniel 276
Dominio de Araleón 191
Dominique, Château La 217, 219
Don Álvaro 166
Don Mendo 172
Don Pablo 172
Don PX 182
Donaldson, Vinhos 336
Donauland-Carnuntum 383
Dönhof, Weingut 361
Donnafugata 320
Donnelly River 480
Doña Beatriz 169
Doonkuna Estate 466
Dopff & Iron 249
Dopff au Moulin 249
Dora Baltea, valle del 291
Dorado Rueda «61» 169
Dorgali, Cantina Sociale di 320
Doria 294
Dorices, Domaine des 254
Dorigati, Fratelli 299
Double Century 180
Douglas District, WO 493
Doumani, Carl 432331
Douro, Casa do 331, 333
Douro, valle del 323, 329
Douro Wine Shippers and Growers
Drappier 245
Drave, valle del 396
Drayton's 465
Dreher 456
Dresde 369
Driffield, Walter 472
Droin, Jean-Paul 228
Dromana Estate 470
Drouhin, Domaine 432
Drumborg 468, 471
Dry Creek 420
Dry Creek Valley, AVA 419
Dry River 486
Dry Sack 180
Dubourdieu, Denis 213
Dubreuil-Fontaine, Domaine 237
Duc de Foix 150
Ducos, Joseph 266
Ducru-Beaucaillou, Château 202, 205, 208
Ducs, Clos des 235
Duero 130
Duff Gordon 179
Duffau-Lagarrosse *véase* Beauséjour
Dufort-Vivens, Château 202, 205, 209
Dufouleur Frères 237
Duhart-Milon-Rothschild, Château 202, 205, 207
Dujac, Domaine 237

dulce
  cava 158
  champagne 242
  vino 106
Dumas 130
Dundee Hills 433
Dunham 446
Dunkel 298
Duras 278, 280
Durbach 371
Durbanville District, Wo 492
Duresses, Les 236
dureza 86
duro, vino 86
Durup, Jean 228
Dusi 425
Duval-Leroy 245

E

Eaglehawk Estate 475
Eberle 424, 426
Ebro, río 130, 136
Échezeaux 233
Écho, Clos de l' 256
Ecuador 456, mapa *449*
Edelmann, Anton 90
Eden Valley 472, 476
Ederra 142
Edmeades 425
Edna Valley, AVA 424, 426
efervescencia del vino 84
Egervin, Domaine 390
Egipto 342
Egli, C. Augusto 191
Eguisheim 248
Eguisheim, cooperativa de 250
Eichberg 248
Eira Velha, Quinta da 331
Eiswein 348, 366, 381, 383, 384, 437, 444
Eizaguirre, Taxcoli 186
El Aliso Ranch 424
Elan, Château 442
Elciego 140
Elderton 474
elección de los vinos **33-39**
Eléctrico 182
elegante, vino 86
Elgee Park 470
Elk Cove 428, 433
Eltville 359, 360
Emilia 295, mapa *286*
Emilio Moro, Bodegas 165
Emina, Bodegas 165, 166
empalagoso, vino 86
Empordà-Costa Brava *véase* Ampurdán-Costa Brava
Enate **172**
Enclos de Moncabon 205
Endrizzi 299
Enfidaville 343
Engelberg 248
English Vineyards Association 494

Enológica Valtellinese 294
Entraygues et du Fel, Vins d', VDQS 279
Entre-deux-Mers, AOC 200, 222
Entrecanales 166
Épenots 235
Epenottes, Les 235
Épineuil, AOC 229
Épinottes, Les 229
Episcopio, Pasquale Vuilleumier, Cantine 317
equilibrado, vino 86
Equipe Trentina Spumante 299
Erbach 360
Erbaluce di Caluso, DOC 288
Erden 355, 356
Ericsson, Leif 402, 445
Erie, lago, AVA 441
Ermita, L' 153
Ermita d'Espiells 151
Ermitage de Chasse-Spleen 205
Errazuriz Panquehue 453
Ervamoira, Quinta 333
Escherauer 213
Escherndorfer Lump 368
Eshcol 416
Esk Valley 486
Eslovaquia **397**, mapa *386*
Eslovenia **396**, mapa *386*
Esmeralda, Viña 455
España 129-192, mapa *131*
  Baleares y Canarias **192**
  Andalucía **175-182**
  Aragón y Navarra **170-174**
  Castilla y León **161-169**
  Castilla-La Mancha, Madrid y Extremadura **187-188**
  etiquetas **50**, **134**
  etiquetas de los vinos 50
  Galicia **184-186**
  legislación **134**
  Levante **189-191**
  País Vasco **185-186**
  Rioja **135-144**
especiados, aromas 84
especial (vino)
  elegir un 39
  estilos de 39
Esporão 328
espumoso (vino) 198, 268, 400
  abrir una botella de 72
  elaboración **110-111**
  elegir un 38
  estilos de 38
  véase también asti spumante; cava; champagne; Mateus Rosé; Sekt
Est! Est!! Est!!!, DOC 312, 315, 317
Establecimento Prisional Pinheiro da Cruz 328

Estación de Viticultura y Enología de Navarra (EVENA) 173, 174
Estación de Viticultura y Enología de Requena 190
Estaing, Vins d', VDQS 279
Estancia 424
estanterías 62
Estiria 384
Estola 188
Estrella River Winery 426
estrujado 98
estrujadora-despalilladora *109*
Eszencia 391
Etchart 455
etiquetas **50-52**, 63, 498
  Alemania **348**
  España **50**, **134**
  Italia 285
Etko 342
Étoile l', AOC 267, 268
Étoile, Château l' 213
Etschtaler 298
Eva 179
Eval 191
Evans & Tate 480
Evans Family 465
EVENA *véase* Estación Viticultura y Enología de Navarra
Eventum 174
Excelso 143
Extra Brut, cava 158
Extra Seco, cava 158
Extremadura **187**
  Ribera del Guadiana, DO 187
Extrísimo 151
Extrísimo Gran Reserva 151
Eyre, península de 472
Eyrie **433**

F

Fabas, Château 276
Fabrini, Attilio 313
Fairview 492
Falcó, Carlos, marqués de Griñón 187
Falerno del Massico, DOC 315
Falesco 317
Falkenstein 355
Fall Creek Vineyards 442, *443*
Falset-Comarca 154, 155
Falset-Ribera de Ebro 154, 155
Far Niente 412, 415
Far South West 471
Fara, DOC 288
Faranah, Clos 344
Fargues, Château de 215
Fariña, Bodegas 169
Fariña, Manuel 169
Farrell, Gary 420
Fasltaff 177
fatigado, vino 86
Faugères 276

Fauire-de-Souchard, Château 217
Faustino I 143
Faustino Martínez, Bodegas 143, 160
Faustino V 143
Fayat, Clément 219
Fazi-Battaglia 313
Feiler-Artinger 384
Feipu, Cascina 292
Feist, H. & C. J. 331, 332
Feixes, Can 150
Feixes, Jaume 150
Fel, Vins d'Entraygues et du, VDQS 279
Felipe II 161
Felipe III 161
Félix Callejo, Bodegas 165
Félix Solís, Bodegas 188
Felluga, Livio 301
Felluga, Marco 301
Felsenberg 361
Felsina Berardenga 306
Fennville, AVA 441
Feola 292
Ferme Blanche, Domaine de la 275
fermentación 99, **104-105**
 de los vinos espumosos *111*
 del vino blanco 106, *107*
 del vino tinto 108, *109*
 maloláctica 105
fermented in the bottle 110
Fernández, Alejandro 131, 162
Fernández, José 186
Ferradoza, Quinta de 331
Ferrando, Luigi 291
Ferrari 299
Ferrari-Carano *417*, 420
Ferraz, F. F. 336
Ferreira 324, *327*, **333**
Ferrer, Gloria 420
Ferret, Cavas 150, 159
Ferrière, Château 202
Fès 344
Fesles, Château de 256
Festival 182
Fetzer 425
Feuerheerd 331, 332
Feuillate, Nicolas 245
Fèves, Les 235
Fiano di Avellino, DOC 315
Ficklin 427, 428
Fiddletown 425
Fiefs de Lagrange 205
Fiefs Vendéens, VDQS *252*, 253
Fieuzal, Château de 211, 212
Figeac, Château 217, 219
Figueras 154
Filhot, Château 214, 215
Fillaboa, Granxa 186
Filliatreau, Paul 256
filoxera 102
 Australia 460, 467
 California 407
 España 131, 135, 136, 147
 Francia 30-31, 260

México 450, 451
Nueva Zelanda 482
Rumania 395
Sudáfrica 490
filtrado 116
 del vino blanco *107*
Fin de Siglo 186
final 86
Finca Dofí 153
Finca Resalso 165
Finca Vieja 188
Fine Amontillado 180
Finger Lakes 435, 436, 437
fino, jerez 176-180
fino, vino 86
fino amontillado, jerez 178
Fiorano 317
Fiorita, La 312
Firelands Winery 443
Firestone 426
Firestone Brooks 424
Fischer, E. & C. 384
Fitou, AOC 273, 276
Fitou-des-Hautes-Corbières 276
Fitou-Maritime 276
Fitz-Ritter, Weingut 365
Fiumicicoli, Domaine 276
Fixey 233
Fixin 233
Flagey-Échezeaux 234
flauta de champagne *79*
Flein 373
Fleur-de-Gay, Château La 221
Fleur-Pétrus, Château La 220, 221
Fleurie 240
Fleurie, península de 476
Flichman, Bodegas 455
flor 177-178
florales, aromas 84
Floreal 191
Florida 441
Floridène, Clos 213
Florimont 248
Florio 319
fluidez del vino 82
Fogarty 423
Fojanini, Fondazione 294
Fojo, Quinta de 331
fondillón 130, **190**
Fonplégade, Château 217
Fonroque, Château 217, 219
Fonscolombe, Château de 275
Fonseca, José María da 326
Fonseca Guimaraens 332, 334
Fonseca Internacional, J. M. de 328
Fonseca Sucessores, José Maria da 328
Fontana Candida 317
Fontana Rossa 320
Fontanafreda 291
Fontcreuse, Château de 275
Fontindoule, Clos 280
Fontodi 306
Foppiano 420
Foradori 299

Forézienes, Vignerons 257
Formentini 301
Forner, Enrique 143
Forrester 332
Forst 365
Forster Jesuitgarten 365
Fortia, Château 266
Forts de Latour, Les 205
Fourchaume 229
Fourneaux, Les 229
Fournier, Charles 435
Fourtet, Château Clos 217
Foz, Quinta da 331
Franc-Mayne, Château 217
Francia **193-280**, mapa *195*
 Alsacia **247-250**
 Borgoña **223-240**
 Burdeos **199-222**
 Champagne **241-246**
 Jura y Saboya **267-270**
 legislación 196-198
 Loira **251-258**
 Provenza, Midi, Córcega **271-276**
 Ródano **259-266**
 Suroeste **277-280**
Franciatorta, DOC 293, 294
Franciscan 415
Franco-Españolas, Bodegas 143
Francolí, río 155
Franconia **367-368**
Frank, Dr Konstantine 435
Frankland Estate 479
Frankstein 248
Franquera, Quinta da 324
Franschhoek Ward, WO 492
Franzia 427
Frascati, DOC 315
Fraser, valle de 446
fraude 126
Fredis, Le 301
Freemark Abbey 415
Freie Weingärtner Wachau 383
Freinsheim 365
Freixenet 151, 153, **160**, 245, 245, 420, 451
Freixenet Brut Nature 160
Freixente Nature Vintage 160
fresco, vino 86
Frescobaldi **307**
Fresqueira 335
Freudenreich & Fils, Pierre 249
Freyburg/Unstrut, Winzervereinigung 369
Freycinet 473
Friburgo 372
Friedrich-Wilhelm-Gymnasium **355**
Friul-Venecia Julia **300-301**, mapa *286*
Froissard 273
Fronsac, AOC 200, 222
Fronton 278, 280
Fronton, cooperativa 280
frutal, vino 86
frutales, aromas 84
Frutos Villar, Bodegas 169

Frutos Villar, Hijos de 169
Fuencaliente-Las Manchas 192
Fuenmayor 140
Fuentespina, Bodegas 165
Fugazza 295
Fuhrgassl-Huber 384
Fumé blanc 420, 492
 véase también la variedad: fumé blanc
Funchal Wine Company 336

G

Gadir 130
Gaffelière, Château la 217
Gaillac, AOC 277, 278, 280
Gaja 291
Galafrey 479
Galicia 130, 131, **184-186**
 Monterrei, DO 185
 Rías Baixas, DO 184
 Ribeira Sacra, DO 185
 Ribeiro, DO 184
 Valdeorras, DO 184
Galil 342
Galilea 141
Galissonnière, Château de la 254
Gallantin, Domaine Le 275
Gallo 427, 428
Gallo, Stelio 301
Gallo-Sonoma 421
Gambellara, DOC 297
Gamla 342
Gamot, Clos de 280
Gan, Cave coopérative de 280
Gancia, Fratelli 291
Ganguera, río 155
García de Aranda, Bodegas 165
Gard 274
Garde, Château de la 212
Garnacha 172
garnatxa 154
Garofoli 313
garrafas 76
 mantenimiento **77**
garrafeira 325
Garret, Andrew 477
Garrigues, Domaine des 266
Garrigues, Les 154, 155
Garvey 179
gas carbónico 82, 84
gasificación 110
Gatti, Enrico 294
Gattinara, DOCG 288
Gau-Bickelheim 363
Gautier, Audas 254
Gautoul, Château 280
Gavi, DOC 288
Gavoty, Domaine 276
Gawler River 474
Gebiets-Winzergenossenschaft 368
Geelong 467, 468, 469

Gehringer Brothers Estate 446
Geisberg 248
Geisenheim 360, 366
Gemmingen-Hornberg, Weingut Freiherrlich von 373
generoso, vino 86
generosos, vinos 130, 176-180
Gentile, Domaine 276
geología, *véase* factores de calidad de cada región
Georgia **400**, mapa *386*
Georgia (Estados Unidos) 441, 442
Gerona 154
Gerümpel, Domaine 365
Gesellmann, Engelbert 384
Getariako Txacolina *véase* Txacolí de Getaria
Gevrey-Chambertin 196, *197*, 223, 233; AOC 233
Geynale, La 263
Geyser Peak 421
Gharb 344
Ghemme, DOC 288
Giacobazzi 295
Giacosa, Bruno 291
Gianaclis 342
Gibbston Valley *485*, 488
Giesen 488
Gigondas, AOC *261*, 265, 266
Gilbey Vintners 491
Gilbey, W. & A. 332
Ginebra 380
Giovanett-Castelfelder, Alfons 299
Gippsland 468, 469
Girard, Steve 432
Giró, familia 150
Giró Ribot 150
Gisborne 484
Giscours, Château 202, 209
Gisselbrecht & Fils, Willy 249
Gitana, La 179
Giumarra 427
Giustiniana, La 291
Givry, AOC 238
Glatzer, Walter 383
Glen Carlou 492
Glen Ellen 420, 421
Glenora Wine Cellars 437
Glöck, Domaine 363
Gloeckelberg 248
Glögglhof 299
Gloria, Château 205
Glorioso 144
Gloucester Ridge 480
Gnangara 480
Godramstein 364
Gojer, Anton/Glögglhof 299
Gol, familia 150
Golán, Centro de vinificación de los Altos del 341, 342
Gold Seal 436
Gold Seal of Quality 494
golden, jerez 178
Goldenmuskateller 298, 299

ÍNDICE

Goldtröpfchen 356
Goldwater 486
Göler, Weingut Freiherr von 371
Gomes, Luiz 336
Gómez, Miguel M. 180
Gondats, Des 205
Gonzaga, Guerrieri 299
González Byass 179, 451
Goonawarra 470
Gordon, *véase* Cossart Gordon
Goria, Giovanni 284
Goron 379
Gosset, Champagne 245, 256
Gotim Bru 156
Gotto d'Oro, Cooperativa 317
Goulaine, Marquis de 254
Goulburn Valley 462, 468, 469
Gould Campbell 334
Goundrey 479
Gourgazaud, Château 276
Gourgonnier, Mas de 276
Gouttes d'Or, Les 236
Goya, La 179
Graach 316, 352, 355
Gradignan 212
Gradnik 301
graduación alcohólica **52**
Gräfenbach 361
Graham 334
Grai, Giorgio 299, 313
Grainhübel 365
Gramona 150, 159
Grampians (Australia) 468, 469
Gran Barquero 182
Gran Brut de Raimat 158
Gran Campellas 172
Gran Caus 159
Gran Civet 150
Gran Claustro 160
Gran Codorníu 159
Gran Colegiata 169
Gran Coronas 151
Gran Coronas Etiqueta Negra 131
Gran Ducay 172
Gran Feudo 174
Gran Irache 174
Gran Juvé & Camps 159
gran marca 242
Gran Muruve 169
Gran Noval 195
gran reserva 134, 138
Gran Sangre de Toro 151
Gran Toc 150
Gran Verdad 188
Grand Cru Estate 474
Grand-Mayne, Château 217
Grand Metropolitan 328, 331
Grand Ormeau, Château 221
Grand-Pontet, Château 217
Grand-Puy-Ducasse, Château 202, 205

Grand-Puy-Lacoste, Château 202, 205
Grand Traverse, Château 443
Grande Côte 258
Grande Rue, La 233
Grandes Murailles, Château 217
grands crus 200
  Chablis **228**
Grands Échezeaux 233
Grange Gillard, Domaine de 269
Granja Nuestra Señora de Remelluri 140, 143
granvas 110
graso, vino 86
Grattamacco 310
Grave, Domaine La, *véase* Landiras, Château de
Grave de Portets, Domaine La 213
Grave del Friuli 300, 301
Graves 215, 200, **211-213**, mapa *204*
  clasificaciones (1959) 211
Gravner 301
Gray Monk 446
Great Western 436
Gréchons, Les 235
Grecia **338-339**
Greco di Tufo, DOC 315
Green Point 471
Green Valley (Sonoma) 418
Green Valley (Zimbabwe) 493
Grenouilles 227
Gresser, Domaine André & Rémy 249
Greve 303
Grevenmacher 375
Grèves, Les 235
Grevillea Estate 464
Grevrey-Chambertin 23
Greystone 412
Grgich Hills 415
Grille, Château de la 256
Grimau-Gol, Cellers 150
Griñón, marqués de 187
Griotte-Chambertin 233
Grippat, Jean-Louis 264
Gris de Boulaouane 344
gris de Toul 250
Groot Constantia 492
Gros-Plant, VDQS 253
Gros-plant du pays nantais 252
grosella, olor a 86
Grosjean 292
Gross, Alois 384
Grosser Ring **355**
Grosset 475
Grosskarlbach 365
Grosslage 348
Grosz, Paul 384
Grove Mill 488
Gruaud-Larose, Château 202, 205, 208
grueso, vino 86
Gruet Winery 442
Grünstadt 365

Gruppo Italiano Vini 312
Guadet-St-Julien, Château 217
Guebwiller 248
Guelbenzu, Bodegas 174
Guelbenzu Evo 174
Guenoc 425
Guerrieri-Rizzardi 297
Guerrouane 344
Guglielmi, Enzo 292
Guicciardini-Strozzi 310
Guigal, Marcel 262, **263**
Guilbaud Frères 254
Guild 427
Güimar, Valle del, DO 193, mapa *131*
Guiraud, Château 214, 215
Gumpoldskirchen 383
Gunderloch, Weingut 362, 363
Gundlach Bundschu 421
Guntrum, Weingut Louis 363
Gutiérrez Hermanos 180
Gutturnio 295
Gyöngyös, Domaine 390

H

Hacienda Monasterio 166
Haderburg 299
Hageland 376
Haider, Martin 384
Haight Vineyards 439
Hainault 480
Hainle Vineyards 446
Hajós 388
Hajós-Vaskuti 389
Halbtrocken 349
Halburg, Schloss 368
Hallcrest 423
Hamilton Russell 493
Hamilton, Richard 477
Hamm, viñedo de 351
Hammel 380
Hammerstein 351
Hanging Rock 470
Hans-Adam II, Fürst 380
Hanzell 421
Happ's 479
Hardy, *véase también* BRL Hardy
Hardy, Thomas 477
Harei Yehuda 342
Hargrave Vineyards 436, 437
Haro 135, 140, *140*
Harvey, John 180
Harveys of Bristol 331, 336
Hastings Valley 466
Hataszthy, Agoston 417
Hattenheim 360
Hatzor, *véase* Golán, Centro de Vinificación de los Altos del
Hauner, Carlo 320
Hauret-Lalande, Domaine de 213
Haut-Bages-Avérous 205
Haut-Bages-Libéral, Château 202
Haut-Bailly, Château 211,

Haut-Batailley, Château 202, 205
Haut-Brion, Château 30, 199, 202, 211, 212
Haut-Corbin, Château 217
Haut-Lieu, Le 256
Haut-Madrac 205
Haut-Médoc, AOC 200, 203 mapa *204*
  denominación y *châteaux* 210
Haut-Peyraguey, Clos 214, 215
Haut-Poitou, VDQS 253
Haut-Sarpe, Château 217
Haute Févrie, Domaine de La 254
Hautes Côtes 224
Hautes Côtes de Beaune AOC, 224, *225*, 230, 234
Hautes Côtes de Nuits, AOC 224, *225*, 230, 234
Hauts-Conseillants, Château les 221
Hauts-de-Pontet, Les 205
Hawke's Bay *481*, 484, 485
Hayshed Hill 479
Heddesdorff, von 355
Heemskerk 473
Heeter, Tom 216
Heger, Weingut Dr 372
Heggies 476
Heidsieck, Charles 245
Heidsieck & Cie Monopole 245
Heilbronn 373
Heinrich, Erich 384
Heinz, H. J. 475
Heitlinger, Weingut Albert 371
Heitz Cellars 415
Hell's Canyon 429
Helm's Wines 466
Hengst 248
Henkel-Söhnlein 374
Hennessy 451
Henriot 245
Henriques & Henriques 336
Henry Estate 433
Henry of Pelham 446
Henschke 476
Heppenheim 366, 371
herbáceo, vino 86
Herdade de Cartuxa 328
Herederos del Marqués de Riscal, Vinos de los 144
Herencia Remondo 144
Hergottsacker 365
Hermann, AVA 441
Hermannhof Winery 443
Hermitage, AOC 259, 260, *261*, 262, 264
Hermitage, Domaine de l' 275
Herrenberg 356
Herres, Peter 374
Hess Collection 413
Hesse, Bergstrasse de 348, **366**
Hesse, *land* de 360
Hesse renana 348, **362-363**, mapa *357*

Hessische Forschungsanstalt für Wein, Obst und Gartenbau 360
Heublein 427, 456
Heyl zu Hermsheim, Weingut 363
Heymann-Löwenstein 355
Hez, sierra de la 141
Hidalgo, Vinícola 179
Hierro, El, DO 192, mapa *131*
Hilbera 186
Hill, Cavas 150, 159
Hill, William 432
Hill, Winery William 420
Hill Brut Brutísmo 159
Hill Brut de Brut 159
Hill Country, AVA 441
Hill Crest Vineyard 432
Hill of Grace Shiraz 476
Hill-Smith Estate 476
Hillebrand Estates 446
Hiram Walker 229, 495, 496
Hirtzberger, Franz 383
historia del vino **27-32**, mapa *29*
  babilonios 27
  chinos 28
  egipcios 27, 29
  fenicios 130, 177
  griegos 27, 114, 130, 260
  hebreos 29
  indios 28
  persas 28
  romanos 27, 29, 114, 115, 126, 135, 145, 162, 260, 315, 375, 494
  sumerios 29
Hoccheim 359, 360
Hoccheimer Daubhaus 358
Hochar, Serge 341, 342
Hoen, cooperativa de 250
Hoensbroech, Weingut Reichsgraf und Marquis zu 371
Hofstätter, J. 299
Hogue Cellars 431
Hoheburg 365
Hohenmorgen 365
Höllenberg 360
Holler, Hans 384
Hollick 475
Holm Oak 473
Homburger Kallmuth 368
Homme Mort, L' 229
Hope Valley 474
Hosbag 340
Hospices de Beaune **236**
Houghton 478, **480**
Hövel, Weigut von 356
Howard Park 479
Howell Mountain, AVA 413
Hoya de Cadenas 191
Hoyo del Mazo-Las Breñas 192
Hua Dong Winery 496
Huber-Pacherhof 299
Hudson, valle del 435, 436, 437
hueco, vino 86

Huelva 130
Huet, Gaston 256
Huguet 159
Hugel & Fils **249**
Huget Masgrau, José M.ª 150
Hunawihr 247
Hungría **388-391**, mapa 386
Hunter Valley 460, 462, 463, 465
Hunter's 488
Huntington Estate 466
Huon Valley 473
Hurtado de Amézaga, Camilo 136
Hutcheson 331

I

Iby, Anton 384
Idaho 429
Ideal 179
Idyll Vineyard 469
Igler, Hans 384
Ihringen 372
Ihringen Kaiserstühler 372
Ihringen Winklerberg 372
III Lustros 159
Ijalba, Viña 144
Illuminati 314
Ils St George, AVA 441, 443
Imesch, Caves 379
Imperator 142
Imperial 142
Impexital 495
INAO, *véase* Institut National des Appellations d'Origine
India 495
Indiana 441
Indicação de Proveniência Regulamentada (IPR) Portugal 322
Indicazione geografica tipica (Italia) 284
INDO *véase* Subdirección General de Denominaciones de Origen 134
Inestrillas 141
Infantes de Orleans-Borbón, Bodegas 179
Ingelheim 362, 363
Ingelheim, Winzerkeller 363
Ingersheim 248
Ingersheim, cooperativa de 250
Inglenook 412, 415
Ingoldby 477
Inniskillin 446
Inocente 180
INRA 212
Institut National des Appellations d'Origine (INAO) 128, 196
Instituto Agrario Provinciale, Trentino 299

Instituto Agrícola Regional, Valle de Aosta 292
Instituto do Vinho do Porto 331
International Distillers and Vintners 331
investigación 31
 Australia 462
 Hungría 389
 Italia 315
 Nueva Zelanda 484
 Rumania 395
Iphofen 368
Irache, Bodegas 174
Irak **342**
Irancy, AOC 229
Iregua, río 136
Irmão, *véase* Borges & Irmão
Iron Horse 421
Irouléguy, AOC 279
Irouléguy et du Pays Basque, Cave coopérative des vins d' 280
Irymple 468
Isabel la Católica 161
Isère, valle del 270
Ismael Arroyo, Bodegas 165
Isole e Olena 307
Isonzo, DOC 300
Israel **341-342**
Issan, Château d' 202, 203, 209
Isser, uadi 344
Istein, Schlossgut 372
Italia **282-320**, mapa 283
 etiquetas 285
 Abruzzos y Molise 311
 Emilia-Romaña **295**
 Friul-Venecia Julia **300-301**
 Italia Central **311-314**, mapa 302
 Norte de Italia **286-301**, mapa 286
 Lombardía **293-294**
 Piamonte **287-291**
 Sur de Italia **315-320**, mapa 316
 Toscana **305-307**
 Trentino-Alto Adigio **298-299**
 Umbría 311
 Valle de Aosta y Liguria **292**
 Véneto **296-297**
 Sicilia y Cerdeña **319-320**
Itálico 147

J

Jaboulet Aîné, Paul 262
Jaboulet-Vercherre 237
Jackson 488
Jackson, *véase* Kendall-Jackson
Jacobins, Clos des 217, 219

Jacobs Creek, *véase* Orlando
Jacquesson 245
Jadot, Louis 237
Jamek, Joseph 383
James, Marcus 456
Jané Ventura 150
Japón 495, **496**
Jardin de la France, Vin de Pays du 197
Jarque, Mariona 153
jarras 76
Jasnières, AOC 252, 255
Jasper Hills 469
Jau, Château de 276
Jaubertie, Château La 280
Jaume Codorníu 159
Jaume Serra 151
Jausserand, Jean-Pierre 216
Jayer, Domaine Henri 237
Jean Léon 147, 151
Jeckel 426
Jefferson, Thomas 404, 441
jerez 130, 175-180
 amontillado 112
 copa de 79
 elaboración del 112
 tipología **178**
 vinificación 176, 177
Jerez de la Frontera 176-180
Jerez Superior 176
Jerez-Xérès-Sherry y Manzanilla-Sanlúcar de Barrameda DO 130, 175, **176-180**, mapa 131
 productores y bodegueros 130, 179-180
Jermann 301
jeroboam 49
Jesuitengarten, Domaine 365
Johannisberg, *Bereich* 360
Johannisberg Erntbringer 358
Johannisberg Hölle 358
Johannisberg, Schloss 359, **360**
Johner, Weingut Karl Heinz 372
Jolys, Château 280
Jongieux 270
Jordan (Sonoma) 421
Jordania **342**
Joseph Cabernet-Sauvignon 474
JosMeyer 250
Jouffreau, familia 280
joven, vino 134
J. P. Vinhos 328
Jubera, valle del 141
Juffer, viñedo 356
Julia Roch e Hijos 191
Julián Chivite, Bodegas 174
Juliénas 240
Julius-Echter-Berg 368
Juliusspital 368
Jumilla, DO 190,191, mapa 131

Junço, Quinta do 331
Jura 268, 269
 Arbois 268
 Château-Chalon 268
 Côtes-du-Jura 268
 espumoso, vino de paja, macvin 268
 Étoile 268
Jurançon, AOC 279, 280
Jurançon Sec, AOC 279
Jurtschitsch 383
Juvé & Camps, Cavas 151, 159

K

Kabinett (Alemania) 348
Kaefferkopf 248
Kageneck Sektkellerei, Gräflich von 371
Kahlenberg 361
Kaiser Stuhl 474
Kaiserstuhl 371
Kallsadt, Winsergenossenschaft 365
Kalterersee 298
Kaluna Vineyard 463
Kamptal 383
Kamptal-Donauland 383
Kanitz, Weingut Graf von 360
Kante, Edy 301
Kappelrodeck 370
Karadoc 468, 471
Karly 427
Karmen 340
Karthäuserhof 356
Kastelberg 248
Katnook Estate 476
Kattus, Johann 384
Kavaklidere 340
Kay Bros 477
Kazajstán **400**, mapa 386
Keenan, Robert 413
Kelman, William 463
Kendall-Jackson 425
Kenwood 421
Keo 342
Kern, Domaine 365
Kerschbaum, Paul 384
Kesselstatt, von 356
Kessler 248
Kesten 356
Kichinev, viñedo 400
Kiedrich 359, 360
Kientzheim 248
Kientzheim-Kaysersberg, cooperativa de 250
Killerby Vineyards 480
King Valley Region 468
King's creek 470
Kirchberg de Barr 248
Kirchberg de Ribeauvillé 248
Kirwan, Château de 202, 209
Kiskunság 389
Kistler 421

Kitazima Sake Company 496
Kitterlé 248
Klein Constantia 492
Klein Karoo District, WO 493
Kleinberger 421
Klingenberg, Weingut der Stadt 368
Klören 361
Kloster Eberbach 30, 346, 360
Klosterkellerei Muri-Gries 299
Klüsserath 355, 356
Knapp 437
Knappstein, Tim 475
Knights Valley, AVA 419
Knipser 364
Knoll, Emmerich 383
Knudsen-Erath 433
Ko-operatiewe Wynbouwers Vereniging (KWV) 490, 491
Kobern-Gondorf 355
Kobrand 415
Koehler-Ruprecht, Weingut 365
Kollwentz, Anton 384
Königin Victoria Berg, Weingut 360
Königschaffhausen 372
Konzelmann Winery 446
Kopke, C. N. 331, 332
Korbel 421
Kosovo 396
Kourtakis, D. A. 338
Kracher, Alois 384
Kraliner 151
Kremstal 383
Kretzer 298
Kreuznach, *Bereich* 361
Kreuzwertheim 368
Krikova 400
Kripta 159
Krohn, *véase* Wiese & Krohn
Krohn Brothers 336
Krondorf 474
Kronenberg 361
Kröv 355
Krug, Champagne 241, **246**
Krug, Charles 412, 415
Krutzler, Hermann 384
Kuenburg Graf Eberhard/Schloss Sallegg 299
Kuentz-Bass 250
Kues 356
Kühling-Gillot, Weingut 363
Kui hua chen chiew 495
Kumeu River 486
Kuntner, Erich 384
Kupfergrube 361
Kurz, Franz 384
KWM, *véase* Ko-operatiewe Wynbouwers Vereniging
Kyneton 470

L

Labastida 140
Labastide de Lévis, La Cave de 280
Labat 205
Labégorce-Zédé, Château 205, 209
Lac, Château du 425
Lacio 315, mapa *316*
 productores y negociantes 317
Lackner-Tinnacher 384
Lacoste, Lily 221
Lacoste-Borie 205
Lacrima Christi del Vesuvio, DOC 315
Lacrima di Morro d'Alba, DOC 313
Ladoix 235
Lafaurie-Peyraguey, Château 214, 215
Lafite, Château 30
Lafite-Rothschild, Château 202, 205, 207, 310, 414, 426, 454
Lafleur, Château 221
Lafond, Pierre 424
Lafont-Rochet, Château 202, 207
Lageder, Alois 299
Lagnieu 270
Lago di Caldaro, DOC 298
Lagrange, Château 202, 205, 208
Lagrezette, Château de 280
lágrima, málaga 181
Lágrima de «1850» 182
Lágrima Viña Cristina 191
Laguna, Distrito de Torreón 451
Lagune, Château La 202, 205, 210
Lagunilla 141
Lahntal 351
Lake's Folly 460, 465
Lake, condado de 408, 425
Lalande-de-Pomerol, ACC 221
Lamarque, Château de 203
Lamarzelle, Château 217
Lamberhurst 494
Lambert, Emmanuel 216
Lambrays, Clos des 233
Lambruschi, Ottaviano 292
Lambrusco, DOC 295
Lambrusco Mantovano, DOC 293
Lamont 480
Lamothe, Château 214, 215
Lamothe-Guignard, Château 214, 215
Lan, Bodegas 143
Lande de Pomerol, La 221
Landiras, Château de 213
Landonne, La 263
Landry, Clos 276
Landwein (Alemania) 343
Lang Vineyards 446
Langenlonsheim 361
Langhorne Creek 477
Langlois-Château 256

Langoa-Barton, Château 202, 208
Langtry, Lillie 425
Laniote, Château 217
Lanson, Champagne 245, 425
Lanzarote, DO 192, mapa *131*
Laona «Arson», Centro piloto 342
Lapandéry, Paul 257
Lapatena, Bodegas *184*, 186
Laraghy 463
Laranjeiros, Quinta das 334
Larcis-Ducasse, Château 217
largo, vino 86
Larios 182
Lark Hill 466
Larmande, Château 217, 219
Laroche, Domaine (Chablis) 228
Laroche, Domaine Mme 256
Laroque, Château 217
Larose 487
Laroze, Château 217
Lascombes, Château 202, 205, 209
Laserna 140
Lassalle 205
Lastours, Château de 276
Latah Creek 431
Latisana, DOC 300
Latour, Château 30, 105, 202, 205, 206, 208
 etiqueta *51*
Latour, Louis 237
Latour à Pomerol, Château 220, 221
Latour-de-France 273, 276
Latour-Haut-Brion, Château 211
Latricières-Chambertin 230, 233
Latrille, Robert 280
Laubenheim 361
Laudenbach 371
Lauerburg 356
Laumersheim 364, 365
Launceston (Tasmania) 473
Laurel Glen 421
Laurent-Perrier, Champagne 212, 245, 246, 432
Lavilledieu, Vins de, VDQS 278, 279
Laville-Haut-Brion, Château 211
Leacock 336
Leasingham 475
Lecanda, Bodega de 162
Leccia, Domaine 276
Leconfield 476
Leelanau Peninsula, AVA 441, 443
Leeuwin Estate 479
legislación 50-52, **126-128**, **498-502**
 Alemania 348-349

España **134**
 véase también etiquetas
Legítimo Priorato de Muller 153
Lehmann, Peter 474
Leinsweiler 365
Leiva 136
Lemos 339
Lenswood 475
Lenz Moser 383
Léognan 212
Léon, Jean 131, 145
Leonetti 431
Léoville-Barton, Château *114*, 202, 208
Léoville-Las-Cases, Château 202, 205, 208
Léoville-Poyferré, Château 202, 205, 208
Lérida 154
Leroy, Domaine 237
Lessini Durello, DOC 296
Lessona, DOC 288
Lett, David y Diana 432, 433
Leutesdorf 351
levaduras 105
Levante 132, **189-191**
 Alicante, DO 189, 191
 Bullas, DO 190,191
 Jumilla, DO 190,191
 Utiel-Requena, DO 190,191
 Valencia, DO 189, 191
 Yecla, DO 190,191
Levantinas-Españolas, Bodegas 191
Leza, río 136
Leza, valle del 141
Lezcano Bodegas y Viñedos 169
Líbano **341-342**
Libournais, *véase* Fronsac; Pomerol; St-Émilion
Libourne 220, 222
Librandi 318
Lichine, Alexis 209, 210
Lichine, Sacha 210
Liebfraumilch **350**, 362
Liechtenstein **380**
ligero, vino 86
Ligneris, familia 219
Liguria **292**, mapa *358*
Lillypilly 466
Limestone Ridge 476
limpieza del vino 82
Linares, río 141
Lincoln 486
Lindemans 463, 465, 468, 471, 474, 476
 véase también Karadoc
Linganore, AVA 438
Lingenfelder, Weingut K. & H. 365
 etiqueta *51*
Linsenbusch 365
Linz 351
Liot, Château 215
liquoroso 293, 315
Lirac, AOC *261*, 265, 266
Lisboa 325
Lisini 309

Lison-Pramaggiore, DOC 297
Listel, AOC 274
Listrac, AOC 200, mapa *204*
 denominación y *châteaux* 210
Littoral, *véase* Primorski
Livermore, valle de, AVA 408, 423
Livinière, Cave Coopérative La 276
Ljutomer 396
Llano Estacado 442
LLanos, Los 188
Llopart, Cavas 159
Lockwood 424
Locorotondo, Cantina Sociale Cooperativa 318
Locorotondo, DOC 315
Lodi, AVA 427
Loel 342
Log-Depaquit 228
Loges, Les 258
Logroño 140
Lohr, J. 424
Loira 251-258
 Loira central **255-256**, mapa *252*
 Bajo Loira *252*, **253-254**
 Sancerre y Pouilly-sur-Loire **257-258**
Lombardía **293-294**, mapa *286*
Lomelino 336
Long Gully Estate 471
Long Island 436, 437
Longavira 299
Longuich 356
Lons-le-Saunier 268
Loosen, Weingut Dr 356
López Cristóbal, Bodegas 165
López de Heredia Viña Tondonia, Bodegas R. 144
López de la Torre 191
Lorch 360
Lorchhausen 358, 360
Lorentz, Gustave 250
Lorenzo Cachazo 169
Lörrach 372
Los Ángeles 424
Los Carneros, AVA 413
Los Olivos 426
Los Vascos 454
Louis Vuitton Moët-Hennessy (LVMH) 246, 33, 425
Louisvale 492
Loupiac, AOC 200, 222
Löwenstein, Fürst 368
Luckner, Richard 383
Ludon-Médoc 203
Ludon-Pomies-Agassac 205
Lugana, DOC 293
Lumen 160
Lumière, Château 496
Lungarotti, Cantine 312
Lupi 292
Lur-Saluces, Alexandre de 216

Lur-Saluces, familia 215
Lurton, André 211, 212
Lurton, familia 209
Lusseaud, familia 254
Lustau, Emilio 179
Luxemburgo **376**
LVMH, *véase* Louis Vuitton Moët-Hennessy
Lynch-Bages, Château 202, 205, 208
Lynch-Moussas, Château 202
Lyon 267
Lys, Les 229
Lytton Springs 425

M

Macarthur, capitán John 463
Macau 203
Macedon 468, 470
Macedonia 396
maceración carbónica 138
Macharnudo 176
Machuraz 270
Mackenzie, Kenneth 331
Macle, Jean 269
Mâconnais 224, *225*, **238**
Maculan 297
macvin 268
Madeira **335-336**
 elaboración 112
 productores y bodegueros 336
 variedades nobles y estilos **335**
Madeiras, Miles 336
Madeira Meneres 336
Madeira Victoria 336
Madeira Wine Company 336
madera, cubas de **105**
maderizado, vino 85
Madero, Casas 451
Madfish BAy 479
Madiran, AOC 277, *277*, 279, 280
Madonna delle Vittorie 299
Madrid, Vinos de, *véase* Vinos de Madrid
Madrona 427
maduración del vino **57**, *57*, 115
maduro, vino 86
Magaña, Bodegas **174**
Magdalaine, Château 217, 219
Magill Estate 474, 475
magnum 49
MAIF 209
Main 188
Main Ridge 470
Maindreieck, *Bereich* 368
Mainviereck, *Bereich* 368
Maipo, valle del 452
Maire, Henri 269
málaga 181-182
 dulce color *181*
 estilos de **181**
 lágrima 181

moscatel 181
moscatel dorado 181
pajarete 181
Pedro Ximén 181
vinificación y crianza 181
Málaga, DO 130, 175, **181-182**, mapa *131*
Malartic-Lagravière, Château 211, 212
Malat-Bründlmayer 383
Malavasia delle Lipari, DOC 319
Malescot-St-Exupéry, Château 202, 205
Malestroit, conde de 254
Malle, Château de 214
Mallorca 192
maloláctica fermentación 105
Malpère **274**
Malteser Ritterorden 383
Malvarossa 191
malvasía canaria 130
malvasía de Fuencaliente 192
Malvoti, Carpenè 297
Mancha, La DO 187, 188, mapa *131*
Manchas, Las 192
Mandelberg 248
Manicle 270
manipulación de los mostos para vino blanco 106
Manjimup 478
Mann 496
Manresa 154
Manresa Society 475
Mantel Blanco 169
mantequilla, olor a 86
Mantlerhof 383
Manuela Naveran 151
manzanilla, jerez 177-180
manzanilla pasada, jerez 178
Manzanilla-Sanlúcar de Barrameda *véase* Jerez-Xérès-Sherry
Maquiavelo 307
Mar Negro, países del **398-400**, mapa *386*
  Armenia 400
  Azerbaiján 400
  Georgia 400
  Kazajstán 400
  Moldavia 399
  Rusia 400
  Ucrania 399
Maranges 236
Marasannay 233
Marbuzet 205
Marbuzet, Château de 207
Marca Nacional 376
Marcela, Quinta da 332
Marchand, Grillot 192
Marchas, Las **311**, mapa *302*
  productores y bodegueros 313
Marches de Bretagne, Vin de Pays des 254
Marcial 147

Marcillac, AOC 279
Marckrain 248
Marcobrunn, Erbacher 360
Marconnets, Les 235
Margaret River 478. 4. 480
Margaride, Casa Agricola Herdeiros de Dom Luís de 326
Margaux, AOC 196, 210, mapa *204*
  denominación y *châteaux* 209-210
Margaux, Château 30, 105, 202, 205, 210, 280
María, isla de 473
maridaje de vinos y comidas **91-96**
Marignan 268, 270
Marin 268, 270
Marina 151
Marino, DOC 315
Marions Vineyard 473
Marismeño 180
Marius 188
Markgräflerland, *Bereich* 372
Markgräflerland, cooperativa de 370
Marlborough 484, 485
Marlenheim 248
Marly, Bruno 212
Marmandais, AOC 277, 278, 280
Mármara 340
Marne et Champagne 245, 246
Marne, valle del 242
Marqués de Alella 156
Marqués de Arienzo 140, 143
Marqués de Cáceres, Bodegas *135*, 143
Marqués de la Sierra 182
Marqués de Misa 180
Marqués de Murrieta 136, **144**
Marqués de Poley 182
Marqués de Requena 191
Marqués de Riscal 131, 136, 140, 141 144, 169
Marqués de Romeral 142
Marqués de Tosos 172
Marqués de Urbezo 172
Marqués de Villamagna 142
Marqués de Vizhoja 186
Marqués del Puerto, Bodegas 143
Marqués del Real Tesoro, Herederos del *175*, 179
Marqués del Turia 191
Marquis, Clos du 205
Marruecos 343, **344**
Marrugat, Cavas 159
Marsala **319**, 320
Marsden, reverendo Samuel 482
Marsical, Bodegas 188
Martell Cognac 451
Martha's Vineyard 434, 438, 439
Martí de Baix, Can 160
Martillac 212

Martin Brothers 426
Martín Códax 186
Martinborough 484, 485, 486
Martínez Bujanda, Bodegas 143
Martínez Gassiot 331, 332
Martínez Lacuesta, Bodegas 143
Martini, Conti 299
Martini, Domaine 276
Martini, Louis 423
Martini, Louis M. 415
Martini & Rossi 291, 451, 456
Martins Caldeira, F. 336
Martivilli 169
Maryland 438, 439
Marynissen 446
Mas Calendal 275
Mas la Plana 151
Mas Tinell, Cavas 160
Mas Vía 160
Mascarello, Giuseppe & Figlio 291
Mascaró, Antonio 150
Masi 297
Masies d'Avinyó 156
Massachusetts 438, 439
Massandra 398, 400
Masseria di Majo Norante 314
Masson, Paul 423
Massoni 470
Mastantuono 424
Mastroberardino 317
Matanegra 187
Matanzas Creek 421
Matarronera, Bodegas 166
Matawhero 486
Mateus Rosé 323, 324, 334
Matons, Can *154*
Mátraalja 390
Matras, Château 217
Matua Valley 487
matusalem 49
Matusalem 179
Maule, valle del 452
Mauro, Paola Di/Colle Picchioni 317
Maury, AOC 272
Mavrodaphne 337
Mavrodaphne de Patrás 339
Maximin Grünhaus 356
Mayacamas 412, 413
Maye, Simon 379
Mayer, Franz 384
Mayne, Château Le 280
Mayney, Château 205
Mayschoss *351*, 351
Mayschoss-Altenahr, cooperativa 351
Mazis-Chambertin 233
Mazoyères-Chambertin 233
Mazziotti 317
Mazzolino, Tenuta 294
McAlister Vineyards 469
McGuigan Brothers 464
McLaren Vale 458, 473, 477
McWilliams 463, 464, 466, 475

McWilliam's Mount Pleasant 465
Mecsek 389
Médargues 257
Médéa, AOG 344
Medina del Campo 167, *168*
Mediterráneo antiguo, mapa *29*
medium, jerez 178
Médoc, AOC *101*, 200, **203-210**, mapa *204*
  denominación y *châteaux* 210
Meerlust 492
Meersburg 372
Meier 380
Meissen, Winzergenossenschaft 369
Méjanelle 276
Melbourne Metropolitan 467
Melini 307
Mélinots 229
Melior 166
Mellot, Alphonse 258
Melnik 394
Melton, Charles 474
Memory 156
Mendocino, condado de 408, 423, 425
Meneres, Madeira 336
Mèneret, Jean-Philippe 219
Menetou-Salon, AOC 258
Méntrida, DO 187, 188, mapa *131*
menús **88-90**
  alemán **90**
  español **90**
  francés **88**
  italiano **89**
Méo-Camuzet, Domaine 237
Mequínez 344
Mercian, Château 496
Mercier, Champagne 246
Mercurey, AOC 238
  región de, *véase* Côte Chalonnaise
Meredyth 442
Meridian 424, 426
Mérignac 212
Merlot 156
Mérode, Domaine Prince Florent de 237
Merricks Estate 470
Merrill, Geoff 477
mesa, el vino en la 80
Mesilla, valle de, AVA 441
Mesland 255
Meslier, familia 216
Meslier, Pierre 216
Mesoneros de Castilla 165
Messarghin 344
Messias 326, 332
Mestres, Cavas 160
Meteora, las rocas de *338*
méthode champenoise 110, *111*
Metius 299
metodo classico 110

método rural 130
método tradicional 110, 157, 158
metodo tradizionale 110
Mettenheim 362
Meursault 223, 230, 236
México **451**
Meyer-Näkel, Weingut 351
mezcla, champagne *111*
Michel, Louis 228, 229
Michel, Robert 263
Michigan 441, 443
Michigan, las orillas del lago, AVA 441
Midi 272-276
  denominaciones y productores 276
Miguel Torres *145*, 147, *149*, **151**
Milawa 467
Mildara 468, 471, 476
Mildara Blass 462, 469, 492
mildiu 31
  véase también oídio
Miliana 344
Millbrook Vineyards 437
Millet, Château 213
Millton Vineyard 487
Mimbres, valle de, AVA 441
minerales, aromas 84
Minervois, AOC 274, 276
  pagos del **276**
Minnesota 443
Mioro Pálido 182
Mirabella 391
Miraflores 176
Miramar 466, 466
Miranda d'Espiells 151
Mirassou 423, 425
misa, vino de 407, 417, 425, 448
  véase también Vin santo
Miserere 153
Mission 487
Mission Hill 446
Mission-Haut-Brion, Château La 211, 212
Mississippi 441
Missouri 441, 442
mistela 181, 198
Mitchell Cellars 475
Mitchelton 469
Mitjans 454
Mittelburgerland 468
Mittelhaardt 364, 365
Mittelrhein 348
Moenchberg 248
Moët & Chandon 150, 159, 246, 455, 471
Moët-Hennessy 415
Möglingen 373
Moldavia **399**, mapa *386*
Molé de Foc 150
Molí Coloma 151
Molina 452
Molino, Los 188
Molise 311, mapa *302*
  productores y bodegueros 314
Molsheim 248
Monacesca, Fattoria la 313

Monbazillac, AOC 277, 278, 280
Monbazillac, Cave Coopérative de 280
Moncets, Château 221
Mönchhof-Robert Eymael, Weingut 356
Mondavi, Robert 122, 412, **415**, 427
Monde, Vigneti Le 301
Mondéjar, DO 187, 188, mapa *131*
Monforte d'Alba 289
Monis Wineries 493
Monmousseau, Armand 256
Monopole 142
Mont d'Or, Domaine du 379
Mont de Milieu 229
Mont Marçal 151
Montagne de Reims 242
Montagnieu 270
Montagny, AOC 238
Montalbano 304
Montalivet, Château 213
Montana Wines 487
Montánchez 187
Montara 469
Montbourgeau, Domaine de 269
Montbray Wine Cellars *435*, 438, 439
Montdomain Cellars 442
Monte Castrillo 166
Monte Ducay 172
Monte Gárate 186
Monte Real 144
Monte Rosell 191
Monte Vertine 310
Montecarotto *313*
Montecillo, Bodegas 143
Montecomparti, DOC 315
Montée de Tonnerre 229
Montefalco, DOC 311
Monteforte d'Alpone 296, 412, 415, 416
Montello e Colli Asolani, DOC 297
Montenegro 396
Montepulciano d'Abruzzo, DOC 313, 314
Monterey, condado de 408, 423, 424, 426
Monterey Vineyard, The 426
Monterrei, DO 185, mapa *131*
Montes 453
Montes de Tessala AOG 344
Montesco, Frattoria di 313
Montesierra 172
Montevannos, Bodegas 166
Monteviña Winery 416, 427, 428
Montfort, Domaine de 269
Monthélie 236
Monticello 441
Montilla-Moriles, DO 130, 175, **181-182**, mapa *131*

Montlouis, AOC *252*, 255
Montmains 229
Montmélian 270
Montmirail, Château de 266
Montpensier, duque de 179
Montpeyroux 276
Montrachet 223, 231, 235
Montravel, AOC 278
Montrose, Australia 464, 466
Montrose, Château (Médoc) 202, 205, 207
Monzingen 361
Moondah Brooks Estate 480
Moorooduc Estate 470
Mór 390
Moravenka 397
Moreau, J. J. 229
Morein 229
Morellino di Scansano, DOC 304
Morey-St-Dénis 233
Morgadío, Bodegas 186
Morgan 424
Morgan Brothers 332
Morgex et de La Salle, La Cave du Vin Blanc de 292
Morgon 240
Morilla Estate 473
Mornington, península de 468, 470
Morra, La 289
Morta Maio, Clos de 276
Morton Estate 487
moscatel 178
 dorado, málaga 181
Moscatel Ainzón 172
Moscato 298
Moscato di Pantelleria, DOC 319
Mosela medio 355
Mosela-Sarre-Ruwer **352-356**, mapa *353*
 factores de calidad *354*
 pueblos y productores 355-356
Moselland 356
Moseltor, *Bereich* 353
Moss Wood 479
Mostaganem-Dahra 344
mosto 455
Motte, La 492
Mouches, Le Clos des 235
Mouchy, duquesa de 212
Moueix, Christian 220
Moueix, familia 219
Moueix, Jean-Pierre, Établissements 220, 221, 221
 véase también Tour-du-Pin-Figeac
Moulin-à-Vent 240
Moulin-de-Citran 205
Moulin de Duhart 205
Moulin de la Gravelle 254
Moulin des Costes 275
Moulin du Cadet, Château 217
Moulin-Riche 205

Mouline, La 263
Moulis, AOC 200, mapa *204*
 denominación y *châteaux* 210
Mounford 480
Mount Barker-Frankland 478, 479
Mount Ida 469
Mount Langi Ghiran 469
Mount Mary 471
Mount Pleasant, Missouri 442
Mount Veeder, AVA 413
Mount Veeder Winery 415
Mountadam 476
Mourels, Les 276
Moustillant 150
Mouton-Baron-Philippe, Château, *véase* Armailhaq, Château de l'
Mouton-Rothschild, Château 202, 208
Moutonnière, Domaine de la 254
Mudgee 463, 464, 464, 466
mudo, vino 86
Muenchberg 248
muffa nobile, véase podredumbre noble
Muga, Bodegas *143*, 144
Mühlental 351
Muiraghina, La 294
Mulderbosch 492
Muller, De 153, 156
Müller, Günter 384
Müller-Scharzhof, Egon 356
Müllheim 372
Mumm, Champagne 246, 455
Mumm, Napa Valley 416
Münzberg 364
Murcia 132, 190, 191
Muré 250
Murfatlar 395
Murillo 141
Murray Mallee 472, 473, 477
Murray River Valley 468, 471
Murray Robson Wines 465
Murray Tyrrell 466
Murrieta, Luciano de 136
Murrieta, marqués de 136, 162
Murrumbidgee 463, 464, 466
Murúa, Bodegas 144
Muruve 169
Musar, Château 341, 342
Muscadet, AOC *252*
 productores 254
 vinificación 253
Muscadet de Sèvre-et-Maine, AOC 253, *252*
Muscadet des Coteaux-de-la-Loire, AOC *252*, 253
Muscat de Beaumes-de-Venise 265
Muscat de Frontignan 273
Muscat de Lemos 339

Muscat de Patrás 339
Muscat de Rivesaltes, AOC 273
Muscat de St-Jean de Minervois, AOC 273
Musigny 233
Mustilli 318
Myrat, Château de 214

N
nabucodonosor 49
Nackenheim 363
Nadal, Cavas 160
Nägler, Dr Heinrich 360
Nahe 348, **361**, mapa *357*
Nairac, Château 214, 216
Nájera 140
Najerilla, río 136
Naked Mountains 440
Nantes 253
Napa Valley, AVA *19*, *123*, 159, 402, *407*, 408, 410, **412-416**, mapa *413*
Napoleón 230, 375, 491
Napoleon, Champagne 246
Narby, Hamilton 215
nariz del vino 82
National Distillers 456
Naumburg Staatsweingut 369
Navalcarnero 187
Navarra, DO 131, 170, **173-174**, mapa *131*
 productores y bodegueros 174
Navarro 425
Naveran, Cavas 151, 160
Néac 221
Nebbiolo d'Alba, DOC 288
Nederburg 492
Neethlingshof 492
négociant 120
Negre Scala Dei 153
Negri, Nino 294
Negru de Purkar 400
Néguev 342
Neipperg, conde de 219
Neipperg, Sclosskellerei Graf von 373
Neipperg, Stephan 219
Nelson 485
Nera 294
Nervi, Luigi & Italo 291
nervioso, vino 86
Nestlé 422, 426
Neuchâtel 380
Neudorf 488
Neumagen 355, 356
Neumayer, Ludwig 383
Neumeister, Albert 384
Neus, Weingut J. 363
Neusiedlersee 384
Neusiedlersee-Hügelland 384
Neuweier Mauerberg 371
Neveu, Weingut Freiherr von 371
Nevrey-Gachet, familia 263
New Hampshire 438
Ngatarawa 487

Niágara, Península de 446
Nicolas, Francis 221
Niederösterreich 383
Niepoort 332
Nierderhausen 361
Nierstein 362, 363
Niersteiner Gutes Dorntal 350, 363
Nigl, Josef 383
Nikolaihof 383
Nitra 397
Nittnaus, Hans 384
Nobilo Vintners 487
Noble 427
Nobrega, A. 336
Noë, Château la 254
Non Plus Ultra 159
Nooksack River Basin 430
Nordheim 368
Noreste de Estados Unidos **434-439**
 Estado de Nueva York **436-437**
 otros Estados 438-439
Normans 477
Noroeste de Estados Unidos **429-433**
 Oregón **432-433**
 véase también Canadá; Estados Unidos; Carolina del Norte 441, 442
 Washington **430-431**
Norte de África **343-344**
Norte de Portugal **323-324**, mapa *322*
Norte-Vinos de Tea 192
Nothalten 248
Notton 205
Nouveau-Rouge 487
Noval, Quinta do 334
Novi Pazar 394
NPU 180
Nueva Escocia 445
Nueva Gales del Sur **463-466**, mapa *461*
 productores y bodegueros 465
Nueva Inglaterra 438, 439
Nueva Jersey 438, 439
Nueva York, Estado de **436-437**
Nueva Zelanda *102*, **481-488**, mapa *483*
Nuevo México 404, 441, 442
Nuits-St-Georges 223, 234
Nuova Cappelletta 291
Nurbourne, Manor 494
Nus 292
Nuy, Coopérative 493

O
Oak Knoll 433
Oakridge Estate 471
Oakville, AVA 413
Oberemmel 355
Oberhausen 361
Oberhäuser Brücke 361
Obermosel, *Bereich* 353

534 ÍNDICE

Oberrotweil 372
Obidos 325
Ochoa, Bodegas 174
Ochoa, Javier 174
Ockfen 355
Odenwald, Cooperativa de 366
Odoardi 318
Œil de Perdrix 377
Oeste 325
Oestrich 360
Oestringen-Tiefenbach 371
Offenburg 371
Ohio 441, 443
Ohio River, AVA 441
oídio 31, 102, 260, 332
  España 136
Oiselinière, Château de l' 254
Oisly et Thésée, La Confrérie des Vignerons de 256
Oja, río 135, 136
Okanagan, valle de 445, 446
Olarra, Bodega 144
Old Mission Peninsula, AVA 441
Olifants River District, WO 493
Olivares de Duero 162
Olive Farm 480
Olivella Ferrari 160
Olivier, Château 211
Olivos, Los 426
Ollauri 140
oloroso, jerez 178
Olt, Les Côtes d' 279, 280
Oltrepò Pavese 293, 294
Omihi Hills 488
Ontario 444, 445, 446
Opitz, Willi 384
oporto
  copa de 79
  elaboración del 126
Oporto 329-334
  elaboración 330
  estilos 330
  historia 330
  organismos 331
  productores y bodegueros 331
  reglamentación 330
Oppenheim, Staatsweingut mit Domäne 363
Opus One 122, 123
Orán 344
Oratoire, Clos de l' 217
Oregón 432-433, mapa 406
  zonas vitícolas 432
Organistrum 186
Oriente Medio 341-342
  Chipre 341-342
  Israel 341-342
  Líbano 341-342
  otros países 342
  regiones y productores 342
Orlando 462, 465, 474, 476

Orleans 257
Ormes-Sorbet, Château Les 205
Ormoz 396
Ornellaia 310
Oro Pendés 150
Orotava, Valle de la, DO 192, mapa 131
Orpailleur, Viñedo del 446
Orschwihr 248
Ortenau 371
Ortenberg 371
Orusco, Bodegas 188
Orvieto, DOC 311, **312**
Osborne 177, **179**, 332
Osterberg 248
Ostertag, Domaine 250
Ostschweiz 380
Otis 431
Otoñal 144
Ott, Domaine 276
Overberg District, WO 493
Overgaauw 492
oxidación 57
oxidado, vino 85
oxígeno 57, 118
Ozark Highlands, AVA 441
Ozark Mountain, AVA 441

P

Paarl District, WO 492
Pacherenc-du-Vic-Bilh, AOC 279, 280
Paderewski, Ignace 424
Padthaway 460, 468, 473, 477
Páez, Luis 424
Pagliarese 307
pago 126
Pago de Carraovejas 166
Pagos Viejos 142
País Vasco 131, 138, 279, **185-186**
  Txacolí de Getaria, DO 185
  Txacolí de Vizcaya, DO 185
Países Bajos **376**
Países mediterráneos **337-344**
  Grecia **338-339**
  Oriente Medio **341-342**
  Turquía **340**
pajarete, málaga 181
Palace Hotel, Buçaco 326
Palacio, Bodegas 144
Palacio de Bornos 169
Palácio de Brejoeira 324
Palacio de Fefiñanes 186
Palacios Remondo, Bodegas 144
Palacios, Álvaro 152, 153
Palacios, Bodegas 153
paladar del vino 84
Palatinado 348, **364-365**, mapa 357
  meridional 365

pale, jerez 178
pale cream, jerez 178
Palette, AOC 272, 275
Pallières, Domaine des 266
Palliser Estate 487
Palma, La, DO 192, mapa 131
Palmer 246
Palmer, Château 202, 210
Palmer Vineyards 437
palo cortado, jerez 178
Palomino & Vergara 180
Pámpano 169
Panascal, Quinta do 332
Pancas, Quinta de 326
Pannonischer, Reigen 384
Pantelleria 319, 320
pantomima 181
Pape-Clément, Château 199, 211, 213
Papes, Clos des 266
Papin, Hervé 256
Paradiso, Fattoria 295
Paraguay 456, mapa 449
Paramount Distillers 443
Parducci 425
Parellada de Naveran, Pablo 151
Parker, Robert 162
Parker Estate 476
Parklands 486
Paros 339
Parral 142
Parras, Saltillo 451
Parrina, Tenuta La 310
Parxet 154, *154*, 156
Pask, C. 487
Paso Robles, AVA 424
Pasqual Vuilleumier 317
Passing Clouds 469
pasteurización 116
Pastrana, Carles 153
Pastrana & Jarque 153
Pata Negra 188
Paternina, Bodegas Federico 143
Paternoster 318
Pato, Luís 326
Patriarche Père & Fils 237
Patrimonio, AOC 274, 276
patrón 102
Pauillac, AOC 200, 202, mapa 204
  denominaciones y *châteaux* 207-208
  factores de calidad 206
Pauli, Georges 210, 215
Paulière, Domaine 228
Paulinshofberg 356
Pauly, Jacques 215
Pauly-Bergweiler, Weingut Dr 356
Pavie, Château 217, 219
Pavie-Decesse, Château 217, 219
Pavie-Macquin, Château 217
Paviglia, Domaine 276
Pavillon Rouge du Château Margaux 205

Pays Basque, Cave coopérative des vins d'Irouléguy et du 280
Pays nantais 253
Pazo 186
Pazo de Señorans, Bodega 186
Pécharmant, AOC 278
pedernal, gusto a 86
Pédesclaux, Château 202
Pedro Ximénez Noé 179
pedro ximénez, jerez 178
Pedroncelli 421
Pedrotti 299
Pegase, Clos 414
Pegazzera di Casteggio 294
Pelayo 182
Pelee Island Winery 446
Pellegrino, Carlo 319
Peloponeso 339
Pemberton 478
Penaflor 455
Penedés, DO 157 **147-151**, mapa 146
  Alto Penedés 130, 147
  Bajo Penedés 147
  factores de calidad 148
  Penedés Medio 147
  productores y bodegueros 150-151
Penfolds 462, 475
Penfolds Magill Estate 474
Penley Estate 476
Penn, William 404, 434
Pennsylvannia 438, 439
Peñafiel, castillo de 164
Peñalba López, Bodegas 166
Peñascal, Bodegas 166
Pepe, Emidio 314
Pépieux 276
Pepsico 392
Peraldi, Domaine 276
Perçebal 172
Pereira d'Oliveira, Vinhos 336
Perelada, Castillo de 156
Perelli-Minetti, Antonio 451
Pérez Barquero 182
Pérez Caramés 169
Pérez Pascuas, Bodegas Hnos. 165
Pérez, José Luis 152
Pérignon, Dom Pierre 242
Perla Valenciana 191
Perll 351
Pernand-Vergelesses 235
Pernod-Ricard 474, 495
Perrier, Joseph 246
Perrier-Jouët 246
Perrières, Les 236
Perrin, familia 266
Perromat, Jean 216
Perromat, Pierre 215
persistencia 86
Perth Hills, véase Darling Range
Pertica, Cascina La 294
Perú **456**, mapa 449
Pesos, Quinta dos 325

Pesquera 162, 165
Pessac 212
Pessac-Léognan, AOC 211, mapa 204
  denominación y *châteaux* 212
Petaluma 474
Pétillant de Savoie 270
Petit Causse, Le 276
Petit Chablis 227
Petit-Faurie-de-Soutard, Château 217
petróleo, olor a 86
Pétrus, Château 45, 126, 218, 220, 221
Pettenthal 363
Pewsey Vale 476
Peymartin 205
Peyrassol, Commanderie de 276
Pezinock 397
Pfaffenheim 248
Pfaffenheim-Gueberschwihr, cooperativa de 250
Pfalz 364
Pfeffingen, Weingut 365
Pfersigberg 248
Pfingstberg 248
Pheasant Ridge 442
Phelps, Joseph 416
Philips Central Cellars 493
Phillips, R. H. 428
Piamonte **287-291**, mapa 286
  factores de calidad 289
Piano Gully 480
Pibarnon, Château 275
Pic-St-Loup 276
picado, vino 86
Picard-Dahra 344
Pichler, F.X. 383
Pichler, Rudolf 383
Pichon Baron, Château 205
Pichon Lalande, Château 205
Pichon-Longueville Baron, Château 199, 202, 208
Pichon-Longueville Comtesse de Lalande, Château 202, 208
Picolit 300
Picpoul-de-Pinet 276
Pied d'Aloue 229
Piedmont Vineyards 442
Pierce 424
Pieropan 297
Pierro 479
Piesport 352, 356
Piesporter Michelsberg 350, 356
Piesse Brook 480
Pighin 301
Pikes 475
Piketberg District, WO 493
Pilton, Manor 494
pimienta, olor a 86
Pimpane 496
Pin, Le 221

ÍNDICE 535

Pinault, François 208
Pindar Vineyards 437
Pine Ridge 413
Pingossière, Domaine de la 254
Pinguet, Noël 256
Pinhão, valle de 331
Pinnacles 424
Pinord 159
Pinto Pereira 331
Pintos dos Santos 331
Piper-Heidsieck 245, 246, 455, 496
Piper-Sonoma/Rodney Strong 421
Pipers Brook 473
Piqueras, Bodegas 188
Pirineos 279, 280
Pirineos (Australia) 468
Pirineos, Bodegas 172
Pirramimma 477
Pisani-Ferry, Édouard 256
Pitnauer, Hans 383
Pittaro, Vignetti 301
Pla de Bages, DO 154, *146*
    productores 156
Pla de Llevant de Mallorca, Vinos de la Tierra del 192
Plácet 144
Plaimont, Union 280
Planes, Domaine des 276
Planta, La 165
Plantagenet 479
platos **93-96**
    difíciles **94**
Platzer, Manfred 384
Plauelrain 371
Playa, La 453
Plenty, bahía de 484
Plettenberg, Weingut Reichsgraf von 361
Plinio 147
Plozner 301
Poças Junior, Manoel D. 332
poda de la vid 103
Podravski 396
podredumbre noble 86, 348
Poggio Antico 309
Poggione, tenuta Il 309
Pojer & Sandri 299
Pol Roger 246
Poli, Giovanni 299
Poli, Masso 299
Poliziano 309
Polotti Fratelli 294
Polz, Reinhold 384
Pombal, marquis de 330
Pomerol, AOC 200, **220-221**
Pomino, DOC 304
Pomino, Tenuta di 307
Pommard 230, 235
Pommard, Château de 237
Pommern 355
Pommery, Champagne 425
Pommery & Greno 246
Pont, El 150
Pontac, Arnaud de 30

Pontallier, Paul 105
Ponte da Lima, Adega Cooperativa da 324
Pontet-Canet, Château 202, 205
Ponzi 433
Pope Valley 413
Porongurups 479
Port Phillip Estate 470
portainjertos 102
Portets, Château de 213, mapa 322
Portugal **321-336**
    Centro **325-326**
    Norte **323-324**
    Sur **327-328**
Posavski 396
Potelle, Château 413
Potensac, Château 205
potente, vino 86
Pouget, Château 202, 210
Pouilles **315**, 318
    productores y bodegueros 317
Pouilly, Caves de 258
Pouilly-Fuissé AOC, 224, 238
Pouilly-Fumé, AOC 257, 258
Pouilly-Loché, AOC 238
Pouilly-sur-Loire, AOC **257-258**
    denominaciones y productores 258
Pouilly-Vinzelles, AOC 238
Pousse d'Or, Domaine de la 237
Power Drury 336
Prà 297
Prà di Pradis 301
Prada a Tope 169
Pradeaux, Château au 275
Prado Enea 144
Praeclarus 299
Prager, Franz 383
Prälat, viñedo 356
precio del vino 32
Predicato, Vinos de 309
Preferido 142
Premières-Côtes-de-Blaye 222
Premières-Côtes-de-Bordeaux, AOC 222
premiers crus, Chablis **229**
prensado del vino blanco *107*
prensas
    champagne *111*
    vino blanco 106, *107*
Preslav 396
Presqu'île de St-Tropez, Les Maîtres Vignerons de la 276
Preston 431
Preuses 228
Prieler, Engelbart 384
Prieuré, Château le 217
Prieuré-de-Meyney 205
Prieuré-Lichine, Château 202, 205, 210
Prima & Nuova 299

Primo Estate 474
Primorski 396
Prince Albert 469
Prince Michael Vineyards 442
Príncipe de Viana, Bodegas 174
Priorato, DO **152-153**, mapa *146*
    productores y bodegueros 153
Privilegio del Condado 182
Prosecco di Conegliano-Valdobbiabene, DOC 297
Protos, Bodegas 166
Provenza 272, 275
    denominaciones y productores 275-276
Prunotto, Alfredo 291
Pucelles, Les 236
Puerta Vieja 144
Puerto de Santa María 176-180
Puesta de Sol Cream 182
Puiatti 301
Puig & Roca, Cellers 150
Puig i Cadafalch 159
Puligny-Montrachet 236
Puligny-Montrachet-Villages 236
Purkar 400
Pyrénées-Orientales, Vin de Pays des 272

Q

Quady 427, 428
Quail Run, *véase* Covey Run
Qualitätswein (Austria) 383
Qualitätswein eines bestimmten Anbaugebiete (QbA) Alemania 348
Qualitätswein mit ädikat (QmA) Alemania 348
Quarles, Harris 334
Quartas, Quinta 334
Quarts-de-Chaume, AOC *252*, 255, 256
Quatourze 276
Quebec 446
Queensland 464
Quelltaler 475
Quénard, Raymond 270
Quercy 279
Quercy, Les Vignerons du 279
quesos y vino 92, **96**
Quilceda Creek 431
químicos, aromas 84
Quincy, AOC 258
quinina 336
Quinta 179
Quintanilla de Onésimo 162
Quintarelli 297
quintas 324

Quiroga-Bibei 185
Quistello, Cantina Sociale di 294

R

Rabastens, cooperativa de 280
Rabat 344
Rabaud-Promis, Château 214, 216
Radebeul, Saatsweingut 369
Ràfols dels Caus, Can 150, 159
Ragnoli 294
Ragose, Le 297
Raimat 154, 155, 156, 159, 160
raki 340
Raleigh, sir Walter 440
Rallo Alvis 319
Ramandolo 300
Ramitello 314
Ramonet, Domaine André 237
Ramos-Pinto, Adriano 334
Rancho Viñedo 426
Randersacker 368
Randersackerer Pfülben 368
Rapasani 339
Rapitalà 320
Rasteau 265
Ratti, Renato-Antiche Cantine dell'Abbazia dell'Annunziata 291
Rauental *359*, 360
Rauzan-Gassies, Château 202, 205, 210
Rauzan-Ségla, Château 202, 210
Raveneau 229
Ravenswood 421
Raventós Fatjó, Josep 157
Raventós, familia 145, 156, 159
Raventós i Blanch 151
Rayas, Château 266
Raymond-Lafon, Château 214, 216
Rayne-Vigneau, Château 214, 216
Réal-Caillou, Château 221
Real Companhia Vinícola do Norte do Portugal 324, 334
Real Divisa, Bodegas de la 144
Real Irache 174
Rebholz, Weingut 365
Rebolledo, Joaquín 186
Recaredo, Cavas 160
Recioto di Soave 296
Rectoral de Amandi 186
Red Hills 432
Red Willow 431
Redal, El 141
Redman 476
redondo, vino 86
reducido, vino 85

Redwood Valley 488
Regaleali 320
Região Demarcada 322
Reginu, Clos 276
reglamentación del vino 31, 126-128, **498-502**
Régnié 240
Régusse, Domaine de 276
Reh, grupo 374
rehoboam 49
Rei, Quinta do 332
Reif Estate 446
Reine Blanche, Clos de la 258
Reine-Pédauque 237
Reinhartshausen, Schloss 360
Reinhold Fuchs, Weingut 355
Reinisch, Johann 384
Reiterer, Christian 384
religión, influencia sobre la industria del vino 341, 343
Remelluri, Granja Nuestra Señora de 138, 143
Rémy-Cointreau 245, 246
Rémy Martin 456, 495, 496
Renaissance 428
Renarde, La 263
Renardes, Corton Les 235
Renault Winery 439
rendimientos 98, 103
René Barbier 151
René Barbier & Fills 153
Renmaro 477
Renou, René 256
República Checa **397**, mapa *386*
reserva 134, 138
reserva, gran 134
Reserva «890» 143
Reserva «904» 143
Reserva Real 160
Réserve de la Comtesse 205
Ress, Balthasar 360
Retiro Novo, Quinta do 334
Retsina 337, **338**, 339
Reuilly, AOC 258
Reverchon, Weingut 356
Reverdy, Jean & Fils 258
Rex Hills 433
Rey Don Jaime 191
Reynella, Château 477
Reynolds Yamarra 465
Reynuad, Charles 266
Rheingau 348, **358-360**, mapa *357*
    factores de calidad *359*
Rheinhessen 362
Rheinhessen Winzer 363
Rheinterrasse 362, 363
Rhinfarm Vineyard 421
Rhode Island 438, 439
Rhodt unter Rietburg, cooperativa 365
Rías Baixas, DO 184, mapa *131*
Ribatejo 325
Ribeauvillé 248

536 ÍNDICE

Ribeauvillé, cooperativa de 250
Ribeira Sacra, DO 185, mapa *131*
Ribeiro, DO 184, mapa *131*
Ribeiro, Cooperativa Vitivinícola del 186
Ribera Alta 187
Ribera Baja 187
Ribera de Ebro 154
Ribera del Duero, DO 130, *133*, 161, *161*, **162-166**, mapa *131*
  factores de calidad *163*
  productores y bodegueros 165-166
Ribera del Guadiana, DO 187, mapa *131*
Riberalta, Bodegas 166
Riberas del Miño 185
Riberas del Sil 185
Ribéreau-Gayon 219
Ricasoli 304, 307
Riccadona 291
Richeaume, Domaine 276
Richebourg 233
Richmond Groves 465
Richter, Richard 352, 355
rico
  champagne 242
  vino 86
Riddoch, John 476
Ridge 424, 425, 427
Rieder, Fritz 383
Rietvallei 493
Rieussec, Château 213, 214, 216
Rieux-Minervois 276
Rigal 280
Rin
  regiones vitícolas, mapa *357*
  norte del 371
Rincón de Olivedo 141
Río Viejo 180
Riograndense 456
Rioja, DOCa 128, 131, **135-144**, mapa *137*
  factores de calidad *139*
  productores y bodegueros 142-144
  Rioja Alavesa 130, 136, 138, *138*, mapa *137*
  Rioja Alta 130, 136, 140, mapa *137*
  Rioja Baja 136, 140, mapa *137*
  variedades **141**
Rioja Alta, Bodegas La 143
Riojanas, Bodegas 144
Ripaille 268, 270
Ripeau, Château 217
Rippon 488
Riquewihr 248
Riscal, marqués de 136, 162
riserva 285
Riunite 295
Rivendell, Winery 437
Rivera 318
Riverview 487

Rivesaltes, AOC 272
Riviera del Garda Bresciano, DOC 293
Riviera Ligure di Ponente, DOC 292
Rivoli-Mazagran 344
Rizzo, Elia 89
Robertson Brothers 334
Robertson District, WO 493
Robin, Marie 221
Robola 339
Robson, Murray 465
Rocailles, Domaine des 270
Rocca della Macìe 307
Roche, Clos de la 233
Roche-aux-Moines, AOC 255
Rochford 470
Rockford 474
Ródano 196, **259-266**, mapa *261*
  Côtes du Rhône meridionales **265-266**
  Côtes du Rhône septentrionales **263-264**
Rodas 339
Rodern 248
Rodero, Bodegas 166
Roe, John Septimus 478
Roeda, Quinta 332
Roederer, Champagne 334, 425, 473
Roederer, Louis 245, 246
Roero, DOC 288
Rogue, valle del AVA 432
Roi, Clos du (Corton) 235
Roi, Clos du (Sancerre) 258
Rolet, Père & Fils 269
Rolland, Michel 219, 221
Roman Pfaffl 383
Romanée, La 233
Romanée-Conti, La 233
Romanée-Conti, Domaine de La **234**
Romanée-St-Vivant 233
Romaña **295**, mapa *286*
Romeira, Quinta da 326
Romer du Hayot, Château 214
Romeral 142
Roncada 301
Roncão, Quinta da 331
Roncières 229
Rooiberg, cooperativa 493
Roque de By 205
Roqueta, familia 156
Roquetaillade-La Grange, Château de 213
Rosa, Quinta de la 332
Rosa del Golfo 318
rosado (champagne) 242
rosado (vino)
  elaboración 108
  elegir un 36-37
  estilos de 37
  véase también Œil de Perdrix; *Weissherbst*
rosado de Cerdon 270

Rosado de Lujo 143
Rosal, El 184
Rosé d'Anjou, AOC 255
Rosé de Bearn, AOC 279
Rosé de Cerdon 267
Rosé de Loire, AOC 255
Rosé des Riceys, AOC 246
Rosellón 273
  vinos del país **272**
Rosemount Estate 464, 465
Rosemount Orange Region 464
Rosenblum 423
Rosengärtchen, viñedo 356
Rosenhag, *Grosslage* 355
Rosenmuskateller 298, 299
Rossese di Dolceacqua, DOC 292
Rosso Cònero, DOC 311, 313
Rosso di Montepulciano, DOC 304
Rosso Piceno, DOC 311, 313
Roth, Adam 463
Roth, Philip 439
Rothbury Estate 463, 464, 465, 471
Rothschild, barón Edmon de 210
Rothschild, barón Edmon de (Israel) 341
Rothschild, barón Éric de 207
Rothschild, barón Philippe de 122, 207, 208
Rothschild, familia 216
Rottensteiner, Hans 299
Roudon-Smith 423
Rouffach 248
Rouge de Béarn, AOC 279
Rouge Homme 476
Roura 154, 156
Rousseau, Domaine Armand 237
Roussette de Bugey 270
Roussette de Savoie, AOC 267, 270
Roussette de Seyssel 270
Rouvinez 379
Roux Père & Fils 237
Rovellats, Cavas 160
Rovira, Pedro 156
Roy de Boiseaumarié, barón Le 266
Royal Carlton 160
Royal Madeira 336
Royal Oporto Wine Company 331, 334
Rozes 334
Ruchottes-Chambertin 233
Ruck, Johann 368
Rüdesheim (Nahe) 361
Rüdesheim (Rheingau) *358*, 360, 363
Rüdesheim, Saatsweingut 360

Rudol Fürst 368
Rueda, DO 131, 132, 161, **167, 169**, mapa *131*
  productores y bodegueros 169
Ruffino 307
Ruggero Veneri 312
Rugiens 235
Ruinart 246
Ruiz Hernández, Manuel 139
Rully, AOC 238
Rumania **395**, mapa *386*
Rumbalara 464
Ruppertsberg 365
Rusia **400**, mapa *386*
Russian Imperial Cellar *398*, 400
Russian River Valley, AVA 419
Russiz Superiore 301
Rust-en-Vrede 492
Rustenberg 492
rústico, vino 86
Rutherford, AVA 413
Rutherford & Miles 336
Rutherford Hill 416
Ruwer 356
Ryman, Hugh 390
Ryman, Nick 280
Rymill 476
Ryrie, William 467

S
Saale-Unstrut y Sajonia **369**
Saar-Ruwer, *Bereich* 353
Saarstein, Schloss 356
Sabatacha 191
Sablet 265
sabor del vino 84, 117
  a corcho 85
Saboya 268, 270
sacacorchos **70-71**
  de camarero *70, 71*
  de doble rosca *71*
  Screwpull® *71*
Sacal Dei, cartuja 152
Sacal Dei, Cellers de 153
Sachsen 363
Sacktrãger 363
Saering 248
Sagemoor Farm 431
Sagrantino di Montefalco, DOC 311
Sain Bel, cooperativa 239
Saint, *véase* St y Ste
Sainte Famille Wines 446
Saintsbury 416
Sais 344
Sajonia *369*, **369**
Sakonnet 439
Salaparuta, Duca di 320
Saldorf 397
Salice Salentino, DOC 315
Salisbury Estate 468, 471
Sallegg, Schloss 299
Salm-Dalberg'sches, Weingut Prinz zu 361, 383

salmansar 49
Salnesur, Bodegas 186
Salomon, Fritz 383
Salon 246
Salwey, Weingut B. 372
Samos 339
San Adrián 191
San Asensio 142
San Benito 423, 426
San Bernabé 424
San Esteban de Gormaz 162
San Felice 307
San Francesco, Fattoria 318
San Guido, Tenuta 310
San Isidro, BSI 191
San Isidro, Cooperativa de 172
San Isidro, Cooperativa Comarcal 188
San Joaquin Valley 407, 427
San Juan del Río 451
San Juan, Cava de 451
San Leonardo, Tenuta 299
San Lorenzo, Bodegas de 451
San Lucas, AVA 424
San Luis Obispo, condado de 408, 424, 426
San Marcos 191
San Marcos, Viñedos 451
San Martín de Valdeiglesias 187
San Martino della Battaglia, DOC 293
San Michele, Cantina Sociale 299
San Michele, Domaine de 276
San Millán de la Cogolla, monasterio de 135
San Millán de Yécora 136
San Pasqual, Valle de, AVA 424
San Patricio 179
San Pedro 452, 453
San Rocco 299
San Telmo 455
San Valero, Bodega Cooperativa 172
San Vicente de la Sonsierra 140
Sanca, La 344
Sancerre, AOC **257-258**
  productores 258
Sánchez Romate 180
Sancho e Hijas, Manuel 151
Sandalford, viñedo de 478, 480
Sandeman *176*, 180, 334
Sandrone, Luciano 291
Sanford 426
Sanford & Benedict 424
Sangiovese di Romagna, DOC 295
Sangre de Toro 151
Sangue di Giuda 293
Sanlúcar de Barrameda 176-180
  véase también Jerez-Xérès-Sherry, DO

ÍNDICE

Sanraku 496
Sant Sadurní d'Anoia 157
Santa Bárbara, condado de 408, 410, 424, 426
Santa Bárbara, Quinta 334
Santa Carolina 45, 453
Santa Clara, valle de 425
Santa Cruz Mountain Vineyard 423
Santa Cruz, Montañas de 423
Santa Eulalia, Bodegas 169
Santa Lucía Highlands, AVA 424
Santa Maddalena, DOC 298
Santa Margherita (Véneto) 297
Santa Margherita, Vinicola 299
Santa Maria della Versa, Cantina Sociales di 294
Santa María, Valle de, AVA 408, 424
Santa Mónica 453
Santa Rita 450, 452, 454
Santa Ynez, valle de 424
Santar, Conde de 326
Santenay 236
Santenots, Les 235
Santiago Ruíz 186
Santini, Domaine 276
Santo Antonio, Quinta do 332
Santo Cristo S. Coop. 172
Santo Domingo, Quinta 334
Santo Tomás 451
Santorini 339
São João, Caves 326
São Luiz, Quinta de 332
São Pedro das Aguias, Quinta de 334
Sapporo 416
Sarget et Gruaud-Larose 205
Sarre 356
Sarre-Ruwer *véase* Mosela-Sarre-Ruwer
Sasbachwalden 370
Sassicaia 310
Satdt Offenburg, Weingut der 371
Sattler, Wilhelm 384
Saumur, AOC 110, 252, 255, 256
Saumur-Champigny, AOC 252, 255, 256
Saumur mousseux, AOC 255
Saussignac, AOC 278
Sauternes 97
Sauternes, AOC 97, 200, **214-216**, 204
productores y *châteaux* 215-216
Sauvignon de St-Bris, VDQS 229
Sauvignon Frères et Cie 160

Sauzet, Domaine Étienne 237
Savarines, Domaine des 280
Savennières, AOC 252, 255, 256
Savigny-lès-Beaune 235
Savoie 267
Scarp Valley 480
Scarpa, Antica Casa Vinicola 290
Scavino, Paolo 291
Schaller, Edgard & Fils 250
Schandl, Peter 384
Scharffenberger 425
Scharlachberg 363
Schellmann, Gottfried 384
Schilcher 381, 384
Schiller, Johann 445
Schilling, Herbert 384
Schinus 470
Schiopetto, Mario 301
Schleinitz, von 355
Schlitz 421
Schlossböckelheim, *Bereich* 361
Schlumberger, Domaine 250
Schmitt, Weingut Robert 368
Schoenenbourg 248
Scholtz Hermanos 182
Schönborn, Schloss 360
Schönborn, von 368
Schram, Jacob 412
Schramsberg 416
Schreckbichl, Cantina Sociale 299
Schröck, Heidi 384
Schubert, von **356**
Schuster, Weingut Eduard 365
Schützenhof 384
Schwaigern, Schloss 373
Schwanburg, Schloss 299
Schwarze Katz, *Grosslage* 355
Schweigen 365
Sciacchetrà 292
Scneider, Erich 384
Scolca, La 291
Scotchmans Hill 469
Scott, Allan 488
Screwpull® 70, 71
Scuro 298
Seagram 180, 246, 334, 374, 416, 426, 451, 495
Sebaste 291
Sebastiani 422, 427
Sebdou, uadi 344
Séchet 229
seco
champagne 242
cava 158
Seewinkler Impressionen 384
Segenhoe Estate 465
Ségonnes 205
Segonzac 205
Segovia 162
Segre, río 154

Ségur, marqués de 207
Ségur, Marquis de (segundo vino) 205
Segura Viudas 151, 160
Séguret 265
Seifried 488
Sekt 110, 356, 358, 364, **374**
Selaks 487
selección de granos nobles 248
Selección José Bezares 142
Sella 291
Sella & Mosca 319, 320
Sello de Oro de Calidad 494
Selvapiana 282, 307
Selyem, *véase* Williams Selyem
Semeli 338
semiseco
champagne 242
cava 158
Senard, Domaine Daniel 237
Senderens, Alain 88, **92**
Senén Gutián, Bodegas 186
Señorío de Albar 169
Señorío de Canedo 169
Señorío de Guadianeja 188
Señorío de los Baldíos 165
Señorío de Los LLanos 188
Señorío de Marsical 188
Señorío de Nava, Bodegas 166
Señorío de Sarria 174
Señorita 180
Seppelt 464
Seppelt Great Western 469
Serbia 396
Sercial 335
Serègo Alighieri 297
Serralunga d'Alba 289
Serre, Château la 217
Serres, Les 276
Serrigny 235
Serristori 307
servicio del vino **65-80**
orden 80
véase también copas
Settesoli 320
Setúbal, Península de 327, 328
Sevenhill 475
Seville Estate 471
Seyssel, AOC 270, 268
Shafer 413
Shakespeare 130, 177
Shaw, Philip 464
Shaw & Smith 477
Shimshon 342
Shomron 342
Shortridge Lawton 336
Shumen 394
Siaurac, Château 221
Sibarita 180
SICAVA coopérative 229
Sichel, H 363

Sicilia **319-320**, mapa 316
Sidi-Bel-Abbes 344
Sidi-Brahim 344
Siebeldingen 365
Siegrest, Weingut 365
Sierra, estribaciones de la 427, 428
Sierra Cantabria 144
Sierra Madre 424
Sigalas-Rabaud, Château 214, 216
Siglo 142
Siglo Saco 142
Sigolsheim, cooperativa de 250
Silio 147
Silva, A. J. da 334
Silva, Antonio Bernardino Faulo da 326
Silva, C. da 334
Silver Oak 416
Silverado 413, 416
Simi 422
Similkameen, valle de 446
Simmern, von 360
Simon, Weingut Bert 356
Simoncelli, Armando 299
Simone, Château 275
Simonsberg-Stellenbosch, WO 492
Simonsig 492
Simonsvlei, cooperativa 492
Sipp, Louis 250
Siran, Château 205, 210
Siria **342**
Siteia 339
Sizzano, DOC 288
Skillogalee 475
Skoff, Walter 384
Smith & Hook 424
Smith-Haut-Lafitte, Château 211, 213
Smith-Madrone 413
Smith Woodhouse 334
Smithbrook 480
Snoqualmie 431
Soalheira, Quinta da 331
Soave, DOC 296
sobre las lías 106, 253
Società Agricola da Madeira 336
Sodap 342
Sogrape 324, 326
Sokol-Blosser 433
Solar de Urbezo 172
Soldepeñas 188
Solear 179
Solera «1855» 182
solera, sistema de la **176**
Solera Fundación 182
Somerset Crossing 468
Somló 390
Sommer, Richard 432
Sommerach 368
Somontano, DO 132, 170, 171, mapa 131
productores y bodegueros 172
Sonita, AVA 441
Sonnenhur 354

Sonoma 408, **417-422**, mapa 411
zonas vitícolas 419
Sonoma Coast, AVA 419
Sonoma-Cutrer 422
Sonoma Mountain, AVA 419
Sonoma Valley, AVA 419
Sonora 451
Sopron 390
Sorbief, Domaine du 269
Soria 162
Sorni, DOC 298
Soulez, Pierre et Yves 256
Sousa Rosado Fernandez, José da 328
Soutard, Château 217, 219
Soutbrook Farms 451
Southern Vales 462
South-West Coastal, Australia Occidental 480
Souverain (Napa) 412
Souverain Château (Sonoma) 422
Soveral, Marqués de 332
Sovicosa 182
Spagnolli, Enrico 299
Spagnolli, Giuseppe 299
Spätlese (Alemania) 348
Spätlese (Austria) 383
Spiegel 248
Spinola, J. B. 336
Sporen 248
Sprendlingen 374
Spring Mountain, AVA 413
Spring Vale 473
St-Amour 240
St-André de Figière, Domaine 276
St-Aubin 236
St-Chinian 276
St-Christol 276
St Clement 416
St-Denis, Clos 233
St-Drézéry 276
St-Émilion, AOC 200, **217-219**, mapa
denominación y *châteaux* 219
factores de calidad 218
St-Estèphe, AOC 200, mapa 204
denominación y *châteaux* 207
St-Eulalie, Domaine 276
St Francis 422
St-Georges-Côte-Pavie, Château 217
St-Georges-d'Orques 276
St-Gervais 265
St Hallett 474, **476**
St Helena 488
St-Hildegarde, abadía de 358
St-Hippolyte 248
St Huberts 471
St Jean, Château 422
St-Jean, Domaine de 276
St-Jean-de-la-Porte 270
St-Jeoire-Prieuré 270

538 ÍNDICE

St-Joseph, AOC 261, 262, 264
St-Julien, AOC 200, 202, mapa 204
  denominaciones y châteaux 208-209
St Julien Wine Co. 443
St Magdalener 298
St-Magdelaine, Clos 275
St-Martin, Clos 217
St-Médard-d'Eyrans 212
St-Nicolas-de-Bourgueil, AOC 252, 255
St-Péray, AOC 261, 262, 264
St-Pierre, Château 202
St-Pourçain, Vignerons de 257
St-Pourçain-sur-Sioule, VDQS 257
St-Romain 236
St-Saturnin 276
St Supéry 416
St-Véran, AOC 238
St-Vérand 224, 238
Staatlicher Hofkeller 368
Stadlmann, Johann 384
Stafford Ridge 474
Stags Leap District, AVA 413
Stag's Leap Vineyard 413
Stag's Leap Wine Cellars 413, 416
Stahleck, castillo de 349
Stargazer Vineyard 439
Starkenburg, *Bereich* 366
Staufenberg, Schloss 372
Ste-Croix-du-Mont 222
Ste-Croix-du-Mont, AOC 200
Ste Famille Wines 446
Ste-Foy-la-Grande, AOC 222
Ste-Hune, Clos 250
Ste-Marie-d'Alloix 270
Ste Michelle, Château 430, **431**
Steiermark (Estiria) 384
Steigerwald, *Bereich* 368
Stein's 466
Steinberg (Nahe) 361
Steinberg, viñedo 360
Steinert 248
Steingrubler 248
Steinklotz 248
Steitz 361
Stellenbosch 490
Stellenbosch District, WO 492
Stellenbosch Farmers' Winery 491
Sterling 416
Sterling, Winery Lake de 413
Stevenot 427
Stevenson, Robert Louis 412
Stiegelmar, Georg 384
Stigler, Weingut Rudolf 372
Stimson Lane 431
Stone Hill Wine Co. 442
Stone Ridge 464
Stonegate 413
Stoneleigh 486
Stonestreet, J. 425
Stoney Ridge 446
Stoniers Merricks 470
Stony Hill 412
Stonyridge 487
Stoppa, La 295
Strong, Rodney 421
Suau, Château 214
suave, vino 86
subastas 55
Subdirección General de Denominaciones de Origen 134
Süd-Oststeiermark 384
Sudáfrica **490-493**
  regiones vitícolas 491-493
Südburgenland 384
Südliche Weinstrasse, *Bereich* 365
Südsteiermark 384
Suduiraut, Château de 214, 214
suelo 126
Suhindol, Domaine de 394
Suiza **377-380**, mapa 378
Sumac Ridge 446
Sumarroca 151
Summershill 446
Sunbury 470
Suntory 209, 360, 451, 477, 496
Sur de Portugal **327-328**, mapa 322
Sur La Velle 236
Suroeste de Francia **277-280**
  denominaciones y productores 280
Sutter Home 416, 423, 428
Swann, Malcolm 266
Swan Valley 462, 478, 480
Swartland, cooperativa de 492
Swartland District, WO 492
Swellendam District, WO 493
Symington, grupo **334**
Szekszárd 389

T

Tâche, La 233
Tachis, Giacomo 306
Tacoronte-Acentejo, DO 192, mapa 131
tacto del vino 84
Tafelwein (Alemania) 348
Tafelwein (Austria) 383
Tahbilk, Château 467, 469
Taittinger, Champagne 246, 256, 415
Talbot, Château 202, 205
Talence 212
Taltarni, Vineyard 414
Taluau, Joël 256
Tamar Valley, Tasmania 473
Tamariz, Quinta do 324
Tamborini 380
taninos 57, 86, 117
Tappino, Viticoltori del 314
Tarapacá Ex-Zavala 454
Targé, Château de 256
Tari, Nicole 216
Tarragona, DO 154, 155, mapa 146
  Falset-Comarca 154, 155
  Falset Ribera de Ebro 154, 155
  productores 156
  Tarragona Camp 155
Tarragona Clásico, DO 155
Tarrawarra 471
Tart, Clos de 233
Tartessos 130
Tasmania 473
Tate & Lyle 326
Taubenschuss, Helmut 383
Tauberfranken 371
Taurasi, DOCG 315
Taurino, Cosimo 318
Tavel, AOC 261, 265, 266
Taylor 436
Taylor, Fladgate & Yeatman 332, 334
Taylors 475
Te Kairanga 487
Te Kauwhata 484
Te Mata 487
Tea, Vinos de 192
Tea Tree Gully 474
técnicas de vinificación
  modernas **102-103**
  tradicionales **98-99**
Técou, cooperativa de 280
Tedeschi, Fratelli 297
Tekel 340
Temecula, AVA 424
Tement, Manfred 384
temperatura
  de la fermentación 104
  del vino 84, **66-67**
Tempier, Domaine 275
Tenerife 192
  Abona, DO 192
  Tacoronte-Acentejo, DO 192
  Valle de Güimar, DO 192
  Valle de la Orotava, DO 192
  Ycoden-Daute-Isora, DO 192
Tennessee 441, 443
Tennessee Valley Winery 443
Tenterden 494
Tercios, Los 176
Terlano, Cantina Sociale 299
Terme, Château Marquis de 202, 205, 210
termómetro 67
Teroldego Rotaliano, DOC 298
Terra Alta, DO 154, 155, 146
  productores 156
Terras Gauda 186
Terrasses, Les 153
Terre di Ginestra 320
Terre Rosse 295
Terres Blanches, Domaine des 276
terroso, vino 86
Terry, Bodegas Fernando A. de 177, 180
Tertre, Château du 202, 210
Tertre Daugay, Château 217
Tertre Rôtebœuf, Château Le 217, 218
Tertulia 191
Teruzzi e Pothod 310
Testuz, J. & P. 380
Teurons, Les 235
Tewksbury Wine Cellars 434, 439
Texas 441, 442
textura del vino 84
T'Gallant 471
Thackeray, William Makepeace 90
Thames Valley 494
Thanisch, Dr 356
Thelema 492
Thermenregion 383
Thibault, Daniel 245
Thienpont, familia 221
Thienpont, Luc 209
Thistle Hill 466
Thomas, Paul 431
Thornton 424
Three Choirs 494
Thüngersheim 368
Ticino 379, 380
Tiefenbrunner, J./Schloss Turmhof 299
Tierra de Barros 187
Tierra Estella
Tìmave 387, 395
tinto (vino)
  elaboración del 109, **108-109**
  elegir un 36-37
  estilos de 37
Tío Felipe 188
Tío Guillermo 179
Tío Mateo 180
Tío Pepe 179
Tiregand, Château de 280
Tirón, río 135, 136
Tisdall 471
Tizona 179
To Kalon 412
Tokay 387, 388, 390, 391
Tokio Izumi 363
Tollana 474
Tolley 474
Tollo, Cantina 314
Tollot-Beaut et Fils 237
Tomelloso, Vinícola de 188
Tommasi 297
Tona 294
Torelló, Cavas 160
Torelló Mata, Agustí 159
Toretta-Spia d'Italia, Cascina la 294
Torgiano, DOC 311
Torgny 376
Toro Albalá 182
Toro, DO 161, **168**, **169**, mapa 131
  productores y bodegueros 169
Torraccia, La 313
Torracia, Domaine de 276
Torre Bianca 318
Torre Breva 179
Torre de Gazate 188
Torre la Moreira 186
Torre Muga 144
Torre Oria 191
Torre Quatro 318
Torrebreva 176
Torrefornelos 186
Torremilanos 166
Torres de Quart 191
Torres Filoso 188
Torres, Las 151
Torres, Miguel 131, 145, **151**, 454
Torto Río 332
Toscana **305-307**, mapa 302
  factores de calidad 305
Toshihiko Tsukamoto 496
Tour, Château de la 237
Tour Blanche, Château La 214, 216
Tour-Carnet, Château La 202, 210
Tour-d'Aspic, La 205
Tour-de-By, Château La 202
Tour-du-Pin-Figeac, Château 217
Tour-Figeac, Château 217
Tour-Martillac, Château La 211
Touraine, AOC 255, 252
Touraine-Amboise, AOC 252
Touraine-Azay-le-Rideau, VDQS 252
Touraine-Mesland, AOC 252
Touraine Villages, AOC 255
Tourelles de Longueville, Les 205
Tournefeuille, Château 221
trabajo de la vid **100**
trabajo en las bodegas **116**
Traben-Trabach 355
Tracia 340
Traisen 361
transfert, método 110
trasiego 106, 116
Trebbiano d'Abruzzo, DOC 314
Trebujena 176
Trefethen 416
Trentham Estate 466
Trentino, DOC **298-299**, mapa 286
Treppchen, viñedo 356
Trerose 309

Treuil de Nailhac, Château 280
Trévallon, Domaine de 276
Treviso 297
Triacca, Fratelli 294
Triebaumer, Ernst 384
Triguedina, Château 280
Trimbach, F. E. 250
Trittemheim 350, 355, 356
Trocken 349
Trockenbeerenauslese (Alemania) 348
Trockenbeerenauslese (Austria) 383
Troesme 229
Troplong-Mondot, Château 217, 219
Trotanoy, Château 220, 221
Trottevieille, Château 217, 219
Truffière-Thibaut, Château la 280
Tsantalis 338
Tua, Quinta do 331
Tualatin 433
Tuck's Ridge 471
Tudelilla 141
Tulbagh District, WO 492
Tulero 186
Tulloch 465
Tuniberg 372
Tunicia **344**
Turckheim 248
Turckheim, cooperativa de 250
Turena, AOC 256
Turmhof, Schloss 299
Turque, La 263
Turquía **340**
Tursan, VDQS 279, 280
Tursan, Les Vignerons de 280
Twee Jongegesellen 492
Txacolí de Getaria, DO 185, mapa 131
Txacolí de Vizcaya, DO 185, mapa 131
tximparta 185
Txomin Etxaniz 186
Tyrrells 463, 464, **466**

U

Uberti 294
Ucrania **399**, mapa 386
Udine 300
Ukiah, Valle de 423
Umani Ronchi 313
Umathum, Josef 384
Umbría **311**, mapa 302
  productores y bodegueros 312
Umpqua, Valle del, AVA 432
Umstadt, *Bereich* 366
Undurraga 454
Ungeheuer, viñedo de 365
Ungstein 365
Único, Vega Sicilia 166

Unión Vitivinícola 143
Universidad de Adelaida 462
Unterhaardt 365
Unterhambach, viñedo de 366
Urtiga, Quinta da 334
Uruguay **456**, mapa 449
Ürzig 355, 356
Usatges 153
Utiel-Requena, DO 190, 191, mapa 131
uva 86, 99, 408

V

Vacceos 169
Vacqueyras, AOC 261, 265, 266
Vaillons 229
vainilla, olor a 86
Val, Clos du (Côte de Beaune) 236
Val, Clos du (Napa) 413, 414
Val d'Agly, Vin de Pays du 272
Val de l'Arve 267
Val de Reyes 169
Valais 379
Valbuena 166
Valbuena de Duero 162, 163
Valcalepio, DOC 293
Valdadige, DOC 298
Valdemar 143
Valdeoro, Bodegas 188
Valdeorras, DO 185, mapa 131
Valdepeñas, DO 132, 187, 188, mapa 131
Valdespino 180, 180
Valdivieso 454
Valdizarbe 173
Valduero, Bodegas 166
Vale de Cavalos, Quinta 334
Valençay, AOC 255
Valencia, DO 132, 157, 189, 191, mapa 131
Valentino 189
Valéry, Domaine 228
Valette, Christine 219
Valette, familia 219, 219
Vall de Baldomar 156
Vall Reserva 151
Valladolid 161
Vallarom 299
Valle central, el (California) 427, 428
Valle d'Isarco, DOC 298
Valle de Aosta **292**, mapa 286
Valle de Güimar *véase* Güimar, Valle del
Valle de la Orotava, *véase* Orotava, Valle de la
Valle del Salnés 184
Vallejo, General Mariano 417
Vallès 154

Vallformosa, Masía 151, 160
Vallone 318
Valls de Riu Corb 154, 155
Valmur 228
Valmur, Cava 451
Valpolicella, DOC 296
Valréas 265
Valsangiacomo fu Vittore 380
Valsotillo 165
Valteline, DOC 293, 293, 294
Valtice 397
Valvanera, monasterio de 135
Valverde 136
Van der Stel, Simon 490
Van Riebeeck, Jan 493
Van Loveren 493
Varenna 285
Vargellas, Quinta de 446
Varia 135
variedades **40-48**
  Rioja **141**
  véase también índice p. 541
Varoilles, Domaine des 237
Vasconcelos, C, V, 336
Vascos, Los **454**
Vasse Felix 479
Vaucelles, Henri 215
Vaucoupin 229
Vaud 379
Vaudésir 228
Vaudevey 229
Vaugiraut 229
Vauligenan 229
Vaulorent 299
Vaupulent 299
Vaux Ragons 229
Vavasour 488
VDN, *véase Vins Doux Naturels*
VDP, *véase Verband Deutscher Prädikatsweingüter*
vecchio 285
Vega Cubillo 166
Vega de la Reina 169
Vega Izán 166
Vega Sicilia 131, 133, 162, 165, **166**
  etiqueta 51
Vegaranda 165
vegetales, aromas 84
Veiga França 336
Velhas, Caves 326
Veliterra 169
velo de flor 177-178
vendimia
  fecha de 101
  tardía 248, 348
Vendrell, Can 150
Venecia 297
Venerable 180
Véneto **296-297**, mapa 286
Venturelli Vigneti 294
Vera de Estenas 191

Verband Deutscher Prädikatsweingüter (VPD) 350, 365, 371, 372,) 373
verde, vino 86
Verdelho 335
Verdicchio dei Castelli di Jessi, DO 311. 313
Verdicchio dei Matelica, DOC 311
Vereinigte Hospitien 356
Vergara, Juan 419
Vergel 451
Vergelegen 493
Vergelesses, Île de 235
Vermentino, Cantina Sociale del 320
vermut 284, 290
Vernaccia di San Gimignano, DOC 304
Vernaccia di Serrapetrona, DOC 311
Verona 296
Vesuvio, DOC 315
Veuve Clicquot-Ponsardin 246, 479, 488
Vézelay, AOC 229
vi novell 150
vi novell de l'Empordà 154
Vial, Félix 257
Viarsa 422
Vicente Gandía Pla 191
Vichon Winery 407, 415
Victoria 179, 459, 460, 462, **467-471**, mapa 461
  regiones vitícolas y zonas climáticas 468
Victoria, islas 446
Victoria, Madeira 336
vid
  racimiento de la 98
  necesidades de agua 103
  necesidades de calor 103
  necesidades de la **103**
  necesidades de luz 103
  plagas de la 30
  poda de la 103
  trabajo de la **100**
Vidal 487
Vidal, familia 280
Vidal-Fleury 263
Vie-Del 427
Vieira de Souza 331, 334
Viera 384
Vietti, Cantina 291
Vieux-Château-Certan 220, 221
Vigevani 295
Vigier, Domaine de 266
Vignelaure, Château 275
Vignes, Jean Louis 424
Vignes Franches, Les 235
Vigouroux 280
Vila Nova de Gaia 331
Vila Real 324
Vilamont, Henri de 237
Vilariça, valle de 331
Vilariño-Cambados, Bodegas 186
Villa Antica 312

Villa Banfi 291, 309
Villa Barbieri 295
Villa Bianzone, Cantina Cooperativa 294
Villa Cilnia 310
Villa del Duque 188
Villa del Ferro 297
Villa Iñigo 191
Villa Matilde 318
Villa Pigna 313
Villa Russiz 301
Villa Sachsen, Weingut 363
Villa San Paolo 317
Villa Simone 317
Villamagna 313
Villamayor de Monjardín 173
Villány-Siklós 389
Ville-Dieu-du-Temple, La 279
Villemaurine, Château 217
Villena, Joaquín Manuel de 179
Villenave-d'Ornan 212
Villiera 492
Vilovi 148
Vin Blanc de Morgex et de La Salle, La Cave du 292
Vin de Corse, AOC 274, 276
  Calvi, AOC 276
  Coteaux-du-Cap-Corse, AOC 276
  Figari, AOC 276
  Porto-Vecchio, AOC 276
  Sartène, AOC 276
Vin de la Moselle, VDQS **250**
Vin de Pays
  Catalan 272
  Comté Tolosan, du 197
  Comtés Rhodaniens, des 197
  Côte Vermeille 272
  Coteaux des Fenouillèdes 272
  Côtes Catalanes 272
  Jardin de la France, du 197, 254
  Marches de Bretagne, des 254
  Oc, d' 197
  Pyrénées-Orientales 272
  Val d'Agly 272
Vin Fou 269
vin santo 297, 298, **303**, 307, 308, 309
Vinattieri 310
Vinattieri Ticinesi 380
Vinding-Diers, Peter 213
Vineland Estates 446
Vinenka, Domaine de 394
vinho verde 323
Vinícola de Navarra 174
Vinícola del Condado, Sociedad Cooperativa 182

Vinicola do Vale do Dão 326
vinificación **97-112**
　ajuste de la acidez 116
　assemblage 110, 200, 200
　testamiento 116
　bastoneo 226
　burdeos 200
　centrifugación 116
　chaptalización 105
　clarificación 116
　de los vinos blancos **106-107**, etapas *107*
　de los vinos espumosos **110-111**
　de los vinos rosados 108
　de los vinos tintos **108-109**, etapas *109*
　estilos clásicos **99**
　estufagem (Madeira) 335
　fermentación 99, 104-105
　filtrado 116
　governo 304
　jerez 112, 176, 177
　maceración 226
　maceración carbónica 138, 239
　maceración pelicular 211
　maceración tradicional 239
　madeira 112
　málaga 181
　méthode champenoise 248, 437, 439, 442, 454, **110-111**
　método tradicional 110, 157, 158
　oporto 112
　pasteurización 116
　procedimiento Charmat 110
　ripasso 296, 297
　técnicas tradicionales **98-99**
　trasiego 116
　vinos dulces naturales 112
Vinimpex 392
Vinival, Bodegas 191
vino
　abrir una botella de *69*, **68-73**
　almacenamiento del **61-64**
　biológico
　cata **81-86**
　clasificación por períodos de crianza **60**
　conservación del **56-64**
　crianza 114
　crianza en botella del 58-64
　defectos del **85**
　designación (España) **134**
　dioses del **28**
　elección del 33-39, **88-90**

francés, vocabulario **198**
　historia del **27-32**
　maduración 57, **57**
　sabor del 117
　servicio del **65-80**
　temperatura **66-67**
　elaboración 112
　coleccionista 64
　compra de los 53-55
　y comida **87-96**
vino amarillo 268, **269**
vino da tavola (Italia) 284, 285, 311
vino de color, málaga 181
vino de cosechero 138
vino de crianza 134, 138
vino de la tierra (España) 134
vino de mesa
　España 134
　Francia 198
　Italia 284, 285, 311
Vino de Mesa
　Betanzos 134
　Castilla y León 134
Vino de Misa 156
vino dulce natural 106, 198, 265, 272
vino gris 343
vino joven 134
vino licoroso 198, 278
vino sin crianza 134
vino maestro, málaga 181
Vino Nobile di Montepulciano, DOCG 304, 309
vino tierno, málaga 181
Vinos Blancos de Castilla 169
Vinos de Madrid, DO 132, 187, 188, *131*
Vinprom 392
Vins d'Entraygues et du Fel, VDQS 279
Vins d'Estaing, VDQS 279
Vins de consommation courante (Tunicia) 344
Vins de l'Orléanais, VDQS 258
Vins de Lavilledieu, VDQS 278, 279
vins de pays 197-198
Vins de qualité supérieure (Tunicia) 344
Vins délimités de qualité supérieure (VDQS) 196-198
vins doux naturels (VDN) 198
Vins du Haut-Poitou, VDQS 252
Vins du Thouarsais, VDQS 252
Vins superieurs (Tunicia) 344
Vintners Quality Alliance (VQA) 444, 445
Viña Acered 172
Viña Ainzón 172
Viña Alarba 172
Viña Albali 188
Viña Alberdi 143

Viña Albina 144
Viña Alcorta 142
Viña Amalia 182
Viña Ángeles 191
Viña Arana 143
Viña Ardanza 143
Viña Augusta 151
Viña Borgia 172
Viña Bosconia 144
Viña Calderón 191
Viña Calderona 169
Viña Cansina 169
Viña Cantosán 169
Viña Carmina 191
Viña Celia 191
Viña Collado 172
Viña Costeira 186
Viña Cubillo 144
Viña Cumbrero 143
Viña d'Irto 156
Viña del Mar (vino) 151
Viña del Mar (Chile) 454
Viña del Val 166
Viña Eguía 143
Viña Extrísima 151
Viña Gravonia 144
Viña Ijalba 144
Viña Labrador 182
Viña Lanciano 143
Viña las Gruesas 191
Viña Magaña 174
Viña Main 188
Viña Marcos 174
Viña Mayor, Bodegas 166
Viña Migarrón 169
Viña Mocén 169
Viña Monty 143
Viña Morejona 169
Viña Odiel 182
Viña Paceta 142
Viña Pedrosa 165
Viña Pomal 142
Viña Real 142
Viña Rosada 151
Viña Saltes 182
Viña Soledad 143
Viña Tondonia 144
Viña Tondonia, Bodegas R. López de Heredia 56
Viña Turquesa 191
Viña Urbezo 172
Viña Vial 143
Viña Zaco 142
Viñao 186
Viñas del Vero *170*, 172
viñedo, plantar un nuevo 100
Viñedos y Crianzas del Alto Aragón **172**
Virgin Hills 470
Virginia 441, 442
Virieu-le-Grand 270
Visan, Bodegas y Viñedos 188
Visconti 294
Vissanto 339
vitícolas de calidad, regiones 126
Viticoltori Friuliani-La Delizia 301
Vitivino, Bodegas 191

Viva d'Or 191
Vnegazzù-Conte Loredan-Gasparini 297
vocabulario
　cata 84, **86**
　del vino francés **198**
Voerzio, Roberto 291
Vogüé, Domaine Comte Georges de 237
Vojvodina 396
Volkach 368
Vollrads, Schloss *359*, 360
Volnay *226*, 230
Volpe Pasini 301
Vonklausner, KArl 299
Voramar 156
Vorbourg 248
Vosgros 229
Vosne-Romanée 234
Vougeot, Clos de 230, *233*, 233, 234, 421
Vouvray, AOC 110, *252*, 255, 256
Voyat, Ezio 292
VQA, *véase* Vintners Quality Alliance
VQPRD *véase* vin de qualité produit dans une région determinée
Vredendal, Cave coopérative 493
Vriesenhonf 492

W

Wachau 383
Wachenheim 365
Wackerbarth, Schloss 369
Waddington Bay *444*
Wädenswill, Cave coopérative de 380
Wagner Vineyards 437
Wagner, Philip 435, 438
Waiheke, isla de 484, 486
Waikato 484
Waimarama 488
Waipara Springs 488
Wairarapa 484
Walch, Wilhelm 299
Walker, Hiram 426
Walker Crabb, Hamilton 412
Walla Walla, valle de 430
Wallhausen, Schloss *361*, 361
Walluf 360
Walnut Crest 454
Walpole, Robert 30
Walporzheim 351
Wardoper, Edward y John 445
Warre 334
Warren Blackwood 478, 480
Warren Vineyard 480
Warter, *véase* Wisdom & Warter
Warwick 492
Washington **430-431**, mapa *406*
　zonas vitícolas 430

Waters, Thomas 478
Wegeler-Deinhard, Domaine 356, 358
Wehlen 352, *354*
Wehlener Sonnenuhr *354*
Weil, Robert 360
Weinert, Bodegas 455
Weinviertel 383
Weissherbst 351, *361*, 372
Welsh Brothers 336
Welvrede, cooperativa 493
Wendouree, Cellars 475
Weninger, Franz 384
Wente 423, 425
Wente, Carl 412
Wenzel, Robert 384
Western Connecticut Highlands, AVA 438, 439
Westfield 480
Westhalten 248
Westhalten, cooperativa de 250
Weststeiermark 384
Wetmore, Clarence 412
Wettolsheim 248
White Mountain Vineyards 438
Widmann, Baron 299
Wiebelsberg 248
Wiederkehr Vineyards 442
Wien (Viena) 384
Wieninger, Fritz 384
Wiese & Krohn 334
Wignalls 480
Wild Horse 426
Wild Horse Valley 335
Wildwood 470
Wilhelm II, Kaiser 374
Willamette, valle del, AVA 432
Willespie 479
William & Humbert 180
Williams Selyem 422
Willm, Alsace 475
Wiltingen 355
Wiltinger Scharzberg 356
Wind Hill 433
Windham 465
Wineck-Schlossberg 248
Winkel 360
Winkeler Hasensprung, viñedo 360
Winkler-Hermaden 384
Winningen 352, 355
Winningen Uhlen, viñedo de 355
Winterthur, Bodega cooperativa de 380
Wintrich 356
Wintzenheim 248
Winzenheim 361
Winzersekt 374
Wirra Wirra 477
Wirsching 368
Wissembourg 364
Wolf Blass Wines 474
Wolfenweiler 372
Wolff-Metternich, Gräflich von, Weingut 371
Wolxheim 248
Wonnegau, *Bereich* 363

ÍNDICE DE VARIEDADES 541

Woodbridge 415
Woodbury 474
Woodside 423
Woodstock 477
Woodward Canyon 426, 431
Wootton 494
Worcester District, WC 492
Worms 350, 362, 366
Württemberg 348, **373**
Wurzburgo 367, 368
Wurzburgo, palacio de *367*
Würzburger Stein 367
Würzgarten 356
Wyndham Estate 464,

Wyndham, George 463
Wynns Coonawarra Estate 476

X

Xanadu, Château 479
Xipella Blanc de Blancs 156

Y

Yakima, valle de 430
Yalumba 475, 476
Yamhill, Condado de 432

Yardon 342
Yarra Burn 471
Yarra Ridge 471
Yarra Valley 467, 468, 471
Yarra Yering 471
Ycoden-Daute-Isora, DO 192, mapa *131*
Yecla, DO 190,191, mapa *131*
Yellowglen 469
Yeringberg 471
Ygay 136
Yllera 134, 169
Yllera, familia 166, 169
Yon-Figeac, Château 217
Yonne 224
denominaciones **229**

York, península de 472
York Mountains, AVA 424
Young, Arthur 88
Yount, George 412
Yount, Viñedo Robert 422
Yquem, Château d' 214, **216**

Z

Zacatecas 451
Zaccagnani, Ciccio 314
Zaco 142
Zaer 344
Zandotti, conde 317
Zarco 335

Zecca, Conti 318
Zell, *Bereich* 352, *353*, 355
Zeltingen 355
Zema Estate 476
Zemmour 344
Zenata 344
Zenato 294
Zeni, Roberto 299
Zerbina 295
Zerhoune 344
Zimbabwe **493**
Zimmermann, Rudolf 383
Zind Humbrecht 250
Zinnkoepflé 248
Zitsa 339
Znovin-Satov 397

ÍNDICE DE VARIEDADES

abouriou 278
adakarasi 340
agiorgitiko 339
aglianico 314, 317, 318
airén 41, 132, 182, 187, 190
albana 295
albariño 41, 132, 184, 185, 324
albarolo 292
albillo 187
aleatico 399, 48
alicante 185, 189
alicante bouschet 343
aligoté 48, 224, 257, 268, 399, 400
amigne 379
aragonez 327
aramon 274, 343
arinto 324
arneis 288
arrufiat 279
assyrtico 338
athiri 339
aurora 405, 435, 436
auxerrois 250, 278, 370
baccho noir 405, 435, 436
bacchus 361, 362, 364, 367, 369, 494
baga 324, 325
baladí 182
bangalore blue 496
barbera 48, 285, 288, 293, 295, 408, 427, 455, 456
baroque 279
bastardo 399
beeichum 495
beylerce 340
bianco d'Alessano 318
bical 325

blanc de Valdigne 292
blauburgunder 381
blauer portugieser 350, 381
blauer wildbacher 384
blaufränkisch 381
bobal 189
bobal tinta 190
bogazkarasi 340
bogazkere 340
bombero nero 315
bombino bianco 315
bonarda 288, 293, 295, 456
bosco 292
bourboulenc 260, 266, 272, 274
brachetto 288
brancellao 184
braquet 275
brunello 304
bual 335
bukettraube 492, 493
burger 421
cabernet 297, 304, 319, 400, 481
cabernet franc 40, 41, 203, 217, 220, 222, 222, 253, 255, 278, 279, 293, 297, 300, 304, 339, 390, 408, 418, 456, 491
cabernet sauvignon 40, 41, 130, 132, 132, 136, 140, 141, 147, 149, 152, 154, 155, 162, 171
cabernet 173, 187, 189, 203, 217, 220, 222, 222, 253, 272, 274, 275, 278, 279, 285, 293, 295, 297, 300, 304, 309, 339, 341, 342, 343, 381, 388, 390, 392,

393, 395, 396, 399, 408, 418, 423, 424, 427, 430, 438, 441, 445, 450, 451, 452, 455, 456, 459, 460, 463, 468, 472, 473, 478, 485, 491, 493, 495, 496
cagniulari 320
caiño 184
calabrese 319
calkarasi 340
callet 192
camarèse 266
campbell's early 496
canaiolo 311
canaiolo nero 304
cannonau 319
cape riesling 491
carignan 42
cariñena 42, 132, 138, 141, 141, 147, 149, 152, 154, 155, 171, 272, 273, 274, 276, 340, 343, 408, 423, 441
carmenère 220
castelão francês 324, 325, 327
catarratto 319
catawba 405, 441
cayuga white 405, 435, 438, 441
cencibel 132, 187, 190
cesanese 315
césar 224, 229
chambourcin 405, 435, 438, 441
chardonnay 42, 43, 130, 147, 149, 154, 155, 158, 171, 171, 187, 189, 224, 242, 253, 257, 268, 268, 272, 274, 275, 293, 298,

300, 304, 309, 319, 339, 341, 342, 350, 367, 370, 381, 388, 396, 408, 418, 423, 427, 430, 432, 436, 438, 441, 445, 450, 455, 459, 460, 468, 472, 473, 478, 484, 485, 491, 495, 496
chasselas 48, 262, 268
chaunac, de 435, , de 436
chelois 405, 435
chenin 459, 478, 484
chenin blanc 42, 43, 171, 255, 278, 279, 408, 413, 418, 424, 427, 441, 491, 493
chiavennasca 293
ciliegiolo 311
cinsaut 48, 260, 265, 266, 272, 273, 274, 275, 276, 342, 343, 491, 493
cirfandli 388
clairette 260, 266, 272, 274, 275, 340
clevner 373
cock's heart 495
colombard 48, 222, 342, 408, 418, 427, 459, 491, 493
completer 380
concord 405, 436, 445
cornalin 379
cortese 288, 293
corvina 296
cot 48, 220, 278
couderc noir 456
counoise 265, 266
courbu 279
cow's nipple 495
criolla 455

crouchen 459, 475, 491
cynthiana 405
damaschino 319
de chaunac 405
delaware 405, 456, 496
dimiat 393
dimrit 340
dökülgen 340
doña blanca 168, 185
dornfelder 350, 364, 494
dr Hogg muscat 484
dragon's eye 495
drupeggio 312
dunkelfelder 494
duras 279
durella 296
durif 487
dutchess 405, 456
ehrenfelser 446
elbling 352, 361
elvira 405
emir 340
erbaluce 288
esgana cão 325
ezerjó 397
faberrebe 362
falanghina 315
farhana 343
fendant 379
fer servadou 278, 279
fernão pires 492
ferrón 184
fetească albă 395
fetească neagră 395
fetească regală 395
fetjeasca 399
fiano 314
flora 433
folle-blanche 48, 185, 253
forcayat 189

fortana 295
francusa 395
frankovka 397
frappato di Vittoria 319
freisa 288, 292
früburgunder 373
fumé blanc 48
furmint 388, 388, 390, 391, 399
gaglioppo 318
gamay 43, 48, 224, 226, 250, 253, 255, 257, 268, 278, 279, 340, 393, 408, 445
gamza 393
gänsefüsser 364
garganega 296, 297
garnacha 43, 130, 145, 147, 149, 152, 154, 155, 158, 173, 184, 185, 187, 190, 260, 265, 266, 272, 273, 274, 275, 276, 319, 339, 340, 342, 342, 408, 427, 472, 478
garnacha blanca 132, 138, 141, 154, 155, 171, 260, 274
garnacha tinta 132, 138, 141, 167, 168, 171, 190, 265, 273
garnacha tintorera 168, 189
garrido fino 181
garrut 147
gewürztraminer 43, 43, 130, 149, 171, 248, 298, 361, 364, 408, 418, 436, 441, 455, 460, 484, 495
girò 319
godello 48, 168, 184, 185
goldriesling 369
graciano 132, 141
gran negro 185
grasă 395
grechetto 303, 311
greco 318
grignolino 288
grillo 319
gringet 268, 269
groppello 293
gros-manseng 279, 280
grüner veltliner 381, 397
gual 192
guarnaccia 317
gutedel 48, 361, 369, 370, 372
hanepoot 491, 493
hárslevelü 388, 391
hasandede 340
hasseroum 343
hondarribi beltza 185
hondarribi zuri 185
horozkarasi 340
humagne rouge 379
huxelrebe 364
inzolia 319
irsay oliver 397
isabella 405, 456
italico 291
jacquère 267, 268
jerez 184
johannisberg riesling 437

juan ibáñez 171
juhfark 388, 390
kabarcik 340
kadarka 388, 388
kalecik karasi 340
karaseker 340
kékfrankos 388, 390, 399
kéknyelü 388
kerner 350, 352, 362, 364, 366, 369, 373
klevner 381
kodru 400
koshu 496
kotsifali 339
krakhuna 399
krasny 400
lambrusco 295
lambrusco di Sorbara 295
laski rizling 48, 388, 397
leányka 388, 390
lefkas 342
lemberger 373, 381
Léon Millet 405
liatiko 339
limberger 397
limnio 339
listán 181
listán blanca 192
listán negra 192
loureira 184
loureiro 324
macabeo 44, 132, 138, 149, 154, 155, 158, 171, 173, 184, 190, 274
maizac 278
málaga 342
malbec 48, 162, 222, 222, 278, 399, 413, 455, 473
malcuria 192
malmsey 335
malvar 187
malvasía 48, 145, 168, 168, 171, 185, 189, 274, 295, 300, 315, 456
malvasía bianca 426
malvasía del Chianti 303, 304
malvasía del Lazio 317
malvasía di Candia 317
malvasía istriana 300
malvasía riojana 138, 141, 158, 396
malvoisie 274
mammolo 304
mandilaria 339
mansois 279
manto negro 192
maréchal Foch 405, 435
Maria Gomes 324
marsanne 48, 260, 262, 274, 275
marzemino 298
matrassa 399
mauzac 274, 279, 279
mavro kypriako 342
mavrodaphne 339
mavron 342
mavrud 392, 393
mazuela 43, 138, 141
mazuelo 43, 155, 171
melnik 393
melody 405

melon de Bourgogne 48
mencía 168, 184, 185
menu pineau 255
merlot 43, 45, 132, 136, 140, 149, 155, 156, 162, 171, 173, 187, 217, 220, 222, 222, 274, 278, 279, 285, 293, 297, 300, 304, 319, 335, 388, 388, 390, 393, 395, 396, 399, 408, 418, 424, 430, 445, 452, 455, 456, 459, 478, 484, 491, 495, 496
merseguera 132, 187, 189, 190
michurinetz 446
misket 393, 394
missouri riesling 442
molette 268
molinara 296
moll 192
monastrell 48, 147, 149, 155, 158, 171, 187, 189, 190
mondeuse 267, 268
monemvassia 339
monica 319
montepulciano 285, 315
montepulciano d'Abruzzo 311
morastrell 147
morellino 304
moreto 327
morillon 304
moristel 171
moscatel o muscat 44, 45, 181, 182, 149, 275, 276, 288, 293, 298, 315, 342, 399, 400, 456, 459, 495
moscatel (muscat) amarillo 391
moscatel (muscat) blanca 45, 171, 408
moscatel (muscat) blanca de grano pequeño 288
moscatel (muscat) de Alejandría 273, 491, 493
moscatel (muscat) romana 189
moscatel (muscat) de grano pequeño 273
moscatel (muscat) gordo blanco 468
moscato 45
    véase también moscatel
moscophilero 339
mouratón 185
mourisco 329
mourvèdre 48, 149, 260, 265, 266, 272, 273, 274, 275, 276, 343, 472
mtsvane 399
müller-thurgau 48, 250, 298, 309, 350, 351, 352, 361, 362, 364, 366, 367, 369, 370, 371, 372, 373, 388, 397, 484, 485, 494
muscadelle 211, 214, 278, 280, 478
muscadine scuppermong 441

muscardin 265, 266
muscat véase moscatel
muscat bailey A 496
muscat canelli 490
muscat d'Alsace 248
muscat ottonel 45, 388, 390, 395
muskat-sylvaner 48
muskateller 384
narince 340
nasco 319
nebbiolo 44, 45, 285, 287, 288, 292, 293, 408
negramoll 192
négrette 279
negroamaro 315
nerello mascalese 319
nero d'Avola (o calabrese) 319
neuburger 383
niagara 405, 456
nielluccio 274, 276
norton 405, 441
nosiola 298
nuragus 319
ökügözü 340
olaszrizling 48, 388, 388, 390
ondenc 278
oporto 390
optima 352, 376, 446
ormeasco 292
ortega 364
ortrugo 295
país 452
palomino 45, 132, 167, 168, 181, 185, 342, 455, 484
palomino fino 178
pamid 393
pansa blanca 154
papazkarasi 340
parellada 48, 130, 132, 149, 155, 158, 171
pedro ximénez 45, 132, 178, 181, 182, 190, 190
per'e palummo 317
perricone 319
petit rouge 292
petit verdot 203, 413
petit-manseng 279, 280
petite sainte marie 268
petite sirah 408, 427
petite-arvine 379
picapoll 155
picardan 260
picotendro 292
picpoul 260, 272
picpoul noir 266
picutuner 288, 292
pigato 292
pignoletto 295
pineau d'Aunis 255
pinot auxerrois 376
pinot blanc 48, 248, 285, 293, 295, 297, 298, 300, 304, 309, 319, 350, 364, 367, 370, 381, 396, 399, 424, 445
pinot grigio 48
pinot gris 48, 248, 285, 293, 295, 297, 298, 300, 309,

319, 350, 367, 395, 396, 397, 399, 400, 432, 441, 445
pinot meunier 242, 496
pinot noir 44, 46, 149, 155, 158, 171, 224, 226, 242, 248, 250, 253, 257, 268, 268, 293, 297, 298, 300, 340, 343, 350, 364, 367, 370, 381, 388, 390, 393, 395, 396, 397, 400, 408, 413, 418, 424, 432, 433, 445, 451, 452, 455, 456, 459, 464, 468, 473, 478
pinotage 491, 493
plechistik 399, 400, 478, 484, 491, 494, 495, 496
portugieser 351, 361, 362, 364, 367
poulsard 268, 268
preferida 279
primitivo 315
procanico 312
prugnolo 304
pugnet 288
pukhjakovsky 400
raboso 297
raffiat de Moncade 279
rafsai 343
rajnia riesling 388
ramisco 324
räuschling 380
ravat 405, 435
refosco 300
reichensteiner 484, 494
rhein riesling 388, 396
ribolla gialla 300
rieslaner 367
rieslind 369
riesling 44, 46, 130, 147, 171, 189, 248, 293, 298, 309, 340, 342, 349, 350, 351, 352, 358, 361, 362, 364, 366, 367, 370, 371, 373, 381, 399, 400, 408, 424, 430, 436, 438, 441, 445, 459, 460, 468, 472, 473, 478, 484, 485, 495, 496
riesling italico 298, 395, 399
rivaner 250, 376
rizlingszilváni 388, 390
rkatsiteli 393, 400, 495
robola 339
roditis 338
rolle 275
romorantin 255
rondinella 296
rossese 292
rotberger 366
roter 294
roter veltliner 383
rotgipfler 383
roussanne 260, 262, 274
roussette 267, 268
ruby cabernet 342, 441
ruffiac 279
rulandec 396
ruländer 48, 298, 350, 369, 370, 364
sagrantino 311

saint-georges 339
saint-laurent 381, 397
samrot 373
sangiovese 48, 274, 285, 292, 295, 303, 304, 309, 311, 315, 408
sankt laurent 361
saperavi 399
sauvignon 171, 187, 211, 222, 222, 253, 272, 275, 279, 280, 295, 298, 300, 309, 319, 339, 341, 381, 413, 418, 423, 430, 436, 441, 452, 459, 460, 468, 473, 478, 484, 485, 491
sauvignon blanc 44, 46, 131, 147, 149, 167, 214, 257, 278, 342, 388, 395, 396, 397, 408
savagnin 268, 269
savatiano 338
schereube 362, 350, 364, 367
schiava 293, 298
schioppettino 300
schönburger 494
schwarzriesling 367, 373
sciacarello 274, 276
scuppernong 404
sémillon 46, 47, 211, 214, 340, 399, 408, 423, 430, 452, 455, 456, 459, 450, 463, 473, 478, 484, 496, 222, 275, 278, 279, 230

sercial 335
sergikarasi 340
serprina 297
severnyi 446
seyval blanc 48, 405, 435, 436, 438, 441, 456, 494
shiraz 47, 48, 459, 460, 462, 468, 472, 473, 478, 491
siegfred rebe 446
sousón 184
souzão 428
spanna 288
spätburgunder 350, 351, 352, 370, 372
steen 48, 491, 493
subirat 158
sultana 468
sylvaner 48, 248, 298, 349, 350, 361, 362, 364, 366, 367, 369, 370, 397, 400
syrah 47, 47, 152, 260, 262, 265, 266, 272, 273, 274, 275, 276, 278, 279, 339, 342, 343, 408, 491
szürkebarát 48, 388, 388, 390
tannat 297
tempranillo 47, 47, 132, 136, 138, 141, 149, 155, 162, 167, 171, 173, 184, 189, 190
teroldego 298
terrano 300

terret negra 147
terret noir 265
thompson seedless 427, 451, 496
tinta amarela 329
tinta barroca 329
tinta de Toro 132, 168
tinta del país 132, 162, 167
tinta madeira 428
tinta negra mole 335
tinta roriz 324, 329
tintillo 192
tinto cão 329
tinto fino 132, 162, 167
tocai friulano 300
tocai rosso 297
tokay 437
tokay de Alsacia 48
torbato 319
torrontés 184, 445
touriga 428, 475
touriga francesa 329
touriga naçional 324, 329
trajadura 324
traminéc 396
traminer 369, 388, 396, 397
traminer aromatico 298
tramini 388, 390
trebbiano 48, 285, 295, 303, 311, 315, 319, 456, 464

trebbiano d'Abruzzo 311
trebbiano toscano 304
treixadura 184, 185
trepat 147, 155
tressalier 257
tressot 224, 229
tricandeira 327
triomphe d'Alsace 494
trollinger 373
trousseau 268
tsimlyanski 400
tsistka 399
tsolikouri 399
tămaîîoasă romanească 395
ugni blanc 48, 266, 272, 274, 275, 278, 304, 495, 496
ull de llebre 132, 149, 154, 155
uva di Troia 315
vaccarèse 265, 266
verdeca 318
verdejo 48, 132, 167, 168
verdel 189
verdelho 335, 478
verdello 185
verdicchio 311
verdil 190
verduzzo 297, 300
vermentino 274, 276, 292
vernaccia 313

vernaccia di Oristano 319
vespaiolo 297
vespolina 288
vidal 441, 445
vidal blanc 405, 435, 436
vien de Nus 292
vignoles 435
vilana 339
villard 405
villard noir 435
viognier 260, 262, 272
viura 44, 132, 138, 141, 144, 158, 167, 173
weissburgunder 48, 298, 350, 361, 369, 370
weisser elbling 356
weisser riesling 492
welschriesling 48, 298, 388, 495
white riesling 423, 432
xarel·lo 48, 149, 154, 155, 158
xinomavro 339
xynisteri blanc 342
yapincak 340
zalema 181
zerkhoun 343
zierfandler 388
zinfandel 47, 48, 48, 408, 413, 418, 423, 424, 427
zöldveltelini 390
zweigelt 381, 388

AGRADECIMIENTOS

Los editores quieren expresar su agradecimiento a:
Alvear, S. A.
Berceo, S. A:
Birchgrove Products
Can Ràfols dels Caus, S. L.
Castillo de Monjardín, S. A.
Caves Saint-Vincent
Champagne Veuve de Clicquot
Christopher Sykes Antiques of Woburn
Codorníu, S. A.
Compañía Vinícola del Campo de Requena
Consejo Regulador Denominación de Origen Bierzo
Consejo Regulador Denominación de Origen Ribera del Duero
Consejo Regulador Denominación de Origen Ribera del Guadiana
Consejo Regulador Denominación de Origen Rioja
Consejo Regulador Denominación de Origen Somontano

Consell Regulador Denominació d'Origen Penedès
Consell Regulador Denominació d'Origen Priorat
Dampoux
Dartington Crystal Ltd (decanter)
Faustino, S. L.
L'Esprit & Le Vin
Marqués de Cáceres, Unión Vitivinícola S. A.
Miguel Torres, S. A.
John Lewis
The Hugh Johnson Shop
Parxet, S. A.
Puiforcat
Ribas, Josep
Riedel
Ruiz Hernández, Manuel
Screwpull®
Subdirección General de Denominaciones de Calidad
Vega Sicilia, S. A.

COLABORADORES

Coordinador editorial
Christopher Foulkes

Prólogo
Michel Rolland

Colaboradores
En la siguiente lista se relacionan las personas que han colaborado en la redacción de uno o varios capítulos, o que han contribuido con sus conocimientos en ciertas partes de la obra.

Jim Ainsworth
Maureen Ashley
Tony Aspler
Vicky Bishop
Eric Boschman
Stephen Brook
Kenneth Christie
Bertrand Denoune
Hildegard Elz
Magdaléna Fazekăsová
Anne Fritz-Manette
Catherine Frugère
Patricia Gastaud-Gallagher
Rosemary George
Philip Gregan
Patricia Guy
James Halliday
Helena Harwood
Cameron Hills
Richard Paul Hinkle
Dr. Miloslav Hroboň
Ian Jamieson
Dave Johnson
Kate Kumarich
Maxwell Laurie
André Lurton
Giles MacDonogh
Maggie McNie
Catherine Manac'h
Richard Mayson
Andrew Montague
Françoise Peretti
John Radford
Maggie Ramsay
Margaret Rand
Norm Roby
Michel Rolland
Jacques Sallé
Pierre Salles
Michael Schuster
Alain Senderens
Gabrielle Shaw
Peter Schleimer
Tamara Thorgevsky
Roger Voss

Los responsables de la redacción y los editores quieren expresar su agradecimiento a todas las personas que han tenido la amabilidad de proporcionarles información.

CRÉDITOS FOTOGRÁFICOS

Ian Booth 34; 36; 38; 39; 59; 66; 67; 71; 76; 77; 78; 79.
The Bridgeman Art Library 87; 89; 91.
Cephas/Jerry Alexander 122; 412.
Cephas/R. A. Beatty 319; 335.
Cephas/Nigel Blythe 354; 362; 364; 367; 496.
Cephas/Andy Christodolo 267; 271; 375; 447; 452.
Cephas/Rich England 450; 485.
Cephas/Lars Nilson 396.
Cephas/Alain Proust 489; 490.
Cephas/Mick Rock 2-3; 9; 25; 53; 60; 97; 98; 102; 104; 107; 109 (arriba a la izquierda, en el centro a la derecha); 111; 113; 114; 115; 117; 118; 119; 121; 127; 176; 178; 184; 185; 193; 197; 199; 214; 218; 227; 239; 241; 244; 247; 251; 253; 254; 257; 258; 259; 260; 265; 277; 281; 282; 287; 289; 293; 295; 296; 305; 308; 311; 313; 314; 321; 325; 327; 337; 338; 349; 366; 370; 374; 377; 385; 387; 390; 393; 394; 401; 410; 414; 418; 422; 428; 430; 432; 434; 435; 436; 467; 468; 472; 478; 481; 494.
Cephas/Peter Stowell 381.
Cephas/Ted Stefan 407.
Cephas/Helen Stylianou 341.
Cephas/Mike Taylor 343.
Christie's 85.
Colorific!/Alon Reininger 388.
C. M. Dixon 28.
Patrick Eagar 217; 303; 345; 358.
E. T. archive 27; 31.
Fall Creek Vineyards 443.
Robert Harding Picture Library 351.
Larousse/Diaf Studiaphot/Hervé Gyssels 33; 65; 68; 69; 70; 72; 73; 81; 83.
Network/Wolfgang Kunz 369.
Russia & Republics Photo Library 398.
Scope/J. Guillard 10.
Scope/Jean-Daniel Sudres 16; 344.
Tony Stone Worldwide 444.
Trip Photographic Library/V. Kolpakov 400.
Alan Williams 7; 19; 20; 23; 56; 61; 109; (abajo a la derecha, abajo a la izquierda); 112; 129; 138; 143; 153; 164; 168; 175; 177; 183; 203; 206; 211; 220; 223; 226; 230; 231; 232; 273; 275; 323; 328; 329; 345; 359; 409; 417; 419; 427; 429.
Zefa 285; 300; 350; 389; 423.

Fotografías en París: Fotógrafo Hervé Gyssels, DIAF Studiophot, Estilista Isabelle Dreyfus, Sumiller Jean-Christophe Renaut.
Fotografías en Londres: Fotógrafo Ian Booth, Estilista Diana Durant.